HISTOIRE DES CROISADES
ET DU ROYAUME FRANC
DE JÉRUSALEM

DU MÊME AUTEUR
en poche

L'épopée des croisades, Paris, Perrin, **tempus** n° 6, 2002.
Histoire des croisades et du royaume franc de Jérusalem, tome I,
  1095-1130, L'anarchie musulmane, Paris, Perrin, **tempus** n° 151,
  2006.

A paraître

Histoire des croisades et du royaume franc de Jérusalem
  III. *1188-1291, L'anarchie franque*

collection tempus

René GROUSSET
de l'Académie française

HISTOIRE
DES CROISADES
ET DU ROYAUME FRANC
DE JÉRUSALEM

II. 1131-1187
L'équilibre

Perrin
www.editions-perrin.fr

Ouvrage publié avec le concours de l'Association des Œuvres de l'Ordre du Saint-Sépulcre en France.

© Plon, 1935
et Perrin, 1991 et 2006 pour la présente édition
ISBN : 2-262-02568-1

tempus est une collection des éditions Perrin.

PRÉFACE

La seconde moitié du douzième siècle, après la conquête de la terre de Syrie par les Francs, correspond à la conquête des Francs par la terre de Syrie. « Quand, dit M. Madelin, un Tancrède arborait déjà le turban – à la vérité surmonté d'une croix – et s'intitulait émir, on peut, sans trop de témérité, penser que le vingtième ou le vingt-cinquième successeur de Godefroi de Bouillon eût été, vers le milieu du quatorzième siècle, une manière de sultan qui, à la tête d'un État oriental, eût régné en souverain oriental sur une partie de l'Asie[1]. » Dans le précédent volume nous avons résumé l'histoire des trente premières années de l'épopée franque, la conquête et la fixation de la conquête. Il nous reste à présent à esquisser le tableau du demi-siècle suivant, la curieuse période durant laquelle, selon le mot de M. Madelin, le « sultanat franc » commença à s'adapter au milieu.

Au fronton de cette période s'inscrit un nom, celui de l'archevêque Guillaume de Tyr, l'auteur de l'*Histoire d'Outre-Mer* qui va de la première croisade à 1183 ; car, si pour les quarante premières années l'illustre prélat s'était contenté de résumer les chroniques antérieures – non d'ailleurs sans les interpréter sous l'angle de la raison d'État hiérosolymitaine[2] –, pour la seconde partie, de 1144 à 1183, celle qui nous occupe ici, son récit devient celui d'un témoin actif, mêlé à la plus haute politique, confident et inspirateur des rois. Homme d'État, homme d'Église, grand lettré et grand historien. Guillaume de Tyr donne maintenant toute sa mesure.

Homme d'État, Guillaume de Tyr – malgré ses naturelles préventions de clerc romain et de lettré latin (il était, semble-t-il, d'origine italienne), malgré son *timeo Danaos* et son peu d'admiration pour la valeur militaire des « Gréjois » comparés à la « gent de fer » d'Occident – a eu l'immense mérite de discerner l'importance de l'alliance franco-byzantine pour la défense de la Syrie chrétienne. Cette alliance salvatrice, il l'a non seulement louée dans son livre, mais il l'a préconisée dans les conseils de la couronne, il est allé lui-même la resserrer dans son ambassade à Constantinople, et, s'il n'avait tenu qu'à lui, la cour de Jérusalem, en laissant au corps expéditionnaire byzantin le temps de rejoindre, aurait sans doute réussi la conquête de l'Égypte. – Homme d'Église, prélat de grande vertu et de forte doctrine, il devait périr victime de sa lutte contre la simonie incarnée dans l'affreux Heraclius ; avec cela, et n'entamant en rien le granit de sa foi, en matière de discipline ecclésiastique un curieux tour d'esprit proprement palestinien, frère de notre gallicanisme d'Occident.

Ainsi, au point de vue religieux comme au point de vue politique, dans cette France du Levant qui pouvait, si on eût suivi ses conseils, persévérer dans l'être, Guillaume de Tyr incarnet-il l'apparition d'un sentiment nouveau et inattendu, un patriotisme franc ou plutôt franco-syrien, déjà profondément attaché au sol – voyez les pages délicieuses de notre chroniqueur sur sa chère terre tyrienne – sentiment qui naissait là-bas en même temps que, des prises d'armes de Louis VI à Bouvines, apparaissait chez nous le patriotisme capétien. Grand lettré enfin, nourri de la fleur de la poésie antique, notre archevêque, par son latin éloquent et nerveux, nous repose heureusement du latin barbare d'un Albert d'Aix ou des insupportables jeux de mots d'un Raoul de Caen. En même temps arabisant notoire – n'avait-il pas écrit une histoire des dynasties musulmanes ? – il pouvait, depuis l'Hégire jusqu'à Saladin, pleinement comprendre le milieu oriental, l'orientaliste en lui éclairant à chaque pas l'historien occidental.

Pour comble de fortune, moins d'un demi-siècle après la mort de Guillaume de Tyr, s'est rencontré pour le traduire un des meilleurs prosateurs de notre français médiéval. L'écrivain anonyme qui nous a laissé du grand archevêque l'adaptation connue sous le titre d'*Estoire d'Éracles* mérite en effet

PRÉFACE

d'être mis sur le même plan que ses contemporains Villehardouin et Joinville. La richesse et la saveur de sa langue, sa feinte naïveté et sa malice, sa verdeur et sa truculence, la vivacité de ses indignations ou la grâce poétique de ses attendrissements, la fraîcheur de ses images, tout concourt à faire de lui un des maîtres de notre grand treizième siècle. On ne verra que trop la différence, quand il faudra passer de lui à ses continuateurs. Seul parmi eux, le chevalier-poète Philippe de Novare pourra lui être comparé. Mais pourquoi, sous prétexte qu'il s'agit de la France extérieure, des écrivains comme l'auteur d'*Éracles* ou Philippe de Novare ne sont-ils presque jamais cités parmi les classiques de notre littérature ?

Un mot encore. Cette histoire n'a nullement la prétention d'aborder le côté archéologique de l'Orient latin, étude pourtant si passionnante pour qui a vu se dresser devant lui l'indestructible témoignage des Kraks de Syrie. Je me dois de renvoyer le lecteur aux savantes et belles publications qu'est en train de faire sortir aux éditions Geuthner mon collègue M. Paul Deschamps[3].

— Au tome précédent j'ai proposé quelques identifications entre certains passages d'Ibn al-Qalânisî, récemment publiés par M. H. A. R. Gibb, et certains passages des chroniqueurs latins, relatifs soit à la domination franque en Transjordanie et dans le Wâdi al-'Araba ou Idumée, soit aux tentatives des comtes de Tripoli dans la Beqâ', soit enfin à la pénétration franque au Sawâd et au Jaulân, à l'est du lac de Tibériade, dans une région que les travaux de l'armée française du Levant, sous Gouraud, Weygand et Gamelin, nous ont appris à bien connaître. Je reviens en appendice, à la fin du présent volume, à propos de l'histoire de la « princée de Galilée », de la chronologie du comté de Tripoli, de l'histoire de Beyrouth et de l'histoire de la seigneurie de Montréal, sur cette intéressante question.

Enfin je ne saurais assez dire combien je suis redevable aux travaux – déjà publiés ou encore manuscrits –, comme aux précieuses suggestions verbales du maître éminent qu'est M. Gaston Wiet. Et non moins à la science et à l'amitié de M. Henri Massé, qui, cette fois encore, m'a rendu l'immense service de contrôler mon texte.

R. G.

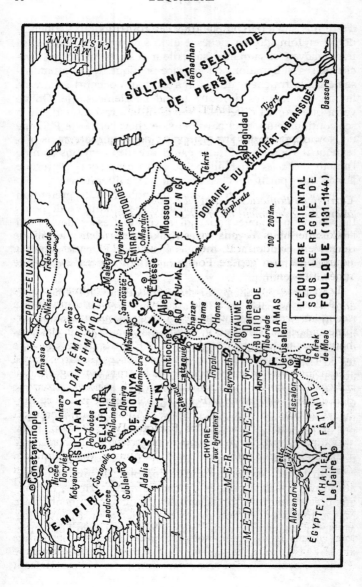

HISTOIRE DES CROISADES

CHAPITRE PREMIER

AVÈNEMENT DE FOULQUE D'ANJOU

Carrière de Foulque V, comte d'Anjou,
avant son avènement au trône de Jérusalem.

Comme nous l'avons vu au tome précédent, le roi de Jérusalem Baudouin II, mort le 21 août 1131, avait laissé la couronne à son gendre Foulque d'Anjou, époux de sa fille aînée Mélisende[1].

Le nouveau roi de Jérusalem n'était pas, comme ses deux prédécesseurs, un cadet de grande maison ou un baron secondaire, pour qui un trône en Orient constituait une fortune inespérée. Foulque V, comte d'Anjou, était un des plus hauts barons du royaume de France. Héritier d'une lignée de terribles batailleurs, les Foulque Nerra et les Geoffroi Martel qui avaient au onzième siècle fondé la grandeur angevine[2], il acheva leur œuvre en faisant de son fief, selon la remarque de Luchaire, « l'État de la France capétienne le mieux centralisé et le plus puissant ». Le comté d'Anjou, tel qu'il en avait hérité en 1109, de son père Foulque IV le Réchin, était, cependant limité au pays angevin proprement dit. Foulque V y ajouta le Maine : il avait épousé Arenburge, fille unique du dernier comte local ; la mort de son beau-père en 1110 lui permit d'annexer ce fief. Autour de lui le roi de France Louis VI le Gros et le roi d'Angleterre, duc de Normandie, Henri Ier Beauclerc se disputaient l'hégémonie. Foulque V sut passer avec adresse de l'un à l'autre, guerroyant avec l'aide du Capétien contre le roi anglo-normand pour conserver le Maine (1112-1113), glissant ensuite à l'alliance anglo-normande (1113), revenant à l'alliance capétienne en 1116 et faisant campagne en 1117 avec Louis VI qui cherchait à enlever la Normandie à Henri Beauclerc ; au cours de cette guerre Foulque a remporté des succès signalés, pris aux Anglo-Normands le château de la Motte-Gautier en Perche (août 1118) et Alençon (décembre 1118), infligé même à Henri Beauclerc sous les murs d'Alençon une grave défaite, due à son sang-froid et à son habileté manœuvrière. Presque aussitôt, du reste, il se rapproche de Henri Beauclerc (1119) ; mais, quand l'accord du roi anglo-normand et de l'empereur d'Allemagne Henri V menace d'une redoutable coalition la dynastie capétienne, quand Louis VI prend l'oriflamme à Saint-Denis pour repousser l'invasion allemande (juillet-août 1124), le comte d'Anjou se place de nouveau aux côtés du roi de France[3].

Et déjà un premier voyage en Orient. Vers mai 1120 Foulque V est parti en pèlerinage à Jérusalem. « Là se contint mout bel et mout hautement en servise (de) Nostre Seigneur, si que il ot la grace et le los (la louange) de tout le païs. Li baron nomeément le tenoient à mout sage home et en maintes manières l'ennorèrent comme cil qui grant preu (= bienfait) fesoit en la terre, car il tint cent chevaliers à ses despens un an tout entier. Après, quand il ot bien fet son pèlerinage, il s'en retorna en son païs, sains et hetiez (dispos) et bien ennorez »[4].

De retour en Anjou[5], Foulque V couronna son œuvre occidentale par un coup de maître : il obtint pour son fils Geoffroi Plantagenêt la main de Mathilde, fille unique du roi Henri Beauclerc et héritière de l'État anglo-normand. Le mariage, célébré le 17 juin 1128, fonda l'empire angevin des Plantagenêts qui devait quelques années plus tard devenir un des plus puissants États de l'Occident[6].

Au cours de ces vingt années, Foulque, vassal du roi de France pour l'Anjou, vassal du roi anglo-normand pour le Maine, avait remarquablement manœuvré pour aboutir à ce magnifique résultat d'assurer à son fils l'héritage anglo-normand tout en restant en bons termes avec le roi de France.

L'œuvre de Foulque V n'avait pas été moins remarquable au point de vue administratif. Il avait su ramener à l'obéissance la féodalité pillarde, mater les châtelains les plus indociles, les Sablé, les Amboise, passant la moitié de son temps en expéditions locales pour réduire les châteaux forts rebelles, Doué et l'Ile-Bouchard en 1109, Brissac en 1112, Montbazon en 1118, Montreuil-Bellay en 1124. En 1129 la féodalité angevine était si bien domptée que le plus redoutable des barons, Hugue d'Amboise, se croisait et accompagnait Foulque en Palestine[7]. Ajoutons qu'à l'heure où la révolution communale se propageait dans la France du Nord, Foulque V sut maintenir les villes dans la dépendance étroite du pouvoir comtal.

Ces résultats avaient valu à Foulque V un prestige d'autant plus grand qu'à la différence de tant de barons, le comte d'Anjou se signalait par son caractère profondément moral. Ses biographes vantent « sa piété, sa loyauté dans ses rapports avec ses vassaux, la correction de ses mœurs[8] ». Avec cela guerrier intrépide, comme tous ceux de sa race, la race des Foulque-Nerra et des Richard Cœur-de-Lion. Quand il montera sur le trône de Jérusalem, vers l'âge de quarante ans, ce sera encore un robuste chevalier dont Guillaume de Tyr tracera le vivant portrait. C'était, nous dit le bon chroniqueur, un homme aux cheveux roux, d'assez petite taille, capable de supporter toutes les fatigues, très expérimenté dans l'art militaire, plein de ressources en politique, doux, humain, affable, loyal, très généreux pour les pauvres et les gens d'église. La traduction française du *Livre d'Éracles* est ici particulièrement savoureuse : « Fouques estoit de moienne estature, roux : mès, encontre la coutume de cele couleur *(sic)*, léaux (loyal) estoit et mout piteus ; larges vers toutes genz là où il cuidoit le sien bien emploier, meismement en aumosnes. Gentilz home estoit mout de lignage, chevaliers bons et seurs ; de guerre estoit bien aventureus, mais, ainçois qu'il eust le roiaume, de grant porvéance (= prévoyance, prudence) estoit. Vers povres genz estoit privez, volentiers les escoutoit et maintes foiz les apeloit premiers »[9]. *L'Estoire d'Éracles* ne lui reproche que certaines absences dans la mémoire des noms et des physionomies : « Maintes foiz cuida l'en qu'il le feist par orgueill, mès, sans faille, il le fesoit d'oubliance ».

Son acceptation même des offres de Baudouin II en 1128 nous apparaît comme une décision mûrie, prise en toute connaissance de cause. Sans doute il était libre de venir épouser la princesse Mélisende, héritière du royaume de Jérusalem. Sa première femme, Arenburge du Maine, était morte depuis 1126. Son œuvre, en France, était achevée. Son fils Geoffroi Plantagenêt, maintenant âgé de seize ans et devenu le gendre et l'héritier du roi anglo-normand, pouvait, en attendant cette énorme succession, gouverner lui-même le domaine angevin. Par ailleurs Foulque était encore dans la force de l'âge : né entre 1090 et 1092, il n'avait (contrairement à l'assertion de Guillaume de Tyr) que trente-huit à quarante ans[10]. Il n'en est pas moins vrai que, malgré l'expectative de la couronne de Jérusalem, la charge de la Terre Sainte représentait un lourd fardeau, et Foulque, qui connaissait l'Orient par son pèlerinage de 1120-1121, ne l'ignorait pas. Il y a de la gravité dans ses adieux à sa terre d'Anjou : « Le 31 mars 1128, il prit la croix au Mans. Au début de 1129 il se rendit une dernière fois avec ses enfants à Fontevrault où sa fille Mathilde, veuve de Guillaume Adelin, était religieuse. Quelques jours après, il s'embarquait pour l'Orient »[11].

Mais une fois ces adieux adressés à ce qui avait été son œuvre et sa vie, laissant à son fils le soin de recueillir les bénéfices de vingt ans de politique tenace, il se donna tout entier à sa nouvelle destinée. Aussitôt en Orient et devenu l'époux de la princesse Mélisende, ce fut avec l'ardeur d'un jeune homme que ce baron de quarante ans recommença une seconde carrière. Rien de plus noble que l'application qu'il apporta à se montrer digne de la confiance de son beau-père, le roi Baudouin II. L'homme qui, en France, avait victorieusement tenu tête au Capétien et aux Anglo-Normands, s'astreignit, tant que vécut Baudouin, à n'être qu'un serviteur obéissant ou plutôt, comme le dit *l'Estoire d'Éracles*, un véritable fils : « Mout fu obéissanz à toute la volenté le (= du) roi tant com il vesqui. Tous ses commandemenz fesoit doucement et volentiers, com s'il fust sez (son) filz de sa char[12]. »

Après avoir enterré Baudouin II aux côtés de ses prédécesseurs sur le Calvaire, Foulque fut couronné roi au Saint-Sépulcre avec Mélisende le 14 septembre 1131. C'était un des meilleurs hommes du douzième siècle qui montait sur le trône de Jérusalem, un politique plein d'expérience, un des

AVÈNEMENT DE FOULQUE D'ANJOU

rares princes de ce temps qui eût déjà la notion nette de l'État, l'égal, peut-être, par son œuvre angevine, d'un Philippe-Auguste, pour lequel la valeur militaire ne sera aussi que la servante de l'esprit politique. À l'heure où l'Islam syrien entreprenait, avec Zengî, de réaliser sa redoutable unité, de telles qualités n'étaient pas de trop.

CHAPITRE II

RÈGNE DE FOULQUE D'ANJOU

§ 1er. — LE ROI FOULQUE, LES PRINCIPAUTÉS VASSALES ET LA FÉODALITÉ MUSULMANE DE 1131 À 1135.

Le comté d'Édesse à l'avènement du roi Foulque. Mort épique de Jocelin de Courtenay. Décadence du comté sous Jocelin II.

À peine le roi Foulque venait-il de monter sur le trône qu'au nord un grand vide se fit parmi les princes francs : le comte d'Édesse, Jocelin de Courtenay, mourut.

Le vieux baron avait guerroyé jusqu'au bout. Sous la rubrique de 1131 Kémâl al-Dîn nous le montre encore battant au nord d'Alep le lieutenant de Zengî, Sawâr ibn Aîtekîn[1]. Sans doute est-ce à cette campagne que font allusion Michel le Syrien et Guillaume de Tyr lorsqu'ils nous montrent Jocelin allant assiéger une forteresse située entre Alep et Menbij (= Mabbug) où il fut victime d'un terrible accident. Jocelin inspectait lui-même une mine qu'il faisait creuser sous une des tours lorsque celle-ci s'écroula, l'ensevelissant sous les décombres. On l'en retira à grand'peine, « tout débrisié », et on le transporta à Turbessel, mais il ne devait survivre que peu de temps, bien qu'il gardât toute son énergie morale : « Il avoit bon cuer et bon entendement, mès du cors ne se pooit aidier[2]. »

On attendait sa mort d'un jour à l'autre, lorsque le sultan de Qoniya[3] ou, selon d'autres, l'émir dânishmendite Ghâzî vint assiéger dans la partie nord-ouest du comté le château de Kaisûn (Ké'çoun) au sud de Behesnî.

RÈGNE DE FOULQUE D'ANJOU 17

Kaisûn était une place fort importante non seulement pour sa situation stratégique, mais pour son intérêt religieux. Le siège du patriarcat jacobite d'Antioche venait d'y être transféré et c'est là que venait d'être élu patriarche le prélat jacobite Jean Maudiana, précisément par les soins de Jocelin Ier dont il paraît avoir été l'ami au point de venir se faire sacrer dans l'église latine de Turbessel[4]. Aussi à la nouvelle du siège de Kaisûn par les Turcs, le vieux comte d'Édesse n'hésita pas : « Quand li cuens oï ce, qui de grant cuer estoit, mout li desplut ce que il n'i pooit aler. Lors fist apeler son fuiz qui estoit biaus et granz, si li commanda qu'il preist la gent de la terre à cheval et à pié et alast hastivement lever ce siège ». Mais ce fils – Jocelin II le Jeune –, un piètre guerrier, comme on le verra par la suite, s'excusa, alléguant, pour ne pas agir, l'infériorité numérique des chrétiens. Alors le vieux héros n'hésita point. Incapable de monter à cheval, il se fit porter sur une litière au milieu de son armée et marcha à l'ennemi : « Quant li pères oï la response du suen fils, mout fu iriez, car il entendi bien à ses paroles comment la conté seroit gouvernée par lui. Lors fist semondre ses oz (= ses troupes) par tout le païs. Quant il furent assemblé, li cuens Jocelins fist atorner une litière à deux chevaux et se mist enz. Lors commença à aler à (avec) tot son ost encontre ses ennemis. » La ferme contenance du vieux baron intimida les Turcs qui levèrent le siège de Kaisûn et rentrèrent chez eux. Le sire de Mar'ash, Geoffroi le Moine, en apporta la nouvelle à l'armée. Le traducteur français de Guillaume de Tyr, paraphrasant le bref récit de ce dernier, prête ici à Jocelin une magnifique action de grâce, digne de quelque chanson de geste. Le moribond, vainqueur sans avoir combattu, tant son nom en imposait aux ennemis, vient d'apprendre leur fuite précipitée. « Quant li cuens oï ces nouveles, il commanda que l'en meist sa litière à terre. Lors tendi ses mains au ciel et dist ces paroles : Biau Sire Dieu, je vos rent grâces et merciz teles com je puis de ce que tant m'avez ennoré en cest siècle ; noméement à ma fin m'avez esté si piteus et si larges que vos avez voulu que de moi, qui sui demi morz, tous contrez (impotent) et charongne qui ne se puet aidier, ont eu mi ennemi tel peor qu'il ne m'ôsèrent atendre en champ, einçois s'en sont foïz por ma venue. Biau Sire Dieu, je connois bien que tout ce vient de vostre bonté et de vostre cortoisie. » Quant il ot ce dit, si se commanda de mout bon cuer à Dieu et tantost s'en parti l'âme. Si mourut iluec en milieu de ses genz »[5] (fin 1131)[6].

À ce baron d'avant-garde, type des princes francs de la première heure, taillés à la mesure même de l'épopée, succéda Jocelin II, le fils pusillanime dont la défaillance avait assombri ses derniers jours. Jocelin Ier avait épousé une Arménienne, de la famille roupénienne, sœur du prince de Vahka Léon Ier. Jocelin II était le fils de ce mariage mais il ne semblait guère digne d'une double lignée de héros. C'est un portrait assez peu sympathique que trace de lui *l'Estoire d'Éracles* : « petit estoit de cors, mès bien forniz de membres, et bien estoit forz ; de char et de cheveux estoit noir. Lé avoit le visage, mès il avoit eue la vérole, si l'en parurent touzjorz les traces. Les euz (yeux) avoit gros, et grant nez. Trop entendoit à boivre et à mengier, et des uevres de luxure estoit il mout blasmez, car trop s'en entremetoit honteusement... » Le chroniqueur ajoute cependant qu'il savait être « larges » et « preuz es armes » ; mais nous verrons avec quelles défaillances renouvelées de celle de 1131, notamment quand arrivera l'heure du combat suprême pour Édesse. À Édesse trop exposée, il préférera d'ailleurs le séjour tranquille de Turbessel, sur la rive occidentale de l'Euphrate, et cette désertion systématique provoquera treize ans plus tard la catastrophe[7].

À l'heure où, par la réunion de Mossoul et d'Alep, l'atâbeg Zengî encerclait le comté d'Édesse, cette marche avancée du royaume franc tombait en des mains sans énergie.

La principauté d'Antioche et le comté de Tripoli à l'avènement du roi Foulque. Nouvelle révolte de la princesse Alix.

À Antioche la situation était peut-être plus grave encore. Depuis la mort tragique de Bohémond II en février 1130, la principauté était sans chef. La fille unique de Bohémond II, la petite Constance, héritière légitime de la couronne, n'était qu'une enfant[8]. La princesse douairière Alix, sa mère – mère dénaturée, Levantine intrigante, avide de pouvoir et d'honneurs –, recommençait ses machinations pour déshériter la fillette et régner elle-même. Une première fois ramenée à

RÈGNE DE FOULQUE D'ANJOU 19

l'ordre par son père, chassée par lui d'Antioche et réduite à son douaire de Gibel et de Laodicée (Jabala et Lattaquié), Alix, qui n'était venue à résipiscence que sous la menace, avait, dès le lendemain de la mort du roi Baudouin II, repris ses projets. À défaut de l'atâbeg Zengi auquel elle n'avait pas craint naguère de faire appel, elle avait réussi par ses présents et ses artifices à mettre dans son jeu trois barons de marque : tout d'abord son voisin Guillaume châtelain de Saône ou *Sahyûn*, dont la forteresse n'était distante que de quelque vingt-cinq kilomètres de la ville de Laodicée, douaire d'Alix[9] ; puis Jocelin II, comte d'Édesse, enfin Pons, comte de Tripoli. Avec leur concours un coup d'État se préparait à Antioche pour restaurer Alix. Ce fut alors que les barons d'Antioche qui sentaient que le gouvernement de cette femme serait la ruine de la principauté firent appel au roi Foulque comme jadis à Baudouin II[10].

Foulque brise la révolte d'Alix, se fait reconnaître régent d'Antioche et oblige Pons de Tripoli à se soumettre.

Foulque n'hésita pas. La tutelle de la jeune Constance, la régence de la principauté d'Antioche durant la minorité de la fillette, c'étaient là des devoirs qu'il avait recueillis dans la succession de Baudouin II et qu'il allait exercer avec d'autant plus de vigilance qu'à sa primauté politique il joignait les droits du sang, étant devenu, par son mariage avec Mélisende de Jérusalem, l'oncle de Constance. Il partit en hâte pour Antioche. Mais on vit alors à quel point le complot était avancé. Quand Foulque, ayant dépassé Beyrouth, se présenta aux frontières du comté de Tripoli, le comte Pons lui refusa le passage, refus qui dut paraître d'autant plus blessant au roi que Pons était non seulement son vassal, mais son beau-frère (sa femme, Cécile d'Anjou, était la sœur de Foulque)[11].

Le roi sut différer sa vengeance pour courir au plus pressé. Ne prenant avec lui qu'un seul compagnon, Anseau de Brie, « un suen baron qui estoit nez de France et estoit molt sages hom », il s'embarqua à Beyrouth pour Saint-Siméon (Suwaidiya), le port d'Antioche. À la nouvelle de son arrivée à Saint-Siméon, les barons d'Antioche accoururent se donner à lui, lui conférant la régence et plaçant sous sa protection la petite Constance. « Li haut home de la terre vindrent tuit à l'encontre et le menèrent à grant joie dedenz Antioche, eus et toute la terre mistrent en sa main por garder à leur petite damoiselle qui hoirs (héritière) estoit. »

Mais alors éclata la révolte des grands vassaux. Pons de Tripoli, achevant de lever le masque, entra à son tour, comme défenseur d'Alix, dans la principauté d'Antioche. Il y possédait d'ailleurs deux forteresses, à lui données naguère par Tancrède et qui pouvaient lui servir de points d'appui : Rugia ou Chastel Ruge entre Tell al-Karsh et Jisr al-Shughr, sur la rive orientale de l'Oronte[12], et Arcican, l'actuel Arzeghân ou Erzghân, au nord-est de Jisr al-Shughr, et, comme Rugia, de l'autre côté du fleuve[13]. Pons se servit de ces deux forteresses comme de bases militaires pour intervenir dans la principauté d'Antioche et y « guerroier le roi et sa gent ». Devant cette agression, les barons d'Antioche se serrèrent plus étroitement autour du roi Foulque « et li distrent que hontes seroit granz et mauvès essamples se cil sires ne comparoit (payait) sa folie, qui si orgueilleusement li coroit seure sanz reson ». De fait il importait de réagir énergiquement si le nouveau roi ne voulait pas laisser péricliter entre ses mains l'œuvre des deux premiers Baudouin. Le comte de Tripoli et la douairière d'Antioche en rébellion ouverte, le comte d'Édesse plus ou moins complice, c'était la révolte générale de la féodalité franco-syrienne contre la monarchie hiérosolymitaine.

Mais les rebelles ne connaissaient guère Foulque d'Anjou. Le prince qui avait passé vingt ans de sa vie à mater la féodalité angevine jusqu'à établir à Angers une centralisation en avance sur la centralisation capétienne n'était certes pas d'humeur à tolérer, pour les débuts de sa royauté palestinienne, la révolte de son principal vassal. « Li rois… n'oblia pas l'outrage qu'il (Pons) li avoit fet de neer (refuser) le passage par sa terre qu'il tenoit de lui. Por ce assembla genz du païs et mut pour aler contre le conte de Triple. » Il vint attaquer Pons à Rugia même, d'où le rebelle essayait de lui disputer la régence d'Antioche. Pons se porta contre lui « avec grant planté de chevaliers et d'autres genz ». On en vint aux mains dans une bataille longuement disputée. À la fin le comte de Tripoli eut le dessous et prit la fuite, « férant des esperons » ; un grand nombre de ses chevaliers furent faits

RÈGNE DE FOULQUE D'ANJOU

prisonniers par Foulque qui les ramena à sa suite à Antioche où il fit une joyeuse entrée[14].

Leçon sévère, mais indispensable pour rétablir l'autorité royale et inculquer personnellement aux grands feudataires le respect du monarque angevin. Foulque, du reste, ne se refusa nullement ensuite à pardonner au comte de Tripoli. Les barons qui avaient aidé le roi à corriger son vassal révolté furent les premiers à intercéder après la victoire en faveur de celui-ci ; ils craignaient évidemment que la prolongation de la querelle ne profitât à l'atâbeg Zengî « Li preudome virent que de ceste descorde porroient bien granz maus venir à la Crestienté, que leur ennemis qui les verroient afebloiez les en (re)douteroient meins (= moins) à corre sus. Por ce s'entremistrent de la pais. Tant parlèrent au conte de Triple et au roi que la pais fu fête entr' eus deus et que li rois li pardona son mautalent et ses prisons (= prisonniers) li rendi. » Comme le remarque *l'Estoire d'Éracles* la victoire royale complétée par ce pardon, eut des résultats excellents : « cele terre fu en meilleur estat[15]. »

Comme naguère Baudouin II, Foulque à la demande des barons d'Antioche resta quelque temps parmi eux pour régler les affaires de la principauté dont il avait la régence. « Cil d'Antioche virent que, se li rois s'en partoit, la terre se porroit trobler par le porchaz à la princesse (Alix) qui les uns des barons vouloit metre contre les autres ; si prièrent au roi à genouz que si tost ne se partist mie de la terre, si com il amoit l'enneur et la sauveté de cele princée. Li rois se pensa que par la grâce (de) Nostre Seigneur ses règnes (son royaume, Jérusalem) estoit en bone pais, por ce fist ce qu'il li requeroient et se demora une pièce eu païs. Les afères de la cité atira mout bien. Les forteresces fist garnir chascune selonc son droit. Les contenz (disputes) et les rancunes du païs apaisa. Si qu'il n'i leissa chose dont guerre poïst venir. Merveilles (= merveilleusement) se loèrent tuit, petit et granz, de son sen et de sa vigueur. Mout en aquist l'amor et la grace de touz. » L'institution monarchique, une fois de plus, accomplissait sa fonction tutélaire et salvatrice.

En rentrant à Jérusalem, « après avoir mis les choses en bon point », Foulque confia l'administration de la principauté à Renaud Masoier, connétable d'Antioche[16].

22 L'ÉQUILIBRE

Foulque dégage Montferrand et sauve le comte Pons de Tripoli.

La réconciliation du roi et du comte de Tripoli arrivait à temps. Espérant sans doute profiter des dissensions entre Francs, des bandes de Turcomans, « grant planté de Turs issuz du roiaume de Perse », en l'espèce venus de la Jazîra et que l'on peut supposer agissant à l'instigation de Zengî, traversèrent l'Euphrate et vinrent ravager la province d'Outre-Oronte, sur le territoire de la principauté d'Antioche[17]. Ils firent main basse sur les récoltes dans le territoire de Ma'arrat al-Nu'mân et de Kafartâb[18]. Mais les Francs « oubliant leurs discordes » chassèrent les envahisseurs et profitèrent de cette mobilisation pour aller détruire la forteresse de Qubbat Mulâ'ib dans le district de Hamâ[19]. Au nord, en revanche, Sawâr, le gouverneur d'Alep pour Zengî, attaqua les Francs près de Turbessel et leur tua beaucoup de monde[20] : l'incapacité militaire de Jocelin II se faisait déjà sentir.

Les Turcomans refoulés de la principauté d'Antioche ne tardèrent pas à reparaître, mais cette fois ils envahirent le comté de Tripoli. Ils ramassèrent un riche butin, tuèrent ou prirent un grand nombre de chrétiens. Le comte Pons se mit en devoir de les chasser. Ils feignirent, suivant leur tactique habituelle, de fuir devant lui, l'attirèrent dans les monts Nosairî, firent alors volte-face, écrasèrent son armée et en firent un grand carnage. Pons n'eut que le temps de se jeter avec les survivants dans Montferrand ou Ba'rîn, forteresse située sur le versant oriental des monts Nosairî, à 50 kilomètres à l'est de Tortose et à 35 kilomètres au sud-ouest de Hamâ. Il y fut aussitôt assiégé par les Turcomans[21].

Cependant, à la précédente invasion des Turcomans, lorqu'ils avaient pillé les terres d'Antioche, les barons d'Antioche avaient fait appel au roi Foulque. « Li rois se pensa que ces genz avoient toute leur espérances mises en lui, si seroit grant mauvestié s'il leur failloit (faisait défaut). D'autre part mout i porroit avoir grant domage en son roiaume se la terre d'Antioche se perdoit, car cil ne doit mie estre aseur qui voit la meson (de) son voisin ardoir (brûler). Por ces choses emprist que il les iroit secorre. » Il fit donc semonce aux chevaliers et sergents du royaume et partit en hâte vers le nord, en direction d'Antioche qu'il croyait toujours menacée par les Turcomans. Arrivé à hauteur de Sidon, il rencontra sa sœur Cécile, comtesse de Tripoli, accourue au-devant de lui pour lui annoncer la défaite et la triste situation de Pons assiégé dans Montferrand. « Quant ele vit le roi, son frère, si li chéi aus piez et li cria merci en plorant et li dist que ses sires (= son époux) ne se porroit mie tenir longuement s'il n'avoit secors ; por ce li prioit comme son seigneur et son frère que il entreleissast cele voie que il avoit emprise, por aler au greigneur (plus grand) besoing et délivrer le comte ».

Foulque avait eu peu à se louer de Pons de Tripoli dont il avait eu à briser, les armes à la main, la dangereuse révolte. Mais ni comme roi ni comme beau-frère il ne pouvait le laisser succomber. « Li rois ot pitié de sa sereur qui ploroit si tendrement et se pensa que grant domages seroit à la Crestienté de perdre un si grant prince comme estoit li cuens de Triple. » Pour les historiens arabes, toutefois, Pons avait réussi à s'échapper de Ba'rin avec vingt compagnons et à courir jusqu'à Tripoli d'où il aurait lui-même imploré l'aide de Foulque pour délivrer la forteresse assiégée. Quelle que soit la version exacte, Foulque se laissa toucher. Renforçant son armée de contingents tripolitains, il se dirigea à marches forcées sur Montferrand. Guillaume de Tyr dit qu'à sa seule approche les ennemis levèrent le siège et se retirèrent. Ibn al-Qalânisî au contraire, suivi par Ibn al-A*th*îr, affirme que les Turcomans n'abandonnèrent le siège qu'après une bataille chaudement disputée. « À son approche les Turcomans s'avancèrent à sa rencontre ; les deux armées en vinrent aux mains et nombre de combattants périrent. Les Francs furent sur le point de lâcher pied, mais ils reprirent courage et se retirèrent en bon ordre à Rafaniya. Les Turcomans, auxquels il était difficile d'attaquer avec succès les Chrétiens au milieu de leur territoire, prirent le parti de la retraite. » Ce texte prouve en tout cas que devant l'arrivée de Foulque les Turcomans levèrent le siège de Montferrand et évacuèrent le comté de Tripoli. Pons, délivré par son suzerain, dut regretter sa révolte des mois précédents. De fait la royauté, qui avait si souvent sauvé la principauté d'Antioche, avait cette fois sauvé de même le comté de Tripoli[22].

Foulque dégage la principauté d'Antioche.
Victoire de Qinnesrîn.

Partout la royauté remplissait sa mission protectrice. À peine avait-il sauvé le comte de Tripoli que Foulque partit pour Antioche. Sa présence y était en effet encore nécessaire. Certes la principauté normande de l'Oronte renfermait toujours une brillante chevalerie, mais la mort prématurée du prince Bohémond II, succédant à celle, toute pareille, de Roger de Salerne, laissait les gens d'Antioche désemparés. En ce péril la royauté hiérosolymitaine, régente et tutrice, restait leur seule sauvegarde. C'est ce qu'exprime noblement *l'Estoire d'Éracles :* « Quant li baron de la cité oïrent dire que li rois venoit, tuit li issirent à l'encontre et le reçurent à si grant joie come l'en doit recevoir tel oste, qui venoit pour leur délivrance. Car, sans faille, moult i avoit grant pooir de gent en la terre d'Antioche. Mès puis que il n'i avoient chevetaine, ils estoient ausi comme murs de pierre sanz mortier. »

Dans la campagne qui commençait Foulque reçut un concours inattendu. Saîf al-Mulk ibn 'Amrûn, l'ancien seigneur de Qadmûs (il venait de vendre cette place aux Ismâ'îliens) qui était brouillé à mort avec les gens d'Alep, se rendit à Antioche pour offrir son alliance aux Francs[23]. Foulque dut accepter avec d'autant plus d'empressement cette proposition que le gouverneur d'Alep pour Zengî, Sawâr, semblait préparer, sans doute avec l'aide de bandes turcomanes, une nouvelle expédition en terre chrétienne. Foulque établit son camp sous *Hârim* ou Harenc ; instruit par l'expérience de Roger de Salerne et de Bohémond II, il y resta longtemps sur la défensive, attendant que les Turcs, qui possédaient une supériorité numérique considérable, démasquassent leurs intentions. Mais les Turcs de leur côté restaient dans l'expectative autour d'Alep, parce qu'ils attendaient l'arrivée de nouveaux renforts. Foulque, s'en étant rendu compte, se décida à prendre l'offensive avant que l'ennemi ait encore accru ses forces. Avec son allié Ibn 'Amrûn, il se porta, par la route de Tell Nawâz, contre l'armée alépine qui, sous les ordres de Sawâr, était venue camper près de Qinnesrîn, le Canestrivum de Guillaume de Tyr, au sud d'Alep[24]. Persista-t-elle à refuser le combat, les deux adversaires continuant quelque temps

encore à s'observer en se livrant à de simples escarmouches ?
À la fin Foulque recourut à une surprise nocturne, ruse de
guerre analogue à celle qui lui avait valu en décembre 1118
la prise d'Alençon sur le roi d'Angleterre Henri Beauclerc[25] :
« Il fist une nuit armer sa gent et s'en ala tout céléement
(= en secret), jusque il se féri en l'ost des Sarrazins. Il les
trouva touz désarmez, car cil ne s'en gardoient. Lors en
occistrent par les paveillons à grant planté. Cil eschapèrent
qui s'en porent foïr. Bien i ot morz plus de trois mile sans
ceus qui furent pris là. Granz richèces de maintes manières
trouvèrent en leur tentes, chevaus et trop autres bestes, or et
argent, robes et dras de soie, paveillons et pierres précieuses,
si en furent chargié qu'à peines porent il tout ce porter en
Antioche »[26].

Les historiens arabes ne nient pas cette défaite. Kemâl al-
Dîn reconnaît que les Musulmans subirent des pertes sensibles. Parmi les morts il cite le qâdî Abû Ya 'la ibn Khashshâb
et un guerrier turcoman fameux, Abu 'l Qâsim. Ibn al-Athîr de
son côté avoue que les Turcs prirent la fuite en direction
d'Alep et que le roi des Francs put pousser ses incursions
dans tous les sens sur le territoire de la ville. Ibn al-Qalânisî,
Kémâl al-Dîn et Ibn al-Athîr se consolent en nous parlant de
la mésaventure survenue à un détachement isolé de Francs
qui, surpris par des éclaireurs turcs, eut le dessous et perdit
beaucoup de gens ; l'envoi des têtes coupées et des prisonniers rétablit quelque peu le moral des Alépins abattus par le
désastre de Qinnesrîn[27]. Les mêmes auteurs parlent encore
d'un autre avantage secondaire remporté par les Musulmans.
Un corps de cavalerie franque était sorti d'Édesse pour
rejoindre l'armée de Foulque ; les chevaliers ravageaient au
passage les terres au nord d'Alep, lorsque Sawâr et le gouverneur de Menbij les surprirent et les taillèrent en pièces[28].

En réalité les Francs, en l'espèce le roi Foulque, restaient
les vainqueurs de la campagne de Qinnesrîn. Foulque, avec
tout le butin qu'il avait gagné, fit dans Antioche une rentrée
triomphale. « Là fu à leur revenue la joie moult grant. »
Jusque-là les secrètes intrigues de la douairière Alix, l'or
qu'elle répandait avaient maintenu contre le roi régent un
parti hostile ; comme le dit assez joliment l'Estoire d'Éracles,
« avoit il de teus barons eu païs qui contre le roi se metoient

pour l'amor de la princesse qui granz dons leur donnoit por ce fere ». La victoire de Qinnesrîn fit cesser ces intrigues et rallia toute la chevalerie d'Antioche, de cœur comme des lèvres, au roi Foulque : « Dès ce jor en avant, ot li rois les cuers de touz ceus de la terre mout enterinement et le tenoient tuit à seigneur et à père. » Le ralliement de la faction naguère hostile était la meilleure récompense des services rendus par la royauté. C'est ce qu'exprime encore magnifiquement l'*Estoire d'Éracles* : « Si com li rois demoroit en ces parties d'Antioche, il entendoit mout à bien atirier les besongnes de la terre, si qu'il i metoit ausi grant peine comme il feist ès afères de son roiaume ; jusqu'à tant que Dame Dieu meist conseil en la princé, que il i eust prince, ne la vouloit il pas giter hors de sa main (= abandonner)[29]. » Ce ne sera qu'après le retour du roi à Jérusalem, que nous verrons le gouverneur d'Alep, Sawâr, entreprendre de nouvelles razzias sur le territoire franc, autour de Zerdanâ, Ma'arrat Mesrîn et Ma'arrat al-Nu'mân (1134 ?)[30].

La sécurité de la route entre Jaffa et Jérusalem.
Construction du fort de Bétenoble (Beît-Nûbâ).

Tandis que le roi Foulque besognait ainsi comme régent dans la principauté d'Antioche, les chevaliers de Jérusalem, sous la direction de l'excellent patriarche flamand Guillaume de Messines, « ne voudrent mie estre oiseus ». La route des pèlerins, de Jaffa à Jérusalem, à son entrée dans le massif judéen, entre al-Qubâb, Latrûn, 'Amwâs, Bâb al-Wâd et Sârîs, passait par une série de défilés, où les coureurs égyptiens, montés d'Ascalon, venaient sans cesse tendre des embuscades aux fidèles. Pour assurer la sécurité de la route, les gens de Jérusalem décidèrent, vers la fin de 1132 ou au commencement de 1133, de construire une solide forteresse à Chastel Arnaud, l'actuel al-Bureij près du bourg de Bétenoble ou Beit-Nûbâ, à mi-chemin entre Lydda et la ville sainte[31] : « Li patriarches et li citeien de Jérusalem assemblèrent gent à armes, ce qu'il en porent avoir et vindrent à une vile mout ancienne que l'en apeloit Nobe, mès ele a ore non Bestenuble. Si com l'en descent des monz, à l'entrée de la champaigne, c'est la voie par quoi en vet à Lide et à la mer.

Iluec fermèrent un chastel de fort mur et de bone tor por garantir les pèlerins qui passoient par le chemin car li (Égyptiens) d'Escalonne venoient souvent por fere embuschement desouz un pas estroit en la montaigne et maintes foiz i avoient occis les Crestiens qui là estoient loing de leur recez. Quant li chastiaus fu fet, il li mistrent non Chastel Ernaut, puis le garnirent bien de genz armées et de viandes, si qu'il pooient bien atendre secors des citez que leur genz tenoient. Par ceste forteresse fu si garantie la voie que l'en ne (re)doutoit rien, ne en alant ne en venant de Jérusalem en ces parties ». *L'Estoire d'Éracles* ajoute que le rétablissement de la sécurité sur la route de Jaffa à Jérusalem assura un meilleur ravitaillement de la ville sainte et de l'arrière-pays, ce qui dut faire baisser le prix des denrées[32].

Nous verrons plus loin comment Foulque compléta ce système de défense en élevant en 1137 la forteresse de Gibelin (Beît Jibrîn), à mi-chemin entre Hébron et Ascalon, forteresse dont la garde fut confiée aux Chevaliers de l'Hôpital[33].

Éclipse de l'impérialisme zengide en Syrie. Guerres de voisinage du roi Foulque et de l'atâbeg de Damas Ismâ'îl ibn Bûrî. Surprise de Panéas par les Damasquins.

L'espèce de carence de la royauté zengide qui laissait à un simple gouverneur d'Alep le soin de défendre à lui seul le territoire de cette ville contre le roi de Jérusalem, régent d'Antioche, s'explique par le fait que l'atâbeg Zengî, négligeant ses terres alépines pour sa vice-royauté de Mossoul, était impliqué de ce côté dans toutes les querelles du sultanat seljûqide de Perse et du khalifat 'abbâside de Baghdâd : nous reviendrons sur ce fait très important pour l'intelligence de l'histoire franque. Signalons seulement ici que l'éloignement prolongé de Zengî n'était pas moins favorable à la dynastie bouride de Damas qui recouvrait ainsi, comme aux jours de son fondateur l'atâbeg *Tughtekîn*, la première place dans la Syrie musulmane.

L'atâbeg Bûrî, fils et successeur de *Tughtekîn*, n'avait guère eu le temps de donner sa mesure. Monté sur le trône de Damas en 1128, il avait été trois ans après victime d'une tentative d'assassinat de la part des Ismâ'îliens. La blessure qu'il

28   *L'ÉQUILIBRE*

reçut alors ne devait jamais guérir, bien qu'il continuât, malgré sa faiblesse, à donner audience et à monter à cheval. Il mourut le 6 juin 1132, remplacé par son fils Shams al-Mulûk Ismâ'il[34]. Ce nouveau maître de Damas se révéla un prince particulièrement énergique. Les Francs, croyant que l'avènement de ce jeune homme réduisait Damas à l'impuissance, se permirent de confisquer les marchandises de quelques négociants damasquins qui se trouvaient à Beyrouth. Ismâ'îl ayant vainement réclamé satisfaction, vint à l'improviste, le 11 décembre 1132, attaquer Panéas ou Bâniyâs[35], la Bélinas des chroniqueurs, au sud-ouest de l'Hermon, place frontière de première importance acquise en 1129 par les Francs grâce à la trahison des Ismâ'îliens. C'était l'époque où, comme nous le verrons, le roi Foulque était paralysé par la révolte de son vassal Hugue du Puiset, comte de Jaffa. Le sire de Panéas, Rénier Brus ou Rénier Brun, avec la majeure partie de ses chevaliers, se trouvait lui-même à Jaffa, auprès du roi[36]. Ismâ'îl qui n'ignorait point les embarras de la cour hiérosolymitaine, pressa le siège de la place. En vain Foulque se mit-il en marche pour la dégager. Après deux jours d'assauts incessants, Panéas avait succombé. La garnison fut emmenée captive à Damas (15 décembre 1132) et aussi la châtelaine, femme de Rénier Brus, qui, semble-t-il, ne devait pas mieux défendre sa vertu à la Cour de Damas qu'elle n'avait défendu la forteresse de son mari[37].

Ismâ'îl, après cette conquête, se retourna contre les possessions zengides. En fin juillet 1133 il vint mettre le siège devant *H*amâ. Au bout de deux jours d'assauts la ville ouvrit ses portes et le gouverneur zengide livra même la citadelle (août)[38]. De là Ismâ'îl alla mettre le siège devant Shaîzar, ville dont l'émir, le munqi*dh*ite Sul*t*ân, avait, on se le rappelle, accepté la suzeraineté de Zengî. Il ne se retira que devant l'envoi, par le Munqi*dh*ite, d'un tribut de vassalité (septembre 1133)[39]. En novembre 1133 nous voyons Ismâ'îl s'emparer de même du château de Shâqîf Tîrûn la Cavea de Tyron des chroniqueurs, que M. Dussaud recherche du côté de Tibnîn, dans le Jebel Jumla, à une vingtaine de kilomètres au sud-est de Tyr[40]. Shaqîf Tîrûn appartenait jusque-là à un sheikh druse ou no*s*airi nommé *Dahh*âk ibn Jandal, lequel

RÈGNE DE FOULQUE D'ANJOU

vivait en assez bonne harmonie avec les Francs dont il évitait de razzier le territoire[41].

Les Francs, inquiets de voir ce voisin paisible remplacé par le puissant roi de Damas, organisèrent une expédition de représailles en terre damasquine, dans le *H*aurân (septembre 1134). Ismâ'îl, après avoir recruté des Turcomans, courut se poster en face des Francs, évidemment pour empêcher ces derniers de se rabattre du *H*aurân sur Damas. Il n'y eut d'ailleurs entre eux que des escarmouches, car l'atâbeg hésitait à jouer le sort de Damas dans une bataille rangée ; mais, laissant de ce côté un rideau de troupes suffisant, il alla avec le reste opérer une puissante diversion à travers la province franque de Galilée, « pillant, démolissant, brûlant, enlevant femmes et enfants » et razziant la campagne autour de Tibériade et de Nazareth, jusqu'aux environs d'Acre. Cette diversion produisit son effet : l'armée franque évacua le *H*aurân[42].

En réalité ces luttes entre Francs et Damasquins ne pouvaient profiter qu'à leur commun adversaire, l'atâbeg Zengî. Aussi, peu après la double razzia des Francs au *H*aurân et des Damasquins en Galilée, Ibn al-A*th*îr nous montre-t-il les Francs proposant le renouvellement des trêves à Ismâ'îl qui accepta (octobre 1134)[43]. D'après Guillaume de Tyr, ce fut au contraire Ismâ'îl qui demanda la paix et le roi Foulque qui dicta ses conditions : la délivrance de tous les prisonniers faits à Panéas. Guillaume nous conte à ce sujet la triste histoire de la châtelaine de Panéas, depuis deux ans captive à Damas et que la paix rendit à son époux Rénier Brus. « Cil (Rénier), traduit *l'Estoire d'Éracles*, la reçut volentiers et grant joie li fist à sa venue. Mès ne démora guères qu'il oï dire que li Turcs ne l'avoient pas tenue comme haute dame, ainçois en avoient fet maintes foiz leur volentez. Si li demanda se c'estoit voirs (vrai) ; ele ne li nia pas, ainz li dist tote la vérité. Dès lors l'eschiva-il, ne (= ni) ne vont puis gésir avec lui (= avec elle). Cele, por sa pénitence fere, se rendi en une abaïe de nonains, et voa chastée par le congié de son seigneur. Ne demora guères qu'ele fu morte[44]. » – Quant à Rénier Brus, il se consola de son infortune en se remariant à Agnès, nièce du connétable Guillaume de Bures.

30 L'ÉQUILIBRE

Formation du domaine ismâ'îlien du Jebel Nosaîrî.

Ce fut à la faveur de cet équilibre entre les trois grandes puissances syriennes – Francs, Bourides de Damas, Zengides d'Alep-Mossoul – que la secte extrémiste des Ismâ'îliens ou Assassins réussit à se créer une base territoriale dans le pays.

Il y avait longtemps que les Ismâ'îliens poursuivaient ce but. En avril 1109 leur coup de main contre Shaîzar avait échoué devant la vaillance de la famille munqidhite[45]. La faveur du malik Ridwân leur avait un moment laissé l'espoir de se rendre maîtres d'Alep. Le massacre de 1113 les en avait éliminés[46]. De même en 1129 le complot qu'ils avaient fomenté à Damas de concert avec la cour franque avait été sur le point de leur livrer la ville : le massacre des leurs par la population damasquine le 1er septembre 1129 avait arrêté leur développement de ce côté[47]. Ce fut peu après qu'ils jetèrent leur dévolu sur les châteaux musulmans des contreforts méridionaux du Jebel Nosaîrî, entre Tortose et Hamâ. Ces châteaux appartenaient alors à un certain Saîf al-Mulk Ibn 'Amrûn, musulman assez tiède puisqu'on le voit s'allier aux Francs contre les gens d'Alep. En 1132-1133 les Ismâ'îliens lui achetèrent ces forteresses, savoir Qadmûs, al-Kahf et sans doute aussi Abû Qubaîs[48]. En 1140-1141 ils achevèrent de se rendre maîtres de la région en s'emparant de la forteresse de Masyâf (Masyâd, Masyât ou Masyâth), ancienne citadelle arabe d'inspiration byzantine élevée sur un rocher d'une dizaine de mètres au pied de l'escarpement à pic du Jebel Nosaîrî. Masyâf appartenait alors aux Munqidhites de Shaîzar. Les Ismâ'îliens jouèrent l'officier munqidhite qui commandait la place. « Ils lui inspirèrent une fausse confiance, puis, s'introduisant auprès de lui, ils le tuèrent et s'emparèrent de la forteresse » dont ils firent leur principal repaire[49]. Ce réseau de refuges ismâ'îliens fut complété par Khawabî (le Coïble des Croisés), 'Olleiqa qui commandait la vallée du Nahr Jobar, et Maniqa qui commandait celle du Nahr Hureisûn[50].

Le maître de la confrérie, Abû Muhammed, avait solidement organisé ce fief ismâ'îlien dans les montagnes de la Qadmûsiyâ lorsque arriva en Syrie vers 1162 le célèbre Rashîd al-Dîn Sinân de Bassora, envoyé par le grand maître de Perse pour contrôler la communauté syrienne. Toutefois Sinân attendit pour manifester ses pouvoirs la mort d'Abû Muhammed (1169). Il s'empara alors de la direction de l'Ismâ'îlisme syrien qu'il conserva jusqu'à sa mort en septembre 1192. Il y a lieu de remarquer qu'il semble avoir modifié les doctrines de la communauté syrienne dans le sens des croyances nosaîrî ; aussi ne tarda-t-il pas à rompre avec l'obédience du Grand Maître ismâ'îlien de Perse (d'Alamût) et à se rendre complètement indépendant au spirituel comme au temporel. Sous l'impulsion de ce nouveau chef, à la fois mystique ardent et politique implacable, doué d'une énergie de fer, meneur d'hommes sachant à un degré inouï fanatiser ses fidèles, l'État ismâ'îlien du Jebel Nosaîrî devait jouer un rôle hors de proportion avec son exiguïté territoriale. Sinân reconstruisit d'ailleurs la plupart des forteresses précitées et en fit autant de repaires pratiquement imprenables qui devaient défier tous les efforts d'un Saladin. Ce sera encore Sinân qui achèvera de donner aux Ismâ'îliens de Syrie leur individualité religieuse en les séparant du milieu islamique au point d'abolir chez eux les pratiques qoraniques et jusqu'au jeûne du ramadân[51].

La formation de ce réduit ismâ'îlien du Jebel Nosaîrî qui complète la physionomie historique du douzième siècle syrien, devait concourir encore à l'équilibre des forces entre le royaume franc de la Syrie maritime et les deux États turco-arabes de Damas et d'Alep-Mossoul.

§ 2. — La vie à Jérusalem et à Antioche sous le règne de Foulque. – Querelles ecclésiastiques et drames de cour.

Les affaires ecclésiastiques sous le règne de Foulque.
La question de la suffragance de Tyr.

En somme, en dépit des luttes contre les Damasquins – petites guerres féodales entre voisins, qui devaient rappeler à Foulque ses anciennes campagnes contre les comtes de Blois ou de Perche –, la première partie de son règne de 1131 à 1137 fut, au point de vue extérieur, relativement calme, le grand ennemi des chrétiens, l'atâbeg Zengî, vice-roi de Mossoul et d'Alep, étant absorbé par les affaires de l'Irâq. Le roi de Jérusalem put mettre ce temps à profit pour régler les querelles intérieures de la Syrie franque, querelles ecclésiastiques, féodales ou domestiques qui, sous un pouvoir moins fort, eussent facilement ébranlé l'État.

Guillaume de Tyr, qui est ici notre principale source, nous parle d'abord des querelles ecclésiastiques. C'est qu'il s'agit précisément de son siège archiépiscopal de Tyr. La conquête de cette ville par les Francs en 1124 avait soulevé un délicat problème. Dans l'organisation ecclésiastique grecque du onzième siècle, l'archevêché de Tyr, dont dépendaient les évêchés d'Acre, Sidon, Beyrouth, Byblos, Tripoli et Tortose, relevait non du patriarcat de Jérusalem, mais du patriarcat d'Antioche. Du jour où Tyr eut été délivrée des Musulmans par les gens de Jérusalem, conduits, précisément, par le patriarche de Jérusalem, il fut clair que l'intérêt politique empêchait de rattacher l'archevêché latin qui y fut créé au patriarcat d'Antioche. Mais, en plus, les archevêques de Tyr avaient la prétention de ne recevoir le pallium que du Pape lui-même, affichant ainsi une sorte d'indépendance envers Jérusalem comme envers Antioche. Le second archevêque de Tyr[52], Foucher d'Angoulême, excellent prélat qui « pou savoit letres, mès de grant religion estoit et de haute vie », à peine sacré par le patriarche Guillaume de Messines, refusa de recevoir le pallium de ses mains et partit pour Rome, malgré l'opposition du patriarche. « Li patriarches en fu mout iriez et le fis guetier en mainz leus por destorber ; si que cil (Foucher) s'en ala en tapinage ; à grant peine et a péril de son cors pot-il eschaper ». Au retour de Foucher, ce fut la guerre religieuse : « Quant il revint de Rome o tout son paule (avec son pallium), li patriarches ne vout mie que li evesque qui desouz lui devoient estre li obéissent et li toli (enleva) la ville de Caiphas dont s'église estoit en sésine. Mainz autres ennuiz li fist…[53] »

Le Pape Innocent II, prévenu de ces vexations, intima au patriarche l'ordre de laisser l'archevêque en paix, faute de quoi il lui enlèverait l'obédience de Tyr pour la rattacher directement à Rome[54]. Foucher put ainsi conserver les évêchés d'Acre, Sidon et Beyrouth, c'est-à-dire la partie de l'ancien territoire archiépiscopal de Tyr qui se trouvait incluse dans le royaume de Jérusalem, car, pour la partie incluse dans le comté de Tripoli, avec les évêchés de Gibelet (Byblos), Tripoli et Tortose, elle continua à relever du patriarcat d'Antioche. Foucher réclama d'ailleurs son dû au patriarche d'Antioche (c'était Raoul de Domfront). Mais ce dernier lui refusa ces rétrocessions tant que Tyr ne rentrerait pas dans son obédience[55].

Querelle de l'archevêché de Tyr à la fois contre le patriarcat de Jérusalem et contre le patriarcat d'Antioche, l'intervention apaisante et ferme de la Papauté arrangea tout. Guillaume de Tyr – d'ailleurs de fort mauvaise grâce, car cette affaire de clocher en fait un révolté – insère à ce point de son récit trois lettres pleines de sagesse du pape Innocent II, la première aux évêques de Gibelet, Tripoli et Tortose, pour leur enjoindre de se soumettre, malgré le patriarche d'Antioche, à l'archevêque de Tyr[56] ; la deuxième au patriarche d'Antioche, Raoul de Domfront, pour qu'il n'empêche plus les trois évêchés de se ranger sous l'obédience de l'archevêque de Tyr[57] ; la troisième aux trois évêques de Beyrouth, Sidon et Acre pour les avertir de ne pas seconder les injustes entreprises du patriarche de Jérusalem contre leur métropolitain, l'archevêque de Tyr[58]. Cependant, malgré l'intervention pontificale, les trois évêchés tripolitains continuèrent à relever du patriarcat d'Antioche, d'où les protestations véhémentes de Guillaume de Tyr : Guillaume, prélat lettré, applique à son archevêché de Tyr, victime de la querelle des patriarcats de Jérusalem et d'Antioche, le vers d'Horace : « Quicquid delirant reges, plectuntur Achivi ». Suit une imprécation beaucoup moins littéraire contre les dépeceurs de l'ancien territoire archiépiscopal de Tyr : « Satiantur de nostris carnibus ; quibus utinam aliquando id contigat ad vomitum ! ». Et pour finir le protestataire s'en prend à l'église romaine dont l'attitude avait été cependant si sage[59].

Dans toute cette querelle la position du roi Foulque avait dû être assez délicate, car, roi de Jérusalem et longtemps régent d'Antioche, il ne pouvait officiellement prendre parti pour aucun des deux sièges métropolitains. En fait la royauté avait un intérêt réel à ce que l'archevêché de Tyr, avec l'évêché suffragant de Saint-Jean d'Acre, ville qui était la seconde capitale du royaume, dépendît du patriarche de

34   *L'ÉQUILIBRE*

Jérusalem, et non du siège d'Antioche. La décision d'Innocent II, appliquée sur ce point (la question du *pallium* étant secondaire) donnait toute satisfaction au roi.

Les affaires féodales, en l'espèce la révolte de Hugue du Puiset, devaient causer plus d'ennuis à Foulque, d'autant qu'elles le touchaient personnellement.

Le roman de Hugue du Puiset et de la reine Mélisende.
Révolte du comte de Jaffa, sa soumission.

Sous le règne de Baudouin II, était parti en pèlerinage vers la Terre Sainte un seigneur de l'Orléanais, Hugue Ier du Puiset, qui était cousin germain de ce roi (leurs mères, Alice et Mélisende de Monthléry étaient sœurs). Hugue était accompagné de sa femme, Mabile fille de Hugue Cholet, sire de Roncy. En chemin, dans les Pouilles, Mabile accoucha d'un fils, « Huet » ou Hugue II, le héros de ce roman historique. « L'enfant était si tendre » que ses parents n'osèrent lui faire passer la mer. Ils le confièrent au prince de Tarente, Bohémond II (le futur prince d'Antioche) à qui ils étaient également apparentés, et s'embarquèrent pour la Syrie. À Jérusalem, Baudouin II « fist grant joie » à son cousin et lui donna le comté de Jaffa. Peu après Hugue Ier mourut. Baudouin II remaria la veuve à un seigneur wallon, Albert, frère du comte de Namur, qui hérita ainsi du comté de Jaffa. Mais Albert et Mabile à leur tour décédèrent bientôt. Cependant Hugue II, qui avait grandi, se rendit de Pouille en Palestine pour demander l'héritage paternel, le comté de Jaffa. Baudouin II fit aussitôt droit à sa requête[60].

Ainsi devenu à son tour comte de Jaffa, Hugue II du Puiset épousa Émelote (ou Alienor), nièce du feu patriarche Arnoul Malecorne et veuve d'Eustache Garnier, sire de Sidon et de Césarée. De son premier mariage, Émelote avait d'ailleurs deux fils, sire de Sidon, Gérard et Gautier, sire de Césarée[61]. Quant à Hugue c'était un des plus beaux chevaliers du temps, « sages et bien parlanz, granz de cors et bien fez ; visage avoit cler et vermeil ; chevaliers fiers et hardiz, cortois et larges sur touz homes : selonc la vaillance du siècle n'avoit il nul pareil eu (= au) roiaume. » Protégé de Baudouin II qui le traitait comme un fils, élevé avec ses filles, c'était le favori de la cour.

Hugue était surtout le familier de la princesse Mélisende, fille aînée du roi Baudouin II, mariée depuis à Foulque d'Anjou. Cousin et ami d'enfance de la nouvelle reine, il continuait à la fréquenter aussi librement. Cette intimité excita les malveillants. Comme le dit avec indulgence le bon prélat, notre guide : « N'estoit mie merveille se il estoit plus privez (= familier) de la reine que nus autres ; mès pluseurs gens i pensèrent mal ». Et le roi Foulque tout le premier. Foulque, qui était en train de dépasser les quarante ans, ne s'en montrait que plus jaloux de sa jeune femme. Il finit par prendre en haine le beau chevalier dans lequel il soupçonnait un rival. « Li rois estoit entrez en jalousie, qu'il ne pooit oïr parler de lui. » Hugue, qui le sentait, chercha à se prémunir contre la vengeance royale en se créant un parti parmi les barons ; l'un des plus puissants, Romain du Puy, seigneur de la terre d'Outre-Jourdain (Montréal), se rangea à ses côtés. La noblesse du royaume fut bientôt partagée entre le roi et le comte de Jaffa[62].

La haine couvait des deux côtés quand un scandale fit éclater le drame. Le promoteur en fut le jeune comte Gautier de Césarée, qui se trouvait le propre beau-fils de Hugue du Puiset, ce dernier ayant, on vient de le voir, épousé en secondes noces la mère de Gautier, Émelote. Entre les deux hommes ce remariage avait provoqué une hostilité mal dissimulée ; aussi Gautier avait-il embrassé contre son beau-père le parti du roi. Comme Hugue, Gautier était un « beaus chevaliers, granz et forz ». Un jour que la cour de Jérusalem était pleine de prélats et de seigneurs, Gautier – peut-être après entente secrète avec le roi – se leva et accusa publiquement Hugue de trahison. La scène, dans le récit de l'*Estoire d'Éracles*, a gardé son mouvement dramatique : « Gautiers se tret avant là où li rois et li baron estoient, et dist "Biaux seigneurs, escoutez-moi. Je di que Hues, li cuens de Jafe, a jurée et porchaciée la mort (de) son seigneur le roi, com traitres qu'il est ; et s'il est si hardiz qu'il le vueille nier, je le mostrerai contre son cors !" Lors tendi son gage. Li cuens Hues, quant il oï ce, sailli avant et dist que ce estoit mençonge ». Il accepta donc le défi et la cour royale les convoqua tous deux à une date donnée pour le jugement des armes[63].

En attendant l'échéance du duel judiciaire, Hugue rentra, comme pour s'y préparer, dans son fief de Jaffa. Mais le jour venu, il se déroba. Craignait-il de se jeter dans un piège préparé par Foulque ? Ou, ayant été contraint de faire un faux serment pour couvrir l'honneur de la reine, redoutait-il la punition divine ? Sa carence, qui paraissait soit un acte de lâcheté, soit un aveu, empêcha ses meilleurs amis de prendre sa défense et permit au conseil du roi de le déclarer, pour défaut, « selonc les us de France », coupable de trahison[64].

À cette nouvelle, Hugue prit peur. Désespéré, jugeant tout perdu, il courut à Ascalon se placer sous la protection de la garnison égyptienne. Cette fois la trahison était effective, d'autant que les Égyptiens, joyeux de cette alliance inattendue, en profitèrent pour rentrer en campagne et, appuyés sur Jaffa, venir piller au nord de la ville la plaine de Saron jusqu'à hauteur d'Arsûf. Mais le sentiment de la solidarité franque, la notion de l'État franc étaient encore trop forts pour supporter une telle félonie. Les vassaux de Hugue du Puiset, à commencer par le principal d'entre eux, Balian Ier le Vieux, sire d'Ibelin (Yebna)[65], et jusqu'aux habitants de Jaffa, la ville comtale, l'abandonnèrent. « Quant li baron qui estoient home le (= du) conte, virent que il se contenoit einsi..., il se partirent de lui, ses fiez le quitèrent et se tornèrent au roi. » L'armée royale qui était venue mettre le siège devant Jaffa ne semble pas avoir eu à livrer combat.

Il ne restait plus au fugitif qu'à implorer son pardon. Le patriarche de Jérusalem, Guillaume de Messines, « sages hom et paisibles » qui pensait avec l'Évangile « que tout royaume divisé contre lui-même périra », ne cherchait qu'à ménager un accord, et, avec lui, « les barons de bonne volonté » qui, eux aussi, « cognoissoient bien le grant péril où la Crestienté estoit por cele guerre » : de fait ce fut à la faveur de ces luttes intestines, tandis que l'armée royale était occupée à Jaffa contre Hugue du Puiset et ses alliés fâtimides, qu'à l'autre extrémité du royaume, l'atâbeg de Damas enleva, comme on l'a vu, Panéas aux Francs[66]. Cette cruelle leçon dut hâter la conclusion de l'accord. Pour consacrer la victoire du roi « si com droiz est » et sans doute aussi pour donner à sa colère le temps de s'apaiser, à sa jalousie le temps de s'éteindre, il fut convenu que Hugue du Puiset s'exilerait du royaume pendant trois ans et qu'au bout de ce temps, il pourrait rentrer en Syrie « à la grâce du roi, en sa terre, sans honte et sans reproche des choses qui passées estoient »[67] (décembre 1132).

L'attentat contre Hugue du Puiset. Son exil et sa mort.
Les vengeances de Mélisende.

Ici nouvelle péripétie. Hugue du Puiset, en attendant le départ d'un navire pour l'Italie, était retourné à Jérusalem. Une telle décision, après tout ce qu'on avait murmuré sur ses rapports avec la reine et au lendemain de sa révolte qui avait attiré contre lui l'hostilité générale, était sans doute fort imprudente. De fait, un soir qu'il jouait aux dés dans le souk des pelletiers, il fut assailli par un chevalier breton qui le laissa pour mort sur le carreau : « un jor avint que il fu en la rue que l'en apele la rue aus Peletiers, devant l'ouvroer à un mercheant que l'en claimoit Alfons, et jooit ilec aus tables (= aux dés). Uns chevaliers survint là qui estoit nez de Bretaigne : bien se prist garde que li cuens pensoit mout à son jeu ; lors sacha (tira) s'espée, si le féri parmi la teste, et après d'estoc parmi le cors en pluseurs leus. Granz plaies li fist assez, voiant (= devant) touz ceus qui présent estoient[68]. »

Un tel attentat, survenant au lendemain de la paix et du bannissement de Hugue du Puiset, retourna le sentiment populaire et faillit provoquer une émeute. « Li criz sordi par la ville mout granz ; tuit i acorurent et fu la citez mout esmeue. » La sensibilité de la foule prit parti pour le galant chevalier, élevé depuis son adolescence en terre syrienne, contre la jalousie du roi étranger ; de là à accuser Foulque d'avoir, par vengeance, fait assassiner son rival, il n'y avait qu'un pas : « Lors corut une parole par toute la terre que li rois avoit comandé à fere ce murtre, car cil chevaliers n'eust 'mie si hardiz esté que il osast ce emprendre (= entreprendre), se il ne se fiast eu roi. La menue gent commencièrent à escuser le conte et distrent que onques n'avoit eu colpe (faute) en ce que l'en li metoit sus, mès (que) li rois le haoit par envie. Einsi metoient tout le blasme que cil avoit eu sur le roi qui mout avoit perdue leur grâce. »

Or Foulque n'était pour rien dans l'assassinat, le chevalier breton ayant agi de sa propre initiative, cerveau fruste qui voulait faire expier au comte de Jaffa la trahison avec les Égyptiens. Mais le roi sentit la nécessité de se disculper sur-le-champ. Il réunit la cour des barons et leur ordonna de juger le meurtrier ; ils le condamnèrent à mourir après avoir eu les membres tranchés l'un après l'autre. Le roi exigea que le supplice fût public, et interdit de couper la langue au malheureux, pour lui permettre de parler jusqu'au bout « et de dire se il avoit ce fet par lui ». La terrible épreuve tourna à la justification complète du roi. « Car l'en demanda à celui (au meurtrier) avant que l'en le touchast et après ot quant l'en li coupez touz les membres fors la teste, le conjura-l'en sur le péril de s'ame porquoi il avoit ce fet ; il ne respondi onques autre chose fors tant que il dist qu'il l'avoit fet tout par soi, sanz amonestement d'autrui. » Guillaume de Tyr, en prélat habitué à confesser les cœurs, remarque en conclusion que « sanz faille il (l'assassin) cuidoit bien que li rois n'amast pas le conte », pensée qui dut lui inspirer son malheureux dessein, « car il en cuida avoir la grâce le roi (= il espéra obtenir ainsi la faveur du roi) », calcul stupide car – interpole le traducteur – « Breton sont fol et li rois estoit preudom. » En tout cas la loyauté du roi fut universellement reconnue et il recouvra sa popularité[69].

Le plus curieux fut que Hugue du Puiset se rétablit. Conformément à l'accord conclu, il s'exila, mais le cœur ulcéré, d'autant que la Cour avait saisi les revenus de ses terres pour payer les dettes qu'il laissait. Il se retira auprès du roi Roger II de Sicile qui lui donna le comté de Gargano. Roger II, nous l'avons vu, était, depuis la répudiation de sa mère, l'ennemi avéré de la dynastie hiérosolymitaine. Peut-être, d'accord avec Hugue, préparait-il quelque intervention en Syrie. Hugue ne pouvait que l'encourager dans de tels sentiments. Le beau chevalier n'avait sans doute nullement abandonné l'espoir de revenir en vainqueur à la cour de Jérusalem, auprès de la reine Mélisende, lorsqu'il mourut presque subitement dans son nouveau comté italien.

RÈGNE DE FOULQUE D'ANJOU 39

Quelles avaient été en tout cela les réactions de Mélisende ? Qu'il y eût de sa part simple amitié de jeunesse pour Hugue du Puiset ou qu'un sentiment plus profond les ait unis, elle ne pardonna pas aux ennemis du comte, surtout après la mort de celui-ci. Guillaume de Tyr nous dit que, dans sa violence orientale, elle médita un moment de terribles vengeances, non seulement contre les conseillers du roi, comme ce Rouart de Naplouse qu'elle accusait d'avoir excité Foulque, mais contre Foulque lui-même ; n'oublions pas en effet que nous avons affaire non seulement à une créole mais à une demi-Levantine, restée, comme sa sœur Alix d'Antioche, plus Levantine que Franque de tempérament. Alix avait appelé l'atâbeg Zengî contre le roi de Jérusalem, son propre père. Mélisende n'était peut-être pas à la veille de moindres violences, car la passion, pire que l'ambition, et une passion sans espoir, toute vouée à la vengeance, l'animait. Les plus indulgents la disaient exaspérée contre les soupçons qu'on avait fait peser sur sa conduite. Les autres, à la vérité plus nombreux, la jugeaient inconsolable : « porce que li cuens estoit morz hors de son païs por lui (= pour elle). »

Pour venger son beau chevalier, la reine, à ce que laisse entendre Guillaume de Tyr, complotait on ne sait quel guetapens ou quel drame des poisons. Tout le passage de l'*Estoire d'Éracles* serait d'ailleurs à citer. « Dès ce jor (de la mort de Hugue du Puiset), la roine et tuit si ami de son lignage haïrent mortelment touz ceus que li roi avoient mis en cele haine vers le conte, ne il (= ces derniers) n'estoient aseur (= en sécurité). Si (bien) que nus de ceus n'osoit aler se armé non (= sinon armé) et à grant compaignie ; car la roine était come tout desvée (= hors de sens)... ». Le plus menacé des ennemis de Mélisende, Rouart de Naplouse, non seulement n'osait se montrer en sa présence, mais évitait encore de se risquer dans la foule, tant il redoutait un coup de poignard. Quant à Foulque, notre chroniqueur a sur lui cette brève note, digne de Tacite : « Li rois meismes fu aucune foiz en tel point que il se dota moult qu'il ne fust en péril de son cors[70]. »

Le courroux de Mélisende finit cependant par s'apaiser. Les « preudomes » s'entremirent pour ménager une réconciliation entre les deux époux. Ce qui fut plus difficile, ce fut d'obtenir de la reine qu'elle tolérât les anciens ennemis de Hugue du Puiset : il fut entendu qu'elle supporterait leur présence dans les cérémonies officielles, avec celle des autres courtisans. Quant à Foulque, une fois débarrassé de son rival, il n'eut plus qu'un désir : se faire pardonner par sa jeune femme la douleur qu'il lui avait causée. L'astucieuse Mélisende s'aperçut vite de l'ascendant qu'un tel sentiment lui donnait sur lui. Elle en usa largement, le goût du pouvoir ayant remplacé chez elle d'autres passions : « Dès celui tens fist li rois du tout à la volenté (de) sa femme, que il se penoit d'apaisier son cuer en toutes manières. Touz les afères du roiaume fesoit au conseil et à la volenté (de) la reine : neis un petit plet (pas même une petite réunion) ne tenist il pas sanz lui (= sans elle)[71]. »

Cette influence de la reine Mélisende allait se faire sentir dans les affaires d'Antioche.

La principauté d'Antioche pendant la régence de Foulque.
Influence de la princesse douairière Alix et du patriarche
Raoul de Domfront.

Depuis son avènement au trône de Jérusalem, le roi Foulque exerçait en même temps les fonctions de régent d'Antioche comme tuteur de la jeune Constance, fille du dernier prince Bohémond II et héritière de la principauté. Mais la conscience qu'il apportait de ce côté, comme avant lui Baudouin II, à ses devoirs de régent n'empêchait pas de se faire sentir à Antioche tous les inconvénients d'une minorité ; inconvénients d'autant plus sérieux que deux ambitions inquiètes cherchaient à profiter sur place de l'éloignement du roi : celle du patriarche Raoul, celle de la princesse douairière Alix.

Pendant longtemps le patriarcat latin avait été l'âme de la principauté normande. C'est qu'un grand prélat, « *défensor civitatis* » à la manière des évêques du cinquième siècle, avait occupé le siège d'Antioche : Bernard de Valence qui, autant que le roi Baudouin II, avait sauvé le pays après la disparition tragique du prince Roger. Mais à sa mort, en 1135[72], on lui donna un successeur singulièrement différent, Raoul de Domfront, pour lors évêque latin de Mamistra en Cilicie.

RÈGNE DE FOULQUE D'ANJOU

Étrange nomination du reste, si nous en croyons *l'Estoire d'Éracles* : « Bernart, qui avoit esté li premiers patriarches d'Antioche, hom de grant aage, simple et religieus, trespassa de cest siècle, eu trente sixième an qu'il avoit esté esleuz à cele digneté. Après sa mort tuit li prélat s'assemblèrent por eslire patriarche en Antioche. Si com il parloient de diverses personnes, selonc ce que l'en doit fere en tel besongne, un arcevesque de Mamistre, Raoul avoit non, nez du chastel de Danfront en Passois, sans election des clers, par la volenté et par le cri du pueple, s'en entra en la chaaire (de) monseigneur Saint-Piere, et se tint por eslu. » Suit le portrait de ce prélat enfoncé dans le siècle, fastueux et rude, plus semblable à un chevalier qu'à un clerc : « Cil Raoul estoit mout biaus hom de vis, bien granz de cors ; les euz avoit un pou borgnes (louchant) mès ne li mésavenoit point ; letrez estoit meiennement, mès mout parloit bien et mout avoit grâce de dire plaisanz paroles ; larges estoit mout ; bien l'amoient li chevalier et la menue gent. Mès mout estoit légiers en parole, ne ne tenoit pas bien ce qu'il prometoit. Le barat (ruses) du siècle savoit tout et volentiers en usoit... ». Et ailleurs : « C'estoit uns hom qui trop amoit chevaliers et avoit leur acointances ; bien savoit tenir à gré les petiz et les granz ». Appartenant à la famille des seigneurs de Domfront en Normandie, c'était le candidat de la noblesse normande qui formait le fond de la principauté d'Antioche et qui favorisait en lui l'avènement d'un des siens[73]. Populaire en même temps auprès de la foule à qui plaisaient sa prestance, son éloquence et ses promesses, il sut intimider ses concurrents par la menace de quelque émeute. Pendant que les prélats étaient assemblés en synode pour procéder à l'élection, le peuple soulevé l'avait proclamé élu d'office « Quant li prélat virent que cil sires volait estre patriarches sanz leur election, mout (re)doutèrent que li pueples ne leur feist ennui se il le contredisoient voiant eus (= en face) ; por ce se despartirent au plus tost qu'il porent. Mès à celui (Raoul) qu'il n'avoient pas esleu ne voudrent il fere nule obédience. Mès cil (Raoul) entra eu palais au patriarche et le tint comme sien. Son paule (son *pallium*) prist sur l'autel Saint Pere en Antioche, que onques à Rome n'en envoia[74]. »

42   *L'ÉQUILIBRE*

Bien qu'ayant conquis de haute lutte le siège patriarcal, Raoul de Domfront réussit à se concilier une grande partie des prélats hostiles. Cet habile homme commit cependant deux lourdes fautes. Il négligea de se mettre en règle avec Rome, et, au lieu de ménager les chanoines de son chapitre, restés boudeurs, il commença par les dépouiller de leurs rentes, puis les traita en criminels. « Les chanoines menoit si mal que les uns metoit en prison comme larrons, les autres chaçoit du païs. Il i avoit uns Arnoul, né de Calabre, gentilhome et bien lettré, et uns Lambert, arcediacre de l'église, simple home de bone vie, et preude clerc. Ces deus prist et les fist mener mout viloinement come murdriers en une prison où il avoit chauz vive. Là leur fist une grant pièce mout soufrir honte et mésèse et leur metoit sus qu'il avoient jurée sa mort : en ceste manière se contenoit envers ses clercs. Tant que il se fist tant haïr à toutes manières de genz que il n'avoit fiance en nului (= confiance en personne), ne se cuidoit estre seurs (= en sécurité) en nul leu. »

Tyran de son église, méprisant l'autorité du Saint-Siège, ne s'entourant que d'hommes d'armes tandis qu'il mettait ses chanoines aux fers, Raoul était le type même de ces féodaux égarés dans les ordres comme le Moyen Âge en a tant compté. Le grand archevêque Guillaume de Tyr qui, étant jeune, l'a connu, termine le portrait qu'il nous a laissé de lui par ce trait puissant : « Il devint d'une telle morgue qu'il semblait, dans Antioche, plutôt le successeur des Antiochus que de Saint-Pierre et de Saint-Ignace » ; trait que la traduction française, d'ordinaire si vigoureuse, affaiblit un peu : « Cil Raoul monta à si grant bobant (insolence) por la richèce qu'il ot et por la hautèce où il estoit qu'il ne prisoit nului rien (= qu'il méprisait tout le monde). Bien li estoit avis que nus ne le valoit, si que par sa contenance sembloit qu'il ne fust mie patriarches, mès princes d'Antioche[75]. »

En même temps la princesse douairière Alix (dont on n'a pas oublié les intrigues pour déposséder sa fille Constance et recouvrer le trône) commençait à rétablir ses affaires. Dans son douaire de Laodicée, La Liche des chroniqueurs (Lattaquié) et de Gibel ou Jabala, auquel l'intervention de Baudouin II, puis de Foulque l'avait réduite, elle reprenait courage. Ce n'était pas en vain qu'elle savait pouvoir compter sur l'appui de sa sœur, la reine Mélisende. L'influence de cette dernière sur le roi, à mesure que Foulque vieillissait, devenait de plus en plus sensible. Sur les prières de sa femme, Foulque permit bientôt à Alix de rentrer à Antioche et d'y distribuer les postes principaux aux barons de son parti, si bien que l'ambitieuse douairière redevint, concurremment avec le patriarche, maîtresse de la ville et de la principauté. Comme le dit énergiquement *l'Estoire d'Éracles*, « là se fist toute dame, et commanda ce que li plot, et mena la ville toute à sa volenté[76]. »

Le seul pouvoir qui eût pu faire obstacle à Alix était le patriarche Raoul de Domfront. Mais, en lutte avec son clergé, Raoul fut bien aise, nous dit Guillaume de Tyr, de pouvoir s'appuyer sur la princesse douairière[77]. On les devine agissant de concert pour prolonger l'interrègne à leur profit.

Raymond de Poitiers, prince d'Antioche.

Quelle que fût la complaisance de Foulque vieillissant pour sa belle-sœur Alix, il ne pouvait, en face de l'atâbeg Zengî, laisser se prolonger un interrègne anarchique à la faveur duquel la plus menacée des possessions franques tombait aux mains d'une femme sans scrupule et d'un prélat simoniaque. Durant sans doute un de ses séjours à Antioche, et, semble-t-il, du vivant encore du patriarche Bernard de Valence mais, en ce cas, peu avant la mort de ce dernier (1135), plusieurs des barons du pays – ceux qui restaient fidèles à la mémoire de Bohémond II et à leur serment envers la fille de celui-ci, la princesse Constance, – étaient venus demander au roi, en grand secret (car il fallait toujours se méfier des machinations de la douairière Alix), de chercher un époux pour la jeune fille, un chef pour la principauté[78]. « Lors vindrent à lui li plus haut baron de la princée, qui vouloient garder leur féautez vers la fille le (= du) prince Buiémont, qui estoit leur dame, et li prièrent mout secreement que il, qui connoissoit touz les vaillanz homes du roiaume de France, les conseillast en bone foi lequel baron il manderoient por venir espouser leur damoiselle et recevoir la seigneurie de si bele tere comme ele avoit. Bien li distrent que tant se fioient en son sens et en sa loiauté

44 L'ÉQUILIBRE

que du tout il crerroient son conseil. Li rois reçut volentiers la parole, et bien li sembla que grant enneur li faisoient. Lors commença à nomer les barons des terres qui sont dès les monz (in partibus ultramontanis) jusqu'à la mer d'Angleterre. Les lignages et les couvines leur disoit com cil qui certains estoit du tout ». Après avoir envisagé les différents partis possibles, le choix du roi s'arrêta sur le cadet d'une des principales familles princières de France, Raymond, fils du comte de Poitiers, Guillaume IX[79]. « Raymond de Poitiers », qui avait alors un peu plus de trente ans (il était né en 1099), se trouvait à la cour du roi anglo-normand Henri Beauclerc qui l'avait armé chevalier[80].

La décision prise, le roi et les barons légitimistes envoyèrent en Angleterre un homme de confiance, un chevalier de l'Hôpital nommé Gérard Jéberron[81], pour inviter Raymond de Poitiers à venir. Choix du futur prince d'Antioche et envoi de Gérard en Europe, Foulque et les barons avaient tout tenu dans le plus grand secret, tant ils redoutaient les intrigues de la dangereuse Alix, toujours « pleine de malice ». Rien de plus facile à elle que de faire échouer l'affaire, si elle en avait le moindre écho. En effet le messager, pour atteindre Raymond de Poitiers, et Raymond lui-même, pour s'embarquer, devaient presque fatalement passer par les États normands des Deux-Siciles. Or le maître du pays, Roger II, duc de Pouille, puis roi de Sicile (1101-1154), était lui-même prétendant au trône d'Antioche qu'il revendiquait comme son héritage. Prétention sans doute assez mal fondée : Roger II était fils de Roger Ier, comte de Sicile, lequel Roger Ier était frère de Robert Guiscard, tandis que Robert Guiscard était le père de Bohémond Ier, le grand-père de Bohémond II et l'aïeul de la jeune Constance d'Antioche. Ce lointain cousinage n'eût permis à Roger II de revendiquer le trône d'Antioche que si Constance n'avait pas existé. Il n'en était pas moins vrai que, si Alix avait eu vent du projet qui devait, en lui donnant un gendre, mettre fin à son ambition, elle n'aurait eu qu'à prévenir le roi de Sicile, et celui-ci, unissant ses rancunes à celles de la douairière, se fût fait un jeu d'arrêter Raymond de Poitiers au passage. C'était la raison pour laquelle le prudent Foulque, au lieu d'envoyer à Raymond une délégation de chevaliers qui n'eût pas manqué de donner l'éveil à Alix, avait choisi comme messager un simple Hospitalier qui pouvait passer inaperçu[82].

Gérard Jéberron put ainsi parvenir sans encombre jusqu'à la cour anglo-normande où il trouva Raymond de Poitiers et, toujours en secret, lui montra les lettres du roi Foulque. Raymond accepta. Mais le secret, longtemps bien gardé, avait fini par transpirer. Dans les Deux-Siciles Roger II avait appris la démarche dont les barons d'Antioche avaient chargé Gérard, et avait donné des ordres dans tous les ports de ses États pour faire arrêter Raymond quand celui-ci viendrait s'embarquer. Le monarque sicilien était en effet bien résolu, puisque la succession d'Antioche était ouverte, à la revendiquer, à faire écarter la jeune Constance et à aller fonder là-bas une seconde dynastie normande « car il avoit espérance que, s'il pooit empescher le passage (de) Raimont, plus légièrement (= facilement) auroit la terre d'Antioche qu'il demandoit, meimement parce qu'il pensoit à doner grant avoir aus barons de la terre, s'il se tenoient à lui[83]. » C'était, notons-le, la seconde fois que la dynastie normande des Deux-Siciles songeait à se rattacher directement les États francs de Syrie : la première tentative avait été préparée par le même Roger II en 1113 lorsqu'il avait négocié le mariage de sa mère, la douairière Adelaïde, avec le roi de Jérusalem Baudouin Ier. Et, de fait, on ne peut s'empêcher de penser qu'une union de cette sorte, en étayant les colonies franques sur l'État franco-normand d'Italie, leur eût apporté, notamment au point de vue des forces navales, un réel appui.

Roger II avait envoyé des émissaires sur toutes les routes, dans tous les ports des Deux-Siciles pour s'emparer du prétendant dès son arrivée. En effet, dans l'état des lignes maritimes entre l'Occident et la Syrie, Raymond était obligé de descendre vers les Deux-Siciles pour s'embarquer. Mais il sut déjouer les embûches de son rival en se déguisant, lui et ses compagnons, en pauvres pèlerins ou en marchands ambulants. « Raimont, qui estoit sages et apercevanz, nous conte *l'Estoire d'Éracles*, sot bien la nouvele que l'en le guetoit, si se mist en tapinage (à se cacher). Por mieuz eschaper, sa compaignie départi (dissémina) toute : li un aloient deus jornées avant, li autres trois, li tierz venaient après grant pièce (= intervalle). Il aloit en mout povre abit. Tele eure estoit

46   *L'ÉQUILIBRE*

qu'il menoit un troussel (chargement) sur une mule, comme garçon à marcheant. Aucune foiz aloit il sur un cheval, comme povre pèlerin : en tel manière eschappa les guez que li dux Rogiers avait mis por lui prendre. » Lui et les siens, ayant joué leur ennemi, s'embarquèrent à sa barbe et arrivèrent sains et saufs à Antioche[84].

À Antioche, nouveaux dangers. Certes l'arrivée de Raymond de Poitiers ravit d'aise les barons légitimistes qui le reçurent à « mout grant joie », mais il n'en allait pas de même des seigneurs qui avaient embrassé le parti de la douairière Alix ; c'étaient évidemment eux qui avaient fait prévenir Roger de Sicile pour empêcher le voyage de Raymond. Redoutant la vengeance du futur prince, ils pouvaient encore faire obstacle à son avènement. Du reste, Alix, grâce à l'influence de sa sœur, la reine Mélisende, sur Foulque, avait réussi, nous l'avons vu, à rentrer dans Antioche et à y placer ses créatures dans les principaux postes, de sorte qu'elle était à peu près maîtresse de la ville, en partageant, il est vrai, l'autorité avec le patriarche Raoul de Domfront, personnage aussi intrigant qu'elle, non moins ambitieux et même beaucoup plus rusé.

C'était précisément là qu'était la clé de la situation. Raymond de Poitiers comprit que la première chose à faire était de mettre le patriarche dans son jeu. « Quant Raimonz fu arivez en la terre, bien oï dire que li patriarches tenoit grant leu eu païs et qu'il ne porroit mie avenir légièrement à ce qu'il pensoit sanz s'aide (= son aide) ; por ce li envoia messages et li pria de son afère. ». Le patriarche accueillit ces ouvertures, mais posa ses conditions, traitant d'égal à égal avec le futur prince et dictant à celui-ci un pacte qui partageait la souveraineté d'Antioche entre eux deux, moyennant quoi il s'engageait à le faire triompher d'Alix : « Li patriarches respondi que s'il (Raymond) li vouloit jurer féauté et aide contre touz homme qui poïssent vivre et morir, il li rejureroit ausi et la damoiselle espouseroit sanz contredit de nului ». Quoi que Raymond pensât de pareilles prétentions, il se garda de refuser. Le principal, pour le moment, était de se débarrasser de la douairière et d'épouser la jeune héritière. Il jura tout ce que voulut le patriarche, jusqu'à lui faire – chose inouïe – « hommage lige », et le patriarche, à ces conditions, se chargea de lui obtenir la couronne[85].

Raoul de Domfront tint parole. Il alla trouver Alix et raconta que le beau chevalier de France venait pour l'épouser elle-même au lieu de sa fille. Une telle nouvelle flattait trop l'orgueil et la coquetterie de la romanesque douairière pour qu'elle n'y crût point, « et en ot grant joie ». Loin de s'opposer à Raymond, elle le laissa donc avec empressement mettre la main sur Antioche. Complètement abusée, confiante et joyeuse, elle attendait en son palais qu'il la vînt chercher pour la mener aux autels, quand elle apprit qu'au même moment il était en train de célébrer ses noces avec la jeune Constance, le patriarche Raoul officiant, et devant tous les barons désormais ralliés. Comprenant trop tard qu'elle était « gabée », elle regagna, honteuse et furieuse, son douaire de Laodicée, avec, comme seule consolation, l'espoir de faire à Raymond de Poitiers « tout le mal qu'ele pot ». En réalité elle était désormais hors de jeu. La lutte restait maintenant circonscrite entre ses vainqueurs, les deux alliés du jour, le nouveau prince d'Antioche Raymond et le tout-puissant patriarche Raoul[86] (1136).

Dans la personne de Raymond de Poitiers la principauté de l'Oronte avait enfin trouvé un chef. Cet héritier des ducs d'Aquitaine était un des plus beaux chevaliers du temps[87]. « Granz estoit et forz et mieuz fet de cors que nus hom que l'en poïst trover ; beaus estoit sur touz les homes. Bon aage avoit. Aus armes preuz et aperz, plus fiers et plus hardiz que uns lions ; de chevalerie, passoit touz ceus qui onques eussent esté en la terre d'outremer ». Kemâl al-Dîn rapporte des traits surprenants de sa force : « On raconte qu'il prenait un étrier de fer et le pliait d'une seule main. Il passa un jour, monté sur un vigoureux étalon, sous une voûte dans laquelle se trouvait un anneau. Il s'y suspendit par les mains, serra son cheval entre ses cuisses et l'empêcha d'avancer »[88].

Sans avoir lui-même de lettres, « mout amoit la compaignie à ceus qui les savoient, por enquerre des estoires et des autres escritures. ». Munifique et libéral, au point de donner son bien sans compter, il se montrait avec cela remarquablement sobre et frugal et garda à sa toute jeune femme, Constance, une fidélité exemplaire. En revanche il était joueur et mauvais joueur : « le jeu de tables et de dez amoit plus que touz autres déduiz ; ireus (colère) estoit trop, et de si grant

48 *L'ÉQUILIBRE*

ire qu'il en perdoit toute sa raison et devenoit come touz desvez (hors de sens, furieux) ». En outre il agissait trop souvent par impulsion, sans prendre conseil, et, bien « qu'ayant toujours respecté la coûtume du pays », c'est-à-dire, ici, les droits des barons et des bourgeois, il n'hésitait pas à oublier ses serments les plus solennels quand il y allait de « son avantage », c'est-à-dire de l'intérêt de la principauté. Le patriarche Raoul de Domfront en devait faire rapidement l'expérience.

Conflit entre Raymond de Poitiers et le patriarche Raoul de Domfront.

Un prince de caractère aussi accusé ne pouvait supporter longtemps le partage du pouvoir et même l'espèce de tutelle que lui avait imposés le patriarche Raoul. Le serment que Raoul avait exigé de lui à ce sujet – non sans un véritable chantage – lui devenait intolérable. Son impatience était accrue par les imprudences du patriarche. Raoul, étalant sans discrétion son pouvoir, se comportait ouvertement en associé de la couronne. « Li patriarches Raoul, note *l'Estoire d'Éracles*, monta en un trop grant orgueil de l'aliance qu'il avoit fete au prince ; bien cuidoit que ce ne li deust jamès faillir ; plus si fioit que mestiers ne li fust (= qu'il n'eût dû faire) ; si en fu deceus. Car li princes, quant il fu en son poir, eut mout grant duel (= chagrin) du serment que cil li eust fet fere en sa venue, ausi com par force. Si le haï mout en son cuer et se trest (= tourna) vers ses ennemis (de Raoul) por estre contre lui. »[89]

Raymond de Poitiers procéda par étapes. Il commença par s'entendre avec les clercs hostiles au patriarche. Le chef de ceux-ci était l'archidiacre Lambert « bien letrez et de bone vie », qui, à l'inverse de Raoul, « rien ne savoit du siècle » et n'en était que plus révolté par les allures toutes profanes de Raoul. À côté de Lambert, *l'Estoire d'Éracles* cite égalemert comme chef du parti antipatriarcal, un certain Arnoul de Calabre, « gentils hom, bien letrez et sages des choses seculers », lequel devait, par la suite, devenir archevêque de Cosenza. D'accord avec Raymond de Poitiers, Lambert et Arnoul en appelèrent au pape contre le patriarche et partirent à cet effet pour Rome. L'affaire une fois évoquée, Raymond de Poitiers força le patriarche à partir lui-même en Italie pour se justifier.

Comme tous les voyageurs revenant d'outre-mer, Raoul aborda dans les Deux-Siciles. Or nous avons vu que le prince normand des Deux-Siciles, Roger II, estimait que Raymond de Poitiers l'avait frustré de la succession d'Antioche. Arnoul, qui, par sa naissance calabraise, se trouvait le vassal de Roger alla, avant l'arrivée du patriarche, l'exciter contre ce dernier en rappelant que Raoul était l'auteur principal de l'élévation de Raymond de Poitiers : « Sire, fait dire à Arnoul *l'Estoire d'Éracles*, bien est certeine chose que l'en vos fet tort de la cité d'Antioche qui deust par reson estre vostre et à vos oirs. Li hom du monde qui plus en a esté contre vous et plus vous het mortelment vendra en vostre pooïr : c'est le patriarche d'Antioche qui va à Rome et arivera à un de vos porz. Por ce, seroit mestiers que vos meissiez conseil comment vos le poïssiez avoir, car aussi com il vos toli (= enleva) vostre héritage et le dona à un estrange home (= à un étranger), le porroiz-vos recovrer, se il vos choit entre les mains ». Conformément à ce conseil, Roger II envoya aussitôt des instructions dans tous les ports de l'Italie méridionale ; si bien qu'en débarquant à Brindisi, le patriarche se vit appréhendé par les officiers normands qui lui enlevèrent ses serviteurs, séquestrèrent ses bagages, « son avoir, ses chevaux et ses robes », et le confièrent à la garde de son ennemi Arnoul pour être conduit comme un criminel à la cour de Roger II, en Sicile[90].

Mais le prélat « qui biaus hom estoit et bien parlanz et gracieux » sut se tirer de ce mauvais pas, se justifier auprès de Roger, et le tenir sous le charme au point de se faire rendre tout son bien et d'obtenir l'autorisation de partir pour Rome. Là, nouvelles difficultés. Raoul qui s'était emparé du siège d'Antioche en dehors de toutes les règles canoniques, sans même demander la consécration de la Cour romaine, passait pour un révolté : dans son orgueil n'avait-il pas soutenu que l'Église d'Antioche était l'égale de l'Église romaine ? « Et, sanz faille, aucune (quelques) foiz avoit il dit que messires Saint Peres (Saint Pierre) avoit esté comme prélaz et chiés de Sainte Église en Antioche ainçois que (= avant de l'être) à Rome ; por ce si estoit droiz que l'église qui avant estoit née

50 L'ÉQUILIBRE

en la Crestienté fust plus haute et plus ennorée que cele qui estoit puisnée. »[91]

À son arrivée à Rome, Raoul fut donc aussi mal reçu que possible. Le pape Innocent II et les cardinaux refusèrent d'abord de lui accorder audience. Mais il avait de l'entregent et finit par obtenir une réception. Ses adversaires en profitèrent pour porter devant la curie les accusations de simonie et autres qu'il n'avait que trop méritées. Naturellement il se défendit avec son éloquence coutumière. Comme on ne pouvait le juger sans enquête sur place, on l'invita à retourner en Syrie, pour y attendre l'arrivée d'un légat chargé de cette enquête. Avant de quitter Rome, il sut effacer par une mesure habile la mauvaise impression produite par son geste de jadis, quand, sans attendre l'investiture pontificale, il avait pris lui-même le pallium à Antioche. Ce pallium usurpé, il déposa spontanément et en reçut un autre de la main du Saint-Père. En dépit de l'enquête annoncée, ce fut donc pleinement réconcilié avec le pape et les cardinaux et jouissant même de leur grâce qu'il quitta Rome pour aller reprendre son poste en Syrie. À son passage en Sicile, Roger II, complètement retourné, lui aussi, « le reçut mout ennorablement et parlèrent ensemble assez à conseil tant que (= si bien que) il furent bon ami. Li dux li donna de biaus dons et fist apareillier galies tant comme il vout por mener lui et sa gent ».

Quand le patriarche aborda à Saint-Siméon (Suwaidiya), le port d'Antioche, il pouvait donc se flatter d'avoir déjoué l'attaque des clercs ennemis. Consacré par la faveur de la cour de Rome il arrivait presque en triomphateur. Il avait compté sans le prince d'Antioche, Raymond de Poitiers, d'autant moins disposé à oublier ses rancunes que Raoul se trouvait maintenant l'ami de Roger II. L'attitude de Raymond influa sur celle des clercs d'Antioche, qui refusèrent de le recevoir. « Quant il (Raoul) fu venuz à terre, si près de s'église, il manda à ses clers et au pueple que l'endemain li venissent à l'encontre à procession jusque hors la ville, car c'est la coustume de recevoir einsi le prélat qui vient de Rome. Cil (les clercs d'Antioche) savoient bien que li princes ne l'amoit pas, ainz le haoit (= haïssait) de grant haine, encontre (= malgré) la féeuté qu'il li avoit fete, por ce ne le voudrent recevoir si comme il manda, ne lui obéir, ainçois li véa l'en (lui interdit-on) qu'il n'entrast en la cité. »[92]

Raoul de Domfront savait plier. Mis à la porte par « la malice de son clergié », derrière lequel il sentait l'action du prince, il redouta le courroux de celui-ci et se garda bien de vouloir entrer de vive force dans Antioche. Il se retira dans la « Montagne Noire » ou « Mont Admirable », l'ancien massif de Piérie, le Jebel Lukkam des Arabes, avec le Jebel Sem'ân, sur la rive nord de l'embouchure de l'Oronte, « où il a pluseurs abaïes et hermites »[93]. Ce massif couvert de forêts et arrosé de nombreuses sources était en effet rempli de couvents et d'ermitages syriaques, arméniens, grecs et aussi latins : les Bénédictins y possédaient le monastère de Saint-Georges-de-la-Montagne-Noire, et l'Ordre de Cîteaux celui de Saint-Serge de Jubino. Dans cette retraite, Raoul attendit, comme tout à l'heure à Rome, que la mauvaise humeur contre lui fût passée : « là se demora por atendre se li princes abessast vers lui la rancune de son cuer, et ses clergiez li gardast obédience, si qu'il l'envoiast querre por venir. » Mais bien au contraire Raymond de Poitiers qui, jusque-là, n'avait manifesté son hostilité que d'une manière sourde, en excitant les clercs à la révolte, se déclara ouvertement contre lui. Raymond venait en effet de recevoir une lettre du chanoine Arnoul, lui mandant d'Italie que le patriarche, au cours de son voyage, avait contracté alliance avec Roger II de Sicile, pour placer celui-ci sur le trône d'Antioche.

Sur ces entrefaites Raoul de Domfront reçut un secours inattendu. Le comte d'Édesse, Jocelin II, qui détestait Raymond de Poitiers, invita Raoul chassé d'Antioche à venir s'installer à Édesse. De fait Raoul fut reçu à Édesse avec les plus grands honneurs : « li prélat de la terre li obeissoient tuit, meismement l'arcevesque de Rohès (Édesse) ; mout fut receuz ennorablement partout ; li cuens li fist bele chière et li envoia de biaux présenz. »

Le prince d'Antioche jugea-t-il prudent de ne pas laisser Raoul de Domfront faire l'union de ses adversaires ? Toujours est-il que, cédant enfin aux instances des amis du patriarche, il consentit à une réconciliation, du moins en apparence, car, comme le dit *l'Estoire d'Éracles*, il « apesia son semblant, ne mie son cuer ». Il envoia donc à Raoul, à

52 _L'ÉQUILIBRE_

Édesse, de « bonnes paroles » pour l'inviter à rentrer à Antioche. Raoul, qui n'attendait que cette capitulation, se hâta de revenir, non sans se faire accompagner de l'archevêque d'Édesse et des autres prélats du pays sur lesquels il savait pouvoir compter. Sa rentrée à Antioche prit les allures d'un triomphe : « Quant il approchièrent, les processions des églises li vindrent à l'encontre en chapes de paille (= de soie) ; li Princes et li baron, chevalier et borjois de la ville le receurent mout ennorablement, à grant joie l'emmenèrent dedenz la grant église, puis s'en ala en son palais. »[94]

Cependant l'enquête décidée en cour de Rome commençait. Le pape Innocent II en chargea l'archevêque de Lyon, Pierre, un Bourguignon « preudom, de sainte vie et de grant aage ». Après avoir débarqué à Acre et fait le pèlerinage de Jérusalem, Pierre fut rejoint par les deux chefs du parti des chanoines d'Antioche, Lambert et Arnoul, revenus d'Italie et qui « mout l'angoissièrent, et le hastoient qu'il venist en Antioche et entendist à la besongne por qu'il estoit meuz ». Mais le vieillard ne put même pas quitter Acre : il y tomba malade et mourut (28 mai 1139) : on accusa les partisans du patriarche Raoul de l'avoir fait empoisonner.

Le décès de l'enquêteur pontifical ruinait les espérances des chanoines d'Antioche, et en première ligne de leurs représentants, Lambert et Arnoul. Les deux hommes essayèrent de se réconcilier avec le patriarche. « Quant li adversaire au patriarche virent ce, qu'il avoient perdue toute leur espérance et le travail qu'il avoient si longuement mis por grever leur prélat, ne ne pooient mès veoir dont aide leur venist, tantost s'en alèrent en Antioche et parlèrent à aucuns des amis au Patriarche ; par eus li firent crier merci (= pardon) mout humblement et requerre que il leur rendist leur rentes, car il estoient prest de lessier l'acusement qu'il avoient fet contre lui et lui fere féeuté et bien asseurer que jamès ne feroient rien contre lui, ainçois le serviroient loiaument comme à leur seigneur. Li patriarches receut la parole en partie, car il fist pais à Lambert, et li rendi son arcediacré ; mès de Arnous ne vout il onques oïr nule parole, car il le tenoit trop à desloial. »[95]

Le refus du patriarche d'accepter le repentir – sincère ou non – d'Arnoul de Calabre fut à coup sûr une faute. Arnoul, voyant « qu'il ne porroit trouver nule merci par débonaireté, et qu'il avoit perdue sa provende », repartit pour Rome, décidé à tout faire pour abattre le patriarche. Là, à force d'instances, de « requerre » le pape et d'« angoissier » les cardinaux ; il obtint l'envoi d'un nouveau légat enquêteur, qui fut l'évêque d'Ostie, Albéric ou Aubry de Beauvais.

Déposition de Raoul de Domfront.
Aymeri de Limoges, patriarche d'Antioche.

En arrivant en Syrie, le nouveau légat réunit un synode à Antioche pour la saint André (30 novembre 1139)[96]. La plupart des prélats de l'Orient Latin s'y rendirent : le patriarche de Jérusalem, Guillaume de Messines[97] ; Gaudens, archevêque de Césarée ; Anselme, évêque de Bethléem ; Foucher, archevêque de Tyr avec ses deux suffragants, Bernard de Sidon et Baudouin de Beyrouth. De la province d'Antioche même étaient venus Étienne, archevêque de Tarse, Gérard, évêque de Laodicée, Hugue, évêque de Jabala, tous trois représentants du parti des chanoines ; et en même temps Francon, évêque de Hierapolis[98], Gérard, évêque de Corice[99], et Serlon, archevêque d'Apamée, tous trois du parti du patriarche. À ces assises solennelles auraient même pris part le chef de l'Église arménienne de Cilicie, le katholikos Grégoire III Bahlavouni[100], et son frère, l'illustre prélat et poète Nersès Shno rhali[101], (Grégoire assista en tout cas au synode de Jérusalem de 1140)[102]. L'assemblée se réunit dans la cathédrale Saint-Pierre d'Antioche. Les deux chefs du parti des chanoines, Arnoul de Calabre et l'archidiacre Lambert, dont le ralliement (on le vit bien alors) n'avait été qu'une feinte, soutinrent l'accusation contre le patriarche. « Pluseurs autres genz meismes se tindrent contre lui, de que il ne se gardoit ; mès cil dui orent mis en escrit les crimes que il voloient prover contre le patriarche, de ce qu'il avoit esté élevez mausvèsement, et contre le droit ; de sa vie qu'il ne menoit pas honestement, si comme il disoient ; des rentes de sainte église qu'il donoit à mauvèses personnes par symonie. »

Le patriarche, sentant la cabale montée contre lui, refusa de comparaître malgré la citation que lui adressa le légat. Serlon, archevêque d'Apamée, qui déclara vouloir défendre « jusqu'à la mort » l'accusé, « son père espéritel », reçut

54 **L'ÉQUILIBRE**

l'ordre de quitter le synode, comme manquant d'impartialité et fut même déposé par le légat « qui se hasta un pou trop », assure *l'Estoire d'Éracles*. Le malheureux partit pour son église d'Apamée, mais à peine arrivé à Harenc (Hârim), il tomba malade et mourut de chagrin, « du tort que l'en li avoit fet et des hontes que l'en li disoit por ce qu'il avoit soutenu le patriarche. » – La volonté bien connue du prince d'Antioche pesait sur les débats. « Li aferes estoit en tel point que nus n'osoit parler por defendre le patriarche que li prince ne le tenist à son anemi, et il estoit si doutez (redouté) que nus ne l'osoit corrocier. Li légat meismes fesoit sa volenté par doute (crainte) de lui[103]. » *L'Estoire d'Éracles* nous signale les intrigues qui s'ourdissaient autour de l'accusation, notamment du fait du « châtelain d'Antioche » Pierre Armoin ou Aimoni : « Un chevalier qui gardoit le donjon d'Antioche, Pierres Hermoins, qui n'estoit mie moult sages hom, atiçoit le prince tant comme il pooit, de maintenir sa haine contre le patriarche » ; et « ce fesoit par malice », dans l'espoir de faire élire patriarche « par la force du prince » un sien neveu, Aymeri Malafaida ou Aymeri de Limoges qu'il avait déjà fait nommer doyen de l'église d'Antioche[104].

Invité une troisième et dernière fois par le légat à comparaître pour répondre aux accusations portées contre lui, le patriarche refusa encore. Ne se sentait-il pas la conscience tranquille ? Ou redoutait-il la haine de Raymond de Poitiers et la partialité d'un concile dans lequel il ne voyait que des ennemis, ses propres partisans, terrorisés par Raymond, suivant désormais l'avis de la majorité ? Mais si Raoul refusait de venir se défendre, il refusait également de s'incliner. Son attitude était moins celle d'un prince de l'Église semoncé par le Saint-Siège que celle d'un féodal rebelle entouré de ses hommes d'armes, prêt à la guerre civile. Il « se tenoit en son palais et avoit grant planté de hauz homes avec lui et du pueple assez qui se tenoient à (avec) lui mout fermement ; et se il osassent, il eussent le légat gité hors de la ville mout honteusement et touz les evesques qui estoient contre le patriarche ». Mais derrière le légat se dressait Raymond de Poitiers, d'autant plus résolu à briser Raoul de Domfront que celui-ci, dépouillant le caractère sacré, prenait de plus en plus l'attitude d'un baron en révolte contre son suzerain. Ainsi appuyé, le légat pontifical n'hésita pas. « Quant li légaz vit que cil (Raoul) ne voloit venir devant lui, et sot bien que li princes li estoit près d'aidier viguereusement en cele besongne, il meismes s'en ala au palais au patriarche et iluec dist sa sentence par quoi il le déposa ; par force li fist rendre son anel et la croiz qu'il fesoit porter devant lui. Lors commanda au Prince qu'il le prist et le meist en bones buies et le tenist en prison. »

Raymond de Poitiers qui n'attendait que cette invitation, s'empara aussitôt de l'ex-patriarche, et le fit « mout honteusement » conduire au monastère de Saint-Siméon « qui siet delez la mer, en un tertre mout haut »[105]. Là le prélat qui avait voulu disputer au prince d'Antioche le pouvoir temporel fut jeté dans une « chartre » (décembre 1139). Guillaume de Tyr qui, sans méconnaître ses graves torts, défend en lui l'autorité spirituelle en face du pouvoir séculier, reconnaît que cette catastrophe lui advint, comme dit le Traducteur, « par l'orgueil dont il avoit assez ». Le malheureux « fu longtemps tenuz à mesèse dedenz cele prison ». Il finit par s'en échapper et se rendit à Rome. Là nouveau retour de fortune, tant était grande sa séduction oratoire : il vint raconter au pape et aux cardinaux la persécution dont il avait été victime, les souffrances qu'il avait endurées ; « il en orent grant pitié, si qu'il en ot leur grace ». Il se préparait à revenir en Syrie pour faire enfin triompher sa cause lorsqu'il mourut empoisonné (1142 ?). Guillaume de Tyr, qui en sait plus long qu'il ne veut le dire, se refuse à prononcer un nom : « quand il s'en revenoit, traduit *l'Estoire d'Éracles*, ne sai par qui il fu empoisonez, mès il morut et de la manière de la mort fu bien seue chose que ce estoit par venin. Einsi feni sa vie cil en qui fu bien prové que fortune n'estoit mie estable, car il ot premièrement assez enneur et grant hautesce, puis soufri trop honte et mésèses »[106].

Ce que prouvait surtout la fin misérable du patriarche Raoul de Domfront, c'était la volonté de Raymond de Poitiers de défendre l'autorité monarchique à Antioche. Cette affaire si trouble, où les plus louches intrigues furent, de part et d'autre, employées, montre qu'à Antioche comme à Jérusalem les dynasties franques n'entendaient pas que l'autorité du patriarcat empiétât sur la leur. Du reste, ce n'était nullement, comme en Allemagne ou en Italie, le duel brutal des Investitures ; c'était simplement, comme en France, une politique prudente pour la défense du pouvoir séculier à la manière capétienne. Et cette politique elle-même rentrait dans le cadre de la défense monarchique contre la féodalité. Le châtiment[107] du patriarche Raoul par le prince d'Antioche répondait aux mêmes mobiles que le châtiment de Pons de Tripoli, puis du comte de Jaffa, Hugue du Puiset, par le roi Foulque. Dans les deux cas, c'était la notion de l'État franc qu'il s'agissait de défendre contre la féodalité laïque ou ecclésiastique.

Raymond de Poitiers fit élire à la place de Raoul un clerc tout dévoué à sa personne, le doyen Aymeri de Limoges, ou Aymeri Malafaida qui était, on l'a vu, le neveu de Pierre Aimoni, ou Pierre Armoin, châtelain du donjon d'Antioche[108]. Guillaume de Tyr nous présente ce nouveau patriarche d'Antioche sous d'assez défavorables couleurs, et *l'Estoire d'Éracles* charge encore : « pou letrez et de mauvèse vie »[109] ; il nous le montre ingrat au point que, jadis nommé doyen par Raoul de Domfront lequel avait cru se l'attacher, il fut ensuite l'inspirateur de toutes les mesures prises contre son prédécesseur ; Guillaume nous dit enfin qu'il ne fut élu que par la pression de Raymond de Poitiers et grâce aux largesses de son oncle, Pierre Aimoni[110]. Il n'en est pas moins vrai que, du point de vue temporel, l'élection d'un patriarche dévoué à Raymond de Poitiers consolida l'État franc d'Antioche.

Il est à remarquer du reste que l'Église romaine, pas plus qu'elle n'avait en 1100 appuyé les tentatives théocratiques du patriarche de Jérusalem Daimbert, n'approuva en 1139 la tentative assez analogue du patriarche Raoul à Antioche : tout au contraire, puisque ce fut le légat pontifical Albéric d'Ostie qui, à la demande du prince, abattit le féodal mitré.

Le Concile latin de Jérusalem d'avril 1140[111].
Présence du katholikos arménien Grégoire III.

Après avoir déposé du siège d'Antioche le patriarche Raoul, le légat pontifical Alberic d'Ostie était allé à Jérusalem célébrer les fêtes de Pâques (7 avril 1140). À cette occasion le roi Foulque et les grands barons, accourus pour la solennité, rivalisèrent de magnificence, et *l'Estoire d'Éracles* nous dit que ce fut Jocelin II, comte d'Édesse, qui l'emporta par « le plus bel ostel et plus granz despens ». Trois jours après Pâques, le légat et le patriarche procédèrent à la dédicace du *Templum Domini*. Puis un synode fut tenu dans l'église du Mont-Sion, auquel participèrent tous les prélats de Syrie. L'événement de cette assemblée fut la présence du *katholikos* arménien Grégoire III Bahlavouni. « Les Pères ayant fait observer à Grégoire quelques divergences, au moins apparentes, entre la foi des Latins et celle des Arméniens, l'éminent docteur arménien, *eximius doctor*, comme l'appelle Guillaume de Tyr, promit toutes les corrections jugées nécessaires[112]. »

La présence du katholikos d'Arménie au synode latin d'avril 1140 est surtout intéressante au point de vue politique, parce qu'elle nous montre l'élément arménien participant à l'œuvre du Saint-Siège. De même que la royauté de Jérusalem, telle que l'avaient créée les deux premiers Baudouin, telle que la continuait le roi Foulque, avait fait autour d'elle l'unité des forces franques, l'Église romaine entreprenait en Syrie l'union des chrétientés orientales, la seconde entreprise complétant et consolidant la première[113].

Mais avant d'arriver à cet accord dans le domaine le plus délicat – le domaine religieux – Francs et Arméniens s'étaient livrés à une lutte territoriale sur laquelle il est temps de revenir.

Querelle des frontières franco-ciliciennes.
Brouille et réconciliation de Raymond de Poitiers
et du prince arménien Léon Ier (1136).

On se rappelle que la famille arménienne des Roupéniens, établie dans le massif de Kozan, en plein Anti-Taurus, avait commencé, à la faveur des Croisades, à enlever tant aux Byzantins qu'aux Turcs le nord-est de la Cilicie. Vers 1080 le fondateur de la maison roupénienne, Roupên Ier, s'était installé dans les districts de Partzerpert, Tzakhoud et Gobidar, dans la région du Ghédin Béli, entre l'Ala-dagh et le Kozan, c'est-à-dire dans le bassin supérieur du Seihûn (Sarus), à l'ouest de Sis. Son fils Constantin Ier (1092-1100) avait enlevé aux Byzantins l'importante forteresse de Vahka (Fikhé) sur le Goek-su ou Seihûn supérieur, où il installa sa résidence[114]. Il avait profité de la Croisade pour s'allier aux Francs, alliance cimentée par le mariage de sa fille avec Jocelin Ier de Courtenay, sire de Turbessel, puis comte d'Édesse, comme précédemment, semble-t-il, par le mariage de sa nièce Arda (fille de son frère Thoros) avec Baudouin Ier, comte d'Édesse, puis roi de Jérusalem. Le fils et successeur de Constantin, Thoros Ier (1100-1129), enleva aux Byzantins la région des hauts affluents orientaux du Jihûn, avec Sis et Anazarbe[115]. Léon (Livon) Ier, frère de Thoros, et qui lui succéda (1129-1137 ; † 1139), enleva de même aux Byzantins vers 1132 Mamistra (ou Mississa, ou Mopsueste, l'actuel Missis), Adana et Tarse, c'est-à-dire la plaine cilicienne du bas Jihûn, du bas Seihûn et du Tarsûstshai[116]. En 1133 la principauté arménienne des Roupéniens englobait donc toute la Cilicie orientale, des approches de Mersina aux approches de Mar'ash, ville qui appartenait à un seigneur franc, vassal du comté d'Édesse, mais au sud de laquelle, sur la rive méridionale de l'Aq-su, Léon Ier occupa la forteresse de Sarvantikar (1135).

Malheureusement l'occupation de Sarvantikar brouilla Léon Ier avec les Francs d'Antioche. Raymond de Poitiers, devenu, sur ces entrefaites, prince d'Antioche (1136), inaugura donc son gouvernement par une guerre avec les Arméniens, guerre au cours de laquelle, nous dit le connétable Sempad, il pouvait compter sur l'appui du roi de Jérusalem Foulque. Naturellement le comte franc de Mar'ash et de Kaisûn, Baudouin (« Baudouin de Mares »), se trouvait au premier rang des adversaires de Léon, la possession de Sarvantikar étant précisément revendiquée par le comté de Mar'ash. Mais le comte d'Édesse, Jocelin II, se déclara au contraire pour Léon qui se trouvait, comme on l'a vu, son oncle. Léon défit complètement Baudouin de Mar'ash[117]. Mais peu après il fut fait prisonnier par Raymond de Poitiers. D'après Tchamitchian, Baudouin avait attiré le prince arménien dans un guet-apens, sous prétexte de le réconcilier avec Raymond de Poitiers, et s'était saisi de lui par trahison[118]. Le prince d'Antioche garda Léon prisonnier dans une forteresse.

Cette lutte entre Francs et Arméniens ne profita qu'aux Turcs. Tandis que l'Arménie cilicienne était privée de son chef captif des Francs et que ceux-ci étaient absorbés par la conquête des châteaux-frontières, l'émir dânishmendite de Cappadoce, Muhammed II ibn Ghâzî, envahit les possessions des deux adversaires. À l'époque des vendanges de 1136, il se jeta sur le comté de Mar'ash, pillant les récoltes, saccageant les bourgs, brûlant les habitations et les couvents, et vint bloquer Kaisûn, la seconde place du comté. La population de Kaisûn, prise de panique, avait déjà abandonné le mur extérieur, quand elle fut ramenée au devoir par les chevaliers et le clergé[119]. Le Dânishmendite leva alors le siège et se contenta d'aller brûler près de là le couvent de Garmir Vank' (le couvent-rouge) qui avait servi de résidence au patriarcat arménien. Nous savons par le connétable Sempad que les Turcs profitèrent aussi de la captivité de Léon Ier pour ravager la principauté arménienne de Cilicie où ils enlevèrent un grand nombre de chrétiens. Le Dânishmendite ne rentra en Cappadoce qu'à la nouvelle que l'empereur byzantin Jean Comnène s'avançait en Asie Mineure.

Raymond de Poitiers, après avoir gardé deux mois captif Léon Ier, finit par le relâcher moyennant la cession non seulement de la forteresse de Sarvantikar, mais encore des villes de Mamistra et d'Adana[120]. Léon, à peine délivré, reconquit d'ailleurs Adana et Mamistra[121]. Mais l'apparition d'un danger commun rapprocha les deux adversaires. L'empereur Jean Comnène s'était mis en marche dans l'intention d'enlever la Cilicie aux Arméniens et Antioche aux Francs. L'intervention du comte d'Édesse, Jocelin II, amena entre Léon Ier et Raymond de Poitiers la réconciliation nécessaire. Les deux ennemis de la veille se hâtèrent de conclure une alliance pour se défendre contre le péril byzantin (1137)[122]. On a vu que la consécration de cette entente politique devait être la présence du *katholikos* arménien Grégoire III Bahlavouni au synode latin de Jérusalem de Pâques 1140.

§ 3. — ZENGÎ PARALYSÉ PAR LES RÉVOLUTIONS DE L'IRÂQ NÉGLIGE LES AFFAIRES DE SYRIE (1131-1135).

Zengî engagé dans les querelles des prétendants seljûqides de Perse. Son attaque contre le khalife de Baghdâd et son échec. Ses embarras en 'Irâq paralysent son action contre les Francs (1131-1133).

Tandis que Francs et Arméniens s'unissaient de la sorte, du côté musulman, au contraire, l'atâbeg de Mossoul et d'Alep, 'Imâd al-Dîn Zengî, qui avait formé le dessein de reconstituer

60   L'ÉQUILIBRE

le faisceau des forces islamiques, se heurtait à des difficultés telles qu'il semblait que ce fût là œuvre à jamais impossible.

Un retour sur les divisions du monde musulman est ici une fois de plus indispensable pour comprendre la suite de l'histoire franque.

Le sultanat seljûqide de Perse, par suite des dissensions de la famille sultanienne, achevait de se dissoudre. À la mort du sultan Mahmûd ibn Muhammed (1118-1131), son fils aîné Dâwûd qui lui avait un instant succédé se trouva aussitôt aux prises avec la révolte des siens. Le sultan du Khorâsân et de la Transoxiane, Sanjar, doyen de la famille seljûqide, se prononça d'ailleurs en faveur d'un oncle de Dâwûd, Tughril ibn Muhammed jusque-là prince de Qazwin. En même temps les deux frères de Tughril, Mas'ûd ibn Muhammed, seigneur de Ganja, en Adharbaijân, et Seljûq-shâh, seigneur du Fârs, briguèrent, eux aussi, le sultanat. En 1132 Sanjar intervint, défit Mas'ûd à Dînawar (25 mai), l'obligea à se retirer à Ganja, et installa Tughril comme sultan de la Perse occidentale. Tughril réussit de même à disperser les partisans de Dâwûd. Mais, comme Sanjar, seul capable de faire respecter son choix, avait regagné le Khorâsân, la guerre recommença. On avait vu Seljûq-shâh, on allait voir maintenant Dâwûd et Mas'ûd se rendre à Baghdâd pour y défendre leurs prétentions auprès du khalife Mustarshid, devenu l'arbitre des querelles seljûqides. Ce fut Mas'ûd qui finalement l'emporta. Il parvint à se faire reconnaître sultan par le khalife, tandis que Tughril allait se réfugier au Tabaristân[123].

Ce qui nous intéresse dans ces querelles seljûqides, par ailleurs fastidieuses, c'est que l'atâbeg Zengî, de par son gouvernement de Mossoul, y fut étroitement mêlé. À un moment de la lutte entre les prétendants seljûqides, le khalife Mustarshid avait lié partie avec Seljûq-shâh. L'autre prétendant, Mas'ûd, s'assura alors l'appui de Zengî – le seul homme de valeur de l'Islâm. À l'appel de Mas'ûd, Zengî n'hésita pas à marcher sur Baghdâd pour combattre le khalife et Seljûqshâh ; mais il subit une défaite près de Tékrît et se trouva obligé de regagner précipitamment Mossoul. Le gouverneur de Tékrît était un chef kurde nommé Najm al-Dîn Aiyûb, le fondateur de la future dynastie aiyûbide, le père du grand Saladin. Il eût pu perdre Zengî. Au contraire, il fit aussitôt dresser les bacs et transporta l'atâbeg de l'autre côté du Tigre, en sûreté : cet acte que n'oublièrent jamais ni Zengî ni son fils Nûr al-Dîn fut l'origine de la fortune des Aiyûbides (1132).

Zengî, d'ailleurs, ne resta pas sur sa défaite. Au cours de cette même année musulmane 526 (A. D. 1132), il fit alliance avec l'émir bédouin Dubaîs ibn Sadaqa, et avec lui marcha de nouveau sur Baghdâd. Le prétexte était, cette fois, de faire reconnaître en Irâq l'autorité du sultan Sanjar. Dans la bataille qu'il livra aux troupes khalifales, Zengî mit en déroute l'aile droite ennemie, mais le khalife Mustarshid en personne, chargeant à la tête des siens, dans le costume noir des 'Abbâsides, l'épée nue à la main, rétablit le combat et mit en fuite Dubaîs d'abord, puis Zengî lui-même (13 juin 1132)[124].

Le khalife passa même à l'offensive et vint assiéger Mossoul, la capitale de Zengî (fin juin 1133)[125]. Le sultan Mas'ûd, harcelé en Perse par les attaques de ses parents, était bien incapable de venir défendre son ancien allié. Du reste le khalife avait pris soin de lui écrire pour lui dénoncer les empiétements et l'impiété de Zengî. La carence des Seljûqides, la volatilisation de leur autorité permettaient désormais au khalife de s'affranchir de leur tutelle et de faire à nouveau figure de souverain temporel. À ce titre, il désirait sans doute, en abattant Zengî, réunir Mossoul au patrimoine khalifal de Baghdâd. À la tête de 30 000 hommes, il se présenta donc devant Mossoul. Dans la ville, certains éléments populaires conspiraient déjà en sa faveur. Si l'on songe qu'à la même époque très précisément, en août 1133, l'atâbeg de Damas, le bouride Ismâ'îl, prenait en Syrie les possessions de Zengî à revers et leur enlevait Hamâ[126], on s'apercevra qu'il s'en fallut de peu que l'État zengide ne fût étouffé dans l'œuf par les Musulmans eux-mêmes. Comment cette royauté d'hier pouvait-elle tenir contre le légitimisme arabe en Mésopotamie, contre le vieil émirat de Damas en Syrie ?

Elle tint cependant, car Zengî ne s'abandonna pas : confiant la défense de Mossoul à son lieutenant Jaqar, le chef turc alla se poster avec sa cavalerie près de Sinjâr, d'où, chaque nuit, il interceptait les convois khalifaux. « Tout homme de l'armée du khalife qui tombait entre ses mains était envoyé au supplice. Quelques ouvriers plâtriers qui avaient formé le projet de livrer Mossoul au khalife, ayant été découverts, furent mis en croix ». L'indomptable énergie du capitaine turc eut finalement raison de la volonté du khalife arabe. Au bout de trois mois d'efforts inutiles, celui-ci leva le siège de Mossoul et rentra à Baghdâd[127].

Il n'est pas nécessaire de souligner la répercussion de ces graves événements sur l'histoire de la Syrie franque. Le chef de la Contre-Croisade turque pris à revers, attaqué jusque dans sa capitale par le khalife 'abbâside, chef suprême de l'Islâm orthodoxe, c'était là pour les Francs une chance inespérée. Ce furent ces attaques du khalife contre l'empire zengide à ses débuts qui empêchèrent pendant quelque temps le redoutable atâbeg de donner suite à ses projets contre la Syrie franque. Alep, la seconde capitale de Zengî, était livrée à ses propres ressources ; son gouverneur, Sawâr, ne recevant pas de renforts, était mis partout en état d'infériorité, et le roi Foulque pouvait ainsi remporter la victoire de Qinnesrîn (décembre 1132)[128].

La crise de l'État bouride de Damas :
tyrannie et assassinat de l'atâbeg Ismâ'îl.

Mais pour que Zengî fut définitivement arrêté dans ses projets d'empire syro-mésopotamien, il eût fallu que la dynastie bouride à Damas lui opposât un obstacle durable. Or le chef de cette maison, Ismâ'îl ibn Bûrî (1132-1135), était en train de la conduire à la ruine. Ce jeune homme, semblait-il, remarquablement doué, après avoir remporté de brillants succès sur les Zengides (prise de *H*amâ) comme sur les Francs (prise de Panéas), se laissa désaxer par le pouvoir absolu et tomba dans la débauche et la tyrannie. « Il se plongea dans le crime et l'ignominie, écrit Kémâl al-Dîn, dépassant en tyrannie tout ce qu'on peut imaginer. Il prit pour conseiller un homme à tout faire qui connaissait dans toutes ses branches l'art de la tyrannie et dont le cœur ignorait toute pitié pour qui que ce fût[129]. » Une fiscalité effroyable s'abattit sur les Damasquins. Les dignitaires et les familiers de l'atâbeg se virent eux-mêmes menacés dans leurs biens et bientôt dans leur vie. Aussi les complots commencèrent-ils à se former dans l'entourage du tyran. Dans une partie de chasse, comme il s'était écarté, il fut assailli par un des mamelûks de son aïeul, nommé Ilbâ, qui lui porta un terrible coup d'épée, mais n'atteignit que son cheval (6 février 1134). L'assassin est retrouvé, amené devant l'atâbeg : « Quel motif t'a poussé ? » – « Le seul désir de gagner la faveur d'Allâh en faisant cesser ta tyrannie. » On exécuta avec Ilbâ tous ses complices. « Ce massacre n'ayant pas paru suffisant et les soupçons d'Ismâ'îl étant tombés sur son propre frère Sawinj, il le fit murer vivant »[130].

Un des principaux dignitaires de la cour était le chambellan Yûsuf ibn Fîrûz qui avait été le conseiller le plus écouté du feu atâbeg, Bûrî, et qui passait pour être l'amant de la veuve de ce prince, Zumurrud khâtûn (« la Princesse Émeraude »)[131], mère d'Ismâ'îl. Ismâ'îl résolut de se débarrasser de Yûsuf, mais celui-ci eut le temps de s'enfuir à Palmyre, où il se fortifia. Ismâ'îl songea alors à faire périr sa propre mère, sans doute parce qu'elle avait favorisé l'évasion du chambellan. La *khâtûn* se rapprocha aussitôt des dignitaires victimes des spoliations du prince et, comme elle, chaque jour menacés dans leur vie. Ismâ'îl, se sentant entouré de complots, guetté dans sa propre famille, adopta un parti désespéré : il fit appel à Zengî, lui offrant de lui remettre le royaume de Damas, pourvu que Zengî vînt au préalable l'aider à se venger des émirs et des notables qui conspiraient contre lui. Dans son affolement il songeait même, si Zengî lui faisait défaut, à livrer Damas aux Francs : « Si tu négliges l'occasion offerte, écrivait-il à l'atâbeg d'Alep, j'appellerai les Francs et je leur livrerai Damas, et tu seras responsable du crime ainsi commis envers les Musulmans ! »[132] Question de vitesse, en effet, tant il sentait le complot menaçant et ses jours comptés.

Zengî, dont un tel appel comblait les désirs – l'unité de la Syrie musulmane réalisée sous son sceptre et sans lutte ! – se hâtait déjà d'accourir, et Ismâ'îl, qui voulait bien lui remettre Damas, mais non ses richesses, avait déjà fait transporter son trésor à Salkhad, au *H*aurân, lorsque la khâtûn douairière, Zumurrud, d'accord avec les notables, passa à l'action. Elle pouvait supposer que son fils, dès qu'il serait assuré de l'appui de Zengî, la ferait tuer. Elle prit les

64 *L'ÉQUILIBRE*

devants. Le 1er février 1135, elle profita de ce qu'Ismâ'îl venait de congédier ses pages pour introduire chez lui quelques assassins qui l'abattirent. « Aussitôt elle ordonna d'enlever le cadavre et de le jeter dans un coin du palais afin de l'exposer aux regards de ses pages et de ses compagnons ; ceux-ci furent d'ailleurs tout joyeux de le voir hors d'état de leur faire du mal. »

La douairière mit alors sur le trône son second fils, Shihâb al-Dîn Ma*h*mud ibn Bûrî, autour duquel la population damasquine se serra pour maintenir son particularisme contre toute annexion, zengide ou franque[133].

Tentative de Zengî pour s'emparer de Damas. Son échec.
Consolidation de l'État bouride.

Il n'était que temps. Zengî, accouru de Mossoul, arrivait à marches forcées sur Damas. Le 7 février 1135 il était déjà à Raqqa, qu'il se faisait livrer. Les messagers qu'il dépêcha à Damas pour annoncer son arrivée apprirent la révolution qui venait de s'accomplir, le meurtre d'Ismâ'îl et l'avènement d'un gouvernement résolu à défendre l'indépendance de l'État bouride. D'après Ibn al-A*th*îr, les Damasquins, tout en refusant de se soumettre, cherchèrent à éviter le conflit. « On se montra plein d'égards pour les envoyés de Zengî, on les traita bien et on les renvoya avec une réponse très polie. » Pour Kémâl al-Dîn, au contraire, les Damasquins firent une dure réponse, s'affirmant résolus à conserver leur dynastie et à la défendre. Zengî passa outre. À *H*amâ, ville qu'Ismâ'îl lui avait naguère enlevée, le gouverneur ou seigneur local, Shams al-Khawâ*ss*, fit sa soumission. Zengî apparut alors devant Damas, s'installa dans le Marj, d'abord au nord-est, entre 'A*dh*râ et Khân al-Qoseir, puis au sud, à la passe de Sho*h*ûrâ, près de Kiswé, et commença le siège de la ville (seconde quinzaine de février 1135)[134].

Les Damasquins ne s'abandonnèrent pas. Sous le commandement d'un ancien mameluk de l'atâbeg *T*ughtekîn, nommé Mu'în al-Dîn Unur (Önör) ou Anar (ou Mu'în al-Dîn Ataz), lequel se révéla comme un capitaine plein d'expérience, ils résistèrent avec une discipline parfaite à tous les assauts de Zengî. Les vivres finirent par faire défaut à celui-ci, et une partie de ses troupes, désertant, passa aux Damasquins. Voyant son coup manqué, il finit par entamer des pourparlers de paix. Il traînait avec lui un jeune prince seljûqide, Dâwûd[135], dont il n'était théoriquement que le lieutenant à Mossoul et dont il se servait comme d'un prête-nom. Pour sauver son prestige, il demanda que le nouvel atâbeg de Damas, Mahmûd ibn Bûrî, vînt à son camp rendre hommage à ce représentant de la dynastie sultanienne. Flairant un piège, Mahmûd refusa. Sur ces entrefaites arriva devant Damas un ambassadeur du khalife de Baghdâd, Bishr ibn Kerîm. Le khalife Mustarshid, en effet, qui avait éprouvé quelques années plus tôt la puissance de Zengî, avait intérêt à maintenir l'équilibre des forces en empêchant le redoutable atâbeg d'annexer Damas. Certes, son ambassadeur employa des formes. Il remit à Zengî un vêtement d'honneur avec toute espèce de compliments. Mais il lui intima l'ordre de renoncer à son entreprise sur Damas et d'évacuer le pays. Du reste cet ultimatum était couvert d'un prétexte valable : le khalife désirait voir élever au sultanat de Perse le jeune seljûqide Dâwûd, protégé de Zengî, et il convenait que l'atâbeg rentrât avec celui-ci en 'Irâq pour soutenir sa candidature.

Zengî, dont la tentative pour s'emparer de Damas avait décidément échoué, ne fit aucune difficulté pour accepter l'arbitrage du khalife qui, du moins, lui sauvait la face. L'envoyé khalifal Bishr ibn Kerîm put entrer à Damas où sa présence consacra le maintien de la dynastie bouride (16 mars 1135). Il fit conclure la paix entre les Damasquins et Zengî. Le même jour, affirme Kemâl al-Dîn, Zengî fut admis sous sa garantie à Damas, monta en chaire dans la grande mosquée et confirma pieusement qu'à la demande du khalife il laissait aux Damasquins leur liberté, mais Ibn al-Qalânisî, témoin oculaire, ne nous parle nullement de cette scène édifiante[136]. On se méfiait tellement de Zengî que, même après la conclusion de la paix, le prince de Damas Shihâb al-Dîn n'osa venir lui rendre visite dans son camp et lui envoya seulement son jeune frère. Zengî repartit ensuite avec son armée pour Alep, ayant dû renoncer à ses projets d'annexion[137].

Le maintien de l'indépendance damasquine arrête l'unification de la Syrie musulmane. Avantages pour la Syrie franque.

Ainsi l'unification de la Syrie musulmane, qu'on avait pu croire à la veille de se réaliser dès 1135, se trouvait ajournée, et pour un demi-siècle. Événement de première importance pour l'avenir de la Syrie franque à l'égard de laquelle le morcellement de la Syrie musulmane constituait la meilleure garantie. De fait, en ces journées décisives de février-mars 1135, le particularisme obstiné des Damasquins et l'intervention du khalife de Baghdâd en leur faveur avaient, sans s'en douter, sauvé le royaume de Jérusalem d'un encerclement mortel. L'œuvre que l'atâbeg Zengî avait rêvé d'accomplir, ce ne sera que Saladin qui pourra l'exécuter, lorsque Alep et Damas, sans parler de l'Égypte, obéiront au même maître.

Les révolutions de palais au Caire.
La tentative de vizirat fâtimide du prince Hasan.

Zengî constituait en effet le seul péril réel pour la Syrie franque, non seulement parce qu'il unissait à la possession d'Alep celle de Mossoul, mais parce que c'était le seul homme d'État musulman digne de ce nom. En dehors de lui tout n'était que désordre politique et moral. L'Égypte fâtimide accélérait sa décadence. En cette même année 1135 une nouvelle révolution de palais se produisit au Caire[138]. Le khalife fâtimide Hâfiz (1130-1149) avait accepté pour vizir (1133) son propre fils Hasan. Comme il désirait se défaire de certains émirs, il comptait pour cela sur la brutalité bien connue de Hasan, sans avoir à se compromettre lui-même. De fait Hasan se montra féroce, faisant décapiter quarante émirs en une seule nuit. Mais il exagéra les exécutions. Les émirs se soulevèrent, menaçant, si le khalife ne leur livrait pas son fils, de les tuer tous les deux. Le khalife qui, d'ailleurs, en avait assez de subir la tyrannie du jeune homme, le fit empoisonner par son médecin. Les émirs vinrent dans le palais s'assurer en perçant les pieds du cadavre que le poison avait bien fait son œuvre. Hafîz éleva ensuite au vizirat un Arménien chrétien nomme Bahrâm (Tâj al-Dawla). Ibn al-

Athîr se plaint de ce que le nouveau vizir ait rempli les administrations de ses coreligionnaires et que l'élément arménien ait alors fait la loi en Égypte[139].

Tandis que la cour du Caire était agitée par ces drames de palais, elle ne pouvait prêter qu'une attention distraite aux événements de Syrie. Toute sa préoccupation de ce côté était de se maintenir sur la défensive, d'empêcher une invasion du Delta par les Francs, et, pour cela, de conserver la forteresse d'Ascalon.

Les révolutions de l'Irâq. Assassinat du khalife Mustarshid. Zengî rétablit son influence dans les affaires du khalifat.

Le khalifat de Baghdâd était encore plus troublé que celui d'Égypte. Le khalife Mustarshid (1118-1135), « vif, brave, d'une grande hardiesse et d'un esprit élevé », avait tenté, par delà les khalifes fainéants du onzième siècle, de renouer la tradition avec les 'Abbâsides guerriers du temps de Hârûn al-Rashîd, ou du moins – car les temps n'étaient plus les mêmes – de profiter des guerres de succession entre Seljûqides de Perse pour rendre son indépendance au domaine temporel abbâside du 'Irâq 'Arabî. Et de fait il y réussit tant que l'anarchie se prolongea en Perse. Mais lorsqu'un des prétendants seljûqides, Mas'ûd ibn Muhammed, eut réussi à se faire reconnaître comme sultan unique (1134-1152), tout devait changer. Cependant le khalife, s'étant assuré l'appui de plusieurs émirs, prit l'offensive et marcha contre le sultan en 'Irâq 'Ajemî. La rencontre eut lieu près de Dâimarg le 24 juin 1135. Par suite de défections dans l'armée khalifale, Mas'ûd vainquit le khalife et le fit prisonnier. Il le conduisit à Marâgha, en Adharbaijân, et, pour le relâcher, lui fit jurer de ne plus prendre part à la politique active, de ne jamais plus lever d'armée, de rester confiné dans ses fonctions religieuses. Après avoir accepté cette déchéance, Mustarshid se préparait à prendre congé de son vainqueur, quand il fut assailli par vingt-quatre Ismâ'iliens qui l'« assassinèrent », puis « voulant faire un exemple », coupèrent au cadavre le nez et les oreilles et le laissèrent nu sur le sol (30 août 1135). « Les assassins, conclut Houtsma, étaient visiblement soudoyés par le sultan »[140].

68 — L'ÉQUILIBRE

Le nouveau khalife Râshid (1135-1136), fils et successeur de l'infortuné Mustarshid, ne vit qu'un moyen de faire obstacle à la restauration seljûqide : l'appel à Zengî. Appel assez naturel puisque Zengî soutenait contre le sultan Mas'ûd la candidature de l'anti-sultan Dâwûd, qu'il vint même en novembre 1135 appuyer à Bagdhâd. Mas'ûd fit alors proclamer la déchéance de Râshid par les qâdîs de Baghdâd et nommer khalife à sa place un autre 'Abbâside, Moqtafi (1136-1160). Le nouvel élu eut l'adresse d'acheter l'adhésion de Zengî qui abandonna sans vergogne Râshid. L'atâbeg gagna à cette trahison un accroissement de titres et de pouvoir[141]

§ 4. — ZENGÎ, LES MAINS LIBRES DU CÔTÉ DE L'IRÂQ, SE CONSACRE À LA LUTTE CONTRE LES FRANCS. – LES FRANCS SUR LA DÉFENSIVE.

Conquête par Zengî des places franques d'Outre-Oronte : Athâreb, Zerdanâ, Tell-Aghdî, Ma'arrat al-Nu'mân et Kafartâb (printemps de 1135).

Dès que Zengî avait eu les mains libres du côté de l'Irâq, il avait repris la lutte en Syrie contre les Francs. Au printemps de 1135, à la faveur d'une accalmie en Orient, il s'empara, au cours d'une foudroyante campagne, des principales places franques dans la province d'Outre-Oronte. Coup sur coup il enleva Athâreb (le 17 avril 1135), Zerdanâ, Tell Aghdî, Ma'arrat al-Nu'mân et Kafartâb[142]. La perte était d'importance pour la principauté d'Antioche. Il est à remarquer cependant qu'on ne signale pas de réaction de la part des Francs. Il est vrai que la principauté d'Antioche était alors une terre sans chef. Raymond de Poitiers ne devait venir épouser la princesse Constance qu'en 1136 ; en ce printemps 1135 où Zengî faisait la conquête des districts francs d'Outre-Oronte, la capitale franque du Nord restait plongée dans une véritable anarchie, tout le pouvoir étant illégalement détenu, au détriment du régent Foulque, par une femme sans scrupule, assistée bientôt d'un prélat simoniaque, la douairière Alix et le patriarche Raoul de Domfront[143]. Tant il est vrai que dans ces Marches frontières, toujours guettées par l'ennemi, tout relâchement de l'institution dynastique était aussitôt suivi de quelque effondrement.

Signe visible de la reconquête musulmane : dans les villes recouvrées Zengî rappela les anciens occupants musulmans naguère dépossédés par les Francs, et les rétablit solennellement dans leurs biens. Le fait est attesté notamment en ce qui concerne Ma'arrat al-Nu'mân. « Quand les Francs, naguère, s'étaient emparés de Ma'arrat, conte Ibn al-Athîr, ils s'étaient saisis des biens des habitants et de leurs propriétés. Zengî ayant fait rentrer Ma'arrat sous les lois de l'Islâm, ceux qui restaient des anciens propriétaires et les enfants de ceux qui étaient morts se présentèrent devant lui et demandèrent à rentrer dans leurs biens. Zengî les invita à montrer leurs titres de propriété. Ils répondirent que les Francs, en s'installant dans le pays, avaient saisi les titres locaux. Zengî répliqua : "Consultez les registres du *dîwân* d'Alep. Quiconque sera reconnu pour avoir jadis payé le *kharaj* pour un bien quelconque, ce bien lui sera rendu.". Les propriétaires en agirent ainsi et on les remit en possession de leurs biens[144]. »

Ce retour des émigrés paraît avoir produit une forte impression sur l'esprit des contemporains et les chroniqueurs arabes le mentionnent comme un événement capital. Signe des temps en effet, qui marquait le premier succès effectif de la contre-croisade. Depuis plus d'un quart de siècle que les Francs étaient établis dans la Syrie maritime, un *modus vivendi* s'était établi entre eux et les Musulmans de l'hinterland. Beaucoup, dans le monde islamique, semblant se résigner à l'inévitable, on pouvait croire que c'était là un partage définitif. Le rappel, par Zengî, des émigrés de Ma'arrat montrait qu'en réalité la Syrie franque restait une colonie militaire, campée sur un territoire hostile, toujours menacée, si elle se laissait aller aux discordes civiles, d'être rejetée à la mer.

Après avoir enlevé aux Francs d'Antioche Ma'arrat al-Nu'mân et Kafartâb, Zengî, reprenant son programme d'unification de la Syrie musulmane, vint camper devant Shaîzar, ville qui, on s'en souvient, appartenait à la famille arabe des Munqidhites (mai-juin 1135). L'émir munqidhite Sultân avait depuis longtemps reconnu la suzeraineté de Zengî. Toutefois il évita de sortir personnellement pour lui rendre hommage.

Était-il malade, comme le suppose Derenbourg, ou craignait-il quelque trahison ? Nous savons que son neveu, qu'il avait disgracié, Usâma, l'auteur des célèbres *Mémoires*, se trouvait dans le camp de Zengî. À l'instigation d'Usâma, Zengî pouvait régler, au profit de Murshid, frère de Sultân et père d'Usâma, les difficultés entre Munqidhites. Les choses n'allèrent pas jusque-là, mais il est à remarquer que ce fut Murshid et non pas Sultân qui se chargea de renouveler la soumission des Munqidhites à Zengî, en envoyant pour cela au camp de l'atâbeg son second fils, Abu'l Mughîth, frère d'Usâma[145].

De Shaîzar, Zengî poussa une pointe au sud-ouest, dans le comté de Tripoli en remontant le cours du Nahr Sarut pour aller, près de la source de cette rivière, au versant oriental des Monts Nosaîrî, menacer la grande forteresse franque de Montferrand ou Ba'rîn. Néanmoins ce n'était là qu'une feinte. Revenant brusquement en terre musulmane, l'atâbeg alla surprendre le territoire de *Homs*, seigneurie qui, on s'en souvient, appartenait aux fils (encore mineurs) de Qirkhân ibn Qarâjâ. Au témoignage de Kemâl al-Dîn, « il enleva tout ce qui s'y trouvait et mit tout au pillage », sans toutefois pouvoir s'emparer de la ville même de *Homs*[146].

Zengî fut rappelé au nord par une incursion des Francs – évidemment les chevaliers d'Antioche – qui étaient venus assiéger Qinnesrîn, au sud d'Alep. Il marcha contre eux et réussit à les envelopper, mais, bien que harcelés par ses troupes, ils purent opérer leur retraite et rentrer chez eux sans désastre. Notons que Kemâl al-Dîn (671) donne pour chef à ces Francs « le fils d'al-Funs ». Derenbourg (*Vie d'Ousâma*, 151) se demande s'il ne s'agissait pas du fils d'« al-Pons », c'est-à-dire du jeune Raymond (II), fils du comte Pons de Tripoli. En l'absence d'un prince d'Antioche, les Francs d'Antioche, dans leur attaque contre Qinnesrîn, auraient été commandés par l'héritier de Tripoli.

Raid des Alépins en terre d'Antioche jusqu'à Lattaquié (août 1135).

Après une nouvelle tentative contre l'émirat de *Homs*, de nouvelles dévastations contre son territoire et un inutile

RÈGNE DE FOULQUE D'ANJOU 71

assaut livré à la ville (août 1135)[147], Zengî regagna Mossoul, rappelé une fois de plus en Mésopotamie par les querelles du Khalifat de Baghdâd et du sultanat seljûqide de Perse[148]. En avril 1136 le lieutenant qu'il avait laissé à Alep, Sawâr, profita de l'inattention des Francs pour envahir la principauté d'Antioche. Quelles étaient chez les Francs les circonstances intérieures qui favorisèrent ainsi son irruption ? L'arrivée, le mariage et l'avènement de Raymond de Poitiers à Antioche sont de cette année 1136, mais peut-être postérieurs au mois d'avril, date de l'invasion alépine. Sans doute cette invasion se produisit-elle au moment où les Francs d'Antioche étaient le plus divisés par les intrigues de la douairière Alix et du patriarche Raoul de Domfront, sans parler des deux prétendants d'outre-mer, Raymond de Poitiers et Roger II de Sicile. Toujours est-il que Sawâr put avec 3 000 cavaliers turcomans traverser la principauté de part en part et courir d'une traite jusqu'à Laodicée (Lattaquié) sur la côte. Rappelons que Laodicée était le fief de la douairière Alix : cette Franque dénaturée avait-elle une fois de plus appelé Zengî à son aide ? Quoi qu'il en soit, les chrétiens complètement surpris n'eurent le temps ni de se mettre en état de défense, ni de s'abriter derrière leurs places fortes. Aussi le butin dépassa-t-il toutes les espérances. Cent villages ou bourgs ouverts furent saccagés. D'après Kemâl-al-Dîn et Ibn al-A*th*îr, Sawâr aurait ramené 7 000 prisonniers, hommes, femmes, garçons et filles, et 100 000 têtes de bétail, bœufs, moutons, chevaux et ânes[149]. Une partie du butin fut déposée à Shaîzar, chez les Munqi*dh*ites, le reste rapporté en triomphe à Alep[150].

Raid des Alépins dans le comté de Tripoli.
Défaite et mort du comte Pons ; défections libanaises.

L'émirat de Damas, en dépit de l'insignifiance du jeune atâbeg Ma*h*mûd ibn Bûrî (1134-1138), devenait à son tour menaçant pour les Francs, en raison des mameluks énergiques qui y exerçaient le pouvoir. Cet émirat venait d'ailleurs de s'accroître de celui de *H*oms, que les fils de Qîrkhân ibn Qarâjâ[151] lui avaient cédé en échange de Palmyre et que la cour bouride donna en fief à son fidèle mamelûk Mu'în al-Dîn Unur, lequel l'avait sauvée lors de l'attaque de Zengî en mars 1135[152]. À Damas même, il est vrai, auprès du jeune atâbeg, l'influence appartint quelque temps à l'ancien chambellan Yûsuf ibn Fîrûz, l'amant de la princesse mère, revenu de son exil de Palmyre après le meurtre d'Ismâ'îl. Mais un des principaux mameluks turcs, l'émir Bazwâj ou Bazâwash, se débarrassa du chambellan par un de ces drames sauvages que la société turco-arabe du douzième siècle, dans le récit d'Ibn al-A*th*îr, nous présente à chaque pas. Un jour que l'atâbeg Ma*h*mûd se promenait sur le Maîdân avec Yûsuf et Bazwâj, le mameluk se jeta sur le chambellan et l'égorgea sous les yeux du prince[153].

Le coup fait, Bazwâj se retira, menaçant, à Ba'albek, avec ses mameluks. Comme le jeune Bouride refusait de souscrire à toutes ses conditions, il annonça l'intention de le détrôner et, pour commencer, se mit à piller la campagne avec tous les Turcomans accourus sous ses drapeaux. L'atâbeg, épouvanté, accepta toutes ses exigences, alla au-devant de lui et le nomma généralissime – ce que *l'Estoire d'Éracles* appelle « connestable au roi de Damas » – À ces conditions Bazwâj consentit à rentrer à Damas où « on lui confia le pouvoir de lier et de délier » (mai 1136)[154].

Bazwâj chercha à légitimer son pouvoir en réveillant la guerre sainte. Ayant recruté, nous dit Ibn al-A*th*îr, un grand nombre de Musulmans pieux qui voulaient faire leur salut et de Turcomans qui voulaient faire du butin, il envahit le comté de Tripoli (fin mars ou avril 1137). Le récit de cette campagne est assez mal connu parce que les renseignements de Guillaume de Tyr, d'Ibn al-Qalânisî et d'Ibn al-A*th*îr – les seuls que nous possédions – sont difficilement localisables. Du récit de Guillaume, il résulterait que les montagnards chrétiens du Liban trahirent les Francs. Peut-être intimidés ou achetés livrèrent-ils les passes du Jebel Besharré, peut-être même guidèrent-ils l'armée damasquine jusque dans la plaine de Tripoli, comme les en accuse formellement Guillaume de Tyr[155], car le comte Pons paraît avoir été entièrement surpris par l'invasion. Il n'eut pas le temps d'appeler à son aide le roi Foulque et se porta avec ce qu'il trouva de gens (« avec ses guerriers et tous ceux qui voulurent le suivre », dit Ibn al-A*th*îr) à la rencontre des Damasquins. Guillaume de Tyr nous dit que la bataille se livra près de

Mont Pélerin. S'il s'agit bien du Mont Pélerin construit par Raymond de Saint-Gilles, c'est-à-dire du château de Sanjîl, citadelle du Tripoli actuel, il faut admettre que les Damasquins, descendus des cols du Liban en suivant le cours de la Qadîsha, avaient pénétré jusqu'aux portes de la ville. Pons fut vaincu et sa petite armée dispersée. Le traducteur de Guillaume rend de nouveau la trahison des chrétiens libanais responsable de ce désastre. « Li Surien qui habitoient eu mont Libane le traïrent, ses genz furent desconfiz et tornèrent en fuie ». Mais le texte latin lui-même semble dire que ce fut après le désastre que les Libanais trahirent le comte en le livrant aux Musulmans, peut-être au moment où Pons vaincu cherchait refuge dans la montagne. Les Musulmans tuèrent le prince provençal sans même songer à en tirer rançon (28 mars 1137 ?)[156]. Au contraire l'évêque de Tripoli, Gérard, fait prisonnier dans la bataille, ne fut pas reconnu et réussit à se faire échanger contre un captif musulman.

Ibn al-Athîr nons dit de son côté que, « dans le combat qui fut livré, les Francs furent défaits et retournèrent à Tripoli dans un état pitoyable. Un grand nombre de leurs braves et de leurs guerriers avaient péri ». L'historien arabe corrobore ainsi le récit de *l'Estoire d'Éracles* qui, après avoir narré la mort de Pons, ajoute : « Mout eut grant domage et grant perte en cele desconfiture. Li haut home de Triple, li borjois et li sergent furent presque tuit perdu ». Cependant Bazwâj n'essaya pas de faire le siège de Tripoli. Il se contenta d'aller s'emparer d'une forteresse, par ailleurs non identifiée, qu'Ibn al-Qalânisî, appelle Wâdî Ibn al-Ahmar « la Vallée du Fils du Rouge »[157]. « Les Musulmans la prirent d'assaut, en enlevèrent tout ce qui s'y trouvait, tuèrent les hommes en état de porter les armes, firent captifs les femmes et les enfants, et emmenèrent un grand nombre de prisonniers qui furent obligés de payer une forte rançon. Ils retournèrent ensuite à Damas sans avoir essuyé d'échec et les mains chargées de butin »[158].

Le jeune Raymond II, fils de Pons, lui succéda et aussitôt se mit en devoir de le venger. Les Damasquins étaient rentrés chez eux, mais restaient les chrétiens libanais, doublement coupables de trahison, pour avoir livré aux ennemis les passes de la montagne et la personne du malheureux Pons.

74   L'ÉQUILIBRE

Contre eux Raymond II organisa des représailles sans pitié.
« Cil enfès (= ce jeune) Raimont fu mout iriez de la mort (de)
son père et de sa gent qu'il avait perdue. Si assembla tout
celeément (secrètement) le remanant (le reste) qu'il put trouver en son païs à cheval et à pié ; soudeinnement monta eu
mont Libane et touz ces traitors prist qu'il pot savoir qui
estoient parçonier (complices) de la mort (de) son père ; leur
femmes et leur enfanz mena liez dedenz la cité de Triple ;
devant tout le pueple, por venjance des preudomes qui par
eus estoient mort, les fist morir en maintes manières de tor-
menz. Einsi se reconforta si comme il pot et soi et les autres
qui leur amis avoient perduz »[159].

   Indépendamment de la piété filiale qui avait exigé le châtiment des traîtres, il est probable que cette sévère leçon
s'imposait, puisque au premier craquement de la puissance
franque les chrétiens indigènes menaçaient de se rallier à la
restauration musulmane.

*Attaque de Zengî contre l'État de Damas. L'intervention
franque l'empêche de s'emparer de Homs (juillet 1137).*

   Le désastre qui avait coûté la vie à Pons de Tripoli n'était
encore que le résultat d'une incursion isolée, sans conséquence territoriale, dirigée par un émir de second ordre.
Mais à la mi-juin 1137 l'atâbeg Zengî en personne revint de
Mossoul à Alep décidé à mener à bien la reconquête de la
Syrie.
   Dans la pensée de Zengî, toutefois, l'unification de la Syrie
musulmane sous son autorité devait, on l'a vu, être le prélude
de l'expulsion des Francs. Aussi son premier acte fut-il d'aller
attaquer une fois de plus l'importante ville de Homs
(juin 1137). Homs, on s'en souvient, dépendait depuis environ un an du royaume bouride de Damas, et la Cour de
Damas l'avait donné en fief au vaillant mamelûk Mu'în al-
Dîn Unur. Zengî essaya d'abord des promesses et des menaces. Mais le vieux mamelûk déjoua toutes les intrigues,
répondant que la place de Homs lui avait été confiée par le
prince de Damas, son maître, et qu'il la défendrait jusqu'au
bout. Zengî essaya de la force, mais sans aucun succès. Le
11 juillet 1137 apprenant, nous dit Kemâl al-Dîn, « que les

RÈGNE DE FOULQUE D'ANJOU

Francs arrivaient au secours de *Homs* dans l'espoir de le surprendre », il leva le siège et se retourna contre eux, en direction de Ba'rîn ou Montferrand[160].

Attaque de Zengî contre Montferrand (Ba'rîn).

À la nouvelle que Zengî opérait dans la région de *Homs*, d'où il menaçait la frontière du comté de Tripoli, le jeune comte de Tripoli, Raymond II, avait fait appel au roi Foulque. Foulque, rappelons-le, était l'oncle du jeune homme. En dehors des liens de famille, ses devoirs de suzerain lui commandaient de secourir le comté provençal si durement éprouvé quatre mois auparavant par le désastre et la mort de Pons et qui risquait de se trouver sans défenseurs devant cette nouvelle tempête. C'est ce qu'exprime pathétiquement *l'Estoire d'Éracles* : « Quant li juenes emfez[161], cuens de Triple, oï ces noveles, hastivement envoia au roi et li cria merci, que, por Dieu et por le sauvement de la Crestienté, sanz demeure leur venist aidier, car il n'avoit mie gent à lever ce siège » (le siège de Ba'rîn pour lequel Zengî avait abandonné celui de *Homs*). Foulque n'hésita pas. « Li rois, dit magnifiquement *l'Éracles*, qui estoit aussi comme pères du païs, vit que li besoins estoit grant. Si manda barons, chevaliers et sergenz à pié tant com il en pot avoir ; tantost (= aussitôt) s'adreça vers Triple. »

Remarquons que, d'après Guillaume de Tyr, quand Foulque arrive au secours du jeune comte Raymond II, Zengî, après avoir abandonné l'attaque de *Homs*, a déjà envahi le comté de Tripoli et mis le siège devant la forteresse de Montferrand ou Ba'rîn qui défendait la frontière du comté sur le revers oriental des Monts Nosaîrî, face à *Hamâ* et à *Homs*. Zengî, spécifie *l'Éracles*, avait déjà « vigueureusement fait assaillir Mont Ferrand » ; « tant i metoit change de gens et relés d'assailleeurs que cil de denz ne pooient avoir de repos » : d'où l'appel désespéré de Raymond II au roi Foulque. De même pour Ibn al-A*th*îr, si Zengî lève le siège de *Homs*, c'est simplement que Mu'în al-Dîn Unur lui a opposé une résistance invincible ; il va alors assiéger Ba'rîn, l'attaquant dès son arrivée et multipliant les assauts ; et c'est seulement pour sauver Ba'rîn que « les Francs rassemblent leur cavalerie et leur infanterie et se mettent en marche avec leurs princes et leurs comtes », c'est-à-dire évidemment avec Foulque et Raymond II. Kemâl al-Dîn, au contraire, nous montre, comme on l'a vu, les Francs se préparant à intervenir pour empêcher Zengî de s'emparer de *Homs* sur les Damasquins – politique dont on ne pourrait en tout état de cause qu'admirer la sagesse – ; ce serait sous la menace de leur intervention que Zengî aurait levé le siège de *Homs* pour aller les attaquer eux-mêmes dans les parages de Ba'rîn[162].

Quoi qu'il en soit, la situation était d'autant plus grave pour le roi Foulque qu'à l'heure même où son vassal de Tripoli lui demandait secours contre l'invasion turque, son autre vassal, Raymond de Poitiers, l'avisait, on va le voir, que les Byzantins venaient d'envahir subitement la Principauté d'Antioche : il demandait lui aussi, de toute urgence, l'aide du roi de Jérusalem. Rencontre tragique. La vieille question de l'hypothèque byzantine sur Antioche se réveillait au moment précis où la Syrie musulmane commençait son redoutable mouvement d'unité, quand la contre-croisade, si longtemps inconsistante, prenait enfin corps dans la personne de Zengî. De quel côté faire face ? à Tripoli contre le Turc ? à Antioche contre le Byzantin ? Dans l'entourage du roi l'avis fut unanime : il fallait courir au plus pressé, repousser le Turc, après quoi on irait à Antioche négocier avec les Byzantins. Nous retrouvons ici « ce sentiment de la Chrétienté » qui a fait la grandeur politique du douzième et du treizième siècle et qui n'était autre chose que la conscience – combien obnubilée depuis les Temps Modernes ! – de la solidarité européenne.

Défaite de Foulque devant Montferrand.
Responsabilité des guides libanais.

Cette décision prise, le roi Foulque et Raymond II partirent à marches forcées pour Montferrand-Ba'rîn, dont la garnison, étroitement assiégée par Zengî, ne pouvait résister longtemps encore. Pour assurer le ravitaillement de la forteresse, leur colonne traînait avec elle un convoi de vivres considérable. Pour la traversée des Monts Nosairî, deux routes étaient possibles. On pouvait suivre la voie actuelle (correspondant

RÈGNE DE FOULQUE D'ANJOU

d'ailleurs aux coupures de la montagne) qui, de Tripoli, file au nord, rejoint à Kharnubiya[163] la vallée du Nahr al-Kébir, atteint Tell Kelakh dans le grand coude du fleuve, remonte ensuite, sur la rive occidentale, le même cours d'eau, et arrive au Krak des Chevaliers (Qal'at al-Hosn), d'où, en longeant du sud au nord les contreforts orientaux du Jebel Helu, on redescend sur Ba'rîn et Rafaniya. On pouvait encore partir de Tortose et aller droit vers l'est, en remontant après Melké la rive méridionale du Nahr al-Fis, affluent du Nahr Hosein, après quoi, en traversant le massif nosairi sous la protection de la forteresse franque de Qolei'a (ou La Colée), on retombait sur Rafaniya et Ba'rîn. Guillaume de Tyr ne nous dit pas lequel de ces itinéraires avait d'abord été envisagé, mais il semble que les montagnards syriens qui servaient de guide à l'armée se soient lancés sur des pistes peut-être directes, mais à peu près impraticables. « Cil du païs, traduit l'*Éracles*, qui devoient guier nostre gent, ce ne sai-je s'il le firent par folie ou par traïson, leissèrent à senestre (à gauche) la bele voie qui estoit pleine et délivre, si menèrent l'ost par les montaignes où la voie estoit roistes et estroite ; pas i avoit périlleus et trop granz destroiz, si que l'en ne s'i pooit pas légièrement defendre ne garantir »[164].

Zengî, à la nouvelle de l'approche des Francs, avait levé le siège de Montferrand et se préparait à la retraite ; mais, prévenu des conditions déplorables de leur marche à travers le Jebel Nosaîrî, il en profita sur-le-champ. Il courut les attendre et les surprit au débouché des Monts Nosaîrî, dans la plaine de Ba'rîn, au moment où leurs colonnes étaient encore engagées dans des vallées étroites où elles ne pouvaient ni se regrouper pour se défendre, ni se déployer pour contre-attaquer. L'atâbeg et son lieutenant Sawâr qui commandait son avant-garde foncèrent sur un ennemi paralysé d'avance. « Les noz premières genz ne se tenoient mie ensemble por les leus qui estoient estroit, si se desconfirent tantost (= aussitôt). Li Turc, qui venoient après, ne finoient d'abatre et d'ocirre ». Malgré ces conditions inégales, les Francs se défendirent bien. Ibn al-Athîr nous dit que « de part et d'autre on montra beaucoup de bravoure. » Mais il ne s'agissait que de sauver l'honneur. Il fallait aussi sauver le roi qui, avec l'arrière-garde, avait encore la possibilité de se dégager.

L'ÉQUILIBRE

« La bataille le roi (= le corps d'armée du roi) fesoit l'arrière-garde. Quant li baron qui estoient avec lui virent que leur premières genz estoient desconfit, ils prièrent au roi que, por la Crestienté sauver, qu'ele ne périst toute, se treisist (= retirât) vers le chastel (de Montferrand) et se recetast dedenz. Li rois vit qu'il n'i avoit riens de secorre les premerains (qu'il n'y avait aucun moyen de secourir l'avant-garde), car il ne pooient chevauchier que l'un après l'autre à grant peine ». Conformément au conseil des barons, il prit donc son parti, et, avec tous ceux qui purent se joindre à lui, courut se jeter dans Montferrand.

Le reste de l'armée avait péri ou était prisonnier. Kemâl al-Dîn affirme que les Francs eurent plus de 2 000 tués. Tué notamment un des plus vaillants barons de Terre Sainte, Geoffroi Charpalu, frère du feu comte d'Édesse Jocelin Iᵉʳ de Courtenay[165], tandis que le jeune comte de Tripoli Raymond II avait été simplement fait prisonnier. Tout l'équipage de l'armée, tout le convoi de ravitaillement qu'elle traînait avec elle pour garnir Montferrand, chariots, bêtes de somme et vivres, tombèrent aux mains des Turcs. Les survivants qui, avec le roi Foulque, purent gagner Montferrand y arrivèrent sans aucuns vivres. Et, comme la garnison souffrait déjà de la disette, la famine, avec ce surcroit de bouches à nourrir, ne fit que s'aggraver.

Foulque assiégé dans Montferrand.
Levée de l'arrière-ban chrétien.

Zengî, en effet, recommença aussitôt, avec une ardeur renouvelée, le siège de Montferrand. Ce n'était pas seulement la place qu'il voulait – place du reste fort importante puisque de là, sur le revers oriental des Monts Nosairi, les Francs contrôlaient à la fois les deux villes musulmanes de *H*amâ et de *H*oms, c'était surtout le roi de Jérusalem qu'il entendait avoir à sa merci, ou plutôt c'était toute la noblesse franque du royaume, car, en même temps que Foulque, s'étaient réfugiés dans Montferrand le connétable Guillaume de Bures, Regnier Brus, ancien sire de Panéas, Guy Brisebarre, seigneur de Beyrouth, Baudouin de Ramla, Onfroi II de Toron « chevalier noviaus » qui faisait là ses premières armes[166], toute la fleur de la chevalerie hiérosolymitaine. Si Zengî réussissait à s'emparer de Montferrand, c'était sur tout l'État franc, sur toutes ses forces vives et toute son armature politique qu'il pouvait mettre la main. « Si Zengî pouvait s'emparer de Ba'rîn et des guerriers qui s'y étaient renfermés, écrit Ibn al-Athîr, il se rendrait maître en très peu de temps de la totalité des provinces chrétiennes, privées de tout défenseur ». On comprend qu'il mit tout en œuvre pour réussir un tel coup de filet. C'était tout le sort de la Syrie franque qui pouvait se jouer d'un seul coup.

Le roi Foulque mieux que quiconque discernait l'immensité du péril, lui qui, n'ayant trouvé aucun approvisionnement dans Montferrand, s'y voyait, dès le premier jour, dans une situation désespérée. Pour comble de malheur, tandis que le roi et la noblesse de Jérusalem étaient assiégés dans cette forteresse condamnée dont la chute n'était plus qu'une question de semaines, tandis que le comte de Tripoli était déjà prisonnier, l'armée byzantine, au nord, commandée par l'empereur Jean Comnène en personne, descendait de Cilicie pour assiéger Antioche, où Raymond de Poitiers, livré à ses seules forces, risquait de ne pouvoir lui non plus tenir bien longtemps...

Dans cette situation tragique, Foulque parvint à faire sortir de Montferrand des coureurs pour demander l'envoi immédiat d'une armée de secours au patriarche de Jérusalem, à Jocelin II, comte d'Édesse, et même à Raymond de Poitiers, prince d'Antioche. Cet appel désespéré provoqua partout une levée en masse. Le patriarche de Jérusalem, Guillaume de Messines, rassemblant tout ce qu'il put encore trouver de troupes disponibles, se mit en marche avec la Vraie Croix vers le Comté de Tripoli. « Li patriarches, dit *l'Estoire d'Éracles*, prist la Voire Croiz en ses mains et mena avec lui tout son pueple à cheval et à pié. Par les villes où il passoit, fesoit tout les besongnes lessier, si que tuit le sivoient por secorre leur seigneur ». De même Jocelin II accourut d'Édesse avec toute son armée. Le comte Baudouin de Mar'ash vint de même malgré l'inquiétude que devait lui causer la reconquête byzantine en Cilicie.

Il ne fut pas jusqu'au prince d'Antioche Raymond de Poitiers qui, bien que sa capitale fût, en ce moment, sur le point

80   *L'ÉQUILIBRE*

d'être bloquée par l'empereur Jean Comnène, ne se mît en devoir de venir délivrer le roi. Certes ce ne fut pas sans angoisse qu'il prit une telle décision. « Li princes d'Antioche fu en moult grant doute que il feroit, car entor sa cité estoit l'empereres qui assise (= assiégée) l'avoit : s'il s'esloignoit, mout avoit grant peor qu'ele ne fust en péril d'estre perdue ; d'autre part il (re-)doutoit mout à faillir lou roi à si grant besoing comme de son cors délivrer ». Le sentiment du devoir envers la royauté, le sentiment de la solidarité franque l'emportèrent. « Au derrenier, écrit magnifiquement le traducteur de Guillaume de Tyr, (li princes) s'acorda à ce que sa cité commanderoit (= recommanderait) à Dieu et s'en iroit hastivement aidier le roi et les autres barons. Tantost (= aussitôt) assembla chevaliers et sergenz grant planté, tuit si offroient por acomplir cele besongne, que mout l'avoient a cuer. De la cité s'en issirent efforciéement, et lessièrent l'empereur entor à siège. » Passage capital qui montre à quel point l'institution monarchique avait réalisé l'unité morale des colonies franques, puisqu'à cette date, quarante ans après la fondation indépendante de la seigneurie normande de l'Oronte, le prince d'Antioche n'hésitait pas à risquer le sort de sa terre pour sauver le roi et l'État franc de Jérusalem[167]. Ibn al-A*th*îr confirme ces données. Il nous montre « les prêtres et les moines » conscients de ce que c'était le sort même de Jérusalem qui se jouait sous les murs de Ba'rîn, prêchant partout la levée en masse ; et, à leur voix, l'arrière-ban chrétien prenant les armes et partant sur les premières bêtes venues, ou, selon la pittoresque expression arabe, « les uns sur les bêtes soumises au joug, les autres sur les bêtes indomptées »[168].

Le départ de ces derniers contingents chrétiens ne fut pas sans inconvénients graves. Il laissait le royaume complètement démuni de défenseurs. En Égypte, il est vrai, la cour du khalife fâtimide *H*âfiz était trop agitée par les révolutions du vizirat pour lancer d'Ascalon sur le plateau de Judée l'armée qui eût trouvé Jérusalem sans un soldat : c'était le moment où le vizir arménien Bahrâm, qui avait livré toute l'administration à ses compatriotes, était renversé par la révolte de l'émir Ri*d*wân Ibn al-Walakhshî (février 1137), et où celui-ci, nommé vizir à sa place, favo-

RÈGNE DE FOULQUE D'ANJOU 81

risa une violente réaction antichrétienne, tout en commençant contre le khalife la lutte sourde qui devait aboutir aux combats de rue 1139-1140[169]. La cour du Caire, tout occupée de ces révolutions de palais, laissa une fois de plus passer l'heure. Cependant Guillaume de Tyr signale que, tandis que le roi Foulque était assiégé dans Montferrand, la garnison égyptienne d'Ascalon captura le maréchal de la « compagnie de Saint-George », préposée à la garde de la Marche de Lydda, le chevalier Renaud l'Évêque, ainsi nommé parce qu'il était neveu de l'évêque Roger de Lydda. Il fut pris tandis qu'il guerroyait à la tête des siens contre la garnison égyptienne d'Ascalon.

Beaucoup plus dangereux était pour la Palestine laissée sans défenseurs le voisinage des Turcs de Damas. De fait, à peine le patriarche parti pour Tripoli avec l'arrière-ban chrétien, ceux-ci, trouvant l'occasion trop belle pour ne pas en profiter, entrèrent en jeu. D'après le récit de *l'Estoire d'Éracles*, le mamelûk Bazwâj, général des forces damasquines, envahit la Samarie et entra dans Naplouse, ville ouverte, où il massacra tout ce qui lui tomba sous la main : « Bezauge, connestables le (= du) roi de Damas, se prist bien garde que li rois estoit assis (assiégé) en estrange païs à grant meschief ; li chevalier et tuit li pueples estoient issu de la terre por aidier le roi. Quant il sot que la terre estoit einsi vuidiée, bien se pensa qu'il pooit grever le roiaume de Jherusalem sanz grant péril. Tant chevaucha qu'il vint à la cité de Naples (Naplouse) qui n'estoit mie bien fermée de bons murs ; fossé n'i avoit point, ne nules barbacanes. Légièrement entra dans la ville, car cil du païs ne se gardoient mie de tele chevauchiée. Ceus qu'il trova léans, decoupa, il et sa gent, sans nul espargnier ; les femmes, les enfans, les vieuz homes qui garantir ne se pooient ne défendre, mistrent touz à l'espée. » Seuls ceux qui eurent le temps de se réfugier dans le château purent échapper au massacre. Tout le reste succomba. « Li Turc coururent par la ville tout à bandon, et cerchoient les mesons à leisir ; ce qu'il trovoient d'homes ou de femmes estoient ou mort ou pris. Robes et avoir emportèrent tout quanque en avoit en la ville. Après mistrent le feu premièrement ès moutiers ; si ardirent (= brûlèrent) toute la cité. Cil

82 L'ÉQUILIBRE

qui s'estoient fichié en la forteresce orent grant peor et grant angoisse du feu, mès toutevoies s'en eschapèrent »[170].

Après avoir pillé Naplouse, Bazwâj retourna à Damas avec son butin sans plus trouver d'obstacle devant lui qu'à l'arrivée. C'est miracle que dans de telles conditions il se soit contenté de cette simple razzia au lieu de mettre à profit l'absence de troupes franques pour aller assiéger Tibériade ou même Jérusalem. Peut-être faut-il voir dans cette conduite le résultat des préoccupations des gouvernants damasquins (Mu'în al-Dîn Unur par exemple) qui redoutaient beaucoup plus Zengî que les Francs et craignaient – avec raison – d'avoir bientôt à faire face à une nouvelle attaque de l'atâbeg.

Pendant que le royaume de Jérusalem était de la sorte laissé à la merci de tout envahisseur, l'armée de secours accourait à marches forcées vers Montferrand pour dégager le roi. Le comte d'Édesse, le prince d'Antioche, le patriarche de Jérusalem qui avaient dû opérer leur jonction dans le comté de Tripoli, se préparaient maintenant à traverser les Monts Noṣairi. « Ja estoit mout approchié li princes Raimonz qui amenoit grant compaignie de genz à armes, et li cuens de Rohès (Édesse) que touz li efforz de sa terre sivoit. Li pueples de Jérusalem, qui aportoient la Vraie Croiz devant eus, se hastoient de venir au chastel qui estoit assis, car il se pensoient bien que li besoinz i estoit granz »[171].

Devant Montferrand, Zengî, qui n'ignorait pas l'approche de l'armée de secours, mit tout en œuvre pour faire tomber la place avant l'arrivée de ces renforts. Tout d'abord il isola complètement les assiégés, pour empêcher ceux-ci de rien savoir de l'effort tenté en leur faveur. « Il leur ôta, écrit Ibn al-Aṭhîr, toute communication avec le dehors, pour ne laisser pénétrer aucune nouvelle. Il intercepta si bien les chemins et maintint une discipline si sévère parmi les siens, que les assiégés ne surent rien de ce qui se passait sur leur propre territoire »[172]. Foulque et ses compagnons ignorèrent ainsi jusqu'au bout la levée et la mise en marche de l'arrière-ban chrétien, l'approche et l'arrivée imminente du patriarche, du prince d'Antioche et du comte d'Édesse. Il put se croire abandonné de tous, d'autant qu'il savait les Francs pris à revers au nord-ouest par l'invasion byzantine. Et pendant ce temps, contre Montferrand, le bombardement ennemi redoublait

RÈGNE DE FOULQUE D'ANJOU

d'intensité. « Zengî, nous dit Kemâl al-Dîn, avait établi dix mangonneaux qui battaient la forteresse nuit et jour »[173]. « Grant peine metoit Sanguins à prendre le chastel, confirme *l'Estoire d'Éracles* ; engins de maintes manières fesoit giter leanz, de jorz et de nuiz. Tant i venoit de grosses pierres qu'elles fondoient près toutes les mesons, si que pou trovoit l'en lieu où l'on se poïst garantir. Tant i avoit d'archiers et d'arbalestriers qui ne finoient de trère (= de tirer), que mainz en navroient dedenz le chastel. Et les navrez (= blessés) ne les malades n'avoit l'en où répondre sauvement (= abriter en sécurité) por les perrières et les mangoniaus qui tout froissoient, si que nule part n'estoient aseur (= en sécurité.) N'i avoit si hardi home qui chascun jor ne cuidoit morir. »

Disposant de forces considérables, Zengî pouvait sans difficulté renouveler constamment ses troupes d'attaque, de sorte que l'assaut ne cessait pas. « Li nostre qui estoient enclos dedenz ne pooient mie einsi changier les defendéeurs, car il n'en avoient mie si grant planté come ceus dehors... Presque touz les covenoit à veiller por fere les guez toutes les nuiz. Lendemain, sitost com il ajornoit, recommençoit li assauz de toutes parz, si que cil n'avoient point de loisir d'eus reposer ». Cet effort de nuit et de jour, sans détente ni repos, eut vite fait d'épuiser les assiégés. « Chascun jor apetiçoit leur nombre, car il en i avoit assez de navrez aus assauz. »

La famine et la maladie achevaient de les décimer. Le roi et ses compagnons, on l'a vu, étaient venus s'ajouter à la garnison, sans pouvoir introduire avec eux aucun ravitaillement, le convoi qu'ils amenaient ayant été capturé par les Turcs. Or, dès avant leur arrivée, la forteresse, qui sortait à peine d'un premier siège, manquait de vivres. Après l'entrée du roi et des réfugiés, quand on eut mangé les chevaux, ce fut la famine. « Lors véissiez les bons chevaliers et les forz bachelers qui ne se pooient sostenir, ainçois les covenoit apoier à bastons ; dolors et pitiez estoit de ce veoir ».

L'entassement des Francs dans cette petite forteresse avait d'autres inconvénients. « L'aceinte de ce chastel n'estoit pas mout large, mès selonc ce qu'il i pooit entrer de gent, elle estoit toute pleine. Les rues estoient toutes jonchiées de malades. » *L'Estoire d'Éracles* nous parlera plus loin du « grant peril de pueur (= puanteur) et corrupcion d'air, por la

84 *L'ÉQUILIBRE*

grant planté des navrez et des autres malades... Li sain meismes qui ne pooient chevir ès mesons, gisoient par les places ». Dans cette foule dense, le tir des archers et des arbalétriers turcs faisait de terribles ravages. Un seul espoir : l'intervention du patriarche, du prince d'Antioche et du comte d'Édesse, l'arrivée de l'armée de secours, laquelle, effectivement, à ce moment-là, ne se trouvait plus très loin ; mais c'est précisément ce que les assiégés ignoraient, Zengî ayant intercepté toute communication entre eux et le monde extérieur : « sur toute rien (= sur toute chose) fesoit garder que nus dedens ne poïst issir hors et que cil dehors ne poïssent entrer dedenz ». Les secours tardant à apparaître, les assiégés se crurent délaissés. Ils pensèrent que, par suite de l'invasion byzantine au nord, Raymond de Poitiers, Jocelin II et le patriarche n'avaient pu répondre à l'appel du roi. « Por ce que la fains et le mesese les angoissoit mout, bien leur sembloit que cil secors tardoit trop »[174].

Reddition de Montferrand.
Libre sortie du roi et de l'armée franque.

Cependant Zengî qui, lui, n'ignorait pas l'approche de l'armée de secours, avait hâte d'en finir. Il entra en négociations avec les assiégés. Ibn al-A*th*îr nous dit que ce furent ceux-ci qui en prirent l'initiative : « Les Francs qui étaient assiégés dans Ba'rîn, écrit-il, se défendirent avec beaucoup de courage, mais ils n'avaient que de faibles approvisionnements. Quand leurs provisions furent épuisées, qu'ils eurent mangé leurs bêtes de somme, ils demandèrent à capituler, se contentant de la vie sauve et de la faculté de retourner dans leur pays. Zengî refusa d'abord d'adhérer à leur proposition, mais lorsqu'il apprit que l'empereur de Constantinople approchait et que les Francs se ralliaient autour de lui *(sic)*, il accorda à la garnison de Ba'rîn sa demande[175]. »

Guillaume de Tyr confirme ces données. Évidemment, Zengî avait d'abord songé à tirer tout le parti possible de cette merveilleuse capture du roi et des barons de Jérusalem, non seulement quelque énorme rançon, mais peut-être la rétrocession aux Musulmans de tout ou partie de la Palestine. S'il changea d'avis, s'il accorda aux assiégés des conditions singulièrement plus douces et parut bâcler la paix – une paix blanche, car l'acquisition de Ba'rîn était hors de proportion avec les immenses possibilités du moment – c'est qu'en politique avisé il comprit que l'arrivée de l'armée de secours franque risquait de lui faire perdre le bénéfice de son succès précédent en le coinçant entre deux ennemis. Plus encore, comme vient de l'avouer Ibn al-A*th*îr, il fut troublé par l'arrivée de l'empereur Jean Comnène avec la grande armée byzantine sur le sol de Syrie. L'intervention de ce facteur nouveau – et la Byzance des Comnènes restait encore la première puissance de l'Orient – risquait de bouleverser l'équilibre des forces en faveur des chrétiens. Sans doute Jean Comnène, pour le moment, s'en prenait aux Francs et assiégeait Antioche, mais Zengî était trop averti pour ne pas se rendre compte que ces querelles de famille entre chrétiens risquaient de se terminer par un accord entre eux, suivi d'une croisade gréco-latine contre les Musulmans, éventualité qui, effectivement, se réalisa quelques mois après.

L'intervention du facteur byzantin ne permettait donc plus à l'atâbeg de profiter de la capture prochaine du roi de Jérusalem pour essayer d'obtenir, en échange d'un tel otage, rétrocession de la Syrie franque : toute tentative en ce sens n'aurait pour résultat que de hâter l'union des Byzantins et des Francs contre lui. « Sanguins qui estoit vites et de grant porvéance, note *l'Estoire d'Éracles*, sot bien que cele gent (l'armée de secours) venoient einsi sur lui ; et plus douta (= redouta) encore que l'empereres de Costantinoble qui estoit au siège entor Antioche ne venist sur lui atout (= avec tout) son grant pooir, par la requeste des Crestiens de la terre. Por ce s'avança mout sagement, ainçois (= avant) que li Rois ne cil de denz seussent nule novele de la venue de ce secors ; si leur envoia messages por parler de pès ». Guillaume de Tyr nous donne le résumé de son message : il n'ignorait rien de l'extrémité à laquelle les assiégés étaient réduits, torturés par la famine, décimés par les épidémies et le bombardement, incapables de résister davantage. Néanmoins par courtoisie pour le roi de Jérusalem, par chevalerie pure, « por enneur du Roi qui estoit un des granz princes du monde », comme dit le traducteur, il consentait aux Francs des conditions exceptionnelles. Il se contenterait de la reddition de Ba'rîn.

86   *L'ÉQUILIBRE*

En échange il ferait « conduire le Roi et sa gent tout sauvement jusqu'en sa terre », il rendrait même le comte de Tripoli et tous les prisonniers de la bataille précédente.

En entendant ces conditions inespérées (ils ignoraient toujours l'approche de l'armée de secours) Foulque et ses barons furent remplis d'étonnement et de joie : « Quant li nostre qui assis estoient oïrent cele parole, por les granz angoisses qu'il sofroient de jeuner et de veillier, de maladies, de travaus et de peors, grant joie en orent et mout volentiers la reçurent. Sur toutes riens (= choses) se merveillèrent cornent si crueus hom avoit tel pitié d'eus et leur fesoit si bele bonté. »

Zengî qui avait de plus en plus hâte de tout terminer avant l'arrivée de l'armée de secours, exécuta aussitôt ses engagements (entre le 10 et le 20 août 1137). Il mit en liberté Raymond II de Tripoli et tous les autres prisonniers. Quand le roi Foulque sortit de Ba'rîn avec son armée, l'atâbeg lui témoigna les plus grands égards et lui fit cadeau d'une robe d'honneur. Après avoir pris congé de lui, Foulque et les Francs retraversèrent le Jebel Nosaîrî pour regagner Tripoli. Ce ne fut qu'alors qu'ils apprirent la levée en masse des Francs et le voisinage des renforts accourus pour les délivrer. « Ils se repentirent alors d'avoir livré Ba'rîn, dit Ibn al-Athîr, mais le repentir ne pouvait plus leur servir de rien. » Ils rencontrèrent l'armée de secours commandée par le patriarche, Raymond de Poitiers et Jocelin II à hauteur d'Arcas ('Arqa), au nord de Tripoli. « Li rois leur fist mout grant joie et les mercia de ce que si efforcieément le venoient aidier, mès bien leur dist que tart estoient meu, car li estat du chastel (Montferrand) qui estoit assis ne pooit pas soufrir qu'il les attendissent plus. Après ce parlèrent de leur aferes à grant loisir, puis s'en retorna chacun vers sa terre »[176].

On comprend la mélancolie de ces dernières lignes. La conquête par Zengî de Zerdanâ, Ma'arrat al-Nu'mân et Kafartâb en 1135, puis celle de Ba'rîn en 1137 constituaient pour les Francs des pertes sensibles. C'était la majeure partie du territoire d'Outre-Oronte qui échappait à la principauté d'Antioche ; c'était son seul district à l'est des monts Nosaîrî que perdait le comté de Tripoli. Ibn al-Athîr a bien marqué l'espèce de tournant historique que constitue cette reconquête. « Jusque-là les Musulmans de la région entre Alep et

*H*amâ étaient en proie à des vexations continuelles de la part des garnisons franques (des quatre forteresses précitées). Après la reprise de ces places, ils commencèrent à respirer, le pays se repeupla et les revenus s'accrurent. La prise de Ba'rîn (notamment) fut vraiment une conquête importante et quiconque aura eu l'occasion de voir cette forteresse sera persuadé de ce que je dis »[177]. Premier résultat, pour le monde musulman, de la fondation de l'État zengide qui, après tant d'années d'anarchie féodale, faisait enfin bénéficier l'Islam syro-mésopotamien des avantages de l'institution monarchique.

En présence de ce redressement musulman, un resserrement du faisceau des forces chrétiennes s'imposait. L'intervention de l'empire byzantin dans les affaires syriennes en ce même été de 1137 allait, après la querelle du début, permettre d'amorcer une alliance franco-grecque susceptible de répondre à ces nécessités nouvelles. Mais, en attendant, c'était la guerre, une guerre divisant – sous les yeux de Zengî – toutes les confessions chrétiennes : guerre gréco-arménienne, succédant coup sur coup à la guerre franco-arménienne de l'année précédente, guerre franco-grecque risquant de faire le jeu du seul Musulman.

§ 5. — INTERVENTION DE L'EMPEREUR JEAN COMNÈNE DANS LES AFFAIRES DE SYRIE. LA QUESTION D'ANTIOCHE ET LA COALITION FRANCO-BYZANTINE CONTRE L'ISLAM (1137-1138).

Retour sur les campagnes de l'empereur Jean Comnène contre les Turcs d'Anatolie. Reconquêtes byzantines en Phrygie et en Paphlagonie sur les Seljûqides et les Dânishmendites (1119-1134). Caractère de croisade de ces expéditions.

L'apparition de l'armée byzantine en Cilicie en avril 1137, puis sa marche sur la Syrie en juillet, furent une surprise pour les Arméniens comme pour les Francs. Mais pour comprendre pleinement cette espèce de coup de théâtre, il est indispensable de faire un rapide retour sur la politique byzantine en Anatolie depuis l'avènement de Jean Comnène.

88 L'ÉQUILIBRE

L'empereur Jean Comnène, (1118-1143), fils et successeur d'Alexis Comnène, véritable basileus-chevalier qui passa sa vie à la tête de ses troupes, avait formé le projet de rendre à l'Empire ses frontières asiatiques, en refoulant le plus loin possible à l'intérieur du plateau d'Anatolie les Seljûqides de Qoniya[178], en reprenant la Cilicie aux Arméniens et en obligeant les Francs à reconnaître sa suzeraineté sur Antioche. Ses premières campagnes avaient été dirigées contre les Turcs d'Anatolie. De ce côté, il pouvait bénéficier de la rivalité des sultans seljûqides de Qoniya et des émirs dânishmendites de Sìwâs, rivalité dont la première manifestation avait été, en 1106, la conquête, par le sultan seljûqide Qilij Arslân, de la ville dânishmendite de Malatiya ou Mélitène[179]. Mais cette rivalité n'avait pas empêché en 1119 le sultan seljûqide Mas'ûd et l'émir dânishmendite Ghâzî de s'unir pour battre et capturer le « duc » byzantin de Trébizonde, Constantin Gabras[180]. Ce fut en cette même année 1119 que Jean Comnène entreprit sa première campagne en Anatolie, contre les Seljûqides. De ce côté les Seljûqides avaient réoccupé, dans les dernières années d'Alexis Comnène, Sozopolis (Oloburlu) et Laodicée de Phrygie, près de l'actuel Denizli. Jean Comnène obtint la reddition de Laodicée après un premier assaut et fit capituler Sozopolis par une ruse de guerre[181]. De là il alla chasser les Seljûqides de l'arrière-région de Sattalie ou Adalia sur la côte de Pamphylie. Le *basileus* songea peut-être dès ce moment à aller attaquer les Arméniens en Cilicie, et les Francs à Antioche, mais les affaires balkaniques le rappelèrent en Europe.

Pendant ce temps dans l'Anatolie turque la guerre se rallumait entre Dânishmendites et Seljûqides, et l'émir dânishmendite Ghâzî reprenait à un cadet seljûqide la place de Mélitène (le siège, d'après Michel le Syrien, avait duré de juin à décembre 1124). Les discordes entre les princes seljûqides eux-mêmes achevèrent de faire le jeu des Byzantins. Vers 1125-1126 le sultan seljûqide Mas'ûd, chassé de Qoniya par son frère 'Arab, se réfugia à la cour de Constantinople, où Jean Comnène lui donna les moyens de recouvrer son trône. Ce fut au tour de 'Arab de se réfugier en Cilicie, auprès du prince arménien Thoros Ier qui l'appuya de même (v. 1126-1127). Il est vrai qu'une fois définitivement vaincu, ce fut encore à Constantinople, auprès de Jean Comnène, que se retira 'Arab[182].

Cependant, si les Seljûqides d'Anatolie, affaiblis par leurs dissensions, subissaient l'arbitrage du *basileus*, Ghâzî, l'émir dânishmendite de Cappadoce, restait menaçant, au point d'occuper partie de la côte byzantine de Paphlagonie. L'empereur Jean Comnène dirigea alors contre lui, le long du littoral de la mer Noire, une expédition au cours de laquelle les Byzantins reconquirent une première fois Kastamon ou Qastamûnî (1130)[183]. Les Dânishmendites ayant, après son départ, réoccupé Qastamûnî, Jean Comnène dirigea à la fin de 1132 une nouvelle expédition qui lui rendit la place (décembre 1132). Jean, reprenant le plan de la croisade lombarde de 1101, mais plus heureux qu'elle, franchit même le Qizil Irmâq et alla ravager les terres dânishmendites en direction d'Amasia ; plusieurs émirs de la région se reconnurent alors plus ou moins vassaux du *basileus*, notamment Alp Arslân, émir de Gangra (Kanghéri) et Tughril, émir d'Amasia[184]. À son retour Jean Comnène fit à Constantinople une entrée triomphale. « Après le long défilé des captifs, les spectateurs virent s'avancer à pied, la croix en main, le toutpuissant *basileus* précédant humblement le char triomphal traîné par quatre chevaux blancs, sur lequel se dressait, dominant la foule, l'image de la Vierge... »[185]. Cette description, qui nous rappelle celles de Guillaume de Tyr à propos des rois de Jérusalem montant avec la Vraie Croix au Saint-Sépulcre après quelque expédition victorieuse, nous montre que les Byzantins menaient bien en Anatolie une véritable croisade, parallèle à la croisade des Francs en Syrie et en Palestine.

Un coup de main des Dânishmendites sur Qastamûnî qu'ils surprirent et réoccupèrent une fois de plus, détermina Jean Comnène à une nouvelle campagne (automne 1134). Dans l'intervalle leur chef, l'émir Ghâzî, mourut. De plus, Jean Comnène bénéficia de l'alliance du sultan seljûqide de Qoniya, Mas'ûd, qui lui fournit un contingent. Campagne pénible, mais qui finit bien. Après avoir hiverné dans le pays, le *basileus*, vers le début de 1135, reprit définitivement Qastamûnî et força même Gangra (Kanghéri) à capituler. Gangra reçut une garnison byzantine de 2 000 hommes.

L'ÉQUILIBRE

L'Halys ou Qizil Irmâq redevint de ce côté la frontière de l'Empire qui recouvra ainsi tout l'ancien Thème de Paphlagonie. La tâche où avait échoué la malheureuse Croisade Lombarde de 1101 était enfin accomplie par la Croisade Byzantine elle-même.

Reconquête de la Cilicie par Jean Comnène.
Annexion de l'État arménien (1137).

Ayant ainsi rendu à l'Empire byzantin tout le littoral de la mer Noire depuis le Bosphore jusqu'au Tchorok, à l'est de Trébizonde, comme son père et lui-même avaient recouvré tout le littoral de la mer Égée et de la mer de Chypre depuis les Dardanelles jusqu'aux environs du Cap Anamour, à l'entrée de la Cilicie, Jean Comnène se mit en devoir de reconquérir la Cilicie elle-même sur les Arméniens, en attendant de reprendre Antioche aux Francs.

Pour cette campagne de Cilicie et de Syrie, Jean Comnène rassembla une des plus puissantes armées de l'époque, tant Byzantins qu'auxiliaires tirés des peuples vassaux, avec une cavalerie nombreuse et un immense convoi de chariots pour le ravitaillement. Comme l'établit Chalandon, l'expédition dut passer par la Bithynie et la Lydie, puis, de Laodicée-Dénizli, gagner, en direction sud-est, la côte de Pamphylie vers Sattalie (Adalia), et suivre de là le littoral de l'Isaurie, depuis Antioche d'Isaurie et Skalendros (Kalandaran) jusqu'à Séleucie d'Isaurie (Selefké), Lamos et Mersina.

Quand la grande armée byzantine, au printemps de 1137, déboucha dans la plaine cilicienne, sur le Tarsus tshai, le bas Seihûn et le bas Jihûn, il fut évident que la jeune principauté arménienne serait hors d'état de lui résister ; d'autant que la féodalité arménienne, avec son indiscipline habituelle, était loin de supporter docilement la primauté de la maison roupénienne et que des défections durent dès le début se produire dans ses rangs, si même plusieurs chefs ne firent pas cause commune avec l'envahisseur contre leur prince Léon Ier. De fait celui-ci semble bien avoir été abandonné à ses propres forces. Jean Comnène s'empara sans difficulté des trois villes de la plaine cilicienne, Tarse, Adana et Mamistra (Massissa ou Mopsueste, l'actuel Missis). De là il alla assiéger

RÈGNE DE FOULQUE D'ANJOU 91

plus au nord, dans le bassin du moyen Jihûn, aux premiers contreforts du massif du Kozân, la ville d'Anazarbe, qui était la capitale de Léon Ier. La ville naturellement forte possédait de solides défenses. Elle résista. L'avant-garde impériale, composée d'auxiliaires turcs, fut d'abord repoussée. L'investissement se poursuivit cependant et les Byzantins mirent en batterie leur puissant matériel de siège. Les assiégés réussirent encore, dans une vigoureuse sortie, à incendier les échafauds sur lesquels les pierriers étaient montés et à endommager les machines. Les ingénieurs byzantins réparèrent les machines et le bombardement recommença. Après trente-sept jours, les murs, ébranlés par un martèlement incessant, menaçaient ruine : les assiégés se rendirent (juillet 1137)[186]. Le *basileus* compléta la conquête d'Anazarbe par celle des châteaux situés au nord-est comme Gaban (Kéban) ou à l'est comme Tell-Hamdûn.

Cependant le prince roupénien Léon Ier avait échappé aux envahisseurs. Réfugié dans le massif du Kozân, autour de Sis et de Vahka (Féké), il y prolongea la résistance pendant près de six mois encore. Du reste Jean Comnène était parti pour Antioche. Ce ne fut qu'à son retour de Syrie, à l'hiver 1137-1138, que l'énergique *basileus* acheva la conquête de la haute Cilicie. La forteresse de Vahka fut enfin prise après une résistance opiniâtre au cours de laquelle le commandant de la place, Constantin, s'était signalé par un combat de paladin avec l'officier byzantin Eustratios. Après la chute de la place, Constantin fut envoyé prisonnier à Constantinople[187].

Le prince arménien Léon Ier et ses fils finirent par être pris, soit qu'ils aient été cernés, réduits à la famine et capturés dans une des hautes vallées du Taurus, soit que, sa femme et ses enfants ayant été faits prisonniers, Léon se soit livré lui-même pour les rejoindre (1138). Quoi qu'il en soit, lui et tous les siens furent emmenés en captivité à Constantinople. D'abord jeté en prison, puis traité plus honorablement et admis à la cour, puis soumis de nouveau à une surveillance sévère, il mourut sans avoir recouvré sa liberté, vers 1142[188]. De ses deux fils, prisonniers avec lui, l'un Roupên, ayant inspiré des craintes aux Byzantins, fut aveuglé et mourut de son supplice ; l'autre, Thoros II, sut au contraire gagner la faveur du *basileus ;* devenu un hôte honoré de la Cour de

Constantinople, il n'oubliera cependant pas sa patrie. À la mort de Jean Comnène (1143), il s'enfuira de la capitale, regagnera le Taurus et restaurera l'État arménien de Cilicie (1144-1168).

En attendant cette heure, et jusqu'à la fin du règne de Jean Comnène, la Cilicie n'était plus qu'une province de l'Empire byzantin dont le territoire devenait ainsi contigu aux possessions franques de Syrie. Avant même que Léon Ier eût été pris, Jean Comnène franchit les Pyles ciliciennes, occupa Alexandrette qu'il fortifia[189] et entra sur le territoire d'Antioche.

Réveil de la question d'Antioche ; son double aspect juridique.
Efforts antérieurs de Jean Comnène pour la résoudre
par la voie diplomatique, au moyen d'un mariage princier
franco-byzantin.

L'intervention byzantine en Syrie en 1137 fut un coup de foudre pour les Francs. C'est qu'ils croyaient la question d'Antioche définitivement réglée en leur faveur. En réalité, aux yeux de la diplomatie impériale, cette question restait toujours ouverte. L'interposition, entre l'Empire byzantin et la Syrie franque, d'un État tampon, l'État arménien de Cilicie, tel que l'avait constitué dans le premier quart du douzième siècle la dynastie roupénienne, avait pu pendant quelque temps empêcher la cour de Constantinople de faire valoir ses droits. Dès que l'empereur Jean Comnène eut supprimé cet État et recouvré la Cilicie, dès que ses possessions furent de nouveau en contact avec les États francs, il rouvrit dans toute son ampleur la question syrienne.

La question d'Antioche – Chalandon le rappelle – se présentait très différemment pour les juristes francs et pour les juristes byzantins. Il suffit, pour se rendre compte de la divergence dans l'appréciation du point de droit, de comparer Guillaume de Tyr et Anne Comnène. Pour les Francs il était sans doute vrai que les premiers Croisés avaient reconnu les droits impériaux sur Antioche. Le traité de Constantinople de 1097, juré par eux, spécifiait bien que les terres qu'ils reconquerraient en Syrie, à commencer par Antioche, ils les tiendraient en fief du *basileus. L'Estoire d'Éracles* le reconnaît : « Avoient juré (à) son père (à l'empereur Alexis Comnène) que toutes les citez et les chastiaux qu'il conquerroient en cele voie, metroient en son pooir, et les li garderoient bien et loiaument jusque il venist ». L'*Éracles* reconnaît aussi tout le poids de ce serment : « ce n'avoient il pas fet por néant, car ses pères (= son père, Alexis) leur avoit à chascun donné grant partie de son avoir, par que il estoient devenu si home »[190]. Mais Alexis Comnène ne s'étant pas joint aux Croisés et n'étant pas venu prendre Antioche avec eux, les Latins considéraient que les droits de l'Empire étaient de ce fait devenus caducs et que les nouveaux princes d'Antioche se trouvaient déliés de tout devoir envers la Cour de Constantinople. « L'empereur Alexe ne leur tint pas ce qu'il leur eut en couvenant (= ses conventions), par quoi li preudomes ne se tenoient pas à liez vers lui, ainçois firent prince en Antioche et seigneur en la terre sanz son congié. De celui tens avoit euz seigneurs en la terre qui de rien n'obéissoient à l'empire »[191].

Au contraire pour les juristes byzantins, les droits de l'Empire sur Antioche restaient imprescriptibles. Et ces droits étaient tout récents encore. Rappelons une fois de plus qu'Antioche n'avait été prise par les Seljûqides aux Byzantins qu'en 1185, Édesse qu'en 1187, dix ans à peine avant la Première Croisade. De plus, selon la remarque de Chalandon, les droits de Byzance avaient encore été renouvelés et renforcés en 1108 par le traité de Deabolis conclu entre Alexis Comnène et son prisonnier Bohémond Ier, après la capitulation de ce dernier à Durazzo. Par ce traité le premier prince d'Antioche avait en effet reconnu formellement la suzeraineté et même la souveraineté de l'Empire, et promis en outre de restituer aux Byzantins les ports de Laodicée (Lattaquié) et de Jabala[192]. La mort de Bohémond et l'avènement de Tancrède avaient sans doute rendu le traité momentanément inopérant. L'acte de 1108 n'en constituait pas moins la base juridique de l'intervention byzantine.

À la vérité, Jean Comnène, avant de se résoudre à la lutte, avait longtemps caressé l'espoir de rétablir par la voie diplomatique la souveraineté impériale sur Antioche. Dès 1119, il avait envoyé en Syrie un ambassadeur, Ravendinos, auprès de Roger de Salerne, alors prince d'Antioche, pour proposer le mariage de la fille de Roger avec un prince Comnène, mariage qui eût entraîné à plus ou moins longue échéance le

94 **L'ÉQUILIBRE**

retour d'Antioche à l'empire. Roger semble avoir accueilli favorablement ce projet, sans doute parce qu'en droit, malgré son titre de prince d'Antioche, il n'était qu'une sorte de bayle, qui aurait dû remettre un jour le pouvoir à l'héritier légitime de Bohémond Ier, l'enfant Bohémond II, alors en Italie. Peu désireux de rendre jamais le trône, il pensait peut-être qu'en mariant sa fille avec un Comnène, l'alliance de l'empire byzantin consoliderait à jamais son pouvoir, quitte pour lui à avoir comme successeur ce gendre byzantin. En tout cas, Ravendinos accompagna Roger dans la fatale campagne de 1119 contre les Ortoqides, qui aboutit au désastre de l'*Ager Sanguinis*. Roger fut tué, Ravendinos fait prisonnier. Mais l'ambassadeur byzantin, que les Turcs ménageaient par crainte d'une intervention impériale, se racheta et retourna aussitôt à Antioche, reprendre sur d'autres bases la négociation[193].

Il y trouva un nouvel interlocuteur, le roi de Jérusalem Baudouin II, devenu, après la mort de Roger, régent de la principauté. L'ambassadeur byzantin, modifiant son plan suivant les circonstances, demanda pour un prince Comnène la main d'une des quatre filles de Baudouin II, évidemment avec la perspective de faire régner ce couple mixte sur Antioche. Fait remarquable, le roi de Jérusalem accepta en principe. Sans doute estimait-il que l'alliance de l'empire byzantin, alors à son apogée, valait bien pour les Francs le règlement de la question d'Antioche dans le sens du traité de Deabolis. Ravendinos se rendit même à Jérusalem pour y voir la jeune princesse objet de la négociation – probablement la deuxième des filles de Baudouin II, Alix – puis il rentra à Constantinople par Chypre, sans doute déjà porteur de l'acceptation de principe (printemps-été 1120)[194].

Pourquoi le projet fut-il abandonné ? C'est ce que nous ignorons. Toujours est-il que ce ne fut pas à un prince Comnène mais au rejeton de la dynastie normande de Tarente, à Bohémond II, que le roi de Jérusalem donna sa fille Alix. Sans doute le désir d'obtenir contre les Turcs la précieuse alliance byzantine passa-t-il après le devoir, pour ce suzerain consciencieux, de remettre Antioche à l'héritier légitime du grand Bohémond.

RÈGNE DE FOULQUE D'ANJOU

Après la mort prématurée de Bohémond II, l'occasion parut se présenter de nouveau pour Jean Comnène d'obtenir par la diplomatie la souveraineté d'Antioche. C'était vers 1136, lorsque la princesse douairière Alix, veuve de Bohémond II, cherchait à rester maîtresse du pouvoir à Antioche. De même qu'elle avait fait naguère appel à Zengî, l'ambitieuse douairière se tourna cette fois vers l'empereur Jean Comnène. Elle offrit au fils de Jean, au futur empereur Manuel Comnène, la main de sa fille à elle, Constance, héritière légitime de la principauté d'Antioche[195]. Un accord secret était intervenu entre Alix et la Cour de Constantinople, lorsque l'arrivée soudaine de Raymond de Poitiers et son mariage avec Constance le firent évanouir (1136).

Cette union qui faisait cesser la vacance du trône d'Antioche au profit d'un prince français enlevait à la Cour byzantine tout espoir de résoudre diplomatiquement la question d'Antioche. Ce fut alors que Jean Comnène, à qui la reconquête de la Cilicie ouvrait la route de la grande ville, se décida à recourir à la force. Le prétexte était tout trouvé : pour les juristes byzantins, la principauté d'Antioche était toujours vassale de l'Empire ; or, de ce point de vue, les barons d'Antioche avaient commis un acte de révolte en mariant leur jeune héritière sans consulter l'empereur suzerain. Fort de cet argument, fort surtout de sa puissante armée, le *basileus*, vers juillet 1137, descendit donc sur Antioche. Son itinéraire passa sûrement par le Pas de Portelle qui longe la mer de Payâs à Alexandrette, Alexandrette, le col de Beilân, Baghrâs et la grande route de Baghrâs à Antioche, qui longe la rive occidentale du Lac d'Antioche.

Siège d'Antioche par l'empereur Jean Comnène (1137).

Comme on l'a vu, au moment où la grande armée byzantine descendait sur Antioche, la Syrie franque était dans une situation particulièrement critique. Le prince d'Antioche Raymond de Poitiers n'avait pas trop de toutes ses forces pour résister à cette puissante invasion. En hâte, il envoya demander l'aide du roi de Jérusalem, Foulque d'Anjou, et des barons francs. Malheureusement à la même heure l'atâbeg d'Alep, Zengî, envahissait le comté de Tripoli où il venait

96   L'ÉQUILIBRE

assiéger la forteresse de Montferrand-Ba'rîn, et le comte de Tripoli, Raymond II faisait de son côté appel au roi. Comme on le sait, Foulque séria les questions, se portant d'abord au secours de Montferrand contre les Turcs, avec la pensée de marcher ensuite au secours d'Antioche contre les Byzantins. Mais, comme on l'a vu également, Foulque fut battu par Zengî devant Montferrand, n'eut que le temps de se jeter dans la forteresse et s'y vit étroitement assiégé par les Turcs. Dans cette situation désespérée, il fit appel à Raymond, de Poitiers. Le prince d'Antioche, qui aurait eu tant besoin que le roi vînt l'aider contre l'invasion byzantine, se voyait, par une étrange ironie du sort, requis d'aller lui-même aider le roi, et cela au moment où les Byzantins, descendant par la route de Baghrâs, approchaient d'Antioche pour l'assiéger. *L'Estoire d'Éracles* nous fait part de son angoisse. « Li princes d'Antioche fu en moult grant doute que il feroit, car entor sa cité estôit l'empereres ; s'il s'esloignoit (= s'il s'en éloignait), mout avoit grant peor qu'ele ne fust en peril d'estre perdue ; d'autre part il redoutoit mout à faillir au roi à si grant besoing comme de son cors délivrer[196] ». Noblement, par une décision vraiment héroïque, il recommanda Antioche à Dieu et partit sauver le Roi. « Au derrenier s'acorda à ce que sa cité commanderoit à Dieu et s'en iroit hastivement aidier le roi et les autres barons. Tantost (= aussitôt) assembla chevaliers et sergenz grant planté ; tuit s'i offroient por acomplir cele besongne, que mout l'avoient au cuer. De la cité s'en issirent efforciéement et lessièrent l'empereur entor au siège »[197].

On sait que Raymond, malgré sa hâte, arriva trop tard pour empêcher la reddition de Montferrand survenue entre le 10 et le 20 août 1137. Après avoir rencontré à hauteur de 'Arqa, près de Tripoli, le roi qui revenait de Montferrand, il reprit avec ses chevaliers le chemin d'Antioche. En arrivant devant la ville, il apprit que depuis le 29 août l'empereur Jean Comnène en avait, à grand renfort de machines, commencé le siège. Bien que le blocus fût déjà serré, Raymond réussit à rentrer dans la ville. D'après Orderic Vital, ce fut par un étonnant coup d'audace. « Trouvant la place étroitement bloquée, il aurait réussi à pénétrer avec ses compagnons dans le camp des Grecs et à s'avancer jusqu'à la tente impériale. Une fois là, les Latins, en poussant de grands cris, auraient fait

RÈGNE DE FOULQUE D'ANJOU 97

croire à une sortie des assiégés et auraient profité du tumulte qu'ils avaient suscité pour rentrer dans Antioche »[198]. D'après Guillaume de Tyr, la rentrée de Raymond de Poitiers dans sa capitale aurait été moins dramatique[199]. Comme les Croisés en 1097, Jean Comnène, qui avait établi son camp sur les bords de l'Oronte près du Pont, assaillait surtout les secteurs nord, ouest et sud de la ville. Du côté est, au contraire, vers le *H*abîb-al-Nejâr ou Silpius, le blocus, au début, était assez lâche et ce fut par là, vers la Tour du Donjon, que Raymond de Poitiers et les siens réussirent à prendre en défaut la surveillance de l'ennemi et à rentrer dans la ville.

Le siège d'ailleurs ne tarda pas à devenir tout à fait sérieux, surtout en raison de la puissance des mangonneaux, pierrières et autres engins de balistique de l'armée byzantine. Au dire de Guillaume de Tyr, cet avantage, comme celui de la supériorité numérique, se trouvait compensé par la moindre valeur militaire des Grecs par rapport aux Francs. « Des Grézois, ajoute de son cru le Traducteur, avoit mout grant planté, mès il estoient moles genz et désaüsé (= sans habitude) d'armes »[200]. Raymond de Poitiers fit plusieurs sorties très meurtrières pour l'ennemi, tandis que celui-ci, de son côté, n'hésitait pas à mettre à mort tous les Francs qu'il pouvait saisir « comme s'il se fût agi de Turcs ». À la longue il était à craindre que les puissants appareils de siège des Byzantins ne vinssent à bout de la vaillance franque. « L'empereres avoit grant planté de bons engins qui gitoient grosses roches aus torneles et aus murs, si que la porte du pont et la cloture d'iluec près estoit durement empiriée. Archiers, arbalétriers et fondéeurs i avoit tant que cil dedenz ne s'osoient mostrer aus murs, si que l'empereres avoit jà tout apareillié de metre les minéeurs aus murs »[201].

En d'autres temps, certes, la levée en masse des Francs n'eût pas manqué de répondre à l'invasion byzantine. Le roi de Jérusalem, le comte de Tripoli, le comte d'Édesse seraient accourus aux côtés du prince d'Antioche ; et nous savons par Guillaume de Tyr que telle avait bien été la première intention de Foulque d'Anjou pour qui la campagne de Montferrand ne devait être que le prélude d'une campagne de secours vers Antioche. Mais le désastre que l'atâbeg Zengî avait fait subir sous Montferrand au roi Foulque et au comte de Tripoli les mettait pour plusieurs mois hors de combat. Raymond de Poitiers se trouvait abandonné à ses propres forces.

Dans ces conditions, mieux valait chercher un accommodement avec le *basileus*. En réalité, il semble que, des deux côtés, on avait évité de s'engager à fond. Les Francs ne pouvaient oublier le péril turc dont la chute de Montferrand venait de leur rappeler toute l'actualité. De son côté, Jean Comnène, précisément parce que son programme politique comportait la restauration des droits impériaux en Syrie, n'avait aucun intérêt à briser entièrement la force franque. Tout au contraire il entendait seulement la ployer, se la subordonner et la retourner contre l'Islam. Faire de la Syrie franque une marche impériale, mieux encore l'aile marchante de l'armée impériale contre l'Islam, tel paraît bien avoir été son objectif.

Puis, malgré le fossé linguistique et surtout religieux, Grecs et Latins n'étaient pas entièrement indifférents à l'idée de solidarité chrétienne. Comme arrière-plan au siège d'Antioche, à cette lutte sacrilège entre catholiques romains et orthodoxes, se dressait toujours, sur la citadelle d'Alep voisine, l'ombre menaçante de Zengî.

L'accord franco-byzantin de 1137.
La suzeraineté byzantine sur Antioche.

Ce furent certains éléments de la noblesse franque d'Antioche qui firent les premiers pas, ceux-là même sans doute qui avaient naguère envisagé le mariage d'un Comnène avec la fille de Roger de Salerne, puis avec la princesse héritière Constance. Guillaume de Tyr, encore assez hostile pour cette période à l'élément grec, tant au point de vue ethnique qu'au point de vue confessionnel, nous le dit expressément. Il a beau appeler ces partisans de, la paix des « viri timorati », son traducteur – par exception – juge ici beaucoup plus équitablement : « Il avoit sages homes et de bone volenté dedenz Antioche, et dehors (= parmi les Grecs) en avoit aucuns cui (= plusieurs à qui) desplesoit mout la guerre si cruel entre Crestiens. » Ces « hommes de bonne volonté » se mirent en devoir d'arrêter la lutte avant qu'elle ait pris les proportions d'une guerre générale entre le monde latin et Byzance. « Bien se pensèrent que, se l'en n'i metoit tout autre conseil par tens, la chose vendroit à tel point qu'èle ne seroit pas légière à apaisier. » La catastrophe historique de 1204 ne devait que trop prouver la justesse de ces paroles.

Donc, sur le conseil des barons grécophiles, Raymond de Poitiers envoya une ambassade au camp impérial. « S'en issirent aucun (= quelques-uns) des preudomes de la ville et vindrent jusqu'au tref (de) l'empereur por parler de pais. Bien leur fu avis que, se l'en li offroit mesure, il ne la refuseroit pas. Puis s'en retornèrent por aresnier (entretenir) le prince de la pais. Tant parlèrent à lui en maintes manières por que il poïssent estre acordé, que une parole fu trovée à quoi les deus parties s'assentirent... »[202]

En réalité, l'accord fut plus laborieux que ne semble l'indiquer Guillaume de Tyr[203]. Les envoyés de Raymond de Poitiers déclarèrent d'abord que celui-ci reconnaissait la suzeraineté byzantine sur Antioche, mais désirait conserver la principauté à titre de vicaire impérial. Jean Comnène refusa, exigeant sans doute la reddition pure et simple d'Antioche. Les envoyés revinrent alors à Antioche pour préparer de nouvelles propositions. D'après Orderic Vital, Raymond de Poitiers jugea nécessaire de consulter le souverain franc, le roi Foulque ; or celui-ci reconnut en droit le bien-fondé des prétentions byzantines sur Antioche et conseilla de traiter sur ces bases : « Nous savons tous, fait dire Orderic au roi de Jérusalem, qu'Antioche a fait partie de l'Empire de Constantinople jusqu'à la conquête turque, et que les assertions de l'empereur sur les engagements de nos pères au sujet de cette ville sont exactes. Pouvons-nous nous opposer à la vérité et au droit ? »[204]

La consultation juridique qu'Orderic Vital prête ici au roi Foulque est fort importante. Foulque reconnaissait la suzeraineté territoriale – suzeraineté hypothécaire, si l'on peut dire – de l'Empire byzantin sur le territoire d'Antioche, suzeraineté qui, du reste, n'entravait en rien, dans le sein de la société franque, la suzeraineté personnelle de tel roi de Jérusalem sur tel prince d'Antioche. En même temps, jugeant de haut, au point de vue des intérêts généraux de l'Orient latin, Foulque estimait sans doute que l'alliance des Byzantins, la réalisation du front chrétien unique contre l'Islam valaient bien la reconnaissance de la suzeraineté impériale sur les terres de l'Oronte. Si l'intervention morale du roi de Jérusalem fut vraiment ce que dit Orderic Vital, elle fait le plus grand honneur à son sens politique.

De son côté Jean Comnène, renonçant à réclamer l'annexion d'Antioche, se contenta du serment d'hommage et de fidélité lige de Raymond de Poitiers. Une prestation solennelle de serment annonça que la principauté d'Antioche relevait désormais de l'Empire. « Li princes ala eu paveillons (de) l'empereur, et, iluec, voiant (= devant) tous les barons de Grèce et de la princée d'Antioche, li fist homage lige de ses mains. Après ce, li jura sur sainz que, toutes les foiz que l'empereres voudroit entrer dedenz Antioche, ou dedenz le donjon de la ville, qui est desus eu tertre, li princes le leroit (= laisserait) entrer delivrement (= librement). »

Ainsi était enfin tranchée, et, somme toute, à la satisfaction des deux parties, cette question d'Antioche qui, depuis la première Croisade, divisait Grecs et Latins. Le traité une fois conclu, la réconciliation entre Jean Comnène et Raymond de Poitiers fut complète. « L'empereres fist mout grant joie au prince ; de moult beaus dons et de granz dona à lui et à ses barons ; puis pristrent congié à l'empereur et s'en retornèrent en la ville. La banière (de) l'empereur mistrent sur la tor du plus mestre donjon pour demostrer que il estoit sires de la cité. Les Grieus (= Grecs) le tindrent à grant enneur et à grant gloire »[205]. Comme on le voit, Jean Comnène, après avoir reçu dans son camp le serment de Raymond de Poitiers, n'exigea pas une entrée dans la ville, mais se contenta de faire flotter sur le donjon d'Antioche la bannière impériale.

L'alliance franco-byzantine de 1137 et le projet de remaniement territorial de la Syrie : Antioche byzantine et Alep franque.

Toutefois, si Raymond de Poitiers, sous condition de vassalité envers l'Empire, conservait pour le moment la principauté d'Antioche, d'importants remaniements territoriaux étaient envisagés pour l'avenir. Il était prévu – et c'est ici que l'accord devient tout à fait intéressant – qu'une grande croi-

RÈGNE DE FOULQUE D'ANJOU

sade franco-byzantine serait entreprise au printemps suivant contre les Turcs de Syrie : ceux-ci seraient chassés de l'hinterland syrien ; le dangereux royaume syro-mésopotamien de Zengî serait détruit, ainsi que l'émirat munqidhite de Shaîzar sur l'Oronte ; on irait même enlever *Homs* aux Damasquins et, des territoires ainsi reconquis, on constituerait une nouvelle principauté franque du Quwaiq et de l'Oronte, avec Alep, Shaîzar, *H*amâ et *Homs*. Raymond de Poitiers, avec l'aide des armées byzantines, serait mis en possession de ce nouveau territoire ; et alors – mais alors seulement – il restituerait à l'empereur son suzerain, l'ancien thème d'Antioche[206].

L'importance de ce programme paraît avoir été pleinement comprise par les contemporains. Les brillantes réceptions données au camp impérial sous Antioche et auxquelles les Francs furent conviés se déroulèrent au milieu des plus belles perspectives d'avenir.

Cette joie était, des deux côtés, justifiée. Le désaccord qui durait depuis la Croisade prenait fin ; pour la première fois depuis Alexis Comnène, la Chrétienté faisait son unité, face à l'Islam. Sans doute les Latins renonçaient dans l'avenir à la possession d'Antioche, mais le troc de cette ville contre le royaume d'Alep n'était nullement une mauvaise affaire ; de plus la rétrocession acceptée se trouvait amplement compensée par la perspective d'arrêter net l'unification de la Syrie musulmane, d'écraser dans l'œuf le royaume de Zengî, cette nouvelle grande puissance turque qui, passant du redoutable atâbeg à son fils Nûr al-Dîn, puis à Saladin et aux Mamelûks, devait s'étendre un jour de la Libye à l'Euphrate et jeter les chrétiens à la mer. Si l'Orient latin pouvait être sauvé, c'était par l'alliance franco-byzantine conclue entre Jean Comnène et Raymond de Poitiers. Les premiers Croisés, en s'emparant de la Syrie maritime, n'avaient pas eu la force de conquérir l'hinterland ; leurs successeurs s'étaient résignés à laisser aux Musulmans toute la Syrie intérieure. Situation relativement supportable tant qu'on n'avait affaire qu'à un Islâm anarchique, encore qu'Alep et Damas, puisant à même dans l'immense réservoir d'hommes des Irâq et du Kurdistân, exposassent sans cesse Antioche et Jérusalem à d'étranges coups de surprise. Situation intolérable en tout cas depuis que Zengî, en unissant Alep à Mossoul, sans compter l'espoir

102   *L'ÉQUILIBRE*

d'annexer Damas, forgeait sa redoutable monarchie syro-musulmane. Pour la première fois depuis 1099, et tandis qu'il en était temps encore, les Croisés songeaient à faire cesser ce partage, à conquérir la Syrie tout entière. L'œuvre, restée inachevée, de la croisade latine, la croisade gréco-latine, la croisade panchrétienne allait enfin l'accomplir. Étayée sur l'empire des Comnènes, alors à l'apogée de sa puissance, la Croisade reprenait sa marche en avant. Jean Comnène la poussait devant lui, comme une avant-garde, reprenant le grand projet de son père Alexis, ne songeant à récupérer Antioche que pour créer simultanément, en faveur de Raymond de Poitiers, une principauté franque d'Alep. Et, comme la Croisade, l'Empire byzantin reprenait vers l'Euphrate la marche de Nicéphore Phocas, de Jean Tzimiscès et de Basile II ; l'épopée byzantine allait recommencer, éclairée par les chevaliers de France.

L'accord conclu, Jean Comnène alla prendre ses quartiers d'hiver à Tarse, dans sa nouvelle province de Cilicie (septembre 1137). En cours de route, entre Antioche et Baghrâs, le 10 septembre, il envoya une ambassade à l'atâbeg Zengî. L'atâbeg, que l'intervention des forces byzantines dans les affaires syriennes paraît avoir singulièrement troublé, répondit avec empressement et envoya à son tour à l'empereur son chambellan *H*asan avec un cadeau consistant en guépards, faucons et sacres. *H*asan revint auprès de Zengî avec un nouvel ambassadeur byzantin, chargé d'informer l'atâbeg que l'armée impériale allait faire la guerre aux Arméniens de la Haute Cilicie[207]. Le fait était exact, puisque ce fut alors que Jean Comnène captura, comme on l'a vu, le prince arménien Léon Ier, mais, comme le fait observer Chalandon, il s'agissait aussi de donner le change à l'atâbeg[208]. Ce dernier, persuadé que les Byzantins n'en voulaient qu'aux Arméniens de Cilicie, devait, au lieu de se mettre en défense contre la croisade franco-byzantine qui se préparait, employer les derniers mois de l'année 1137 à recommencer la guerre contre les Damasquins[209]. Il convoitait toujours la ville de *H*om*s*, fief du mameluk damasquin Mu'în al-Dîn Unur. En septembre-octobre 1137, il alla, toujours sur les terres de l'émirat de Damas, rançonner Ba'albek et s'empara d'une forteresse de la Beqa'a appelée Mejdel 'Ainjar (début d'octobre)[210]. Le gouverneur damasquin de Paneas (Bâniyâs de l'Hermon) Ibrâhîm ibn *Turguth* se soumit à lui. Zengî hiverna sur le territoire de Damas, dans le voisinage même de la grande cité, tant était ferme chez lui le dessein de l'annexer.

Dans la seconde quinzaine de décembre 1137 Ibn al-Qalânisî et Kemâl al-Dîn nous le montrent encore partant de la banlieue de Damas pour diriger une nouvelle campagne contre *Homs*. Il défit la garnison, mais la ville, bien approvisionnée par Unur, résista à toutes ses attaques[211]. Il n'en poursuivait pas moins le siège avec son énergie coutumière lorsqu'une grave nouvelle lui arriva du Nord : les Byzantins unis aux Francs avaient envahi ses États[212].

La Croisade syrienne de l'empereur Jean Comnène.
Prise de Bizâ'a et reconquête sur les Musulmans
des places perdues d'Outre-Oronte, Athâreb et Kafartâb.

Tout en donnant le change à Zengî, Jean Comnène invita ses nouveaux vassaux francs, le prince d'Antioche, Raymond de Poitiers, et le comte d'Édesse, Jocelin II, à se préparer pour la campagne prochaine. Au début de 1138 il leur adressa à cet effet, conformément à la coutume féodale, la « semonce » habituelle du suzerain à ses liges. Dès qu'apparut le printemps « si que l'en puet trouver herbe aus chevaux par les chans », l'armée byzantine, quittant ses cantonnements de Cilicie, se mit en marche vers l'Oronte. *L'Estoire d'Éracles* elle-même est frappée de la puissance déployée par le *basileus* : « Quant il ot ses genz assemblées, si fist sonner ses trompes, et mout noblement, comme si granz sires, se mist à la voie[213]. » Pour que les préparatifs militaires que faisaient Francs et Byzantins ne donnassent pas l'éveil à Zengî, Raymond de Poitiers avait fait arrêter tous les marchands musulmans et voyageurs originaires d'Alep qui se trouvaient à Antioche (janvier-février 1138)[214]. Aussi le secret fut-il bien gardé. L'armée byzantine descendait déjà vers la Syrie, où elle opéra sa jonction avec les forces franques d'Antioche et d'Édesse au grand complet, que Zengî, abusé, poursuivait encore tranquillement le siège de *Homs*.

La campagne – véritable croisade gréco-franque pour la conquête de la Syrie intérieure – commença par une marche

104 *L'ÉQUILIBRE*

hardie sur la province d'Alep. Le 1er avril 1138 les armées alliées, s'avançant par la route de Jisr al-*H*adîd, avaient atteint Balâ*t*, près de Tell'Aqibrîn[215], à mi-chemin entre Jisr al-*H*adîd et Alep. Mais, par une grave faute initiale, au lieu de profiter de l'effet de surprise et de l'éloignement de Zengî pour tenter un coup de main sur Alep, elles dépassèrent la ville et allèrent au nord-est, à mi-chemin entre Alep et Menbij, assiéger la forteresse secondaire de Bizâ'a, près de l'actuel Bâb[216]. Le siège fut d'ailleurs poussé avec énergie et Bizâ'a se rendit à Jean Comnène au bout de sept jours, sous condition pour les habitants d'avoir la vie sauve (8 ou 9 avril) ; 5 300 Musulmans furent ainsi faits prisonniers[217]. Les Byzantins restèrent dix jours à Bizâ'a pour poursuivre les Musulmans qui s'étaient cachés dans les environs, notamment dans les cavernes de Bâb que Jean Comnène fit enfumer. Conformément aux accords intervenus, Jean Comnène remit Bizâ'a au comte d'Édesse, Jocelin II, et marcha sur Alep (18 avril 1138).

Comme le fait observer Chalandon la conquête de Bizâ'a paraît avoir coûté aux coalisés celle d'Alep. Quand ils avaient marché d'Antioche sur la région alépine, l'effet de surprise, grâce au secret, si bien gardé, des opérations, avait pris les Alépins en défaut. Le temps passé par les alliés devant Bizâ'a permit au contraire aux Alépins de se ressaisir. En hâte ils firent prévenir Zengî, toujours au siège de *Hom*s. L'atâbeg avait commis l'imprudence d'emmener avec lui l'infanterie alépine et jusqu'au gouverneur d'Alep, son lieutenant Sawâr. Aussitôt il renvoya à Alep Sawâr et les fantassins de la ville en leur adjoignant cinq cents cavaliers sous l'émir Kutshuk. Les deux chefs turcs firent diligence, puisque le 9 avril ils faisaient leur entrée dans Alep où leur présence rendit du cœur à la population[218].

Comment expliquer la faute stratégique commise par les Byzantins et les Francs ? Sans doute tout d'abord par les facilités qu'offrait la prise de Bizâ'a. Cette forteresse, nous dit Kemâl al-Dîn, se trouvait, à l'arrivée de l'armée chrétienne, confiée à la garde d'une femme, probablement quelque khâtûn veuve d'un des mamelûks de Zengî. Le *basileus*, qui ne devait pas l'ignorer, avait sans doute été attiré par les avantages qu'une telle situation donnait aux agresseurs, et de fait, son calcul, comme le remarque la *Chronique d'Alep*, se trouva juste. Par ailleurs la conquête de positions stratégiques comme Bizâ'a et Bâb, prenant Alep à revers, à mi-chemin entre Alep et Menbij, était loin d'être négligeable. Alep, surveillée à l'ouest par Jisr al-*H*adîd, au nord-est par Turbessel, Killiz, 'Azâz et Rawendân, se trouverait maintenant, vers l'est, coupée de l'Euphrate par Bizâ'a et Bâb.

Sans doute faut-il expliquer par ces considérations le crochet initial de la Croisade sur Bizâ'a ; faute de quoi il faudrait mettre en cause les arrière-pensées du prince d'Antioche, Raymond de Poitiers, lequel ne pouvait oublier qu'aux termes du traité franco-byzantin de l'année précédente, le jour où Alep lui serait donnée grâce à l'intervention byzantine, il devrait en retour abandonner Antioche aux Byzantins. Il est assez vraisemblable que, confortablement installé à Antioche, à proximité du littoral et des pèlerinages francs, Raymond n'avait qu'une médiocre envie de troquer cette ville contre Alep, le voisinage de la mer latine contre celui du désert turco-arabe. Le peu d'enthousiasme que les gens d'Antioche devaient témoigner pour ces remaniements territoriaux, conséquence désormais inévitable d'une victoire remportée en commun avec les Byzantins, expliquerait assez la mollesse dont les Francs, au contraire des Byzantins, firent preuve durant toute la campagne, notamment leur peu d'empressement à attaquer les grandes villes mentionnées dans le traité, Alep ou Shaîzar. Il ne serait malheureusement pas invraisemblable que le détournement initial de la Croisade franco-byzantine sur Bizâ'a, qui empêcha la conquête d'Alep, ait été dû à une arrière-pensée de cet ordre...

Quand Jean Comnène, reconnaissant sans doute l'erreur qu'on lui avait fait commettre, revint sur Alep, il était déjà trop tard. Pourtant ici encore il fit diligence. Le 18 avril il avait quitté Bizâ'a pour Nâ'wura, à 8 milles à l'est d'Alep[219]. Le lendemain 19 avril, il arrivait avec Raymond de Poitiers et Jocelin II à al-Sa'dî, sans doute vers l'actuel Sheikh Sâ'id dans la banlieue sud d'Alep, sur les bords du Quwaîq, où il dressa ses tentes[220]. Désirant avec raison s'emparer d'Alep qui était bien l'objectif de sa croisade, il tenta aussitôt une attaque par surprise du côté du Burj al-Ghanem (20 avril). L'attaque échoua et la garnison d'Alep exécuta une sortie qui coûta la vie à un des officiers supérieurs byzantins. Évidemment Jean Comnène avait cru Alep encore dégarnie de défenseurs. S'apercevant que la place venait de recevoir des renforts de Zengî, il jugea avec raison que le coup était manqué et, dès le lendemain 21, renonçant au siège d'Alep, il leva son camp et vint assiéger Athâreb.

À défaut d'Alep dont l'opération sur Bizâ'a avait rendu la surprise impossible, la marche sur Athâreb se présentait comme une opération fort judicieuse, car on n'a pas oublié que cette forteresse, longtemps au pouvoir des Francs et située seulement à une trentaine de kilomètres d'Alep, était la clé de la grande ville du côté d'Antioche. Du reste il n'y eut pas à livrer combat. À l'approche de l'armée byzantine, la garnison alépine d'Athâreb s'enfuit après avoir livré aux flammes ce qu'il y avait de plus précieux dans la place (21 avril)[221]. Jean Comnène fit occuper la citadelle d'Athâreb par un escadron de cavalerie byzantine et un corps de Francs (21-22 avril). Il y fit enfermer les prisonniers de Bizâ'a, pendant que l'armée franco-byzantine sous son commandement se dirigeait au sud vers Ma'arrat al-Nu'mân. Mais les prisonniers, parqués dans les fossés de la ville et les parcs à bestiaux, étaient mal gardés. Quelques-uns d'entre eux réussirent à s'enfuir, coururent à Alep et avisèrent le gouverneur, l'émir Sawâr, que Athâreb n'était confié qu'à des forces chrétiennes insuffisantes. Sawâr se mit en marche avec une petite troupe et surprit au matin la garnison byzantine qui s'était égaillée sans méfiance dans les faubourgs. Il délivra presque tous les prisonniers, les fit monter en croupe de ses chevaux (lui-même, nous dit Kemâl al-Dîn, prit plusieurs enfants qu'il fit monter sur son propre cheval, devant et derrière sa selle) et rentra sans pertes dans Alep (23 avril)[222].

Malgré la délivrance des prisonniers de Bizâ'a, la reprise d'Athâreb par les forces chrétiennes n'en restait pas moins un succès stratégique et territorial fort appréciable ; c'était pour les Francs la récupération des territoires perdus en 1135, la restauration des anciennes frontières de la principauté d'Antioche. À défaut de la conquête d'Alep, la Croisade franco-byzantine n'eût-elle abouti qu'à de tels résultats, dûment généralisés, que le bénéfice eût été loin d'être négligeable.

Du reste le *basileus* et les Francs, poursuivant leur campagne de désannexion, marchèrent sur Ma'arrat al-Nu'mân, d'où ils partirent le 25 avril 1138 pour aller assiéger Kafar*t*âb, autre place conquise par Zengî en 1135. Les mangonneaux byzantins furent mis en batterie contre les murailles et presque aussitôt la place se rendit (vers le 28 avril). C'était encore là, notons-le, une reconquête nullement négligeable, sur l'importance de laquelle on n'a pas suffisamment insisté.

De Kafar*t*âb, Jean Comnène et les Francs allèrent assiéger Shaîzar.

La Croisade syrienne de l'empereur Jean Comnène.
Siège de Shaîzar.

Le choix de cet objectif s'explique assez. Shaîzar était, après Alep, Damas, *H*amâ et Hom*s*, une des villes importantes de la Syrie musulmane. On a vu qu'elle avait été mentionnée parmi les villes que Jean Comnène devait aider les Francs à conquérir pour obtenir d'eux la rétrocession d'Antioche. De plus Shaîzar, on se le rappelle, n'appartenait pas à l'atâbeg Zengî, mais à la famille arabe des Munqi*dh*ites ; peut-être espérait-on que l'atâbeg se désintéresserait du sort de la ville[223]. En tout état de cause, la conquête de Shaîzar, si souvent tentée en vain par les Francs, eût été fort précieuse pour la maîtrise du Moyen Oronte.

L'opération débuta bien. Les riverains du pont de Shaîzar (Jisr al Munqi*dh*), chargés de sa défense, l'abandonnèrent pour se réfugier bien loin à l'ouest, à Bûqubais (Abû Qûbais), au pied du Jebel Nosairî[224]. Le pont fut emporté sans difficulté par le corps petchénègue de l'armée byzantine et, dès le 29 avril 1138, Jean Comnène put établir son camp dans le village du pont (madinat al-Jisr), qui formait le bourg avancé de Shaîzar sur la rive droite de l'Oronte[225]. D'après Kemâl al Dîn, le *basileus* avait alors sous ses ordres jusqu'à 100 000 cavaliers et 100 000 fantassins, tant Byzantins que Francs[226]. Dès le jour de son arrivée, cette puissante armée s'installa sur la colline qui domine Shaîzar à l'est[227]. Le 29 au soir les Byzantins, montant à cheval, attaquèrent la ville – entendez ici la ville basse – et dans leur premier élan, y pénétrèrent. La bataille fut chaude. Un des émirs munqi*dh*ites, Abu'l Murhaf

108 L'ÉQUILIBRE

Nasr, oncle d'Usâma, reçut une blessure mortelle. Cependant les habitants se défendirent avec tant d'énergie que les Byzantins furent finalement repoussés. Toutefois les Byzantins durent conserver quelques avancées ou faubourgs de la ville basse, puisque, au témoignage de Kemâl al-Dîn, le prince d'Antioche, Raymond de Poitiers, campa dans la mosquée de Samnûn (située près des portes) et le comte d'Édesse, Jocelin II, sur la *musalla* ou place publique destinée à la prière[228].

L'assaut ayant échoué, il fallait entreprendre un siège en règle. Le samedi 30 avril l'empereur Jean Comnène monta à cheval et gravit la hauteur qui fait face à la citadelle de Shaîzar, montagne connue sous le nom de Juraijis (Saint-Georges). Il y fit dresser une formidable « artillerie » : 18 mangonneaux ou grandes catapultes et 4 « *loba* » ou balistes plus petites, dont le « bombardement » battait directement la citadelle et interdisait aux défenseurs les abords de l'Oronte, l'accès de l'eau.

Le bombardement des catapultes byzantines terrifiait les assiégés. Usâma accouru partager leurs périls – l'émir de Shaîzar était toujours son oncle Abu'l 'Asâkir Sulṭân – nous a laissé le récit de ces heures terribles. « Les Grecs, écrit-il, avaient dressé contre Shaîzar des machines de guerre effrayantes qu'ils avaient apportées avec eux. Elles lançaient des pierres parcourant des distances infranchissables, même pour les flèches en bois, – des pierres pesant jusqu'à vingt-cinq livres ! Un jour les Grecs atteignirent la maison d'un de mes amis, Yûsuf Abu'l-Gharîb. Elle fut surchargée en haut et détruite de fond en comble par une seule pierre. » Usâma donne quelques exemples des effets de ce bombardement : « Sur un château fort, dans la résidence de l'émir (Sulṭân), on avait attaché un bois de lance, au bout duquel flottait un drapeau. Le chemin par lequel les habitants montaient à la citadelle passait en dessous. Une pierre de catapulte arriva sur le bois de lance, le rompit juste au milieu et s'appesantit sur la fonte qui renfermait le fer. Le fer tomba sur la route, pendant qu'un de nos compagnons descendait. De cette hauteur, entraînant avec lui la moitié du bois de lance, il s'enfonça dans les clavicules de l'homme et ressortit vers le sol après l'avoir tué. »[229]

RÈGNE DE FOULQUE D'ANJOU 109

Autre épisode dont Usâma met le récit dans la bouche de son mamelûk Khurlukh : « Pendant le siège de Shaîzar nous nous reposions une fois dans la salle d'entrée de la forteresse, avec notre équipement et nos épées. Tout à coup un vieillard vint à nous en courant et dit : « O Musulmans, défendez vos femmes, les Grecs sont entrés avec nous. » Nous fîmes diligence pour saisir nos épées, partir, rencontrer ceux qui étaient montés par un point découvert du mur où les catapultes avaient pratiqué une brèche, les battre par le choc de nos épées, les expulser, nous élancer à leur poursuite, les ramener de force sur leurs compagnons d'armes, revenir sur nos pas, et enfin nous disperser. Je restai avec le vieillard qui avait donné l'alarme. Il s'arrêta et se tourna vers le mur pour cracher. Je le quittai. Mais aussitôt j'entendis le bruit d'une chute. Je me retournai et voici que le vieillard avait la tête abattue par une pierre de catapulte qui l'avait séparée du corps et incrustée dans la muraille, tandis que sa moelle avait coulé tout autour sur le mur. Je relevai la dépouille du vieillard, nous appelâmes sur lui les bénédictions d'Allâh et nous l'enterrâmes en ce même endroit... » Et plus loin : « Une pierre de catapulte frappa un de nos compagnons qui eut le pied fracturé. On l'apporta auprès de mon oncle (l'émir Sultân) qui était assis dans la salle d'entrée de la forteresse. Faites venir, dit mon oncle, le renoueur. Il y avait en effet à Shaîzar un opérateur nommé Yahyâ qui excellait à remettre les luxations. On l'amena. Il s'occupa de renouer le pied du malade, et, pour cela, s'installa avec lui dans un lieu abrité, à l'extérieur de la citadelle. Malgré les précautions, une pierre vint frapper la tête du blessé et la fit voler en éclats. Le renoueur revint dans la salle d'entrée. Mon oncle lui dit : « Que tu as rapidement accompli ton œuvre ! » Il répondit : « Le patient a été atteint par une seconde pierre, ce qui m'a dispensé de l'opération ! »[230]

L'Estoire d'Éracles mentionne également la puissance et l'efficacité des batteries byzantines. « L'empereres... fist drecier ses engins en cele partie où il avoit un bourc clos de mur. D'iluec debrisoit les murs et les torneles de grosses pierres, les mesons de la ville abatoient en pluseurs leus les pierres qui, par desus les murs, voloient ; des genz meismes i fesoit l'en granz domages par les mangoniaus. »

110 *L'ÉQUILIBRE*

Cependant l'émir de Shaîzar le munqi*dh*ite Sul*tân* avait fait appel à Zengî. Celui-ci, d'après Ibn al-A*th*îr, était venu de *Homs* vers le théâtre de la lutte. Il s'était posté en observation entre *H*amâ et Shaîzar, sur les bords de l'Oronte. « Chaque jour il montait à cheval, lui et ses troupes, et s'avançait vers Shaîzar assez près pour que les Grecs pussent l'apercevoir. En même temps il envoyait des détachements dans toutes les directions et ces détachements enlevaient tout ce qui se présentait sur leur passage. » Ibn al-A*th*îr ajoute qu'il envoyait défier les Byzantins, leur proposant de vider leur querelle en bataille rangée dans la plaine de l'Oronte. Mais ce n'était là qu'une feinte, l'atâbeg se sachant en réalité incapable de se mesurer avec les forces gréco-franques, infiniment supérieures. « Ce n'est pas, avoue Ibn al-A*th*îr, que Zengî fût assez fort pour tenir tête aux Grecs, mais il cherchait à leur faire peur par de tels propos. »[231] De même l'arrivée de 50 000 Turcomans venus de la Jazîra sous le commandement de l'Ortoqide Qarâ Arslân ibn Dâwûd, annoncée par les Musulmans pour intimider les Chrétiens, ne paraît pas s'être réalisée[232]. Comme en ce qui concerne Zengî, tentative de diversion plus morale qu'effective. Tout ce que prétend Ibn al-A*th*îr sur l'intimidation des Franco-Byzantins à ces nouvelles n'est qu'un récit tendancieux pour attribuer à Zengî le mérite de la levée du siège.

Non seulement Zengî, de son poste d'observation entre *H*amâ et Shaîzar, n'osa pas tenter une offensive pour délivrer la ville, mais il faillit être attaqué lui-même par les chrétiens. Nous savons en effet par Ibn al-A*th*îr que les Francs conseillaient à Jean Comnène de profiter de sa supériorité numérique pour accabler l'atâbeg, Shaîzar devant ensuite succomber fatalement sous un blocus et un bombardement prolongés. D'après le même auteur, le *basileus* s'y refusa. Il répugnait à engager en rase campagne une action où il pourrait être pris à revers par une levée en masse des Musulmans, tandis que la puissance de ses machines de siège lui permettait de faire tomber les plus fortes places.

De ce côté d'ailleurs, Jean Comnène déployait une énergie et une valeur auxquelles les Francs eux-mêmes ont rendu hommage. « L'empereres, qui estoit home de grant cuer, se traveilloit en maintes manières de grever ceus dedenz ». Il

RÈGNE DE FOULQUE D'ANJOU

payait bravement de sa personne, s'exposant comme un simple soldat, offrant aux Francs étonnés le spectacle d'un *basileus-chevalier*. « Armez aloit de haubert, le chapel de fer en la teste, entour les engins. Sovent estoit entre les assailléeurs ; de paroles les amonestoit et donoit granz dons à ceus qui bien fesoient. Grand cuer prenoient li bacheler de son ost de ce qu'il veoient einsi leur seigneur entr'eus. Il meismes chanjoit ceus qui estoient las et fesoit venir autres plus frés en leur leus. En ceste manière se contenoit dès le matin jusqu'au soir, si qu'à peine vouloit il prendre loisir de mengier un petit (= un peu) à disner. »[233]

Malheureusement les princes francs – en l'espèce Raymond de Poitiers, prince d'Antioche, et Jocelin II, comte d'Édesse – étaient loin de partager cette ardeur. Ibn al-A*th*îr rapporte que Zengî leur envoyait messages sur messages pour leur démontrer qu'une victoire du *basileus* à Shaîzar serait le prélude de l'annexion de la Syrie franque par les Byzantins. « Il les exhortait à se mettre en garde contre l'empereur. Si l'empereur parvient, leur disait-il, à occuper une seule place forte en Syrie, il voudra s'emparer de toutes les provinces que vous possédez. »[234]. De fait, Raymond de Poitiers devait, au fond, souhaiter aussi peu la prise de Shaîzar que celle d'Alep, du moins avec le concours des Byzantins, puisque la conquête de ces places devait avoir pour contre-partie la cession d'Antioche au basileus. Quant à Jocelin II comte d'Édesse, son calcul, nous le verrons, était d'un autre ordre, bien qu'aboutissant au même résultat. Détestant secrètement Raymond de Poitiers, il redoutait tout événement qui eût accru les États de son compagnon.

L'attitude du prince d'Antioche et du comte d'Édesse trahit jusqu'au scandale ces préoccupations. Leur inaction, couverte des plus mauvais prétextes, prit vers la fin du siège de Shaîzar les allures d'une défection véritable. Tandis que le *basileus* se conduisait en chevalier, les deux princes francs agissaient avec cette mollesse, cet esprit d'intrigue, cette inconscience du péril musulman, où l'on voit d'ordinaire les vices spécifiques du byzantinisme. À l'heure où l'empereur dirigeait en personne le bombardement des catapultes ou conduisait les assauts, eux restaient enfermés sous leur tente où ils se livraient au plaisir. « Li princes d'Antioche et li cuens de Rohès qui estoient juene home ambedui (= tous deux), se contenoient (= comportaient) mout en autre manière (que l'empereur) ; car il estoient deschaucié en leur paveillons (= tentes), vestu de cameloz ou de dras de soie, et jooient aus tables (= aux dés) et aus eschés (= échecs) à granz jeus, et se gaboient (= se moquaient) de ceus qui estoient blécié par leur proësces à l'assaut ». Cette conduite sans cœur était contagieuse. « Leur chevalier meismes prenoient essample à leur seigneurs, ne plus ne s'entremetoient de la guerre que cil fesoient. Mainz en i avoit de ceus qui s'estoient entalenté de bien fere, qui tout en perdoient le corage par la mauvèse contenance de la nostre gent. »[235]

La conduite des deux princes francs en ces circonstances est tellement absurde que Guillaume de Tyr en cherche longuement les mobiles. Le prince d'Antioche, Raymond de Poitiers, nous dit-il, n'était qu'un baron sans expérience, brave à coup sûr, mais léger et frivole qui se laissait mener par le comte Jocelin II d'Édesse. Or ce dernier se présente à nous sous un jour assez triste : type de créole plein de ressources, mais perfide et sans cœur. Nous avons vu sa lâcheté aux derniers moments de son père. Haïssant secrètement son compagnon de guerre, il craignait, nous dit-on, que la conquête de Shaîzar et la protection byzantine n'accrussent les forces de Raymond. Pour y faire obstacle, pour ruiner Raymond dans l'esprit de Jean Comnène, il persuada au prince de refuser tout concours réel à l'empereur, et en excitant Raymond au nom des vieilles inimitiés confessionnelles, en l'entraînant par la contagion de l'exemple, il réussit en effet à le maintenir dans l'inaction[236].

Le siège, au bout de dix jours, se trouva ainsi paralysé par ceux-là même au profit desquels il se poursuivait. L'empereur, qui payait de sa personne au pied des remparts tandis que les princes francs se divertissaient sous leur tente, essaya de les ramener au sentiment de leur devoir et de leur intérêt. « Quant l'empereres vit qu'il n'avoit de ces granz barons autre aide, si les manda devant lui et parla débonairement à eus, mout doucement les pria qu'il s'entremeissent mieuz à la besongne qu'il avoient emprise, car il, qui estoit plus riches qu'il n'estoient et desouz son pooir avoit rois et granz princes de terre, ne se metoit mie si à repos, ainçois (= mais) s'aban-

RÈGNE DE FOULQUE D'ANJOU

donoit aus peines et aus périlz, por fere le servise (de) Nostre Seigneur ; mains de lui (= moins que lui) n'en deussent-il mie fère ». Sur le moment Raymond et Jocelin firent semblant de se rendre à ces raisons, mais, l'empereur, une fois rentré à son camp, ils s'obstinèrent comme devant dans leur inertie. Plusieurs fois encore Jean Comnène vint les admonester sans plus de succès : « Pluseurs foiz les ala il meismes querre dedenz leur paveillons, savoir se il les poïst metre en bone volenté, mès ne valut riens, que cil ne se voloient entremetre de la guerre. »

Jean Comnène se rendit compte de l'inutilité de poursuivre la croisade gréco-latine. Dans l'état d'esprit où se trouvaient le prince d'Antioche et le comte d'Édesse, la coopération franco-byzantine se révélait malheureusement impossible. Laissant Raymond et Jocelin à leur inertie, il chercha à la tête de l'armée byzantine un succès personnel qui lui permît de se retirer avec honneur. « Lors parla à la seue gent et leur dist que granz hontes estoit de ce que si petite citez les avoit tant détenuz (= retenus) ; por ce les amonesta et pria que mieuz se penassent d'achever cele besongne, si que par tens s'en poïssent partir à enneur. Lors recommença li assauz ausi comme de novel, et moult se penoient li Grifon (= les Grecs) de bien fere en despit de nostre gent qui tout le fès (= le faix) avoient lessié sur eus. Si que par bon assaut pristrent le borc de la ville qui estoit granz et bien fermez. La gent qu'il trouvèrent dedenz occistrent toute, fors aucuns qui portoient croiz[237] ; car touzjorz avoit il assez Crestien en la cité qui vivoient en subjection ; ceus espargnèrent il por l'enneur (de) Jésucrist ». Il résulte de ce texte formel que les Byzantins s'emparèrent du faubourg ou ville basse de Shaîzar[238].

Cet exploit permettait à Jean Comnène de se retirer avec honneur. Du reste il facilita à un autre point de vue la solution, car l'émir Munqidhite Sultân, effrayé par la prise de la ville basse et découragé par l'inaction de Zengî, adressa au *basileus* les propositions les plus avantageuses. Jean Comnène les accepta. Sultân lui paya une contribution de guerre considérable. Il offrit en outre au *basileus* des chevaux arabes, des étoffes de soie tissées d'or, une table précieuse et une croix en rubis qui, toutes deux, avaient été enlevées à

114 L'ÉQUILIBRE

l'empereur Romain Diogène lors du désastre de Malâzgerd, soixante-huit ans plus tôt. D'après Kinnamos, Sul*t*ân se serait reconnu vassal de l'Empire par le versement régulier d'un tribut annuel – condition qui dut flatter les traditions juridiques byzantines, car, on se le rappelle, « Césarée de l'Oronte » avait été jusqu'en décembre 1081, possession impériale[239] –.

Jean Comnène avait tenu les Francs dans la plus complète ignorance de sa négociation. Il était ulcéré de leur attitude, de leur refus de collaborer, de cette inertie systématique qui, malgré ses efforts et sa bravoure, avaient fait échouer la croisade gréco-latine. Aussitôt la paix conclue entre lui et les Munqi*dh*ites de Shaîzar, il donna l'ordre de lever le camp et de rentrer à Antioche : « tantost fist crier son ban parmi l'ost que tuit s'en alassent et que il ne feissent mal aus choses de la cité, ne dedenz ne dehors ». En apprenant par cette voie inaccoutumée la conclusion de la paix, le prince d'Antioche et le comte d'Édesse furent stupéfaits. Ils comprirent alors trop tard, comme le dit *l'Estoire d'Éracles*, l'énorme faute qu'ils avaient commise : « Mout en furent esbahi et se repentirent de ce qu'il avoient fet, mès ce fu à tart... ». Prêts enfin à une collaboration effective, ils allèrent supplier le *basileus* ; celui-ci les reçut fraîchement et resta inflexible. « Lors alèrent isnelement à l'empereur, mout li distrent qu'il fesoit contre s'enneur (son honneur) de ce qu'il leissoit cele cité qui estoit si aprouchiée de prendre ; por ce le prioient mout qu'il ne s'en partist mie, et li prometoient grant aide dès iluec en avant (= dorénavant). L'empereres ne les reçut mie bel, ne rien ne prisa leur conseil ne leur prières, ainçois tint sa voie si com il avoit commencié »[240].

Les derniers contingents grecs quittèrent le camp de Shaîzar dans la nuit du 22 au 23 mai 1138, après un siège de vingt-quatre jours. L'armée descendit la rive de l'Oronte jusqu'à Apamée d'où elle gagna Antioche. Zengî envoya son lieutenant Salâ*h* al-Dîn harceler la retraite des chrétiens. D'après Kemâl al-Dîn et Ibn al-A*th*îr, Salâ*h* al-Dîn aurait défait une partie de l'arrière-garde byzantine, capturé des prisonniers et ramassé du butin[241]. Il semble qu'il ne s'agisse là que d'escarmouches insignifiantes[242].

Rupture de l'entente franco-byzantine.
Tentative de mainmise byzantine sur Antioche.

Plus Jean Comnène était mécontent de l'attitude des deux princes francs, plus il tint à réaliser ses droits sur Antioche, droits de suzeraineté, estimaient les juristes francs, droits de souveraineté, pensait-il lui-même avec ses juristes byzantins. Il commença par affirmer son autorité en faisant à Antioche une entrée de souverain solennelle, à cheval, ayant comme écuyers Raymond de Poitiers et Jocelin II. « Li prince et li cuens de Rohès tenoient verges et defesoient la presse devant lui. Li patriarches et touz li clergiez vindrent contre (= vers) lui à procession. Li pueples les sivoit à fleutes et à tabors, harpes, vieles et toutes manières d'estrumens. Robes avoient vestues de dras de soie mout précieus. Les rues estoient encortinées mout richement. Tuit se penoient de fere bel ator ». Au milieu des acclamations populaires, le cortège triomphal monta à la cathédrale Saint-Pierre, puis au palais du prince où Jean Comnène « entra comme en sa meson ». En tout il se comportait en maître. « Ne sai quanz jorz i demora à mout granz aises et à granz délices. Il et sa gent, selonc la coutume de leur terres, entendoient à leur cors baignier et estuver. En toutes manières qu'il leur plesoit, estoient à repos et en soulas com en la leur chose ». Du reste Jean Comnène comblait de cadeaux magnifiques le prince d'Antioche et le comte d'Édesse ; les bourgeois d'Antioche avaient eux-mêmes part à ses largesses. « Les greigneurs mesnies (= les principales familles) des borjois ennora il maintes foiz et leur envoia de ses joiaus, por trere à sa volenté[243] ».

Quand son autorité se fut ainsi bien affirmée, Jean Comnène convoqua devant lui Raymond de Poitiers et Jocelin II, ainsi que les barons et les notables de la ville et, brusquement, leur intima l'ordre d'avoir, conformément aux stipulations de l'année précédente, à lui remettre la citadelle. Sans doute la condition prévue pour l'échange des territoires, la conquête de la Syrie musulmane n'avait pas été réalisée, mais c'était là une œuvre de longue haleine qui, précisément, nécessitait, comme mesure préalable pour l'armée byzantine, l'établissement d'une solide base à Antioche. Car, loin de

116   *L'ÉQUILIBRE*

renoncer à une grande croisade gréco-latine, le basileus annonçait la ferme intention d'aller attaquer l'Islam syrien au cœur de sa puissance, à Alep, et cela dès que les légions byzantines auraient été mises en possession de la citadelle d'Antioche.

Rien de plus intéressant à cet égard que le discours que l'*Estoire d'Éracles* prête à Jean Comnène s'adressant à Raymond de Poitiers : « Biau filz Raimon, tu sez bien que selonc les convenances que nos feismes à toi et tu à nos, par conseil des preudomes, il m'estuet (= me convient) à demorer en ces parties et guerroier vigueureusement les anemis de nostre foi, por croistre ton pooir et essaucier ta seigneurie. Ne je n'ai mie proposement de partir de cest païs jusqueque je aie toute la terre que li Sarrazin tiennent ci entor, délivrée d'eus et mise en ta main[244]. Mès tu sez certeinnement, et cist preudome qui avec toi sont ci devant moi n'en dotent mie, que ceste chose que je ai emprise (= entreprise) n'est pas légière ne hastive, ainçois il covendra à metre grant peine, large despens et longue demeure. Et por que je poïsse mieux fere la besoigne (de) Dame Dieu et la teue (= la tienne) ; je te requier, si com tu m'as promis et juré, que le donjon de ceste ville me faces délivrer et baillier à ma gent ; et por que je i poïsse metre plus seurement mon trésor por despendre en (= dépenser pour) ton afère, et que mi chevalier i poïssent entrer et issir quant je vodrai ; car c'est li leus de toutes ces parties qui plus est covenables à grever les citez de nos anemis. Tu sez bien que la citez de Tarse, ne Anavarze, ne les autres citez de Cilice ne puent pas tant nuire, ne si mau leu tenir à Halape, ne aus autres forteresces des Turs, come ceste seule citez fet[245]. Por ce, te semong et requier par ta féeuté et par ton serment, come celui qui es mes hom liges, que tu mes covenances me tieignes de baillier la forteresce du donjon. Ne il ne t'estuet mie (= ne te convient pas) à douter des promesses que je t'ai fetes ; je les acomplirai toutes entièrement et par desus plus assez (= beaucoup plus) que je ne te promis. »[246].

Raymond de Poitiers et les barons francs furent stupéfaits. Ils se trouvaient pris au dépourvu. Ils avaient effectivement juré de remettre la citadelle à l'empereur, leur suzerain, et celui-ci, qui n'ignorait rien du droit féodal, les rappelait à leur promesse. À cette mise en demeure d'homme à homme, de suzerain à vassal, ils ne pouvaient se dérober. D'autre part livrer Antioche aux Byzantins, c'était découronner la Syrie franque, d'autant que l'administration impériale ne manquerait pas de remplacer l'église latine par l'église grecque, signe d'une dénationalisation rapide ; et surtout on pouvait se demander si, en face de la reconquête zengide, les Byzantins, chargés de la défense de cette marche chrétienne, y monteraient une garde aussi vigilante que les Francs ; certes l'empereur Jean Comnène était personnellement un véritable paladin, un basileus-chevalier ; mais dans l'ensemble la valeur militaire des Grecs était loin de valoir celle des Croisés. La cession d'Antioche à l'Empire n'entraînerait-elle pas, à plus ou moins brève échéance, la reconquête musulmane, ainsi que le fait devait se produire plus tard dans le comté d'Édesse ?

De cette complexité politique, Guillaume de Tyr nous donne une impression singulièrement vivante quand il nous montre l'incertitude de Raymond de Poitiers après la sommation de l'empereur : « Quant l'empereres ot dite ceste parole, traduit l'*Estoire d'Éracles*, li princes et si home en furent trop esbahi. Grant pièce (= longtemps) esturent sanz respondre, car il ne savoient que dire. Trop leur sembloit grief chose que la citez d'Antioche qui avoit esté conquise à si grant travail et où tant avoient li Turc espandu de sanc des Crestiens, fust einsi bailliée à tenir et à garder en la main des Grieux (= des Grecs) qui estoient unes moles genz ausi comme femmes, sanz force et sanz hardement[247] ; [de loiauté meismes ne connoissoient il guières[248]]. Trop en seroit li païs en grant aventure, si comme il leur estoit avis ; car cele seule citez estoit li chiés (= le chef) et la défense de toute la terre, si que se ele fust perdue, les autres citez ne se tenissent guères. De l'autre part, li princes avoit promis et juré toutes ces choses que l'empereres li requeroit ; si n'estoit mie bele chose à venir encontre ce si freschement ; ne li princes ne le pooit pas fere, s'il en avoit la volenté, car il i avoit tant parmi la ville des genz (de) l'empereur que l'en ne les pooit pas légièrement hors gîter à force »[249].

Comme le montre Guillaume de Tyr, la question d'Antioche, juridiquement toujours controversée, semblait bien

118 L'ÉQUILIBRE

désormais tranchée en fait par la force : l'armée byzantine occupait en nombre la ville à défaut de la citadelle, et Raymond de Poitiers en particulier, attiré chez le *basileus*, s'y trouvait pratiquement prisonnier.

Ce fut le comte d'Édesse Jocelin II qui sauva la situation. Avec son astuce coutumière, il gagna du temps, fit valoir que pour un acte aussi important que la cession de la citadelle, l'adhésion du prince n'était pas suffisante, qu'il fallait aussi celle des barons et des bourgeois. « Tandis com li princes et li baron estoient en tele angoisse qu'il ne se savoient comment contenir (= se comporter), li cuens de Rohès qui estoit... aguz et bien parlanz, respondi en ceste manière : Sire, la parole que vous nos avez dite, ce savons nos bien, vient de Dieu qui si bone volenté vos a mise eu cuer de guerroier les anemis de la foi et de croistre nostre pooir en ces païs ; tout quanque (= tout ce que) vos requerez est preuz et enneurs au prince et à toute la terre. Mès il est einsi que c'est une novele chose que vos demandez, et les genz de cest païs s'esmuevent tost et effroient quant il voient aucunes muances (= novations). Ne ceste chose que vos requerez n'est mie seulement eu prince, ainçois estuet (il convient) qu'il soit fet par le conseil de moi et de touz les autres riches homes qui ne sont pas tuit ici. Por ce, s'il vos plest, donnez au prince un petit (= un peu) de respit, por soi conseillier et parler à ses barons et au pueple ; car se il le fet einsi, legièrement s'acorderont à vostre volenté ; se il le vuet fere soudeinnement, granz périlz est que il n'i ait noise et destorbement (empêchement) de la besongne »[250].

Cette habile attitude produisit son effet. Jean Comnène accorda à Raymond de Poitiers un délai d'un jour pour obtenir l'adhésion des notables d'Antioche à la remise de la citadelle.

L'émeute anti-byzantine d'Antioche.
Ajournement des projets de Jean Comnène.

À la vérité, Raymond de Poitiers, en rentrant à son palais, s'y trouvait « comme en prison », « car la gent (de) l'empereur le guetoient si de près qu'il n'en pooit pas issir sanz leur congié ». Mais Jocelin, plus libre, agit à sa place. À peine de retour dans son hôtel, il envoya des émissaires dans les divers quartiers pour ameuter la bourgeoisie latine contre l'empereur : l'occupation de la citadelle préluderait à l'expulsion générale de l'élément latin par les Grecs. « Sitost com il fu revenuz à son ostel, (li cuens de Rohès) envoia ses messages tout celeément (= secrètement) parmi les rues de la ville, qui semèrent et espandirent une parole par le pueple que l'empereor et li Grifon (= Grecs) vouloient avoir et garnir la cité d'Antioche ; si en covenoit à issir (= faire sortir) le prince et touz les Latins ; et, se conseil n'i estoit mis hastivement, ce seroit sanz délai fait. » L'animosité ethnique et confessionnelle entre Grecs et Latins était trop grande pour que de tels propos ne portassent pas. En quelques heures dans tout Antioche, ce fut l'émeute. Chacun courut aux armes, le menu peuple d'abord, les notables ensuite, pour assaillir les soldats byzantins. Quant à Jocelin, continuant à jouer son jeu, il galopa vers le palais et vint, en simulant l'effroi, « comme pasmez », se jeter aux pieds de l'empereur. Le caractère dramatique de cette arrivée fut accru par le fait que Jocelin avait pénétré directement auprès du *basileus*, sans se faire annoncer, en violation de toutes les consignes. Comme les gardes lui adressaient des reproches et que le *basileus* lui-même, s'étonnant de ce manquement à l'étiquette ; lui en demandait la raison, Jocelin, comme sous l'empire de la terreur, resta quelques instants muet « ainz fesoit semblant que il ne pooit respondre ». Se ressaisissant enfin il expliqua la cause de son affolement : les gens d'Antioche s'étaient révoltés et, comme il les exhortait à obtempérer aux ordres impériaux, ils avaient failli le mettre en pièces : « Sire, toute la gent de ceste ville vindrent à cri devant mon ostel ; tuit estoient armez, petiz et granz et crioient tuit à une voiz : Où est alez li desloiaus traitres, li mauvès princes (Raymond de Poitiers) qui a ceste cité vendue à l'empereur ? Nos le despecerons tout ; et cil lerres, li cuens de Rohès, qui li a doné ce conseil, nos l'ocirrons se nos le poons trover. – En ceste manière, Sire, comencièrent à despecier la meson où j'estoie. Je m'en eschapai à mout grant peine et montai sur un cheval à besoing. Si com je m'en venoie, li criz fu granz après moi ; par mainz périlz m'en sui venuz jusqu'à vos »[251].

120 L'ÉQUILIBRE

Il n'est pas sûr que Jean Comnène et ses conseillers aient été dupes de cette comédie, mais au dehors le soulèvement populaire battait son plein. Craignant d'être enlevé par l'émeute, Jean commença par faire fermer les portes du palais. Dans les rues, la foule, de plus en plus dense, de plus en plus excitée, courait sus aux Byzantins. « Li pueples crioit que li Grec leur estoient venu tolir (= enlever) leur héritage et les voloient mener com esclaves en leur terres ». L'armée byzantine, surprise par l'émeute, n'avait pu organiser la résistance ; tous les soldats isolés étaient désarçonnés, pris ou massacrés. « Ceus qu'il trovoient parmi les rues abatoient des chevaux et tooilloient en la boe ; cil qui se voloient defendre estoient tuit découpé. En tele manière croissoit li temoltes de toutes parz. »

Jean Comnène, surpris par la violence de l'émeute, comprit qu'il avait échoué. Dans cette ville en révolution il pouvait craindre le pire, même une attaque contre sa personne : « L'empereres qui véoit venir ses chevaliers et ses escuiers batuz et maumenez, n'estoit mie asséur de soi, ainçois avoit peor que l'en ne li feist pis, se cele noise n'estoit tost apaisiée ». Faisant contre mauvaise fortune bon cœur, il invita les barons francs à calmer l'émeute, en déclarant qu'il y avait malentendu et qu'il renonçait à l'occupation de la citadelle et même de la ville pour se contenter de leur vassalité. La scène, dans Guillaume de Tyr, est d'une savoureuse ironie, car le basileus, se voyant joué, eut l'adresse de sauver la face. Quant au traducteur de l'*Éracles*, il s'en donne à cœur joie, jusqu'à composer pour nous un véritable fabliau : « Lors fist venir (l'empereur) devant lui le prince et le conte et les autres barons qui estoient eu palais. Tout mesurablement parla à eus et leur dist : « Beau seigneur, je vos avoie dite une parole que je cuidoie qui fust preuz et enneur à vos et à vostre terre. Moi semble que vos genz ne la reçoivent mie en gré ; ainçois, si com je croi, sont por ce si esmeu que tost porroient fere folie s'il se tenoient longuement en cest effroi qu'il ont empris. Por ce, di devant vos touz et aferme com empereres, que le proposement que je avoie fet de ce, change et rapele (= annule). Ma volenté en ai muée en tel manière que je vueil que vos aiez toute la cité d'Antioche et le donjon, si com vos souliez (= aviez coutume). Bien me soffist que je tiegne mon empire devers vous, à teus bones com mi ancesseur l'ont tenu. Vos estes mi home lige. Bien sai que, se Dieu plaist, vos me garderoiz bien vos feeutez. Alez là hors et parlez à cele gent qui sont esmeues. Bien leur dites que, se il ont peor ne sospeçon de mon séjor en ceste ville, je m'en istrai, se Dieu plaist, le matin, sanz (à) eus fere ne honte ne domage, et me retrairai tout enpais vers mon païs »[252].

Naturellement Raymond de Poitiers et Jocelin II qui n'attendaient qu'une telle déclaration se hâtèrent de donner les instructions demandées. La scène dans l'*Éracles* prend de nouveau ici un ton de haute comédie : « Il distrent que l'empereres avoit bien parlé, comme bons sires et très sages hom ; il feroient volentiers son commandement com cil qui estoient si home. Lors issirent du palais ambedui (= tous deux) et li autre grant home de la ville. La noise estoit mout granz et li temoltes ; il firent signe de la main au pueple que il les escotassent. Quant il porent estre oï, débonnèrement parlèrent à eus et leur distrent que l'en leur avoit fet mençonge, qu'il n'estoit mie einsi com il cuidoient ; par tens porroient bien veoir que l'empereres n'i beoit s'a bien non (= si non à bien). En ceste manière, leur assoagèrent leurs cuers, si que il s'en retornèrent en leur mesons et mistrent jus les armes. »[253].

L'émeute ainsi apaisée par ceux-là même qui l'avaient déchaînée, Jean Comnène put le lendemain sortir sans encombre d'Antioche. Il alla camper dans la banlieue de la ville.

Cependant, si la ruse de Jocelin II avait obtenu la retraite du *basileus*, les Francs ne laissaient pas d'être inquiets sur les conséquences de leur soulèvement. Craignant le courroux et la vengeance de Jean Comnène, ils cherchèrent à effacer par de bonnes paroles l'hostilité que leur conduite ne pouvait manquer d'avoir fait naître chez lui. « Il avoit de sages homes en la cité (d'Antioche), dit *l'Estoire d'Éracles*, qui bien entendirent que li cuers (de) l'empereur n'estoit mie bien apaisiez vers eus... ». Certes il avait eu, sur le moment, l'adresse de dissimuler sa colère, « mès por ce, ne remanoit il mie qu'il ne li pesast de la honte et de l'outrage que il avoient fet à sa gent dedenz la ville et mout portoit griement ce que li princes et li cuens (= Raymond et Jocelin) ne s'estoient mie bien contenu

122 L'ÉQUILIBRE

vers (= envers) lui ». Les barons d'Antioche envoyèrent donc à Jean, toujours campé au pied des murailles, des messagers « bien parlanz », pour l'apaiser « et por l'amor et l'aliance qu'il avoit à eus rafermer et refreschir ». Surtout les envoyés étaient chargés de tout mettre en œuvre pour disculper Raymond et Jocelin au sujet du soulèvement, pour « bien escuser le prince et le conte, que il n'avoient coupe (faute) en cele noise qui estoit meue par la cité : ainçois leur en pesoit et en grant péril en avoient il meismes esté ». Il s'agissait de désavouer le mouvement en en rejetant la faute sur la folie de la populace anonyme, les éléments irresponsables de toute grande cité, « les folles gens » comme dit le traducteur de Guillaume de Tyr[254].

Les envoyés se rendirent donc dans la plaine d'Antioche, au camp byzantin ; arrivés à la tente impériale, ils furent admis en audience par Jean et le haranguèrent en des termes assez adroits, dont Guillaume de Tyr nous a conservé l'esprit. Le discours, survenant après l'émeute grécophobe des jours précédents, est trop joli – surtout dans l'adaptation de l'*Estoire d'Éracles* – pour ne pas être cité : « Je sai bien, Sire, que vos estes li plus hauz hom et li plus puissanz qui soit eu monde. De sen et de mesure passez vous touz ceus qui vivent ; por ce me semble que l'en ne vos doit pas à longue parole détenir, car vos entendroiz assez tost se je dirai reson... Il est voirs, sire, que en si grant cité com est Antioche sont maintes manières de genz ; ne sont pas tuit d'un sen, d'une valeur ne d'une volenté ; ainçois croi-je bien que plus i a de ceus qui pou sevent que de sages homes et bien amesurez. Por ce vous prient par nous li preudome qui léanz sont, com leur bon seigneur, et crient merci, jointes mains, que vos la coupe et les meffez aus fous ne facez mie comparer (= imputer) aus sages. De cele chose qui avint en la ville, que les foles genz mespristrent vers vostre mesniée, sont trop honteus li princes et li cuens et tuit li autre baron ; mès vos poez bien savoir, sire, que les manières de genz suelent movoir tues temoltes ès bones villes ; car ce sont cil qui n'ont guères et sevent pou. Por ce vos mandent, sire, cil qui ça nos ont envoié, que mout leur plera que li pueples qui ce fist, compert sa folie, et li haut home qui loiaument vos vuelent touz jorz amer et obéir soient en vostre amor et en vostre grâce ; et de la garçonaille qui osèrent ce faire, dont vos fustes troublez, li baron prendroient tele vengeance com vos commanderoiz. Et plus vos disons encore de par eus, por ce que vos ne cuidiez que la noise fust meue de par leur assentement, li princes et si home sont prest et appareillié de vos rendre le donjon de la ville, si com il vos fu promis et juré[255]. »

On jouait au plus fin. Jean Comnène n'était certainement pas dupe de ce beau discours. Après l'émeute qui l'avait proprement mis à la porte d'Antioche, il ne pouvait prendre au sérieux la proposition de Raymond de Poitiers d'aller occuper la citadelle. D'autre part, comme le fait observer Chalandon, il était beaucoup trop subtil politique pour rompre à ce moment avec les Francs[256]. Dissimulant sa rancune et remettant à des circonstances plus favorables ses projets de revanche, il parut agréer de bonne grâce les excuses qu'on lui présentait. Il consentit même à recevoir à son camp Raymond de Poitiers, Jocelin II et les principaux barons d'Antioche ; « débonnèrement les reçut ; apertement leur dist que il se fiassent en lui corne en leur seigneur, car s'il avoit onques eu point (un peu) de corroz à eus, tout leur pardonoit entérinement à bone foi. » Seulement, bien entendu, il n'était plus question de mettre la grande armée byzantine au service des Francs pour aller s'emparer d'Alep. Encore Jean Comnène expliqua-t-il l'abandon de ce projet par la nécessité de retourner à Constantinople : « leur dist que présentement le covenoit à retorner en la terre de Grèce por granz besoignes qu'il i avoit, mès il avoit certain proposement que, à l'aide de Dieu, il retorneroit en ce païs à si grant force de gent et d'engins, d'armes et d'avoir que bien poroit acomplir les covenances (conventions) qu'il avoit au prince de lui délivrer les citez qu'il li avoit promises » – c'est-à-dire, on s'en souvient, de conquérir sur les Musulmans Alep, Shaîzar, *Ha*mâ et *Homs*[257]. Quand les interlocuteurs se séparèrent, Raymond pour rentrer à Antioche, Jean Comnène pour reprendre, par la Cilicie, le chemin de Constantinople, l'accord semblait donc rétabli et la Croisade franco-byzantine seulement différée.

Mais ce n'était là des deux côtés qu'une attitude diplomatique pour sauver la face. Bien que les apparences fussent ménagées, les Francs ne pouvaient oublier que le *basileus* avait cherché à s'emparer par force d'Antioche. Et Jean Comnène, de son côté, ne pouvait pardonner aux Francs ni leur inertie devant Shaîzar, ni l'outrage personnel que leur soulèvement lui avait infligé à Antioche. La grande croisade franco-byzantine pour la conquête de l'émirat d'Alep s'achevait par la plus déplorable rupture morale entre Francs et Byzantins. Désastre mondial, aux conséquences incalculables pour la Syrie franque comme pour Byzance.

Périls que la coalition franco-byzantine avait fait courir à l'Islam. Conséquences de sa rupture : reconquête, par Zengî, de Bizâ'a, d'Athâreb et de Kafartâb.

Cette conclusion toute négative de la croisade franco-byzantine de 1138 était d'autant plus à déplorer que les Musulmans avaient bien montré par leur attitude l'étendue du péril qu'elle leur avait fait courir. Tandis que Jean Comnène menaçait Alep, l'atâbeg Zengî avait envoyé à Baghdâd le qâdî Kemâl al-Dîn Abu'l Fâdl Muhammed Ibn al-Shahruzûrî, pour obtenir du sultan seljûqide de Perse Mas'ûd une armée de secours[258]. « Le député, nous dit Ibn al-Athîr, représenta au sultan les dangers qu'entraînerait le moindre retard. Il dit que la seule barrière qui séparait les Grecs du sultan était la ville d'Alep ; que, cette ville une fois prise, les Grecs descendraient l'Euphrate et viendraient inquiéter le sultan jusque dans Baghdâd »[259]. Mais, comme à chaque appel analogue, la cour seljûqide resta inerte : son horizon ne dépassait plus l'Irâq et l'Irân.

Alors l'envoyé de Zengî provoqua dans la populace une de ces émeutes piétistes, si fréquentes en pays d'Islâm. Le vendredi suivant, à l'heure de la prière, il envoya à la mosquée du palais un des siens avec une troupe de gens de basse classe, interrompre le prédicateur. Au moment où celui-ci montait en chaire, l'Alépin et ses acolytes se mirent à vociférer : « Malheur à l'Islam ! Malheur à la religion de Mahomet ! » « En même temps, il déchirait ses habits et jetait son turban par terre » ; puis, suivi de la populace, il se rendit au palais du sultan. Toute cette foule poussait des cris, lacérait ses vêtements, protestait violemment contre l'inertie de la Cour. Grossie par de nouveaux arrivants, elle entourait le palais du sultan, menaçant de tout emporter. C'était l'émeute. Le sultan inquiet fit appeler Ibn al-Shahruzûrî et l'autorisa à se mettre à la tête d'une armée de secours[260].

Ce qui est bien significatif dans le récit d'Ibn al-A*th*îr[261], c'est l'inquiétude que l'éventualité de cette contre-croisade provoquait chez les princes musulmans eux-mêmes. Les bandes d'aventuriers turcs qu'on appelait à la guerre sainte constituaient un péril redoutable pour les États qu'ils prétendaient secourir. « Il n'y a pas de doute, avoue un des chefs du mouvement, que tout le pays où passeront ces troupes est un pays perdu et qu'elles chercheront à s'en rendre maîtresses, mais il vaut encore mieux qu'il tombe au pouvoir d'autres Musulmans que si les chrétiens s'en emparaient. » De fait, dès que les Grecs se furent retirés de Shaîzar, Zengî envoya un exprès pour décommander l'envoi de l'armée de secours. « Il défendit qu'on envoyât un seul soldat. » Mais le sultan Mas'ûd, sous couleur de guerre sainte, songeait maintenant à profiter de l'occasion pour rétablir une suzeraineté plus effective sur Mossoul et Alep. Ibn Al-Shahruzûrî eut toutes les peines du monde à l'en dissuader[262].

De fait Zengî n'avait plus besoin de l'aide d'une contre-croisade seljûqide pour profiter des dissentiments survenus entre Byzantins et Francs, en reprenant aux alliés divisés leurs dernières conquêtes d'Outre-Oronte. À peine les Franco-Byzantins eurent-ils levé le siège de Shaîzar que son lieutenant Salâ*h* al-Dîn réoccupait Kafar*t*âb (vers le 21 mai 1138)[263]. Le 16 septembre de la même année, Zengî enleva d'assaut aux Francs la place de Bizâ'a, la première conquête de la croisade franco-byzantine, et y ordonna de sanglantes représailles : « Tout ce qui s'y trouva d'habitants furent égorgés sur le tombeau de Shérif al-Dawla Muslim ibn Qarwâsh qui avait été tué d'une flèche à l'œil sous la muraille. » Entre le 7 et le 10 octobre Zengî reconquit de même A*th*âreb[264].

§ 6. — L'ALLIANCE FRANCO-DAMASQUINE CONTRE ZENGÎ.

Expédition du roi Foulque et de Thierry de Flandre dans le Jil'ad.

La situation, à la fin de l'année 1138, était en somme assez peu brillante pour les Francs. Si au sud le roi Foulque avait été assez heureux pour se tirer du guêpier de Ba'rîn sans y

126   *L'ÉQUILIBRE*

perdre autre chose que cette forteresse, il ne s'en trouvait pas moins désormais réduit à la défensive, et le comté de Tripoli restait durement éprouvé par la mort tragique de Pons. De même au nord, si Antioche avait échappé à l'annexion byzantine, elle n'en restait pas moins exposée désormais à la double hostilité des Byzantins et de Zengî, puisque l'alliance franco-byzantine avait fait place à un divorce moral et que les éphémères reconquêtes de 1138, Bizâ'a, A*th*âreb, Kafar*t*âb, étaient tout de suite retombées au pouvoir de l'atâbeg.

Dans ces circonstances assez fâcheuses un secours inespéré arriva aux Francs. Pendant l'été de 1139 débarqua en pèlerinage le comte de Flandre, Thierry d'Alsace[265]. Thierry était le propre gendre du roi Foulque dont il avait épousé la fille Sibylle[266]. Thierry amenait avec lui une petite armée, « mout de biaus chevaliers et de preuz ». Naturellement le baron français fut accueilli avec enthousiasme par le roi son beau-père. « Li rois, li patriarches, li pueples le receurent à moult grant joie, car mout avoient grant espérance que sa venue feist bien à la terre de Surie. » Foulque décida de profiter de ce renfort pour une expédition en Transjordanie, dans le Galaad, (Jil'ad et 'Ajlûn[267]). Dans les montagnes de cette région se dressaient diverses forteresses naturelles[268], une entre autres presque inaccessible qui servait de repaire à tous les pillards de la région. De là partaient des rezzous qui passaient à l'improviste le Jourdain et venaient tuer et piller en terre chrétienne. « Por ce se pensèrent li baron de Surie, quant li cuens de Flandres fu venuz, que il iroient asseoir (= assiéger) cele larronière »[269].

L'armée de Jérusalem et les croisés flamands passèrent donc le Jourdain et, remontant sans doute la vallée du Nahr al-Zerqâ, s'avancèrent dans la région montagneuse et tourmentée que dominent au sud le mont Jil'ad, au nord le pays de Jerash. Le nid d'aigle des maraudeurs fut étroitement assiégé[270].

Tandis que se poursuivait ce siège, long et difficile à cause du terrain, « des bandes de Turcs » – peut-être des Turcomans qui nomadisaient en Transjordanie, du côté d'Ammân ou d'al-Sal*t*, – s'apercevant que, sauf la garnison de la capitale, le royaume de Jérusalem avait été laissé à peu près vide de défenseurs, traversèrent le Jourdain au nord de son embouchure et, rangeant Jéricho sur leur droite, filèrent sur la rive occidentale de la mer Morte, à travers les montagnes d'al-Muntar et du Jebel Fureidis, entre la mer Morte et Bethléem, jusqu'à la petite ville ouverte de Tecua (Teqû'a) qu'ils emportèrent. Toutefois, nous dit Guillaume de Tyr, ils n'y trouvèrent que peu de gens à massacrer, car les habitants avaient eu le temps de s'enfuir avec leurs femmes et leurs enfants et de se réfugier dans les « cavernes d'Odolla », c'est-à-dire dans la grotte d'Adullam (al Ma'sâ, ou Maghâret Khareitûn). Les pillards durent se contenter de faire main basse sur tout ce qu'ils purent emporter de biens et de saccager le reste.

Parmi le peu de troupes à qui le roi Foulque, en partant pour la Transjordanie, avait confié la garde de la ville de Jérusalem, figuraient les Templiers. À leur tête était leur grand maître, un chevalier français nommé Robert le Bourguignon, « mout vaillanz hom, chevaliers bons et sages et bien enteichiez »[271]. Arrivé depuis peu d'Antioche avec un contingent de ses Templiers, il résolut aussitôt de châtier les pillards de Tecua. Prenant avec eux tout ce qu'ils trouvèrent de gens à Jérusalem, les Templiers se mirent en marche pour rattraper les Turcs, la bannière étant portée, en l'absence du roi, par un des compagnons de celui-ci, « un granz chevaliers », Bernard Vacher. À leur approche les pillards turcs décampèrent : Guillaume de Tyr nous les montre quittant précipitamment Habehis ou Halebon (sans doute vers Halhûl et Beit 'Aïnûn, au nord d'Hébron) ; de là ils gagnèrent les environs d'Hébron, d'où ils se disposaient, pour échapper aux représailles des Francs, à aller se réfugier à l'abri de la place égyptienne d'Ascalon.

Quand les Templiers apprirent la retraite des Turcs, ils crurent en avoir fini avec eux ou, comme dit l'Estoire d'Éracles, « cuidièrent tout avoir gaaignié ». Ils s'égaillèrent pour ramasser le butin que les pillards avaient dû abandonner. « Par la terre s'espandirent après eus. Plus entendirent au gaaigner qu'à desconfire leur anemis. » Les Turcs, voyant que les Francs les poursuivaient en ordre dispersé « folement et sanz tenir conroi », firent demi-tour, leur tombèrent dessus et en tuèrent un grand nombre. Seuls ceux des Francs qui arrivèrent à se regrouper à temps purent résister. « La chasse », comme dit *l'Estoire d'Éracles*, dura depuis Hébron jusqu'à Tecua. Comme le remarque l'*Éracles*, cette folle équipée fut surtout le fait de la chevalerie hiérosolymitaine en même temps que des Templiers, recrutés d'ailleurs dans les mêmes milieux ; en effet le « commun peuple » était pendant ce temps avec le roi Foulque au siège de la forteresse de Galaad, de sorte que ce fut la chevalerie seule qui subit toutes les pertes de la journée. On déplora notamment la mort d'un Templier illustre, Eudes de Montfaucon, « hauz hom et très bons chevaliers ». En somme une folle équipée d'insouciance chevaleresque, un Crécy et un Azincourt. Mais un Azincourt ou un Crécy en miniature et sans conséquence, vu qu'il ne s'agissait que d'un petit combat contre une bande de maraudeurs. Seulement, lorsque quarante-huit ans plus tard les Templiers recommenceront la même aventure en y entraînant le roi de Jérusalem, ce sera pire qu'Azincourt : le désastre final de la Syrie franque.

Mais encore une fois il ne s'agissait maintenant que d'une escarmouche, regrettable seulement par la qualité des chevaliers tués. Le rezzou turc, son coup fait, se retira, avec les chevaux capturés à Ascalon. Quant au roi Foulque, lorsqu'il apprit, au siège de la forteresse de Galaad, le massacre des Templiers à Hébron, il refusa de se laisser arrêter par cette diversion. Comme le dit philosophiquement l'*Estoire d'Éracles*, c'étaient là les jeux de la guerre : « li nostre baron qui estoient au siège vers le mont de Galaad oïrent cele mésaventure, qui estoit avenue à Eybron, trop en furent coreciez, mès en ce se reconfortèrent qu'il savoient bien que ce est la loi et la coutume de guerre, que une heure est l'en au desus, et l'autre au desouz. » Ils se vengèrent en s'emparant du repaire de Galaad dont les défenseurs furent massacrés[272].

Zengî se fait céder Homs *par l'État de Damas (mai-juin 1138).*

Après cette expédition épisodique, le roi Foulque trouva une occasion plus sérieuse de raffermir ses affaires. Ce fut Zengî qui la lui procura bien involontairement en attaquant Damas, événement qui, par contre-coup, allait valoir aux Francs l'alliance damasquine. Disons tout de suite qu'une alliance de cet ordre s'imposait. L'alliance offensive franco-byzantine qui eût permis d'achever la conquête de la Syrie par les chrétiens ayant échoué, la seule politique possible consistait pour les Francs dans une alliance défensive avec les États syro-musulmans secondaires, également menacés par Zengî. Mais il importe ici de revenir quelque peu en arrière pour résumer les rapports des deux États turcs de Syrie depuis le départ de Jean Comnène.

À peine la Croisade franco-byzantine était-elle terminée, que Zengî avait repris ses empiétements au préjudice des autres États musulmans, en l'espèce du royaume de Damas. On se rappelle que l'invasion des Byzantins l'avait trouvé en train d'assiéger la ville de *Homs*, dépendance de Damas, inféodée au généralissime damasquin Mu'în al-Dîn Unur. Délivré des Byzantins, il revint sous *Homs* et somma l'atâbeg de Damas, Shihâb al-Dîn Ma*h*mûd, de lui faire livrer la place. Il est vrai qu'au lendemain de l'attaque franco-byzantine, une guerre entre Musulmans eût paru impie. Aussi Zengî cette fois eut recours à la diplomatie, voire à la galanterie. Il demanda la main de la princesse douairière de Damas, Zumurrud Khâ-tûn (« la Princesse Émeraude »), veuve de l'atâbeg Bûrî et mère de l'atâbeg régnant Shihâb al-Dîn. Il spécifiait seulement que *Homs* devrait être donné en dot à la dame. Le gouvernement de Damas n'osa décliner ses propositions. Au commencement de juin 1138 la douairière épousa Zengî et celui-ci prit aussitôt possession de *Homs*. En échange de *Homs*, Zengî céda à Unur la forteresse de Ba'rîn, récemment conquise sur les Francs de Tripoli, ainsi que Lakma et *His*n al-Sharqî (Khariba), autres forteresses de la même région[273].

Attaque de Zengî contre Damas. Les atrocités de Ba'albek.

Zengî se rapprochait ainsi de son objectif principal, la conquête de Damas. Une nouvelle tragédie de palais dans cette ville parut devoir faciliter son dessein. Dans la nuit du 22 au 23 juin 1139, l'atâbeg de Damas, le bouride Shihâb al-Dîn Ma*h*mùd fut assassiné dans son lit, pendant son sommeil, par trois pages, ses favoris[274].

Dans ces circonstances critiques, le vieux mamelûk Mu'in al-Dîn Unur sauva la dynastie. Il prit le gouvernement en main, fit crucifier les assassins et appela au trône Jemâl al-

Dîn Muhammed, frère du défunt, pour lors prince de Ba'albek. Muhammed se rendit à cette invitation et fut aussitôt reconnu par la population, toujours dévouée à la famille bouride. En réalité il ne régnait que par la protection d'Unur sur lequel il se déchargea de toute l'administration. Pour témoigner au vieux mamelûk sa reconnaissance, il lui donna sa propre mère en mariage avec, en plus, le fief de Ba'albek. Mais Unur n'en continua pas moins à résider à Damas, où sa présence était indispensable à la direction des affaires, en se contentant de se faire représenter à Ba'albek par un lieutenant, comme il l'avait fait précédemment à Homs (1136), puis à Ba'rîn (1138), quand il avait été fait seigneur de ces villes[275]. Le drame de juin 1139 n'eut donc d'autre résultat que d'achever de faire de Mu'in al-Dîn le véritable maître de Damas. Le vieux capitaine turc méritait d'ailleurs sa fortune. C'était, note Ibn al-Athîr, un homme bon, intelligent, d'une conduite parfaite[276]. « Par son intelligence, son habileté, son attitude à la fois prudente et énergique, sa persévérance, sa bravoure, il était parvenu à forcer tous les obstacles, à imposer sa suprématie à ses maîtres, la déférence à leurs alliés »[277]. Au bref, un homme de gouvernement né, comme la race turque en a si souvent produit. Ses qualités, mises au service de l'État de Damas, de la dynastie bouride et du particularisme arabe local, devaient arrêter net la politique annexioniste de Zengî.

Mais l'affaire n'alla pas sans difficulté. Bahrâm shâh, le frère du nouvel atâbeg de Damas Muhammed, se voyant évincé par Unur, était allé se réfugier à Alep, puis à Mossoul, auprès de Zengî, dont il implora l'aide. De plus on se rappelle que Zengî s'était déjà ménagé un autre prétexte d'intervention en épousant une des veuves de Bûrî, Zumurrud Khâtûn, « la Princesse Émeraude », mère de ce même Shihâb al-Dîn Mahmûd qui venait d'être assassiné. En apprenant le crime, Zumurrud Khâtûn, qui se trouvait à Alep, écrivit à son époux Zengî, pour lors à Mossoul, en le priant de venger la victime. Zengî, ainsi doublement sollicité d'intervenir et trouvant l'occasion excellente, accourut de Mossoul. Sa première intention était d'aller attaquer directement Damas. Mais la ville, où le loyalisme bouride et le sentiment de l'indépendance locale étaient très vifs, fut rapidement mise en état de défense par l'énergique Unur. « Les Damasquins se mirent sur leurs gardes, firent leurs préparatifs et amassèrent tous les objets nécessaires à la défense ». Zengî, l'ayant appris, changea de projet et se porta sur Ba'albek, ville qui, on l'a vu, était le fief particulier d'Unur (20 août 1139)[278]. Auparavant il avait vainement essayé de s'attacher Unur en lui faisant les offres les plus brillantes si le vieux mamelûk l'aidait à faire la conquête de Damas. L'attaque de Ba'albek avait donc un caractère de représailles personnelles contre l'homme en qui s'incarnait l'indépendance damasquine.

Zengî mit en action contre Ba'albek quatorze machines de siège. Le 10 octobre la ville demanda à capituler et le 21 la garnison turque de la citadelle obtint à son tour une capitulation honorable. Zengî jura aux défenseurs « par les serments les plus rigoureux, par le Qor'ân et par le divorce de ses femmes *(sic)* » qu'il les épargnerait. Mais quand ils se furent rendus, trahissant la foi jurée, il fit écorcher le gouverneur, lieutenant d'Unur, et crucifier les Turcs de la garnison. Les femmes furent aussi traîtreusement réduites en captivité[279].

Ces événements qui manifestaient à la fois les desseins annexionnistes de Zengî et sa férocité native eurent un retentissement moral considérable.

À la vérité des atrocités de cet ordre n'étaient pas dans les mœurs syriennes du douzième siècle ; ce ne sera que plus tard, avec la soldatesque turque des sultans mamelûks, qu'on verra se généraliser de pareils actes. Pour le moment ils révoltaient d'autant plus la conscience musulmane qu'ils étaient commis sans aucune excuse de *jihâd*, dans une guerre entre Croyants. L'opinion arabe qui n'avait d'abord vu dans Zengî que le défenseur de l'Islam, le protagoniste de la guerre sainte, se trouvait brusquement en face d'un soudard turc à demi sauvage, aussi dangereux pour ses coreligionnaires que pour les Infidèles. C'est Ibn al-A*th*îr lui-même qui nous le dit : « On se défia désormais de sa politique et on se tint sur ses gardes. Les habitants de Damas surtout furent effrayés : "S'il était devenu notre maître, voilà le traitement qu'il nous aurait infligé !" Là-dessus ils redoublèrent d'aversion pour lui et se tinrent prêts à la résistance ». De fait les crucifiements de Ba'albek, en creusant un fossé entre le royaume de Damas et celui d'Alep-Mossoul, devaient avoir pour conséquence de rejeter bientôt les Damasquins dans l'alliance franque.

132   L'ÉQUILIBRE

Zengî essaya encore d'obtenir Damas par l'intimidation diplomatique, en offrant au jeune atâbeg Jemâl al-Dîn Muhammed une principauté de second ordre contre cession de Damas. La cour de Damas ayant refusé, Zengî marcha contre elle. Il établit son camp à Dâreiya, dans la grande banlieue sud-ouest de Damas (6 décembre 1139). Là se livra un combat d'avant-postes au cours duquel il mit en fuite les troupes damasquines. À la suite d'un nouveau succès remporté sous les murs mêmes de Damas sur les bandes armées de la ville et de la Ghûta (21 décembre), Zengî offrit encore au jeune atâbeg de Damas de lui donner, en échange de la ville, Homs ou Ba'albek. Le jeune prince était disposé à accepter, mais son entourage – en l'espèce Mu'in al-Dîn Unur, l'âme de la résistance – l'en détourna en raison de la déloyauté bien connue de Zengî[280].

Le siège de Damas se poursuivait lorsque l'atâbeg Jemâl al-Dîn Muhammed ibn Bûrî, tomba malade et mourut (29 mars 1140). Zengî, voulant profiter du désarroi des habitants, redoubla ses attaques. Il escomptait des querelles de succession. Mais Unur tenait bien en main le gouvernement de la ville. Il éleva au trône le jeune Mujîr al-Dîn Abaq, le fils du défunt, et aucune défaillance ne se produisit[281].

Alliance du gouvernement de Damas avec le roi Foulque.

Cependant Zengî ne s'éloignait pas. Le siège de Damas tournait au blocus et on pouvait prévoir que la ténacité du terrible atâbeg aurait ainsi à la longue raison de la résistance d'Unur. « Aynard »[282], comme écrit en francisant curieusement son nom *l'Estoire d'Éracles*, se décida alors à s'allier aux Francs. Il leur envoya à cet effet le plus séduisant des ambassadeurs, le paladin arabe Usâma ibn Munqidh, neveu de l'émir de Shaîzar, Sultân.

Usâma n'était pas un inconnu pour le roi Foulque. Il semble en effet que, déjà en 1137-1138, Mu'în al-Dîn Unur l'avait envoyé une première fois à Jérusalem pour sonder l'état d'esprit des Francs en vue d'une alliance éventuelle[283]. C'est peut-être à cette première rencontre que se place la conversation rapportée dans l'*Autobiographie d'Usâma* sur le parfait chevalier arabe : « On m'a rapporté, dit le roi Foulque, que tu es un noble chevalier. Or je ne savais pas le moins du monde que tu fusses un chevalier. » – « Ô mon maître, répondit Usâma, je suis un chevalier à la manière de ma race et de ma famille. Ce qu'on y admire surtout dans un chevalier, c'est quand il est mince et long »[284]. Peu avant la mort de l'atâbeg de Damas Jemâl al-Dîn Muhammed, dans les trois premiers mois de 1140, Mu'în al-Dîn Unur avait de nouveau envoyé Usâma chez les Francs, cette fois à Acre, pour y poursuivre la négociation d'une alliance : « J'allais et je venais, écrit Usâma, vers le roi des Francs, Foulque fils de Foulque ("Fulk ibn Fulk") pour régler les conditions de l'accord entre lui et Jémâl al-Dîn Muhammed. » La première mesure à prendre pour amener un rapprochement sincère était le rachat des Musulmans prisonniers des Francs, notamment d'une caravane de quatre cents pèlerins marocains capturée tout entière. Usâma s'y employa lui-même, effectuant à cet effet plusieurs voyages à Acre pour le compte de Mu'în al-Dîn Unur[285].

La détente morale était ainsi déjà obtenue, lorsque Unur, de plus en plus étroitement assiégé dans Damas par Zengî, se décida à conclure définitivement l'alliance envisagée avec le roi Foulque. « Aynarz…, uns vaillanz Turs,… conestables et garde du roiaume de Damas, dit *l'Estoire d'Éracles*, envoia bons messages au roi de Jérusalem et li requist par mout beles paroles qu'il li aidast contre celui Sanguin (= Zengî) qui estoit leur communs anemis, car il pooit bien savoir que, se il s'acroissoit du roiaume de Damas, de son pooir qui seroit graindres (= supérieur) nuiroit il touzjorz à la Crestienté »[286]. C'est exactement ce que répètent al-Qalânisî et, après lui, Ibn al-Athîr : « Pour engager les Francs à empêcher Zengî de prendre Damas, Unur représenta aux Francs le danger qui les menaçait eux-mêmes si Zengî venait à bout de s'emparer de la capitale de la Syrie. Les Francs reconnurent la vérité de ce qu'il disait. Ils virent que, si Zengî faisait une conquête aussi importante, ils ne pourraient plus se maintenir en Syrie »[287]. C'était en effet, malgré le fossé religieux, une alliance imposée par les faits, une nécessité d'évidence. Zengî était déjà maître de Mossoul, d'Alep, de Hamâ, de Homs et de Ba'albek ; s'il y ajoutait Damas, s'il achevait ainsi l'unification de la Syrie musulmane sous sa domination, la Syrie franque ne tarderait pas à être rejetée à la mer. Si les Francs ne voulaient pas voir l'atâbeg parfaire – contre eux – l'unité de l'Islam syrien, il n'était que temps pour eux de sauvegarder le seul royaume syro-musulman qui lui eût encore échappé. Du reste Unur qui sentait la population damasquine à toute extrémité, ajouta à sa demande les propositions les plus avantageuses. Le roi Foulque serait défrayé des dépenses de la campagne ; pendant tout le temps qu'elle durerait, il recevrait une solde de 20 000 besants par mois ; enfin Unur ferait rendre au royaume de Jérusalem l'importante place de Panéas (Bâniyâs, la Bélinas des Croisés), perdue par les Francs en décembre 1132 et qui formait depuis un fief musulman, alors possédé par un certain Ibrâhîm ibn *Turghuth*. Notons que depuis la fin de 1137 la ville avait accepté l'autorité de Zengî dont Ibrâhîm ibn *Turghuth* n'était que le vassal. Unur promettait aux Francs de les aider à conquérir la place sur ce personnage dans lequel il voyait avec raison un ennemi de la puissance damasquine : pour l'indépendance de Damas les Francs étaient à Panéas des voisins moins dangereux qu'un lieutenant de Zengî dont le pouvoir encerclait par cette possession le royaume bouride.

Au reçu des propositions damasquines, le roi Foulque convoqua le conseil des barons. La conclusion de l'alliance damasquine était chose trop importante pour ne pas mériter une mûre délibération. « Li rois, dit *l'Estoire d'Éracles*, ne vout mie tel chose enprendre sanz conseil ; por ce manda les barons du roiaume... Cil se conseillèrent entr'eus, puis respondirent au roi que il s'accordoient bien que li rois alast secorre ceus de Damas contre Sanguin..., car bien savoient tuit que, se li roiaumes de Damas estoit (à) Sanguin, cil n'auroit jamès pais jusqu'il les eust touz chaciez de la leur terre. »

L'intervention du roi Foulque sauve l'indépendance de Damas des attaques de Zengî.

Conformément à cet avis qui était celui de la plus évidente sagesse, le roi Foulque décida d'aller immédiatement au secours de Damas. Après avoir reçu, conformément aux usages diplomatiques du temps, les otages de ses nouveaux alliés, il fit sa « semonce » et opéra la concentration de son armée « à cheval et à pié » à Tibériade. La seule nouvelle de ce mouvement amena Zengî à lever le siège de Damas (4 mai 1140)[288]. L'atâbeg, nous dit Guillaume de Tyr, vint se poster en observation à « Rasaline », c'est-à-dire Râs al-'Aîn du Wâdî al-Meddân, à l'ouest du *H*aurân, entre Der'ât et la « patte d'oie » du Yarmûk : par là il surveillait à merveille la rive orientale du lac de Tibériade[289]. Ibn al-A*th*îr nous dit de son côté que Zengî vint se poster au *H*aurân pour faire face à une marche éventuelle des Francs vers Damas par la région de Sheikh Sa'ad, al-Sanamain et Kiswé (ici 25 avril). Kemâl al-Dîn spécifie qu'il séjourna quelque temps dans le sud-est du *H*aurân, à Bo*s*râ et à Salkhad. Ibn al-A*th*îr ajoute que, comme les Francs semblaient vouloir rester dans l'expectative autour de Tibériade, Zengî retourna sur ses pas, poursuivre le siège de Damas, et qu'il alla camper à '*Adh*râ, au nord-est de Damas (12 juin 1140). Mais après avoir brûlé un grand nombre de villages dans la prairie de Damas (al-Marj) et la G*h*û*t*a et à la nouvelle de l'approche des Francs, il reprit dès le 15 juin le chemin de ses domaines par la route de Ba'albek et de Ho*m*s[290]. En réalité sa marche rétrograde de Bo*s*râ vers le Marj de Damas n'était déjà rien d'autre qu'une retraite devant les Francs.

Le roi Foulque, en effet, fidèle à sa nouvelle alliance, s'était mis en mouvement vers Damas, tandis que Mu'în al-Dîn Unur envoyait des contingents damasquins au devant de lui jusqu'à Nu'arân, à 5 kilomètres à l'est de la pointe méridionale du lac de *H*ûlé. Ou plutôt, si nous nous fions au récit de *l'Estoire d'Éracles*, les contingents damasquins étaient déjà parvenus à « Nuare » lorsque le roi Foulque se mit en marche pour opérer sa jonction avec eux et se diriger, toujours de concert avec eux, sur Damas encore menacée par Zengî (lequel devait à ce moment camper vers '*Adh*râ) ». Quant li rois et nostre gent oïrent ce (que leurs alliés damasquins approchaient du lac de *H*ûlé), tout droit chevauchièrent en bataille vers ceus de Damas ; mès ainçois (= avant) que li dui ost fussent assemblé (= réunis), Sanguins oï par ses espies que il voloient einsi venir sur lui ; si se parti du leu où il estoit (et) s'en torna vers le Val de Bacart (= la Beqa'). Li rois assembla son ost avec ceus de Damas. Là sorent certeinnement que Sanguins s'estoit partiz de cele contrée ». Ibn al-

A*th*îr confirme : « Les Francs arrivèrent à Damas et se réunirent aux troupes de la ville. Comme Zengî s'était éloigné, ils s'éloignèrent eux aussi. »

Ainsi la mobilisation, puis l'intervention franques avaient suffi à faire lever par Zengî le siège de Damas, et bientôt à lui faire évacuer le pays. Le roi Foulque avait sauvé la capitale syro-musulmane d'une annexion sans lui inévitable, la dynastie bouride d'une disparition certaine. Échec était fait à l'entreprise – déjà si avancée – d'unification musulmane, voulue par Zengî. Pour arrêter désormais cette redoutable unité, une alliance franco-musulmane locale était conclue qui pouvait, en se consolidant, consolider aussi le *statu quo* syrien, car le royaume franc de Jérusalem et le royaume bouride de Damas une fois coalisés, le royaume zengide d'Alep-Mossoul ne pouvait rien contre eux : la retraite de Zengî devant la jonction des armées franco-damasquines le prouvait avec éclat.

Le régent de Damas, Mu'în al-Dîn Unur, aide le roi
Foulque à recouvrer Panéas sur les Turcs Zengides.

Francs et Damasquins – en l'espèce le roi Foulque et le régent Mu'în al-Dîn Unur – exécutèrent loyalement les conventions de l'alliance. Les Francs, nous dit Kemâl al-Dîn, campèrent aux portes de Damas, dans le faubourg de la ville, puis se retirèrent sans aucun ennui. Mu'în al-Dîn Unur les suivit avec l'armée damasquine pour les aider à se mettre en possession de Panéas (Bâniyâs, « Belinas »). On s'est étonné que le chef du gouvernement damasquin ait ainsi aidé les « Infidèles » à s'emparer d'une ville musulmane. En réalité la situation était beaucoup plus complexe. Nous avons déjà noté que le gouverneur de la place, Ibrâhîm ibn *Turghuth*, avait reconnu la suzeraineté de Zengî. Or l'existence d'une possession zengide sur le versant méridional de l'Hermon, au sud-ouest de Damas encerclait dangereusement le royaume bouride. Rappelons-nous toujours que Zengî possédait à cette date Mossoul, Alep, *H*amâ, *H*oms, Ba'albek et Panéas : on comprendra que dans cette dernière place les Damasquins préféraient, comme on l'a dit, voir les Francs plutôt qu'un lieutenant de Zengî.

RÈGNE DE FOULQUE D'ANJOU

Mu'în al-Dîn Unur, exécutant donc avec la plus grande loyauté son accord avec les Francs, vint assiéger Panéas. Le maître de Panéas, Ibrâhîm ibn *Turghuth*, venait de quitter la place pour aller conduire une razzia sur le territoire de Tyr ; au cours de cette randonnée il fut surpris par le prince d'Antioche, Raymond de Poitiers, qui descendait du nord pour aider le roi Foulque et le vizir de Damas ; dans la rencontre, Ibrâhîm fut vaincu, pris et tué. Les survivants se hâtèrent de regagner Panéas, qu'ils contribuèrent à défendre contre les Francs[291]. De fait Panéas, bien que privée de son gouverneur, résista longtemps. Le siège, d'après Guillaume de Tyr, commença le 1er mai 1139[292]. Mu'în al-Dîn Unur et ses Damasquins occupaient le secteur de l'est, du côté de la montagne, vers Qal' at Subaiba[293] ; Foulque et ses Francs, le secteur de l'ouest, vers Defné. Pour hâter la conquête, Foulque manda auprès de lui le prince d'Antioche, Raymond de Poitiers, et le comte de Tripoli, Raymond II. De plus les assiégeants disposaient d'une quantité considérable de pierrières et de mangonneaux. L'accord le plus parfait continuait à régner entre les Francs et les Damasquins ; il est même curieux de constater que la fraternité d'armes, qui deux ans auparavant n'avait pu s'établir entre Francs et Byzantins, semblait beaucoup plus naturelle entre Francs et Musulmans alliés : « Cil de Damas n'estoient si preus ne si aüsé d'armes comme la nostre gent, mès il n'avoient pas meneur (= moindre) corage de grever les Turs (de Panéas) que li nostre avoient, et sovent estoient-il plus tost à l'assaut et plus longuement i demoroient »[294].

Devant la résistance des assiégés, Francs et Damasquins comprirent la nécessité de construire une tourelle, « un chastel de fust » dominant la ville ; les bois de Panéas ne fournissant pas de madriers suffisants, Unur en envoya chercher à Damas. Les assiégeants purent alors dresser « un chastel si haut que l'en en poïst veoir par toute la cité et trère (= tirer) là où l'en voloit d'ars et d'arbalestes ». La place fut si énergiquement battue par la pluie de flèches et le bombardement des catapultes qu'à peine si les défenseurs osaient se hasarder sur la muraille. Ils ne tenaient plus que dans l'espérance d'être secourus par Zengî[295]. Mais l'atâbeg, n'osant braver la coalition franco-damasquine, restait prudemment dans l'expectative du côté de la Beqa'a.

Le courage des Francs, déjà accru par l'arrivée du prince d'Antioche et du comte de Tripoli, reçut un nouveau stimulant par celle d'un légat du Pape, Albéric ou Aubry de Beauvais, évêque d'Ostie ; le légat qui venait, comme on l'a vu, de régler un différend entre le patriarche et les chanoines d'Antioche, accourut devant Panéas, harangua l'armée franque et l'enflamma du désir de prendre la place. La ville, réduite à la dernière extrémité, semblait incapable de résister à un assaut général lorsque la prudente diplomatie de Muîn al-Dîn Unur décida les défenseurs à capituler.

Sans que Guillaume de Tyr le dise, on comprend que Mu'în al-Dîn Unur désirait éviter à la ville ennemie une prise d'assaut par les Francs. Certes, il restait fidèle à son pacte avec ceux-ci – l'événement allait le prouver –, mais une prise d'assaut avec le massacre qui s'ensuivrait risquait de tourner contre lui l'opinion musulmane. Être l'allié des Francs, passe encore, mais les aider à massacrer les populations musulmanes, le scandale serait trop grand. « Li conestables Ainarz de Damas, qui estoit sages et de grant porveance, dit *l'Estoire d'Éracles*, et bien vouloit tenir fermement l'aliance qu'il avoit à noz genz, aperçut bien la foiblesce de ceus de la ville, et leur envoya messages privéement qui les admonesta de faire pais (= paix), et leur manda que il estoit de leur loi, ne ne voudroit mie leur mort ; mès s'il estoient pris par force, il ne les porroit pas garantir. Por ce leur looit (= conseillait) à bonne foi que il se rendissent, car certeine chose estoit qu'il ne se pooient plus tenir ». La garnison, malgré les dernières feintes, ne demandait pas mieux que d'accepter, mais l'émir qui la commandait exigea de Mu'în al-Dîn Unur la promesse d'une compensation personnelle.

Mu'în al-Dîn Unur arrangea encore l'affaire. « Por ce li promist Ainarz qui mout désirroit que la citez revenist ès mains des Crestiens, que il li asserroit bonne rente ès jardins et ès bainz de Damas, à tenir toute sa vie, si qu'il en porroit vivre richement. Cil qui s'en istroient de la ville seroient conduit sauvement à (= avec) toutes leur choses ; li autre qui demorer vodroient, retendroient (= conserveraient) leur teneures à reisnables cens qu'il rendroient chascun an. Ces covenances furent acordées entr'eus mout celéement (= secrètement) ». Mu'în al-Dîn Unur fit alors connaître aux Francs la capitulation qu'il venait d'obtenir de la garnison de Panéas, et ceux-ci eurent la sagesse d'y adhérer. « Lors vint Ainarz au Roi et aus autres barons privéement et leur dist la chose si come il l'avoit atornée (arrangée). Cil le loèrent mout de sa léauté et du bon conseil qu'il i avoit mis. Débonnèrement s'i acordèrent et furent les covenances acomplies. Li Tur s'en issirent o (= avec) leur femmes et leur enfanz, et toutes leur choses emportèrent : li nostre receurent la cité » (mi-juin 1140)[296]. Ainsi redevenue franque, Panéas fut rendue à son ancien seigneur, Rénier Brus ou Rénier Brun[297], et l'archidiacre de Saint-Jean d'Acre, Adam fut nommé évêque de la ville.

Construction de la forteresse de Safed.

À Panéas correspondait plus au sud le château de Saphet ou Safed. Cette forteresse, élevée soit dès 1102, soit par le roi Foulque vers 1140, au sommet d'une montagne de 838 mètres, circonscrite par deux ravins, commandait toute la Haute-Galilée[298]. De là, l'œil du guetteur franc plongeait à l'ouest jusqu'aux croupes du Carmel, à l'est, jusqu'à la chaîne du Jaulân et du Haurân dominée par le mont Qulaib. Ce fut la position maîtresse des Francs entre Saint-Jean d'Acre et le Jourdain, face au gué du Jisr Banât Ya'qûb, sur la grande route d'Acre à Damas. Nous verrons, après le désastre de Hattîn, Safed résister longtemps à tous les efforts de Saladin, et, plus tard, après 1240, la forteresse, reconstruite par les Templiers, rester un des derniers bastions de l'occupation franque.

Il suffit du reste de jeter un coup d'œil sur une carte pour rendre hommage à la sagacité des chefs francs. Par Panéas et Safed, la frontière orientale de la Galilée était couverte depuis le lac de Tibériade jusqu'au massif de l'Hermon.

Resserrement de l'alliance franco-damasquine.
Visites de l'émir Usâma et du régent Mu'în al-Dîn Unur
à la cour du roi Foulque.

Nous devons souligner pour l'histoire générale des rapports franco-musulmans l'importance de l'alliance franco-damasquine, telle que le siège de Panéas nous la montre en pleine activité. Grâce à la haute sagesse du roi Foulque et du régent de Damas Mu'în al-Dîn Unur, non seulement les Francs avaient sauvé l'indépendance de l'État de Damas, menacé par l'atâbeg d'Alep-Mossoul, mais en toute loyauté les Damasquins avaient aidé les Francs à recouvrer l'importante place frontière de Panéas ; cette restitution délicate, Mu'în al-Dîn Unur l'avait amenée avec un sens politique parfait, ménageant aux défenseurs une capitulation honorable, tandis qu'une prise d'assaut par les Francs n'eût pas manqué de révolter le sentiment islamique et de compromettre ainsi la nouvelle alliance franco-damasquine. À cet égard les deux vieux capitaines qui gouvernaient l'un Jérusalem, l'autre Damas, Foulque d'Anjou et Mu'în al-Dîn Unur, étaient bien faits pour se comprendre : tous deux esprits politiques, prudents et fermes, mûris l'un et l'autre par l'expérience des milieux les plus divers, ils avaient le même objectif, la défense du *statu quo syrien* sur la base d'un respect mutuel entre la société franque et la société arabo-turque.

Les *Mémoires* d'Usâma ibn Munqidh nous montrent que le pacte d'amitié franco-damasquine survécut à la campagne commune de 1140. Le cas échéant, le roi Foulque savait le faire respecter par ses vassaux. Le sire de Panéas, Rénier Brus, remis en possession de sa ville grâce à Mu'în al-Dîn Unur, se permit de séquestrer certains troupeaux de brebis, appartenant à des propriétaires damasquins et qui pâturaient dans la forêt de Panéas. Usâma, qui résidait alors à Damas, auprès de son ami Unur, se chargea d'aller faire des représentations au roi Foulque : « Je dis au roi Foulque : Ce seigneur a fait acte d'hostilité contre nous en s'emparant de nos troupeaux. C'était l'époque où les brebis mettent bas : leurs petits sont morts en naissant. Il nous les a rendues après avoir causé la perte de leur progéniture. – Le roi fit aussitôt venir six ou sept chevaliers : Allez siéger pour lui faire justice ! Ils sortirent de la salle, se retirèrent et délibérèrent jusqu'à ce qu'ils fussent tombés d'accord. Ils rentrèrent alors dans la salle où le roi tenait son audience et dirent : Nous avons décidé que le seigneur de Bâniyâs a l'obligation de leur rembourser ce qu'il leur a fait perdre par la mort de leurs agneaux. – Le roi lui ordonna d'acquitter cette dette. Il me sollicita, me fit un rapport et m'implora jusqu'à ce que j'acceptai de lui comme payement quatre cents dînârs »[299].

Les relations, comme le remarque Derenbourg[300], devenaient « de plus en plus courtoises, de plus en plus amicales » entre les Musulmans de l'État de Damas et les chrétiens du royaume de Jérusalem. Mu'în al-Dîn Unur, accompagné de son ami Usâma – c'est ce dernier qui en porte témoignage –, rendit même visite au roi Foulque à Saint-Jean d'Acre[301]. Au cours de cette visite, rapporte Usâma, ils admirèrent, en connaisseurs qu'ils étaient, « un grand faucon, à treize plumes sur la queue, qu'un Génois avait dressé pour la chasse aux grues : Foulque leur en fit aussitôt présent. »[302]. L'amitié confiante qui s'établit entre chevaliers francs et émirs damasquins nous est attestée par Usâma lui-même. « Il y avait, nous dit-il, dans l'armée du roi Foulque, un chevalier franc respectable qui était venu de leurs contrées pour accomplir le pèlerinage et s'en retourner ensuite. Il fit ma connaissance et s'attacha à moi au point qu'il m'appelait : Mon frère. Lorsqu'il se disposa à repasser la mer, il me dit : Ô mon frère, je m'en retourne chez moi, et je voudrais avec ta permission emmener ton fils pour le conduire dans nos régions. Il y verra nos chevaliers et apprendra la science de la chevalerie ». Usâma, peu désireux de se séparer pour si longtemps de son fils, éluda courtoisement la demande en invoquant le chagrin qu'un tel départ ne manquerait pas de causer à la grand'mère du jeune homme. « Ta mère vit donc encore ? me dit le chevalier franc. – Oui, répondis-je. Il me dit : Ne la contrarie pas »[303].

À Jérusalem, Usâma se lia d'amitié avec les Templiers. « Lorsque je visitai Jérusalem, écrit-il lui-même, j'entrai dans la mosquée al-Aqsâ, qui était occupée par les Templiers, mes amis. À côté se trouvait une petite mosquée que les Francs avaient convertie en église. Les Templiers m'assignèrent cette petite mosquée pour y faire mes prières. Un jour, j'y entrai, je glorifiai Allâh. J'étais plongé dans ma prière lorsqu'un des Francs bondit sur moi, me saisit et retourna ma face vers l'Orient, en disant : Voici comment l'on prie ! Une troupe de Templiers se précipita sur lui, se saisit de sa personne et l'expulsa. Puis ils s'excusèrent auprès de moi et me dirent : C'est un étranger qui est arrivé ces derniers jours du pays des Francs (= d'Europe) ; il n'a jamais vu prier personne qui ne soit tourné vers l'Orient »[304]. Scène vécue qui montre chez les

142 L'ÉQUILIBRE

Francs la persistante opposition entre l'esprit croisé, tout bouillonnant d'ardeurs inopportunes, et l'esprit colonial pour lequel la fréquentation quotidiennne du milieu indigène avait ménagé les voies à une réciproque tolérance. C'est ce que constate explicitement Usâma lui-même : « Il n'est pas un des Francs fraîchement débarqués qui ne se montre plus inhumain que leurs compatriotes déjà fixés parmi nous et déjà familiarisés avec les musulmans. »[305]. Et plus loin : « Parmi les Francs ceux qui se sont (depuis longtemps) établis au milieu de nous et qui ont fréquenté la société des musulmans sont bien supérieurs à ceux qui sont venus plus récemment les rejoindre »[306].

L'autobiographie de l'émir munqi*dh*ite nous apprend que Mu'în al-Dîn Unur, le vieux régent de Damas, accompagna son ami Usâma au cours d'un de ces voyages dans les États du roi Foulque et visita avec lui, non seulement, comme on l'a vu, Saint-Jean d'Acre, mais aussi Jérusalem, Naplouse, Sébaste, Caïffa et Tibériade[307]. À Jérusalem les Templiers firent à Mu'în al-Dîn Unur et à Usâma les honneurs d'une image de la Vierge avec l'Enfant Jesus qui ornait le *Templum Domini* ou Qubbat al *Sakhra*. À Naplouse le vicomte ou gouverneur de la ville, Ulric ou Orric[308], invita les deux émirs à s'arrêter pour apprécier sa manière de rendre la justice avec la coutume du combat singulier. De la même ville Usâma nous a rapporté un véritable fabliau dont le héros est un marchand de vin, mari quelque peu complaisant, fabliau dont notre auteur nous restitue fidèlement la lettre sans que, dans sa dignité d'Arabe, il semble bien apprécier la verve gauloise et le ton narquois qui font la saveur du récit : « Lorsque je venais à Naplouse, j'habitais la maison d'un nommé Mu'izz chez lequel descendaient les Musulmans. En face, de l'autre côté, habitait un Franc qui vendait du vin aux marchands. Un jour en entrant dans sa chambre, celui-ci trouva dans son lit un homme couché avec sa femme : Quel motif, dit-il, t'a fait entrer auprès de ma femme ? – J'étais fatigué, dit l'autre, je suis entré pour me reposer. – Mais comment, reprit le Franc, as-tu osé pénétrer dans mon lit ? – J'ai trouvé une couche unie comme un tapis et je m'y suis endormi. – Mais ma femme dormait à tes côtés ! – Le lit était à elle ; aurais-je pu la chasser de sa couche ? – Par la vérité de ma religion, répondit enfin le mari, je le jure, si tu recommences, nous viderons ensemble le différend ! »[309]

À Sébaste, Usâma et Mu'în al-Dîn Unur visitèrent le tombeau de saint Jean-Baptiste, dans la crypte funéraire audessus de laquelle les Francs venaient d'élever une église sur l'emplacement de l'ancienne basilique du quatrième siècle. « J'entrai, écrit Usâma, et je vis une église où je rencontrai dix vieillards à la tête rasée comme des flocons de coton cardé. Ils priaient, tournés vers l'Orient. Sur la poitrine de chacun d'eux se trouvait un bâton entre-croisé, à la partie supérieure, d'une traverse recourbée comme le devant d'une selle (c'est la croix capitulaire des chanoines de Saint-Jean de Sébaste). On reçoit chez eux l'hospitalité. Je fus là témoin d'un spectacle qui émut mon cœur, mais attristé et peiné de n'avoir jamais vu chez les Musulmans zèle pareil au leur »[310]. À Caïffa un Franc présenta à Usâma une panthère qu'il avait apprivoisée pour la chasse[311]. À Tibériade, où ils assistèrent à une fête, avec des joutes de lances, Usâma et Mu'în al-Dîn Unur reçurent un accueil particulièrement aimable du « prince de Galilée », le vieux connétable Guillaume de Bures[312]. « Guillaume de Bures, note Derenbourg, se fait une fête de les accompagner depuis Acre jusqu'à Tibériade. On cause en route comme de vieux amis. Une anecdote sur la mort d'un chevalier franc et sur l'intervention singulière d'un moine chrétien provoque de la part d'Usâma une citation du vieux poète antéislamique Zohair »[313].

L'attestation d'Usâma est singulièrement précieuse, car elle nous fait voir que du terrain politique et militaire, l'amitié franco-damasquine passait dans le domaine du sentiment. Le bénéfice d'un tel rapprochement était aussi considérable pour les Francs que pour les Damasquins : Il était clair, en effet que, tant que Damas resterait au pouvoir de sa dynastie bouride, dynastie d'origine turque sans doute, comme le régent Mu'în al-Dîn Unur lui-même, mais comme lui complètement nationalisée, les Francs conserveraient, en Palestine tout au moins, la sécurité du *statu quo*. En effet, tandis que la Syrie musulmane restait divisée – État de Damas contre État d'Alep-Mossoul –, les Francs bénéficiaient, eux, des avantages de l'institution monarchique. C'est l'honneur du roi Foulque d'avoir compris toute l'importance d'une telle

144 L'ÉQUILIBRE

politique et légué à ses successeurs le principe de cette alliance damasquine dont, après sa mort, la deuxième Croisade devait si malheureusement les détourner.

Tandis qu'au nord le prince d'Antioche Raymond de Poitiers et le comte d'Édesse Jocelin II n'avaient su tirer aucun profit de l'alliance byzantine, rompue par leur faute pendant le lamentable siège de Shaîzar pour faire place à un redoublement de l'animosité gréco-latine, au midi le vieux roi angevin terminait son règne en faisant triompher, par la conclusion et l'affermissement de l'alliance damasquine, une politique musulmane pleine de sagesse. Raymond de Poitiers, à Antioche, adhéra d'ailleurs, lui aussi, à l'alliance damasquine, de sorte que Zengî se trouva réduit à l'impuissance.

Tout ce que put faire le terrible atâbeg, ce fut, lorsque, après la prise de Panéas, les Francs et les Damasquins se furent séparés, de venir exercer de vaines représailles sur le territoire de Damas (juin 1140). Il lança de nouveau ses troupes dans le Marj de Damas, la Ghûta et le Haurân et fit mettre les campagnes à feu et à sang. Lui-même, avec sa garde, exécuta de nuit un raid jusqu'à Damas, et, le 22 juin, au lever du jour, les Damasquins eurent la stupéfaction de l'apercevoir au pied de leurs murailles. Frappés d'épouvante, ils coururent au rempart, pendant que les troupes sortaient pour engager l'action. Mais l'escorte de Zengî était trop peu nombreuse pour rien tenter de sérieux. Après quelques escarmouches, il rappela ses fourrageurs qui battaient la campagne, et regagna Alep[314].

Les mois suivants ne virent que des opérations secondaires, simples razzias épisodiques et enlèvements de caravanes, avant le rétablissement des trêves. Des bandes de Turcomans viennent ravager le territoire d'Antioche. Les Francs d'Antioche envoient un ambassadeur se plaindre à Zengî ; cet ambassadeur est massacré au retour par les Turcomans ; alors les Francs dirigent une expédition de représailles sur le territoire d'Alep et enlèvent nombre de Turcomans et d'Arabes[315]. En 536 (8 août 1141-26 juillet 1142), les Francs d'Antioche conduisirent une nouvelle expédition dans la région d'Outre-Oronte. « Ils tombèrent, nous dit Kemâl al-Dîn sur la ville de Sermîn (au sud-est d'Idlib) où ils détruisirent et pillèrent ; ils se dirigèrent ensuite vers le Jebel Summâq (ou district du Jazr, au nord de Ma'arrat al-Nu'mân, jusque vers Athâreb)[316]. Ils agirent de même à l'égard de Kafartâb (place située plus au sud, entre Ma'arrat al-Nu'mân et Shaîzar). Ensuite ils se dispersèrent.[317] »

Il résulte de ces renseignements que les Francs d'Antioche firent en 1141 une tentative pour récupérer les places récemment perdues d'Outre-Oronte, mais que leur action dut se borner à une vaste razzia sans qu'ils aient pu recouvrer les forteresses. Du reste, comme représailles à ce raid, le général alépin Alam al-Dîn, fils de Sawâr, organisa avec les Turcomans un rezzou jusqu'aux portes d'Antioche et revint chargé de butin et de blé. Vers janvier 1142 un autre lieutenant de Zengî, Laja le Turc, fit encore une incursion sur le territoire d'Antioche, enleva des troupeaux et massacra, dit-on, sept cents hommes[318]. En avril 1142 une armée zengide commandée par Sawâr, gouverneur d'Alep, exécuta une nouvelle incursion en territoire d'Antioche. L'armée d'Antioche attendait l'ennemi auprès du Pont de Fer (Jisr al-Hadîd) pour garder la route d'Antioche. Mais Sawâr, évitant le pont, passa l'Oronte à gué, tomba sur les Francs, surprit leur camp et rentra à Alep avec un convoi considérable de prisonniers, de bétail et de céréales[319]. Au printemps de 1143 ce fut au tour du prince d'Antioche, Raymond de Poitiers, de prendre l'offensive. Au témoignage de Kemâl al-Dîn, il poussa jusqu'à Bizâ'a (au nord-est d'Alep). Sawâr, à la tête de l'armée alépine, le força à se retirer et le poursuivit jusque « vers les contrées du nord », c'est-à-dire vraisemblablement vers la région de Turbessel, dans le comté d'Édesse. Il semble que l'intervention du comte d'Édesse Jocelin II ait fait cesser la lutte. Jocelin eut une entrevue avec Sawâr, entre le campement des deux armées, et une trêve fut conclue[320].

Conclusion sur les années 1137-1140 :
l'alliance franco-byzantine, puis l'alliance franco-damasquine
font échec à Zengî.

En somme à cette date les progrès de l'État zengide sembleraient arrêtés. L'alliance franco-byzantine d'abord (1137), l'alliance franco-damasquine ensuite (1140) avaient eu pour résultat de stabiliser la situation. Si la formation de l'État

146   L'ÉQUILIBRE

zengide enlevait aux Francs tout espoir de conquérir la Syrie intérieure, si elle avait même eu pour résultat immédiat de faire perdre à la principauté d'Antioche la meilleure partie de ses terres d'Outre-Oronte, les Francs étaient pour longtemps encore inexpugnables à l'ouest de l'Oronte, du Jebel Nosairî, du Liban et du Jourdain.

Pour en finir avec les questions indigènes, rappelons qu'en 1140-1141 la secte des Ismâ'iliens s'empara de l'importante forteresse de Ma*syâf* ou Ma*syâth*[321] dans le Jebel Nosairî, au sud-ouest de Shaîzar, entre *H*amâ et Tortose. Cette forteresse dépendait, on l'a vu, de l'émirat munqi*dh*ite de Shaîzar. Le mameluk qui y commandait pour les Munqi*dh*ites se laissa jouer par les Ismâ'iliens qui lui inspirèrent une fausse confiance, s'introduisirent auprès de lui, le tuèrent et mirent solidement la main sur le nid d'aigles[322].

§ 7. — LA FIN DU RÈGNE. RETOUR DE L'EMPEREUR JEAN COMNÈNE AUX MARCHES DE SYRIE. L'ULTIMATUM BYZANTIN DE 1142 POUR LA REMISE D'ANTIOCHE AU BASILEUS.

Le sauvetage, grâce à l'intervention franque, de l'indépendance damasquine et l'incertitude qui planait chez les Musulmans sur les intentions de l'empereur Jean Comnène avaient amené, en dépit de quelques razzias et escarmouches, plusieurs mois de *statu quo* en Syrie. Tout restait en suspens, en attendant de savoir sous quelle forme se manifesterait à nouveau la politique byzantine : reprise de la croisade franco-grecque contre Zengî ou rupture entre les Grecs et les Francs ?

De fait en 1142 Jean Comnène revint en Syrie, par la voie de la Cilicie, avec une puissante armée. Instruit par l'expérience de 1138 le *basileus* était, cette fois, résolu, préalablement à toute croisade, à annexer Antioche à l'Empire. D'après le récit de *K*innamos, il semble bien qu'il ait songé à confier le duché d'Antioche à son fils, Manuel[323]. Cependant, au témoignage de Guillaume de Tyr[324], Raymond de Poitiers et sans doute Jocelin II d'Édesse avaient été les premiers à solliciter une nouvelle intervention de la cour de Constantinople contre Zengî. Quoi qu'il en soit, lorsque Jean, débouchant à marches forcées de Cilicie par la trouée de l'Amanos vers Yarpût entre l'Alma dagh et le Ghiaour dagh, pénétra dans la principauté d'Édesse et vint planter son camp devant la forteresse de Turbessel, Jocelin prit peur, d'autant que le *basileus* lui faisait réclamer des otages. « Cil fu si esbahiz et si espoentez de ce que l'Empereres iert einsi entrez en sa terre, à tout si grant pooir avec lui, que il ne li osa refuser ce qu'il demandoit. Si li envoia en ostage une seue fille qui avoit non Isabiau. »[325].

On comprend assez facilement que Jean Comnène ait commencé sa seconde campagne de Syrie par un ultimatum au comte d'Édesse : Jocelin II, en 1138, avait, plus que tout autre, fait échouer d'abord la Croisade byzantine contre Shaîzar, puis la tentative de Jean Comnène pour s'emparer d'Antioche. Le *basileus* entendait cette fois, préalablement à toute autre démarche, réduire le comte à l'impuissance. La livraison de la jeune Isabelle de Courtenay comme otage assurait les Impériaux de l'attitude de son père.

Après avoir ainsi prévenu l'intervention du comte d'Édesse, Jean Comnène se dirigea vers la principauté d'Antioche. Sa marche vers Antioche fut conduite avec la même rapidité, car il s'agissait de surprendre Raymond de Poitiers comme on avait surpris Jocelin II. « Si hastivement chevauchoient que à peines porent cil du païs oïr noveles de sa venue qu'il ne fu jà venuz. »[326]. Il semble que, de Turbessel (Tell Bâsher), il ait suivi la route de Killiz ou de Cyrrhus à Darbsak et Jisr Murâdpasha, pour aboutir à Baghrâs et redescendre de là sur Antioche. Son itinéraire, en tout cas, passait devant la forteresse de Baghrâs, le château de Gastoun ou Gaston des chroniqueurs[327]. Il arriva devant le château le 25 septembre 1142[328], et, de là, somma Raymond de Poitiers d'avoir à lui remettre la ville et le donjon d'Antioche, ainsi que toutes les autres forteresses « por recevoir soi et sa gent et son trésor, car il mouvroit la guerre plus covenablement d'iluec (= de là) aus citez qu'il avoit promis à conquerre (sur les Musulmans), et bien estoit apareilliez de porsuivre au prince toutes les convenances qu'il li avoit fetes, et, par desus, fere granz bontez et donner riches dons. »[329].

C'était en somme toujours l'échange envisagé en 1137 que la Cour de Constantinople entendait réaliser. Les Francs céderaient à l'Empire byzantin la principauté d'Antioche et l'empereur les aiderait, par compensation, à conquérir sur Zengî Alep et les villes du moyen Oronte, Hamâ, Homs et Shaîzar. Et il était évident que cette cession ne serait pas seulement politique, mais ethnique. En effet l'exemple de la Cilicie était éloquent : dans cette province chaque étape de la reconquête byzantine avait été marquée par un progrès de l'église grecque sur l'église arménienne. En Syrie une substitution analogue se préparait et Jean Comnène cherchait déjà à utiliser l'animosité des clergés jacobite et grégorien contre le patriarcat latin[330].

Le sentiment latin contre la menace de grécisation.
Rejet de l'ultimatum byzantin par les notables d'Antioche.

Pour Raymond de Poitiers l'ultimatum était d'autant plus tragique que ce prince inconsistant avait lui-même, lorsque Zengî le menaçait, provoqué la venue des Impériaux. « Fu li princes Raimonz mout angoisseus, car il li avoit maintes foiz envoiez ses messages et ses letres, par quoi il le semonoit et requeroit com son seigueur, qu'il venist en la terre pour acomplir ses promesses, et il estoit prez de lui tenir les seues. » Les engagements pris plaçaient donc l'ultimatum byzantin sur un terrain diplomatique inattaquable. Et au point de vue militaire, les forces byzantines constituaient un argument presque irrésistible. Raymond, dont la légèreté avait provoqué cette situation, demanda conseil non seulement à ses barons et à son clergé, mais aussi, semble-t-il, aux bourgeois d'Antioche[331]. Après mûre délibération, les notables ainsi consultés estimèrent que la remise d'Antioche aux Byzantins amènerait sous peu la réoccupation turque : après avoir pris possession d'Antioche, l'empereur, satisfait de cet accroissement, négligerait la croisade pour rentrer à Constantinople, et la principauté, confiée alors à quelque vague garnison byzantine et traitée en annexe secondaire, retomberait bientôt sous le joug turc. « Ne leur sembla mie seure chose de baillier la cité si fort et si bien garnie en la main (de) l'Empereur, car il en avendroit que li Empereres s'en iroit en Grèce et leroit por garder Antioche ses Grezois qui estoient moles genz et mauveses à armes ; por ce li Tur la conqueroient sur

RÈGNE DE FOULQUE D'ANJOU

eus si com il avoient fet autrefoiz ; si en seroit domages trop granz à la Crestienté. »[332].

Après cet argument de défense chrétienne les barons d'Antioche soulevèrent la question de droit : Raymond de Poitiers qui ne gouvernait Antioche qu'à titre de prince consort, comme époux élu de la princesse Constance, seule héritière de la dynastie normande, n'avait pas le droit de disposer personnellement du pays. En conséquence une délégation de notables présidée par l'évêque de Gibel (Jabala), fut envoyée auprès de l'empereur pour lui signifier que les engagements pris par Raymond étaient sans valeur juridique. Le discours que leur prête *l'Estoire d'Éracles* est bien curieux : « Sire, nos somes ci venu à vos parler, de par les preudomes de cest païs qui vos mandent et défendent de par monseigneur Seint Pere (= Saint Pierre) qui est leur sires et leur patron, de par le Patriarche, de par eus touz, que vos ne vegniez en Antioche ; car les convenances (conventions) que li princes a à vos de bailier la ville, ne furent mie consentis par eus, ne il ne s'i acordent encor mie. Et vos, qui estes si sages hom, savez bien que ce qu'il promist, ne vous put-il tenir par droit, car la dignité de la princée d'Antioche ne muet pas de lui, ainçois est héritages de sa femme ; por que il dient que cil ne puet mie fere autre seigneur en la terre sanz l'acort des Barons. Et se li Princes se vuet en ce tenir que il a comencié, bien vos mandent qu'il le giteront hors de la terre, lui et sa femme, comme ceus qui ont forfet, car il ont mis en vente l'enneur et homages des barons sanz parler à eus. Por ce il feront autre seigneur qui bien les maintendra contre Grieus (= Grecs) et contre Sarrazins. »[333].

Ce texte, un des plus importants de l'histoire de la Syrie franque, nous montre le développement pris par le sentiment latin dans ce pays. En vain les représentants de la dynastie d'Antioche avaient conclu avec la cour de Constantinople un pacte d'échange qui, loyalement exécuté de part et d'autre, eût peut-être achevé l'éviction de l'Islam. Clercs, barons et bourgeois refusaient de sanctionner un accord qui eût entraîné la délatinisation d'Antioche et sa rehellénisation. Le clergé latin refusait de rendre le pays à l'Église grecque, les barons français de remettre leurs fiefs aux fonctionnaires impériaux. Là-dessus l'accord était unanime. Se groupant autour du patriarcat latin, les colons francs étaient prêts à détrôner la dynastie normando-poitevine plutôt qu'à laisser se dénationaliser la région. L'évêque de Gibel (Jabala) qui, avec une délégation de nobles et de bourgeois, remit cette fin de non-recevoir au *basileus* n'hésita pas, pour contrebattre les prétentions de Byzance à la suzeraineté d'Antioche, à invoquer celle du pape et de l'empereur germanique. La Syrie franque, refusant, malgré les engagements de 1097, de se considérer comme une sorte de marche byzantine, s'affirmait comme une colonie latine, une dépendance du Saint-Siège et de l'Empire d'Occident.

Devant cette réponse qui équivalait à une rupture, le *basileus* fit dévaster la banlieue d'Antioche et piller les faubourgs ouverts. « Nombreux furent les moines et les ermites de la région (latins évidemment) qui eurent à souffrir des déprédations de l'armée byzantine ». Après quoi, la saison étant trop avancée pour commencer un siège, Jean Comnène alla prendre ses quartiers d'hiver dans la plaine de Cilicie, entre Anazarbe et Mamistra (Missis).

Après la question d'Antioche, Jean Comnène pose la question des droits impériaux byzantins sur Jérusalem.
Le projet de pèlerinage du basileus au Saint-Sépulcre.
Habile réponse du roi Foulque.

Durant ce repos forcé et en attendant la guerre contre Antioche, escomptée pour le printemps, la diplomatie byzantine, résolue à embrasser le problème syrien dans toute son ampleur, l'élargit jusqu'au royaume même de Jérusalem. Jusque-là dans l'énoncé des prétentions byzantines il n'avait été question que de la principauté d'Antioche, les revendications impériales sur Antioche reposant sur des traités précis, ceux de 1108 et de 1137, revêtus le premier du sceau de Bohémond Ier, le second de celui de Raymond de Poitiers. Du reste, comme il convient toujours de le rappeler, au moment de la Première Croisade, il y avait à peine quinze ans qu'Antioche avait cessé d'être byzantine, et les souvenirs de cette occupation étaient encore récents. Mais, si les droits byzantins sur Antioche pouvaient se réclamer de Nicéphore Phocas, ces mêmes droits sur Jérusalem, pour être plus

RÈGNE DE FOULQUE D'ANJOU 151

anciens n'en étaient-ils pas moins imprescriptibles ? De par les souvenirs de Constantin et de l'impératrice Hélène, de Justinien et d'Héraclius lui-même qui l'avait reprise aux Perses, la Ville Sainte relevait elle-même de la cour de Constantinople. Aussi Jean Comnène, désireux, avant d'agir militairement, d'affirmer juridiquement cette suzeraineté, annonça-t-il par une ambassade solennelle au roi Foulque, son intention de faire, à la tête de son armée, le pèlerinage de Jérusalem. « Il envoia de ses plus hauz homes en message au roi Fouques. Il li manda que grant talent (= désir) avoit d'aler en Jérusalem en pèlerinage, et por visiter les sainz leus où Nostre Sires Jhesucrist fu morz ; et bien avoit proposement, se la Crestienté vouloit, de fere guerre contre les ennemis (de) Dame Dieu ; qu'il leur aideroit à son pooir mout efforcieément. »[334]. Ici, comme à Antioche la reconnaissance de la suzeraineté impériale aurait donc comme conséquence l'entrée des Byzantins dans la Croisade.

Le vieux Foulque était trop fin politique pour ne pas comprendre immédiatement l'enjeu de la négociation. Avec beaucoup de modération, il avait jadis conseillé à Raymond de Poitiers de reconnaître la suzeraineté byzantine, car les droits impériaux sur Antioche, renouvelés par Nicéphore Phocas, Jean Tzimiscès et Basile II, étaient trop récents pour être contestés. Pour Jérusalem au contraire, il y avait véritablement, depuis la conquête musulmane de 638, prescription. Le roi de Jérusalem s'estimait prince souverain. Son attitude en ces circonstances montre sa fermeté en même temps que son adresse. Ses envoyés, Anselme, évêque de Bethléem, Geoffroi, abbé du *Templum Domini* – choisi pour sa connaissance du grec – et Rouard, châtelain de la citadelle de Jérusalem, allèrent porter sa réponse à Jean Comnène, en Cilicie ; réponse d'une courtoisie, d'une finesse et d'une ironie qui, dans l'adaptation de *l'Estoire d'Éracles*, annoncent déjà notre Joinville : « Sire, lui fait dire le traducteur de Guillaume de Tyr, li Rois vos salue comme son seigneur et son ami. Si vos mercie mout tant comme il puet du bon corage que vos avez et du pèlerinage fere et de grever les ennemis (de) Jesucrist. Et vos mande, sire, que mout a grant talent (= envie) de vos veoir et ennorer en son païs selonc son povre pooir ; mès il ne vos veut mie celer la vérité : la terre

152 *L'ÉQUILIBRE*

du roiaume est mout estroite, car li Turc ont leur forteresce mout près, tout entor. Il n'i a mie grant planté de viandes (= vivres) ; si doute (= redoute) moult li rois et si baron, se vos venez à (= avec) ceste grant planté de gent qui vos suivent, que vos n'aiez mie assez de ce que mestiers (= besoin) vos seroit, ainz (= mais que) vos i estuisse soufrir mésèses et soufrete (= disette) de viandes (vivres) à homes et à chevaus. Mès se vostre plaisir i estoit, sire, que vos i vousissiez amener sans plus dix mille chevauchéeurs, ce porroit bien la terre soufrir, et li Rois et ses barons vos vendroit à l'encontre mout ennoréement et mout noblement, et vos mèneroit par la cité et par vos pelerinages, car il vos désire mout à obéir comme au plus haut prince qui soit. »[335].

Ajoutons d'ailleurs que la réponse royale ne revêt cette jolie forme que dans l'adaptation en vieux français du texte de Guillaume de Tyr. L'original latin est beaucoup plus sec. Dépourvu de tout enjolivement, il se borne à alléguer que la situation économique de la Judée ne permettait pas d'entretenir la grande armée byzantine ; en conséquence de quoi, si le *basileus* éprouvait le besoin de venir faire ses dévotions à Jérusalem, son escorte ne devrait pas excéder dix mille hommes. À ces conditions Foulque et ses barons ne faisaient aucune difficulté pour reconnaître la suzeraineté théorique autant qu'universelle de l'héritier des Césars romains : « et tanquam domino et maximo principi orbis terrarum obedirent. »

La mort de Jean Comnène ajourne au profit des Francs
le règlement de comptes franco-byzantin. Nouveaux embarras
de Zengî du côté de la Perse.

Cette fin de non-recevoir à peine dissimulée achevait d'opposer les thèses juridiques franque et byzantine concernant la Syrie. L'occupation du pays par des conquérants latins abolissait-elle les droits de l'Empire d'Orient sur ces vieilles terres romaines ? Question juridique, mais aussi question de force. Jean Comnène, dissimulant son ressentiment, se contenta de répondre aux ambassadeurs latins qu'une aussi faible escorte ne convenait pas à la majesté impériale, « car il avoit coutume, quant il chevauchoit hors de son empire, que il couvroit toute la terre de (sa) gent » ;

et, toujours courtois, il les congédia amicalement en les comblant de cadeaux. Mais cette courtoisie cachait mal un amer ressentiment. Nul doute que l'ardent *basileus* ne méditât pour la fin du printemps une campagne générale contre la Syrie franque lorsque la mort le surprit dans ses cantonnements de Cilicie le 8 avril 1143. Blessé par une flèche empoisonnée au cours d'une chasse au sanglier près d'Anazarbe, Jean Comnène vit venir sa dernière heure avec la fermeté d'âme qu'il avait montrée durant toute sa vie. Ses derniers moments suscitèrent l'admiration des Francs, ses adversaires. En ce paladin toujours à cheval, si peu comparable aux Byzantins de la légende, les barons latins reconnaissaient un des leurs. L'éloge funèbre que lui consacre *l'Estoire d'Éracles* montre en quelle estime ils le tenaient. « En ceste manière morut l'empereur Jehanz, qui estoit mout puissanz et riches, larges, débonaires, bons jostisiers et piteus. Il fu de moien grant (= taille) ; noirs avoit les cheveus et la char, dont l'en le clamoit en son seurnon l'emperere Jehans li noirs ; lez estoit de visage, mès chevaliers estoit preuz et seurs et bien entechiez. »[336]

La mort du glorieux *basileus* délivrait l'Orient latin d'une menace redoutable. Il disparaissait à l'heure où, dissipant toute équivoque, il allait tenter de « réaliser » la vieille hypothèque byzantine dont était grevé le sol syrien. Grâce à cette mort opportune, la rentrée en scène des Byzantins dans les affaires syriennes se trouvait à cette date n'avoir eu, finalement, que des conséquences heureuses. Sans doute, par la faute des Francs – en l'espèce par la légèreté de Raymond de Poitiers et par la perfidie de Jocelin II –, la grande croisade franco-byzantine de 1138 avait échoué. Elle avait échoué du jour où, au lieu de surprendre Alep, on s'était amusé à prendre des bicoques. Mais, malgré cet échec à jamais regrettable, la seule intervention du grand *basileus*, la seule menace que sa présence aux Pyles ciliciennes faisait planer sur la Syrie musulmane avait suffi pour arrêter net la contre-croisade de Zengî. Que fût-il advenu, au lendemain du désastre de Montferrand, si l'atâbeg d'Alep n'avait pas été ramené à la défensive par la proximité des légions byzantines ? Même après l'échauffourée d'Antioche le sentiment de la solidarité chrétienne pouvait toujours reformer l'alliance gréco-latine. Pour qui suit dans le détail l'enchaînement des faits, il apparaît clairement que l'immobilité de Zengî durant les années 1141-1143 s'explique au nord par la crainte d'une nouvelle intervention grecque, en même temps qu'elle s'explique au sud par la conclusion de l'alliance franco-damasquine.

Une autre raison de cet arrêt dans les conquêtes de Zengî doit être cherchée dans les difficultés que l'atâbeg rencontrait de nouveau du côté de l'Orient. Simple lieutenant et mandataire des sultans seljûqides de Perse, le rassembleur de la terre syrienne se trouvait toujours à la merci de quelque intrigue de cour en 'Irâq. Or sur ces entrefaites le sultan Mas'ûd, mécontent des allures d'indépendance qu'affectait l'atâbeg et voyant avec inquiétude celui-ci se constituer un véritable royaume syro-mésopotamien autonome, réunit une armée à Baghdâd pour aller le déposséder[337]. De fait, la formation du nouvel État d'Alep-Mossoul, en même temps qu'elle constituait une menace grave pour les Francs, annonçait le définitif démembrement du sultanat seljûqide. Mas'ûd sentit vivement le péril[338]. Mais les épigones seljûqides, entourés d'intrigues, n'avaient plus l'énergie nécessaire pour résister au morcellement féodal. Zengî se hâta d'envoyer au sultan un tribut de vingt mille pièces d'or. L'effet de ce cadeau fut complété par une habile comédie orientale que nous raconte avec admiration Ibn al-A*th*îr. L'atâbeg avait envoyé un de ses fils comme otage au sultan. Il ordonna en secret au jeune homme de s'échapper et de gagner Mossoul ; mais, cet ordre une fois exécuté, une autre lettre, destinée, celle-là, à la plus grande publicité, le blâma vertement et lui enjoignit de rejoindre sur-le-champ, comme un esclave fidèle, le sultan, son protecteur et son maître, etc.[339] En réalité la puissance de l'État zengide était déjà si redoutable que le faible Seljûqide n'osait plus passer aux actes.

Le roi Foulque et la sécurité des frontières sud-ouest de la Judée. Construction des forteresses d'Ibelin, Blanche-Garde et Gibelin.

Ces alertes du côté de l'Orient et la solidité de l'alliance franco-damasquine avaient contraint Zengî à ajourner ses projets de contre-croisade. Le roi Foulque profita de cette accalmie pour assurer, par la construction d'une série de forteresses, la défense des frontières de la Judée, face à l'Égypte, comme, par la récupération de Panéas et la fortification de Safed, se trouvait assurée la défense de la Haute-Galilée, face à Damas.

La frontière sud-ouest de la Judée, on l'a vu à maintes reprises, était toujours inquiétée par la forteresse égyptienne d'Ascalon, citadelle avancée des Fâtimides en Palestine et qui, selon les termes de *l'Estoire d'Éracles*, était « comme une barre entre les deux terres »[340]. Entendez par là qu'Ascalon barrait aux Francs la route d'invasion du Delta. En revanche elle livrait passage aux rezzous égyptiens en marche vers la Judée. Tous les trois mois, la garnison égyptienne était renouvelée, ainsi que les approvisionnements. Naturellement chaque relève cherchait à signaler son arrivée par quelque razzia en terre franque. Pour mettre fin à ces courses, Foulque construisit tout un système de bastions couvrant le versant occidental du massif judéen.

La première forteresse élevée par Foulque fut celle d'Ibelin, sur l'emplacement actuel du bourg de Yebnâ, entre Ramla et Ashdod, vers le nord de la Philistie. La construction en fut décidée pour mettre un terme aux incursions de la garnison égyptienne d'Ascalon en direction de Ramla, Lydda et Jaffa. Cette garnison, sans cesse renouvelée par le gouvernement du Caire, gardait en effet du mordant, et en avril 1141 elle avait encore défait un corps de Francs dans une escarmouche[341].

Le site d'Ibelin-Yebnâ était particulièrement bien choisi. Il se trouvait sur la route d'Ascalon à Ramla-Lydda d'une part, d'Ascalon à Jaffa de l'autre (les deux pistes y bifurquent), près du passage du Wâdî al Sarâr devenu le Wâdî Qatra, et bientôt le Nahr Rûbîn, avec « grant abondance d'eue » ; il bénéficiait de matériaux de construction tout trouvés, les ruines romaines de l'ancienne Jamnia, avantage considérable, remarque *l'Estoire d'Éracles*, « car, si comme l'en dist, chastel abatuz est demi refez ». Le roi Foulque s'y transporta avec son armée pour protéger les maçons, « ilec assemblèrent tuit li baron et orent grant planté d'ouvriers ». « Premièrement gîtèrent les fondemenz, après firent quatre tors » : en quelques semaines la nouvelle forteresse fut debout, sans que la garnison égyptienne d'Ascalon, intimidée, ait osé intervenir[342].

156   *L'ÉQUILIBRE*

Ibelin fut donnée à un « haut home, sage et bien esprouvé de loiauté », Balian le Français, dit depuis Balian le Vieux, frère du vicomte de Chartres, Guilhen ou Guildiun[343] et qui était venu en Syrie avec dix chevaliers de ses vassaux.

Balian, investi du château d'Ibelin dont il prit le nom, « bien le garda tant comme il vesqui, et bien en guerroia vigueureusement les Turs (lisez les Égyptiens) ». Il y fit souche d'une illustre famille, la Maison d'Ibelin, destinée à jouer un rôle de premier plan dans l'histoire du royaume de Jérusalem, et même, au treizième siècle, à suppléer la royauté absente[344]. Mais il ne faut pas oublier qu'avant de jouer ce rôle qui devait un jour lui valoir entre autres avantages la seigneurie de Beyrouth, les Ibelin s'étaient longtemps signalés dans les fonctions méritoires de gardiens de Marche, sur la frontière sud-ouest du royaume dont ils surent interdire l'accès aux razzias fâtimides montées d'Ascalon.

La deuxième forteresse élevée par le monarque angevin fut celle de Blanche-Garde, située plus au nord, aux premiers contreforts occidentaux du massif judéen, à peu près à mi-chemin entre Bethléem et Ascalon[345]. Là, nous dit *l'Estoire d'Éracles*, « il a un tertre en la fin des montaignes qui descent aus plains, à huit milles près d'Escalonne, qui regarde vers les granz montaignes ; cil monz n'est mie hauz, mès au regard du plain est il assez haut tertres. » La butte était connue en arabe sous le nom de Tell al-Sâfiya, dont *l'Éracles* traduit très correctement le sens : « Telle Saphi en nostre langage vaut autant comme Mont Clers », nom que lui valait sans doute l'éclat de ses rochers crayeux[346]. Elle commandait le couloir du Wâdî al-San*t* ou Vallée des mimosas, et du Wâdî al-Da*h*r, l'ancienne Vallée des térébinthes par où les coureurs égyptiens sortis d'Ascalon pouvaient monter jusqu'à Bethléem. La construction, sur ce site, de l'importante forteresse de Blanche-Garde – en latin Alba Specula – ferma l'issue et en fit comme le bastion avancé des villes saintes. « Li sage home du roiaume, écrit *l'Estoire d'Éracles*, s'accordèrent qu'en fermast iluec un chastel, porce que il poroit tenir trop grant nuisement à la cité d'Escalonne. Quant li noviaus tens vint, touz li olz de Surie fu assemblez et s'en vindrent à ce leu ; de maçons et d'autres ouvriers amenèrent grant planté. Il gitèrent leur fondemenz, puis firent les forteresces ; quatre

RÈGNE DE FOULQUE D'ANJOU 157

tors i drécièrent, grosses et hautes dont (= d'où) l'en pooit voir pleinement jusque à la cité d'Escalonne. Cil chastiaus ot non la Blanche Garde. Li Rois bien le garni d'armes et de genz en qui il se fioit. Maintes foiz avint que cil d'Escalonne qui ne se pooient tenir de chevauchier par le païs, quant il s'en issoient por forfère, trovoient ces garnisons issues encontre eus ; maint bon poigniez (= combats) i ot ; touzjorz perdoient li Tur (= les Égyptiens), car il n'(i) avoit mie dedenz les forteresces se non toutes gens eslites »[347].

Grâce à la vigie assurée par Blanche-Garde, la Vallée des Mimosas commença à se repeupler. « Li gaaigneur (= les paysans) des terres se commencièrent à trere entor les chastiaus, por ce qu'il i estoient asseur (= en sécurité) ; bestes i amenèrent et firent leur charrues ; les gaaignages (= cultures) maintindrent, dont li païs amenda, car il i venoit mout grant planté de blé. Ne demora guères qu'i firent bones villes (= ici, fermes, "mas"), de quoi li seigneur des chastiaus orent bones rentes.[348] »

Guillaume de Tyr nous parle d'une troisième forteresse construite sous le règne de Foulque et qu'il appelle Bersabée. La seule Bersabée que nous connaissions aujourd'hui est la bourgade de Bîr al-Seba', localité située à trente-cinq kilomètres au sud-est de Gaza, sur la piste qui va de Gaza à la pointe sud-ouest de la mer Morte et à mi-chemin entre ces deux points. Se trouvant entre le Jebel Burêj et le Jebel al-Butêjir, à un carrefour de pistes (l'une de ces pistes monte vers Hébron, l'autre descend vers le désert de Tîh), Bersabée était, en raison de ses sept puits célèbres, un point d'eau important au milieu de ce plateau rocailleux aux collines désolées. Mais, bien qu'ancienne garnison byzantine, ce n'est pas de cette bourgade qu'il s'agit ici, c'est, comme l'indique ailleurs Guillaume de Tyr lui-même, de Beit Jibrîn.

C'est en effet à une douzaine de kilomètres au sud de Blanche-Garde, sur le site de l'ancienne Eleutheropolis, l'actuel Beit Jibrîn, appelé par les Francs Bethgibelin ou Gibelin, que le roi Foulque éleva vers 1134 la troisième citadelle, destinée à compléter ce système de défense[349]. Comme Blanche-Garde, Gibelin avait pour mission d'arrêter les rezzous montés d'Égypte. Comme Blanche-Garde commandait la route d'Ascalon à Jérusalem, Gibelin commandait la

158 L'ÉQUILIBRE

route de Gaza à Hébron, entre le massif de Judée et la Philistie. Le site appartenait aux Hospitaliers qui l'avaient reçu en don de Hugue de Saint-Abraham. En 1134 d'après les uns, en 1137 d'après d'autres, commença sur l'ordre du roi Foulque la construction de la forteresse. Le patriarche de Jérusalem Guillaume de Messines vint diriger les travaux avec les barons du Domaine Royal et un grand concours de peuple. « Forz murs i firent et hauz. Torneles grosses, près à près, fossés parfonz, barbacanes bonnes et un puis où il vint si grant planté d'eue que il li mist non (= nom) Abondance. »

La forteresse de Gibelin fut naturellement confiée par Foulque aux Hospitaliers (1137) : « Cil la reçurent volentiers, bien la garnirent et gardèrent, si que cil d'Escalonne n'osoient mès corre la terre si à bandon com il souloient[350]. »

La seigneurie d'Outre-Jourdain sous le règne de Foulque.
Payen le Bouteiller et la construction du Krak de Moab.

Enfin il y a lieu de signaler, sous le règne de Foulque d'Anjou, la construction en 1142, au pays de Moab, en Transjordanie, du second Krak ou Pierre du désert.

On se rappelle que la Terre d'Outre-Jourdain avait été constituée en fief par le roi Baudouin Ier qui, après y avoir fondé en 1115 le Krak de Montréal ou Krak d'Idumée, aujourd'hui Shaubak, l'avait, vers 1118, inféodée à Romain du Puy. Romain et son fils Raoul, ayant été inculpés de trahison, furent dépossédés par le roi et la Terre d'Outre-Jourdain donnée à Payen le Bouteiller (ainsi nommé pour sa fonction à la Cour)[351]. En 1142 Payen construisit, pour défendre son fief contre les razzias venues du nord-est et de l'est la nouvelle forteresse de la Pierre du desert – Petra Deserti – ou Krak de Moab, – en arabe al-Kerak – destinée à devenir beaucoup plus importante que le Krak de Montréal lui-même. « Cist ferma un chastel en la Marche de la Seconde Arabe (*Arabia Secunda*), cui (= auquel) il mist non Le Crach, qui mout estoit forz de siège et bien fermez de mur. Cele cité ot puis non la Pierre du Désert »[352].

Le Krak de Moab, dont la masse puissante dominait tout le pays de ce nom, à l'est de la rive sud-orientale de la Mer Morte, depuis la vallée du Seil al-Mûjib jusqu'à celle du Seil

RÈGNE DE FOULQUE D'ANJOU

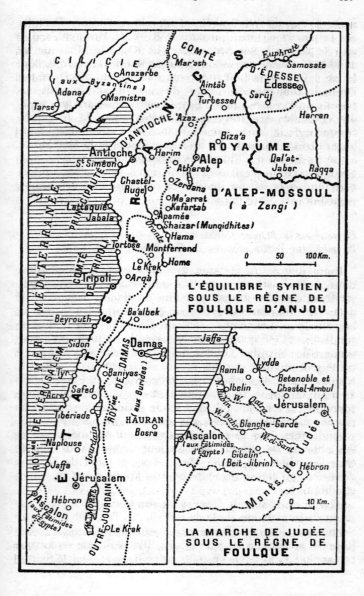

160   *L'ÉQUILIBRE*

al-Qurâ*h*î et du Wâdî al-*H*esâ, remplaça comme résidence des seigneurs d'Outre-Jourdain le Krak de Montréal, réduit au rôle de forteresse secondaire. Le Krak de Moab devint aussi la résidence de l'évêque latin de Rabba, l'ancien Rabbat Moab. L'importance du site, remarquablement discernée par Payen le Bouteiller, provenait de ce qu'il commandait aux pistes de caravanes allant d'Égypte en Syrie. Avant les croisades ces caravanes traversaient normalement la Judée. La conquête de la Judée par les Francs les avait obligées à un long et très pénible détour au sud et à l'est de la Mer Morte, à travers le sillon d'Idumée et le plateau de Moab. Et voici que la fondation du Krak de Moab après celle du Krak d'Idumée rendait ce détour inutile, les obligeait à passer sous le regard des créneaux francs.

Fondations de la reine Mélisende.
La princesse Yvette, abbesse de Béthanie.

Tandis que le roi Foulque, avec la sagesse de la cinquantaine, consolidait ainsi ses États, sa femme, la reine Mélisende, fondait des monastères. Plus de dix ans avaient passé depuis les bruyantes querelles de cour auxquelles le nom de la jeune femme et celui de son ami d'enfance, Hugue du Puiset, n'avaient été que trop mêlés. Avec la maturité, elle était venue à la dévotion. Guillaume de Tyr qui naguère avait à peine jeté un voile sur ses orages sentimentaux – c'était le temps où, pour avoir fait exiler le bel Hugue du Puiset, le roi Foulque craignait d'être à tout instant assassiné ou empoisonné par la vengeance de Mélisende –, Guillaume de Tyr, ou plutôt son traducteur[353] nous la présente maintenant comme « bone dame, sage, douce et piteuse », tout occupée à fonder des abbayes de concert avec sa jeune sœur Yvette, entrée chez les religieuses de Ste Marie. Tout ce récit de *l'Estoire d'Éracles*, qui clôt le règne du bon roi Foulque, est charmant et édifiant :

« La reine Mélissent… pensa en son cuer que bone chose seroit de fonder une abaïe de nonains en l'enneur de Nostre Seigneur et de Nostre Dame, por la sauveté de l'ame le (= du) Roi et la seue et de ses ancesseurs. Elle avoit une sereur que l'en apeloit Yvete : cele s'estoit rendue none en l'église Sainte-

Anne, la mère (de) Nostre Dame Sainte Marie. » Sans doute la pieuse Yvette, en son humilité, trouvait-elle tout naturel d'être confondue parmi les autres religieuses dans un simple couvent de la capitale. Mais la reine, par orgueil dynastique autant que par affection pour sa sœur, jugeait une telle situation indigne de cette dernière. Après avoir pris conseil, elle décida de construire pour sa sœur une nouvelle abbaye à Béthanie (al-'Azarîya), le village situé sur un contrefort sud-est du Mont des Oliviers et où se trouvait, d'après l'Évangile, la maison de Lazare. « Ce fu li chastiaus aus deus sereurs Marie et Marthe, là où Nostre Sires resuscita Saint Ladre, leur frère. Il est loing de Jhérusalem XV miles. Si com dit l'Évangile, Nostre Sires i aloit maintes foiz hebergier quant il avoit preeschié en Jhérusalem, porce que nus ne li donoit à mengier en la cité. » Le bénéfice, il est vrai, appartenait aux Chanoines du St Sépulcre, dont nous avons vu l'importance dans l'organisation ecclésiastique du royaume. Mais Mélisende les dédommagea en leur faisant donner la terre de Thecua (Khirbet Teqû 'a), à l'est de la route de Jérusalem à Hébron. Le bourg ouvert de Béthanie, cependant, était exposé aux razzias venues de Transjordanie. Mélisende y fit élever « une tor fort et haute où les bones femmes se poïssent recevoir, se mestier (besoin) fust ». « Après fist fere bele église, cloistre, chapitre, dortoir et autres oficines, teles comeles afièrent à genz de religion… Calices et croiz d'or et chandeliers et encensoirs d'argent, dras dé soie, chapes, chasubles et autres vestemenz riches i dona la bone dame largement… Rentes et teneures leur dona assez, tant qu'il n'ot en la terre plus riche meson de religion d'ornes ne de femmes, car entre les autres possessions qui furent donées en cele abaïe, la Roine leur dona leu qui est renomez et riches et délitables ès plains sur le flun Jordain, que l'en apele Jherico » (Jéricho en effet était alors une belle oasis couverte de champs de blé et de chanvre et célèbre par ses jardins de balsamiers et de jujubiers, au milieu d'une végétation subtropicale)[354].

À la tête du nouveau couvent, la reine plaça « une abesse vielle femme et religieuse qui bien savoit son ordre ». Comme on pouvait le prévoir « ne demora pas après ce, que la vielle abesse fu morte ». Sur quoi tout le couvent élut comme abbesse la princesse Yvette. « Dès lors ama encore plus la

Roine ce leu qu'ele ne soloit (avait coutume) ». Jusqu'à sa mort elle ne cessa de l'enrichir « et croistre de rentes et d'aornemenz », tant, dit *l'Estoire d'Éracles*, pour l'honneur de Notre-Seigneur que par amour pour sa sœur cadette[355].

La reine Mélisende, le roi Foulque et les chrétiens jacobites.

La pieuse influence de la reine Mélisende se fit également sentir en faveur de l'Église syriaque jacobite.

Les rapports entre chrétiens jacobites et conquérants francs avaient, au début, été assez incertains. À l'approche de la Première Croisade le clergé jacobite de Jérusalem s'était enfui en Égypte, moins sans doute par peur des nouveaux venus que par crainte des vengeances de la garnison fâtimide à la veille du siège. Le résultat fut que les Francs s'approprièrent nombre de propriétés jacobites devenues *res nullius*. Tel fut le cas des villages de 'Adesia et de Beit 'Arîf, dans la banlieue de Jérusalem, que s'adjugea un chevalier nommé Gauffier ou Gonnefar[356]. Quand la situation se stabilisa, le métropolite jacobite Cyrille revint d'Égypte à Jérusalem. Le patriarche Athanase VII[357] se rendit lui-même auprès de Baudouin Ier. Il paraît d'ailleurs avoir réussi auprès de ce prince, si nous en jugeons par le cas des terres de 'Adesia et de Beit 'Arîf qu'il fit restituer à la communauté jacobite. Il est vrai que, dans l'intervalle, vers 1103, Gauffier avait été fait prisonnier par les Fâtimides, ce qui simplifiait les choses.

L'affaire rebondit quand trente-trois ans plus tard Gauffier, que l'on croyait décédé, revint de captivité. Il réclama aussitôt son fief, à la grande joie, dit le texte syriaque, de la communauté grecque de Jérusalem, ravie de tous les ennuis des Jacobites. Ces derniers durent évacuer les deux villages (début de 1137). Mais c'est alors que s'exerça l'influence pacificatrice de la reine Mélisende. Le métropolite jacobite de Jérusalem, (Ignace) vint solliciter son intervention[358]. Il était originaire de Mélitène (Malatiya). Or c'était de ces régions, on s'en souvient, qu'était venue la princesse arménienne Morfia, mère de Mélisende ; aussi était-il très bien en cour auprès de la souveraine. Mélisende sut, une fois de plus, convaincre le roi et celui-ci imposa à Gauffier une transaction : les deux villages restèrent aux Jacobites, contre remise de 200 dinars au vieux chevalier (février 1138).

L'exemple est intéressant parce qu'il montre l'heureuse influence que pouvait exercer, pour la bonne entente des Latins avec les chrétiens orientaux, la princesse franco-arménienne qui régnait sur Jérusalem. Il nous apprend aussi que le roi Foulque poursuivait avec succès l'heureuse politique indigène des deux Baudouin, ses prédécesseurs.

Mort du roi Foulque.

Le royaume était en paix. Le roi Foulque goûtait les résultats de sa sage politique. La construction des forteresses du sud, depuis Ibelin et Blanche Garde jusqu'au Krak de Moab, avait mis la Judée à l'abri des incursions égyptiennes. L'alliance damasquine, la grande œuvre de Foulque, garantissait la Galilée contre toute attaque de Zengî. Par cette alliance Foulque avait fait définitivement échec à la reconquête musulmane de l'atâbeg et mis fin à la situation délicate où il se trouvait lors de la capitulation de Montferrand. Si dans la principauté d'Antioche Raymond de Poitiers n'avait pas déployé les mêmes qualités, s'il n'avait pas su tirer parti de la Croisade byzantine pour recouvrer les villes perdues d'Outre-Oronte, lui et Foulque avaient du moins manœuvré assez habilement pour éviter la délatinisation d'Antioche au profit des Byzantins, voire l'affirmation de la suzeraineté byzantine sur Jérusalem. Au point de vue territorial, si Foulque n'avait pu conserver Montferrand au comté de Tripoli, il avait récupéré Panéas. En somme, grâce au double jeu de l'alliance byzantine qu'il avait conseillée à Raymond de Poitiers et de l'alliance damasquine qu'il avait pratiquée pour lui-même, il avait neutralisé les entreprises de Zengî, arrêté dans sa marche la formation de cet empire syro-musulman unitaire, incompatible avec la sécurité et même avec la vie des colonies franques.

Le roi Foulque après les orages du début de son règne – l'intrigue de Hugue du Puiset et de la reine, la surprise de Montferrand – pouvait espérer cueillir longtemps encore les résultats de sa sagesse : la reine était venue à la dévotion et l'amitié du régent de Damas, Mu'în al-Dîn Unur, garantissait le roi contre toute nouvelle attaque turque. Foulque n'était pas

164 L'ÉQUILIBRE

vieux, quoi qu'on en ait dit, puisqu'il ne pouvait avoir plus de cinquante-quatre ans (1090-1144)[359], lorsque le plus déplorable accident lui enleva la vie (sans doute 10 novembre 1143)[360].

Voici le drame, d'après *l'Estoire d'Éracles*. On y voit le monarque quinquagénaire toujours aussi amoureux de son épouse créole, puisque c'est pour complaire à un caprice de Mélisende qu'il trouva la mort : « Li païs estoit sanz guerre. Li Rois et la Roine séjornoient en la cité d'Acre. Li tens s'aprochoit jà de l'iver, et estoit passée la seson que l'en apele automne. Un jor avint que la Roine se vout aler joer hors de la ville près d'iluec, en un mout beau leu où il a fontaines. Li Rois meismes, quant il sot que la Roine voloit aler là, dist qu'il iroit et fist venir ses chevaus. Si monta et sa compagnie avec lui de chevalier et de sergenz. Tuit ensemble chevauchoient li Rois et la Roine et leur genz ; vallet et enfant s'espandirent parmi ces chans, tant qu'il firent saillir un lièvre qui gisoit en un garet. Li Rois le vist, qui seoit sur un mout bon destrier et tost corant ; si prist un glaive por ocire le lièvre. Des esperon féri durement après por ataindre ; mès li chevaus mist le col entre les jambes et chéi ; li Rois fu iluec bléciez, et li chevaus vola par desus lui tout envers, si que li arçons derrières de la sele l'aconsut en la teste et l'écervela tout. Toute sa gent qui virent le Roi cheoir corurent cele part ; assez i ot qui descendi entor lui. Lor li levèrent en son séant, aidier li cuidant, mès ne valut riens, car la cervelle li sailloit par les narilles et par les oreilles. Lors comença li deus (= deuil) de touz, tel com il aferoit à si grant mesaventure ». Ici à propos de la reine Mélisende quelques lignes bien curieuses où le traducteur a cru comprendre que, si elle ne put pleurer, elle remplaça les larmes absentes par les cris… « Quant la Roine vint en la place où li cors gisoit, si se lessa cheoir sur lui et le besoit là où il estoit plus sanglans. Quant li chevalier la redreçoient, ce qu'ele pooit aconsivre (atteindre) de soi desrompoit tout aus ongles : son vis (= visage), ses cheveus, et sa robe. De fine destrèce qu'ele avoit au cuer ne pooit ele plorer ; mès li criz et les paroles qu'ele disoit estoient bien signe qu'ele avoit tres grant douleur[361]. Cil qui le virent tesmoignoient bien que riens ne pot onques fere greigneur duel (= plus grand deuil) et bien sot chascuns que du cuer li movoit ».

RÈGNE DE FOULQUE D'ANJOU

« Cele novele, poursuit le chroniqueur, vint tost dedenz la cité d'Acre, que li Rois estoit morz... Trestuit i acoroient, petit et grant. Lors fust bien piteuse chose à oïr le duel (= deuil) qu'il fesoient, et veoir cornent il acoroient tuit por esgarder cele merveille. Mainz en i ot qui chéirent tuit pasmé, home et femme. Dedenz la cité fu portez : assez i ot lermes espandues, cheveus desrompuz et paumes férues. Ensemble trois jorz le gardèrent, que il n'entendoit rien, mès n'estoit mie morz, car encore alenoit-il. Au tiers jorz, le soir, moru... ; le quart jor fu embasmez et enseveliz mout ennoreément, puis l'emportèrent en Jhérusalem. Toutes les processions du païs vindrent, li baron, li autre chevalier et les dames i acorurent et les menues genz. Trop (= beaucoup) menoient grant duel tuit ensemble. En l'église du Sépuchre fu portez, et l'enterra Guillaume, li patriarches de Jhérusalem, à destre, lez la porte, desouz calvaire, entre les autres rois qui avoient esté devant lui »[362].

Le bilan territorial de la domination franque à la mort du roi Foulque.

La fin de l'année 1143 qui clôt le règne de Foulque termine aussi la première phase de l'histoire des colonies franques. Quel était à cette date le bilan territorial de la Croisade ?

Le royaume de Jérusalem – réserve faite pour Ascalon qui ne sera conquis par les Francs qu'en 1153 – avait atteint dès la fin du règne de Baudouin II son extension maxima. Les premières années du règne de Foulque avaient été marquées par un recul : la perte de Panéas ou Bâniyâs de l'Hermon, à lui enlevé par les Damasquins en 1132. Mais la précieuse alliance du régent de Damas Mu'in al-Dîn Unur avait permis à Foulque de recouvrer cette importante place avec la forteresse, attenante, de Subaiba (juin 1140). Par là la frontière franque était reportée à l'Hermon, expansion d'autant plus remarquable que, de l'autre côté de cette frontière, l'État de Damas, sous le gouvernement d'Unur, était pour le roi de Jérusalem un ami et un allié. Par ailleurs le silence même d'Ibn al-Qalânisî nous fait penser que la question du Sawâd ou Terre de Suète, à l'est du lac de Tibériade, était définitivement réglée sur la base des anciens accords entre

Baudouin Ier et l'atâbeg *Tughtekîn* : un tiers des récoltes aux Francs, un tiers aux Turcs de Damas, un tiers aux paysans arabes du pays, sujets des Francs, ce que Ibn al-Qâlanisî répète un peu plus loin sous une autre forme : la moitié des récoltes du Sawâd au roi de Jérusalem. Le même partage de la terre et de ses revenus valait depuis la même époque pour le Jebel 'Awuf, l'actuel 'Ajlûn (Qalânisi, 92, 113). Enfin la construction du fameux Krak de Moab (Kérak), la nouvelle résidence des seigneurs de Montréal, élevé en 1142 par Payen le Bouteiller, achevait de consolider la domination franque en Transjordanie ou, pour parler le pur français de l'époque, dans la Terre d'Outre-Jourdain.

La situation était loin d'être aussi brillante dans le comté de Tripoli. La fin du règne du comte Pons (1113?-1137), malgré la vaillance militaire de ce prince, et les débuts de son fils Raymond II (1137-1152) avaient été marqués par un sérieux échec. Non seulement le comté provençal n'avait pu s'emparer de *Homs* dont, au temps de Guillaume Jourdain, il espérait faire sa seconde capitale, mais il avait échoué au sud-est du côté de la Beqâ', comme au nord-est du côté de Rafaniya et de Ba'rîn[363].

L'occupation de la fertile plaine de la Beqâ' n'avait sans doute jamais été méthodiquement organisée par les Francs. Toutefois Ibn al-Qalânisî, entre juillet 1109 et juillet 1110, nous signale que, comme les Francs de Tripoli (c'est-à-dire ici les gens du comte Bertrand) menaçaient Rafaniya, l'atâbeg de Damas *Tughtekîn*, pour obtenir leur retraite, leur avait accordé le tiers des récoltes de la Beqâ'[364]. La promesse, du reste, ne dut pas être tenue, car vers la fin de l'été de 1110 on voit le roi Baudouin Ier venir en personne ravager la Beqâ'. Mais aussitôt (août-septembre 1110), *Tughtekîn* achète sa retraite et la restitution des biens pillés en partageant de nouveau les récoltes et revenus de la Beqâ' : un tiers aux Francs, deux tiers aux Turcs de Damas et aux paysans arabes locaux (Qalânisî, 106). En réalité c'était surtout le comté de Tripoli qui, de Jebail et de Mneitri, visait Ba'albek et la Beqâ'. En 510 H. (mai 1116-mai 1117) le comte Pons était en train de piller une fois de plus la fertile plaine, lorsque l'atâbeg *Tughtekîn*, qu'accompagnait l'atâbeg de Mossoul Bursuqî, alors présent à Damas, résolut de se venger, et, par une marche forcée de jour et de nuit, réussit à le surprendre. Comme on l'a vu (tome I, page 368), Qalânisî transforme ce choc de deux rezzous en une des plus grandes victoires de l'Islam. Il veut que Pons, « qui s'enfuit presque seul avec son connétable », ait perdu 3 000 hommes, soit Francs, soit Syriens chrétiens (Qalânisi, 154). Le chiffre, en raison des faibles effectifs du temps, paraît invraisemblable. Il n'en est pas moins vrai que cette mésaventure mit fin aux tentatives du comte en direction de Ba'albek. D'autre part, du côté nord-est, au versant oriental du Jebel Nosairi, le règne de Raymond II, fils et successeur de Pons, avait, on vient de le voir, débuté par une perte fort sensible, puisque, malgré l'aide du roi Foulque. Raymond avait du abandonner à l'atâbeg Zengî l'importante place de Montferrand ou Ba'rîn (1137). Or la perte de Ba'rîn enlevait au comté de Tripoli tout espoir de jamais mettre la main sur Hamâ. Le découragement de Raymond II fut tel qu'en 1142 il abandonna aux Hospitaliers la forteresse du Krak par laquelle son père, qui l'avait obtenue naguère de l'amitié de Tancrède, avait longtemps espéré se saisir de Homs. En résumé, tandis que le royaume de Jérusalem, sous le règne de Foulque, avait solidement maintenu outre-Jourdain sa frontière orientale, le comté de Tripoli, sous Pons et Raymond II, avait été à peu près rejeté à l'ouest de la cordillère libanaise.

Enfin et surtout la principauté d'Antioche avait en 1135 perdu, avec Athâreb et Zerdâna, deux de ses principales places d'Outre-Oronte. La croisade byzantine de Jean Comnène n'ayant réussi à les lui rendre que tout à fait temporairement (1138), l'heure approchait où le prince d'Antioche allait se trouver, lui aussi, rejeté à l'ouest de l'Oronte. De même toute la partie du comté d'Édesse située à l'est de l'Euphrate avait été si cruellement ravagée par les Turcs que la population arménienne et syriaque avait dû évacuer le pays ouvert et que les forteresses, comme Édesse et Sarûj, ne subsistaient que comme des îlots au milieu d'une marée ennemie. L'atâbeg Zengî n'attendait qu'un affaiblissement de la politique franque pour rejeter le comté d'Édesse à l'ouest de l'Euphrate[365].

Cette occasion, la mort du vigilant roi Foulque et la régence de l'incapable Mélisende allaient la lui fournir.

CHAPITRE II (1ʳᵉ PARTIE)

RÉGENCE DE MÉLISENDE. CHUTE D'ÉDESSE ET DEUXIÈME CROISADE.

§ 1ᵉʳ. — LE PREMIER SUCCÈS DE LA CONTRE-CROISADE. DESTRUCTION, PAR LES TURCS, DU COMTÉ D'ÉDESSE.

Baudouin III roi à treize ans. Son baptême militaire : expédition au Wâdî Mûsâ.

Le roi Foulque laissait de Mélisende deux jeunes enfants : Baudouin, âgé de treize ans, Amaury, âgé de sept ans, sans parler des enfants de son premier mariage avec Aremburge du Maine, dont Sibylle, comtesse de Flandre[1]. Selon la loi, désormais admise sans difficulté, de l'hérédité monarchique, l'aîné, Baudouin – Baudouin III – fut proclamé roi sous la régence de sa mère Mélisende. Guillaume de Tyr nous le décrit à cette époque comme un adolescent bien doué, bientôt mûri par le sentiment de son rôle, de ses responsabilités et par le spectacle de la terrible guerre quotidienne qu'était la vie des États Croisés.

L'année même de la mort de son père, il eut d'ailleurs l'occasion, malgré ses treize ans, de faire figure de roi en accompagnant l'armée dans une expédition en Idumée[2]. Des bandes de Turcs venaient, avec la complicité des Bédouins du Wâdî Mûsâ, de s'emparer du Château de Val Moyse (al-Wu'aira sur la hauteur au nord de 'Aîn Mûsâ), situé près de l'ancienne Petra[3]. Ils avaient massacré les défenseurs, s'étaient installés dans la forteresse et coupaient de là la route de Montréal (Shaubak) au golfe de 'Aqaba sur la mer Rouge. L'armée de Jérusalem partit reprendre la place. « Li

RÉGENCE DE MÉLISENDE

rois meismes i ala, qui mout estoit juenes et tendres. » Mais à l'approche des Francs, les Bédouins du Wâdî Mûsâ s'enfermèrent avec les Turcs dans la forteresse du Val Moyse dont les murailles, ainsi garnies, semblaient défier tout assaut. En vain dressa-t-on des machines ; archers, arbalétriers et mangonneaux s'évertuaient sans succès. Renonçant à forcer la place, les Francs eurent recours à une méthode plus efficace. Ils firent mine de couper les quelques plantations de figuiers et d'oliviers du wâdî (les Bédouins du Wâdî Mûsâ ont encore aujourd'hui d'assez jolis jardins) : « C'estoit toute la richesse du païs, ne li gaaigneur (= cultivateurs) ne vivoient guères d'autre chose que de leur fruiz qu'il vendoient mout chiers ». Devant la menace de cette destruction qui les vouait à la famine et à l'émigration, les Bédouins demandèrent grâce. Un accord intervint. Les Turcs nouveaux venus évacuèrent la place et quittèrent le pays. Les Bédouins eux-mêmes obtinrent l'*amân* pour leur défection et rentrèrent dans la vassalité franque. Le château du Val Moyse reçut une nouvelle et plus solide garnison franque, et l'armée retourna joyeuse à Jérusalem. « Lié (= joyeux) furent tuit cil de la terre, por ce que li Rois avoit eue si bone estreine que sa première emprise estoit bien achevée. »

Régence de la reine-mère Mélisende.
Son éloge officiel par Guillaume de Tyr. Réserves à faire.

Durant la minorité du jeune roi, le pouvoir était exercé, comme on l'a dit, par sa mère, Mélisende. Le temps était bien passé pour celle-ci de ses orages de jeunesse. C'était maintenant « la bonne dame », « merveilleusement sage et de mure conduite » qui mérita la sympathie du saint patriarche Foucher d'Angoulême[4]. « Haut cuer avoit et vigueureus, qui bien osait emprendre granz afères et bien maintenir. Tandis com ses filz fu si jeunes, ele gouverna le roiaume si bien et si sagement que onques riens n'i ot perdu, ne n'i avint defaut de droiture. Les orgueilleus barons qui, par leur granz hautèces et par leur granz pooirs, vouloient défouler leurs voisins, ceus metoit-ele si à droiture que plus la doutoient (= redoutaient) à correcier que les menues genz ne fesoient »[5]. « Plus redoutée des barons que du menu peuple », magnifique éloge

170 *L'ÉQUILIBRE*

qui prouve que l'institution monarchique, sous cette reine virile, ne tomba pas en quenouille. *L'Estoire d'Éracles* ajoute que, tant qu'elle fut régente, les affaires furent « vigueureusement menées » ; mais par la suite, nous dit-il, les barons, voyant qu'à ce régime ils ne pouvaient « faire leurs volontés », circonvinrent privément le jeune roi, lui faisant honte d'obéir, « comme un petit enfant », aux décisions d'une femme. À en croire notre chroniqueur, l'État franc devait perdre beaucoup, le jour où le jeune Baudouin III, écoutant ces conseils, mettrait fin à la régence de sa mère pour gouverner lui-même[6].

Nous aurons l'occasion de réviser ce jugement. S'il faut savoir gré à la régente Mélisende d'avoir, dans l'administration du domaine royal, maintenu l'autorité monarchique sur les barons, maintenu même l'intégrité du domaine royal de Jérusalem, son action dans le reste de la Syrie franque fut nécessairement beaucoup plus effacée, et Baudouin III, le jour où il prit en mains le pouvoir effectif, ne devait pas avoir trop de toute son énergie pour réparer ce qui pouvait l'être des désastres accumulés durant la régence de sa mère : la perte du comté d'Édesse, la rupture, éminemment regrettable, de l'alliance damasquine, la non-utilisation, pour des fins pratiques, de la Deuxième Croisade[7].

Causes de la perte d'Édesse : la rupture franco-byzantine.

Si, en Palestine, la prudence de la régente Mélisende et le maintien de l'alliance damasquine assuraient la sécurité du royaume de Jérusalem, il en allait tout autrement dans la Syrie du nord. Là, la légèreté du prince d'Antioche Raymond de Poitiers et le manque de cœur du comte d'Édesse Jocelin II faisaient la partie belle aux Turcs[8]. Or, c'était précisément de ce côté que le péril se révélait particulièrement redoutable. Tandis que les rois de Jérusalem, couverts au nord-est par l'amitié du régent de Damas, Mu'în al-Dîn Unur, ne voyaient au sud-ouest, dans la personne des Fâṭimides d'Égypte, que des ennemis fatigués, les gens d'Édesse et d'Antioche trouvaient en face d'eux le Turc Zengî, atâbeg de Mossoul et d'Alep, plus décidé que jamais à faire aboutir sa contre-croisade.

RÉGENCE DE MÉLISENDE

Cette contre-croisade que Zengî avait inaugurée en 1135 par la prise de Athâreb, Zerdanâ, Ma'arrat al-Nu'mân et Kafartâb, il ne l'avait interrompue que devant la menace byzantine. C'était l'intervention inattendue de Jean Comnène qui avait empêché l'*atâbeg* de recueillir les bénéfices de la prise de Montferrand. Or depuis 1143 la grande alliance franco-byzantine avait fait place à une hostilité avérée.

Au lendemain de la mort de Jean Comnène, Raymond de Poitiers, prince d'Antioche, était venu ravager les possessions byzantines de Cilicie. L'empereur Manuel Comnène, fils et successeur de Jean, envoya alors contre la principauté d'Antioche une armée, commandée par Prosouch, général d'origine turque, et par les frères Kontostéphanos et appuyée par une flotte que commandait Demetrios Branas. Cette expédition chassa les Francs de la Cilicie, puis vint attaquer la principauté d'Antioche et ne se retira qu'après avoir infligé une défaite à Raymond. D'après le récit de Kinnamos, accepté par Chalandon, « les Grecs poussèrent jusqu'à Antioche, non pour assiéger la ville, mais pour dévaster et piller le pays. À leur départ Raymond les suivit de loin, espérant sans doute les surprendre, mais ce fut le contraire qui arriva. Comme, avec quelques cavaliers, le prince d'Antioche s'était approché du camp byzantin, les chefs de l'armée, avertis de sa présence par quelques-uns de leurs fourrageurs, le firent attaquer à l'aube ; Raymond dut se replier précipitamment sur le gros de ses forces, mais celles-ci, surprises par les Grecs, s'enfuirent vers Antioche où elles s'enfermèrent ; leur chef réussit pendant la nuit à rentrer dans sa capitale. À la suite de ce succès l'armée grecque rentra en Cilicie. »[9].

« De son côté. Branas ne demeurait pas inactif et faisait ravager par ses marins le littoral de la principauté. Toutes les barques tirées sur le sable furent brûlées et un grand nombre d'habitants emmenés en captivité. On s'empara même d'un receveur des impôts et de sa recette. La nouvelle du débarquement des Grecs fut bien vite portée à la connaissance de Raymond qui accourut, mais il était trop tard quand il arriva et déjà la flotte byzantine avait gagné la haute mer. Retenus pendant dix jours par un vent contraire, les Grecs débar-

172   *L'ÉQUILIBRE*

quèrent à l'improviste, battirent l'ennemi et s'emparèrent de deux châteaux, puis, s'étant ravitaillés, ils firent voile pour Chypre »[10].

Tel est du moins le récit du Byzantin Kinnamos. Comme il est seul à parler de ces événements, il est permis de ne pas prendre au pied de la lettre ce qu'il nous dit des défaites sur terre et sur mer infligées par les Byzantins à Raymond de Poitiers. Mais le sens général du récit doit être exact. Il n'est pas douteux que l'imprudente incursion de Raymond de Poitiers en Cilicie avait provoqué des représailles byzantines.

Causes de la perte d'Édesse : la brouille
de Raymond de Poitiers et de Jocelin II.

Attaqués par leurs anciens alliés byzantins, les Francs n'étaient même pas unis entre eux. Les deux barons de la Syrie septentrionale, Raymond de Poitiers, prince d'Antioche, et Jocelin II, comte d'Édesse, longtemps séparés par une sourde rivalité, en étaient arrivés à la rupture ouverte. Bien loin de se porter mutuellement secours, ils se haïssaient tellement, dit *l'Estoire d'Éracles*, que chacun ne pouvait que se réjouir des malheurs de l'autre : « Entre le prince d'Antioche et le conte de Rohès, avoient duré mout longuement repostes anemitiez ; mès ore estoient si descouvertes que li uns n'aidast l'autre de nule rien, ainz avoit chascuns d'eus grant joie quant li autres avoit quelque meschéance »[11]. Seul un suzerain respecté, un Baudouin II, un Foulque, eût pu obliger les deux grands vassaux du nord à se réconcilier devant l'ennemi. Mais les institutions monarchiques qui avaient si longtemps assuré le salut de la Syrie franque étaient, du fait de la mort de Foulque et de la minorité de Baudouin III, comme en sommeil. Le lien fédérateur que constituait entre les barons la royauté hiérosolymitaine se trouvait pour cinq ans distendu, car ce n'était pas la régente Mélisende avec ses intrigues et son tempérament de demi-levantine qui pouvait, quoi qu'en pense Guillaume de Tyr, maintenir la tradition royale. Non seulement la royauté, tombée pour quelques années en quenouille, était incapable, de réconcilier entre eux les grands vassaux, mais, en cas d'invasion turque sur le territoire d'Édesse ou d'Antioche, il n'y avait plus à compter sur l'intervention, si souvent salvatrice, du roi de Jérusalem. Tous les malheurs qui vont suivre jusqu'à la majorité de Baudouin III proviendront de cette seule cause : l'absence momentanée de la royauté.

Ce fut le moment que choisit Zengî pour attaquer. Comme le fait remarquer Guillaume de Tyr, le redoutable atâbeg était parfaitement au courant de la politique franque. Au lendemain de Montferrand il n'avait pas hésité à laisser libre le roi Foulque parce qu'il redoutait une coalition franco-byzantine. Et depuis, jusqu'à la mort de Foulque, il s'était, somme toute, tenu sur la défensive. Mais maintenant que la royauté hiérosolymitaine était en sommeil et que la rupture franco-byzantine s'avérait totale, il pouvait reprendre le cours de ses conquêtes. Ce qui l'y encourageait le plus, c'était la querelle entre Raymond de Poitiers et Jocelin II. Pas de roi à Jérusalem, le prince d'Antioche brouillé à mort avec le comte d'Édesse : l'atâbeg pouvait impunément attaquer cette dernière ville, bien assuré que nul ne viendrait la défendre. *L'Estoire d'Éracles* le dit formellement : « Sanguins qui trop estoit esveilliez de mal fère, se fu bien aperceuz de ce ; plus seurement en commença s'emprise »[12].

Ce fut contre Édesse, disons-nous, que Zengî décida de diriger son attaque. Décision fort judicieuse. Des quatre États francs, celui d'Édesse, aventuré en pleine Jazîra, aux marches du Kurdistan, était le plus « en l'air ». Cette baronnie d'avant-garde, en partie séparée par l'Euphrate du reste des possessions latines, se trouvait, dès sa fondation, encerclée sur trois côtés par les Turcs. De ce fait, d'ailleurs, c'était celle dont la présence était la plus insupportable aux Turcs : un coin enfoncé dans la chair de l'Islam. D'Édesse en effet les Francs pouvaient contrôler les caravanes entre Mossoul et Alep, entre Baghdâd et l'Anatolie seljûqide. « Les ravages commis par les Francs, écrit Ibn al-*Ath*îr, s'étendaient sur toutes les campagnes de la Jazîra et leurs étincelles y voltigeaient de toutes parts. Leurs dévastations se faisaient sentir sur la partie éloignée de la Jazîra comme sur la partie proche, jusque vers Amida (Diyârbekir), Nisîbîn, Râs al-'Aîn[13] et Raqqa »[14]. Gêne d'autant plus sensible maintenant que Mossoul et Alep obéissaient au même Zengî et que celui-ci venait en outre d'enlever de nombreux cantons aux Ortoqides du Diyârbékir.

Causes de la perte d'Édesse. Jocelin II, le baron levantin ;
ses sympathies indigènes ; délatinisation de sa politique.
Édesse abandonnée à l'élément arménien.

Or, nous l'avons vu, le comté d'Édesse était passé à des mains incapables. Jocelin Ier de Courtenay, le paladin légendaire, terreur de l'Islam, avait eu pour successeur son fils Jocelin II qui avait remplacé la valeur par l'esprit d'intrigue et dont tous les actes, depuis son avènement, s'étaient révélés néfastes pour la chrétienté : n'était-ce pas aux perfides conseils qu'il avait prodigués à Raymond de Poitiers qu'était dû l'échec de la croisade franco-byzantine devant Shaîzar ? « Joscelins, nous dit *l'Estoire d'Éracles*, ne sembloit mie (= pas) à son père, ainçois (= mais) estoit fous et mauvais, ne metoit s'entancion forz en buveries et en luxure »[15]. Fils, comme on l'a vu, du vieux Jocelin et d'une Arménienne, ce baron créole n'était digne ni de son ascendance arménienne ni de son origine franque. *L'Éracles* remarque qu'il préférait la société des chrétiens levantins, arméniens, syriaques, à celle des Francs : « A ceus (Caldeus et Ermin) avoit li cuens Joscelins trop grant accointance,... [car la compagnie des Latins n'amoit-il pas, porce qu'il sentoit bien que sa contenance ne leur plesoit mie] »[16]. Mais s'il se sentait dépaysé parmi la chevalerie franque, il ne se mêlait guère des questions arméniennes et syriaques que pour des motifs rien moins que désintéressés.

C'est ainsi qu'on le voit se complaire aux affaires des communautés indigènes et, notamment intervenir avec indiscrétion dans les nominations de l'église jacobite. Le prélat qui venait de monter sur le siège patriarcal jacobite, Josué bar-Qaṭreh devenu Athanase VIII (décembre 1138-juillet 1166) n'était pas mal disposé envers les Francs. Ce fut en tout cas sous son pontificat que le métropolite jacobite de Jérusalem Ignace assista en avril 1140 au synode latin de cette ville[17], assemblée où un certain rapprochement paraît avoir été opéré sur le terrain dogmatique entre l'Église jacobite syriaque et l'Église romaine[18]. Malgré ces heureuses tendances, Jocelin II se montra dur pour les Jacobites. Sous prétexte de pèlerinage, il pilla leur trésor patriarcal au couvent de Mar Bar Çauma. Prenant parti dans leurs querelles ecclésiastiques, il refusa de reconnaître l'élection d'Athanase VIII et, de sa propre autorité, désigna comme évêque d'Édesse un prélat jacobite de ses amis, Basile bar Shumana. Athanase VIII dut, pour se concilier le comte, accepter cette nomination. Athanase se rendit alors de Malatya et de Mar Bar Çauma à Édesse où Jocelin II fit enfin la paix avec lui[19].

À l'heure où Zengi préparait l'attaque d'Édesse, Jocelin II avait déserté la ville, *L'Éracles* nous dit que, redoutant la proximité de l'ennemi, il préférait résider à Turbessel (Tell Bâsher), place située plus à l'abri, sur la rive occidentale de l'Euphrate[20]. Le lieu était agréable, et le comte y oubliait dans les plaisirs les périls de sa capitale. « Rohès (Édesse)... siet outre le flun d'Eufrate, bien loing une jornée. Cist cuens Jocelins avoit lessié l'estage (la résidence) de la cité porce qu'il i avoit trop à fere, ne il n'amoit mie les plez ne les novelles qui sovent i venoient de ses anemis qui i avoient grevée sa terre. Por ce eschiver, i en estoit alez au chastel de Turbessel, qui siet près du flun d'Eufrate, en un leu mout délitable. Là ne trovoit-il qui guères de noise li feist, qu'il estoit bien loing de ses anemis, et il entendoit plus à soi aaisier en délices que à prendre garde de sa bonne cité. »

Du moins Jocelin II, même absent, eût-il dû maintenir à Édesse une forte garnison franque et des approvisionnements pour un long siège, comme l'avaient constamment fait Baudouin Ier, Baudouin du Bourg et Jocelin Ier. « Li autre conte qui devant lui furent, li dui Baudoin et le vieuz Jocelins tenoient touzjorz leur mestre estage (résidence) dedenz cele cité ; granz garnisons i metoient de viandes (= ravitaillement) et d'armes, les chevaliers fesoient venir des chastiaus por demorer ilec et leur donoient sovent de granz dons ; por ce ne dotoit (= redoutait) riens la ville lors, ainçois jostisoit (dominait) tout le païs ». Jocelin II, au contraire, après avoir déserté le séjour d'Édesse, abandonnait la garde de la ville à la population chrétienne indigène, Arméniens, Syriens Jacobites ou Nestoriens, population commerçante d'une valeur militaire assez médiocre. « Dedenz Rohès, nous dit *l'Éracles*, estoient remés (demeurés) Caldeu (Chaldéens) et Ermin (Arméniens), genz qui ne savoient rien d'armes, ne n'estoient mie accostumé de guerres ; de marcheandises s'entremetoient sanz plus. A ceus avoit li cuens Jocelins trop grant

176 · L'ÉQUILIBRE

accointance, et li gardoient sa ville[21] ». À défaut de chevaliers, la garnison franque très réduite qui restait à Édesse avec les Arméniens et les Syriens ne se composait que de soudoyers que Jocelin II payait fort mal : lors de la catastrophe de 1144, il leur devait leur solde depuis un an, si bien que leur moral était déplorable. « Tant pou com il avoit de sodoiers en la ville, fesoit-il trop mauvesement paier : tele eure estoit qu'il delaioit la paie plus d'un an. Por ce ne povoit trover qui estre i vousist, se... non (= sinon) mauvèses genz, qui n'i avoient mestier.[22] »

D'après Michel le Syrien, Zengî trouva un prétexte pour attaquer Jocelin II dans le fait que celui-ci s'était allié contre lui à l'émir ortoqide Qarâ Arslân, prince du Diyârbékir[23]. « Jocelin, nous dit le chroniqueur syriaque, ne comprit pas combien il était dangereux pour lui de se mêler de ces luttes entre Turcs. » Zengî commença par les Ortoqides auxquels il enleva un certain nombre de châteaux du Diyârbékir. Il enleva ensuite aux Francs d'Édesse leurs châteaux-frontières du voisinage, notamment Tell Mawzen qui, d'après Rey, serait l'actuel Wirân-Shéhir, dans le bassin de l'Arslân-Tshai, entre Édesse et Mârdîn[24], et les bastions avancés du Shabakhtân[25].

Siège d'Édesse par Zengî.

En réalité cette campagne de Zengî au Diyârbékir, dirigée principalement contre les Ortoqides, avait pour but de détourner d'Édesse l'attention de Jocelin II. « Zengî, écrit Ibn-al-Athîr, savait qu'à la première nouvelle de sa marche, les guerriers francs accourraient vers Édesse pour en prendre la défense et qu'il lui deviendrait impossible d'y entrer, tant l'assiette en était forte. Il fit donc semblant d'avoir des intérêts à régler dans le Diyârbékir. En effet, quand les Francs virent que la guerre allait se rallumer entre lui et les Ortoqides ou autres princes du Diyârbékir, ils furent sans inquiétude et Jocelin, quittant Édesse, passa l'Euphrate pour s'établir dans ses possessions à l'ouest du fleuve. Les espions de Zengî (des gens de Harrân, spécifie Michel le Syrien) se hâtèrent de lui porter la nouvelle. Aussitôt, il fit donner à ses troupes le signal de se mettre en marche, avec ordre à chacun de se trouver le lendemain matin sous les murs d'Édesse. En même temps, il rassembla ses émirs auprès de lui, puis, faisant apporter les mets, il dit : « Celui-là seul mangera avec moi à cette table, qui est décidé à frapper demain avec moi de sa lance à la porte d'Édesse »[26].

Le siège d'Édesse par l'atâbeg Zengî « avec des milliers et des myriades de soldats » commença le 28 novembre 1144. Zengî, nous dit Michel le Syrien, établit son camp près de la Porte des Heures, c'est-à-dire au sud-ouest de la ville, à côté de l'Église des Confesseurs. Au début il semble qu'il ait escompté une défaillance chez l'élément syriaque et arménien d'Édesse en raison de la jalousie des chrétientés indigènes envers la domination latine. Mais contrairement à son attente, l'évêque syrien Basilius Bar Shumana, autant que l'évêque arménien Ananias, resta loyalement du côté des Francs.

En l'absence de Jocelin II, le premier rôle dans la défense incomba à l'archevêque latin, Hugue II. Aux sommations de Zengî, l'invitant à capituler, Hugue répondit par un refus énergique. Il comptait nous dit Michel le Syrien, sur les demandes de secours qu'il avait envoyées d'urgence non seulement à Jocelin II, dans Turbessel, mais aussi au prince d'Antioche et à la régente de Jérusalem. « Ils attendaient du secours, l'œil fixé sur toutes les routes », écrit Nersès Shnorhali dans son *Élégie sur la prise d'Édesse*[27]. Dans cet espoir toutes les confessions chrétiennes, les Arméniens surtout, paraissent s'être loyalement groupées autour de l'archevêque Hugue pour une résistance désespérée.

La place forte d'Édesse passait pour imprenable. Mais, d'une part, on l'a vu, Jocelin II avait négligé de l'approvisionner et Zengî, accroissant son armée de tous les Turcomans de la Jazîra et du Diyârbékir appelés par lui en renfort, établit autour de la ville un blocus rigoureux qui réduisit promptement les défenseurs à la famine. En même temps il fit battre les murailles par une formidable artillerie de balistes et de mangonneaux. *L'Éracles* nous montre le bombardement et la famine démoralisant vite cette population peu guerrière d'Arméniens et de Syriens jacobites ou nestoriens et rendant inutile la puissance de l'enceinte : « Ne demora guères que il orent granz soufretes de viandes, car n'i avoit eu point de porvéance de garnir la cité encontre siège. Voirs est qu'ele estoit forz et bien fermée de hauz murs espès et i avoit un chief de chastel (= un donjon) où cil de la ville se poïssent bien garantir, se il i eust genz de que l'en poïst garnir ces forteresces. Mès, puis que il n'i avoit qui les defendist, ce n'estoit mie avantages, ainçois estoit la ville plus faible par les tors que l'en ne gardoit mie. Sanguins avoit bien apris tout le covine (situation) ; bien avoit espérance de prendre la cité por la soufrete (le manque) des défendeeurs. Il fist drecier perrières et mangoniaus qui gitoient dedenz grosses pierres et sovent, dont la mole gent de la ville s'esmaioient (s'épouvantaient) trop. Archier et arbalestier ne finoient de trère (tirer) à ceus qui paroient sur les murs, mainz en blecièrent, car il ne se garantissoient mie bien[28]. »

C'est là le son de cloche latin : la population arménienne et syrienne à qui Jocelin II avait eu l'imprudence de confier la garde d'Édesse se défendait honorablement sans doute, mais sans esprit militaire, sans connaissance du métier et, de ce fait, avec des pertes excessives qui ajoutaient à sa démoralisation. Chez les chroniqueurs syriaques et arméniens l'interprétation est naturellement quelque peu différente. « Le 1er de Kanun, écrit Michel le Syrien, Zengî ordonna de commencer l'attaque de toutes les manières. Sept balistes lançaient des pierres et ses troupes faisaient pleuvoir des traits comme des gouttes de pluie. Les gens de la ville, vieillards et jeunes gens, hommes et femmes, et les moines des monastères de la Montagne d'Édesse se tenaient sur le mur et combattaient. Quand Zengî vit que ce malheureux peuple luttait héroïquement, il ordonna de creuser la terre sous le mur... »[29]

Nersès Shnorhali parlant au nom de l'élément arménien nous le montre, de son côté, faisant vaillamment son devoir « Ayant dressé leurs machines, ils (les Turcs) lançaient des pierres, brisaient, fracassaient et causaient les plus grands dommages, mais malgré ces efforts ils ne purent triompher des braves qui défendaient les murs jusqu'à ce qu'un autre moyen d'attaque fût venu à l'esprit de ce fourbe, fécond en stratagèmes...[30]. »

De fait si la population arménienne et syrienne avait une valeur militaire moindre que les Francs, elle tint jusqu'au bout, dans l'espérance que ceux-ci enverraient des secours Malheureusement les chefs francs commirent d'impardonna-

RÉGENCE DE MÉLISENDE

bles fautes, l'archevêque latin Hugue tout le premier. La fortune de ce prélat lui aurait permis, en payant à la garnison son arriéré de solde, en ouvrant largement son trésor à la population, de galvaniser la défense. Par avarice il refusa de rien donner malgré les supplications de ses conseillers. C'est *l'Estoire d'Éracles* elle-même qui l'en accuse : « L'en l'avoit tenu à sage et de bone vie, mès à la fin fu mout blasmez, car au comencement de ce siège, quant li citéien virent que li cuens (Jocelin II) ne metroit en eus garder autre conseil, il vindrent à l'Arcevesque qui mout estoit riches et grant trésor avoit et li requisrent doucement que il meist conseil en la ville et donast aus sodoiers de son avoir qui li aidassent à défendre, car encontre tel besoing ne devoit il rien avoir chier ; il respondi que il ne s'en entremetroit ja (= jamais). Si semble qu'il encoreust là la maudiçon (de) monseigneur Saint Père qui dist : Tes avoirs soit avec toi eu perdicion[31]. » L'avarice du prélat devait causer sa mort et la perte de la ville.

Une faute non moins grave fut commise par les princes francs. De Turbessel, Jocelin II, se repentant trop tard de ses folies, suppliait la reine Mélisende, régente de Jérusalem, et le prince d'Antioche, Raymond de Poitiers de l'aider à sauver Édesse. « Li cuens Jocelins s'aperçeut lors que folement s'estoit contenuz de la garde de cele cité ; por ce corut et envoia par tot ses voisins ; aide leur requist mout humblement ; au prince d'Antioche cria merci par lettres et par messages, comme à son seigneur, qu'il le secoreust en ce besoing. » Sans doute, à Jérusalem, la régente Mélisende rassembla ce qu'elle put trouver de chevaliers et de sergents. Elle confia ce corps à trois barons, son cousin, le connétable Manassé d'Hierges, Philippe de Naplouse et Elinand de Tibériade[32]. Mais malgré la hâte qu'ils mirent à marcher de Jérusalem sur Édesse, la distance était trop grande, ces renforts devaient arriver trop tard.

Un seul homme pouvait sauver Édesse, c'était son plus proche voisin, le prince d'Antioche Raymond de Poitiers. Mais Raymond, tout à sa rancune contre Jocelin II, refusa d'écouter les supplications de celui-ci, même à l'heure où Jocelin, acculé, faisait appel à lui dans les termes du vassal au suzerain. « Li princes d'Antioche, dit *l'Éracles*, vit que li cuens de Rohès estoit en tele angoisse et en péril d'estre

180   *L'ÉQUILIBRE*

désirétez ; ainz en ot grant joie. Ses achoisons (= prétextes) comença à trover por remanoir (= rester en dehors) de cele besoigne, ne ne s'apensa mie que ce estoit ses granz domages, por si grant fié que il perdoit de cele cité, et plus encore por les Turs qui si s'aprochoient de lui[33]. » L'insensé, en effet, ne se rendait pas compte qu'Édesse une fois tombée entre les mains des Zengides, la principauté d'Antioche, déjà amputée d'une partie de son territoire d'Outre-Oronte, aurait à supporter seule le poids de leurs attaques. C'est ici que l'absence d'un roi de Jérusalem, capable d'imposer la concorde à ses grands vassaux, se faisait cruellement sentir. Rappelons-nous les deux premiers Baudouin et Foulque intervenant sans cesse pour obliger le comte de Tripoli, le prince d'Antioche et le comte d'Édesse à s'unir malgré leurs querelles, chaque fois que surgissait le péril turc. Il suffit que, du fait d'une minorité, l'institution monarchique fût pendant quelques années en sommeil pour qu'aussitôt l'anarchie féodale reparût et que la Syrie franque perdît d'un seul coup sous l'invasion turque le quart de son territoire...

En dépit de ces défections chez les Francs, Zengî devait se hâter de prendre Édesse avant l'arrivée de l'armée de secours envoyée par la régente Mélisende : « Sanguins sot certeinnement que, se il demoroit (= tardait) à prendre la ville, li Crestien vendroient au secors et le lèveroient du siège par force, si que, se il les atendoit, il feroit folie ; por ce fu mout angoisseus et se hasta com il pot de la ville prendre. » La force des murailles défiant tous les assauts il les fit miner, et *l'Éracles* toujours malveillant pour les bourgeois arméniens ou syriens d'Édesse ou, comme il dit avec mépris, « les marcheanz qui gardoient la ville », leur reproche de ne s'être que bien faiblement opposés du haut des remparts à ce travail de sape. « Les minéeurs (Zengî) fist minier au mur, car cil (de) dedenz n'i mistrent guères de contenz (= d'opposition). Cil qui furent asséûr desoz, piquèrent en pluseurs leus et estançonèrent tout un grant pan, puis s'en issirent et mistrent l'atret (l'amorce) lez les estages ; après i fu boutez li feus. Li murs chéi qui minez estoit et de l'autre s'en escrolla grant partie, en tel manière que l'entrée fu bien large de cinquante toises[34]. »

« Ce furent, nous dit Ibn al-A*th*îr, des ouvriers d'Alep connaissant la topographie d'Édesse qui furent chargés de creuser les mines. Ils arrivèrent ainsi jusqu'aux fondations des bastions, étayèrent la muraille avec des poutres et prévinrent l'atâbeg, demandant l'autorisation d'y mettre le feu. Celui-ci descendit en personne dans les tranchées, examina par lui-même et donna la permission demandée. Les sapeurs mirent donc le feu aux étais et le mur s'écroula aussitôt. Les musulmans entrèrent d'assaut dans la ville et s'en emparèrent de vive force[35]. »

Résistance de la population arménienne et syriaque d'Édesse.

Il y a plus de détails chez Michel et chez l'Anonyme syriaque. Contrairement à l'assertion de Guillaume de Tyr, les chroniqueurs syriaques nous montrent les chrétiens indigènes contreminant quelque temps avec succès pour arrêter les sapeurs de Zengî. « Les gens de Zengî, creusant profondément, arrivèrent au mur. De leur côté, les assiégés creusèrent de l'intérieur, s'avancèrent contre les assiégeants et se mirent à les attaquer. Comme ce stratagème ne leur profita point, ils se mirent à construire un mur à l'intérieur, en face de l'endroit qui était miné. Les assiégeants minèrent deux des tours et placèrent des étais au-dessous, de même que sous le mur, d'une tour à l'autre. L'atâbeg manda (aux assiégés) : Nous vous donnerons deux hommes qui iront à l'intérieur, envoyez deux des vôtres et voyez le mur qui est miné ; et livrez la ville avant d'être pris par le glaive : je ne veux pas que vous périssiez. Comme ils avaient confiance dans le mur qu'ils avaient bâti et qu'ils comptaient sur l'arrivée des Francs, ils ne se laissèrent pas persuader, mais ils le méprisèrent et le tournèrent en dérision. Alors les assiégeants mirent le feu aux bois (des étais), et au matin le combat devint acharné. L'air était obscurci par la fumée, les genoux et les cœurs tremblaient au bruit de la trompette, des troupes qui se précipitaient et des clameurs du peuple. Quand les bois furent consumés, le mur et les deux tours s'écroulèrent et le nouveau mur intérieur apparut. Alors les Turcs furent frappés de stupeur jusqu'au moment où ils remarquèrent qu'une brèche était demeurée entre le nouveau mur et l'ancien. Alors ils s'assemblèrent pour y pénétrer, le peuple de la ville se réunit avec l'archevêque latin et les évêques des autres confessions pour s'opposer à leur entrée. La brèche fut comblée par des monceaux de cadavres, tant des assiégés que des assiégeants. Tandis que le peuple se tenait sur la brèche en combattant et que le mur se trouvait désert, les Turcs appliquèrent des échelles et montèrent. Un Kurde monta le premier, poussa un cri et se mit à lapider le peuple avec des pierres. Quand ils le virent, leurs mains faiblirent, ils eurent peur, tournèrent leurs visages et s'enfuirent vers la citadelle... »[36].

L'Élégie sur la prise d'Édesse de Nersès Shnorhali, version arménienne de l'événement, nous montre aussi que, jusqu'à la ruée finale, la population arméno-syrienne, abandonnée par Jocelin II, fit preuve de courage. « À l'instar de la taupe, ils (les Turcs) creusèrent sous les fondements de la citadelle et établirent des colonnes et des étais pour soutenir les tours et le rempart ainsi minés, se disposant à mettre ensuite le feu à ces appuis. Puis ils firent entendre ces mots à la multitude de la ville : "Cessez de soutenir ce siège afin de vous épargner de périr, mais rendez-vous spontanément et de bon gré et vous obtiendrez merci". À ces paroles se réunirent les braves et les héros tous ensemble ; se soutenant, s'animant l'un l'autre, ils s'engagèrent par un serment réciproque à ne pas reculer devant l'ennemi ; à ne pas abandonner le combat, à repousser toute proposition... L'appel aux armes retentissait sans cesse par les rues et par les maisons il n'y avait plus de chef de rang illustre, d'homme de condition infime, tous étaient égaux et confondus, tous animés d'une même pensée, évêques, prêtres, tous, à chaque rang de la société, s'exhortaient à résister. Tandis que par ces propos ils s'excitaient à l'envi, ils attendaient du secours, l'œil fixé sur toutes les routes, la nuit et le jour, sans cesse, espérant voir accourir des secours. Cependant ils n'arrivèrent pas, ceux sur qui ils comptaient, car aucune diligence ne fut faite par les chrétiens des divers pays pour venir en aide à notre comte, et tout ravitaillement était intercepté par les Infidèles. » Enfin « le rempart s'écroula, et la brèche fut ouverte, mais les braves ne reculèrent pas, ils ne lâchèrent pas pied, ils s'excitaient mutuellement à montrer du courage, ils restaient

RÉGENCE DE MÉLISENDE 183

fermes et inébranlables, les armes à la main, sur les ruines du rempart. Les prêtres, revêtus de la chape, s'armaient de l'épée, les évêques vénérables prenaient en main le crucifix : "En avant, frères chéris !"... »

Le poète arménien nous montre les chrétiens repoussant une première fois les Turcs rués sur la brèche à l'assaut du rempart. « Les héroïques combattants qui s'étaient portés sur ce point résistèrent aux assaillants et les firent reculer. Heureux si mon récit s'arrêtait là !... »

Mais un nouvel assaut en masse et mieux concerté des Turcs a raison de cette suprême résistance : « Les lâches tremblaient, les braves sentaient redoubler leur ardeur... Mais ils (les chrétiens) ne formaient qu'une faible troupe, insuffisante pour protéger les remparts, ils étaient fatigués et succombaient à la peine, épuisés par une lutte incessante soutenue si longtemps (puisque les combats se poursuivaient depuis un mois) ; une partie du rempart apparut donc aux Infidèles dégarnie de défenseurs. Alors, y montant, ils pénétrèrent en petit nombre dans la tour. Cependant la multitude de la ville, effrayée de la présence de l'ennemi, se mit à pousser des cris plaintifs et à prendre la fuite »[37].

Prise d'Édesse par Zengî.

Ce fut la panique, la ruée désordonnée de tout le peuple vers la citadelle. Guillaume de Tyr triomphe ici de l'inaptitude militaire de toute cette population de « marchands » arméniens et syriens. Après nous avoir montré l'écroulement du mur sur une largeur de cinquante toises, *l'Éracles* ajoute : « Li Turc qui ne (re-)doutèrent rien les marchéanz qui gardoient la ville, se mistrent enz à grant presse ; quanqu'il encontroient de genz, homes et femmes, décopoient touz ; cil qui plus savoient, des (= d'entre les) citéiens de la ville, se corurent garantir en un donjon qui estoit li chiés du chastel et recueillirent là leur femmes et leur enfanz cil qui porent. Quant li autre de la cité s'en aperceurent, si corurent là endroit ; tel presse i ot, porce que chascun se voloit boter enz, qu'il en i morut assez ». Au nombre des fuyards, écrasés, asphyxiés ou piétinés en voulant ainsi se frayer un chemin à travers la cohue jusqu'au donjon, se trouva l'archevêque latin

184 *L'ÉQUILIBRE*

Hugue II, auquel *l'Estoire d'Éracles* fait une assez sèche oraison funèbre : « Entre les autres i fu trovez morz Hues, l'arcevesques de la ville et autre clerc assez. Et dist l'en que à bon droit estoit il morz en tel manière » : Guillaume et son traducteur rappellent ici la stupide avarice du prélat qui jusqu'au bout avait refusé de payer sur sa cassette aux défenseurs d'Édesse l'arriéré de leur solde, « par quoi il fu morz et ses avoirs perduz »[38].

Remarque curieuse, le dernier archevêque latin d'Édesse, si sévèrement traité par l'archevêque de Tyr, n'est pas l'objet de tels reproches de la part de Michel le Syrien qui raconte ainsi sa mort : « Quant à ceux qui s'étaient enfuis vers la porte de la citadelle, les Francs ne la leur ouvrirent point pour les laisser entrer, parce que l'archevêque latin leur avait défendu d'ouvrir avant qu'ils ne le vissent en personne. Mais comme il ne s'échappa point pour venir avec les premiers, des milliers de gens furent étouffés et s'entassèrent plus haut que la porte. Quand l'archevêque arriva, on ouvrit la porte, mais il ne put entrer, à cause de la multitude de cadavres qui étaient entassés devant la porte. Comme il essayait d'entrer, il tomba au milieu des morts et un des Turcs le frappa et le tua »[39].

Cette fuite éperdue de toute la population vers les portes – fermées – de la citadelle a été décrite en vers de feu par le poète arménien Nersès Shnorhali. « Les Infidèles, écrit Nersès, apercevant les habitants qui s'enfuyaient, s'élancèrent au milieu des rues. Les assiégés en masse, abandonnant leur poste sur les pas les uns des autres, coururent tout droit vers la porte de la citadelle, tandis que ces bêtes féroces à face humaine fondaient sur eux comme des loups à la poursuite d'un troupeau. Ils étaient sans pitié pour les cheveux blancs du vieillard, pour l'âge tendre des plus jeunes enfants, pour la dignité des prêtres, pour le haut rang des patriarches. Poussés par la terreur, les habitants gravissaient la rampe de la citadelle, mais l'artisan du mal qui en était le gouverneur, leur en ayant fermé les portes, ne leur permit pas d'y pénétrer. Le peuple fuyait pour échapper au tranchant du glaive, tous se pressaient vers ce lieu, pour y chercher un asile. Dans leur précipitation à y courir, la confusion était extrême. Comme la forteresse se fermait devant eux et que le fer de l'ennemi les menaçait par derrière, ils se groupèrent à l'entrée à flots immenses. Comme les monceaux de bois dans les forêts, ils s'entassaient les uns sur les autres, hommes, femmes, vieillards, enfants, et gens de tout âge. Les filles pleuraient dans les bras de leur mère, tout en larmes elles s'évanouissaient ; les mères serrant dans leurs bras leurs petits enfants, mouraient avec eux... Personne ne pouvait bouger, chacun à la place où il s'était rencontré, tombait, privé de respiration, ils périssaient suffoqués. Cependant de nouveaux fugitifs se pressaient redoutant le fer, et, se faisant jour à travers les cadavres entassés, ils couraient en les foulant aux pieds. Les Infidèles en masse les poursuivaient, l'épée dans les reins, faisant prisonniers ceux qui avaient une figure agréable parmi les garçons et les filles ; quant aux vieillards, ils étaient égorgés sans pitié. »

Le poète arménien nous montre enfin l'immense pillage, les Turcs enlevant « les ornements en or des femmes et les vêtements précieux, les vases d'argent et d'or, les vases du saint sacrifice, et ceux où brûle l'encens à l'odeur suave et les *Keshots* retentissants, le rideau du sanctuaire et les tentures de l'autel, les riches ornements des prêtres et le manteau du patriarche, les chapes magnifiques, le pallium du saint mystère, et l'étole tissue d'or qui se place autour des épaules, ornée de pierres précieuses, quadrangulaire, semblable au saint *éphod*, brillante de couleurs variées et retombant en franges »[40].

Édesse fut prise le 23 décembre 1144[41].

Habile politique de Zengî envers les chrétiens indigènes.
Ralliement de l'élément syriaque d'Édesse à la domination
zengide.

Le massacre et le pillage furent arrêtés par Zengî lui-même. Non que le terrible atâbeg fût accessible à la pitié. Il avait naguère montré à la fois sa férocité et sa déloyauté en faisant crucifier la garnison damasquine de Ba'albek qui avait pourtant obtenu de lui les honneurs de la guerre. Mais c'est qu'il s'agissait alors de frapper de terreur toute dissidence musulmane. Au contraire – et c'est ici qu'en ce farouche massacreur apparaît l'homme d'État – il désirait conserver une Édesse loyale et prospère pour assurer la liaison entre son émirat de Mossoul et son émirat d'Alep.

L'homme qui avait fait supplicier sans foi comme sans pitié ses propres coreligionnaires, ses propres compatriotes, les garnisaires turcs des places damasquines, n'hésita donc pas à faire cesser le massacre d'Édesse et à couvrir de sa protection les chrétiens qui y avaient échappé. Les chrétiens indigènes, du moins, car, connaissant l'hostilité sourde qui séparait les rites syriaque et arménien d'une part, le rite latin de l'autre, il ne poursuivit l'extermination que des Francs seuls en cherchant au contraire à se rallier la population arménienne et syriaque d'Édesse. Nersès Shnorhali nous avoue assez discrètement que « le chef de la nation arménienne, l'évêque qu'elle s'était choisi ne périt pas grâce à la miséricorde divine qui préserva ses jours dans ce massacre, comme Jonas dans le ventre de la baleine »[42].

Michel le Syrien est beaucoup plus explicite : « Lorsque Zengî vit un tel carnage, nous dit le chroniqueur syriaque, il défendit de commettre de nouveaux massacres ». Suit le dialogue entre l'atâbeg et l'évêque jacobite Basilius bar Shumana, dialogue bien curieux parce qu'on y voit clairement que Zengî avait compté sur une défection des chrétiens syriens en sa faveur. « Zengî rencontra l'évêque Basilius, nu et traîné par une corde. Voyant qu'il était âgé et avait la tête rasée, il demanda qui il était. Ayant appris que c'était le métropolitain, il se mit à lui reprocher de n'avoir pas voulu livrer la ville. Celui-ci répondit courageusement : « Ce qui est arrivé est très bien. » – « Comment ? » dit Zengî. L'évêque reprit : « Pour toi, parce que tu as remporté une brillante victoire en nous prenant de vive force ; pour nous, parce que nous avons mérité ton estime, car, de même que nous n'avons pas menti à nos serments vis-à-vis des Francs, de même nous garderons vis-à-vis de toi la foi jurée, puisque Dieu a permis que nous devenions tes esclaves. »… C'était là, par la voix de son chef religieux, le ralliement pur et simple de l'élément syriaque d'Édesse à la domination zengide. Zengî l'entendit bien ainsi, comme le prouve la suite de la Chronique : « Voyant que l'évêque était courageux et parlait agréablement la langue arabe, Zengî ordonna de le revêtir de sa tunique et le fit entrer sous sa tente. Il prit de lui conseil sur la reconstruction de la ville. Un héraut sortit et annonça que tous ceux qui avaient échappé au glaive pouvaient revenir à leurs maisons »[43]. Et plus loin : « Zengî honora Basilius, lui confia la ville pour la repeupler et y amener des habitants. Tant que Zengî régna à Édesse, c'est-à-dire jusqu'à son assassinat, le vénérable évêque y fut très influent »[44]. Et enfin, toujours du même chroniqueur cette dernière indication relative à un nouveau séjour de Zengî dans Édesse renaissante : « Zengî vint à Édesse et y demeura quelque temps. Il encourageait les Syriens qui s'y trouvaient. De toute son âme il était disposé à user de miséricorde envers les chrétiens qui s'y rassemblaient »[45].

Ce passage est, à notre avis, capital pour comprendre la politique de Zengî qui sera plus tard celle de Saladin. Pour les deux héros de la reconquête musulmane, cette reconquête devait, en dissociant des Francs les chrétiens syriens, s'appuyer autant que possible sur ces derniers, reconstituer en somme le bloc syrien indigène contre les conquérants occidentaux. Cette politique sera très nette chez Saladin et chez ses successeurs aiyûbides. Mais elle paraît avoir été formulée par Zengî lui-même. Dans la pensée du grand atâbeg, Édesse, les Francs une fois expulsés, devait conserver sa population de chrétiens indigènes avec, pour tout changement, une garnison turque remplaçant la garnison franque dans la citadelle. Alors, on l'a dit, que dans sa lutte contre les Turcs de Damas on l'avait vu crucifier tous les prisonniers qui s'étaient fiés à sa parole, il épargnait maintenant toute une population chrétienne qui lui avait résisté jusqu'au bout. C'est qu'il n'ignorait point l'importance de l'élément syriaque dans la démographie syrienne. Quand Michel et l'Anonyme nous montrent l'évêque syriaque Basilius bar Shumana devenu le conseiller du conquérant turc pour la reconstruction de la ville, ils nous donnent en un raccourci saisissant tout le programme de la restauration orientale inaugurée par Zengî. Sa nouvelle politique envers les chrétientés indigènes, comme ses tentatives répétées pour se concilier la diplomatie byzantine, faisait évidemment partie d'un plan général pour l'expulsion des Francs.

Les assertions du chroniqueur syriaque sont d'ailleurs corroborées par Ibn al-A*th*îr. Quand Zengî, nous dit l'historien arabe fut entré dans Édesse, « il en fut dans l'admiration et pensa que la ruine d'une telle cité serait contraire à une bonne politique. Aussitôt l'on publia par son ordre dans l'armée que chacun mît en liberté les hommes, les femmes et les enfants qui étaient tombés en son pouvoir. Les prisonniers rentrèrent dans leurs maisons et recouvrèrent ce qui leur avait été pris en fait de meubles et d'ustensiles. Tout fut rendu exactement et il resta bien peu d'objets en arrière ; l'armée renonça entièrement à son butin, et Édesse retourna à son ancien état. Zengî se contenta d'y placer une garnison pour veiller à sa défense »[46].

Ce passage, également, est capital. Ibn al-A*thîr* nous dit très justement qu'Édesse, délivrée des Francs, retourna à son ancien état. De fait, au onzième siècle, avant la mainmise de Baudouin Ier, la grande cité de l'Osrhoène avait été, sous le gouvernement de Philaretos, puis de Thoros, une principauté chrétienne indigène, plus ou moins vassale des Turcs. Et la restauration zengide, rétablissant les situations de la fin du onzième siècle, refaisait d'Édesse une commune arménosyriaque sous le protectorat turc, comme elle refaisait du pays d'Outre-Oronte un pays turco-arabe.

La citadelle d'Édesse, dite citadelle de Maniakès, avait encore tenu après la prise de la ville elle-même. Mais la garnison, par l'incurie de Jocelin II, n'avait ni approvisionnements ni eau. Après deux jours de résistance, intimidée par les menaces de Zengî qui jurait de faire d'elle un exemple terrible, elle se rendit, ayant obtenu promesse de vie sauve (25 décembre 1144). Nersès Shnorhali nous dit que, se parjurant comme à Ba'albek, Zengî supplicia plusieurs des prisonniers. « Il fit un choix parmi ces guerriers, et, suspendant par les pieds, comme un point de mire, ceux pour lesquels il avait de la haine, il les perçait de flèches de sa propre main »[47]. En réalité il ne mit ainsi à mort que les soldats francs. Ici encore les Syriens, les Arméniens et les Grecs reçurent son pardon. C'est ce que spécifie formellement Michel le Syrien : « Deux jours après la prise de la ville, ceux qui étaient dans la citadelle reçurent la promesse d'avoir leurs vies sauves et la livrèrent. Les Turcs conservèrent la vie à tous ceux de notre peuple (les chrétiens syriaques), des Arméniens et des Grecs qui avaient survécu, mais ils tuèrent les Francs partout où ils les trouvèrent »[48].

Conquête, par Zengî, des autres places à l'est de l'Euphrate.
L'ancien comté d'Édesse réduit à la terre de Turbessel,
à l'ouest du fleuve.

L'armée de renfort, envoyée de Jérusalem par la régente sous le commandement du connétable Manassé d'Hierges, était arrivée dans la Syrie du Nord trop tard pour sauver Édesse. Un passage de Michel le Syrien nous la montre à hauteur de Tell'Adé, au nord de la route d'Antioche à Alep[49]. Il ne semble pas qu'elle ait rien fait pour donner la main à Jocelin II, toujours terré à Turbessel, afin d'aller défendre les débris du comté d'Édesse.

Dans ces conditions Zengî put sans difficulté s'emparer de Sarûj (Sororge) et des autres places du comté situées à l'est de l'Euphrate. Il ne restait à Jocelin II sur la rive orientale que al-Bîra (Bîrejik), forteresse construite aux bords mêmes du fleuve, où les Francs avaient accumulé de grandes provisions et placé une garnison considérable[50]. Zengî vint néanmoins assiéger la place. Il la serrait de très près lorsque, à la nouvelle que son lieutenant à Mossoul venait d'être assassiné dans une tentative de restauration seljûqide, il leva le siège pour aller régler les affaires de Mossoul. Mais après son départ la garnison franque, redoutant un retour offensif de sa part, préféra remettre al-Bîra à l'émir ortoqide de Mârdîn (Diyârbékir), Timurtâsh, et à son fils, Najm al-Dîn Albî, ou Alpî (1145)[51].

Remarquons que la chute d'Édesse, de Sarûj et des autres forteresses à l'est de l'Euphrate laissait encore à Jocelin II environ la moitié de son ancien domaine. En plus de Turbessel (Tell al-Bâsher) où il avait depuis longtemps établi sa résidence, il possédait toujours Samosate, Mar'ash, « Tulupe » (Dulûk), « Hamtab » ('Aintâb), Corice (Khoros), Hazart ('Azâz) et Ravendel (Râwendân). (Voir *in fine* Appendice V).

Causes de l'arrêt de la conquête zengide après la chute
d'Édesse : la tentative de restauration seljûqide à Mossoul.

D'où vient que Zengî n'ait pas profité de la démoralisation produite chez les Francs par la chute d'Édesse pour conquérir du même coup les terres situées à l'ouest de l'Euphrate ? On pourrait s'étonner de voir ce réalisateur limiter les bénéfices de

190   L'ÉQUILIBRE

sa victoire et donner aux renforts de la régente Mélisende le temps d'accourir, si on n'apprenait par Ibn al-A*th*îr les graves embarras intérieurs qui, à ce moment décisif, vinrent paralyser son action. Et c'est ici qu'éclate une fois de plus cette anarchie organique de la société musulmane qui, périodiquement, venait sauver la Syrie franque par d'inconscientes diversions.

Le vainqueur d'Édesse, le maître de Mossoul et d'Alep, ce redoutable « Sanguins » devant lequel, selon les termes mêmes de Guillaume de Tyr[52], rien ne pouvait tenir et qui paraissait à juste titre aux Francs le promoteur et le chef incontesté de la Contre-Croisade, ne jouissait en réalité en droit musulman que du pouvoir le plus indirect et le plus précaire. *Atâbeg*, c'est-à-dire simple gouverneur de la province de Mossoul, nommé à ce poste par la faveur personnelle d'un sultan seljûqide, il pouvait toujours être révoqué par un nouveau sultan ou par le même prince, sur un simple caprice, par la première intrigue de sérail. Il avait pris soin, il est vrai, de légitimer et de perpétuer son mandat en hébergeant auprès de lui, à Mossoul, un cadet seljûqide, Alp Arslân al-Khafâjî, fils de l'ancien sultan Ma*h*mûd[53]. Aux yeux de tous, du khalife comme du nouveau sultan Mas'ûd, il affectait en toutes occasions de n'être que le lieutenant de ce jeune homme, proclamé bien haut par lui roi (*malik*) de Mossoul et d'Alep. Cette présence le garantissait contre toute saute d'humeur à la cour de Perse, en même temps qu'en droit seljûqide elle légitimait son pouvoir de fait. Il n'attendait même que la mort de Mas'ud pour proclamer Alp-Arslân sultan de Perse, l'imposer par les armes au khalife et gouverner sous son nom non plus seulement le royaume d'Alep-Mossoul mais l'empire d'Iran tout entier. Malheureusement pour lui le jeune prince qui lui servait ainsi de paravent allait manifester brusquement la valeur indomptée, encore qu'un peu brouillonne, de tous les épigones seljûqides et remettre en question les projets de l'atâbeg[54].

Tandis que Zengî conquérait Édesse, il avait laissé comme gouverneur à Mossoul son lieutenant Nasîr al-Dîn Jaghar ou Chaqar. Chaque jour, suivant les ordres de Zengî, Na*s*îr al-Dîn se rendait auprès du prince seljûqide Alp Arslân pour lui faire sa cour. Mais ces honneurs officiels ne satisfaisaient pas le besoin d'action du jeune homme. Profitant de l'éloignement et des embarras de Zengî, il forma le projet de se rendre effectivement maître de Mossoul. Un matin que Chaqar venait lui faire sa cour, il le fit égorger par ses mamelûks (2 mai 1145). Les meurtriers jetèrent la tête de Chaqar aux troupes, persuadés qu'à ce spectacle elles se rallieraient à Alp Arslân. Mais, outre que les troupes, restées fidèles à Zengî, massacrèrent incontinent les assassins, Alp Arslân ne sut pas profiter de la surprise générale et se laissa jouer par un des hommes de confiance de Zengî, le qâdî Tâj al-Dîn Yahya al-Shahruzûrî. Sous prétexte d'amener Alp Arslân à la citadelle pour lui en faire prendre possession, le qâdî l'attira dans un guet-apens et le jeta en prison, lui et ses partisans. Ce fut une belle comédie de ruse orientale, succédant au drame. « Le qâdî entra chez le prince et le voyant encore tout ému : "Ô notre maître, ne t'échauffe pas à propos de ce chien (Chaqar qui venait d'être tué). Lui et son maître (Zengî) ne sont que tes mamelûks. Louons Allah de ce qu'il nous a délivrés par ta main de lui (Zengî) et de son satellite ! Mais qu'est-ce qui te retient dans ce palais ? Lève-toi et monte à la citadelle. Tu y prendras l'argent et les armes, tu feras reconnaître ton auto-rité, tu rallieras à toi les troupes ; une fois maître de Mossoul, personne ne pourra t'empêcher d'occuper les autres provin-ces !" Le prince se leva avec le qâdî ; ils montèrent à cheval et se rendirent à la citadelle. Le commandant et les soldats qui la gardaient, voyant venir le prince, fermèrent la porte ; ils voulurent même prendre les armes ; mais le qâdî s'avança et leur dit : "Ouvrez les portes et recevez le prince ; quand il sera entre vos mains, vous en ferez ce que vous voudrez." Les soldats ouvrirent donc la porte, le prince entra accompagné du qâdî et de ceux qui avaient pris part à la mort du gouver-neur. Tous furent mis en prison à l'exception du qâdî »[55].

Cette curieuse tentative de restauration seljûqide, ce coup d'État avorté qui montrait cependant la fragilité du pouvoir de Zengî paraît avoir sérieusement inquiété celui-ci. Ce fut alors, on l'a vu, qu'il abandonna précipitamment le siège d'al-Bîra pour aller rétablir l'ordre à Mossoul. Il fit exécuter les coupa-bles et nomma gouverneur de Mossoul son mamelûk Kuchik[56].

De cette suite d'événements deux conclusions se dégagent, indispensables pour comprendre l'enchaînement de cette his-toire. D'une part l'anarchie musulmane rendait encore impos-sible la contre-croisade. Même en présence d'un chef de

192   L'ÉQUILIBRE

guerre de la valeur de Zengî, même durant une période de minorité et de régence féminine dans le royaume de Jérusalem, même avec des chefs aussi médiocres que la régente Mélisende, Raymond de Poitiers et Jocelin II, les institutions monarchiques et la stabilité dynastique de la Syrie franque lui assuraient encore un certain avantage moral sur la société turco-arabe livrée à une incohérence politique en quelque sorte organique et fondamentale. Dans cet empire seljûqide en dissolution, où le pouvoir spirituel du khalife 'abbâside restait en lutte sourde contre le pouvoir temporel des sultans turcs, où le pouvoir temporel lui-même était annihilé par les querelles fratricides des épigones seljûqides, sur quel principe stable un Zengî pouvait-il s'appuyer ? Malgré la fiction de légitimisme qu'il cherchait à maintenir, ses droits ne reposaient que sur son sabre. Il en allait de lui comme de tous les chefs turcs, ses prédécesseurs depuis deux siècles, fondateurs d'éphémères dynasties évanouies au bout de quelques années. Pour que la Contre-Croisade réussisse, il faudra qu'elle échappe à l'attraction du centre d'anarchie seljûqide pour s'installer en Syrie même, loin des intrigues des deux Irâq.

Ce regroupement en Syrie des forces musulmanes – et c'est la seconde conclusion des événements de 1144 –, les Francs avaient assez d'esprit politique pour en avoir compris les dangers. À l'alliance damasquine dans le Sud, ils ajoutaient maintenant dans le Nord l'alliance avec les Ortoqides de Mârdîn, vieille dynastie turque locale, assagie et conservatrice, qui avait autant d'intérêt que les chrétiens à arrêter les progrès foudroyants de Zengî. La remise d'al-Bîra aux Ortoqides, venant après la conquête de Panéas avec le concours des Damasquins, montre chez les Francs, par delà les défaillances individuelles, une politique musulmane souple et réaliste.

Les derniers actes de l'atâbeg Zengî. Le complot arménien d'Édesse et sa répression. Resserrement de l'entente entre le prince turc et l'élément syriaque d'Édesse.

L'anarchie endémique de la Syrie musulmane se marqua dans le drame de la mort de Zengî.

Après la conquête d'Édesse et la répression du complot seljûqide à Mossoul, Zengî leva une puissante armée et fit construire toute une « artillerie » de machines de siège. Il affirmait que c'était en vue de chasser les Francs, mais, comme le remarque Kemâl al-Dîn, il semble plutôt qu'il s'agissait d'une nouvelle attaque contre Damas. Il fut un moment distrait de son dessein par les nouvelles qui lui venaient d'Édesse. Si dans cette ville la communauté syriaque et son évêque Basilius bar Shumana s'étaient ralliés sincèrement à lui et lui témoignaient le plus grand loyalisme, l'élément arménien, naguère associé plus intimement à la domination franque, regrettait celle-ci et conspirait ; il s'agissait, par un coup de main, de se débarrasser de la petite garnison turque et de rappeler Jocelin II. Zengî se rendit à Édesse, et fit crucifier les conspirateurs arméniens[57]. Au contraire, il n'eut que prévenances pour l'évêque Jacobite Basilius et pour ses ouailles, comme le prouve l'éloge que tracent ici de lui Michel et l'Anonyme syriaque[58].

Assassinat de Zengî.

Avant d'entreprendre l'attaque de Damas, Zengî voulut en finir avec une petite principauté arabe incluse dans ses nouvelles possessions, celle de Qal'at Ja'bar, sur l'Euphrate, entre Bâlis et Raqqa, place qui appartenait à la famille arabe des 'Oqaîlides. Il assiégeait Qal'at Ja'bar, lorsqu'il fut assassiné dans la nuit du 14 au 15 septembre 1146 par l'eunuque Yaruqtâsh[59]. Drame brutal. « Zengî, après avoir bu du vin, s'était endormi. Il se réveilla soudain et vit l'eunuque qui buvait le reste du vin avec les pages. Il menaça de les châtier et se rendormit. Alors ceux-ci l'assassinèrent »[60].

Le grand atâbeg mort, ses troupes se dispersèrent. L'armée d'Alep rentra chez elle avec un de ses fils, Nûr al-Dîn Mahmûd. Les troupes de Mossoul regagnèrent de même leur pays avec un autre de ses fils, Saîf al-Dîn Ghâzî. Ainsi s'opéra *ipso facto* le partage de l'empire zengide. Avant de partir pour Alep, Nûr al-Dîn avait enlevé du doigt de son père son anneau de commandement. Cependant nul ne s'occupa d'enterrer le cadavre. « Le corps de Zengî resta seul et ce furent les gens de Râfiqa qui arrivèrent, lavèrent le corps avec de l'eau puisée dans un couvercle de jarre et l'enterrèrent auprès de la porte du mausolée de 'Alî[61]. »

194 L'ÉQUILIBRE

Rien n'accuse mieux que cette scène la précarité du pouvoir dans la société musulmane, l'absence de prestige moral et de majesté réelle, l'absence de légitimité qui caractérisaient les dynastes les mieux obéis.

L'héritage de Zengî. Avènement de Nûr al-Dîn à Alep.

La mort de Zengî pouvait entraîner la ruine de son royaume, d'autant que cet État syro-mésopotamien avait un caractère nettement dualiste, Mossoul regardant vers l'Irâq, et Alep vers la Syrie. En fait sa dynastie se maintint, grâce à l'énergie de deux conseillers fidèles qui, ayant créé aux côtés de Zengî une administration et un embryon d'État, entendaient les maintenir : le chef du *dîwân* Jemâl al-Dîn Muhammed et l'émir-*hâjab* Salâh al-Dîn Muhammed al-Yâghîsiyânî[62]. Le prince seljûqide Alp-Arslân, dont nous avons vu le rôle comme prête-nom et suzerain théorique de Zengî, essaya, cette fois encore, de profiter des circonstances pour s'emparer de la réalité du pouvoir. Au moment de la mort de Zengî, il se trouvait justement dans une demi-captivité dorée auprès de l'atâbeg qu'il avait suivi au siège de Qal'at Ja'bar. Il monta sur-le-champ à cheval et, suprême manifestation du légitimisme seljûqide, obtint l'adhésion des troupes. Mais cette fois encore les fidèles de la famille zengide se jouèrent de son inexpérience. Jemâl al-Dîn et Salâh al-Dîn, feignant de se soumettre les premiers à son autorité, n'eurent aucune peine à l'endormir dans les plaisirs. « Ils l'excitèrent à boire, à écouter des chanteuses et à s'amuser avec de jolies filles », lui faisant perdre à Raqqa et à Sinjâr des instants précieux, quand il eût fallu courir se saisir de Mossoul. Pendant ce temps, ils faisaient prêter serment à l'armée de Mossoul au nom du fils aîné de Zengî, Saîf al-Dîn Ghâzî Ier et dépêchaient en hâte ce dernier vers la ville pour en prendre possession. Ghâzî put ainsi devancer le jeune seljûqide et s'installer solidement dans Mossoul. Il n'eut ensuite aucune peine à se saisir d'Alp Arslân qu'il interna dans la citadelle de Mossoul[63].

Tandis que Ghâzî succédait ainsi à son père dans le royaume de Mossoul, le fils cadet du grand atâbeg, Nûr al-Dîn Mahmûd se faisait reconnaître à Alep, avec, comme ministre, l'habile Salâh al-Dîn al-Yâghîsiyânî. Notons l'impar-

tial éloge dont *l'Estoire d'Éracles* salue l'avènement de
« Noradins » : « cil fu preuz et sages, et selonc sa loi doutoit
Dame Dieu (= redoutait le Seigneur Dieu) »[64]. Curieux témoignage de l'estime réciproque qui s'était établie entre la chevalerie franque et la noblesse turque de Syrie. La phrase de
l'Éracles en l'honneur du jeune atâbeg n'est-elle pas comme
un salut de l'épée ?

*Second complot arménien pour restaurer
la domination franque à Édesse.*

La mort de Zengî et la division de ses domaines entre un
royaume de Mossoul et un royaume d'Alep rendirent au
comte d'Édesse Jocelin II, toujours retiré à Turbessel, l'espoir
de recouvrer sa capitale.

Zengî, on s'en souvient, avait laissé Édesse à sa population
chrétienne indigène composée partie d'Arméniens, partie de
Syriens jacobites. Seule une petite garnison turque occupait
la citadelle. Les deux éléments chrétiens témoignaient
d'ailleurs de sentiments assez différents envers la domination
turque. Les Syriens qui, en raison de l'âpreté des querelles
théologiques, avaient subi d'assez mauvaise grâce la domination arménienne d'abord, la domination franque ensuite,
s'étaient sincèrement ralliés à la dynastie zengide, comme le
prouve l'attitude de leur évêque Basilius bar Shumana. Au
contraire les Arméniens regrettaient les Francs qui les avaient
toujours plus où moins associés à leur pouvoir. Le comte Jocelin II n'était-il pas le fils d'une princesse arménienne, sœur du
prince roupénien de Cilicie, Léon Ier ? Aussi bénéficiera-t-il
jusqu'au bout, malgré ses fautes, de l'indulgence des chroniqueurs arméniens, tandis que les chroniqueurs syriaques,
nous le verrons, accableront sa mémoire. Même cas pour son
vassal Baudouin comte de Mar'ash et de Kaisûn (Kéçoun), un
cadet poitevin, comme Raymond d'Antioche, venu régner sur
ces terres arméniennes qui s'étendaient en bordure du Taurus
depuis la Mélitène jusqu'au territoire d'Antioche. « Baudouin,
nous dit le chroniqueur arménien Grégoire le Prêtre, était un
prince jeune d'âge, mais vieux d'expérience, agréable à Dieu
dans toutes ses prouesses... (Quand il mourut), il laissa un
deuil universel dans sa principauté, car il préférait les Armé-

niens aux Francs. »[65]. Et le docteur Basile, prêtre arménien qui fut le confesseur de Baudouin, lui consacrera une magnifique oraison funèbre[66].

Là encore nous voyons que les barons francs, parmi les diverses chrétientés orientales, recherchaient de préférence l'amitié des Arméniens, s'unissaient à eux par le mariage, apprenaient leur langue. De Baudouin de Mar'ash en effet le docteur Basile ne nous vante pas seulement la valeur chevaleresque, il nous dit encore – détail précieux – qu'il s'exprimait couramment en arménien[67]. Sans doute il ne nous dissimule pas la rapacité territoriale de son héros, ses violences, ses déprédations, commises, le plus souvent, au détriment des Arméniens mêmes sur lesquels il régnait[68]. Mais enfin, en dépit de ces défauts, communs à presque tous les aventuriers francs, la sympathie, l'admiration, l'affection dominent de beaucoup quand Basile nous parle de Baudouin de Mar'ash, « ce guerrier victorieux, si intrépide contre les Barbares, ce géant aux bras invincibles, ce prince charmant ». Au contraire, voyez la seule mention – si nettement hostile – que lui consacre Michel le Syrien : « À cette époque (en 1145) le franc Baudouin seigneur de Kaisoum commença à rebâtir, en pierres et en chaux, les murs de cette ville, jusque-là en briques et en boue. Il fit peser fortement le joug sur les chrétiens, au point qu'il en fit même des esclaves. C'est pourquoi il n'en put rebâtir que la moitié. Il fut tué et la construction cessa »[69].

Des dispositions si différentes du côté arménien et du côté syriaque nous font comprendre que, tandis que les Syriens d'Édesse et leur patriarche Basilius ne demandaient que le maintien de l'autorité zengide qui leur assurait une sorte d'hégémonie morale sur les autres confessions chrétiennes, les Arméniens de la ville complotaient au contraire pour ramener dans Édesse la domination franque, représentée par des hommes comme Jocelin II et Baudouin de Mar'ash, qui étaient presque des leurs.

Réoccupation d'Édesse par Jocelin II.

Il était donc naturel que les Arméniens d'Édesse cherchassent à profiter de la mort de Zengî et de l'inexpérience

RÉGENCE DE MÉLISENDE

escomptée de son successeur Nûr al-Dîn pour restaurer dans la ville la domination franque. Ils s'entendirent secrètement à cet effet avec Jocelin II, et le 26-27, ou peut-être dès le 21 octobre 1146[70], à la faveur de la nuit, ils lui livrèrent la ville à lui et à Baudouin de Mar'ash. « Li citeien de Rohès (= Édesse) qui estoient Crestien, dit *l'Éracles*, virent que dedenz la cité avoit pou de la gent (de) Noradin, car seulement les forteresces de la ville estoient garnies de Turs, car li remenanz (= le reste) estoit de Crestiens. Li Sarrazin, quant il pristrent la ville ne l'orent de quoi puepler ; por ce lessièrent dedenz ceus qui né en estoient. Quant cil virent leur point, il envoièrent lor messages au conte Joscelin et li mandèrent que se il se hastoit de venir o (= avec) grant compaignie de chevaliers, il pooit recouvrer la cité de Rohès sanz péril et sanz fère siège, car il la li rendroient tout délivrement. Quant li cuens Joscelins oï ceste nouvele, mout en ot grant joie ; il prist avec lui un vaillant home qui estoit mout puissant eu païs, Baudoin de Mares (= Mar'ash), et de chevaliers et de sergenz à cheval assembla tant comme il en pot avoir, puis se mistrent à la voie et passèrent le flum d'Elfrate ; tout soudeinnement vindrent de nuiz à la cité de Rohès. Cil de la ville qui s'en pristrent garde, virent que ne sai quanz Turs qui devoient fere les eschauguetes (= le gué) furent endormiz, si avalèrent (= descendirent) cordes contre val les murs et treistrent (= tirèrent) assez à eus des chevaliers le (= du) conte Joscelin ; cil s'avalèrent (= descendirent) par la ville, si ouvrirent les portes que li cuens i entra o (= avec) toute sa gent ; lors treistrent les espées et quanqu'il (= tout ce qu'ils) trouvèrent des Turs occistrent ; li remenanz (= le reste des Turcs) s'enfoïrent dedans les tors. Li cuens tint tout le remenant (= le reste) de la ville « mais les forteresces qui bien estoient garnies d'armes, de genz et de vitaille ne pot il mie prendre ; meismement qu'il n'avoit mie engins avec lui par quoi il les poïst destreindre »[71].

Récit analogue chez Michel le Syrien. « En (1146) les Francs, apprenant que Zengî avait été tué, se réunirent avec Jocelin et avec Baudouin seigneur de Kaisoum (et de Mar'ash) et en octobre ils montèrent contre Édesse. Pendant la nuit, des fantassins, à l'aide d'échelles, escaladèrent deux tours, grâce à une entente avec quelques Arméniens qui gardaient le mur. Les Turcs s'enfuirent dans la citadelle. Au matin la porte des Eaux fut ouverte et Jocelin entra dans la ville. Les Francs délibérèrent pendant six jours comment ils attaqueraient la citadelle... »[72]. – Enfin chez Ibn al-Athîr, l'initiative du coup de main part de Jocelin II, bien que les Arméniens d'Édesse s'y soient tout de suite ralliés : « Au moment de la mort de Zengî, Jocelin, ancien prince d'Édesse, se trouvait dans ses domaines, à Tell-Bâsher. Il envoya un affidé aux habitants d'Édesse, dont la masse était d'origine arménienne, et les excita à la révolte. Il leur proposa de s'armer contre les Musulmans et de lui ouvrir les portes de la ville. Les habitants y consentirent et l'on convint d'un jour où il se présenterait lui-même. En effet il arriva devant Édesse avec ses troupes et prit possession de la ville ; mais la citadelle où se trouvait une garnison musulmane opposa de la résistance, et il fallut en entreprendre le siège »[73].

Dès lors la situation de Jocelin II devenait critique. Pour que sa reconquête ne fût pas éphémère, il fallait que les autres princes francs le secourussent immédiatement, avant l'arrivée des renforts turcs. Tout dépendait de la rapidité avec laquelle Raymond de Poitiers à Antioche, Raymond II à Tripoli et la régente Mélisende à Jérusalem, sauraient agir. Jocelin II les en suppliait. « Li cuens envoia messages par toutes les terres aus barons de la Crestienté et leur manda comment il avoit la cité de Rohès recouvrée, et leur pria, tant comme il pot, qu'il se hastassent de lui aidier, tant que les forteresces fussent délivrés que li Turc tenoient encore et que la cité poïst estre garnie si qu'ele poïst soufrir siège. Quant ces noveles furent espandues par le païs, tuit en firent grant joie qui grant duel avoient fet quant ele fu perdue, mès ceste joie ne dura pas longuement... »[74].

Seconde perte d'Édesse par les Francs.

En effet à la nouvelle du coup de main de Jocelin II sur Édesse, Nûr al-Dîn accourut d'Alep avec toutes ses troupes, les vétérans des vieilles campagnes zengides, « nombreux comme des sauterelles », et bloqua étroitement la ville. Jocelin, avec sa poignée de Francs et sa population arménienne, se trouva donc pris entre la garnison de la citadelle et l'armée de Nûr al-Dîn. « Il (i) avoit tant de leur ennemis hors des portes qu'il n'en poïssent issir que tuit ne fussent livrez à mort. Dedenz avoit assez des Turs enclos avec eus, qui estoient saisi des tors : cil leur fesoient trop ennui et domage, car il ne finoient de trere pilez et carriaus et giter grosses pierres ; saillies (= sorties) fesoient enmi les rues, par que il occistrent assez des noz. En tel manière estoient li Crestien qu'il ne savoient que devenir... car quelque part qu'il se tornassent, n'i avoit rien de l'eschaper qu'il ne fussent ou pris ou mort ». Pour comble de malheur les vivres faisaient défaut, de sorte que Nûr al-Dîn n'avait, pour forcer les Francs à se rendre à merci, qu'à maintenir le blocus sans coup férir.

Dans cette situation sans issue, Jocelin II et sa poignée de chevaliers francs résolurent de faire une sortie désespérée et de s'ouvrir une trouée à travers les assiégeants. La population arménienne qui l'avait appelé, sachant ce qui l'attendait en cas de rentrée des Turcs, prit le parti, dans son désespoir, de s'enfuir à la suite des Francs. « Au derrenier, dit *l'Éracles*, il (Jocelin II et ses compagnons) s'acordèrent à ce que li demorers dedenz la ville estoit li pires et li plus périlleus, car, se li Turs qui hors estoient s'en entroient dedenz, il les troveroient esparpeilliez par les rues, si les porroient occire comme bestes à l'aide de ceus qui gardoient les tors. Por ce, leur fu avis que mieux estoit qu'il s'en ississent et se combatissent à ceus qui estoient dehors : au meins, se il ne pooient eschapper, se vendroient-il bien et domageroient leur ennemis. Voirs est qu'il n'i avoit nule bone voie de leur eschaper, mais au regart des autres, ceste fu la meins mauvèse. » Puis la décision de l'élément arménien de s'associer à l'exode des Francs : « Li citeien de la ville qui avoient mandé le conte et receu léanz, oïrent que leur proposement estoit d'issir hors, et orent peor que, s'il remanoient (= restaient) après eus, li Tur les feissent morir de male mort, por ce qu'il avoient fet ; si se conseillièrent entr'eus et distrent qu'il s'en iroient avec l'ost le (= du) conte, leur femmes et leur enfans menroient avec eus, por essaier se aucun porroient eschaper de ce grant péril... »[75].

Si les malheureux Arméniens, qui se voyaient compromis dans la tentative de restauration franque, s'associèrent spontanément au hasardeux exode de Jocelin II, il semble bien que l'élément syriaque ait eu des sentiments assez différents : n'ayant assisté qu'à regret à la restauration franque, il ne s'associa que contraint et forcé à l'exode des Francs et des Arméniens, maudissant les Francs qui l'avaient impliqué dans cette catastrophe. Les regrets des Syriens devaient être d'autant plus amers que la tolérance de Zengî les avait fait participer à l'administration urbaine, avantage que la malheureuse équipée de Jocelin II leur faisait perdre en les compromettant comme chrétiens aux yeux de leurs protecteurs turcs et en les entraînant dans la débâcle générale. Le texte de la *Chronique Syrienne* ne laisse aucun doute à cet égard : « Les Francs (assiégés dans la ville basse par Nûr al-Dîn) tremblèrent et la peur s'empara d'eux, car le secours du Seigneur s'était éloigné d'eux. Aussi furent-ils abandonnés à un détestable dessein. Ils rassemblèrent de force tous les habitants de la malheureuse ville et les obligèrent à partir avec eux. Ils pensaient qu'ils pourraient échapper aux mains des Turcs qui les entouraient, innombrables ; et ils ne se demandèrent pas comment ils pourraient résister aux Turcs dans la plaine, alors qu'ils n'avaient pas la force de résister à l'intérieur des murs ; mais, à l'exemple de Pharaon, ils endurcirent leurs cœurs. Ils entraînèrent la population arrachée de ses demeures, sortirent à la deuxième heure de la nuit et mirent le feu aux maisons. Le malheureux, peuple, en voyant cela, se mit à se lamenter et ils proclamaient bienheureux ceux qui étaient morts la première fois (en 1144), car ils voyaient le feu allumé par les Francs consumer leurs maisons et leurs biens et le glaive des Turcs tiré sur eux... »[76]

Exode et massacre par les Turcs de la population arménienne et syriaque d'Édesse (3 novembre 1146).

La « sortie d'Édesse » fut un des plus douloureux épisodes des Croisades. Jocelin II et ses chevaliers, chargeant avec fureur, réussirent bien, sur le moment, à forcer le passage, mais, poursuivis et bientôt cernés par le gros de la cavalerie turque, ils perdirent les trois quarts des leurs, dont Baudouin de Mar'ash. C'est à peine si Jocelin II put, grâce à la vitesse de son cheval, échapper à ses poursuivants, gagner l'Euphrate et, après avoir traversé le fleuve à la nage, trouver un refuge derrière les murailles de Samosate. Quant à la population arménienne et syriaque qui avait essayé de suivre les Francs dans leur trouée, elle paya pour eux. Foule lamentable sans chevaux et presque sans armes, elle fut encerclée par Nûr al-Dîn et rejetée vers la ville ou se vit prise à revers par la garnison turque descendue de la citadelle. Ce fut dans les rues étroites d'Édesse une boucherie sans nom. Voyant que la clémence de Zengî, en épargnant les chrétiens indigènes, avait failli lui faire perdre Édesse, Nûr al-Dîn ordonna cette fois leur suppression. Tout ce qui ne fut pas systématiquement égorgé, fut traîné en esclavage à Alep. Déjà, en plein douzième siècle, le premier massacre arménien suivi de la déportation des survivants...

Pour restituer la véritable physionomie de l'événement, il importe ici de donner côte à côte la version syriaque de Michel – très hostile aux Francs – et la version franque de Guillaume de Tyr.

Le récit de Michel le Syrien est très circonstancié. Après avoir montré les Francs obligeant les chrétiens indigènes à sortir d'Édesse avec eux à la deuxième heure de la nuit, il continue : « Quand ils (les chrétiens indigènes) arrivèrent à la porte de la ville, des groupes furent comprimés par les armées des Francs et là beaucoup de gens et de bêtes de somme périrent étouffés. Les Turcs descendirent de la citadelle sur ceux qui étaient restés dans les églises ou en d'autres endroits soit à cause de la vieillesse, soit par suite de quelque autre infirmité, et ils les torturaient sans pitié. Ceux qui avaient échappé avec les Francs à la suffocation et à l'étouffement et étaient sortis furent entourés par les Turcs qui faisaient pleuvoir sur eux une grêle de traits et les transperçaient cruellement.

« Ô nuage de colère et jour sans miséricorde pour les malheureux Édesséniens ! Ô nuit de mort, matin d'enfer, journée de perdition qui se leva contre les citoyens de la ville excellente ! Hélas, mes frères, qui pourrait raconter ou écouter sans larmes comment la mère et l'enfant qu'elle portait dans ses bras étaient transpercés d'un même trait ! Et bientôt le sabot des chevaux des soldats qui les poursuivaient les broyait furieusement. Toute la nuit ils avaient été transpercés par les traits, et, au moment du matin, ils étaient frappés par les glaives et les lances !

« Après avoir lutté jusqu'à la sixième heure, ils marchaient dans une route de sang. Alors les misérables cavaliers francs, reconnaissant qu'ils ne pouvaient pas sauver la population, se mirent à fuir. Tandis que les cavaliers s'enfuyaient précipitamment et que les Turcs les poursuivaient, les fantassins songèrent à monter dans une forteresse en ruines qui était proche. Le malheureux peuple s'y dirigea avec eux. Et alors la terre frémit d'horreur, à cause du massacre qui eut lieu : comme la faux sur les épis ou comme le feu sur les copeaux, le glaive s'empara des chrétiens. Les cadavres des prêtres, des diacres, des moines, des nobles et des pauvres étaient abandonnés pêle-mêle. Mais, si leur mort fut cruelle, ils n'eurent cependant point autant à souffrir que ceux qui restèrent en vie, car, quand ces derniers tombèrent au milieu du feu de la colère des Turcs, ceux-ci les dépouillèrent de leurs vêtements et de leurs chaussures ; ils les obligeaient, à coups de bâton, hommes et femmes, nus, les mains liées derrière le dos, à courir avec les chevaux ; ces pervers perçaient le ventre de quiconque défaillait et tombait à terre, et le laissaient mourir sur la route.

« La plupart des cavaliers francs furent massacrés. On ne retrouva pas même le cadavre de Baudouin, seigneur de Kaisoum (et de Mar'ash). L'inique Jocelin se sauva à Samosate. L'évêque (syriaque) Basilius échappa aussi par la fuite. L'évêque des Arméniens fut pris avec beaucoup de gens. Quelques-uns des Francs arrivèrent avec les piétons dans la forteresse en ruines qu'on appelait Kaukeba[77] et engagèrent la lutte, pour sauver leur vie, contre les Turcs qui venaient sur eux.

« Comme le soir approchait, les Turcs retournèrent (à Édesse) pour se livrer au pillage. La plaine était remplie de butin, de l'or et des objets accumulés depuis de nombreuses générations dans cette malheureuse ville. Leurs possesseurs étaient partis en les emportant, mais, sous l'empire du glaive, tout avait été abandonné. Quand les Turcs furent partis, ceux qui s'étaient réfugiés dans la forteresse en ruines sortirent, dès le soir, et se sauvèrent pendant la nuit à Samosate.

RÉGENCE DE MÉLISENDE

« On évalue à environ 30 000 le nombre de ceux qui furent tués tant à la première chute d'Édesse (1144) que cette seconde fois, à 16 000 le nombre de ceux qui furent réduits en esclavage, et à un millier d'hommes ceux qui se sauvèrent. Aucune femme ni aucun enfant n'échappa. Ou ils périrent dans le massacre, ou ils furent emmenés captifs en divers pays. Édesse demeura déserte, vision d'épouvante, infectée par les cadavres de ses enfants, demeure des chacals. Seuls les gens de *H*arrân fouillaient les églises et les maisons des notables pour découvrir des trésors » (Michel le Syrien, 270-272)[78].

Le récit du drame dans *l'Estoire d'Éracles* est assez analogue, sauf qu'il disculpe les Francs de la responsabilité de la catastrophe en montrant qu'ils tentèrent l'impossible pour protéger l'exode de la population : « Aus portes (les Francs) corurent isnelement et les ouvrirent. De l'une part de la ville l'en mist les meilleurs genz avant, por fere la voie aus espées parmi leur anemis ; les autres genz les devoient suivre après, éforciement. Li Tur qui estoient ès tors orent bien aperceu leur covine et orent overtes posternes qui estoient sur les fossez dedenz leur forteresces. Quant il virent que la nostre gent s'en issoient, tantost (= aussitôt) leur corurent sus et commença trop grant bataille entr'eus et les darreniers (= l'arrière-garde franco-indigène). Quant cil dehors (= l'armée de Nûr al-Dîn) oïrent dire que li leur se combatoient jà dedenz, tantost s'adrecièrent vers les portes qui estoient overtes ; les noz qui s'en issoient là, (ils) firent flatir arrières par force. Lors parfurent-ils à trop grant meschief, ausi com entre deus moles : li un de leur anemis qui leur defendoient de demorer, li autre qui leur toloient l'issue. Iluec ot grant bataille fière et périlleuse.

« Mout se contenoient bien li nostre, si au desouz com il estoient, car l'estrecetez des rues les grevoit trop. En ceste manière se tindrent une grant pièce. Après li preu chevalier se mistrent avant, et grant despit enpristrent sur eus dont li Tur les tenoient si longuement au desouz. Lors s'esforcièrent et pristrent cuer en eus ; par force reusèrent (= ils refoulèrent) les Turs et s'en istrent (= sortirent) parmi les portes au large dehors. Iluec ot assez genz mortes deçà et delà, mès plus des Turs. »

Suit l'épisode le plus douloureux, le massacre des chrétiens indigènes qui essayaient en vain de suivre les chevaliers francs dans leur trouée : « Après se mistrent, la menue genz de la ville qui s'enfuioient, devant les espées aux Turs qui dedenz les enchauçoient. Quant il vindrent à la porte, trop fu doloreuse chose à veoir, et pitiez est encore à raconter. Les puceles, li enfant, li viel hom, li malade et les femmes furent en tel presse entor la porte que il n'en eschapa nus que tuit ne moreussent. Tuit furent estaint ou escachié (= étouffés ou écrasés). Se mus en issi hors qui desarmez fust, tantost estoit féruz de saietes (= frappé de flèches), de glaives, d'espées. Là furent perdu près tuit cil qui né estoient de la ville, car il n'estoient mie gent qui rien seussent d'armes. » – Notez cette nouvelle allusion à l'inaptitude militaire de la bourgeoisie arménienne et syrienne d'Édesse, lamentable cohue de piétons vouée à la boucherie : « Se aucuns en fu montez et bien armez, il s'en pot eschaper par effort de cheval. »

Puis la poursuite de Jocelin II par la cavalerie zengide : « Noradins aperceut que li oz le Conte (= l'armée du comte Jocelin) s'estoit assemblez et raliez hors de la porte, et s'en vouloient aler défendant ; il apela ses genz et leur comanda qu'il les porsivissent, si qu'il ne soffrissent mie qu'il eschapassent en tel manière. Li Cuens adreçoit son ost vers le flun d'Eufrate qui est bien loing de la cité XIV miles. Onques tant com cele voie dura ne leur failli bataille. Une eure se feroient en l'arriere-garde où il avoient poignéiz (combats) trop granz ; aus estroiz pas se metoient encontre l'avant-garde, que li nostre ne poïssent passer se il ne gaaignoient la voie par force aus armes. Là perdi li Cuens assez de ses genz ; ocis i fu un hauz hom mout vaillanz, qui avoit non Baudoin des Mares (Mar'ash) : hardiement et bien s'estoit contenuz tout le jor en cele besoigne. Assez en i ot morz des autres dont nos devons croire que Nostre Sires meist les ames en bon repos, car il furent iluec martirié por son servise. »

Enfin le sauve-qui-peut général et la fuite isolée de Jocelin II : « Li cuens Jocelins vit bien que li pooirs n'estoit pas suens et qu'il avoit jà perdu le plus de ses homes ; si féri des esperons et s'en ala au plus tost qu'il pot ; le flun d'Eufrate passa, et se receut dedenz la cité de Samosate. Li autre s'en alèrent chascuns là où il pot ; cil qui foir ne s'en porent remestrent ou mort ou pris » (*Éracles*, 731-732)[79].

Le coup de main de Jocelin II pour recouvrer Édesse se terminait donc par un désastre pire que la catastrophe de 1144. Cette tentative mal préparée, follement engagée, n'avait abouti qu'à provoquer le massacre ou l'expulsion de la population arménienne et syriaque, c'est-à-dire à faire disparaître toute base d'une réoccupation ultérieure. Mais, si la responsabilité directe de l'échec incombe tout d'abord au mauvais prince qu'était Jocelin II, il y a lieu d'incriminer aussi la carence de l'institution monarchique, pratiquement mise en sommeil durant la régence de Mélisende. C'est parce qu'il n'y avait pas de roi à Jérusalem que Jocelin II entreprit seul sa folle équipée sur Édesse, sans s'être assuré au préalable d'une diversion partie de Jérusalem et d'Antioche pour menacer Alep et empêcher Nûr al-Dîn d'intervenir. Pendant ce sommeil de la royauté hiérosolymitaine, aucune discipline commune ne fédérait les quatre États francs de Syrie. Une tentative aussi importante que la reprise d'Édesse était conduite isolément, avec une criminelle légèreté, par Jocelin II, sans que rien ait été organisé en temps utile pour coordonner son action à celle des barons d'Antioche, de Jérusalem et de Tripoli. Grave leçon pour les Francs. Dès que la royauté des Baudouin subissait une éclipse, la Syrie franque tombait dans l'anarchie et la reconquête musulmane progressait dangereusement.

La seconde prise d'Édesse par les Turcs, singulièrement plus douloureuse que la première parce qu'accompagnée du massacre de la population, excita un immense émoi dans la chrétienté. La Syrie franque se trouvait démantelée par la chute de son bastion mésopotamien. Sans doute ne s'agissait-il que d'une sorte de Marche, et la masse des terres chrétiennes n'était-elle pas directement menacée, la ligne de l'Euphrate constituant une frontière sérieuse. Il n'en est pas moins vrai que la croisade était en recul. La chute définitive d'Édesse marquait le commencement de la vague de retour musulmane. Ce fut ainsi que l'entendit l'Occident où la nouvelle de l'événement devait provoquer une *Deuxième Croisade*.

En attendant, les progrès de Nûr al-Dîn continuaient. Le comté d'Édesse une fois emporté, c'était la principauté d'Antioche qui recevait maintenant le choc de la Contre-Croisade.

Édesse tombée, Nûr al-Dîn attaque la principauté d'Antioche. Il s'empare de Basarfûth, d'Artâh et de Kafarlâthâ.

Lors de la première chute d'Édesse en 1144, le prince d'Antioche, Raymond de Poitiers, s'était, on l'a vu, ouvertement réjoui de l'abaissement de Jocelin II. Il ne semble pas qu'en 1146 il ait rien fait pour s'associer à la tentative de reconquête de la ville. Il eut bientôt à se repentir de sa carence. Quand Nûr al-Dîn, le nouveau maître d'Alep, eut définitivement chassé les chrétiens de la rive orientale de l'Euphrate, il se retourna contre les Francs d'Antioche auxquels, dès 1147-1148, il enleva une série de places : d'abord leurs derniers forts du Jebel Sem'ân (entre le Quwaîq et le bas 'Afrîn), comme Basarfûth ou Basrafûth[80], puis Artâh ou Artésie, forteresse réputée imprenable, qui, au sud du grand coude du Nahr 'Afrîn gardait, depuis la chute d'Athâreb, la route d'Antioche à Alep[81] ; enfin Kafarlâthâ, forteresse située plus au sud, dans la banlieue sud-est de l'actuel Rîhâ[82]. Si les Francs avaient espéré profiter de la jeunesse du fils de Zengî pour accabler le royaume turc d'Alep, ils étaient cruellement déçus[83]. Nûr al-Dîn ne le cédait en rien à son père. Quant à Raymond de Poitiers, il se révélait de plus en plus comme un prince assez médiocre. Depuis son avènement, la principauté d'Antioche avait déjà perdu presque toutes ses provinces d'Outre-Oronte.

§ 2. — L'EXPÉDITION DU HAURAN ET LA RUPTURE DE L'ALLIANCE FRANCO-DAMASQUINE.

Politique francophile du gouvernement de Mu'în al-Dîn Unur à Damas.

Le péril de la Contre-Croisade mise en mouvement par Zengî restait donc tout aussi menaçant pour les chrétiens avec le fils et successeur de Zengî à Alep qu'avec Zengî lui-même. Peut-être même Nûr al-Dîn, parce qu'il n'avait pas les terribles accès de barbarie de son père, parce que le reître turc avait fait place chez lui à un émir syrien déjà adapté à la culture arabe, allait-il exercer une attraction beaucoup plus forte sur les principautés syro-musulmanes encore indépendantes.

Or, par une aberration politique qu'explique seule la carence de la royauté sous la néfaste régence de Mélisende, ce fut le moment que choisirent les Francs pour dénoncer l'alliance damasquine, garante infiniment précieuse du *statu quo* syrien.

Le vieux régent Mu'în al-Dîn Unur gouvernait toujours le royaume de Damas au nom du jeune atâbeg bûride Mujîr al-Dîn Abaq dont il avait d'ailleurs fait son gendre (1140-1149). « Cil Aynart, note *l'Estoire d'Éracles*, estoit molt sages hom. Il governoit le roiaume por le roi son gendre, car il estoit de grant sens et cil n'entendoit que à mengier et à boivre et touzjorz vouloit estre en déliz, meesmement de luxure ». Un des principes constants de la politique du vieil homme d'État était l'alliance franque indispensable pour contre-balancer la puissance grandissante du royaume turc zengide d'Alep. « Voirs (= vrai) estoit que cil Aynart par semblant amoit mout les Crestiens. En toutes les manières que pooit, il porchaçoit (= recherchait) l'amor et la grace de nostre gent par fere (= en leur faisant) granz débonairetez et mainz biaux services ». Que cette amitié fût intéressée, il importait peu et *l'Éracles* est le premier à le reconnaître : « Bien puet estre qu'il ne le fesoit pas de si vraie amor comme por ce qu'il pensoit que nostre Crestien li poïssent avoir grant mestier (= lui puissent rendre de grands services), car il avoit mout soupeçoneus Noradin, si com il avoit touzjorz douté (= redouté) son père (Zengî) ; car il se pensoit que cil verroit le roi de Damas (= Abaq) fol et mauvais, si li toudroit (= enlèverait) le roiaume et à lui meismes le pooir qu'il i avoit ; contre ce se voloit garnir de l'amor de nostre gent, qu'il li aidassent, se mestiers (= besoin) fust »[84]. De fait devant la déchéance morale des derniers Bûrides, devant la décadence évidente de cette maison à laquelle restait cependant attachée l'indépendance damasquine, la force d'attraction de la jeune et brillante dynastie zengide constituait un péril redoutable contre lequel la seule garantie résidait pour les Damasquins dans l'alliance franque.

Mu'în al-Dîn Unur conservait donc loyalement au jeune roi Baudouin III et à la régente Mélisende l'alliance qu'il avait conclue avec le roi Foulque. « Cil Aynarz, qui avoit le roiaume de Damas tout en sa garde, estoit aliez au roi de

Jhérusalem, et autele aliance avoit il eue à son père que li uns ne pooit aler sur l'autre por guerroier, jusqu'il li eust fet à savoir assez avant, si qu'il poïst avoir ses genz semonsés por soi garnir »[85]. Mais Mu'în al-Dîn Unur ne songeait nullement à « guerroyer » les Francs, occupé qu'il était à se défendre contre les empiétements de la dynastie zengîde, leur commune ennemie. À peine avait-il eu connaissance de la mort de Zengî qu'il s'était mis en devoir de reprendre à son héritier Nûr al-Dîn la ville de Ba'albek (Ba'albek, on s'en souvient, était le fief personnel de Unur lorsque Zengî s'en était emparé). Unur vint donc assiéger la ville avec de nombreuses machines. Il n'eut pas d'ailleurs à livrer d'assaut, car, l'eau manquant aux défenseurs, le commandant zengîde de la citadelle capitula (début d'octobre 1146)[86]. Sans tenter une expédition analogue contre *Homs* et *Hamâ*, Unur négocia avec les gouverneurs zengîdes de ces deux villes un pacte d'amitié qui les ramenait en partie sous l'influence damasquine. L'habile Unur, en même temps qu'il arrêtait ainsi la descente zengide, sut maintenir la paix avec Nûr al-Dîn. En mars 1147 il donna sa fille en mariage à Nûr al-Dîn, union qui liait les mains au nouvel atâbeg d'Alep dans la voie des annexions vers le sud[87]. Mais d'un autre côté Mu'în al-Dîn Unur prenait grand soin de maintenir son alliance avec la Cour de Jérusalem. En somme son système d'ententes avec tous ses voisins consolidait la paix dans la Syrie moyenne et ne pouvait, de ce fait, que profiter aux Francs.

L'émir Altûntâsh. La demande de protectorat franc au **Haurân.**

Les affaires du *H*aurân vinrent détruire cette harmonie. Le *H*aurân, on le sait, dépendait de l'État de Damas. Au printemps de 1147 un émir du *H*aurân, gouverneur de Salkhad et de Bosrâ, un certain Altûntâsh, qui malgré son nom turc, était un Arménien converti à l'Islâm, se brouilla avec Mu'în al-Dîn Unur. Résolu à se rendre indépendant, il vint à Jérusalem solliciter l'aide des Francs. Il leur promettait, si ceux-ci le défendaient contre la cour de Damas, de leur céder moyennant un bon prix les deux places de Salkhad et de Bosrâ. La proposition était tentante, puisque les Francs avaient ainsi l'occasion de se rendre maîtres du *H*aurân, pays où de nombreuses chrétientés indigènes de rite grec eussent aidé leur domination et d'où ils pouvaient contrôler Damas. Seulement il fallait pour cela rompre la précieuse alliance damasquine.

Quand Altûntâsh, au printemps de 1147, vint faire ses offres à la cour de Jérusalem, ni le jeune Baudouin III – il avait à peine seize ans – ni sa mère la régente Mélisende – elle paraît avoir été parfaitement incapable d'initiative, dès qu'il s'agissait de grande politique – ne se trouvaient à même de prendre une décision. Ce fut le conseil des barons qui, en l'absence de la royauté, fut appelé à se prononcer. Le roi Foulque n'était plus là pour plaider la cause de son amitié avec Unur. Follement les barons se prononcèrent pour l'acceptation des offres d'Altûntâsh : ils ne surent pas résister à l'envie de mettre la main sur le *H*aurân. « Leur sembla que ce seroit grant chose et profitable se la Crestienté pooit avoir si fort cité (Salkhad ou Bosrâ) et que bon leu li porroit tenir à guerroier. » Ils convoquèrent donc l'armée royale qui se concentra autour de Tibériade d'où elle alla camper près du pont du Jourdain vers Bâb al-Tumm ou Jisr al-Mujâmî'[88] (début de juin 1147).

*Les négociations franco-damasquines sur le *H*aurân.*
Leur échec.

Cependant, ce ne fut pas sans hésitation que les barons de Jérusalem rompirent avec la sage politique du roi Foulque. Ils essayèrent même de conserver l'alliance damasquine tout en intervenant au *H*aurân en faveur d'Altûntâsh. Correctement, en conformité avec le texte de l'ancienne alliance entre Foulque et Unur, ils envoyèrent à ce dernier à Damas, un préavis de rupture. « Li Rois envoia à lui bons messages qui li distrent que dès lors en avant se gardast, car li Rois avoit conseil de lui guerroier ». Courtoisie entre voisins comme de deux châtelains en terre de France.

Le vieux Mu'în al-Dîn Unur dut être fort ennuyé d'une rupture aussi impolitique. Il mit tout en œuvre pour l'éviter. Tout d'abord il gagna du temps, perdant un mois en délais avant de répondre au messager franc. Enfin il fit connaître son sentiment à la Cour de Jérusalem. Posément, il essayait de faire comprendre aux Francs toute la folie d'une rupture qui le rejetterait forcément dans l'alliance de Nûr al-Dîn. Pour ramener la régente à l'ancienne amitié, il se plaça, chose curieuse, sur le terrain du droit féodal : puisque la cause de la rupture était la démarche de l'émir Altûntâsh, le roi des Francs ne pouvait, sans manquer aux règles de la courtoisie seigneuriale, soutenir contre ses amis de Damas un vassal félon. « Sire, fait dire au ministre damasquin le traducteur de Guillaume de Tyr, vos avez proposement de fere mal à la terre (de) mon seigneur qui est vostre amis et voulez maintenir contre lui un suen serf qui mauvèsement s'est partiz de sa terre. Ce seroit contre la couvenance (= convention) que vous avez formée à lui ; por ce vos prie comme son bon ami, et mande comme à son empris (= associé) que vos ne le faciez pas. » Pour conserver l'ancienne alliance Mu'în al-Dîn Unur se déclarait d'ailleurs prêt à dédommager la Cour de Jérusalem des dépenses déjà engagées par les Francs en vue de l'expédition du *H*aurân. « Eust donné granz donz, volentiers plus que cil afères ne li avoit cousté, se il en s'en vousist estre retornez. Et en maintes autres besongnes pot l'en bien conoistre qu'il avoit bon cuer vers la nostre gent »[89].

Des deux côtés on hésitait visiblement à consommer la rupture. Dans sa réponse la Cour de Jérusalem proposa un moyen terme, d'ailleurs difficilement acceptable. Ayant pris sous sa protection l'émir Altûntâsh, elle se déclarait moralement obligée à le rétablir dans son fief de *H*aurân, mais elle s'engageait à faire traverser les possessions damasquines sans commettre aucun dégât : « Se vostre Sires veut, nos n'avons nul talent de venir contre l'aliance que nos li avons fete ; mès cil hauz hom de vostre loi (Altûntâsh) est venuz en nostre terre por parler à nous ; bien cuide que nos le doions garder de domage, qu'il ne perde mie sa terre. Por ce nos le menrons dedenz sa cité (Bo*s*râ), bien nos garderons de fere domage en la terre le (= du) roi de Damas en alant et en venant, se sa gent ne nos mesfont »[90].

La cour de Jérusalem envoya porter ces propositions à Mu'în al-Dîn Unur par un chevalier nommé Bernard Vacher (Bernarz li Vachiers), ami personnel du feu roi Foulque dont il conservait la sage tradition[91]. À son retour de Damas, Bernard démontra à Baudouin III le caractère impolitique de l'entreprise et l'intérêt de maintenir l'alliance damasquine. « A son parler sembloit bien que plus s'accordast à retorner le Roi et l'ost que à plus aler avant. » *L'Estoire d'Éracles* nous dit que le était l'avis de tous les « sages homes », c'est-à-dire des barons, des chevaliers, des vieux compagnons du feu roi Foulque. Mais la nouvelle que l'expédition allait être abandonnée provoqua dans le menu peuple une menace d'émeute : Bernard Vacher était un traître que les Damasquins avaient acheté, les barons étaient des lâches s'ils refusaient leur protection à l'émir hauranais qui s'était réfugié auprès d'eux. « Li pueples oï cele parole qui ne li plot mie ; ainçois comencièrent à dire que cil Bernarz estoit traistres et qu'il avoit pris loier des Sarrazins por le retorner. Mout en fu granz li criz entre la menue gent, et disoient tuit que trop seroit granz outrages, se l'en refusoit si noble cité (Bosrâ) com la Crestienté pooit avoir. » Démagogie de Croisade, fréquente au cours de cette histoire et qui, toujours, entraîna des catastrophes. Cette fois encore elle intimida les chevaliers : « Assez i avoit de sages homes cui (= auxquels) bien estoit avis que li retorners fust mieudres (= meilleur) et plus seurs, mès il n'ôsoient parler, por le temolte de la foie gent » (Guillaume de Tyr, 718).

L'expédition du Haurân. La marche sur Bosrâ.

Sous la pression d'une opinion publique irresponsable, l'armée, avec le roi et les barons, se mit donc en marche du lac de Tibériade vers le Haurân. Elle pénétra dans le Jaulân, sur la rive méridionale du Yarmûk, sans doute par la piste de Mukeis (Gadara), passa sous le fort appelé par *l'Éracles* « Cave de Roob », situé dans le Wâdî al-Râhûb[92], entre Beit-Râs et le Wâdî al-Shellâla, et descendit de là vers « uns granz plains qui ot non Médan », l'actuel Wâdî al-Meddân, où pénètre du nord la route de Mezeirib à Der'ât et qui, avec son prolongement, le Wâdî al-Zeidî, servait de halte aux caravanes damasquines en marche vers La Mecque[93]. « Iluec s'assemblent chascun an à certeins tens les carevanes de toute la paienime d'Orient et mènent là trop grant richèces de maintes manières. La foire i est mout plenière ne sai quanz jorz. » Là une surprise attendait l'armée. Mu'în al-Dîn

212 *L'ÉQUILIBRE*

Unur l'avait prévenue. Tous les Turcs de Damas étaient venus se joindre aux Arabes du *H*aurân pour barrer la route de Bo*s*râ et de Salkhad. Pis encore. En présence de l'invasion franque, il n'avait pas hésité à faire appel à Nûr al-Dîn qui accourait d'Alep à marches forcées (fin mai 1147)[94].

À partir du Wâdî Meddân et de Der'ât les Francs se virent donc harcelés par des essaims de cavalerie turque et arabe. Situation d'autant plus dangereuse que la marche était déjà pénible en soi sur ces scories de laves et de cendres qui forment le sol de l'ancienne Batanée. Sol desséché, rougeâtre, sans eau en cette saison, et, de plus, récemment dévasté par une invasion de sauterelles qui avaient détruit les récoltes et infecté de leurs cadavres l'eau des citernes. « Quant nos genz furent venues en cele planesce (le Wâdi Meddân), ils virent venir les Turs à si granz routes qu'il s'en esbahirent tuit, ne ne cuidassent mie que en toute cele terre eust tant gent qui armes portassent. » Déjà les plus imprudents comprenaient la folie de l'expédition. « Cil qui avoient doné conseil que li Rois alast avant, s'en repentissent lors volentiers se il poïssent, car il n'i avoit si hardi qui bien ne se doutast. Li baron qui plus savoient de guerre et mieuz cognoissoient la manière des Turs, vindrent au Roi et li loèrent qu'il feist isnelement (= rapidement) son ost loger en cele place (le Wâdî Meddân) ; li Rois le fist à leur conseil. Tuit descendirent et firent tendre touz leur paveillons et leur tentes. Ils mangièrent ce qu'il avoient, car loing n'alèrent il mie en porchaz, porce que li Tur s'estoient aresté près d'eus. Toute la nuit se firent bien eschauguetier (= garder) cil de nostre ost et ne dormirent guères... Leur anemis ne finèrent de crier et de buisiner toute nuit. Grant joie fesoient porce qu'il ne cuidoient mie doter que touz li oz de nostre gent ne fust l'endemain à leur volenté, si que li emmenassent pris tant come il leur pleust et li remenanz fust livrez à mort. » Perspective sinistre d'un autre désastre d'Édesse, un désastre palestinien s'ajoutant au désastre mésopotamien et risquant de porter un coup fatal à la domination franque.

Mais les barons de Jérusalem et le jeune roi Baudouin III, malgré ses seize ans, avaient plus de cœur que Jocelin II. Loin de s'affoler, ils résolurent de poursuivre sur Der'ât et Bo*s*râ. « Quant li soleus fu levez au matin, li Rois ot conseil à ses barons qui li loèrent que il alast avant, car puis qu'il tant en avoit fet, li retorners seroit desconfiture, et aussi li metroient li Tur contenz (= obstacle) au retour come au passer avant. Ils conraerent leur batailles (= ordonnèrent leurs bataillons), et se mistrent à la voie. Leur anemi se comencièrent à metre au devant et à trère (= tirer) espessement de forz ars turquois et férir de maces et de canes forz et roides. La nostre gent qui estoient pesamment armées s'en aloient toutes voies lentement » ; mais, ajoute *l'Éracles*, quand les Francs pouvaient « accrocher » les Turcs, « bien fesoient voie parmi, aus glaives et aus espées ».

Le principal dans une marche de cet ordre était de maintenir inébranlablement la cohésion étroite entre cavaliers et fantassins. Mais la discipline resta parfaite. « Cil à cheval contrattendoient ceus à pié, car se il les esloignassent, tantost les perdissent touz. Maintes foiz avint que li haut home descendoient de leur chevaus por monter les foibles qui ne pooient aler à pié. Ainsi s'en aloient tuit serré, nus d'eus ne s'osoit desrouter ne poindre (s'écarter ni charger) sans comandement. Saietes (= flèches) plovoient sur eus ausi come grelle : ne pot estre qu'il n'en i eust mainz bléciez ; mès sur toutes choses i avoit une mésèse qui trop grevoit nostre gent, car li chauz (= la chaleur) estoit granz et la poudre (= la poussière), si avoient tel soif que près qu'il ne moroient. » Suite inévitable de cette imprudente aventure dans ces terres volcaniques, de dolérite granulée et de scories poreuses qui constituent le sol du Ajlûn et des versants occidentaux du Jebel *H*aurân : « en toute cele terre par où il passoient ne sort fontaine ne ne cort eaue nule. En iver, quant il pluet au païs, il reçoivent la pluie en citernes et en caves qui i sont de la nature de la terre. Mès en cel an i avoit eue une mésaventure, car si grant planté de langoustes (= sauterelles) estoient venues eu païs, que touz li airs en estoit pleins et toute la terre en estoit couverte ; et quand eles morurent, tant en chéi dedenz les citernes que toute l'eau en fu puanz et corrompue »[95].

En arrivant à Der'ât, qu'ils appelaient « Cité Bernard d'Étampes », les Francs devaient cependant trouver des puits non corrompus : les Turcs les empêchèrent de s'y désaltérer. L'épisode est raconté avec beaucoup de précision par *l'Estoire d'Éracles*. « Li Tur de la terre se mistrent avec ceus

214 L'ÉQUILIBRE

qui porsivoient l'ost, si en grevèrent plus nostre gent. Li Rois fist logier son ost entor cele ville (Der'ât). Il trovèrent citernes parfondes où il avoit assez eaue ; cil de l'ost qui grant talent (= besoin) avoient de boivre, corurent aus seilles (= seaux) et aus cordes, si vourent puisier. Mès, quand il avalèrent les seilles (= descendirent les seaux), l'en leur coupa les cordes aval, si que cil qui estoient es caves desoz retindrent les seilles. Lors parfurent-il trop angoisseus. Quant il orent perdue l'espérance de boivre, plus leur encrut l'ardeur de la soif. En tel manière furent li Rois et li oz IV jorz continueus sanz repos. A peine pooient il la nuit dormir un petit. Le nombre des Turs croissoit chascun jor, et li nostre apetiçoient par les morz. Tant i avoit mésèses et desconvenues que li Tur meismes se merveilloient trop coment nostre gent pooient ce soffrir, car il s'aloient touzjorz défendant de ceus qui les aprochoient. Maintes foiz i traoient il d'ars et d'arbalestes, mais leur anemi, qui estoient à large, se pooient mieux garantir et eschiver leur cops que li nostre qui estoient tuit serré. »

Tout en se défendant de la sorte, harcelée sans cesse par les cavaliers turcs, la colonne franque arriva enfin en vue de Bosrâ, son objectif. « Tant que la virent de loing, si en furent mout lié, car il orent espérance de finer le travail et le péril où il estoient. Li Tur qui les menoient (c'est-à-dire Altûntâsh et les siens) leur firent à savoir que près d'eus, entre les rochers, avoit fontaines d'eaues douces, mais leur anemi s'estoient mis entre deus, que il n'i poïssent avenir ». Les Francs livrèrent alors un combat désespéré – et victorieux – pour la conquête de l'eau. « Cil pristrent cuer et lor corurent sus mout eforcieement. Bon poigneiz i ot. Assez i perdirent li Tur. Li nostre se logièrent iluec et se reposèrent. Grant desirrier avoient que il fust jor l'endemain, porce qu'il cuidoient entrer en la cité »[96].

L'événement devait démentir cruellement cette espérance. En effet pendant que les Francs marchaient péniblement de Tibériade sur Bosrâ, le régent de Damas, Mu'în al-Dîn Unur, était arrivé devant Salkhad, où l'avait rejoint Nûr al-Dîn accouru d'Alep à son appel. Dans Salkhad, les lieutenants d'Altûnstâsh se sentaient incapables de résister à une telle coalition. Pour gagner du temps ils firent demander l'amân à

RÉGENCE DE MÉLISENDE

Unur, tout en sollicitant un délai de quelques jours pour livrer la place. Le récit de Guillaume de Tyr et celui d'Ibn al-Qalânisî ou d'Abû Shâma ne coïncident plus tout à fait ici[97]. Il semble que, à la nouvelle que les Francs approchaient de Bosrâ, Unur et Nûr al-Dîn soient partis en hâte vers cette place en remettant à plus tard la soumission de Salkhad[98]. Ils durent en effet gagner la colonne franque de vitesse, puisque, quelques heures avant l'arrivée de celle-ci, ils obtinrent de la femme d'Altûntâsh la remise de Bosrâ. La nouvelle de cet événement qui frustrait les Francs du fruit de leur pénible expédition leur fut apportée la nuit même de leur arrivée sous Bosrâ, tandis qu'ils attendaient le jour pour faire leur entrée dans la ville : « Entor la mi-nuit, vint un message de la ville mout celéement (= secrètement) qui estoit passez par là où li Tur estoient logié ; et venuz en nostre ost, il dist que l'en le menast au Roi, car il avoit à parler à lui mout privéement. L'en li mena ; li Rois envoia querre les barons et noméement le Tur qui avoit non Tantays (= Altûntâsh). Li messages dist que por néant (inutilement) iroient en avant, car la femme (de) Tantays avoit rendue la cité aus Turs ; si qu'il s'estoient saisi de toutes les forteresces ; garnies avoient les tors de leur genz. »

Retraite du Haurân. L'héroïsme du jeune Baudouin III sauve l'armée.

C'était pour les Francs l'anéantissement de toutes leurs espérances. Sur le moment ils furent comme étourdis. « Quant il oïrent les noveles, ne fu mie merveilles se il furent esbahi. Il ne sorent que fere ; toutes voies pristrent conseil, et leur fu avis que l'aler avant estoit noiant, à retorner les covenoit, se il pooient. » Battre en retraite sur cette terre morte, au milieu d'une nuée harcelante d'ennemis, avec tout un convoi de blessés et de malades qui rendait la marche plus pénible encore, l'opération restait singulièrement hasardeuse. La situation paraissait à tous si critique que les barons conseillèrent au jeune Baudouin III de partir, avec la Vraie Croix, sur le meilleur coursier de l'armée et de regagner Jérusalem à force d'éperons. Noblement l'adolescent royal – il avait seize ans – refusa, voulant partager le sort de

216 · L'ÉQUILIBRE

ses compagnons. « Aucun des barons vindrent au Roi privéement et li conseillièrent que il preist la Vraie Croiz et montast sur le cheval à un chevalier qui avoit non Jehans Gomans ; si s'en alast touz seus au férir des esperons, por venir à sauveté, se il pooit eschaper, car li remananz estoit perduz. Li Rois qui estoit juenes enfès mostra bien en ce point quel il seroit en plenier aage, car il dist que ce ne feroit il mie, ne il ne voudroit mie eschaper vis (= vivant), por que li preudome qu'il avoit là amenez fussent iluec péri. » Réponse qui sauva sans doute l'armée, que le départ de l'enfant-roi eût achevé de démoraliser, tandis que sa présence communiqua son héroïsme à tous. « Quant il virent que li Rois ne s'en iroit pas, si comencièrent à deviser coment il s'en retorneroient. » Si le roi d'abord, les barons ensuite prirent virilement leurs résolutions, « la menue gent » dont la folle intervention avait obligé la cour à cette désastreuse équipée tombait maintenant dans un abattement qui pouvait entraîner les pires conséquences. « La menue gent qui orent oï cele parole se desconforta trop ; car premièrement, tandis com il cuidoient comquerre cele cité, l'espérance qu'il en avoient leur estoit grant alègement de leur travail et des mésèses qu'il en soffroient ; mès quant il virent qu'il i orent failli, tuit furent désespéré et se sentirent touz afebloiez por soffrir la peine de retorner. » Mais la volonté du roi et des barons, en imposant à tous une discipline stricte, ne permit pas au découragement populaire de dégénérer en panique : « L'en fist crier le ban le (= du) Roi, que tuit se méissent à la voie arrières en leur bataille, si com il estoient venu. »

La retraite commença donc de Bosrâ vers Tibériade, harcelée par les armées de Mu'în al-Dîn Unur et de Nûr al-Dîn. « Quant li Tur l'aperceurent (la retraite des Francs), si comencièrent à huller et soner timbres et buisines et tabors (timballes, et tambours) ; si férirent des esperons au devant por destorber ceus qui s'en aloient. » Dans ces circonstances terribles, l'armée franque resta inébranlable, si bien que sa retraite peut être citée comme une des plus belles pages de l'histoire militaire du Moyen Âge. « Li nostre qui bien cuidoient iluec morir, pristrent cuers en eus et hardement : à ce entendoient sanz plus qu'il vendissent bien leur mort. Toutes les foiz que cil les apressoient tant qu'il i poïssent avenir, viguereusement leur coroient sus et ocioient quanqu'il (= tous ceux qu'ils) pooient ateindre, si que parmi eus fesoient large voie. »

Une discipline stricte permit à la colonne de sauver ses blessés et ses malades : « Il avoit esté comandé en nostre ost que les morz et les navrez l'en ne laissast pas remanoir, ainçois les mist l'en sur chamaus et sur voitures, car li Tur eussent trop grant joie s'il en trovassent nul après eus. Si, estoit devisé que tuit tenissent leur espées tretes (= tirées), neis (= même) les foibles genz, por mostrer bel semblant par dehors. Li Tur qui bien apercevoient le meschief de nos genz, tenoient à trop grant merveille coment li nostre s'en aloient einsi enterinement (= tous ensemble) et tuit serré, que nus ne remanoit (= demeurait) après eus ne por mort ne por mésèse. Il comencièrent à dire en leur langage que c'estoit pueples de fer. Quant il virent que li assemblers et li combatres aus noz ne leur estoit mie bons, car il i perdoient touzjorz, si empristrent autre manière d'eus grever. Li venz tant com il en fesoit venoit tout droit contre les viz de noz genz et grant bien leur avoit fet por le chaut qui granz estoit. La terre par où il s'en aloient estoit pleine de ronces et de chardons, de buissons et de hautes herbes de senevé toutes sèches ; estoubles (= pailles) meismes de blé i avoit il en aucuns leus. Li Tur gitèrent feu partout, si qu'il semblast que touz li païs ardist. La flambe haute et la fumée espesse féroient (= atteignaient) nos genz enmi les euz (= dans les yeux) »[99].

La colonne franque arrêtée par ce feu de brousse, avec le vent de face, était sur le point de périr, les soldats de Baudouin III « estoient jà tuit noir et tuit broï (= enfumés), ausi come fèvre (= forgerons), du feu et de la fumée » – lorsque le miracle se produisit : le vent, soudain, tourna, rabattant feu et fumée sur les Turcs. « Quant li granz besoinz est et les aides des homes faillent, lors doit l'en requerre l'aide (de) Nostre Seigneur et li crier merci, que le suen conseil i mete. Einsi le firent nostre crestien à ce point, car il apelèrent l'arcevesque Robert de Nazareth qui portoit la Vraie Croiz devant eus, et li requistrent qu'il priast Nostre Seigneur qui por eus sauver avoit mort souferte en cele Crois, que il les gitast de ce péril. L'Arcevesque descendi et se mist à genous ;

Nostre Seigneur pria à granz lermes que il eust pitié de son pueple ; puis se dreça et tendi la Vraie Croiz encontre le feu que li venz amenoit efforciéement contre eus. Nostre Sires par sa merci regarda sa gent au grant péril qu'il soffroient, car li venz torna tantost, qui flati (= refoula) le feu et la fumée enz enmi les vis à ceus qui alumé l'avoient, si que par force les fist foïr touz esparpeilliez parmi les chans. Li nostre, quant il virent ce, comencièrent à plorer de joie, car bien aperceurent que Nostre Sires nes avoit mie oubliez ; tuit en furent rafreschi de fere sa besogne ; li Tur furent encontre si esbahi qu'il ne se savoient coment contenir de ce miracle qu'il avoient veu. De fin esbahissement se trestrent (= retirèrent) arrières, et lessièrent nostre gent une pièce tout enpais ; si que il orent un petit de repos »[100].

Cependant les barons de Jérusalem ne se rappelaient pas sans regret l'ancienne alliance avec l'État de Damas. Le vieux vizir de Damas, Mu'în al-Dîn Unur, avait peut-être, lui aussi, des regrets analogues. Avait-il vraiment intérêt à provoquer une catastrophe franque ? L'abaissement des Francs n'aurait-il pas pour résultat de rompre l'équilibre syrien au profit du seul Nûr al-Dîn ? Les barons décidèrent donc d'envoyer un message à Unur pour obtenir de lui la conclusion d'une trêve permettant à l'armée de rentrer sans encombre en Palestine. On choisit comme messager un chevalier sachant bien l'arabe et qui avait déjà été chargé d'une mission auprès des gens de Damas. Guillaume de Tyr ne le nomme pas, mais il ne serait pas impossible que ce fût ce même Bernard Vacher dont nous avons vu l'ambassade à Damas à la veille de l'expédition du Haurân. En effet le chroniqueur ajoute qu'il était quelque peu en suspicion pour sa conduite au cours d'une précédente ambassade, ce qui était le cas de Bernard Vacher à qui la foule avait reproché son plaidoyer en faveur du maintien de l'alliance damasquine et son opposition à la folle entreprise haouranaise. « Il savoit le langage de Sarrazinois mout bien parler ; autrefoiz i avoit il esté envoié, mès l'en cuidoit que il ne s'i fust pas bien contenuz, ainçois estoit mal renomez que desloiaument eust porchaciée la besoigne par quoi il ala. Toutes voies l'en li dist qu'il féist ce message. » Le chevalier accepta cette difficile mission, non sans quelques réflexions d'une ironie amère : « Biau seigneur, l'en me mescroit à tort de l'autre message que je fis, et dit l'en que j'i ouvrai faussement ; mais ce n'est mie voirs (= vrai). Jà ne poïssé-je revenir de là où vos m'envoiez que je ne soie ocis, se je loiaument et à bone foi ne porchace à mon pooir ce que l'en m'encharja ! » Il partit, mais avant d'avoir pu joindre Mu'în al-Dîn Unur, il fut massacré par les coureurs ennemis[101].

Il ne restait qu'à continuer la résistance. La colonne franque, redoublant de discipline, reprit donc sa marche en direction du bassin du Yarmûk, plus étroitement serrée que jamais par les escadrons turcs. « En l'ost des noz estoit criez li bans que, se nus se deroustoit (= quittait la route) por férir aucun cop, queque li avenist, l'en li coperoit la teste ». Il importait en effet d'interdire impitoyablement toute initiative chevaleresque qui eût rompu l'ordre strict de marche et permis aux Turcs d'accrocher et d'entamer la colonne. Sur ces entrefaites, précisément quatre nobles émirs vinrent caracoler autour des bataillons francs pour les provoquer au combat. Parmi les chevaliers nul n'osait relever le défi, à cause de la défense royale. Mais un des auxiliaires musulmans qui suivaient l'armée franque, un des émirs haouranais compagnons d'Altûntâsh, ne put supporter les bravades de l'ennemi. Piquant des éperons, « le glaive desoz l'essele », il quitta la colonne, s'élança sur les quatre Turcs, atteignit l'un d'eux, « le glaive li envoia parmi le cors jusqu'au poing », et regagna sain et sauf l'armée franque. « Li Tur, quant il virent ce haut home mort, acorurent tuit entor lui ; là commença li pleurs : il arrachoient leur barbes, coupoient leur trèces et les queues de leur chevaus, en signe de grant duel. Li nostre qui ce regardoient en firent grant joie, mais, toutes voies, demandèrent qui cil estoit qui ce avoit fet contre le ban le (= du) Roi ? Encerchié fu et trova l'en que c'estoit uns chevaliers turs de la mesniée Tantays (de la maison d'Altûntâsh). Il en orent pitié por le bel cop qu'il avoit fet et distrent qu'il n'entendi mie (= n'avait pas entendu) le langage au criéeur, qu'il ne cria mie en sarrazinois. En ceste manière le passèrent (= lui passèrent sa désobéissance). »

Cet épisode, affirme Guillaume de Tyr, inspira respect aux Turcs qui relâchèrent quelque peu leur pression, de sorte que la colonne franque put atteindre sans encombre « la Cave Roob », c'est-à-dire le Wâdî al-Râhûb, dans la région du Wâdî

220   *L'ÉQUILIBRE*

Shellâla. Là les Francs, malgré leur manque de ravitaillement, étaient pratiquement sauvés en raison de la proximité de leur territoire. Il restait, il est vrai, à atteindre le Jourdain, soit en descendant directement la vallée du Yarmûk, soit en coupant par le plateau, vers Samar ou vers Ibdar et Mukeis-Gadara. Ici se place un incident curieux. Le vizir de Damas, Mu'în al-Dîn Unur, offrit aux Francs de les ravitailler. S'agissait-il pour le vieil homme d'État de marquer que, le déplorable épisode de la campagne du *H*aurân une fois clos, le gouvernement damasquin était prêt à renouer l'ancienne alliance ? Y avait-il chez Unur, le souvenir de ses anciennes relations d'amitié avec le roi Foulque et une secrète admiration pour la vaillance de son fils, l'enfant-roi Baudouin III ? S'agissait-il au contraire d'un piège pour attirer les Francs dans une vallée sans issue et les y encercler ? Le récit de *l'Estoire d'Éracles* laisse subsister les deux hypothèses : « Il (les Francs) vindrent au leu que l'en claime la Cave Roob. Pour ce que cil leus estoit roistes et estroiz et qu'entre les montaignes avoit de félons trepas, li Baron s'acordèrent que l'en ne passeroit mie par là. Quant Aynarz (Unur) qui les porsivoit, vit que li Rois adreçoit sa gent vers la valée, il li envoia ses messages, et li manda qu'il avoit bien veu que ses oz (= son armée) avoit soferte par (= depuis) je ne sai quanz jorz, grant mésèse de viande (= provisions) ; por ce li ofroit que, por amor de lui, il feroit outre la Cave Roob, en uns plains qui là sont, apareillier viandes assez où il et toutes ses genz porroient mengier et boivre à grant planté. Ce ne sai-je pas s'il le fist par bone entencion et por l'amor qu'il avoit au Roi et à ses genz, ou par décèvement, que il vouloit que il s'embatissent en unes périlleuses valées dont il ne poïssent pas légièrement issir. Voirs (= vrai) est que bien eussent mestier (= besoin) de ce qu'il offroit. Mès por ce qu'en doit touzjorz avoir soupeçonneus les servises et les bontez que si anemi présentent, li Rois refusa. Comandé fu qu'il s'en alassent par l'autre voie qui estoit plus pleine et moins périlleuse. Mais il n'avoient nului entr'eus qui les seust conduire par ce païs ».

On raconta plus tard qu'un chevalier mystérieux, un « chevalier au blanc cheval et à la vermeille banière », était venu guider les Francs pour les conduire sans encombre du Wâdî al-Shellâla à Mukeis à travers le plateau. « Uns chevaliers vint devant les routes (= devant les troupes) que nus ne cognoissoit en l'ost. Il séoit sur un cheval blanc et portoit une banière vermeille, un hauberc avoit vestu, dont les manches n'avenoient que jusqu'au coude. Cist emprist à les conduire et se mist devant. Eaues (= eaux) leur enseignoit bones et froides, tant com il en avoit mestier (= besoin) ; logier les fesoit en bones places et covenables à ce fère »[102]. En trois jours il les conduisit ainsi au Wâdî al-Râhûb jusqu'à Gadara, le « Gadres » des Croisés, l'actuel Mukeis, dont la butte, à 364 mètres, domine, à 11 kilomètres à l'est de Jisr al-Mujâmî, le confluent du Yarmûk et du Jourdain[103].

Devant Gadara eut lieu le dernier fait d'armes de l'expédition. Comme la tête de colonne franque approchait du bourg, les Turcs essayèrent d'écraser l'arrière-garde. Celle-ci se défendit si vigoureusement que Mu'în al-Dîn Unur et Nûr al-Dîn n'insistèrent pas. Renonçant à détruire l'armée franque, ils abandonnèrent la poursuite et rentrèrent à Damas. Le lendemain les Francs repassaient le Jourdain et regagnaient, invaincus, la place de Tibériade. « Il tesmoignèrent bien tuit cil de la terre de Surie qui là furent, que onques la Crestientez de la terre n'avoit chevauchié si périlleusement sanz desconfiture, come ele fist lors. Quant li Rois fu retornez en son roiaume et (que) la Vraie Crois fu remise à Jhérusalem, grant joie firent tuit cil qui les atendoient, et plus cil qui estoient retorné ; et bien distrent tuit qu'il estoient ausi come revescu (= ressuscité) »[104]. Quant à Altûntâsh, l'émir haouranais qui avait entraîné les Francs dans cette dangereuse expédition, il se laissa attirer à Damas par une perspective d'*amân* : Mu'în al-Dîn Unur lui fit crever les yeux[105].

Contre toute attente les Francs rentraient indemnes de la dangereuse expédition où la démagogie de Croisade les avait entraînés contrairement à l'avis des barons et du jeune roi. Ils devaient un tel « miracle » tout d'abord à la vaillance de l'adolescent royal qui, en refusant de se sauver seul, avait rendu confiance à l'armée ; puis à l'ordre rigoureux que les barons avaient su faire régner au cours de la retraite. Cette retraite, conduite de Bosrâ à Mukeis, au milieu de difficultés inouïes, coupée de feux de brousse, avec le harcèlement incessant de toutes les forces damasquines et alépines, constitue du reste un des plus beaux épisodes de l'histoire militaire de l'Orient Latin. Le désastre, côtoyé à chaque instant, avait été évité. Le jeune Baudouin III ramenait son armée invaincue, intacte, plus redoutée que jamais des Turcs. Restait, il est vrai, la grave faute politique commise en dépit des vieux compagnons du roi Foulque, par la rupture de l'alliance franco-damasquine. Mais les ménagements que la Cour de Jérusalem avait montrés pour celle de Damas à l'heure même où l'expédition se décidait, les attentions que Mu'în al-Dîn Unur avait témoignées aux Francs dès que ceux-ci avaient évacué le *Haurân*, tout cela prouvait que ni Francs ni Damasquins ne désiraient élargir le fossé. Tout au contraire, les premiers comme les seconds ne pouvaient que sentir obscurément le besoin de rétablir contre la menace zengide l'entente conclue entre le roi Foulque et Mu'în al-Dîn Unur.

Malheureusement, à l'heure où ces vérités s'imposaient de nouveau à l'esprit des Francs de Syrie, la deuxième Croisade allait survenir, qui brouillerait toutes les données de la politique syrienne et à l'*esprit colonial*, caractérisé par l'alliance damasquine, substituerait une fois encore l'*esprit de croisade* – au mauvais sens du mot – pour lequel aucune distinction n'existait entre les diverses puissances musulmanes.

§ 3. — La Deuxième Croisade.

La Deuxième Croisade et l'offre des Normands de Sicile.
Rejet des propositions normandes.

La nouvelle de la chute définitive d'Édesse avait excité une profonde émotion en Occident. Elle y provoqua la mise en mouvement d'une deuxième croisade.

Il semble que l'idée première de la Croisade doive être attribuée au roi de France Louis VII (déclaration de Bourges, décembre 1145)[106]. « La première Croisade, dit Luchaire, avait été surtout une œuvre française. Il appartenait au roi de France d'en sauvegarder et d'en compléter les résultats. » Au début le projet fut accueilli avec quelque froideur, non seulement par le prudent ministre Suger, mais par le pape Eugène III. Ce fut saint Bernard (lequel d'ailleurs avait d'abord hésité, lui aussi) qui déchaîna enfin par sa prédication à l'assemblée de Vézelay le 31 mars 1146, un enthousiasme rappelant celui de 1095[107]. Ce fut également saint Bernard qui, à la diète de Spire, les 25-27 décembre 1146, décida à se croiser l'empereur d'Allemagne Conrad III[108].

Ce qui distingua la croisade de 1147 de celle de 1095, c'est que ce ne fut pas une migration internationale et en quelque sorte inorganique, mais la mise en marche de deux armées nationales régulières, commandées par les deux plus puissants souverains de l'Occident. En théorie du moins, car le principe religieux de la Croisade obligeait les chevaliers à laisser partir à leur suite une foule de pèlerins et de pénitents sans valeur militaire qui entravaient la marche des troupes.

La question capitale était celle de l'itinéraire. Le puissant roi normand de Sicile, Roger II, voulant épargner aux Français la périlleuse traversée de l'Anatolie et dont les flottes étaient maîtresses de la Méditerranée, proposa à Louis VII de le transporter directement par mer en Terre Sainte. Il lui offrait, en plus de ses vaisseaux, de lui assurer des vivres, des renforts, et de se croiser lui-même[109]. Les heureuses croisades que Roger II dirigeait alors contre les Arabes de Tunisie et de Tripolitaine et la connaissance approfondie qu'il avait des choses musulmanes rendaient ses propositions singulièrement avantageuses. Tranchons net : qu'on les eût acceptées, la deuxième Croisade était assurée du succès[110]. Mais Roger II était, on l'a vu, prétendant au trône d'Antioche et, de ce fait, personnellement brouillé avec le prince d'Antioche Raymond de Poitiers que Louis VII allait secourir. Or, Raymond se trouvait l'oncle de la jeune reine de France, Aliénor d'Aquitaine, qui, précisément, accompagnait son époux à la Croisade. Ce furent sans doute ces considérations qui firent très malheureusement décliner les offres si précieuses du roi de Sicile.

Quant à Conrad III, brouillé de longue date avec les Normands de Sicile, il était, de ce fait, contraint à prendre la voie de terre. Il fut donc convenu qu'Allemands et Français suivraient, par le Danube, le Bosphore et l'Anatolie, la route de Godefroi de Bouillon. Mais pour faciliter le ravitaillement (l'armée française et l'armée allemande comprenaient chacune environ 70 000 hommes) et aussi pour éviter les froissements entre susceptibilités nationales, les deux groupes firent route séparément, l'armée allemande précédant l'armée française sur le chemin de Constantinople. Conrad III, encore à Ratisbonne le 27 mai, traversa la Hongrie en suivant le Danube et entra en territoire byzantin à Branichevo vers le 20 juillet. Quant à Louis VII qui avait pris l'oriflamme à St-Denis le 8 juin, il rassembla aussitôt son armée à Metz. Le 29 juin, il était à Worms ; puis de Ratisbonne à Constantinople il suivit à travers la Hongrie et l'Empire byzantin le même itinéraire que les Allemands.

Toutefois des éléments français d'avant-garde se trouvèrent fréquemment en contact avec les arrière-gardes allemandes et eurent avec elles les plus détestables rapports. Le chroniqueur français Odon de Deuil qui accompagnait Louis VII nous peint les croisés allemands comme des pillards et des ivrognes qui prétendaient toujours se servir les premiers, d'où, pour le ravitaillement, « des rixes avec des clameurs épouvantables, car Français et Allemands criaient à tue-tête sans se comprendre ». Le chroniqueur byzantin Kinnamos lui-même nous rapporte les plaisanteries des Français sur la lourdeur germanique : « Pousse, Allemand ! »[111]. Conrad III devait en concevoir contre les Français une vive animosité, état d'esprit qui, nous le verrons, allait l'empêcher de les attendre pour la traversée de l'Asie Mineure, et qui allait ainsi compromettre le succès de l'expédition.

Les rapports franco-byzantins à la veille de la Deuxième Croisade. Le voyage de Raymond de Poitiers à Constantinople. Reconnaissance de la suzeraineté byzantine sur Antioche.

L'arrivée successive des deux souverains occidentaux dans l'empire grec allait poser à nouveau la question des rapports franco-byzantins. Quand Louis VII, par l'ambassade de Milon de Chevreuse, avait annoncé à Manuel Comnène ses projets de croisade, le *basileus* s'était déclaré prêt à accorder aux Français le passage à travers l'Empire et à leur fournir, moyennant finances, les vivres nécessaires, mais il avait posé comme condition la reconnaissance de la suzeraineté byzantine. Comme son grand-père Alexis en 1097, il exigeait que les Croisés lui prêtassent, pour toutes leurs conquêtes éventuelles en Asie, le serment d'hommage et de fidélité. La prétention, remarquons-le, était peut-être encore plus grave qu'en 1097, du fait que le chef de la Croisade n'était plus, cette fois, un simple baron, mais le roi de France lui-même. Dès que Louis VII serait parvenu en terre d'Asie, le point de vue de la diplomatie byzantine ne tendait à rien de moins qu'à faire de lui un vassal de l'Empire d'Orient.

L'affaire était d'autant plus délicate que la question d'Antioche se trouvait au même moment posée dans toute son acuité ou plutôt déjà virtuellement résolue dans le sens byzantin.

À la suite de la défaite que les Byzantins avaient infligée en 1143-1144 à Raymond de Poitiers et de la crainte causée chez les Francs par les victoires de Zengî et par la chute d'Édesse, Raymond avait compris l'impossibilité de sauver la principauté d'Antioche de la reconquête musulmane s'il ne se réconciliait pas avec le *basileus*. Il s'était rendu à Constantinople pour obtenir son pardon et demander des secours (1145). Après avoir d'abord refusé de le recevoir, Manuel Comnène accepta ses excuses. Raymond dut faire amende honorable au tombeau de Jean Comnène, se reconnaître formellement vassal de l'Empire et prêter serment de fidélité à Manuel, moyennant quoi ce dernier promit de l'aider de ses subsides et de ses contingents contre les Turcs d'Alep[112].

Il est certain qu'à l'heure où la patiente diplomatie byzantine, profitant du désastre franc dans la Jazîra, venait enfin de faire reconnaître la suzeraineté effective de l'Empire sur Antioche, l'annonce d'une Croisade française devait, à bien des égards, inquiéter Manuel Comnène : le roi de France, dont la femme était la nièce de Raymond de Poitiers, n'allait-il pas apporter à ce dernier un affermissement qui rendrait moins indispensable l'appui du *basileus* et pourrait remettre en question le protectorat byzantin sur la Syrie du Nord ?

Les rapports gréco-turcs à la veille de la Deuxième Croisade.
Expédition de Manuel Comnène contre les Seljûqides.
Marche de l'armée byzantine sur Qoniya (1146).

Cependant l'arrivée prochaine des Croisés pouvait, le cas échéant, présenter pour la Cour de Constantinople de réels avantages, d'autant que leurs chefs annonçaient l'intention d'emprunter l'itinéraire de l'Anatolie, en passant sur le ventre des Turcs Seljûqides de Qoniya[113]. Or Manuel Comnène

226 L'ÉQUILIBRE

sortait à peine d'une grande expédition contre le sultan de Qoniya Mas'ûd qui ravageait la partie byzantine de la vallée du Sangarios (Saqârya)[114].

Au cours de l'année 1146, Manuel avait, par Eski-shéhir (Dorylée) et Aqshéhir (Philomélion), marché droit sur la capitale ennemie[115]. Après avoir déjoué, en avant d'Aqshéhir, une embuscade de Mas'ûd, il avait pris et brûlé cette ville, non sans délivrer un grand nombre de captifs chrétiens. Ayant ensuite forcé les passes de Kabala (Tshigil), Manuel pénétra jusqu'à Qoniya, défit les Seljûqides à l'est de la ville et en saccagea les faubourgs. Mais, comme Mas'ûd, au lieu de s'enfermer dans sa capitale, s'était retiré dans le Désert Salé, du côté d'Aqseraï, pour appeler à lui les Turcomans de l'Est, Manuel, craignant une surprise ou pensant peut être que la prise de Qoniya ne terminerait rien, n'entreprit pas, comme on l'eût attendu, le siège de la ville, mais se décida à battre en retraite. Retraite pénible qui débuta par un combat acharné au défilé de Tzivré-litzémani (Devent-keui), à l'ouest de Qoniya, où plusieurs corps byzantins furent d'abord écrasés avant que Manuel Comnène rétablisse la situation[116]. L'armée rentra ensuite en territoire byzantin par le lac Karalis (Beishehir Göl) et les sources du Méandre.

La paix entre Byzantins et Seljûqides n'était pas encore signée lorsque Louis VII annonça l'intention de traverser l'Anatolie pour se rendre en Syrie. Manuel Comnène put, à ce moment, caresser l'espérance d'utiliser l'armée française pour mener à bien l'entreprise de 1146 et chasser de Qoniya les Turcs Seljûqides. D'où la clause, proposée par les négociateurs byzantins, que le roi capétien prêterait serment d'hommage et de fidélité au *basileus* pour toutes les conquêtes à effectuer en terre d'Asie. Clause qui devait viser non seulement la reconquête d'Édesse, mais sans doute aussi la conquête d'Iconium.

La croisade de l'empereur Conrad III et les revendications byzantines sur l'Orient irrédimé. « Le voyage de Charlemagne à Constantinople. »

L'entrée en scène de Conrad III compliquait le problème. Bien que Conrad et Manuel Comnène fussent beaux-frères et que les deux empires eussent alors des relations excellentes, étant unis dans une hostilité commune contre les Normands de Sicile, il était difficile au *basileus* grec, dans la hiérarchie du temps, de réclamer l'hommage du César germanique. Par le fait que Conrad était son égal en droit impérial, Manuel ne pouvait espérer se subordonner les Croisés allemands durant leur traversée de l'Empire grec, ni, par contre-coup, faire réserver l'hypothèque byzantine sur les terres à conquérir ou à reconquérir au détriment des Musulmans. Dès l'instant qu'un autre empereur « romain » prenait la tête de la Croisade, la fiction de la suzeraineté byzantine en Asie, qui avait été la grande pensée d'Alexis Comnène en 1097, s'évanouissait. La Croisade de Conrad III, c'était un peu le « Voyage de Charlemagne à Constantinople » réalisé avec toutes les difficultés que pouvait comporter une telle rencontre.

Cette situation juridique explique l'attitude de la diplomatie byzantine au cours de la Deuxième Croisade. En dépit de relations personnellement courtoises avec Conrad III et Louis VII, Manuel Comnène, ayant renoncé à utiliser les armées franco-allemandes au bénéfice de la reconquête byzantine en Asie, les traita dès le début avec une invincible méfiance, puis avec une hostilité à peine dissimulée.

Cependant tandis que Conrad III, marchant vers Constantinople, n'était encore qu'en Hongrie, il reçut la visite de deux ambassadeurs byzantins, Demetrios Makrembolitès et Alexandre de Gravina, qui obtinrent de lui le serment de se conduire en ami pendant la traversée du territoire byzantin, moyennant quoi les fonctionnaires byzantins s'engageraient à le ravitailler. Les serments en ce sens furent échangés sans difficulté. L'armée allemande, étant entrée en territoire byzantin à Belgrade et Branichevo, descendit par Nisch, Sofia, Philippopoli et Andrinople. À Nisch elle fut ravitaillée par le gouverneur de la province, Michel Branas, à Sofia par le sébaste Michel Paléologue. L'indiscipline des troupes allemandes qui refusaient de payer les vivres et répondaient aux réclamations par des coups d'épée provoqua des troubles fréquents, notamment à Philippopoli où l'archevêque grec, Michel Italikos, dut intervenir personnellement auprès de Conrad III pour obtenir le châtiment des pillards. À Andrinople, ce furent les troupes byzantines, envoyées pour la surveillance des Croisés, qui, au contraire, se rendirent coupables de graves excès : elles dévalisèrent et brûlèrent vif un seigneur allemand (parent de Conrad III) qui, se trouvant malade, s'était fait hospitaliser dans un couvent de la ville. Sur quoi Frédéric de Souabe, le futur empereur Frédéric Barberousse, chargé par Conrad III de faire justice, mit le feu au couvent et fit exécuter les prisonniers qu'il put faire[117].

Pour éviter un coup de main sur Constantinople, Manuel eût désiré que, d'Andrinople, les Allemands passassent directement en Asie par les Dardanelles, et Chalandon fait avec raison remarquer que la route de Constantinople ne conduisait en effet qu'aux déserts de l'Anatolie seljûqide, tandis que celle des Dardanelles, de l'Ionie (ou de la Lydie), de la Pamphylie et de l'Isaurie se trouvait la seule qui fût sous le contrôle des Grecs et pût conduire les Latins en Cilicie et à Antioche[118].

Les Allemands qui semblent avoir fait du passage par le Bosphore une question de prestige, refusèrent de se diriger sur les Dardanelles et vinrent, menaçants, camper sous les murs de Constantinople. Là, indépendamment des rixes incessantes entre eux et la population byzantine, les plus délicates questions d'étiquette compliquèrent les rapports du *basileus* et du César germanique. Conrad III songea un moment à conquérir Byzance.

Conséquences du désaccord gréco-allemand. Conclusion d'une paix séparée entre Manuel Comnène et le sultan Mas'ûd : l'entente gréco-turque contre la Deuxième Croisade.

Ces difficultés finirent par s'aplanir, parce que d'une part Manuel Comnène eut peur d'une attaque brusquée des Allemands contre sa capitale et que, d'autre part, comme le pense Chalandon, Conrad III ne voulut pas rester devant Constantinople jusqu'à l'arrivée de Louis VII. Bien que le roi de France lui ait demandé de l'attendre, dans l'intérêt de la Croisade, pour entrer en Asie Mineure avec toutes leurs forces réunies, Conrad, en haine des Français et pour ne pas partager avec eux la gloire de vaincre les Turcs, se hâta de passer en Asie dès qu'il apprit l'approche du Capétien.

La rupture gréco-allemande put donc être évitée. Mais le mal n'en était pas moins fait, car Manuel, achevant de consi-

RÉGENCE DE MÉLISENDE

dérer les Allemands comme des ennemis, se hâta de conclure sa paix particulière avec son adversaire de la veille, le Seljûqide Mas'ûd, sultan de Qoniya, dont la Croisade allait traverser le territoire[119].

Il n'est pas nécessaire de souligner la gravité de cette décision. Si les Byzantins, dont les légions, un an auparavant, étaient venues incendier les faubourgs de Qoniya, avaient joint leurs forces à celles des Croisés occidentaux, nul doute que le sultanat seljûqide, sous le poids d'une telle coalition, eût dû, bon gré, mal gré, permettre le passage de l'armée chrétienne à travers l'Anatolie. N'est-ce pas l'alliance byzantine qui avait permis le succès initial de la Première Croisade ? On ne saurait trop rappeler en effet que, si la Première Croisade avait réussi, si, au lieu d'avoir été de prime abord arrêtée en Anatolie par l'obstacle seljûqide, elle avait pu, à Nicée et à Dorylée, l'écarter de sa route, elle l'avait dû pour une bonne part au concours de l'empereur Alexis Comnène. Supposons en 1097 un *basileus* secrètement hostile, la Première Croisade eût été, dès ses premiers pas, rendue impossible. Pour tout pèlerinage armé prétendant emprunter la voie de terre, le concours byzantin était indispensable. En se privant délibérément de ce concours, en décidant avec sa morgue germanique d'affronter seul les Seljûqides de Qoniya et de hasarder son armée au milieu des solitudes du plateau d'Anatolie, parmi les Turcs aux aguets, avec, derrière lui, la neutralité la moins bienveillante, voire l'hostilité presque avouée des Grécs, Conrad III vouait la Deuxième Croisade à un échec initial certain.

Faute d'autant plus grave que, dès que l'empereur allemand fut passé en Asie, Manuel Comnène lui envoya encore, à Chalcédoine, des propositions d'alliance. Le *basileus* demandait que des contingents allemands prissent du service dans l'armée byzantine, sans doute, pense Chalandon, pour lutter contre le roi normand de Sicile, Roger II, qui attaquait l'empire dans l'Adriatique ; Manuel offrait en échange à Conrad le concours des troupes byzantines d'Asie, sans doute, pense encore Chalandon, des troupes de Cilicie, pour participer à la Croisade[120]. Conrad III repoussa encore ces propositions. Refus d'autant plus surprenant qu'il était lui-même au plus mal avec les Normands de Sicile, et que l'aide des Byzantins en Anatolie et du côté d'Édesse – puisque après tout c'était Édesse qu'il s'agissait d'aller reprendre – eût été pour les Latins un appoint inestimable. Le refus orgueilleux et têtu du César germanique aux propositions du *basileus*, en achevant de désintéresser ce dernier du sort de la Croisade, en ancrant les Byzantins dans la paix récemment conclue ou en voie de conclusion avec les Turcs de Qoniya, devait avoir pour le sort de l'entreprise des conséquences désastreuses. Le *basileus* n'hésita plus à exciter sous main contre les Allemands le sultan Mas'ûd avec lequel il venait de faire la paix. Nikétas Choniatès le dit expressément[121]. Chalandon, lui-même, dans son plaidoyer pour les Comnènes reconnaît « qu'il ne serait pas étonnant que, au moment où les rapports avec Conrad étaient particulièrement tendus, le *basileus*, en faisant la paix avec le sultan d'Iconium, l'ait poussé à attaquer la Croisade ; il était en effet de l'intérêt de l'empire grec que les Latins d'Antioche ne fussent pas secourus... »[122]. Aveu précieux de la criminelle entente gréco-turque contre les Occidentaux. Encore est-il juste d'ajouter que, de cette entente, l'orgueil de Conrad III était nettement responsable.

Désastre de la Croisade allemande en Asie Mineure.

Une fois en Bithynie, Conrad III, au lieu de filer le long des côtes, par la Lydie ou l'Ionie, la Pamphylie, l'Isaurie et la Cilicie, sous le couvert des forteresses byzantines, s'enfonça dans l'intérieur du plateau désertique de Phrygie. Seule une division de 14 000 hommes comprenant surtout les non-combattants, sous le commandement d'Otto de Freisingen et du comte Bernard de Carinthie, suivit la première voie[123]. Le reste, avec l'empereur germanique, reprit l'itinéraire de la Première Croisade, par Nicée et Dorylée (Eski-shéhir), en direction d'Aqshéhir (Philomélion) et de Qoniya Conrad quitta Nicée le 15 octobre sous la conduite d'un guide byzantin, le capitaine des « Varègues », Étienne. Pour comble d'imprudence, il n'avait pris de ravitaillement que pour huit jours, alors qu'il y avait vingt jours de marche de Nicée à Qoniya. Dès qu'on approcha de la frontière gréco-turque, du côté de Dorylée, les vivres commencèrent donc à manquer. Les Allemands accusèrent leurs guides grecs de les avoir à dessein égarés, puis abandonnés. Odon de Deuil se fait l'interprète de ces accusations et aussi *l'Estoire d'Éracles* : « Li Grézois desloiaus, qui touzjorz héent (haïssent) nostre gent, ce ne sai-ge s'il le firent par le commandement (de) leur seigneur, ou porce qu'il pristrent avoir (reçurent des dons) des Turs por ce fere, menèrent l'ost des Crestiens par les plus aspres voies et par les greigneurs destroiz (défilés) ; si les embatirent en tel leus où li Tur leur pooient plus légièrement fere mal ». D'après Guillaume de Tyr les guides grecs auraient laissé espérer à Conrad III qu'on arriverait en trois jours à Qoniya, alors qu'on atteignait à peine la région de Dorylée, après quoi, le 25 octobre, ils s'enfuirent pendant la nuit. « La nuit, traduit *l'Éracles*, quant cele bone gent se dormoient par la lasseté (lassitude), li traiteur Grézois (Grecs) se partirent de l'ost tout celéement (en cachette) et s'enfoïrent. »[124]. Quoi qu'il en soit, la défection des guides grecs semble bien établie. Quel qu'en fut le mobile et quoi qu'on doive penser de la plus ou moins grande collusion des Grecs avec l'ennemi, les Turcs seljûqides profitèrent de la situation précaire de l'armée allemande pour l'attaquer.

Les Allemands avaient atteint le Bathys, petit affluent de gauche du Pursaq qui le reçoit en face d'Eski-shéhir, lorsqu'ils furent assaillis le 26 octobre 1147 par toute l'armée ennemie[125]. Leurs chevaux étaient exténués par la marche et la soif, leurs chevaliers étouffaient sous leur lourde armure, tandis que sur des chevaux reposés les légers cavaliers turcs tourbillonnaient autour d'eux. Guillaume de Tyr nous décrit ici une fois de plus l'habituelle tactique de la cavalerie turque médiévale, se dérobant et s'égaillant dès que les escadrons occidentaux essayaient d'engager le corps à corps, mais revenant ensuite cribler de flèches les chevaliers découragés. Conrad III donna l'ordre de la retraite. Elle fut harcelée jusqu'en territoire byzantin par les escadrons seljûqides et se transforma en désastre. Quand l'empereur allemand regagna enfin Nicée vers le 2 ou le 3 novembre 1147, il avait perdu, affirme *l'Estoire d'Éracles*, de fatigue, de famine ou sous les coups de l'ennemi, en morts ou en prisonniers, les neuf dixièmes de son armée : « De soisante et dis mil chevaucheeurs à hauberz et de si grant compaignie de gent à pié n'en eschapa mie por tout la disième partie ». *L'Éracles* mentionne ensuite

232 L'ÉQUILIBRE

l'énorme butin fait par les Seljûqides dans les tentes et les bagages des Allemands, « or et argent, robes, chevaux et armes ». De son côté, Michel le Syrien nous dit que les Seljûqides « étaient fatigués des myriades d'Allemands qu'ils avaient massacrés, quand ils les rencontraient par groupes errants à la recherche de provisions. Les pays turcs furent remplis des dépouilles des Francs et d'argent, au point que la valeur de l'argent, à Mala*t*ya, devint comme la valeur du plomb. Leurs dépouilles parvinrent jusqu'en Perse »[126].

Quant à Conrad III, il arriva, humilié et découragé, avec les débris de ses troupes, à Nicée, où il rencontra Louis VII[127].

La Croisade française à Constantinople.
Louis VII et la politique byzantine.

Le roi de France, suivant de peu la Croisade allemande, avait, on l'a vu, quitté Metz en juin 1147. À Ratisbonne il reçut deux ambassadeurs byzantins, Demetrios Makremboli-tès et « Mauros » (= Jean Doukas ?), chargés de renouveler les demandes antérieures : que le roi de France se conduirait en ami en territoire byzantin et qu'il remettrait aux Byzan-tins toutes les anciennes possessions impériales qu'il pourrait récupérer en Asie. Louis VII accéda à la première de ces demandes, mais écarta la seconde[128]. Avant de le juger il fau-drait savoir si la demande de rétrocession à l'Empire portait sur la conquête éventuelle de Qoniya – demande évidemment légitime – ou sur la reprise d'Édesse et la conquête possible d'Alep –, ce qui eût engagé toute la question d'Antioche.

De Belgrade à Constantinople Louis VII suivit, par Nisch, Sofia, Philippopoli et Andrinople, la même route qu'avant lui Conrad III. Les Byzantins assurèrent le ravitaillement de l'armée et celle-ci, conformément au serment de Louis VII et grâce à la discipline que le roi de France avait su établir parmi ses troupes, se conduisit en général correctement envers l'habitant. Toutefois les souvenirs fâcheux laissés par le récent passage des Allemands avaient rendu les Grecs méfiants et les plus grandes complications se produisirent au sujet des transactions commerciales : les habitants, réfugiés dans les enceintes fortifiées, descendaient les marchandises aux Croisés à l'aide de cordes et de paniers, après avoir au préalable reçu le paiement par le même moyen, système qui favorisait évidemment la fraude et provoquait d'âpres réclamations[129].

À Andrinople, les fonctionnaires byzantins auraient voulu que Louis VII descendît vers les Dardanelles en évitant Constantinople. Comme précédemment Conrad III, il refusa et se dirigea vers Constantinople. Il y avait été devancé par des détachements d'avant-garde et aussi par des Croisés lorrains qui, sous la direction de l'évêque de Metz, Étienne, et de l'évêque de Toul, Henri, s'étaient séparés des Allemands avec lesquels ils ne s'entendaient pas, pour attendre le roi de France[130]. Ces avant-gardes françaises installèrent leur camp au pied des murs de la grande ville, au nord-est, du côté du palais des Blachernes. À ce moment elles furent attaquées et refoulées par les auxiliaires turcs de l'armée impériale, Comans et Petchénègues. Louis VII, prévenu, envoya des ambassadeurs, accompagnés du maître du Temple, Évrard de Barre, se plaindre à Manuel Comnène qui rejeta la faute sur les subalternes.

Les rapports entre les Grecs et les avant-gardes françaises pendant cette attente devant Constantinople devinrent de plus en plus mauvais. Autour de Louis VII un parti représenté surtout par l'évêque de Langres, Geoffroi, conseillait au roi de France de se venger des Grecs en donnant l'assaut à la ville. Les griefs ne manquaient pas, à commencer par la trêve de douze ans que Manuel Comnène venait précisément de conclure avec les Seljûqides d'Anatolie, comme pour permettre à ceux-ci de consacrer toutes leurs forces à la destruction de la Croisade. Il suffisait à Louis VII, justement irrité d'une telle félonie, de s'entendre avec le puissant roi de Sicile, Roger II, pour lors en guerre avec l'Empire byzantin : Constantinople pouvait être simultanément attaquée du côté de la terre par les Français déjà à pied d'œuvre, du côté de la mer par la flotte normande et les événements de 1204 se produisaient dès 1147[131]...

Louis VII arriva devant Constantinople avec le gros de l'armée française le 4 octobre 1147. Manuel Comnène, inquiet de l'indignation que la nouvelle du traité de paix gréco-turc avait causée chez les Français, mit tout en œuvre pour apaiser le roi. Il le reçut au palais des Blachernes, « l'accabla de

234 L'ÉQUILIBRE

démonstrations d'amitié », lui fit les honneurs de sa capitale, le logea au Philopation, le charma par le spectacle de la pompe et des offices byzantins. Mais, en dépit des relations amicales entre les deux monarques et, jusqu'à un certain point, entre les deux aristocraties, les rapports s'envenimaient aux portes de la ville entre la foule des Croisés et la population grecque. De nouveau une partie des familiers de Louis VII lui conseillaient d'attaquer Constantinople.

Le roi de France eut la haute sagesse d'écarter ces suggestions. Quelle que fût la trahison des Byzantins envers la Chrétienté – trahison évidente puisqu'ils avaient conclu leur paix séparée avec les Turcs à l'heure où la Croisade allait entrer en Anatolie –, la conquête de Constantinople par les Latins eût été un crime plus grand encore. Tout détournement de la Croisade à des fins balkaniques, tout acte susceptible d'aggraver le désaccord gréco-latin, voire d'affaiblir sérieusement en Europe et en Anatolie l'Empire byzantin, ce bastion indispensable de la Chrétienté, ne pouvaient qu'être finalement préjudiciables à l'Orient latin.

Et cependant la mauvaise foi byzantine s'accentuait. L'armée française une fois passée en Asie et campée à Chalcédoine (Qâdî-keui), Manuel Comnène, ne redoutant plus une attaque contre la capitale, changea brusquement d'attitude envers Louis VII. Le prétexte en fut une échauffourée provoquée par un pèlerin flamand contre des changeurs grecs qui se virent détroussés. Louis VII, justicier sévère, eut beau faire pendre le Flamand coupable, Manuel Comnène en profita pour couper le ravitaillement du camp français. Aux réclamations qui lui furent faites, il répondit en mettant comme condition à la reprise du ravitaillement la prestation par les barons français du serment d'hommage et de fidélité pour toutes leurs conquêtes en terre d'Asie. Après de longs pourparlers, durant lesquels la Cour de Constantinople, désormais à l'abri des représailles, se livra à un véritable chantage envers les Français, Louis VII, écartant une fois encore les conseils belliqueux de l'évêque de Langres, fit prêter par ses barons le serment exigé. Lui-même eut une entrevue avec le *basileus* le 26 octobre, au moment de se mettre en route vers Nicomédie et l'intérieur de l'Anatolie[132].

Quelques jours après, au début de novembre, les Français campaient au bord du lac de Nicée, lorsqu'ils apprirent le désastre survenu aux Allemands. Louis VII se porta au-devant de Conrad III qui arrivait avec les débris de son armée, et le réconforta de son mieux[133]. Les Allemands se reformèrent à Nicée, puis rejoignirent les Français qui les attendaient à Lopa dion (Ulubad) près du lac d'Apollonia.

Instruit par le désastre des Allemands, Louis VII, évitant le désert de Phrygie, prit en effet prudemment la route de la côte[134]. Suivi par Conrad III et ce qui restait de la Croisade allemande, il descendit en Mysie jusque vers Esseron (Bali-kesri) où il campa le 11 novembre ; de là pour les facilités du ravitaillement il se rabattit sur le littoral qu'il atteignit à Adramytte (Édremid) : déjà la traversée des montagnes de l'Eolide et de l'Ionie fut assez pénible[135]. Par Pergame et Smyrne on parvint à Éphèse. Là Conrad III, humilié de la situation un peu secondaire à laquelle le réduisaient son échec et la perte de presque toute son armée, mécontent de se voir à la remorque du roi de France, vexé d'autre part des plaisanteries des Français contre ses Allemands, quitta brus-quement Louis VII et rentra à Constantinople[136]. Il devait y rester plusieurs mois pour s'y rétablir, amicalement soigné par Manuel Comnène avec qui il se réconcilia tout à fait. En mars 1148 seulement, une flotte byzantine le transporta sur sa demande en Palestine, avec les restes de sa chevalerie, remontée par les soins du *basileus*[137].

Traversée de l'Anatolie par Louis VII.
Les attaques turques et la complicité des Grecs.

Pendant ce temps Louis VII avait continué sa marche, désirant passer la Noël dans la vallée du Decervion ou de Kelbianon, la vallée de l'ancien Caystre. Avant de quitter Éphèse, il avait reçu une lettre de Manuel Comnène « qui l'informait que les Turcs avaient fait leur apparition. L'empe-reur engageait le roi de France à ne point tenter de les com-battre et lui proposait de tenir les troupes françaises à l'abri derrière les murs des places fortes byzantines. »[138]. Chalan-don reproche à Louis VII de ne pas avoir écouté ces sages conseils. Mais on ne voit pas que le roi de France ait quitté le territoire byzantin, ce qui ne l'empêcha pas d'être attaqué par les Seljûqides, que la paix séparée, signée avec eux par Manuel Comnène, avait libérés, et auxquels la complicité des représentants impériaux permit de pénétrer librement en terre d'Empire pour venir tout à leur aise y assaillir la Croisade. On ne peut regarder l'avertissement du basileus à Louis VII que comme une mesure de contre-assurance destinée à écarter le reproche de trahison et à éviter en cas de défaite des Turcs les représailles franques. Les plaidoyers tentés pour innocenter les Byzantins tombent ici à faux.

Après Éphèse, Louis VII gagna la vallée du moyen Méandre. Il passa le fleuve à gué près d'Antioche-du-Méandre, et, grâce à une brillante charge du comte de Flandre Thierry, de Henri de Champagne et de Guillaume de Mâcon, dispersa les Turcs campés sur la berge méridionale. « Il se logièrent aus guez du Méandre, parce qu'il i avoit mout beles praeries. De l'autre part de l'eaue, quant il voloient abuver leur chevaus, li Turc treoient (tiraient) à aus espessement. Mès nostre chevalier..., tant cerchièrent qu'il trouvèrent un gué. Lors passèrent maugré les Turs. Li François orent le meilleur (= le dessus), car il en occistrent assez. Grant planté en pristrent de vis (= vivant), le remenant s'en foï. » Dans le camp seljûqide on trouva « richèces de diverses manières, dras de soie, biaux vessiaux (vases) d'or et d'argent et pierres précieuses »[139]. Les Turcs, battus, se réfugièrent derrière les murailles d'Antioche-du-Méandre que Louis VII ne put attaquer faute de matériel de siège (31 décembre 1147-1er janvier 1148). Or Antioche était une ville byzantine, faisant partie du Thème des Thracésiens[140]. Il faut donc en conclure que les autorités byzantines, contrairement aux promesses du *basileus*, faisaient cause commune avec les Turcs. Ailleurs la population grecque avait pris la fuite à l'approche des Croisés. C'est ce qui se produisit un peu plus loin en remontant le Méandre, à Laodicée (près de l'actuel Deñizli) où les Croisés arrivèrent le 3 ou le 4 janvier et dont les habitants, Grecs incontestablement, s'étaient enfuis[141]. En tout état de cause, la collusion gréco-turque, qu'il s'agisse de sympathie populaire spontanée ou d'ordres secrets de l'autorité impériale, ne pouvait plus faire de doute[142].

Le 6 janvier 1148 Louis VII quitta Laodicée du Méandre et le bassin du fleuve pour gagner à travers les chaînes de l'ancienne Pisidie (Baba dagh ou Kadmos, contreforts du Kestel dagh, vallée du Gebren Tshaï, région d'Istanoz) le port d'Adalia l'ancienne Attalia ou Sattalie, sur la côte de Pamphylie, d'où il comptait parvenir facilement en Cilicie et à Antioche. Il dut vraisemblablement suivre pour cela la route de montagne qui passe par l'ancienne Chones (Khonas), Qarâ Eiyuk bazar, Tefennî et Istanoz. Au milieu de ces défilés, tandis que les bandes turques, assurées de la complicité des gouverneurs byzantins, guettaient l'armée française à chaque gorge, Louis VII avait prescrit aux siens une exacte discipline. Malheureusement les Templiers furent les seuls à se conformer à ses instructions. Certain jour que l'armée franchissait, à travers un défilé, une chaîne de montagne, le chef de l'avant-garde, un haut baron poitevin nommé Geoffroi de Rancon, au lieu de faire halte sur la crête pour y passer la nuit, comme il était convenu, dépassa le sommet et redescendit sur l'autre versant où il avait aperçu un terrain plus favorable pour camper ; pendant ce temps le gros de l'armée, ignorant ce changement, s'acheminait lentement vers le sommet, conformément aux ordres reçus. La liaison se trouva ainsi rompue entre le gros et l'avant-garde. Les guetteurs turcs ne tardèrent pas à s'en apercevoir. Les Turcs occupèrent aussitôt les hauteurs, coupant les deux tronçons de l'armée et tombèrent sur le gros de la troupe séparée de ses éclaireurs. Les Français, encerclés et obligés de livrer combat dans des conditions exceptionnellement défavorables, au milieu des gorges ou à flanc de montagne, parmi les précipices, éprouvèrent de très lourdes pertes[143]. Guillaume de Tyr ne cite que quatre barons tués dont Gaucher de Montjoie et Évrard de Breteuil, mais il est certain que nombreux furent ceux qui tombèrent sous les flèches des Turcs ou roulèrent dans les précipices. Louis VII, comme les rangs de ses compagnons s'éclaircissaient, fut dégagé par ses chevaliers qui prirent son cheval par la bride et l'entraînèrent hors de la mêlée, jusqu'à une hauteur où, après avoir fait des prodiges de valeur, le roi de France fut enfin sauvé par la tombée de la nuit[144]. Louis VII réussit alors à rejoindre l'avant-garde qui, ignorant le désastre de l'armée, campait intacte à la descente de la montagne. Peu à peu les survivants, sortant des gorges où ils avaient trouvé refuge, rejoignaient eux aussi l'avant-garde.

Cette surprise de montagne, pour meurtrière qu'elle ait été, inspira cependant aux Seljûqides un certain respect pour la bravoure de l'armée capétienne puisque jusqu'à Adalia ils cessèrent de la poursuivre.

La ville maritime d'Adalia était une place forte byzantine où les Français pensaient se refaire. Mais dans ce cul-de-sac resserré entre la mer et la chaîne de Pamphylie, les vivres ne tardèrent pas à manquer. Là surgit enfin un plénipotentiaire byzantin, Landulphe, qu'Odon de Deuil soupçonne d'avoir cheminé avec les Turcs[145]. Le premier soin de Landulphe fut de faire renouveler aux barons français leur serment de fidélité à la Cour de Constantinople, après quoi, il est vrai, il s'employa à faire quelque peu ravitailler l'armée de Louis VII.

Après Adalia, Louis VII renonça à poursuivre sa route par terre le long des côtes de la Pamphylie, de l'Isaurie et de la Cilicie. On ne peut le blâmer de cette décision dictée par une pénible expérience. Confiant dans les fallacieuses protestations d'amitié que lui prodiguait de nouveau le commissaire impérial Landulphe, il négocia avec lui le transport par mer de la Croisade jusqu'à Saint-Siméon, le port d'Antioche[146].

Mais ici encore les Byzantins manquèrent de parole : au dernier moment ils n'envoyèrent à Adalia qu'une flotte insuffisante pour assurer le passage de tous les Français. Louis VII, qui continuait à se fier à eux, se résigna à s'embarquer avec ses chevaliers, après avoir conclu pour les pèlerins proprement dits un nouvel accord avec le duc byzantin représentant de Manuel Comnène. Celui-ci, moyennant un versement de 500 marcs par le roi de France, s'engagea à soigner les malades de l'armée à Adalia même et, à défaut d'un transport par mer, à faire conduire les pèlerins le long de la côte jusqu'en Cilicie[147]. Itinéraire, insistons-y, qui empruntait toujours le territoire byzantin – partie orientale du thème Cibyrrhaeote, thème de Séleucie, thème de Cilicie, sous le couvert des places byzantines de Sylaeum, Sidé, Vieille-Satalie (Eski-Adalia), Antioche d'Isaurie, Anamour, Séleucie de Cilicie (Selefké) et Tarse. Il est donc illégitime de prétendre, comme le veut Chalandon, que le roi de France, en s'embarquant, « laissa le gros de son armée en pays ennemi », à moins d'avouer que les Byzantins se conduisirent, malgré leurs engagements et par trahison, en ennemis des Français, ce que la plaidoirie de Chalandon entend précisément réfuter[148]. Louis VII était en droit de compter qu'après la traversée de la montagneuse région de Tefenni et d'Istanoz, l'armée, suivant la côte sous la protection des garnisons byzantines, se trouvait désormais à l'abri du péril. Du reste il laissait à cette troupe, pour la diriger, deux de ses principaux barons, le comte de Flandre Thierry d'Alsace[149] et le comte Archambaud de Bourbon (fin février 1148).

Au lendemain même du départ du roi, les Croisés restés à Adalia se virent attaqués par les bandes turques. Comment les Seljûqides pouvaient-ils s'être avancés ainsi au sud de l'Aqseki dagh et du Boz dagh, jusqu'au golfe d'Adalia, sinon avec la complicité des autorités byzantines ? Les deux comtes battirent d'ailleurs les Turcs, mais le manque de cavalerie les empêcha d'exploiter leur victoire. Découragés, ils ramenèrent les pèlerins à Adalia. Le fonctionnaire byzantin Landulphe leur promit de nouveau des vaisseaux. Mais les vaisseaux arrivèrent encore en nombre insuffisant et on ne put embarquer qu'une partie des pèlerins. Les comtes de Flandre et de Bourbon, infidèles à la mission de confiance dont les avait chargés Louis VII, commirent malheureusement la grave faute de monter à bord de ce premier convoi, au lieu d'attendre que le dernier des piétons fût embarqué[150]. Eux partis, la trahison byzantine éclata au grand jour. Grecs et Turcs, montrant ouvertement leur collusion, venaient ensemble cribler de flèches le camp des Français. Ceux-ci se décidèrent alors à se mettre en route le long de la côte, en direction de la Cilicie. Le passage d'un premier fleuve côtier (l'Aqsu ou le Koepru-su) s'effectua assez facilement, mais ils furent arrêtés devant le second (le Koepru-su ou le Manavghat) et refluèrent de nouveau sur Adalia, où, parqués par les Grecs hors des murs de la ville, ils se voyaient livrés sans défense aux flèches des Turcs. La plupart devaient périr victimes de cette abominable collusion. Bien peu parvinrent à Antioche où le récit de leurs souffrances devait achever de creuser entre Grecs et Latins le plus déplorable fossé[151].

Il est inutile d'ergoter sur la plus ou moins grande responsabilité de la Cour de Constantinople en tout cela. La paix séparée gréco-turque, précipitamment conclue à la nouvelle de l'arrivée des Croisés, montre assez les sentiments véritables de Manuel Comnène. Quel que soit le jugement d'ensemble qu'on doive formuler sur la différence des points de vue latin et grec en présence de l'Islam, on ne peut se dissimuler que la conduite des Byzantins au cours de la traversée de l'Anatolie par les Français de la Deuxième Croisade ne justifie que trop l'hostilité des Raymond de Poitiers et des Renaud de Châtillon contre l'Empire des Comnènes, sans parler – après tant de griefs accumulés et de sournoise hostilité, patiemment supportée – de la terrible vengeance de 1204.

La Deuxième Croisade à Antioche.
Raymond de Poitiers propose aux croisés d'attaquer Nûr al-Dîn et d'aller conquérir Alep.

L'arrivée de Louis VII, de ses barons et de ses chevaliers au port de Saint-Siméon, le 19 mars 1148, combla de joie le prince d'Antioche, Raymond de Poitiers, et toute la population franque de la principauté. Raymond vint, avec ses barons, au-devant du roi de France et le conduisit en grande pompe à Antioche. Avec Louis VII arrivait sa jeune femme Aliénor, fille du comte de Poitiers, duc d'Aquitaine, Guillaume X, frère aîné de Raymond. On connaissait la passion du roi pour elle. Raymond comptait bien profiter de cette circonstance dans l'intérêt de l'État franc de l'Oronte. Il pensait, grâce à l'intervention de sa nièce, pouvoir entraîner facilement l'armée royale au siège d'Alep. C'est ce que note explicitement *l'Estoire d'Éracles* : « Raimonz, li princes d'Antioche, oï la novele que li rois Looys de France estoit arivez en sa terre, et grant joie en ot, car il avoit longuement désirée sa venue. Il prist avecques lui des greigneurs (plus grands) barons de sa terre, si li ala à l'encontre ; grant joie li fist et grant enneur. Dedenz la cité d'Antioche le mena, et toutes ses genz ; touz li clergiez et li pueples de la ville le reçurent à procession mout liéement. Li Princes se pena de fere quan qu'il cuida (= tout ce qu'il pensa) qui deust plere au Roi. En France meismes, quant il ot oï dire qu'il estoit croi-

RÉGENCE DE MÉLISENDE

siez, li avoit-il envoié granz présenz et riches joiaux, porce qu'il avoit espérance que, par l'aide des François, deust il conquerre citez et chastiaux seur ses ennemis, et croistre bien en loing le pooir de la princée d'Antioche. Bien cuidoit estre seurs que la reine de France Alienors li deust aidier et mettre son seigneur en cele volenté, car elle venoit en ce pèlerinage et estoit nièce le (= du) Prince. De touz les barons de France qui avec le roi estoient venuz, il n'i ot onques nul cui (= auquel) li Princes ne feist grant enneur et donnast de granz dons, à chascun selonc ce qu'il estoit. Par les ostiaux les aloit veoir, de paroles s'acointoit à chascun mout débonairement »[152]. Raymond de Poitiers pensait en effet utiliser l'armée du roi de France pour la reprise des terres d'Outre-Oronte et pour la conquête d'Alep et de Hamâ. Ajoutons qu'en même temps qu'Aliénor, Antioche avait reçu dans ses murs les comtesses de Toulouse, de Blois, de Flandre et plusieurs autres princesses illustres. Raymond de Poitiers, au milieu des fêtes brillantes données en l'honneur de ses hôtes, chercha à les entraîner dans la campagne qu'il projetait contre les Zengides[153].

Il est étrange de voir certains historiens taxer d'égoïsme un tel projet[154]. Des quatre États francs de Syrie, ceux qui avaient le plus besoin de secours étaient assurément ceux du Nord, la Principauté d'Antioche et ce qui subsistait du comté d'Édesse autour de Turbessel, tous territoires directement menacés par l'accroissement de la puissance zengide. Du reste la Deuxième Croisade n'avait-elle pas pour cause la prise d'Édesse par Zengî et la conquête définitive de la ville par Nûr al-Dîn ? La délivrance d'Édesse et évidemment aussi du territoire d'Outre-Oronte récemment arraché à la principauté d'Antioche n'était-elle pas l'objectif avéré de la Deuxième Croisade ? En cherchant à retenir Louis VII et à l'entraîner dans une campagne directe contre Nûr al-Dîn, Raymond de Poitiers, prince jusque-là assez médiocre mais bien inspiré cette fois, parlait le langage de la logique et du bon sens. Le roi de France aurait ensuite tout le temps d'aller accomplir son vœu de pèlerinage au Saint-Sépulcre. Du reste personne ne menaçait le domaine royal de Jérusalem. Il n'avait pour voisins que les Fâtimides d'Égypte, puissance en pleine décadence et depuis longtemps réduite à la défensive,

242   *L'ÉQUILIBRE*

et le royaume bûride de Damas, dont le roi Foulque avait su se faire un allié et qui, en dépit de l'impolitique expédition du *H*aurân, restait indispensable à l'équilibre franco-syrien. C'était au nord au contraire qu'était tout le péril. Nûr al-Dîn, le nouvel atâbeg d'Alep, avait montré, dès ses débuts qu'il entendait poursuivre avec plus d'esprit de suite le double programme de son père Zengî : unification de la Syrie musulmane, éviction des Francs. L'islamisation définitive d'Édesse, avec massacre systématique de la population arménienne et syriaque, la conquête sur Raymond de Poitiers de Art*â*h, de Kafarlât*h*â et des autres places à l'est du bas-Oronte avertissaient les Francs que la revanche musulmane descendait du Nord-Est.

L'arrivée du roi de France avec une armée, il est vrai, réduite, mais ayant conservé ses éléments militaires utiles – barons, chevaliers et sergents montés, débarrassés de la cohue des pèlerins – constituait une occasion unique de briser dans l'œuf l'État syro-musulman. La chevalerie française était là, à pied d'œuvre. D'Antioche, où elle se refaisait de ses fatigues anatoliennes, une chevauchée la conduirait sous les remparts de la capitale syro-musulmane, Alep, où la population était déjà frappée de terreur. Raymond n'avait pas à douter du succès. « Tant se fioit en l'aide le (= du) roi, qu'il estoit jà avis que la cité de Halape (Alep), Césaire (Shaîzar) et les autres forteresces aus Turs qui près de lui estoient, venissent légièrement en sa main. » Comme le remarque avec regret Guillaume de Tyr, meilleur juge des événements que les chroniqueurs de France, ces conquêtes, qui eussent changé la face de la Syrie et le cours de l'histoire, étaient faciles à réaliser si Louis VII avait profité de l'effet de surprise causé par son arrivée. « Sanz faille, écrit le Traducteur, ce poïs (= cela eût pu) bien estre avenu, (ce) que il pensoit, se li Rois eust volenté de ce enprendre (entreprendre), car li Turc avoient trop grant peor de sa venue, si que il ne pensoient mie à contretenir leur forteresces contre lui, ainçois (= mais) avoient certein proposement de tout lessier et foïr, s'il s'adreçast cele part ».

Après avoir essayé plusieurs fois de convaincre individuellement le roi et les principaux barons français de ces vérités d'évidence, Raymond fit une dernière tentative en public auprès de Louis VII entouré de sa cour. Il démontra une fois de plus que la conquête d'Alep et la destruction du royaume zengide vaudraient au Capétien une gloire immortelle en même temps qu'elles sauveraient la Syrie franque.

Refus des Croisés d'attaquer l'empire zengide.
La Croisade abandonne ses objectifs en Syrie septentrionale
et perd ainsi sa raison d'être.

Par un scrupule religieux mal compris, Louis VII crut devoir refuser son concours. Il répondit qu'il n'avait pris la croix que pour faire le pèlerinage du Saint-Sépulcre et aller défendre Jérusalem – comme si, en cette année 1148, la défense de Jérusalem avait été sur le Jourdain et non sur l'Euphrate et l'Oronte ! – L'hypothèse d'une attaque contre le royaume d'Alep n'était d'ailleurs nullement exclue, mais l'éventualité en était renvoyée après le pèlerinage du roi. Solution singulièrement regrettable, car on négligeait d'exploiter la terreur qu'avait fait naître dans l'Islam syrien l'arrivée du roi, on renonçait au bénéfice de la surprise, et, en tout état de cause, on laissait largement à Nûr al-Dîn le temps d'organiser sa défense[155].

Guillaume de Tyr nous dit que Raymond de Poitiers fut exaspéré de cette réponse et que, de ce jour, il nourrit contre Louis VII la plus violente animosité. « Dès lors en avant tout le mal qu'il pot porchaça contre le roi ». Animosité qui devait bientôt se traduire sous une forme assez déplaisante – Raymond restant l'être léger et rancunier que nous connaissons depuis les affaires d'Édesse –, mais animosité qui, malheureusement, s'explique assez. Le prince d'Antioche, au courant comme il l'était des problèmes syriens, ne pouvait voir sans amertume l'immense effort de la croisade stérilisé par l'incompréhension des Croisés eux-mêmes. Après tant de fatigues et de pertes, après cette douloureuse traversée de l'Asie Mineure, jalonnée de cadavres français, quand on arrivait à pied d'œuvre, qu'on n'était plus qu'à quelques journées de marche d'Alep et d'Édesse, une totale absence de sens politique, une méconnaissance entière des nécessités locales détournaient l'armée royale de son but et la croisade de sa raison d'être. Idéologie de Croisade obnubilant une fois de plus les réalités du fait colonial.

L'attitude de Louis VII, difficilement intelligible au point de vue politique, trouverait-elle son explication dans des raisons d'un autre ordre ? Le roi, nous le savons, avait pris ombrage de l'amitié que sa femme Aliénor témoignait à Raymond de Poitiers. Les longs entretiens de l'oncle et de la nièce pouvaient certes s'expliquer par les efforts du prince d'Antioche pour obtenir de la Cour de France l'expédition espérée contre Alep. À tort ou à raison Louis suspecta la nature de ces entrevues. De fait Aliénor était coquette, légère et déjà fatiguée de son mari. Trouva-t-elle dans son oncle encore jeune et paré du prestige de l'Orient un soupirant plus raffiné ? Prit-elle avec trop d'ardeur la défense de la politique antiochénienne ? Guillaume de Tyr nous dit seulement que Raymond, exaspéré par le refus du roi de marcher sur Alep et dans son désir de vengeance, excita contre Louis VII les griefs de la jeune femme et la poussa à abandonner son époux[156]. Conseils qui durent produire leur effet, car, lorsque le roi invita Aliénor à le suivre à Jérusalem, elle annonça son intention de rester à Antioche auprès de Raymond, et de divorcer.

Était-ce là de la part de Raymond, conscient de son influence sur la jeune reine, une suprême tentative de chantage pour empêcher Louis VII de partir pour Jérusalem et l'obliger à s'associer à l'expédition contre Alep ? En tout cas l'affaire ne tarda pas à s'envenimer au point que le roi de France, emmenant de force Aliénor, quitta brusquement Antioche, de nuit, en secret, sans prendre congé de Raymond. Comme il l'avait annoncé, il se rendit directement avec son armée à Jérusalem.

Détournement de la Deuxième Croisade.
Les Croisés, venus en Syrie pour refouler Nûr al-Dîn,
vont attaquer l'État de Damas, allié naturel des Francs.

À Jérusalem, Louis VII avait été devancé par Conrad III. Après le désastre de son armée en Anatolie, l'empereur allemand était allé, comme on l'a vu, se remettre de ses fatigues à Constantinople, auprès de son beau-frère Manuel Com-

RÉGENCE DE MÉLISENDE 245

nène. Le *basileus*, définitivement réconcilié avec lui, avait ensuite mis à sa disposition une escadre qui l'avait transporté, avec les autres princes germaniques, à Saint-Jean d'Acre (11-17 avril 1148)[157]. Reçu à Jérusalem avec de grands honneurs par le jeune roi Baudouin III et le patriarche Foucher d'Angoulême, il y attendit Louis VII. Presque en même temps débarqua à Acre avec une division languedocienne et provençale le comte de Toulouse Alphonse Jourdain, fils de Raymond de Saint Gilles. L'arrivée de ce puissant baron fit naître les plus belles espérances ; le souvenir de son père, héros de la Première Croisade et fondateur du Comté de Tripoli, l'auréolait d'un singulier prestige. « Mout avoit l'en cestui atendu longuement en la terre de Surie, car il avoient espérance qu'il leur deust tenir grant leu contre les ennemis de la foi. » Alphonse Jourdain était du reste le grand-oncle du comte régnant de Tripoli, Raymond II[158]. Ce fut sans doute ce qui le perdit. Se demanda-t-on dans l'entourage de Raymond II si Alphonse Jourdain ne venait pas revendiquer le comté libanais comme Bertrand l'avait fait jadis au détriment de Guillaume Jourdain ? Toujours est-il que, comme Alphonse se rendait d'Acre à Jérusalem, il fut empoisonné à Césarée par une main inconnue. L'archevêque de Tyr est ici bien discret et son traducteur autant que lui : « Alfonz vint en la cité de Césaire ; iluec uns filz de déable, l'en ne sot qui ce fut ne pour quoi il le fist, mès il l'empoisona de venin que il mist en sa viande. Tantost (= aussitôt) fu morz li preudom ; grant duel en firent riches et povres par toute Surie »[159]. Il n'est pas difficile de lire entre ces lignes officielles le soupçon qui planait sur la Cour de Tripoli[160].

Du reste l'empoisonnement du comte de Toulouse passa assez inaperçu en raison de l'agitation que faisait naître l'arrivée du roi de France. Entre les divers princes francs de Syrie c'était une véritable compétition pour savoir qui bénéficierait de l'aide de Louis VII. Nous venons de voir la tentative du prince d'Antioche, Raymond de Poitiers, pour utiliser la Croisade dans sa lutte contre l'atâbeg d'Alep, Nûr al-Dîn. Les espérances de Jocelin II, comte d'Édesse, de Raymond II, comte de Tripoli, et de la Cour de Jérusalem n'étaient pas moindres. « Quant il oïrent parler de la venue (de) l'empereur d'Alemagne et du roi de France, chascuns d'eus ot grant espérance que par leur aide poïst ses ennemis bouter arrières, car il n'i avoit celui d'eus touz qui ne fu en sa marche mout voisins aus Turs, et bones citez fors que il désirroient mout à conquerre se il poïssent ». Si Raymond de Poitiers avait espéré pouvoir grâce à la Deuxième Croisade reconquérir ses anciennes terres d'Outre-Oronte et même s'emparer d'Alep, Jocelin II pouvait non moins légitimement supposer qu'une Croisade, précisément provoquée par la chute d'Édesse, l'aiderait à recouvrer sa capitale ; Raymond II de Tripoli pouvait escompter de même la reprise de Montferrand ; et la cour de Jérusalem, on va le voir, caressait l'espérance que l'arrivée du roi de France la rendrait maîtresse de Damas. Tandis que le prince d'Antioche essayait, dans sa capitale, d'entraîner le roi à l'attaque d'Alep, voici que de Jérusalem, de Tripoli et de Turbessel étaient partis vers Louis VII et Conrad III des délégués chargés d'une mission du même genre. « Chascuns avoit envoiez messages, letres et riches joiaux à ces deus granz seigneurs, por atrere (attirer) vers soi. »

Ces compétitions, qui devaient faire avorter la Croisade, provenaient évidemment du sommeil de l'institution monarchique, provoquée par la mort prématurée du roi Foulque. Le pouvoir effectif, on l'a vu, appartenait à la régente Mélisende. Fort jalouse de son autorité, cette créole passionnée ne paraît avoir été douée d'aucun sens politique. Il faudra par la suite, pour restaurer le pouvoir royal, que son fils le jeune Baudouin III la force brutalement à abdiquer. En attendant, tout ce qu'elle et ses conseillers entrevirent dans l'arrivée du roi de France et de l'empereur d'Allemagne, ce fut – sous le couvert de Baudouin III évidemment trop jeune pour prendre une décision – l'utilisation de la Croisade non pas pour la restauration de la Syrie franque telle qu'elle était avant la chute d'Édesse, mais pour l'agrandissement du domaine royal de Jérusalem.

La régence de Jérusalem envoya donc en ambassade à Louis VII, quand celui-ci était encore dans la Syrie du Nord, le patriarche Foucher d'Angoulême pour détourner le roi de France d'une expédition contre Alep aux côtés du prince d'Antioche. Démarche regrettable que Guillaume de Tyr confirme expressément. « Les barons de Jérusalem, écrit son traducteur, se doutoient (= redoutaient) que li princes d'Antioche s'acordast à lui (à Louis VII) et le feist retorner vers la seue terre, ou que li cuens de Triple, qui ses cousins estoit[161], ne le feist demorer au sien païs... Li rois Baudoins cuidoit avoir greigneur (plus grand) droit en ce que li rois de France venist vers lui que li autre n'avoient, car il (Louis VII) estoit meuz de son païs pour visiter les sainz leus de Jérusalem ; d'autre part l'empereres (Conrad III) estoit jà là (à Jérusalem), qui l'i atendoit ; si estoit semblant que li rois (de France) deust plus aler là que demorer ailleurs pour son pèlerinage parfaire et por prendre conseil entre lui et l'empereur des besongnes de la Crestienté. Toutes voies porce que il se doutoit (= craignait) que li autre baron ne le retenissent, envoia il (Baudouin III) à lui le patriarche (Foucher d'Angoulême) qui mout bien li montra par maintes resons que il devoit mieuz aler en Jérusalem que remanoir (= rester) ailleurs. Li Rois (de France) le crut et s'en ala sanz demorance avec lui jusqu'en Jérusalem[162] ».

La Deuxième Croisade, entreprise pour reconquérir la Syrie du Nord-Est sur les Turcs Zengides, était donc détournée de son but pour le bénéfice purement local du domaine royal palestinien, le seul pourtant des quatre États francs qui ne fût pas menacé. Fait grave qui atteste que, durant la minorité de Baudouin III, la régente, le patriarche et les barons palestiniens perdaient complètement de vue ce devoir de protection du suzerain envers ses grands vassaux sur lequel reposait tout l'édifice monarchique des États francs. Les précédents rois de Jérusalem, Baudouin Ier, Baudouin II, Foulque d'Anjou, s'étaient toujours considérés comme rois de la Syrie franque tout entière ; ils n'avaient jamais hésité à courir, au péril même de leur propre domaine, défendre Édesse, Antioche ou Tripoli. Au contraire, durant l'espèce d'éclipse monarchique causée par la minorité de Baudouin III, voici que la Cour de Jérusalem rétrécissait son horizon aux étroites limites du Domaine Royal, Judée, Samarie et Galilée. Conception mesquine qui, découronnant la royauté franque de son rôle général syrien, la ravalait au rang d'une simple « baronnie », comme le fait précisément remarquer à ce propos le traducteur de Guillaume de Tyr[163]. Si la Cour de Jérusalem maintenait encore sa prééminence par rapport aux trois autres « baronnies », ce n'était que pour en tirer un bénéfice purement local. L'espèce de concurrence que Guillaume de Tyr vient de nous montrer à ce sujet entre les cours d'Antioche, de Tripoli et de Jérusalem (la cour de Turbessel, qui avait le plus besoin de secours, paraît être restée à peu près inerte), cette inconvenante compétition montre qu'entre la mort du roi Foulque et le coup d'État du jeune Baudouin III pour arracher le pouvoir à la régente, sa mère, c'est-à-dire de 1144 à 1152 l'institution monarchique franco-syrienne ne fonctionna pratiquement pas[164]. Il n'est nullement étonnant qu'un nouveau venu comme Louis VII, ignorant tout des affaires syriennes et forcément porté à écouter d'abord le patriarche et la régente, ait été la victime de toutes ces intrigues. Là est sans doute l'explication de son attitude négative quand Raymond de Poitiers lui avait sans succès proposé d'aller enlever Alep à Nûr al-Dîn.

Louis VII fut reçu à Jérusalem avec la joie que l'on devine. « Toute la ville issi hors à l'encontre, noméement li clers à (avec) toutes leur processions. Li Rois (Baudouin III) et li autre baron le menèrent par les sainz leus que il avoit mout desirrez à veoir. Quant il ot fetes ses oraisons, à son hostel le menèrent qui fu riches et (à lui) abandonnez. » Le lendemain Louis VII, Conrad III et les barons de Jérusalem avec le jeune Baudouin III décidèrent de réunir à Saint-Jean d'Acre une assemblée générale des Latins d'Occident et de Terre Sainte pour décider de l'orientation à donner à la Croisade.

Ces assises de la Croisade se réunirent à Acre au mois de juin 1148 (24 juin). Jamais on n'avait vu en Orient telle assemblée. Un empereur d'Allemagne et un roi de France y voisinaient avec le roi de Jérusalem. Guillaume de Tyr énumère après eux toute la liste des prélats et des barons ; du côté de l'Empire l'évêque Otto de Freisingen, frère utérin de l'empereur Conrad III ; l'évêque Étienne de Metz ; l'évêque Henri de Toul, frère de Thierry d'Alsace, comte de Flandre ; le duc Henri d'Autriche, autre frère de Conrad III ; Frédéric de Souabe, neveu de Conrad, le futur Frédéric Barberousse ; le duc Welf de Souabe ; le margrave Hermann de Bade ; Berthold d'Andechs, depuis duc de Bavière ; le marquis Guillaume de Monferrat, le comte Guido de Blandrate. Du côté français le comte Robert de Perche, frère de Louis VII ;

Henri de Champagne, beau-fils du roi ; le comte de Flandre Thierry d'Alsace, beau-frère du roi Baudouin III. Du côté hiérosolymitain, avec le jeune Baudouin III, le patriarche Foucher d'Angoulême, les archevêques Baudouin de Césarée et Robert de Nazareth, Robert de Craon, dit Robert le Bourguignon, grand-maître du Temple, Raymond du Puy, grand-maître de l'Hôpital, le connétable Manassier ou Manassé d'Hierges, Philippe de Naplouse, Hélinand de Tibériade, Gérard de Sidon, Gautier de Césarée, Payen le Bouteiller, sire d'Outre-Jourdain ou du Krak, Balian (le Vieux), sire d'Ibelin, Onfroi II seigneur de Toron, Guy de Beyrouth, etc.[165].

Jamais assemblée aussi imposante ne s'était réunie en Terre Sainte. De sa décision pouvait dépendre l'affermissement définitif des établissements latins. Il suffisait pour cela de se rappeler d'où venait la menace principale pour la chrétienté, d'où tous les coups étaient partis, d'évoquer la chute d'Édesse et d'Artésie. Malheureusement, comme on le voit, l'assemblée d'Acre était uniquement hiérosolymitaine. Aucun représentant d'Antioche ni même de Tripoli[166]. Le résultat fut que l'ascension de la puissance zengide fut totalement oubliée. À en croire Guillaume de Tyr, personne n'aurait seulement évoqué le nom de Nûr al-Dîn. Tout au contraire, on décida d'aller attaquer l'allié naturel des Francs, le vieil ami du roi Foulque, Mu'în-al-Dîn Unur, régent de Damas. C'était l'aggravation de l'expédition du *Hauran*, la rupture avec la politique d'équilibre du dernier règne. Le récit même, par l'archevêque de Tyr, du siège de Damas, atteste qu'une partie des barons palestiniens comprirent l'importance de la faute commise et n'entreprirent l'expédition de Damas qu'avec répugnance. Le ban n'en fut pas moins crié à la mi-juillet et toute l'armée, après s'être concentrée à Tibériade, se mit en route pour la Damascène.

Siège de Damas par les Croisés. Nettoyage des jardins et occupation de la Ghûta occidentale, entre Dâreiya et Mezzé.

Par Panéas (Bâniyâs), en suivant la route qui longe les contreforts méridionaux de l'Hermon, l'armée chrétienne déboucha dans la plaine du Wâdî al-'Ajam, au sud-ouest de Damas, à hauteur de Manâzil al-'Asâkir, près du pont de

Kiswé sur le Nahr al-Sâbirânî[167]. De là elle vint camper à Dâreiya, « Daire », comme dit l'Éracles, localité située à 6 kilomètres au sud-ouest de Damas, et où le chroniqueur latin nous montre le spectacle de la multitude des tentes franques déployées dans la plaine. Au nord-est, on pouvait apercevoir la grande ville musulmane dont les habitants, de leur côté, montaient au haut des tours, « por regarder l'ost dont il avoient peor. » Et la traduction en vieux français de l'archevêque de Tyr évoque encore l'émerveillement de l'armée en découvrant ainsi au seuil du désert l'oasis d'al-Sham au milieu des jardins de la Ghûta, qui, au sud et à l'est, entourent la ville sur une étendue de près de 3 kilomètres et qu'arrosent les canaux du Baradâ : « Damas siet en uns plains de que (= dont) la terre est arse et brehaigne (aride et stérile) se tant non comme (= sinon dans la mesure où) li gaaigneur (paysans) la font planteive (fertile) par un flun qui descent de la montaigne que il meinent par chanels et par conduiz là où mestiers (besoin) est. Devers la partie d'Orient, ès deus rives de ce flun, croissent mout grant planté d'arbres qui portent fruiz de maintes manières et durent jusqu'au murs de la cité[168]. » Mais les vergers de la Ghûta, ainsi coupés de canaux et de haies, se prêtaient merveilleusement à la guerilla, comme les troupes françaises devaient en refaire l'expérience lors des « événements » de 1926[169]. « Li jardin, observe l'Éracles, durent bien qatre miles ou cinq, touz pleins d'arbres si granz et si espés que ce semble forest. Selonc ce que chascun i a son son jardin, il l'a clos de murs de terre. Li sentier sont mout estroit d'un jardin à autre, mès il i a une commune voie qui vet à la cité où il puet à peines aler un home à tout (= avec tout) son cheval chargié de fruit. De cele part, est la citez trop fort por les murs de terre dont il i a tant por les ruisseaus qui cueurent par trestouz les jardins et por les estroites voies qui sont bien closes deçà et delà[170]. »

Malgré ces difficultés, les conseillers de Baudouin III, les barons de Syrie jugèrent qu'il fallait s'emparer d'abord de la Ghûta. Ils pensaient que la conquête de ce réseau de haies et de fossés priverait la ville de sa principale défense, et aussi que les vergers, avec leurs arbres fruitiers, leurs eaux et leurs herbages, assureraient le ravitaillement des hommes et des chevaux. L'attaque commença le samedi 24 juillet 1148[171].

Le nettoyage de la Ghûta fut confié aux Francs de Syrie qui connaissaient mieux le pays, l'armée de Louis VII et celle de Conrad restant en réserve. Ce fut une série de meurtrières escarmouches individuelles derrière les haies : « Derrière les murs de terre deçà et delà des sentiers avoit grant planté de Turs qui ne finoient de trere (tirer) par les archières qu'il i avoient fètes espessement : à ceus ne pooient avenir li nostre. Tuit cil de la ville qui pooient porter armes s'estoient mis hors, por garder à leur pooir que nos genz ne gaaignassent leur jardins. Il i avoit de leus en leus, parmi les vergiers, bones torneles et hautes que li riche hom de Damas i avoient fètes por aus recevoir, quant il fesoient cueillir leur fruiz. Icelles estoient lors mout bien garnies d'archiers qui grant mal fesoient à nostre gent ». Cachés à l'abri de ces divers obstacles, les Damasquins criblaient en effet de flèches la chevalerie franque dont la supériorité tactique devenait ici inutile.

Les Francs, ainsi assaillis par un ennemi invisible des deux côtés des chemins qui traversaient les jardins, ne pouvaient plus avancer. L'entourage de Baudouin III, s'apercevant de cette situation, donna l'ordre de commencer par abattre à droite et à gauche des sentiers les petits murs de terre derrière lesquels les archers musulmans s'étaient embusqués. « Lors (les Francs) s'en retornèrent ès costez de la voie, si commencièrent à dérompre et abatre les murs de terre ; les Turs qu'il trouvoient dedenz la closture de ces murs (ils les) surpristrent, en ocistrent assez et mout en retindrent pris. Quant li Tur qui estoient espandu par les jardins virent que noz gent aloient einsi abatant les murs et ociant les genz, trop en furent espoenté et s'enfoïrent vers la ville, les jardins lessièrent et se receurent (réfugièrent) dedenz la cité ; lors alèrent li nostre tout abandon (en sécurité) par les sentes, que nus ne se metoit encontr' eus[172] ».

Ce nettoyage méthodique qui rendit les Francs maîtres de la partie occidentale de la Ghûta, entre Dâreiya et Mezzé, est confirmé par Ibn al-Qalânisî, et, d'après lui, par *le Livre des deux Jardins* : « Le 24 juillet, les Musulmans tenant tête à l'ennemi, le combat s'engagea. Malgré la foule des miliciens, des Turcs, des guerriers, des gens du bas peuple de la ville, des volontaires et des soldats venus des provinces, les Musul-

252 L'ÉQUILIBRE

mans, succombant sous le nombre, furent défaits par les Infidèles. Ceux-ci s'emparèrent de l'eau, se répandirent dans les jardins et y campèrent[173] ». La même source nous montre les Francs vainqueurs, abattant les arbres des jardins pour en former des palissades, détruisant les plantations et se consolidant dans la partie conquise de la Ghûta. « Se rapprochant ensuite de la ville, poursuit Ibn al-Qalânisî, ils s'établirent sur des positions dont, à aucune époque, aucune armée assiégeante n'avait pu s'emparer[174] ».

Les Croisés occupent Mezzé et Rabwé
et atteignent le Baradâ en amont de Damas.

Les positions ici mentionnées par les auteurs arabes sont celles de Mezzé, de Neirab et de Rabwé[175]. En effet, une fois parvenus vers Mezzé, les Francs devaient faire un nouvel effort pour atteindre le Baradâ à hauteur de Rabwé. Ibn al-Qalânisî, Ibn al-Athîr et Abû Shâma, de même qu'Usâma ibn Munqidh, mentionnent deux saints personnages, un faqîh célèbre, l'imâm Yûsuf al-Findalâwî et l'ascète 'Abd al-Rahmân al-Halhûlî qui périrent en défendant pied à pied contre les Francs, d'abord la position d'al-Neirab, au pied de la colline dite Qalabât al-Mezzé, sur la route de Mezzé à Rabwé, puis les berges du Baradâ à Rabwé même[176].

À Rabwé donc les Francs allaient atteindre en amont de Damas la rive du Baradâ, but de leur poussée. Mais les Damasquins, qui ne voulaient à aucun prix les laisser en possession du fleuve, avaient garni la berge de défenseurs. « Li Tur s'estoient bien apensé que nos genz auroient mestier de venir au flun. Pour ce il garnirent mout bien les rives du flun d'archiers et d'arbalestriers... por garder que li nostres n'aprochassent à l'eaue. Quant la bataille le (= du) roi Baudoin ot anques passez touz les vergiers, grant talent orent de venir au flun qui coroit près des murs de la cité ; mès quant il aprochièrent, bien leur fu contredite l'eaue, et furent por force li nostre reusé (ramenés) arrières. Après se ralièrent et empristrent l'eaue à gaaignier, aus Turs assemblèrent, mès fu la nostre gent (de nouveau) flatie arrières »[177].

Les barons de Syrie étaient ainsi arrêtés à hauteur de Kiswé, devant le Baradâ, sans pouvoir chasser les Damas-

RÉGENCE DE MÉLISENDE 253

quins des bords de la rivière. L'empereur Conrad III et les Allemands qui formaient l'arrière-garde s'étonnèrent de ce stationnement. Quand on leur dit que l'armée de Baudouin III ne pouvait plus avancer, ils coururent à la rescousse, non sans un grand désordre qui eût pu avoir de fâcheuses conséquences[178]. Cependant leur fougue brisa l'obstacle. « L'Empereres meismes i fu jusqu'il vindrent au poigneiz (combat) de sus l'eaue. Lors descendirent tuit de chevaus, il mistrent les escuz devant et tindrent les longues espées ; asprement il corurent sus aus Turs, si que cil ne les porent soffrir ; ainçois ne demora guères que il (les Turcs) guerpirent (de) l'eaue et se mistrent dedenz la ville. » *L'Estoire d'Éracles* célèbre à cette occasion un exploit de Conrad III qui découpa un Turc en deux d'un seul coup d'épée. » Uns Turs le tenoit mout près, qui estoit armez de haubert ; 1 Empereres féri le Tur entre le col et la senestre espaule si que li cops de l'espée descendit parmi le piz au destre costé : la piece chéi qui emporta la teste, le col et le destre bras. Li Tur qui ce virent ne s'arrestèrent puis iluec, ainçois s'enfoïrent dedenz la ville ».[179]

Cette nouvelle victoire rendait les chrétiens maîtres de Rabvé et de tout le fleuve en amont de la ville, depuis les pentes du Qalabât al-Mezzé jusqu'au quartier actuel de Tekkiyé. « Le roi des Allemands, écrit Ibn al-A*th*îr, vint camper sur le Meidân al-Akh*d*ar (la Place Verte) », c'est-à-dire en face de Bâb al-Jâbiya, ancienne porte contiguë à l'actuelle Jâmi'al-Sinânîya, à l'extrémité ouest de la Rue Droite[180].

La conquête de Rabvé, due à l'action personnelle de Conrad III, était d'une grande importance, car c'était à ce point, situé aux premiers gradins du Qalabât al-Mezzé et d'où partaient les jardins, que se faisait, comme le rappelle Ibn Jobair, la division des eaux du Baradâ en sept canaux. En s'emparant de Rabvé les Francs s'étaient donc rendus maîtres de l'irrigation de l'oasis de Damas, comme, par la conquête des jardins ouest, ils s'étaient assuré leur ravitaillement[181].

Les Croisés semblaient désormais sur le point de conquérir Damas. Ibn al-A*th*îr et Guillaume de Tyr sont d'accord pour nous dire que les Damasquins s'attendaient à la chute de leur ville. Déjà ils barricadaient les rues pour se donner le temps de s'enfuir le jour de l'assaut final. « Le flun et les jardins orent noz gens gaaigniez tout à délivre ; lors tendirent leur paveillons entor la cité. Grant aaisance orent des jardins en maintes manières. Li Sarrazin montèrent sur les murs et regardèrent l'ost qui trop estoit biaus, quant il fu logiez (= campé). Bien se pensèrent que si granz genz avoient bien pooir de conquerre leur ville ; peor (peur) orent molt grant qu'il ne feissent aucune saillie (attaque) soudeinement, par que (= par laquelle) il entrassent enz et les occeissent touz ; por ce pristrent conseil entr'eus, et fu acordé que par toutes les rues de la ville meist l'en bonnes barres de gros fuz en pluseurs leus. Einsi le firent porce que, se li nostre se meissent dedenz, tandis com il entendissent à couper ces barres, li Tur s'en poissent aler par les autres portes et mener à sauveté leur femmes et leur enfanz. Bien sembloit qu'il n'eussent mie corage de la ville défendre longuement, quand il jà s'atornoient du foïr »[182]. Déjà le comte de Flandre, Thierry d'Alsace, se faisait promettre par l'empereur Conrad III et par le roi Louis VII l'investiture de la future principauté franque de Damas[183]. Campé au pied même de Bâb al-Jâbiya, Conrad semblait en effet déjà tenir la ville.

Résistance de Mu'în al-Dîn Unur.

Cependant à Damas Mu'în al-Dîn Unur ne s'abandonnait pas. Le vieux vizir, en qui se retrouvait toute l'énergie de son premier maître Tughtekîn, dirigea sur le camp ennemi dès le dimanche matin 25 juillet une sortie vigoureuse qui causa des pertes sérieuses aux Croisés. La journée du 24 avait plongé la population damasquine dans le découragement. « La population, effrayée du spectacle qu'elle avait sous les yeux (la destruction des vergers), résolut cependant de combattre et, dès le lendemain dimanche, elle chargea l'ennemi. Dans la lutte qui s'ensuivit, les Musulmans eurent l'avantage et les chrétiens perdirent beaucoup de gens ». L'âme de la résistance était toujours le vieux Mu'în al-Dîn Unur. « Personne dans ce combat (du 25) ne déploya autant d'audace, de sang-froid et de bravoure. »[184]

Dès l'annonce de l'invasion franque, Unur avait mandé les renforts de tout l'émirat. Comme toute l'enceinte nord-est, et sud-est était libre, notamment vers Bâb Tûmâ et Bâb al-Sherqî où aucun Franc n'avait fait son apparition, on voyait accourir au secours de la ville les cavaliers turcomans et les fantassins des provinces damasquines – notamment un corps d'archers de la Beqa'a –, dont l'entrée en scène rétablit le moral des Damasquins. Unur put ainsi lancer, le 26 et le 27 juillet, de nouvelles contre-attaques. Dès le 26, les premiers renforts arrivés permirent aux Musulmans de cribler le camp ennemi de traits et de flèches dont tous les coups atteignaient un fantassin, un cavalier, un cheval ou un chameau. Les chrétiens s'étant retranchés derrière des palissades construites avec les arbres des jardins, les Musulmans, le jour suivant (mardi 27), dès l'aube, entamèrent leurs retranchements à coups de pierres. Des groupes de cavaliers et de fantassins francs sortirent alors des retranchements pour engager le corps à corps contre les Musulmans, mais ceux-ci les criblèrent de flèches avant d'avoir pu être « accrochés ». La populace damasquine et les villageois, se glissant par groupes dans les sentiers de la Ghûta, surprenaient les Francs isolés et rapportaient les têtes coupées à Damas[185].

Ce passage d'Ibn al-Qalânisî, en nous montrant que les Francs se trouvaient de nouveau aux prises avec une guerilla meurtrière dans les jardins de la Ghûta, explique une détermination assez surprenante prise par eux : l'évacuation des jardins.

Évacuation des jardins de Damas par les Francs.
Le camp chrétien transporté vers Bâb al-Sherqî.

Bien que l'énergie de Mu'în al-Dîn Unur et l'arrivée de renforts musulmans aient raffermi la défense damasquine, l'avantage restait nettement aux Francs lorsque plusieurs barons de Syrie, que Guillaume de Tyr ne nomme pas mais dont il taxe l'initiative de trahison, persuadèrent à Conrad III, à Louis VII et à Baudouin III qu'on ne prendrait jamais la ville du côté des jardins, par l'ouest, et qu'il convenait de transporter le camp et l'attaque du côté du sud et de l'est, vers Bâb al-Saghîr et Bâb al-Sherqî. « Cil baron vindrent à l'empereur d'Alemaigne et aus deus rois qui mout les créoient (croyaient) et leur distrent que ce n'avoit esté mie

L'ÉQUILIBRE

esté bons conseuz d'asseoir (= assiéger) la ville par devers les jardins, car ele i estoit plus forz à prendre que devers nule autre partie. Por ce distrent qu'il requeroient a ces granz seigneurs que, ainçois (avant) qu'il gastassent iluec leurs peines et perdissent le tens, feissent l'ost remuer, et asseoir la cite en ce costé qui estoit tout droit contre (à l'opposé du) le côté qu'il avoient assis ; car, si com il disoient, ès parties de la ville qui sont contre Orient et contre Midi, n'avoit ne jardins ne arbres qui les poïssent destorber (entraver) ; li fluns n'i coroit mie qui tu griès (difficile) à gaaignier ; li murs estoit là bas et faibles, si qu'il n'i covenoit jà engins à drecier, ainçois pourroient bien estre pris de venue (d'emblée) »[186]. Dans un conseil de guerre tenu pendant la nuit du 26 au 27 juillet les partisans de ce changement de front en firent accepter le principe par l'empereur et par les deux rois.

Guillaume de Tyr affirme que les barons syriens qui donnaient un tel conseil avaient été secrètement achetés par Mu'în al-Dîn Unur. En tout cas le conseil fut suivi. Le soir du 27, Conrad III, Louis VII et le jeune Baudouin III, se fiant à leur raisonnement, firent évacuer les jardins de la Ghûṭa occidentale ainsi que les abords du Baradâ et les têtes de canaux, et conduisirent l'armée vers l'enceinte sud-est du côté de Bâb Kisân et de Bâb al-Sherqî où elle campa. Mais à peine y était-elle installée que les inconvénients de la nouvelle position se firent sentir. L'évacuation des jardins et des rives du Baradâ privait les Francs d'eau et de ravitaillement. « Il avoient perdu le flun de que (= sans lequel) si granz genz ne se porent soffrir, et les fruiz des jardins, dont il avoient assez aise et délit. » La disette commença à se faire sentir dans l'armée, d'autant que, comptant sur la prise rapide de Damas, on n'avait emmené qu'un convoi insuffisant. D'autre part revenir aux premiers campements, entre Rabwé et Bâb al-Jâbîyé était chose impossible, car, aussitôt les Francs partis, les Damasquins avaient réoccupé fortement les pentes du Qalabât Mezzé, les têtes de canaux et tout le dédale de la Ghûṭa occidentale, y creusant des tranchées et y accumulant des barrières de défense, garnies d'archers et d'arbalétriers. Les Croisés comprirent trop tard l'erreur qu'on leur avait fait commettre. En se laissant conseiller l'évacuation de la Ghûṭa occidentale, ils avaient perdu toute chance de prendre Damas.

RÉGENCE DE MÉLISENDE

Candidature du comte de Flandre à la principauté de Damas.
Querelles entre Croisés et barons palestiniens.

Les barons syriens qui avaient donné ce conseil semblent au contraire avoir été parfaitement conscients de leur acte. C'est délibérément qu'ils avaient renoncé à la conquête de Damas. Quelle fut la raison de cette décision au premier abord surprenante ? L'explication la plus simple, dont Guillaume de Tyr s'est fait l'écho, veut que certains des barons syriens aient été achetés par Mu'în al-Dîn Unur[187]. Michel le Syrien spécifie même que les Damasquins auraient offert 200 000 dinars (comptés d'ailleurs en fausse monnaie) à la Cour de Jérusalem et 100 000 à Élinand de Tibériade, un des plus influents barons palestiniens[188]. Mais qui ne voit que la conquête de la capitale syrienne eût valu aux chefs francs des richesses autrement considérables ? Pour Guillaume de Tyr, il est vrai, les barons palestiniens auraient été excités sous main par le prince d'Antioche, Raymond de Poitiers, maintenant brouillé à mort avec Louis VII et qui cherchait par tous les moyens à faire échouer sa Croisade. Surtout ils auraient été irrités du fait que, au moment où Damas semblait à la veille de succomber, Conrad III et Louis VII en avaient promis la possession au comte de Flandre, Thierry d'Alsace. « Li cuens de Flandres,.... sitost com il vit que li jardin de Damas estoient pris et li fluns gaaigniez par force, bien li fu avis que la citez ne se tendroit mie longuement ; lors vint à l'Empereur, au roi de France et au roi Baudoin et leur pria mout doucement que il li donassent cele cité de Damas, quant ele seroit conquise. Ce meismes requist-il aus barons de France et d'Alemaigne qui bien s'i acordèrent, car il leur prometoit qu'il la garderoit mout loiaument et bien en guerroieroit les anemis (de) Nostre Seigneur. Quant li baron de Surie l'oïrent dire, grant corrouz en orent, et grant desdaing de ce que si hauz princes, qui tant avoit terres en son païs et estoit là venuz purement por pèlerinage, voloit ore gaaignier un des plus riches membres du roiaume de Surie ; mieuz leur sembloit que ce fust raisons, se li rois Baudouins ne la retenist en son domaine, que uns d'eus l'eust, car il sont touzjourz au contenz (en lutte) aus Sarrazins. Et por ce qu'il leur sembloit que cil (le comte de Flandre) vouloit cueillir le

258 L'ÉQUILIBRE

fruit de leur travauz, plus bel estoit que li Tur la tenissent encore qu'ele fust donée au conte de Flandre »[189].

Il est fort vraisemblable en effet que les barons syriens, qui supportaient en permanence le poids de la guerre sainte, avaient appris avec amertume que la capitale musulmane allait échoir à un croisé nouveau venu. Les froissements entre Croisés et Francs de Syrie se révélaient quotidiens : vieille opposition de l'esprit colonial et de l'esprit de Croisade que nous suivons tout au long de cette histoire. Si les barons syriens ne se souciaient pas de conquérir Damas pour le compte des Croisés, ceux-ci leur rendaient la pareille. Tous les « Poulains » – nom sous lequel on désigna d'abord les métis franco-syriens[190], mais qui finissait par englober tous les Francs créoles – n'étaient plus, à en croire les pèlerins de la deuxième croisade, que des traîtres, toujours prêts à s'entendre avec les Musulmans.

Explication de l'attitude des barons palestiniens :
l'intervention de Nûr al-Dîn. Pour éviter de voir
les Damasquins lui livrer la ville, les Francs de Syrie poussent
à la cessation des hostilités.

Quelle que soit la faute dont certains éléments syriens aient pu se rendre coupables en provoquant l'évacuation de la Ghûta occidentale au moment même où on s'attendait à la conquête de Damas, il n'en est pas moins certain que les Croisés, de leur côté, ignoraient tout des questions musulmanes, notamment de la situation très délicate où se trouvait le royaume bouride de Damas par rapport à l'empire zengide. Or une telle considération primait tout, et c'est là, à notre avis, ce qui explique, mieux que de simples accusations de vénalité, l'attitude, sans cela incompréhensible, de la Cour de Jérusalem.

À la nouvelle de l'invasion franque, le vieux vizir de Damas, Mu'în al-Dîn Unur n'avait pu faire autrement que d'appeler à son aide les deux princes zengides, Saîf al-Dîn Ghâzî, atâbeg de Mossoul, et Nûr al-Dîn, atâbeg d'Alep. C'étaient, comme jadis Zengî lui-même, les ennemis nés de la dynastie bouride et de l'indépendance damasquine, et le prudent Unur ne l'ignorait pas. Eux non plus, du reste, car, s'ils se mirent aus-

RÉGENCE DE MÉLISENDE

sitôt en route, joyeux de l'occasion, ils s'arrêtèrent à *Homs* et posèrent leurs conditions : pour obtenir leur aide effective, Unur devait accepter au préalable l'entrée à Damas d'un corps d'armée zengide qui prendrait possession de la citadelle. Saîf al-Dîn et Nûr al-Dîn juraient d'ailleurs qu'aussitôt l'assiégeant chassé, ils ne manqueraient pas de rendre la citadelle aux Damasquins. En réalité, il était clair qu'une fois l'armée zengide en possession de la forteresse, il serait impossible d'obtenir son départ et que la dynastie bouride, comme l'indépendance damasquine, aurait vécu[191].

Mu'în al-Dîn Unur ne fut pas dupe du serment des deux frères zengides. Prudemment il différa sa réponse, mais se servit de la menace zengide pour intimider les Francs. Saîf al-Dîn et Nûr al-Dîn, de *Homs* où ils campaient, venaient d'envoyer un ultimatum à l'armée franque, annonçant à celle-ci leur intervention prochaine. Ils faisaient ainsi le jeu d'Unur qui dépêchait de son côté des émissaires aux barons syriens. Les souvenirs de l'ancienne alliance n'étaient pas oubliés parmi les vieux compagnons du roi Foulque. Or Unur leur tenait le langage de la raison : « Saîf al-Dîn, leur faisait-il dire, vient d'arriver dans le voisinage. Si vous ne levez pas le siège, si je me reconnais trop faible pour défendre la ville contre vous, je la lui livrerai ; et vous n'ignorez pas que, du jour où il possèdera Damas, il ne vous sera plus possible de vous maintenir en Syrie »[192]. Si l'on songe qu'effectivement l'armée fraîche de Saîf al-Dîn et de Nûr al-Dîn, campée près de là, à *Homs*, pouvait à tout instant intervenir dans la lutte, et, sur un signe d'Unur, prendre à l'improviste les Croisés entre deux feux pour transformer leur victoire en désastre, on conviendra que la démarche du vieil homme d'État damasquin n'était pas animée d'un esprit hostile aux Francs. Quel beau résultat pour la Croisade que de provoquer l'entrée des fils de Zengî à Damas, c'est à-dire l'unification de toute la Syrie musulmane sous une dynastie nouvelle et entreprenante, éventualité catastrophique que toute la politique du vieux Foulque s'était employée à écarter !

Il était déjà assez regrettable que la Deuxième Croisade ait, dès ses premiers pas, manqué à sa raison d'être en refusant d'aller attaquer Alep et l'empire zengide. C'eût été un comble

260   L'ÉQUILIBRE

qu'elle achevât, en jetant Damas dans les bras des Zengides, de faire l'unité de la Syrie musulmane sous le sceptre de Nûr al-Dîn !

Retraite de l'armée chrétienne. Les constatations
de la Deuxième Croisade. Différenciation psychologique
entre Occidentaux et Francs coloniaux.

La situation de l'armée chrétienne dans ses nouvelles positions à l'est de Damas s'était révélée immédiatement intenable. Menacée d'être prise à revers par une attaque de Nûr al-Dîn et ne trouvant plus à se ravitailler, il ne lui restait d'autre parti que la retraite. Louis VII et Conrad III s'y résignèrent, non sans se faire publiquement les interprètes du mécontentement des Croisés à l'égard des barons syriens. « Parlèrent ensemble l'empereres d'Alemaigne et li rois de France et distrent que cil de la terre (= les Francs de Syrie) en qui foi et loiauté (= en la foi et loyauté desquels) il avoient mis leur cors et leur homes, les avoient traïz trop desloiaument et les avoient amenez en ce leu en que (= où) il ne pooient fere le preu de la Crestienté ne leur enneurs... [car bien s'estoient aperceu que li Polain n'avoient mie bon esté en l'ost]... Por ce s'acordérent qu'il s'en retornassent d'iluec. En tel manière s'en partirent li dui plus haut home de la Crestienté et li plus puissant, que rien ne firent à cele foiz qui fust ennorable à Dieu ne au siècle »[193]. Le départ s'effectua le mercredi 28 juin à l'aube.

Effectués dans ces conditions, la levée du siège de Damas et le retour de l'armée chrétienne à Jérusalem furent suivis d'un refroidissement durable entre Latins de Syrie et Latins d'Occident. Entre la France et la Nouvelle France d'outre-mer s'interposa désormais un voile d'incompréhension, de mécontentement, de critiques réciproques provenant de tempéraments de plus en plus divergents. *L'Estoire d'Éracles* nous dit que Conrad et Louis VII, revenus à Jérusalem « mout comencièrent à eschiver en touz leur consauz les barons du païs. Mout comencièrent à desplaire à ces granz princes les besongnes de la terre (de Syrie) ne riens n'en voudrent puis emprendre ». Les rapports devenaient encore moins cordiaux entre la foule des Croisés français et les colons francs de Terre Sainte. « Plutôt les Turcs que ces Levantins ! » fait à peu près dire aux Croisés français le traducteur de Guillaume de Tyr : « La menue gent de France disoient tout en apert (= ouvertement) aus Suriens que ne seroit pas bone chose de conquerre les citez à leur oés (à leur profit) car li Tur i valoient mieuz que il ne fesoient. » Et Guillaume de Neubrige renchérira en écrivant que tous ces Poulains sont à demi Musulmans. Notons que, comme est obligé de le remarquer l'auteur de *l'Éracles* lui-même, les conséquences de cet état d'esprit seront très graves, car, dégoûtés des Francs de Syrie, les Occidentaux, pendant quarante ans, se désintéresseront de la croisade, ce qui provoquera finalement la chute des colonies franques. C'est ce qu'avoue crûment l'auteur de *l'Éracles :* « Jusque au tens que cele chose fu avenue, demoroient assez légièrement (= volontiers) les genz de France au roïaume de Jhérusalem et mainz granz biens i avoient fez ; mès, puis (= depuis) ce fet, ne porent estre si à un cuer n'a un acort à ceus du pays (= de Syrie) com il estoient devant ; et quant il viennent aucune foiz en pélerinage, si s'en repartent au plustost qu'il pueent »[194].

Malgré les vitupérations des Croisés, dont le traducteur français de *l'Éracles* se fait ici l'interprète, l'attitude des barons palestiniens devait se voir justifiée par les événements. Le but des « Poulains », évidemment, était d'abord d'éviter que les Damasquins, dans un geste de désespoir, ne se livrassent à Nûr al-Dîn, puis de rétablir contre les visées annexionnistes de ce dernier, l'ancienne alliance avec Damas. Et sans doute, pendant quelque temps, les Damasquins procédèrent à des représailles. Mu'în al-Dîn Unur, au printemps de 1149, alla s'établir au *H*aurân pour lancer de là sur la Galilée et la Samarie des bandes pillardes de Bédouins et de Turcomans. Pour mettre fin aux incursions de ces nomades, la cour de Jérusalem dut, la première, solliciter la paix (mai-juin 1149)[195]. Mais, une fois la paix rétablie, les Damasquins ne devaient pas tarder à revenir à l'alliance franque pour maintenir contre Nûr al-Dîn le *statu quo* syrien. Pendant quelque temps, la sage politique du roi Foulque – par delà les erreurs de la Deuxième Croisade – allait se trouver ainsi restaurée.

262 L'ÉQUILIBRE

Retour de Conrad III et de Louis VII en Europe.
Tentation, en France, d'une Croisade contre l'empire byzantin.

Après l'échec de la Croisade, l'empereur Conrad III se rembarqua le 8 septembre 1148 à Saint-Jean d'Acre pour l'Europe[196]. Nous savons qu'il aborda à Salonique d'où, avant de prendre le chemin de l'Allemagne, il alla à Constantinople passer les fêtes de Noël auprès de son beau-frère Manuel Comnène maintenant tout à fait réconcilié avec lui[197]. On ne peut s'empêcher de penser que, survenant un an plus tôt, une telle réconciliation aurait sans doute valu à la Deuxième Croisade la coopération des forces byzantines en Asie Mineure et dans la Syrie du Nord, c'est-à-dire de réelles chances de succès.

Louis VII, lui, s'attarda en Palestine plus de six mois encore jusqu'aux fêtes de Pâques 1149. Il ne se rembarqua pour la France qu'à la suite de lettres pressantes de Suger. Son vaisseau rencontra près des côtes du Péloponèse une escadre normande-sicilienne à laquelle il se joignit. Or les Normands de Sicile étaient toujours en guerre avec les Byzantins. Le roi de France se trouva pris de la sorte dans le combat naval livré près du Cap Malée entre Normands et Byzantins. Il faillit être capturé par les Byzantins vainqueurs et ce fut miracle qu'il parvînt à débarquer sain et sauf en Calabre quelques jours après, le 29 juillet 1149[198]. Il eut à Potenza une entrevue avec le roi normand de Sicile, Roger II, qui lui proposa d'organiser une ligue latine contre Byzance. C'était la tentation de 1204 qui déjà se précisait.

Louis VII qui, non sans raison, imputait aux Byzantins les désastres initiaux de la Deuxième Croisade paraît être entré dans ce projet auquel saint Bernard devait également donner son adhésion. Saint Bernard, en effet, songeait à lancer sur l'Orient une Croisade nouvelle et l'expérience de 1147 l'incitait à croire qu'il fallait commencer par renverser l'obstacle byzantin. Suger partageait cet avis et cherchait dans ce but à réconcilier l'Empire germanique et les Normands de Sicile. Mais l'antagonisme était trop profond entre Conrad III et Roger II et, plutôt que de s'unir aux Normands, Conrad resta fidèle à l'alliance récemment renouée avec Manuel Comnène. Cette division des puissances latines stérilisa les efforts faits en 1150 et 1151 par saint Bernard et Suger pour essayer de provoquer une nouvelle guerre sainte[199]. On doit d'ailleurs reconnaître que, quels qu'aient été les torts des Grecs envers la Deuxième Croisade, une attaque des Latins contre Constantinople, telle que la concevaient maintenant Suger et saint Bernard, n'eût fait, à plus ou moins brève échéance, que le jeu du monde turc, comme l'événement ne devait le prouver que trop un demi-siècle plus tard.

Tentative de Bertrand de Toulouse pour disputer à Raymond II le comté de Tripoli. La guerre de 'Araîma et l'appel aux Turcs.

Les pèlerins de la Deuxième Croisade avaient été scandalisés de l'accord intervenu entre les barons de Jérusalem et le régent de Damas, de la trahison de l'élément franco-syrien, écrivent leurs chroniqueurs. Un exemple de ces ententes entre Musulmans et Francs de Syrie, rendues inévitables par une longue cohabitation, nous est fourni par le pacte conclu entre Raymond II, comte de Tripoli, d'une part, Mu'în al-Dîn Unur et Nûr al-Dîn, de l'autre. Exemple singulièrement plus typique même, puisqu'il nous montre les Francs de Syrie n'hésitant pas à faire appel à la protection musulmane contre les Croisés nouveaux-venus.

On a vu que le comte de Toulouse, Alphonse Jourdain, venu par mer prendre part à la Deuxième Croisade, avait été empoisonné dès son débarquement à Césarée, vraisemblablement à l'instigation de son petit-neveu, Raymond II de Tripoli, lequel craignait de voir se dresser en lui un compétiteur. De fait, le fil de la victime, le jeune Bertrand, resté en Palestine après le départ des Croisés, entreprit d'arracher à Raymond II le comté de Tripoli, et commença par s'emparer du château de 'Araîma (Aryma), au sud-ouest de Sâfitâ, à mi-chemin entre cette ville et l'embouchure du Nahr al-Abrash[200]. La position était bien choisie car elle coupait la route de Tripoli à Tortose, les deux principaux centres du comté. Pour conserver son patrimoine, Raymond n'hésita pas à faire appel à Mu'în al Dîn Unur et aussi, ce qui était plus grave, à Nûr al-Dîn (mi-septembre 1148). Les deux princes turcs acceptèrent avec empressement et vinrent tous deux assiéger 'Araîma. Bertrand se défendit avec vaillance,

264 L'ÉQUILIBRE

mais les mineurs turcs ayant pratiqué une trouée dans la muraille, il dut se rendre. Les Turcs réduisirent en captivité tous les Francs de 'Araîma, « cavaliers et fantassins, femmes et enfants », et ils ne s'en retournèrent qu'après avoir détruit la citadelle. Nûr al-Dîn emmena avec lui Bertrand à Alep. La captivité du prince toulousain devait durer douze ans[201].

§ 4. — Conséquences du détournement de la Deuxième Croisade. Recul de la principauté d'Antioche jusqu'à l'Oronte et évacuation des derniers débris du comté d'Édesse.

L'échec de la Deuxième Croisade et la diminution du prestige franc en Syrie.

La faute majeure de la Deuxième Croisade avait été son inexplicable attitude envers l'atâbeg Nûr al-Dîn. Quand tout conseillait aux Croisés une marche sur Alep, ils avaient, malgré les supplications de Raymond de Poitiers, épargné le redoutable Zengîde. À peine étaient-ils partis que celui-ci reprit le cours de ses conquêtes.

Guillaume de Tyr nous explique très bien les causes psychologiques de cette nouvelle poussée turque. Le monde turc avait tremblé devant l'approche de la Deuxième Croisade : si les barons de 1097 avaient emporté Édesse, Antioche et Jérusalem, que ne pouvait-on redouter des forces réunies de l'Empire Germanique et du Royaume de France, conduites par leurs souverains ? La preuve de cette inquiétude est l'inertie de Nûr al-Dîn qui, même pendant le siège de Damas, n'avait osé affronter les Croisés qu'en paroles. Mais quand cet immense effort eut échoué, quand les forces réunies de la France et du Saint Empire se furent rembarquées sans avoir rien fait, une confiance joyeuse s'empara de l'Islam. Depuis 1099 les Musulmans de Syrie, nous le savons par Ibn al-A*th*îr, avaient toujours vécu sous la menace et la terreur perpétuelle d'une nouvelle Croisade faisant subir à Alep et à Damas le sort d'Antioche et de Jérusalem. Cette Croisade avait eu lieu et rien n'était advenu. L'Occident était donc beaucoup moins redoutable qu'on ne l'avait cru, et la Première Croisade n'avait été qu'une aventure heureuse, un succès de surprise dû au morcellement du monde turco-arabe ! Ce fut la fin de la supériorité morale des Francs, quelque chose comme ce que devait être dans toute l'Asie contemporaine la nouvelle de la victoire du Japon sur l'Empire des Tzars : « Dès ce tens en avant comença trop à empirier li estaz des Crestiens de la Sainte terre, note tristement *l'Estoire d'Éracles*, car leur anemi qui trop avoient doutée (= redouté) la venue de ces granz princes, quant il virent que parti s'en estoient sanz rien fere, ne prisièrent puis (= depuis) rien touz les efforz de la Crestienté. En un si grant orgueil enmontèrent que bien leur estoit avis que il porroient les Crestiens qui remanoient (= restaient) légièrement touz ocire ou prendre »[202].

Campagne de Nûr al-Dîn contre la Principauté d'Antioche :
défaite des Francs à Yaghra.

À en croire Ibn al-A*th*îr, Raymond de Poitiers ne se serait pas rendu compte de cette renaissance de l'orgueil turc, causée par l'échec de la Deuxième Croisade. Aussitôt apres le départ des Croisés, les Francs d'Antioche auraient réuni des troupes pour aller attaquer la province d'Alep. Avant qu'ils se fussent mis en mouvement, tandis qu'ils se concentraient encore près du lac d'Antioche ou lac de 'Amq, la contre-attaque, conduite par Nûr al-Dîn en personne, arriva, foudroyante. Le choc eut lieu à Yaghra, au nord-est du lac[203]. Après un combat acharné, l'atâbeg mit les Francs en déroute, leur tua beaucoup de monde et captura plusieurs seigneurs. Il envoya une partie du butin avec des prisonniers au khalife de Baghdâd, al-Muqtafî, et au sultan seljûqide de Perse, Mas'ûd[204]. Il est du reste possible que cette première bataille ait été suivie d'une seconde dans laquelle les Francs reprirent l'avantage[205]. Il n'y avait en tout cas dans cette invasion rien que de prévu. Maintenant qu'Édessse était tombée et puisque la Deuxième Croisade n'avait même pas songé à la reprendre, c'était la principauté d'Antioche qui devenait l'objectif de la revanche turque.

Guillaume de Tyr et Michel le Syrien nous apprennent que Jocelin II, loin de songer à venir de Turbessel porter secours au prince d'Antioche, poussait la rancune contre Raymond de Poitiers jusqu'à se rapprocher ouvertement de Nûr al-Dîn : « Dans sa rancune contre le prince d'Antioche qui, autrefois, n'était pas venu le secourir à Édesse, Jocelin se réjouissait des malheurs de la principauté. Nûr al-Dîn, l'ayant appris, en fut charmé. Il envoya des messagers à Jocelin et conclut la paix avec lui. Jocelin et Nûr al-Dîn se rencontrèrent dans la plaine entre Alep et 'Azâz et échangèrent leurs serments. Les Francs se mêlèrent aux Turcs, mangèrent, burent et se réjouirent avec eux, et ce fut pour leur ruine ![206] ». Jugement qui est celui même de l'histoire. C'était grâce à l'inaction volontaire de Raymond de Poitiers que Zengî avait pu enlever Édesse à Jocelin II. Ce sera grâce à la neutralité complice de Jocelin II que Nûr al-Dîn écrasera Raymond de Poitiers.

La puissance de Nûr al-Dîn dans le monde turc allait bientôt s'accroître encore par suite de la mort prématurée de son frère Saîf al-Dîn Ghâzî Ier, atâbeg de Mossoul (novembre 1149). Son second frère, Qutb al-Dîn Mawdûd, possédait en fief la ville de *Homs*. À la nouvelle du décès de Saîf al-Dîn, Qutb al-Dîn, prit les devants : il était à Mossoul et y fut reconnu comme atâbeg. Nûr al-Dîn, qui convoitait aussi l'héritage, marcha contre lui et occupa Sinjâr. Une lutte fratricide allait s'engager lorsque les vétérans imposèrent la paix : la famille zengide était trop menacée par les Francs en Syrie et par le légitimisme seljûqide du côté de la Perse pour se permettre de telles divisions. Un accord fut donc conclu. Qutb al-Dîn conserva le royaume de Mossoul, y compris Sinjâr que lui rendit Nûr al-Dîn, mais, de son côté, il céda à Nûr al-Dîn la ville de *Homs*[207]. Ainsi l'union des deux principautés zengides fut maintenue et Nûr al-Dîn y gagna une place syrienne importante, poste avancé vers Damas. L'unification de la Syrie musulmane entre ses mains faisait donc un nouveau progrès[208]. Et chaque nouveau progrès de ce grand royaume syrien musulman unitaire était une menace plus grave pour les colonies franques du littoral.

Seconde campagne de Nûr al-Dîn contre la principauté d'Antioche. Démonstration contre Hârim et siège de Népa (mai-juin 1149).

Bien avant ces règlements de famille, Nûr al-Dîn avait repris sa lutte contre la principauté d'Antioche. En mai 1149, il vint ravager le territoire de *H*ârim (Harenc), forteresse

RÉGENCE DE MÉLISENDE

dont nous avons vu maintes fois l'importance et qui, située sur la rive orientale de l'Oronte, à une quinzaine de kilomètres à l'est du Pont de Fer (Jisr al-*H*adîd) défendait le passage du fleuve. Nous savons par Ibn al-Qalânisî que Nûr al-Dîn sollicita, en même temps, le concours du vizir de Damas, Mu'în al-Dîn Unur. Celui-ci, sans venir lui-même, lui envoya un corps de troupes sous l'énergique émir Buzân – triste conséquence de la folle rupture de l'alliance franco-damasquine par la Deuxième Croisade[209]. En attendant ou malgré ce renfort, qui porta son armée à 6 000 cavaliers, sans compter les fantassins, Nûr al-Dîn ne se sentit pas en mesure d'assiéger le château de *H*ârim. Il se contenta d'en ruiner le faubourg et de piller le territoire. Puis il vint avec les Damasquins assiéger la forteresse de Népa, l'Anab ou Inab des historiens arabes, située sur la rive orientale de l'Oronte, à 11 kilomètres du fleuve, entre Jisr al-Shughr et Ma'arrat al-Nu'mân[210].

À la nouvelle que le château de Népa était assiégé, Raymond de Poitiers convoqua l'armée d'Antioche, mais, sans attendre le rassemblement de tous ses barons, il partit en avant-garde avec ce qu'il avait pu rassembler dans son entourage immédiat. Abû Shâma nous dit qu'il avait seulement avec lui, contre les 6 000 cavaliers de Nûr al-Dîn, 400 cavaliers et 1 000 fantassins[211]. De son côté, l'*Éracles* note : « Quant li princes Raimonz l'oï dire (que Nûr al-Dîn assiégeait Népa), si comme il estoit corageus et hastis, ne vout atendre que si hom venissent à lui que il avoit envoiez querre, car en teus choses il ne creoit (croyait) nul conseil ; ainçois s'en ala à (avec) pou de gent qui estoient en sa compaignie ; tout droit s'en ala là où li sièges estoit[212]. » Cette folle chevauchée qui rappelait la dernière expédition du prince Roger, de tragique mémoire, sembla d'abord réussir. Nûr al-Dîn, croyant avoir affaire à l'ensemble des forces franques, leva le siège de Népa : « Noradins ot oïe la novele que li Princes venoit, qui mout estoit bons chevaliers ; il ne poïst pas penser que il se fust si folement esmeuz (= mis en marche), ainçois cuidoit qu'il amenast avec lui grant planté de chevaliers ; si ne l'osa mie atendre, ainz se parti du siège et se reçeut (= retira) en un leu près d'iluec où il fu asseur (= en sécurité), il et ses genz. »

Bataille de Fons Murez (Ma'arratha).
Défaite et mort de Raymond de Poitiers (29 juin 1149).

La témérité de Raymond de Poitiers s'accrut de ce succès. Après cet avantage inespéré, au lieu de se replier à l'abri de quelque forteresse pour attendre l'arrivée de ses barons, il vint, avec sa petite troupe, camper en rase campagne à *Fons Muratus* ou *Fons Murez*, nom que M. Dussaud a identifié avec Ma'arra*th*a, village situé à 5 kilomètres au sud-est de Nepa-Inab[213], sur la route de Jisr al-Shughr à Apamée[214]. « Li Princes, qui vit que cil (Nûr al-Dîn) s'en estoit partiz por lui, en ot mout grant gloire et comença à despire (= mépriser) le pooir (de) Noradin et aus autres Turs ; car il estoit un teus (= tel) hom qui plus se fioit de soi que mestiers ne fust (= qu'il n'eût convenu). Assez avoit, iluec près (= près de là), de ses forteresces où il se poïst estre recetez seurement et menées ses genz, se il vousist, à sauveté. Mès il ne deigna ; ainçois dist que, por despit des Turs (= pour narguer les Turcs) qu'il en avoit chaciez, remeindroit-il la nuit eu champ (= il bivouaquerait cette nuit en rase campagne). En tel manière por bobanz (= par orgueil) s'abandona, voiant ses anemis (= au vu des ennemis) à grant péril ». D'après Michel le Syrien, des conseils de prudence furent vainement prodigués au prince d'Antioche par un chef ismâ'îlien qui, avec ses fidèles, était passé du service de Nûr al-Dîn à celui des Francs. « Les Francs s'avançaient comme une biche dans le piège, ou comme le cerf qui brave les traits dans sa fureur. Le chef Ismâ'îlien, en les voyant sans intelligence s'aventurer vers leurs ennemis, dit à Raymond de Poitiers : "Où vas-tu donc, ô roi ? Puisque tes ennemis se réunissent de tous côtés, reste immobile, garde tes frontières jusqu'à ce qu'ils se dispersent." Mais lui méprisa son conseil et, sans intelligence, il donna au milieu des Turcs. Alors les Turcs se réunirent de toutes parts, au milieu de la nuit, contre les malheureux Francs[215] ».

Tandis que Raymond de Poitiers, en dépit des avertissements de son allié ismâ'îlien, s'avançait jusqu'à Ma'arra*th*a où il allait en cette fatale nuit du 28 au 29 juin 1149, bivouaquer en rase campagne, Nûr al-Dîn, remis de sa surprise, avait appris par ses espions les faibles effectifs des troupes

RÉGENCE DE MÉLISENDE

franques. « Noradins... envoia sovent messages et espies por encerchier queus (= quels) chevaliers li Princes avoit amenez avec lui et combien, et savoir se guères (de) genz le sivoient après ». Or aucun renfort franc n'était signalé. « Noradins, qui près d'iluec estoit, se prist bien garde que nules genz n'estoient survenues au Prince et que ses pooirs n'estoit creuz (= accru) de rien. Bien se pensa que cil qui avec lui (Raymond) estoient ne se tendroient pas (= ne tiendraient pas) contre sa gent ».

Sûr de sa supériorité numérique, Nûr al-Dîn fit mouvement durant la nuit et cerna la position franque. « Il l'aceintrent et avironèrent de toutes parz, aussi com l'en assiet (= assiège) un chastel ». D'après Michel le Syrien, le chef îsmâ'îlien, qui s'était fait l'auxiliaire de Raymond de Poitiers, devinant l'encerclement qui s'opérait, conseilla à Raymond de se sauver en abandonnant son armée. Avec noblesse le prince d'Antioche refusa : « Le Hashashin s'avança vers "Poitiers" et lui dit : "Tu ne m'as pas écouté et nous sommes perdus ; maintenant, du moins, écoute-moi ! Viens, fuyons ; peut-être quelques-uns d'entre nous échapperont-ils ; car nous sommes environnés par une grande armée et, si nous sommes encore ici quand arrivera le matin, ils nous détruiront complètement". Mais le malheureux n'y consentit pas ».

Quand le jour se leva, Raymond de Poitiers, environné de masses ennemies, se vit perdu. « Quant il fu ajorné l'endemain, li Princes se vit enclos entre ses anemis et cognut certeinnement qu'il n'avoit mie gent qui contr'eus se poïssent tenir. Lors à primes se comença à repentir dont il s'estoit si asseurez (= aventuré), mès ce fu à (trop) tart ». Éternelle histoire de ces paladins qui, de Roger de Salerne à Renaud de Châtillon, finiront, à force de témérités insensées, par perdre l'État franc de la Syrie du Nord. Comme eux tous, Raymond de Poitiers, l'irréparable une fois commis, sut mourir noblement. Le récit de l'*Éracles* prend de nouveau ici une allure d'épopée. « Toutes voies, de tant de gent com il avoit conréa ses batailles, et pria à ses homes que bien se vendissent (= vendissent leur vie) à leur anemis, car de l'eschaper d'iluec estoit-il néanz (= nul moyen). La bataille comença. Li Crestien qui n'estoient que un pou de gent se tindrent tant com il porent, mès au darrenier (= à la fin) ne porent soffrir le fés

de si granz routes (= de troupes si nombreuses) ; si s'enfoïrent tuit desconfit, fors li Princes et ne sai quanz (= combien
de) chevaliers qui avec lui remestrent (= restèrent). Icil firent
merveilles d'armes tant com il durèrent. Li Princes noméement
fesoit un grant essart (= faisait place nette) entor lui de
touz ceus qu'il ateignoit, mès à la fin fu lassez et nus (= nul)
ne li secorut, si que tuit corurent sur lui à un fés et l'ocistrent
de glaives et d'espées[216] » (29 juin 1149).

« Dès le matin, écrit de son côté Michel le Syrien, avant
que les rayons de l'aurore ne brillassent, les Turcs, d'un seul
bond, comme une avalanche, fondirent sur les Francs, brisèrent grands et petits et les étendirent au milieu de la plaine
comme des arbres de magnifique stature. Le prince d'Antioche, ce lion vigoureux, fut tué ; tué Renaud, seigneur de
Kaisûn, ce jeune lionceau[217] ». Il s'agit ici de Renaud, comte
de Kaisûn, et de Mar'ash, frère et successeur de Baudouin de
Mar'ash et gendre de Jocelin II d'Édesse ; sa mort achevait de
démanteler la défense franque dans le nord[218].

Les Turcs témoignèrent une grande joie de la mort de Raymond de Poitiers. « Le corps de ce prince maudit, écrit Ibn
al-Qalânisî, fut trouvé gisant au milieu des cadavres des chevaliers les plus valeureux de sa suite. On lui coupa la tête qui
fut apportée à Nûr al-Dîn. C'était un des chevaliers les plus
renommés parmi les Francs pour sa grande bravoure, son
extrême vigueur et sa haute stature. Il était non moins célèbre pour son arrogance et sa brutalité »[219]. L'*Éracles* nous dit
de son côté que Nûr al-Dîn envoya la tête et le bras droit de
Raymond de Poitiers au khalife de Baghdâd « por fere esjoïr
ceus qui le verroient »[220].

Le bilan du principat de Raymond de Poitiers à Antioche.

La fin héroïque de Raymond de Poitiers ne doit pas nous
faire oublier ses torts. Malgré sa vaillance, dont sa mort
témoigne avec éclat, ses guerres avaient été constamment
malheureuses. « Lions ne liéparz ne fu onques tant dotez
(= redouté) com si anemi le dotoient. Nequedant touzjorz fu
mescheanz (= malchanceux) d'armes »[221]. Surtout sa politique avait été déplorable. À deux moments décisifs de l'histoire de l'Orient latin, il avait commis des fautes aux

incalculables conséquences. En 1138 quand se réalisait enfin l'union franco-byzantine contre l'Islam, quand une grande croisade byzantine descendait en Syrie au secours des Francs, il avait refusé par légèreté et caprice de seconder efficacement l'empereur Jean Comnène dans la lutte contre l'atâbeg Zengî ; son inaction voulue au siège de Shaîzar avait fait échouer la campagne. En 1144 son aveugle rancune contre Jocelin II le fit assister impassible et même joyeux à la conquête d'Édesse par Zengî. Par une étrange ironie du sort, lorsqu'il vit enfin clair, quand il voulut utiliser la Deuxième Croisade pour réparer ses erreurs et arrêter la puissance croissante des Zengides, les Croisés refusèrent de l'entendre et Louis VII quitta la Terre Sainte en le laissant seul, livré à la vengeance de Nûr al-Dîn.

Conséquences du désastre de Fons Murez. Nûr al-Dîn
aux portes d'Antioche.

La victoire de Nûr al-Dîn eut dans tout l'Islam un retentissement d'autant plus grand que la Deuxième Croisade venait d'y faire naître plus de craintes.

« Ton glaive, écrivait à l'atâbeg le poète al-Qaisarânî, vient de frapper sur les Francs un coup qui a fait tressaillir le cœur de Rome la grande.

« Tu as déchargé sur leur chef une massue qui lui a brisé les reins et qui a abattu les croix.

« Tu as purifié le sol des chrétiens avec leur sang ! »[222]

Nûr al-Dîn exploita sa victoire avec d'autant plus de vigueur qu'il ne trouvait rien devant lui. Avec Raymond de Poitiers et Renaud de Mar'ash la fleur des barons d'Antioche avait péri. L'*Estoire d'Éracles* nous le montre chevauchant « tout à sa volonté » à travers la principauté d'Antioche, prenant les places de second ordre, brûlant les bourgs, saccageant le plat pays, ne respectant que les citadelles trop fortes pour être enlevées au premier assaut. D'une seule chevauchée, il courut jusqu'à Antioche, l'investit et, la dépassant avec son avant-garde, poussa jusqu'à Saint-Siméon, le port de la grande cité[223]. « Les villes ardoit (= brûlait) qui estoient près d'iluec, et vint jusqu'à une abaïe de Saint Syméon qui siet en montaignes mout hautes, entre la mer et Antioche.

272 — L'ÉQUILIBRE

Toute fesoit sa volenté de la terre, puis descendi à la mer qu'il n'avoit onques mès vue, et por signe de victoire, et por mostrer que, se la terre durast outre, plus en conquéist, il entra en la mer touz nuz et se baigna, voiant (= devant) toute sa gent »[224].

La ville d'Antioche, surprise par cette brusque invasion, fut sur le point d'être emportée. « Après sa victoire, nous dit al-Qalânisî[225], Nûr al-Dîn alla camper sous les murs d'Antioche. La ville était alors privée de troupes et il n'y restait que la population civile, fort nombreuse d'ailleurs et bien protégée par des ouvrages de défense. Des pourparlers s'engagèrent entre les assiégés et les assiégeants, ceux-ci demandant qu'on leur livrât la place et offrant en retour de respecter la religion et les propriétés des habitants[226]. Mais les assiégés repoussèrent ces propositions, alléguant qu'ils ne pouvaient prendre de tels engagements tant qu'ils n'auraient pas perdu tout espoir d'être secourus. Toutefois ils offrirent à l'atâbeg tout ce qu'ils purent trouver de cadeaux et d'argent, et demandèrent une trêve qui leur fut accordée. Nûr al-Dîn laissa une partie de son armée devant Antioche pour la bloquer et empêcher qu'elle ne fût ravitaillée, et se porta, avec le reste de ses troupes, dans la direction d'Apamée... »

Le plus grave était que les chrétiens indigènes d'Antioche – en l'espèce la communauté syriaque jacobite – inclinaient de nouveau du côté des Turcs. C'est ce qu'avoue à demi-mot Michel le Syrien : « La division se mit parmi les gens d'Antioche ; les uns penchaient vers les Turcs ; les autres pressèrent le roi de Jérusalem de venir » (*Chronique*, III, 290).

*Conquête par Nûr al-Dîn, de Hârim,
d'Apamée et de tout le territoire à l'est de l'Oronte.*

Toutefois ces velléités de trahison n'eurent pas le temps de se concrétiser. Avec le réalisme qui caractérisait sa politique, Nûr al-Dîn s'était du reste rendu compte que la prise d'une place aussi formidable qu'Antioche comportait un siège en règle que les armées de secours franques ne lui laisseraient pas le temps de conduire jusqu'au bout. Aussi bien sa démonstration sur la capitale de l'Oronte n'était-elle qu'une feinte destinée à masquer les opérations plus sérieuses qu'il menait à l'est du fleuve et pour lesquelles il désirait avoir les mains libres : la prise de Hârim, la prise d'Apamée.

Hârim ou Harenc, on s'en souvient, était cette forteresse franque construite sur un monticule isolé, à onze kilomètres en droite ligne à l'est de l'Oronte et à quinze kilomètres est, sud-est du Jisr al-Hadîd ou « Pont de Fer », par où la grande route d'Alep à Antioche franchit le fleuve. Le donjon de Hârim commandait la route et le passage du fleuve. Dans le désarroi qui suivit chez les Francs la mort de Raymond de Poitiers, Nûr al-Dîn conquit Hârim « de venue » et y installa une forte garnison avec tout le ravitaillement nécessaire (juillet 1149)[227].

Après avoir pris Hârim, Nûr al-Dîn vint renforcer la division de ses troupes qui, dès le lendemain de sa victoire d'Inab, s'était portée au sud pour assiéger Apamée (Afâmiya, l'actuel Qal'at al-Mudîq)[228]. C'était la dernière et la principale des grandes places fortes franques d'Outre-Oronte, par où les Francs d'Antioche contrôlaient la rive orientale du Moyen-Oronte, l'émirat munqidhite de Shaîzar et jusqu'à l'émirat – aujourd'hui possession zengide-alépine – de Hamâ. « Afâmiya, nous dit Ibn al-Athîr, avoisinait Shaîzar et Hamâ. Elle était située sur une colline élevée[229]. C'était un des châteaux les plus forts et de l'accès le plus difficile. Nûr al-Dîn l'assiégea étroitement. Les Francs de Syrie se rassemblèrent et se mirent en marche pour lui faire lever le siège. Mais ils n'arrivèrent qu'après qu'il se fût emparé de la place et qu'il l'eût remplie d'hommes, d'armes et de provisions »[230]. Ce fut le 26 juillet 1149 qu'Apamée capitula entre les mains de Nûr al-Dîn, les habitants ayant obtenu la vie sauve[231]. L'atâbeg marcha aussitôt contre l'armée franque qui, de la côte, s'était mise en mouvement pour secourir la place ; mais les Francs, apprenant la chute d'Apamée et l'inutilité de leurs efforts, rebroussèrent chemin. Nûr al-Dîn, de son côté, était satisfait d'avoir conquis sur eux toute la province d'Outre-Oronte. Il rappela le rideau de troupes qu'il avait laissé autour d'Antioche, et, renonçant au blocus de la ville, conclut une trêve avec les habitants sur la base de la carte de guerre, la ligne de l'Oronte marquant en principe la frontière entre les deux États (commencement d'août 1149)[232]. Dans toute la région d'Outre-Oronte ainsi rendue à l'Islamisme, l'atâbeg installa solidement son pouvoir. Ce n'était pas une razzia, comme ses prédécesseurs en avaient tant dirigé en terre franque. C'était la réoccupation méthodique, définitive du pays.

Antioche sauvée par le patriarche Aymeri de Limoges
et par le roi Baudouin III.

D'après les aveux de Guillaume de Tyr, on avait pu craindre pis : la chute de la bande côtière et d'Antioche elle-même. À la nouvelle du désastre de Nepa et de la mort tragique de Raymond de Poitiers, les chrétiens d'Antioche, terrifiés, s'étaient crus perdus. « Li chevalier de la terre et li autre pueples… si furent esbahi que il ne sorent que fere, car il avoient la peor devant les euz ; qu'il leur estoit avis que la terre se perdist toute, chascun jor, que il n'i avoit point de défendeeur que seulement la princesse Costance »[233]. Le soin de défendre Antioche incombait en effet à Constance, veuve de Raymond de Poitiers, une toute jeune femme de vingt-deux ans, régente au nom de leur fils, Bohémond III, lequel n'était qu'un enfant en bas âge.

Comme aux journées tragiques de 1119, après la mort du prince Roger, ce fut le patriarcat latin qui prit les premières mesures de défense. Le patriarche d'Antioche, Aymeri de Limoges, n'avait peut-être pas la réputation de son grand prédécesseur, Bernard de Valence[234]. *L'Estoire d'Éracles* nous dit que, bien que « riches de grant avoir, l'en l'avoit touzjorz tenu à aver (= avare) jusqu'à ce jor »[235]. Mais en présence du péril, il se montra à la hauteur de son rôle, – *defensor civitatis*. Ce fut lui qui, en ralliant autour de lui et en prenant à sa solde tous les hommes d'armes disponibles, parvint à mettre en état de défense Antioche et les autres places entre l'Oronte et la mer. « Il envoia querre chevaliers, soudoiers et sergenz partout, leur dona largement du suen, si que leur forteresces en furent bien garnies »[236]. L'énergie du prélat permit aux barons de se ressaisir et donna au roi de Jérusalem le temps d'accourir pour circonscrire le désastre et sauver définitivement la partie de la principauté située à l'ouest de l'Oronte.

Fidèle, comme ses prédécesseurs, à ses devoirs de suzerain et de régent-né de la principauté de l'Oronte, le jeune roi Baudouin III (il n'avait alors que dix-huit ans) accourut de

Jérusalem avec sa chevalerie ; « isnelement fist semondre chevaliers assez, et s'en vint en Antioche soudeinnement. » Sa présence rétablit le moral de la population. « Quant il le virent, mout furent lié, granz confort orent de sa venue. » Sa première pensée fut pour aller reprendre *Hârim*, clé de la province d'Outre-Oronte. Renforcé de tous les combattants de la principauté, il essaya de forcer la place. Mais *Hârim*, on l'a vu, avait été solidement garni de troupes et de ravitaillement par Nûr al-Dîn. Devant la perspective d'un long siège, que le voisinage de l'atâbeg eût rendu assez périlleux, Baudouin III et son entourage jugèrent prudent d'ajourner leur entreprise et rentrèrent à Antioche[237].

La revanche turque contre les débris du comté d'Édesse.
Incapacité de Jocelin II : ses persécutions
contre les communautés syriaques jacobites.

En même temps que la principauté d'Antioche, les débris du comté d'Édesse étaient menacés de submersion. Depuis la chute de sa capitale, que la deuxième croisade n'avait pas songé à reprendre, le comte Jocelin II se trouvait réduit, comme on l'a vu, aux places à l'ouest de l'Euphrate, Turbessel, sa nouvelle résidence, qui est Tell al-Bâsher, et du nord au sud, Samosate (Sumaisât), Ranculat ou Rûm Qal'at, Tulupe qui est Dulûk, Ravendel qui est Râwendân, Corice (Cyrrhus, Khoros). Par là il touchait à la principauté d'Antioche dont dépendaient au nord Mar'ash ou Marash, et au sud 'Azâz, le Hasart des chroniqueurs[238]. Tous ces confins étaient maintenant également menacés. La mort du comte Renaud de Mar'ash, gendre de Jocelin II et qui était tombé sur le champ de bataille de Fons Murez, aux côtés de Raymond de Poitiers, achevait d'affaiblir les forces franques sur l'Euphrate. Il ne restait de ce côté comme chef aux Francs que Jocelin II.

Triste chef que cet épigone franco-arménien dégénéré, « fous et mauvais », s'oubliant dans la luxure et la boisson quand une énergie de fer eût à peine suffi pour arrêter la reconquête turque. Loin de chercher à réconcilier entre elles, à l'heure du péril, les diverses églises chrétiennes, on l'avait vu, en juin 1148, aller piller le grand monastère syriaque de

Mar Barsauma, près de Gargar, sur le haut Euphrate, couvent qui était une des résidences du patriarche jacobite titulaire d'Antioche[239]. Michel le Syrien et Bar Hebraeus nous racontent comment, accueilli sans méfiance par les moines jacobites, il fit main basse sur leurs richesses avec le concours zélé des Arméniens, ses demi-compatriotes, frappant la cité monastique d'une énorme contribution et donnant au clergé arménien et franc les vases précieux et tous les objets du culte jacobite. Expédition de pur brigandage qui excite à juste titre l'indignation du chroniqueur syriaque. « Le 18 juin 1148 il arriva inopinément et les moines se réjouirent, pensant qu'il venait pour prier. Ils prirent donc la croix et les Évangiles et sortirent à sa rencontre à la porte méridionale. En voyant la croix, il descendit astucieusement de cheval et fit montre d'humilité jusqu'à ce qu'il fût entré et se fût établi dans le couvent. Alors il rassembla tous les moines et les emprisonna. » Sous prétexte que les moines jacobites vivaient en bonne intelligence avec les Turcs Dânishmendites, leurs voisins, « il envoya des prêtres francs qui entrèrent dans le temple et en retirèrent tout ce qu'ils trouvèrent : les vases d'argent, les patènes, les calices, les croix, les encensoirs, les chandeliers, les flabella, les évangiles et les livres. Ensuite il ordonna à ses soldats d'inspecter les cellules et ils rassemblèrent tout ce qu'ils trouvèrent d'or, d'argent, de cuivre, de vêtements, de tapis. Il dépouilla même le sanctuaire de ses tentures... Il y avait une croix d'or : le tyran la brisa et la partagea entre ses compagnons... Quelques Templiers qui l'accompagnaient protestèrent, disant : Nous sommes venus avec toi pour faire la guerre aux Turcs et secourir les Chrétiens, non pour piller les églises et les monastères, et ils l'abandonnèrent sur-le-champ. »

Jocelin II et ses soldats chargèrent sur des mulets et des chameaux le produit de leur pillage et reprirent avec ce convoi le chemin de Turbessel. Le comte laissait dans le couvent-forteresse une garnison d'Arméniens, frères ennemis des Jacobites syriaques et que Michel accuse de nouvelles déprédations. Quant aux moines, il en emmena une partie à Turbessel. Le reste demeura ou revint à Barsauma sous le contrôle de la garnison franco-arménienne[240].

RÉGENCE DE MÉLISENDE

L'excuse invoquée pour ce brigandage était la sympathie avérée que, par hostilité envers les Arméniens, alliés des Francs, les communautés jacobites professaient pour les Turcs[241]. De l'aveu de Michel le Syrien, l'émir de Mala*t*iya, le dânishmendite 'Aîn al-Dawla[242], au voisinage duquel se trouvait le couvent de Barsauma et qui comptait sur l'amitié des Jacobites, considéra un moment comme une trahison le fait que ceux de Barsauma n'avaient pas résisté aux Francs. Mais quand il vit de nombreux moines chercher refuge auprès de lui contre la domination franco-arménienne en lui promettant de l'aider contre Jocelin II, il comprit le parti qu'il pouvait tirer de ces haines entre chrétiens et combla de nouveau de faveurs le clergé et les églises jacobites. Comme Jocelin lui proposait de lui rétrocéder le couvent de Barsauma contre rétrocession des couvents de Zabar, l'émir lui aurait répondu en protecteur des Jacobites et par les propos insultants que lui prête Michel le Syrien : « Je désire la paix autant que toi, mais dis-moi sur quoi tu entends la jurer ? Les Musulmans la jurent sur le Qor'an et les Chrétiens par la Croix et l'Évangile ; mais toi, tu as dépouillé l'Évangile et brisé la Croix ; tu n'as donc pas la foi des Chrétiens ; fais-moi connaître ta foi, si tu es juif ou païen ? »[243]. Le même chroniqueur rapporte qu'à la suite des sacrilèges commis par Jocelin II dans le célèbre monastère jacobite, saint Barsauma apparut en songe à plusieurs de ses chevaliers, faisant menacer le comte des pires châtiments, sans pouvoir l'amener à la pénitence[244].

Les communautés syriaques jacobites, persécutées par le baron franco-arménien, ne demandaient qu'à se rallier aux Turcs. Au mois d'août 1148, l'émir ortoqide de Kharpût et de *H*isn Kaifâ, Qarâ Arslân[245] était venu attaquer les possessions de Jocelin II du côté de Gargar, place située au nord de Samosate, à l'est de Kaisûn. Les chrétiens indigènes de la campagne de Gargar, terrifiés, s'étaient réfugiés dans le couvent-forteresse de Barsauma, chez les Jacobites. L'armée ortoqide se lança à leur poursuite, et, le 15 août 1148, apparut devant Barsauma, exigeant leur reddition. Le chroniqueur syriaque qui nous rapporte ces faits a bien soin d'ajouter que l'injonction des Turcs n'allait pas sans ménagements pour l'amitié jacobite : « Nous honorons votre saint (Barsauma), nous lui donnons des offrandes, nous ne sommes

278　　　　　　　　　　　　*L'ÉQUILIBRE*

pas venus pour maltraiter son couvent, mais pour les réfugiés de Gargar. Livrez-les-nous ! » Le pire est qu'une partie des moines auraient, dans leur turcophilie, accepté de les livrer. Pour l'honneur du couvent les doyens de la communauté s'y refusèrent, malgré les représailles des Turcs qui détruisirent les vignobles, les pressoirs et les fermes de la campagne voisine et enlevèrent le bétail des moines. Mais le parti turcophile l'emporta de nouveau, du reste en ménageant cette fois les intérêts des réfugiés. Les chefs du monastère se rendirent à Kharpût, auprès de l'émir Qarâ Arslân, et celui-ci leur fit restituer leur bétail. Le récit de Michel le Syrien oppose à ce propos la générosité de l'émir ortoqide, comme tout à l'heure celle de l'émir dânishmendite, aux méfaits de Jocelin II[246]. La partialité de l'ancien comte d'Édesse en faveur de ses demi-compatriotes arméniens, au détriment de ses sujets jacobites, aboutissait à développer chez ces derniers, à l'heure où se jouait le sort des cantons du Haut Euphrate habités par eux, une turcophilie avérée.

Jocelin II qui prenait si maladroitement parti dans la rivalité entre moines jacobites et moines arméniens, nourrissait les mêmes passions mesquines dans les querelles féodales franques. En ces heures d'angoisse il se montrait incapable de s'élever au-dessus de ses rancunes contre la maison d'Antioche, incapable de songer à l'intérêt commun. Dans sa haine aveugle pour Raymond de Poitiers, il s'était réjoui en apprenant la mort de ce dernier, sans se rendre compte que la catastrophe survenue à la principauté d'Antioche démantelait et livrait à l'invasion turque son propre comté de Turbessel : « Joscelins, nous dit *l'Estoire d'Éracles*, ot mout grant joie quant li princes Raimonz fu morz, car il le haoit (haïssait) trop, ne ne se prenoit pas garde de ce que sa terre en estoit mout afebloiée, car li Turc coroient ore près de lui, qui avant ne l'osoient fere »[247].

*Le sultan de Qoniya, Mas'ûd I*er*, enlève Mar'ash à Jocelin II et l'assiège dans Turbessel.*

Tandis que les princes francs ne songeaient qu'à leurs querelles, les rois turcs s'unissaient pour se partager leurs dépouilles. Le sultan seljûqide de Qoniya, Mas'ûd I*er*[248], qui

RÉGENCE DE MÉLISENDE

avait donné une de ses filles en mariage à Nûr al-Dîn, songea à profiter de la victoire de son gendre pour conquérir les débris du comté d'Édesse. Vers le 11 septembre 1149, il attaqua Mar'ash. Depuis la mort du comte Renaud de Mar'ash sur le champ de bataille de Fons Murez, la place avait été réunie aux possessions de Jocelin II[249], mais celui-ci avait négligé de garnir de défenseurs la citadelle, de sorte que le prince Qilij Arslân (II), fils du sultan Mas'ûd[250], s'en empara après un siège très court[251]. Le sultan promit sous serment aux chevaliers francs, ainsi qu'à l'évêque latin et à son clergé, de les faire conduire sains et saufs à Antioche ; mais, après les avoir congédiés, il les fit massacrer par les cavaliers turcs qu'il leur avait donnés pour escorte. Quant à la population syriaque, que nous avons vue si souvent prête à pactiser avec les Turcs contre la domination latine, elle n'eut guère à se féliciter du changement de régime. Dans le pillage de la ville, le trésor de l'église jacobite, le vase du saint-chrême, les calices d'argent et les ornements sacerdotaux devinrent la proie des Infidèles[252].

Après la prise de Mar'ash, le sultan Mas'ûd vint assiéger Turbessel (Tell Bâsher), forteresse qui, on l'a vu, servait de résidence au comte Jocelin II. Ce dernier se crut perdu et consentit à tout pour éloigner son redoutable adversaire : « Li cuens Joscelins fu mout espoentez de ce siège, si fist parler au soudan de pais, et furent les paroles accordées en tel manière que li soudans s'en parti du siège, et li cuens li rendi touz les prisons (= prisonniers) qu'il tenoit de sa terre ; par desus ce, li donna douze armeures à chevalier »[253]. En réalité, ni ce cadeau, ni la délivrance des prisonniers turcs n'eussent suffi à obtenir l'éloignement des assiégeants, si Jocelin II ne s'était formellement reconnu vassal du Seljûqide[254]. Ce ne fut qu'au prix de cette humiliation qu'il obtint la paix.

La chronique syriaque du patriarche Michel ne manque pas de voir dans le siège de Turbessel par le sultan Mas'ûd l'effet de la vengeance céleste pour le pillage du monastère jacobite de Barsauma. Tandis, nous dit-il, que les Turcs bloquaient la ville, Jocelin II fit pénitence de ses fautes, jurant de rendre au monastère la relique de la main de saint Barsauma qu'il avait naguère enlevée. « Jocelin fut saisi de crainte. Sur son ordre on tira la main du saint et on la porta en procession sur le mur de Tell-Bâsher, en face du camp

280 | L'ÉQUILIBRE

ennemi, tandis que le peuple – Francs, Syriens et Arméniens – tête nue, poussait des gémissements et pleurait ». Dès que le sultan eut levé le siège, Jocelin renvoya en grande pompe la relique au monastère de Barsauma. « Dans chaque bourg les foules couraient au-devant du cortège en se réjouissant, tressaillant d'allégresse, louant le Seigneur et faisant l'office avec des cantiques, des cierges et la fumée de l'encens »[255].

La présence de Baudouin III dans la Syrie du Nord sauve Turbessel.

Il convient d'ajouter que l'intervention du roi de Jérusalem avait joué indirectement un rôle décisif dans la délivrance de Turbessel. En effet, dès la nouvelle de l'invasion seljûqide de ce côté, Baudouin III, qui se trouvait alors à Antioche, envoya en hâte le connétable de Jérusalem, Onfroi (II) de Toron, avec soixante chevaliers, pour renforcer la garnison du château de 'Azâz (Hasart), forteresse-frontière de la principauté d'Antioche par rapport au comté d'Édesse[256]. Bien que cette démonstration eût pour but immédiat de couvrir la principauté contre une invasion éventuelle, il est certain qu'elle ne fut pas étrangère à la brusque décision de Mas'ûd d'accepter les propositions de Jocelin II et de lever le siège de Turbessel[257]. Du reste ce fut ainsi que l'entendit Jocelin lui-même. Dès que les Seljûqides se furent éloignés de Turbessel, tout épouvanté encore du péril couru, il se rendit à 'Azâz auprès d'Onfroi de Toron et, de là, à Antioche pour remercier Baudouin III comme son sauveur, « et le mercia mout de ce qu'il estoit venuz en la terre, et après prist congié au roi. »

Quant à Baudouin III, il acheva de mettre la principauté d'Antioche en état de défense. « Li Rois demora en Antioche et réconforta la gent ; les fortereces fist garnir et mettre à seur (= en sûreté) au plus qu'il pot ; des autres aferes du païs devisa, si qu'il furent assez en bon point »[258]. Ce ne fut qu'après avoir ainsi rempli ses devoirs de régent de la principauté d'Antioche qu'il regagna Jérusalem. Avec ce souverain de dix-huit ans la royauté hiérosolymitaine avait continué sa mission historique. En apparaissant en temps utile sur l'Oronte, il avait sauvé à la fois la principauté d'Antioche et les débris du comté d'Édesse.

*L'ortoqide Qarâ Arslân, émir de Kharpût, s'empare de Gargar,
de Hisn-Mansûr et des autres places franco-arméniennes
du haut Euphrate.*

Après le départ du roi de Jérusalem, Jocelin II subit de
nouvelles attaques turques. Ses agresseurs étaient cette fois
Nûr al-Dîn et aussi l'émir ortoqide Qarâ Arslân, prince de
Kharpût[259] et de *Hisn* Kaîfâ[260]. Qarâ Arslân vint – pour la
seconde fois, semble-t-il – attaquer le pays de Gargar, au
nord de Samosate.

Gargar, qui dépendait du comté d'Édesse, appartenait à un
chef arménien, Vasil Bahlavouni[261], à qui Jocelin II venait de
la vendre ou de l'inféoder, en même temps que *Hisn* Mansûr
(Adiamân)[262] et Kaisûn[263]. En apprenant l'imminence de
l'invasion turque, Jocelin avait laissé à Vasil le soin de ravitailler, avec Gargar, les autres places du haut Euphrate, mais
lui avait confié, à cet effet, toutes ses troupes disponibles[264].
Vasil s'avançait donc avec 500 cavaliers, sans compter les
fantassins, en escortant un convoi de « mille charges de fro-
ment » à destination de Gargar. Que se passa-t-il quand il
arriva près de la forteresse ? La chronique arménienne de
Grégoire le Prêtre nous dit simplement que Qarâ Arslân,
averti de ce mouvement, guetta Vasil Bahlavouni, le surprit
et le fit prisonnier avec sa troupe et sa caravane[265]. Pour la
chronique syriaque du patriarche Michel, Vasil n'aurait pas
été surpris par les Turcs, mais, les ayant le premier découverts en arrivant près de Gargar, aurait commis l'imprudence
de les attaquer en essayant de les surprendre lui-même, sur
quoi il fut battu et capturé avec tous les siens[266]. Avec Vasil,
ajoute la chronique syriaque, furent faits prisonniers un
autre chef arménien, Grégoire, seigneur de Gakhta[267], et le
chef franc Mahuis, dit Mahuis de Kaisûn.

Qarâ Arslân conduisit ses captifs devant la forteresse de
Gargar où se trouvaient la femme et les enfants de Vasil.
« Les gens de Gargar exigèrent que l'émir s'engageât par un
serment sincère et inviolable à faire ramener chez eux tous
les prisonniers sans leur faire aucun mal ; son désir ardent
de posséder cette importante forteresse le fit consentir sans
difficulté à cette condition ». Après Gargar, Qarâ Arslân se fit
remettre de même *Hisn* Mansûr, l'autre forteresse de Vasil

Bahlavouni, et Gakhta, la forteresse de son compagnon Grégoire[268]. Fidèle à sa promesse l'émir ortoqide « fit escorter ses captifs jusqu'à Samosate par des troupes dont il était sûr et auxquelles il avait fait jurer de remplir loyalement leur mission. Quant à Vasil, il l'emmena dans ses États en le traitant avec beaucoup d'égards et lui donna des terres, agissant envers lui comme avec un frère bien-aimé[269] ». Du côté syriaque, le patriarche Michel vante de même la magnanimité de Qarâ Arslân envers Vasil et Grégoire qu'il fieffa l'un et l'autre au Diyârbekir[270] (1150).

Ralliement des communautés syriaques-jacobites
à la domination turque ortoqide dans le nord de l'ancien comté
d'Édesse.

Cette politique adroite obtint bientôt le ralliement des communautés arméniennes et syriaques à la domination turque ortoqide.

Les émirs ortoqides furent d'ailleurs pour les chrétiens indigènes retombés sous leur domination des maîtres relativement doux[271]. C'est ainsi que Michel le Syrien nous signale que Timurtâsh, l'ortoqide de Mârdîn, « procura aux chrétiens de grandes consolations et à l'Église (lisez à l'Église jacobite) beaucoup d'avantages ». Étant tombé malade, il ne devait pas hésiter à faire appel aux moines jacobites du couvent de Mar Barsauma et ceux-ci lui envoyèrent la dextre même du saint qui le guérit[272]. Il y a là évidemment de la part du chef ortoqide la preuve d'une politique systématique pour détacher des Latins les communautés jacobites et les rallier à la restauration turque. Il y a malheureusement aussi le témoignage de l'état d'esprit des Jacobites qui, blessés dans leurs sentiments par l'hégémonie du clergé latin et peut-être plus encore par l'entente latino-arménienne, avaient si souvent fait des vœux pour le retour des Turcs.

Captivité et mort de Jocelin II.

Il semble que Jocelin II ait renoncé à défendre contre les Ortoqides les cantons montagneux du nord, occupé qu'il devait être au sud à lutter contre Nûr al-Dîn. D'après Ibn al-

*Ath*îr, il aurait infligé un échec à l'atâbeg, en lui faisant de nombreux prisonniers dont son *silâhdâr (armiger)*. « Jocelin le prit, avec les armes de Nûr al-Dîn ; il envoya ces armes à Mas'ûd, malik de Qoniya[273] et beau-père de Nûr al-Dîn, en lui faisant dire : Voici les armes de ton gendre ; tu recevras bientôt de moi un présent plus considérable ! »[274] Si l'anecdote est exacte, une telle vantardise, qui ne pouvait qu'exciter la fureur de Nûr al-Dîn, était singulièrement inopportune. Ibn al-*Ath*îr nous dit que l'atâbeg chargea aussitôt un groupe d'émirs turcomans de s'emparer par ruse de Jocelin et de le lui amener mort ou vif, « car il savait que, s'il entrait lui-même en campagne, Jocelin se réfugierait dans une de ses forteresses ».

Justement, Jocelin II avait décidé de se rendre à Antioche pour conférer avec le patriarche de cette ville (début de mai 1150). Ce fut durant le trajet qu'il tomba de nuit dans l'embuscade des Turcomans. « Il alla de nuiz en Antioche à (= avec) pou de gent. Il se remest (= resta, s'attarda) après les autres entre lui et un suen escuier, que nus des autres n'en prist onques garde ; il descendi por pissier, mès près d'iluec avoit Turs embuschiez, qui là s'estoient mis por rober le chemin. Quant il virent ces deus sevrez (= écartez) de la route, il saillirent hors et le pristrent... »[275]. Pour Michel le Syrien, les Turcomans qui l'avaient pris ignoraient son identité : ce fut un Juif qui, l'ayant reconnu, s'empressa de le trahir. Quant aux chevaliers de son escorte, ils ne s'étaient doutés de rien. « La nuit que il fu pris, si chevalier cuidièrent tuit qu'il fu encore en la compaignie, mès l'endemain, quant il fu ajorné, il le quistrent (= cherchèrent) partout, ne le trovèrent mie. Lors n'alèrent plus avant, ainçois s'en retornèrent en leur païs (= à Turbessel), et contèrent cele mésaventure coment il avoient perdu leur seigneur, encore ne savoient où il estoit. Grant duel (= deuil) en firent par la terre porce qu'il remanoient einsi sanz seigneur. Ne demora guères qu'il oïrent noveles que leur sires estoit en prison en la cité de Halape. »[276] D'après Kemâl al-Dîn et Ibn al-*Ath*îr, Jocelin II, à force d'adresse, avait été sur le point de se tirer de ce mauvais pas : il était en train d'acheter, par la promesse d'une forte somme d'argent, les Turcomans qui l'avaient capturé ; mais l'un d'entre eux, rebelle à ses invites, courut alerter la

284   *L'ÉQUILIBRE*

garnison d'Alep. Un escadron alepin arriva, bride abattue, arracha aux Turcomans leur prisonnier et le conduisit à Alep[277] (4 mai 1150).

Jocelin II ne devait jamais plus recouvrer sa liberté. Mis aux entraves dans la prison d'Alep, Nûr al-Dîn l'y tint en captivité jusqu'à sa mort, survenue neuf ans plus tard. La chronique syriaque qui déteste en lui l'ami des Arméniens et le spoliateur des couvents jacobites convient que, malgré la menace du supplice, il refusa d'abjurer. Nous savons qu'il n'eut pas même la permission de recevoir les secours d'un chapelain latin ou arménien. Après qu'il eut fait amende honorable à Saint-Barsauma, les derniers sacrements lui furent administrés par l'évêque jacobite d'Alep, le métropolite Ignace[278].

Comme le remarquent tous les chroniqueurs, la capture de Jocelin II laissait les débris du comté d'Édesse sans défenseur. Sans doute, à Turbessel, sa femme Béatrix[279] essaya de galvaniser la résistance au nom de leur jeune fils, Jocelin III. Elle paraît avoir sincèrement pleuré ce mari si peu digne : « Sa femme en plora mout, qui estoit mout bone dame, de sainte vie et de nete contenance. Tant de conseil come ele pot avoir de ses barons ele crut mout volentiers, et à son pooir governa la terre bien et vigueureusement ; si que droiz i estoit fez ; les forteresces fesoit mout bien garde et garnir de toutes choses qui mestier i avoient. Partout se contint si bel la bonne dame que Deus et li siècles l'en savoient bon gré. A ce tens estoit la chose en tel point que la prince d'Antioche et la conté de Rohès (= Édesse) estoient au governement à deus dames[280]. »

Conquête de Kaisûn, de Behesnî et de Ra'bân par le sultan Mas'ûd. Complicité de l'élément jacobite.

Mais les vertus de la régente Béatrix à Turbessel, pas plus que celles de la princesse douairière Constance à Antioche, ne pouvaient compenser l'absence de chefs de guerre. Devant le désarroi causé chez les Franco-Arméniens de l'ancien comté par la capture de Jocelin II, tous les princes musulmans du voisinage accoururent à la curée. Le sultan seljûqide de Qoniya, Mas'ûd Ier, dès la fin de ce même mois de mai 1150, envahit le comté par le nord et apparut devant la forteresse de Kaisûn ou Kéçoun. « Le jour de la Pentecôte (22 mai), écrit Grégoire le Prêtre, lorsque chacun était dans l'attente de la venue du Saint-Esprit, arriva le sultan Mas'ûd avec des forces immenses. Les éclairs des épées, le choc des lances innombrables nous firent trembler, nous tous qui nous trouvions à Kéçoun. Les habitants, terrifiés, rendirent sur-le-champ la ville, après avoir obtenu de Mas'ûd le serment de les épargner »[281]. Ce texte nous prouve que l'élément arménien sur lequel on eût pu compter davantage avait été complètement démoralisé par la captivité de Jocelin II. Quant à l'élément syriaque, toujours beaucoup plus turcophile, il allait au-devant de la restauration musulmane. Michel le Syrien et Bar Hebraeus nous avouent en effet, sous la rubrique de 1149-1150, que les habitants de Kaisûn, c'est-à-dire ici les chrétiens jacobites, voyant croître la puissance du sultan Mas'ûd, avaient député vers ce dernier l'évêque Mar Iwannis et convenu avec le prince turc que les Francs qui étaient chez eux pourraient se retirer tranquillement à 'Aintâb : lorsque cet accord eut été exécuté ils remirent la ville au sultan[282]. De quelque manière qu'on interprète ce texte, il est difficile de ne pas y voir un ralliement spontané de la communauté syriaque à la restauration turque.

Après de telles défections, le sort des places voisines ne faisait pas de doute. Huit jours après Kaisûn, « l'inexpugnable place de Behesnî », située en face, sur la rive nord de « l'Araban », se soumit à son tour au sultan Mas'ûd, et quatre jours plus tard Ra'bân, autre place forte située au sud-ouest de Kaisûn[283]. Les habitants de Ra'bân avaient seulement demandé l'autorisation de se retirer les uns à Turbessel, les autres à 'Aintâb. L'Estoire d'Éracles nous donne bien l'impression de l'accablement qui paralysait les Francs : « Li soudans du Coine qui estoit li plus puissanz de tous les Turs, estoit venuz à (= avec) si grant planté de genz que nus ne l'osast atendre ; car cil du païs ne li osoient contretenir les forterèces, ainçois les li rendoient, par tel covent (= convention) qu'il fesoit conduire eus et les leur choses sauvement jusqu'au chastel de Torbessel, car cil estoit si forz que bien i cuidoient estre à garant »[284]. Mas'ûd essaya même de s'emparer de Turbessel, dernier réduit de la résistance franque,

286 L'ÉQUILIBRE

mais la forteresse, défendue par la régente Béatrix et par le jeune Jocelin III, défia tous ses assauts. « Ces braves combattirent vaillamment pour leur foi, et quoique les Infidèles missent en œuvre divers moyens d'attaque et fissent jouer sans relâche leurs machines de guerre, ils (les Turcs) furent obligés de s'en retourner dans leur pays, découragés. »

Conquête de 'Azâz (Hasart) par Nûr al-Dîn.

Pendant le siège de Turbessel, le sultan Mas'ûd avait, au cours d'une entrevue, resserré son alliance avec Nûr al-Dîn, son gendre[285]. Ce dernier, de son côté, était également entré en campagne contre les Francs. À l'été de 1150, il vint mettre le siège devant la place de 'Azâz, le Hasart des chroniqueurs, forteresse avancée de la principauté d'Antioche vers le nord-est. La résistance dut être assez faible. « Nûr al-Dîn, nous dit Ibn al-Qalânisî, bloqua la ville et la harcela de ses attaques jusqu'au moment où Allâh, lui facilitant sa tâche, permit qu'il s'en rendît maître par capitulation, en dépit de la force de cette place, admirablement défendue par ses fortifications et par sa situation sur une hauteur. Dès qu'il eut pris possession de la ville, l'atâbeg y installa une garnison choisie parmi ses meilleurs soldats, puis, tout heureux de cette victoire, il reprit le chemin d'Alep (juillet 1150) »[286].

La conquête de 'Azâz succédant à celle de *H*ârim et d'Apamée rendait Nûr al-Dîn maître de tout l'hinterland de la principauté. « Noradins, li plus morteus anemis que la Crestienté poïst avoir, tenoit nos crestienz si corz qu'il ne s'osoient aparoir hors de forterèces. Ainçois chevauchoit il d'une part, et ses coréeurs envoioit-il partout por gaster et prendre quanque (= tout ce que) il trovoient »[287].

Baudouin III au secours de Turbessel. Offre des Byzantins d'acheter la place et les autres débris de l'ancien comté d'Édesse.

La situation était d'autant plus grave que la chute de 'Azâz, en même temps qu'elle privait les Francs d'Antioche d'une place importante, coupait les communications entre eux et les derniers défenseurs de Turbessel, la comtesse Béatrix et le jeune Jocelin III. Devant un tel péril le roi Baudouin III, fidèle une fois de plus à ses devoirs de suzerain, accourut de Jérusalem pour sauver les deux États francs du nord, ou ce qui en subsistait. « Au Roi vint la novele que li cuens de Rohès avoit esté pris par mésaventure et que toute cele terre de là estoit ausi come abandonée ; car li Tur chevauchoient par tout et la gastoient à leur volenté. Li païs meismes d'Antioche, qui estoit remés (= resté) en la garde d'une femme, avoit grant mestier (besoin) de conseil et d'aide. » Accompagné d'Onfroi de Toron, le futur connétable de Jérusalem, et de Guy de Beyrouth, Baudouin III se mit donc en marche vers le nord, le long de la côte, avec tout ce qu'il avait pu rassembler de contingents du Domaine royal[288]. À Tripoli, le comte Raymond II se joignit à lui avec l'armée provençale, et tous deux se dirigèrent à marches forcées sur Antioche.

L'arrivée de Baudouin III à Antioche sauvait pour le moment les possessions franques de la Syrie du Nord, mais il était certain qu'aussitôt le roi rentré en Judée, l'attaque contre Turbessel reprendrait de plus belle et que la place, à la longue, finirait par succomber. À défaut d'une Croisade que l'échec de Louis VII et de Conrad III rendait invraisemblable, un seul espoir de salut demeurait permis : l'intervention byzantine. Sous l'empereur Manuel Comnène comme sous son père Jean, l'empire byzantin restait la première puissance de l'Orient. Après l'avortement de la Deuxième Croisade et la perte des quatre cinquièmes du comté d'Édesse le moment semblait venu de se tourner vers Constantinople.

La diplomatie byzantine, de son côté, attendait cette heure. Elle entra en rapports avec la comtesse d'Édesse, Béatrix, qui réfugiée à Turbessel désespérait de sauver la place. Manuel Comnène offrait à Béatrix de lui acheter, moyennant une rente annuelle à elle et à ses enfants, tout ce qui subsistait encore des possessions de l'ancien comté d'Édesse, c'est-à-dire – en plus de Turbessel – Samosate, Rûmqala (« Ranculat »), Bîra ou Bîrejik (« Bile »), Dulûk (« Tulup » ou « Tulube »), 'Aintâb (« Hamtab ») et Râwendân (« Ravendel »)[289], plus tous ses droits sur Édesse et les autres places perdues de l'ancien domaine de Jocelin de Courtenay. En effet, à l'égard de la Chrétienté, le *basileus* s'engageait en

288   L'ÉQUILIBRE

même temps à reconquérir sur les Turcs tout l'ancien comté d'Édesse. « Car il (Manuel Comnène) se fioit tant en ses richesces et en son grant pooir, que bien avoit espérance de défendre contre les Turs ces chastiaus que l'en li bailleroit, et de recouvrer les autres par force, qui jà estoient perdu ». Telles furent les propositions qu'un fonctionnaire byzantin, « vraisemblablement le duc de Cilicie Thomas »[290] fut chargé de transmettre à la comtesse Béatrix à une date inconnue de 1150. Un « baron » byzantin, nous dit *l'Estoire d'Éracles*, se rendit dans ce but auprès de Béatrix avec « grant planté d'avoir », comme premiers arguments, de beaux besants en sacs. Au lieu d'une existence pleine de périls dans une forteresse assiégée, Béatrix et les siens auraient « une mout grant some, de que il porroient vivre hautement à grant enneur ». La négociation était commencée lorsque le roi Baudouin III arriva à Antioche. Il se mit aussitôt en rapports avec les envoyés byzantins.

Guillaume de Tyr, dans un de ses passages les mieux documentés, nous fait assister au conseil tenu à ce sujet par le roi de Jérusalem avec les barons francs. Les uns, pleins de la vieille animosité confessionnelle, refusaient jusqu'au bout cette humiliante abdication devant le rival séculier des Latins. D'autres estimaient que, perdu pour perdu, mieux valait que le comté d'Édesse échût aux Orthodoxes qu'aux Musulmans. Baudouin III se décida pour ce dernier parti, d'autant que les discussions des barons syriens, alors que l'unanimité eût été indispensable en face de l'ennemi, lui donnèrent une piètre idée de leur moral et de leurs capacités de résistance. D'après ce que laisse entendre Guillaume de Tyr, le roi de Jérusalem se doutait peut-être que les Byzantins, malgré leurs bruyantes prétentions, ne feraient pas l'effort nécessaire pour défendre Turbessel et les autres débris de l'ancien comté. Mais il préférait, si la catastrophe était inévitable, que l'opprobre en retombât sur les Impériaux que sur lui-même. Tout le passage de l'archevêque de Tyr est ici à citer :

« Quant li Rois de Jherusalem fu venuz en Antioche, traduit *l'Éracles*, il fist venir devant lui les messages (= les messagers de) l'Empereur qui contèrent leur parole, voiant (= devant) touz les Barons. Li Rois leur en demanda conseil.

RÉGENCE DE MÉLISENDE

289

Il ne furent mie tuit à un acort, car li un distrent que la chose n'estoit mie encore en ce point par que il covenist à metre la terre au pooir des Grieus (= Grecs). Li autre disoient que plus estoit seure chose qu'ele fust en leur mains que (si) li Sarrazin la conqueissent sur ceus qui la tenoient, qui longuement ne la porroient mie défendre. Quant li Rois oï le descort entre les Barons, bien se pensa que li païs ne porroit pas tenir longuement au point où il estoit, car il n'i porroit pas grant demorance fere por les besoignes de son roiaume où il li covenoit entendre (= s'appliquer), ne il n'avoit pas si grant pooir que il poïst bien garder la seue terre (Jérusalem) et la conté de Rohés (ici Turbessel), qui estoit l'une loing de l'autre (de) quinze jornées. La terre meismes d'Antioche, qui entre deus estoit, avoit jà (= depuis) ne sai quanz anz esté en grant aventure et en pluseurs grevemenz. Por ce s'acorda li Rois que l'en baillast aus genz (de) l'empereur de Costantinoble les chastiaus qu'il demandoient, par les covenances qu'il avoient ofertes. Bien est voirs qu'il n'avoit mie grant espérance que li Grifon (= les Grecs), qui sont moles genz et mauvaises en armes, poïssent longuement la terre maintenir ne bien défendre ; mès se à ce venoit, il voloit mieuz qu'ele fust perdue en leur main que en la seue (= la sienne) »[291].

Liquidation de l'ancien comté d'Édesse. Remise de Turbessel et des autres places aux Byzantins. Évacuation de la population arménienne.

Baudouin III autorisa donc la comtesse Béatrix à vendre aux Byzantins Turbessel et les autres forteresses de l'ancien comté d'Édesse. Un accord ferme fut passé entre lui et la comtesse d'une part et les plénipotentiaires byzantins de l'autre. Puis, accompagné du comte Raymond II de Tripoli et des barons d'Antioche, c'est-à-dire avec l'ensemble des forces franques du Levant, il se rendit à Turbessel pour faire remise aux officiers byzantins des places cédées. « Si com il avoit promis, il mena les Grieus à Torbessel. La Contesse et ses enfanz et touz ceus de la ville, Latins et Ermins, qui issir en voloient, prist en son conduit, et bailla le chastel aus Grieus. Puis, s'en ala aus autres que nostre crestien tenoient encore, car il avoient encore en lor main Torbessel, Hantab, Ravendel,

Rangulath, Bile, Samosat et aucuns autres : touz ceus fist bailler li Rois aus genz (de) l'Empereur »[292]. Une partie de la population accepta de passer sous la domination byzantine. Mais nombreux furent, non seulement parmi les Latins, mais aussi parmi les Arméniens et les Syriens jacobites, ceux qui, redoutant l'intolérance de l'Église byzantine, préférèrent suivre les Francs en Syrie. Emportant avec eux tout ce qu'ils purent de leurs biens, ces émigrants prirent pour toujours la route de l'exil.

À chacune des places remises aux Byzantins le convoi du roi de Jérusalem s'accroissait de nouvelles populations qui disaient adieu à leurs foyers. *L'Estoire d'Éracles* nous décrit en traits saisissants ces arrachements et ce lamentable exode – chapitre oublié du martyrologe arménien. « Il (Baudouin III) ot avec lui grant planté de ceus de la terre qui menoient toutes leur choses en chars et en charretes, sur somiers (= bêtes de somme). Mout i avoit femmes et enfanz et autres genz où il n'avoit point de défense. Li Rois se mist à la voie et fesoit toutes ses genz aler bèlement, por conduire ce menu pueple jusque à sauveté ». Si peu dense qu'elle fût, une colonisation féodale franque s'était ébauchée dans cette haute région de 'Aintâb, qu'il fallait déraciner, elle aussi, de force. « Lors estoit granz pitiez à veoir les gentils homes du païs qui emmenoient leur femmes, leur filles puceles et les petiz enfanz, et lessoient leur terres et les maisons où il avoient esté né ; leur païs guerpissoient à touz jorz et ne savoient où il devoient demorer. Au partir i avoit granz pleurs et granz criz de ceus de la terre ; li autre meismes qui ce véoient (= voyaient) en ploroient de pitié »[293].

Sans doute émus de ces infortunes et ne pouvant supporter cette évacuation volontaire, plusieurs des barons francs, comme Onfroi de Toron, le futur connétable de Jérusalem, et Robert de Sourdeval, un des principaux barons d'Antioche, proposèrent au roi d'arrêter l'exode en suspendant la remise des places aux Byzantins. Ils se faisaient fort, notamment, de défendre la place de 'Aintâb contre les Turcs. Avec beaucoup de sagesse, Baudouin III refusa de se laisser attendrir. Il pensait qu'en dépit de leurs assurances Onfroi de Toron et Robert de Sourdeval n'étaient pas en mesure de sauver longtemps une marche aussi avancée que 'Aintâb. Il ordonna de poursuivre la remise des places aux Byzantins et de continuer la retraite avec les populations évacuées (août 1150).

La retraite de 'Aintâb. Belle conduite de Baudouin III.

Cette retraite était d'ailleurs pleine de périls. Accablée par les chaleurs de l'été, encombrée par la foule des émigrants, alourdie par leur convoi, par leurs bagages, leurs chars, leurs bêtes de somme, l'armée franque, forte seulement de 500 chevaliers, avançait avec peine, lorsque, entre Dulûk (« Tulupe ») et 'Aintâb, Nûr al-Dîn avait surgi sur ses flancs avec la cavalerie d'Alep. Interprétant l'évacuation du pays par les Francs comme un indice de démoralisation, et rien moins qu'intimidé par l'intervention byzantine, l'atâbeg avait résolu de changer leur retraite en désastre. « Noradins, remarque *l'Estoire d'Éracles*, avoit oï dire que li Rois estoit entrez en cele terre por conduire hors le pueple qui issir s'en voloit, et, par desespérance, avoit fet bailler les chastiaus du païs aus Grieus (= Grecs) qui estoient moles genz et lasches ausi come femmes... Bien cuida fere grant gaaing se il poïst le roi encontrer qui estoit chargiez et encombrez de cele menue gent où il n'avoit point de défense, et de leur hernois qu'il trainoient après eus à grant peine. Il avint einsi que, à peines estoit li Roi venuz à la cité de Tulupe (= Dulûk) qui est près de Torbessel à VI miles et avoit son charroi mis dedenz, quant Noradins sordi, qui covri tout le païs de sa gent. » Les Turcs, ajoute *l'Éracles*, guettaient l'armée franque près de 'Aintâb par où elle devait forcément passer en descendant de Dulûk. Mais les Francs, s'étant mis en colonne de bataille, firent si ferme contenance qu'ils réussirent sans encombre à atteindre 'Aintâb où ils purent se reposer cette nuit : « Uns chastiaus estoit près d'iluec qui avoit non Hantab (= 'Aintâb) par où nostre gent devoit passer ; il virent que péril i avoit grant, si mistrent leur gent en conroi come tuit seur de la bataille. Li Tur, qui bien se pensoient que par là les covenoit aler, se tenoient près d'iluec, com cil qui bien cuidoient estre seur de la victoire ; mès il avint einsi, par la merci (de) Nostre Seigneur, que li nostre furent ainçois à sauveté (sans) que

292   *L'ÉQUILIBRE*

li Tur leur poissent mal fere. Dedenz ce chastel reposèrent cele nuit leur cors et leur chevaus ».

Ce fut pendant cette nuit passée à 'Aintâb que, Baudouin III ayant réuni un conseil de guerre, Onfroi de Toron et Robert de Sourdeval proposèrent de se maintenir dans la forteresse ; mais, comme on l'a vu, le roi jugea plus sage de continuer dès le lendemain la retraite sur Antioche. Retraite de plus en plus pénible, les escadrons turcs voltigeant sans arrêt autour des Francs, les harcelant nuit et jour et les criblant de flèches. « Quant il fu à l'endemain ajorné, il (les Francs) trossèrent leur hernois et se mistrent tuit au chemin ; à destre et à senestre virent tantost leur anemis qui les porsivoient à granz routes... Leur anemi ne finèrent onques tout ce jor d'eus aprochier et de hardoier en pluseurs leus ; si que neis li hernois que l'en portoit sur les somiers (= bête de somme) estoient si chargié de pilez et de saietes (= de traits et de flèches) que ce sembloient hériçon ; d'autre part la poudre (= la poussière) et la chaleur estoit si grant que trop estoient grevé de soif et de mesèse li chevalier et touz li pueples ».

En cette dure journée de la retraite de 'Aintâb, Baudouin III montra les mêmes qualités de sang-froid que trois ans plus tôt au cours de la retraite du *H*aurân. Il organisa sa colonne suivant la même discipline stricte, le convoi des réfugiés au milieu, étroitement encadré par les chevaliers, avec ordre de ne se laisser attirer par aucune feinte. Le roi lui-même conduisait l'avant-garde « por garantir ceus qui aloient au premier front » ; le comte Raymond II de Tripoli et Onfroi de Toron commandaient l'arrière-garde « et retindrent avec eus le plus des chevaliers porce que bien pensoient que li Tur les chargeroient mout plus que les autres ». Enfin les chevaliers d'Antioche chevauchaient en flanc-garde, « à destre et à senestre, por garantir la gent du milieu ». Cette ferme contenance et les précautions prises en imposèrent aux Turcs, Voyant qu'il n'entamerait pas l'adversaire et d'ailleurs manquant de vivres, Nûr al-Dîn, dès la deuxième étape au sud de 'Aintâb, rompit le contact et, vers le soir, se retira en direction d'Alep. « À la fin, quant il comença à avesprir et li soleuz comença à esconser, li Tur qui n'orent point de viande en leur ost s'en partirent et orent perdu aucuns de leur meilleur chevaliers. A grant merveille tenoient de ce que li nostre s'estoient si bien contenu le jor, sanz fere nul mauvès semblant ès grant meschiés qu'il avoient souferz »[294].

Le vaillant Onfroi de Toron qui, à l'arrière-garde, avait assumé le rôle le plus périlleux, se donna la joie de saluer d'une volée de flèches le départ des Turcs. « Onfroiz li conestables vit bien qu'il s'en partoient, si prist un arc en sa main, et les comença à porsivre ; plein un tarquais de saietes (= un carquois de flèches) i emploia, dont il leur fist assez de domages que d'omes que de chevaus ». Ici un curieux épisode, qui montre les rapports de courtoisie chevaleresque qui s'étaient établis entre émirs et barons. « Quant il (Onfroi de Toron) se fu auques (= quelque peu) esloigniez de nostre gent, uns chevaliers tur se parti des autres tout celéement (= en cachette) qui mist jus (= de côté) ses armes, et s'en vint vers lui, ses mains croisiées à ses costez, por signe de révérence. Cil venoit de par un grant amiraut des Turs, qui estoit amis au Conestable ausi com s'il fust ses frères. De par celui le salua mout ennorablement et li dist que certeins fust que Noradins se partiroit cele nuit du païs et s'en iroit en sa terre, car il ne les pooit plus porsivre, porce que toutes manières de viandes (= vivres) estoient faillies en son ost. Li Conestables manda par message saluz à son ami et le mercia de ce qu'il li avoit mandé, puis se partirent li uns de l'autre. Onfroiz de Toron s'en revint à ses héberges (= au camp). Quant li Rois ot apris par son conestable la covine (= l'intention) des Sarrazins, il en fu touz liez ». Épisode précieux qui nous montre les secrètes intelligences que les liens de chevalerie permettaient aux Francs de conserver jusqu'en pleine armée turque.

L'avis que l'émir ami du connétable avait fait donner à ce dernier était exact. Le lendemain les Turcs avaient définitivement disparu, et la colonne franque put continuer librement sa route vers Antioche où elle arriva sans encombre.

Cession de Rûmqal'a au patriarcat arménien.

Tout ce qui subsistait de l'ancien comté d'Édesse autour de Turbessel se trouva ainsi remis aux Byzantins, à l'exception, semble-il, de Rûmqal'a (le Ranculat des Croisés), forteresse située sur l'Euphrate, au grand coude nord du fleuve, au nord-est de Dulûk et qui en cette même année 1150 fut donnée par

294 L'ÉQUILIBRE

la comtesse Béatrix au katholikos arménien Grégoire III
Bahlavouni. Le siège pontifical arménien était jusque-là Dzovq,
couvent-forteresse du lac Göljik, au sud-est de Kharpût, où il
était encerclé et de plus en plus menacé par les Ortoqides ;
Grégoire III le transporta à Rûmqal'a, où les patriarches, ses
successeurs, continuèrent à résider jusqu'en 1293[295].

*Les Byzantins, entrés en possession de Turbessel et
des autres places occidentales de l'ancien comté d'Édesse,
se montrent incapables de les défendre contre Nûr al-Dîn.
L'occupation turque (juillet 1151).*

La remise aux Byzantins de Tell-Bâsher, Dulûk, 'Aintâb et
Râwendân, dut remplir de joie la cour de Constantinople.
C'était le triomphe de la diplomatie des Comnènes, la reconnaissance par les Latins de la vieille hypothèque impériale sur
le comté d'Édesse. Malheureusement, comme l'avait prévu
Baudouin III, Byzance laissa tout de suite péricliter entre ses
mains cette possession qu'elle avait tant désirée. Manuel Comnène, alors absorbé en Occident par sa lutte contre les Normands de Sicile, ne fit rien, non seulement pour reconquérir
Édesse, comme il semble s'y être engagé, mais même pour
mettre en état de défense Tell-Bâsher et les autres places à lui
cédées. Tell-Bâsher, imprenable tant qu'il avait été défendu
par les Francs, fut enlevé aux Byzantins par *H*asan, lieutenant
de Nûr al-Dîn, dès le 12 juillet 1151, moins d'un an après
l'occupation impériale[296]. Dulûk, 'Aintâb et Râwendân eurent
le même sort. *L'Estoire d'Éracles* a ici beau jeu pour montrer
l'impuissance militaire des Byzantins « qui sont unes moles
genz et ausi com femelin » : « Quant, traduit *l'Éracles*, Noradins aperceut que li Grec tenoient les forteresces que je vos ai
nomées desus... commença sovent à envoier corréeurs qui
fesoient sovent granz assauz devant leur portes ; dont trop
s'ébaïssoient cil (= les Byzantins) qui pou savoient de guerre.
Après ce, il meismes venoit à grant planté de genz à cheval et
à pié, et asséoit premièrement une forterece après l'autre, si
que ne demora pas un an, puis (= depuis) que la terre fu livrée
aus Grieus, que Noradins l'ot toute conquise sur eus »[297].
Il est certain qu'une telle issue légitimait après coup le
refus opposé quelques années auparavant par les Francs au

projet de remise d'Antioche à l'empereur Jean Comnène. Malgré leur énergie, qu'on est loin de méconnaître, les *basileis* militaires du douzième siècle, dont l'action s'étendait de la Hongrie et de la Sicile à l'Euphrate, étaient tiraillés entre trop de préoccupations divergentes pour monter en Syrie la garde constante qu'exigeait la défense des terres chrétiennes. Si leurs prétentions diplomatiques l'avaient emporté sur toute la ligne, ils n'auraient sans doute succédé aux Latins à Antioche que pour laisser aussitôt tomber la place aux mains des Turcs, comme ne le prouve que trop l'exemple de Turbessel[298].

Chaque prince turc du voisinage avait eu sa part de la curée. Le sultan de Qoniya, le seljûqide Mas'ûd, détenait Mar'ash, Ra'bân, Kaisûn et Behesnî. L'émir de Kharpût, l'ortoqide Qarâ Arslân, possédait Gargar, Gakhta et *Hisn* Mansûr. Son cousin Timurtâsh, l'ortoqide de Mârdîn, s'était adjugé Bîrejik et Samosate. Enfin l'atâbeg d'Alep, Nûr al-Dîn, régnait à Tell Bâsher, à 'Aintâb, à 'Azâz et sur tout le reste du pays compris entre ces villes[299]. Rien ne restait aux chrétiens de l'ancien comté d'Édesse.

*Sanction de l'échec de la Deuxième Croisade
et de la destruction du comté d'Édesse :
la frontière franque reportée de l'Euphrate à l'Oronte.*

La fin du chapitre de Guillaume de Tyr, faisant un retour sur la chute de ce beau comté d'Édesse, est singulièrement mélancolique. « Ainsi traduit *l'Éracles*, avint, par noz péchiez que toute la conté de Rohés, qui estoit si bele terre et si pleinteive de bois, d'eaues coranz et de grant praieries et de bons gaignages (= cultures), qui bien avoit cinq cent chevaliers richement fiévez, fu perdue à la Crestienté et vint ès mains aus anemis de la foi (de) Jhesucrist qui encore la tiennent à ce jor d'hui »[300]. Par une triste coïncidence les anciens archevêques latins d'Édesse et de « Corice » (Khorros) moururent cette même année : ils ne furent pas remplacés.

La liquidation du comté d'Édesse, pour douloureuse qu'elle fût, apparaît aux chroniqueurs latins comme un sacrifice inévitable. Raymond de Poitiers et Jocelin II une fois disparus, il n'était pas possible à Baudouin III, malgré sa vaillance, d'assumer la défense de tout le pays, de l'Idumée à Antioche. C'était déjà une lourde charge que d'assurer contre les razzias périodiques de Nûr al-Dîn la protection d'Antioche où la princesse Constance – une régente de vingt ans ! – devait à tout instant faire appel au roi de Jérusalem. La Jazîra perdue, puis la ligne de l'Euphrate, la Syrie franque devait se résigner à reporter ses frontières derrière l'Oronte, heureuse si Nûr al-Dîn ne les franchissait pas et désormais condamnée de ce côté à la défensive.

RÉGENCE DE MÉLISENDE

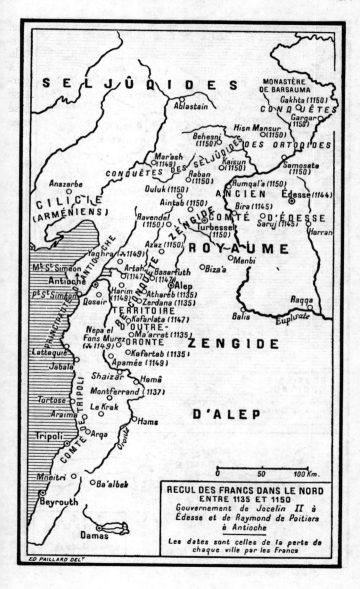

298 L'ÉQUILIBRE

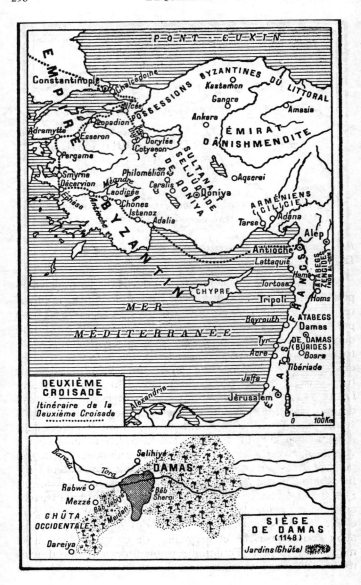

CHAPITRE II (2ᵉ PARTIE)

GOUVERNEMENT DE BAUDOUIN III

§ 1ᵉʳ. — RÉTABLISSEMENT DE L'AUTORITÉ MONARCHIQUE PAR BAUDOUIN III.

Baudouin III d'Anjou-Jérusalem :
Le modèle du roi franc du douzième siècle.

Au moment où le roi Baudouin III vient – heureusement pour le pays – d'assumer dans la retraite de 'Aintâb la pleine responsabilité du pouvoir, il y a intérêt à se reporter au beau portrait que trace de lui Guillaume de Tyr. Le célèbre chroniqueur, qui a personnellement bien connu Baudouin, le montre déjà mûri dès son avènement, six ans plus tôt, en 1144, quand il n'avait encore que treize ans : « Enfés estoit de treize ans, si com je vos ai dit, quant il fu coronez, traduit *l'Éracles*. Mès de tel aage estoit-il assez sages, apercevanz et de bon afère ; si que dès lors pot l'en bien cognoistre qu'il seroit preudom et à bien entendroit, quant il auroit aage d'ome. Einsi avint-il, car, quant il fu parcreuz, aussi com li visages li chanja, lessa li cuers toutes enfances. » Suit son portrait dressé en pied par un remarquable observateur[1]. « Il fu de mout grant biauté et de toutes bones cognoissances. Plus bel et mieuz parloit que nus hom que l'en poïst trover ; assez estoit granz de cors, bien forniz de membres ; légiers estoit, vistes et forz plus que autres hom. Au vis (= au visage) avoit couleur fresche et vermeille ; de ce ressembloit il sa mère, mès au père (Foulque) retraoit il des euz que il avoit un peu grossez ; nequedent ne li mesavenoit mie. Cheveus avoit sors, le visage avoit bien vestu de barbe (qui estoit une grant avenance en ce tens)[2]. Sa mère fu mègre et ses pères cras ; cil tint de l'un et de l'autre, si qu'il fu méiens, ne cras ne mègres ». Et ce magnifique éloge sur sa majesté naturelle que quiconque en le voyant l'eût reconnu pour être le roi « Regardéure avoit gentil et bèle, si que il sembloit que se uns estranges hom venist qui onques mès ne l'eust veu, par regarder son visage le deust il cognoistre à roi »[3].

Guillaume de Tyr loue encore l'humanité et la générosité de Baudouin III, sa charité, la noblesse de ses sentiments. « Einsi come ses cors estoit bien fez et ses visages biaus et colorez, r'estoit ses cuers gentils et nobles, bien apercevanz, piteus et larges. Maintes foiz donoit-il plus que il n'estoit aaisiez ; mès por ce ne convoita l'autrui. Sans reson ne voloit rien aquerre ». Guillaume nous parle aussi de la solide piété de Baudouin III, de son respect pour les gens d'église, de sa bonne entente avec le patriarcat, et il est certain, en effet, que, maintenant que la dynastie se trouvait solidement affermie, la politique antipatriarcale des premiers rois n'avait plus de raison d'être. « Les choses de l'église gardoit bien enterinement. Dès qu'il estoit jeunes enfés, cremoit-il Nostre Seigneur et amoit ; son servise escoutoit chascun jor par grant dévotion ». Après tant de soldats incultes, c'était un prince lettré et courtois. « Letres savoit assez plus que ses frères Amauris. Clers bien letrez avoit touzjorz avec lui por demander ses doutes ; estoires d'anciens rois lisoit souvent[4]. De tel remembrance (= mémoire) estoit qu'il n'oblioit rien qu'il eust seu ».

Indépendamment de ses qualités naturelles, Baudouin III bénéficiait aux yeux des Francs d'un grand avantage : c'était le premier roi de Jérusalem né dans le pays, un véritable enfant de la Terre Sainte. Aussi jouit-il dès le début d'une singulière popularité, que sa courtoisie et sa droiture surent toujours maintenir. « Grant grace avoit du pueple, porce qu'il cognoissoit trop (= très) bien gent et touz les saluoit ainz que (= avant que) il poïssent mot dire ». Avec cela, détail non moins important dans cette monarchie si essentiellement féodale qu'elle en était, bien avant la Grande Charte, déjà constitutionnelle, Baudouin III connaissait admirablement les chartes, droits et coutumes des barons, clercs et bourgeois ; non seulement il s'en montrait, dans les limites du

GOUVERNEMENT DE BAUDOUIN III

pouvoir royal, scrupuleux observateur, mais il était considéré à cet égard, tel plus tard un Jean d'Ibelin, comme le premier juriste du royaume. « Les costumes et les droitures, por que li roiaumes estoit governez, savoit bien et certeinnement, si que li baron qui estoient sage et ancien venoient à lui por conseil et plus i trovoient sens et droiture que en autrui »[5].

Avec cela fort vivant, gai, bon compagnon, aimant la plaisanterie, même un peu vive, mais sans méchanceté : « Jeus et gabois disoit mout bel, nequedent mainte foiz i mesloit cortoises felonnies (= traits d'esprit, moqueries, lazzis) et covertes : si le fesoit plus por amender ses amis que por correcier »[6]. Quelque peu joueur, à ce jeu de dés qui fut le péché mignon des barons de ce temps : « Jeus de tables et de dez amoit plus qu'il n'aferoit à roi ». D'abord trop porté à la galanterie, au point d'avoir détourné de leurs devoirs plusieurs dames mariées, il se corrigea quand il eut épousé la princesse byzantine Théodora Comnène à laquelle il se montra toujours fidèle. « De sa char estoit plus légiers, tandis com il fu juenes, que sa hautèce ne requeist, si néis que il fesoit tort à aucuns mariages, ce dit l'en ; mès quant il ot sa femme prise, ce péchié guerpi du tout, et vesqui mout loiaument avec li (= avec elle). Ce meismes qu'il avoit en sa juenesce mesfet de cele chose amenda il en fesant aspres pénitances ». Au demeurant ne perdant jamais la mesure, à table moins qu'ailleurs. « En boivre et en mengier fu si mesurables (= modéré) que l'en ne le vit onques changié après ne que devant ; ainçois tenoit à trop grant vice et à vileine chose quant hom s'enivroit ou manjoit à outrage »[7].

Cet ensemble de traits si humains montre que dans le fils du roi Foulque et de la reine Mélisende le sang angevin et le sang colonial avaient abouti au plus heureux équilibre. Entièrement adapté au milieu oriental, fils d'une demi-Arménienne, Palestinien de naissance, considérant la Terre Sainte comme une véritable patrie, il conservait en même temps sur cette terre d'Asie toute la fraîcheur du tempérament angevin, seulement affiné en lui par le contact des civilisations orientales. Tel, un des représentants les plus parfaits de la France d'outre-mer, – de notre première France coloniale –, et le modèle même du roi hiérosolymitain du douzième siècle.

L'ÉQUILIBRE

La régence de Mélisende et le gouvernement du connétable Manasse d'Hierges.

Ce prince naturellement bien doué et fort appliqué à son métier de roi avait à assumer le pouvoir à une heure particulièrement difficile. La malheureuse régence de sa mère Mélisende avait vu s'accumuler les fautes et les pertes : chute d'Édesse, détournement et avortement de la Deuxième Croisade, rupture de l'alliance damasquine, mort tragique de Raymond de Poitiers et captivité de Jocelin II, suivies de la perte de tout l'hinterland de la principauté d'Antioche à l'est de l'Oronte et de tout ce qui subsistait encore de l'ancien comté d'Édesse. En prenant en mains le Gouvernement, Baudouin III avait donc hérité d'une succession singulièrement grevée. Nous venons de voir comment en 1149 et 1150, âgé à peine de dix-neuf ans, il avait virilement fait face à ses devoirs de suzerain dans la Syrie du Nord, sauvé par son intervention la principauté d'Antioche, rétabli l'alliance byzantine et procédé à la liquidation douloureuse, mais nécessaire de Turbessel et de 'Aintâb. Sa retraite de 'Aintâb devait rester comme une des plus belles pages de l'histoire militaire des Croisades.

À ces graves préoccupations comme protecteur des principautés du Nord, Baudouin III voyait s'ajouter dans sa terre propre de Palestine d'irritantes querelles de famille, querelles qui mettaient en jeu le principe même de l'autorité monarchique. Il se voyait dans l'obligation de secouer la tutelle de plus en plus capricieuse et tyrannique de sa mère, la régente Mélisende.

Guillaume de Tyr nous affirme que Mélisende avait gouverné avec sagesse et le traducteur de l'*Éracles* y ajoute encore de son cru : « La roine Milessent qui estoit bone dames et à Dieu et au siècle,... [garda bien et governa la terre et les enfanz vigueureusement et par grant sens]. Des granz aferes prenoit conseil à ses barons ; [mès ele qui par desus estoit, quant il se descordoient, savoit bien eslire li quel disoient mieuz, et les plus loiaus homes créoit (= croyait) mieus touzjorz et à ceus se tenoit] »[8]. Il est assez naturel que l'histoire ecclésiastique officielle nous fasse ainsi l'éloge d'une reine pieuse et aumônière, bien qu'au point de vue politique cet éloge puisse n'être accepté qu'avec réserve. Il est certain qu'au point de vue archéologique son gouvernement

GOUVERNEMENT DE BAUDOUIN III

ne peut qu'être loué : ce fut alors – le 15 juillet 1149 – que fut solennellement célébré, pour le cinquantenaire de la délivrance de Jérusalem, la restauration complète du Saint-Sépulcre par les architectes latins[9]. Il est certain aussi que Mélisende, femme autoritaire et même vindicative, sut maintenir envers les barons du Domaine Royal les droits de la couronne. Mais son horizon politique ne dépassa point les limites de ce domaine. Contente de régner sur Jérusalem – et de l'embellir –, elle ne fit apparemment rien de bien sérieux pour défendre Édesse et Antioche. Sa politique syrienne, on l'a vu, paraît avoir été nulle.

À l'intérieur du territoire palestinien elle était fort jalouse de son autorité. Pendant six ans maîtresse effective du royaume, elle exerçait un empire absolu sur son fils le jeune Baudouin III. « Li rois Baudoins, avoue *l'Éracles*, fesoit de toute chose à la volenté (de) sa mère. » Quant à elle, elle accordait sa confiance à son cousin Manassé ou Manessier d'Hierges, fils du seigneur wallon Heribrand d'Hierges (au pays de Liége), et de la princesse Hodierne de Rethel, qui était la sœur du roi Baudouin II[10]. À peine régente, elle avait nommé Manassé connétable de Jérusalem en lui attribuant « tout pooir de guerres ». Pour asseoir son autorité Manassé avait épousé Helvis ou Aloys, veuve de Balian Ier d'Ibelin (Balian le Vieux), sire de Rama (Ramla), ce qui lui assurait l'appui de cette puissante famille, maîtresse de presque toute la partie franque de l'ancienne Philistie. « En ceste dame avoit-il pris mout grant avoir et terre grant et riche, dont il estoit encore plus enorgeuilliz. » À ce degré de puissance, sûr de l'appui de la reine mère, Manassé d'Hierges se mit à traiter avec une insupportable hauteur les autres barons et s'attira bientôt leur haine. « Cil se fia tant de la dame (Mélisende) qu'il monta en mout grant orgueil, si qu'il ne portoit mie enneur aus autres barons, ainz (= mais) estoit à toutes genz de vilain respons et de laides paroles ». Naturellement le mécontentement rejaillit sur la reine. « Li baron encommencièrent mout à haïr le pooir (de) la Roine. » Contre elle et contre son connétable, ils trouvèrent un appui dans la personne du jeune Baudouin III lui-même.

À mesure que Baudouin III devenait un homme, il commençait à supporter plus impatiemment la tutelle à laquelle, malgré sa valeur militaire déjà éprouvée, il se sentait tenu au point de vue politique. Son mécontentement ne porta d'abord que sur le connétable. « Li premerains de touz ceus qui avoient torné Manessier en grant haine, c'estoit li Rois meismes, car il disoit que cil li avoit tolue (= enlevé) l'amor et la grace (de) sa mère, si qu'ele ne fesoit nule chose que li Rois vousist. » Naturellement les barons ennemis du connétable attisaient ces sentiments : « En ceste haine le maintenoient li baron de la terre et atiçoient plus et plus, si néis que il conseilloient le Roi qu'il ne soffrist plus que sa mère tenist le roiaume, car il disoient que ce estoit granz hontes que il, qui estoit biaus et granz et sages, n'avoit point de pooir, ainçois le jostisoit (= régentait) encore une femme, ausi com se il fust enfes »[11].

Majorité du roi. La régente essaie de perpétuer son pouvoir.

Une occasion se présenta pour le jeune roi de se débarrasser de la double tutelle de la reine-mère et du connétable. Ayant atteint sa majorité, Baudouin III devait être couronné solennellement pour la fête de Pâques (30 mars 1152), et Mélisende comptait bien l'être à ses côtés. Par un coup d'autorité, il se présenta seul à la cérémonie et, malgré le clergé qui eût voulu faire couronner sa mère avec lui, la joua et reçut seul la couronne. « Li Rois par leur conseil (des barons) avoit porpensé que il feroit en Jherusalem mout bele feste le jor de Pasques et porteroit coronne (*rex proposuerat in die festo Paschae Hierosolymis solemniter coronari*). Li Patriarches et li autre preudome qui amoient la pais du roiaume le prièrent mout par maintes foiz qu'il soffrist que sa mère fust coronnée avec lui ; il ne leur vout otroier, ainz en lessa à porter corone (= différa de se faire couronner) le jor de Pasques et l'endemain ; au tierz jor, quant la bone dame ne s'en prist garde, li Rois vint touz coronnez au moustier et tuit si baron avec lui »[12].

Le texte que nous venons de citer nous prouve que Mélisende s'appuyait sur le patriarcat et le haut clergé, ce qui explique la sympathie ou l'indulgence que l'archevêque de Tyr manifeste pour elle. Il y avait donc une cabale du patriarche Foucher d'Angoulême et du connétable Manassé d'Hierges pour que, même après la majorité du roi (celui-ci atteignait ses vingt et un ans en cette année 1152), sa mère

GOUVERNEMENT DE BAUDOUIN III

fût couronnée à nouveau avec lui, c'est-à-dire pour qu'elle continuât indéfiniment, après l'expiration de la régence, à partager avec lui le pouvoir. Prétention inadmissible en droit monarchique et que la valeur personnelle du jeune Baudouin III rendait non moins inadmissible en fait. Quant à l'excuse de Guillaume de Tyr qu'une telle mesure eût été souhaitable pour assurer la paix du pays, elle prouve seulement que la reine-mère était femme à provoquer la guerre civile plutôt que de remettre le pouvoir à l'héritier du trône.

Mais Baudouin III, appuyé sur le légitimisme des barons palestiniens, était résolu à aller jusqu'au bout. Aussitôt après son couronnement brusqué, il tint un plaid solennel où il somma publiquement sa mère de lui remettre le pouvoir. « Li Rois retint ses barons avec lui (et si i furent présents li cuens Yves de Soissons[13] et Gautiers li chastelains de Saint-Omer[14]. Devant eus touz il mist sa mère à raison et li dist qu'il n'estoit mie bele chose que il fust plus en tel manière ; por ce voloit avoir de la terre qu'il gouvernast par sa volenté. » Comme il savait Mélisende trop avide d'honneurs et de pouvoir pour la déposséder entièrement et que, du reste, elle avait droit à un douaire, il la mit en demeure d'accepter sur ces bases une sorte de partage du Domaine Royal. « Tant parlèrent li baron à la roine qu'ele dist qu'ele voudroit bien que li roiaumes fust partiz (= partagé), et que li Rois en preist l'une moitié, ele en eust l'autre, porce que tout estoit de son héritage ». Thèse assez curieuse qui maintenait la reine douairière dans la pleine possession juridique de tout le royaume, les parts cédées par elle à son fils ne semblant l'être qu'à titre purement bénévole. De fait, dans le partage auquel on procéda, Mélisende conserva Jérusalem et Naplouse, avec leurs dépendances, la capitale avec la Judée et la Samarie, c'est-à-dire le cœur même du royaume. Baudouin III ne reçut que les places maritimes de Tyr et d'Acre avec leurs dépendances[15].

Le parti des barons pour Baudouin III.
Le patriarcat pour la régente. La guerre civile de 1152.

L'accord se fit momentanément sur ces bases et Guillaume de Tyr semble croire qu'il eût pu durer. Mais il n'était pas possible de morceler ainsi l'autorité royale et de diviser les

306 — L'ÉQUILIBRE

ressources de l'État dans une marche-frontière en perpétuelle veillée d'armes. Depuis Baudouin Ier, l'institution monarchique hiérosolymitaine seule maintenait debout, au milieu d'un monde hostile, comme un perpétuel miracle, la colonisation franque. Édesse perdue, Antioche aux mains d'une régente de vingt ans, si Jérusalem tombait au pouvoir d'une camarilla féminine, l'œuvre des Croisades risquait de s'écrouler. Malgré ses qualités, la comtesse Béatrix, la veuve de Jocelin II, avait-elle pu sauver Turbessel et les autres débris du comté d'Édesse ? La princesse Constance, veuve de Raymond de Poitiers, avait-elle réussi à empêcher la chute de la province d'Outre-Oronte et même de *Hârim* ? Qu'attendre d'une troisième quenouille à Jérusalem, avec exhérédation partielle du sage capitaine qu'était le jeune Baudouin III ? Le péril intérieur était aussi grand que lorsque, sous Baudouin Ier, Daimbert avait cherché à faire de la Judée un patrimoine du Patriarcat. Dans ce royaume en état de siège, perdu en plein Islam, le maintien d'une monarchie forte – et masculine – était question de vie ou de mort. Au reste, la leçon des faits l'atteste : Lorsque Baudouin III courut sauver la principauté d'Antioche envahie par les Turcs, aucun baron des fiefs personnels de sa mère ne répondit à son appel[16]. Carence qui, dans des circonstances aussi critiques, équivalait à une véritable trahison. Malgré toute la sympathie de Guillaume de Tyr et du clergé pour « la bonne dame Mélisende », c'était la notion même de l'État franc et de son existence qui se trouvait en jeu.

Un des plus énergiques partisans de Baudouin III était Onfroi II, seigneur de Toron (Tibnîn). Le fief de Toron, situé à 22 kilomètres au sud-est de Tyr, se trouvait dans la partie du Domaine Royal cédée par la régente à son fils. Mais, en plus de cette mouvance féodale, Onfroi de Toron avait personnellement embrassé avec ardeur la cause de Baudouin III qu'il poussait à faire réviser l'étrange partage et à revendiquer sa capitale. Baudouin III, reconnaissant son dévouement, le nomma son connétable. « Li Rois, dit *l'Éracles*, apela entor lui un des plus hauz barons de la terre, qui estoit hom de mout grant cuer ; granz tenures avoit en la terre de Fénice, ès montaignes qui sont desur la cité de Sur. Onfroi de Toron avoit non. Celui fist conestable »[17].

GOUVERNEMENT DE BAUDOUIN III

Appuyé par Onfroi de Toron et par la majorité des barons, Baudouin III réclama bientôt de sa mère Jérusalem et la Samarie comme indispensables à lui pour assumer la défense du pays contre les Musulmans. « Car il disoit que il, qui estoit rois, et li covenoit plus à despendre (= dépenser) que à sa mère por les besoignes du roiaume, n'avoit mie assez de la moitié de la terre ».

Ce fut la guerre civile. Mélisende, bien loin de s'incliner, mit en état de défense sa place de Naplouse (« si mist garnison dedenz Naples et la bailla à ses homes qui li avoient fet homage et juré féauté »), après quoi elle alla s'enfermer dans Jérusalem pour interdire également à son fils l'entrée de la ville sainte.

Baudouin III fait capituler le connétable Manassé d'Hierges dans Mirabel, assiège la reine Mélisende dans Jérusalem et reconquiert sa capitale.

Baudouin III agit énergiquement. Le principal soutien de la reine était, on l'a vu, le connétable Manassé d'Hierges. Baudouin n'attendit pas que Manassé eût joint ses forces à celles de Mélisende dans Jérusalem. Il marcha contre lui, l'assiégea dans son château de Mirabel (Mejdel Yâbâ), l'y pressa étroitement et le força à capituler[18]. Le connétable, livré à la merci du roi, fut expulsé du royaume, avec défense de jamais revenir en Orient. Baudouin III alla ensuite s'emparer de Naplouse, après quoi il vint assiéger Jérusalem. Presque tous les barons avaient pris parti pour lui, la reine n'ayant pu garder de son côté que quelques fidèles, comme Rohart le Vieux, châtelain de Jérusalem, Philippe de Milly, seigneur de Naplouse[19], et le jeune Amaury, comte de Jaffa, le second fils de Mélisende qui, encore soumis à l'influence de sa mère (il n'avait qu'une quinzaine d'années), se prononça pour elle contre son frère aîné. Malgré le petit nombre de ses partisans, Mélisende, s'étant enfermée avec eux dans la Tour de David, c'est-à-dire dans la citadelle de Jérusalem (al-Qal'a), s'y défendit avec énergie.

Le patriarche Foucher d'Angoulême tenta de s'interposer. Il sortit de la ville « avec des sages homes de s'église et genz de religion » pour aller haranguer le roi, essayant d'obtenir

308   *L'ÉQUILIBRE*

de celui-ci l'abandon de son entreprise : « mout le pria doucement et requist que il lessast cele chose qu'il avoit emprise ; maintes raisons li mostra qu'il devoit tenir la pais tele com il l'avoit fete à sa mère et que mout seroient lié (= joyeux) si anemi se li contenz (= la dispute) duroit entr'eus deus, car ses pooirs en afebloieroit mout ». Cette médiation fut récusée par Baudouin III : il savait le patriarcat tout acquis au parti de la reine-mère et sentait que sous ces belles paroles on proposait à la royauté une définitive mise en tutelle. Il refusa d'en entendre plus long. « Li Rois, qui estoit corociez et bien ataïnez contre sa mère, ne le vout croire, ainçois dist qu'il ne s'en retorneroit pas. Li Patriarches qui vit bien que riens n'i profiteroit, s'en retorna en Jherusalem, [mès bien li dist au partir devant touz qu'il avoit mauvais conseil et trop felon]. » Menace de rupture de la royauté et du patriarcat qui rappelle les plus mauvais jours de Baudouin Ier et de Daimbert de Pise.

On eut donc ce spectacle scandaleux d'un roi de Jérusalem obligé de conquérir la ville sainte – sa ville – sur sa propre mère et sur le parti patriarcal. « Li Rois s'en vint devant Jherusalem et trova les portes fermées ; il fist logier son ost entor et assist la ville ». Il est vrai que, malgré la reine-mère et le patriarche, les gens de Jérusalem, sentant bien, ajoute le Traducteur, « qu'il estoit leur sires et leur rois », lui ouvrirent presque aussitôt les portes. « Si le dotèrent (= redoutèrent) à corocier, ne l'osèrent plus lessier dehors, ainçois li ovrirent les portes et le receurent dedenz, il et tout son ost. » Mais Mélisende, dans la Tour de David, refusa de se rendre. Il fallut donner l'assaut à la rebelle, à grand renfort de machines, comme s'il se fût agi d'une guerre avec les Musulmans. « Li Rois, si tost com il fu enz (dans la ville), s'en ala à la tor où sa mère estoit et fist drecier perrières et mangoniaus, archiers et arbalestriers mist assez entor, qui ne finoient de trere (= tirer) à ceus qui se défendoient. Mès li chevalier qui estoient avec la Roine ne se feignoient mie de défendre, ainz leur gitoient de grosses pierres, pilez et quarriaus leur envéoient assez par ars et par arbalestes dont il avoient à grant plenté. Ne sai quanz jorz dura einsi l'assaus mout périlleusement, car il n'avoient entr'eus point de deport, ausi com se la guerre fust de Crestiens et de Sarrazins ». La Tour

GOUVERNEMENT DE BAUDOUIN III

de David était cependant trop forte pour pouvoir être prise d'assaut. Baudouin III qui, pour rien au monde, n'eût accepté la perte de face d'une reculade (« trop avoit grant despit de soi partir d'iluec »), était décidé à maintenir indéfiniment le blocus. À la fin, les notables réussirent à convaincre Mélisende de l'inutilité de sa résistance : elle laisserait Jérusalem au roi son fils et se contenterait du fief de Naplouse. « Au darrenier bones genz parlèrent à la roine qui estoit plus sage[20] et lui mostrèrent les maus qui venoient à la Crestienté de leur contenz (= querelle) ; tant li distrent que il firent la pai en tel manière que la Roine se tendroit en la cité de Naples (= Naplouse) et aus apartenances, et leroit (= laisserait) tout quitement à son filz Jherusalem qui estoit chiés (= capitale) du roiaume ». Les serments furent échangés et la paix établie sur ces bases entre la mère et le fils. Mélisende partit pour son fief de Samarie, tandis que Baudouin III restait en possession de sa capitale reconquise de haute lutte, ainsi que de l'autorité nécessaire à son prestige extérieur (1152)[21].

Patriarcat d'Amaury de Nesle.

Mélisende, écartée du pouvoir, se consola en s'intéressant aux affaires ecclésiastiques. Ce fut ainsi qu'au décès du patriarche Foucher d'Angoulême (20 novembre 1157), elle et sa belle-fille, la comtesse de Flandre Sibylle[22] firent élire à sa place le prieur du Saint-Sépulcre. Amaury de Nesle, clerc originaire du diocèse de Noyon, que Guillaume de Tyr – qui ne l'aimait point – nous décrit, et l'*Éracles* après lui, comme un lettré fort sot et incapable : « assez estoit bien letrez, mès simples estoit et pou savoit du siècle *(simplex nimium)* ». « Ces hautes dames, poursuit l'*Éracles*, fidèle aux rancunes de l'archevêque de Tyr, i orent grant pooir, si que par leur conseil et par leur volenté s'acordèrent à celui li plus des prélaz et l'eslirent » (1158)[23]. L'affaire, il est vrai, n'alla pas toute seule car une sérieuse opposition se manifesta, dirigée par Herneys (Hernesius), archevêque de Césarée, et par Raoul, évêque de Bethléem. Ces deux prélats, n'ayant pu empêcher l'intronisation d'Amaury de Nesle, en appelèrent au pape Adrien IV. Amaury de Nesle chargea l'évêque d'Acre, Ferri ou

Frédéric de la Roche-en-Ardenne, d'aller plaider sa cause à Rome. « Si aversaire n'i estoient pas. Cil (= l'évêque d'Acre), qui bien le savoit fere, parla assez et dist maintes choses por sa partie, que nus ne li contredisoit »[24]. Dans ces conditions Adrien IV confirma la nomination d'Amaury de Nesle et chargea l'évêque d'Acre de lui apporter le pallium. – Ajoutons qu'en dépit des préventions de Guillaume de Tyr, Amaury de Nesle fut un excellent patriarche et en temps de guerre se montra homme de cœur, notamment dans la campagne de Daron en 1170 et dans la chevauchée contre Saladin en 1172[25].

Querelle du comte Raymond II de Tripoli et de sa femme Hodierne. Intervention de Baudouin III et de la reine Mélisende.

Il était temps que l'autorité du jeune roi fût affermie dans son propre domaine pour lui permettre de l'exercer dans les principautés vassales du Nord que son intervention seule pouvait sauver de l'anarchie comme de l'invasion. À Tripoli comme à Antioche une succession de drames obligeait en effet Baudouin III à exercer ce rôle tutélaire dont le droit féodal investissait le souverain pendant les minorités des maisons vassales.

Le comte de Tripoli Raymond II se montrait d'une jalousie insupportable à l'égard de sa femme Hodierne, troisième fille du roi de Jérusalem Baudouin II et sœur, par conséquent, de la reine douairière Mélisende. « Li cuens estoit si jalous qu'il la tenoit trop courte et li fesoit mener enuieuse vie ». Influence des mœurs orientales, déteignant sur « l'émir chrétien » de Tripoli au point de lui faire traiter son épouse comme une recluse de harem ? Ou la comtesse légitimait-elle cette suspicion par des caprices rappelant celui qu'avait naguère affiché pour Hugue du Puiset sa sœur, la reine Mélisende ? Guillaume de Tyr ne mentionne rien à ce sujet qui permette de croire que Raymond II pouvait invoquer contre Hodierne des griefs aussi précis que ceux du feu roi Foulque contre l'imprudente Mélisende. Tout ce qu'on peut dire c'est que, des quatre filles de Baudouin II et de l'Arménienne Morfia, seule la plus jeune, Yvette, abbesse de Saint-Lazare à

Béthanie, ne fit point désavantageusement parler d'elle. De la reine Mélisende nous avons vu, dans ses années de jeune femme, l'aventure avec Hugue du Puiset, en attendant que se développât chez elle, à l'âge mûr, cette passion du pouvoir qui l'avait amenée à usurper le trône en dépossédant son fils jusqu'à ce que celui-ci l'obligeât, les armes à la main, à abdiquer. La deuxième fille de Baudouin II, Alix, princesse d'Antioche, avait montré la même ambition dénaturée en essayant avec l'appui des Turcs de spolier sa propre fille Constance. Du reste les trois sœurs paraissent s'être étroitement soutenues entre elles. C'est ainsi que nous avons vu Mélisende empêcher le roi Foulque de punir trop sévèrement Alix et même finir par rallier celui-ci aux prétentions de la dangereuse princesse.

De même en 1152 Mélisende intervint à Tripoli auprès du comte Raymond II en faveur de Hodierne. Il est vrai que cette fois son initiative pour réconcilier les époux ne pouvait qu'être louée. Du reste Baudouin III s'était joint à elle. « La roine Mélissent estoit venue à Triple por apaisier cele chose. Assez parla au Conte sagement et li pria que il lessast cele folie et cele sospeçon qu'il avoit emprise de sa femme ; mès ce n'estoit pas légière chose. » Voyant que ses conseils d'apaisement n'avaient aucune influence sur Raymond II, elle décida de ramener sa sœur avec elle dans sa résidence de Naplouse. « Quant la Roine vit qu'ele ne feroit rien de ce vers lui, si se pensa que ele enmenroit sa sereur en son païs, porce qu'ele vivoit là à trop grant mesèse. »

Assassinat de Raymond II.
Le roi Baudouin III, régent du comté de Tripoli.

Raymond II consentit au voyage de sa femme à Jérusalem. L'apaisement était déjà en bonne voie puisqu'il escorta jusqu'à la banlieue de Tripoli Hodierne et Mélisende en route pour la Palestine, tandis que le roi Baudouin III demeurait encore quelque temps auprès de lui à Tripoli. Ce fut alors que se produisit le drame le plus inattendu. Comme Raymond II venait de prendre congé des deux femmes il fut assassiné par des Ismâ'îliens aux portes mêmes de Tripoli. « Jà s'en estoient ambedeus (Mélisende et Hodierne) issues

312 L'ÉQUILIBRE

de la cité de Triple et mises à la voie. Li Cuens avoit convoiée sa princesse et jà avoit pris congié de li (= d'elle), si s'en estoit partiz. En son retorner, quant il voloit entrer en la porte de la cité, et jà estoit dedenz la barbacane, li Harsasi (= les Assassins) li corurent sus et trestrent leur espées et l'ocistrent iluec. Raous de Melhou (= Raoul de Merle), qui estoit si bons chevaliers, chevauchoit avec le Conte ; quant il vit ce, si li corut aidier, mès il n'i ot mie pooir, ainçois fu ocis avec lui, et un suens chevaliers aussi qui secorre le voust. Li Rois, qui mot ne savoit de ce, séjornoit à Triple et jooit aus tables (= aux dés). Quant li criz leva par la cité et tuit sorent cele mesaventure, tuit corurent aus armes ». L'émotion populaire produisit même, comme il arrive en de tels cas, de singuliers égarements. Dans leur affolement les Francs de Tripoli exécutèrent plusieurs Arabes ou Syriens pris à tort pour des Ismâ'îliens. « Quant li Rois entendi la chose, en fist grant duel ; tantost (= aussitôt) envoia querre sa mère et sa tante qui s'en aloient. Quant eles furent retornées, mout furent doleureuses et grant pleurs i ot et grant criz sur le cors. Après ce, li cors fu enterrez mout ennoréement. » Ce récit – le seul que nous ayons du drame – ne permet pas de supposer une complicité de la comtesse Hodierne dans l'assassinat de Raymond II.

Le fils de Raymond II et d'Hodierne, Raymond III, n'avait que douze ans. Le roi Baudouin III, se trouvant sur place, régla aussitôt les affaires de la régence, naturellement confiée à la comtesse Hodierne. « Li Rois fist venir les barons du païs devant lui et firent feeuté à la Contesse et à ses enfanz[26] Quant li Rois ot einsi atorné ces afères, entre lui et sa mère et les barons, s'en retornèrent au roiaume de Jhérusalem »[27].

Baudouin III et la succession d'Antioche : recherche d'un époux pour la princesse Constance ; prétendants francs et byzantins.

Ainsi, à cette date de 1152, le roi Baudouin III se trouvait chargé de la tutelle du comté de Tripoli durant la régence de la comtesse douairière Hodierne et la minorité du jeune comte Raymond III. En même temps, et pour des raisons identiques, il devait assumer le même rôle dans la princi-

pauté d'Antioche comme protecteur de la princesse douairière Constance et du jeune prince Bohémond III. Du fait de
ces deux minorités simultanées dans les deux principautés
franques du Nord, la responsabilité du roi de Jérusalem
s'étendait du golfe de 'Aqaba au golfe d'Alexandrette. Si cette
situation présentait l'avantage de donner plus de cohésion à
la politique franque et d'éviter les lamentables divergences
féodales qui avaient perdu Jocelin II et Raymond de Poitiers,
elle constituait un lourd fardeau pour la royauté hiérosolymitaine. Absorbé comme il l'était en Palestine (c'était le
moment où il préparait la conquête d'Ascalon), Baudouin III
se voyait obligé de confier à un lieutenant la défense de la
Syrie du Nord. Passe encore pour Tripoli : le comté provençal du Liban restait assez proche du Domaine Royal hiérosolymitain pour qu'au premier appel de la comtesse Hodierne
Baudouin pût accourir à temps. Mais Antioche, autrement
éloignée, était d'autant plus difficile à secourir que, depuis la
conquête de *H*ârim par Nûr al-Dîn, elle se trouvait à la merci
d'un rezzou turc.

Baudouin III n'avait pas attendu d'être surchargé de besogne par les affaires de Tripoli pour se préoccuper de celles
d'Antioche. Depuis la mort tragique de Raymond de Poitiers
sur le champ de bataille de Fons Murez, il avait dû, lors de
sa première campagne pour sauver Antioche, songer à remarier Constance. Cette veuve de vingt ans ne se trouvait guère
en état de défendre une marche-frontière perpétuellement
menacée. D'ailleurs l'exemple du comté d'Édesse était frappant : la comtesse Béatrix, malgré ses qualités, avait-elle été
capable de défendre Turbessel ? Le même sort n'attendait-il
pas Antioche ? « Mout fu en grant porpens (= préoccupation)
li rois Baudoins coment la cité d'Antioche et la terre d'entor
porroit estre garantie ; car il avoit grant doute (= crainte), se
il n'i avoit prince, que cele dame qui la governoit ne la poïst
mie bien défendre. » Dès son second séjour à Antioche à l'été
de 1150, après l'évacuation de Tell-Bâsher et de 'Aintâb, Baudouin III, avant de regagner Jérusalem, avait donc activement cherché à remarier Constance. « Li rois Baudoins se
pensa que la chose seroit en grant péril puis qu'il s'en seroit
partiz. Il manda la Princesse et li mostra toutes ces choses
débonairement ; après l'amonesta et requist et pria mout

314 — L'ÉQUILIBRE

doucement que, por garantir à la Crestienté l'enneur qu'ele tenoit, esgardast et choisist un des barons qui là estoient et le preist à seigneur ; car il en i avoit pluseurs qui estoient sage, loial et bon chevalier, par que la terre seroit bien conseillée ». Constance n'aurait qu'à choisir parmi les barons de France venus chercher aventure au pays d'outre-mer. Par exemple Yves de Nesles, comte de Soissons, qui se trouvait à Antioche dans l'armée de Baudouin III et que *l'Estoire d'Éracles* appelle « uns mout hauz hom de France, hardiz, sages et de grant emprise, preuz et fiers aus armes, qui mout estoit de grant afère et de grant pooir en son païs » ; ou encore Gautier de Fauquenberge ou de Saint-Omer, prince de Tibériade ou de Galilée, « courtois hom, bien parlanz, de grant conseil et chevaliers bons » ; ou enfin (nous sommes ici avant le drame de Tripoli) Raoul de Merle « qui estoit de grant sens et mout avoit fet d'armes ». Chacun de ces trois seigneurs eût volontiers épousé la princesse d'Antioche et le pays, constate Guillaume de Tyr, eût été sagement gouverné et bien défendu. Mais la jeune veuve, qui avait pris goût au pouvoir, refusait de se redonner un maître ; sans se soucier de ce qu'exigeait le salut de la principauté, elle ne songeait qu'à conserver le gouvernement entre ses mains. « La Princesse qui – interpole narquoisement le Traducteur – bien avoit essaié le dangier de mari et le petit pooir que l'en lesse aus dames qui ont seigneur, ne regarda onques à la sauveté de sa terre, tant com ele fist à la seigneurie avoir et à fere à sa volenté ; si respondi au Roi que ele n'avoit talent (= envie) de soi marier »[28].

Vainement Baudouin III, pour forcer la main à Constance, réunit-il à Tripoli un grand « parlement » où furent convoqués tous les barons et les prélats du royaume de Jérusalem comme ceux de la principauté d'Antioche. Naturellement Constance y avait été, la première, convoquée. Y figuraient aussi à côté de Baudouin III, le comte de Tripoli Raymond II (il ne devait être assassiné que quelques mois plus tard), la comtesse Hodierne sa femme et la reine douairière Mélisende, tantes, toutes deux, de Constance et sur qui on comptait pour faire changer celle-ci de résolution. De fait Hodierne et Mélisende s'employèrent activement, « se traveillèrent mout » à catéchiser leur nièce « et mout la prièrent

GOUVERNEMENT DE BAUDOUIN III

que ele eust pitié de sa terre et qu'ele preist à mari l'un de ces hauz homes, lequel qu'ele voudroit. Mès onques ne la porent movoir de sa volenté et leur respondi qu'ele n'en feroit néant ». Guillaume de Tyr nous avoue que l'obstinée jeune femme était secrètement encouragée par le patriarche d'Antioche, Aymeri de Limoges, prélat de vie toute mondaine qui profitait de la régence pour usurper le pouvoir : « l'en disoit, traduit l'*Éracles*, que li Patriarches, qui mout estoit malicieus, la maintenoit en ce conseil, porce que, tandis com ele estoit vueve, ele le creoit (= s'en remettait à lui) si qu'il avoit la seignorie du païs, qu'il desirroit mout »[29]. En somme la même situation qu'à l'époque de la régente Alix et du patriarche Raoul de Domfront. Le patriarcat d'Antioche profitait des régences féminines pour accroître son pouvoir.

Quoi qu'il en soit de cette question, le « parlement » de Tripoli se sépara sans avoir rien obtenu de la princesse Constance. Malgré les objurgations de ses tantes et les ordres du roi, la jeune régente déclara s'en tenir à son agréable veuvage et éconduisit tous les prétendants.

Baudouin III désirait d'autant plus résoudre la question d'Antioche que, de ce côté, le péril musulman n'était pas le seul à redouter. La Cour de Constantinople intervenait à son tour, essayant de mettre à profit la situation pour capter, avec le cœur de la jeune femme, l'héritage d'Antioche. Après la mort tragique de Raymond de Poitiers et la capture de Jocelin II, Constance elle-même n'avait pas hésité à se mettre, elle et ses États, sous la protection de l'empereur Manuel Comnène[30]. Encouragé par ces dispositions, Manuel forma le projet de donner comme époux à Constance un membre de la famille impériale. Il désigna à cet effet son beau-frère, le César Jean Roger, veuf de sa sœur Maria Comnène. Jean Roger était d'origine normande[31]. À la fois César byzantin et chevalier franc, il comptait plaire à la jeune veuve. « Si ce projet d'union aboutissait, note Chalandon, Antioche et son territoire rentreraient facilement sous la juridiction impériale, et cette question, qui, depuis la Croisade, divisait les princes d'Antioche et l'Empire, recevrait la solution la plus élégante[32]. » Jean Roger vint donc à Antioche faire sa cour à Constance. Mais lui aussi fut éconduit. Sans doute était-il trop âgé pour plaire à la jeune

316   *L'ÉQUILIBRE*

femme. Par ailleurs il dut se heurter à l'hostilité des barons et du patriarcat latin d'Antioche, peu désireux de tomber sous la tutelle byzantine.

§ 2. — « FÉODALITÉ PILLARDE ET SANGUINAIRE » : RENAUD DE CHÂTILLON, PRINCE D'ANTIOCHE.

Le romanesque mariage de Constance d'Antioche avec Renaud de Châtillon.

Baudouin III, malgré ses efforts, n'avait donc pu régler la succession d'Antioche conformément à l'intérêt du royaume. La princesse Constance, pour garder son indépendance, s'obstinait dans son veuvage quand un coup de théâtre survint. Où avaient échoué toutes les combinaisons politiques, l'amour réussit en un instant. Constance, après avoir, par caprice féminin, refusé les plus beaux partis, s'éprit d'un jeune chevalier français, nouvellement débarqué, Renaud de Châtillon. Ce n'était, il est vrai, qu'un cadet sans fortune, un simple « bacheler de France qui n'estoit pas mout riches hom », *quemdam stipendiarium militem*, écrit avec mépris Guillaume de Tyr, mais les textes ajoutent qu'il était beau et toute la suite de l'histoire nous le montrera comme le plus fougueux des chevaliers. Il n'en fallut pas davantage pour que la fantasque jeune veuve, sans prendre conseil de personne, se fiançât secrètement à lui (*Rainaldum sibi occulte in maritum elegit*) ou, comme écrit joliment le traducteur, « s'acorda en son cuer » à ce prestigieux aventurier[33].

Cependant il fallait obtenir l'autorisation du roi de Jérusalem, protecteur de la principauté d'Antioche et régent naturel du pays pendant la minorité du jeune Bohémond III. Pour séduite qu'elle fût, Constance avait exigé cette condition. « Ele ne vout mie fere le mariage jusqu'ele en eust le congié et la volenté le (= du) Roi qui estoit ses cousins germains et qui avoit en sa garde la princé d'Antioche ». Le roi Baudouin III, nous le verrons, assiégeait alors la ville d'Ascalon, au fond de la Philistie. Renaud de Châtillon n'hésita point. D'Antioche il courut jusqu'à Ascalon. « Quant il sot que la princesse s'accordoit à lui, mès la chose ne pooit estre par-

GOUVERNEMENT DE BAUDOUIN III 317

fete se par le Roi non (= sinon par le roi), il ne fu mie pareceus de si grant besoigne porchacier ; ainçois se mist à la voie hastivement et vint au siège d'Escalone où li Rois estoit. Aus piez li chéi et li pria mout humblement que ne li destorbast mie si grant enneur ; car à l'aide de Dieu et au (= avec le) conseil le (= du) Roi meismes, il maintiendroit bien la terre et touz jorz seroit à son comandement »[34].

Il est à supposer que Baudouin III devait être quelque peu excédé par les caprices de sa cousine d'Antioche. Désespérant de la marier selon ses vues, il dut penser que du moins le choix qu'elle venait de faire assurerait à la Principauté un défenseur valeureux. Il accorda donc son consentement au mariage et délivra à Renaud de Châtillon les lettres nécessaires. Renaud s'en retourna « à grant joie » à Antioche. Aussitôt arrivé, il « espousa la dame, qui mout le désirroit » (début de 1153)[35]. Guillaume de Tyr nous laisse entendre que l'opinion publique se montra choquée de ce coup de théâtre, et « qu'une aussi illustre et puissante dame épousât un si petit chevalier »[36] ; « maintes gent s'en merveillièrent, traduit l'Éracles, et granz paroles en firent au païs, mès toutes voies fu Renauz de Chasteillon princes d'Antioche »[37].

Sans doute Baudouin III, dans sa hâte de donner enfin un défenseur à la principauté d'Antioche, avait trop vite accordé son consentement. Le romanesque mariage de 1153 donnait le gouvernement d'Antioche à un splendide guerrier doué d'une audace magnifique, à un véritable héros d'épopée, mais aussi à un dangereux aventurier. Dénué de tout esprit politique comme de tout scrupule, ignorant le plus élémentaire droit des gens comme le respect des traités, il devait jouer le sort de la principauté d'Antioche d'abord, du royaume de Jérusalem plus tard sur de simples coups de dés qui n'étaient, au surplus, que des coups de brigandage. Tel, il rappelait avec un demi-siècle et plus de retard les grands aventuriers de la Première Croisade, Bohémond et Tancrède et, par delà ceux-ci, Roussel de Bailleul. Mais Bohémond et Tancrède, en même temps que des aventuriers sans scrupule, s'étaient montrés des politiques fort avisés, le second surtout. De plus en 1097, en présence d'un Islam morcelé, affolé et démoralisé, on avait tout à gagner et rien à perdre à ce jeu de casse cou. Au contraire dans la société franque de la seconde moitié du douzième siècle, société assagie, fixée et assimilée au milieu, conservatrice, vivant sur la défensive et vouant tous ses efforts au maintien du *statu quo* et de l'équilibre en face d'un Islam réorganisé, Renaud de Châtillon deviendra vite un péril. Péril mortel même : ce guerrier prestigieux, moitié paladin, moitié bandit, fait pour commander un rezzou ou une grande compagnie plutôt qu'une baronnie organisée, « suicidera la Syrie franque ».

Lutte de Renaud de Châtillon et du patriarche Aymeri de Limoges. Barbarie de Renaud. Intervention du roi Baudouin III.

La brutalité du nouveau maître d'Antioche se manifesta aussitôt après son élévation par un drame sauvage dont fut victime le patriarche de la ville, Aymeri de Limoges.

Nous avons vu l'influence prise par Aymeri durant le veuvage de la princesse Constance. Ce veuvage, le prélat « qui mout estoit malicieus » avait cherché à le prolonger le plus possible, encourageant secrètement la princesse dans son refus de se remarier. À ce jeu il avait si bien gagné la confiance de Constance que, pendant tout son veuvage, elle se reposait sur lui du soin des affaires, « si qu'il avoit la seignorie du païs »[38]. Le mariage inattendu de Constance avec Renaud de Châtillon causa donc à Aymeri la plus désagréable surprise. Il trouvait insupportable d'obéir à ce soldat de fortune, couronné par le caprice d'une femme et pour lequel il ne cachait pas son mépris. « Li patriarches... qui estoit riches et puissanz et mout creuz (= écouté) en toute la terre, parloit de lui et en apert (= ouvertement) et à conseil com de celui qu'il ne dotoit (= redoutait) guères et pou prisoit ». Ses propos furent rapportés – amplifiés – à Renaud de Châtillon.

C'était la lutte du principat et du patriarcat qui continuait à Antioche, dans des circonstances presque identiques à celles qui, quelques années auparavant, avaient dressé l'un contre l'autre le prince Raymond de Poitiers et le patriarche Raoul de Domfront, prédécesseurs de Renaud de Châtillon et d'Aymeri de Limoges.

Renaud se doutait bien de l'hostilité du patriarche : « Renauz de Chasteillon vit bien que ses avancemenz avoit mout despleu

GOUVERNEMENT DE BAUDOUIN III

au patriarche, ne encore ne li plaisoit-il guères ». Les propos qu'on lui rapporta sur les mauvais desseins d'Aymeri à son égard achevèrent de lui persuader qu'un complot était dans l'air. Qu'il y eût effectivement conspiration ou simplement insolence de la part d'Aymeri, celui-ci ne connaissait guère le nouveau prince d'Antioche : Renaud de Châtillon avait des colères terribles, durant lesquelles aucun sentiment d'humanité n'avait prise sur lui. Les insolences du patriarche l'avaient exaspéré. « Li Princes, écrit le traducteur de Guillaume de Tyr, qui estoit noviaus hom, en fu trop corociez et mout troublez ; si que à ce le mena li granz corrouz, que il fist œvre d'ome hors du sen ; car il fist prendre le Patriarche et mener honteusement au donjon d'Antioche. » Et il ne se contenta pas de l'embastiller : bien qu'il s'agît d'un vieillard cassé et malade, il le fit fouetter jusqu'au sang, après quoi on lui enduisit la tête et les plaies de miel et on l'exposa, ligoté et nu, aux piqûres des mouches et des guêpes, sous le soleil brûlant de l'été syrien. Guillaume de Tyr qui n'aime guère Aymeri de Limoges, doit confesser cependant la monstruosité d'une telle « diablerie » : « car, traduit l'*Éracles*, cil qui estoit prestres et evesques sacrez au leu, (de) Monseigneur Saint Pierre, qui vieus hom estoit et maladis, (Renaud le) fist lier au somet de la tor, et le chief tout oindre de miel ; et fu iluec au soleil ardant en un jor d'esté, touz seus soffri le chaut et les mouches à grant torment »[39].

En apprenant cet acte de barbarie, Baudouin III ne put contenir son indignation. Il dépêcha à Antioche Ferry de la Roche[40], évêque de Saint-Jean d'Acre, et le chancelier Raoul[41], avec une lettre ordonnant à Renaud de Châtillon de relâcher sur-le-champ l'infortuné vieillard et de le replacer sur le siège patriarcal dans tous ses titres et dignités. L'invite était particulièrement menaçante, véritable ultimatum du suzerain à son vassal : « Si li comanda, si chier com il avoit quanque (= tout ce que) il tenoit en la terre, que tantost le délivrast ». Renaud s'exécuta : « Cil le fist sans reprendre la parole, et toutes les choses li rendi qu'il avoit tolues à lui et à sa gent ». Mais Aymeri ne se souciait pas de vivre aux côtés d'une bête féroce. Aussitôt délivré de prison, il quitta Antioche et vint s'établir à Jérusalem où l'affection de la reine douairière Mélisende le consola de ses malheurs. « Li Rois et sa mère, la bone dame, li Patriarches et li autre prélat du païs le receurent à grant enneur et à grant joie, et demora entr'eus ne sai quanz anz »[42].

Le supplice infligé au patriarche d'Antioche et qui, si peu évangélique que fût le prélat, avait aliéné au nouveau prince la sympathie générale, donnait la mesure des capacités politiques de Renaud. Sorti de cette féodalité pillarde et sanguinaire qui en France s'opposait de toutes ses passions à l'œuvre capétienne, l'aventurier couronné devait conserver toute sa vie les mêmes mœurs. Étranger à la tradition politique des grandes maisons princières de Lotharingie ou de France chez lesquelles les Francs de Syrie allaient d'ordinaire chercher leurs chefs, il devait ignorer jusqu'au bout la notion d'État, telle que les rois de Jérusalem comme les rois de Paris essayaient, en Orient comme en Occident, de la dégager. Toute sa vie, il ne considérera sa « princée » que comme un commandement de rezzou ou de grande compagnie, avec droit de prise sur les hommes comme sur les choses : le jour viendra où il traitera les caravaniers de Saladin comme il vient de traiter le patriarche d'Antioche, et ce sera la chute du royaume de Jérusalem. – À l'heure où, en présence de l'unification des forces musulmanes, la Syrie franque avait besoin, pour se sauver, de renforcer son unité monarchique, Renaud lui fera perdre dans ce domaine le bénéfice des progrès réalisés par Baudouin Ier, Baudouin II et Foulque d'Anjou.

Renaud de Châtillon et les affaires de Cilicie. – Thoros Ier affranchit le pays de la domination byzantine et y restaure l'indépendance arménienne. L'inutile collusion gréco-turque.

Pour commencer, Renaud de Châtillon, alors qu'on eût attendu de lui un effort pour reprendre aux Turcs *H*ârim et la terre d'Outre-Oronte, se lança, sans consulter son suzerain, dans le dangereux engrenage des querelles arménobyzantines du côté de la Cilicie.

Au cours des années 1136-1138, on se le rappelle, l'empereur Jean Comnène avait conquis la principauté arménienne de Cilicie et fait prisonnier le chef arménien du pays, le roupénien Léon Ier. Thoros II, fils de Léon, emmené en captivité avec lui à Constantinople, avait réussi à s'échapper vers

1143[43]. Rentré en Cilicie, il recommença la lutte contre les Byzantins dans les montagnes du massif de Kozan, leur reprit Vahka (Féké), le nid d'aigle d'où son oncle Constantin s'était naguère élancé à la conquête de la province. Dans la reconquête qu'il entreprenait aujourd'hui, il pouvait évidemment compter sur l'appui des populations et du clergé arméniens qui faisaient cause commune avec lui contre les garnisons byzantines[44]. Thoros affermit en outre son pouvoir en s'alliant aux Francs du voisinage. Ce fut ainsi qu'il devint le gendre du baron franc Simon, seigneur de Ra'ban, à l'ouest de Mar'ash[45]. Venu à Ra'ban pour célébrer ce mariage, il aida Simon à remporter une brillante victoire sur des bandes de pillards turcs[46]. En 1151, il compléta ses succès en enlevant aux Byzantins la ville de Mamistra ou Mopsueste (Missis) et en faisant prisonnier leur général, le duc Thomas[47]. L'empereur Manuel Comnène envoya alors comme gouverneur en Cilicie avec mission d'étouffer la révolte arménienne, son cousin Andronic Comnène, le futur *basileus*. Andronic vint assiéger Thoros dans Mamistra, mais celui-ci exécuta à l'improviste une sortie qui lui livra le camp impérial et mit Andronic en complète déroute[48]. À la suite de cette victoire décisive, on voit Thoros de nouveau maître de toutes les grandes villes ciliciennes, Sis, Anazarbe, Adana et Tarse.

Pour arrêter les progrès des Arméniens, Manuel Comnène, suivant une des pratiques constantes de la politique byzantine, n'hésita pas à faire appel aux Turcs. Il paya le sultan seljûqide de Qoniya Mas'ûd pour envahir la Cilicie ; mais Mas'ûd, arrêté dans les passes du Taurus par la résistance arménienne, conclut la paix avec Thoros (1153)[49]. De nouveau, en mai 1154, Manuel, pour mettre les Arméniens à la raison, acheta le concours des Turcs Seljûqides. Le texte de Grégoire le Prêtre montre l'indignation qu'excitait une telle conduite : « L'empereur envoya au sultan des présents en or et en argent, plus magnifiques que les premiers, avec ce message : Apaise le ressentiment de mon cœur contre les Arméniens, détruis leurs forteresses, incendie leurs églises et ordonne que tout leur pays devienne la proie des flammes[50]. » Mas'ûd envahit donc la Cilicie. Il attaqua sans succès Mamistra, Anazarbe et Tell *H*amdûn[51]. Un de ses lieutenants, qui

322 — L'ÉQUILIBRE

allait pousser une pointe contre la principauté d'Antioche, fut surpris dans le défilé de Portella par les Templiers du château de Gastoun (Baghrâs) et périt avec la plupart des siens[52].

Les Turcs, évacuant précipitamment la Cilicie, repassèrent le Taurus en désordre, non sans essuyer de lourdes pertes, les Arméniens étant allés par représailles ravager la Cappadoce seljûqide. « Les chefs turcs jetaient leurs armes pour se sauver plus rapidement, et, traversant les hautes vallées boisées et les lieux impraticables, ils s'égaraient en faisant fausse route, si bien que les grands chambellans du sultan et une foule d'autres officiers couraient eux-mêmes à pied »[53]. Cette victoire qui libérait la Cilicie de Turcs est une des plus belles de l'histoire arménienne. Il est intéressant de constater qu'elle avait été obtenue par l'alliance franco-arménienne jouant contre la plus scandaleuse des coalitions gréco-turques.

Renaud de Châtillon agent de la politique byzantine contre les Arméniens de Cilicie.

Manuel Comnène, n'ayant pu réduire les Arméniens de Cilicie à l'aide des Turcs, songea à faire appel dans le même but aux Francs. Il s'adressa au nouveau prince d'Antioche, Renaud de Châtillon. Entre la principauté d'Antioche et la jeune principauté arménienne de Cilicie existait justement un objet de litige : le château de Gastoun, l'actuel Baghrâs, situé entre Alexandrette et Antioche, au sud de la passe de Beylân, et qui était disputé entre le prince Thoros et les Templiers[54]. Renaud désirait en outre obtenir l'agrément de la cour de Constantinople à son élévation, agrément d'autant plus désirable pour lui qu'en droit byzantin la principauté d'Antioche restait vassale de l'Empire. Quelque motif de rancune que les Byzantins eussent contre l'homme qui avait escamoté la couronne d'Antioche sans même les consulter, ils conclurent contre les Arméniens une entente avec Renaud, celui-ci s'engageant à réduire la révolte arménienne et la Cour impériale s'engageant à supporter tous les frais de la campagne.

La lutte entre Thoros et Renaud de Châtillon eut pour théâtre cette région d'Alexandrette qui en était l'enjeu (1155).

GOUVERNEMENT DE BAUDOUIN III 323

Guillaume de Tyr et le texte syriaque du patriarche Michel donnent la victoire à Renaud, tandis que la traduction arménienne du même Michel attribue l'avantage à Thoros. D'après le traducteur arménien, ce fut spontanément que Thoros rendit aux Templiers les forteresses-frontières, « et les Templiers firent le serment de secourir les Arméniens en toute occasion et de les défendre jusqu'à la mort »[55]. Quoi qu'il en soit, la paix se rétablit très vite, Thoros laissant au prince d'Antioche et aux Templiers le château de Gastoun et le reste des cantons contestés. Le 9 décembre 1156 Thoros était si bien réconcilié avec les Francs qu'il assistait à Antioche, comme on va le voir, à la dédicace d'une église[56].

Brigandage de Renaud de Châtillon contre l'île byzantine de Chypre.

Sans doute Thoros et Renaud de Châtillon s'étaient-ils rendu compte qu'à se battre entre eux, ils faisaient uniquement le jeu des Byzantins, leurs communs adversaires. De là à s'unir contre ces derniers, il n'y avait qu'un pas. Guillaume de Tyr nous dit que si Renaud se brouilla avec les Byzantins, c'est qu'ils négligeaient de l'indemniser de ses dépenses de guerre. Il résolut en tout cas de se payer lui-même en organisant une expédition contre la province byzantine la plus proche, l'île de Chypre. Guillaume de Tyr n'en reconnaît pas moins que ce fut là pure félonie. Tel dut être également l'avis de plusieurs parmi les Francs qui n'hésitèrent pas à mettre les Grecs de Chypre en garde contre le coup de main qui se préparait : « Maintes genz du roiaume de Jhérusalem sorent assez avant l'intencion au prince Renaut, et le firent asavoir à ceus de Chipre »[57]. Malgré les précautions qui purent être prises à la suite de cet avertissement, les deux chefs byzantins qui commandaient dans l'île, le gouverneur Jean Comnène (neveu de l'empereur Manuel) et son lieutenant Michel Branas, ne purent défendre l'île. Branas, qui essayait de s'opposer au débarquement de Renaud de Châtillon, fut battu dès la première rencontre et courut se réfugier dans Nicosie, capitale de l'île, que défendait Jean Comnène. Mais Branas fut pris et Jean Comnène qui tenta une sortie pour le sauver fut capturé de même. La garnison de Nicosie, privée

324 L'ÉQUILIBRE

de son chef, se trouva réduite à l'impuissance, et les Francs purent piller impunément l'île entière[58].

Renaud de Châtillon s'y conduisit en capitaine d'écorcheurs. « Ayant surpris les habitants dans une sécurité complète et sans moyens de défense, ils (les gens de Renaud) les traitèrent comme des infidèles, ravageant leurs cités et leurs villages, les chassant de leurs maisons, enlevant leurs richesses, maltraitant les populations et les ecclésiastiques grecs, auxquels ils faisaient couper le nez et les oreilles. » Assertions d'autant moins suspectes qu'elles viennent d'un chroniqueur arménien, profondément hostile aux Byzantins[59]. Guillaume de Tyr avoue, lui aussi, le pillage et les violences faites aux femmes grecques. « Lors, traduit l'Éracles, corurent ses genz (de Renaud) à délivre parmi la terre ; chastiaus pristrent et pecoièrent (= ruinèrent) citez et villes ; or et argent gaaignèrent et dras de soie à trop grant plenté. Bien puet estre que mainz outrages fist l'en aus puceles et aus femmes mariées, car l'en ne puet mie tout garder ne garantir en tele aventure » (sic)[60]. Ne pouvant ramener en Syrie le bétail capturé, Renaud obligea les paysans à le lui racheter, imposa une énorme rançon ou contribution de guerre pour les habitants, et, en attendant qu'elle fût intégralement payée, embarqua avec lui des otages pris parmi les prélats et les prêtres grecs et les notables[61]. Il rentra ensuite en Syrie avec un énorme butin qui fut d'ailleurs aussi vite dépensé qu'acquis. « Quant il orent ne sai quanz jorz demoré en ceste manière dedenz l'isle à (= avec) tout leur gaaing qui mout fu granz, si se receurent ès nés (= navires) et passèrent mer, et s'en retornèrent dedenz Antioche ; cil se virent riche qui ne le soloient pas estre. Largement despendirent et légièrement, si que tost fu gastez li granz avoirs qu'il aportèrent, car ce est la costume des choses légièrement acquises ».

Bien que les Francs d'Antioche et leurs nouveaux alliés arméniens ne manquassent certes pas de griefs contre la politique impériale, une telle agression ne pouvait que confirmer la Cour de Constantinople dans son préjugé sur les Croisés considérés comme de simples barbares. Et quelles terribles complications du côté byzantin elle préparait aux Francs déjà si menacés par Nûr al-Dîn du côté de Hârim ! Sans doute Manuel Comnène était alors trop occupé sur le

GOUVERNEMENT DE BAUDOUIN III

Danube pour tirer aussitôt vengeance du sac de Chypre. Mais, on pouvait le prévoir, à peine aurait-il les mains libres en Europe, qu'il viendrait mettre à la raison le prince d'Antioche. Singulière façon pour Renaud de Châtillon de se ménager des alliances pour reprendre *H*ârim et l'Outre-Oronte aux Turcs d'Alep !

Bonne entente des Francs d'Antioche et de l'église syrienne jacobite. Le miracle de Saint Barsauma.

Nous ne mentionnerons guère à l'honneur de Constance et de Renaud de Châtillon que les bons rapports qu'ils paraissent avoir entretenus avec les églises indigènes. Pendant la régence de Constance, en 1152, un jeune garçon, fils d'un des chevaliers francs d'Antioche et qu'une chute avait rendu boiteux, fut guéri par l'intervention miraculeuse du grand saint syriaque Barsauma. « Les parents pleins de joie se rendirent chez la princesse (Constance). Les nobles des Francs et la princesse elle-même se joignirent à eux, ainsi qu'une foule d'Arméniens, de Syriens et de Francs et tous vinrent à l'endroit où avait eu lieu le miracle et où l'enfant indiquait que se tenait le saint quand il lui apparut. La princesse se prosterna en versant des larmes ». On décida de construire sur place une église jacobite qui fut inaugurée le 9 décembre 1156 sous le règne de Renaud de Châtillon, en présence du prélat Michel, auteur de notre chronique syriaque. « À cette consécration se trouvèrent présents le prince (arménien) de Cilicie, Thoros, la princesse d'Antioche (Constance), les princes francs, le peuple des Arméniens et des Syriens, et une multitude de prêtres, de diacres et de moines, tant des nôtres que des Francs et des Arméniens. Mais – ajoute le chroniqueur syriaque – les Grecs haineux s'affligeaient dans leur jalousie »[62].

Passage intéressant parce qu'il nous montre les princes francs d'Antioche réunis avec leurs alliés arméniens et leurs sujets syriens pour célébrer une solennité jacobite. Il est vrai qu'à cette communion des trois confessions chrétiennes manquait toujours l'église byzantine, irréductiblement hostile aux Latins comme aux Arméniens et aux Syriens. Et le pillage des monastères grecs de Chypre, les violences exercées contre leurs moines n'étaient pas faits pour atténuer ces sentiments.

§ 3. — Reprise des progrès du royaume de Jérusalem sous Baudouin III. Conquête d'Ascalon. Le protectorat franc sur Damas.

Nouvelle orientation de la conquête franque.
L'expansion vers l'Égypte.

La frontière septentrionale des États croisés ramenée du Balîkh à l'Oronte et la formation à Alep et à Mossoul du grand royaume turc zengide obligeaient les Francs à modifier leur orientation. Pendant le premier quart du douzième siècle, quand ils n'avaient affaire, sur l'Euphrate et le Quwaîq, qu'à une poussière d'États musulmans, la poussée franque avait été dirigée vers le nord-est. Antioche et Édesse étaient l'aile marchante de la Croisade qui avait comme objectifs Alep et la Jazîra. La route étant désormais barrée de ce côté, Baudouin III y instaure, derrière la ligne de l'Oronte, une politique purement défensive et dirige la poussée franque vers le sud-ouest, du côté de l'Égypte fâtimide.

Tandis qu'entre Oronte et Balîkh, sur les terres d'Antioche et d'Édesse, Francs et Turcs se livraient des guerres furieuses, du côté de l'Égypte au contraire, avec les Fâtimides, c'étaient de simples escarmouches de garnisons. La garnison égyptienne d'Ascalon, dernière place fâtimide en Palestine, faisait la petite guerre aux garnisons franques d'Ibelin, Rames et Blanche-Garde (Yebna, Ramla et Tell al-Sâfiya). Les Francs se préoccupaient médiocrement de cette dynastie fâtimide usée et depuis longtemps inoffensive, si peu guerrière qu'elle était la moitié du temps mise en tutelle par des vizirs arméniens. Brusquement, au milieu du douzième siècle, on voit les rois de Jérusalem modifier leurs conceptions à ce sujet. La décadence fâtimide s'avérait si avancée qu'ils entrevirent la possibilité d'en profiter pour s'agrandir aux dépens de l'Égypte, trouver de ce côté des compensations à leurs pertes dans la Syrie du Nord et rétablir ainsi entre Chrétiens et Musulmans l'équilibre des forces détruit par les conquêtes de Zengî et de Nûr al-Dîn. Cette politique nouvelle dont Amaury Ier devait développer toutes les conséquences, Baudouin III en posa le principe en organisant la conquête d'Ascalon, clé de l'Égypte du côté de la Philistie.

Reconstruction de Gaza par Baudouin III.

L'attaque contre Ascalon fut préparée par l'occupation et la mise en état de défense de Gaza – « Jadres », comme l'appelaient les Croisés. L'ancienne capitale philistine n'était alors qu'un amas de ruines, mais le site, à une vingtaine de kilomètres au sud d'Ascalon, coupait les communications entre cette ville et l'Égypte. En 1149 ou au commencement de 1150[63], Baudouin III, avec un remarquable discernement stratégique, se rendit à l'improviste avec toute l'armée de Jérusalem sur cet emplacement, releva les anciennes murailles, construisit une citadelle avec tout un système de tours et de fossés et confia aux Templiers la garde de la forteresse ainsi surgie du sol.

Le texte de Guillaume de Tyr est ici à retenir, car il nous montre en pleine action la politique des rois de Jérusalem, politique tenace et prudente, toute tendue, comme celle des Capétiens en France, vers l'arrondissement du royaume, et si différente de la folle activité des Croisés nouvellement débarqués comme des barons de la Syrie du Nord : « Il avoit, traduit l'*Éracles*, une ancienne cité près d'Escalone, à X miles devers midi, Gaze fu apelée. Ele estoit gastée et despéciée (= ruinée), si que nus hom n'i abitoit. Li Rois et li baron se pensèrent que qui la porroit refermer et garnir, la citez d'Escalonne seroit enclose de toutes parz entre leur forteleces, si que touz les jorz les covendroit estre au contenz et au palet (= sur la défense) de quelque part. Il s'assemblèrent tuit en un jor et s'en vindrent à ce leu ; il trovèrent iluec granz murailles, églises despéciées (= ruinées), cisternes fondues, puis où il avoit beles eaues vives » ; (le sol de Gaza est en effet remarquable par l'abondance des eaux souterraines qui favorise la riche végétation des vergers dont la ville est entourée). « Ele séoit en un tertre... » Il s'agit de la butte de trente mètres d'élévation qui constituait la ville haute. Mais la Gaza antique, dont le pourtour est encore marqué au sud et à l'est par des ondulations qui indiquent l'ancien mur d'enceinte, était beaucoup trop étendue pour que les Francs pussent la relever tout entière. « Porce que l'aceinte des murs avoit esté trop granz, bien virent li preudome que n'estoit pas légière chose de tout refermer. Trop i covendroit metre lonc tens et grant despense, et seroit mout griés à bien garnir. Por ce pristrent une partie de ce tertre (la partie nord-ouest), là gitèrent leur fondemenz, et firent tors grosses et forz, les murs hauz et espais, les fossez lez et parfonz. Mout fu bien fez cist chastiaus, et tost... Quant li noviaus tens vint que l'en apele ver (= printemps), li Rois et li patriarches de Jhérusalem, qui orent demoré en cele place jusque la mestre forteresce dedenz fu acomplie, s'en retornèrent en la sainte cité et leissièrent les frères de la chevalerie du Temple por garder ce chastel. » En effet « par commun conseil de touz, fu donez aus Templiers, porce qu'il avoit lors en cel ordre assez des frères qui estoient bon chevalier et preudome. Il le receurent et le gardèrent mout bien »[64].

En vain la division égyptienne qui montait pour relever la garnison d'Ascalon essaya-t-elle de prendre la nouvelle forteresse de Gaza. Devant la résistance des Templiers, elle dut renoncer à son entreprise, non sans avoir éprouvé de sérieuses pertes. Désormais bloquée entre Gaza au sud, Ibelin au nord et Blanche-Garde à l'est, la garnison égyptienne d'Ascalon se vit réduite à l'impuissance, au point que les relèves avec le Delta ne pouvaient plus s'effectuer que par voie de mer[65].

Politique musulmane de Baudouin III.
Rétablissement de l'alliance franco-damasquine.

Du côté du nord-est, Baudouin III ne rendit pas un moindre service aux Francs en renouant l'alliance avec l'État de Damas, alliance si malheureusement rompue par la régence de sa mère et la Deuxième Croisade. Nous ignorons si, du côté damasquin, le retour à l'alliance franque avait été préparé par le vieux vizir Mu'în al-Dîn Unur à ses derniers jours (il mourut le 28 août 1149)[66], ou si ce fut l'œuvre de l'atâbeg bûride Mujîr al-Dîn Abaq, gouvernant par lui-même. En tout cas, peu après la mort d'Unur, nous voyons, au témoignage d'Ibn al-Qalânisî, les gens de Damas de nouveau liés avec les Francs par un traité d'alliance défensive et prêts « à faire cause commune avec ceux-ci contre toute armée musulmane qui les attaquerait »[67]. Nûr al-Dîn, contre qui une telle entente était visiblement dirigée, mit les Damasquins à l'épreuve en leur proposant d'attaquer avec lui le royaume de Jérusalem par le Haurân. Joignant l'acte à la parole, il se mit en route d'Alep pour Damas par la Beqa'a, et vint camper à Yabûs à une trentaine de kilomètres au nord-ouest de la ville. « Comme il se rapprochait de Damas, les Damasquins dépêchèrent des messages aux Francs pour les informer de ce qui se passait et leur promettre de nouveau leur concours contre l'ennemi commun ». L'attitude du gouvernement de Damas était d'autant plus précieuse pour les Francs que ceux-ci étaient occupés à la frontière opposée, à ravitailler leur nouvelle forteresse de Gaza contre la garnison égyptienne d'Ascalon (mars 1150). Pendant ce temps, Nûr al-Dîn était venu camper sur le Nahr al-A'waj dans la banlieue sud-est de Damas, puis (fin avril 1150) au Manâzil al-'asâkir, près du Jisr al-Khashab (le pont de bois) où M. Dussaud reconnaît le pont de Kiswé actuel, au sud de Dâreiya[68].

Ibn al-Qalânisî nous rapporte l'espèce d'ultimatum, à peine voilé, que de ce dernier campement, à 14 kilomètres seulement de Damas, Nûr al-Dîn adressa au maître de la grande ville, Mujir al-Dîn Abaq. L'atâbeg d'Alep y prend prétexte des incursions franques dans le territoire du Haurân (territoire pourtant purement damasquin) pour revendiquer une sorte de protectorat sur ce pays. Simple prétexte évidemment, mais bien intéressant pour qui veut comprendre la mission panislamique que s'attribuait le conquérant turc et l'importance qu'il attachait à la rupture de l'alliance franco-damasquine. « Je ne suis point venu ici pour vous attaquer ni vous combattre, faisait-il dire aux Damasquins, mais seulement à cause des plaintes nombreuses qui m'ont été adressées par les musulmans du Haurân et les Arabes du Sud. On a dépouillé de leurs biens les cultivateurs, enlevé leurs femmes et leurs enfants qui sont captifs entre les mains des Francs, et personne n'est venu à leur secours. Mais puisqu'Allâh m'a donné le pouvoir de protéger les musulmans et de combattre les infidèles, grâce à mes richesses et au grand nombre de mes soldats, il ne m'est pas permis de rester inactif et de ne pas venir au secours de ces populations, alors que je vous sais

330 L'ÉQUILIBRE

impuissants à défendre et à faire respecter votre propre territoire. C'est cette impuissance, en effet, qui vous a contraints de demander l'appui des Francs pour me combattre et de leur prodiguer des richesses que vous avez extorquées par la violence et l'iniquité à vos faibles et malheureux sujets. Une telle conduite ne saurait être approuvée par Allâh ni par aucun musulman ! » Et il terminait en sommant le gouvernement damasquin de lui envoyer un renfort de mille cavaliers pour aller donner la main à la garnison égyptienne d'Ascalon et la délivrer du blocus que faisaient peser sur elle les Templiers de Gaza[69].

Le sens de la réponse des Damasquins, tel que l'indique Ibn al-Qalânisî, n'est pas moins significatif. « C'est au glaive seul qu'il appartient de décider entre nous et vous. Nous trouverons chez les Francs un appui suffisant pour vous repousser si vous nous attaquez ! » – « Lorsque le messager, conclut Ibn al-Qalânisî, apporta cette réponse, Nûr al-Dîn, en la lisant, ne put en croire ses yeux, ni contenir son indignation. Il était résolu à attaquer Damas dès le lendemain, mais Allâh permit que la pluie tombât si violente et si persistante qu'il lui fut impossible de mettre son projet à exécution »[70].

En réalité, la seule menace de l'intervention franque avait sauvé l'État de Damas de l'annexion zengide. Baudouin III, en se constituant le protecteur de la maison de Bûrî et de l'indépendance damasquine, avait arrêté pour un temps l'unification de la Syrie musulmane.

Attaque de Nûr al-Dîn contre Damas.
L'intervention franque sauve l'indépendance damasquine.

Mais Nûr al-Dîn n'avait fait qu'ajourner son entreprise. Au printemps de 1151 il entra de nouveau sur le territoire damasquin[71]. Le 2 mai, son avant-garde vint camper à 'Adhrâ, localité située à dix-huit kilomètres au nord-est de Damas[72]. De là il envoya un détachement tourner la place par le Jebel Qasiyûn et se poster en embuscade près des hauteurs du Qalabât al-Mezzé, à Neîrâb, entre Rabwé et Mezzé[73] pour aller surprendre l'armée damasquine dans le Marj. Mais l'alerte fut donnée à temps, et les Damasquins se renfermèrent à l'abri de leurs murailles. Nûr al-Dîn, démasquant ses projets, s'avança alors sur Damas et établit son camp à 'Uyûn Fâseriya entre 'Adhrâ et Dûma, au nord-est de Damas d'où ses troupes se répandirent jusqu'à *H*ajirâ et Râwîya (Qabr al-Sitt) au sud-est de l'actuel faubourg de Maidân[74].

Avant de commencer le siège de Damas, Nûr al-Dîn essaya d'obtenir la reddition spontanée de la place en faisant appel au Panislamisme pour détacher les habitants de l'alliance de Baudouin III. « Le but que je poursuis, faisait-il dire aux Damasquins, est seulement d'améliorer la situation des Musulmans, de combattre les Infidèles et d'arracher nos soldats prisonniers de leurs mains. Si vous voulez réunir l'armée de Damas à la mienne et me prêter assistance pour la guerre sainte, voilà tout ce que je vous demande ! » Il ne reçut pas de réponse satisfaisante ; les Damasquins et leur atâbeg Mujir al-Dîn Abak préféraient l'alliance franque à l'annexion zengide. Nûr al-Dîn porta alors son camp dans le faubourg d'al-Qadem, près de l'actuelle gare de ce nom, à la pointe sud de l'actuelle rue de Maidân[75] (12 mai 1151).

Nûr al-Dîn était littéralement aux portes de Damas. Il évitait cependant de donner l'assaut, espérant toujours qu'un mouvement panislamique lui livrerait la place, lorsqu'il apprit que les Francs – en l'espèce Baudouin III et ses barons – s'étaient mis en marche pour venir au secours des assiégés (fin mai). Nûr al-Dîn, levant le blocus de la ville, se porta alors vers Dâreiyâ pour leur barrer la route (7-8 juin 1151). Son armée, déjà considérable, s'était encore grossie par l'adjonction de bandes turcomanes. De Dâreiyâ il redescendit ensuite sur la ligne du Nahr al A'waj, position préférable si les Francs, au lieu de venir par le sud-ouest, se présentaient par le sud. Puis changeant de tactique, il feignit d'abandonner la plaine de Damas et gagna Zebdânî aux sources du Baradâ, à mi-chemin de Ba'albek, dans la montagne, avec l'espoir d'y attirer les Francs. En même temps il détachait de son armée 4 000 cavaliers qu'il envoya au *H*aurân pour s'y joindre aux Arabes et prendre les Francs et les Damasquins à revers.

Les Francs déjouèrent cette tactique. À peine Nûr al-Dîn avait-il fait mouvement qu'ils apparurent au sud de Damas, par la plaine de l'A'waj. Le 20 juin 1151 leur armée venait camper sous les murs de la grande ville[76]. Leur arrivée

332 L'ÉQUILIBRE

sauvait Damas. Aussi l'atâbeg Mujir al-Dîn Abaq leur permit-il d'y entrer en grand nombre pour s'y procurer tout ce dont ils avaient besoin. Mieux encore, nous dit Ibn al-Qalânisî, Mujir al-Dîn, accompagné de ses courtisans et d'une foule considérable de Damasquins, sortit de la ville et eut une entrevue avec « le prince des Francs » – évidemment Baudouin III. – Bien loin de rien redouter des Francs, ils regrettèrent, ajoute le même auteur, que ceux-ci ne fussent pas venus plus nombreux[77].

L'atâbeg de Damas et Baudouin III ne se reconnurent pas en forces suffisantes pour poursuivre Nûr al-Dîn sur la route de Ba'albek. Ils se contentèrent de décider une expédition en commun pour aller, au Haurân, reprendre Bosrâ, ville que les coureurs de Nûr al-Dîn et les Arabes révoltés venaient d'enlever à l'obéissance damasquine. Mais l'armée de Damas ne fut pas prête à temps. Les Francs partirent seuls sur la route du sud par Kiswé et Râs al-Mâ, l'actuel Dîllî, au nord de Shaikh Miskîn[78]. Là, les détachements de Nûr al-Dîn qui opéraient au Haurân et auxquels s'étaient joints une multitude d'Arabes des confins méridionaux, se portèrent au-devant des Francs. Ceux-ci, qui croyaient sans doute le pays dégarni, se rejetèrent dans le massif du Lejâh, au nord du Haurân pour s'y fortifier[79]. Il apparaît cependant d'après le texte d'Ibn al-Qalânisî que l'armée franque, sans doute grâce à des renforts damasquins, se ressaisit et qu'elle pénétra effectivement jusqu'à Bosrâ, mais le gouverneur de la place, un certain Sirkhâl ou Surkhâk, fit une sortie victorieuse qui éloigna les Francs. Ceux-ci n'en avaient pas moins sauvé Damas, comme le remarque très objectivement Ibn al-Qalânisî, suivi par le Livre des Deux Jardins[80].

Les Francs à peine rentrés chez eux, Nûr al-Dîn dirigea aussitôt une nouvelle campagne contre Damas. Cette fois il vint camper à Kawkabâ ou Kawkab, dans le Wâdi al-'Ajem, au sud-ouest de Dâreiyâ (7-8 juillet 1151), puis à Jisr al-Khashab, « le pont de bois », sans doute, on l'a vu, le pont actuel de Kiswé[81]. Privée de la présence des Francs, la population damasquine ne manifestait plus le même élan défensif. « Les troupes et la milice de la ville, écrit Ibn al-Qalânisî, malgré l'appel qui leur fut adressé, ne firent une sortie qu'en bien petit nombre, comparativement aux sorties de la campagne précédente. » Nûr al-Dîn, enhardi, se rapprocha encore, campant à Qarî'a, faubourg de Damas, dans le sud du Maidân actuel, près de la mosquée al-Qadam[82] (11 juillet), mais sans qu'il y eût de combat sérieux entre les deux armées, expectative qu'Ibn al-Qalânisî attribue pieusement au désir de Nûr al-Dîn de ne pas verser le sang musulman[83]. Il semble en tout cas que l'atâbeg zengide, sûr que Damas tomberait prochainement entre ses mains, désirait l'obtenir aux moindres frais et surtout en ménageant les sentiments de la population. Plutôt que de livrer l'assaut à la ville, il se contenta de négocier un traité d'amitié avec le gouvernement damasquin, traité qui fut signé le 26 juillet 1151. Aussitôt après, Nûr al-Dîn alla au Haurân châtier le gouverneur de Bosrâ, l'émir Sirkhâl ou Surkhâk qui, renversant les alliances, venait de se révolter contre lui avec l'appui des Francs[84]. Ce témoignage d'Ibn al-Qalânisî prouve en tout cas que le roi Baudouin III ne cessait d'agir et qu'il avait réussi à se faire un ami de l'émir, tout à l'heure encore si hostile, de Bosrâ. Quant aux Damasquins, s'ils avaient dû composer avec Nûr al-Dîn, ils n'en avaient pas moins réussi à maintenir leur indépendance, et il n'est pas douteux que la modération de Nûr al-Dîn à cet égard eut pour cause la menace, toujours présente, d'une nouvelle intervention franque.

Nous sommes mal renseignés sur les mouvements des Francs pendant cette période. Nous savons cependant par Ibn al-Qalânisî qu'au commencement de décembre 1151, à la suite d'une incursion de Turcomans (des auxiliaires zengides ?) contre Panéas, le sire de Panéas (encore Rénier Brus ou plutôt déjà Onfroi de Toron ?) s'élança à leur poursuite, mais subit un échec avec de sérieuses pertes. L'auteur ajoute que le gouvernement damasquin, très mécontent d'une telle agression contre ses alliés, envoya spontanément un corps de troupes pour châtier les Turcomans.

Par ailleurs la guerre continuait entre les Francs et l'État zengide. Vers le 15 décembre 1151, et toujours au témoignage d'Ibn al-Qalânisî, les Francs exécutèrent une razzia à travers la Beqâ'. Le gouverneur zengide de Ba'albek, Najm al-Dîn Aiyûb – le père du grand Saladin – parvint à leur reprendre leur butin, grâce à la neige qui dans les passes du Liban entrava leur retour[85]. Il est à signaler que nous ne connais-

L'ÉQUILIBRE

sons ces faits que par les sources arabes. Ce qu'il est permis de deviner à travers leur version, c'est que Baudouin III ne cessait de tenir les lieutenants de Nûr al-Dîn en haleine et qu'il les avait réduits à la défensive, entre Bâniyâs et Ba'albek, dans cette dangereuse région du versant occidental et septentrional de l'Hermon qui servait désormais de frontière entre le royaume de Jérusalem et l'émirat zengide d'Alep.

Insistons d'autre part sur le fait ci-dessus signalé, que l'atâbeg de Damas, Mujir al-Dîn Abaq, « avait été vivement irrité en apprenant l'attaque des Turcomans contre les Francs de Bâniyâs, à cause de la trêve qu'il avait conclue avec les Francs. Il envoya aussitôt une armée qui obligea les Turcomans à rendre tout ce qu'ils avaient pris »[86]. Texte aussi net que possible, qui montre, sous la rubrique de l'an 1151, l'alliance franco-damasquine fonctionnant si bien que l'atâbeg de Damas n'hésite pas à châtier les agresseurs de la frontière franque.

L'équipée turcomane de novembre 1152 contre Jérusalem. Son échec.

On ne peut guère établir un rapport entre le texte d'Ibn al-Qalânisî, que nous venons de citer, mentionnant en fin 1151 cette chevauchée turcomane contre la seigneurie de Panéas, et ce que nous dit Guillaume de Tyr, sous la rubrique de 1152 d'une tentative faite par l'émir (ou plutôt les émirs) « Hiaroquin », nom dans lequel on a voulu voir *H*usâm al-Dîn Timurtâsh, prince de Mârdîn, pour s'emparer de la Judée ?[87].

Timurtâsh appartenait à cette famille turcomane des Ortoqides dont le fondateur Ortoq ibn Aksab avait été, quelques années avant la Première Croisade, gouverneur de Jérusalem pour le compte des Seljûqides. Comme on l'a vu, les fils d'Ortoq, Soqmân et Il-Ghâzî, après leur expulsion de Jérusalem par les Fâ*t*imides auxquels devaient si rapidement succéder les Croisés, étaient allés se créer des fiefs au Diyârbékir, le premier à *H*isn Kaîfâ, le second à Mârdîn. Timurtâsh, fils d'Il Ghâzî, régna donc à Mârdîn entre 1122 et 1152. Mais c'était un prince paisible et d'ailleurs assez médiocre que cet

GOUVERNEMENT DE BAUDOUIN III

épigone ortoqide qui, un moment en possession d'Alep (1124), s'était montré tout de suite incapable de conserver la grande cité[88]. Comment – si c'était bien lui, le « Hiaroquin » de Guillaume de Tyr – ce Turc indolent qui n'avait même pas voulu se donner la peine de défendre Alep, aurait-il conçu tout à coup à l'automne de 1152 la romanesque idée d'un coup de main sur Jérusalem ? Et comment se fait-il surtout que Qalânisî et Kémâl al-Dîn, si bien informés pour cette époque, ne sachent rien d'une telle équipée ? Guillaume de Tyr, qui est le seul à mentionner l'événement, nous dit que le clan « Hiaroquin » entendait faire valoir les titres de sa maison à la possession de la ville sainte qu'il revendiquait comme l'héritage d'un aïeul. Peut-être s'agit-il (puisqu'on nous parle d'une folle équipée, d'un coup de tête de jeunes gens sans expérience), de quelques cadets ortoqides d'importance toute secondaire. Peut-être s'agit-il aussi simplement d'un clan turcoman de Yârûkî (ou Yârûqî) naguère associé à la domination des émirs ortoqides en Palestine. Quoi qu'il en soit, le chef « Hiaroquin », avec sa petite armée de Turcomans, descendit vers la Palestine, non sans faire halte à Damas où ses gens achetèrent des armes pour compléter leur équipement. Là l'atâbeg Mujir al-Dîn Abaq, qui entendait rester fidèle à l'alliance franque, se trouva fort embarrassé. Sans doute n'avait-il pas contre les Ortoqides (si Ortoqides il y a) les mêmes causes d'hostilité que contre Nûr al-Dîn. Mais, doutant du succès d'une telle entreprise, il ne voulait pas compromettre pour elle l'alliance franque qui pouvait lui être de nouveau si nécessaire contre Nûr al-Dîn. Il chercha donc à dissuader « Hiaroquin » de poursuivre son équipée. « Cil de Damas, dit *l'Éracles*, entendirent leur emprise (l'entreprise des Turcomans) et le tindrent à grant folie. Mout les en blasmèrent et mistrent grant peine pour eus retenir, car il savoient bien que ce n'estoit mie légière chose que il avoient empensé à fere ».

Le clan turcoman, sourd à ces conseils, quitta Damas, descendit en Transjordanie, passa le Jourdain et, galopant vers Jérusalem, vint camper sur le Mont des Oliviers. De là il découvrait toute la ville sainte, cette glorieuse « al-Quds » où les fils d'Ortoq avaient régné. « Quant il vindrent du Mont Olivet qui est desus la ville, délivrement (= librement) regar-

336   *L'ÉQUILIBRE*

dèrent toute la cité et les sainz leus où nostre Crestien font leur pélerinages. Entre les autres cognurent le temple (de), Nostre Seigneur que li Tur ont en mout grant vénérance » (c'est la Qubbat al-Sakhra).

Cette invasion inattendue, venant de si loin, si étrangement anachronique, surprit d'autant plus la population que la chevalerie franque venait de quitter la ville pour une assemblée tenue à Naplouse. Mais les « bourgeois » de Jérusalem ne se laissèrent pas intimider. Décidant une brusque sortie, ils dévalèrent par la vallée de Josaphat sur la route de Béthanie et tombèrent sur les cavaliers ortoqides. Ceux-ci, surpris par une attaque aussi imprévue, tournèrent bride, mais sur ces pentes raides qui escaladent le désert pierreux de la Judée orientale depuis Jérusalem jusqu'à Jéricho, la fuite était malaisée et les Francs leur firent subir des pertes sérieuses. « Plusors en i ot qui, sanz cop soffrir, trebuschoient contreval les montaignes, qui estoient tuit débrisié, et cheval et home. Se il en i avoit aucuns qui trovoient la pleine voie, cil ne s'en eschapoient mie, car li nostre leur venoient au devant et les découpoient touz. Li cheval aus Turs qui las estoient du lonc travail, ne pooient mie longuement soffrir le poigneiz (= combat), ainçois leur failloient tout pleinement, si que li plus d'eus remanoient à pié, par quoi il ne pooient metre nul défense en eus. Tant i ot ocis et homes et chevaus que les noz genz ne pooient mie bien suivre ceus qui s'enfuioient, por les voies estroites qui estoient encombrées des morz ». Pendant ce temps, la chevalerie franque, alertée, courait de Naplouse aux gués du Jourdain pour couper la retraite aux envahisseurs. Presque tous furent massacrés en voulant forcer le gué ou se noyèrent en se jetant dans le fleuve (23 novembre 1152). « Nos genz s'en alèrent à grant joie de la victoire ; armeures emportèrent assez et chevaus emmenèrent dedenz Jhérusalem où il rendirent grâces à Nostre Seigneur de l'enneur qu'il leur avoit donée »[89].

Ce beau fait d'armes est particulièrement intéressant en ce qu'il nous montre la solidité de l'établissement franc à Jérusalem. Même en l'absence de presque toute la chevalerie, la population chrétienne, « bourgeois » et clergé latins en tête, groupée autour du peu de troupes qui restait dans la citadelle, avait suffi non seulement pour sauver la ville sainte,

GOUVERNEMENT DE BAUDOUIN III

mais pour détruire l'armée turcomane descendue du Diyâr-békir.

Cette alerte une fois passée, Baudouin III reprit ses projets d'agrandissement au sud-ouest, aux dépens de l'Égypte fâtimide.

Affaiblissement de la puissance fâtimide.
Nouvelles révolutions de palais au Caire.

L'empire égyptien fâtimide, au milieu du douzième siècle, était en pleine décomposition. La dynastie fâtimide elle-même ne comptait plus que des khalifes fainéants, annihilés par des vizirs d'aventure. « Le vizirat en Égypte, s'écrie Ibn al-Athîr, appartenait à quiconque disposait de la force. Les vizirs se comportaient, pour ainsi dire, comme des rois. Après al-Afdal, presque personne ne devint maître du pouvoir en Égypte, excepté par la guerre, le meurtre et autres moyens semblables »[90]. Mœurs atroces en effet. Tel historien qui vante systématiquement la supériorité de la civilisation musulmane sur celle de la France d'outre-mer s'est-il jamais penché sur ces drames abominables où, sous le couvert du Qor'ân, à l'ombre du Saint-Siège 'alide, les lois les plus sacrées de l'humanité étaient sans cesse violées ! Pour délivrer le Khalifat de la tutelle du vizirat, le khalife al-Hâfiz (1131-1149) prend pour vizir son propre fils Hasan, mais Hasan usurpe lui-même le pouvoir et son père n'a d'autre ressource que de le faire empoisonner (1135). Hâfiz meurt au mois d'octobre 1149 et est remplacé par son autre fils, al-Zâfir (1149-1154). À peine ce dernier est-il sur le trône qu'un préfet d'Alexandrie, al-'Adil ibn-Sallâr, s'empare, les armes à la main, du vizirat[91]. Puis Ibn Sallâr épouse une certaine Ballâra (la Dame Cristal), veuve d'un émigré tunisien. De son premier mariage, la dame avait un fils, 'Abbâs ibn-Abu'l Futûh, naguère si pauvre, prétend Ibn al-Athîr, qu'il s'était fait tailleur. Le vizir se prend d'affection pour son beau-fils, le traite comme son propre enfant, l'associe au pouvoir. Il en est mal récompensé. En avril 1153 un jour qu'Ibn Sallâr rend visite à sa femme, mère de 'Abbâs, 'Abbâs le fait assassiner pendant son sommeil[92]. Le conseiller du crime n'était d'ailleurs autre que l'émir munqidhite Usâma, pour lors exilé

338 · L'ÉQUILIBRE

de Shaîzar à la cour d'Égypte, et qui se vante du coup dans ses mémoires[93]. Ayant ainsi fait égorger son bienfaiteur et père adoptif, 'Abbâs fut, *ipso facto*, reconnu comme vizir par le khalife al-Zâfir et par le peuple. « Lorsque la tête du vizir Ibn Sallâr fut apportée au Palais, le khalife al-Zâfir s'avança par la Porte d'Or. On hissa la tête pour que le peuple pût la voir. Ensuite, sur l'ordre du khalife, elle fut déposée au Trésor des têtes pour y être conservée. »[94]

L'ambassade d'Usâma auprès de Nûr al-Dîn. Tentative d'alliance égypto-zengide contre l'alliance franco-damasquine.

Cette révolution de palais, banale après tant d'autres dans son atrocité, eut son contre-coup dans l'Orient latin. La place forte d'Ascalon, la dernière citadelle fâtimide en Philistie, était, en raison de son importance, placée sous le gouvernement direct du vizir. Ibn Sallâr avait montré pour cette garde une sollicitude sérieuse. C'était ainsi qu'en 1149-1150, il avait envoyé Usâma ibn Munqidh en ambassade auprès de Nûr al-Dîn pour obtenir de ce dernier une diversion en Galilée permettant de détruire la forteresse, récemment construite, de Gaza et de sauver Ascalon. « Le vizir me dit : Tu emporteras de l'argent et tu te rendras vers le malik Nûr al-Dîn, pour qu'il mette le siège devant Tibériade et pour qu'il détourne de nous l'attention des Francs : cette diversion nous permettra d'aller ravager Gaza. Or les Francs avaient commencé à reconstruire Gaza pour se mettre en mesure de bloquer ensuite Ascalon. Je lui répondis : Ô mon maître, si Nûr al-Dîn allègue des excuses ou que d'autres préoccupations l'arrêtent, que m'ordonnes-tu ? – Il me dit : Dans le cas où il dresserait des tentes devant Tibériade, donne-lui la somme qui est entre tes mains. Si, au contraire, il est empêché, distribue-la aux troupes dont tu disposeras. Monte alors vers Ascalon et restes-y pour combattre les Francs. »[95]

Usâma, par la route du Haurân (il passa par Bosrâ) parvint devant Damas où il rencontra Nûr al-Dîn, sans doute au moment où ce dernier assiégeait la ville, vers avril 1150[96]. « J'eus avec Nûr al-Dîn, poursuit Usâma, un entretien sur l'objet de ma mission. Il me dit : Les habitants de Damas sont nos ennemis et les Francs sont aussi nos ennemis. Il n'y

GOUVERNEMENT DE BAUDOUIN III

aura de sécurité d'aucune part si je m'avance entre les uns et les autres »[97]. Paroles significatives qui éclairent toute la situation politique en 1150. L'alliance franco-damasquine, renouée par Baudouin III, était d'un tel poids que Nûr al-Dîn n'osait même pas se porter au secours de ses alliés naturels, les Fâtimides d'Égypte, menacés de perdre leur dernière place syrienne. Usâma, poliment éconduit (mai 1150), regagna Ascalon où il guerroya contre les Francs des garnisons voisines – notamment ceux d'Ibelin et de Gaza – qui venaient sans cesse attaquer la place. Le frère d'Usâma devait être tué dans une contre-attaque sur Gaza[98]. Quant à Usâma lui-même, il rentra en Égypte vers le début de 1152, pour y concourir, comme on l'a vu, au complot qui en avril 1153 abattit le vizir Ibn Sallâr et qui éleva au vizirat 'Abbâs ibn Abu'l Futûh.

Siège d'Ascalon par Baudouin III.

Baudouin III mit adroitement à profit le désordre causé par ces révolutions et ensuite l'inattention ou l'incapacité du nouveau vizir pour réaliser enfin ses projets contre Ascalon. « Chaque année, note Ibn al-Athîr, les Francs faisaient des tentatives contre Ascalon et l'assiégeaient, mais ils ne trouvaient aucun moyen de s'en emparer. Tous les ans les vizirs d'Égypte envoyaient aux habitants d'Ascalon assez de provisions, d'argent et d'hommes pour se défendre. Mais cette année étant arrivée, le vizir 'Adil ibn al-Sallâr fut tué, l'Égypte fut divisée entre les compétitions, et avant que 'Abbâs fût affermi dans le vizirat, les Francs profitèrent des troubles de l'Égypte pour attaquer Ascalon »[99].

Ascalon ('Asqalân) était, au douzième siècle comme aujourd'hui, célèbre par sa banlieue assez fertile, du moins en direction du village actuel d'al-Jûra, au nord-est de l'ancienne ville, banlieue remplie de vergers, de sycomores, de vignes, d'oliviers et d'arbres fruitiers d'où la population tirait sa subsistance. Baudouin III et ses barons, apparus sous les murs le 25 janvier 1153, commencèrent par priver les habitants de cette ressource en envoyant des fourrageurs « estréper » les arbres fruitiers. Après quoi le roi de Jérusalem entreprit le siège de la place. Pour marquer sa volonté de

340   *L'ÉQUILIBRE*

réussir, il se fit suivre du patriarche Foucher d'Angoulême, alors presque centenaire, portant la Vraie Croix, de tout le haut clergé et de la fleur de la chevalerie palestinienne. Guillaume de Tyr cite ici Pierre de Barcelone, archevêque de Tyr, Baudouin, archevêque de Césarée, Robert, archevêque de Nazareth, Ferry de La Roche-en-Ardenne, évêque d'Acre, Gérald, évêque de Bethléem, Bernard de Tremelay, grand maître du Temple, Raymond du Puy, grand maître de l'Hôpital, Hugue d'Ibelin, Philippe de Milly, seigneur de Naplouse, Onfroi de Toron, Simon de Tibériade, Gérard de Sidon (« Sajete »), Guy de Beyrouth, Maurice de Montréal, Gautier de Fauquenberge, ou de Saint-Omer, prince de Tibériade, et Renaud de Châtillon, bien connu de nous, qui apparut au siège d'Ascalon pour y obtenir du roi Baudouin III l'autorisation d'épouser la princesse Constance d'Antioche[100].

Ascalon était réputé inexpugnable. Située en amphithéâtre dans un hémicycle de retranchements dont le rivage de la mer formait le diamètre, la ville, depuis un demi-siècle qu'elle bravait les attaques franques, avait eu le temps d'être méthodiquement fortifiée par les Égyptiens qui y voyaient avec raison la clé de leur pays. Selon l'image de *l'Estoire d'Éracles*, les enfants y naissaient soldats fâtimides « si neis que l'en disoit que si com li enfès nessoit, commençoit-il à avoir ses livroisons (= sa solde) »[101]. La relève de la garnison y était assurée quatre fois par an et le gouvernement du Caire y avait entassé, pour le cas de siège, d'énormes provisions. Une des portes de la ville, la Porte de la Mer (Bâb al Bahr), donnait sur le rivage, de sorte que les assiégés pouvaient communiquer directement avec le Delta. Mais les Francs coupèrent tout de suite les communications maritimes en chargeant Gérard de Sidon de faire, avec quinze galères, le blocus du port. En même temps ils avaient envoyé des postes d'observation en avant de Gaza pour guetter la venue, toujours à craindre, d'une armée de secours. Enfin tout ce que la poliorcétique du temps avait inventé comme machines de siège, tours de bois recouvertes de peaux contre l'incendie, pierriers et mangonneaux, fut mis en œuvre pour rendre la vie intenable aux défenseurs.

Guillaume de Tyr nous a laissé une description très vivante de ce siège, d'autant plus aisé pour les chrétiens que leur

GOUVERNEMENT DE BAUDOUIN III

ravitaillement était assuré. « Mout estoit li sièges aaisiez, traduit *l'Éracles*, et grant avantage en avoient nostre crestien, car il i avoit si grant planté de viandes fresches chascun jor, que l'en en fesoit grant marchié et estoient ausi asseur ès paveillons et ès tentes com s'il fussent dedenz leur cité en bones mesons de pierre. Encontre ce, cil d'Escalone estoient en peor et en grant sospecon de jorz et de nuiz. Chascun jor chanjoient leur guez qu'il metoient sur les murs et par les tornoles. Toute nuit chevauchoient les guètes et aloient partout, si que maintes foiz veilloient-il jusqu'au jor. L'en avoit mises lampes de voirre par les tornoles et sur les murs à si grant planté que nus ne pooit aler ne venir là endroit que l'en ne le véist ausi clèrement que come de jorz. »

Le siège durait depuis plus de deux mois lorsqu'aux environs de Pâques[102], l'arrivée annuelle des navires de pèlerins amena d'importants renforts. « Il avint, si com estoit la costume, entor la Pasque, que granz venue fu de pélerins qui touzjorz passent (la mer) en cele seison. Li Rois et li baron envoièrent preudomes à touz les porz semondre ceus qui venu estoient, de venir au siège, et aus notoniers (= aux marins), qui retorner s'en voloient, comander que toutes leur nés (= nefs) amenassent devant Escalone, car il auroient là bones soudées (= soldes) et granz loiers. Ne demora guères que toutes les nés qui venues estoient à ce passage furent en la mer, devant l'ost de nos genz. Si granz plantez i revint par terre de pèlerins à cheval et à pié que li oz en fu touz repleniz, et chascun jor croissoit de novèles genz. Li nostre en avoient mout grant joie et leur espérance en croissoit plus de jor en jor. »[103] Enfin les assiégeants construisirent un « château de fût » (c'est-à-dire une tourelle de bois), couvert de cuir pour échapper à l'incendie et dont la hauteur dominait la muraille : de là leurs archers et leurs arbalétriers criblaient de traits les défenseurs.

Cependant le gouvernement du Caire équipait, pour porter secours aux assiégés, une escadre de plus de soixante-dix voiles, chargée de troupes fraîches, de munitions et de vivres. Malgré les lenteurs de la politique égyptienne, paralysée par les luttes autour du vizirat, cette flotte, dans le cinquième mois du siège, apparut enfin au large d'Ascalon, avec « si bon vent que il venoient à pleines voiles croisiées ». En l'aperce-

342   *L'ÉQUILIBRE*

vant, les assiégés « levèrent un cri de joie et tendirent leurs mains au ciel ; buisines (= trompetes) firent sonner et tabors (= tambours) ». Gérard de Sidon qui commandait la marine franque[104] songea d'abord à barrer la route à cette armada, mais, en présence de la supériorité numérique de l'adversaire, il dut se résoudre à la retraite : « Girarz de Saiète qui estoit mestre des galies, quant il vit venir cele estoire par la mer, tantost (= aussitôt) mut por aler à l'encontre, car il cuida destorber (= empêcher) leur venue. Mès quant il les ot aprochiez et (qu')il vit cele grant planté de nés et de gens, ne les osa atendre, ainçois s'entorna arrières, fuiant au plus tost qu'il pot. »[105]

L'escadre égyptienne, brisant le blocus, entra donc triomphalement et sans obstacle dans le petit port d'Ascalon. « A grant feste furent receuz dedenz la ville et grant confort receurent de leur venue. » L'arrivée de ce renfort rendit en effet un nouveau courage aux défenseurs[106]. Toutefois, du côté de la terre les Francs, grâce à leurs puissantes machines de siège conservaient la supériorité. Le « bombardement » ne se ralentissait pas : « Les perrières gitoient aus murs, aus tors et dedenz la ville si grosses pierres et tant que mout afebloient les forteresces et défroissoient les meisons. Cil qui estoient au chastel de fust leur fesoient (aux assiégés) granz domages ; ne mie seulement par les torneles ne sur les murs, mès de ceus qui par les rues aloient et ne s'en prenoient garde ocioient-ils assez, des forz arbalestes et des ars turcois qu'il avoient. C'estoit la chose qui plus grevoit ceus de la ville. »

Pour détruire cette tour de bois qui dominait si cruellement leur ville, les assiégés prirent un parti héroïque. Les plus hardis d'entre eux se glissèrent dehors, entre le rempart et le pied de la tour, amoncelèrent dans l'intervalle un bûcher de sarments couverts d'huile et de poix et y mirent le feu. « Mès Nostre Sires garanti sa gent, car uns venz sordi tantost (= aussitôt) devers Orient, qui fist la flambe esloignier du chastel et flatir vers le murs ; si que toute nuit ne fina li feus de cuire les pierres du mur ; dont il avint que au matin, com il ajornoit (= à l'aube), de l'une tornele jusqu'à l'autre chéi uns pans de mur jusqu'à terre, si que mainz i en ot de ceus qui guetoient, qui chéirent contreval, tout défroissié. Grant noise

GOUVERNEMENT DE BAUDOUIN III

fi cele ruine, si que li oz fu tout estormiz et corurent tuit aus armes por entrer dedenz la ville par cele faute de mur. »[107]

De fait la brèche ainsi produite faillit provoquer la prise immédiate de la place. Si l'événement se trouva différé, ce fut par la faute des Templiers dont nous apercevons déjà ici la politique cupide et violente. Leur grand maître, Bernard de Tremelay, voulant se réserver les profits de la prise et du pillage d'Ascalon, interdit aux autres Francs l'accès de la brèche. « Li grant mestre du Temple se fu trez avant à (= avec) tout ses Templiers et se mist devant cele entrée por défendre que nus n'i entrast se si frère non (= sinon ses frères), et ce fist il por fere greigneur (= plus grand) gaaing en la ville, car ceste costume coroit lors en la terre d'Outre-mer, por amordre la gent à fere hardement par enneur et par convoitise, que quant une forteresce estoit prise à force, chacuns qui entrer i pooit gaaignoit à soi et à son oir ce que il prenoit à l'entrée. »

Obéissant à ce mobile égoïste, les Templiers barrèrent donc aux autres Francs l'accès de la brèche. Quarante de leurs frères pénétrèrent seuls dans la ville, tandis que le reste défendait l'ouverture aux chevaliers laïques. Les assiégés, d'abord en proie à la panique, se ressaisirent dès qu'ils virent que les quarante Templiers n'étaient pas suivis. Entourés par la foule ennemie, les quarante frères furent massacrés en un instant. Puis tous les Ascalonitains coururent à la muraille, en éloignèrent les Francs surpris et en réparèrent la brèche avec des poutres enlevées en hâte aux navires. Après quoi ils pendirent sur le mur les cadavres des quarante Templiers[108]. (16 août 1153 ?)

Cette péripétie qui relevait le moral des assiégés faillit décourager les Francs. Baudouin III qui s'en aperçut réunit le conseil des barons et des prélats. « Il s'assemblèrent tuit devant la Vraie Croiz qui touzjorz estoit au paveillon le (= du) Roi. » Les avis furent partagés. Les uns étaient partisans de renoncer à l'entreprise et de lever le siège : « Li un disoient que longuement avoient jà essaié savoir s'il poïssent prendre cele ville ; encore ne leur sembloit pas qu'il fust légière chose ; qu'il avoient fet grant despens, si que li plus d'eus ne le pooient plus soffrir ; de leur chevaliers i avoit l'en pluseurs que (= tant) morz que navrez ;... por ce si estoit leur consaus (= conseil) que l'en se partist du siège, car, se l'on i demoroit plus, ce seroit peine perdue. Li autre disoient que granz hontes seroit et granz domages à la Crestienté se l'en s'en partoit en cele manière ; car il n'est mie grant chose de comencier les aferes qui a bone fin ne les treiroit. L'en i avoit jà mis grant despens et travaillé assez, mès tout ce seroit perdu qui ne paratendroit (= attendrait encore) que Nostre Sires i envoiast sa grâce, car Il ne seut mie faillir à ceus qui ont ferme esperance en lui. Bien est voirs (= vrai) que de crestiens i avoit morz en cele besoigne ; mès tuit devoient penser et croire qu'il estoient tréspassé en gloire et qu'il ne vodroient mie estre arrières en ceste vie por nule chose terrienne. Por ce leur sembloit et conseilloient à bone foi que nus ne se remuast du siège, ainçois empreissent l'afere (de) Nostre Seigneur plus vigeureusement que onques n'avoient fet devant ».

Guillaume de Tyr assure que ce furent les barons qui se montrèrent partisans de renoncer à l'entreprise, tandis que ce fut le clergé qui entendit poursuivre le siège d'Ascalon jusqu'au bout. Il cite le patriarche Foucher d'Angoulême et le grand maître de l'Hôpital, Raymond du Puy, comme les partisans les plus convaincus de la continuation de l'entreprise[109]. S'il en fut réellement ainsi, l'Église, en remontant le moral des chevaliers, se montra une fois de plus l'âme de la colonisation franque. Le roi Baudouin III fut le premier à se prononcer en faveur de l'avis du patriarche, et sa décision entraîna le ralliement des barons.

Il est possible aussi que les querelles intestines qui divisaient la population et la garnison d'Ascalon et devaient bientôt paralyser la défense soient venues à la connaissance des Francs et les aient encouragés à reprendre l'attaque. C'est ce que laisse entendre Ibn al-Athîr : « Les habitants tenaient ferme et combattaient vigoureusement, au point qu'un jour ils s'aventurèrent en dehors des murs. Les Francs retournèrent vaincus dans leurs tentes, poursuivis par les assiégés. Ils commencèrent alors à désespérer de s'emparer de la ville. Mais, tandis qu'ils se disposent à décamper, voilà qu'ils apprennent qu'un désaccord est survenu entre les habitants et que plusieurs de ceux-ci ont été tués. À cette nouvelle, ils

GOUVERNEMENT DE BAUDOUIN III

se décident à rester. Leur espoir renaît, ils s'avancent vers la ville et donnent l'assaut. »[110]

Le moral de l'armée franque une fois rétabli, la supériorité militaire lui revint aussitôt : « Lors empristrent cel afère ausi corne tout de nouvel ; acordé fu entr'eus que premièrement iroient prier Nostre Seigneur trestuit que par sa douceur regardast son pueple et leur donast si acomplir cele emprise qui fust enneurs à lui et à la Crestienté. Quant il orent ce fet, tuit ensemble se vont armer petit et grant et font crier l'assaut. Les trompes sonnèrent et vindrent devant les barbacanes ». Les Égyptiens, du reste, encouragés par leur récent succès sur les Templiers, se défendirent bien. Mais à la fin leurs meilleurs guerriers et plusieurs de leurs émirs ayant été tués, ils lâchèrent pied devant la furie franque. Le contexte de Guillaume de Tyr, corroborant ce qu'Ibn al-A*th*îr nous disait tout à l'heure, semble prouver que ce combat eut lieu devant les remparts et qu'à la suite de leur défaite les Égyptiens furent de nouveau rejetés dans les murs d'Ascalon.

Une certaine courtoisie se maintenait entre Francs et Égyptiens. Après la bataille que nous venons de mentionner, les défenseurs d'Ascalon « envoièrent de leur plus sages homes au Roi por requerre les corz des leurs qui morz estoient et trièves demandèrent por eus enterrer. Se il avoient aucuns des noz ocis devers eus, volentiers les rendroient Li Rois, par le conseil de ses barons, leur otroia ce qu'il requeroient, et furent prises unes cortes trives, en que li nostre firent le servise de leur morz »[111].

Ce fut au tour des défenseurs d'Ascalon de se démoraliser, « et furent si desconforté qu'il orent perduz touz les corages d'eus bien contenir et défendre ». Un hasard du bombardement acheva de les décourager « car il fesoient porter un grant mast de fust (poutre de bois) en un leu où il avoit mestier (= besoin) ; à ce fere i avoit bien quarante des plus forz homes qu'il eussent, qui sostenoient le fés. Une de nos perrières gita dedenz la ville une mout grosse pierre ; si advint qu'ele chéi tres desus ce tref et touz escacha (= écrasa) ceus qui le portoient, que onques un seul n'en eschapa qui n'en morust ».

346 L'ÉQUILIBRE

Conquête d'Ascalon par Baudouin III.
Tout le littoral syro-palestinien aux mains des Francs.

Les habitants et la garnison d'Ascalon se résolurent alors à demander l'*amân* aux Francs. *L'Estoire d'Éracles* place à cette occasion dans la bouche d'un des notables ascalonitains un discours qui est un chant d'épopée en l'honneur des Francs, « ceste gent de fer » qui, « il a jà cinquante et quatre ans » tenaient Ascalon sous leur perpétuelle menace. « De Tarse de Cilicie jusqu'en Égypte est piéça toute la terre conquise, fors seulement la nostre cité ; car li pueples qui est venuz des parties d'Occident li uns après les autres ont meues tant de guerres aus gens de nostre loi que touz les ont chaciéz de Surie, fors seulement nous »[112]. Pour sauver leurs femmes et leurs enfants des horreurs d'une prise d'assaut, les Ascalonitains envoyèrent une délégation de notables négocier auprès de Baudouin III une capitulation honorable. « Quant il furent venu, distrent leur parole et requistrent covenances teles com l'en leur avoit enchargiées. Quant li Rois ot oï ce qu'il li voudrent dire,... cil s'esloignièrent des paveillons (= des tentes). Li Rois demanda à ses barons que leur sembloit de ces paroles.

Il commencièrent tuit à plorer de joie et tendre les mains à Nostre Seigneur qui si grant enneur leur avoit fete que, par eus qui pecheeur estoient et chaitives genz, vouloit acomplir si haute besoigne corne de conquerre la cité d'Escalone. Li Rois refist les messages (= messagers) apeler et leur fust respondu que bien s'acordoient à fere leur requestes, par tel covenant que dedenz trois jorz eussent la cité toute vuidiée d'eus et de toutes leur choses qu'il en voudroient porter et trere hors. Cil l'otroièrent volentiers et le jurèrent à fere einsi loiaument. Après ce, par leur requeste, li Rois le jura et li greigneur (= plus grands) barons de l'ost que en bone foi leur garderoient les covenances qui devisées estoient entr'eus. Tantost (= aussitôt) li Rois leur demanda ostages. Quant li Rois les ot, cil pristrent congié, et avec eus emmenèrent des chevaliers le (= du) Roi, qui portèrent ses banières por metre desus les tors de la ville en signe de victoire. Quant li pueples des Crestiens, qui ce atendoient dehors, vit la banière le (= du) Roi sur la mestre tor, mout levèrent grant cri de joie »[113].

Ascalon se rendit donc aux Francs le 19 août 1153. La population arabe et l'armée égyptienne évacuèrent la ville en bon ordre « avec tout leur harnois ». Baudouin III, conformément à sa promesse, « leur bailla conduit qui les mena tout sauvement jusqu'à une ancienne cité qui siet au désert et à non Laris » – c'est-à-dire al-'Arîsh. Ibn al-Qalânisî constate de son côté l'humanité des Francs en la circonstance : « Tous les musulmans qui purent quitter la ville partirent, les uns par terre, les autres par mer, et se retirèrent, soit en Égypte, soit ailleurs »[114].

Cette prise de possession pacifique permit aux Francs de trouver intactes les réserves accumulées dans Ascalon : « Il se trouvait dans la place conquise, dit Ibn al-Qalânisî, une telle quantité d'engins de guerre, d'argent, de munitions et de vivres, qu'on n'aurait su en fixer l'évaluation ». Guillaume de Tyr, de son côté, nous décrit l'entrée des Francs dans la place évacuée : « Lors, traduit l'Éracles, s'assemblèrent li Rois et li Patriarches et li baron et li prélat tuit ; la vraie croiz fu portée tout devant, et il alèrent après humblement, à grant dévocion. Li clerc chantoient, li lai (= laïques) mercioient Nostre Seigneur ; en ceste manière s'en entrèrent dedenz la cité que Dieus leur avoit conquise. Au greigneur (= plus grand) oratoire (= mosquée) et au plus riche que li Tur (= les Arabes) eussent en la ville, qui fu puis église en l'enneur de monseigneur Saint Pol, là mistrent la vraie croiz, puis s'en retornèrent chascuns en son ostel que il trovèrent granz et biaus et bien garniz de blez et de maintes autres choses »[115].

La seigneurie d'Ascalon fut donnée par Baudouin III à son frère cadet, Amaury comte de Jaffa. Quant à l'évêché qu'on y créa, le patriarche de Jérusalem en investit un chanoine du Saint-Sépulcre nommé Absalon. Mais l'évêque de Bethléem, Gérard, revendiqua Ascalon comme une dépendance de son évêché et, ayant interjeté appel à Rome, finit par obtenir satisfaction.

La conquête d'Ascalon parachevait l'œuvre de la Première Croisade. Tout le littoral syro-palestinien, d'Alexandrette à Gaza, appartenait désormais aux Francs, leur assurant la maîtrise incontestée de la mer. En même temps la situation des Francs envers l'Égypte était retournée. Aux mains des Fâtimides, Ascalon avait constitué une base de départ pour

348 L'ÉQUILIBRE

d'incessantes incursions en Palestine. Aux mains des Francs la place allait servir de base pour des interventions armées dans les affaires d'Égypte. Toute la politique d'Amaury Ier est déjà en puissance dans ce fait nouveau.

L'entente franco-damasquine a paralysé les diversions
tentées par Nûr al-Dîn pour dégager Ascalon.

Il est vraisemblable que Baudouin III aurait difficilement pu s'emparer d'Ascalon si les princes turcs de Syrie avaient tenté une sérieuse diversion pour dégager la ville. Cette diversion, ils l'esquissèrent, il est vrai. On vit en avril 1153 les deux atâbegs ennemis, Nûr al-Dîn d'Alep et Mujir al-Dîn de Damas, opérer leur jonction pour attaquer les frontières de la Galilée. Le 16 mai ils vinrent ensemble menacer la ville de Panéas ou Bâniyâs, au sud-ouest de l'Hermon. Comme le fait observer Ibn al-Qalânisî, la prise de cette place semblait facile puisque l'armée franque était à ce moment absorbée au siège d'Ascalon. « Mais, au moment où les habitants d'Ascalon appelaient Nûr al-Dîn, Allâh ayant semé la division parmi les armées combinées (c'est-à-dire entre Damasquins et Alépins), une lutte s'ensuivit, à l'issue de laquelle 10 000 hommes environ, cavaliers et fantassins, s'éloignèrent de Bâniyâs sans avoir subi ni attaque nocturne ni rencontre de la part des Francs, et allèrent camper sur le Nahr 'Awaj, au sud de Damas. On se décida ensuite à revenir sous les murs de Bâniyâs pour chercher à s'emparer de cette place, mais, cette fois encore, sans aucun motif ni aucune contrainte, les armées combinées s'éloignèrent et se séparèrent. Mujir al-Dîn retourna à Damas où il arriva avec les siens le 6 juin, tandis que Nûr al-Dîn remontait vers *Homs* »[116]. Ce récit embarrassé nous montre que, malgré les protestations en faveur de la guerre sainte, la plus grande méfiance régnait toujours entre l'atâbeg d'Alep et celui de Damas. Au lieu de se battre d'accord contre les Francs, leurs troupes en venaient aux mains entre elles. Et après une vaine démonstration, l'atâbeg de Damas se hâtait de renoncer à l'entreprise et d'abandonner Nûr al-Dîn. Au fond il n'avait suivi ce dernier qu'à contre-cœur. L'alliance franque, seule capable de sauver l'indépendance damasquine, conservait toutes ses préférences. Ce fut cette complicité tacite des Damasquins qui, en faisant avorter les tentatives de diversions de Nûr al-Dîn, permit à Baudouin III de prendre Ascalon.

Les derniers jours de la dynastie bouride.
Le protectorat franc sur Damas.

La prise d'Ascalon, en assurant aux Francs tout le littoral syrien, d'Alexandrette à Gaza, marquait pour eux un sérieux avantage. Cette précieuse conquête compensait jusqu'à un certain point la perte d'Édesse et des territoires d'Outre-Oronte. Les Égyptiens, définitivement rejetés en Afrique, ne pourraient plus venir harceler les Francs chaque fois que ceux-ci se trouveraient aux prises avec une attaque turque. Nûr al-Dîn, en raison de l'attitude équivoque de l'État de Damas, avait dû assister impuissant à la défaite égyptienne. L'expérience prouvait une fois de plus que, tant que l'indépendance damasquine se maintiendrait, il ne pourrait l'emporter sur les Francs. Aussi redoubla-t-il d'efforts pour annexer enfin la grande ville syrienne.

La dynastie bûride en qui s'incarnait l'indépendance damasquine était tombée dans une décadence rapide. Après avoir produit deux hommes de valeur, l'atâbeg Tughtekîn, le capitaine turc qui avait arrêté l'élan des premiers Croisés (1104-1128) et Tâj al-Mulûk Bûrî, son fils, presque aussi énergique que lui (1128-1132), elle n'avait compté que des personnages médiocres pour lesquels le vieux ministre Mu'în al-Dîn Unur, un Turc d'expérience, homme de gouvernement et de bon sens, avait dirigé les affaires (de 1132 à 1149). Lui mort, l'atâbeg bouride Mujir al-Dîn Abaq, déjà sur le trône depuis 1140, avait gouverné directement (1150-1154)[117]. Mais Abaq était un personnage médiocre, dissolu, cruel et borné. Tant qu'avait vécu le grand ministre Mu'în al-Dîn Unur, d'autant plus influent qu'il était le beau-père d'Abaq, la personne de ce dernier avait pu faire illusion. L'État de Damas, conduit d'une main ferme et prudente, avait pu, par une habile politique d'équilibre et, le cas échéant, de bascule entre le grand royaume turc zengide d'Alep-Mossoul et le royaume franc de Jérusalem, maintenir son indépendance et même son prestige. Mais après le décès d'Unur, Abaq laissa

350 L'ÉQUILIBRE

bientôt péricliter l'État. Sans doute l'alliance franque garantissait toujours l'indépendance de Damas contre les menaces d'annexion de Nûr al-Dîn. Mais faute, à Damas, d'un pouvoir fort et capable de traiter avec eux d'égal à égal, les Francs avaient tendance, se sentant indispensables, à transformer leur protection en protectorat.

Dans son *Histoire des Atâbegs*, Ibn al-A*th*îr nous montre les Francs devenus si puissants après la prise d'Ascalon qu'on pouvait se demander s'ils n'allaient pas se subordonner Damas, où Mujir al-Dîn semblait incapable de maintenir longtemps la souveraineté bouride. D'après l'historien arabe, les Francs n'hésitaient plus à pénétrer en territoire damasquin, à y vivre sur le pays et à ramener des prisonniers[118]. Notons que, de son côté, Nûr al-Dîn en faisait autant. Il est à signaler que, des deux maux choisissant le moindre, les Damasquins préférèrent transiger avec Baudouin III qu'avec Nûr al-Dîn. « Les Musulmans de Damas, tant leur situation était devenue pénible, se virent obligés de payer aux Francs un tribut annuel. Les ambassadeurs francs pénétraient dans la ville et venaient prélever ce tribut sur les habitants. Des agents se présentaient aussi à Damas de la part des Francs pour passer en revue tous les esclaves mâles et femelles, de quelque pays chrétien qu'ils fussent, et pour leur donner le choix de rester avec leurs maîtres ou de rentrer dans leur patrie. Ceux qui préféraient rester en avaient la permission ; ceux qui désiraient retourner en pays chrétien, les Francs les prenaient de force, que leurs maîtres fussent ou non consentants »[119].

À cette date de 1153-1154 l'État de Damas était donc tombé en fait sous le protectorat franc. Mais l'immixtion trop voyante des Francs dans les affaires locales acheva de démonétiser l'atâbeg Mujir al-Dîn Abaq. La populace damasquine, perdant tout respect pour la dynastie bouride et ne reconnaissant plus d'autre autorité que celle du *ra'ïs* ou préfet Mu'aiyid al-Dîn ibn al-Sûfî, tint Abaq comme bloqué dans la citadelle.

Nûr al-Dîn jugea l'occasion favorable. Il y avait si longtemps qu'il guettait Damas ! Mais s'il intervenait trop brutalement, il risquait de pousser Mujir al-Dîn Abaq dans les bras des Francs, qui accourraient une fois de plus sauver la ville. Sur ce point, Ibn al-A*th*îr ne parle pas autrement que l'archevêque Guillaume, tant l'alliance franco-damasquine apparaissait alors comme une nécessité naturelle, dérivant des données du problème syrien. « Nûr al-Dîn, écrit Ibn al-A*thî*r, savait que la ville ne pourrait être prise de vive force parce que, quand son prince se verrait sur le point de succomber, il expédierait un message aux Francs pour implorer leur appui et que les Francs l'assisteraient. Les Francs, en effet, redoutaient avant tout de voir la ville conquise par Nûr al-Dîn qui s'en ferait une arme pour les combattre »[120].

§ 4. — UNIFICATION POLITIQUE DE LA SYRIE MUSULMANE. NÛR AL-DÎN, MAÎTRE D'ALEP ET DE DAMAS. MONARCHIE MUSULMANE CONTRE MONARCHIE FRANQUE.

Réunion de l'État de Damas au royaume zengide.
Un « Anschluss » par noyautage et pénétration pacifique.

Une agression ouverte contre Damas risquant de faire aussitôt jouer la protection franque, Nûr al-Dîn procéda par la diplomatie. « Il envoya, conte Ibn al-A*thî*r, une ambassade avec de riches présents à l'atâbeg de Damas, cherchant par tous les moyens à gagner l'amitié de celui-ci et à lui inspirer confiance ». Lorsqu'il y fut parvenu, il engagea avec lui une correspondance suivie, du ton le plus affectueux. Dans les lettres pleines d'abandon qu'il lui adressait, il ne manquait pas de l'avertir charitablement que tel ou tel des émirs damasquins avait offert de trahir son maître pour passer au service zengide. Il réussit par ce jeu à exciter successivement les soupçons d'Abaq contre les principaux émirs de Damas. Le stupide Abaq, abusé sur leur compte, les destituait, les emprisonnait ou les faisait mettre à mort, se privant ainsi lui-même de ses meilleurs serviteurs. Il en restait encore un et le plus fidèle de tous, un officier nommé 'A*tâ* ibn Haffâ*d* al-Salamî, « homme plein de bravoure et de résolution, avec lequel il aurait été impossible à Nûr al-Dîn de s'emparer de Damas. Mujir al-Dîn finit cependant (sur les dénonciations de Nûr al-Dîn) par le faire arrêter et mettre à mort. Ce malheureux, au moment où on allait l'exécuter, le supplia en vain, lui disant : « Les stratagèmes dont vous êtes l'objet ont réussi, comme

352 L'ÉQUILIBRE

vous le verrez bientôt ; laissez-moi vivre jusque-là ! »[121]. En même temps Nûr al-Dîn interceptait le ravitaillement de Damas par le nord, réduisant la grande cité à la disette[122].

Lorsque la ville eut été ainsi moralement démantelée, Nûr al-Dîn acheta secrètement les chefs de la garde urbaine et aussi les gens sans aveu dont les faubourgs étaient remplis. Levant alors le masque, il vint à l'improviste mettre le blocus devant Damas. Le 18 avril 1154 il campait à Uyûn al-Fâsariya entre 'Adhrâ et Dûma. Le lendemain il s'avançait jusqu'à Bait al-Abâr, dans la Ghûta à l'est, sud-est de la ville. Abaq, dont les yeux se dessillaient enfin, avait fait appel à l'aide des Francs. Se réclamant de l'ancien pacte conclu avec eux par Mu'in al-Dîn Unur, il leur offrait, pour prix de leur intervention, Ba'albek et le meilleur de la Beqâ[123]. À la vérité, sans doute n'était-il pas besoin d'une telle offre. Guillaume de Tyr montre à quel point la cour de Jérusalem comprenait le péril que devait lui faire courir la conquête de la capitale syrienne par les gens d'Alep et de Mossoul. L'armée franque, note Ibn al-Athîr, se rassembla aussitôt. Mais avant qu'elle ait pu intervenir, la catastrophe était consommée. Le 25 avril l'armée zengide refoula les Damasquins jusqu'à la porte du Kaisân, à l'angle sud-est de la muraille, dans le quartier juif. Comme par hasard la muraille de ce côté n'était pas défendue. Un soldat l'escalada avec la complicité d'une femme juive. Au même moment la garde urbaine et la populace, secrètement gagnées, comme on l'a vu, par Nûr al-Dîn, firent défection et lui ouvrirent la porte orientale (Bâb al-Sharqî), puis, au nord-est, la porte de Saint-Thomas (Bâb Tûmâ). Il fit son entrée dans la ville ce même 25 avril 1454. Mujir al-Dîn, réfugié dans la citadelle, ne tarda pas à capituler, moyennant un fief de consolation à Homs. Par la suite, comme il nouait des intelligences avec les Damasquins pour essayer de se faire restaurer, Nûr al-Dîn lui reprit Homs, en ne lui donnant cette fois comme monnaie d'échange que la lointaine ville de Bâlis sur l'Euphrate, et l'ancien monarque, qui ne s'y plut pas, n'eut d'autre ressource que de s'exiler à Baghdâd[124].

La population damasquine avait fait preuve, presque jusqu'à la fin, d'un remarquable loyalisme envers la dynastie bouride. On peut dire qu'elle n'avait abandonné cette dernière que parce que le dernier Bouride s'était abandonné lui-même. Mais, une fois Mujir al-Dîn chassé, elle se rallia d'autant plus facilement au régime zengide que Nûr al-Dîn la traita « avec les plus grands égards » et que, là comme à Alep, son administration se fit remarquer par un souci de justice dont témoignent tous les historiens du temps[125].

Après l'Anschluss damasquin de 1154 et l'unification politique de la Syrie musulmane. Équilibre de la royauté franque et de la monarchie zengide.

La conquête de Damas par Nûr al-Dîn est un des événements capitaux de l'époque des Croisades. Elle achevait l'unification de la Syrie musulmane entre les mains du fils de Zengî. « L'Islam recouvra Damas », écrit curieusement Ibn al-A*th*îr[126], comme si sous les Bûrides la ville avait effectivement subi le protectorat franc. De Mossoul, d'Édesse et du Nahr'Afrîn jusqu'au *H*aurân s'étendait désormais, à travers toute la Syrie intérieure et avec la grande cité du Baradâ comme capitale, un empire musulman relativement centralisé, capable de mener la contre-croisade comme une industrie nationale sans à-coups ni éparpillement.

Mais presque en même temps, comme on l'a vu, les Francs venaient, par la prise d'Ascalon, d'achever la conquête de tout le littoral. Dès lors, nous nous trouvons en présence de deux royaumes syriens ennemis, composés l'un et l'autre de deux longues bandes longitudinales : la côte, d'Alexandrette à Gaza, aux Francs ; l'hinterland, d'Édesse à Bo*s*râ, aux Turcs. La question qui se posait était de savoir si les Turcs de l'intérieur rejetteraient les Francs à la mer ou si les Francs du littoral rejetteraient les Turcs dans le désert. La solution allait presque entièrement dépendre de la valeur respective des institutions monarchiques chez les deux adversaires.

Pendant que Baudouin III enlevait Ascalon aux Égyptiens, les Francs d'Antioche remportaient aussi un succès dans la Syrie du Nord. Nous avons vu qu'en 1149, après le désastre de Fons Murez et la mort de Raymond de Poitiers, Nûr al-Dîn s'était emparé de *H*ârim (ou Harenc), forteresse qui défendait les avancées d'Antioche sur la rive orientale de l'Oronte en direction d'Alep. D'après Ibn al-A*th*îr, les Francs auraient dès avant 1156 recouvré cette place puisque, toujours

354 L'ÉQUILIBRE

aux dires de ce chroniqueur, Nûr al-Dîn vint alors l'assiéger. L'atâbeg, poursuit Ibn al-*Athîr*, la serrait de si près qu'une armée de secours se forma en hâte « tant chez les Francs des environs que parmi les plus éloignés », – mais toujours évidemment parmi les Francs de la principauté d'Antioche – pour venir délivrer la place. Mais « un des démons francs, qui se trouvait dans la forteresse, homme de bon conseil dont ils suivaient les avis », leur envoya dire que la garnison, étant nombreuse et bien approvisionnée, pouvait se défendre toute seule. Aussi leur recommanda-t-il de faire traîner la campagne en longueur et d'éviter une rencontre avec Nûr al-Dîn, rencontre qui eût pu être fatale non seulement au sort de *H*ârim, mais à celui des autres places de la Principauté. Ce sage conseil fut suivi, et les Francs d'Antioche envoyèrent proposer la paix à Nûr al-Dîn, en lui cédant une partie des revenus du territoire de *H*ârim. Il en demanda la moitié, et la paix fut conclue sur ces bases[127] : mais la forteresse même de *H*ârim resta en leur possession. Toutefois, comme on va le voir, il semble qu'Ibn al-*Athîr* se trompe ici sur la date de la reconquête de *H*ârim par les Francs.

Quoi qu'il en soit, un passage d'Ibn al-Qalânisî, repris dans les *Deux Jardins*, semble avouer que la paix fut conclue à l'avantage des Francs : « En shawâl (novembre-décembre 1156), il y eut un rapprochement avec les Francs et on conclut avec eux une trêve d'une année. L'indemnité de guerre qui leur fut envoyée de Damas (c'est-à-dire par Nûr al-Dîn) s'élevait à 8 000 dinârs tyriens »[128]. Malheureusement, ajoute le même texte, peu après, entre le 3 et le 13 février 1157, « les Francs violèrent la trêve et rompirent le pacte d'amitié qu'ils avaient conclu, et cela à la suite de l'arrivée par mer d'une troupe nombreuse des leurs qui vinrent augmenter leurs forces ». Il est vrai qu'Ibn al-Qalânisî ne parle nullement à ce propos de la reconquête de *H*ârim par les Francs, reconquête que, d'accord dans l'ensemble avec Guillaume de Tyr, il reporte au contraire et avec raison, comme on le verra, à février 1158[129].

L'événement auquel, en tout cas, l'auteur arabe fait plus haut allusion est une razzia franque en terre damasquine, racontée en termes assez analogues par Ibn al-Qalânisî et par Guillaume de Tyr[130].

Rupture entre la monarchie franque et la monarchie musulmane. La razzia des troupeaux de Panéas et les origines d'une guerre de trente ans (1157-1187).

De grands rassemblements de chevaux et de bêtes de somme appartenant aux gens de Damas ou aux paysans de la région damasquine, et de grands troupeaux possédés par des caravaniers, des cultivateurs musulmans, des tribus arabes ou des clans turcomans de la Syrie orientale venaient, à la faveur des trêves récemment conclues, d'être admis dans les pacages situés aux confins nord-est de la Galilée. Leurs propriétaires ou leurs pâtres avaient obtenu des autorités franques l'autorisation de les conduire aux sources du Jourdain, dans les belles prairies qui, au pied de l'Hermon, entourent la ville de Panéas (Bâniyâs, le Bélinas des chroniqueurs). Guillaume de Tyr et son traducteur nous peignent un tableau toujours actuel de ces arrivées de pâtres arabes ou turcomans « qui n'habitent qu'en des tentes, hors des villes », se déplaçant sans cesse en quête de « pastures », « car ce sont gens qui ne vivent que du produit de leurs bêtes ». « De bestes grosses et menues orent si grant planté que toute la terre en estoit coverte là où il passoient ». Ils avaient spécialement obtenu de Baudouin III l'autorisation de faire paître leurs troupeaux dans la « forêt de Panéas », c'est-à-dire au nord de la ville, dans la gorge boisée du Wâdî al-'Asal, pleine de peupliers et de saules, l'eau qui abonde dans cette gorge comme aussi, à l'est, dans les vallées du Wâdi Khashâbé et du Wâdi al-Sa'âr, couvrant le sol d'une végétation luxuriante. Comme tous les chefs de la steppe, les nomades avaient de magnifiques chevaux. Or, avoue le chroniqueur, « c'est une chose que chevalier convoitent moult ». De fait, le désir de s'emparer de ces beaux coursiers arabes fit commettre à Baudouin III un acte profondément regrettable, car il viola les lois de l'hospitalité, sacrées en terre d'Islâm. Tel est bien le sentiment de l'archevêque de Tyr, pour qui l'acte de trahison des Francs déplut tellement à Dieu que celui-ci les abandonna par la suite aux coups des Musulmans[131].

On était en février 1157[132]. Les Turcomans qui conduisaient les troupeaux, ayant reçu l'autorisation des Francs, se croyaient en sécurité ; aussi s'étaient-ils relâchés de leur surveillance. Ce fut ce qui enhardit les chefs francs de Panéas. « Por ceste achoison vindrent au Roi aucuns de ses homes qui furent aveuglé de covoitise, et lui donèrent conseil que nule aliance qu'il eust fete à cele gent ne leur gardast, ainçois venist soudeinement sur eus à grant compaignie et preist eus et quanqu'il avoient ; einsi porroit fere ses homes riches ; il meismes ne seroit jamais povres. » Or, Baudouin III était « joenes et endetez », au point de vivre au jour le jour, harcelé par ses créanciers, « car il estoit si angoissiez chascun jour de ceus cui (= à qui) il devoit, qu'il ne savoit que fere ». Pensant par ce coup de main pouvoir s'acquitter de ses dettes et oubliant le serment échangé avec Nûr al-Dîn, il ne sut pas résister à l'appât d'un gain facile. « Par le desloial conseil que l'en li dona », il accourut avec ses chevaliers et se jeta sur les Turcomans qui faisaient paître sans défiance leurs troupeaux dispersés au nord de Panéas. Surpris sans armes, presque tous les nomades furent massacrés ou capturés. Leurs chevaux et leurs troupeaux furent enlevés et ramenés triomphalement en Palestine, butin immense, tel, nous dit Guillaume de Tyr, que les Francs n'en avaient jamais conquis de semblable. Mais, ajoute *l'Éracles*, « cil qui ces proies enmenèrent n'i orent onques point d'enneur, car tuit cil qui sorent la vérité tindrent plus ce fet à traïson que à proëce ».

Le jugement de l'archevêque de Tyr, dont on ne saurait suspecter l'affection pour Baudouin III, est celui de l'histoire. Les embarras financiers du jeune roi lui firent commettre une lourde faute. Pour un gain passager il rompit les trêves avec Nûr al-Dîn, et cela dans des conditions morales particulièrement malencontreuses. Des coups de main comme ceux de la forêt de Panéas causaient aux Francs de Jérusalem autant de préjudice en terre d'Islam que le sac de Chypre en avait causé aux Francs d'Antioche dans le monde byzantin.

Conquête de la ville basse de Panéas par Nûr al-Dîn.
Résistance du connétable Onfroi de Toron dans la citadelle.

Nûr al-Dîn n'avait pas besoin de semblables violations du droit des gens pour recommencer la guerre sainte. Maître de Damas, il convoitait précisément cette même région de Panéas, sentinelle avancée de l'État franc aux pentes de

GOUVERNEMENT DE BAUDOUIN III

l'Hermon. Les Francs le comprenaient si bien que, se voyant menacé, le connétable Onfroi II de Toron, à qui appartenait le fief de Panéas, offrit aux chevaliers de l'Hôpital, sur le conseil du roi Baudouin III, la moitié de la seigneurie, « car cele citez séoit si près de la marche des Turs que nus n'i pooit aler ne venir sanz grant compagnie de genz armées, ou de nuiz en repost »[133].

En même temps que la place même de Panéas, située au nord du bourg actuel, au confluent des deux rivières et protégée au septentrion par les eaux de la « source de Bânyâs », les Hospitaliers recevaient la garde de la forteresse franque de Subeibe ou Qal'at al-Subaiba (aujourd'hui Qal'at al-Nemrûd), située à un peu plus de 2 kilomètres à l'est de Panéas, en surplomb dans la montagne, à l'extrémité d'une croupe étroite, haute de 180 à 210 mètres et appuyée aux premiers contreforts de l'Hermon dont la sépare la gorge du Wâdî Khashâba[134]. Subaiba, position stratégique de premier ordre d'où les veilleurs francs dominaient toute la plaine voisine, le lac de *Hûlé* et les monts de Galilée, formait, avec Panéas, un système défensif d'une importance primordiale, surtout depuis que l'État de Damas était passé aux mains de Nûr al-Dîn.

Conformément à l'accord intervenu, les Hospitaliers envoyèrent à Panéas un détachement accompagné d'une caravane de chameaux, chargés de vivres, avec de grands troupeaux de bœufs et de moutons pour le ravitaillement en cas de siège Ibn al-Qalânisî évalue ce détachement à « sept cents cavaliers », parmi les plus braves des Hospitaliers et la sergenterie des Templiers, sans compter les piétons. Nous savons que les paysans arabes du Jebel 'Amila, entre *Safed* et *Tibnîn*, se firent les auxiliaires de la colonne[135]. Mais l'ennemi surprit le mouvement. Un des frères de Nûr al-Dîn, l'émir des émirs Nâsir al-Dîn ou Nusret al-Dîn[136], se porta à la rencontre des Hospitaliers avec 700 cavaliers et le 26 avril 1157, les atteignit avant qu'ils entrassent dans Panéas[137]. Les défenseurs de cette ville s'étaient avancés au devant du convoi et s'étaient joints à lui. « Nusret al-Dîn en vint aux mains avec l'ensemble, après avoir au préalable placé des guerriers turcs en embuscade. Dès le début de l'action, les musulmans en masse ayant chargé l'ennemi, et les troupes postées en embuscade étant venues à la rescousse, Allâh leur accorda la victoire. Peu de Francs réussirent à s'échapper. Presque tous furent tués, blessés, faits prisonniers ou se rendirent. Une quantité de chevaux, d'armes et de têtes coupées resta aux mains des musulmans. La majeure partie des fantassins francs et la plupart des musulmans du Jebel 'Amila qui s'étaient joints à eux furent passés au fil de l'épée. Les prisonniers, les têtes et le butin furent transportés à Damas et promenés par toute la ville. Une foule énorme s'assembla pour contempler ce spectacle, et ce fut un jour à jamais mémorable. On expédia ensuite à Nûr al-Dîn qui était à Ba'albek un certain nombre de prisonniers chrétiens, et il donna l'ordre de les décapiter »[138].

Selon l'*Éracles* cette mésaventure dégoûta les Hospitaliers des affaires de Panéas : ils renoncèrent au condominium du fief et laissèrent le connétable Onfroi de Toron le défendre seul[139].

Nûr al-Dîn, averti de la situation précaire où cette première action laissait Panéas, résolut d'en profiter sans retard. Ayant reçu des renforts de Turcomans, il se rendit à Damas pour y chercher des machines de guerre et y appeler les fidèles à la guerre sainte : « Aussitôt, dit Ibn al-Qalânisî, une foule considérable de jeunes gens du peuple, de volontaires, de légistes, de *sûfis* et de dévots se joignirent à lui. »

Nûr al-Dîn quitta Damas le 11 mai 1157 pour aller directement assiéger Panéas. Pour empêcher le gros de l'armée franque d'intervenir, il avait envoyé au préalable un détachement sous les ordres de l'aiyûbide Asad al-Dîn Shîrkûh du côté du Jebel Hûnîn, en avant-garde, à mi-chemin entre Panéas et le Toron (Tîbnîn). Les Francs, croyant cette reconnaissance beaucoup plus faible qu'elle n'était en réalité (plusieurs milliers d'hommes), l'attaquèrent avec des forces insuffisantes, une centaine de chevaliers, suivis de leurs gens. « Dès qu'ils furent à portée des Musulmans, nous dit Ibn al-Qalânisî, ceux-ci se précipitèrent sur eux comme des lions sur leur proie ; les Francs furent bientôt enveloppés de toutes parts, tués, faits prisonniers ou obligés de se rendre, de sorte qu'il n'en échappa qu'un petit nombre. Les prisonniers furent conduits à Damas et avec eux beaucoup de chevaux de race ; on apporta également dans cette ville les têtes des combattants qui avaient péri, des cuirasses et des lances, et le tout fut promené par la ville » (18 mai 1157)[140].

Ce succès local encouragea Nûr al-Dîn à presser le siège. Panéas était protégée au nord par les eaux de la « source de Bâniyâs », avec des tours d'angles rondes bâties de grosses pierres à refends. Quant à la forteresse supérieure, au Qal'at al-Subaiba, elle semblait de taille à défier les assauts. Le connétable Onfroi de Toron qui s'était enfermé dans la place avec son fils, chevaliers « preus et hardiz » comme lui-même[141], ne se montrait guère ému de l'invasion « por ce que maintes foiz avoient-il veuz les Turs venir devant la ville ». Cependant Nûr al-Dîn commençait un siège en règle, à grand renfort de machines. « Si grant planté i ot de pierres gitées et de saietes treites (= flèches tirées) que cil dedenz n'avoient point de repos ne de jors ne de nuiz ; maint i en ot morz et navrez, si que pou i en avoit mès qui se trésissent aus deffenses, et, se leur sires Onfroiz et ses filz ne fussent avec eus, légièrement fust la ville perdue. Mais cil les confortoient mout bel de paroles et primerain se metoient en péril, par quoi li autre se contenoient plus hardiement ». Les assiégés tentèrent même une sortie : décision imprudente qui causa leur perte. « Car il, qui n'estoient qu'un pou de gent ouvrirent les portes, et vindrent tuit ensemble hors, au poigneiz (au combat). Assez i firent de beaus cops et de hardiz, mais en la fin ne porent soffrir les Turs, por ce que il estoient trop. Si se voudrent retraire et rentrer en leur ville ; mès cil les tindrent si près que il se mistrent avec ; la presse fu si granz que l'en ne pot la porte clore. Quant li nostre virent ce, ne mistrent onques plus contenz (= effort) à deffendre la cité. Tuit cil qui porent se mistrent au chastel ; li remenanz (le reste) fu perduz »[142]. La nouvelle que la ville de Panéas était prise et qu'Onfroi de Toron était étroitement assiégé dans la citadelle fut apportée à Damas le jour même par un pigeon voyageur (21 mai)[143].

Délivrance et reconstruction de Panéas par Baudouin III.

D'après Ibn al-Qalânisî, Onfroi de Toron, réduit à cette extrémité, implora *l'amân*, offrant de rendre la citadelle si on lui accordait, ainsi qu'aux siens, la vie sauve. Nûr al-Dîn, exigeant une reddition sans conditions, ne répondit pas.

Cependant à la nouvelle du siège de Panéas, Baudouin III accourait avec toutes ses forces. Il semble que son arrivée ait surpris les Turcs. « Quand on signala l'arrivée du prince des Francs venant du Jebel, les deux armées musulmanes, l'une qui assiégeait la citadelle de Bâniyâs, l'autre qui surveillait les routes pour intercepter les secours, se trouvèrent prises à l'improviste. Elles durent aviser à repousser les Francs. D'ailleurs, en présence de la destruction des maisons et des remparts de Bâniyâs, les Francs devraient renoncer à l'espoir de relever la ville de ses ruines »[144]. Nûr al-Dîn donna donc l'ordre d'incendier les décombres et d'achever d'abattre les murs et les tours, de peur que l'armée franque n'y trouvât un abri, après quoi il alla se poster en observation dans le voisinage, du côté de l'Hermon.

Baudouin III put donc reprendre possession des ruines de la ville basse de Panéas. Il délivra Onfroi de Toron et les défenseurs de la citadelle, puis, appelant à lui des escouades d'ouvriers, il se mit en devoir de faire restaurer les murailles et de rebâtir les maisons de Panéas sous la protection de son armée. « Charpentiers et maçons envoia querre par toutes les villes d'iluec et fist les murs refere, les fossez curer et aparfondir. Tant i ot entor grant planté des ouvriers que il en esploitèrent mout bien. Li Rois sejorna iluec et touz ses oz jusque toute l'aceinte fu parfete et mise en meilleur point qu'ele n'avoit esté. Li borjois et l'autre gent de la ville refirent leur mesons bien et hastivement. Li Rois, qui jà ot grant pièce demoré, fist bien garnir le chastel de fresches viandes et de noveles gens bien armées ; puis s'en parti, mes toutes ses genz à pié leissa iluec por aidier à ovrer. Ceus qui estoient à cheval mena avec lui jusqu'à Tabarie (Tibériade) »[145].

La surprise du Gué de Jacob.
Second siège de Panéas par Nûr al Dîn.

Baudouin III avait donc forcé Nûr al-Dîn à lever le siège de la citadelle de Panéas et restauré cette importante place forte. Malheureusement, croyant les ennemis en retraite jusqu'à Damas, il négligea de s'éclairer. Il avait laissé, comme le dit Guillaume de Tyr, ses fantassins à Panéas pour défen-

GOUVERNEMENT DE BAUDOUIN III

dre la ville reconstruite ; suivi de sa seule chevalerie, il rentra en Galilée ; à peine y fut-il de retour qu'il congédia – si grande était sa confiance – une partie de ses barons, notamment Philippe de Milly, seigneur de Naplouse. Nous pouvons conclure par cet exemple qu'il se sépara de même des autres barons de la Galilée et de la Samarie, ne gardant avec lui que ceux de Judée.

Nûr al-Dîn qui, durant la réoccupation de Panéas par le roi n'avait pas dû reculer plus loin que l'Hermon, fut averti de la dispersion de l'armée franque. Baudouin III qui ne se méfiait de rien campait avec une poignée de chevaliers à Mallâ*h*a, à la pointe nord-ouest du lac de *H*ûlé. Prenant avec lui de forts escadrons de Turcs et d'Arabes, l'atâbeg se lança sur ses traces, et alla se poster en embuscade au sud du lac, au « Gué de Jacob », l'actuel Jisr Banât Ya'qûb, point près duquel les Francs à l'étape suivante, devaient passer. Les buissons de lauriers-roses, de zaqqûm, de papyrus et de roseaux qui ombragent les bords du Jourdain à la sortie du lac de *H*ûlé, formaient un rideau propice pour cette embuscade. De fait, le lendemain, dès l'aube, Baudouin III, longeant la rive occidentale du lac, descendit en suivant la route traditionnelle des caravanes, de Mallâ*h*a vers le Gué de Jacob.

La surprise fut complète. « Quant il fu ajorné, nostre crestien se mistrent à la voie. Rien ne savoient de l'aguet qu'en leur avoit mis au devant ; tout déduisant s'en vindrent cele part. Li Tur saillirent de leur embuschement et se férirent entre les nos, si que cil n'en sorent onques mot, jusqu'il les virent entr'eus. Lors se repentirent de leur folie, mais ce fut à tart (= trop tard). Aus armes et aus destriers corurent cil qui porent ; mais li Tur, qui ne finoient d'ocire, les orent si esparpcillez et desconfiz, ainçois qu'il se poissent assembler por défendre »[146]. Le texte d'Ibn al-Qalânisî atteste cependant que malgré leur surprise Baudouin III et ses chevaliers se défendirent bien : « Les Francs, voyant les étendards musulmans qui les entouraient de tous côtés, s'armèrent en toute hâte et montèrent à cheval ; ils se divisèrent en quatre corps et chargèrent les musulmans. À ce moment le malik Nûr al-Dîn mit pied à terre ; ses vaillants compagnons en firent autant, lancèrent contre l'ennemi une nuée de flèches et se servirent si bien de leurs lances qu'ils lui firent lâcher pied. Allâh décida de la victoire en faveur des musulmans qui tuèrent ou firent prisonniers les cavaliers ennemis (19 juin 1157) »[147].

En réalité la majeure partie des barons et des chevaliers échappèrent à la mort parce que, se voyant dans l'impossibilité de résister, ils finirent par se rendre à Nûr al-Dîn. La fleur de la chevalerie franque fut ainsi faite prisonnière. Guillaume de Tyr cite notamment parmi les captifs Hugue d'Ibelin, le maréchal Eudes de Saint-Amand, Jean Guthman, Rohart de Jaffa, son frère Balian, et Bertrand de Blancafort, grand-maître du Temple[148]. Tous furent envoyés à Damas où Ibn al-Qalânisî nous décrit leur arrivée au milieu du délire de la foule : « Les prisonniers et les têtes coupées arrivèrent à Damas le lundi (24 juin). Chaque chameau portait deux de leurs guerriers avec un étendard déployé et encore souillé de peaux de crânes et de cheveux. Chaque seigneur captif ou gouverneur de forteresses ou de districts s'avançait à cheval, couvert de sa cotte de mailles, heaume en tête et un étendard à la main ! Quant aux fantassins, ils étaient liés de cordes par groupes de trois ou quatre. Les habitants de la ville, vieillards, jeunes gens, femmes et enfants, sortirent en foule pour jouir du spectacle dont Allâh gratifiait le monde musulman »[149].

Il est intéressant de signaler que Guillaume de Tyr voit dans l'embuscade du Gué de Jacob où les Francs furent surpris par Nûr al-Dîn, la juste vengeance du guet-apens de la forêt de Panéas où les pâtres turcomans avaient été surpris par les Francs : « A cele foiz rendi bien Nostre Sire au Roi et à sa gent ce qu'il avoient fet aus Turquemanz et à ceus d'Arabe, quant en traïson ocistrent et desrobèrent ceus qu'il avoient aseurez par le serment ». Paroles remarquables qui attestent, en même temps que l'objectivité du chroniqueur franc, la notion, qui commençait à se faire jour, d'un droit des gens englobant Chrétienté et Islam et dont les violations excitaient la réprobation d'un archevêque franc aussi bien que d'un ra'îs damasquin[150].

Fort heureusement Baudouin III avait pu s'échapper. Bien que poursuivi par la cavalerie turque, il avait réussi à gagner les hauteurs du Jebel Safed et, de là, la forteresse même de Safed où il avait trouvé asile. Pendant quelques jours on le crut mort ou pris. « La novele corut par la terre, mout dolo-

GOUVERNEMENT DE BAUDOUIN III 363

reuse de cele desconfiture. Du Roi ne savoit l'en que dire certeinnement, car li un disoient qu'il avoit esté ocis en la bataille, li autre cuidoient qu'il en eust été menez liez entre les prisons. Trop en estoit li pueples en grant angoisse, plus de lui seul que de touz les autres »[151]. En réalité, Baudouin III miraculeusement sauvé avec une poignée de compagnons attendit sagement pour sortir de la forteresse de Safed, que les Turcs eussent repassé le Jourdain. Il courut alors à Saint-Jean d'Acre où son retour excita la joie universelle. « Dedenz la cité d'Acre s'en vint soudeinement. Quant les genz le virent, si grant joie en orent et loèrent Nostre Seigneur, car il furent tuit reconforté des autres mescheances ».

De fait, comme le dit l'Estoire d'Éracles, « grant bonté Dieu fist à son pueple quant li Rois eschapa, car se il eust esté morz ou pris, avec les autres, li roiaumes de Surie fust perduz »[152]. Le roi sauvé, le royaume l'était aussi. La monarchie restant debout, il n'était pire désastre qui ne fût, à la longue, réparable.

Nûr al-Dîn, exploitant sa victoire, était venu assiéger de nouveau Panéas, bien persuadé cette fois qu'il réussirait sans difficulté à emporter la place et la citadelle. La chevalerie franque dispersée, le roi en fuite, d'où aurait pu venir le secours ? « Il drécièrent leur engins qui gitoient aus murs et aus tors grosses roches par que il desfroissoient tout ; saietes (= flèches) voloient plus espessement que grelle ». De nouveau les assiégés évacuèrent la ville basse pour se réfugier dans la citadelle. Le connétable Onfroi de Toron, seigneur de Panéas, se trouvait absent, ayant quitté la ville après le départ du roi. Mais il avait confié la garde de la ville à son parent, Guy de Scandelion[153], sur lequel l'Éracles porte ce jugement nuancé que « chevaliers estoit fiers et esprovez en mainz leus, mais petit avoit de loiauté et pou doutoit (= craignait) Nostre Seigneur ». Sans doute Guillaume de Tyr a-t-il quelque raison de blâmer ainsi sa conduite privée. En la circonstance, Guy de Scandelion se comporta valeureusement. « Icist, por acomplir le comandement (de) son seigneur et por croistre son los de chevalerie, se contenoit bien et hardiement ; les autres amonestoit, et de parole et d'œvre, qu'il ne s'esmaiassent pas, car il seroient par tans secoru sanz faille, et (que) qui bien se contendroit à ce besoing grant enneur i auroit touz les jorz de sa vie. » Ainsi animés, les défenseurs de la citadelle résistèrent à tous les assauts des Turcs et le secours promis arriva.

Seconde délivrance de Panéas par Baudouin III.
Échec de Nûr al-Dîn.

À peine Baudouin III fut-il remis de sa terrible aventure du Gué de Jacob que, apprenant la nouvelle attaque dont Panéas était l'objet, il se mit en devoir de la secourir. Non seulement il réunit tout ce qu'il put trouver de troupes dans le royaume de Jérusalem, mais il appela à lui ses deux grands vassaux, Renaud de Châtillon, prince d'Antioche, et Raymond III, comte de Tripoli. Les trois princes francs, avec toutes leurs forces, vinrent prendre position à Noire-Garde – sans doute 'Ain Belâta, dans la vallée du Bahr-*H*ûlé, lieu voisin de la forteresse de Château-Neuf (Hûnîn), d'où ils découvraient tout l'horizon de Panéas[154].

Devant le rassemblement de toutes les forces franques de Syrie, le prudent Nûr al-Dîn n'attendit pas le choc. Il leva le siège de la citadelle de Panéas et rentra à Damas[155]. Telle était la vertu de l'institution monarchique hiérosolymitaine, chaque fois que les barons francs se groupaient autour de la royauté. Malgré la concentration de toutes les forces musulmanes entre les mains de Nûr al-Dîn et la création, face à la monarchie franque, d'une monarchie turco-syrienne unitaire, il n'en demeurait pas moins que, à armes égales, monarchie contre monarchie, celle de Jérusalem, malgré des échecs passagers, l'emportait encore sur celle d'Alep-Damas.

Troisième pèlerinage du comte de Flandre Thierry d'Alsace.
Tentative contre Chastel Rouge.

Cette campagne montre le rapide rétablissement des forces franques groupées autour de Baudouin III. Sans doute une partie des barons et des chevaliers de Jérusalem restaient, depuis la surprise du Gué de Jacob, captifs de Nûr al-Dîn. Mais un renfort précieux arrivait aux Francs. Le comte de Flandre Thierry d'Alsace débarqua en pèlerinage à Beyrouth avec sa femme Sibylle de Jérusalem, sœur de Baudouin III.

On pouvait d'autant plus espérer son concours qu'indépendamment de ses liens avec la famille royale, c'était son troisième voyage en Terre Sainte, où il avait laissé d'excellents souvenirs. « Li cuens Tierris de Flandres, riches hom et de grant cuer, qui autrefois avoit esté au païs et bien s'i estoit contenus, vint et amena sa femme qui estoit suer le (= du) roi Baudoin, de par son père. Au port de Baruth arrivèrent. De sa venue firent tuit si grant joie par la terre que il sembloit à chascun que li roiaumes deust recovrer son pooir et les grevemenz qui de toutes parz le ceignoient débouter sur les Turs »[156]. De plus sur ces entrefaites se produisirent coup sur coup (4 et 14 juillet 1157) deux terribles tremblements de terre qui détruisirent plusieurs villes de la Syrie musulmane, dont *H*amâ, Kafar*t*âb, Apamée etc.

Les Francs résolurent de mettre à profit le renfort que leur procurait la présence du comte de Flandre et la catastrophe subie par les villes musulmanes, pour attaquer Nûr al-Dîn au cœur de sa puissance, dans la Syrie du Nord. Dans ce but le roi Baudouin III et ses barons décidèrent de se rendre avec toutes leurs forces dans la principauté d'Antioche. Baudouin III avisa au préalable le comte de Tripoli, Raymond III, et le prince d'Antioche Renaud de Châtillon de réunir leurs troupes sans donner l'éveil à Nûr al-Dîn, « car, se l'en pooit entrer en la terre aus Turs si que il ne s'en préissent garde, plus légièrement les porroit l'en grever ».

La concentration de toutes les forces franques se fit dans le comté de Tripoli, à la Boquée, c'est-à-dire dans la plaine d'al-Buqei'a, au pied même du Krak des Chevaliers (Qal'at al-*H*osn), face à *H*oms[157]. De là elles allèrent dans la vallée du moyen Oronte essayer de reprendre à Nûr al-Dîn les places récemment arrachées par lui à la principauté d'Antioche. L'attaque porta d'abord contre Chastel Rouge, entre Tell al-Karsh et Jisr al-Shughr, importante forteresse à l'est du fleuve[158]. La place qui était extrêmement bien garnie ayant résisté, le prince d'Antioche, Renaud de Châtillon, conseilla aux Francs de ne pas s'obstiner mais d'aller porter l'attaque sur un point plus vulnérable. Conformément à ses suggestions le roi et le comte de Tripoli le suivirent à Antioche d'où on pouvait menacer Nûr al-Dîn au cœur de sa puissance[159].

366 L'ÉQUILIBRE

Maladie de Nûr al-Dîn.
Le royaume zengide à la veille de la dissolution.

Nûr al-Dîn se trouvait précisément dans une situation assez fausse. Les Seljûqides d'Anatolie[160] le menaçaient d'une invasion du côté d'Alep, éventualité qui eût nécessité, remarque Ibn al-Qalânisî, une solide trêve avec les Francs (fin juillet 1157). De fait Nûr al-Dîn avait sollicité cette trêve, et une correspondance très active avait été échangée entre les deux camps, mais les réclamations réciproques firent échouer l'accord. Nûr al-Dîn rentra à Alep avec une partie de ses Turcs pour surveiller les Seljûqides, en laissant le reste à Damas avec ses auxiliaires arabes, pour contenir les Francs (commencement d'août)[161]. Au même moment un troisième et plus terrible tremblement de terre vint de nouveau ravager plusieurs villes de ses États, notamment *H*amâ, Sha*î*zar, Kafar*t*âb, Ma'arrat, Apamée, *H*oms, etc. (août 1157).

Ce fut au milieu de ce désordre que le roi Baudouin III, le prince d'Antioche Renaud de Châtillon et le comte de Tripoli Raymond III, « coalisés », comme le dit Abû Shâma, vinrent attaquer l'atâbeg. Nûr al-Dîn rassembla aussitôt toutes les garnisons de la province d'Alep, avec des recrues turcomanes, et se porta vers la place de Nepa, que M. Dussaud a identifiée avec l'actuel Inab, Anab ou Inib à 14 kilomètres au sud-est de Jisr al-Shughr[162]. Le traducteur de Guillaume de Tyr semble croire que la place appartenait aux Francs et que Nûr al-Dîn vint en faire le siège[163]. Il faudrait donc admettre que, par suite de l'enchevêtrement des territoires-frontières, les Francs, dans la perte de leurs provinces d'Outre-Oronte, avaient conservé Inib à l'est du fleuve. En réalité l'original latin ne dit rien de tel. Il affirme seulement que Nûr al-Dîn vint camper à « Nepa », sans doute pour se préparer à franchir l'Oronte près de Jisr al-Shughr et marcher de là sur Antioche et Saint-Siméon[164]. Mais, pendant qu'il campait à Inib, il tomba soudain malade, si gravement malade qu'il parut bientôt à l'article de la mort (octobre 1157). Son état semblait si désespéré qu'il appela à son chevet son frère l'émîr-mîrân Nu*s*ret al-Dîn et son lieutenant Asad al-Dîn Shîrkûh en faveur desquels il prit ses

GOUVERNEMENT DE BAUDOUIN III

dernières dispositions, spécifiant que Nusret al-Dîn lui succéderait à Alep, et que Shîrkûh recevrait le fief de Damas. Notons par parenthèse que ce testament (réel ou imaginé plus tard) devait par la suite fonder les prétentions des Aiyûbides, neveux de Shîrkûh, sur la région damasquine. Ces mesures une fois prises, Nûr al-Dîn se fit porter en litière à Alep et s'installa dans la citadelle de la ville, tandis que Shîrkûh allait à Damas défendre la province contre les Francs[165].

Ces attributions ne s'exécutèrent pas sans des troubles qui ajoutèrent à la situation précaire de l'empire zengide. « Au moment où Nusret al-Dîn arrivait à Alep, nous conte Ibn al Qalânisî, le gouverneur de la citadelle, Majd al-Dîn, lui ferma les portes de la ville. Mais la populace d'Alep se révolta contre le gouverneur en criant : "Nusret al-Dîn sera notre seigneur et maître après son frère !" Puis avec leurs armes, ils frappèrent les serrures des portes et les brisèrent. Nusret al-Dîn entra aussitôt dans la ville avec ses compagnons et s'y installa. Les gens du peuple se répandirent en reproches, en invectives et en menaces contre leur gouverneur et adressèrent à Nusret al-Dîn diverses réclamations, demandant entre autres le droit de revenir à leur ancienne formule d'appel à la prière : "Mahomet et 'Ali sont les meilleures des créatures". Nusret al-Dîn accéda à leur désir, et, après leur avoir adressé de bonnes paroles et des promesses, il entra dans le palais. Cependant le gouverneur lui annonça que Nûr al-Dîn était encore vivant et en possession de ses facultés. Quelques personnes, pour s'en assurer, montèrent à la citadelle et constatèrent que l'atâbeg était en effet encore vivant et comprenait ce qu'on lui disait... »[166].

L'empire zengide semblait à la veille de se morceler. Baudouin III n'eut garde de laisser échapper une occasion aussi favorable. De la région d'Antioche où il campait avec Renaud de Châtillon et Raymond III, il pouvait se rendre compte de la démoralisation des émirs qui, croyant l'atâbeg disparu, faisaient main basse sur ses biens : « Li amiraut avoient coreu einsi com au havoc (= au droit de prise) à toutes les choses qui estoient ès tentes (de) Noradin. Par l'ost corut la novele qu'il estoit morz. Por ce robèrent (volèrent) toutes les tentes qu'il n'avoit entr'eus qui justice tenist[167]. De

368   *L'ÉQUILIBRE*

ces noveles furent mout lié li Baron. Grant joie en orent et leur fu avis que Nostre Sires vouloit leur afere adrecier à bien ».

Pour tirer le profit maximum des circonstances, il importait de réunir toutes les forces chrétiennes. Sans doute les trois princes francs de Syrie étaient-ils déjà providentiellement réunis. Mais avec un remarquable sens politique Baudouin III jugea nécessaire d'appeler aussi à lui le prince arménien de Cilicie Thoros II. Celui-ci accourut aussitôt avec une forte armée à Antioche où il rejoignit les troupes franques. Le récit de *l'Éracles* à ce sujet nous montre bien l'instinctive solidarité qu'aux heures décisives les Francs se sentaient avec les Arméniens : « Un puissant home avoit qui estoit sages, loiaus et preuz aus armes, sires estoit des Ermins ; Toros l'apeloit l'en. Li Rois et li baron envoièrent à lui leur message et le requistrent de par Dieu, qu'il venist à tout son pooir en Antioche, por aler d'iluec tuit ensemble sur les anemis de la foi. Car il le voloient mout ennorer et croire. Quant cil oï les messages, liez (= joyeux) en fu et dist qu'il feroit volentiers cele requeste. Il ne fu mie paresseus, ainçois assembla bele compaignie de gens bien armées et vint en Antioche. Grant joie firent tuit de sa venue. L'endemain s'en issirent de la ville tuit et s'adrecèrent por aler vers Césaire. »[168]

Conquête de Shaîzar par Baudouin III. Thierry de Flandre, comte de Césarée et de la Terre d'Outre-Oronte ?

C'était en effet contre Shaîzar sur le moyen Oronte que les Francs et les Arméniens coalisés avaient résolu de faire porter leur effort. Le choix était heureux. Shaîzar, située entre Apamée et *H*amâ, pouvait, si elle tombait en des mains chrétiennes, intercepter les communications non seulement entre ces deux places, mais aussi entre les deux grandes villes d'Alep et de Damas. D'ailleurs, bien que toute musulmane, elle aussi, elle formait une enclave dans les États de Nûr al-Dîn, car elle avait échappé à la conquête zengide, étant longtemps restée au pouvoir de la famille arabe des Munqi*dh*ites.

Cette illustre famille, à laquelle appartenait l'historien Usâma (1095-1188), possédait, on s'en souvient, la région de

GOUVERNEMENT DE BAUDOUIN III 369

Shaîzar depuis 1025 et la ville même depuis 1081. Comme jadis la dynastie bouride de Damas, la famille munqidhite de Shaîzar, ou tout au moins la branche régnante, n'hésitait pas, le cas échéant, à s'appuyer sur les Francs pour maintenir l'indépendance locale contre les tentatives annexionistes de Nûr al-Dîn. Le prince munqidhite, 'Izz al-Dîn Abu'l-'Asâkir Sultân († 1154), avait déjà pratiqué cette politique de contre-assurance, tandis que ses neveux, 'Alî et Usâma, chassés par lui, cherchaient refuge chez les Fâtimides ou auprès de Nûr al-Dîn. De 1154 à 1164, Usâma séjourna chez Nûr al-Dîn, à Damas. La crainte d'une intervention franque avait sans doute empêché Nûr al-Dîn de prendre fait et cause pour son protégé. Le fils et successeur de Sultân, Tâj al-Dawla Nâsir al-Dîn Muhammed (1154-1157), menacé par l'atâbeg, n'aurait pas hésité, en effet, à s'entendre directement avec les Francs, mais en août 1157, il venait de périr avec presque toute sa famille dans le terrible tremblement de terre dont nous avons parlé et qui détruisit une grande partie de la ville[169].

Après cette catastrophe, Shaîzar et son territoire étaient restés dans une sorte d'anarchie, la famille munqidhite ayant péri presque tout entière. Les Ismâ'îliens, qui, depuis 1140, occupaient la région de Masyâd, en avaient profité pour s'infiltrer dans Shaîzar où ils ne tardèrent pas à usurper la première place. Une telle situation, concordant avec la maladie de Nûr al-Dîn, semblait faire de la ville une proie facile pour un agresseur résolu. Aussi fut-ce de ce côté que le roi Baudouin III, Renaud de Châtillon, Raymond III de Tripoli, le comte Thierry de Flandre et Thoros d'Arménie résolurent de faire porter leur effort. Au début d'octobre 1157, quand ils se présentèrent devant la place, ils purent tout à leur aise et sans craindre aucune intervention extérieure, dresser leurs machines de siège et commencer le bombardement. « Chascuns des barons parla à ses chevaliers et aus sergenz. Granz loiers prometoient se il entroient les premiers dans la ville ». La faiblesse de la riposte de la part des assiégés accrut l'audace de l'armée chrétienne. « Quant nostre gent aperceurent leur effroi et leur coardise, un jor s'apareillèrent et drécièrent eschieles soudeinement aus murs et de maintes parz entrèrent en la ville. Aus portes corurent et les ovrirent, si que touz li oz (= l'armée) se mist enz. En ceste manière fu la citez prise ». Les défenseurs – pour la plupart des Ismâ'îliens descendus de Maṣyâd – se réfugièrent en partie dans la citadelle. Tout le reste fut tué ou fait prisonnier[170].

Restait la citadelle qui, avec sa poignée d'Ismâ'îliens, résistait encore. La conquête n'en paraissait guère plus difficile que celle de la ville même, si l'armée chrétienne avait exploité son premier succès, mais à ce moment de graves dissensions éclatèrent entre Francs pour l'attribution du nouveau fief.

Baudouin III désirait donner la terre de Shaîzar au comte de Flandre Thierry d'Alsace qui, par sa puissance militaire et sa richesse, paraissait plus apte que quiconque à la défendre contre la revanche musulmane. « Li rois Baudoins ot mout bone entencion, et tendoit mout au preu (= au bien, *salus*) de la terre en bone foi : il vit que li cuens de Flandre avoit grant pooir de chevaliers et de richesces, si que nus des barons ne poïst si bien garder ne deffendre la cité de Césaire com il feist (= comme il eût fait). » Tel était aussi, semble-t-il, le sentiment général de l'armée : « Assez ot des barons en l'ost qui bien s'i acordoient et leur sembloit que ce feust la saveté du païs. » De fait, en attribuant à Thierry le futur comté franc du moyen Oronte, Baudouin III assurait à celui-ci la protection d'une des plus puissantes dynasties du Royaume de France, appuyée sur toute la richesse des Flandres. Derrière leur comte, Bruges, Gand et Ypres, avec toute leur force d'expansion, pouvaient apporter à la Syrie franque le même concours que Pise, Gênes et Venise.

L'égoïsme du prince d'Antioche, Renaud de Châtillon, annihila ces perspectives. Renaud revendiqua l'antique Césarée de l'Oronte comme relevant en droit de sa principauté. Au moins exigeait-il, si on donnait la ville au comte de Flandre, que celui-ci la tînt de lui, Renaud. « Por ce vouloit que li cuens de Flandre la tenist de lui, se ele li estoit donnée, et l'en feist homage lige, car autrement ne s'i acordoit-il mie. » Naturellement le haut baron qu'était Thierry d'Alsace refusa de prêter hommage à l'aventurier que restait à ses yeux Renaud de Châtillon. « Li cuens de Flandres respondoit qu'il prendroit volentiers la cité, s'ele li estoit donée, et bien la defendroit des Turs à l'aide (de) Nostre Seigneur ; mais il n'avoit onques fet homage de chose que il tenist à home se il ne fust rois. » Et il refusait de tenir Césarée en fief de quiconque sinon du roi de Jérusalem[171].

L'opposition de Renaud de Châtillon à la candidature du comte de Flandre entraîne l'évacuation de Shaîzar.

Le désaccord se révéla si profond que les Francs renoncèrent à prendre la citadelle dont la chute n'était pourtant qu'une question de jours. Ils évacuèrent leur nouvelle conquête et rentrèrent à Antioche[172]. Jamais l'indiscipline des barons refusant d'écouter la royauté hiérosolymitaine n'avait porté de fruits plus amers. S'ils s'étaient tous ralliés aux conseils de Baudouin III en écartant les prétentions du néfaste Renaud de Châtillon, un solide comté flamand du moyen Oronte pouvait du jour au lendemain se constituer qui, entre Alep et Damas, eût coupé en deux l'État zengide. Au lieu de cela, Shaîzar à l'abandon tomba pour quelques mois sous le contrôle des Ismâ'îliens qui y avaient toujours conservé des intelligences et qui, du reste, occupaient depuis 1140 le château de Maṣyâd à 37 kilomètres au sudouest[173]. Puis Nûr al-Dîn qui commençait à se remettre de sa maladie, chargea l'un de ses émirs d'aller en son nom s'emparer de Shaîzar. La ville paraît avoir été occupée sans difficulté et se trouva ainsi annexée à l'empire zengide. Dès qu'il fut tout à fait remis, Nûr al-Dîn se rendit en personne à Shaîzar, répara les ruines causées par le tremblement de terre et par le siège et en restaura solidement les fortifications[174]. Il plaça à la tête de l'émirat son frère de lait Majd al-Dîn Abû Bekr al-Dâya[175]. Ainsi, loin d'aboutir à la création d'une quatrième principauté franque, l'expédition franco-arménienne à Shaîzar n'avait fait que provoquer l'annexion, à l'empire zengide, de la dernière principauté musulmane de Syrie encore dissidente.

La responsabilité d'un tel échec retombe entièrement, on l'a vu, sur Renaud de Châtillon. En refusant de s'incliner devant la volonté du roi de Jérusalem, l'aventurier parvenu frustrait la Syrie franque des bénéfices naturels de l'institution monarchique. Il venait peu auparavant de brouiller les Francs avec Byzance au moment où l'alliance byzantine

372   L'ÉQUILIBRE

devenait pour eux une nécessité. Il arrêtait maintenant, par pure jalousie féodale, la création d'un grand fief franc du Moyen Oronte. Il continuera ainsi jusqu'à la catastrophe de 1187. Ce baron sans passé, révolté dès le début contre toute discipline royale, se présentera d'un bout à l'autre de son orageuse carrière comme le mauvais génie de l'Orient Latin.

Tandis que Baudouin III réalisait la conquête de Shaîzar, aussitôt reperdue par l'indiscipline de Renaud de Châtillon, Baudouin de Lille, le chevalier auquel il avait confié durant son absence la garde du Domaine Royal, reprit aux Turcs de Damas dans le pays de Galaad (entre le Jebel Jil'ad et le Jebel'Ajlûn) en Transjordanie une caverne-forteresse déjà occupée une première fois par les Francs[176].

Reconquête de *Hârim par Baudouin III.*

Quant aux trois princes francs – Baudouin III, Raymond III de Tripoli, Renaud de Châtillon – auxquels se joignait toujours le comte de Flandre Thierry d'Alsace – ils ne voulurent pas laisser rentrer ce dernier en Europe sans avoir profité de sa présence pour réaliser une conquête. À défaut de celle de Shaîzar que la jalousie de Renaud de Châtillon leur avait fait si lamentablement abandonner, ils se rabattirent, nous dit Guillaume de Tyr, sur celle de *H*ârim ou Harenc, forteresse située sur la rive orientale de l'Oronte, sur la route d'Antioche à Alep. Ibn al-A*th*îr, on se le rappelle, situait la reprise de *H*ârim par les Francs environ deux ans plus tôt, vers 1156[177]. Mais, d'après Guillaume de Tyr corroboré par Ibn al-Qalânisî, c'est seulement en janvier-février 1158 que les Francs emportèrent la place. « Uns chastel avoit près d'Antioche à XII miles[178], qui mainz granz domages leur avoit fez et por que (= par lequel) li Tur avoient grant pooir et large seigneurie par les villes entor que l'en apele casaus. Le jor meismes de Noël (25 décembre 1157), (les Francs) vindrent devant ce chastel et l'assistrent de toutes parz. »[179].

Le chroniqueur latin reconnaît d'ailleurs que seule la maladie de Nûr al-Dîn permettait aux Francs de venir assiéger une place située si près d'Alep : « Noradins n'estoit mie encore guériz de sa maladie ; ainçois estoient venu à lui tuit li bon mire (médecins) de la terre d'Orient. Il se descordè-

GOUVERNEMENT DE BAUDOUIN III

rent, mais li plus disoient qu'il n'en pooit mie guérir. Cele enfermeté lui envoia Nostre Sires por le preu (= avantage) de nos crestiens, car se cil fust sainz, au pooir qu'il avoit, ne fussent jà mie si hardi li nostre que il osassent fere siège en sa terre. » Aussi Baudouin III, craignant le rétablissement de l'atâbeg, mena-t-il le siège avec une remarquable vigueur : « Li Rois et cil qui avec lui estoient se hastoient de leur besoigne fere à tout leur pooir, porce que il savoient bien que, se cil garissoit, il n'i porroient pas demeurer longuement. Li engin furent dréciéz, et commencièrent à giter, tant que cil dedenz en furent mout espoenté. Cil chastiaus estoit assis sur un tertre qui n'estoit mie hauz ; ainçois sembloit que ce fust une mote fete à main, de terre porteice (rapportée)[180]. Por ce se travaillèrent mout cil de l'ost qui plus estoient sages de teus (telles) choses, à ce que l'en feist bons chaz (= échafauds mobiles) et forz, couverz de merrien (= bois de construction) et de cuirs touz escruz por le feu, en que (= dans lesquels) l'en menast les mineurs por foïr (= creuser) le terrail, car il leur sembloit que, qui porroit miner la terre sur que la forterece estoit assise, elle ne se porroit tenir. Por ce fere, ne finèrent de porchacier fuz et verges à fere cloies ; eschielles quistrent assez. Quant li chat furent fet, il mistrent dedenz les pioniers. Lors orent parlé à touz les chevetaines de l'ost, si que chascuns fist assaillir en droit soi, et cil firent tandis treire leur chaz jusqu'à la mote. Li Baron se pénèrent chascuns en droit soi de grever ceus dedenz, ausi corne par ahatine (= bravade) porce qu'il vouloient mostrer qu'il eussent la meilleure gent. Cil aferes fu si bien empris et par si grant vigueur que la besoigne, de que il sembloit qu'ele dust bien detenir un an, fu moust aprochiée dedenz deus mois. Un jor avint que une de noz grosses perrières que l'en claime chaable gitoit dedenz la ville granz pierres, de que l'une aconsut (= atteignit) le chevetaine de ce chastel, si le desfroissa tout. Quant cil dedenz l'orent perdu, en furent esbahi et come gent desespérée ne savoient en quel manière il se deussent contenir. Li uns tiroit çà, li autres là. Li nostre qui dehors estoient s'en aperceurent mout tost et sorent bien que cil estoient à meschief ; plus asprement se pénèrent d'assaillir et de grever en toutes manières. » Les assiégés, redoutant le travail de sape des mineurs francs et les horreurs d'une prise d'assaut,

374   L'ÉQUILIBRE

préférèrent alors se rendre. « Covenances firent au Roi por que il li baillèrent le chastel, et il les fist conduire jusqu'à sauveté à (= avec) toutes leur choses »[181].

Le récit d'Ibn al Qalânisî, copié dans les *Deux Jardins*, est quelque peu différent : « Durant la première décade de muharram (2-12 février 1158) les Francs pressaient vivement la citadelle de *H*ârim contre laquelle ils lançaient sans relâche des boulets de pierre à l'aide de leurs mangonneaux. Aussi la place affaiblie ne tarda-t-elle pas à être emportée d'assaut[182]. » – Baudouin III remit Harenc au prince d'Antioche, Renaud de Châtillon, le fief faisant, de droit, partie de la principauté. Guillaume de Tyr loue Renaud d'avoir solidement restauré les fortifications de la place, avec une puissante garnison.

La reconquête de *H*ârim faisait reprendre pied aux Francs en terre d'outre-Oronte. De là ils étendirent leurs courses dans toute la région, comme le mentionne Ibn al-Qalânisî : « La prise de *H*ârim accrut la hardiesse des Francs. Ils lancèrent des corps d'expéditions contre les districts musulmans, se livrant au pillage et saccageant forteresses et villages ; ils profitaient ainsi de la dispersion des troupes musulmanes et du désordre qui régnait parmi les Croyants, depuis que la maladie empêchait Nûr al-Dîn de s'occuper des affaires »[183].

Après cette précieuse conquête, Baudouin III, Raymond III de Tripoli, et Thierry de Flandre, prenant congé de Renaud de Châtillon, regagnèrent le Midi. À Tripoli Raymond III fit à ses deux compagnons « honneur et joie ». Enfin Baudouin, toujours suivi du comte de Flandre, son beau-frère, rentra avec lui à Jérusalem.

À Jérusalem, l'attention des deux princes fut sollicitée par la question du patriarcat. Le patriarche Foucher d'Angoulême était mort le 20 novembre 1157 et il devenait urgent de lui donner un successeur. La reine douairière Mélisende (qui s'était toujours beaucoup occupée des affaires ecclésiastiques) et sa belle-fille, la comtesse de Flandre Sibylle, femme de Thierry d'Alsace, firent désigner comme nouveau patriarche Amaury de Nesle, prélat originaire du diocèse de Noyon, dont *l'Éracles*, d'après Guillaume de Tyr, nous dit que « assez estoit bien lettrez, mès simples estoit et pou savoit du siècle » – blâme discret qui peut-être renferme sans le savoir le plus bel éloge –. « Ces hautes dames, poursuit notre chroniqueur, i orent grand pooir (au choix du patriarche), si que, par leur conseil et par leur volenté, s'acordèrent à celui li plus de preslaz, et l'eslirent. » Cependant, il se trouva, contre le nouveau patriarche, deux opposants énergiques, Erneys (Hernesius), archevêque de Césarée, et Raoul, évêque de Bethléem, qui en appelèrent au pape Adrien IV. Amaury de Nesle envoya alors à Rome, pour défendre sa cause, l'évêque d'Acre Frédéric, qui sut faire confirmer l'élection acquise, non sans Ferry ou que Guillaume de Tyr le soupçonne, sans doute gratuitement, d'avoir acheté l'entourage du Saint-Père[184].

Incursion franque vers Damas : l'attaque contre Dâreiyâ.

Cependant, Baudouin III ne se laissa pas longtemps absorber par les affaires intérieures. Vers mars 1158, Ibn al Qalânisî nous montre les Francs se livrant à d'incessantes incursions à travers le *H*aurân et le *Iqlîm* Ballân. « Ils portaient partout la dévastation, pillant et emmenant des captifs. Ils gagnèrent ensuite Dâreiya (à 5 kilomètres au sud-est de Damas) où ils campèrent à la fin du mois de safer (1er avril 1158). Les troupes et les recrues (de Damas), arrivées en vue des Francs, voulaient marcher aussitôt contre eux, mais elles en furent empêchées, malgré la proximité. D'ailleurs, les Francs, voyant le nombre considérable des troupes musulmanes qui venaient d'arriver, levèrent le camp à la fin du jour, et reprirent la direction du *Iqlîm* (Ballân) »[185].

Nûr al-Dîn, dont la santé s'était enfin rétablie, se rendit d'Alep à Damas pour y consolider son autorité. Il y arriva le 7 avril 1158, presque au lendemain de la levée du siège de Dâreiya par les Francs. Il y fut reçu comme un sauveur, avec un déploiement inusité de cérémonial et de faste. « Tout le monde se réjouit de son heureuse arrivée. Ce fut un concert d'actions de grâces à Allâh qui lui avait rendu la santé et l'avait ramené sain et sauf. Il se mit aussitôt en devoir de réorganiser ses troupes et de les rééquiper pour la guerre sainte »[186]. Son lieutenant Shîrkûh, avec un corps de cavaliers turcomans, ouvrit les hostilités en allant piller le territoire de Sidon (mai 1158). « Les Francs de Sidon, assure Ibn al-Qalâmisî, opérèrent une sortie avec leurs cavaliers et leurs fantassins, mais les musulmans, qui s'étaient mis en embuscade,

376   L'ÉQUILIBRE

les ayant surpris, en avaient tué le plus grand nombre et fait le reste prisonnier. Parmi les prisonniers se trouvait le fils du gouverneur de *Hârim* »[187]. En réalité, il semble qu'il s'agisse ici d'une razzia secondaire terminée par une escarmouche.

Victoire de Baudouin III sur Nûr al-Dîn à Puthaha.
Le Sawâd délivré de l'invasion zengide.

Les opérations sérieuses commencèrent à l'été de 1158. Nûr al-Dîn attaqua la frontière galiléenne au sud de Panéas, trop bien défendue, dans le district que Guillaume de Tyr appelle la terre de Suète, ou Suhète, et que M. Dussaud retrouve dans l'actuel Sawâd, région comprise entre la rive orientale du lac de Tibériade et le canton d'al-'Al, au sud-ouest du Jaulân, l'ancienne Gaulanitide[188]. L'atâbeg, avec son lieutenant Shîrkûh, vint assiéger une forteresse franque qui contrôlait cette montagneuse région. « Cil chastiaus est une roche qui siet encoste d'une montaigne mout roiste » : c'est *Ha*bîs Jaldak, au sud du Yarmûk. « L'en ne pooit là venir ne pardesus ne pardesouz ; mais encore i avoit une voie mout estroite par que l'en i pooit venir perilleusement et à grant peor. Dedenz avoit chambres et recez pluseurs, où assez se pooient garantir de gens ; fontaines d'eaues vives coroient près de là. Selonc ce que li leus ert estrois, bien estoit covenables à tout le païs, et aaisiez à nos genz recevoir »[189].

En apprenant que Nûr al-Dîn assiégeait la place, Baudouin III se mit en campagne, avec son beau-frère, le comte Thierry de Flandre, lequel prolongeait, comme on le voit, son pèlerinage. Il n'était que temps, car les défenseurs du fort, étroitement pressés par Nûr al-Dîn, avaient déjà engagé des pourparlers avec celui-ci, convenant que, s'ils n'étaient pas secourus dans les dix jours, ils rendraient la place[190].

Baudouin III, fort habilement, au lieu de marcher sur le Yarmûk où se trouvait la forteresse, se posta dans la plaine de Butaha, au nord-est du lac de Tibériade, pour couper la retraite de l'atâbeg. De fait, Nûr al-Dîn, en apprenant par des espions son approche, avait brusquement levé le siège de *Ha*bîs et s'était porté à sa rencontre, espérant le surprendre comme l'année précédente au Gué de Jacob[191]. *L'Éracles* nous dit que ce mouvement avait été conseillé à l'atâbeg par son

GOUVERNEMENT DE BAUDOUIN III 377

lieutenant Shîrkûh (« son connestable Siracons ») « qui mout estoit orgueilleus et bobanciers ». Mais ce fut Baudouin III qui, ayant choisi le terrain, eut l'initiative. « Li Rois Baudoins oï que li Tur s'aprochoient ; au matin manda les barons en son paveillon (= dans sa tente) ; là se conseilla que il feroient. Premièrement, si com il estoit costume, aorèrent tuit la Vraie Croiz que li arcevesque Pierres de Sur portoit[192]. Lors se mist chacuns en sa bataille, et à bel semblant et fesant grant joie s'adrécèrent tout droit contre leur anemis. Bien sembloit à chascun que Nostre Sires leur vousist fere ce jour grant enneur ». Malgré leur sensible infériorité numérique, les chevaliers francs « férirent des éperons » et chargèrent. Le choc eut lieu, on l'a vu, dans le canton que Guillaume de Tyr appelle Puthaha ou Butaha, c'est-à-dire dans la plaine située à l'est de l'embouchure du Jourdain dans le lac de Tibériade, au nord-est du lac[193]. C'était le 15 juillet 1158.

Ce fut pour l'armée franque une brillante victoire, due pour une bonne part à la bravoure des chevaliers flamands. « Li Tur estoient assez plus que li nostre, longuement se tindrent ; de beaus cops i ot assez fet. Bien se contindrent les genz de Flandres. En la fin li mescreanz ne poïrent soffrir la force de nostre gent ; ains se desconfirent et tornèrent en fuie. Li nostre les sivirent, ociant ce qu'il aconsivoient : mout i en ot que morz que pris. La nostre gent s'en retornèrent et cueillirent leur gaaing, qui fu granz, de prisons (= prisonniers), d'armes et de chevaus ; avoir, robes et paveillons emportèrent tant que tuit furent chargié. Ce soir se logièrent au champ en que Nostre Sires leur avoit donée la victoire »[194].

La version d'Ibn al-Qalânisî, d'ailleurs copiée par Abû Shâma, avoue la défaite de Nûr al-Dîn : « Quelques chefs musulmans ayant un peu fléchi, ses troupes se replièrent et se débandèrent. Nûr al-Dîn demeura seul à son poste, entouré d'une poignée de ses pages les plus braves et des vaillants guerriers de sa suite, il tint tête aux Francs et leur lança une volée de flèches qui leur tua beaucoup d'hommes et de chevaux. » Et dans une autre chronique : « Les troupes musulmanes avaient été mises en déroute. Seul l'atâbeg, à la tête d'une faible escorte, demeura ferme sur la colline Tell-Hubaîsh. » L'annaliste place ici dans la bouche du héros turc une invocation à Allâh, qui nous rappelle celle de Ramsès II

378 L'ÉQUILIBRE

à son père Amon, lors de la bataille de Qadesh : « Seigneur des hommes, tu m'as accordé à moi, humble esclave, la royauté et tu m'as donné ta lieutenance. J'ai fait prospérer ton territoire, et j'ai bien conseillé tes adorateurs, car je leur ai ordonné ce que tu m'avais ordonné, et interdit ce que tu m'avais interdit. J'ai extirpé le mal de chez eux et fait fleurir les pratiques de ton culte. Or voici que les Musulmans sont maintenant en déroute et que je ne puis repousser ces infidèles, ennemis de ta religion et de ton Prophète. Il ne me reste plus que ma vie et je la leur livre pour défendre ta foi ! »[195]. Il dit et chargea. Par sa ferme contenance, ajoute l'annaliste, il contint quelque temps l'élan des Francs. Ou plutôt, comme l'indique le *Livre des Deux Jardins*, ceux-ci craignirent quelque ruse de guerre et l'intervention inopinée de troupes turques fraiches placées en embuscade derrière celles qu'ils venaient de mettre en fuite. Ce fut, semble-t-il, cette crainte qui les empêcha d'exploiter sur-le-champ à fond leur victoire et qui permit à la petite escorte de Nûr al-Dîn de se sauver.

« Le roi de Jérusalem, contait plus tard le sheikh Dâwûd al-Muqaddasî, m'avait donné une mule sur laquelle j'étais monté ce jour-là. Quand les Infidèles (= les Francs) furent arrivés près de nous, ma mule, sentant l'odeur des chevaux des Francs, se mit à hennir pour les appeler. En entendant ces hennissements, les chrétiens dirent : « Mais c'est Dâwûd, monté sur sa mule, qui est avec Nûr al-Dîn ! S'il n'y avait pas quelque stratagème ou quelque embuscade préparés par les Musulmans, il ne tiendrait pas avec une troupe (en apparence) aussi faible ». Persuadés qu'il en était ainsi, ils s'arrêtèrent. Cependant la résistance de la garde zengide ne pouvait se prolonger longtemps : « Tous ceux qui étaient avec Nûr al-Dîn mirent pied à terre et le supplièrent en baisant la terre devant lui : « O prince, si, par suite de la victoire que viennent de remporter les Infidèles, les Musulmans sont en péril, qui, sinon toi, pourra nous délivrer ? » Joignant le geste aux supplications, le sheikh Dâwûd ordonna de, prendre le cheval de l'atâbeg par la bride et de l'entraîner malgré lui loin du combat, « ce qui fut fait, bien que Nûr al-Dîn fût résolu à ne point abandonner le terrain »[196].

Baudouin III, resté maître du champ de bataille par la fuite de Nûr al-Dîn, alla dans le Sawâd réparer le dommage que le

GOUVERNEMENT DE BAUDOUIN III

siège avait fait subir à *H*abîs Jaldak. « L'endemain li Rois s'en ala jusqu'à la forterece qui avoit esté assise (= assiégée) ; bien fist rapareiller ce qui estoit maumis ou dépécié ; puis la garni de genz, d'armes et de viandes. Lors desparti ses genz et s'en retorna à grant joie vers son païs. » Brillante victoire, n effet, qui libérait de l'invasion zengide, non seulement la Galilée, mais aussi le Sawâd, et consacrait la supériorité recouvrée par Baudouin III à la faveur de la maladie de Nûr al-Dîn.

Ibn al-Qalânisî (p. 347) souligne la victoire des Francs en avouant que l'atâbeg écrivit au roi pour lui demander un armistice et lui proposer la réconciliation. Les intrigues qui s'étaient produites pendant la maladie de Nûr al-Dîn avaient révélé à celui-ci la fragilité de son pouvoir. C'est là un point trop important pour ne pas y revenir : il nous explique peut-être pourquoi Nûr al-Dîn échoua là où Saladin devait réussir à moitié et l'état-major mamelûk entièrement. Rien de plus instructif que le récit d'Ibn al-A*th*îr : Nûr al-Dîn était alité dans la citadelle d'Alep et avait auprès de lui son frère cadet l'amîr-mîrân Nu*s*ret al-Dîn qui, escomptant par avance sa mort, cherchait à gagner les chefs de l'armée et à se faire une popularité dans les masses alépines, notamment auprès de l'élément shî'ite qu'il sut flatter[197]. Par ailleurs, le principal lieutenant de Nûr al-Dîn, Shîrkûh, qui se trouvait à *H*oms, en apprenant la maladie de l'atâbeg, s'était mis en marche vers Damas pour s'en emparer. Mais le frère de Shîrkûh, l'habile Najm al-Dîn Aiyûb (père du grand Saladin et éponyme de la dynastie aiyûbide), qui se trouvait précisément à Damas, arrêta à temps l'imprudent : « Tu nous exposes tous à périr, lui fait dire Ibn al-A*th*îr. Il vaut mieux que tu retournes à Alep. Si Nûr al-Dîn est encore en vie, tu lui offriras sur-le-champ tes hommages. Et s'il est déjà mort, je reste à Damas et nous nous en rendrons maîtres, selon ton désir. » Conformément à l'avis de son frère, Shîrkûh retourna en toute hâte à Alep, monta à la citadelle et fit asseoir Nûr al-Dîn derrière une fenêtre grillée afin que la population pût le voir et que le prince pût lui adresser la parole[198].

Dès que la population alépine, poursuit l'historien arabe, se fut aperçue que Nûr al-Dîn était encore en vie, elle abandonna son frère, l'amîr-mîrân Nu*s*ret al-Dîn. Celui-ci n'eut que le temps de s'enfuir dans la Jazîra jusqu'à *H*arrân dont il s'empara. À peine rétabli, Nûr al-Dîn devait d'ailleurs le chas-

380 — L'ÉQUILIBRE

ser de cette place. Quant à Aiyûb et à Shîrkuh, il semble bien qu'on doive attribuer à leur adroite conduite dans ces circonstances délicates la grandeur future de leur maison. La fondation de la dynastie et de l'empire aiyûbides devait sortir un jour des sages conseils alors donnés par Najm al-Dîn Aiyûb à son frère Shîrkûh, car Nûr al-Dîn ne devait jamais oublier la fidélité avec laquelle ceux-ci l'avaient servi et peut-être sauvé aux heures les plus critiques de sa maladie.

§ 5. — BAUDOUIN III ET MANUEL COMNÈNE.
LE PROTECTORAT BYZANTIN SUR LA SYRIE FRANQUE.

La grande œuvre diplomatique de Baudouin III :
devant l'unification de la Syrie musulmane,
l'alliance franco-byzantine.

Malgré ces brillantes victoires, il faut bien convenir que les chevauchées franques de 1157-1159 n'avaient eu que des résultats secondaires. La frontière rétrécie, telle que l'avaient faite les désastres de 1149, n'avait pas été sérieusement modifiée. Les Francs n'avaient pu qu'insuffisamment profiter de la maladie de Nûr al-Dîn, comme aussi du tremblement de terre qui avait, un instant, livré à leur merci *H*amâ et Shaîzar. Certes *H*ârim et le Sawâd avaient été dégagés, mais l'annexion de Shaîzar par Nûr al-Dîn avait achevé l'unification de la Syrie musulmane.

En présence de cette situation, il semble que les Francs aient senti la nécessité de nouvelles alliances. Damas et Shaîzar une fois tombés au pouvoir de Nûr al-Dîn, il fallait remplacer l'alliance damasquine de jadis par d'autres accords. Mais la chute de la dynastie bouride et de la maison des Banû Munqi*dh* enlevait aux Francs la possibilité de manœuvrer au sein de l'Islâm. Ils perdaient la ressource de cette *politique indigène* dont leurs trois premiers rois et jusque-là Baudouin III lui-même avaient joué avec une telle maîtrise.

Une seule possibilité subsistait : l'entente étroite, diplomatique et militaire, avec l'empire byzantin. Maintenant que la Syrie musulmane avait constitué sa redoutable unité, l'union politique des Latins et des Grecs, la grande alliance chré-

GOUVERNEMENT DE BAUDOUIN III

tienne devenait une impérieuse nécessité. La Croisade purement latine s'étant au surplus, avec Louis VII et Conrad III, révélée inefficace parce que trop ignorante du milieu oriental et trop éloignée de ses bases de départ, force était pour les États francs de recourir à la Croisade byzantine – ce *Drang nach Osten* mis jadis en mouvement par les *basileis* macédoniens du dixième siècle, Nicéphore Phocas, Jean Tzimiscès, Basile II, et que venaient tout récemment de reprendre les *basileis* du douzième, Alexis, Jean et Manuel Comnène.

Ces nécessités politiques paraissent avoir été clairement dégagées par Baudouin III. Désavouant entièrement l'expédition de rapine de Renaud de Châtillon en Chypre, le roi de Jérusalem résolut de s'appuyer sur l'alliance byzantine. Comme il n'était pas encore marié, il décida de cimenter cette alliance par une union de famille. « Où il prendroit femme, de ce i ot maintes paroles dites, tant qu'en la fin fu esgardé que l'en envoiast à l'empereur de Costantinoble, qui sur touz les princes estoit à ce jor riches et puissanz. Grant planté de hautes pucelles de son lignage avoit en son palais. Acordé fu que l'en i envoiast hauz messages qui une en demandassent pour marier au Roi ; car espérance avoient grant, se ce estoit fet, que consauz (= conseils) et aide venist souvent et largement de l'empereur à la terre de Surie »[199].

Ambassade d'Onfroi de Toron et de Guillaume de Barres à Constantinople.

L'ambassade envoyée dans ce but à Constantinople comprenait l'archevêque de Nazareth, Attard ou Achard, le connétable Onfroi II de Toron, Guillaume de Barres et un chevalier nommé Jocelin Piseau ou Pessel[200]. L'archevêque de Nazareth mourut pendant le voyage ; les trois autres ambassadeurs, arrivés à Constantinople, engagèrent aussitôt la négociation. Manuel Comnène, encore courroucé du sac de Chypre par Renaud de Châtillon, montra d'abord quelque froideur envers les envoyés : « Longuement les détindrent li Grézois par maintes manières de paroles. » Le peu d'empressement témoigné par la cour de Constantinople à un projet d'alliance qui, pourtant, faisait rentrer la Syrie franque dans le cercle de l'influence byzantine provenait évidemment de la

382 L'ÉQUILIBRE

question d'Antioche. Mais sur ce point délicat Baudouin III, sans doute depuis longtemps excédé de l'insubordination de Renaud de Châtillon, dut faire donner tous apaisements, car nous verrons un peu plus loin que le roi de Jérusalem avait demandé et obtenu des gens d'Antioche le serment qu'ils se soumettraient à la volonté impériale[201].

Mariage de Baudouin III et de Théodora Comnène.

Cette assurance dut déterminer l'acceptation de Manuel Comnène. Heureux de voir le roi de Jérusalem entrer dans sa clientèle, particulièrement satisfait de le voir désavouer Renaud de Châtillon et admettre implicitement, voire expressément, une sorte de condominium franco-byzantin sur Antioche, il consentit à l'alliance de famille et au rapprochement politique projetés. Il accorda donc à Baudouin III la main de sa nièce Théodora, fille du sebastocrator Isaac Comnène[202]. La future reine de Jérusalem n'avait que treize ans, mais, déjà formée, était très grande, très belle, avec son teint blanc et rose et ses épais cheveux blonds, fort élégante et infiniment séduisante – ses romanesques aventures devaient assez le prouver – : « Ele estoit apelée Théodore, au treizième an de son aage, nous dit en son naïf langage *l'Éracles*, d'après Guillaume de Tyr qui l'a bien connue et qui nous en a laissé un portrait presque amoureux. De grant biauté la tenoit l'en ; [cors avoit gent et bien taillié de toutes façons, vis (= visage) bien fet, blanc et coloré, et cheveus blons à grant planté] ; sage estoit et plaisanz à touz ceuz qui la veoient »[203]. Avec cela une belle dot, payée par son oncle l'empereur Manuel : 100 000 hyperpyres d'or – « et une perpre, calcule le traducteur de Guillaume de Tyr, valoit plus de sept sous de parisis » – sans parler de 10 000 hyperpyres pour les frais de la noce et de 30 000 hyperpyres de cadeaux divers faits par l'empereur : « Atour si riche com l'en porroit plus penser bailla à la damoiselle en or et en pierres et en veissiaus (vases) d'estranges façons ; dras de soie, tapis galaciens, i ot tant que l'en prisa bien toutes ces manières de joiaus XL mille perpres »[204]. Il fut convenu que la jeune reine recevrait à titre de douaire la ville de Saint-Jean-d'Acre avec toutes ses dépendances et que, si Baudouin III mourait avant

GOUVERNEMENT DE BAUDOUIN III

elle sans qu'ils eussent d'enfant, elle conserverait, sa vie durant, la jouissance de ce douaire.

Baudouin III confirma ses engagements à cet égard par des lettres officielles. Dès qu'il les eut reçues, Manuel Comnène envoya sa nièce en Palestine avec, en plus des trois ambassadeurs francs qui étaient venus la chercher, une escorte de hauts dignitaires byzantins. La navigation de Constantinople en Syrie eut lieu sans encombre. Débarquée à Tyr vers le mois de septembre 1158, Théodora se rendit aussitôt à Jérusalem. À défaut du patriarche de Jérusalem Amaury de Nesle, non encore confirmé par Rome, le mariage fut célébré par le patriarche d'Antioche, Aymeri de Limoges (lequel, comme on l'a vu, s'était, à la suite de sa brouille avec Renaud de Châtillon, retiré à Jérusalem). « Si espousa et sacra la roine et corona à grant joie de toute la terre. »

Baudouin III (il avait vingt-sept ans) fut tout de suite très épris de la toute jeune princesse byzantine que ses ambassadeurs lui ramenaient. Lui, jusque-là si volage, il l'aima désormais uniquement : « De ce jor, dit *l'Éracles*, que li Rois ot sa femme esposée, leissa il toutes mauveses envoiseures, et du tout guerpi le peschié de sa chair dont il avoit esté plus légiers qu'il ne lui afferist. Car tant com il vesqui, garda si bone foi à son mariage que onques puis en nule femme ne pecha ; et tant ama sa femme que mout li porta grant enneur. De bones meurs et de sage contenance fu, ausi com uns hom de grant aage »[205].

Au point de vue politique l'allégresse avec laquelle la petite reine byzantine fut accueillie par la population franque de Jérusalem ne s'explique pas moins. Elle apportait en effet aux Francs non seulement la perspective de l'alliance byzantine, mais la promesse d'une prochaine intervention impériale contre Nûr al-Dîn. « L'empereur promit à cette occasion au roi de venir en personne au secours de Jérusalem et des chrétiens, engagement qu'il ne devait pas tarder à réaliser »[206].

Campagne de l'empereur Manuel Comnène en Asie Mineure. Fuite de Thoros II et réoccupation de la plaine cilicienne par les Byzantins.

Manuel Comnène, de son côté, voyait d'abord dans ce mariage, comme nous l'avons dit, la possibilité de régler dans le sens des imprescriptibles droits de l'Empire la question de Cilicie d'abord, la question d'Antioche ensuite. Ce fut en effet à peu près au moment du départ de la princesse Théodora pour Jérusalem, après la fin de l'été 1158, qu'il quitta lui-même Constantinople à la tête de la grande armée byzantine pour reconquérir la Cilicie sur les Arméniens et châtier Renaud de Châtillon à Antioche.

L'armée byzantine traversa l'Anatolie du nord-ouest au sud-est, en dissimulant soigneusement le secret de son objectif : on la disait dirigée contre les Seljûqides de Qoniya. De fait elle eut à livrer des combats sérieux contre ceux-ci, qui tentèrent vainement de l'arrêter[207]. Par Attalia (Sattalie) et Séleucie d'Isaurie (Selefké), Manuel atteignit enfin la Cilicie vers septembre-octobre 1158. Le secret de ses intentions avait été si bien gardé que le prince arménien de Cilicie, Thoros II, contre qui l'expédition était avant tout dirigée, faillit être fait prisonnier. Prévenu par un pèlerin latin qui se rendait, en mendiant, en Terre Sainte[208], il n'eut que le temps de s'enfuir avec sa famille et ses trésors dans les gorges du Taurus, « près du rocher de Dadjeghikhar (aux sources du Cydnus, à l'est de Lampron), où, de mémoire d'homme, personne n'avait habité »[209].

Manuel Comnène réoccupa sans difficulté toutes les villes de la plaine cilicienne, depuis Tarse, prise presque sans coup férir par son beau-frère, Théodore Vatatzès, jusqu'à Mamistra (Missis), Anazarbe et Tell *H*amdûn (septembre-novembre 1158)[210]. Revanche complète sur la rébellion de Thoros II en 1144. Cependant cette revanche se limita à la réannexion du pays. La chronique arménienne de Grégoire le Prêtre, naturellement hostile à tout ce qui est grec, reconnaît qu'« après avoir occupé la Cilicie, Manuel Comnène ne fit aucun mal aux habitants »[211].

Manuel Comnène contre Renaud de Châtillon.
Le châtiment du pillage de Chypre.

La principauté arménienne de Cilicie une fois détruite et le pays réannexé à l'Empire, l'orage allait fondre sur le prince d'Antioche, Renaud de Châtillon. De Mamistra (Mopsueste, Missis) où il avait établi son camp, Manuel Comnène se pré-

GOUVERNEMENT DE BAUDOUIN III

parait à venir demander raison à l'aventurier couronné du sac de Chypre (novembre 1158). Renaud était terriblement inquiet. Voyant arriver à ses frontières la grande armée byzantine qui, en si peu de temps, avait annihilé ses alliés arméniens, il n'osait plus qu'à demi compter sur la protection du roi de Jérusalem, Baudouin III étant depuis longtemps fort mécontent de lui. Pour des actes comme le sac de Chypre il se savait désavoué par son suzerain. C'était bien pire maintenant que Baudouin III venait de devenir le neveu du *basileus*. Baudouin III eût-il voulu secourir Antioche qu'il ne serait sans doute pas arrivé à temps. Avant qu'il fût arrivé de Jérusalem, l'armée byzantine, campée à Mamistra, aurait eu tout le loisir d'envahir la principauté. Renaud de Châtillon se voyait ainsi, par l'accumulation de ses fautes et de ses folies, livré à ses seules forces, incapable de résistance. « Quant li princes Renauz oï cele novele que l'Empereres estoit venuz à (= avec) si grant gent en la terre, ne fut mie merveilles se il se dota (= s'il s'en effraya), car il n'avoit mie le pooir à lui par que il poïst garentir sa terre. Por ce fu en mout grant angoisse coment il se contendrait. Bien avoit oï dire que li Rois devoit venir par tens por veoir l'Empereur cui (= dont) nièce il avoit prise à femme, mès grant peor avoit li Princes que cil puissanz hom (Manuel) ne li eust fet domages ainz (= avant) la venue le (= du) Roi »[212].

Du reste, parmi les Francs eux-mêmes, la brutalité de Renaud de Châtillon avait soulevé de redoutables haines. Le patriarche d'Antioche, Aymeri de Limoges, l'ancienne victime de la barbarie de Renaud, réfugié à Jérusalem auprès de Baudouin III, ne pouvait qu'exciter le roi contre son dangereux vassal[213]. D'après les historiens byzantins, il aurait proposé à Manuel Comnène de lui faire livrer Renaud[214]. Chalandon suppose que Baudouin III connaissait et approuvait cette démarche du prélat exilé. Il va même jusqu'à imaginer qu'Aymeri de Limoges n'était en tout cela que le porte-parole du roi de Jérusalem, lequel aurait cherché à profiter des circonstances pour obtenir de la Cour byzantine la possession directe d'Antioche[215]. Avouons qu'il nous semble impossible de retenir de telles hypothèses. Renaud de Châtillon eût-il été détrôné par les Byzantins que le roi de Jérusalem n'aurait pu annexer Antioche : on ne pouvait supprimer le jeune Bohémond III, héritier légitime de la principauté (Renaud de Châtillon n'était qu'une sorte de régent comme prince consort de la douairière Constance) ni Constance elle-même. L'événement de 1160 devait le prouver. Du reste on ne voit nullement l'intérêt que pouvait avoir Baudouin III à annexer Antioche. Bien souvent les rois de Jérusalem Baudouin II, Foulque, Baudouin III lui-même avaient eu à la mort des princes d'Antioche l'occasion de gouverner en maîtres la principauté comme tuteurs de princes mineurs. Toujours ils n'avaient eu qu'un désir : se débarrasser le plus vite possible de cette charge supplémentaire, estimant impossible de surveiller à la fois la Judée et l'embouchure de l'Oronte. Tel avait été le cas de Baudouin III lui-même. Régent d'Antioche de 1149 à 1153, bien loin de vouloir prolonger cette « baylie », il avait tout mis en œuvre pour que la jeune Constance se remariât, et, plutôt que de voir se prolonger sa régence, il avait accepté le mariage de la princesse avec un candidat aussi peu indiqué que Renaud de Châtillon.

Il n'en est pas moins vrai que, si rien n'autorise à supposer le roi de Jérusalem capable de je ne sais quel complot contre son vassal, Baudouin III devait être depuis longtemps excédé de la conduite de celui-ci et trouver assez mérité le châtiment que le sac de Chypre attirait aujourd'hui sur les pillards. Sans doute, comme l'indique Guillaume de Tyr, Baudouin III, fidèle à ses devoirs de suzerain, était prêt à intercéder en faveur de Renaud, quelque coupable que fût celui-ci, en profitant pour cela du crédit que procurait à la Cour de Jérusalem auprès de celle de Constantinople le mariage de Théodora Comnène. Mais, comme le fait remarquer Guillaume de Tyr, la marche brusquée de Manuel Comnène sur les frontières d'Antioche ne permettait à Baudouin III d'intervenir qu'après coup. Renaud de Châtillon se trouvait seul en face du *basileus* irrité.

Humiliation de Renaud de Châtillon devant Manuel Comnène.
Reconnaissance de la suzeraineté byzantine sur Antioche.

Dans cette situation désespérée Renaud sur le conseil de ses familiers, notamment de Gérard, évêque de Laodicée

GOUVERNEMENT DE BAUDOUIN III

(Lattaquié)[216], « résolut de risquer le tout pour le tout et de se mettre à la merci de l'empereur ». Les considérations que fit valoir le prélat sont bien curieuses : la diplomatie byzantine poursuivait moins des récupérations territoriales effectives que la reconnaissance théorique d'une souveraineté juridique. « Devant touz les autres (li princes Renauz) crut le conseil (de) l'arcevesque Giraut de la Lische que li loa que sanz delai il s'en alast encontre (= vers) l'Empereur qui estoit encore en Cilice et li criast merci mout humblement ; car il cognoissoit les Grieus (= les Grecs) de tel manière que il estoient bobancier (= vaniteux), et ne quéroient autre chose fors ce qu'en leur feist enneur par dehors ; et de bel semblant se tenoient à paié. Por ce disoit-il que, se li Princes les pooit apaiser par teus (= telles) choses, plus li seroit seure chose de ce fere (plutôt) que soi metre en aventure de perdre ses homes et sa terre »[217].

Renaud de Châtillon se rendit donc d'Antioche au camp impérial, à Mamistra. Une fois arrivé, l'évêque Gérard de Laodicée, qui l'avait accompagné, se détacha en messager auprès de Manuel Comnène pour sonder les dispositions de celui-ci. Au début, il trouva le *basileus* toujours fort irrité, mais « il li adoucea son cuer par deboneres paroles ». La suzeraineté, voire la souveraineté impériale une fois formellement acceptée par Gérard de la part du prince d'Antioche, on convint de la mise en scène nécessaire pour donner à cette reconnaissance le plus grand retentissement.

Renaud de Châtillon se présenta à Mamistra, « tête nue, les pieds nus, les bras nus jusqu'au coude, tenant par la pointe son épée dont il devait présenter le pommeau à l'empereur ». En cette attitude d'humiliation, « il traversa toute la ville pour se rendre au camp impérial, situé aux portes de Mamistra ». Il s'avança ainsi jusqu'à la tente impériale. « Là une estrade avait été dressée, sur laquelle trônait Manuel autour duquel la foule était rangée en cercle, l'armée encadrant la tente impériale. Tandis que toutes les personnes de sa suite tombaient à genoux, tendant vers e *basileus* des mains suppliantes et implorant son pardon, Renaud, prosterné dans la poussière, dut attendre le bon plaisir de Manuel. Celui-ci se plut à prolonger si longtemps cette scène ignominieuse que les spectateurs en eurent la nausée »[218]. « L'Empereres qui

388   *L'ÉQUILIBRE*

estoit glorieus, selonc l'us de sa terre, le fist estre une pièce devant lui en tel point, si que maint i ot des François qui grant desdaing (= indignation) en orent et mout en blasmèrent le Prince, dont il ne se leva lors. Mès il ne vouloit mie perdre ce qu'il avoit jà fet por itant »[219].

Humiliation sans précédent en effet, qui blessait au cœur tous les Francs présents. Le second en dignité de leurs chefs criait merci à genoux devant le souverain grec et ce spectacle avait pour témoins tous les ambassadeurs accrédités auprès du *basileus*, ceux du khalife de Baghdâd, ceux de Nûr al-Dîn, des émirs dânishmendites de Cappadoce, du roi chrétien de Georgie, George III, etc.[220]. C'était à cette lamentable scène qu'aboutissait l'acte de banditisme de Renaud contre Chypre.

Manuel Comnene finit par relever le suppliant, « le leva par la main, en la bouche le beisa et li pardonna son corroz ; en s'amor et en sa grâce le receut enterinement ». Mais Renaud dut en passer par toutes les conditions de Manuel, admettre toutes les prétentions traditionnelles de la Cour de Constantinople, reconnaître la suzeraineté impériale sur Antioche, une suzeraineté totale impliquant la souveraineté. Il dut s'engager à remettre aux Impériaux la citadelle d'Antioche, sinon à titre permanent, du moins chaque fois qu'il en serait requis. Signe encore plus visible de son assujétissement, il promit de remplacer le patriarche latin par un patriarche grec[221]. Le patriarche grec désigné était d'ailleurs un théologien célèbre, Soterichos Panteugénès, dont les thèses sur le rôle des personnes de la Trinité dans le sacrifice de la Croix avaient passionné et troublé l'Église de Constantinople[222].

L'espèce de capitulation acceptée par Renaud dépassait en effet les limites d'une simple subordination féodale. Il ne s'agissait plus seulement de reconnaître la suzeraineté politique de l'Empire d'Orient sur la Syrie du Nord, mais de laisser s'amorcer une véritable dénationalisation. Byzance s'était si totalement identifiée à l'orthodoxie, comme l'Occident l'était au catholicisme, que le triomphe du rite grec à Antioche devait, dans la pensée de Manuel Comnène, équivaloir à la délatinisation, c'est-à-dire à la défrancisation du pays. Par delà les sacrifices inévitables, Renaud de Châtillon aliénait ici l'inaliénable patrimoine moral dont il n'était, au nom du jeune Bohémond III, que le gérant temporaire.

Visite de Baudouin III à Manuel Comnène au camp de Missis.
Le pacte d'alliance franco-byzantin.

Cependant, à la nouvelle de l'arrivée de Manuel Comnène en Cilicie, le roi de Jérusalem Baudouin III s'était rendu à Antioche pour venir saluer celui qui était devenu son oncle par alliance. D'Antioche il envoya en Cilicie, pour le précéder auprès du *basileus*, Geoffroi, abbé du Temple de Jérusalem, qui connaissait bien le grec, et le chevalier Jocelin Piseau qui avait fait partie de la dernière ambassade franque à Constantinople. D'après Guillaume de Tyr, le roi de Jérusalem se mettait à l'entière disposition de l'empereur : « sa volenté voloit savoir et fère son commandement ; prest estoit de venir à lui, se son plesir estoit, ou lui atandre là où il li pleroit »[223]. Il semblerait, à première vue, que ces expressions ne soient pas seulement d'un neveu s'adressant à son oncle, mais d'un vassal parlant à son suzerain. La Syrie franque, cette colonie occidentale en terre d'Asie, aurait-elle reconnu sa dépendance historique envers l'Empire d'Orient ?

Comme nous le verrons, l'attitude de Baudouin III ne comportait pas une interprétation aussi radicale. Il y avait effectivement dans le langage du jeune monarque d'abord la déférence naturelle d'un neveu pour son oncle, puisque son mariage avec une porphyrogénète venait de faire entrer le prince franc dans la famille des Comnènes. Il y avait aussi le sentiment de la prééminence de la dignité impériale par rapport à la dignité royale. En réalité les prétentions byzantines à la suzeraineté et à la souveraineté ne dépassaient pas la principauté d'Antioche. Sur Jérusalem la diplomatie des Comnènes ne visait, semble-t-il, qu'à une sorte de protectorat moral, sans définition juridique précise.

D'après l'historien grec Kinnamos[224], il y aurait eu à ce moment entre l'oncle et le neveu une curieuse négociation secrète. Baudouin III aurait sollicité du basileus, décidément reconnu comme le suzerain de la Syrie chrétienne, la déposition de Renaud de Châtillon et l'inféodation d'Antioche à lui, Baudouin. Nous avons déjà dit pourquoi, contrairement à ce qu'en pense Chalandon, il nous paraît difficile que le roi de Jérusalem ait revendiqué pour lui-même la principauté d'Antioche. À défaut de Renaud, simple prince consort, il existait, nous l'avons vu, des héritiers légitimes de la dynastie normando-poitevine, la princesse Constance et le jeune fils qu'elle avait eu de Raymond de Poitiers, Bohémond III. Du reste, répétons-le, nous savons que, loin de convoiter personnellement Antioche, Baudouin III avait tout fait, lorsqu'il avait dû en assumer la charge, durant le veuvage de Constance, pour se débarrasser de ce fardeau, en forçant la princesse à prendre un époux. Il est donc plus simple de penser que le roi de Jérusalem, mécontent à juste titre de la conduite de son anarchique vassal, cherchait à profiter de l'intervention byzantine pour en débarrasser la Syrie franque au bénéfice du jeune Bohémond III. Mais, comme le remarque d'ailleurs Chalandon, l'adroit Comnène avait tout intérêt – maintenant que Renaud s'était abaissé jusqu'à une capitulation totale – à conserver sur le trône d'Antioche ce vassal doublement démonétisé, sur lequel le sac de Chypre et l'humiliation de Mamistra lui conféraient un ascendant définitif. Aussi lui et Renaud se hâtèrent-ils de conclure leur accord avant l'arrivée du roi de Jérusalem[225].

Car Baudouin III qui eût sans doute voulu intervenir à temps dans la négociation, accourait à son tour d'Antioche à Mamistra. Manuel Comnène qui avait réussi à régler sans lui, en tête à tête avec Renaud, la question d'Antioche, n'en reçut pas moins avec de grands honneurs le roi de Jérusalem. « Quant il s'aprocha du leu où li Grieu (= les Grecs) s'estoient logié, l'Empereres, por lui ennorer, envoia contre (= à la rencontre de) lui deus de ses neveuz, Jehan et Alexe, cil dui estoient li plus haut home du palais. Assez menèrent avec eus des greigneurs barons de l'ost ; grant joie firent au Roi quant il le virent et le menèrent jusqu'au tref (de) l'Empereur »[226]. Kinnamos nous rapporte ici un incident qui a son importance : « À son arrivée au camp... le roi de Jérusalem, volontairement ou involontairement, commit une infraction au protocole en s'avançant à cheval au delà du point où tous, sauf l'empereur, devaient mettre pied à terre »[227]. Il est permis de supposer que le geste du roi n'était pas dépourvu de signification : Baudouin III, après l'humiliation du prince d'Antioche, voulait éviter de donner au *basileus* un témoignage de vassalité formelle, et, à plus forte raison, une marque quelconque de servilité.

La rencontre de Manuel Comnène et de Baudouin III n'en fut pas moins empreinte de la plus grande cordialité, d'abord parce que le roi de Jérusalem était un partisan résolu de l'alliance byzantine, puis parce que son mariage venait de faire de lui le neveu du *basileus*. « L'Empereres séoit mout noblement sur un faudestuef (fauteuil) covert de riche drap de soie ; sur un siège l'assist près de lui, qui fu apareilliez mout richement, mès plus bas estoit que li suens. » Que le trône impérial fût plus élevé que le trône royal, il n'y avait rien là, remarquons-le, qui impliquât nécessairement une reconnaissance formelle de la suzeraineté du *basileus* sur le roi de Jérusalem. La nuance était légitime au point de vue de la « romanité » : l'empereur d'Orient, comme le César germanique, bénéficiait d'une prééminence naturelle par rapport aux autres princes chrétiens. « Entor lui (l'empereur) avoit grant planté de ses haus homes ; le Roi, quant il entra, (l'empereur le) salua débonnerement et le beisa ; lors parla à lui et à ses barons de maintes choses, por eus ennorer ; de paroles et de semblant, (l'empereur) mostra bien que il avoit grant joie de leur venue. Privéement vouloit savoir de chascun son estre et sa contenance. »

Il semble d'ailleurs que le *basileus* ait été charmé de la bonne grâce de ce jeune roi de Jérusalem que les hasards de la politique venaient de lui donner pour neveu. « En ceste manière séjorna li Rois avec lui x jors. Chascun jor, croissoit la joie et la bele chière que l'Empereres fesoit à lui. Li Rois, qui mout estoit courtois, sages et gracieus, plaisoit à l'Empereur et à ses barons, tant que chascuns l'amoit ausi come son fil. Encore parolent sovent li Grec en leur terre de lui, et loent les bones teches (= bonnes manières) au roi Baudoin qui morz est lonc tens a (depuis longtemps) »[228].

Le séjour de Baudouin III auprès de Manuel Comnène devant Mamistra, succédant à son mariage avec la nièce du puissant *basileus*, marque le triomphe diplomatique du roi de Jérusalem, et sans doute même l'apogée diplomatique de l'histoire de la Syrie franque. L'association étroite, scellée par une union de famille, de la royauté franque et de l'empire byzantin, le royaume latin de Jérusalem étayé sur la puissance mondiale des Comnènes, n'y avait-il pas là une combinaison de nature à arrêter net la revanche turque ?

De fait, les dix jours que Baudouin III passa auprès de Manuel Comnène en Cilicie, ne furent pas uniquement consacrés aux fêtes et aux épanchements familiaux. Un traité formel d'alliance franco-byzantine fut alors conclu, dont les termes ne nous ont malheureusement été conservés ni par Guillaume de Tyr, ni par Kinnamos. Le roi de Jérusalem, dans ce traité, accepta-t-il de reconnaître la suzeraineté impériale ? Rien n'autorise à le supposer. Le fait, cité par Chalandon, qu'une inscription, apposée quelques années plus tard (1169) dans l'église de Bethléem, ait été datée du règne de Manuel Comnène, « comme si celui-ci était le suzerain du roi », ne nous semble, au contraire, comporter aucune reconnaissance de suzeraineté[229]. On nous dit, en effet, que cette inscription rappelait des travaux entrepris dans le sanctuaire de la Nativité, aux frais du *basileus* ; il n'en faut pas davantage pour que la mention des années de règne de Manuel s'explique tout naturellement[230]. Mais s'il n'y eut sans doute pas reconnaissance de la suzeraineté byzantine sur Jérusalem, il dut y avoir – et c'était pur bénéfice pour tous deux – rattachement du royaume franc au système politique byzantin. Manuel Comnène dut être reconnu comme chef suprême de la Croisade future, car nous savons que Baudouin III s'engagea à fournir à Manuel, pour la guerre en commun contre les Musulmans, un contingent de troupes déterminé.

La faveur dont le roi de Jérusalem jouissait maintenant auprès de l'empereur, son oncle lui permit d'intervenir en faveur des Francs d'Antioche, pour lesquels il obtint de Manuel une réduction de l'effectif militaire à fournir en permanence par la Principauté à l'Empire suzerain[231]. Baudouin III essaya aussi, mais cette fois en vain, de faire revenir Manuel sur ses exigences relatives au remplacement du patriarche latin par un patriarche grec à Antioche. Il est intéressant de noter, en tout cas, qu'au lieu de profiter de sa faveur pour accabler Renaud de Châtillon, comme Chalandon lui en prête le désir, Baudouin III fit servir l'affection que lui témoignait l'empereur à améliorer les conditions imposées au prince d'Antioche.

Une médiation franque : Baudouin III réconcilie Manuel Comnène et le prince arménien Thoros II.

Baudouin III, dont toute l'activité durant son séjour à Mamistra révèle la haute valeur, rendit aussi à Manuel Comnène – ainsi d'ailleurs qu'aux Arméniens de Cilicie – le plus signalé service : celui de les réconcilier. Le vaillant prince arménien Thoros II, chef de la famille roupénienne, chassé des villes ciliciennes par les armées impériales, s'était réfugié, on l'a vu, dans les nids d'aigles de la montagne, où il constituait pour l'avenir de la reconquête byzantine une menace constante. Les colonnes byzantines se préparaient à diriger contre lui, dans les défilés du haut Saros, une campagne pleine de dangers, lorsque Baudouin III obtint de lui une soumission entière à l'Empire, et de Manuel Comnène le pardon du rebelle enfin repentant. « Li Rois (de Jérusalem), dit à ce sujet l'*Estoire d'Éracles*, ne vout mie demorer oiseus entor (= envers) l'Empereur, ainçois se pena mout de fere chose qui li pleust. Bien entendi que il (Manuel) vouloit aler sur (= contre) ce haut home qui s'estoit puissanz en Ermenie, Toros avoit non, dont je vos ai parlé. Mès trop estoit grief chose de prendre ses forteresces que il avoit ès montaignes. Por ce s'apensa li Rois coment il le porroit apaisier à lui, et l'envoia querre, com cil qui mout estoit sages du siècle. Tant parla à lui qu'il l'amena devant l'Empereur à sa merci ; les chastiaus li rendi que l'Empereres voloit avoir de lui ; après, (Thoros) li fist homage lige, par que il recovra l'amor et la grâce (de) l'Empereur. »[232]

Comme l'indique Guillaume de Tyr, le prince arménien, ainsi que précédemment Renaud de Châtillon, vint en effet se prosterner aux pieds du *basileus*, confessa ses fautes, fit serment de vassalité et, moyennant cette totale soumission, obtint l'investiture de ses châteaux de la Haute-Cilicie. La chronique arménienne de Grégoire le Prêtre nous montre Thoros, après les froideurs du début, rentrant bientôt en grâce auprès de Manuel Comnène : « Lorsque Thoros se fut rendu auprès de Manuel, il fut d'abord exclu de sa table. Mais la Providence voulut qu'il plût à Manuel qui se montra charmé de sa bonne mine. Le prince arménien, étant resté au camp quelques jours, voulut s'en retourner chez lui. L'Empereur y consentit, à condition qu'il reviendrait immédiatement. Thoros, réfléchissant judicieusement aux besoins de l'armée, ramena un convoi considérable de brebis, de buffles et de chevaux arabes, puis il retourna auprès de l'Empereur et lui offrit ces présents, venus dans un moment si favorable. Manuel, étonné et enchanté de voir une telle abondance de vivres, loua hautement la prudence de Thoros en présence des grands officiers du camp. Il le gratifia d'or et d'argent et d'un costume d'honneur, avec une générosité digne d'un monarque et lui pardonna du fond du cœur sa désobéissance et sa rébellion. Thoros lui promit de son côté une soumission pleine et entière, et tint parole. »[233] De fait nous verrons par la suite le chef arménien accourir à l'appel du *basileus* dans la lutte des Byzantins contre les Seljûqides de Qoniya.

Nous croyons sans peine que les Arméniens de Cilicie témoignèrent une profonde gratitude au roi franc qui avait obtenu du *basileus* la reconnaissance de leur existence nationale dans le sein de l'Empire. Manuel Comnène ne manifesta pas une moindre gratitude à son neveu pour avoir provoqué la soumission de l'indomptable Roupénide. « Mout en amèrent plus le Roi tuit li Grieu. » Le roi de Jérusalem, par son heureuse politique, avait en effet réussi ce prodige de réconcilier, malgré les anciens désaccords ecclésiastiques, les Byzantins, les Arméniens et les Francs, et de former par leur union, face à l'Islam, le faisceau des forces chrétiennes. Moment unique dans l'histoire du douzième siècle et dont on n'a pas suffisamment fait honneur à l'esprit politique de Baudouin III.

Aussi, quand le roi de Jérusalem prit congé du *basileus*, son oncle, pour regagner la Syrie, emporta-t-il la sympathie de toute l'armée byzantine : « Ne demora mie, après ce, que li Rois prist congié à l'Empereur de retorner en son païs ; l'Empereres dona à lui et à touz les barons et aus chevaliers de sa compaignie granz dons et riches : li Rois touz seus (= seul) ot de par lui XXII mille perpres (= hyperpyres) et mille mars d'argent, sanz les dras de soie et les vessiaus (= vases) de pierres précieuses qui doné lui furent. Mout le prisa en son cuer l'Empereres, et du mariage de sa nièce fu mout plus liez (= joyeux) qu'il n'estoit devant. »[234] Quand il fut retourné à Antioche, Baudouin III fut remplacé à la cour imperiale par son frère Amaury, comte de Jaffa et d'Ascalon, et par Hugue d'Ibelin, sire de Ramla, récemment sorti de captivité[235].

« Triomphe » de Manuel Comnène à Antioche.

Quant à l'empereur Manuel Comnène qui, de son côté, venait ainsi de régler à la fois la question d'Antioche et la question de Cilicie, il résolut de se rendre à Antioche pour y signifier à tout l'Orient le rétablissement de la suzeraineté impériale. Il commença par envoyer dans la ville, un peu avant Pâques (12 avril 1159), le logothète Jean Kamateros, pour s'y rendre compte de l'état des esprits. Sans doute craignait-il, de la part de la population latine, quelque émeute, comme celle dont, en 1138, avait été victime son père Jean Comnène. De fait, à en croire Kinnamos, les Latins d'Antioche, sans doute à l'instigation de Renaud de Châtillon, songèrent un instant à recommencer le même jeu[236]. Afin de détourner Manuel de sa visite, ils lui laissèrent savoir qu'un complot était ourdi pour l'assassiner à cette occasion. Mais le *basileus*, bien résolu à passer outre, sut prendre ses précautions. « Il exigea que les habitants d'Antioche lui remissent en otages les fils des principales familles. »[237] Grégoire le Prêtre ajoute que les gens d'Antioche obtempérèrent « dans la crainte de violer la parole qu'ils avaient donnée au roi de Jérusalem ». Passage singulièrement précieux qui nous montre une fois de plus Baudouin III dans son rôle de pacificateur, puisque c'était grâce à lui que les Francs d'Antioche renonçaient à leurs desseins hostiles contre Manuel Comnène et consentaient à se conformer au pacte d'alliance franco-byzantine, négocié par le roi contre l'Islam. Il est même permis de supposer ici quelque nouveau guet-apens de Renaud de Châtillon, empêché par l'intervention de Baudouin III.

« L'entrée de Manuel à Antioche, note Chalandon, résumant les chroniqueurs byzantins et latins, se fit avec une solennité d'autant plus grande qu'elle était destinée à marquer d'une façon tangible la prise de possession par les Byzantins d'une des principales villes de l'Empire. Aussi Manuel déploya-t-il toute la pompe d'un triomphe. Le

396   *L'ÉQUILIBRE*

stemma à pendeloques en tête, vêtu du grand manteau impérial, tellement chargé de pierreries qu'il en était rigide, tenant en main les insignes impériaux, l'empereur figura à cheval dans le cortège. À pied, autour de lui, marchaient, tenant les uns la bride, les autres l'étrier de son cheval, Renaud de Châtillon et divers princes latins, tous désarmés. Par mesure de précaution, ce groupe était entouré de la garde varangienne, armée de la hache. Par derrière, à cheval, mais sans armes, suivait le roi de Jérusalem. Aux portes de la ville, le cortège impérial fut reçu processionnellement par le peuple et le clergé, ayant à sa tête le patriarche en costume pontifical, les évangiles à la main. Puis, au son des trompettes et des tambours, au chant des hymnes, le cortège pénétra dans la ville à travers la foule bigarrée où le Syrien coudoyait l'Isaurien et le Normand, se dirigea par les rues ornées de tapis, de tentures, de feuillages et de fleurs, vers la cathédrale d'où l'empereur se rendit au palais. Rien ne vint troubler l'apothéose impériale. Il est vrai que toute l'armée byzantine campait devant Antioche et que Manuel s'était fait escorter de forces imposantes. »[238]

Sous la plume du traducteur de Guillaume de Tyr, cette entrée de Manuel Comnène à Antioche prend des allures d'épopée : « Quant l'Empereres ot fete la feste de Paques (12 avril 1159) en la terre de Cilice, et (que) la semaine des feriez fu passée, il s'adreça tout droit et mena ses granz oz devant Antioche. Li Rois (Baudouin III), li Princes (Renaud de Châtillon) et li cuens d'Escalone (Amaury, frère de Baudouin III), o (avec) touz les autres barons du Roiaume et de la Princé li issirent encontre (= à sa rencontre) sur biaus chevaus en cointes lorains et atout le plus bel ator que chascuns pot avoir. De l'autre part fu li Patriarches et touz li clergiez revestuz de beles chapes de paile ; textes (= les Évangiles) portèrent, croiz et saintuaires, et s'en issirent hors de la Cité. L'Empereres fu vestuz de dras emperiaus et porta corone en son chief. Il firent soner trompes et tabors et timbres ; li clerc chantèrent de l'autre part. Touz li pueples fist grant joie, ennorablement le receurent et menèrent jusqu'à l'église (de) monseigneur Saint-Pere (= Saint Pierre). D'iluec s'en vint au palais au Prince. Ne sai quanz jorz séjornèrent en la ville, et s'aaisièrent mout (= prirent toutes leurs aises) de bains et d'autres délices, selonc la costume de leur terres. »[239]

« Huit jours durant, note Chalandon, les bannières impériales flottèrent sur la citadelle d'Antioche ; pendant son séjour Manuel fit faire au peuple de la ville de grandes distributions d'argent. Les fêtes succédèrent aux fêtes ; dans les parties de chasses comme dans les tournois Grecs et Latins rivalisèrent d'audace et d'adresse. »

Ce séjour fut marqué en effet par des tournois dans lesquels le basileus-chevalier jouta brillamment contre les barons latins. « Sur un cheval dont la garniture de poitrail et la croupière étaient couverts d'ornements d'or, l'empereur, vêtu du grand manteau impérial attaché par une fibule sur l'épaule droite pour dégager le bras, défila devant les spectateurs, le sourire aux lèvres, la lance droite en main, tandis qu'en tête du parti adverse s'avançait sur un cheval blanc le prince d'Antioche, vêtu de la cotte d'armes d'étoffe, recouvrant le haubert de mailles, le chef couvert du heaume conique. Il semble bien qu'en face des hommes d'Occident aux proportions énormes, les Grecs aient été de peu redoutables adversaires. Nikétas Choniatès décrit les exploits de l'empereur qui réussit à jeter à bas de leur cheval deux cavaliers, mais il ne parle pas des autres combattants d'où l'on peut sans doute conclure que les Latins durent avoir le plus souvent l'avantage. »[240]

La bonne entente personnelle du *basileus* et des princes francs s'affirma dans un épisode inattendu. Durant une chasse, Baudouin III tombe de cheval et se démet le bras. Manuel accourt, s'agenouille auprès du blessé et, grâce à ses connaissances médicales, lui prodigue des soins efficaces (21 mai 1159)

Le récit de *l'Estoire d'Éracles* a ici le mérite de la vie[241].

« Après li prist talent (à Manuel Comnène) qu'il iroit chacier és bois et és montaignes qui estoient près de la cité. Li Rois, qui mieuz savoit le païs que li Grieu, dist qu'il li feroit compaignie et le mena par les leus où plus avoit de bestes. Mès il avint que le jor de l'Acension, tandis com il entendoient en tel déduit, li Rois sist sur un chaceeur (un cheval de chasse) qui un pou avoit dure boche. Quant il féri des esperons, li chevaus le surporta (= renversa) jus d'un rochoi, si que il chéirent à terre ambedui (= tous deux), et que li Rois se brisa le braz. Quant l'Empereres l'oï dire, trop en fu corrociez (= peiné), tost se trest cele part (= il se rendit aussitôt sur les lieux), et vint devant lui, si descendi et, autresi com uns mires (= tout comme un médecin), fu grant pièce devant lui à genous et li aida à relier le braz einsi com un povres cirurgiens feist. Li baron de Grèce qui le virent s'en merveillèrent trop (= fort) et en furent tuit esbahi de ce que leur sires avoit einsi oblié sa hautesce, et se contenoit (= comportait) en tele manière ; ne poïssent mie cuidier que, por amor qu'il eust à nului, se deust tant humelier ne tenir si bas. Quant li braz fu bien liez et afetiez (= arrangé) à son droit, il s'en alèrent en Antioche. Touz les jorz, l'Empereres aloit veoir le Roi, et quand li cirurgien remuoient les bandes et les oignement du bras, il (l'empereur) li aidoit mout docement ; n'en poïst mie plus fere (= il n'eût pu faire mieux) à son fil. »

Les événements de 1158-1159 et la situation juridique de la principauté d'Antioche.

La facilité avec laquelle Baudouin III avait reconnu la suzeraineté byzantine sur Antioche a étonné certains historiens. Comment le roi de Jérusalem permit-il à son vassal Renaud de porter son hommage à un autre monarque ? La réponse est dans la distinction très judicieusement soulignée par M. Claude Cahen, l'historien de la principauté d'Antioche, entre la vassalité personnelle d'un Tancrède, d'un Bohémond II, d'un Renaud de Châtillon envers le roi de Jérusalem et le statut juridique, beaucoup moins net, de la terre d'Antioche envers la couronne hiérosolymitaine. Comme le fait observer M. Claude Cahen, aucun texte juridique général et définitif n'avait sanctionné au point de vue *territorial* ces liens chaque fois *personnels* : « *L'Éracle* dit que *la terre d'Antioce n'est mie du royaume* ; les *Assises de Jérusalem* disent que le droit d'Antioche n'est pas le même que celui de Jérusalem (*Lois*, II, 410-411) ». En un mot, si au douzième siècle la vassalité de la plupart des princes d'Antioche envers les rois de Jérusalem est certaine, si les seconds se trouvèrent remplir envers les premiers les devoirs du suzerain envers le vassal (à chaque minorité et à chaque vacance, notamment), la terre d'Antioche n'avait jamais été juridiquement déclarée vassale de la terre de Jérusalem.

C'est cette absence de lien *juridique* officiel qui, malgré les liens fréquents de suzeraineté personnelle et malgré la tutelle de fait si souvent constatée, permit à Baudouin III d'accepter sans déchoir que Renaud de Châtillon, son vassal personnel, fît un hommage territorial à l'Empire byzantin. Depuis longtemps tout s'était passé, dans la pratique et par la force des choses, comme si les princes d'Antioche avaient été les vassaux *de jure* des rois de Jérusalem. L'absence d'une base juridique correspondant à cette situation de fait permit à Baudouin III de céder aux Byzantins sur la question de droit, c'est-à-dire de forme. Cela dit, la situation de fait resta pratiquement inchangée.

Campagne franco-byzantine contre la province d'Alep.

Dans l'esprit des Francs, l'acceptation, mortifiante à tant d'égards, de la suzeraineté byzantine à Antioche devait avoir une contre-partie : la formation du front chrétien contre l'Islam. Il devait être à coup sûr pénible pour les Francs de reconnaître, après plus d'un demi-siècle d'opposition, la validité de l'hypothèque byzantine sur la Syrie du Nord. Mais il avait été entendu qu'un tel sacrifice aurait comme compensation la reprise de la grande croisade gréco-latine amorcée en 1138 par Jean Comnène et si malencontreusement arrêtée sous Shaîzar par la légèreté des Francs eux-mêmes.

Manuel Comnène sentit si bien cette nécessité qu'après les fêtes d'Antioche il partit avec Baudouin III et Renaud de Châtillon pour une campagne contre Nûr al-Dîn. Évitant de recommencer la faute commise par son père en 1138, le *basileus* prit comme objectif immédiat la capitale ennemie, Alep. La chronique arménienne de Grégoire le Prêtre nous fait témoins des espérances suscitées chez les populations chrétiennes par la marche de la grande armée franco-byzantine. « Les chrétiens s'avançaient en bataillons innombrables, rugissant comme des lions. Ils rivalisaient à se devancer l'un l'autre comme des aigles qui fondent sur une troupe de perdrix. C'est ainsi qu'ils couraient avec intrépidité porter le ravage sur le territoire des Turcs. En un jour de marche, ils atteignirent Balanée sur les limites du royaume d'Alep. Tous les fidèles étaient dans une allégresse extrême en apprenant la ligue formée dans le but d'exterminer les infidèles et de délivrer du joug de la servitude l'Église du Christ. À la nouvelle de cette invasion sur leur territoire, toutes les populations musulmanes furent saisies d'effroi »[242]. Les chroniqueurs arabes confirment les craintes de Nûr al-Dîn. « Dès que Nûr al-Dîn fut informé de ces événements, il se hâta d'écrire aux gouverneurs de provinces et de places fortes, leur annonçant les avantages remportés par les Grecs et intimant l'ordre de se préparer à la guerre sainte et d'organiser la défense contre toute attaque éventuelle[243]. »

Ces craintes étaient justifiées. L'atâbeg pouvait-il résister aux forces combinées de l'Empire byzantin et des États francs ? « L'Épopée byzantine » renforcée par la Croisade, que ne pouvait une telle rencontre historique ? Il semble d'ailleurs que, malgré ses précautions, Nûr al-Dîn se soit laissé surprendre, du moins si nous nous fions à un passage d'Ibn al-Qalânisî qui nous le montre partant à la tête de son armée du côté du moyen Oronte, pour protéger Shaîzar, *H*amâ et *H*oms qu'on pouvait croire particulièrement menacés selon le précédent de 1138[244]. Or ce n'est pas de ce côté que se dirigeaient les armées franco-byzantines, lesquelles semblent avoir au contraire formé le projet de surprendre Alep en l'attaquant par le nord-ouest. De fait, on l'a vu, les divers chroniqueurs, Guillaume de Tyr comme Grégoire le Prêtre, nous les montrent atteignant à leur première étape Balanée ou « le Gué de la Balaine », point que, d'après le Père Lammens et M. Dussaud, il faut rechercher à un des ponts du 'Afrîn, aux environs de l'actuel Jisr 'Afrîn ou Jisr Qeibar, près de l'actuel 'Arsha wa-Qeibar, à moins de 40 kilomètres au nord-ouest d'Alep[245]. La menace était singulièrement grave pour la capitale zengide...

Paix brusquée entre Manuel Comnène et Nûr al-Dîn.

Que se passa-t-il alors ? Tout ce que nous savons, c'est que Nûr al-Dîn entra en négociation avec Manuel Comnène et obtint la paix en rendant la liberté aux prisonniers chrétiens – entre 6 000 et 10 000 – qui se trouvaient captifs dans ses forteresses. Au nombre des bénéficiaires de cette mesure se trouvaient le comte toulousain Bertrand, fils naturel d'Alphonse Jourdain et naguère prétendant malheureux à la couronne de Tripoli, le grand maître du Temple Bertrand de Blancafort ou Blanchefort, et un grand nombre de chevaliers allemands faits prisonniers lors de la Deuxième Croisade[246]. Résultat non négligeable dont le bénéfice dut être vivement ressenti par la Chrétienté et qui montre l'ascendant assuré à la grande coalition chrétienne sur l'Islam. Le texte de Grégoire de Prêtre est ici suggestif : « Cédant à la terreur extrême que lui causait la coalition du roi de Jérusalem et de l'empereur, Nûr al-Dîn, seigneur d'Alep et de Damas, leur envoya des ambassadeurs pour leur annoncer qu'il s'engageait à rendre les captifs qu'il retenait et qu'il traitait avec une rigueur impitoyable, au nombre de dix mille[247] » (fin mai 1159).

Mais précisément en raison de la facilité avec laquelle ce succès moral fut obtenu, on peut regretter que le *basileus* n'ait pas tiré un meilleur parti de la supériorité des coalisés. Si la seule approche de la grande armée franco-byzantine suffisait à ouvrir les prisons turques, que n'eussent pu des opérations militaires poussées à fond ? Pourquoi fallut-il que Manuel Comnène, se contentant de la libération des prisonniers, ait renoncé à poursuivre plus loin la Croisade entreprise ? Car, à peine ce succès obtenu, après avoir rétabli la paix avec Nûr al-Dîn, il reprit (juin 1159) le chemin de la Cilicie d'où il regagna Constantinople.

Notons que la défection byzantine, si grave à cette heure décisive de la lutte entre la chrétienté et l'Islam, se trouva avoir pour les Francs un heureux contre-coup au point de vue intérieur. Le départ gêné et précipité de Manuel Comnène leur permit d'éluder leur imprudente promesse de grécisation du patriarcat d'Antioche, mesure qui eût pu entraîner à plus ou moins brève échéance la défrancisation même de la ville. Notons aussi que quelques semaines auparavant, Baudouin III, qui sentait bien le péril, avait essayé d'obtenir l'abandon des exigences byzantines. Manuel Comnène, pour qui le retour du siège patriarcal à l'Orthodoxie grecque était le symbole et le gage du rattachement de la principauté à l'Empire, s'était montré intraitable sur ce point

402   *L'ÉQUILIBRE*

décisif[248]. Mais, une fois le *basileus* parti dans les circonstances que l'on vient de voir, les Francs se gardèrent naturellement d'exécuter la clause en litige. Le patriarche grec Soterichos Panteugénès ne fut jamais intronisé à Antioche.

Causes et conséquences de la défection byzantine.
Politique byzantine d'équilibre entre Francs et Musulmans.
La chrétienté trahie.

La Croisade franco-byzantine de 1159 avait donc tourné court, non plus par la faute des Francs comme l'expédition analogue de 1138, mais, cette fois, du fait même des Byzantins.

Nous avons l'écho de la désillusion et de l'indignation des chrétiens d'Orient par la chronique arménienne de Grégoire le Prêtre : « Nûr al-Dîn voulut, après avoir habillé les prisonniers de neuf et avoir fait disparaître la trace des souillures qu'ils avaient contractées dans les fers, les envoyer à la rencontre de l'empereur et du roi de Jérusalem, pour les disposer en sa faveur. Mais les conditions qu'il proposait furent rejetées et ses envoyés revinrent avec cette réponse : que Nûr al-Dîn eût à évacuer le pays (= la terre d'Outre-Oronte ?), sinon que toute la population musulmane serait exterminée. À tant d'audace l'armée chrétienne joignait une joie qu'elle faisait éclater comme en un jour de noce. Mais tout à coup arriva de Constantinople une lettre annonçant qu'une insurrection avait éclaté à Constantinople[249]. » Suivent chez l'auteur arménien des imprécations contre la carence byzantine en matière de Croisade. « Nous savons que les empereurs des Grecs n'ont jamais rien fait pour la délivrance des chrétiens (d'Orient). C'est par la faute de ces princes que les Arméniens furent naguère (= au onzième siècle) forcés de s'expatrier, que les Infidèles devinrent puissants et que dans leurs fréquentes irruptions ils s'emparèrent de toutes les contrées, d'Erzeroum, de Melitène (Malaṭya), de Sébaste (Sîwâs), de la cité royale d'Ani et que les hordes turques étendirent leurs conquêtes jusqu'au voisinage de Constantinople. Les Francs, cette race belliqueuse, entreprirent alors des expéditions pour la délivrance des chrétiens, mais, par suite de la trahison et de la perfidie des empereurs grecs, ils devaient être vaincus et détruits par les Turcs, comme nous l'avons vu nous-mêmes de nos propres yeux. Du reste, si l'empereur Manuel était vraiment venu dans l'intérêt des chrétiens, il n'aurait pas prolongé son séjour sept mois à Mamistra. Ces explications suffiront à quiconque veut bien réfléchir. Ces Romains lâches et efféminés, après s'être concertés en conseil, dirent à leur maître : « N'écoute ni les Arméniens ni les Francs et retourne à Constantinople ! » – À cette nouvelle (poursuit Grégoire) les Arméniens, au lieu de la joie qu'ils espéraient, tombèrent dans une douleur inconsolable, causée par la défection des Grecs. Malgré leurs supplications réitérées (de continuer la guerre contre les Turcs), ils ne purent faire changer l'empereur d'avis. Ils le conjuraient de s'arrêter avant son départ, trois jours seulement devant Alep, mais il se montra sourd à leurs représentations. Il envoya des ambassadeurs au seigneur d'Alep, lequel était alors tremblant de frayeur de tout ce qu'il apprenait et consumé par le feu ardent de la terreur que les chrétiens lui causaient, pour lui demander de conclure la paix. »[250]

Sans doute le ton de cette diatribe passionnée dans laquelle Grégoire a ramassé les griefs séculaires de la nation arménienne contre Byzance se ressent-il de la haine des deux églises et des deux races. Il n'en est pas moins vrai que la paix brusquée de 1159 s'explique mal si on se place au point de vue des intérêts chrétiens. Après avoir tant manœuvré pour se poser en chef de la Croisade, Manuel Comnène, une fois à pied d'œuvre, une fois reconnu, dans cet esprit, suzerain d'Antioche, renonçait aux devoirs qu'il avait assumés. Il se contentait à l'égard de Nûr al-Dîn (comme d'ailleurs, précédemment, de Renaud de Châtillon) de triomphes protocolaires. L'évêque Gérard de Laodicée, dont Guillaume de Tyr rapporte les propos à ce sujet[251], avait décidément eu raison. Pas plus qu'il n'avait dépossédé Renaud, Manuel ne voulait sérieusement écraser Nûr al-Dîn. Chalandon reconnaît à ce propos le caractère nécessairement fallacieux des promesses byzantines, l'intérêt de Byzance ne pouvant concorder avec l'intérêt de la Croisade : « Manuel était venu en Orient, bien moins pour secourir les Latins que pour profiter de leur détresse, afin de rétablir l'autorité impériale en Cilicie et à Antioche. Jamais l'empereur n'a dû songer à renverser la puissance de Nûr al-Dîn, ce qui, au point de vue byzantin, eût été une faute lourde. C'est à la lutte des Latins et de Nûr al-

Dîn que l'empire devait les succès remportés en Orient. La suppression de l'atâbeg, si elle avait été possible, rendait les Latins trop puissants, et ceux-ci auraient bien vite renié leurs engagements vis-à-vis du *basileus*... Pour que l'empereur grec pût exercer une influence sur les principautés latines, il fallait que celles-ci se sentissent menacées par les Musulmans. »[252]

Un tel aveu détruit tout l'effet du remarquable plaidoyer de Chalandon en faveur des Byzantins. Il légitime les colères et les rancunes des Francs, génératrices de la catastrophe de la Quatrième Croisade. Quoi qu'en ait pensé le regretté savant, l'intérêt de Byzance se confondait ici avec celui de la chrétienté. N'était-ce pas la Première Croisade qui avait rendu à l'Empereur Alexis la Bithynie et l'Ionie ? N'était-ce pas encore aux résultats de la Croisade que Byzance devait la restauration de son autorité sur Antioche, reprise aux Turcs par les Latins ? Du reste Manuel Comnène finira par s'apercevoir de cette communauté d'intérêt, mais quand il sera trop tard, lorsque l'empire syro-musulman créé par Nûr al-Dîn se sera annexé l'Égypte. Il est étrange qu'à propos de ces événements comme à propos de Philippe le Bel ou de François Ier, les historiens saluent comme une preuve d'esprit politique, d'affranchissement intellectuel et de modernisme le sacrifice délibéré des intérêts de la Chrétienté. 1453 sortira de cet état d'esprit, c'est-à-dire, finalement, la déseuropéanisation d'un quart de l'Europe. Dans ces heures troubles où se jouait le sort de notre civilisation, le Saint-Siège romain seul comprenait, avec une clairvoyance supérieure aux petites habiletés temporelles, ce que devait être à tous égards la « défense de l'Occident ». Mais, précisément, ce n'est pas sans raison que Guillaume de Tyr interrompt ici sa chronique syrienne pour nous rappeler le schisme résultant en Italie de la lutte du Sacerdoce et de l'Empire[253]...

Manuel Comnène et les Turcs d'Anatolie.
Voyage de Qilij Arslân II à Constantinople.
Le sultan seljûqide, vassal du basileus.

Guillaume de Tyr, comme l'auteur arabe de la *Chronique de Damas*, nous montre l'allégresse de Nûr al-Dîn après la dislocation sans combat de la grande armée franco-byzantine.

« Molt fist grant joie Noradins de ce que l'empereres s'estoit partiz del païs, note *l'Éracles*, car sa venue li avoit fet grant peor. »[254] Manuel Comnène n'avait d'ailleurs quitté la Syrie qu'après avoir conclu une véritable alliance avec le grand atâbeg. Ibn al-Qalânisî nous parle des cadeaux envoyés par le *basileus* à Nûr al-Dîn en remerciement de la libération des prisonniers : des tissus de brocart, une tente de brocart, des perles rares et de magnifiques chevaux persans[255]. Ce que ne nous disent ni Latins ni Arabes, mais ce qui ressort des événements eux-mêmes, c'est qu'une entente intervint entre Manuel et Nûr al-Dîn contre le sultan seljûqide de Qoniya, Qilij-Arslân II[256]. Peut-être découvrons-nous là les raisons et à certains égards l'excuse de l'inertie des Byzantins envers les Musulmans de Syrie. Avant de se lancer dans des expéditions à son point de vue excentriques sur l'Oronte, le *basileus* avait à mener sa croisade personnelle, à domicile pour ainsi dire, contre les voisins immédiats et ennemis héréditaires de l'Empire, les Turcs seljûqides d'Asie Mineure.

De fait Manuel Comnène commençait alors le développement de sa politique anatolienne qui faisant alterner négociations et démonstrations militaires, devait aboutir à la croisade byzantine de 1160. À cette grande expédition, destinée dans sa pensée à briser la puissance des Seljûqides de Qoniya et que nous ne saurions passer sous silence, le *basileus* avait convoqué ses nouveaux vassaux francs, les chevaliers d'Antioche, et jusqu'au prince arménien de Cilicie, Thoros II. Il demanda également à son neveu, le roi de Jérusalem Baudouin III, de lui prêter les auxiliaires promis. Le général byzantin Jean Kontostephanos se rendit en Cilicie et en Syrie au début de 1160 pour rassembler les contingents franco-arméniens en question[257]. Tandis que Manuel dégageait en personne de bandes turques la vallée du haut Méandre, Kontostephanos, remontant de Syrie en Asie Mineure avec sa petite armée franco-arménienne, allait remporter un brillant succès : tombant à l'improviste sur une partie de l'armée du sultan de Qoniya, Qilij-Arslân, il la mit en fuite (automne 1161)[258].

La situation du prince seljûqide était, après cette défaite, d'autant plus délicate, que la politique byzantine excitait et soutenait contre lui son voisin, l'émir dânishmendite de

406 L'ÉQUILIBRE

Siwâs, Ya'qûb Arslân ibn Ghâzî. Enfin ce n'était pas à
d'autres fins que Manuel Comnène avait l'année précédente
conclu paix et alliance avec Nûr al-Dîn. Nûr al-Dîn ainsi rattaché à la coalition byzantine, enlevait aux Seljûqides la
région de Mar'ash et de Behesni (1159-1160)[259].

Ainsi encerclé, le sultan Qilij Arslân demanda la paix au
basileus. « Il offrit de fournir chaque année, chaque fois que
cela serait nécessaire, un corps de troupes et s'engagea à respecter les frontières de l'empire grec. Il promettait en outre
de combattre ceux qui attaqueraient l'empire, d'exécuter sans
délai les volontés impériales et de restituer au *basileus* celles
des villes grecques qui étaient tombées au pouvoir des
Musulmans » (fin 1161)[260].

En 1162, Qilij Arslân se rendit en personne à Constantinople. Manuel lui ménagea une réception d'autant plus magnifique que sa visite revêtait les apparences d'une visite de
vassal à suzerain. « L'hospitalité qui lui fut accordée fut fastueuse. Deux fois par jour on envoyait au sultan les provisions nécessaires pour sa nourriture dans des récipients d'or
et d'argent qui tous devenaient sa propriété. À la suite d'un
banquet, Manuel fit présent à son hôte de tout le service précieux qui garnissait la table du festin. Un autre jour, Qilij
Arslân fut introduit dans une des salles du palais où avaient
été disposés les cadeaux impériaux qui lui étaient destinés,
vêtements finement tissés d'or, étoffes de soie, coupes de
métal précieux, voisinant avec des caisses remplies d'or et
d'argent »[261]. Ébloui et acheté, le sultan seljûqide put alors
laisser croire que toute l'Anatolie turque allait devenir un
protectorat byzantin. De fait il aurait promis au *basileus* de
lui faire rendre la région de Sîwâs en Cappadoce, et il renouvela avec lui le traité d'alliance offensive et défensive précédemment conclu.

Cette date de 1162 est ainsi une des grandes dates de l'histoire orientale. L'héritier des glorieux sultans seljûqides du
onzième siècle, le prédécesseur des Ottomans, le sultan turc
du Proche Orient venait faire acte de vassalité à Constantinople, devant l'héritier des empereurs « romains ». Quelle restauration depuis le désastre de Malâzgerd, quelle halte avant
1453 ! Malgré la paix trop vite conclue avec Nûr al-Dîn, le
basileus, aux yeux de tous, apparaissait de nouveau comme

le chef suprême de toute nouvelle croisade, et, en tout cas, comme l'arbitre souverain entre l'Islam et la Latinité du Levant.

Nouvelles campagnes de Baudouin III au Haurân et en Damascène.

Tandis que Nûr al-Dîn participait, en Asie Mineure, à la coalition anti-seljûqide, Baudouin III « qui molt estoit sages et apensez » profita de son éloignement pour diriger une fructueuse razzia à travers le Haurân et la Damascène, depuis Bosrâ jusqu'à la banlieue de Damas. Le gouverneur de Damas, pour le compte de Nûr al-Dîn, était le chef kurde Najm al-Dîn Aiyûb, le père de Saladin, dont Guillaume de Tyr vante la prudence. Les Francs, ne trouvant aucune force devant eux, « gâtaient la terre » en toute impunité, car Nûr al-Dîn, absorbé en Asie Mineure, ne lui avait pas laissé assez de troupes pour les affronter en rase campagne. Sagement, Aiyûb acheta leur retraite et moyennant quatre mille besants obtint d'eux une trêve de trois mois. Il est vrai que les trois mois étant écoulés et Nûr al-Dîn restant toujours absent, Baudouin III vint de nouveau ravager la Damascène : « Li Rois s'en entra en la terre de Damas en que il fist grant gaaing, et mout domagea les Turs du païs, car il barreoit (ravageait) les villes, après ardoit tout ; bestes en amena à mout grant planté, prisons (= prisonniers) tant com il vout prendre. Après en ramena son ost tout chargié de gaaing jusqu'en sa terre[262]. »

Ce système de razzias et de contre-razzias perpétuelles se tempérait sans doute d'une certaine courtoisie chevaleresque, puisque les trêves jurées étaient loyalement respectées. Du reste, il ne différait guère des méthodes de pillage des princes musulmans guerroyant entre eux. Il n'en est pas moins vrai que, du moment que, par la carence de nouvelles croisades comme par l'égoïsme des Byzantins, on renonçait aux expéditions de fond contre Alep ou Damas, cette guerilla à la manière musulmane ne pouvait qu'irriter dangereusement l'Islam et lui faire considérer comme intolérable le voisinage des Francs.

408   L'ÉQUILIBRE

Capture de Renaud de Châtillon par Nûr al-Dîn.

Le prince d'Antioche, Renaud de Châtillon, fut la première victime de cette guerre de razzias que, plus que tous les autres, il affectionnait. En novembre 1160, il apprit que de grands troupeaux de bêtes à cornes, de chameaux et de chevaux avaient été mis au pacage dans les belles prairies qui couvrent les contreforts de l'Anti-Taurus, « entre Marese et Tulupe » (entre Mar'ash et Dulûk). C'étaient d'anciennes terres franques, hier encore dépendant du comté d'Édesse, turques depuis dix ans seulement. Renaud ne se demanda pas si les gens auxquels appartenaient les troupeaux ou dont ils avaient la garde n'étaient pas chrétiens : il s'agissait effectivement de populations arméniennes ou syriaques, car les Turcs n'avaient pas eu le temps d'islamiser le pays. Il vit seulement dans ce fait l'assurance que ces gens-là, étant des marchands, des agriculteurs ou des pâtres paisibles, ne pourraient se défendre. (« Cil estoient tuit Surien ou Ermin ; de rien ne s'entremetoient que de gaaingnages et de norretures de bestes »). Il partit donc au butin, avec aussi peu de scrupules que lors du sac de Chypre et razzia tous les troupeaux. Mais le gouverneur d'Alep pour le compte de Nûr al-Dîn fut averti à temps du coup de main. C'était le propre frère de lait de l'atâbeg, Majd al-Dîn Abû-Bekr Ibn-al-Dâya. Avec un escadron de cavalerie légère, il se lança à la poursuite des Francs. « Si s'en vint tout droit là où li nostre s'estoient logié et virent entor eus cele grant planté de bestes que il emmenoient ; si s'arestèrent près d'iluec, por ce qu'il estoit jà près nuit. » Les Francs, embarrassés par les troupeaux qu'ils ramenaient, avançaient lentement : Les plus sages d'entre eux conseillaient d'abandonner le butin et de regagner Antioche. « Li un distrent que li plus seurs seroit que il lessassent iluec tout leur gaaing et s'en alassent tout delivrement leur voie ; li Tur vendroient à la proie, por ce s'en porroient aler sanz contenz (sans difficulté). Et se il les voloient assaillir, mieuz se porroient deffendre quant il seroient deschargié et descombré de leur proies. » Mais Renaud, aussi âpre au gain que téméraire, refusa de rien lâcher. Il encadra le convoi entre deux files de chevaliers et poursuivit sa marche. Il n'en fut pas moins culbuté par les cavaliers de Majd al-Dîn entre Kaisûn (Cressum) et Mar'ash, d'après Guillaume de Tyr, à al-Juma, près de Râwendân d'après Kemâl al-Dîn, et après une furieuse résistance, jeté à bas de cheval et fait prisonnier (23 novembre 1160)[263].

Renaud et ses compagnons, dépouillés de leurs vêtements et ligotés sur des chameaux, furent conduits à Alep et jetés dans les prisons de l'atâbeg. L'ancien prince d'Antioche devait y rester seize ans (1160-1176). Une aussi longue captivité s'explique-t-elle uniquement par la crainte qu'il causait aux Musulmans ? Malgré les affirmations contraires des textes officiels, ne faut-il pas l'attribuer aussi à la crainte qu'il inspirait aux Francs eux-mêmes, à commencer par la cour de Jérusalem ? Sa valeur guerrière, mise au service d'un tempérament anarchique qui ne concevait la guerre sainte que comme une perpétuelle razzia, s'était révélée, dès son avènement, plus nuisible qu'utile aux colonies franques. Sa captivité fut, qu'on le veuille ou non, un bienfait plutôt qu'un malheur pour le royaume de Jérusalem, comme sa libération devait, à brève échéance, provoquer la catastrophe finale.

La vacance du pouvoir à Antioche. Appel de la princesse Constance à la protection byzantine. L'intervention de Baudouin III empêche la défrancisation de la principauté.

Il n'en est pas moins vrai que la captivité de Renaud de Châtillon laissait la principauté d'Antioche sans défenseur. Bohémond III, dit le Bègue, fils de Constance et de l'ancien prince Raymond de Poitiers, né en 1144, était trop jeune pour gouverner[264]. « Toute la terre, qui fu sanz deffendeur, estoit en grant peor et en grant effroi. Li grant home du païs ne savoient que fere, car chascun jor cuidoient tout perdre »[265].

Comme toujours en ce cas les intrigues commençaient. Il semble que deux partis se soient disputé le pouvoir, celui de la princesse douairière Constance, et celui du patriarche Aymeri de Limoges que soutenaient bon nombre de barons. Constance, aussi avide de pouvoir que jadis sa mère Alix, songeait, semble-t-il, à écarter du gouvernement son propre fils, Bohémond III. Pour cela il semble aussi qu'elle ait, dès cette époque, entendu s'appuyer sur l'empereur Manuel Comnène (précisément son futur gendre) qui, depuis le traité de Missis, était le suzerain légitime de la principauté. « Elle ne permettait

410 L'ÉQUILIBRE

aucunement à son fils de gouverner et les grands en étaient scandalisés, écrit Michel le Syrien. Comme ils la molestaient, elle manda à l'empereur [Manuel] de venir et qu'elle lui livrerait la ville. » Le patriarche et les barons, qui voulaient éviter la grécisation du pays, résolurent d'éliminer Constance et de reprendre la situation en mains sous le nom du jeune Bohémond III. Pour trouver eux aussi un allié, ils s'adressèrent, ajoute Michel, au prince arménien de Cilicie, Thoros II[266].

La principauté d'Antioche risquait, au milieu de ces compétitions, de tomber au pouvoir soit des Byzantins, soit des Arméniens. Pour prévenir une aussi redoutable alternative, les plus sages des barons appelèrent le roi Baudouin III, régent naturel de la principauté dans les cas de minorité. « En la fin s'apensèrent que maintes foiz avoient-il eu secors et aide du roi de Jhérusalem : il envoièrent à lui bons messages qui, par letres que il li portèrent et par bouche, li sorent bien deviser la grant mesaise et le perilleus estat en que touz li païs estoit. Doucement li requistrent que, por Dieu et por s'enneur, conseil et confort leur donast, et que il venist là por atorner (= ordonner) les aferes du païs, selonc le besoing qu'il i verroit[267]. »

Une fois de plus Baudouin III n'hésita pas à aller remplir les fonctions de défenseur et de « bayle » qui, en pareille circonstance, faisaient partie de ses devoirs. « Li Rois ot pitié de la gent d'Antioche et de la terre entor, por la mesaventure qui sur eus estoit venue quant il perdirent leur seigneur. Bien se pensa que si ancessor (= ses ancêtres) et il meismes les avoient maintes foiz secoreus à leur besoing : por ce leur respondi qu'il iroit volentiers au païs et les conseilleroit à bone foi selonc son pooir. Li message (= les messagers) li chaïrent aus piez (= tombèrent à ses pieds) et l'en mercièrent en plorant. Li Rois atorna sa muete (= organisa son départ), avec lui prist grant compaignie de chevaliers ; sanz nul destorbier (= sans retard) vint en Antioche. Mout i fu receuz à grant joie des hauz homes et du pueple ». Comme en 1149, il régla les affaires de la principauté « aussi leaument (= loyalement) et par si grant cure com se ce fust ses heritages »[268]. Il écarta du gouvernement la douairière Constance, dont l'esprit d'intrigue avait, semble-t-il, failli être si dangereux au pays ; mais il lui attribua une rente considérable « que l'en li paioit chascune semaine, dont elle poit bien sostenir ennorablement soi et sa compaignie »[269]. Quant à la

GOUVERNEMENT DE BAUDOUIN III

régence au nom du jeune Bohémond III encore mineur, à la « baillie de la terre », il la confia avant de partir et jusqu'à son retour, au patriarche Aymeri de Limoges, « et leur comanda à touz que il feissent ce qu'il leur diroit ». Évidemment, en présence de la menace de dénationalisation que faisait peser sur Antioche la double entente de la douairière Constance avec les Byzantins et de plusieurs barons avec les Arméniens, le patriarche latin apparaissait comme le meilleur garant pour le maintien du caractère franc de la principauté.

Selon la remarque de Chalandon[270], il est permis de se demander si l'intervention de Baudouin III était conforme à l'accord franco-byzantin de 1159. Par cet accord, en effet, le *basileus* avait été solennellement reconnu comme suzerain d'Antioche. Renaud de Châtillon une fois disparu de la scène, il appartenait donc juridiquement à Manuel Comnène de régler les questions de régence. Cependant, à notre avis, la suzeraineté territoriale de l'Empire byzantin sur la ville n'empêchait pas, au point de vue franc, d'après les traditions monarchiques du royaume de Jérusalem, la maison princière d'Antioche de rester cliente de la maison royale de Jérusalem. Sans doute Renaud de Châtillon s'était reconnu sujet de l'Empire, mais sans que Baudouin III renonçât à aucun moment en faveur de Manuel à ses droits moraux – ni à ses devoirs de chef latin. Du reste la seule suzeraineté effective était celle qui pouvait, au moment opportun, remplir son rôle de protectrice. Or au lendemain de la capture de Renaud, tandis que Manuel Comnène était absorbé à l'autre extrémité de son empire par les affaires de Hongrie, l'intervention de Baudouin III, immédiate et efficace, avait, une fois de plus, sauvé Antioche.

Mais il était à prévoir que la Cour de Constantinople chercherait une occasion pour rétablir ses droits sur Antioche.

Projet de mariage de l'empereur Manuel Comnène avec Mélisende de Tripoli.

Au printemps ou à l'été de 1160 l'empereur Manuel Comnène avait envoyé au roi Baudouin III, son neveu, une ambassade composée de Jean Kontostephanos et de Theophylacte l'Excubiteur. Manuel, devenu veuf, avait décidé, pour resserrer les liens de l'Orient Latin avec l'Empire, de prendre pour femme une princesse franque. Les deux ambassadeurs venaient donc demander à Baudouin de négocier le mariage du *basileus* soit avec Mélisende, sœur du comte de Tripoli Raymond III, soit avec Marie, sœur du jeune prince d'Antioche Bohémond III et fille, par conséquent, de la douairière Constance et de Raymond de Poitiers.

Baudouin III, nous dit Guillaume de Tyr, manifesta sa satisfaction de cette demande, non seulement parce qu'il était flatteur que le *basileus* voulût « avoir femme de son lignage », mais parce qu'une telle union, en resserrant encore les liens des deux Cours, devait assurer davantage aux États Francs la protection de l'Empire byzantin.

Cependant pour que cette protection ne se changeât pas en un protectorat tyrannique, surtout en ce qui concernait Antioche, pour ne pas donner au *basileus* de nouveaux droits sur la principauté de l'Oronte, le roi de Jérusalem écarta fort politiquement le projet de mariage antiochénien. Il préféra le mariage tripolitain et proposa à Manuel la princesse Mélisende, sa cousine, sœur du comte de Tripoli Raymond III et fille de la comtesse douairière Hodierne de Jérusalem – « Melissent, nous dit *l'Estoire d'Éracles*, qui mout estoit sage pucele et de grant biauté. » Très flattés de voir une des leurs sur le trône de Constantinople et croyant déjà la chose faite, Raymond III et Hodierne préparèrent à la jeune fille un trousseau magnifique. « Granz ators et granz aornemenz apareillièrent à cele pucèle. Li Rois meismes et tuit cil du lignage i mistrent du leur efforcieément. Robes de riches dras de soie et de maintes manières i ot mout ; escarlates et pers, verz et brunetes quistrent à trop grant planté ; coronnes d'or et de pierres précieuses, ceintures, nouches, fermauz et aneaus apareillièrent mout richement. Une autre manière de joiaux i ot que les dames pendent à leur coux et à leurs oreilles : cil furent riche et de granz coust (= prix) ; poz d'or et d'argent, escueles granz apareillièrent mout ; chaudières et puelles et outilz de cuisines qui erent granz et larges, de fin argent ; de lorains et de selles et de riches sambues n'estuet mie à parler, car trop i ot outraiges granz et cousteus »[271]. Pour transporter sa sœur jusqu'au Bosphore, « li cuens avoit fet fère douse galies (galères) mout beles et les avoit garnies de toutes choses, car il avoit entalant (intention) d'entrer en ces galies et de convoier sa sereur jusqu'en Costantinoble »[272].

Mais, tandis que toute la Provence libanaise était en émoi pour préparer ces noces merveilleuses, la Cour de Constantinople ne montrait aucun empressement. Un an s'était écoulé que Manuel n'avait pas encore ratifié le choix de Baudouin III. Le roi de Jérusalem et les plus hauts barons du royaume qui s'étaient réunis à Tripoli et y étaient traités à grands frais par Raymond III finirent par se lasser. Aux questions de plus en plus pressantes et bientôt irritées de Raymond les ambassadeurs grecs, Kontostephanos et Theophylacte, ne faisaient que des réponses évasives. Il fallut bien s'apercevoir que lui et le roi avaient pris leurs désirs pour des réalités. Baudouin III dépêcha alors à Constantinople un chevalier, Otton de Risberge, chargé de connaître les véritables intentions de Manuel Comnène. Otton revint avec une lettre officielle, annonçant que le *basileus* écartait le mariage tripolitain.

Raymond III se montra furieux de l'affront fait à sa sœur. Les deux ambassadeurs byzantins, Kontostephanos et Theophylacte, redoutant son courroux, n'eurent que le temps de s'enfuir à Chypre, protégés dans leur fuite par la haute sagesse du roi Baudouin III. Mais Raymond ne renonça pas à sa vengeance et, pour se dédommager tout au moins des dépenses considérables qu'il avait faites en vue de la constitution de la dot, il équipa en guerre les douze galères qui devaient escorter à Constantinople la pauvre Mélisende, et les envoya ravager les côtes byzantines. « Li cuens de Triple, dit *l'Estoire d'Éracles*, ot mout son cuer dolent et enflé de la honte que l'Empereres li avoit fete de ce que il avoit einsi refusée sa sereur sanz raison, après les granz despens qu'il avoit fet. » Les marins tripolitains, joyeux de ce qu'ils avaient « congié de rober et de malfaire », s'en donnèrent à cœur joie. Transformés en corsaires, ils mirent à sac les côtes de l'Empire, en l'espèce les côtes de Chypre, pillant et brûlant jusqu'aux monastères et aux églises[273].

Mariage de Manuel Comnène avec Marie d'Antioche.

Pour avoir mieux refréné sa colère, le roi Baudouin III n'en était pas moins irrité. C'était lui qui avait désigné pour

414   L'ÉQUILIBRE

l'hymen impérial sa cousine Mélisende de Tripoli. Et il voyait le *basileus* mépriser publiquement son choix. « Li Rois... mout fu corociez et honteus de ce que cil aferes estoit einsi remés. (abandonnée) de que (dont) la novele estoit coreue par toutes les terres. » Mais, politique avant tout et voyant « qu'il ne le pooit mie amender à sa volenté », il sut se contenir, car pour lui le maintien de l'alliance byzantine restait plus important qu'une blessure d'amour-propre. Cependant, comme il remontait vers Antioche, appelé par ses devoirs de régent, une nouvelle surprise l'y attendait, toujours du fait des Byzantins.

La Cour de Constantinople, dans le moment même où elle écartait le mariage tripolitain, avait fixé son choix comme future *basilissa*, sur la princesse Marie d'Antioche, sœur, nous l'avons vu, du jeune prince Bohémond III. Certes c'était, elle aussi, une des plus jolies femmes de son temps, la merveille de l'Orient latin : « Elle était belle, écrit un chroniqueur byzantin, plus que belle, belle à ce point et d'une si remarquable beauté qu'auprès d'elle semblaient pure légende tous les récits qu'on nous a faits d'Aphrodite au doux sourire, de Junon aux bras blancs, d'Hélène au col si souple, aux pieds si charmants et de toutes les belles dames que l'antiquité a mises, pour leur beauté, au rang des dieux. »[274] Mais ce n'était pas pour sa beauté seulement que Manuel Comnène la recherchait. Si le roi de Jérusalem avait écarté le projet de mariage antiochénien pour éviter de donner à l'Empire de nouveaux titres à la possession d'Antioche, c'était exactement pour la même raison que Manuel Comnène s'y était rallié. Tandis que ses ambassadeurs bernaient, à Tripoli, la Cour de Jérusalem, un autre envoyé impérial, Kamatéros, arrivait à Antioche pour demander à la princesse Constance la main de sa fille Marie. Constance avait quelque rancune envers le roi de Jérusalem qui avait donné la baylie d'Antioche non point à elle, mais au patriarche Aymeri de Limoges. Elle accepta avec empressement les offres du *basileus*, si flatteuses pour sa maison ; elle y gagnait personnellement l'appui de Manuel, suzerain désormais reconnu de la principauté : grâce à cette protection toute-puissante, n'allait-elle pas pouvoir éliminer le « bayle » nommé par le roi Baudouin et conserver pour elle seule la régence d'Antioche ?[275].

Baudouin III, évidemment désireux de se renseigner, survint à Antioche au milieu des pourparlers entrepris entre Constance et l'ambassade byzantine. Il ne dissimula point son mécontentement que toute la négociation ait été engagée à son insu. En cas de décès du jeune Bohémond III et de son frère, Antioche passerait-elle à leur sœur Marie et aux enfants de Marie, c'est-à-dire à la famille impériale byzantine ? Mais il était trop tard pour protester : l'affaire était déjà conclue. De plus, en droit international, Antioche, depuis le traité de 1159, se trouvait définitivement placée sous la suzeraineté de l'Empire byzantin. D'autre part, puisque le mariage tripolitain était rompu, il restait avantageux pour l'Orient latin de voir en tout état de cause une de ses princesses sur le trône des Césars. Enfin des considérations sentimentales ne manquèrent pas d'agir. Comme le dit joliment le traducteur de Guillaume de Tyr, Baudouin « ne se looit mie de l'empereur d'endroit cele besongne, si avoit droit ; mès por ce que la damoisele estoit (elle aussi) sa cousine et n'avoit point de père, ne li vout pas destorber si haut mariage comme de l'empereur ».

Le roi de Jérusalem accorda donc son consentement. Hâtivement, le temps ayant manqué pour préparer le trousseau et les cadeaux de noces, on chargea sur les nefs ce qu'on put trouver pour la dot, et la jeune Marie d'Antioche s'embarqua à Saint-Siméon (près Suwaidiya) pour aller ceindre la couronne des Césars[276]. Le mariage de Manuel Comnène et de la belle princesse franque fut célébré à Sainte-Sophie le 25 décembre 1161 par le patriarche de Constantinople assisté par le patriarche grec titulaire d'Antioche, Athanase II[277].

Chalandon voit dans ce mariage un échec décisif pour Baudouin III, la consécration de la suzeraineté byzantine sur Antioche[278]. Le choix même du patriarche grec titulaire d'Antioche pour bénir les époux n'était-il pas significatif ? Mais cette suzeraineté était acquise depuis le pacte de Missis. Plus grave était le fait que, pour l'avenir, le mariage donnait à la Cour impériale des titres éventuels à la succession d'Antioche. Cependant – l'événement le prouva – le péril restait assez hypothétique. Le prince régnant était toujours le jeune Bohémond III au nom duquel le roi Baudouin III conservait la baylie, avec délégation au patriarche latin. La facilité avec laquelle le roi de Jérusalem reconnut le fait accompli et laissa s'embarquer sa cousine prouve qu'il ne s'agissait nullement à ses yeux d'un désastre. Au surplus, c'était lui-même qui avait conclu l'alliance byzantine avec reconnaissance de la suzeraineté impériale sur la métropole de l'Oronte, et cette alliance demeurait le pivot de toute sa diplomatie. Alliance indispensable, du reste, en dépit de tous les déboires, malgré la defection militaire et la paix brusquée de 1159, malgré l'équilibre perfidement maintenu par Byzance entre Francs et Musulmans, alliance indispensable parce que, depuis la disparition des États de Damas et de Shaîzar, la politique franque ne pouvait plus, contre l'Islam syrien unifié, miser sur un autre tableau. Le roi de Jérusalem – toute son activité diplomatique en témoigne – était un esprit trop avisé pour ne pas avoir subordonné à cette conception centrale la satisfaction de ses préférences personnelles.

L'œuvre de Baudouin III.

Baudouin III mourut à Beyrouth le 10 février 1162, à trente-trois ans, sans doute empoisonné par les drogues du médecin tripolitain Barac. Guillaume de Tyr nous décrit la douleur du peuple à cette nouvelle, et pendant le transfert du corps de Beyrouth à Jérusalem. « De toutes les citez qui près estoient, traduit *l'Éracles*, des chastiaux et des villes acoroit touz li pueples por fere duel ; ne le pooient porter plus de trois milles que la douleus ne refreschit toute, por les noveles genz qui acoroient. Li criz et li pleurs estoit si granz par toute la voie que l'en le pooit oïr de mout loing. L'en ne trueve en nule estoire que nus si granz deus (deuil) fust onques fez d'un prince en sa terre, car il mistrent huit jorz à aler de Baruth en Jhérusalem. Touz les jorz estoit la terre toute couverte des genz qui s'escrioient, quant il passoit. Des montaignes meismes descendoient des Turs (= des Arabes) qui se metoient en la route des noz et fesoient greigneur duel (= plus grand deuil) que il sanz feintise[279]. » Ce loyalisme des populations musulmanes du royaume est précieux à retenir. Notons aussi, d'après le même passage de Guillaume de Tyr, un trait tout à l'honneur de Nûr al-Dîn. « Tandis com li païs estoit si troublez par la mort à si bon prince, aucuns des

Turs vindrent à Noradin, et li distrent que li roiaumes n'avoit or point de chevetaine ; li baron estoient si ententif à fere duel (deuil) que, se il vouloit entrer dedenz la terre, mout i porroit fere grant gaaing, que jà ni troveroit point de contredit ». L'atâbeg repoussa avec indignation une telle idée. « Il respondi que ce ne feroit il en nule manière, car toutes genz devoient avoir grant pitié des Crestiens qui ploroient leur seigneur qu'il avoient perdu et bien le devoient faire, car nus si bons princes n'estoit remés en terre ». Texte précieux parce qu'il met en pleine lumière les relations de haute courtoisie, les sentiments d'estime réciproque et de chevaleresque générosité qui avaient fini par s'établir entre Francs de Syrie et Musulmans du même pays et plus particulièrement entre les deux cours de Jérusalem et d'Alep.

Le règne de Baudouin III se soldait, somme toute, par une balance encore assez favorable. Commencé sous les plus tristes auspices avec la chute d'Édesse et l'échec de la Deuxième Croisade – legs de la régence de Mélisende – il avait su faire face à toutes les difficultés. Le jeune roi avait procédé à la liquidation du comté d'Édesse en sauvant l'honneur. La principauté d'Antioche – une fois perdue sa bande orientale et sa frontière ramenée à la ligne de l'Oronte par les fautes de la Deuxième Croisade – avait été par Baudouin III sauvée et consolidée. *H*ârim même avait été repris. Le très grave fait nouveau de l'unification musulmane, la pire éventualité que redoutât la génération précédente s'était produit, malgré les efforts répétés de Baudouin III, par la lâcheté et l'effondrement de la dynastie damasquine, sans entraîner l'écrasement des Francs. Même après l'annexion de Damas au royaume turc d'Alep-Mossoul sous le sceptre de Nûr al-Dîn, Baudouin III avait non seulement « tenu », mais plusieurs fois réduit son redoutable rival à la défensive. Il l'avait mis en échec dans la campagne de Paneas et complètement battu à Puthaha. L'autre danger, le péril d'un protectorat byzantin sur la Syrie du nord, depuis si longtemps menaçant, s'était, lui aussi, réalisé. L'intervention byzantine, naguère écartée sous Jean Comnène, s'était produite sous Manuel dans des circonstances telles que, cette fois, la résistance eût été inutile. Mais cette intervention, Baudouin III avait su, par sa sagesse et sa bonne grâce personnelle, l'utiliser en faveur de son royaume. Devenu par son mariage avec une Comnène le neveu et l'ami du *basileus*, il avait tiré le maximum de l'alliance byzantine. S'il n'avait pu en faire sortir sur le terrain militaire la grande croisade gréco-latine si souvent rêvée – la politique byzantine restant immuable dans son désir d'équilibre entre Francs et Musulmans –, il avait du moins, au point de vue diplomatique, joué très adroitement de cette alliance. Si Nûr al-Dîn, au lendemain de la conquête définitive d'Édesse et de la mort de Raymond de Poitiers, puis de l'annexion de Damas, n'avait pratiquement rien fait pour lancer contre la Syrie franque une grande contre-croisade, c'était, pour une bonne part, que la pression diplomatique byzantine et la possibilité, toujours présente, d'une intervention impériale incitaient à la prudence le puissant atâbeg.

Enfin, en s'emparant de l'importante place maritime d'Ascalon que ses prédécesseurs assaillaient vainement depuis un demi-siècle, Baudouin III avait achevé la conquête du littoral palestinien. En faisant capituler la ville qui avait défié les efforts de Godefroi de Bouillon et de Baudouin Ier, il complétait leur œuvre. Du débarcadère des Égyptiens en Terre Sainte, il venait de faire le point de départ des Francs vers l'Égypte. Par là, il avait orienté la Croisade vers la vallée du Nil et annoncé la politique de son successeur, le roi Amaury.

En résumé, en dépit d'une situation générale infiniment moins favorable que celle des règnes précédents, malgré l'unification de la Syrie musulmane sous une monarchie puissante et redoutée, Baudouin III, par son esprit politique et sa vaillance, avait partout maintenu l'ascendant des Francs. On comprend la douleur de ses sujets francs, le respect de ses sujets musulmans et l'estime manifestée pour lui par Nûr al-Dîn lorsqu'une mort prématurée vint l'enlever aux siens[280].

CHAPITRE III

AMAURY Iᵉʳ ET LA CONQUÊTE DE L'ÉGYPTE

§ 1ᵉʳ. — AMAURY Iᵉʳ ET LE RENOUVELLEMENT DE LA POLITIQUE FRANQUE.

Avènement d'Amaury Iᵉʳ. Répudiation d'Agnès de Courtenay.

Baudouin III ne laissait pas d'enfant. Son héritier normal était son frère cadet Amaury, comte de Jaffa et d'Ascalon. Il est curieux que, malgré ses droits incontestables, Amaury ait été combattu par une partie des barons. « Grant descorde, nous dit *l'Estoire d'Éracles*, comença à sordre entre les barons de la terre, car il en i avoit qui disoient que cil Amauris ne devoit mie estre hoirs (héritier), li autre se tenoient à lui et leur sembloit que ce estoit sa droiture (= son droit)[1]. » Guillaume de Tyr, pourtant mêlé de près à toute cette affaire, se montre ici bien réticent. Quels arguments pouvaient donc faire valoir les adversaires d'Amaury[2] ? Dans tous les cas, cette opposition inattendue prouve que la féodalité, domptée par une succession de rois forts, était toujours prête à relever la tête. Surviennent des princes faibles, comme le cas se produira malheureusement après Amaury Iᵉʳ, les institutions monarchiques seront paralysées, et la Syrie franque succombera.

Amaury Iᵉʳ était, au contraire, un prince singulièrement énergique et adroit. Guillaume de Tyr ne nous dit pas comment il parvint à briser l'opposition féodale : on nous parle seulement de l'intervention de l'épiscopat en faveur de la conciliation, vraisemblablement aussi en faveur d'Amaury, puisque celui-ci fut couronné par le patriarche du même

420   L'ÉQUILIBRE

nom[3] au Saint-Sépulcre, huit jours après la mort de son frère (18 février 1162). Guillaume de Tyr spécifie que la majorité des barons était d'ailleurs en sa faveur, l'opposition ne représentant qu'une minorité : « Bien le voudrent li plus des barons, maugré aus autres cui (= auxquels) il ne plot mie[4]. »

Pour triompher de l'opposition des barons, Amaury dut consentir à un pénible sacrifice. Il avait épousé, jeune encore, Agnès de Courtenay, fille de l'ancien comte d'Édesse, Jocelin II. Il avait eu d'elle deux enfants : un fils, le futur Baudouin IV, et une fille Sibylle. On ne l'obligea pas moins à la répudier, sous prétexte qu'elle était sa cousine. Guillaume de Tyr nous dit que cette parenté avait jadis été incriminée par le patriarche Foucher d'Angoulême et qu'elle le fut de nouveau, avant la reconnaissance d'Amaury Ier, par le patriarche Amaury de Nesle et le cardinal de Saint-Jean, légat du pape[5]. Au témoignage d'Ernoul, l'affaire donna également lieu, de la part des barons, à une sorte d'ultimatum par lequel les plus arrogants ou les plus malveillants d'entre eux durent être bien aises de faire sentir leur puissance au futur roi. Ils se présentèrent devant lui, et, d'un commun accord, lui déclarèrent qu'ils ne le reconnaîtraient qu'après son divorce : « Amaurri… manda tous les barons de sa tiere, et pour porter couronne en Jherusalem. Il i alèrent tout, et pristrent consel entre iaus. Et quand il orent consoil pris, si vinrent à lui et disent : « Sire, nos savom bien que vous devez « estre rois ; et si (= cependant) ne nous acordons pas en nulle « fin que vous portés couronne, jusques à celle heure (= jusqu'à « ce) que vous serés départis de celle femme que vous avés. « Car telle n'est que roine doie estre, de si haute cité comme de « Jhérusalem[6]. »

Il est difficile de savoir quelles intrigues traduisait une telle démarche. Pourquoi Agnès de Courtenay, descendante des comtes d'Édesse, était-elle déclarée indigne de la couronne royale ? Le veto formulé est d'autant plus surprenant que les barons admirent sans difficulté que les enfants qu'elle avait eus d'Amaury, Baudouin (IV) et Sibylle, resteraient héritiers présomptifs de la couronne : « Nequedent bien fu dit devant le Sepuchre (de) Nostre-Seigneur que li enfant qui d'eus estoient né seroient droit oir et loial en l'héritage[7]. » Toujours est-il qu'Amaury Ier, plutôt que de s'aliéner la noblesse, répudia son épouse. Sans doute ce politique avisé jugea-t-il que le trône de Jérusalem valait bien le sacrifice d'une femme. « Li rois ne vot estre contre le consel de ses hommes ne de la tiere, si (= aussi) se départi de li (= se sépara d'elle)[8]. » Agnès, de son côté, semble avoir pris assez bien son parti de cet abandon, puisque, peu après l'annulation de son mariage, elle se remaria avec Hugue d'Ibelin, seigneur de Ramla, un des principaux barons du royaume[9].

Personnalité d'Amaury Ier.

La souplesse avec laquelle Amaury Ier, pour devenir roi, avait dénoué son mariage, atteste à quel point le nouveau monarque savait tout subordonner aux intérêts de la politique. Aussi bien, le cinquième roi de Jérusalem se présente-t-il à nous comme un des politiques les plus froids de l'histoire franco-syrienne. Il y a, à cet égard, de son frère et prédécesseur Baudouin III à lui, la même différence que de Louis IX à Philippe le Bel.

Guillaume de Tyr, qui avait bien connu Amaury Ier, nous a laissé de lui un portrait fort vivant[10]. Amaury avait vingt-sept ans quand il monta sur le trône de Jérusalem. De taille moyenne, fort gras (« si cras que les mameles li pendoient jusque vers la ceinture, ausi come à une femme »), le visage noble, le teint clair, avec un fort nez aquilin, de beaux yeux, mais, eux aussi, un peu gros, des cheveux blonds, portant toute sa barbe, selon la mode du temps, il avait une majesté naturelle qui le faisait reconnaître entre tous. « Maintes foiz en fu coneuz à (= comme) roi de ceus qui onques mès veu ne l'avoient. » Il était affligé d'un léger bégaiement, mais qui ne lui messeyait pas. Connaissant mieux qu'aucun des barons les droits et coutumes du royaume, c'était un irréprochable juriste. L'*Estoire d'Éracles* nous dit, en faisant allusion à son bégaiement, que « mieuz savoit doner un bon conseil qu'il ne contast une parole. Des costumes (coutumes) par que li roiaumes estoit governez savoit plus que nus des autres barons. Les plez qui venoient devant lui savoit si bien finer, par droit et par raison, que tuit s'en merveilloient. »

422 L'ÉQUILIBRE

En campagne, aguerri comme un simple sergent, « ne lui grevoit guères soffrir chaut ne froit ». Surtout, un sang-froid et un esprit de décision qui ne se démentaient devant aucun péril. « Maintes foiz fu en grant besoinz et en grant perilz de son cors, par les guerres qu'il maintenoit por accroistre le pooir de son roiaume sur les anemis (de) Nostre-Seigneur. Mès touz jorz estoit sages et apensez sanz peor et sanz effroi ; si que il semonoit ses genz de bien fere par oevre et par parole. »

Avec cela, lettré, aimant, dès qu'il avait quelque loisir, à discuter avec les clercs, lisant volontiers lui-même, et d'une mémoire remarquable, encore que Guillaume de Tyr le trouve, à cet égard, moins doué que son frère, l'admirable Baudouin III. « Toutes les foiz qu'il avoit loisir, ne finast jà de faire demandes à ceus qui savoient de clergie ; en livres regardoit mout volentiers, estoires amoit à lire et à oïr plus que autres escriptures. Ce qu'il savoit une foiz retenoit touz jorz. »

Né en Syrie, il s'intéressait fort aux questions indigènes. « Quant messages li venoient d'estranges terres et de lointaing païs, volentiers parloit à eus et leur demandoit les us et les contenances de leur gens. » Un exemple montre, par ailleurs, sa curiosité philosophique. La scène se passe au château de Tyr où le roi était retenu par une fièvre légère. Il fit appeler l'archidiacre (et futur archevêque) Guillaume de Tyr[11] – l'historien de cette période – et l'interrogea sur les preuves de l'immortalité de l'âme. Le prélat lui ayant développé les arguments tirés de l'Écriture Sainte, le roi les déclara insuffisants, objectant en substance que les Infidèles les repousseraient *a priori*, et il ne se déclara satisfait que lorsque Guillaume de Tyr eut invoqué la nécessité purement philosophique d'une sanction suprême des actes, la vie terrestre montrant trop souvent la vertu méprisée et le vice impuni.

Tout le passage serait à citer car il nous laisse entrevoir le mouvement intellectuel dans la Syrie franque[12] : « Dont il avint une foiz que il avoit une fièvre tierceine feblete, et demoroit au chastel de Sur. Au jor qu'elle ne li tint mie, il fist venir devant soi Guillaume qui fu arcevesques de Sur et (qui) ceste estoire mist en latin. A celui fist maintes demandes de choses qui à la divinité apartenoient. Entre les autres li demanda ceste : « Je croi bien, fist-il, certeinnement touz les articles de nostre foi, si come l'en dist en la *Credo* ; et bien croi que, après ceste vie, en sera une qui durra (= durera) touzjorz en l'autre siècle, si come nostre foi le dist ; mès mout sauroie volentiers raison par que l'en puisse ce prover qu'il en soit einsi. » Cil qui estoit bons clers et maintes escriptures avoît entendues, li respondi que Nostre Sires (= Jésus-Christ) dist en l'Évangile que il vendra juger les vis et les morz...

« A ce li respondi li Rois, qui mout estoit de bon sens : Je sai bien que l'Évangile en parole (= en parle) certeinnement en mainz leus..., mès se je parloie à genz mescreanz qui ne reçoivent mie ne ne croient nos Escriptures, je sauroie volentiers (= je désirerais savoir) raison bone par que (= par laquelle) je leur poïsse mostrer, sanz tesmoing d'Escripture, que une autre vie sera et un autre siècle après cestui. » Li preudom (= Guillaume de Tyr) li respondit : « Ce vos mosterrai-je bien, se vos voulez à droit respondre. Or, soiez en leu (= à la place) à un de ces mescréanz, et me respondez si com il feroit : Vos savez bien que Dieus est – C'est bien voirs (= vrai), dist li Rois. – Il a touz les biens en lui ; autrement ne seroit il mie dieus, se il failloit (= manquait) en lui aucuns biens ; donques est-il droituriers, donques rent-il bien por bien et mal por mal ; autrement ne feroit-il mie droit. » Li Rois dist : « De ce ne dout-je mie que il en soit einsi. » Cil Guillaumes ala avant : « Vos véez bien, fist-il, que ce ne fest il mie par tout en cest siècle ; car li preudome (= les honnêtes gens) suefrent en ceste vie maintes povretez et torz et mesaises que l'en leur fet sovent. Li mal home sont riche et poissant ; aises ont et déliz (= délices) en maintes manières. Mout leur plaist à faire mal, et leur en cheit bien des mauvaises oevres faire en cest monde ; donques veez vos bien que Nostre Sires ne fet mie en ceste siècle son droit jugement. Or sachiez donc que il le fera en l'autre, car autrement remendroit li biens sur les maus (= mauvais) homes et li maus sur les bons ; donques sera il uns autres siècles où cil qui bien auront fet recevront bon loier, et li autre comparront leur males oevres. » Quant li Rois oï ce, si ot mout grant joie, et dist que, contre ce, ne se porroit nus deffendre que il ne soit après ceste vie un autre siècle. »

424 · L'ÉQUILIBRE

Par ailleurs nous savons que c'est encore le roi Amaury qui décida Guillaume de Tyr à composer sa grande histoire, « l'histoire de ses prédécesseurs et la sienne[13]. »

Malgré son embonpoint, nous dit l'*Éracles*, Amaury n'était ni gros mangeur ni grand buveur. « Il n'avoit mie celle gresse de trop grant viande prendre, car en boivre et en mengier estoit il mout temperez et de grant astenance. » On le loue encore de ce qu'il ne se laissait prendre ni aux « jeux de table » – les dés si recherchés de la société d'alors – ni aux « vanités » des jongleurs et ménetriers, divertissements auxquels il préférait le noble délassement de la chasse au faucon ou à l'épervier. Comme tous les princes de sa dynastie, il était pieux. Il n'était ni rancunier ni malveillant, oubliant ou feignant de ne pas entendre les mauvais propos sur sa personne. « Maudiçons et mesdiz que l'en disoit maintes foiz de lui, il les passoit mout légièrement ; maintes foiz les ooit-il à basses genz dire que jà n'en feist semblant. » Guillaume de Tyr semble même lui reprocher sa confiance à l'égard de son entourage. « Ses bailliz et ceus qui s'entremetoient de faire son despens créoit (= croyait) tant que nules foiz ne vouloit oïr ses contes ; et se l'en li disoit que cil n'estoient mie loial gent, n'en vouloit nului escouter. Aucunes genz li tenoient ceste chose à mal et à folie ; li autre disoient qu'il le fesoit de gentil cuer et de loial. »

Avec ces grandes qualités, des défauts. Ses mœurs étaient si libres qu'il s'en prenait même à l'honneur des femmes mariées. Il n'avait pas l'affabilité de son frère Baudouin III, si populaire pour sa bonne grâce à adresser la parole à chacun. Amaury, au contraire, était distant et taciturne. Il n'adressait la parole aux gens que quand il ne pouvait l'éviter, « si en fu (d'autant) plus blasmez por ce que ses frères (= son frère) en avoit esté mout loez de bel parler à la gent ». Succédant à un prince qui, par la courtoisie de son langage et sa familiarité avec chacun, avait conquis tous les cœurs, il ne faut pas s'étonner que le nouveau roi, par la hauteur, la froideur et la sévérité de son abord, ait soulevé de sérieuses antipathies. L'opposition d'une partie de la noblesse à son avènement ne s'explique peut-être pas autrement. Quant à celle du clergé (puisque ce fut pour des prétextes canoniques qu'on l'obligea à répudier sa femme), elle dut avoir des raisons analogues, car sa dévotion ne l'empêchait nullement d'empiéter sur les privilèges des clercs et les biens des églises. « Contre la franchise des clers et de Sainte Église mesprenoit pluseurs fois, car il prenoit de leur choses sanz raison et contre droit. » Plus généralement on lui reprochait sa fiscalité excessive qu'il excusait par les nécessités de la guerre sainte. « Convoiteus estoit plus qu'il n'aferoit à un roi, et volentiers prenoit services de ceus qui devant lui avoient afere. Nequedent, quant il estoit blasmez de ces choses, il s'en escusoit en ceste manière, car il disoit que chascuns princes, meesmement rois, se doit touzjorz tenir au dessus, si que il ait assez riches pour deus choses. Car tui cil qui sont en son pooir sont en greigneur (= plus grande) seurté quant leur sires est riches, por ce que si anemi ne li osent movoir contens (= chercher querelle) ; et se besoinz li sourt, il a bien (ce) dont il se puisse aidier et deffendre, car quanqu'il a (tout ce qu'il a) espargné doit estre mis ès preuz (= au service) du roiaume. » Donc fiscalité dirigée uniquement par la raison d'État. La preuve en est que ce monarque économe savait, chaque fois que l'intérêt du royaume l'exigeait, se montrer libéral : « nus hom ne fu oncques plus larges de faire granz despens quant il le covenoit à faire. »

Au reste les historiens arabes, juges impartiaux, ne nous cachent pas l'admiration que leur inspire « Murrî, le malik des Francs » : « Depuis que les Francs avaient paru pour la première fois en Syrie, écrit Ibn al-Athîr, ils n'avaient jamais eu de roi qui égalât celui-ci en courage, en ruse et en habileté[14]. »

Amaury Ier et le renouvellement de la politique franque : L'orientation vers l'Égypte.

Cet homme froid et taciturne, qui évoque par plus d'un trait moral notre Philippe le Bel, devait faire preuve d'un singulier esprit d'imagination novatrice en orientant la politique franque du côté de l'Égypte.

Orientation toute nouvelle des Croisades, déjà entrevue d'ailleurs par Baudouin III, mais à laquelle Amaury allait donner une impulsion décisive. Orientation parfaitement logique. La constitution en Syrie d'un grand royaume turc

426 L'ÉQUILIBRE

unitaire, englobant Alep, Hamâ, Homs et Damas, fermait aux Francs l'horizon du nord-est. Désormais contenus de ce côté par Nûr al-Dîn, il ne leur restait d'issue qu'en direction de l'Égypte, d'autant que si la puissance zengide, en Syrie, était à son apogée, le khalifat du Caire arrivait au dernier degré de la décadence.

Un retour sur l'Égypte fâtimide est ici nécessaire.

§ 2. — LES RÉVOLUTIONS D'ÉGYPTE ET L'INTERVENTION FRANQUE. L'INDÉPENDANCE ÉGYPTIENNE SAUVÉE PAR LES FRANCS (1164).

Les drames de la cour d'Égypte. Assassinat du khalife al-Zâfir par le vizir 'Abbâs. Fuite de 'Abbâs et vizirat d'Ibn Ruzzîk.

Il y avait longtemps que la dynastie fâtimide, en Égypte, n'était plus qu'un jouet aux mains des vizirs, maires du palais sans scrupule qui, l'un après l'autre, s'ouvraient le pouvoir par la voie du crime. C'est à propos de cette période de l'histoire musulmane qu'on peut vraiment parler de l'assassinat comme institution de gouvernement.

En mars 1154 le Khalife al-Zâfir (1149-1154) avait péri, victime de ses mœurs. Il avait pris pour favori un jeune garçon, Nasr, fils de son vizir 'Abbâs. Mais s'il aimait le fils, il supportait impatiemment la tutelle du père. Aussi cherchat-il à pousser le jeune homme à commettre un parricide. Dans ce but il comblait son favori de présents, « un jour vingt plateaux en argent, contenant 20 000 dînârs, un autre jour une collection merveilleuse de vêtements de parade, puis cinquante plateaux d'argent contenant 50 000 dînârs, et, finalement la riche province de Qalyûb, au nord-ouest du Caire. Ébranlé par ces largesses, le favori était sur le point d'empoisonner son père, lorsque l'historien syrien Usâma ibn Munqidh, pour lors refugié à la Cour du Caire, et ami intime, lui aussi, de Nasr, le détourna de ce crime[15]. Après quoi l'émir munqidhite alla trouver le vizir et le mit au courant des relations existant entre son fils et le khalife. À cette nouvelle, le père, atterré et furieux, résolut, sur les conseil d'Usâma, de se venger en assassinant le khalife. (Notons, par parenthèse, que le caractère de l'émir munqidhite, si chevaleresque, semblait-il, jusqu'ici, se présente en toute cette affaire sous un jour assez différent.)

Pour faire réussir le complot, Usâma se chargea de réconcilier le père et le fils. Et alors, par un étrange renversement qui montre bien la vilenie de cette Cour décadente, ce fut ce même Nasr, hier encore décidé à empoisonner son père pour faire plaisir au khalife, qui accepta de son père la mission d'assassiner le khalife, son bienfaiteur. Le jeune homme attira donc al-Zâfir chez lui durant la nuit, l'y poignarda et jeta le cadavre dans un souterrain de sa maison. Quant à 'Abbâs, il eut l'audace de se rendre le lendemain matin au palais comme pour demander audience à ce même khalife qu'il venait de faire disparaître. Ne le trouvant pas – et pour cause ! – il feignit d'imputer sa mort aux deux frères de la victime ainsi qu'aux autres dignitaires qu'il avait intérêt à supprimer et les fit tous égorger par les soldats. « On entendait le cliquetis des épées s'acharnant sur les victimes », écrit Usâma, le complice et l'organisateur de cette tuerie, qui feint pieusement d'en déplorer l'horreur. Entre temps, 'Abbâs, après avoir fait main basse sur le trésor khalifal, proclama khalife le fils du prince qu'il venait de faire assassiner, un enfant de cinq ans, nommé al-Fâ'iz. « 'Abbâs le porta sur ses épaules et le fit asseoir sur le trône royal ». Scène digne de Tacite[16].

Le crime inspiré par Usâma semblait avoir réussi lorsque, à sa grande surprise, le vizir régicide vit se soulever contre lui la garde noire et le personnel du palais. Les sœurs du khalife assassiné avaient envoyé des lettres, renfermant des tresses de leurs cheveux, à Talâ'i ibn Ruzzîk, gouverneur de Munyat Banî Khassîb, en Haute Égypte, pour le supplier de venir les sauver. Ibn Ruzzîk, personnalité forte, d'origine arménienne comme beaucoup de dignitaires égyptiens de ce temps, marcha sur le Caire. 'Abbâs réussit d'abord à l'arrêter, mais, effrayé de l'hostilité qu'il discernait parmi les émirs et la troupe, il résolut de s'enfuir en Syrie avec une énorme caravane chargée de ses trésors. Usâma lui-même était prêt à le trahir pour Ibn Ruzzîk, comme on peut le lire entre les lignes de l'*Autobiographie*[17]. Aussi 'Abbâs, pour prévenir sa défection, l'obligea-t-il à l'accompagner dans sa fuite, le 29 mai 1154, à l'aube. Mais les serviteurs mêmes du vizir, le

428   L'ÉQUILIBRE

trahissant, eux aussi, se mirent à piller sa caravane, imités bientôt par toute la populace du Caire.

'Abbâs et une poignée de fidèles (dont Usâma, fidèle malgré lui) purent enfin s'échapper vers le Sinaï et l'Idumée, en direction d'Aila d'où ils comptaient remonter vers la Transjordanie et Damas. En route ils eurent d'abord à subir les attaques des Bédouins, puis, en approchant des frontières franques, ils furent surpris à l'aube du 7 juin 1154 dans les monts al-Muwailih, à la séparation de la péninsule du Sinaï et de l'Arabie Pétrée, par les Francs du Krak de Montréal qui, selon la remarque de Derenbourg, avaient peut-être un fort avancé dans ce site[18]. 'Abbâs fut tué, Nasr fait prisonnier, tous leurs trésors tombèrent entre les mains des Francs.

Comme les chroniques arabes, l'*Éracles* fait allusion au combat où « Habeys » (= 'Abbâs) et son fils « Noseredins » (Nasr) tombèrent dans une embuscade franque[19] : « Quant il orent eschivé un péril, si chéirent en l'autre, car nostre crestien, qui oïrent dire que tel genz s'en aloient einsi, se furent assemblé et se mistrent en un embuschemenz par là où il devoient passer. Quant li Turc (*sic* = les fugitifs égyptiens) s'aprochièrent d'iluec, qui ne s'en gardoient, cil saillirent hors et leur coururent sus. A l'assembler fu ocis Habeys, li autre se desconfirent. Presque tuit furent ou mort ou pris, pou s'en foï. Ces granz richèces d'Égypte qu'il emportoient, vindrent ès mains à nostre gent. Tant i gaaignèrent que i furent tuit riche. » Seul, avec une poignée des siens, l'historien Usâma réussit à gagner à franc étrier le Wâdì Mûsâ, d'où il put enfin à travers mille péripéties atteindre Damas (19 juin)[20].

Quant à Nasr, devenu prisonnier des Templiers, il n'hésita pas, pour se sauver, à feindre la conversion. On le vit apprendre le parler des Francs et demander le baptême : « Sovent ooit parler de nostre foi et mout i entendoit volentiers. Noz letres aprist-il, si qu'il lisoit bien en pou de tens. Puis requist de mout bon cuer que il fu baptisiez[21]. » Mais trop de haines veillaient en Égypte contre l'ancien favori. Le nouveau vizir, Ibn Ruzzîk, offrit aux Templiers de leur acheter son ennemi pour 60 000 dînârs. Devant l'appât d'une telle somme, les Templiers, insensibles à la comédie de conversion que jouait le malheureux, n'hésitèrent pas à le livrer. Transporté au Caire dans une cage de fer, le mignon assassin fut mutilé par les veuves d'al-Zâfir avec une sauvage cruauté et finalement, le 30 juin 1154, crucifié vivant par ordre d'Ibn Ruzzîk, à la Porte de Zawîla, au sud du Caire, d'où son cadavre ne fut détaché que deux ans plus tard.

Les drames de la Cour d'Égypte. Assassinat d'Ibn Ruzzîk. Rivalité de Shâwar et de Dirghâm.

Ainsi débarrassé de son rival, Ibn Ruzzîk resta sept ans tranquille possesseur du vizirat, c'est-à-dire maître absolu de l'Égypte (1154-1161). L'habile Arménien sut d'ailleurs se défaire de tous les opposants par les méthodes ordinaires. En juillet 1160, le jeune khalife al-Fâ'iz, qui lui servait de paravent, mourut à l'âge de onze ans[22]. Depuis les scènes horribles de son avènement, où il avait vu ses deux oncles massacrés presque à ses côtés, le malheureux enfant était resté atteint de convulsions. Ibn Ruzzîk éleva alors au trône le cousin du défunt, al-'Adid, âgé de neuf ans, un autre enfant sous le nom duquel il entendait bien perpétuer sa dictature. Comme le peuple applaudissait le nouveau Commandeur des Croyants donné par Allâh, « ces imbéciles, ricana Ibn Ruzzîk, ne savent pas qu'il y a une heure je passais en revue les membres de la famille khalifale comme on fait un choix parmi les moutons ![23] ». Dès que al-'Adid eut atteint l'âge de la puberté, Ibn-Ruzzîk fit de lui son gendre. Le pouvoir de l'Arménien semblait définitivement assis, lorsqu'un nouveau drame de sérail y mit brusquement fin.

Cette fois encore ce furent les femmes du palais qui prirent l'initiative du mouvement. La tante paternelle du jeune khalife soudoya des émirs pour assassiner le tout-puissant ministre. Ibn Ruzzîk ne se doutait de rien et cependant trois jours avant le drame il écrivait des vers mélancoliques où passe comme un pressentiment de sa fin :

« Nous sommes plongés dans l'insouciance et le sommeil, mais la mort a des yeux éveillés, que l'on n'endort jamais.

« Voilà bien des années que nous marchons vers elle. Plût à Dieu que je connusse quand elle arrivera ! »

Au jour convenu, les conjurés, à l'affût dans le vestibule du palais, attendirent le vizir et, dès qu'il parut, le frappèrent de leurs couteaux. Bien que blessé à mort, il survécut quelques

430   *L'ÉQUILIBRE*

jours encore – assez pour se venger. Agonisant, il eut encore la force de se faire livrer par le jeune khalife terrifié la tante de celui-ci, instigatrice de l'assassinat, et il la tua de sa propre main. Il légua en mourant le vizirat à son fils al-'Adil Ruzzîk (septembre 1161)[24].

Al-'Adil ne conserva le pouvoir que quelques mois. Entre décembre 1162 et janvier 1163 il fut renversé et mis à mort par le gouverneur de la Haute-Égypte, Shâwar, qui devint vizir avec le titre d'amîr al-juyûsh (chef des armées)[25]. Mais la cupidité de la famille de Shâwar lui aliéna jusqu'à ses officiers[26]. Un émir de race arabe, qu'il avait cependant élevé à la dignité de grand chambellan, *D*irghâm, « le Lion », – d'ailleurs soutenu en sous main par le khalife – se révolta contre lui en août de cette même année 1163 et le chassa d'Égypte[27]. *D*irghâm, devenu vizir, se livra à de terribles actes de répression préventive, faisant exécuter tous les émirs dont il soupçonnait la fidélité, ce qui, selon la remarque d'Ibn al-A*th*îr, eut pour résultat d'affaiblir dangereusement les forces de l'Égypte[28].

Le roi Amaury et l'anarchie fâtimide.
Première campagne d'Égypte (1163).

Ce fut alors que le roi Amaury de Jérusalem conçut l'idée d'intervenir. L'anarchie fâtimide ne constituait-elle pas une occasion unique de conquérir l'Égypte ? Au témoignage de Guillaume de Tyr comme de Michel le Syrien, déjà Baudouin III après la mort d'al-Fâ'iz (1160) avait profité des guerres civiles du Caire pour obtenir du Gouvernement fâtimide la promesse d'un tribut de 160 000 dinars[29]. Amaury prit prétexte du non-versement de ce tribut pour envahir le Delta (septembre 1163). Il traversa l'isthme de Suez sans encombre, défit au bord de la branche pélusiaque l'armée de *D*irghâm et vint assiéger Bilbeîs, l'ancienne Péluse, clé du Delta. Une partie des remparts était déjà tombée entre ses mains, lorsque *D*irghâm, profitant de la crue du Nil, coupa les digues et tendit une inondation qui força les Francs à la retraite[30].

Amaury rentra en Palestine, mais il avait pu mesurer toute la faiblesse de l'État égyptien. Dès ce moment il conçut le projet de conquérir l'Égypte, et, dans une lettre d'un intérêt passionnant, s'en ouvrit au roi de France Louis VII : « Comme nous chérissons votre personne et votre royaume et sommes dévoués à votre service, et espérons tous spécialement en vous et en votre royaume, nous jugeons convenable de notifier le succès de nos armes à Votre Majesté[31]. » Comment proclamer plus nettement que le royaume latin de Jérusalem se considérait comme une France d'outre-mer, une dépendance morale du royaume capétien ? À la veille de changer l'orientation générale des Croisades, ce n'est pas au chef du Saint-Empire, c'est au roi de Paris que s'adresse solennellement le monarque syrien. Tant il est vrai que les considérations ethniques primaient ici le point de vue juridique et que le successeur de Baudouin III sentait et parlait en roi français. Un tel document jette une lumière décisive sur le caractère réel de la Syrie franque. État international latin en droit, c'était en fait un État français. Et, après avoir exposé ses succès, preuve de la décadence fâtimide, Amaury conviait Louis VII à l'aider pour la conquête de la vallée du Nil. « Si donc, comme de coutume, votre vertu magnifique tient à nous porter secours, l'Égypte pourra être facilement marquée du signe de la Croix. »

Victoire des Francs sur Nûr al-Dîn à la Boquée (1163).

Pour empêcher l'intervention franque dans les affaires égyptiennes, Nûr al-Dîn entreprit une série de puissantes diversions en Syrie. Dès 1162, peu après la mort de Baudouin III et l'avènement d'Amaury, il avait essayé de profiter du changement de règne pour attaquer la principauté d'Antioche et reprendre Harenc (*Hârim*). « Il attaqua la place vivement, nous dit Ibn al-A*th*îr, mais elle résista à tous ses efforts grâce au nombre de chevaliers francs et de braves guerriers qui s'y trouvaient. Les Francs, mis au courant, convoquèrent leurs cavaliers et leurs fantassins de toutes les provinces, firent de nouvelles levées, réunirent des approvisionnements et se préparèrent à agir. Ils se dirigèrent ensuite contre Nûr al-Dîn, afin de l'obliger à lever le siège, et, étant arrivés dans son voisinage, ils reçurent de lui l'invitation d'en venir à une bataille rangée. Au lieu de répondre à ce mes-

432   L'ÉQUILIBRE

sage, ils firent des propositions amicales, dans l'espoir de gagner du temps. Nûr al-Dîn, voyant qu'il ne pouvait pas prendre le château de *H*ârim et que les Francs ne voulaient pas risquer une bataille, rentra dans ses États[32]. »

L'attaque contre la principauté d'Antioche ayant échoué, Nûr al-Dîn, toujours pour empêcher les Francs d'avoir les mains libres du côté de l'Égypte, se retourna au printemps de l'année suivante (1163) contre le Comté de Tripoli, le plus faible des trois États francs. Il s'agissait de s'emparer de la grande forteresse du Krak des Chevaliers (Qal'at al-*H*osn, *H*osn al-Akrâd), après quoi on irait assiéger Tripoli même. L'atâbeg vint se poster dans la plaine de la Boquée (al-Buqaî'a al-*H*osn), au sud-est du Krak, au nord du coude du Nahr al-Kébir[33].

Or les Francs venaient de recevoir des renforts. Deux puissants barons français, Hugue VIII de Lusignan, dit Hugue le Brun, comte de la Marche, et Geoffroi Martel, frère du comte d'Angoulême, Guillaume Taillefer, étaient venus cette année en pèlerinage en Terre Sainte. Après avoir accompli leurs dévotions à Jérusalem, ils se dirigeaient vers Antioche, sans doute dans le dessein de se rembarquer à Saint-Siméon, lorsqu'ils apprirent que Nûr al-Dîn était entré sur les terres du comté de Tripoli et qu'il campait sous le Krak des Chevaliers. Différant leur départ, les deux barons se mirent en devoir de le chasser. À eux se joignirent les forces immédiatement disponibles de la principauté d'Antioche et du comté de Tripoli, ainsi qu'un corps byzantin débarqué par mer et commandé par le « duc » de Cilicie Constantin Coloman, et tous se mirent en marche avec la plus grande célérité vers le Krak[34]. La « chevauchée » était conduite, en plus de Hugue de Lusignan et de Geoffroi Martel, par Robert Mansel ou Mansiaux[35], et par le procurateur du Temple, Gilbert de Lascy[36].

Nûr al-Dîn, toujours campé dans la plaine de la Boquée, n'avait pas encore commencé le siège du Krak des Chevaliers. Confiant dans sa force, il ne s'attendait pour le moment à aucune réaction et se gardait mal. « Noradins, écrit l'auteur d'*Éracles*, se demoroit au leu que l'on apele la Bouchie ; en si grant orgueil estoit montez que bien li sembloit que riens ne li poïst nuire ; por ce se gardoit mauvaisement[37]. » Il ne sut rien de l'approche de la cavalerie franque qui, venant du nord-ouest, traversait en silence les cols du Jebel Nosairi pour donner la main aux Hospitaliers du Krak. Masqués par la puissante forteresse, les Francs purent même parvenir aux avant-postes turcs sans donner l'éveil. Quand ils tombèrent en trombe sur le camp de l'atâbeg, la surprise fut complète, tout fut emporté d'un seul élan, sabré, pris ou dispersé en quelques instants (1163) : « C'était l'heure de midi, écrit Ibn al-Athîr. À cause de la chaleur les soldats de Nûr al-Dîn se tenaient sous leurs tentes quand, tout à coup, on vit apparaître les croix (= les bannières) des Francs derrière la montagne de Hosn al-Akrâd. Les cavaliers francs arrivaient sur l'avant-garde musulmane sans avoir été aperçus ! Ce corps essaya en vain de les repousser. Culbuté par les Francs et poursuivi par eux, il arriva au camp de Nûr al-Dîn en même temps que l'ennemi. Avant que les Musulmans aient eu le temps de monter à cheval et de prendre leurs armes, les Francs surgirent au milieu d'eux, les abattant à coups d'épée, tuant une foule de gens et faisant de nombreux prisonniers. Comme les Francs s'élançaient vers la tente de Nûr al-Dîn, celui-ci en sortit précipitamment par la porte de derrière, sans avoir eu le temps de mettre son habit, et sauta sur un cheval de relais sans s'apercevoir que l'animal avait encore le pied attaché au piquet. Un cavalier kurde qui mit pied à terre et coupa l'entrave fut tué, mais Nûr al-Dîn put s'échapper[38]. »

Même récit dans l'*Éracles* : « Tandis comme li Turc ne se prenoient garde, (les chrétiens) leur corurent sus, et tant en occistrent que touz li païs fut jonchiez des morz ; de si grant ost com estoit là assemblez en eschapèrent mout pou. Noradins meismes, qui estoit si orgueilleus, s'en eschapa à grant peine sur une jument, un pié deschaucié ; honteusement s'enfoï par grant péril. Li nostre gaaignièrent tant chevaus et richèces de maintes manières que li plus povres en ot assez »[39].

Signalons, d'après Ibn al-Athîr, témoin impartial en la matière, le rôle important joué dans la bataille par le « duc » byzantin Constantin Coloman, « al-Dûqas », comme il l'appelle[40]. « Celui qui s'acharna le plus sur les Musulmans fut le grec al-Dûqas, qui venait de débarquer sur la côte avec une nombreuse troupe de ses compatriotes[41]. » Nous avons

434   *L'ÉQUILIBRE*

dû assez souvent déplorer l'inertie de la collaboration byzantine pour souligner ici l'efficacité d'un tel concours ; concours d'autant plus méritoire qu'il s'agissait, en somme, de sauver les États du comte de Tripoli Raymond III, le même qui, deux ans auparavant, venait de faire ravager les côtes de Chypre[42].

Quant à Nûr al-Dîn, sauvé de justesse, il s'enfuit d'une seule traite jusqu'à *Homs*, à 33 kilomètres du champ de bataille. On croyait qu'il ne s'arrêterait pas avant Alep, mais il se ressaisit et regroupa les débris de son armée sur les bords du lac de *Homs*. Ibn al-A*th*îr affirme que sa résolution en imposa aux Francs qui renoncèrent à leur projet de marcher sur *Homs*. D'après le même auteur, les Francs lui proposèrent alors de conclure une trêve, proposition que, profondément humilié de sa défaite, il repoussa. En réalité, il y eut équivalent de trêve, puisque, dit Ibn al-A*th*îr, Nûr al-Dîn « laissa les Francs en repos ». Les Francs, avant de se retirer, renforcèrent la garnison du Krak des Chevaliers, puis, ramenant leur butin et leurs prisonniers, ils « s'en retornèrent à grant joie vers la terre d'Antioche ».

L'abandon par les Francs de l'idée d'exploiter la belle victoire de la Boquée en attaquant *Homs* montre qu'en Syrie, face à Nûr al-Dîn, ils se tenaient maintenant sur la défensive. C'est du côté de l'Égypte fâ*t*imide qu'ils entendaient désormais s'agrandir. Il est vrai que c'étaient les Égyptiens eux-mêmes qui venaient solliciter les princes de Syrie – tant musulmans que chrétiens – d'intervenir dans leurs guerres civiles.

Première intervention zengide en Égypte. Shâwar réfugié à la cour de Nûr al-Dîn et restauré au Caire par l'armée de Shîrkûh (mai 1164).

Quelques mois après la bataille de la Boquée, l'ancien vizir d'Égypte, Shâwar, chassé, comme on l'a vu, du Caire par la victoire de son compétiteur *Dirghâm*, se réfugia en Syrie musulmane[43]. Il se présenta à la cour de Nûr al-Dîn qui lui fit le meilleur accueil. Il sollicita alors du puissant atâbeg l'envoi en Égypte d'un corps expéditionnaire pour le restaurer dans le viziriat. Le projet était séduisant. Non seulement

Shâwar offrait, une fois rétabli, de rembourser les frais de l'expédition, mais aussi d'abandonner à Nûr al-Dîn le tiers des revenus du gouvernement égyptien, ce qui équivalait à rendre l'Égypte tributaire de l'État zengide[44]. Mieux encore, Shâwar s'engageait à reconnaître la suzeraineté de l'atâbeg (« à ne gouverner qu'en vertu de ses ordres et défenses et d'après ses instructions ») et à lui céder une partie du territoire égyptien, évidemment dans le nord-est du Delta[45].

Nûr al-Dîn, dont le caractère, en dehors de ses crises de mysticisme pour le jihâd, se révèle, dans toute cette histoire, singulièrement timoré (quelle différence avec son père Zengî !), hésita longtemps à accepter. Tantôt, nous dit Ibn al-Athîr, il était disposé en faveur de cette expédition par le désir d'accroître son royaume et d'acquérir de nouvelles forces pour lutter contre les Francs ; tantôt il redoutait d'aventurer ses armées si loin de leurs bases, séparées de lui par la masse du royaume franc, « à moins toutefois de prendre le chemin du désert (d'Idumée), mais là aussi les Francs (des Krak de Moab et de Montréal) seraient à craindre »[46]. Il se décida cependant après avoir tiré un augure du Qor'ân, et, en avril 1164, envoya en Égypte, avec Shâwar, un corps expéditionnaire commandé par son lieutenant, l'émir kurde Asad al-Dîn Shîrkûh. Pour empêcher les Francs de barrer la route à l'expédition, Nûr al-Dîn fit une démonstration contre leurs frontières, entre Damas et Panéas.

En apprenant les préparatifs faits contre lui à la cour de Nûr al-Dîn, le nouveau vizir égyptien Dirghâm se sentit perdu. Que valaient contre les troupes turco-syriennes les contingents égyptiens qui, comme le dit l'Éracles « trop estoient mol et mauvais en armes » ? Le vizir aux abois, imitant une pratique constante dans la féodalité syrienne musulmane du douzième siècle, fit appel aux Francs. Il offrait au roi Amaury, si celui-ci barrait la route à l'invasion zengide, un traité d'alliance perpétuelle qui eût fait de l'Égypte fâtimide la cliente docile du royaume de Jérusalem. « Ses messages envoia au roi Amaury et li pria mout doucement qu'il li aidast à deffendre la terre d'Égypte contre ces genz qui venoient sur lui. Treuz (= tribut) li promist, ne mie seulement celui que li rois Baudoins, ses frères (= son frère), soloit (= avait coutume de) recevoir de la terre, mais trop

436   L'ÉQUILIBRE

greigneur (bien plus grand) et bien le voloit asseurer par bons ostages que li roiaumes d'Égypte li seroit mes touz jorz (= à jamais) sougiez et obeissanz à fere sa volenté[47]. » Cette ambassade fut bien accueillie par Amaury qui se prépara aussitôt à intervenir en faveur de Dirghâm, « por ce que ni li desplesoit mie se il pooit aidier à grever les uns de ses anemis par les autres »[48].

Mais c'était un rude homme de guerre que Shîrkûh. Malgré son âge et ses disgrâces physiques – il était petit, obèse, à peu près borgne – le vieil émir kurde sut animer son armée par son exemple. Sa marche à travers le désert fut si rapide qu'il atteignit le Delta avant que les Francs, d'ailleurs gênés par la diversion de Nûr al-Dîn, aient eu le temps d'intervenir. Le frère de Dirghâm, Nasr al-Muslimîn, qui essaya d'arrêter l'invasion devant Bilbeîs fut complètement battu à Tell Basta (Bubaste), et Shîrkûh, ramenant Shâwar, apparut sous les murs du Caire (début de mai 1164). Dirghâm essaya de lui tenir tête, mais abandonné par le peuple et par ses troupes et désavoué par le khalife, il fut tué en cherchant à fuir, pendant que Shâwar rentrait en triomphe au Caire et se faisait rétablir dans le viziriat (fin mai 1164).

Rupture de Shâwar avec Shîrkûh.
Appel du vizir d'Égypte à l'intervention franque.

Mais entre le vizir restauré et les Syriens auxquels il devait cette restauration la mésentente ne tarda pas à se glisser. Shîrkûh, après avoir rétabli Shâwar, campait maintenant sous les murs du Caire, attendant le paiement des indemnités et le versement du tribut promis. Shâwar, au contraire, ne songeait qu'à éluder sa promesse, puis, voyant que ses faux-fuyants ne servaient de rien, il leva le masque et invita Shîrkûh à regagner la Syrie. Shîrkûh répondit en exigeant le versement des sommes convenues ; et, comme Shâwar s'y refusait, Shîrkûh saisit, à titre d'hypothèque, la ville de Bilbeîs et toute la province d'al-Sharqiya (Delta oriental)[49]. Alors Shâwar n'hésita plus. Comme son prédécesseur, il fit appel aux Francs. « Pour ce, sitost com il pot, envoia ses messages au roi Amauri et li manda que il li venist aidier, car il estoit prez de tenir les covenances que

AMAURY Ier ET LA CONQUÊTE DE L'ÉGYPTE 437

Dargan (= Dirghâm), qui morz estoit, li avoit promises et pardesus cez, li donroit encore greindres (plus grandes) choses[50]. »

La question d'Égypte en 1164. Son importance mondiale.

La question égyptienne était posée. Autant d'ailleurs, que les demandes d'intervention des deux vizirs rivaux, le caractère de la population égyptienne, selon la remarque de Guillaume de Tyr, appelait en quelque sorte l'invasion[51]. Il y avait longtemps que l'élément belliqueux venu du Maghreb avec les premiers Fâtimides avait été absorbé par le milieu. Or le commerce faisait du Caire et d'Alexandrie les entrepôts des richesses de l'Inde et de l'Extrême-Orient. Quelle tentation pour les races militaires, Francs ou Turcs ! « La terre d'Égypte mout estoit riche et planteive (= pleine) de toutes manières d'aises et de deliz (délices) ; rentes i avoit trop granz et paages (= péages) et des treus (tributs, douanes) que l'en cueilloit (= recueillait) de diversses marcheandises qui venoient par la mer et par la terre. Les genz du païs ne savoient rien d'armes, aincois estoient norri si délicieusement qu'il ne povoient soffrir nul travail, aincois les troveroit l'en, en toutes besongnes, mous et lasches[52] ».

Les richesses de l'Égypte étaient à prendre. Toute la question était de savoir si elles dépendraient des Francs d'Amaury ou des Turcs de Nûr al-Dîn. Dans le premier cas la Syrie franque, réduite de moitié au Nord par les conquêtes de Nûr al-Dîn, retrouverait une vigueur nouvelle. Solidement appuyée sur le camp retranché du Delta – où l'élément copte lui permettait d'escompter l'appui d'une partie de la population indigène – elle pourrait braver les menaces venues d'Alep et de Damas. Dans le second cas au contraire, si les Turcs de Damas et d'Alep prenaient pied sur les bords du Nil, c'était l'encerclement de la Syrie franque ; prise dans un étau, ne bénéficiant plus de la division religieuse entre Sunnites et Shî'ites, isolée en face d'un Islam ayant refait son unité religieuse et politique, elle serait condamnée à disparaître. De toute façon, l'ouverture de la succession fâtimide, proclamée par les demandes d'intervention de Shîrkûh à Nûr al-Dîn et de Shâwar à Amaury, annonçait que la question syrienne

438 L'ÉQUILIBRE

entrait dans une phase décisive. Des virtualités historiques qui avaient somnolé un demi-siècle se réveillaient brusquement. Les événements se précipitaient. La course à l'Égypte entre Amaury et Shîrkûh allait décider du duel de la Croix et du Croissant.

De la solution à intervenir sur le Nil dépendait le sort des Croisades. Ce fut le mérite d'Amaury Ier de l'avoir compris avec une étonnante netteté dans le camp latin, comme ce fut le mérite de Shîrkûh de l'avoir deviné dans le camp musulman, à l'heure où Nûr al-Dîn hésitait encore. « Shâwar, nous dit Ibn al-Athîr, envoya demander du secours aux Francs et leur représenta la puissance de Nûr al-Dîn, si ce prince devenait une fois maître de l'Égypte. Déjà les Francs avaient regardé leur perte comme assurée dans le cas où Nûr al-Dîn achèverait la conquête de cette contrée. Lors donc que Shâwar leur demanda de l'aider à chasser Shîrkûh de l'Égypte, ce fut pour eux une espèce d'issue sur laquelle ils ne comptaient pas »[53]. Guillaume de Tyr rapporte de son côté que dès qu'Amaury eût reçu les messagers de « Savar », il prit conseil de ses barons, rassembla son armée et se mit en marche vers l'Égypte[54]. Ibn al-Athîr nous apprend enfin que, peu auparavant, de nombreux contingents de pèlerins occidentaux étaient arrivés à Jérusalem. Une partie de ces Croisés accompagna Amaury dans son expédition, tandis que le reste demeurait dans les principautés franques pour les défendre en l'absence du roi[55].

Deuxième campagne d'Amaury Ier en Égypte.
L'indépendance égyptienne sauvée par les Francs.

Amaury se mit aussitôt en marche. Shâwar s'était engagé à lui payer mille dînârs pour chaque étape, à verser en outre une subvention aux Hospitaliers et à fournir le fourrage de la cavalerie et des bêtes de somme. Le roi de Jérusalem arriva en vingt-sept étapes à Fâqûs et toucha ainsi 27 000 dînârs[56].

En apprenant l'approche des Francs, Shîrkûh, renonçant à forcer le Caire et Fustât, alla s'enfermer dans Bilbeîs où il reçut l'aide des Arabes Kinâna établis dans la région[57]. Presque aussitôt Shâwar, accouru du Caire au-devant d'Amaury, opéra sa jonction avec ce dernier et tous deux vinrent assiéger Shîrkûh dans Bilbeîs. Bien que la ville n'eût qu'une muraille d'argile assez basse, le vieux chef kurde y fit une défense si opiniâtre que pendant trois mois – août, septembre, octobre 1164 – les coalisés ne marquèrent aucun progrès. Peut-être faut-il, avec *le Livre des Deux Jardins*, voir dans ces lenteurs l'action secrète de Shâwar. Shâwar, redoutant presque autant l'allié que l'ennemi et craignant de voir les Francs, si on s'emparait en commun de Bilbeîs, la garder pour eux, aurait fait traîner le siège en longueur : « Il ne se passait pas de jour qu'il n'envoyât de l'argent à plusieurs des chefs francs afin qu'ils dissuadassent le roi de livrer l'assaut[58]. » Malgré tout, la chute de la place semblait prochaine, lorsque de graves nouvelles arrivèrent de Syrie, qui forcèrent Amaury à interrompre l'expédition pour venir défendre son propre royaume. Il proposa à Shîrkûh d'évacuer l'Égypte si Shîrkûh lui-même en faisait autant. Shîrkûh qui était à bout de ressources et qui, d'ailleurs, ignorait les événements de Syrie, s'estima heureux d'accepter ces conditions. Les deux corps expéditionnaires rentrèrent donc simultanément en Syrie, Amaury en longeant la côte, Shîrkûh par une piste parallèle à travers le désert d'Idumée[59].

Ibn al-Athîr nous montre le chef kurde fermant la marche de son arrière-garde, une massue à la main, et couvrant à lui seul la retraite. « Il venait de sortir de Bilbeîs, précédé de ses compagnons d'armes. Il se tenait en arrière d'eux tous, une massue de fer à la main, afin de protéger leur retraite. Cela se passait sous les yeux des Égyptiens et des Francs. Un des croisés francs, nouvellement arrivé d'outre-mer, s'approcha de lui et lui dit : « Ne craignez-vous pas un acte de trahison de la part de ces Égyptiens ou de ces Francs ? Ils vous entourent de tous côtés et personne n'est auprès de vous pour vous défendre ! » Shîrkûh répondit : « Je voudrais bien qu'ils le fissent ! Je vous ferais voir alors ce que vous n'avez jamais vu jusqu'ici. Par Allâh ! pas un seul des nôtres ne serait tué avant d'avoir donné la mort à plusieurs adversaires ! » Le Franc fit le signe de la croix et dit : « Nous fûmes étonnés, nous autres, d'entendre les Francs de Syrie parler avec tant de respect de votre bravoure. Mais à présent je les trouve très excusables ». Il quitta alors Shîrkûh et celui-ci rentra en Syrie sain et sauf[60]. » Quant à Shâwar, délivré à la fois de ses protecteurs zengides, devenus ses ennemis, et de ses nouveaux protecteurs francs, à brève échéance non moins dangereux, il se retrouva paisible possesseur de l'Égypte (novembre 1164).

La double expédition égyptienne de Shîrkûh et du roi Amaury se terminait donc des deux côtés en partie nulle. Cependant, si l'on y réfléchit, ce n'était pas pour le roi de Jérusalem un mince succès que d'avoir obligé le lieutenant de Nûr al-Dîn à lâcher prise et à évacuer l'Égypte. Le maintien de l'indépendance égyptienne, le maintien de la division du monde islamique en deux khalifats ennemis, c'étaient là des résultats singulièrement précieux qui obligent à considérer l'expédition d'Égypte de 1164 comme un succès capital pour les Francs.

Malheureusement, pendant qu'Amaury Ier remportait ces succès dans le Delta, Nûr al-Dîn, en Syrie, avait écrasé les Francs. En rentrant chez lui, le roi de Jérusalem y trouvait une situation de désastre.

§ 3. — DIVERSIONS DE NÛR AL-DÎN EN SYRIE. BOHÉMOND III, LA PRINCIPAUTÉ D'ANTIOCHE ET LA DÉFAITE DE HÂRIM.

Diversion de Nûr al-Dîn contre la principauté d'Antioche. Défaite de Bohémond III près de Hârim (10 août 1164).

Il était fatal que l'atâbeg profitât de l'éloignement du roi de Jérusalem et de la grande armée franque pour tenter un coup de surprise en terre chrétienne. Depuis sa défaite de la Boquée en 1163, il n'avait cessé de songer à la revanche. C'était surtout le mobile religieux qui agissait en lui. Cet épigone turc, de complexion maladive, n'avait pas la fougue de tempérament de son père, le farouche Zengî. À l'ordinaire il se montrait hésitant et temporisateur. Mais sa défaite de la Boquée lui était apparue comme un avertissement d'Allâh. Depuis lors il se mortifiait, vivait comme un ascète, dans les jeûnes et les prières, revêtant les vêtements les plus grossiers, s'abstenant de coucher sur un lit et renonçant à toute sorte de plaisirs. Il imposait même à son entourage cette vie dévote qui rebutait plus d'un émir : Ibn al-A*th*îr rapporte qu'un jour ses officiers, n'y tenant plus, lui adressèrent des remontrances : « Dans toute l'étendue de vos États, vous donnez de larges pensions et de riches cadeaux aux docteurs de la Loi, aux derviches, aux *sûfis*, aux lecteurs du Qor'ân. Il vaudrait mieux employer cet argent à la solde des troupes ! » À ces paroles, Nûr al-Dîn se fâcha : « Par Allâh, je n'espère la victoire que grâce à ces gens-là ! Comment pourrais-je suspendre les aumônes que je fais à ceux qui, par leurs prières, combattent pour moi pendant que je dors, et cela avec des flèches qui ne manquent jamais leur but ? Comment détourner ces dons de leur emploi pour les accorder à des hommes qui ne combattent qu'en ma présence avec des flèches souvent incertaines ?[61] ». L'émir Usâma ibn Munqi*dh* lui-même, malgré son zèle pour la foi, finit par se lasser de tenir compagnie à un saint, et, en 1164, il abandonna le service de Nûr al-Dîn pour celui de l'émir ortoqide de *Hi*sn Kaifâ, au Diyârbekir, Fakhr al-Dîn Qarâ Arslân, un joyeux vivant, celui-là[62].

Un curieux propos du même Qarâ Arslân rapporté par Ibn al-A*th*îr, nous éclaire sur l'importance de ce facteur. Invité par Nûr al-Dîn à se joindre au *jihâd*, à la Guerre Sainte, l'Ortoqide qui n'avait que mépris pour un prince « exténué de jeûnes et de prières » et qui, au surplus, ne se souciait nullement de faire le jeu du puissant atâbeg, répondit cyniquement ne pas vouloir renoncer au repos. Le lendemain, réflexion faite, il avait changé d'avis. C'est que le sentiment religieux, surexcité par Nûr al-Dîn, menaçait de se retourner contre les réfractaires ou les tièdes. « Nûr al-Dîn, fait dire à Qarâ Arslân l'historien arabe, a adopté envers moi une politique telle que si je ne lui fournis pas des troupes, mes propres sujets se révolteront contre moi et me chasseront. Il entretient jusque chez moi une correspondance épistolaire avec les dévots et les ascètes. Il leur expose les malheurs que les Francs font éprouver aux Musulmans de Syrie, la mort, la captivité, le pillage. Il implore le secours de leurs prières et leur demande d'exciter les fidèles à la guerre sainte. Chacun de ces correspondants vient s'asseoir dans la mosquée avec ses sectateurs et ses amis et là leur donne lecture des lettres de Nûr al-Dîn. À cette lecture, ils fondent en larmes, me maudissent et appellent sur moi la vengeance d'Allâh. Voilà pourquoi je ne puis me dispenser de marcher contre les Francs[63]. »

442 L'ÉQUILIBRE

Et l'Ortoqide, réunissant sa cavalerie turcomane, descendit du Diyârbékir en Syrie pour se joindre à Nûr al-Dîn.

Un autre ortoqide du Diyârbékir, Najm al-Dîn Alpî, prince de Mârdîn envoya de même ses contingents. Bien entendu le frère de Nûr-al-Dîn, Qu*t*b al-Dîn Mawdûd, atâbeg de Mossoul, vint, lui aussi, joindre ses forces à celles d'Alep. « C'était vraiment une armée de paons, dont chaque individu, revêtu de fer étincelant, se carrait et se pavanait dans son harnais de guerre ; le soleil, reluisant sur eux, éblouissait les yeux et illuminait les alentours[64]. »

Placé ainsi à la tête d'une véritable coalition turque, Nûr al-Dîn vint assiéger *H*ârim ou Harenc, forteresse dont nous avons vu l'importance, puisqu'elle constituait le bastion avancé de la principauté d'Antioche sur la rive orientale de l'Oronte, en direction d'Alep.

À cette nouvelle, les barons de Syrie rassemblèrent toutes leurs forces. En l'absence du roi Amaury, engagé au cœur du Delta égyptien, il y avait là le jeune Bohémond III le Bègue, prince d'Antioche, Raymond III comte de Tripoli, Jocelin III l'héritier sans terre des anciens comtes d'Édesse, et Hugue de Lusignan. Au témoignage d'Ibn al-A*th*îr, les Francs avaient mobilisé jusqu'aux moines, « habitants des cloîtres ». On recruta ainsi une nombreuse infanterie qui, avec les chevaliers et les sergents montés, constitua, malgré l'absence des forces engagées en Égypte, une armée assez nombreuse pour qu'Ibn al-A*th*îr nous assure « que la terre en était couverte et que leur poussière voilait le ciel ». Mais il y avait plus : Le péril couru par la Syrie franque en l'absence de son roi avait paru si grave aux Byzantins et aux Arméniens que le gouverneur byzantin de Cilicie, Constantin Coloman, et Thoros II, le prince arménien semi-indépendant de cette même province[65], accoururent au secours des Francs. On les vit donc figurer tous deux avec leurs contingents dans l'armée qui marcha vers *H*ârim. Il est juste de reconnaître que les Byzantins remplissaient ici loyalement les devoirs de protection qui leur incombaient à l'égard d'Antioche du fait de la suzeraineté impériale sur la principauté.

À l'approche de l'armée chrétienne, Nûr al-Dîn, levant le siège de *H*ârim, battit en retraite sur Art*â*h, l'Artésie des chroniqueurs occidentaux, l'actuel Irt*â*h, place située à l'ouest de

Tîzîn, dans le district d'al-'Amq, à 18 kilomètres à l'est de la pointe sud-est du lac d'Antioche (Aq Denîz), à environ 4 kilomètres du coude du fleuve 'Afrîn. Nous savons par l'expérience de Zengî, comme par celle de Nûr al-Dîn lui-même, que les Zengides revenaient à la défensive chaque fois que les forces byzantines entraient en ligne à côté des Francs. De l'aveu des chroniqueurs arabes, la crainte d'une coalition franco-byzantine – encore renforcée, comme celle-ci, par les Arméniens – était leur constante obsession. Ce fut ainsi que, sans avoir eu besoin de combattre, les coalisés de 1164 obtinrent la délivrance immédiate de *Hârim*. Si l'on réfléchit à l'importance de cette forteresse, c'était là un très beau succès[66].

Malheureusement les alliés, enhardis par la facilité même de ce succès, ne surent pas s'en contenter. « Li nostre qui virent que leur anemi les doutoient (= redoutaient) tant, s'enorgueillirent trop. Grant chose avoient fete de leur chastel (= Harenc) délivrer du pooir d'a si puissant home ; mès ne se tindrent mie apaiez (= satisfaits), ainçois commencièrent à porsivre folement ceus qui s'en aloient devant eus. Près estoient de leur anemis et ne se deignèrent tenir en conroi (= en ordre de bataille) ; ainz ne finoient de corre et recorre parmi les plains. » Il était d'autant plus imprudent de se lancer ainsi en désordre à la poursuite des Turcs qu'en l'absence du roi Amaury l'armée franque n'avait pas de chef. Le prince d'Antioche Bohémond III, qui eût pu en faire fonction, n'était qu'un jeune homme sans expérience[67]. Le prince arménien Thoros II, qui connaissait bien les Turcs et leur tactique, essaya vainement d'arrêter cette poursuite désordonnée. « Toros, li Ermins, ne s'estoit mie acordez que il les sivissent (les Turcs), ainz avoit mout loé touzjorz que il (les Francs) s'en retornassent ». De fait la fuite des Turcs était simulée : ils cherchaient à attirer la cavalerie franque loin de ses bases, loin de son infanterie, en direction d'Artâ*h*. Les Francs galopèrent ainsi jusque vers 'Imm, l'actuel Yéni-Shéhir, à 6 kilomètres au nord-est de *Hârim*[68]. « Li Tur s'en pristrent bien garde, et tant atendirent que li nostre se mistrent en un pas mout estroit ; car il avoit granz paluz et mareschières (= marais) deça et delà ; lors firent soner trompes et tabors et se ralièrent mout isnellement tuit ensemble et puis corurent sus à ceus qui s'estoient là folement embatu[69]. »

444   *L'ÉQUILIBRE*

Le récit d'Ibn al-A*th*îr nous révèle en détail la stratégie turque. « À l'approche des Francs, Nûr al-Dîn avait levé le siège de *H*ârim dans l'espoir qu'ils se mettraient à sa poursuite et que, lorsqu'ils se seraient éloignés de leur pays (c'est-à-dire de *H*ârim), il en viendrait plus facilement à bout. Les Francs continuèrent leur marche et campèrent [à *Sofaîf*], près de 'Imm, mais, reconnaissant alors qu'ils étaient hors d'état de se mesurer avec lui, ils rétrogradèrent vers *H*ârim[70]. Nûr al-Dîn les suivit en conservant son ordre de combat. Lorsqu'il les eut rejoints, les deux armées se mirent en ligne pour la bataille. Les Francs commencèrent l'attaque par une charge sur l'aile droite des musulmans où se trouvaient les troupes d'Alep et Qarâ Arslân, émir de *His*n Kaifâ. Les musulmans de cette aile prirent la fuite [et coururent jusque sous les murs de 'Imm], tandis que les Francs se lançaient à leur poursuite. Or c'était là un plan concerté d'avance, une ruse pour disloquer l'ennemi. Il s'agissait d'entraîner les cavaliers francs à la poursuite de l'aile droite, loin de leurs fantassins, afin que le reste de l'armée musulmane pût se retourner contre cette infanterie ainsi abandonnée et l'anéantir. Quant à la cavalerie franque, une fois revenue sur ses pas, elle ne trouverait plus ses troupes d'infanterie pour se reformer auprès d'elles. Les musulmans qui avaient feint de fuir reviendraient alors sur leurs pas et l'ennemi serait encerclé.

« Le mouvement s'exécuta ainsi de point en point. [Nûr al-Dîn avait placé l'armée de Mossoul, sous le commandement de Zaîn al-Dîn Kuchuq "en embuscade à l'extrémité de la vallée dans des lieux couverts de joncs[71]".] Lorsque les cavaliers francs se furent abandonnés à la poursuite des soi-disant fuyards, Zaîn al-Dîn, à la tête des troupes de Mossoul, tomba par derrière sur leur infanterie et la détruisit : tout fut pris ou tué. Alors la cavalerie chrétienne revint, car elle n'avait osé poursuivre bien loin les fuyards de l'aile droite musulmane, mais, en arrivant, elle trouva ses fantassins étendus sur le sol et baignant dans leur sang. À ce moment, les fuyards, ayant fait demi-tour, apparurent sur ses talons et la chargèrent.

« Encerclés entre les deux corps d'armée musulmans, les cavaliers francs combattaient en gens qui n'espéraient aucun salut que de leur bravoure. Grande fut la presse, acharnée la mêlée, les lances devinrent inutiles et firent place aux épées. Les troupes de l'Islâm fondaient sur les Francs comme les faucons fondent sur les oiseaux, les déchirant en morceaux et les laissant là comme on jette un habit déchiré et en loques. Enfin les Francs, se voyant dans l'impossibilité de fuir ou de résister plus longtemps, s'offrirent de bon gré à la captivité. Ils avaient plus de 10 000 tués et des prisonniers sans nombre[72] » (11 août 1164).

Guillaume de Tyr montre une juste sévérité pour la folle stratégie des chevaliers francs. Son traducteur nous dit, en parlant des sentiments des Turcs à leur égard : « Doutez (= redoutés) les avoient mout premièrement, mès après les tindrent por fous et les escharnirent (= se moquèrent d'eux). » Guillaume n'est pas moins impitoyable pour leur capitulation finale sur le champ de bataille : « N'i ot onques celui des noz qui rien feist d'armes ne qui se deffendist ; ainçois comencièrent tantost à giter les espées et tendre les mains et crier merci que l'en ne les océist pas. Trop se contindrent en ce leu chétivement et sanz enneur[73]. »

À l'exception de Thoros II qui, avec ses Arméniens, ayant prévu les conséquences de la folle chevauchée des barons, sut s'échapper à temps, tous les princes chrétiens furent faits prisonniers. Prisonniers le prince d'Antioche Bohémond III, le comte de Tripoli Raymond III, Jocelin III de Courtenay, Hugue VIII de Lusignan, comte de La Marche, et le duc byzantin de Cilicie Constantin Coloman. « Il orent les mains liées derrière les dos et en furent mené mout honteusement en la cité de Halape où li pueples des mescréanz les escharni mout (= les tourna en dérision) et fist assez honte. Là furent mis en mout cruel chartre (= prison). »

Prise de Hârim par Nûr al-Dîn. La principauté d'Antioche sauvée par la menace d'une intervention byzantine.

Nûr al-Dîn exploitant aussitôt sa victoire, s'empara le lendemain de la forteresse de Hârim (12 août 1164) : la route d'Antioche était libre. Bohémond III prisonnier avec toute sa chevalerie, il semblait que rien ne pût faire obstacle à la marche de l'atâbeg sur la grande ville syrienne et que la principauté franque de l'Oronte fût à la veille de subir le même sort

446   *L'ÉQUILIBRE*

que vingt ans auparavant le comté d'Édesse. Contre toute attente, le vainqueur s'arrêta. Ibn al-A*th*îr nous en donne les raisons. À ses conseillers qui l'invitaient à attaquer Antioche dégarnie de défenseurs, Nûr al-Dîn fit observer que les Francs aux abois risquaient de livrer la citadelle aux Byzantins et qu'il valait mieux pour lui garder comme voisin une petite principauté franque que l'empire des Comnènes, alors à son apogée.

Tout le passage de l'historien arabe est ici à citer : « Les officiers de Nûr al-Dîn lui conseillaient de marcher sur Antioche et de s'en rendre maître, ce qu'il pourrait faire aisément en l'absence de défenseurs. Il s'y refusa en disant : "Il est en effet aisé de s'emparer de la ville elle-même, mais la citadelle est forte et, pour la réduire, il faudrait un long siège. Les Francs appelleraient alors les Grecs et la leur livreraient, d'autant que le prince d'Antioche est parent du roi des Grecs. J'aime mieux avoir Bohémond pour voisin que le roi des Grecs[74] !" Il se contenta donc d'envoyer des détachements ravager le territoire d'Antioche jusqu'aux ports de Laodicée (Lattaquié) et de Saint-Siméon (près de Suwaidiya), sans chercher à faire aucune conquête de ce côté de l'Oronte[75].

Le passage que nous venons de citer est, à notre avis, capital. Il prouve que la suzeraineté byzantine établie par Manuel Comnène sur Antioche a réellement sauvé la ville en ces journées tragiques d'août 1164. Peu importait que cette suzeraineté fût en apparence toute théorique. Il suffisait qu'en droit la métropole de l'Oronte relevât de la cour de Constantinople pour que Nûr al-Dîn ait craint, en exploitant à fond sa victoire, de provoquer une grande croisade byzantine, croisade qui, coïncidant avec le retour d'Égypte du roi Amaury, eût pu remettre en question les derniers avantages obtenus. C'était déjà assez que la capture du gouverneur byzantin de Cilicie, Coloman, ait pu irriter l'empereur Manuel Comnène. Pour se concilier celui-ci, Nûr al-Dîn libéra très rapidement son prisonnier.

Il est donc bien établi – insistons sur ce fait – que, si le désastre de *H*ârim ne fut pas suivi de la chute d'Antioche, le mérite en revint au protectorat moral que l'empire byzantin étendait sur la principauté franque de l'Oronte. La suzeraineté byzantine avait paru bien souvent à la fois lourde et inopérante aux yeux des Francs. En ces heures dramatiques de 1164-1165 ce fut cependant elle qui sauva Antioche. Tout ce qu'on doit déplorer, c'est que la politique mondiale pratiquée par Manuel Comnène, en dispersant les forces de l'empire depuis la Hongrie et la marche d'Ancone jusqu'à l'Euphrate, l'ait distrait de sa mission historique : la Croisade byzantine aux Marches d'Asie Mineure. L'arrêt de Nûr al-Dîn en août 1164, sans qu'aucun ultimatum ait été nécessaire, par la seule crainte de s'aliéner la cour des Comnènes, montre l'immense prestige dont jouissait l'empire « romain » dans le monde musulman.

Ajoutons sans doute aussi la menace d'une nouvelle croisade. Dès la nouvelle du désastre, le patriarche Aymeri de Limoges[76] avait en effet écrit au roi de France Louis VII pour demander des secours[77]. Or, la lecture des historiens arabes nous apprend à quel point l'Islam – même au temps d'un Saladin ou d'un Baîbars – était sensible à la menace de coalition européenne.

Conquête de Panéas par Nûr al-Dîn (octobre 1164).

Arrêté du côté d'Antioche par l'éventualité d'une intervention byzantine, Nûr al-Dîn dirigea ses attaques contre le royaume de Jérusalem. L'occasion était, de ce côté, favorable puisque le roi Amaury n'était pas encore revenu d'Égypte.

Nûr al-Dîn commença par répandre le bruit qu'il attaquerait Tibériade. Les Francs, qui se voyaient en nombre singulièrement réduit puisque la plupart des chevaliers étaient en Égypte avec le roi, envoyèrent leurs derniers contingents défendre la métropole galiléenne[78]. Pendant ce temps l'atâbeg, démasquant ses intentions, venait assiéger Panéas.

De même que *H*ârim avait naguère constitué une menace pour Alep parce que bastion avancé des Francs d'Antioche à l'est de l'Oronte, Paneas – le Bélinas des Croisés, le Bâniyâs des Arabes, – située au pied de l'Hermon, à l'est des sources du Jourdain, constituait une avant-garde des Francs de Jérusalem en direction de Damas. Depuis qu'en 1139 le régent de Damas Mu'în al-Dîn Unur avait aidé les Francs à la reprendre, cette possession leur permettait de braver les attaques zengides contre la haute Galilée[79]. Nous avons vu en 1157 les

448 L'ÉQUILIBRE

efforts de Nûr al-Dîn pour s'en emparer et comment l'intervention de Baudouin III l'avait à temps délivrée[80]. La forteresse de Subaiba, située à l'est de la ville, constituait en outre un point d'appui puissant, et Baudouin III avait encore augmenté les défenses de l'ensemble. Mais, comme dit l'*Éracles*, la place était « bien garnie de touz estevoirs (= de tout le nécessaire) fors que de gent ». En effet, le seigneur du pays, le connétable Onfroi II de Toron, était avec le roi Amaury à l'armée d'Égypte, ainsi que l'évêque Jean. De plus une épidémie venait de dépeupler le pays. Nûr al-Dîn établit un blocus étroit et pressa le siège à grand renfort de pierrières et de mangonneaux.

Les assiégés se défendirent d'abord avec une certaine vigueur puisque le frère de l'atâbeg, Nusret al-Dîn l'amîr-mîrân eut un œil crevé par une flèche. « Si tu voyais quelle récompense t'est destinée au Paradis, lui dit Nûr al-Dîn, tu demanderais à perdre l'autre œil[81]. » À la nouvelle du siège, les Francs de Jérusalem préparèrent l'envoi d'une colonne de secours. Ils comptaient pour cela sur le comte de Flandre Thierry d'Alsace, beau-frère du roi Amaury et qui venait d'arriver pour un nouveau pèlerinage[82]. Mais avant que l'armée de secours ait pu se mettre en marche, Panéas avait capitulé (18 octobre 1164).

Que s'était-il passé ? En partant pour l'Égypte, le connétable Onfroi de Toron avait confié la défense de Panéas à un de ses chevaliers nommé Gautier de Quesnoy. Guillaume de Tyr accuse cet homme de n'avoir pas fait son devoir, non plus qu'un chanoine de la ville, du nom de Roger, sans doute remplaçant de l'évêque. Trahison formelle ou découragement ? *L'Éracles* ne se prononce pas. « L'en dit que cil (Gautier du Quesnoi) ne mist tel peine à deffendre la ville come il deust. Ce ne sai-je se il fist de mauvestié ou de malice, car l'en fist entendre au Conestable que cil et uns prestres qui avoit non Rogier, chanoines de la cité, avoient fet plet aus Turs et leur rendirent la ville por avoir (= pour de l'argent). Le sospeçon de ce crut mout, car, quant Onfrois du Toron revenoit de l'ost, cil dui ne l'osèrent atendre, ainz s'enfoïrent. Nequedent la certeinetez (= certitude) ne fut mie très bien seue[83] ».

Ibn al-Athîr nous parle aussi d'un accord entre le souverain turc et certains Francs : « Nûr al-Dîn, s'étant emparé du châ-

AMAURY Iᵉʳ ET LA CONQUÊTE DE L'ÉGYPTE

teau de Bâniyâs, le garnit de provisions, de munitions et d'armes. Il partagea avec les Francs le canton de Tibériade (?) et stipula en sa faveur un tribut annuel à lever sur les districts qu'il ne partageait pas avec eux[84] ». Ce texte ne veut évidemment pas dire que le pays de Tibériade, la « princée de Galilée », à l'ouest du lac, redevint terre musulmane, mais que ce fief perdit une partie de ses annexes transjordaniennes (Sawâd) et que le reste dut sur le moment, en l'absence du roi et du connétable, payer rançon à Nûr al-Dîn.

Amaury Iᵉʳ, après Hârim, met en état de défense la principauté d'Antioche. Libération de Bohémond III par Nûr al-Dîn.

En rentrant d'Égypte sur ces entrefaites, au commencement de novembre 1164, le roi Amaury trouvait donc une situation singulièrement aggravée. Hârim et Panéas une fois tombées, c'était la principauté d'Antioche et le royaume de Jérusalem démantelés de leurs dernières flancs-gardes orientales. De plus en plus les États francs étaient réduits à un Sâhil, à un simple littoral. Sur cette mince frange côtière, la poussée continue de l'hinterland musulman, unifié par Nûr al-Dîn, se faisait sentir de plus en plus lourde. Comme le dit fortement *l'Estoire d'Éracles*, « la chose aloit einsi mauvesement en la terre de Surie ».

L'arrivée du comte de Flandre Thierry d'Alsace, beau-frère du roi, apportait, nous l'avons vu, quelque renfort aux Francs. Dès le retour d'Amaury à Jérusalem, il prit Thierry avec lui et tous deux partirent pour Antioche. En effet là surtout la situation était angoissante. Depuis le désastre de Hârim et la capture de Bohémond III par les Turcs, la principauté de l'Oronte était sans maître et sans défenseur. Comme chaque fois que le péril menaçait, les gens d'Antioche faisaient appel à la royauté hiérosolymitaine. « Cil d'Antioche orent envoiez leur messages à lui qui mout piteusement li prièrent que il s'en alast vers eus hastivement, car si estoient à grant meschief que bien avoient mestier (= besoin) de conseil. Li Rois prist avec lui le conte de Flandre et s'en alèrent là tout droit por réconforter ceus de la terre (d'Antioche) qui trop estoient en grant esmoi. » Cette fois encore la royauté remplit dans la principauté du nord sa

450 L'ÉQUILIBRE

mission salvatrice. « Tant demora li Rois au païs que les besoignes de la princé devisa mout bien et atorna (ordonna) sagement ; toutes les bones villes fist garder là où il (y) avoit fortereces, et loiaus baillis mist par la terre por garder les rentes et por recevoir ; greigneur entente (= plus grand soin) mist à ce que cés choses alassent en preu qu'il ne le fesoit en la seue (= en sa propre) terre[85]. » Certains historiens comme Chalandon soupçonnent ici encore la dynastie de Jérusalem d'avoir caressé le dessein d'annexer Antioche[86]. On ne voit pas bien comment le roi de Jérusalem qui avait déjà tant à faire pour défendre la Palestine et empêcher Nûr al-Dîn d'annexer l'Égypte aurait désiré se mettre encore sur les bras la charge permanente de la Syrie du Nord. Au reste cette hypothèse, purement gratuite, est formellement contredite par Guillaume de Tyr qui nous montre Amaury prenant lui-même l'initiative du rachat de Bohémond III. Le texte de l'*Éracles*, est formel : « Aus amis le (= du) Prince parla qu'il se traveillessent vers Noradin coment il fust mis à rançon, et fist tant qu'en cel esté de cel an meismes, il fu raens (racheté) par grant avoir qui donez en fu, si que il ne demora pas plus d'un an en la prison[87] » (été 1165).

Il est juste de reconnaître ici encore que, si le roi Amaury obtint si facilement de Nûr al-Dîn la libération de Bohémond III, la crainte d'une intervention byzantine dut de nouveau peser d'un grand poids dans la décision de l'atâbeg. N'oublions pas en effet que l'empereur Manuel Comnène venait d'épouser la sœur de Bohémond III, Marie d'Antioche. La captivité du beau-frère du *basileus* pouvait provoquer l'intervention des légions byzantines. Guillaume de Tyr nous dit en propres termes que Nûr al-Dîn s'attendait en tout cas à une démarche diplomatique de la Cour de Constantinople, démarche qu'il se sentait incapable de repousser. Ce fut précisément ce qui l'amena à libérer plus tôt son prisonnier, car, si cette démarche se produisait, force lui serait, pour ne pas déplaire à Byzance, de le libérer sans rançon. L'autre raison qui décida l'atâbeg fut la crainte de voir Amaury prolonger sa régence à Antioche : l'habile politique et le soldat redoutable qu'était le roi de Jérusalem paraissait à juste titre un adversaire autrement dangereux que le jeune homme sans expérience qui portait la couronne d'Antioche. « Maintes genz,

AMAURY Ier ET LA CONQUÊTE DE L'ÉGYPTE

écrit à ce sujet le traducteur de Guillaume, s'émerveillèrent de Noradin qui estoit si sages et si porvéanz de son afere et mout avoit grant gloire de tenir noz riches homes en sa prison, coment il leissa sitost aler le prince d'Antioche. Il le fist por deus raisons : l'une fu que il dotoit (= redoutait) mout à corocier l'empereur Manuel, qui estoit ses voisins (= son voisin) riches et puissanz ; si cremoit (= craignait) que cil ne li demandast en don ce prison (= prisonnier) et il ne li osast véer (= refuser), ainçois (= et qu'alors) le délivrast por néant (= sans rançon) ; por ce le leissa finer, (savoir) qu'il ne vouloit mie que cil granz hom (= Manuel Comnène) l'en priast. – L'autre raison fu que cil princes (Bohémond III) estoit juenes hom qui mout ne savoit pas encore de ses aferes atirier ne en pais ne en guerre ; si douta (= Nûr al-Dîn redouta) que, s'il le tenist longuement en prison, cil d'Antioche, par le conseil (d') Amauri, méissent en son leu un preudome sage et bon guerrier qui grevast les Turs. Por ce vout mieuz (= préféra) cestui lessier aler qui de sa terre ne li seust mie fere tant de mal[88]. »

Le voyage de Bohémond III à Constantinople
et ses conséquences : Intronisation du patriarche grec
Athanase II sur le siège d'Antioche (1165-1171).

L'importance du facteur byzantin dans la survie de la principauté d'Antioche après le désastre de *H*ârim nous est attestée par l'attitude de Bohémond III lui-même. À peine délivré de captivité (été 1165), le jeune prince d'Antioche alla à Constantinople rendre visite à son impérial beau-frère. « Cil le receut mout bel et grant joie li fist ; de son avoir li dona largement, si que li Princes... s'en revint touz riches en Antioche[89]. » Bohémond III n'avait été relâché par Nûr al-Dîn que contre promesse d'une grosse rançon – 100 000 tahégans, nous dit Michel le Syrien – et, en attendant, avait dû laisser à Alep des otages. Il est tout naturel que, pour acquitter cette dette, il se soit tourné vers le *basileus* son beau-frère. Comprenant l'importance de la protection impériale, Bohémond III était d'ailleurs entièrement rallié au système byzantin. Si sa sœur Marie était assise sur le trône de Constantinople, lui-même devait un peu plus tard épouser une nièce de Manuel Comnène, Theodora[90]. Il était si bien acquis

452 L'ÉQUILIBRE

à la politique byzantine qu'il accepta d'introniser un patriarche grec sur le siège d'Antioche.

Un patriarche grec sur le siège d'Antioche ! Le seul énoncé de cette vieille revendication byzantine avait toujours provoqué jusque-là de la part des chefs francs un *non possumus* formel. Mais la mesure bénéficiait cette fois de circonstances particulièrement favorables. D'une part la principauté d'Antioche avait un besoin pressant de la protection des Byzantins. D'autre part et surtout c'était le moment où une sérieuse détente, un rapprochement même s'annonçait entre la Cour de Rome et celle de Constantinople. « Des négociations très actives étaient menées entre l'empereur et le pape Alexandre III pour arriver à l'union des deux églises, union qui, si elle n'était pas officiellement déclarée, pouvait cependant passer pour exister en fait à cette époque[91]. »

Le patriarche grec titulaire d'Antioche était alors Athanase II, jusque-là en résidence à Constantinople. C'est lui, on s'en souvient, qui avait naguère béni le mariage de la sœur de Bohémond III, Marie, avec l'empereur Manuel Comnène. Sans doute recommandé par Marie, il devait devenir très vite *persona grata* auprès de Bohémond qui le ramena avec lui à Antioche et, dès son arrivée, l'y intronisa solennellement sur le même pied que le patriarche latin.

Réaction du clergé latin contre l'intronisation d'un patriarche grec à Antioche. Retraite du patriarche latin Aymeri de Limoges au château de Qusair. Alliance du clergé latin et du clergé jacobite contre le clergé grec.

Parmi les Francs, tout au moins dans le clergé latin, ce fut un beau scandale. Le patriarche latin d'Antioche, Aymeri de Limoges, sortit aussitôt de la ville en jetant l'interdit sur elle[92]. Il se retira dans le château de Qusair, le Cursat des Croisés, l'actuel Qal'at al-Zau, bourg situé à 12 kilomètres au sud d'Antioche et qui faisait partie de la mense épiscopale[93]. Pendant plus de cinq ans – jusqu'à la date du 29 juin 1171 où Athanase II périt dans un tremblement de terre – Antioche garda à sa tête le patriarche grec, imposé aux Latins par Bohémond III, tandis que le patriarche latin protestataire vivait retiré à Qusair.

Contre le clergé grec triomphant, le clergé latin chercha des alliés auprès des prélats jacobites. Le patriarche jacobite d'Antioche était alors Michel le Grand, plus connu sous le nom de Michel le Syrien, personnage fort remarquable qui nous a laissé sa précieuse chronique syriaque ainsi que plusieurs ouvrages liturgiques. Nommé patriarche en octobre 1166 (il devait le rester jusqu'à sa mort le 1er octobre 1199), il reçut un accueil très favorable lorsqu'en 1168, venant de Deir Barsauma et de Cilicie, il passa par Antioche pour aller en pèlerinage à Jérusalem. « À la porte d'Antioche, il rencontra les fonctionnaires francs et fut bien accueilli, mais il ne voulut pas s'arrêter, pressé qu'il était de se rendre à Jérusalem pour les fêtes. Il partit donc pour Laodicée et, de là (par mer), pour Tyr. Il parvint à Jérusalem le jeudi de la semaine sainte (1168). Après avoir prié au Saint-Sépulcre et au Golgotha, il célébra la consécration du saint chrême dans l'église jacobite de la Magdeleine. La veille de Pâques (31 mars 1168) il rencontra le patriarche franc (Amaury de Nesle) et fut traité par lui avec honneur ». En revenant de Jérusalem à Antioche, Michel s'arrêta au monastère de Qusair pour y rendre visite au patriarche Aymeri de Limoges, voulant ainsi affirmer sa solidarité avec le prélat latin persécuté et protester contre la faveur dont le clergé grec était l'objet de la part de Bohémond III. Aymeri, touché de ce geste de son collègue jacobite, l'accueillit avec la plus grande affection et, quand Michel rentra à Antioche, ordonna au clergé latin de la ville de lui faire une réception solennelle. De fait, à son arrivée à Antioche le patriarche jacobite fut reçu en grande pompe par tout le clergé latin « au plus grand mécontentement des Grecs et à la satisfaction des Syriens de tous rites »[94].

Michel séjourna un an à Antioche et y célébra les fêtes de Pâques 1169[95]. Il nous raconte lui-même comment il eut à y soutenir une controverse théologique contre le prélat grec Theorianos. Son exposé du point de vue jacobite dans la question de la nature du Christ fut envoyé à l'empereur Manuel Comnène. Manuel invita alors Michel à se rendre à Constantinople en vue de l'union des églises grecque et jacobite. Mais autant Michel paraît avoir témoigné de confiance au clergé franc, autant il se défiait de l'épiscopat grec : il déclina l'invitation[96].

454 L'ÉQUILIBRE

La présence d'un patriarche grec à Antioche répugnait donc autant à la population syriaque qu'aux cadres francs. Si Bohémond III s'obstina à l'imposer malgré toutes les protestations de l'épiscopat latin, c'est que les temps étaient malheureusement passés où les Francs pouvaient repousser seuls la revanche turque. La grécisation du patriarcat d'Antioche était la rançon de l'alliance byzantine et l'alliance byzantine restait plus que jamais indispensable contre les projets de Nûr al-Dîn.

Le facteur arménien : Thoros II fait reculer Nûr al-Dîn.

Par ailleurs, les Arméniens de Cilicie ne durent pas être étrangers non plus à l'arrêt de la conquête zengide. Leur chef, Thoros II, avait échappé, nous l'avons vu, au désastre de Hârim. Une fois rentré dans son fief du Taurus cilicien, il entama des négociations avec Nûr al-Dîn pour la libération des soldats arméniens capturés dans la bataille. Sur le refus de Nûr al-Dîn, il envahit à l'improviste le district de Mar'ash, qui dépendait de l'atâbeg, et y fit prisonniers 400 Turcs qu'il menaça de faire rôtir. Ce langage direct fut compris : Nûr al-Dîn consentit à l'échange des captifs (1165)[97].

Cession par Bohémond III aux Hospitaliers
de plusieurs forteresses de la principauté d'Antioche.

Enfin pour assurer la défense militaire de sa principauté, Bohémond III fit cession aux Hospitaliers d'un grand nombre de terres, forts ou châteaux[98]. C'est ainsi qu'en janvier 1167 il leur donna l'abbaye de Rochefort près de Margat (Marqab)[99], Levonia, le casal de Tala, le casal de saint-Gilles près de Râs Baldé al-malik, à l'embouchure du Nahr al-Sinn[100]. Baldé lui-même, « le Toron de Beaude » ou « Toron de Boldo », fut vendu par Bohémond III aux Hospitaliers en août 1178[101]. Dès 1167 Bohémond III céda encore aux Hospitaliers Farmit, que M. Dussaud retrouve dans l'actuel Kafer Mit, à l'est de Jisr al-Shughr, à l'entrée du district de Rûj[102], le casal de Pailes[103] et le château de Lacoba, l'actuel Laqbé ou Loqbé dans le Jebel Nosairi, à mi-chemin entre Bâniyâs et Shaizar[104]. La charte de donation de 1167 mentionne même Apamée[105], mais comme la ville, depuis 1149, avait été prise par Nûr al-Dîn, il est évident qu'il ne peut être ici question que d'une donation *in partibus infidelium*, à charge de reconquête. Le mouvement de cession des terres et châteaux aux Ordres militaires gagna les feudataires de la principauté. En 1163 Guillaume de Maraclée céda à l'Hôpital Eixserc ou Esserc, l'actuel *His*n al-Sharqî, l'ancien *His*n al-Khariba, nid d'aigle du Jebel Nosairi d'où les Francs surveillaient la plaine d'Apamée et de Shaizar[106]. Le 1er février 1186, Bohémond III souscrira de même la cession, par Bertrand Masoier, fils de Renaud (II) Masoier, du château de Margat (Marqab) à l'Hôpital[107].

Pendant les premières soixante années de son existence, tant que la principauté d'Antioche avait eu une base territoriale assez étendue depuis la Méditerranée jusqu'aux faubourgs d'Alep à travers toute la province d'Outre-Oronte, elle avait pu nourrir un essaim de barons et de chevaliers suffisant pour se défendre elle-même. C'était le temps où Tancrède, Roger, Bohémond II, même Raymond de Poitiers n'avaient qu'à faire crier leur ban pour provoquer une levée de vassaux. Maintenant la base territoriale manquait ; il ne restait, en dehors de la capitale, que des forteresses isolées, réduits de défensive pour lesquels s'imposait la présence de garnisons que seuls les Ordres militaires, armée permanente du Levant, pouvaient fournir.

Conquête, par Nûr al-Dîn, de Shaqîf Tîrûn et de Muneîtira.

Si Nûr al-Dîn, satisfait de la double conquête de *H*ârim et de Panéas, paraissait disposé au repos, son lieutenant Shîrkûh, supportait mal l'inaction. Dès 1165, il vint ravager les cantons libanais dépendant de la seigneurie de Sidon et y assiégea le château appelé par les Francs la Cave de Tyron, le Shaqîf Tîrûn des historiens arabes, qui, d'après Rey, devrait être cherché près de l'actuel Qal'at al-Nî*h*â, à 7 kilomètres au nord de Jezzîn, à 23 kilomètres à l'est de Sidon, en plein Liban[108]. Guillaume de Tyr accuse les défenseurs de s'être laissé acheter « car il li baillièrent tantost le chastel. Bien sembla que il le feissent par traïson, por ce que, sitost com il issirent d'iluec, tuit s'en alèrent devers les Turs, fors seulement le chevetaine ; de demora guères après ce, que il ne fu menez à Saiete (Sidon) et penduz[109]. »

Du reste Ibn al *Ath*îr nous montre pour la même époque ou un peu après (1166) Nûr al-Dîn conquérant lui-même le château de Muneî*t*ira, le Moinestre des Francs ; c'était un petit château du comté de Tripoli, qui gardait un des cols du Liban sur la route de Byblos (ou de Jûné ou de Ghazîr) à Ba'albek, et, de ce fait, une position stratégique des plus importantes[110]. « Pour cette conquête, Nûr al-Dîn ne convoqua pas son armée, mais il se dirigea à marches forcées sur le château sans que les Francs se défiassent de rien. Il apparut à l'improviste devant la forteresse, l'attaqua avec vigueur et s'en empara. Il massacra ou fit prisonniers les habitants et recueillit un butin considérable. Les Francs n'auraient jamais imaginé qu'il viendrait avec si peu de gens. Ils commençaient à peine à réunir leurs troupes qu'il avait déjà pris la place[111]. »

Enfin, au témoignage de Guillaume de Tyr, Shîrkûh alla assiéger en Transjordanie une grotte-forteresse des Templiers[112]. À cette nouvelle, le roi Amaury partit en hâte pour la délivrer. « Li Rois assembla genz assez por le secorre. Jà s'estoit logiez outre le flun à (= avec) tout son ost, mès iluec lui vindrent noveles que li Templier qui li chastel avoient en leur garde l'avoient jà rendu aus Turs. » L'annonce de cette lâcheté plongea Amaury dans une colère terrible : « Quant li Rois l'oï dire, trop en fu corociez et doulereus, si neis que il en estoit einsi come touz hors du sens. Tant fist cerchier que il trova douze des Templiers qui ce chastel avoient rendu ; tantost (aussitôt) les fist pendre. » Cette exécution rapide paraît avoir arrêté l'espèce de défaitisme qui commençait à se manifester en Syrie (1166)[113].

§ 4. — ÉTABLISSEMENT DU PROTECTORAT FRANC SUR L'ÉGYPTE (1167).

*Deuxième expédition de Shîrkûh en Égypte (1167) :
un jihâd sunnite et zengide contre le khalifat 'alide.*

Cependant, Nûr al-Dîn, satisfait d'avoir refoulé les Francs sur la zone littorale, ne faisait pas mine pour le moment de leur en disputer la possession. Il craignait, comme on l'a vu, de provoquer quelque nouvelle croisade, surtout une croisade byzantine, la plus redoutable de toutes. Du reste, une fois passée la crise de mysticisme qui l'avait conduit à la conquête de *Hârim*, il se laissait reprendre par son tempérament naturellement timoré et temporisateur. Comme avant lui les Bûrides de Damas, il s'accommodait en somme du *statu quo*. D'où entre lui et Shîrkûh un désaccord croissant. Depuis son retour d'Égypte le chef kurde rongeait son frein. Il avait mesuré l'irrémédiable décadence de la domination fâtimide, en même temps qu'il avait tâté de cette grasse terre d'Égypte, terre sans défense, trésor à prendre pour le plus hardi. Le mobile religieux ne manquait pas. Les Fâtimides, ces pseudo-descendants de 'Alî, n'étaient-ils pas, en même temps que des imposteurs et des usurpateurs, des hérétiques restés en contact avec les éléments les plus troubles et les plus antisociaux du Shî'isme arabo persan ? Éteindre le schisme en supprimant ce khalifat hérétique, faire rentrer l'Égypte dans l'obédience du khalifat orthodoxe de Baghdâd, rétablir, sous le drapeau noir des 'Abbâsides, l'unité religieuse dans l'Islâm, quel plus beau programme pour un croyant sincère ? Guillaume de Tyr place à ce point de son récit une démarche de Shîrkûh auprès du khalife de Baghdâd qui aurait en quelque sorte mandaté le général de Nûr al-Dîn pour une guerre sainte contre les Fâtimides[114]. Ibn al-A*th*îr ne nous parle pas de cette investiture envoyée par le Saint-Siège 'abbâside au lieutenant de Nûr al-Dîn, mais on doit reconnaître qu'elle correspond de tout point à la situation religieuse dans le monde musulman. Il faut bien d'ailleurs que Shîrkûh se soit senti appuyé par l'opinion publique sunnite pour avoir passé outre à la résistance de Nûr al-Dîn. Finalement celui-ci, voyant qu'il n'empêcherait pas son lieutenant d'entreprendre la conquête de l'Égypte, se rallia d'assez bonne grâce au projet et envoya même des renforts à la petite armée que Shîrkûh rassemblait à Damas. L'expédition avec ses deux mille cavaliers d'élite dut quitter Damas en janvier 1167.

Toujours d'après Guillaume de Tyr, Shîrkûh, par crainte des coureurs francs, ne dut pas suivre l'itinéraire qui longe la côte nord de l'Arabie Pétrée, mais filer plus au sud, par une voie parallèle, longeant au nord le désert de Tîh[115]. Guillaume de Tyr nous parle d'une affreuse tempête de sable qui assaillit dans ces solitudes le corps expéditionnaire zengide : « Quant leur oz ot trespassée (= dépassé) la Surie Sobal

(Wâdî 'Araba), une tempeste leur sordi si granz que li sablons voloit si espes par l'air que nus ne pooit ovrir la bouche por parler, ne les euz (= yeux) por regarder ça ne là ; li venz meismes estoit si forz que tuit dotoient que il ne les emportast ; por ce, descendirent des chevaus et se tenoient à terre tout estendu. Mès aucune foiz revenoit si grant planté de sablon sur eus que cil remenoient (= restaient) desouz tuit enterré. Ce est bien vérité qu'en icez deserz sourt ausi grant tempeste com en la mer, et les ondes du sablon vont si hautes com li floz de mer. Par ceste aventure perdi Siracons mout de sa gent et de ses chamaus[116] ».

Ayant échappé à ce péril, Shîrkûh atteignit enfin le Delta. Mais, comme nous allons le voir, les Francs arrivaient sur ses traces et opéraient leur jonction avec l'armée égyptienne. Dans ces conditions, il eût été dangereux pour lui d'attaquer le Caire. Il évita donc la grande ville, remonta la rive orientale du Nil jusqu'à Atfîh, à environ 70 kilomètres plus au sud ; il passa le Nil plus au sud encore, à Shérûné, mettant ainsi le fleuve entre lui et l'armée franco-égyptienne ; puis, redescendant la rive occidentale, il vint camper à Gizeh, en face de Fustât. De là, abrité par le fleuve tout en tenant la capitale sous sa menace, il pouvait exécuter des courses dans le Delta occidental, livré à sa merci[117].

Mais dès ce moment il n'était plus seul en Égypte. Cette fois encore le vizir égyptien Shâwar avait contre lui fait appel aux Francs.

Appel du gouvernement égyptien à la protection franque. Troisième campagne d'Égypte du roi Amaury.

Au reçu de la demande de Shâwar, Amaury réunit à Naplouse le « parlement » des barons et des prélats du royaume. Instant solennel. « Li Rois leur montra à touz les granz maus qui porroient avenir se li roiaumes d'Égypte venoit en la main de Syracon (= Shîrkûh) ne du calife de Baudas (= Baghdâd)[118]. »

Il est en effet à remarquer avec quelle attention les Latins s'intéressaient aux querelles entre Sunnites et Shî'ites. Au début de son histoire, on s'en souvient, Guillaume de Tyr avait compté au premier rang des facteurs qui avaient favorisé la

AMAURY Ier ET LA CONQUÊTE DE L'ÉGYPTE 459

Croisade « la grant haine » qui divisait Sunnites et Shî'ites – « Sunni » et « Siha », comme il les appelle correctement, « cil qui tiennent la loi de Perse » et « cil de la loi d'Égypte » – qui « se descordoient des poinz de leur loi[119]. » Les Francs, pendant toute la première moitié du douzième siècle, avaient trop bénéficié des conséquences de ce grand schisme au sein de l'Islâm pour permettre aux lieutenants de Nûr al-Dîn d'y mettre fin en ramenant l'Égypte shî'ite au giron de l'orthodoxie sunnite sous l'obédience du khalifat de Baghdâd[120].

Le « parlement » de Naplouse se rangea à l'avis d'Amaury Ier : la conquête de l'Égypte par le lieutenant de Nûr al-Dîn aboutirait à l'encerclement de la Syrie franque ; les Francs ne pouvaient laisser l'événement s'accomplir sans commettre un suicide. « Tuit cil qui là estoient assemblé savoient bien que li Rois disoit voir (= vrai). » L'expédition d'Égypte fut décidée. Ceux qui ne pouvaient se joindre à l'armée donnèrent au roi la dîme de leurs biens. « Tuit cil qui n'iroient pas avec lui en l'ost, li donroient la disme de toz leur muebles : ce promistrent et clerc et lai (laïcs), et le tindrent bien. »

Avant que l'armée pût être rassemblée, on apprit que Shîrkûh s'était mis en marche avec un grand convoi de chameaux portant des vivres pour plusieurs semaines à travers le désert des Banû-Isra'il. On le signalait à « Cadesbarne », c'est-à-dire Qades-Barnea, en plein désert de Zin, dans l'ancien Amalek, au nord-ouest du massif de Seir. Prenant avec lui une forte avant-garde de cavalerie, Amaury courut à Qades-Barnea dans l'espoir d'atteindre, de surprendre et d'enlever le convoi. Mais Shîrkûh était déjà passé... Le coup était manqué. Amaury retourna à Jérusalem, « por ce que ce n'estoit mie païs où il feist bon séjorner »[121].

Le roi de Jérusalem organisa alors avec la plus grande célérité l'expédition d'Égypte – sa troisième campagne dans ce pays. Le rassemblement s'opéra à Ascalon. « Lors fist li Rois fere une grant semonse par toute sa terre de gent à cheval et à pié. Mout ot grant assemblée à Escalonne où il vindrent tuit. » Le 30 janvier 1167 l'armée se mit en route en suivant la côte par la piste de Gaza à al-'Arîsh (Laris ou Lars des chroniqueurs). La traversée du désert s'effectua sans encombre et, comme à la campagne précédente, l'armée franque atteignit le Delta à Bilbeîs.

460   L'ÉQUILIBRE

À la nouvelle de l'arrivée de ses alliés, Shâwar se porta à leur rencontre. Non qu'il fût tout à fait rassuré à leur égard. L'*Éracles* nous avoue que le vizir « ne pooit croire qu'il (Amaury) venist por lui aidier ». Lorsqu'il fut rassuré, « quant il fu touz certains que nostre gent li venoient aidier en bone foi, mout en ot grant joie ». Ce qui l'émerveillait le plus, c'était la rapidité avec laquelle les Francs avaient traversé le désert ; « quant il le sot, ne fina de loer la proesce de nostre gent et leur loiauté, dont il avint que, dès ce jor en avant, il s'abandona à faire touz les comandemenz le (= du) Roi en toutes choses. Des richesces le (= du) calife d'Égypte, dona largement au Roi et à touz ses barons et aus chevaliers meismes en départi-il assez, à chascun selonc ce qu'il estoit ; si que tuit l'en loèrent[122]. »

Ayant opéré leur jonction avec Shâwar, les Francs, guidés par lui, vinrent établir leur camp dans la banlieue du Caire, à une demi-lieue des murailles, sur les bords du Nil. De là les Franco-Égyptiens contrôlaient toute la rive orientale. Mais Shîrkûh campé de l'autre côté du fleuve, en face d'eux, à Gîzeh, était maître de la rive occidentale.

Avant de marcher ensemble contre Shîrkûh, il importait à Amaury et à Shâwar d'établir un pacte solide. Acte juridique d'autant plus indispensable qu'aucun des deux contractants n'entendait faire un marché de dupe. Shâwar s'engagea, si les Francs restaient en Égypte jusqu'à l'expulsion de Shîrkûh, à leur payer 400 000 besants, dont la moitié à verser immédiatement. En réalité les deux alliés devaient entendre fort différemment ce pacte. Pour Shâwar cet énorme subside plaçait les Francs dans l'attitude de mercenaires. Pour les Francs au contraire la protection accordée au vizir comportait un véritable protectorat sur l'Égypte. Quelle que fût l'interprétation intime que chacun donnait à l'entente franco-shî'ite, il n'en semble pas moins qu'elle fut loyalement conclue. Moyennant le subside promis, Amaury s'engagea à ne pas quitter l'Égypte avant d'en avoir expulsé Shîrkûh.

Réception de Hugue de Césarée par le khalife du Caire.
Le pacte franco-égyptien de 1167.

Pour sceller solennellement ce pacte, Amaury envoya au khalife un de ses barons, Hugue de Césarée, accompagné du

AMAURY Iᵉʳ ET LA CONQUÊTE DE L'ÉGYPTE

Templier Geoffroi[123]. Guillaume de Tyr, qui avait entendu le récit de la bouche même des témoins nous a laissé le plus pittoresque tableau de cette curieuse entrevue[124]. Il nous montre l'émerveillement du jeune chevalier français traversant, avec Shâwar, son guide, les salles du palais khalifal, un véritable séjour des Mille et une Nuits, avec ses chemins secrets, ses cours dallées de marbre multicolore, ses fontaines jaillissantes, ses bassins ombragés, ses ménageries et ses volières, lieux enchantés ornés de tout le luxe délicat de l'art fâṭimide et tels que nos Francs, pourtant accoutumés aux richesses de la Syrie musulmane, n'avaient jamais rien rêvé de pareil. « A chascune de ces entrées (du palais) avoit grant planté de Mors[125] touz armez qui se levoient contre (= devant) le soudan (= Shâwar) et le saluoient. Quant il vindrent bien avant, si entrèrent en une court large, toute pavée de marbre de diverses couleurs, à (= avec) trop riches peintures d'or ; loges i avoit qui seoient sur colombes (= colonnes) de marbre mout beles ; li chevron et li tref (les poutres) estoient tuit couvert d'or ; oevres i avoit si délitables que nus n'es veist qui n'i demorast volentiers, j'à tant n'eust à faire. En pluseurs leus de cele cort avoit fontaines qui sordoient par tuiaus d'or et d'argent, et faisoient une noes en fosses trop beles que l'en leur avoit fetes, et pavées de marbre. Ces eaues estoient si clères qu'eles ne pooient estre plus. Iluec avoit tant d'oiseaus de diverses façons et de diverses coaleurs qui estoient venu des diverses parties d'Orient, que nus ne les veist qui ne s'en merveillast et qui bien ne dist que voirement se jooit Nature quant ele les fist. Li un des oiseaus se tenoient pres des fontaines, li autre loing, chascun selonc sa nature. » Après cette enceinte, Hugue de Césarée et Geoffroi, toujours conduits par le vizir Shâwar, arrivent aux ménageries d'animaux exotiques, « en une autre court et en uns autres berberjages qui estoient si riche et si délicieus que li autre qu'il virent avant ne leur semblèrent rien avers cez (= en regard). Iluec virent bestes de tantes manières diverses et si desguisées, que qui deviseroit leur façons il sembleroit mençonge. Nule mains de peinteur (= peintre) ne songes après matines ne porroit façonner si estranges choses »[126].

Il n'est pas douteux que Shâwar cherchait à impressionner les ambassadeurs francs en les promenant à dessein à travers

462   *L'ÉQUILIBRE*

les merveilles des jardins et des palais khalifaux. Enfin il les conduisit à la salle d'audience où les attendait le khalife. « Quant il furent venu par pluseurs portes et par mainz destours où il orent touzjorz trové noveles choses, tant que il s'en esbahissoient tuit, à la fin vindrent au grant palais. Iluec virent granz routes (= compagnies) de genz bien armées et si bel qu'il reluisoient tuit d'or et d'argent. Puis entrèrent en une chambre et virent du travers une grant cortine (rideau) de l'une paroi jusqu'à l'autre, teissue de fil d'or et de soie de toutes couleurs, à (= avec) bestes et oiseaus et diverses estoires de genz ; ele flambeoit toute de rubiz et d'esmeraudes et de toutes autres riches pierres. Li Soudans (= Shâwar), quant il fu entrez, se leissa cheoir à terre et aoura (= se prosterna) à sa guise, puis se releva et refist ausi la seconde foiz. Quant il se fu la tierce foiz lessiez cheoir à terre, tantost (= aussitôt) mist jus s'espée (déposa son épée) qu'il avoit pendue à son col ; lors trest l'en (= on tira) par cordes de soie la cortine qui là pendoit ausi com un voile, si qu'ele fu toute pliez lez (près d') une des paroiz. » Derrière le voile, le khalife apparut, al-'Adid Abû Muhammed l'enfant de seize ans, héritier des treize pontifes fâtimides qui se succédaient depuis deux siècles et demi en terre africaine[127].

« Li Califes aparut qui se seoit sur un siège mout précieus d'or et de pierres ; entor lui avoit mout pou de ses privez conseillers qui estoient tuit chastrez. Li Soudans (Shâwar) s'aprocha mout humblement et li beisa le pié, puis s'assist en bas à ses piez. Lors li commença à conter coment la terre d'Égypte estoit livrée a grant destruiement se il n'i metoit conseil, car Siracons (Shîrkûh) estoit là venuz o (= avec) grant planté de genz à armes que li califes de Baudas (Baghdâd) li avoit bailliées par haine de lui, et ne seroit mie légier à giter hors de la terre se l'en n'i metoit grant peine. Por ce avoit fetes teus covenances (= tels accords) au roi de Surie (Amaury Ier) qu'il leur estoit venuz aidier et mout estoit vaillanz hom ; les genz qu'il avoit amenés estoient plus preu en bataille que nules autres genz. Quant li Califes ot bien toutes ces choses entendues, débonairement otroia les covenances (= agréa l'accord) et respondit que mout li plesoit si que au roi Amauri, qui ses amis (= son ami) estoit, feroit paier mout certainement l'avoir que l'en li avoit promis et

AMAURY Ier ET LA CONQUÊTE DE L'ÉGYPTE

plus encore par dessus. » Passage capital qui nous montre l'Islam shi'ite, par la voix de son khalife, faisant officiellement alliance avec les Francs contre l'Islam sunnite[128].

L'audience rencontra ici une difficulté protocolaire, ou plutôt religieuse. L'alliance ainsi conclue, il fallait, en droit occidental, la « jurer », et pour cela Hugue de Césarée, agissant au lieu et place du roi de Jérusalem, entendait, à la mode franque, serrer la main nue du khalife ; on essaya en vain de lui faire comprendre l'inconvenance d'une telle familiarité entre un Infidèle et le Commandeur des Croyants. En vain ce dernier, dissimulant dans son sourire son mépris pour tant de rusticité, tendit-il au baron franc sa dextre gantée. Il dut finalement en passer par la volonté du sire de Césarée et lui tendre sa main nue, en répétant mot pour mot la formule du serment chevaleresque. Tout au plus sauva-t-il la face aux yeux de son entourage en feignant de s'en amuser comme d'une folie.

La scène, enregistrée par Guillaume de Tyr de la bouche même de Hugue de Césarée ou de Geoffroi, est dans la naïve traduction de l'*Éracles*, une des plus curieuses du temps. – D'abord les protestations des eunuques et émirs contre l'outrecuidance de la demande « et distrent que ce n'avoit onques esté fet, ne jà (= jamais) ne seroit. Granz paroles ot iluec sur ce, et mout i demora l'en ». Puis les supplications de Shâwar essayant de démontrer à ces courtisans radoteurs que le péril créé par l'invasion de Shîrkûh était trop grand pour qu'on s'arrêtât à des impossibilités protocolaires ou religieuses. « Li Soudans leur mostroit par humbles paroles, si com il l'osoit dire, le péril en que la terre estoit. » Entêtement des messagers francs : « Li nostre message ne se vouloient por nule chose remuer de ce qu'il requeroient. » Première concession du khalife, mais à main gantée : « Au darrenier, par mout grant angoisse et à grant desdaing (nequedent il sozrioit), tendi sa main coverte d'une toaille de soie. » Nouveau refus de l'ambassadeur franc : « Hues de Césaire, qui mout estoit aguz et sages et bien parlanz, dist devant touz : "Sire, loiautez n'a point de coverture. Se vos voulez ceste chose tenir et garder enterinement, vous le fiancerez de vostre main nue, car einsi l'a fiancié li Rois, mes sires. Se vos ne voulez oster la coverture desus vostre main, nos, simples genz, qui n'avons mie acostumé de veoir tel chose faire aus noz princes, aurions grant sospeçon que en ceste chose n'eust aucun (= quelque) decevement." Quant li amiraus (= les émirs) oïrent ceste chose, tuit furent ausi come desvé (= affolés) et distrent que trop avoit grant avilement (= grande humiliation) quant cil crestien parloient à leur seigneur ausi baudement et ausi come per à per, et li requeroient chose qu'il ne pooit faire sanz soi trop abessier. Li Califes vit toutes voies que la chose ne pooit autrement aler, trop en fu dolenz, mès, por covrir son corrouz, comença à sozrire ausi come se il tenist à folie ce que li message disoient. Lors tendi la main toute nue et fiança en la main (de) Huon de Césaire la covenance mot à mot, si com cil la devisa. Cil qui le virent racontèrent que li Califes estoit un juenes hom cui (= auquel) barbe venoit lors aprimes (pour la première fois), mout biaus bachelers, bruns et granz de cors ; femmes avoit plus de set-vinz. Quant li message se furent parti de lui, il leur envoia aus osteus granz présenz de viandes et de riches dons précieus et larges[129]. »

En parallèle avec cette scène on peut mettre le message envoyé par Shîrkûh à Shâwar pour lui proposer une réconciliation en vue de la guerre sainte et une action commune contre le roi de Jérusalem qui, surpris et encerclé sur cette terre étrangère, serait massacré avec tous les siens : « Je te jure au nom d'Allah que je ne veux pas me fixer en Égypte, je ne poursuis que le triomphe de l'Islâm. Réunissons-nous, profitons de l'occasion pour nous emparer des Francs qui se livrent à nous ! » À quoi Shâwar, nullement rassuré par ces pieuses déclarations, aurait répondu par un jeu de mots expressif : « Non, ils ne sont pas les Francs (*Firenj*), ils sont le salut (*firej*) ». En apprenant ce refus, nous dit le chroniqueur, Shîrkûh se rongea les poings de désespoir : « Qu'Allah le maudisse ! S'il m'avait écouté, pas un seul des Francs ne serait rentré en Syrie[130] ! »

L'armée franque, aux côtés des Égyptiens,
défend contre Shîrkûh l'accès du Caire.

Le pacte d'alliance une fois conclu, l'armée franco-égyptienne se prépara à marcher contre Shîrkûh. De son camp de Gîzeh, celui-ci, on l'a vu, contrôlait la rive gauche du Nil. Son armée rangée en bataille sur la berge empêchait les Franco-Égyptiens de traverser le fleuve[131]. « Quant li Rois (Amaury) vit ce, tantost (aussitôt) fit querre nés (navires), et comanda que l'en feist un pont. » Nous savons par *le Livre des Deux Jardins* que ce pont de bateaux fut lancé entre l'île de Rawda et Gîzeh[132]. « Les nés estoient jointes deus à deus et bien aencrées fermement deça et delà. Par dessus metoit l'en granz trés de paumiers (troncs de palmiers) que l'en avoit coupez et les couvroit l'en de terre espessement, si que cheval i poïssent aler. » La construction de ce pont de bateaux alla bien au début. Mais quand on eut atteint le milieu du fleuve et qu'on voulut pousser jusqu'à la rive opposée, les archers de Shîrkûh qui étaient embusqués de ce côté criblèrent ingénieurs et ouvriers d'une telle grêle de flèches que le travail dut être arrêté. Pendant un mois les deux armées se trouvèrent ainsi immobilisées face à face l'une par l'autre, Shîrkûh empêchant les Franco-Égyptiens de passer le Nil, mais ne pouvant lui-même quitter Gîzeh parce qu'ils auraient aussitôt réussi le passage et se seraient lancés à ses trousses.

Cependant, tout en maintenant le gros de ses forces à Gîzeh pour s'opposer au passage de l'ennemi, l'habile général zengide envoya un détachement se ravitailler au nord du Caire dans l'île de Mahalla. À cette nouvelle le roi Amaury envoya de son côté dans l'île un détachement commandé par le sénéchal Miles ou Milon de Plancy[133] et par al-Kâmil, fils de Shâwar. Ce corps surprit les gens de Shîrkûh en train de dépouiller les fellahs, et les tailla en pièces.

L'issue de ce combat jeta le découragement dans l'armée de Shîrkûh autant qu'elle enflamma l'ardeur des coalisés franco-égyptiens. De plus à ce moment les Francs reçurent de Syrie un renfort précieux, par l'arrivée de deux importants barons, Onfroi II de Toron et Philippe de Naplouse. « Onfroi du Toron, li connestables, et Phelipe de Naples, qui estoient remés (restés) en leur païs, por afere qu'il avoient, se hastèrent mout après, si qu'il vindrent lors en l'ost. De leur venue furent mout lié li baron et touz li puepless, car il estoient chevalier bon et seur, bien esprové en granz besoignes ; pardesus ce, loïal et sage et de grant conseil. »

466 L'ÉQUILIBRE

Amaury et Shâwar ainsi renforcés tinrent un conseil de guerre pour passer le fleuve par surprise en utilisant pour cela une « île du Nil en aval du Caire », île que, d'après le contexte, il faudrait, semble-t-il, chercher, *dans la mesure où le permet le déplacement considérable des rives depuis le Moyen-Âge*, au nord de la Jazîrat-Mu*h*ammed ou île de Warrâq al-*H*adr, du côté de la pointe sud de « l'île » deltaïque : « Acordé fu de touz que, sitost com il seroit anuitié, il envoieroient contreval le flun toute leur navie jusqu'à une isle qui est loing d'iluec à VIII miles[134] et li oz (= l'armée) s'en iroit après tout belement, que Siracons ne s'en aperceust. Lors passeroient à (= avec) leur nés (= navires) en l'isle et d'iluec en l'autre rive devers leur anemis. En ceste manière les porroient surprendre ainçois (= avant) que cil s'en aperceussent. » Ainsi fut fait, du moins en partie, car l'armée passa bien dans l'île, mais, quand elle voulut ensuite se rembarquer pour atteindre la rive gauche, il s'éleva un violent vent d'ouest qui arrêta la flottille. L'armée franco-égyptienne resta donc installée dans l'île, non sans avoir laissé dans ses anciennes positions en face de Gîzeh un fort détachement sous les ordres de Hugue d'Ibelin pour défendre le pont de bateaux commence et garder Fus*t*ât et le Caire[135].

Au matin, quand Shîrkûh vit que le gros de l'armée franco-égyptienne avait quitté la rive de Fus*t*ât, il fut grandement inquiet, car, si les coalisés avaient passé le Nil, ils pouvaient d'un moment à l'autre le prendre à revers. Il les découvrit enfin à la pointe de l'île. Il vint s'établir aussitôt en face, sans doute entre Warâq al-*H*adr et l'actuel Werdân. Amaury et les généraux égyptiens décidèrent alors de tenter à nouveau, dès le lendemain matin, le passage du bras du Nil qui les séparait de l'adversaire. Mais, quand le jour se leva, grande fut leur surprise : Shîrkûh avait disparu. Coupé de toutes communications avec la Syrie, il avait jugé avec raison sa position intenable et, par une résolution hardie, avait pris le chemin de la Haute Égypte. Amaury et le gros de l'armée franco-égyptienne purent alors sans rencontrer d'obstacle passer sur la rive gauche du Nil.

Toutefois avec un adversaire de la valeur de Shîrkûh la première précaution à prendre était d'éviter un coup de surprise sur le Caire et Fus*t*ât. Les coalisés confièrent la

AMAURY Ier ET LA CONQUÊTE DE L'ÉGYPTE

garde de la grande ville à un corps d'armée commandé par Hugue d'Ibelin et par Kâmil, fils de Shâwar[136]. « Lors, écrit orgueilleusement *l'Estoire d'Éracles*, furent bailliées toutes les tors et les garnisons de cele noble cité du Cahere à noz chevaliers. Li palais meismes et les autres maisons du Calife leur furent toutes abandonnées, si que les richeces, li déliz (délices) et li autre grant secré qui jusqu'à ce jor avoient esté celé et covert, furent regardé de nos crestiens. Assez virent choses dont trop se merveillièrent[137]. » En même temps Amaury chargeait un autre détachement, avec le maréchal Gérard de Pougy et le second fils de Shâwar, de s'établir « sur la rive opposée », donc la rive gauche du Nil, à hauteur de Gîzeh, face au pont inachevé, pour prévenir de ce côté également tout retour de surprise de la part de Shîrkûh. Nous allons voir qu'ils ne tardèrent pas à suivre le mouvement d'Amaury sur cette rive puisqu'au lendemain de la bataille de Bâbain, nous les retrouverons à hauteur de Minyà.

Marche d'Amaury Ier en Moyenne Égypte.
Bataille de Bâbain – Ashmûnain.

Mais Shîrkûh avait renoncé pour le moment à surprendre le Caire trop bien défendu par les Francs. Il remontait la rive gauche du Nil, en direction du Sud. Dans cette marche vers le Sud, talonnée par les coalisés, il était arrivé au sud-ouest d'al-Ashmûnain, à Dalja, dans le district actuel de Mallawi, en Moyenne Égypte, lorsqu'il fut rejoint par Amaury et Shâwar et obligé de livrer bataille près de Bâbain (18-19 mars 1167)[138].

Guillaume de Tyr nous dit ici que l'armée franque ne comptait que 374 chevaliers, le roi Amaury devant, pour cette poursuite rapide, avoir laissé beaucoup de son infanterie en arrière. Il est vrai que les Francs devaient avoir amené aussi un grand nombre de sergents à cheval et d'auxiliaires syro-musulmans ou Turcoples[139], et qu'ils étaient renforcés de toute l'armée égyptienne de Shâwar, mais Guillaume de Tyr, qui ne manque jamais de louer la valeur guerrière des Turcs, est aussi sévère pour les capacités militaires des Égyptiens que pour celles des Byzantins. « Avec le Soudan (= Shâwar), traduit *l'Éracles*, estoient cil d'Égypte qui sont mol et mauvés,

468   *L'ÉQUILIBRE*

et plus leur firent d'encombrement que d'aide. » Il n'en est pas moins vrai que, par rapport aux coalisés, Shîrkûh se trouvait en infériorité numérique. Ibn al-A*th*îr ne lui prête que 2 000 cavaliers. Perdu au fond d'un pays hostile, sa situation devenait tragique et ses émirs lui conseillaient de repasser le fleuve et de battre en retraite sur la Syrie. Ibn al-A*th*îr nous a conservé leurs impressions : « Si nous essuyons une défaite, ce dont personne ne saurait douter, où pourrons-nous nous réfugier ? Tout ce qu'il y a dans ce pays de soldats, d'hommes du peuple et de fellahs nous déteste et voudrait boire notre sang ! » Seul parmi les officiers de Shîrkûh un mamelûk turc, Sharaf al-Dîn Barghash, gouverneur de Shaqîf Tîrûn, conseilla d'affronter l'ennemi. « Ceux qui craignent la mort, les blessures et la captivité ne sont pas faits pour servir les rois. Qu'ils se fassent fellahs ou qu'ils restent chez eux auprès de leurs femmes. Par Allâh, si vous retournez auprès du malik Nûr al-Dîn sans excuse plausible, il vous privera de vos bénéfices militaires et vous obligera à restituer tout ce qu'il vous a distribué. » L'argument, dans cette féodalité militaire de mamelûks, portait. Le propre neveu de Shîrkûh, le jeune Salâh al-Dîn – notre Saladin – l'approuva. Shîrkûh se rallia à cet avis et tous les émirs syriens finirent par le suivre. Il prépara ses escadrons et attendit le choc des Francs[140].

La bataille de Bâbain est racontée de façon assez analogue par Guillaume de Tyr et par Ibn al-A*th*îr. Nous voyons Shîrkûh s'y conduire en stratège consommé. Il se plaça à la lisière des cultures de la vallée et du désert libyque, appuyé aux premiers contreforts de la chaîne libyque. « Li leus, dit l'*Éracles*, estoit en la marche des terres gaaignables et du désert ; desaiviez (= de sol inégal) estoit mout, pleins de tertres, de sablon et de valées, si que nus ne pooit voir guères loinz devant soi ; li leus est apelez Beben, c'est-à-dire portes, por ce que ce est une mout estroite entrée dedenz les montaignes. Siracons ot sa gent fet porprendre (= occuper) les montaignes à destre et à senestre. En ce se fioient que noz genz ne poïssent pas légièrement monter à eus, por le tertre qui estoit roistes et li sablons estoit mous[141]. »

« Shîrkûh, écrit de son côté Ibn al-A*th*îr, mit son armée en ordre de bataille. Pour faire paraître le centre plus nombreux qu'il n'était, il y plaça ses bagages. Au re te, s'il les avait placés ailleurs, les habitants du pays les auraient pillés. Il mit son neveu Saladin dans le centre en lui recommandant : "Les Francs et les Égyptiens placeront leur cavalerie vis-à-vis du centre et dirigeront leur principale attaque de ce côté, croyant que j'y suis. Gardez-vous bien de leur opposer une résistance sérieuse, car ce serait votre perte ; reculez devant eux, et, lorsqu'ils cesseront la poursuite et reviendront sur leurs pas, faites volte-face et suivez-les !" Il choisit alors un nombre de guerriers sûrs et se plaça avec eux à l'aile droite. Quand les deux armées furent en présence, les Francs chargèrent le centre, comme Shîrkûh l'avait prévu, et, conformément à ses ordres, le centre, ne leur opposant qu'une légère résistance, se retira devant eux, mais sans se débander. Tandis que le centre entraînait ainsi l'ennemi à sa poursuite, loin du champ de bataille, Shîrkûh, avec son aile droite, chargea le reste des Francs et des Égyptiens et les mit en pleine déroute. Lorsque les Francs du centre furent de retour de la poursuite des fuyards, ils virent les leurs en déroute, le champ de bataille vide des leurs et ne purent que prendre la fuite à leur tour[142]. »

Par Guillaume de Tyr nous apprenons comment les Francs tombèrent dans le piège. C'était pourtant cette vieille tactique de fuite simulée, si habituelle au monde turc et qu'ils auraient dû depuis longtemps connaître. Nous voyons le roi Amaury, à la tête du centre franc, charger, bannières hautes, le centre zengide où il croyait trouver Shîrkûh et le mettre en fuite. Mais pendant ce temps l'aile gauche franco-égyptienne était débordée par la droite zengide, écrasée et dispersée. Puis le centre zengide, une fois épuisée la charge du centre franc, ramenait celui-ci et son apparition achevait la victoire. Hugue de Césarée était fait prisonnier, tandis qu'un des meilleurs chevaliers de l'armée, Eustache Cholet, originaire du Ponthieu, était massacré avec nombre de ses compagnons. Les gens de Shîrkûh tombaient alors sur le convoi de l'armée franque et s'en emparaient[143]. Comme l'annonçait Ibn al-Athîr, lorsque le roi Amaury, vainqueur au centre, regagna le champ de bataille, il ne put que constater la dispersion de ses ailes, bientôt suivie de la fuite de ses propres compagnons.

L'ÉQUILIBRE

Néanmoins il s'en fallait de beaucoup que cette défaite stratégique ait été un véritable désastre. En raison du terrain accidenté, la bataille s'était émiettée en plusieurs combats distincts, séparés par les lignes de dunes. Au soir tombant, Amaury, ayant planté son étendard sur une colline, regroupa les fuyards. « Li jorz torna au vespre. Li nostre qui hors estoient de la bataille, se comencièrent à rassembler et firent soner les buisines, si que pluseurs parties se rallioient. Mout furent angoisseus de trouver le Roi, mès mout bien s'estoit contenuz en toutes les places où il vint ; puis monta en un tertre hautet, et fist lever sa banière por recuillir sa gent. Il vindrent à lui cil qui venir porent. En tele manière fu icele jornée que par maintes places gaaignièrent li nostre et furent au desus, et en maintes autres perdirent et furent au desouz, mès enterinement (= entièrement) ne l'une partie ne l'autre n'orent la victoire. »

Du haut de la colline où il avait regroupé sa petite troupe, Amaury vit un des corps d'armée de Shîrkûh qui lui barrait la route du Caire, le chemin du retour. La vallée était étroite. Il fallait passer sur le ventre de l'ennemi ou être pris. Rangeant les siens en colonne de bataille, il marcha sur les Turcs. Le récit de l'*Éracles* a ici une noblesse d'épopée. « Li Rois ne pooit passer se par eus non (= sinon à travers), et quant il vit qu'à faire le covenoit, ce petit (nombre) de gent qu'il avoit mist en bataille et s'adreça tout droit vers eus le (= au) petit pas. Par ses anemis s'en ala qui estoient mout grant planté de gent ». Cette ferme contenance en imposa aux bataillons de Shîrkûh qui laissèrent le passage libre : « Onques cil ne les osèrent assaillir ne destorber de nule rien ; ainçois s'en passèrent li nostre jusqu'à une partie du flun où il mirent arrière-garde après eus de leur genz mieus armées[144]. » Amaury invaincu se retira ainsi sans être inquiété « au château de Lamonie », c'est-à-dire à al-Minyâ, situé à une quarantaine de kilomètres plus au nord[145]. Il s'y arrêta trois jours pour achever le regroupement de son armée. Il y trouva du reste Gérard de Pougy avec ses cinquante chevaliers et ses cent turcoples chargés jusque-là d'empêcher l'ennemi de passer sur la rive droite, mais qui, à la nouvelle de l'action, ralliaient en hâte l'armée royale. « Li Rois, dit l'*Éracles*, fut liez (= joyeux) de leur venue, car il dou-

AMAURY Ier ET LA CONQUÊTE DE L'ÉGYPTE

toit (= redoutait) mout que, se il encontrassent les Turs ou deçà le flun ou delà, que il ne vousissent combatre à eus, si pou com il estoient. De ses genz meismes à pié estoit il en grant effroi, por ce que il avoit peor que si anemi ne les trovassent et les decopassent touz. Au chastel de Lamonie les atendi III jorz. » Ce corps de fantassins laissé en arrière avait été placé par le roi sous le commandement de Jocelin III de Courtenay, son ex-beau-frère, « sage home et preude chevalier ». Amaury les ayant envoyé chercher, ils rejoignirent le quatrième jour.

L'armée franque étant ainsi regroupée, Amaury qui avait passé le Nil a gué, reprit sur la rive droite du fleuve la route du Caire. En arrivant il fit camper les siens près du pont de Fustât : On se dénombra. L'armée n'avait perdu que cent chevaliers[146]. Grâce au concours de l'armée égyptienne les alliés conservaient la supériorité numérique.

Occupation d'Alexandrie par Shîrkûh et Saladin.

Shîrkûh, aussi éprouvé que ses adversaires, remontait également vers le Delta, mais en se maintenant sur la rive occidentale et à travers Faiyûm. Et tandis que les Francs faisaient halte devant le Caire, il allait s'emparer d'Alexandrie.

Si la population du Caire, directement influencée par le gouvernement de Shâwar, faisait bon visage à ses alliés francs, il n'en allait pas de même des gens d'Alexandrie. Sans doute l'habitude d'une guerre de course incessante contre les flottes chrétiennes maintenait-elle vivace en eux le sentiment du *jihâd*. Indignés de l'alliance conclue avec les Infidèles, ils avaient dès le début pris le parti de Shîrkûh. Le chef du mouvement, un certain Najm al-Dîn ibn Musâl, lui avait envoyé comme émissaire Idrîsi[147]. Aussi lorsque Shîrkûh se présenta devant la ville, fut-il reçu avec enthousiasme par les habitants auxquels il donna comme gouverneur son neveu, le jeune Saladin.

Siège d'Alexandrie par l'armée franco-égyptienne.

Amaury sentit toute la gravité de l'événement. En hâte, nous dit l'*Éracles*, il réunit en conseil de guerre ses barons,

472   L'ÉQUILIBRE

avec Shâwar et les émirs égyptiens (= li amiraut meismes d'Égypte i furent »). Après délibération, on convint d'établir le blocus d'Alexandrie par terre et par mer, « car Alixandre ne puet avoir vitaille (= ravitaillement) se tant non (= qu'autant que) par mer et par le flun leur en vient ». Blocus par le Nil, les canaux et Rosette : « l'en metroit au flun une grant navie de genz armées qui garderoient que nus ne poïst metre viande dedenz la ville ». Et blocus par la terre ferme : Amaury avec toute son armée vint établir son camp en arrière d'Alexandrie entre Damanhûr et Taruja, localités que l'*Éracles* francise en Demenehut ou Menehut et Toroge ou Toutrouge. « D'iluec envoia ses coreeurs par la terre por garder que l'en n'aportast rien dedenz Alixandre et que messages ne poïst issir de la ville. » Du côté de la mer enfin une flotte pisane concourait efficacement au blocus[148]. « En ceste manière fu la ville destroite (serrée) et enclose par eaue et par terre. Quant uns mois fu passé, viande comença à faillir dedenz Alixandre. Li pueples se comença à plaindre et à demander à Syracons qu'il meist conseil en ce, car il n'avoient mès que mangier ».

La famine inspira à Shîrkûh une résolution hardie. Laissant à son neveu Saladin mille hommes pour défendre la ville, il sortit nuitamment d'Alexandrie avec le reste de ses Turcs par la voie du désert libyque et remonta la rive occidentale du Nil pour se ravitailler en pillant le pays. Il se rendit maître des bourgs ouverts et pénétra jusqu'en Haute-Égypte (Saïd), ou il vint assiéger la ville de Qûs, près de l'antique Thèbes.

À la nouvelle de la sortie de Shîrkûh, le roi Amaury, furieux de voir son adversaire lui échapper une fois encore, se lança à sa poursuite. Il remonta ainsi jusqu'à hauteur du Caire. Mais Shâwar et les émirs égyptiens le dissuadèrent, avec raison, semble-t-il, d'aller plus loin : qu'importait que Shîrkûh allât piller le Saïd ? La famine dans Alexandrie était telle qu'il n'y avait qu'à continuer inflexiblement le blocus pour provoquer bientôt la capitulation.

Amaury et Shâwar, l'armée franque et l'armée égyptienne reprirent donc avec plus d'ardeur le siège d'Alexandrie. Siège complet cette fois et non plus simple blocus. Des renforts arrivaient de Syrie aux Francs. L'archevêque de Tyr, Frédéric ou Ferry, « qui mout amoit le Roi loiaument » prit la direction d'une escadre qui amena à Amaury ces renforts avec tout un ravitaillement d'armes et de provisions[149] « Il s'en vindrent jusqu'en l'ost entor Alixandre. Là furent reçeu à mout grant joie de touz. » Avec une partie des navires, Amaury fit fabriquer des machines de siège. « Li Rois comanda à prendre les maz des nés (navires) qui mout estoient granz et fist assembler touz les charpentiers de que il i avoit grant planté. Un chastel fit lever si haut que l'en pooit desus veoir par toute la ville ; perrières fist drecier assez entor les murs qui gitoient granz plantez de pierres aus murs et dedenz la ville, si que de jor et de nuit avoient li citein tel peor que il ne se savoient où garantir. » Les vergers de la banlieue furent dépouillés de leurs arbres fruitiers pour fabriquer d'autres machines de bombardement : « Entor la ville avoit ausi com une grant forest de jardins ou il avoit arbres hauz et espés qui portoient toutes manières de fruiz bons et délitables. Léanz se mistrent nostre charpentier et les autres genz meismes por abatre merrien (= poutres) à faire leur engins ». Les riches commerçants d'Alexandrie, navrés de voir détruire leurs jardins, exposés à un bombardement incessant et à de fréquents assauts, sentaient fléchir leur moral. « Li nostre... sovent leur fesoient de granz assauz dont cil estoient mout esbahi, car il ne s'estoient mie mout entremis d'armes ne de guerres, ainz avoient touzjorz apris à marcheandises vendre et acheter. »

Saladin et sa petite troupe, malgré leur vaillance, n'osaient faire de contre-attaque parce qu'ils se défiaient des habitants « qui avoient jà touz les cuers perduz et parloient entr'eus et disoient que ce ne porroient-il mie longuement soffrir ». Dans cette population démoralisée une émeute risquait à tout instant de se produire pour rappeler Shâwar et chasser Saladin.

Saladin, sentant croître la désaffection générale, envoya des messages secrets à son oncle Shîrkûh en Haute-Égypte, pour le rappeler d'urgence. Puis il réunit les notables et, avec cette éloquence persuasive que nous lui verrons si souvent, leur demanda un dernier effort en leur promettant d'être bientôt secourus par Shîrkûh. Pendant ce temps Amaury et Shâwar, connaissant la situation désespérée des assiégés,

474 L'ÉQUILIBRE

redoublaient l'intensité de leur bombardement et de leurs assauts. « Li Rois sot que cil de la ville estoient en descort. Por ce se hasta tant com il pot d'eus aprochier, et fist assaillir plus asprement que devant. Les engins comandoit à faire giter sans repos, les archiers et les arbalestriers fesoit trere (= tirer) avant. Savar aloit partout l'ost, largement fesoit paier les despens des engins et des autres besoignes et donnoit, par dessus ce, por haster, de biaus dons aus ouvriers. Les siens amonestoit de bien faire, et plus encore les noz. Nul ne fesoit bel coup ne proesce que le guerredons (= prime) granz et larges ne li fust tantost apareilliez. »

Shîrkûh, on l'a vu, se trouvait en Haute-Égypte où il assiégeait vainement la ville de Qûs lorsqu'il reçut les pressants messages de son neveu, l'invitant à regagner d'urgence Alexandrie (fin juin 1167). Il se mit aussitôt en route à marches forcées. Un instant en passant devant Fus*tât* et le Caire (il campa une nuit près de Birkat al-*H*abash, au sud de Fus*tât*), il songea à tenter un coup de main sur les deux villes, mais Hugue d'Ibelin à qui Amaury en avait confié la défense était sur ses gardes : avec un tel paladin elles étaient imprenables. Shîrkûh comprit que la conquête de l'Égypte avait échoué. Il fit appeler un de ses prisonniers, Hugue de Césarée, seigneur « sage et courtois », et lui proposa la paix. *L'Éracles* traduit en sa belle langue le discours habile autant que chevaleresque, que le vieux chef kurde tint au baron franc : « Je sai que tu es hauz hom et uns des granz barons de la Crestienté, loiaus et de grant sen sur touz les autres. Si j'eusse touz à mon chois ceus de ta Loi, ne sai-je nul cui (= à qui) je deisse plus volentiers mon conseil que à toi. Ore est einsi avenu, selonc les aventures de guerre, que je t'ai trové présentement : por ce te vueil descouvrir tout enterinement ce que j'ai en mon cuer. Il est voirs, et bien le recognois, que je, por moi avancier et acroistre, me fie tant en la proesce de mes genz et en la mauvestié et en la molesce de ceus d'Égypte que j'ai eu espérance de conquerre cest roiaume qui mout est riches et délitables. Or voi que n'i ai mie fet grant esploit, ainçois me semble que fortune me soit contraire en toutes choses. Por ce me convient autre conseil à prendre. Bien sai que tu es ami et privez du Roi ; je vueil que tu soies meeneurs de la pais entre moi et lui. Bien sai qu'il eust assez à faire des seues (= siennes) besoignes en sa terre ; et se il vuet bien regarder à la fin de ceste besoigne (ci), il trovera que, quant il m'aura chacié de ceste terre, la richece de ce roiaume remaindra (= restera) aux Égypciens qui sont la pire gent du monde et la plus chétive. Jà por itel esploit faire ne se deust si preudom com est li Rois tant traveiller contre meilleurs qu'il ne sont. Por ce li offerras de par moi que, se il se vuet partir du siège d'Alixandre et rendre touz les prisons (= prisonniers) qu'il a de nos genz, je li rendrai volentiers toi et touz les autres que je tieng des suens, et m'en istrai de cette terre por que il me face bien seur que ses genz ne feront nul mal à moi ne aus miens en nostre partir[150]. »

Nous avons cité tout ce passage, non seulement parce que c'est un des beaux morceaux de l'éloquence française au treizième siècle, mais parce qu'il montre bien l'estime réciproque que se témoignaient, au milieu de tant de races levantines, les races militaires, Francs d'une part, Turcs et Kurdes de l'autre. Il y avait vraiment entre elles un langage de chevalerie commun à ces peuples soldats, à ces peuples de maîtres parmi les peuples sujets.

Malgré les flatteries de Shîrkûh, Hugue de Césarée n'en déclina pas moins la mission qu'on voulait lui confier, et cela par scrupule chevaleresque, « por ce que il sembleroit, et le porroient dire aucunes genz, que il portast cele pais plus por sa délivrance que por autre chose ». Il conseilla d'envoyer à sa place un autre prisonnier, Arnoul de Turbessel, également ami personnel du roi Amaury.

Reddition d'Alexandrie au roi Amaury.

Ainsi fut fait et Arnoul porta au camp franco-égyptien les propositions de paix de Shîrkûh : une fois encore on déclarerait la partie nulle, chacun rendrait ses prisonniers et les deux armées franque et zengide évacueraient l'Égypte en laissant Shâwar tranquille possesseur du pouvoir, mais avec amnistie pour ceux des Égyptiens qui, comme les habitants d'Alexandrie, avaient soutenu Shîrkûh. Ces propositions satisfirent tout le monde, les Francs parce qu'ils avaient atteint leur but en empêchant le rattachement de l'Égypte à l'empire zengide, et Shâwar plus encore, parce qu'il se trouverait ainsi délivré à la fois de ses ennemis zengides et de ses alliés francs.

On peut se demander, il est vrai, pourquoi le roi Amaury n'eut pas la tentation d'exploiter plus à fond son succès en écrasant Saladin et Shîrkûh. La raison en est, à coup sûr, dans l'inquiétude qu'il ressentait toujours pour la Palestine, exposée aux diversions de Nûr al-Dîn[151]. En effet, pendant que le roi se trouvait engagé en Égypte, Nûr al-Dîn, ayant appelé à lui, de Mossoul, son frère Qutb al-Dîn, avait conduit une campagne contre le comté de Tripoli (sans doute spécialement choisi comme objectif parce que le comte Raymond III était prisonnier). De Homs où il avait opéré sa concentration, Nûr al-Dîn était venu piller les terres dépendant du Krak des chevaliers (Qal'at al-Hosn), puis il était venu assiéger – sans résultat, semble-t-il – la place de 'Arqa, à 26 kilomètres seulement au nord-est de Tripoli. De là Ibn al-Athîr l'envoie prendre et ruiner le port de Jabala, tout au nord, à la frontière du comté de Tripoli et de la principauté d'Antioche, ce qui, comme itinéraire, est assez invraisemblable[152] : en effet le même Ibn al-Athîr nous montre ensuite Nûr al-Dîn allant s'emparer de Qal'at al-'Araîma (Aryma) et de Sâfîthâ (Chastel Blanc), ce qui ne s'explique que si, après avoir pillé la plaine de 'Arqa, l'atâbeg est remonté vers le nord par la plaine de 'Akkâr, al-'Araîma et le nœud de routes de Sâfîthâ, pour rentrer à Homs à travers la plaine de la Boquée[153]. Il semble bien en tout cas que Burj Sâfîthâ, le Chastel Blanc des chroniqueurs, soit tombé en cette année 1167 aux mains de Nûr al-Dîn qui, ne pouvant l'occuper, le démantela[154].

Dans une nouvelle campagne, Nûr al-Dîn vint attaquer la frontière nord-est du royaume de Jérusalem, défendue, depuis la chute de Panéas, par la forteresse de Hûnîn. À son approche les Francs évacuèrent la forteresse après l'avoir incendiée. Nûr al-Dîn y arriva le lendemain et acheva de démolir les murailles[155]. Il songeait à aller ensuite attaquer Beyrouth, mais, des dissentiments s'étant produits parmi les siens, il dut licencier son armée. Sa diversion n'avait en somme abouti qu'à des résultats insignifiants puisque Sâfîthâ et Hûnîn devaient être reconstruits presque aussitôt par les Francs[156]. Le roi Amaury n'en jugea pas moins avec raison

AMAURY Ier ET LA CONQUÊTE DE L'ÉGYPTE

qu'une nouvelle attaque était toujours possible en Palestine. Aussi dut-il être heureux de mettre fin à l'expédition d'Égypte en concluant une paix victorieuse.

Guillaume de Tyr nous décrit les scènes pittoresques auxquelles donna lieu à Alexandrie la proclamation de cette paix. Les Alexandrins, joyeux de leur délivrance, se répandaient dans le camp chrétien et engageaient la conversation avec les assiégeants de la veille. « L'en fist crier le ban, traduit l'*Éracles*, que nus ne fust si hardiz que il feist nul mal à ceuz d'Alixandre, ainçois leissast l'en ceuz dedenz (= les assiégés) venir hors tout seurement, se il vouloient. Cil, qui longuement avoient esté assis (= assiégés), orent grant desirrier d'aler esbatre hors de la cité, et s'en issirent pour veoir l'ost. Mout regardoient volentiers ceuz qu'il avoient si doutez (= redoutés) et parloient à eus de leur aventures qui en ce siège leur estoient avenues. De viandes fresches trovèrent à grant planté dont il avoient eu mout grant soufrète ; volentiers en pristrent et s'en refreschirent tuit. »

Réciproquement les soldats francs eurent licence d'aller en toute tranquillité visiter Alexandrie : « La nostre gent qui grant peine avoient mise à prendre la cité orent bandon d'aler enz (= dedans) sanz force faire. Premièrement regardoient les domages des murs et des meisons que leur engins avoient fet. Après se trestrent vers la marine et se délitoient de veoir les porz de mer. Mout cerchoient ententivement par la cité touz les leus de quoi il avoient oï parler. » N'est-elle pas charmante la description du bon chroniqueur nous montrant ici la badauderie amusée et débonnaire des soldats francs dans la ville musulmane hier encore ennemie ? Tout d'abord la visite au célèbre Phare : « Si come je vos ai dit, delez la ville, avoit une tor mout haute qui avoit non Pharos ; desus fesoit l'en souvent és oscures nuiz cler feu de brandons porce que les nés (= navires) qui estoient en mer se seussent adrecier cele part, car la mer est mout périlleuse près de la ville, et, se l'en ne savoit bien les entrées, mout i porroient avoir domage cil qui là viennent. Desus cele haute tor fu mise la banière le (= du) Roi por signe de victoire. » C'était la confirmation officielle que les hostilités avaient pris fin : « Quant li citeien la virent, plus s'asseurèrent de parler aus noz qui avoient esté leur anemi mortel. Iluec demandèrent

478 *L'ÉQUILIBRE*

noveles de la pais. La forme leur en fu contée certainement, qui ne leur desplut mie. Priveement s'aprochièrent de nos paveillons (= tentes) et regardoient les genz qu'il avoient tant doutées (= redoutés). Sur toute riens (= chose) tenoient à merveille coment li nostre qui estoient si pou de genz les avoient destroiz (assiégés) si angoisseusement dedenz leur ville et par force les avoient contrainz à faire pais tel com il vouloient, car li nostre furent lors nombré, l'en n'i trouva de genz à cheval que seulement entour cinq cenz. Cil à pié n'estoient guères plus de qatre mile. » Ce corps expéditionnaire si minime avait imposé sa volonté aux 50 000 défenseurs d'Alexandrie[157].

Amaury Ier arbitre de l'exécution du traité entre Shîrkûh et Shâwar. La paix franque en Égypte.

La courtoisie des barons francs envers Saladin et Shîrkûh n'était pas un moindre signe de la détente des esprits. Saladin avait hâte de quitter Alexandrie où la population qui faisait retomber sur lui la responsabilité d'un siège meurtrier, risquait de lui faire un mauvais parti. Lorsque le jeune émir aiyûbide sortit de la ville, le roi Amaury lui donna une escorte d'honneur et le fit traiter avec les plus grands égards : « Salehadins fu issuz hors de la ville et tout droit fu venuz au Roi. L'en li bailla gardes qui ne soffrissent pas que l'en li deist nule vilaine parole, ne à lui feist se bien non (= sinon bien) et cortoisie. N'avoit cure de retorner en la ville où l'en ne l'amoit pas. Ainçois se remest en l'ost (= il resta dans l'armée franque), tant que il ot apareilliée sa muete (= jusqu'à ce qu'il eut rassemblé sa troupe) por aler après son oncle. » La courtoisie de ces premiers rapports dut se graver dans la mémoire du jeune héros musulman qui plus tard montrera la même conduite chevaleresque envers les Francs vaincus[158].

La conduite du roi Amaury envers Saladin contrasta avec celle de Shâwar envers la population alexandrine. À peine rentré dans la ville rebelle (4 août 1167), le vizir se signala par ses vengeances, en faisant arrêter et en maltraitant Ibn Musâl et les autres partisans de Saladin. En l'apprenant, raconte Abû Shâma, Saladin fit appel à la loyauté de son nouvel ami, le roi des Francs : « Sache que Shâwar viole son serment : il fait arrêter ceux qui s'étaient réfugiés auprès de nous ! » – « Il n'en a pas le droit ! » s'écria Amaury, « et aussitôt, il envoya chez Shâwar pour lui rappeler que la foi jurée l'obligeait à ne molester personne parmi les habitants d'Alexandrie, et lui fit jurer de nouveau qu'il ne persécuterait aucun de ceux qui s'étaient mis sous la protection de Shîrkûh ou de Saladin »[159]. Saladin demanda même à Amaury quelques bateaux pour transporter des blessés musulmans en Syrie et celui-ci lui en fournit aussitôt. Une fois débarqués à Acre, certains de ces Musulmans, dont le célèbre Idrîsî, se virent pourtant appréhendés par les autorités locales et emprisonnés « dans le pressoir aux cannes à sucre », mais, dès qu'Amaury arriva, il s'empressa de les faire mettre en liberté et diriger sur Damas.

Quant à Shîrkûh, il quitta l'Égypte « le désespoir au cœur, car il avait apprécié ce pays, les richesses de son sol et l'importance d'une telle conquête »[160]. Le 5 septembre 1167, il était de retour à Damas. Nûr al-Dîn lui donna comme consolation le fief de *H*oms.

Établissement du protectorat franc sur l'Égypte (août 1167).

La chronique d'Ernoul nous rapporte une intéressante discussion entre Amaury et les grands dignitaires francs. Après la prise d'Alexandrie, quand le roi de Jérusalem eut acquis un véritable protectorat sur l'Égypte, les évêques et les barons syriens l'invitèrent à faire appel aux princes de l'Occident pour soumettre directement et coloniser le pays. « Sire, envoiiés en France, en Engletière et en Alemaigne, et par toute crestiienté, et faites savoir que vous avés ceste tiere conquise, et que on vous envoit secours, que vous le puissiés pupler. » Avec autant de loyauté envers Shâwar que de sagesse politique, Amaury déclara préférer le protectorat à une annexion directe. « Li rois respondi qu'il n'en feroit nient ; que ja (jamais), se Deu plaïst, réprouvé ne li seroit à lui ne à ses hoir que il mouvesté ne traïson euist fète envers nul homme del monde. Li evesque et li archeveske disent que il en prenderoient le pécié sour aus, et l'en feroient asaurre (absoudre) à l'Apostole (par le Pape). Li rois dist que pour

480   *L'ÉQUILIBRE*

noient (= rien au monde) en parloient, que il n'en feroit nient[161]. »

En somme la troisième campagne d'Égypte du roi Amaury avait obtenu un plein succès. Beaucoup plus nettement qu'à sa deuxième intervention – et cette fois sans la contre-partie d'un désastre de ses vassaux sur l'Oronte –, il avait forcé Shîrkûh à lâcher prise, sauvé l'indépendance égyptienne et la foi shî'ite, empêché l'unification politique et religieuse du monde musulman. Bien mieux, l'Égypte, délivrée par sa valeur, se trouvait désormais placée sous un véritable protectorat franc. Shâwar s'engagea par un accord formel à verser à Amaury un tribut annuel de 100 000 pièces d'or prélevé sur les revenus de l'Égypte. Outre ce versement qui faisait de lui un vassal du roi de Jérusalem, le tout-puissant vizir accepta par la même convention la présence à ses côtés, au Caire, d'un *shihna* ou haut commissaire franc et l'installation dans la ville d'une garnison franque, chargée de la garde des portes et des autres points stratégiques contre toute nouvelle incursion des gens de Shîrkûh et de Nûr al-Dîn[162].

Dès que Saladin et Shîrkûh eurent quitté Alexandrie et évacué le territoire égyptien, Amaury se rendit au Caire pour y relever de leur garde Hugue d'Ibelin et ses compagnons. Puis, quand il eut ainsi « comfermé le soudan (= Shâwar) en sa seignorie et ses ennemis gitez (= chassé) de la terre », il rentra en Palestine à la mi-août 1167. Le 20 août il était de retour à Ascalon[163]. « Les Francs, nous dit Ibn al-A*th*îr, repartirent, après avoir laissé à Fus*tât* et au Caire un corps de cavalerie et quelques-uns de leurs chefs les plus distingués, ainsi que cela avait été convenu. Ces cavaliers furent installés à demeure à la garde des portes de la ville et en conservaient les clés[164]. »

On comprend ici l'admiration du chroniqueur arabe pour la personne et la politique du roi « Murrî » : « Depuis l'arrivée des Francs en Syrie, ce peuple n'avait jamais eu un roi aussi brave, aussi rusé et aussi intelligent. » On comprend aussi l'accent de triomphe qui perce à travers les lignes de Guillaume de Tyr. Départageant le monde shî'ite et le monde sunnite, sauvant le khalifat 'alide de la réaction du Saint-Siège 'abbâside, le roi de Jérusalem en cet été 1167 était l'arbitre de l'Orient.

§ 5. — L'ALLIANCE FRANCO-BYZANTINE DE 1168
POUR LE PARTAGE DE L'ÉGYPTE.

Resserrement de l'entente cordiale franco-byzantine.
Mariage d'Amaury Iᵉʳ avec Marie Comnène.

Pour consolider les résultats acquis en Égypte, Amaury Iᵉʳ résolut de resserrer l'alliance byzantine. Depuis la rupture de son union avec Agnès de Courtenay, il avait déjà, à l'exemple du prince d'Antioche Bohémond III, songé à solliciter la main d'une Comnène. D'après Ernoul, les barons lui avaient, eux aussi, conseillé ce mariage, tant l'alliance byzantine paraissait à tous les esprits réfléchis une nécessité : « Il li conseillièrent que en nul liu près de lui ne se poroit si bien marier que à une parente (de) l'empereour Manuel de Constantinoble, ne dont il euist si tost secours, ne aïue (= aide) ne de gens, ne de deniers[165]. » Dès 1165 Amaury avait dans ce but envoyé en ambassade à Constantinople Erneys (Hernesius ou Heinesius), archevêque de Césarée et l'échanson Eude de Saint-Amand[166]. Nous pouvons croire Ernoul quand il nous assure que Manuel se montra fort satisfait de ce projet de mariage qui allait faire entrer la Syrie latine dans le cercle de l'influence byzantine[167]. La négociation traîna deux ans, mais en 1167 l'archevêque de Césarée et Eude de Saint-Amand revinrent en ramenant avec eux la princesse Marie Comnène, fille du protosébaste Jean Comnène, le neveu de l'empereur Manuel. Deux ambassadeurs impériaux, George Paléologue et le sébaste Manuel, cousin et homonyme du *basileus*, accompagnaient la jeune princesse byzantine[168].

Le cortège aborda à Tyr au mois d'août 1167. « Quant le Roi oï ces noveles, hastivement s'en vint à Sur, et manda ses barons et les prélaz de la terre ce qu'il en pot avoir, à brief terme. Le jor de la feste (de) monseigneur saint Jehan decolace (= 29 août 1167), fu cele dame espousée au Roi en l'église de Sur par la main le (= du) patriarche Amauri, et portèrent ambedui (= tous deux) couronne li Rois et ele à grant solempnité ; li païs touz en ot grant joie[169]. »

Ainsi deux reines byzantines, nièces l'une et l'autre de l'empereur Manuel, se succédaient sur le trône de Jérusalem.

482   *L'ÉQUILIBRE*

Après Théodora Comnène, femme de Baudouin III, Marie Comnène, femme d'Amaury Ier. L'intimité des deux cours témoignait hautement que l'entente cordiale naguère établie par Baudouin III et Manuel Comnène aboutissait à une véritable alliance, gage d'une collaboration militaire plus étroite encore.

Deux romans byzantins dans la Syrie franque :
Les amours d'Andronic Comnène avec Philippa d'Antioche
et avec la reine Théodora de Jérusalem.

« Les mariages byzantins », du moins celui du précédent règne, eurent leur répercussion dans la chronique de la vie de cour en terre franque. Nous voulons parler des aventures amoureuses d'Andronic Comnène à Antioche et à Saint-Jean d'Acre[170].

Andronic Comnène, cousin de l'empereur Manuel, avait été chargé par ce dernier, en 1166, d'un commandement militaire en Cilicie. C'était un des plus beaux seigneurs de son temps et que la maturité n'avait nullement assagi. « De haute stature, d'une force herculéenne et d'une incomparable élégance, il avait une beauté qui, selon le mot d'un contemporain, semblait digne du trône. Le chroniqueur Nicétas, qui le connut bien, a fait de lui quelque part un joli et fin croquis, où il nous le montre vêtu d'une longue robe violette, la tête coiffée d'un bonnet pointu de couleur grise, caressant d'un geste qui lui était familier, quand il était ému ou en colère, sa barbe noire et frisée. Taillé en force, admirablement entraîné à tous les exercices du corps, entretenant par une attentive sobriété le parfait équilibre de sa santé et la grâce robuste de ses formes, c'était un cavalier accompli, l'arbitre de la mode. À la guerre ses exploits étaient d'un paladin. Courir seul à l'ennemi en empruntant le bouclier ou la lance du premier soldat venu, aller provoquer le chef du parti adverse jusqu'au milieu des siens, le désarçonner et revenir sain et sauf dans les rangs byzantins, tout cela n'était qu'un jeu pour lui... Une intelligence de premier ordre animait ce corps d'athlète et de guerrier. À une instruction très étendue et très variée il joignait une naturelle éloquence et ses discours avaient une force de persuasion presque invincible. Il était enjoué, spirituel, d'un esprit railleur qui n'épargnait personne et ne savait pas retenir un bon mot[171]. »

En Cilicie, ce séducteur professionnel entendit parler de la beauté d'une des princesses franques, la jeune Philippa, sœur cadette du prince d'Antioche Bohémond III et de l'impératrice Marie, belle-sœur par conséquent de l'empereur Manuel. « Il courut à Antioche et, comme un jeune homme, il se mit à parader sous les fenêtres de la princesse en somptueux costume, magnifiquement escorté de jolis pages blonds qui tenaient des arcs d'argent. Lui-même, toujours robuste et beau malgré ses quarante-six ans, était vêtu avec une suprême élégance ; il portait des chausses collant sur la jambe, une tunique courte serrée à la taille... Philippa avait vingt ou vingt et un ans ; elle se laissa facilement séduire par ce beau cavalier, et elle s'offrit à Andronic qui lui promit de l'épouser[172]. »

L'empereur Manuel Comnène, furieux de l'inconduite de son dangereux cousin avec sa belle-sœur, essaya de s'y opposer. En vain le nouveau gouverneur impérial de Cilicie, le prince hongrois Coloman, accourut à Antioche pour essayer de provoquer une rupture entre les deux amants, fût-ce en séduisant à son tour Philippa. Il fut éconduit par la jeune femme et l'idylle ne cessa que le jour où Andronic, lassé de sa maîtresse, l'abandonna de son plein gré[173].

Andronic, banni du territoire byzantin, se dirigea, en quittant Antioche, vers le royaume de Jérusalem, avec une nombreuse escorte de cavaliers. On était aux premiers mois de 1167. Le roi Amaury se trouvait alors à la campagne d'Égypte. Les Francs firent bon accueil au prince byzantin dont le concours, en l'absence du roi, pouvait leur être précieux. Dans le même sentiment, Amaury, à son retour d'Égypte, donna en fief à Andronic l'importante cité de Beyrouth[174]. Mais le bénéficiaire de ces libéralités ne tarda pas à payer d'ingratitude, car « au darrenier mostra-t-il en soi meismes la tricherie des Grifons (des Grecs) » – traduction libre du « *timeo Danaos et dona ferentes* » cité par Guillaume de Tyr[175].

Non loin de là, à Saint-Jean d'Acre, dont la possession constituait son douaire, vivait une princesse byzantine, Théodora Comnène, veuve, depuis 1162, du roi de Jérusalem Baudouin III. Mariée presque enfant, elle n'avait en 1167 que vingt-deux ans « et elle était charmante ». Andronic lui rendit visite à Saint-Jean d'Acre et s'enflamma pour elle. Séduite à son tour, elle lui rendit sa visite à Beyrouth et tomba dans ses bras. De Constantinople, l'empereur Manuel, de plus en plus exaspéré contre ce séducteur professionnel qui déshonorait la famille impériale, ordonna alors de s'emparer de lui coûte que coûte et de lui crever les yeux.

Ne se sentant plus en sûreté à Beyrouth où le roi Amaury risquait d'obtempérer aux ordres du *basileus*, les deux amants décidèrent de s'enfuir ensemble. « L'enlèvement se fit selon toutes les règles de l'art. Andronic annonça son départ ; Théodora feignit de vouloir l'accompagner jusqu'à quelque distance de Beyrouth, afin de lui faire honneur et de lui dire un peu plus tard adieu. Seulement elle ne revint pas...[176]. »

De Beyrouth le prince byzantin et l'ancienne reine de Jérusalem se réfugièrent à Damas dans les États de Nûr al-Dîn, qui fort chevaleresquement leur assura l'hospitalité. Après Damas ils gagnèrent *H*arrân, autre ville des États zengides où Théodora mit au monde un fils, puis Baghdâd où le khalife 'abbâside ne leur réserva pas un moins bon accueil. Toutefois, selon la remarque de M. Diehl, si les princes musulmans les accueillaient partout avec courtoisie, ils ne les gardaient longtemps nulle part, tant était grande la crainte qu'inspirait l'empereur Manuel Comnène. C'est ainsi qu'on voit les romanesques amants passer de Baghdâd à Mârdîn chez les Ortoqides, qui finirent par les expulser, puis à Erzerûm, chez l'émir Saltuq d'où Andronic mena pendant plusieurs mois « une existence de chevalier brigand », allant piller la frontière byzantine du Pont, jusqu'au jour où le gouverneur de Trébizonde, Nicéphore Paléologue, réussit à capturer Théodora. Vaincu par son amour pour sa maîtresse, Andronic consentit alors à faire sa soumission au *basileus*[177].

La proposition byzantine de 1168 : une expédition franco-byzantine en Égypte pour la conquête et le partage du pays.

Ce fait divers ne distrayait pas Manuel Comnène et le roi Amaury de leurs projets. La cour de Constantinople, qui avait suivi avec une singulière attention les affaires d'Égypte,

AMAURY Ier ET LA CONQUÊTE DE L'ÉGYPTE

était en train d'élaborer un plan grandiose : profiter de l'agonie fâṭimide pour s'emparer de l'Égypte et établir un condominium franco-byzantin sur le pays.

Chalandon pense avec raison que les premières négociations à ce sujet s'engagèrent au moment du mariage d'Amaury et de Marie Comnène, en août 1167, entre le roi de Jérusalem et les deux ambassadeurs byzantins, le *sebastos* Manuel et Georges Paléologue. Au commencement de 1168, deux autres ambassadeurs byzantins, Alexandre de Gravina et Michel d'Otrante, débarquèrent à Tyr pour régler avec Amaury les conditions de l'entreprise commune. « Cil trovèrent le Roi à Sur et distrent qu'il vouloient à lui parler privéement. Li Rois retint avec lui de son conseil ceus qui savoient ses granz secrez ; lors distrent cil dui message, por quoi il estoient venu, et de bouche et par letres saellées en or. La somme de leur paroles estoit tele : l'Empereres avoit aperceu que li roiaumes d'Égypte, qui avoit esté longuement puissanz et riches, estoit ores venu en la main et au gouvernement de mauveses genz qui, par leur lascheté, ne valoient rien à porter armes ne à terre tenir. Por ce li sembloit que longuement ne porroit mie estre cil roiaumes en ce point, ainz covendroit que autres genz le conqueissent et ce ne seroit mie grief chose à faire[178]. »

Démarche capitale qui déclarait ouvertes la question d'Égypte et la succession de l'Empire fâṭimide. Faisant état de la décadence irrémédiable de cette dynastie, la Cour byzantine offrait de conclure avec le roi de Jérusalem une alliance militaire pour s'emparer du pays. « Il (l'empereur) avoit en proposement que volentiers entendroit aus anemis de nostre foi chacier de cele terre, se li Rois li vouloit à ce doner s'aide. » Une réponse rapide était réclamée : « et si (= ainsi) requeroit que sa volenté l'en mandast sanz demeure. » Guillaume de Tyr se demande s'il ne s'agissait pas là d'une simple réponse – affirmative – faite à des propositions d'Amaury à qui reviendrait en ce cas l'initiative de la coalition franco-byzantine pour la conquête de l'Égypte : « Aucunes genz, traduit l'*Éracles*, cuident, et bien semble voir (= vrai) que li Rois eust maintes foiz l'Empereur semons et requis de ceste chose, et mandé par letres et par messages que, se il li vouloit envoier chevaliers par terre et navie par mer o (= avec) despens covenables, il li cuidoit bien, à l'aide de Dieu, conquerre ce roiaume. Por ce estoit venu cist message (= les ambassadeurs byzantins) qui asseurèrent ces covenances de par leur seigneur[179]. »

Guillaume de Tyr, qui fut mêlé personnellement aux négociations qui suivirent, est évidemment mieux renseigné que quiconque sur ces questions. Toutefois rappelons-nous que, après la capitulation d'Alexandrie et le renoncement de Shîrkûh et de Saladin, pendant l'été 1167, le roi Amaury, malgré la pressante invite des évêques et des barons, avait énergiquement refusé de tenter un coup de main sur l'Égypte, pourtant livrée à sa merci[180]. La sagesse conseillait en effet au roi de ne pas compromettre par une tentative inopportune d'annexion les résultats de la campagne de 1167 qui avait fait de l'Égypte fâtimide une sorte d'État vassal, presque un protectorat franc. Mais il est vrai que tout autre était la question si l'Empire byzantin entrait en scène. La coalition franco-byzantine, si Manuel Comnène intervenait avec toutes ses forces militaires et navales aux marches d'Antioche et devant Alexandrie, se trouvait sans doute de taille à neutraliser Nûr al-Dîn pendant qu'on s'emparerait du Delta. Tout était une question de force.

L'affaire fut d'ailleurs étudiée très sérieusement, tant à ce point de vue qu'en ce qui concerne le partage des conquêtes éventuelles. Pour prix de son concours, le *basileus* semble avoir demandé non seulement une partie de l'Égypte mais certains points du territoire franc de Syrie, peut-être la principauté d'Antioche[181]. Il est certain qu'un remaniement général de la carte de l'Orient fut envisagé sur ces bases.

Ambassade de Guillaume de Tyr à Constantinople. Le traité franco-byzantin de septembre 1168 pour le partage de l'Égypte.

Pour continuer la négociation, Amaury envoya lui-même à Constantinople un ambassadeur qui ne fut autre que Guillaume de Tyr, l'illustre historien des Croisades[182].

À l'arrivée de Guillaume, l'empereur Manuel ne se trouvait plus à Constantinople. Il faisait campagne en Serbie, car c'était la grandeur en même temps que la faiblesse du glorieux Comnène de poursuivre une politique mondiale qui dispersait l'attention et les forces de l'Empire depuis la Yougoslavie jusqu'à l'Égypte. Guillaume de Tyr, pressé par les instructions de son maître, n'attendit pas le retour du *basileus*. Il se mit à la recherche de celui-ci et le rejoignit vers Bitolia (Monastir) ou Ochrida, en Macédoine. Manuel reçut « moult bellement et à belle chère » l'envoyé d'Amaury, et manifesta la plus grande satisfaction de voir que le roi de Jérusalem acceptait ses ouvertures. Il ramena Guillaume avec lui à Constantinople dont il lui fit les honneurs, « por mostrer le riche pooir et la grant noblece de son empire », et y conclut avec lui un traité juré et signé en bonne et due forme, par « lettres scellées d'or », en vue du partage de l'Égypte (septembre 1168). Guillaume de Tyr paraît d'ailleurs avoir personnellement réussi auprès de l'empereur qui prenait plaisir à la compagnie de ce ferme politique et de ce grand lettré : « De l'estat le (= du) Roi (de Jérusalem) les enqueroit sovent et mout volentiers les escoutoit. Après leur dona granz dons et riches. » Guillaume de Tyr, ayant pris congé de lui, s'embarqua pour la Syrie, avec la satisfaction légitime d'avoir mené à bien une œuvre diplomatique de grand style. La date de son embarquement nous est donnée : 1er octobre 1168. Il était entendu que l'année suivante les forces byzantines viendraient opérer leur jonction avec celles du roi de Jérusalem pour entreprendre en commun la conquête du Delta[183].

§ 6. — L'ERREUR DE 1168. ABANDON PAR LES FRANCS DE LA POLITIQUE DE PROTECTORAT EN ÉGYPTE ET TENTATIVE, SANS L'APPUI BYZANTIN, DE CONQUÊTE DIRECTE DU PAYS.

L'énigme d'octobre 1168. Pourquoi les Francs ont-ils attaqué l'Égypte sans attendre leurs alliés byzantins ?

Guillaume de Tyr, en octobre 1168, revenait donc de Constantinople en Syrie avec un traité franco-byzantin en bonne forme assurant au roi de Jérusalem le concours de toutes les forces impériales pour la conquête en commun de l'Égypte. Quelle ne dut pas être la stupéfaction du prélat-diplomate en apprenant à son arrivée que tout son travail était rendu

488 L'ÉQUILIBRE

inutile ! Tandis que l'ambassadeur du roi Amaury combinait pour l'année suivante une grande expédition gréco-latine, avec des forces écrasantes, contre les Fâtimides, les Francs, sans attendre leurs nouveaux alliés, sans même les prévenir, s'étaient lancés seuls dans une attaque brusquée contre le Delta.

Comment expliquer chez les Francs une décision aussi impolitique ? À première vue, comme le veut Chalandon, par leur désir de s'emparer de l'Égypte pour eux seuls, sans avoir à la partager avec les Byzantins[184]. Mais on ne voit guère alors pourquoi le roi Amaury avait tant recherché le concours des Byzantins et spécialement envoyé à cet effet l'ambassade de Guillaume de Tyr à Constantinople. Il est vrai que des faits nouveaux avaient pu se produire dans la politique égyptienne depuis le départ de Guillaume de Tyr pour son ambassade, faits que nous laissent d'ailleurs deviner et Ibn al-Athîr et Guillaume lui-même.

Le vizir égyptien Shâwar qui avait naguère imploré avec tant d'angoisse la protection des Francs commençait à changer de sentiments en voyant cette protection se transformer en protectorat. Sans doute le tribut annuel de 100 000 dînârs qu'il s'était engagé à leur verser obérait-il ses finances. Par ailleurs, la présence au Caire d'un haut-commissaire franc *(shihna)*, adjoint au gouvernement égyptien, et d'une garnison de chevaliers chargée de la garde des portes humiliait et exaspérait l'opinion musulmane. Ibn al-Athîr se fait l'écho de ces rancœurs lorsqu'il dénonce l'insolence de la garnison franque[185]. Logés dans une maison voisine du palais khalifal et très fortement installés, ces Francs levaient eux-mêmes sans ménagement le tribut consenti. La population égyptienne avait ainsi la sensation directe de sa vassalité envers les Infidèles. Et le gouvernement pensait comme le peuple. Maintenant qu'avec le départ de Shîrkûh le besoin de protection cessait de se faire sentir, Shâwar ne songeait qu'à s'affranchir de ses engagements envers la Cour de Jérusalem. Par un nouveau renversement des alliances, il commençait à rentrer en rapport avec Nûr al-Dîn, jeu de bascule assez périlleux, mais qui lui avait jusque-là réussi.

Or les Francs eurent vent de ces négociations : « Renomée sordi par la terre de Surie que Savar envoioit sovent messages et letres à Noradin por faire aliance à lui, car il disoit que, se cil li vouloit aidier, volentiers romproit les covenances (= conventions) qu'il avoit au roi des Crestiens, car mout li desplaisoit de ce qu'il estoit si tenuz à ses anemis morteus. » Guillaume de Tyr, il est vrai, élève des doutes sur la valeur de ces affirmations. À l'entendre, ce ne serait là qu'un prétexte inventé, sinon par Amaury lui-même, du moins par certains de ses conseillers : « Maintes genz, traduit *l'Éracles*, distrent que toutes ces choses estoient feintes et controvées, et que Savar n'avoit talent de ce faire que l'en li metoit sus, mès que li Rois vouloit guerroier ceus (= les Égyptiens) qui les covenances (= conventions) tenoient bien fermement et, par ceste achoison, fist-il avant corre par le païs cele parole que je vos ai dite. Bien sembla que ce fust voirs (= vrai), car Nostre Sire (Dieu) soustrait si (= tellement) sa grace à toutes les emprises le (= du) Roi à cele besoigne, que il n'i fist guères chose dont il eust enneur ne preu (= profit)[186]. »

Le gouvernement du Caire à la veille d'un renversement des alliances. Ouvertures de l'entourage de Shâwar à Nûr al-Dîn.

La mauvaise humeur de Guillaume de Tyr se comprend. Le négociateur du traité franco-byzantin, qui rentrait de Constantinople avec la promesse formelle du concours de toutes les forces impériales pour l'année suivante, ne pouvait qu'éprouver un amer dépit en apprenant que, sans attendre ces renforts, sans attendre même son retour, les Francs s'étaient lancés à eux seuls dans une entreprise prématurée. Mais précisément parce qu'il se trouvait absent lorsque la décision fut prise, il ne pouvait connaître tous les éléments de l'affaire. Or Ibn al-A*th*îr, forcément mieux documenté que lui sur les intrigues de la Cour du Caire, nous affirme que le propre fils de Shâwar, al-Kâmil Shujâ', était entré en négociation avec Nûr al-Dîn pour demander son aide contre les Francs : « Al-Kâmil envoya un message à Nûr al-Dîn par le moyen d'un émir pour l'informer de ses dispositions amicales et de son dévouement. Il prit l'engagement d'agir en conséquence, d'amener l'union entre Musulmans. Il voulait devenir maître de l'Égypte sous la suzeraineté de Nûr al-Dîn, à qui il offrait de payer chaque année un tribut. Nûr al-Dîn agréa ces propositions et une somme considérable fut d'ores et déjà envoyée (du Caire)[187]. » On parlait aussi du mariage d'al-Kâmil avec une sœur de Saladin ou du mariage de Saladin avec une fille de Shâwar[188].

On peut se demander, il est vrai, comment, une fois cet accord conclu avec le fils de Shâwar, interprète du parti égyptien xénophobe, Nûr al-Dîn, Shîrkûh et Saladin ne lancèrent pas tout de suite une armée en Égypte. La réponse nous est fournie par le même Ibn al-Athîr. La fin de l'année 1167 et la première moitié de 1168 furent employées par Nûr al-Dîn à des querelles avec les autres princes musulmans, querelles qui l'absorbèrent entièrement[189]. L'émir ortoqide, Qarâ Arslân, prince de Hisn Kaîfâ, au Diyârbekir, étant mort, l'atâbeg de Mossoul, Qutb al-Dîn, frère de Nûr al-Dîn, voulut dépouiller le fils du défunt. Nûr al-Dîn que Qarâ Arslân avait jadis secondé contre les Francs et qui avait promis à ce dernier de défendre ses héritiers, dut intervenir avec énergie pour faire respecter les engagements pris. Puis ce fut la révolte du gouverneur de Menbij, l'émir Ghâzî ibn Hassan, révolte dont Nûr al-Dîn ne put venir à bout que par un siège en règle. Un peu plus tard on voit Nûr al-Dîn guerroyer pour annexer le fief 'oqaîlide de Qal'at Ja'bar, dans la Jazîra, entre Bâlis et Raqqa, au grand coude de l'Euphrate. Ces 'Oqaîlides (Banû 'Oqaîl) étaient, on s'en souvient, une illustre tribu arabe dont une branche avait jadis, de 996 à 1096, possédé Mossoul. Ils étaient maintenant réduits à la forteresse, il est vrai imprenable, de Qal'at Ja'bar, d'où ils contrôlaient les pistes de la Jazîra[190]. En avril-mai 1168, leur émir Shihâb al-Dîn Malik, étant à la chasse, fut fait prisonnier par une autre tribu arabe et vendu à Nûr al-Dîn. Nûr al-Dîn envoya aussitôt assiéger Qal'at Ja'bar privée de son chef, mais la forteresse résista et l'atâbeg n'en obtint la reddition qu'après avoir cédé en dédommagement à son prisonnier le double fief de Sarûj (au sud-ouest d'Orfa), et de Bâb et Bizâ'a (entre Menbij et Alep), fiefs plus riches de revenus que celui de Ja'bar mais où Shihâb al-Dîn restait sous la coupe de Nûr al-Dîn, tandis que ce dernier, par la possession de la forteresse de Ja'bar, contrôlait désormais le moyen Euphrate[191].

Ces diverses entreprises prouvent que Nûr al-Dîn, pendant l'année 1167-1168, se trouva détourné de la question d'Égypte, quelque pressante qu'elle fût, par les affaires du Diyârbekir et de la Jazîra.

Il n'en était pas moins vrai que la question d'Égypte, malgré l'apparente consolidation du *statu quo* par le roi Amaury en 1167, restait ouverte et que les intéressés eux-mêmes s'attendaient à une nouvelle crise, comme ne le montraient que trop les démarches du propre fils de Shâwar auprès de Nûr al-Dîn.

Le choix de 1168. Amaury Ier pour le maintien d'une politique de protectorat en Égypte. Les barons et les Hospitaliers pour une politique de conquête et d'annexion. Les barons forcent la main au roi.

De la faiblesse et de l'instabilité de la politique égyptienne, les chevaliers de la garnison franque du Caire se rendaient compte plus directement que personne. « Nous avons déjà mentionné, écrit Ibn al-Ath̲îr, l'établissement d'un commissaire franc au Caire et à Fustât et l'occupation des portes de ces deux villes par des chevaliers francs qui s'y étaient installés à demeure et qui en gardaient les clés. Ces gens y exerçaient une domination tyrannique, opprimant les musulmans, qu'ils traitaient de la manière la plus dure. Leur despotisme augmenta tous les jours et leur donna l'espoir de subjuguer entièrement l'Égypte. Ils envoyèrent donc un message à leur roi Murrî (Amaury) pour l'inviter à venir et à s'emparer du pays. Ils lui disaient que l'Égypte était dépourvue de défenseurs et que la conquête en serait très facile[192]. »

La Cour de Jérusalem était par ailleurs informée du rapprochement qui s'opérait sous le manteau entre plusieurs des hauts dignitaires égyptiens (dont le fils de Shâwar) et l'atâbeg Nûr al-Dîn. *L'Estoire d'Éracles* nous dit que « quand li Rois oï ceste novele, grant desdaing (= irritation) ot de la desloiauté à celui (Shâwar) cui (= pour lequel) il avoit eu si grant mestier (= telle besogne) »[193]. En même temps les chevaliers de la garnison franque du Caire lui répétaient que l'heure était venue, que l'Égypte fât̲imide, en pleine décomposition, était mûre pour la conquête. Tout poussait le roi de Jérusalem à intervenir, la déloyauté de ses soi-disant alliés égyptiens comme les avis de ses agents.

492   *L'ÉQUILIBRE*

Il eut cependant le mérite de résister tout d'abord, tant par loyauté chevaleresque que par haute sagesse politique. Le texte d'Ibn al-At*h*îr est formel : « Les Francs invitèrent leur roi Murrî à faire la conquête de l'Égypte. Lui, malgré les représentations des officiers les plus distingués par leur rang et leur expérience, ne voulait pas y consentir : "Mon avis, leur répondit-il, est de ne point nous engager dans cette affaire. L'Égypte est pour nous une vache à lait ; ses richesses, apportées en tribut, nous fournissent le moyen de résister à Nûr al-Dîn Si nous l'envahissons pour nous en emparer, le gouvernement, l'armée, les citadins et les fellahs, tous se soulèveront contre nous et la peur que nous leur inspirerons les jettera dans les bras de Nûr al-Dîn. Et si Nûr-al-Dîn, avec un général comme Shîrkûh, s'empare de l'Égypte, c'est la perte des Francs et leur expulsion prochaine de la Syrie[194] !"

Même témoignage chez le chroniqueur syriaque Michel, contemporain des événements : « Les Francs qui étaient restés en Égypte pour recueillir l'or du tribut et garder les portes firent dire à Amaury que ce pays était dépourvu d'armée et que les Francs pourraient facilement s'en emparer. Tous les grands voulaient s'y rendre, mais le roi, dans sa sagesse, les retenait et leur disait : "Tout l'or de l'Égypte s'accumule chez nous. Si nous y allons, les Arabes se rapprocheront de Nûr al-Dîn, le feront venir et nous aurons à combattre ceux du dedans et ceux du dehors, et nous ne réussirons pas[195]." »

Ainsi Amaury Ier, en ces journées cruciales où la fondation de l'empire aiyûbide était en jeu, avait vu juste. Avec cette haute sagesse et cette maturité politique en quelque sorte innées qui caractérisent la royauté hiérosolymitaine, il avait discerné d'instinct l'intérêt véritable du pays. Son réalisme tout « capétien » appréciait sérieusement l'avantage que constituait pour les Francs le maintien, au moins provisoire, d'une Égypte vassale, comme sa vigilance entrevoyait, par contrecoup à toute tentative d'annexion directe de ce pays, la formation de la redoutable unité musulmane qui devait s'appeler un jour l'empire aiyûbide. Non à coup sûr qu'il refusât d'envisager la conquête du pays dans certaines conditions données. L'ambassade qu'il venait d'envoyer à Constantinople avec Guillaume de Tyr, pour conclure un pacte avec les Byzantins en vue de la conquête en commun de l'Égypte,

AMAURY Ier ET LA CONQUÊTE DE L'ÉGYPTE

prouve précisément qu'il préparait une expédition en ce sens, mais alors avec de telles alliances que toutes les chances seraient de son côté. Ce qu'il refusait d'accepter, c'était une tentative des Francs seuls, sans leurs alliés byzantins, sans le bénéfice de l'ambassade de Guillaume de Tyr.

Malheureusement la royauté hiérosolymitaine restait paralysée par des entraves dont le Capétien, son modèle, s'était depuis longtemps affranchi. Remontant à soixante-huit ans à peine, elle était mal dégagée de ses origines électives : les concessions domestiques qu'avait dû faire Amaury Ier à son avènement ne le prouvaient que trop. Comme le remarque Gaston Dodu, « la féodalité n'abdiquait jamais ses droits. Le roi, malgré l'éclat de son costume, le faste de sa cour, la pompe de son entourage, la noblesse de son caractère, n'était qu'un seigneur féodal, suzerain de tous les autres, mais lié, comme les autres, à ses vassaux par des engagements et des obligations réciproques. Il y avait à côté du roi et en face de lui une redoutable puissance qui restreignait la sienne propre, la féodalité. Les Croisés, qui placèrent après la conquête un roi à leur tête, établirent un régime non pas monarchique, mais aristocratique. Le roi fut et resta le chef de l'aristocratie. La véritable souveraineté appartint au corps de la noblesse[196]. »

Jamais les inconvénients des entraves qui paralysaient ainsi l'action monarchique ne se firent aussi cruellement sentir que lors du conseil où à l'automne de 1168 fut discutée la question d'Égypte. En vain le roi répéta-t-il ses avis de sagesse, son refus de s'engager dans un coup de main sur l'Égypte (du moins si l'on négligeait d'attendre l'aide promise des Byzantins). En vain, selon l'expression même d'Ibn al-Athîr, « ne voulut-il pas autoriser l'expédition ». Les membres du conseil refusèrent de se laisser convaincre. Ils répliquèrent : « L'Égypte est sans défenseurs, et avant que Nûr al-Dîn soit au courant de nos projets, avant qu'il ait réuni une armée et l'ait mise en marche contre nous, nous nous serons rendus maîtres du pays. D'ailleurs Nûr al-Dîn se trouve en ce moment dans les provinces du Nord et du côté de l'Euphrate, son armée de Syrie est dispersée, chacun de ses émirs réside dans son propre fief. Nous allons donc marcher sur l'Égypte, les hostilités n'y traîneront pas en longueur puisqu'il n'y a

494 L'ÉQUILIBRE

aucune citadelle et que les indigènes sont bien incapables d'organiser la résistance[197]. » Un autre passage du *Livre des Deux Jardins* laisse aussi supposer que des Croisés nouvellement débarqués étaient intervenus dans le conseil et, dans leur fougue inexpérimentée, avaient fait prévaloir le parti de la guerre[198]. Peut-être s'agit-il là des compagnons du comte Guillaume IV de Nevers qui était arrivé en 1168 avec « mout bele compaignie de chevaliers preuz et loiaus et à biaus harnois »[199]. Le comte de Nevers mourut peu après de la peste (24 octobre 1168)[200], mais lui et ses compagnons avaient sans doute eu le temps de manifester leur zèle en poussant, eux aussi, à l'expédition d'Égypte.

Mais surtout les principaux partisans de l'expédition furent les Hospitaliers et leur grand maître Gilbert d'Assailly que Guillaume de Tyr nous décrit comme vaillant chevalier mais politicien sans scrupule, ou, comme traduit l'*Éracles*, « uns hom, sanz faille, de grant cuer et larges sur touz homes, mès n'estoit mie estables ne fers (stable ni ferme) en loiauté »[201]. C'est lui que le chroniqueur rend personnellement responsable de la nouvelle et funeste expédition d'Égypte, lui qui fit pression sur le roi pour le mettre « en cel proposement et cele mauvese volenté ». Dans le partage éventuel de l'Égypte – partage qui, en tout état de cause, devait être envisagé pour le jour où un corps expéditionnaire byzantin viendrait se joindre aux Francs –, Gilbert d'Assailly s'était fait promettre pour son Ordre en toute propriété la place et la province de Bilbeîs. Sans doute préférait-il que la conquête en fût effectuée par les Francs seuls, de crainte que les Byzantins ne voulussent remettre en question les promesses du roi. Aussi dans son impatience de voir l'Hôpital en possession des territoires promis, fit-il avancer la date de l'expédition. Dans ce but, pour hâter l'équipement des siens, il n'hésita pas à endetter considérablement son Ordre : « Cist despendi tout le trésor de sa meison et par desus enprunta grant somme d'avoir por donner à chevaliers en soudées (= solde) que il mena en cest ost avec le Roi. La meison de l'Ospital en fu si endetée que l'en cuida (= crut) qu'ele ne se poïst jamès aquiter. Il meismes par desespérance en leissa puis (= depuis) sa baillie et guerpi la mestrise : de dète remest (resta) après lui cenz mile besanz ou plus[202]. » – Les Hospitaliers en 1168, les

AMAURY Iᵉʳ ET LA CONQUÊTE DE L'ÉGYPTE

Templiers en 1187 : l'intervention des Ordres militaires forçant la main à la royauté – esprit de croisade contre esprit colonial – sera chaque fois singulièrement funeste à la Syrie franque.

Car Amaury Iᵉʳ eut la main forcée par l'opinion ainsi égarée. « Malgré sa très vive répugnance, écrit expressément *le Livre des Deux Jardins*, le roi consentit enfin à l'expédition[203]. » « Les grands, note Michel le Syrien, n'adoptèrent pas le conseil du roi. "Nous irons, dirent-ils, nous emparer de l'Égypte, avant même que Nûr al-Dîn ait eu le temps de se préparer !" Le roi fut ainsi vaincu par eux[204]. » Défaite morale de la royauté, lourde de conséquences. La faute politique qu'Amaury Iᵉʳ avait dénoncée devait peser sur toute la suite des Croisades. Les Francs renonçaient de gaieté de cœur au protectorat qu'ils exerçaient sur l'Égypte pour se lancer dans une tentative d'annexion directe qui, à moins d'être entreprise avec des forces écrasantes, devait refaire contre eux l'unité du monde musulman. Et ils s'engageaient dans cette voie volontairement seuls, sans attendre le bénéfice de l'alliance que Guillaume de Tyr était allé négocier à Constantinople au nom du roi Amaury, sans attendre l'arrivée des forces byzantines promises pour l'année suivante et qui eussent donné à la campagne une tout autre tournure. La constitution de l'empire égypto-syrien des Aiyûbides est tout entière contenue dans la funeste résolution de l'automne 1168.

Le pire est que l'agression d'Amaury faisait paraître les Francs dans une attitude déloyale qui leur enlevait leur prestige moral. Que devenaient les anciennes traditions de courtoisie personnelle entre chevaliers francs et princes turco-arabes, lorsque le roi de Jérusalem, au mépris des serments les plus sacrés, envahissait sans déclaration de guerre un pays protégé ? Guillaume de Tyr, qui joint à la moralité du prélat la finesse du diplomate, porte ici le jugement de l'histoire et son traducteur est plus sévère encore : « Li Rois (Amaury) n'avoit pas bone raison de guerroier les Égyptiens encontre les covenances (conventions) qui estoient asseurées por son serément, car il se fioient tant à la nostre gent que il ne se doutoient mie que maus leur en venist de cele part, come cil qui de riens ne mesprenoient (= ne se parjuraient) contre ce qu'il avoient promis[205]. » Remarquons toutefois que le dépit de voir annihilés les résultats de son ambassade à Constantinople n'est peut-être pas sans fausser quelque peu ici le jugement de Guillaume. Car, nous l'avons établi, la responsabilité de l'attaque brusquée contre l'Égypte ne saurait être imputée au roi Amaury dont nous avons vu qu'il eut la main forcée par les Hospitaliers et les barons. Et, d'autre part, quand Guillaume de Tyr blâme, au point de vue de la foi jurée, l'invasion de l'Égypte, il ne devrait point oublier que c'était précisément cette attaque qu'il était allé préparer lui-même à Constantinople. L'argument moral ne saurait donc être invoqué ici. Reste l'argument d'opportunité qui, lui, garde tout son poids. L'attaque de l'Égypte par une grande coalition franco-byzantine pouvait avoir de sérieuses chances de succès, tandis que la campagne que l'armée franque allait entreprendre seule, sans le concours des flottes et des armées de Byzance, devait presque fatalement échouer entre la révolte de l'Égypte et l'intervention de Nûr al-Dîn.

L'expédition une fois décidée, Amaury la conduisit avec sa maîtrise habituelle. Il donna le change à Nûr al-Dîn en laissant annoncer une attaque contre *Homs* ; pendant ce temps il concentrait son armée à Ascalon qu'il quitta après le 20 octobre 1168 pour une marche foudroyante sur le Delta. Il avait dépassé Gaza et était arrivé à hauteur de Daron (al-Dârûn, l'actuel Deir al-Bala*h*) lorsque le gouvernement du Caire fut informé de son approche. Affolé, Shâwar lui envoya, pour s'enquérir de ses intentions, un émir nommé Bedrân. Amaury acheta l'ambassadeur par la promesse d'un fief en Égypte. Shâwar, se méfiant de plus en plus, dépêcha au roi un nouvel envoyé, plus sûr, l'émir Shams al-Khilâfa Mu*h*ammad ibn Mukhtâr qui avait avec Amaury des rapports d'amitié personnelle. Shams al-Khilâfa dut rejoindre Amaury à la sortie du désert. Le dialogue qu'Abû Shâma, après Idrîsî, prête aux deux interlocuteurs est singulièrement pathétique. « Salut à Shams al-Khilâfa ! » – « Salut au roi perfide ! Sinon quel motif t'aurait attiré dans ce pays ? » Amaury allégua le rapprochement intervenu entre Shâwar et Nûr al-Dîn, les projets de mariage entre al-Kâmil, fils du vizir, et une sœur de Saladin, ou même entre Saladin et une fille de Shâwar. L'émir répliqua que même de telles unions n'impliqueraient point la violation des traités. L'historien arabe prête alors à

AMAURY Ier ET LA CONQUÊTE DE L'ÉGYPTE

Amaury une curieuse explication : « La vérité, la voici : des gens d'outre-mer (= des Croisés nouveaux) sont venus chez nous. Ils ont prévalu sur nos déterminations et se sont mis en route pour s'emparer de votre pays. Dans la crainte qu'ils ne réussissent, nous venons à notre tour pour servir de médiateurs entre vous et eux[206]. »

Il arrivait en effet, nous l'avons vu fréquemment, que l'ardeur brouillonne des Croisés nouvellement débarqués vint compromettre la sage politique musulmane des Francs de Syrie. Le passage, en tout cas, nous confirme dans notre opinion que le roi Amaury, ayant entrepris cette quatrième campagne d'Égypte à son corps défendant, conservait certaines hésitations. À Shams al-Khilâfa qui le pressait de fixer ses conditions, il répondit qu'il accepterait de se retirer moyennant deux millions de dînârs. Il est vrai que le même annaliste nous rapporte une autre version qui montrerait que Shâwar avait bien l'intention de rejeter le protectorat franc. De Daron Amaury aurait écrit à Shâwar « qu'il venait lui offrir ses services, moyennant la contribution fixée pour chaque année (100 000 dînârs) ». À quoi Shâwar aurait répondu par un refus. « Lorsque j'ai stipulé cette somme en ta faveur, je l'ai fait parce que j'avais besoin de toi, sous la menace de mes ennemis. Or aujourd'hui je n'ai rien à craindre de ceux-ci, ni de service à te demander. Par conséquent, il n'y a plus de convention entre nous[207]. » Si cette version renferme quelque part de vérité, l'expédition d'Amaury devançait à peine une révolte du gouvernement du Caire contre le traité franco-égyptien de 1167.

Prise de Bilbeîs par Amaury Ier (novembre 1168).

Amaury pressant sa marche (il traversa le désert en dix jours) arriva devant Bilbeîs le 1er novembre 1168. Mais il put s'apercevoir tout de suite que depuis sa dernière intervention la situation morale s'était retournée. Si quelques émirs égyptiens, comme 'Alam al-Mulk ibn al-Na*hh*âs, Ibn al-Khaiyât *Ya*hya et Ibn-Qarjala suivaient encore le monarque franc, Bilbeîs, la porte de l'Égypte, se fermait devant lui. En vain, continuant son double jeu, faisait-il demander un lieu de campement au gouverneur de la place, *Taiy*, qui était un des

498   *L'ÉQUILIBRE*

fils de Shâwar. « Campe sur la pointe de nos lances, répond[
*T*aiy, crois-tu donc que Bilbeîs soit un fromage à croquer ?
« Oui, un fromage, et le Caire en est la crème », aurait répl[
qué le roi[208]. Le roi se trompait. Dans ce vieil empire ve[
moulu l'agression franque faisait surgir un sentimer
national désespéré, en même temps qu'elle allait provoque[
un mouvement de solidarité panislamique qui emporterait l
khalifat fâ*t*imide.

Amaury, peut-être étonné de cette résistance dont il croya
les Égyptiens incapables, n'en mena pas moins avec ardeu[
« de jour et de nuit », le siège de Bilbeîs. Au premier assau[
conduit par Hugue d'Ibelin, Hugue fut jeté à bas de son ch[
val et se cassa la jambe ; son oncle, Philippe de Naplouse « [
bon chevalier », qui voulut le dégager, faillit périr[209]. Au bou
de trois jours un nouvel assaut livra la ville aux Franc[
(4 novembre 1166). Par une faute grave, alors qu'il eût fall
rassurer les populations égyptiennes, les vainqueurs se laissè
rent aller à de regrettables excès que dénonce avec indign[
tion Guillaume de Tyr : « Les noz genz, dit l'*Éracles* entrèrer
en la ville ; aus espées comencièrent à détrenchier ceus qu'
trovèrent, homes et femmes, vieuz et juenes, sanz espargni[
nuluy ; après en lièrent assez pour mener en prison qui gu[
res ne valut mieuz que la mort[210]. » L'archevêque de Tyr, vis[
blement furieux contre l'expédition prématurée qui ava[
annihilé les résultats de son ambassade à Constantinople, n
cherche aux excès de la soldatesque franque ni excuse, n
atténuation, tant l'invasion de l'Égypte à cette date lui parai[
sait à la fois impolitique et immorale. Ernoul, qui écrit sar
parti pris, nous dit qu'Amaury ne se décida à tout détruir
dans Bilbeîs que parce qu'il ne pouvait espérer la garder
« Si prist Balbaïs à force et l'abati, qu'il ne le peut mie teni
pour çou que il (= elle) n'estoit mie sour mer. Car s'elle fu[
sour mer, il ne l'eust mie abatue, ains l'euist garnie. En[
gasta la tiere, et tant ot ocis de gent à l'issue de la cité, p[
deviers une aighe (= une eau), que li cevaus d'un chevalier n
pot issir hors, des gens qui mort estoient, ains i fu mors (lu[
même)[211]. »

Il ne pouvait y avoir pour les Francs de conduite plu[
impolitique. « Si les Francs, note Abû Shâma comme Ibn a[
*Ath*îr, s'étaient conduits avec humanité à l'égard des hab[

tants de Bilbeîs, ils se fussent certainement emparés aussitôt après de Fustât et du Caire, mais ce fut Allah qui les avait, dans ses desseins, poussés à se conduire ainsi[212] ! »

Un passage de l'*Éracles* nous prouve d'ailleurs que, si les Francs, dans la première fureur de leur assaut victorieux, saccagèrent ainsi Bilbeîs, ce fut contrairement à toutes les intentions du roi Amaury, « por ce que il se pensoit bien que, se il alast einsi depeçant les citez et prenant par force, come il avoit fet Belbès, la menue gent gasteroient toutes les richeces du païs, si que il n'i auroit guères de preu (profit)[213]. » Notons qu'il ne s'agit pas seulement chez le roi de Jérusalem de colère devant un pillage stupide qui détruisait les richesses du pays conquis. D'autres textes nous vantent positivement l'humanité du roi arrachant à ses soldats la moitié des prisonniers pour donner aussitôt la liberté à ceux-ci. Et il s'agit de textes arabes. Chose curieuse en effet, tandis que chez Guillaume de Tyr et chez son continuateur Ernoul on ne trouve guère ici que le récit des atrocités franques, c'est la chronique arabe des *Deux Jardins* qui relate la générosité du souverain franc. Abû Shâma nous dit bien en effet que le roi « prit la place de vive force, massacra une grande partie de la garnison, incendia les principaux hôtels et couvrit la ville de ruines » ; mais il ajoute : « Le roi fit sortir les prisonniers hors des murs, les réunit en un même lieu, et, galopant au milieu d'eux, la lance à la main, il les départagea en deux groupes, s'adjugea l'un, celui de droite, et abandonna celui de gauche à ses troupes. Alors, s'adressant aux prisonniers qui formaient son lot : "Je vous rends la liberté, leur dit-il, en retour de la grâce que Dieu m'a faite de conquérir l'Égypte, car elle est à moi sans aucun doute." Puis il assista lui-même à leur départ et leur fit traverser le Nil dans la direction de Munyat *H*amel. Quant à ceux des prisonniers qui étaient échus aux troupes, elles se les partagèrent. Pendant quarante ans ils restèrent captifs chez les Francs sauf ceux qui furent rachetés par Saladin[214]. »

Si l'on tient compte de ces différents textes, il semble que le sac de Bilbeîs et le massacre d'une partie de la garnison aient été le fait de la troupe dans une ville prise d'assaut, et que l'action personnelle du roi Amaury – dont le pillage de la ville dérangeait tous les plans – se soit surtout marquée –

nous pouvons en croire le témoignage d'ennemis – par la libération immédiate et sans rançon de la moitié de la population. Peut-être Amaury voulut-il réparer par là la mauvaise impression produite dans la population égyptienne par le sac de Bilbeîs.

Si le roi avait cherché à se concilier ainsi l'opinion indigène, l'effet de sa générosité dut être détruit quelques jours après lorsque la flotte franque, entrée dans le lac Menzalé par la Bouche Tanitique et remontant jusqu'au Ba*h*r al-Mukbara, se fut emparée de Tanis (Sân). « La navie, de que li Rois avoit comandé qu'ele le sivist par mer, ot eu bon vent et fu venue en Égypte. Par un braz du flun du Nil que l'en apele Carabes s'en alèrent contremont jusqu'à une cité ancienne que l'en apele Tanis. Nos genz l'assaillirent et la pristrent par force ; homes et femmes qu'il trovèrent dedenz ocistrent touz ou tindrent en prison. Toutes les richèces de que il i avoit assez emportèrent chascun ce qu'il gaaigna[215]. » Conduite d'autant plus impolitique que la population de ces villes du Delta renfermait à coup sûr un élément copte qui eût pu y devenir pour les Francs un allié aussi précieux que les Jacobites en Syrie.

Du reste le roi Amaury qui, ne l'oublions pas, n'avait entrepris l'expédition « qu'avec la plus grande répugnance », à son corps défendant, hésitait encore à s'engager à fond, tant il semble avoir discerné les dangers de sa position entre la résistance égyptienne et l'intervention toujours possible de Nûr al-Dîn. On ne s'explique que par de telles préoccupations la lenteur de sa marche : dix jours pour parcourir les quelque cinquante kilomètres qui séparent Bilbeîs du Caire. Guillaume de Tyr lui reproche cette perte de temps. « Se il (le Roi) se fu hastez, après la prise de Belbés, de venir au Cahere, tandis com li cuer des genz estoient en peor et en effroi, légièrement eust prise la ville ; et, après ce, ne se trovast-il (= il ne se fût trouvé) en toute la terre qui contre lui se meist en forterece, car nus ne porroit penser la molece des genz (d'Égypte)[216]. » Mais ne faut-il pas voir dans la lenteur du roi la preuve d'hésitations singulièrement motivées, la certitude grandissante, après l'expérience de Bilbeîs, que la résistance des indigènes serait beaucoup plus sérieuse que ne le lui avaient affirmé les résidents francs du Caire ? Sans doute Amaury conservait-il encore des intelligences avec plusieurs notables égyptiens, comme Ibn al-Khaiyât et Ibn al-Qarjala[217], et c'est évidemment là-dessus qu'il comptait le plus, espérant moitié par leur concours, moitié par l'intimidation militaire, obtenir sans combat l'entrée du Caire et de Fustât.

Amaury Ier devant le Caire. Préparatifs pour l'assaut de la ville. Incendie de Fustât.

Il arriva devant le Caire le 13 novembre 1168 et dressa son camp à Birket al-*H*abesh au sud de Fus*t*ât, d'où sa cavalerie rayonnait dans toutes les directions, enlevant tout ce qu'elle rencontrait. La population était terrifiée et, sans le précédent fâcheux du sac de Bilbeîs, eût peut-être ouvert ses portes. « Les habitants du Caire, note Ibn al-A*th*îr dans un passage auquel nous avons déjà fait allusion, redoutant le même sort que ceux de Bilbeîs, se décidèrent à la résistance. Si les Francs s'étaient conduits avec humanité à Bilbeîs, ils se fussent sans doute emparés immédiatement de Fus*t*ât et du Caire[218]. » Quant à Shâwar, il avait perdu la tête. La trahison de ses anciens alliés, le sac de Bilbeîs, le soulèvement de l'opinion musulmane, les intrigues de son fils al-Kâmil qui, nous l'avons vu, conspirait avec Nûr al-Dîn, le mettaient dans une situation intenable. Craignant que les Francs ne s'emparassent de Fus*t*ât, il prit une décision désespérée : la veille même de l'arrivée des Francs, le 12 novembre, il y fit mettre le feu après l'avoir fait évacuer en hâte. L'incendie dura cinquante-quatre jours. Le *Livre des Deux Jardins* nous décrit ces scènes tragiques qui évoquent l'incendie de Moscou devant l'invasion napoléonienne. Par ordre de Shâwar, Shams al-Khilâfa revint trouver Amaury : « À peine entré, il entraîna le roi sur le seuil de la tente et lui montrant de loin le Vieux Caire : Vois-tu cette fumée qui monte dans le ciel ? C'est Fus*t*ât qui brûle ! Avant de venir ici, j'ai fait allumer 20 000 pots de naphte et jeter 10 000 torches dans la ville. Il n'y restera bientôt plus rien que tu puisses utiliser. Renonce donc à ton entreprise[219] ! »

Quittant les abords de la ville en flammes, Amaury transporta son camp devant le Caire, à l'est, près de la porte Bâb al-Barqiya, « si proche de la ville que les flèches d'arbalète tombaient dans ses tentes ». Et l'attaque du Caire se prépara. « Lors (Amaury) comença à faire drecier perrières et mangoniaus, chaz de cloies et voies couvertes. Grant semblant fist de grever la cité en maintes manières. » En réalité Amaury, que l'incendie de Fustât avait dû achever d'édifier, ne cherchait plus qu'à liquider l'entreprise au moindre mal, moyennant une forte indemnité de guerre. Guillaume de Tyr lui en fait un grief. « Il voloit, traduit l'*Éracles*, que Savar eust peor de lui, si que il poïst avoir leisir de finer à lui et de doner grant avoir par que il fussent apaisié... Car à ce tendoit toute l'entencion le (= du) Roi, cornent il poïst trere (tirer) grant somme d'or que il emportast. » Et ici le texte déjà cité : « Por ce que il se pensoit bien que, se il alast einsi depeçant les citez et prenant par force, corne il avoit fet Belbés, la menue gent gasteroient toutes les richeces du païs, si que il n'en auroit guères de preu (profit)[220]. »

Contrairement à ce qu'insinue ici Guillaume de Tyr, il est impossible de n'être pas frappé par la justesse des vues du roi. Il est certain qu'à vouloir continuer le siège des places, on n'aboutirait qu'à des événements comme la destruction de Bilbeîs ou l'incendie de Fustât, qui, en faisant s'évanouir la richesse égyptienne, rendraient l'expédition entièrement stérile. Prendre le Caire ? La grande ville, encore accrue des fugitifs de Fustât, était en proie à une fermentation révolutionnaire, à une crise de nationalisme panislamique qui en rendait la conquête particulièrement dangereuse. Les Caïrotes, poussés au désespoir, ne mettraient-ils pas, eux aussi, le feu à leurs demeures ? « Il se combatoient, dit éloquemment l'*Estoire d'Éracles*, por leur vies, por leur païs et por leur franchises... il deffendoient à bone foi leur femmes et leur petiz enfanz que cil chien desloial *(sic)* decopperoient touz, se il en venoient au-dessus, ausi com il firent en la cité de Belbés[221]. »

Partie manquée. Amaury Ier évacue l'Égypte.

Puisqu'on ne pouvait plus espérer ni la reddition spontanée ni la conquête de haute lutte des villes égyptiennes, il ne restait qu'à tirer de Shâwar une bonne indemnité de guerre

AMAURY Ier ET LA CONQUÊTE DE L'ÉGYPTE

et à évacuer le pays. Guillaume de Tyr accuse de nouveau Amaury Ier d'avarice pour avoir adopté cette solution contre le désir des chevaliers de poursuivre coûte que coûte la conquête de l'Égypte ; et il incriminine plus encore le sénéchal Miles ou Milon de Plancy qui confirmait le roi dans ses projets de paix rapide. « Miles de Planci, traduit l'*Éracles*, li donnoit conseil qu'il feist pais au Calife et au Soudan (= Shâwar), car mieuz li venoit prendre l'avoir que pecoier (= détruire) par force le Cahere ou Babiloine. Ce disoit cil Miles plus por la volenté le (= du) Roi que il cognoissoit à tèle et por la haine des chevaliers qu'il ne vouloit que rien gaaignassent, que por l'avancement de la Crestienté ne por l'enneur le (= du) Roi. Nequedent li autre baron ne s'acordoient mie à ce conseil, ainçois disoient que, se li Rois vouloit, il gaaigneroit légièrement (= conquerrait facilement) les citez et la terre d'Égypte. En ceste manière contençoient entre eus li baron. Li Rois, qui par-dessus estoit, s'acorda là où il li plot, et dist que la pais li plaisoit mieuz, se cil d'Égypte li vouloient offrir assez raison[222]. »

L'affaire n'était donc plus qu'un marchandage avec Shâwar. Amaury demandait un million de dînârs égyptiens – dix à douze millions de francs d'avant-guerre –, somme énorme que « se il (Shâwar) et tuit cil du roiaume (d'Égypte) l'eussent juré, à peines poïst estre treiz de la terre ». Mais Shâwar, bloqué dans le Caire, aux abois, menacé par tous ses ennemis du dehors et du dedans, feignit d'accepter tout ce qu'on voulut. Même il versa comptant 100 000 dînârs, sous condition que les Francs commenceraient à s'éloigner[223]. De fait, au reçu de ce premier versement, Amaury, levant le siège du Caire, se retira d'abord à al-Matarîya *(Hortus Balsami)*, près de l'ancienne Héliopolis, puis à Siryâqûs, point situé déjà à 16 kilomètres au nord-est du Caire, sur la route de Bilbeîs[224].

Ce commencement de retraite de l'armée avait été précédé de la retraite de la flotte. En effet, comme nous l'avons vu, pendant qu'Amaury avait conquis Bilbeîs et tandis qu'il assiégeait le Caire, la flotte franque s'était emparée de Tanis. Elle avait alors cherché à remonter le Ba*h*r al-Mu'izz ou encore le *T*ar' al-Sherqî, pour rejoindre le roi devant le Caire, mais les Égyptiens barrèrent les bras et les canaux du fleuve avec une

504   *L'ÉQUILIBRE*

flottille qui interdit le passage aux bateaux francs[225]. Amaury, du Caire qu'il assiégeait encore, chargea le connétable Onfroi de Toron, avec les meilleurs chevaliers, de dégager les bras du Nil pour permettre à sa flotte de remonter jusqu'à lui. Mais à ce moment commença à se répandre la nouvelle que Shîrkûh, à la tête d'une armée envoyée par Nûr al-Dîn, approchait de l'Égypte. Amaury ordonna à sa flotte de remettre à la voile vers Saint-Jean d'Acre.

Les conséquences de la faute de 1168. Éviction des Francs de la politique égyptienne. L'Égypte livrée à Shîrkûh.

Qui, dans le gouvernement égyptien, avait fait appel à Nûr al-Dîn et à Shîrkûh ? Les annalistes arabes sont divisés sur la question. Les uns attribuent cette grave initiative à Shâwar lui-même. Attaqué par ses alliés francs, assiégé dans le Caire, pris entre l'envahisseur et les complots des émirs égyptiens, le vizir put en effet ne voir de salut que dans ce renversement des alliances, nouvelle oscillation dans le jeu de bascule qu'il jouait depuis si longtemps entre Francs et Zengides. Certes il ne devait avoir aucune illusion sur le danger d'une troisième intervention de Shîrkûh, connaissant mieux que personne les ambitions du vieux chef kurde et du jeune Saladin. Mais en présence de l'invasion franque sans doute n'avait-il pas le choix. Tout en amusant Amaury par des versements échelonnés, il aurait donc pris l'initiative de l'appel à Nûr al-Dîn. « Il demanda audience au khalife fâtimide al-'Adid, se présenta chez le prince en pleurant et lui dit qu'il ne leur restait plus qu'une ressource : Écrire à Nûr al-Dîn pour l'informer de la détresse des musulmans et réclamer son aide. Le khalife écrivit un message en ce sens, en joignant à sa lettre des cheveux de ses femmes avec ces mots : "Elles te demandent protection contre les Francs[226]."

Cependant d'après un autre témoignage, également recueilli par le *Livre des Deux Jardins*, l'initiative de l'appel à Nûr al-Dîn ne viendrait pas de Shâwar qui voulait bien jouer contre les Francs de la menace de Nûr al-Dîn, mais qui avait trop à perdre en provoquant l'arrivée d'aussi dangereux sauveurs que Shîrkûh et Saladin. L'auteur de l'appel aux Zengides serait non pas lui, mais son fils al-Kâmil qui cherchait à le déposséder du viziriat et qui, on l'a vu, avait déjà, dans ce but, lié partie avec Nûr al-Dîn. L'émir égyptien Shams al-Khilâfa, qui avait, on s'en souvient, servi d'agent entre son maître Shâwar et le roi Amaury, n'était rien moins que rassuré sur le jeu que jouait le vizir. Il vint s'en ouvrir au fils de ce dernier. "Sois convaincu, dit-il à al-Kâmil, que ton père est décidé à temporiser et qu'en fin de compte il cédera le pays aux Francs sans avoir écrit à Nûr al-Dîn. Monte au château, va trouver le khalife al-'Adid, charge-le d'écrire à l'atâbeg qui seul peut sauver la situation." Al-Kâmil courut chez le khalife, et les lettres nécessaires furent adressées à Nûr al-Dîn. Celui-ci, en en prenant connaissance, fut vivement ému. Séance tenante il manda à Shîrkûh de partir pour l'Égypte avec une armée[227]. »

Shîrkûh, qui rongeait son frein dans son fief de *Homs*, venait, lui aussi, de recevoir d'Égypte des nouvelles telles qu'au moment où l'atâbeg lui ordonnait d'aller conquérir ce pays, il venait lui-même de partir pour Alep afin d'obtenir de Nûr al-Dîn l'autorisation d'entreprendre cette expédition. En une seule nuit il fit le trajet de *Homs* à Alep. Nûr al-Dîn, charmé de le voir arriver si tôt, lui confia 2 000 cavaliers d'élite, plus 6 000 autres cavaliers turcomans, avec un trésor de guerre de 200 000 dînârs[228].

Un curieux passage du *Livre des Deux Jardins* semble prouver que Shâwar, averti de l'approche de Shîrkûh, mit au courant le roi Amaury. « Dès que Shâwar sut que Shîrkûh était arrivé à Sadr (forteresse de la péninsule sinaïtique), il dépêcha de nouveau Shams al-Khilâfa auprès du roi pour obtenir l'abandon d'une partie de la somme promise. Le délégué se présenta devant Amaury et lui dit : "Nous sommes à court d'argent." – "Fixe toi-même le chiffre de la diminution que tu désires", répondit le roi. – Je demande la moitié de la somme » ; et comme le roi y consentait, il ajouta : « Je n'ai jamais entendu dire qu'un roi, se trouvant dans de pareilles circonstances et ayant l'avantage comme tu l'as sur nous, ait fait un tel cadeau à des gens réduits à la situation où nous sommes. » Amaury répliqua : « Je connais trop bien ton intelligence et la puissance de Shâwar pour croire que vous m'auriez adressé une demande semblable, s'il n'était survenu quelque événement imprévu. » – « C'est vrai, répondit l'envoyé, voici que Shîrkûh vient à notre secours, il est déjà à Sadr, et la position n'est plus tenable pour toi, aussi Shâwar te conseille de partir. Quant à nous, nous maintiendrons la trêve. Quand Shîrkûh sera arrivé, nous lui donnerons satisfaction avec une partie de cet argent et nous te ferons parvenir le reste dès que nous le pourrons[229]. »

Évidemment Shâwar et Amaury jouent ici au plus fin, autour d'une question d'argent ; mais il n'est point douteux qu'en prévenant à temps Amaury de l'arrivée de Shîrkûh, en cherchant à éviter que les Francs ne fussent surpris et écrasés par l'apparition soudaine des troupes zengides, le vizir, fidèle à sa politique de bascule, songeait à se ménager les bénéfices de la protection franque dans le cas où Shîrkûh deviendrait trop exigeant.

Le roi de Jérusalem devait nécessairement avoir fait entrer dans ses calculs l'éventualité d'une intervention zengide. Il ne la présumait pas aussi rapide. « Syracons venoit à mout grant planté de gens, qui avoit proposement de secorre ceus d'Égypte. Quant li Rois oï ce, mout en fu esbahi. » Sur le moment il crut pouvoir barrer à son ennemi la route de l'Égypte. Sa résolution fut vite prise : il remonta de Siryâqûs sur Bilbeîs, y laissa une garnison pour défendre le chemin du Caire et s'avança vers Fâqûs ou plus loin vers le désert de l'Isthme, avec l'espoir de surprendre les colonnes zengides débouchant de la péninsule sinaïtique et de les battre avant qu'elles aient opéré leur jonction avec l'armée égyptienne (24 décembre 1168) : « Il se desloja et fist trosser son harnois, si s'en retorna à Belbès ; iluecques prist viandes et ce que mestier (= besoin) li avoit à la voie ; de sa gent lessa à cheval et à pié qui poïssent garder et desfendre la cité, puis mena son ost et s'en entra ès déserz, por ce que il vouloit venir à l'encontre de Syracon. » Mais il apprit que Shîrkûh l'avait devancé : « Quant il fu une grant pièce alez avant, ses espies (= espions) revindrent à lui et li distrent que Syracons avoit jà passé le désert à (= avec) grant planté de Turs et s'en estoit entrez au roiaume d'Égypte. Lors fu mestiers (= besoin) que l'en preist novel conseil, car, puis que la force fu si doblée aus Égyptiens, n'estoit pas seure chose au Roi ne à sa gent li demorers près d'iluec, car trop poïssent estre à grant péril ; il n'avoient mie pooir de la bataille contre touz ceus qui assemblé estoient[230]. »

En effet maintenant que Shîrkûh arrivait au Caire comme allié de Shâwar, protecteur de la dynastie fâtimide et sauveur de l'Islam, les Francs n'avaient d'autre alternative que d'évacuer immédiatement le pays ou de se voir écrasés sous des forces supérieures. La partie politique était perdue. Restait à éviter le désastre militaire. Amaury retourna en hâte à Bilbeîs pour y ramasser la garnison qu'il y avait laissée et tous reprirent aussitôt le chemin de la Palestine (2 janvier 1169). On croit sans peine le *Livre des Deux Jardins* qui nous montre « le roi franc adressant de vifs reproches à ceux qui lui avaient conseillé cette expédition[231]. » De fait tout s'était passé comme Amaury l'avait prévu lorsqu'il essayait de résister au Grand Maître de l'Hôpital, aux nouveaux Croisés et aux autres barons qui lui forçaient la main.

Pendant qu'il regagnait, la rage au cœur, Jérusalem, au Caire la révolution qu'il n'avait que trop pressentie était en train de s'accomplir.

Le coup de force du 18 janvier 1169 au Caire.
Exécution de Shâwar. Shîrkûh vizir d'Égypte.

Shîrkûh fut accueilli au Caire comme un sauveur (8 janvier 1169). Le khalife fâtimide al-'Adid le reçut en audience solennelle, le revêtit d'une pelisse d'honneur et lui attribua à lui et à son armée « des traitements élevés et des rations en abondance ». Il établit ses quartiers à al-Lûq, près des postes de douane (al-Maqsam). De là son armée contrôlait la ville.

Shâwar sentait mieux que quiconque toute la délicatesse de la situation. Il aurait bien voulu s'opposer aux donations du khalife, mais il ne l'osait, le camp de Shîrkûh tenant le Caire à sa merci. L'inquiet vizir cherchait, à son habitude, à gagner du temps, différant toujours de verser à Shîrkûh la contribution de guerre promise, d'attribuer aux émirs syriens les bénéfices militaires annoncés et de céder à Nûr al-Dîn les provinces – le tiers de l'Égypte, avait-on dit – qu'on s'était engagé à lui remettre. « Tous les jours Shâwar montait à cheval pour rendre visite à Shîrkûh et faire avec lui des promenades pendant lesquelles il n'épargnait ni promesses ni belles

508   L'ÉQUILIBRE

paroles » ; mais rien ne venait. Pour sortir de l'impasse il ne lui restait que le vieux procédé de la cour fâṭimide : l'assassinat. Il avait résolu d'inviter Shîrkûh et tous les émirs syriens à un grand festin au cours duquel il les ferait tous massacrer, lorsqu'il fut devancé par eux.

De leur côté les griefs ne manquaient pas. L'homme qui si longtemps avait mené son jeu de bascule entre les Zengides et les Francs et failli livrer l'Égypte à ces derniers ne recommencerait-il pas ? Au reste n'était-ce pas un shî'ite, un hérétique qui maintenait la fausse doctrine dans la vallée du Nil ? Il est vrai que le pays tout entier partageait alors l'hérésie 'alide et qu'il importait de procéder à cet égard par étapes. Non seulement Shîrkûh et son neveu Saladin eurent l'adresse de ne rien brusquer en ce sens, mais ils surent mettre de leur côté le khalife fâṭimide, al-'Aḍid. Excédé de la tutelle que Shâwar avait si longtemps fait peser sur lui, le jeune khalife se rendit de nuit sous un déguisement au camp de Shîrkûh et eut avec lui un entretien secret au cours duquel on décida l'assassinat de Shâwar.

Quelques jours après, Shâwar venait rendre visite à Shîrkûh. À son habitude il chevauchait en grande pompe, escorté de timbales et de clairons, avec une escorte si nombreuse que les conjurés en furent d'abord intimidés. Shîrkûh était absent du camp : il se trouvait à cette heure en pèlerinage à la tombe du saint imâm al-Shâfi'î, pour lequel il avait une dévotion particulière. Saladin, son neveu, l'âme du complot, accueillit à sa place Shâwar qu'il s'offrit à accompagner jusqu'au lieu de pèlerinage. Voilà les deux hommes chevauchant côte à côte. Saladin s'était fait suivre de quelques officiers résolus. Il faisait une brume épaisse qui isolait les cavaliers. Brusquement Saladin saisit Shâwar au collet, le désarçonne et le fait prisonnier. Les officiers syriens, ses compagnons, tombent aussitôt sur l'escorte du vizir, lui tuent plusieurs de ses gens et la mettent en fuite. Cependant Shîrkûh et Saladin, par crainte de quelque soulèvement de la population égyptienne, voulaient rester dans la légalité. Pour exécuter le vizir, il fallait l'ordre du khalife al-'Aḍîd. De fait, quelques instants après l'arrestation, un eunuque apportait un rescrit khalifal avec la sentence de mort (18 janvier 1169). La tête de Shâwar fut envoyée à al-'Aḍîd. Le faible fâṭimide se doutait-il que c'était sa propre dynastie qui venait d'être décapitée[232] ?

Plus rien ne faisait désormais obstacle à l'élévation de Shîrkûh et de Saladin. Aussitôt après l'exécution de Shâwar, Shîrkûh fit au Caire une entrée triomphale. Au milieu de cette énorme et turbulente population, encore tout agitée par les énervements du siège et de l'incendie, surexcitée par tant de révolutions et de drames, l'imperator musulman eut une seconde d'inquiétude. De la foule qui le pressait n'allait-il pas surgir un vengeur de Shâwar ? Mais Shîrkûh eut un trait de génie. « Le Commandeur des Croyants, cria-t-il, vous ordonne d'aller piller le palais de Shâwar ! » En un instant la foule se précipita vers la demeure de l'infortuné vizir, tandis que Shîrkûh se dirigeait paisiblement vers la résidence khalifale. Al-'Adid l'y reçut avec des honneurs royaux, le revêtit des insignes du viziriat en le proclamant al-Malik al-Mansûr, « le roi victorieux ». C'était bien un roi d'Égypte que le dernier des Fâtimides venait de faire, un roi en faveur duquel sa dynastie abdiquait[233].

Shîrkûh assit solidement son autorité en partageant les fiefs égyptiens entre les émirs turco-syriens qui l'avaient suivi. Tous ses mamelûks furent de même pourvus de bénéfices, de sorte que ce fut la prise de possession méthodique d'un pays par une armée. Il mourut deux mois après son avènement, le 23 mars 1169, mais son neveu Saladin, qui lui succéda, devait consolider son œuvre, et, par son génie, étendre le nouvel empire égyptien des frontières de l'Abyssinie à celles de l'Asie Mineure.

§ 7. — LE TOURNANT DES CROISADES : SALADIN, MAÎTRE DE L'ÉGYPTE ; ENCERCLEMENT DE LA SYRIE FRANQUE.

Le tournant des Croisades.
L'Égypte rattachée à la Syrie musulmane.

Tel était donc le résultat de l'expédition de 1168, si impolitiquement imposée au roi Amaury par le grand maître de l'Hôpital et les barons. Au lieu d'un Islam divisé contre lui-même, séparé par la haine confessionnelle et politique entre royaume sunnite de Syrie et khalifat shî'ite d'Égypte, on avait désormais affaire à une domination homogène allant de l'Euphrate à la Libye, puisque Shîrkûh, puis Saladin, les nouveaux vizirs d'Égypte, avaient à honneur de rester les lieutenants fidèles de Nûr al-Dîn. Au lieu d'une Égypte désarmée, tributaire, vassale tremblante des Francs, on se trouvait désormais en présence d'un État égyptien rénové, singulièrement fort, client du royaume turc d'Alep-Damas. Guillaume de Tyr, témoin de ce renversement de situation, ne peut s'en consoler, non plus que son traducteur : « Ainçois (avant) que li Rois (Amaury) alast à ceste darrenière foiz en Égypte, ses roiaumes estoit en pais et asseur de cele part (= du côté de l'Égypte) ; granz richeces li venoient chascun an de cele terre ; ausi li obeissoient li Égypcien comme cil (= les gens) de Surie. Devers midi estoit bien clos nostre roiaumes. Li marcheant de noz citez aloient seurement en leur païs par mer et par terre, li leur revenoient ausi en la nostre contrée ; marcheandises de maintes manières aloient et venoient souvent par les noz terres, si que li Crestien i avoient grant enneur et preu (profit). Mès dès lors que Syracons (Shîrkûh) fu sires, fu la chose mout changiée ; par mer n'osoient plus noz genz aler vers la terre d'Égypte. Cil (les Égyptiens) avoient le pooir de venir en noz terres, de fère siège entor les noz citez par mer et par terre. Li autre Turc meismes (= Nûr al-Dîn et ses vassaux syriens), quant ils virent nostre roiaume si afèbloié (= affaibli) de cele part, commencièrent à mouvoir guerre et contenz (querelles) contre les noz... En cele grant maleventure nos mist la couvoitise d'un seul home : que Nostre Sires le pardoint[234] ! »

Ce dernier trait ne devrait d'ailleurs pas viser le roi Amaury, mais le grand maître de l'Hôpital. Nous croyons en effet l'avoir bien établi, Amaury n'avait entrepris cette dernière expédition qu'avec une singulière répugnance, à son corps défendant. Il n'en est pas moins vrai que le résultat était, comme il l'avait lui-même prévu, désastreux. On comprend l'abattement de Guillaume de Tyr, surtout si l'on songe que l'illustre prélat, au moment dé la folle agression franque, venait précisément de négocier une grande alliance militaire franco-byzantine qui, à vouloir faire l'expédition d'Égypte, eût du moins permis de la tenter avec des chances de succès autrement sérieuses. Comme il l'écrit avec un remarquable sens historique, la fatale date de 1168 marque le tournant des Croisades. C'est la révolution du Caire de janvier 1168, qui transforma du tout au tout les conditions religieuses et sociales du milieu musulman, renversant au détriment des Francs – et par leur faute ! – une situation jusque-là exceptionnellement favorable.

Saladin, le héros kurde.

Le bénéficiaire de la nouvelle situation, Salâ*h* al-Dîn Yûsuf – notre Saladin – avait alors trente et un ans. Neveu de Shîrkûh et fils de l'émir Najm al-Dîn Aiyûb, il descendait d'une solide famille kurde d'Arménie. Le père de Shîrkûh et d'Aiyûb, Shâdî, était originaire de Dovin, à l'ouest du lac de Van, d'où ses enfants descendirent pour prendre du service à Mossoul, chez l'atâbeg Zengî[235]. Après tant de dynasties arabes et turques l'avènement de Saladin marquait donc celui d'une race nouvelle. Avec lui l'élément kurde, c'est-à-dire indo-européen, s'emparait de l'hégémonie dans le monde musulman. Événement considérable qui n'a pas été assez remarqué, tant le manteau de l'internationalisme islamique a coutume de nous dissimuler les différences ethniques et sociales qui expliquent cependant toute l'histoire. Sous cette uniformité apparente, quoi de plus distinct cependant que la finesse décadente des dynasties khalifales arabes, 'Abbâsides à Baghdâd ou Fâ*t*imides au Caire, la rudesse belliqueuse des aventuriers turcs de la première génération comme Zengî, la spontanéité, la richesse intellectuelle et morale de la dynastie kurde des Aiyûbides ? Dès le début ceux-ci s'affirment supérieurs à leur milieu. Fraîcheur d'un sang nouveau, vigueur de cette race montagnarde des Kurdes que la décadence 'abbâside n'avait même pas effleurés et qui, dans un Islam de Bas-Empire, apportaient une réserve d'énergie et comme une sève de jeunesse, sans la sauvagerie de l'élément turc : cet avènement d'une dynastie indo-européenne, diraient les mythologues de l'ethnicisme, d'une famille de highlanders, dirons-nous plus simplement, devait renouveler la face de l'Islâm égypto-syrien[236].

512 *L'ÉQUILIBRE*

Saladin était d'ailleurs un des plus grands hommes de son siècle. Presque rien chez lui – sauf, bien entendu, le minimum indispensable à la politique du temps – des duplicités et des trahisons qui rendent si odieux tant de monarques orientaux, mais une franchise, une fleur de courtoisie, une générosité chevaleresque, une noblesse d'âme et, dans la vie privée, une bonté indulgente qui imposaient le respect et la sympathie à ses adversaires mêmes. Musulman sunnite fort pieux, puisque la guerre sainte devait devenir le but de sa vie, il évitait en général les accès de fanatisme, savait apprécier ses partenaires chrétiens, et dans les périodes de trêve, voire même en pleine guerre, montrait à leur égard une élégance morale de très grand seigneur. « Salaheldin, disent de lui dans un bel éloge les *Gestes des Chiprois*, fu moult bon Sarazin, car il fu mout large et mout amohnier (= aumônier) et pitous de cuer et de grant bontey[237]. » De tout cela se dégage un caractère direct, profondément humain, singulièrement séduisant, qui double les qualités de l'homme d'État[238].

Affermissement de Saladin en Égypte.
Massacre de la garde noire (août 1169).

À la mort de Shîrkûh, plusieurs de ses vieux mamelûks pouvaient entrer en compétition avec Saladin pour la succession au viziriat. Détail piquant, ce fut le khalife-fantôme al-'Adid qui choisit de préférence à eux le héros aiyûbide, dans l'espoir que la jeunesse et l'inexpérience de ce dernier en feraient un instrument docile aux mains des bureaux fâtimides, en attendant de pouvoir procéder à l'expulsion de tous ces encombrants auxiliaires syriens[239]. Mais, une fois en possession du viziriat, Saladin se comporta en maître. Par l'heureux mélange d'autorité et de bonne grâce qui faisait le fond de son caractère, il sut se concilier et se subordonner les orgueilleux mamelûks de son oncle. Désormais sûr de ses soldats syriens, il entreprit de briser la garde égyptienne noire – la garde soudanaise – qui constituait le dernier appui du khalifat fâtimide. Le chef de l'administration égyptienne et du parti indigène, l'homme de confiance du khalife, un eunuque nubien connu sous le nom de al-Mûtamen al-Khilâfa, essaya de reprendre la politique de bascule de

Shâwar en faisant secrètement appel aux Francs : tandis qu'Amaury pénétrerait en Égypte, le parti indigène, agissant avec l'assentiment du khalife, se soulèverait, prendrait Saladin à revers et exterminerait la garnison du Caire et toute l'armée d'occupation syrienne[240]. Malheureusement la lettre que le Mûtamen fit écrire en ce sens au roi Amaury fut interceptée par les agents de Saladin de la manière la plus imprévue[241] : Un Turcoman, en passant à al-Bir al-Beîda, rencontra un homme déguenillé ayant sur lui des sandales neuves qui n'avaient pas trace d'avoir jamais servi. Il trouva la chose singulière, prit les sandales et les porta à Saladin. On les fit découdre et on trouva la lettre que les gens du palais khalifal adressaient aux Francs. On fit ensuite chercher le copiste qui l'avait écrite : c'était un Juif qui avoua tout.

Saladin sut dissimuler quelque temps son ressentiment contre l'eunuque, pour éviter de donner prétexte à un soulèvement, puis, ayant endormi sa défiance, il le fit discrètement arrêter et décapiter (20 août 1169). Il renouvela alors tout le personnel du palais khalifal, renvoyant les eunuques dévoués à la famille fâtimide et nommant à leur place un personnage à lui, connu sous le nom de l'Oiseau Noir (Qarâqûsh)[242]. Cependant la garde nègre, qui avait partie liée avec les fonctionnaires égyptiens disgraciés et qu'excitait sous main le khalife al-'Adid lui-même, se révolta dans son camp d'al-Fustât. Saladin envoya contre elle ses soldats syriens, commandés par son frère Fakhr al-Dîn Turânshâh, mais les Soudanais, renforcés par d'autres éléments africains, étaient au nombre de 50 000 hommes et le combat dura longtemps indécis ; c'était un vrai charnier : « déjà l'odeur des cadavres attirait les corbeaux », lorsque Saladin eut l'idée de faire mettre le feu au camp nubien. « Chaque quartier où les Noirs se réfugiaient était incendié ; partout la retraite leur était coupée. » En apprenant que leurs femmes étaient la proie de l'incendie, les Noirs se débandèrent ; partout où ils s'arrêtaient, on les prenait et on les égorgeait (23 août 1169). À la fin on feignit de leur accorder l'amân, on les rejeta de l'autre côté du Nil, à Gîzeh où on acheva de les massacrer comme du bétail.

Le khalife al-'Adid avait suivi la bataille du haut d'un des pavillons du château ; au moment où il espérait encore que la garde noire serait victorieuse, il avait ordonné à ses serviteurs de faire cribler de flèches et de pierres les troupes syriennes. Turânshâh, s'en étant aperçu, menaça d'arroser le palais de naphte et d'y mettre le feu. Lâchement al-'Adid fit aussitôt proclamer qu'il était du côté de Saladin contre les troupes noires. « La porte du palais s'ouvrit et l'officier khalifal cria : "Au nom du Commandeur des Croyants, courez sus à ces chiens d'esclaves et chassez-les du pays !" Ce désaveu inattendu du maître pour lequel ils se faisaient tuer acheva la débâcle des derniers Nubiens[243]. Quant aux régiments arméniens de la garde fâtimide, on ne leur avait pas laissé le temps d'intervenir en faveur de leurs camarades soudanais : Saladin avait également mis le feu à leurs casernements et la plupart des malheureux périrent dans l'incendie[244].

Saladin compléta sa victoire en dépossédant tous les Égyptiens des grands fiefs et en les remplaçant par des Syriens.

Désormais maître tout-puissant de l'Égypte où le khalife fâtimide n'était qu'un fantôme, Saladin n'en affectait pas moins de rester le lieutenant de l'atâbeg de Syrie, Nûr al-Dîn. Il n'exerçait l'autorité qu'au nom de ce dernier. De son côté, Nûr al-Dîn, dans ses lettres, lui donnait simplement les titres d'émir et de général « et traçait son parafe en tête de la lettre, croyant au-dessous de lui d'inscrire son propre nom ». La prudence de Saladin acceptait de bonne grâce cette étroite subordination, dans la crainte que Nûr al-Dîn, prenant ombrage d'une ascension aussi rapide, ne lui retirât son appui. L'aide constante de l'atâbeg était en effet indispensable au jeune héros, car il était évident que les Francs, frustrés par ce dernier du protectorat de l'Égypte, ne renonceraient pas à leurs espérances sans tenter un nouvel effort.

Nécessité d'une nouvelle Croisade. L'inutile appel à l'Occident.

La conquête de l'Égypte par le lieutenant de Nûr al-Dîn avait provoqué dans l'Orient latin une émotion compréhensible. Prise entre Alep et Damas, possessions de Nûr al-Dîn, et l'Égypte, qui se trouvait désormais au pouvoir de Saladin, la Syrie franque était encerclée. La maîtrise de la mer, jusque-là assurée aux Francs, était remise en question du fait que Saladin et Nûr al-Dîn disposaient maintenant de la flotte égyptienne, de la base navale d'Alexandrie, de Damiette et des autres ports du Delta. « Mout estoit en grant peril toute la crestienté de la terre (de Syrie), parce que cil puissanz Noradins, qui assez (de) maus leur avoit fet par maintes foiz, avoit ore à sa volenté le roiaume d'Égypte ; si que il pooit venir sur les noz par mer et par terre, et destreindre toute la terre en maintes manières, et faire tant que par mer ne porroit l'en venir seurement en Jerusalem, (ce) qui estoit encore li greindres (= pire) perilz, por la grant planté de galies et de nés (= navires) que cil (= le gouvernement égyptien) avoit sur mer[245]. »

Le péril était si grave que la Cour de Jérusalem, au commencement de l'année 1169, essaya de provoquer une nouvelle Croisade. « Por ce devisèrent li preudomes que bien seroit mestier (besoin) que l'en envoiast ès terres devers Occident, des meilleurs prélaz du païs qui bien seussent mostrer aus princes bons crestiens la mésèse et le péril de la Sainte Terre, et leur requeissent, de par Nostre Seigneur, que secorre le venissent en son héritage, car par leur genz avoit esté li roiaumes de Surie maintes foiz aidez et maintenuz. »

On désigna d'abord comme ambassadeurs le patriarche de Jérusalem, Amaury de Nesle, l'archevêque de Césarée, Erneys (Hernesius), et l'évêque d'Acre, Guillaume. Il s'agissait d'aller implorer nommément l'empereur d'Allemagne Frédéric Barberousse, le roi de France Louis VII, le roi d'Angleterre Henri II Plantagenet, le roi normand de Sicile Guillaume II, et aussi plusieurs grands vassaux de la couronne de France comme le comte de Flandre Philippe d'Alsace, le comte de Champagne Henri le Libéral, le comte Thibaut de Blois et de Chartres, d'autres encore[246].

Signalons que cet appel à la Croisade fut connu des Musulmans. « Lorsque Shîrkûh se fut rendu maître du Caire, note Ibn al-A*th*îr, les Francs furent remplis d'épouvante et croyaient que leur perte était assurée. Ils écrivirent pour cette raison aux Francs de Sicile et des autres pays, leur demandant des renforts et leur faisant savoir que la domination musulmane s'était encore établie au Caire *(sic)*. Ils leur exposèrent leur crainte de voir la Ville Sainte tomber au pouvoir des musulmans[247]. »

516 L'ÉQUILIBRE

L'ambassade franque s'embarqua donc, mais le second jour une tempête terrible faillit engloutir le navire qui la portait. Les trois prélats, qui avaient manqué périr, revinrent au port et se récusèrent. Amaury et les barons nommèrent d'autres ambassadeurs, l'archevêque de Tyr, Ferry ou Frédéric, et l'évêque de Panéas, Jean, qui arrivèrent à bon port. Malheureusement les supplications des deux envoyés en vue de déterminer une nouvelle croisade restèrent vaines. Louis VII notamment était trop occupé à défendre contre l'impériale plantagenet son royaume amoindri[248]. Frédéric Barberousse commençait sa grande lutte contre les villes italiennes et le Saint-Siège. Quant aux autres princes, les souvenirs de la Deuxième Croisade étaient trop décourageants pour leur laisser envisager une troisième expédition. L'évêque de Panéas mourut peu après son arrivée à Paris (12 octobre 1169) ; on l'enterra dans l'église de Saint-Victor, « à senestre, si com l'en entre vers le cuer ». L'archevêque de Tyr rentra deux ans après tristement en Terre Sainte, « et n'aporta ne secours ne espérance »[249]. L'Occident latin oubliait décidément la colonie qu'il avait créée soixante-dix ans plus tôt aux rives de Syrie.

Retour des Francs au projet de collaboration byzantine pour la conquête de l'Égypte.

La Croisade occidentale faisant défaut, Amaury se retourna vers l'alliance byzantine. Le traité conclu à Constantinople en septembre 1168 entre Guillaume de Tyr et Manuel Comnène en vue d'une expédition commune contre l'Égypte et du partage de ce pays restait toujours valable. La faute des Francs avait précisément consisté à attaquer seuls l'Égypte sans attendre leurs alliés byzantins. Mais l'empereur Manuel Comnène n'avait pas oublié le traité. Il semble même avoir pris particulièrement à cœur l'expédition projetée. Tout l'hiver de 1169 avait été consacré par lui à armer une puissante escadre qui assurât aux chrétiens la maîtrise de la mer. La cour de Constantinople ne pouvait d'ailleurs qu'être alarmée par la rupture de l'équilibre oriental du fait de la réunion de l'Égypte à la Syrie. Aussi la participation byzantine fut-elle supérieure aux chiffres convenus. « L'empereres

Manuel, écrit *l'Estoire d'Éracle*, selonc ce qu'il avoit promis au Roi, envoia la navie (= flotte) grant et bien garnie, si que plus rendi de secors et d'aide qu'il n'avoit convenancié, car, en cele estoire de nés (= escadre de navires) qui de par lui vint, avoit cenz cinquante galies forz et bien fetes à deus pères de rains (rames) ; autres nés que l'en claime *huissiers*, à porter chevaus, qui avoient les portes au costé de la nef derrières et ponz par quoi li cheval i pooient entrer et issir, i avoit jusqu'à soisante ; genz armées estoient avecques à grant planté. Une autre manière de granz nés i envoia que l'en apele *dromonz* qui estoient chargiées de viandes (= vivres) et de maintes manières d'armeures ; engins aportoient, pierrières et mangoniaus et autres engins qui mestier ont de tenir siège : de teus nés en vint douze. Dedenz cele navie vindrent li meilleur chevalier de Grèce[250]. »

L'armada byzantine à la disposition d'Amaury Ier (juillet 1169).

À la tête de l'expédition l'empereur plaça le *megaduc* Andronic Kontostephanos sous les ordres duquel servirent Alexandre de Gravina et Theodore Maurozoumès. Le 8 juillet 1169 la flotte se rassembla sous le commandement de Kontostephanos dans le port de Meliboton, sur les Dardanelles, où Manuel vint donner au généralissime les dernières instructions. Le 10 elle se rendit à Koila près de Sestos où eut lieu l'embarquement du corps expéditionnaire. De là la grande armada byzantine fit voile vers Chypre, tandis qu'une escadre secondaire, mais encore imposante, de soixante vaisseaux était envoyée directement en Palestine pour saluer le roi Amaury et apporter la solde des chevaliers francs qui prendraient part à l'expédition d'Égypte[251].

En cinglant vers Chypre la principale escadre byzantine rencontra six navires égyptiens auxquels elle donna la chasse, en en capturant deux. « Une fois à Chypre, Kontostephanos envoya un nouveau message à Amaury pour lui demander s'il devait l'attendre ou le rejoindre. La réponse du roi de Jérusalem tarda quelque temps, et c'est seulement à la fin de septembre que la flotte byzantine gagna Tyr d'où, peu après, elle se dirigea sur Acre[252]. » Le traducteur de Guillaume de Tyr s'est fait l'écho de la satisfaction des

518   *L'ÉQUILIBRE*

Francs devant les splendides unités de cette armada, rangées dans la baie entre l'embouchure du Nahr Na'main et le port et qui « mout estoient beles à veoir[253] ».

Du côté franc les préparatifs de l'expédition commune étaient moins avancés puisque, on l'a dit, Kontostephanos avait dû attendre longuement à Chypre qu'Amaury eût terminé. La malheureuse campagne de l'année précédente avait plus ou moins désorganisé l'armée franque. Nous avons vu que, par exemple, les Hospitaliers avaient été complètement ruinés. Par ailleurs, comme le reconnaît Chalandon, le roi de Jérusalem, avant de se lancer dans une cinquième campagne d'Égypte, avait eu à mettre la Palestine à l'abri d'une diversion de Nûr al-Dîn. De fait *l'Estoire d'Éracles* spécifie qu'il ne se mit en marche que lorsqu'il « ot lessiez chevaliers assez por garder la terre contre Noradins, se il (= ce dernier) venist por guerroier devers Damas ». Les précautions du roi Amaury furent cette fois si bien prises qu'en son absence ses lieutenants, bien loin de subir des échecs, devaient, on le verra, passer à l'offensive et effectuer des conquêtes.

Ces obligations empêchèrent Amaury d'être prêt avant la mi-octobre. L'effet de surprise fut ainsi manqué et l'attention de Saladin fut mise en éveil. De plus l'économie de l'expédition se trouva compromise, car « les Byzantins n'avaient embarqué que pour trois mois de vivres et l'on avait compté à Byzance que la campagne commencerait avec le mois d'août. C'est sans doute pour économiser les vivres qu'à Acre une partie de l'armée byzantine débarqua pour prendre la route de terre avec les Latins[254] ».

Expédition franco-byzantine en Égypte.
Siège de Damiette par les alliés (octobre-décembre 1169).

L'armée franco-byzantine quitta Ascalon le 16 octobre 1169 en suivant la côte jusqu'à Faramia ou Faramâ. Un raz de marée avait, semble-t-il, envahi et dépassé à travers les dunes la lagune de la Sebkhat Bardawîl, ce qui allongea quelque peu la route mais ne laissa pas de rendre moins pénible la traversée du désert : « Au nueviesme jor vindrent à une cité ancienne qui a non Faramie. La voie d'Escalone jusqu'à ceste cité souloit estre mout plus corte, mès il estoit lors einsi avenu que la mer avoit tant féru à uns granz murgiers de la grève que l'en claime (appelle) dunes, qu'ele les avoit rompuz et s'en estoit alée par iluec en unes basses plainetes qui souloient estre tout à sec. Ore i a ausi (= il y eut ainsi) com un grant estanc en qui vient si grant planté de poissons que touz li païs en est forniz richement jusque bien loing. Par ceste chose qui lors estoit avenue ne pot l'en mès tout droit aler la voie de la marine, si com l'en soloit, ainçois se covient tortre X miles ou plus, quant l'en vient à cel estanc, ainçois (= avant que) l'en puisse revenir à la voie du rivage. Ceste chose vos ai-je mise en l'estoire porce que c'est ausi com uns miracles, car la terre qui estoit en désert premièrement et arse (= brûlée) toute du soleil, devint pescherie grant et plenteive (poissonneuse) par le cours, de cele mer qui s'en entre par un estroit leu (= un chenal) et mout s'espant largement par les plains[255]. »

L'armée franco-byzantine atteignit le 25 octobre 1169 Faramâ, le premier site égyptien. À hauteur de Faramâ, elle trouva la flotte byzantine qui l'attendait et qui, nous dit l'*Éracles*, lui fit passer le premier bras, c'est-à-dire la branche pélusiaque du Nil. Les alliés laissèrent sur leur gauche Tanis (Sân), place sans importance « qui jadis souloit estre noble cité, ore est ausi com uns petiz chastiaus, et siet près d'un marais, entre les paluz et le rivage de la mer ». De là, remontant sans doute la rive du lac Menzalé en direction nord-ouest, ils atteignirent au bout de trois ou quatre jours Damiette, leur premier objectif (27 octobre)[256]

Remarquons que le choix de ce point d'attaque était heureux. Saladin, en apprenant l'approche des Francs, avait pu mettre en état de défense Bilbeîs, le Caire, Alexandrie, villes menacées à chaque invasion. Visiblement il ne s'était pas méfié d'une attaque brusquée sur Damiette et se trouva pris au dépourvu.

Les Francs donc vinrent sans rencontrer d'opposition camper entre la ville et la Bouche Phatnitique (vers Gheit al-Nasara et al-Burj), en attendant leur flotte, contrariée par le vent. Elle arriva trois jours après, le 30 octobre. Elle remonta le bras du Nil, de Râs al-Barr à Damiette, mais ne put pénétrer dans le port dont l'entrée était barrée par une chaîne attachée à deux tours situées l'une dans la ville, l'autre sur la rive gauche du fleuve (près du terminus actuel du chemin de

520 L'ÉQUILIBRE

fer). L'armée franque se rapprocha alors de Damiette dont elle entreprit le blocus : « Li nostre, quant il orent bien atornée leur navie (leur flotte), il se deslogèrent de là où il estoient et trespassèrent les jardins ; leur paveillons (tentes) tendirent plus près de la ville, si que bien se poïssent aprochier des murs. »

Les alliés consacrèrent trois jours à établir ainsi leur camp devant la ville. Guillaume de Tyr note que si, à ce moment, l'armée franco-byzantine avait donné l'assaut à Damiette, la ville qui n'avait presque aucune garnison eût capitulé : « car quant il (les alliés) vindrent iluec, la citez estoit vuide et desgarnie de gent et d'armes ; se li nostre vousissent (eussent voulu) assaillir tantost (= aussitôt) en leur venue, bien poïssent avoir prise la ville, tandis com ele estoit là en peor et en effroi[257]. »

Au Caire, en effet, la situation de Saladin n'était rien moins que sûre. Depuis l'exécution des eunuques du palais et le massacre de la garde noire, il se sentait en butte à une conspiration permanente. Complots du khalife et de toute la cour fâṭimide qui ne songeaient qu'à se débarrasser de lui, soulèvement toujours possible de la foule cairote déjà lasse des maîtres syriens qu'elle s'était donnés, tout était à craindre pour le conquérant. Si mince était sa confiance dans ses nouveaux sujets qu'il n'osait marcher lui-même contre les Francs et les Byzantins : « Si je m'y rends en personne, écrivait-il à Nûr al-Dîn dans une lettre désespérée, le peuple du Caire profitera de mon absence pour s'emparer de ce que j'y aurai laissé et maltraiter ce qui restera de mes troupes. Ils se mettront en révolte contre moi et je les aurai sur mes derrières pendant que je combattrai les Francs de face[258]. » Mais l'énergique prince kurde ne s'abandonna pas. Du Caire à Damiette, les communications par la voie du Nil restaient libres. Voyant que les alliés prenaient leur temps avant de donner l'assaut à Damiette, il en profita pour faire passer par ce moyen les secours nécessaires à la ville assiégée. Ce fut ainsi que le neveu et l'oncle de Saladin, Taqî al-Dîn 'Omar et Shihâb al-Dîn Maḥmûd, purent pénétrer jusqu'à Damiette avec une flottille de ravitaillement et d'importants renforts[259]. Les alliés assistèrent impuissants à ce manège. « Li nostre... virent venir contreval le flun grant planté de nés (= navires) chargiées de gens et de toutes manières d'armes qui mestier

AMAURY I*er* ET LA CONQUÊTE DE L'ÉGYPTE   521

(besoin) ont à ville deffendre. » Ils se rendirent compte de la faute commise. Ils avaient, en atermoyant, laissé échapper l'occasion de prendre d'assaut la ville encore dégarnie. Maintenant Damiette se trouvait en état de défense. Il allait falloir entreprendre un siège en règle[260].

Ce siège, le roi Amaury et Kontostephanos le poussèrent du moins avec une grande vigueur, comme le prouve le récit de l'*Éracles* : « Lors comencièrent à trere (= tirer) hors des nés (= navires) perrières et mangoniaus ; charpentier drècièrent un chastel de fust mout haut où il (y) avoit VII estages. Cil qui desus estoient pooient bien veoir ceus de la ville. Il firent chaz couverz de cuirs et voies couvertes pour conduire les mineeurs aus murs. Quant ces choses furent bien atornées par dehors, il firent aïver la voie devant le chastel et trestrent (= le tirèrent) avant si près que li nostre archier et nostre chevalier qui desus estoient, tréoient (= tiraient) dedenz la ville d'ars et d'arbalestes et gitoient pierres poignauz sur ceuz qui se deffendoient aus murs. Cil qui aus engins estoient atirié, les fesoient giter souvent grosses pierres aus tors et aus meisons ; si que en maintes manières comencièrent à grever la ville...[261]. »

Mais par la voie toujours ouverte du Nil arrivaient sans cesse du Caire de nouveaux renforts. C'étaient de ces vétérans turcs et kurdes des vieilles guerres zengides pour lesquels, non plus, la défense des places n'avait pas de secrets. Très vite ils contre-battirent à armes égales les machines des assiégeants. « Il drecièrent un chastel mout haut, assez près du nostre, où il mistrent genz armées assez qui ne finoient de trère (= tirer) et les leur perrières gitoient aus noz grosses pierres por depecier. » Animés par cet exemple les Égyptiens eux-mêmes, si peu belliqueux d'ordinaire, participaient avec ardeur à la défense. Peut-être y eut-il aussi un hasard malencontreux. Guillaume de Tyr nous dit que la grande tour de bois des Francs fut dirigée contre un coin de la ville où se trouvait une église chrétienne dédiée à la Vierge, sans doute quelque église copte. Le bombardement de ce sanctuaire ne put que solidariser avec les Musulmans l'élément copte chez lequel les Francs auraient dû trouver des intelligences[262].

Les défenseurs de Damiette, s'enhardissant chaque jour, faillirent même incendier la flotte franco-byzantine. Les allié avaient ancré leurs navires dans le Nil en aval de Damiette. Les assiégés attendirent que soufflât le vent du sud et lancèrent contre l'escadre chrétienne un brûlot enflammé, « une nef auques grant, toute pleine d'estoupes et de fuerre, de sèches busches, de poiz et de sain. Lors i mistrent le feu de toutes parz, si la lessièrent venir selonc ce que li fluns et li venz la menoient. Ele descendi einsi esprise et alumée jusqu'à la nostre navie. Entre noz nés (= navires) s'aresta, si qu'ele ardi tantost (= brûla aussitôt) VI de nos galies, et greigneur domage eust encore fet, car il estoit au matin, que les genz se dormoient. Mès li Rois s'en aperçeut et saillit tantost sur un cheval, touz nuz piez, si corut cele part. Il fist esveillier les notoniers et mena autre genz de l'ost por secorre les nés. Il esteindrent celes qui estoient esprises et plungièrent en l'eaue cele qui le feu aportoit »[263]. Amaury venait, à lui seul, de sauver l'armada franco-byzantine.

Pour comble de malheur la saison des pluies avait commencé, qui, sur ces rives basses du lac Menzalé, transformait le camp en marécage. « Si grant planté de pluie vint sur eus, qui ne finoit (= finissait) ne de jorz ne de nuiz, que li povre ne se pooient garantir en leur loges ne li riches en leur paveillons (= tentes) ; ainçois chéoit si grant fés d'eaue que robes, armeures et viandes porrissoient toutes. Il covenoit à chascun entor sa tente faire fosse por recevoir la pluie, qu'ele n'entrast dedenz leur liz[264]. »

Enfin la disette, et dans des conditions qui allaient rompre la bonne entente entre les alliés.

Les Byzantins, on l'a vu, n'avaient emporté de vivres que pour une campagne de trois mois. Leur longue attente en Chypre et à Acre les avait obligés à en consommer une bonne partie. Au bout de quelques semaines, ils étaient réduits à se nourrir de pousses de palmiers, de noisettes et de châtaignes : « Lors veissiez que il abatoient les paumiers qui entor la ville estoient ausi espessement com une grant forest ; au sommet queroient un tendron qui assez est de bone saveur, et en ce est la vie de tout l'arbre. Cil qui mouroient de faim le menjoient mout volentiers, et de ce vesquirent ne sai quanz jorz. En toutes manières que il pooient queroient engin (remède) encontre la famine qui cruelment les appressoit. Nequedent entr'eus estoient aucun des Grieus (= Grecs) qui avoient noisetes de

AMAURY Ier ET LA CONQUÊTE DE L'ÉGYPTE

coudres que l'en claime avellanes et chasteignes seches de que il sostenoient leur vie assez à grant mésèse. »

Les Francs du roi Amaury avaient fait suivre un convoi plus considérable, mais, craignant que le siège ne se prolongeât, ils hésitaient à se dépouiller de leurs vivres en faveur des Byzantins. « La nostre gent de Surie ne soffroient pas si grant meschief de pain ne d'autre vitaille ; ainz en avoient assez aporté ; mès il n'estoient mie certain combien l'en demorroit à ce siège ; por ce n'avoient cure d'eus desgarnir, ne n'en vouloient aus autres point donner ne vendre[265]. »

Mésentente entre Francs et Byzantins. Levée du siège de Damiette et retraite des alliés (décembre 1169).

Les assiégés qui savaient les Byzantins affaiblis par la disette concentraient sur eux toutes leurs attaques. « Il (y) avoit une porte bastarde devers cele part où li Grec estoient logié, par iluec issoient il sovent (= faisaient de fréquentes sorties) et se feroient entre les heberges (= camp) aus Grieuz (= Grecs), si que mainz domages leur firent. » Mais Guillaume de Tyr rend témoignage que, malgré cette situation pénible, le megarduc Kontostephanos et les autres généraux byzantins se comportèrent avec la plus grande vaillance : « leur chevetaine Megaducas et li autre, traduit *l'Éracles*, se contenoient mout bien encontre leur anemis ; hardiement se deffendoient et leur coroient sus, si que par leur essample les meneurs genz devenoient preu et hardi[266]. »

Kontostephanos, dont l'armée mourait de faim et dont tout nouveau délai empirait la situation, était partisan d'une action rapide. Il proposait à Amaury de faire, sans plus attendre, donner l'assaut aux remparts. Le roi de Jérusalem au contraire, qui savait que le meilleur des troupes de Saladin était maintenant concentré dans la ville, pensait que l'assaut risquait d'aboutir à un sanglant échec et que mieux valait à grand renfort de machines provoquer l'écroulement de la muraille. « Bientôt les choses en vinrent à un tel point que Kontostephanos, malgré les ordres qui lui recommandaient d'obéir à Amaury, résolut de ne plus s'occuper du roi de Jérusalem, et, un beau matin, ayant rassemblé ses troupes, il leur prescrivit de donner l'assaut. À peine ces ordres étaient-ils exécutés, que le roi de

Jérusalem, à cheval, se précipita sur le champ de bataille pour arrêter les combattants en annonçant que les négociations étaient engagées et que la ville allait se rendre[267]. »

Comme Guillaume de Tyr ne parle pas de cette scène et que les chroniqueurs byzantins ne la commentent guère, on est réduit aux conjectures. Toutefois la version arménienne de Michel le Syrien peut nous donner la clé de l'énigme : « Les Grecs, dit-elle, voulurent tromper le roi de Jérusalem et s'emparer du pays pour leur propre compte. Mais quelques personnes avertirent à temps ce prince de leurs intentions. Le tribut auquel les Égyptiens s'étaient engagés lui fut payé en une somme d'or et ils s'engagèrent pour l'avenir en donnant des otages (?), car Saladin n'était pas encore en mesure de repousser les Francs[268]. » En somme il semble qu'au bout d'un mois et demi de siège, la garnison de Damiette étant sans cesse renouvelée par la flotte égyptienne qui couvrait le Nil, Byzantins et Francs aient été également découragés par l'inutilité de leur action. Dans ces conditions chacun des deux alliés ne cherchait plus qu'à se tirer au mieux de l'affaire sans se préoccuper de l'autre. Kontostephanos, réduit aux extrémités par la famine de ses troupes, tentait, dans un effort désespéré, de s'emparer de Damiette à lui seul, mais aussi pour le seul profit de l'Empire. Et Amaury de son côté avait dû nouer des intelligences dans la place (Guillaume de Tyr nous parle de ses accointances avec un émir nommé Jawali) en vue d'obtenir contre sa retraite soit une indemnité de guerre, soit la neutralité, soit la médiation de Saladin dans les affaires de Syrie. Il est vrai que le même Guillaume de Tyr, dont le témoignage vaut bien celui de Nikétas Choniatès, ajoute que c'étaient les Byzantins qui avaient commencé les premiers à parler de paix avec Jawali et qu'Amaury n'avait fait que les imiter[269].

En ce qui concerne Amaury, il semble bien qu'il ait entrevu la possibilité de se rapprocher de Saladin dont on pouvait pressentir déjà la brouille prochaine avec Nûr al-Dîn. Ce qui tendrait à le faire supposer, c'est la cordialité des rapports qui, dès le lendemain de l'armistice conclu sur l'initiative du roi, s'établirent entre les assiégés et l'armée franque : « Li bans fu criez en l'ost, de par le Roi et de par les barons ; li Tur le firent ausi crier en la ville, que li un ne feissent mal aus autres, ainçois alassent seurement et en bone pais cil dedenz (= les habitants) en l'ost et li nostre en la cité. Lors issirent li Tur hors de la ville et regardoient mout volentiers le Roi et ses barons, les tentes et les armeures ; et li nostre s'en aloient par la ville, regardant les fortereces et les meisons. Bien aperceurent que petit de domage fesoient à ceus dedenz li leur engin. Chascun achatoit ce dont il avoit mestier (= besoin) et chanjoient leur choses li uns aus autres ausi debonerement com (s') il n'eut onques entr'eus contenz (lutte). En ceste manière demeurèrent iluec III jorz. » Puis l'armée franque brûla ses machines de siège, et vers le 13 décembre 1169 s'éloigna de Damiette. Le 24 décembre elle était de retour à Ascalon[270].

Kontostephanos avec l'armée byzantine avait fait route avec Amaury, ce qui semble prouver que les deux hommes s'étaient réconciliés. Après avoir passé les fêtes de Noël à Ascalon, Kontostephanos rentra à Constantinople par l'Asie Mineure. Quant à l'escadre byzantine elle fut, au départ d'Égypte, décimée par une violente tempête. Les équipages survivants, craignant le courroux du basileus, désertèrent en masse en abandonnant leurs vaisseaux. De la magnifique *armada* que Manuel Comnène avait mise au service de la Croisade, il ne resta que peu d'unités utilisables[271].

Guillaume de Tyr demande raison aux chefs de l'expédition de Damiette de leur total échec[272]. Et certes une telle colère se comprend chez l'homme qui, lors de son ambassade de Constantinople, avait été l'animateur de cette Croisade franco-byzantine destinée dans sa pensée à briser dans l'œuf la puissance de Saladin. Échec d'autant plus tragique que la conjoncture de 1169 ne se renouvellera plus, que Byzance et les Francs de Syrie n'auront plus l'occasion d'unir leurs armes. Et l'empire de Saladin, hier si fragile, si discuté en Égypte même, sortira de l'épreuve, consolidé.

L'échec de l'expédition franco-byzantine consolide l'autorité de Saladin en Égypte et livre à sa merci le Khalifat fâtimide.

L'échec des chrétiens devant Damiette eut en effet pour résultat d'enlever au Khalifat fâtimide tout espoir de secouer la tutelle de Saladin. Au lendemain de leur retraite, le khalife

526 L'ÉQUILIBRE

al-'Adid essaya encore de s'affranchir en écrivant à Nûr al-Dîn « pour le prier de débarrasser le Caire des Turcs qui y répandaient la terreur et de se borner à y laisser Saladin avec sa suite et ses officiers ». Requête assez naïve et intentions transparentes : Saladin sans la présence de l'armée zengide n'eût été qu'un vizir sans appui dont l'entourage du khalife eût pu se débarrasser par une simple émeute. « Nûr al-Dîn répondit à ce message en faisant un grand éloge des Turcs. Il rappela que, s'il les avait envoyés au Caire, c'est qu'il avait confiance en eux et qu'il demeurait convaincu que seules leurs flèches pouvaient répondre aux lances massives des Francs, que ceux-ci n'avaient peur que des Turcs, et que, sans les Turcs, les Francs finiraient par conquérir l'Égypte[273]. »

Reconquête du château de 'Akkâr par les Francs de Tripoli.

Du moins Amaury, en rentrant en Syrie, n'y retrouvait pas les mauvaises nouvelles qui l'avaient accueilli à ses précédents retours. Les mesures prises pour mettre le royaume à l'abri de toute surprise avaient été efficaces. Tandis qu'il assiégeait Damiette, les chevaliers de Tripoli, encouragés par la nouvelle des premiers succès franco-byzantins en Égypte, avaient entrepris une expédition pour reconquérir sur Nûr al-Dîn le château de 'Akkâr (*Hisn* Akkâr).

Situé à travers la route de montagne, à moins de cinquante kilomètres au nord-est de Tripoli et de trente kilomètres est de 'Arqa, le château de 'Akkâr, au cœur du massif de même nom, à 700 mètres d'altitude, sur un étroit éperon rocheux entre les deux gorges du Nahr 'Akkâr, avait été occupé par les Francs dès 1109. Position de première importance car elle couvrait le comté de Tripoli à sa partie la plus vulnérable, au point où les musulmans de *H*oms pouvaient faire irruption dans la plaine littorale, entre 'Arqa et la baie de 'Akkâr, et couper les deux tronçons du comté, Tortose au nord, Tripoli au sud. Le château de 'Akkâr couvrait également les communications des Francs de Tripoli avec leurs forteresses du nord-est dans le Jebel Nosairi. Enfin il leur permettait de contrôler – et de couper à leur gré – la grande route musulmane de *H*oms à Ba'albek.

Nûr al-Dîn, à une date indéterminée, avait enlevé le château de 'Akkâr au comté de Tripoli. À l'hiver 1169-1170 les chevaliers de Tripoli vinrent le lui reprendre. Nous ignorons qui les commandait puisque, depuis le désastre de *H*ârim, le comte Raymond III était prisonnier de l'atâbeg (sa captivité devait durer de 1164 à 1172). Entre le 23 décembre 1169 et le 21 janvier 1170, ils s'emparèrent du château en faisant prisonnier le gouverneur, un mamelûk de Nûr al-Dîn nommé Qu*t*lug al-'Alamdâr[274].

Amaury I*er*, qui, durant la captivité de Raymond III, exerçait la régence à Tripoli, confia la garde du château de 'Akkâr et aussi de 'Arqa (Archas) aux Hospitaliers (dont le grand maître était toujours Gilbert d'Assailly). Cinq ans plus tard, Raymond III, rendu à la liberté par les bons offices de l'Ordre, confirma cette donation en ajoutant encore aux privilèges des chevaliers (décembre 1174). Ce fut ainsi que la zone 'Arqa-'Akkâr constitua pour l'Hôpital un véritable fief autonome. Clauses d'ailleurs copiées sur celles que venait d'accepter Bohémond III en concédant aux Hospitaliers des fiefs importants dans la principauté d'Antioche (janvier 1168). « Ce qui est intéressant dans ces stipulations, note Delaville Le Roulx, c'est qu'elles nous font voir l'Ordre prenant dans le nord du royaume une situation différente de celle d'un simple propriétaire. Il devient en quelque sorte souverain des territoires qu'il reçoit et on lui reconnaît des privilèges militaires supérieurs au droit commun. Il n'est pas difficile de soupçonner les raisons auxquelles obéirent le prince d'Antioche et le régent du comté de Tripoli en consentant cette diminution de leurs attributions. En présence des dangers qui menaçaient la frontière septentrionale du royaume, on songea naturellement à faire appel au concours des Hospitaliers et à leur donner dans ces régions une influence territoriale et une autorité politique capables de leur permettre de jouer le rôle qu'on leur assignait[275]. »

De fait avec 'Arqa, 'Akkâr et Qal'at al-*H*osn, les Hospitaliers devenaient les feudataires principaux du comté de Tripoli.

La Transjordanie franque, obstacle entre la Syrie zengide et l'Égypte aiyûbide.

L'autorité de Saladin une fois affermie en Égypte, son objectif principal, celui aussi de Nûr al-Dîn, fut d'assurer la

528 L'ÉQUILIBRE

liaison entre l'Égypte et la Syrie musulmane en réduisant l'enclave franque de la Transjordanie et du Wâdî al-'Araba (Moab et Idumée). Cette région désertique était en effet solidement occupée par la Seigneurie de Montréal ou d'Outre-Jourdain[276], avec les forteresses du Krak de Moab ou Pierre du Désert (al-Kérak) au sud-est de la mer Morte, du Krak de Montréal ou al-Shawbak, à l'est du Wâdî al-'Araba, et le fort du Val Moyse (Wu'aira, Ouaira), près de l'ancien site de Petra, système militaire qui permettait de contrôler tout le sillon d'Idumée, depuis la mer Morte jusqu'à Aila, au fond du golfe de 'Aqaba, sur la mer Rouge. De la mer Morte à la mer Rouge, cette baronnie franque barrait la route entre le royaume syrien de Nûr al-Dîn et la vice-royauté égyptienne de Saladin.

À la fin du mois d'avril 1170 d'après al-'Imâd, dès février-mars d'après Ibn al-A*th*îr, Nûr al-Dîn vint faire une démonstration contre le Krak de Moab pour permettre à une grande caravane de passer dans la région de la forteresse sans être inquiétée. Le père de Saladin, le vieux Najm al-Dîn Aiyûb, se rendait en effet de Damas au Caire avec un corps de troupes que Nûr al-Dîn lui avait fourni et auquel s'étaient joints une nuée de marchands syriens – le bazar de Damas allant, à la faveur de l'avènement de Saladin, s'emparer de celui du Caire. « Nûr al-Dîn, craignant pour la sûreté des voyageurs, alla se poster devant Kérak pour empêcher la garnison de sortir. Tandis qu'il bloquait la place, Najm al-Dîn Aiyûb et ses compagnons purent faire route sans encombre. Nûr al-Dîn avait dressé deux catapultes contre la place, quand il apprit que les Francs (de Jérusalem) s'étaient rassemblés et qu'ils marchaient contre lui, ayant à leur avant-garde le fils d'Onfroi (de Toron). Il leva son camp et marcha au-devant de cette avant-garde avant qu'elle fût rejointe par le reste des Francs. Elle était forte de 200 cavaliers, 1 000 Turcopoles et beaucoup de fantassins. À l'approche de Nûr al-Dîn ils se replièrent sur le gros des Francs qui était en arrière[277]. »

« L'ennemi, dit le *Livre des Deux Jardins*, dès qu'il connut le mouvement offensif de notre armée, battit en retraite en disant : "Les Musulmans ont levé le siège du Krak, c'est tout ce que nous demandions ![278]." L'atâbeg alla ensuite se poster dans le *H*aurân, à Tell 'Ashtara, carrefour de routes situé au sud de Sheikh-Sa'd[279] et d'où il surveilla quelque temps les mouvements de l'adversaire, après quoi il rentra à Damas.

En somme l'équilibre des forces se maintenait ; si la démonstration de Nûr al-Dîn contre le Krak de Moab avait permis à la caravane d'Aiyûb de passer librement au pied de la forteresse, la démonstration de l'armée de Jérusalem avait contraint Nûr al-Dîn à abandonner l'attaque de ce même Krak.

Le tremblement de terre de juin 1170 et ses conséquences : trêve de fait entre Francs et musulmans. – Mort du patriarche grec d'Antioche et réintronisation d'Aymeri de Limoges.

Les hostilités furent un moment suspendues par le terrible tremblement de terre du 29 juin 1170 qui dévasta la région de l'Oronte, ruinant Antioche, Laodicée, le Krak des chevaliers (Qal'at al-*Hosn*), Tripoli et Gibelet (Byblos), dans la Syrie franque, Alep, Shaîzar, *H*amâ, *H*oms et autres places dans le royaume de Nûr al-Dîn. Chrétiens et musulmans eurent trop à faire à relever leurs propres ruines pour songer à profiter du désastre de l'ennemi. Signalons seulement un contre-coup inattendu de la catastrophe dans l'histoire ecclésiastique d'Antioche.

À Antioche la cathédrale grecque s'était écroulée, ensevelissant sous ses décombres les prêtres occupés à célébrer la messe. Une pierre blessa mortellement le patriarche grec Athanase II. Bohémond III, on s'en souvient, avait à son retour de Constantinople, en 1165, et pour plaire à son beau-frère l'empereur Manuel Comnène, imposé à la population franque et intronisé Athanase, en évinçant le patriarche latin Aymeri de Limoges qui s'était exilé au couvent de Qosair (Cursat). Maintenant Athanase agonisait, mais les haines locales ne le laissèrent pas mourir en paix. Bohémond III et les notables francs furent persuadés que le tremblement de terre était un châtiment du ciel pour avoir substitué un prélat hérétique au pontife latin. « Le prince se rasa la tête, se revêtit d'un sac, rassembla le peuple et monta à Qosair demander pardon au patriarche (Aymeri). Revêtus de cilices, ils allèrent se prosterner à ses pieds et le supplier de rentrer dans la ville parce que ses anathèmes avaient été la cause du malheur. Lui

530 L'ÉQUILIBRE

leur dit : "Chassez d'abord le patriarche grec qui est un intrus !" Étant allés s'acquitter de cet ordre, ils trouvèrent le patriarche grec mourant. Cependant le prince commanda de le transporter sur une litière hors de la ville : Le patriarche Aymeri rentra alors dans Antioche et la ville fut consolée[280]. »

Si le moral des Francs n'avait été si abattu par l'installation de Saladin en Égypte, peut-être eussent-ils pu profiter du séisme de juin 1170, car Ibn al-A*th*îr nous affirme que la catastrophe fut un peu moins considérable dans la Syrie maritime qu'en Syrie musulmane[281]. Cependant il y eut entre Francs et musulmans une trêve tacite pour que chacun pût relever ses ruines. Il ne se produisit dans cette conjoncture qu'un seul combat, et encore provoqué par le hasard, parce que l'ortoqide Shihâb al-Dîn Ma*h*mûd, seigneur d'al-Bîra qui venait avec deux cents cavaliers servir sous Nûr al-Dîn, tomba en chassant près de Lebwe, au nord de Ba'albek, sur trois cents cavaliers francs, des Hospitaliers descendus de leur Krak (Qal'at al-*H*osn) par *H*adidé et Hermil pour faire une incursion vers la Beqâ', (4 juillet 1170). Après un combat acharné, les Francs reprirent le chemin du Krak. Parmi les morts, Shihâb al-Dîn crut reconnaître « le chef des Hospitaliers de *H*osn al-Akrâd, que, les Francs estimaient beaucoup pour sa bravoure et sa piété et qui était comme un os placé en travers du gosier des musulmans[282] ». Ibn al-A*th*îr ajoute cette remarque significative que « les musulmans montrèrent une fermeté remarquable, car auparavant mille de leurs cavaliers n'auraient pas pu résister à une charge de trois cents cavaliers francs »[283].

Subordination du royaume zengide de Mossoul à Nûr al-Dîn (1171).

Cependant l'attention de Nûr al-Dîn était pour le moment détournée des affaires syriennes. Le 6 septembre 1170 son frère Qu*t*b al-Dîn Mawdûd, atâbeg de Mossoul, mourut dans cette ville, âgé de quarante ans seulement. À son lit de mort il déshérita son fils aîné 'Imâd al-Dîn en faveur du cadet, Saîf al-Dîn. Cette mesure fut prise à l'instigation de l'eunuque 'Abd al-Massî*h* qui voulait gouverner sous le nom du jeune homme. 'Imâd al-Dîn évincé se retira à Alep, à la cour de son oncle Nûr al-Dîn sur la protection de qui il savait pouvoir compter[284]. De fait Nûr al-Dîn finit par intervenir. À la mi-septembre 1170 il partit en guerre contre le gouvernement de Mossoul. Tandis qu'il s'emparait de Sinjâr, le vizir 'Abd al-Massî*h* fit appel contre lui au puissant atâbeg d'A*dh*arbaijân, Ildegiz, qui s'était imposé comme une sorte de maire du palais aux derniers sultans Seljûqides de Perse et qui, de Hama*dh*ân, leur résidence, prétendait exercer un droit de suzeraineté sur tout l'ancien empire de Malik-shâh[285]. Aux injonctions que Ildegiz adressa à Nûr al-Dîn au nom du sultan de Perse, le maître d'Alep et de Damas répondit par un insolent refus : la dissolution du sultanat seljûqide rendait leur indépendance aux *atâbeg* et parmi ceux-ci Nûr al-Dîn estimait que ses victoires sur les Francs lui donnaient la première place. Ildegiz lui avait rappelé le principe de l'unité turque, les droits de l'empire seljûqide dont tous les *atâbeg* n'étaient que les vassaux. Dans sa réplique Nûr al-Dîn reprocha aux sultans de Perse d'avoir abandonné la direction de la contre-croisade : « Vous régnez sur la moitié des pays musulmans et cependant vous négligez la défense de vos frontières et, en ce qui vous concerne, vous permettez même aux Géorgiens de s'en emparer (les Géorgiens étaient en train de conquérir le nord de la Grande Arménie). Moi, au contraire, je travaille seul à repousser les Francs, le peuple le plus brave de la terre. Je leur ai enlevé des provinces entières et fait prisonniers de leurs chefs. Je suis obligé de défendre cette portion du territoire musulman que vous avez si mal gardée[286] ! » Paroles historiques par lesquelles le royaume turc de Syrie annonçait au monde la disparition de l'empire seljûqide de Perse, infidèle à sa mission de défense panislamique.

Le 22 janvier 1171, Mossoul après un blocus serré ouvrit ses portes à Nûr al-Dîn. Celui-ci traita avec affection son neveu Saîf al-Dîn et lui laissa même la principauté de Mossoul, du moins nominalement, car, après avoir mis fin au viziriat de 'Abd al-Massi*h*, il conféra le gouvernement effectif à un de ses serviteurs personnels, nommé Gumushtekîn. Il se conduisit d'ailleurs à Mossoul en maître, réformant l'administration, supprimant les taxes injustes et construisant la grande mosquée al-Nûrî. Consécration de ses conquêtes, le khalife de Baghdâd al-Musta*dî*[287] lui envoya à Mossoul même un vête-

532 — L'ÉQUILIBRE

ment d'honneur. À cette date de 1171 le pouvoir du grand atâbeg s'étendait depuis le Zagros jusqu'au ruisseau d'Égypte et même jusqu'à la Nubie, si on compte dans ses domaines les États de son lieutenant Saladin. Un diplôme du khalife l'investit solennellement de la souveraineté sur ce vaste territoire[288]. L'unité politique de l'Islam syro-mésopotamien, objectif constant des épigones seljûqides, se trouvait enfin réalisée : les jours de la Syrie franque étaient désormais comptés.

Expédition de Saladin contre les forteresses franques de Philistie ; Daron et Gaza sauvés par le roi Amaury.

Tandis que le roi turc de Syrie se laissait ainsi absorber par les affaires de Mossoul, Saladin, dont le pouvoir sur l'Égypte s'affermissait de jour en jour, prenait la direction de la contre-croisade. Au commencement de décembre 1170, il sortit d'Égypte et vint attaquer la frontière franque du côté de la Philistie[289]. Il mit le siège devant Daron ou Dârûm, l'actuel Deir al-Bela*h*, à 15 kilomètres au sud-ouest de Gaza, tandis que ses coureurs venaient piller les faubourgs de Gaza. On récoltait déjà les fruits très amers de la conquête de l'Égypte par le jeune aiyûbide. Cette côte de Philistie qui, depuis des années, grâce à la décadence fâtimide, avait été la frontière la plus paisible du royaume, connaissait à son tour l'invasion.

Le château de Daron, récemment élevé par le roi Amaury pour servir de poste de douane et de sentinelle avancée du côté du ruisseau d'Égypte, était médiocrement solide, comme l'avoue *l'Éracles :* « Li Rois avoit iluec fermé un chastel petitet ; ne tenoit mie plus du giet d'une pierre ; fez estoit en carreure ; ès quatre angles avoit quatre torz de que l'une estoit plus grosse et plus haute que les autres ; mès il n'i avoit fossez ne barbacanes ; près estoit de la mer au quart d'un liue. Entor cele forterece s'estoient herbergié gaaingneur de terres (= des paysans) et aucun marcheant. Une ville i avoient fete et une église. Li Rois l'avoit fermé por garantir les casiaus (villages) qui chascun an li rendoient certaines rentes, et, porce que l'en conduisoit iluec les trespassanz (= les caravaniers qui passaient la frontière), li mercheant i devoient peage. »

Saladin attaqua la petite forteresse avec une telle vigueur que la garnison semblait incapable de tenir. « Cil sièges avoit duré II jorz ; de toutes parz assailloient li Tur à cele forterece, si fièrement que cil dedenz (= les assiégés) ne pooient avoir repos ne de jorz ne de nuiz. » La plupart des défenseurs étaient déjà hors de combat. « Li plus d'eus estoient jà si navrez qu'il ne s'aparoient (plus) aus deffenses. Li minéeur avoient jà abatue une grant partie du mur, si que li Tur avoient jà pris le baile et par force avoient noz crestiens touz fez flatir (= refoulés) en une tor ; de cele meismes estoit jà touz li huis (les portes) ars et depeciez (brûlées et endommagées). » Dans cette situation désespérée, le châtelain de Daron, Ansiaux (ou Anselme) de Pas (ou de Passy)[290], tenait encore, espérant que le roi Amaury viendrait sauver la place. C'était, nous dit Guillaume de Tyr, un « chevaliers bons, loiaus hom et mout doutoit (craignait) Nostre Seigneur ». De fait sa résistance permit aux secours d'arriver.

À la nouvelle de l'invasion de Saladin, Amaury accourut à Ascalon, « por aprendre la certaineté de ce que l'en disoit » : il y apprit que le siège de Daron était déjà commencé ; pour sauver la forteresse, il n'y avait pas un jour à perdre. Convoquer tout le ban de Syrie, il n'y fallait pas songer. Tout au plus avait-on le temps d'appeler les contingents de la Judée. « Si tost com il pot, envoia querre genz à cheval et à pié, tant com il en pot avoir en si petit tens. » Le 18 décembre il descendit d'Ascalon à Gaza. Comme à toutes les heures graves, il avait fait venir le Patriarche de Jérusalem – Amaury de Nesle – portant la Vraie Croix. L'évêque Raoul de Bethléem, chancelier du royaume et l'évêque de Lydda, Bernard, l'accompagnaient. « Des barons ni avoit guères... Il firent nombrer leur genz : de ceus à cheval ne troverent que deus cenz et cinquante, mès entor deus mile i avoit de gent à pié. » À Gaza, qui appartenait au Temple, la petite troupe prit avec elle tous les Templiers disponibles. Elle n'en restait pas moins bien faible pour affronter l'armée égyptienne, et l'*Éracles* nous avoue que durant la nuit passée à Gaza on ne dormit guère au camp chrétien. « N'ot onques dormi en leur ost toute cele nuit, car il doutoient la jornée de l'endemain. »

Le traducteur de Guillaume de Tyr, dans une des plus belles pages de son histoire, nous montre la petite troupe fai-

534   *L'ÉQUILIBRE*

sant ferme contenance malgré l'angoisse qui l'étreignait : « Au matin quant li soleuz fu levez, il se mistrent tuit ensemble à la voie tout droit vers le Daron. » D'une butte, avant de passer le Wâdî Ghazza (al-Shellâla), ils purent découvrir la grande armée égyptienne campée autour de Daron. « Il montèrent sur un tertret qui estoit en la voie, tant de gent com il estoient ; et virent l'ost des Turs dont li païs estoit touz coverz. Se il se doutèrent (= s'effrayèrent), ne fu merveille... Lors se comencèrent à estreindre et tenir tuit serré : toutevoies s'en aloient vers eus. Quant li Tur les virent venir, ne les prisièrent guères, porce que pou estoient. » Mais les Francs, étroitement serrés en colonne compacte, ne se laissèrent ni arrêter ni entamer ; se frayant un passage à travers les masses égyptiennes, ils réussirent à entrer dans le château de Daron : « Li Tur leur corurent sus à desroi ; de maintes parz les assaillirent, porce qu'il les vouloient desjoindre et entrer en eus ; mès cil se tindrent toutesvoies tuit ensemble et se venoient deffendant jusqu'il furent au leu qu'il venoient rescorre. Iluec se logièrent malgré leur anemis[291]. »

Saladin comprit qu'avec de tels renforts la forteresse de Daron devenait imprenable, d'autant qu'il n'avait pas de machines de siège. La nuit venue, il décampa et, changeant d'objectif, essaya d'aller surprendre Gaza.

Gaza se composait d'une forteresse, construite par Baudouin III qui l'avait donnée aux Templiers, et, autour, d'une ville basse, habitée par les paysans et les marchands. À l'approche de Saladin, les habitants de la ville basse se réfugièrent dans la forteresse. « Quant cele gent oïrent que li Tur s'en venoient sur eus, il s'en entrèrent dedenz la forterece et mistrent dedenz leur femmes et leur enfanz. Il estoient gent désarmées qui ne savoient rien de guerre : les meisons et les clostures qu'il avoient fetes lessièrent toutes desgarnies. » C'était d'ailleurs la sagesse même. Malheureusement le sénéchal Milon de Plancy, se refusa à abandonner ainsi la ville basse. Il y envoya, avec mission de la défendre, une troupe de jeunes gens, originaires de Jérusalem, qui se firent héroïquement tuer dans cette tâche impossible : « Cil Miles de Plancy mist dedenz cele povre enceinte des genz de nostre ost et dist que ce seroit granz mauvestiez de lessier si tost perdre ce borc. Avec les autres se mistrent là dedenz bacheler juene, preu et hardi, qui estoient né de Jhérusalem, de la rue que l'en apele la Mahomerie ; entour soisante cinq estoient, que cil Miles en envoia de l'ost par nuit, et s'en entrèrent en cele mauvèse fermeté (= clôture). Iluec se deffendirent mout bien à une partie de mur, mès l'aceinte fu granz et cil furent pou (= peu) par que (= c'est pourquoi) li Tur s'en entrèrent en borc de l'autre part et forclostrent cez, si les pristrent par derriers, là où il se combatoient mout bien aus deffenses. Quant cil se virent aceinz (encerclés) de leur anemis, il se retornèrent vers eus et mainz en occistrent, si que bien se vendirent chier, mès toutesvoies furent iluec tuit découpé et assez des autres genz de la ville. »

Dans la ville basse ainsi conquise les Égyptiens commirent un affreux massacre : « Les femmes qu'il trovèrent là, tuèrent toutes ; les petiz enfanz flatissoient (écrasaient) par les piez aus roches, trop cruelment se contindrent (= comportèrent) iluec[292]. » Cependant la forteresse même de Gaza résista à toutes les attaques. « Cil qui dedenz s'estoient mis gitèrent pierres et trestrent saietes (= flèches) espessement, si que bien deffendirent ce petit chastel contre leur anemis[293]. »

Saladin comprit que son entreprise était décidément manquée. Il donna l'ordre de la retraite. Des murailles de Daron, Amaury qui croyait d'abord que l'armée aiyûbide revenait pour lui livrer un nouvel assaut, la vit avec une joyeuse surprise reprendre le chemin de l'Égypte. « Li Tur s'en alèrent la voie de la marine, por passer entre la mer et le Daron... Li nostre virent que leur anemis s'en venoient tuit en conroi vers eus ; si se ratornèrent au mieuz qu'il porent por combatre. Mout estoient pou de genz avers cez, mès Nostre Sires leur dona cuer et hardement. De ce ne cuidoient-il mie douter que il n'eussent la bataille et que li Tur ne venissent vers eus por autre chose. Mès cil avoient autre pensée, car il estoit devisé entr'eus que il ne guenchiroient ne à destre ne à senestre, ainçois s'en iroient toute droite voie en Égypte. Li Rois les vit passer outre et sot certainement par ses espies... que il s'en partoient sanz retorner[294]. » Amaury laissa à Daron une forte garnison avant de reprendre le chemin d'Ascalon et de Jérusalem.

Ainsi, malgré l'encerclement dont il était l'objet entre le royaume turco-syrien de Nûr al-Dîn et l'Égypte déjà aux trois

536　　　　　　　　　　*L'ÉQUILIBRE*

quarts aiyûbide, l'État franc, protégé par la vigilance du roi Amaury, continuait.

La guerre sur deux fronts. Prise du port de Aîla par Saladin. Dévastation de la principauté d'Antioche et du comté de Tripoli par Nûr al-Dîn.

Une fois rentré en Égypte, Saladin fréta une escadrille pour attaquer la forteresse franque d'Aîla (Qal'at al-'Aqaba), dans le golfe de 'Aqaba, sur la mer Rouge. « Il fit construire des vaisseaux démontables et, après en avoir chargé les pièces sur des chameaux, il se rendit à Aîla à travers la presqu'île du Sinaï. Il fit alors assembler les éléments des navires, lança ceux-ci sur la mer Rouge et assiégea Aîla par terre et par eau. » À la fin de décembre 1170 la place fut emportée et sa petite garnison conduite en captivité au Caire[295].

Quant à Nûr al-Dîn qui, pour avoir les mains libres du côté de Mossoul, avait conclu une trêve avec les Francs, il ne tarda pas, après avoir pris cette ville (22 janvier 1171), à recommencer les hostilités. Le prétexte fut assez futile. Deux navires marchands égyptiens ayant échoué près de Laodicée (Lattaquié), dans la principauté d'Antioche, les Francs du pays, exerçant le droit d'épave, confisquèrent la cargaison. Nûr al-Dîn, revenu de sa campagne de Mossoul, exigea la restitution des marchandises. Les Francs, forts de la coutume maritime – le droit de bris et naufrage, – refusèrent. L'atâbeg recommença aussitôt les hostilités (septembre-octobre 1171). Un de ses détachements alla exécuter une razzia dans la principauté d'Antioche ; lui-même, envahissant le comté de Tripoli, vint assiéger la forteresse de 'Arqa qu'il ne put prendre, mais dont il ruina le faubourg ; un autre de ses détachements, nous dit Ibn al-A*th*îr, alla s'emparer des châteaux de Qal'at 'Araîma (Aryma) et de *Sâfîth*â (Chastel Blanc) « qui furent emportées d'assaut et démolis »[296]. Tel est du moins le récit d'Ibn al-A*th*îr mais on peut se demander si ce qu'il nous dit ici ne fait pas double emploi avec sa précédente relation de la destruction de 'Araîma et de *Sâfîth*â par le même Nûr al-Dîn sous la rubrique de 1167[297]. Peut-être les coureurs musulmans allèrent-ils attaquer la région précisément parce que les deux forteresses, déjà saccagées en 1167, n'avaient pas eu le temps de se relever. En tout Cas Ibn al-A*th*îr nous montre tous ces détachements rejoignant ensuite Nûr al-Dîn sous les murs de 'Arqa. De là l'atâbeg pénétra jusque dans la banlieue de Tripoli, « pillant, démolissant, brûlant et tuant ». La situation du comté provençal était d'autant plus grave qu'il se trouvait toujours sans chef, le comte Raymond III étant, depuis le désastre de *H*ârim en 1164, captif dans les prisons d'Alep.

Pour obtenir la paix les Francs durent rendre les marchandises séquestrées.

§ 8. — APRÈS L'UNITÉ MUSULMANE. LA DERNIÈRE RESSOURCE : L'UNION FRANCO-BYZANTINE.

L'union franco-byzantine, suprême salut pour Byzance et pour les Francs.

Devant la menace grandissante que constituait pour lui l'entente étroite de l'Égypte rénovée par Saladin et de la Syrie musulmane unifiée par Nûr al-Dîn, le roi Amaury sentit la nécessité de s'allier étroitement à l'Empire byzantin, dût cette alliance présenter les caractères d'une subordination. À situation nouvelle, politique nouvelle. Les supplications adressées en 1169 aux princes d'Occident étaient demeurées sans écho du fait des attaques de l'empire Plantagenet contre la couronne de France. Un seul recours restait aux Francs de Syrie : l'appui de Byzance.

Certes des fautes immenses avaient été commises. Quand, deux ans plus tôt, Manuel Comnène avait envoyé aux Francs son meilleur général avec une armada splendide et des troupes pleines de mordant, de regrettables intrigues avaient paralysé l'armée latine. Le résultat, c'était qu'au lieu de conduire la guerre au loin, dans le Delta, il fallait la subir en terre chrétienne, aux portes même de la Judée et que les journées de Daron avaient failli tourner au désastre.

De son côté l'empereur Manuel Comnène pouvait se repentir de l'attitude d'arbitre impartial qu'il avait longtemps conservée entre la Croisade et l'Islam. Cherchant à maintenir la balance égale entre les Francs et les Turcs, il avait fait inconsciemment le jeu de ces derniers. Lui-même allait en avoir la preuve en Asie Mineure. Satisfait de l'humiliation du sultan seljûqide de Qoniya, Qilij Arslân, lorsque ce dernier était venu faire acte de vassalité à Constantinople en 1162, le *basileus* avait suspendu la guerre gréco-turque d'Asie Mineure, laquelle constituait proprement la croisade byzantine, pour se consacrer aux affaires de Serbie, de Hongrie et d'Italie. Afin d'avoir les mains libres de ce côté, il avait pendant dix ans négligé les affaires d'Anatolie, fermé les yeux sur les empiétements de Qilij Arslân, qui, à la faveur de cette longue trêve, avait repris l'avantage sur son principal adversaire, l'émir *Dhû* 'l-Nûn, de la dynastie turcomane des Dânishmendites de Cappadoce. Seule l'intervention de Nûr al-Dîn en faveur des Dânishmendites préservait encore ces derniers des armes de Qilij Arslân, mais il était clair que, le grand atâbeg une fois disparu, l'émirat dânishmendite succomberait et que les Byzantins se trouveraient en présence d'une puissance seljûqide restaurée sur une Anatolie turque unifiée[298]. Dès 1171 on pouvait voir se dessiner la situation en ce sens.

Il semble qu'en un instant de clairvoyance historique, Manuel Comnène et Amaury Ier aient eu conscience de ce fatal enchaînement. En cette année 1171 tout était compromis ; rien n'était encore perdu, si l'empire byzantin des Comnènes et le royaume français de Jérusalem, comprenant enfin leur étroite solidarité, unissaient leurs efforts. Byzance restait encore la première puissance de l'Orient. À condition de renoncer à la politique mondiale, à la politique de restauration justinienne de l'empereur Manuel, d'abandonner les stériles tentatives de conquête en Hongrie et dans les Deux-Siciles pour se tourner résolument face au péril turc, elle pouvait encore briser ce péril, arrêter le cours des choses sur la pente de 1453. De même pour l'État franc de Syrie. Il se trouvait désormais pris dans un étau entre les royaumes-unis de Nûr al-Dîn et de Saladin, perpétuellement en alerte sur tous les fronts entre la Syrie musulmane et l'Égypte. Mais il conservait encore intactes ses forces vives, avec toute la côte syrienne et toute la Judée, en contact avec la puissance byzantine du côté de la Cilicie. Ce contact continental avec Byzance, dont l'aide d'aucune thalassocratie italienne ne compensera la perte, avait déjà sauvé Antioche aux heures graves des victoires de Nûr al-Dîn. Qu'il fût maintenu, que, par les Pyles Ciliciennes, la Syrie franque pût s'appuyer inébranlablement sur Byzance suzeraine, le péril musulman qui menaçait Grecs et Latins pouvait être conjuré.

Amaury n'avait pas attendu les heures d'angoisse de 1171 pour comprendre la nécessité du contact géographique franco-byzantin. On le voit à diverses reprises intervenir en conciliateur pour empêcher les Arméniens de Cilicie de rompre définitivement avec Byzance, ce qui eût coupé les communications par terre avec Constantinople. Le cas avait failli se produire dès 1162. Sdéphané, frère du prince arménien Thoros II, s'étant rendu coupable de brigandages au détriment de l'Empire, le gouverneur de Cilicie, Andronic Euphorbènos, l'attira dans un banquet et le fit périr : le corps fut retrouvé près d'une des portes de Tarse. Thoros II se révolta aussitôt et enleva aux Byzantins les forteresses de Mamistra (Mopsueste, Missis) et d'Anazarbe, et Andronic, pris au dépourvu, pria le roi Amaury de s'entremettre pour ramener les Arméniens dans la vassalité : « Andronic supplia le roi de Jérusalem de venir les réconcilier, lui promettant de lui faire envoyer de Constantinople de riches récompenses. Il lui jura qu'il était innocent du crime dont on l'accusait et qu'il n'avait jamais ordonné ce meurtre. Le roi de Jérusalem répondit à cet appel et rétablit la paix entre eux, mais ce ne fut qu'avec de grandes instances qu'il la fit accepter par Thoros[299] » (1163).

Le résultat de cette heureuse médiation fut que, lorsque Nûr al-Dîn envahit la principauté d'Antioche, Thoros II et le nouveau gouverneur de Cilicie, Coloman, réconciliés, vinrent, comme on l'a vu, combattre aux côtés des Francs à la bataille de *Hârim* (1164). (Cf. *supra*, p. 461.)

Défection des Arméniens. Le prince arménien Mleh,
se détachant du système franco-byzantin,
passe à l'alliance turque.

Cependant les affaires d'Arménie, en se compliquant de nouveau, allaient encore resserrer les liens entre les Francs et l'Empire byzantin. Thoros II mourut en 1168[300]. Il laissait la principauté arménienne de Haute-Cilicie à son tout jeune

540 L'ÉQUILIBRE

fils, Roupèn II, sous la régence d'un seigneur franc d'Antioche nommé Thomas qui était d'ailleurs apparenté à la famille roupènienne, car sa mère était fille de Léon I[er301]. Or le frère de Thoros II, Mleh, convoitait depuis longtemps le pouvoir. « Ce scélérat, d'une perversité profonde », comme l'appelle le connétable Sempad, cet « hom pleins de grant malice et trop desloiaus », comme dit *l'Estoire d'Éracles*, avait déjà tenté d'assassiner Thoros[302]. Gracié, il s'était retiré à Alep, à la cour de Nûr al-Dîn qui lui avait donné en fief le territoire de Cyrrhus (Khorros), à l'ouest de Killiz[303]. Mleh avait jadis cherché fortune du côté des Francs. Il s'était même fait Templier[304]. Avec, la facilité d'adaptation de sa race, l'inquiétant personnage n'hésita pas à se faire l'allié et le complice des Turcs. À la mort de Thoros II, il envahit la Cilicie arménienne à la tête d'un corps de cavalerie turque que lui avait prêté Nûr al-Dîn[305]. Le bayle Thomas n'eut que le temps de s'enfuir à Antioche, tandis que les fidèles du petit Roupèn II réussissaient à lui faire gagner la forteresse de Rûm qal'a, où il ne tarda pas d'ailleurs à mourir.

Prince d'Arménie par l'appui de Nûr al-Dîn et des Turcs, Mleh ne se maintint que par eux. « Il distribua un riche butin et quantité de dépouilles aux Turcs, dit la chronique arménienne de Sempad. Il fit emprisonner ses adversaires ; il arrêta les évêques et leur arracha les dents. Partout où il pensait qu'il y eût de l'or et de l'argent, il allait l'enlever. Des femmes pudiques se virent livrées par lui aux plus infâmes outrages. Il fut méchant et impitoyable. Tous le détestaient et désiraient le fuir[306]. » La chronique syriaque du patriarche Michel et celle de Bar Hebræus sont naturellement encore plus violentes contre l'Arménien renégat qu'elles nous montrent faisant crever les yeux des évêques et des grands, coupant les mains et les pieds des opposants et vendant des chrétiens, hommes, femmes, enfants, moines et évêques, sur le marché d'Alep[307].

La principauté arménienne de Cilicie qui jusque-là avait été comme un bastion avancé des États francs, se retournait contre eux. À l'heure où la conquête de l'Égypte par Saladin les encerclait par le Sud-Ouest, la trahison de Mleh les encerclait de même par le Nord-Ouest. Templier renégat, l'Arménien manifestait surtout pour le Temple une haine inexpiable. Les Templiers, en effet, en possession de la forteresse de Gaston, l'actuel Baghrâs, avaient été constitués par la principauté d'Antioche comme défenseurs de la frontière syro-cilicienne du côté de la passe de Beîlân et d'Alexandrette : « Melier (= Mleh) toli (= enleva) aus Templiers quanqu'il (= tout ce qu'ils) avoient en ces parties, et si (= cependant) avoit-il esté frères du Temple ! Dès lors comença-il à estre si amis et aliez de grant amour et de grant priveté à Noradin et aus autres Turs que dui frère ne se poïssent mie plus entr' amer. Encontre ce, il, qui crestien estoit, avoit touz ceus de nostre foi tornez en si grant haine qu'il leur porchaçoit tout le mal qu'il pooit. Quant il les pooit prendre en bataille ou dedenz forterezes, mout cruelement les menoit ; sovent les envoia touz liez en paiesnime por vendre aus Sarrazins[308] ».

À ce point engagé dans la politique turque, l'Arménien était, bien entendu, également l'ennemi des Byzantins, à qui il cherchait à enlever les grandes villes de la plaine cilicienne, Adana, Mamistra et Tarse, tâche qu'avec l'aide des contingents de Nûr al-Dîn il devait mener à bien au début de 1173[309].

Ce renversement des alliances arméniennes en faveur de Nûr al-Dîn était, dans la lutte très serrée des années 1170-1174, un facteur dont les historiens arabes ont souligné toute l'importance : « Mleh, écrit Ibn al-A*th*îr, était un serviteur très assidu de Nûr al-Dîn. Il prenait part à toutes ses guerres contre les Francs et en entreprenait lui-même. Cette conduite, de la part de Nûr al-Dîn, était d'un excellent politique. On lui fit des représentations sur ce qu'il avait pris à son service le prince arménien et lui avait donné un fief en terre musulmane. Il répondit : "Je me sers de lui pour combattre ses coreligionnaires[310] !"

À la demande du prince d'Antioche Bohémond III et sans doute aussi des autorités byzantines de la plaine cilicienne, le roi Amaury cita l'Arménien félon à venir se justifier devant lui. Mleh refusa, bien entendu, de comparaître. Le roi de Jérusalem rompit alors avec lui. Michel le Syrien, suivi par Bar Hebræus, affirme que, dès 1170, Amaury dirigea une expédition punitive en Cilicie. « Mleh fit appel aux Turcs qui vinrent à son aide, mais le roi de Jérusalem les vainquit. Les Turcs s'enfuirent et Mleh se réfugia dans une de ses places fortes. Comme le roi faisait le siège de cette citadelle et commençait l'assaut, Mleh, réduit à l'extrémité, se repentit, demanda son pardon et l'obtint en jurant de rester dans la soumission du roi[311]. » Le patriarche jacobite Michel qui rapporte ces faits est un contemporain. Mais Guillaume de Tyr, contemporain également, reporte l'expédition punitive d'Amaury Ier en Cilicie à l'année 1173, après le voyage du roi de Jérusalem à Constantinople[312]. Quoi qu'il en soit, le renversement des alliances chez les Arméniens avait un résultat heureux : Francs et Byzantins avaient désormais partout les mêmes adversaires. En face de la coalition formée par Nûr al-Dîn, Saladin et Mleh et qui unissait de la Nubie au Taurus tous les adversaires de la Latinité comme de l'Orthodoxie, il devenait urgent de resserrer le faisceau des forces franques et byzantines. Le roi Amaury Ier résolut d'aller trouver l'empereur Manuel Comnène à Constantinople.

L'inutile appel d'Amaury Ier à une troisième croisade latine.

Avant de prendre cette décision, le roi de Jérusalem réunit en conseil les prélats et les barons. L'heure était grave. Non seulement la Syrie franque, prise entre Saladin, Nûr al-Dîn et Mleh, était partout encerclée, mais il semblait qu'à l'intérieur la race des paladins se fût abâtardie. « Li rois Amauris vit que la terre de Surie estoit grevée des anemis de la foi en pluseurs leus et en maintes manières ; si douta (= craignit) mout que la chose ne venist en greigneur (= pire) péril ; car li grant baron et li preudome de la terre estoient presque tuit mort. Les héritages tenoient leur fil qui estoient jeune et fol ; en mauvès us despendoient leur richèces, ne queroient que les aises des cors, ne s'apercevoient mie bien en quel point et en quele aventure touz li roiaumes estoit. Por ce fist assembler un jor li Rois les prélaz de la terre et touz les barons juenes et vieux ; par bel langage leur mostra la foiblece de la terre et du pueple, si que tuit la cognurent. Conseil leur demanda coment il se porroit contenir (= comporter), en manière que la crestienté du païs ne périllast du tout ». Assemblée solennelle où la Syrie franque menacée faisait par la bouche de son roi son examen de conscience, rappel des fautes commises, moyens encore possibles de salut. On sent que

Guillaume de Tyr, qui fit sûrement partie de ces assises de la chrétienté latine, a apporté tout son cœur au récit de ses souvenirs.

À la question du roi, barons et prélats répondirent d'une commune voix que, pour sauver la Syrie franque, l'appel à la Croisade s'imposait, et, bien entendu, ils songeaient d'abord à la Croisade latine. « Il ne savoient autre voie de leur garantise, forz tant que l'en envoiast bons messages et bien parlanz aus princes des terres devers Ocident dont granz secors leur estoit maintes foiz venuz. Longuement fu tenue la parole sur ce. Au darrenier fu de touz acordé communément que l'en monstrast le périlleus estat de la Sainte Terre aus barons d'outre la mer, et que granz genz i alassent por ce dire premièrement à l'Apostoile de Rome (= le Pape), à l'empereur d'Alemaigne, au roi de France, au roi d'Angleterre, au roi de Sezile, et à touz les rois d'Espaigne[313]. »

C'était donc la Troisième Croisade qu'entrevoyaient déjà comme indispensable à cette date de 1171 Amaury et les barons francs. Pourquoi fallut-il que l'Occident ne se décidât pas à faire alors l'effort nécessaire, qu'il l'ait remis, cet effort, à une date ultérieure, quand il serait trop tard, après la fatale journée de *Hattîn*, lorsque toutes les forces de la Latinité ne réussiraient même pas, Jérusalem perdue, à reprendre tout le littoral ? La Papauté, conscience de l'Europe, une fois de plus ne fut pas écoutée... Folle prudence des politiques et des sages qui discutent, mesurent et ajournent les sacrifices susceptibles de prévenir le désastre, jusqu'à l'heure où, le désastre s'étant produit, le sacrifice doit être décuplé et reste encore inutile.

La dernière ressource des Francs : l'appel aux Byzantins. Départ d'Amaury Ier pour Constantinople.

Du reste ni Amaury ni les barons syriens n'avaient d'illusions sur la rapidité du secours occidental. « Et por ce que ceste chose demourroit (= tarderait) mout, car les terres estoient bien loing où cil message devoient aler, tuit s'acordèrent à ce que l'en envoiast hastivement à l'empereur de Costantinoble, por demander aide, car il estoit plus près que li autre et mout avoit grant pooir d'eus aidier de genz et de

544 *L'ÉQUILIBRE*

richèces. Bien leur sembloit que à lui ne plairoit mie que li mescréant conqueissent la Sainte Terre et marchisissent à lui (= devinssent ses voisins) au leu des Crestiens – *Ut domino quoque imperatori Constantino-politano, quia nobis vicinior et ceteris longe opulentior, facilius optata posset ministrare suffragia, regni status periculosus et anceps diligenter significetur*[314]. »

C'est là, à notre avis, un texte capital sous la plume de l'ancien envoyé franc à Constantinople. À défaut de la Croisade franque, si lente à mettre en mouvement, l'Empire byzantin des Comnènes, alors à son apogée, pouvait fournir un secours immédiat et tout proche. Comme le pensait Guillaume de Tyr, la conquête de l'Égypte par les lieutenants du roi turc de Syrie, sans parler de la trahison arménienne, obligeait Francs et Byzantins à resserrer leur alliance, car la revanche musulmane qui s'annonçait n'était pas seulement dirigée contre l'œuvre de la Croisade latine de 1097 en Syrie, mais aussi contre l'œuvre de la Croisade des Comnènes en Asie Mineure. La reprise du *jihâd*, une fois commencée, ne s'arrêterait pas à la reconquête de Jérusalem et de Saint-Jean d'Acre : son terme final devait être la conquête de Constantinople ; dans cette voie fatale, reflux de l'Asie sur l'Europe, 1453 était l'inévitable suite de 1187 et de 1291. Comme le fait observer le traducteur de Guillaume de Tyr, il valait mieux pour l'Empire byzantin avoir pour voisins les Francs que les Turcs.

Pour une si grave ambassade qui envoyer ? La tâche paraissait assez délicate, car la Cour de Constantinople devait être restée sur l'impression des malentendus du siège de Damiette. « Il distrent tuit que por si grant home requerre (Manuel Comnène), covenoit envoier grant message qui bien le seust esmouvoir. » Ici une scène d'une réelle grandeur, telle que Guillaume de Tyr la rapporte en témoin oculaire. « Quant, écrit son traducteur, il orent einsi parlé longuement, li Rois se leva et se trest (= retira) à part, son privé conseil apela où il ot pou de gent, puis retorna arrières et parla devant touz en ceste manière : "Biau seigneur, je voi que nostres afaires est perilleus et en grief point. Vos ne vos poez acorder de trover messages (= messagers) à fornir ceste besoigne dont vos avons parlé. Je douteroie (= redouterais) que Nostre Sires (= Notre Seigneur) ne m'en seust maugré, se je me traioie arrières (= si je reculais), car la besoigne est seue (= sienne). Por ce, je vos offre bien que je suis prez d'aler à l'empereur de Costantinoble ; car je ai bone espérance en Dame Dieu qu'il (l'empereur) fera plus por moi que por nul de vous, car il me crerra (= croira) de vostre mesaise que je li dirai et il i metra conseil por Dieu et por moi ; et je vos pri que vos m'envoiez à lui, car contre cest besoing ne regarderai-je jà à peine ne à péril de mon cors." – « A ceste parole, poursuit *l'Estoire d'Éracles*, tuit cil qui l'oïrent furent esbahi et comencièrent à plorer et à dire que trop seroit dure chose et greveuse que li roiaumes remansist (= restât) sanz le Roi. Mout s'en voudrent descorder (= le dissuader), mès il leur rompi tantost la parole et dist en apert (= à haute voix) : "Nostre Sires (= Dieu) gart et sauve son roiaume, que je en sui sergenz ! car je ai afichié en mon cuer de fornir ce message (= d'accomplir cette ambassade), se la volenté (de) Nostre Seigneur i est, et je ne leiroie (= n'y renoncerai pas), por riens que l'en m'en deist[315] !" Scène pleine de noblesse et d'émotion où Amaury Ier, parlant à ses barons sur le ton de Philippe Auguste au matin de Bouvines, fait vraiment figure de grand roi.

Réception d'Amaury Ier à Constantinople. Les fêtes du printemps 1171.

Amaury prit avec lui Guillaume, évêque d'Acre, et, parmi les barons, Gormond (ou Guermond) de Tibériade, Jean d'Arsur (Arsuf), le maréchal Gérard de Pougy, Roard, châtelain de Jérusalem, Reinard de Nephin (Enfé)[316] ; le 10 mars 1171, il s'embarqua avec eux pour Constantinople sur une escadre de dix galères, tandis que, pour plus de sûreté, Philippe de Milly partait de son côté par la voie de terre[317].

D'Acre et de Tripoli (où on relâcha le 14 mars) jusqu'aux Dardanelles, la traversée de l'escadre royale s'effectua sans encombre. Pour éviter les vents contraires, le roi et son escorte débarquèrent à Gallipoli où ils prirent contact avec les dignitaires byzantins chargés de les recevoir.

Comme l'avait prévu Amaury, l'empereur Manuel Comnène avait été très flatté de la démarche personnelle du roi de Jérusalem. « Li Empereres qui estoit sages et de grant cuer, cortois et larges, oï la novele que li rois Amauris estoit arrivez en sa terre. Premièrement se merveilla mout porquoi si hauz hom com il estoit, sires de si ennoré roiaume, estoit venuz à lui par granz travauz et par mainz périlleus passages ; après s'apensa que ce estoit granz enneurs à son empire et granz acroissemenz à sa hautèce dont (= que) si puissanz princes estoit venuz à lui, que l'en ne trovoit pas, lisant en nule estoire que, au tens de ses ancesseurs (= ancêtres), roi de Jherusalem fust onques mès (= jamais) venuz aus empereurs de Costantinoble. Por ce, tint à trop (= très) grant chose que cil, qui estoit garde et deffenderes des Sainz leus, s'estoit traveilliez de venir jusqu'à lui ».

La satisfaction de la Cour de Constantinople se comprend. Indépendamment des sentiments d'affection que Manuel Comnène devait nourrir pour un prince qui depuis 1167 était devenu son neveu, la démarche d'Amaury en ces heures solennelles pour la vie de l'Orient latin revêtait une signification historique qui n'échappait point aux juristes byzantins. Ce voyage, c'était l'entrée définitive du royaume franc de Jérusalem dans la clientèle de l'Empire. Par là, la grandeur des Comnènes dépassait même celle de la dynastie macédonienne au temps de Jean Tzimiscès, car la croisade byzantine de Tzimiscès en 975 n'avait pas dépassé la Galilée, tandis que l'hommage du roi Amaury prolongeait jusqu'à Jérusalem la zone d'influence de la dynastie Comnène, C'était le couronnement de la patiente politique inaugurée dès le passage de la première Croisade par Alexis Comnène. Après la principauté d'Antioche en 1159, le royaume même de Jérusalem, en ce printemps 1171, devenait client de l'Empire.

On conçoit que le *basileus* ait fait à Amaury une réception magnifique, le voulant « ennorer en maintes manières ». Tout d'abord il eut la délicate pensée d'envoyer à sa rencontre, à Gallipoli, son neveu, le protosébaste Jean Comnène qui était le beau-père du roi de Jérusalem. « Celui envoia encontre (= à la rencontre de) son gendre et li comanda que sur toute riens (= sur toute chose) se penast de lui ennorer et noblement le feist recevoir par les citez où il passeroit[318]. » Le cortège fit par terre la route de Gallipoli à Héraclée (Eregli) sur la Marmara, où l'escadre franque était venue l'attendre.

Là le roi de Jérusalem reprit la mer et quelques heures après ses galères abordaient à Constantinople, dans le port impérial de Boukoléon.

En débarquant, le roi de Jérusalem fut conduit en grande pompe au palais du Boukoléon qui dominait le port. « Sur le rivage de la mer, dedenz la cité de Costantinoble, siet un palais (de) l'Empereur, devers le soleil levant. De là descent à la mer uns granz degrez (= escalier) larges, fez mout richement à tables de marbre, et si a lions et colombes (= colonnes) hautes de marbre de maintes couleurs. Par là ne monte nus (= personne) eu palais se l'Empereres non (= sinon l'Empereur) et li haut hom qui avec lui sont quant il vient par mer. Por ennorer le Roi, (l'empereur) vout, encontre la costume, que li Rois entrast par iluec. Et quant il fu là arrivez, grant compaignie des barons du palais li fu à l'encontre qui ennorablement le receurent et le menèrent jusqu'en la sale en haut par voies richement atornées ; et portes i avoit nobles et de si riches oevres que tuit s'en merveilloient. Lors vint là où l'Empereres séoit (= la grande salle du Chrysotriklinion) avec ceus qui estoient plus haut et plus ennoré au palais. Devant le siège (de) l'Empereur en la sale pendoit une cortine (portière) large et haute de soie richement ouvrée d'or et de pierres précieuses. Cil qui estoient plus privez de l'Empereur menèrent le Roi dedenz (= à l'intérieur de) cele cortine où l'Empereur se seoit... L'Empereres se leva contre lui (= à sa rencontre)[319]. » C'était, à l'abri du grand rideau qui partageait en deux la salle du Chrysotriklinion, l'audience particulière accordée par le *basileus* au roi de Jérusalem.

L'entretien particulier une fois terminé, le rideau fut tiré ; barons francs et courtisans byzantins furent admis à la réception. « Dans l'abside orientale qui faisait face à celle par laquelle ils étaient entrés, les compagnons d'Amaury aperçurent sur son trône, que surmontait une mosaïque représentant le Christ, le tout-puissant *basileus* ayant à ses côtés, sur un siège plus bas, leur maître, le roi de Jérusalem[320]. » Vision qui symbolisait, sous le Christ, raison d'être des deux civilisations, l'alliance étroite enfin conclue – après trois quarts de siècle d'incompréhension réciproque – de Byzance et de la Croisade. « Quant li Rois fu assis, l'en trest (= tira) la cortine, lors aparut l'Empereres qui séoit sur un faudestuef (= fauteuil) d'or, mout richement vestuz de dras emperiaus, si que tuit le virent cil du palais. Li Rois seoit dejoste lui, sur un trop riche siège covert de drap batu à or ; mès plus estoit bas que li suens. L'Empereres apela les barons de Surie, chascun par non, touz les salua et beisa l'un après l'autre. Quant il furent assis, débonnèrement les enquist de leur estres et parloit à eus de maintes choses cortoisement, si que tuit s'aperceurent qu'il avoit grant joie en son cuer de leur venue. Il avoit comandé à ses chamberlanz que il apareillassent au Roi et à sa privée mesnie, dedenz le palais meismes, sales et chambres si délitables et si riches que trop estoit grant merveille de veoir les diversitez qui là estoient. Chascuns des barons ot en la cité près d'iluec ostel plus richement que mestiers (besoin) ne li estoit[321]. » Par la suite la Cour, avec Amaury, se transporta au palais des Blachernes dont *l'Éracles* ne nous a pas laissé une description moins émerveillée. « A peine porroit l'en deviser cornent li Rois ot riches sales et chambres où il avoit bainz, estuves et toutes manières d'aises et de deliz (= délices). »

Pendant tout le séjour du roi et de ses barons à Constantinople, la plus grande intimité ne cessa de régner entre eux et le *basileus* qui les voyait quotidiennement et les fêtait de toutes manières. Visite des trésors impériaux : « Lors (l'empereur) fist une chose de que si Grieu (Grecs) se merveillièrent mout, car il mostra au Roi et à ses barons les granz trésorz que si ancesseur avoient assemblez, chapeles anciennes et voutes secrées pleines de pierres précieuses, de riches dras, de reliques et de cors sainz. Toutes furent ouvertes et mostrées au Roi ; par desus ce, le mena l'Empereres là où grant partie de la vraie croiz estoit, et li mostra les clous, la lance, l'esponge, la coronne d'espine qui furent au crucéfiement (de) Nostre Seigneur. » Visite des églises de Constantinople : « Les églises leur mostroient de coi i a mout grant nombre ; coulombes (colonnes) de cuivre et de marbre trovoient par mainz leus ovrées à ymages ; ars de pierre que l'en apele les ars triumphaus, entaillez à diverses estoires, regardoient noz genz à granz merveilles. Li haut home de la cité conduisoient le Roi par la ville et de toutes choses le faisoient sage par queus raisons eles estoient fetes et queus senefiances eles avoient. Li Rois leur demandoit de tout et les escoutoit mout volentiers. »

AMAURY Ier ET LA CONQUÊTE DE L'ÉGYPTE

Un jour Manuel invita le roi et les barons aux courses de l'Hippodrome, aux jeux des danseuses et des mimes : « L'Empereres, por deliter le Roi, fist venir devant lui diverses manières de jeus, si estranges que tuit s'en mervelloient ; estrumenz de maintes guises li fist oïr, queroles (chœurs) de puceles qui estoient merveilles à veoir, menestereus (musiciens) qui jooient en maintes guises, batailles, cours à chevaus et en curres (en chars). Noz genz... en estoient esbahi[322]. »

Enfin Amaury ayant eu la fantaisie de visiter le Bosphore, on le promena en bateau jusqu'à l'entrée de la mer Noire. « Por ce que li Rois se mervelloit mout de cele mer que l'en apele le Braz Saint-Jorge (= la Marmara), de que (= d'où) ele venoit, il entrèrent en galies et s'en alèrent jusqu'à l'entrée de la grant mer. » Guillaume de Tyr qui nous avait déjà renseigné sur la curiosité philosophique d'Amaury Ier nous le montre ici non moins curieux d'histoire, d'archéologie et de géographie. « Li Rois, traduit *l'Éracles*, estoit un teus (tel) hom qui mout se délitoit en veoir ces estranges choses ; et demandoit volentiers les ancienetez et les raisons de tout[323]. »

Signification du pacte de Constantinople.
Le royaume franc de Jérusalem dans la clientèle byzantine.

Toutes ces fêtes, où se marquait l'étroite entente des deux cours, n'étaient que la manifestation de l'accord intervenu. Durant les longues heures passées quotidiennement avec le *basileus*, Amaury avait pu l'entretenir de la gravité de la situation en Syrie, lui faire comprendre la solidarité des intérêts gréco-latins en présence du réveil de l'Islam. « Li Rois et li haut home de sa terre aloient à l'Empereur par certaines eures, et parloient à lui à grant loisir de la besoigne por que il estoient venu. Par maintes raisons li mostroient que il i devoit metre grant conseil. »

Entre Byzance et les Francs les anciennes préventions étaient enfin dissipées. Non seulement la question d'Antioche, qui avait si longtemps empêché l'accord, était réglée depuis 1159 par la reconnaissance de la suzeraineté impériale sur la principauté franque de l'Oronte, mais – ce à quoi n'avaient osé prétendre ouvertement ni Alexis ni Jean Comnène – le roi de Jérusalem se posait spontanément en client du *basileus*. Le chroniqueur byzantin Kinnamos déclare même qu'Amaury se reconnut formellement vassal de l'Empire[324]. Assertion nullement invraisemblable. Ce qui pendant toute la première moitié du douzième siècle avait révolté les Francs devenait possible maintenant qu'une fréquentation plus intime avait rapproché les deux civilisations et surtout les deux cours[325]. La jeune *basilissa* qui trônait aux côtés de Manuel n'était-elle pas une princesse franque, sœur de Bohémond III d'Antioche ? Inversement la jeune reine de Jérusalem n'était-elle pas une Comnène, petite-nièce de l'empereur ? Ces liens de famille devaient agir puissamment. On était loin de la double xénophobie de 1097. Le sentiment de la solidarité chrétienne, la sensation du péril commun en face de Nûr al-Dîn et de Saladin faisaient le reste.

Objectif du pacte de Constantinople : Conquête de l'Égypte par les Byzantins et les Francs.

Ni Byzance, ni Jérusalem ne pouvaient laisser un lieutenant de Nûr al-Dîn s'affermir en Égypte. Pour abattre à ses débuts le nouveau colosse musulman, la conquête de l'Égypte s'imposait. Elle fut résolue. « Priveement parla li Rois à l'Empereur seul à seul et li mostra que légière chose li seroit, plus que onques mès (jamais) n'avoit esté, de conquerre le roiaume d'Égypte ; l'Empereres li respondi mout débonairement et mout s'acorda aus raisons qu'il li moustroit. Grant aide li promist[326]. » Les circonstances favorables mentionnées par Amaury, nous les devinons à la lecture des historiens arabes : il s'agit, sans nul doute, d'une part des complots tramés en Égypte contre la domination de Saladin par le parti « nationaliste » indigène, resté fidèle au légitimisme fâtimide et aux sectes shî'ites ; d'autre part du désaccord croissant entre Saladin et Nûr al-Dîn, désaccord dont nous aurons à parler plus loin et qui faillit bien dégénérer en rupture ouverte.

Saluons cette entente tardive entre le glorieux empire des Comnènes et le royaume français de Jérusalem. Entente suprême, presque posthume. Vingt ans n'auront pas passé que l'un et l'autre auront disparu. Mélancolie de l'histoire ! À l'heure où Latins d'Orient et Byzantins reconnaissaient enfin l'erreur de leur longue querelle, les temps étaient révolus et il était trop tard. Non pas que la jeune puissance de Saladin en Égypte fût déjà inébranlable. La jalousie mal dissimulée que lui portait Nûr al-Dîn faisait présager de nouvelles discordes musulmanes dont profiterait la chrétienté. Les paroles murmurées par Amaury à Manuel Comnène sous les mosaïques des Blachernes annonçaient que les deux princes chrétiens, se rendant compte de ces possibilités, entendaient les utiliser. Mais, par une tragique ironie du sort, à l'heure où le programme franco-byzantin était, grâce à cette heureuse circonstance, sur le point de se réaliser, la mort emporta coup sur coup Nûr al-Dîn, Amaury et Manuel Comnène, laissant le champ libre au l'heureux Saladin. Ni l'État zengide, ni le royaume de Jérusalem, ni l'empire des Comnènes ne survivraient à cette triple perte. Seul dans l'Orient affaibli l'impérialisme aiyûbide resterait debout...

Mais c'est là la part de l'imprévisible dans l'histoire. Quand le 15 juin 1171 le roi Amaury, ayant pris congé de Manuel Comnène, se rembarqua pour la Syrie, non seulement il avait conquis tous les cœurs à la cour impériale et partait « à grant amor de touz »[327], mais il avait, au point de vue politique, parfaitement rempli sa mission. Et lorsque, après une heureuse traversée, il débarqua à Sidon à la mi-juillet, il dut pouvoir annoncer aux siens que face à Saladin, à Nûr al-Dîn et à Mleh, le front franco-byzantin était enfin établi.

L'influence byzantine empêche les Seljûqides d'Anatolie de se joindre à la coalition panislamique.

Chalandon se demande si le premier service que rendit aux Francs le nouvel accord de Constantinople ne fut pas d'empêcher le sultan seljûqide de Qoniya, Qilij Arslân II, de se joindre à la grande coalition musulmane[328]. Nûr al-Dîn le sommait d'y adhérer. « Quand je vous demanderai un contingent pour la guerre sainte, écrivait le conquérant zengide au sultan anatolien, vous aurez à me le fournir, car vous qui possédez une portion si considérable des pays musulmans, vous vivez en paix avec vos voisins les Romains (= les Byzantins) et vous ne songez pas à soutenir la cause d'Allâh en leur faisant la guerre. Au contraire vous traitez avec eux ! Je vous donne le choix, soit de me fournir des troupes pour attaquer les Francs, soit de tourner vos armes contre les Romains, vos voisins ![329]. »

Appel du panislamisme pour achever l'encerclement de la Syrie franque. Si Qilij Arslân II l'avait écouté, s'il avait joint ses forces à celles de Nûr al-Dîn et de Saladin, sans parler du traître Mleh, la situation des Francs eût pu devenir tragique.

Mais le sultan de Qoniya était lié par l'alliance byzantine et, plus encore, par la crainte, s'il la rompait, d'une nouvelle attaque de Manuel Comnène. Non seulement il refusait d'entrer en scène contre les Francs, mais on le voyait au contraire prendre parti contre le système de Nûr al-Dîn. Au lieu d'employer ses forces à la guerre sainte, il les dirigeait contre ses voisins, les Dânishmendites de Cappadoce, auxquels il cherchait à enlever Sîwâs, leur capitale (1172-1173). L'émir dânishmendite *Dhû'l Nûn* s'était déjà rendu l'année précédente à Damas, auprès de Nûr al-Dîn en réclamant son intervention. Nûr al-Dîn, aidé par les Arméniens de Mleh, déclara alors la guerre au sultan seljûqide et, après avoir aidé *Dhû'l Nûn* à rester maître de Sîwâs, enleva aux Seljûqides Mar'ash qu'il annexa (juin 1173)[330]. Ce fut à ce propos qu'il aurait, d'après Ibn al-A*th*îr, adressé aux Seljûqides l'ultimatum plus haut mentionné, les sommant de se joindre à la coalition panislamique. Malgré ses objurgations, Qilij Arslân II resta pour plusieurs années encore fidèle à l'alliance byzantine et ne s'associa à aucune action contre les Francs. Nous savons en effet par les historiens byzantins que, devant les velléités d'accord entre Nûr al-Dîn et Qilij Arslân, accord dont les Francs comme les Byzantins auraient fait tous les frais, Manuel Comnène s'avança vers 1173 jusqu'à Philadelphie (Alashéhir) et exigea des explications de Qilij Arslân. « Le sultan répondit que son alliance avec les chrétiens lui avait été reprochée par l'atâbeg et qu'il devait obéir. Manuel lui fit savoir qu'il était prêt à l'attaquer s'il persévérait dans son attitude. Qilij Arslân préféra renouveler les traités, et ainsi l'intervention de Manuel réussit à empêcher l'union des forces musulmanes d'Iconium et d'Alep[331]. »

Trahisons de l'Arménien Mleh. Son alliance avec les Turcs.
Expédition punitive d'Amaury Ier *en Cilicie.*

La seconde application du pacte franco-byzantin de Constantinople fut une politique commune contre le prince armé-

AMAURY Ier ET LA CONQUÊTE DE L'ÉGYPTE

nien de Cilicie, Mleh, passé, comme on l'a vu, à l'alliance de Nûr al-Dîn. Fort de cette alliance, Mleh se maintenait toujours en Haute-Cilicie, malgré l'hostilité du prince d'Antioche Bohémond III, des Templiers de la frontière et des garnisons byzantines de la plaine cilicienne. En 1171 il acheva d'exaspérer les Francs en capturant pour le rançonner un haut baron français, le comte Étienne de Blois, dont nous reparlerons et qui, avec un sauf-conduit du sultan de Qoniya, rentrait d'Antioche à Constantinople. « Quant il fu venuz jusque delez une cité de Cilice que l'en apele Mamiste, Miles (= Mleh) l'ot fet espier et mist son guet là où il devoit passer. Lors, corut sus à lui et à ses genz, tout le desroba et li toli (enleva) de mout riches joiaus de maintes manières qu'il emportoit en son païs ; à peines li rendirent à grant prière un pauvre roncin[332]. »

Quant aux Byzantins, ils avaient encore plus à souffrir de la trahison permanente de l'Arménien. Au début de 1173 Mleh, toujours aidé par Nûr al-Dîn, enleva à l'Empire les trois grandes villes ciliciennes, Adana, Mamistra et Tarse. « Vainement, écrit Ibn al-Atĥir, le souverain de Constantinople fit marcher contre Mleh une armée considérable, à la tête de laquelle il mit quelques-uns des principaux patrices, ses parents. Mleh alla à leur rencontre avec un détachement de l'armée de Nûr al-Dîn et les mit en déroute. Un grand nombre d'entre eux furent tués ou pris. La puissance de Mleh atteignit son apogée, et les Romains (= Byzantins) perdirent tout espoir de recouvrer la Cilicie. Le prince arménien fit hommage à Nûr al-Dîn d'une grande partie du butin et de trente des principaux prisonniers. Nûr al-Dîn expédia une partie de ces dépouilles au khalife (de Baghdâd) al Mustad̂î[333] et lui fit remettre un récit de cette victoire qu'il comptait comme sienne parce qu'un corps de son armée y avait collaboré[334]. »

Devant la trahison du prince arménien, les Francs ne restèrent pas inactifs. Tout d'abord le prince d'Antioche Bohémond III, d'autant plus zélé pour cette guerre que Manuel Comnène était son beau-frère : « Quant li princes d'Antioche et li baron qui marchisoient à (= étaient voisins de) ce cruel home virent qu'il ne porroient avoir nul peieur (pire) voisin, ainçois s'assemblèrent et lui murent la guerre. Sanz faille – ajoute douloureusement le traducteur de l'archevêque de Tyr – n'estoit mie bons essamples aus genz de la loi crestienne, qui estoient einsi aceint (entourés) des mescréanz de toutes parz, que il portassent armes li un contre les autres ; mès cil (= Mleh), qui deust (= eût dû) estre devers eus, leur estoit si desloiaus anemis que par force covint, por deffendre leur frères, que il le tenissent, ausi eom un Tur, à leur malfeiteur[335]. »

Le roi Amaury jugea la situation trop grave pour ne pas intervenir en personne. « La novele de ceste guerre vint au Roi qui estoit en Surie, et li sembla que ce seroit grant afoibloiement de la gent qu'il avoit à governer, se cil contenz (= cette lutte) duroit longuement. » Il essaya d'abord de ramener l'Arménien au sentiment de la solidarité chrétienne. « Por ce, s'en vint à privée compaignie vers Antioche, car il entendoit à parler de la pais entr'eus. Ses messages envoia pluseurs foiz à ce déloial Ermin et li pria qu'il venist à lui parler tout seurement à un jor et à un leu que il li noma. » Bien entendu Mleh se garda de se rendre à la convocation du roi. « Cil fist semblant que la parole lî pleust mout et manda au Roi que il viendroit mout volentiers ; mès onques n'en ot talent (= envie), ainçois comença à trover achoisons (= prétextes) et esloignes (= obstacles) por lui détenir à (= manquer de) paroles, si que li Rois aperçeut au darrenier qu'il ne troveroit en celui se non barat (= tromperie) et mençonges et desloiautez. »

Il ne restait que la guerre : « Lors (Amaury) fist semondre ses oz (= son armée) par toute la contrée et s'en entrèrent efforciement en la pleine de Cilice qui obéissoit à ce desloial Ermin, car il ne leur estoit mie légière chose de surprendre les montaignes où li fort chastel estoient, mès il s'en alèrent par les plains, les blez ardirent et destruisirent les caseaus, mout li fesoient grant domages[336]. » Nul doute que dans cette expédition punitive à travers la plaine de Cilicie, le roi de Jérusalem n'ait agi autant pour le compte de ses alliés byzantins qu'en faveur du prince d'Antioche (1173).

Bien entendu, Nûr al-Dîn ne pouvait laisser accabler son client arménien. Il semble bien que ce fut pour dégager celui-ci que l'atâbeg organisa comme diversion son attaque de 1173 contre le Krak et la seigneurie franque de Transjordanie dont nous parlerons tout à l'heure. De fait, à ces nouvelles

AMAURY I" ET LA CONQUÊTE DE L'ÉGYPTE

Amaury abandonna précipitamment la campagne de Cilicie pour rentrer en toute hâte à Jérusalem. Malgré l'exécration de toute la chrétienté le tyran arménien se maintint ainsi tant que Nûr al-Dîn fut là pour le protéger. Ce ne sera qu'après la mort de l'atâbeg (1174), que les seigneurs arméniens oseront se débarrasser de lui en l'assassinant dans sa nouvelle capitale de Sis (début de 1175). Son neveu Roupèn III, fils de Sdéphané, qu'ils placeront sur le trône de Cilicie, reviendra alors à l'alliance franque[337].

La diversion entreprise en 1173 par Nûr al-Dîn pour dégager son allié arménien n'était qu'un épisode de la lutte qui, dès le retour d'Amaury de Constantinople, avait recommencé entre le roi turc et le roi franc de Syrie. Amaury avait à peine regagné Jérusalem qu'il apprit que Nûr al-Dîn était venu camper avec une forte armée près de Panéas (Bânyiâs), d'où il semblait préparer l'invasion de la Galilée. Amaury, craignant une attaque brusquée contre Tibériade, rassembla en hâte son armée en Galilée même et s'établit près des fontaines de Séphorie (Saffûriya), à sept kilomètres au nord de Nazareth, point central qui était en ces occasions le rendez-vous ordinaire des forces franques « por estre ausi com en milieu de tout le roiaume, si que il poissent tost corre là où li besoinz sordi ». Devant la vigilance et la rapidité du roi, l'atâbeg renonça à ses projets d'invasion (été de 1171)[338].

Inutiles pèlerinages du comte Étienne de Blois et du duc de Saxe Henri le Lion.

Peu auparavant était arrivé en Palestine le jeune comte Étienne de Sancerre ou de Blois, fils de Thibaut de Champagne (1171)[339]. Amaury avait songé à ce haut baron pour lui donner une de ses filles en mariage, évidemment l'aînée, Sibylle. L'archevêque Frédéric de Tyr, envoyé en ambassade en France, l'avait sondé à ce sujet. Étienne avait accepté la proposition, mais, une fois débarqué, il changea d'avis avec une légèreté qui fit scandale. « Il refusa les covenances et le mariage que li Rois li ofroit, et si (= cependant) avoit l'Arcevesques mandé par ses letres qu'il s'i estoit acordéz en France, mès li estres de la terre ne li plut mie, par que cil du païs meismes ne se racordèrent mie bien à lui. » Amaury avait peut-être songé à donner un défenseur à son jeune fils et héritier, le futur Baudouin IV que sa terrible maladie – il était lépreux – risquait de rendre inapte à l'action. Mais en ce cas ce rôle subalterne dut plaire médiocrement à Étienne qui, au bout de quelques mois de séjour, brûlait de rentrer en Europe. « Il se parti por retorner en son païs par terre ; il vint en Antioche, après s'en entra en Cilice ; messages ot envoiez au soudan de Coine (le sultan seljûqide de Qoniya, Qilij Arslân II), qu'il li envoiast conduit por passer par sa terre jusqu'en Costantinoble[340]. » Ce détail montre par parenthèse qu'en dépit des objurgations de Nûr al-Dîn les Seljûqides d'Anatolie restaient en termes d'amitié avec les Francs comme avec les Byzantins. On a vu plus haut que le péril se présenta pour Étienne de Blois d'un tout autre côté. Ce fut le prince arménien de Haute-Cilicie, Mleh, qui le captura près de Mamistra. Mleh ne le libéra qu'après l'avoir entièrement dépouillé.

À défaut du comte de Blois dont la conduite avait déçu toutes les espérances d'Amaury, on vit arriver l'année suivante (1172) un des plus puissants princes allemands, Henri le Lion, duc de Saxe et de Bavière. Ce fut aussi une déception. Henri, une fois accompli son pèlerinage au Saint-Sépulcre, repartit par la route de Constantinople sans avoir rien fait.

Décidément abandonné par l'Occident, Amaury ne s'abandonnait pas. Entre le 21 octobre et le 19 novembre 1172, Ibn al-*Ath*îr signale une expédition des Francs contre le *H*aurân, région qui, comme tout le royaume de Damas, dépendait de Nûr al-Dîn[341]. Les Francs semblent avoir poussé assez loin puisque *le Livre des Deux Jardins* nous dit que leur objectif était le district de Ezra'a[342] et qu'ils attaquèrent dans cette direction Sheikh Miskîn[343]. Nûr al-Dîn campait alors au sud de Damas, vers Kiswé. À la nouvelle qu'il se préparait à marcher contre eux, les Francs rétrogradèrent vers le Sawâd, c'est-à-dire vers le district à l'est du lac de Tibériade, vers 'Al et le lac. L'avant-garde de Nûr al-Dîn, lancée à leur poursuite, atteignit leur arrière-garde et leur prit du bagage. Quant à Nûr al-Dîn lui-même, il établit son centre à Tell 'Ashtarâ dans le voisinage et au sud-sud-ouest de Sheikh Sa'd[344] d'où il envoya ses coureurs piller la campagne de Tibériade. « Ces troupes, nous dit l'historien arabe, partirent de nuit et dès le matin firent une importante razzia, mais au retour elles rencontrèrent les Francs qui les attendaient au gué du Jourdain (Bâbal-Tumm, près de Samakh ?)[345] ; l'action fut très vive et les deux partis montrèrent beaucoup de bravoure. » Les Francs cherchaient à reprendre le butin fait sur la rive occidentale du lac. Les Turcs résistèrent assez longtemps pour permettre au convoi de prendre le large, puis ils s'enfuirent à leur tour. Sorte de prototype de la fatale campagne de *Hattîn* en 1187, mais dans lequel, parce que les Francs étaient commandés par un chef de la trempe d'Amaury, l'envahisseur eut tout juste le temps de s'enfuir[346].

Le connétable Onfroi de Toron force Nûr al-Dîn à lever le siège du Krak de Moab (1173).

La campagne suivante eut également pour théâtre la Transjordanie. Elle fut suscitée, comme on l'a vu, par le désir de Nûr al-Dîn de tenter une diversion pour dégager son allié, l'Arménien Mleh attaqué par le roi de Jérusalem (1173)[347]. Tandis qu'Amaury guerroyait à la frontière de Cilicie, contre les Arméniens, Nûr al-Dîn vint à l'improviste mettre le siège devant le Krak de Moab (Kérak) ou Pierre du Désert, capitale de la seigneurie franque d'Outre-Jourdain. Le seigneur de cette terre était pour lors le sénéchal Milon de Plancy qui venait sans doute depuis quelques mois d'épouser la dame du Krak, Étiennette de Milly, veuve d'Onfroi (III) de Toron[348]. Si ce remariage n'avait pas encore été effectué, le pays se serait trouvé sans défenseur. Cependant même si, comme nous le croyons, Étiennette s'était déjà remariée à Milon de Plancy, celui-ci devait être avec le roi à l'armée de Cilicie, car ce ne fut pas lui, mais le vieux connétable Onfroi (II) de Toron – le père du premier mari défunt d'Étiennette – qui joua ici le principal rôle.

Le roi Amaury et l'armée de Cilicie n'avaient pas le moyen de revenir à temps pour sauver le Krak de Moab. Le connétable, qu'on avait dû laisser à Jérusalem comme bayle, organisa en hâte avec l'arrière-ban – tous les barons et chevaliers qui n'avaient pas suivi le roi – une armée de renfort à la tête de laquelle il partit à marches forcées au secours du Krak,

558   *L'ÉQUILIBRE*

« mout vigueureusement ». Comme aux grands jours, la Vraie Croix suivait, portée par l'évêque Raoul de Bethléem. La nouvelle de cette mobilisation suffit d'ailleurs à provoquer la retraite de Nûr al-Dîn. Lorsque Amaury Ier arriva à Jérusalem, la Transjordanie était libre d'ennemis[349].

En même temps qu'une action contre Mleh, l'accord de Constantinople comportait, on l'a vu, une grande attaque franco-byzantine contre Saladin en Égypte. On peut se demander pourquoi Manuel Comnène et Amaury, dès le retour de ce dernier, n'entreprirent pas l'expédition projetée. Le motif de ce retard nous paraît devoir être cherché dans les espérances que faisait concevoir aux Francs la froideur croissante entre Saladin et Nûr al-Dîn.

Extinction du khalifat fâtimide. Rétablissement de l'unité religieuse dans l'Islâm.

Nûr al-Dîn, nous l'avons vu, avait longtemps été médiocrement favorable aux interventions de Shîrkûh et de Saladin dans les affaires d'Égypte. Il avait fallu l'impolitique agression franque de 1168 contre le Delta pour lui faire approuver leur programme. L'affaire ayant réussi au delà de toute espérance et Saladin devenu le vizir ou plutôt le dictateur de l'État égyptien, Nûr al-Dîn avait repris son attitude réservée et dissimulait mal sa jalousie et ses inquiétudes. Malgré l'intérêt commun pour la guerre sainte, comment n'eût-il pas pris ombrage de ce lieutenant plus puissant que lui ?

Tout d'abord il évita de manifester ses craintes. Il chercha des compensations d'un autre côté, en Mésopotamie, et nous avons vu comment en janvier 1171, après la mort de son frère Qu*t*b al-Dîn, il se subordonna entièrement le royaume de Mossoul. Il rompit à cette occasion les derniers liens de vassalité qui le rattachaient à l'Empire seljûqide de Perse, représenté par l'atâbeg d'A*dh*arbaijân. Le khalife de Baghdâd Musta*d*î reconnut son ascension comme roi suprême de la Syrie musulmane et des contrées adjacentes, par l'envoi de vêtements d'honneur[350].

Parvenu à ce degré de puissance, fort de la consécration du khalife de Baghdâd, Nûr al-Dîn résolut de dissiper l'équivoque qui planait sur les affaires d'Égypte : Saladin continuait-

AMAURY Ier ET LA CONQUÊTE DE L'ÉGYPTE

il à se reconnaître comme son lieutenant ou prétendait-il à l'indépendance ? La pierre de touche, habilement choisie, fut la question religieuse. Si Saladin reste fidèle à Nûr al-Dîn au point de vue politique, à l'orthodoxie sunnite au point de vue confessionnel, qu'il fasse cesser en Égypte le schisme shî'ite, qu'il dépose le khalifat fâtimide et qu'il ramène la vallée du Nil dans le giron de l'obédience 'abbâside ! Nûr al-Dîn envoya à Saladin une invitation pressante en ce sens, invitation qui prenait forcément l'aspect d'une mise en demeure.

Le héros aiyûbide semble avoir été assez embarrassé. Certes sa piété sunnite ne faisait pas de doute. Lui-même avait un attachement particulier pour l'école juridique shâfi'ite, la plus importante du sunnisme[351]. On l'avait vu, à Fustât, transformer la maison de police et le palais de justice en autant de collèges shâfi'ites et remplacer les qâdîs shî'ites par des qâdîs shâfi'ites qu'il subordonna à un chef des docteurs, choisi dans la même secte et établi à Fûstât[352]. Saladin ne pouvait montrer plus clairement où allaient ses sympathies personnelles. Mais il n'osait, par crainte d'un soulèvement national égyptien, supprimer le fantôme du khalifat fâtimide jusque-là maintenu pour la forme. Du reste le khalife al-'Adid ne gênait guère Saladin. Ou plutôt la présence de ce pontife fainéant lui était fort utile pour sauvegarder contre Nûr al-Dîn le principe de l'indépendance égyptienne. Fiction précieuse qui servait de paravent au jeune aiyûbide contre la tentation que le grand atâbeg ne pouvait manquer d'avoir d'une annexion pure et simple de l'Égypte. Aux premières exhortations de Nûr al-Dîn l'invitant à refaire en faveur de l'orthodoxie l'unité religieuse du monde musulman, il répondit donc en demandant des délais, sous prétexte qu'il craignait le soulèvement des indigènes en faveur de leur khalifat national[353]. En réalité, comme l'indique Ibn al-Athîr, il était bien aise de conserver auprès de lui l'inoffensif héritier dès Fâtimides pour s'en servir comme d'un drapeau et rallier autour de la vieille dynastie le patriotisme, ou plus exactement, le particularisme indigène dans le cas, de plus en plus probable, où Nûr al-Dîn envahirait l'Égypte. Mais c'est précisément ce qui, autant que les raisons d'orthodoxie sunnite, irritait Nûr al-Dîn. Vers août 1171, brusquant les choses, par un dernier message qui prenait les allures d'un ultimatum, il invita Saladin à remplacer dans la

560   *L'ÉQUILIBRE*

khu*t*ba ou prière publique le nom d'al-'A*d*id par celui du khalife 'abbâside de Baghdâd, al-Musta*d*î.

Que ferait Saladin ? Refuser c'était entrer en lutte ouverte
avec l'atâbeg, son maître. Mais il craignait une révolte de
l'élément shî'ite. Cependant la réaction orthodoxe, dans le
monde ecclésiastique, était beaucoup plus forte qu'il n'osait
l'espérer, assez forte pour faire passer sans murmurer une
restauration 'abbâside. De plus la dissolution des derniers
régiments égyptiens, le massacre de la garde soudanaise
enlevaient aux Shî'ites toute chance de soulèvement[354]. Les
régiments turcs tenaient solidement le Caire. Un simple
étranger, l'*amîr-al-'âlim* récemment arrivé au Caire, se rendit
compte que l'opinion était mûre pour le changement pontifical. « Voyant l'hésitation des personnages officiels, il déclara
qu'il se chargerait lui-même d'introduire la khu*t*ba 'abbâside.
Le premier vendredi de mu*h*arram (10 septembre 1171), il
devança le prédicateur, monta en chaire et fit la prière pour
al-Musta*d*î, commandeur des Croyants. Aucune marque de
désapprobation n'osa se faire entendre. Le vendredi suivant
tous les prédicateurs du Caire et de Fus*t*ât, sur les ordres de
Saladin, substituèrent à leur tour la khu*t*ba 'abbâside à la
khu*t*ba 'alide. Cela se passa tranquillement, sans même une
escarmouche entre deux chèvres »[355]. Pour achever d'arran-
ger les choses, le khalife fâ*t*imide al- 'A*d*id, depuis longtemps
malade, mourut trois jours après (13 septembre 1171) sans
avoir eu connaissance de sa déchéance.

Ce fut dans le monde musulman tout entier un événement
immense. Après deux cent soixante-deux ans, le grand
schisme islamique prenait fin, l'unité de la foi coranique était
restaurée, l'Église d'Afrique retournait au giron de l'antique
khalifat orthodoxe. À Baghdâd l'allégresse était sans bornes.
Pendant des semaines entières de joyeuses musiques retenti-
rent dans les rues brillamment pavoisées. Le khalife al-
Musta*d*î, au bénéfice de qui ce grand changement s'était
opéré, envoya des habits d'honneur les uns à Nûr al-Dîn, les
autres à Saladin, avec, en plus pour Saladin, les étendards
noirs de la famille 'abbâside[356].

Ce détail prouve que la révolution religieuse imposée par
Nûr al-Dîn n'avait pas produit en sa faveur le résultat
escompté. Ce ne fut pas lui, ce fut Saladin qui en recueillit le

bénéfice puisque la cour de Baghdâd mettait le jeune maître de l'Égypte sur le même pied que le vieil atâbeg comme restaurateur et défenseur de la foi. De plus Saladin, débarrassé de la présence du khalifat fâtimide, apparut à tous comme ce qu'il était réellement : le véritable souverain de l'Égypte. Le trésor fâtimide qu'il s'appropria, avec ses immenses richesses, avec ses joyaux énormes voluptueusement énumérés par Ibn al-Athîr qui semble les avoir soupesés, accrut encore le pouvoir d'action du héros aiyûbide devenu désormais, en fait sinon en droit, l'émule de son maître, l'atâbeg de Syrie.

§ 9. — Derniers aspects de la politique musulmane d'Amaury Ier. Mise à profit de la rivalité entre Zengides et Aiyûbides ; appui prêté aux nationalistes égyptiens et aux Assassins.

La mésentente entre Nûr al-Dîn et Saladin divise à nouveau les forces musulmanes et favorise les Francs.

La restauration de l'unité religieuse dans l'Orient musulman n'eut pas immédiatement pour les Francs les fatales conséquences qu'on aurait pu craindre, parce qu'elle se trouva momentanément neutralisée par la mésentente croissante entre Saladin et Nûr al-Dîn. Qu'aurait fait Amaury s'il s'était trouvé encerclé entre l'armée de Saladin montant d'Égypte et l'armée de Nûr al-Dîn descendue de Damas ? Mais Nûr al-Dîn et Saladin avaient trop à faire à se surveiller réciproquement pour songer sérieusement à la guerre sainte.

Depuis la suppression du khalifat fâtimide, le malaise entre Saladin et Nûr al-Dîn n'avait fait que s'accroître, cette révolution ayant achevé de rendre équivoque la situation juridique du premier par rapport au second. Jusque-là Saladin tenait son pouvoir à la fois des Fâtimides dont il était le vizir régulièrement investi, et de Nûr al-Dîn dont il n'avait pas cessé de se reconnaître le lieutenant. Les Fâtimides, qui lui servaient de paravent, une fois tombés, il était dans l'obligation de se découvrir, c'est-à-dire soit de se conduire en simple préfet de Nûr al-Dîn – et donc de se laisser déplacer par lui – soit de se poser franchement en roi d'Égypte. Roi

562 L'ÉQUILIBRE

d'Égypte, il l'était en fait sinon en droit, et comment dès lors eût-il consenti à se laisser casser aux gages par un simple atâbeg d'Alep-Damas ? C'est tout au plus s'il consentait à traiter Nûr al-Dîn avec suffisamment de déférence pour éviter une déclaration de guerre et l'invasion du Delta. Encore pouvait-on prévoir que ces ménagements cesseraient le jour où son pouvoir serait suffisamment affermi dans la vallée du Nil.

Malgré le rétablissement de la communauté de foi religieuse, la division politique séculaire reparaissait donc entre l'Égypte et la Syrie musulmane. Et Saladin, recommençant le jeu de ces mêmes Fâtimides qu'il venait de détrôner, n'allait pas hésiter, pour tenir en échec son ancien maître, à ménager les Francs et à les aider à se maintenir, État-tampon providentiel entre son jeune royaume et les possessions de l'atâbeg.

Ibn al-Athîr nous montre un exemple typique de ce renversement des situations[357]. À la fin de septembre 1171, sur l'injonction de Nûr al-Dîn, Saladin sortit d'Égypte pour venir assiéger dans le Wâdî al-'Araba, la forteresse franque du Krak de Shawbak, ou Montréal, la seconde place de la seigneurie franque d'Outre-Jourdain. « Il serra de près la garnison franque et prolongea l'attaque. La garnison demanda la vie sauve et un délai de dix jours au terme duquel elle rendrait la place. » La chute de la forteresse paraissait d'autant plus inévitable que le roi Amaury qui, pour couper la route à Saladin, s'était mis en mouvement avec l'armée franque et le patriarche portant la Vraie Croix, ne dépassa pas le point d'eau de Bersabée (Bîr al-Seba') au sud-ouest d'Hébron. Mal informé, sur les conseils des barons que le traducteur de Guillaume de Tyr incrimine ici de lâcheté, au lieu de descendre jusqu'au Wâdî al-'Araba, il remonta vers le Daron, de sorte que la capitulation de Montréal ne semblait plus qu'une question de jours[358].

Mais sur ces entrefaites, Saladin apprit que Nûr al-Dîn descendait de Damas avec ses troupes pour le rejoindre devant Montréal. Entre eux deux la seigneurie franque de Transjordanie et peut-être même le royaume de Jérusalem tout entier risquaient d'être broyés comme dans un étau. C'était précisément ce que, pour l'heure, ne désirait nullement Saladin. « Si Nûr al-Dîn, lui disaient ses conseillers, entre sur le territoire des Francs, dans l'état où ils sont, attaqués d'un côté par toi et de l'autre par l'atâbeg, ce dernier s'en emparera. Or, dès que les Francs auront disparu du pays et que leur royaume aura été conquis, tu ne pourras plus en Égypte tenir tête à l'atâbeg. Si d'autre part Nûr al-Dîn vient te trouver ici (à Shawbak), il te sera impossible de ne pas te réunir à lui, et alors il sera maître de te traiter à sa volonté. S'il veut te maintenir en place, il le fera ; s'il veut te destituer, il le fera aussi et tu seras dans l'impossibilité de lui résister. La seule issue, c'est de retourner en Égypte ![359] » Point de vue curieux, qui montre comment, même aux pires moments, le royaume franc pouvait encore manœuvrer à travers la politique indigène. Peut-être d'ailleurs est-ce à des considérations de cet ordre qu'avait obéi le roi Amaury en ne poussant pas sa chevauchée plus au sud que Bîr al-Seba'.

Saladin se rallia à l'avis de ses conseillers. Abandonnant le siège du Krak de Montréal à la veille de la capitulation de la place, il rentra directement en Égypte (fin octobre, début de novembre 1171). Pour apaiser Nûr al-Dîn, il prétexta la nécessité de courir au Caire étouffer une révolte fâṭimide imminente. Mais les abondantes excuses et les protestations de respect qu'il multiplia à ce sujet dans sa correspondance avec l'atâbeg ne donnèrent pas le change à ce dernier. Nûr al-Dîn était si indigné de la conduite de celui qu'il considérait toujours comme un simple lieutenant qu'il résolut de marcher sur l'Égypte et de l'en expulser.

À ces nouvelles Saladin réunit au Caire un conseil de guerre composé de ses principaux émirs et des membres de sa famille. Quand il eut exposé la situation, il se fit d'abord un silence lourd d'angoisse. Puis les jeunes gens, comme Taqî al-Dîn 'Omar, neveu de Saladin, prirent la parole pour déclarer que, si Nûr al-Dîn se présentait, il n'y aurait qu'à le combattre et à le repousser. Mais dans une dramatique intervention, le père de Saladin, le vieux Najm al-Dîn Aiyûb, posa la question de droit. « C'était un homme rempli de jugement, d'astuce et d'intelligence. » Il ordonna à Taqî al-Dîn de se rasseoir, comme un enfant inconsidéré ; puis, lui ayant fait une semonce vigoureuse, il adressa la parole à Saladin : « Me voici, moi qui suis ton père ; voici Shihâb al-Dîn, qui est ton oncle maternel. Crois-tu que dans cette assemblée il y ait quelqu'un qui t'aime autant que nous t'aimons et qui te veuille autant de bien que nous ? Eh bien, je déclare devant Allâh que, si moi et ton oncle que voici nous voyions Nûr al-Dîn, nous ne pourrions pas nous empêcher de mettre pied à terre et de nous prosterner devant lui. S'il nous ordonnait de te couper la tête avec l'épée, nous le ferions sans hésiter. Tels sont nos sentiments. Tu peux juger ceux des autres. Si Nûr al-Dîn se présentait, même seul, devant nous, aucun des émirs, aucun des soldats n'oserait rester en selle ; tous s'empresseraient de mettre pied à terre et de se prosterner devant lui. Ce pays d'Égypte est à lui. Tu n'y es que son lieutenant. S'il veut te déposer, il n'a pas besoin de venir ici. Il n'a qu'à envoyer un courrier avec une dépêche t'ordonnant de te rendre à sa cour. Ce pays est le sien, il peut en donner le gouvernement à qui il veut ! » S'étant alors adressé à l'assemblée, il leur dit : « Laissez-moi seul avec mon fils ! »

Une fois seul avec lui, le vieux chef kurde dévoila son jeu, car toute cette explosion de loyalisme n'était, bien entendu, que ruse orientale : « Tu n'es qu'un sot qui connais mal le monde ! Tu as réuni tous ces émirs et tu leur as découvert la pensée qui te tient au cœur. Aussi, quand Nûr al-Dîn apprendra que tu as l'intention de l'empêcher d'entrer en Égypte, il laissera de côté toute autre affaire pour s'occuper uniquement de toi. S'il vient, tu verras que personne de toute ton armée ne restera auprès de toi et qu'on te livrera à lui. Maintenant que la séance est terminée, nos émirs vont lui écrire et l'informer du discours que j'y ai tenu. Toi tu lui écriras dans le même sens et tu lui diras : "J'ai appris que mon Maître veut se mettre en route pour ce pays-ci. Mais quel besoin a-t-Il de prendre cette peine ? Que mon Maître envoie un courrier qui me passera une corde autour du cou, je me laisserai amener sans résistance ! Il n'y a personne ici pour Vous résister[360]." »

Ménagements de Saladin envers les Francs comme contrepoids à la puissance de Nûr al-Dîn.

De fait Nûr al-Dîn, sans être dupe de la manœuvre, ajourna l'invasion projetée. Mais ce n'était que partie remise, puisqu'il envoyait déjà son vizir en Égypte pour relever le cadastre du pays et fixer l'assiette de l'impôt[361]. Saladin, qui était sans illusions sur ce qui se préparait, prit ses précautions. Dans les derniers jours de l'année 1172 il envoya son frère Shams al-Dawla Tûrân-shâh faire la conquête de la Nubie pour que le pays servît de refuge aux Aiyûbides dans le cas d'une attaque victorieuse de Nûr al-Dîn contre l'Égypte. Dans le même but Tûrân-shâh exécuta en 1174 au Yémen une expédition qui le rendit maître de cet État[362]. En même temps, du côté de la Syrie, « Saladin s'abritait derrière les Francs et n'avait aucune envie de renverser leur puissance, tandis que Nûr al-Dîn n'avait d'autre pensée que de leur faire une guerre sans merci. Saladin, lui, se gardait bien de les attaquer, car, si Nûr al-Dîn ne les trouvait plus devant lui pour lui barrer le passage, il entrerait en Égypte et lui enlèverait ce pays ! »[363].

Au témoignage d'Ibn al-A*th*îr, une réconciliation fut tentée en mai-juin 1173 entre Nûr al-Dîn et Saladin. Les deux princes décidèrent une attaque combinée contre les possessions franques de Transjordanie[364]. Saladin, parti d'Égypte avec toutes ses forces, apparut le premier au rendez-vous devant le Krak de Moab (la Pierre du Désert, Kérak) qu'il assiégea. Mais lorsque Nûr al-Dîn, accouru de son côté de Damas, ne fut plus qu'à al-Raqîb, près d'Ammân, à peu de distance du Krak, Saladin de nouveau prit peur, « car il savait bien qu'une fois en présence de Nûr al-Dîn, il serait facile à l'atâbeg de le destituer ». Prétextant la maladie de son père[365], il retourna précipitamment en Égypte sans attendre l'arrivée de son suzerain. Bien entendu il essaya encore de pallier sa méfiance en comblant Nûr al-Dîn de flatteries et de cadeaux. L'atâbeg dissimula, mais il était résolu à en finir, et, en mai 1174, il se préparait, cette fois sans rémission, à envahir l'Égypte, quand se déclara l'esquinancie qui devait l'emporter[366].

Le complot égyptien shî'ite du printemps 1174.
Appel des conjurés au roi Amaury et aux Normands de Sicile.

En somme, ainsi qu'Amaury Ier et Manuel Comnène avaient dû s'en apercevoir dans leurs conversations du printemps 1171, l'état du monde musulman laissait encore aux

566   L'ÉQUILIBRE

chrétiens une certaine liberté de manœuvre. À peine Saladin était-il installé en Égypte que déjà, reprenant d'instinct la politique de son prédécesseur Shâwar, il s'appuyait contre Nûr al-Dîn sur la Syrie franque[367]. Que la méfiance réciproque entre lui et Nûr al-Dîn allât jusqu'à la rupture, le nouveau maître de l'Égypte, toujours comme Shâwâr, serait peut-être obligé de faire appel à une diversion franque.

Indépendamment de ces perspectives, le pouvoir de Saladin en Égypte était encore loin d'être entièrement affermi. Ni les sectes shî'ites, chassées du pouvoir par le rétablissement de l'orthodoxie sunnite, ni les anciens serviteurs de la dynastie fâtimide n'étaient encore résignés à leur déchéance. En mars-avril 1174 un vaste complot s'organisa au Caire entre ces divers éléments pour restaurer la dynastie fâtimide et la foi shî'ite. Les instigateurs en furent le poète yéménite, 'Umâra ibn Abu'l Hasan, le secrétaire 'Abd al-Samad, le qâdî al'Awurîs, le dâ'î des dâ'î ou chef des missionnaires shî'ites[368], plusieurs anciens officiers égyptiens ou soudanais, les survivants de la garde nègre, les anciens domestiques du palais khalifal, bref tous ceux que la révolution politico-religieuse des années précédentes avait dépouillés ou amoindris[369].

Pour que la révolte réussît, il fallait un appui extérieur. Et naturellement les conjurés pensèrent aux Francs. Seuls les Francs pouvaient, en paralysant les forces de Saladin et de Nûr al-Dîn, permettre, avec le triomphe de la révolution cairote, la restauration de l'indépendance égyptienne et de la dynastie nationale fâtimide « Tous convinrent de mander les Francs en Égypte, moyennant une certaine somme et un certain territoire qu'on leur offrirait ; que lorsque les Francs s'avanceraient sur l'Égypte, si Saladin sortait au-devant d'eux, les conjurés exciteraient une émeute au Caire et à Fustât et rétabliraient la dynastie fâtimide ; que d'autre part ceux des soldats de Saladin qui étaient dans le complot abandonneraient leur chef auquel il ne resterait pas la moindre possibilité de tenir tête aux Francs. Si, au contraire, Saladin demeurait au Caire et se contentait d'envoyer des troupes contre les Francs, les conjurés se soulèveraient contre lui et le feraient facilement prisonnier, dépourvu qu'il serait de soldats et de défenseurs ».

Un homme eût pu remplacer Saladin assassiné et regrouper ses troupes : son frère Tûrân-shâh. Mais 'Umâra le Yéménite qui avait ses intelligences jusque dans l'entourage de Saladin, para au danger en faisant suggérer à ce dernier d'envoyer Tûrân-shâh faire, comme on l'a vu, la conquête de la Nubie et du Yémen[370]. Tout fut préparé pour que, dès l'annonce de la révolte, la restauration fâṭimide du jour au lendemain s'effectuât. Un gouvernement était tout prêt dans l'ombre. On désigna parmi les membres de la famille fâṭimide un khalife ; on désigna un chambellan, un dâ'î (missionnaire suprême), un qâḍî, et surtout un vizir – non sans de vives discussions, car la famille de Shâwar et celle d'Ibn Ruzzîk se disputaient le poste –, tant rien n'était laissé au hasard[371].

Tout étant prêt à l'intérieur, les conjurés, conformément à leur plan, envoyèrent des émissaires au roi Amaury à Jérusalem et aussi au roi normand de Sicile Guillaume II. La marine de ce dernier dominait en effet la Méditerranée centrale et pouvait être d'un concours très efficace si elle opérait une attaque sur Alexandrie, en même temps qu'Amaury marcherait sur Damiette ou Bilbeîs. Un accord ferme fut établi en ce sens entre les nationalistes égyptiens et les deux princes latins, « et il ne resta plus aux Francs qu'à se mettre en marche[372] ». D'une part en effet Amaury envoya au Caire un ambassadeur chargé en apparence de venir saluer Saladin, en réalité de prendre les dernières dispositions avec les conjurés. D'autre part nous verrons que le roi normand équipa une armada de six cents voiles, galères de combat et vaisseaux de transport, pouvant jeter sur le Delta, affirme Behâ al-Dîn, jusqu'à 30 000 hommes, et que cette escadre parut effectivement devant Alexandrie le 28 juillet 1174 d'après Imâd al-Dîn, le 7 septembre de la même année d'après Behâ al-Dîn[373].

Découverte et répression du complot franco-shî'ite par Saladin.

Mais quand l'escadre normande jeta l'ancre devant Alexandrie, les nationalistes égyptiens avaient été depuis longtemps écrasés.

568 L'ÉQUILIBRE

Quelque soin qu'eussent mis les conjurés à dépister la police de Saladin, ils n'avaient pu empêcher celle-ci d'avoir vent du complot. On avait vu arriver au Caire une ambassade du roi Amaury avec des présents et un message pour Saladin : les prétextes d'une telle démarche ne manquaient pas, puisque contre la menace d'invasion de Nûr al-Dîn, Saladin se rapprochait chaque jour des Francs. En réalité les envoyés d'Amaury venaient s'entendre secrètement avec les conspirateurs égyptiens pour arrêter les derniers détails de l'action commune. Mais Saladin fut avisé de la véritable mission de l'ambassadeur « par un avis venu de la Syrie franque ». Il plaça alors auprès de l'envoyé franc « un chrétien en qui il avait confiance » – sans doute quelque copte de son entourage. – Le Franc, se fiant à la foi chrétienne du personnage, commit l'imprudence de le mettre dans le complot. Le traître courut aussitôt avertir Saladin qui n'eut plus qu'à faire arrêter les conjurés auxquels ce fut un jeu d'arracher des aveux par la torture[374].

La répression fut impitoyable. Le poète 'Umâra notamment fut mis en croix, malgré la beauté des vers que jusqu'à la dernière heure il adressait à ses bourreaux (6 avril 1174). On fit disparaître les derniers princes fâtimides, fils du feu khalife al-'Adid. Dans l'armée les contingents égyptiens furent relégués aux marches de Nubie, pour faire place aux seuls éléments kurdes et turcs.

Une tentative désespérée fut encore faite à la frontière nubienne par un général fâtimide nommé Kanz al-Dawla[375]. D'Assuân où il s'était retiré, il organisa un complot parmi les nègres du pays, anciens soldats des régiments noirs dissous et marcha avec eux sur Qûs. Saladin expédia contre les révoltés son frère al-'Adil avec un corps de mamelûks syriens « choisis parmi ceux qui, ayant goûté des douceurs de la vie égyptienne, y tenaient trop pour s'en laisser priver ». Les Soudanais, attaqués en bataille rangée, furent écrasés par la supériorité de l'armement turc et massacrés en masse (7 septembre 1174)[376].

Le roi Amaury, immédiatement averti de la catastrophe de ses amis égyptiens, décida d'ajourner l'expédition préparée[377]. Sans doute attendait-il l'arrivée soit des forces byzantines promises par le dernier accord de Constantinople, soit de la flotte normande du roi de Sicile, Guillaume II. De fait ce dernier continuait ses préparatifs, malgré l'échec du complot égyptien puisque, quelques mois après, à l'été de la même année, l'*armada* normande devait paraître devant Alexandrie. Malheureusement, à cette heure décisive, le roi Amaury ne devait plus être là pour donner la main aux Normands[378].

*Rapprochement d'Amaury I*er *et des Ismâ'îliens. Ambassade envoyée par le grand-maître Sinân au roi de Jérusalem.*

Comme les shî'ites modérés de l'ancienne obédience fâtimide en Égypte, les shî'ites extrémistes qui s'étaient groupés autour de la secte des Ismâ'iliens ou Bâtiniyens, en Syrie se tournaient vers les Francs comme vers des alliés naturels : tant, en ces années décisives 1171-1174, la présence des Francs apparaissait à tous les dissidents de l'Islam comme un nécessaire facteur d'équilibre politique et religieux en face de la réaction sunnite triomphante.

Les Ismâ'iliens, plus connus de nos chroniqueurs sous le nom de *Hassassis* – en arabe Hashîshîyûn « consommateurs de haschich » –, possédaient, on l'a vu, dans le Liban et le Jebel Nosairi, un certain nombre de châteaux forts, comme Qadmûs acquis par eux en 1133-1134, 'Ullaiqa, 'Olleiqa, ou 'Allaiqa, qui commandait la vallée du Nahr Jubar, al-Kahf et surtout Masyât, Masyâd, ou Masyâf, le principal de ces nids d'aigles, ismâ'ilien depuis 1140-1141[379]. Cet ensemble de châteaux s'insérait entre l'hinterland de la Principauté d'Antioche et l'hinterland du comté de Tripoli qu'il empêchait de se rejoindre autrement que par l'étroite corniche de Qal'at Marqab, Bâniyâs (Valanée), et Jabala (Jiblé). Mais aussi il protégeait cette bande côtière franque contre les attaques zengides venues de Hamâ et Shaizar.

Guillaume de Tyr, comme toujours si bien informé des affaires indigènes, nous décrit l'organisation de la redoutable secte avec son grand maître, le « Vieux de la Montagne » *(Sheikh al-Jebal)*, la discipline impitoyable imposée à ses *fidâ'is* fanatisés, ses « assassinats » qui terrorisaient l'Islam comme la chrétienté : « Il n'ont mie seigneur par héritage, traduit *l'Éracles*, ainçois (= mais) eslisent à escient le meilleur home de la terre por eus governer et deffendre. Il li

570 *L'ÉQUILIBRE*

obéissent si (tellement) et le doutent (= redoutent) et enneurent que nule chose n'est si dure ne si périlleuse, se cil leur comande, qu'il ne le facent trop volentiers, et dient que nul si grant enneurs n'est en ce siècle come de faire les comandemenz (de) son seigneur ; et en ce cuident bien leur âmes sauver. Dont il avient que, se li mestres het aucuns princes qui soit ses voisins, ou ailleurs en lointaignes terres, il apele un de ses homes, le quel il veult, et li baille un coutel ou une misericorde : si li commande qu'il ocie son anemi de cele arme. Cil s'en vet à trop grant joie ; jà puis ne finira de querre le tens et le leu que il a parfet le comandement (de) son seigneur[380]. »

Or en 1173 le sheikh de ces Ismâ'îliens aurait, d'après Guillaume de Tyr, manifesté l'intention d'abjurer l'Islâm et de se convertir avec tout son peuple à la foi chrétienne. Assertion entièrement invraisemblable, surtout si l'on songe que depuis 1169 ce sheikh n'était autre que le célèbre Râshid al-Dîn Sinân de Bassora qui devait donner aux Ismâ'îliens de Syrie leur organisation terroriste[381]. Ce qui est beaucoup plus plausible, c'est que, devant la menace que constituaient pour eux la destruction du khalifat fâtimide et le triomphe de l'orthodoxie sunnite, Sinân et ses affiliés éprouvèrent le besoin de s'appuyer sur les Francs. Comme condition d'un accord contre Nûr al-Dîn, ils demandaient à être affranchis du tribut de 2 000 besants que les Templiers établis au sud-ouest de leur territoire, dans la région de Tortose, leur avaient imposé.

Amaury accueillit avec grande joie le message du Vieux de la Montagne. Les propositions des Ismâ'iliens à cette heure trouble de 1173 constituaient un fait nouveau dont le roi de Jérusalem discerna tout de suite l'importance. La redoutable secte, avec sa discipline de fer et les intelligences secrètes qu'elle possédait dans tout l'Islam, pouvait rendre aux Francs d'inestimables services. « Li Rois ot mout grant joie quant il oï ce message parler, et, si com il estoit bons crestiens et sages hom, il respondi mout débonnerement que jà si grant chose ne si haute emprise ne remaindroit (= n'échoueraient pas) por la rente de deus mile besanz, que il estoit prest que il, de ses propres rentes, les asseist (= assura) aus Templiers. » Amaury Ier, à qui on a si souvent adressé le reproche

AMAURY Ier ET LA CONQUÊTE DE L'ÉGYPTE

d'avarice, n'hésitait donc pas à dédommager de sa cassette les Templiers, tellement il estimait que la renonciation au tribut payé par les Ismâ'iliens ne pouvait entrer en ligne de compte avec l'immense bénéfice constitué par leur étroite alliance. « Après ce, retint le message (= messager) une pièce de tens avec lui, por acomplir les covenances (= conventions) qu'il demandoit, mout li fesoit bêle chière et grant enneur ; après quant il fu acordé (= conclu l'accord) entre le Roi et lui, il demanda congié et s'en parti por amener le Vieil et ses genz à faire de bon cuer ce qu'il avoient promis. Le Rois li bailla conduit (= sauf-conduit)[382]. »

Massacre des ambassadeurs Ismâ'iliens par les Templiers. Expédition punitive d'Amaury Ier contre l'Ordre du Temple. Projet de dissolution de l'Ordre par le roi de Jérusalem.

Amaury avait compté sans les Templiers. Ceux-ci, ennemis jurés des Ismâ'îliens, résolurent d'empêcher à tout prix le rapprochement. À l'instigation de l'Ordre, l'un d'entre eux, Gautier du Mesnil, assaillit et massacra les ambassadeurs ismâ'îliens au moment où ceux-ci rapportaient au grand maître la réponse favorable du roi. « Quant il (l'ambassadeur et ses gens) orent passé Triple (= Tripoli) et cil estoit jà près de son païs, ne sai quant (= combien de) Templier saillirent d'un guet et leur corurent sus, les espées trètes (= tirées). Ce preudom (l'ambassadeur) qui jà estoit ausi come crestiens et mout se fioit en la loiauté de nostre gent et avoit le (sauf-)conduit le (= du) Roi, (ils l') ocistrent et décopèrent tout. »

La colère d'Amaury fut terrible. « Quant li Rois sot ceste novele, si grant duel et si grant courrouz en ot qu'il sembloît qu'il fu touz hors du sens. Tantost (aussitôt) envoia querre ses barons et les conjura qu'il li donassent conseil. La chose conta si com il l'avoit menée. Il respondirent tuit à une voiz que ce ne devoit il mie lessier qu'il ne fust bien amendé, car trop estoit li outrages laiz et vilains, et grant honte avoit l'en fet à Dame Dieu et à toute la Crestienté et nomeement au Roi[383]. » Sur-le-champ on envoya à Eude de Saint Amand, grand maître du Temple, deux commissaires, Séhier de Maimendon et Godechaux de Turout, avec ordre de livrer immédiatement le meurtrier. Le grand maître refusa. Il devait suffire au Roi et à la cour des barons qu'il eût lui-même infligé une pénitence au Frère coupable ; au surplus, le cas était soumis au Pape, et Gautier du Mesnil allait donc partir se faire juger à Rome. Se plaçant sur un pied d'indépendance à l'égard de la couronne, le Grand Maître ajoutait que nul ne toucherait au Templier coupable : « Et por ce, deffendoit il bien au Roi et aus autres barons, de por Dieu et par l'Apostoile (= le Pape), qu'il ne meissent main aus frères ne à leur choses. Autres paroles meismes dit-il assez, de que il n'est mie mestiers à reconter, car eles mouvoient plus d'orgueil que de religion[384]. »

Cette tendance des Ordres militaires à s'ériger en États dans l'État était évidemment incompatible avec l'institution monarchique. Un jour viendra, après 1187, où, le pouvoir royal étant brisé, la royauté étant devenue élective et internationale, l'insubordination du Temple et de l'Hôpital sera une des causes de ruine de la Syrie franque. Mais en 1173 il y avait encore un roi obéi et une dynastie solide à Jérusalem. Amaury déploya contre cette première menace de dissociation féodale la même énergie que jadis Baudouin Ier contre la constitution d'un État ecclésiastique du Saint-Sépulcre[385]. Il se rendit séance tenante à Sidon où résidaient pour lors le Grand Maître et son chapitre, fit assaillir par ses chevaliers l'hôtel du Temple et s'empara par la force du Templier criminel qu'il jeta dans un cachot à Tyr. « Li Rois vint por ceste besoigne meismes à Saiete, et trova iluec le mestre du Temple et des autres assez, celui meismes mauféteur qui estoit avec eus ; et, par le los de tous, envoia genz d'armes en la meison du Temple, et prist par la force ce templier qui la cruauté avoit fete, si l'envoia à Sur et le fist mestre en chartre (= prison). » Le roi de Jérusalem manda en même temps au grand maître des Ismâ'iliens la nouvelle de cette expédition punitive et rendit ainsi quelque confiance à ses nouveaux alliés.

Quant aux Templiers, *l'Estoire d'Éracles* nous laisse supposer que, si Amaury avait vécu, il aurait entrepris une action auprès du Pape et des chefs de l'Occident pour faire expulser et dissoudre l'Ordre. « L'en cuide bien que, se il eust plus vescu, qu'il eust envoié letres et bons messages par touz les princes de la Crestienté [por mostrer le grant domage que li

AMAURY Iᵉʳ ET LA CONQUÊTE DE L'ÉGYPTE   573

Templier avoient fet à la foi crestienne et noméement au roiaume de Surie ; si les cuidoit bien si esmouvoir contre eus que chascun les chaçast de son pooir][386] ». Amaury Iᵉʳ devançant de cent trente-cinq ans l'acte de Philippe le Bel ! Notons seulement que, si une telle mesure avait été effectivement prise en 1174, treize ans plus tard le désastre de *Hattîn* et la chute du royaume de Jérusalem auraient sans doute été évités.

En tout cas, la chevauchée punitive de 1173 et le coup de force de Sidon montrent avec quelle énergie Amaury Iᵉʳ savait maintenir l'autorité monarchique, sauvegarde de l'Orient Latin.

*Amaury Iᵉʳ et le projet de colonisation arménienne
dans la Syrie franque.*

Un autre point de l'histoire d'Amaury Iᵉʳ, où éclate son génie est sa politique arménienne, du moins avant que la trahison de Mleh ne vînt en bouleverser les données.

Nous avons vu qu'Amaury avait naguère réconcilié le prince arménien de Cilicie, Thoros II, et la cour de Constantinople. Mais Ernoul nous rapporte un remarquable projet, agité entre Thoros II et Amaury pour donner au royaume de Jérusalem, grâce à une immigration arménienne compacte, l'élément rural qui lui manquait. C'était au cours d'un pèlerinage accompli par Thoros II à Jérusalem[387]. Le prince arménien, en traversant les campagnes de la Syrie franque, avait été frappé par le fait que l'élément rural qui constituait le fond de la population n'était représenté que par des fellahs musulmans, l'élément latin se composant seulement des chevaliers français des forteresses et des marchands italiens des ports : « Sire, dist Thoros, je ai grant pitié de vous et de la tiere, car vous n'i êtes rois, se tant non com (= qu'autant que) li Sarrasin vorront (le voudront). En toutes les villes de vostre tiere mainent (demeurent) Sarrasin. Si (= aussi) sevent (savent) tous les destrois de votre tiere et tout l'afaire ensément. S'il avient que ost (armée) de Sarrasin entre en vostre tiere, il ont l'aïue (l'aide) et le consel des vilains de vostre tiere et des viandes (ravitaillement) et d'iaus meismes. S'il avient que Sarrasin soient desconfit, vos gens meesme les metront à sauveté, et, se vos estes desconfit, ce sont cil qui pis vous

574

L'ÉQUILIBRE

feront, vos vilain meisme[388]. Pour ce di-jou (= dis-je) que vous n'i este garde non de vostre tiere, se tant com (qu'autant que) li Sarrasin volront (= voudront). Pour l'ounour que vous m'avés faite et pour çou ke je voi que grans mestiers (besoin) seroit à la tiere, je vous envoierai XXX mil hommes de ma tiere, à toutes lors maisnies (avec toutes leurs familles), trestous armés, pour vostre tiere garder et peupler de crestiens et pour garnir, et hoster les Sarrasins de vostre tiere. Cest premier an vous en envoierai XV mil, et es autres II ans après, XV mil. Se vous ensi avés garnie vostre tiere de Crestiens, si porés estre sires de vostre tiere et de vostre roiaume. Se Sarrasins entrent en vostre terre, vos fètes savoir partuit par vos viles que les II pars de vos genz viegnent à vos armes et la tierce demort, landemain porroiz avoir XX mil homes à armes. Ne vous couteront un denier et si (= ainsi) porront li destroit de vostre terre estre gardé. »

Il est inutile de signaler l'intérêt d'un tel programme. Continûment depuis le milieu du onzième siècle, la race arménienne, chassée de la Grande Arménie par la poussée turque et kurde, descendait vers la Commagène et la Cilicie. Il y avait là un matériel humain excellent, des populations agricoles et commerçantes qui ne demandaient qu'une protection en terre chrétienne et le respect de leur église nationale pour prendre racine et former une barrière au torrent musulman. Puisque l'immigration française, limitée aux cadres politiques et militaires, était loin de suffire à renouveler le pays, c'était une fortune inespérée que de trouver à portée ces robustes et vaillantes populations chrétiennes, ennemies-nées de l'Islam et qui pouvaient fournir au royaume la masse rurale et urbaine qui lui manquait. Une immigration arménienne compacte pouvait sauver les possessions franques.

Amaury Ier, au témoignage d'Ernoul, comprit tout de suite l'importance de la proposition. Il remercia « mout durement » Thoros II et convia le patriarche, les évêques et les barons pour régler avec eux les modalités de l'immigration arménienne. Il fut d'avis – et les barons avec lui – d'accorder aux colons arméniens le même statut juridique qu'aux Arabes sujets, c'est-à-dire l'entière franchise personnelle et culturelle avec, seulement en plus, l'obligation du service militaire. Mais le clergé latin local – parfois trop défiant envers l'activité des autres confessions chrétiennes – fit tout échouer. Sans même consulter le Saint-Siège, – qui, avec sa hauteur de vues habituelle, n'eût pas manqué de donner raison au projet franco-arménien –, il prétendit exiger des immigrants arméniens une dîme ecclésiastique particulière[389]. Blessé dans son orgueil national, Thoros II, au nom du peuple arménien, refusa de souscrire à ces exigences : « les Arméniens ne viendraient pas sur la terre d'autrui pour y être serfs ![390] »

La colonisation arménienne en Syrie franque fut donc abandonnée par suite de querelles ecclésiastiques locales. Il reste à l'honneur du roi Amaury d'avoir songé à la faire réussir.

Amaury Ier et la dissolution de l'empire zengide.
Renouvellement de l'alliance franco-damasquine rétablie
contre Saladin.

Il semblait qu'Amaury, fort de l'alliance byzantine, du concours des Normands de Sicile, aussi bien que de la sympathie des milieux shî'ites en Égypte et des Ismâ'iliens en Syrie, fût à la veille de réparer ses derniers échecs. La rupture, maintenant inévitable, entre l'atâbeg Nûr al-Dîn et Saladin, était sur le point de se produire. Dans la lutte éventuelle entre le vieux roi turc de la Syrie musulmane et le jeune conquérant kurde de l'Égypte, les Francs, comme sept ans plus tôt au temps de Shîrkûh et de Shâwar, pouvaient jouer un rôle décisif. Mais le 15 mai 1174 Nûr al-Dîn, dont la santé avait toujours été délicate, mourut d'une esquinancie dans la citadelle de Damas, et tout le statut des États musulmans se trouva remis en question.

L'héritier du grand atâbeg, le nouveau maître d'Alep et de Damas, était son fils al-Malik al-*Sâlih* Isma'îl, âgé seulement de onze ans. Devant la jeunesse du nouveau prince, toutes les compétitions s'affichèrent. Son cousin, Saîf al-Dîn, atâbeg de Mossoul[391], se hâta de reconquérir Nisîbîn, *H*arrân, Édesse, Sarûj, Raqqa et les autres places de la Jazîra qui lui avaient été naguère enlevées par Nûr al-Dîn[392]. Parmi les émirs de Nûr al-Dîn, c'était la discorde. Les deux plus puissants d'entre eux, Ibn al-Dâya et Ibn al-Muqaddam, ambitionnaient la tutelle de son fils, le jeune Malik al-*Sâlih*. Ibn al-Dâya, qui commandait l'armée d'Alep, occupait solidement la

576   *L'ÉQUILIBRE*

citadelle de cette ville, capitale de l'État zengide. Mais Ibn al-Muqaddam et les autres émirs de l'armée de Damas gardaient avec eux la personne même de Malik al-*Sâlih*, dont la présence légitimait leurs actes[393]. Enfin d'Égypte Saladin revendiquait avec hauteur la tutelle du « fils de son maître » avec « le soin de son éducation », et, s'il ne l'exigeait pas encore les armes à la main, c'est seulement que l'approche de l'armada normande de Sicile le retenait pour quelque temps dans le Delta[394].

Le roi Amaury chercha à profiter des discordes entre les héritiers de Nûr al-Dîn pour essayer de recouvrer l'importante place frontière de Panéas (Bâniyâs de l'Hermon)[395]. Pendant quinze jours il assiégea la place. « Ses engins fesoit drecier et ses genz assaillir efforciément aus murs et aus barbacanes, si que maint domage leur fist. » Mais la forteresse, défendue par une garnison de Turcs damasquins, résista avec non moins d'énergie. L'émir Ibn al-Muqaddam, qui commandait à Damas aux côtés du jeune atâbeg al-*Sâlih*, sortit à la tête de l'armée pour secourir la place ; mais, entouré de périls comme il l'était du fait de ses compétiteurs, il ne désirait nullement combattre : « Il envoya un message aux Francs et chercha à les gagner par la douceur, puis il employa la menace : "Si vous faites la paix avec nous et vous éloignez de Panéas, nous resterons dans le *statu quo*. Sinon nous enverrons des ambassadeurs à Saîf al-Dîn, prince de Mossoul, nous ferons la paix avec lui et lui demanderons des secours. Nous députerons aussi près de Saladin en Égypte, nous implorerons son aide, nous attaquerons votre pays de tous les côtés, et vous ne pourrez nous résister. Vous savez que Saladin craignait de se joindre à Nûr al-Dîn, mais maintenant cette crainte a disparu. Si nous l'invitons à envahir votre pays, il ne refusera pas !" Les Francs, ajoute Ibn al-A*th*îr, reconnurent la vérité de ce discours. Un accord fut conclu. Le gouvernement de Damas versa une contribution de guerre à Amaury et libéra les chevaliers prisonniers dans la ville. Les trêves furent alors renouvelées et Amaury, qui se sentait d'ailleurs malade, leva le siège de Panéas et rentra à Jérusalem par Tibériade, Nazareth et Naplouse « Lors s'en parti d'iluec et pensoit tel chose à enprendre (= entreprendre) dont il feist greigneur (= plus grand) domage à ses anemis. »

AMAURY Ier ET LA CONQUÊTE DE L'ÉGYPTE 577

Cette grande entreprise, à cette date, ce ne pouvait être qu'une attaque contre le Delta en liaison avec l'escadre normande qui, quelques jours après, le 28 juillet 1174, allait apparaître devant Alexandrie.

Par ailleurs, du texte d'Ibn al-A*th*îr, il ressort nettement que c'était un véritable pacte franco-damasquin qui, comme aux jours du roi Foulque et de Mu'în al-Dîn Unur, venait d'être conclu devant Panéas entre Amaury et Ibn al-Muqaddam. Saladin contre qui cet accord défensif était dirigé, ne s'y trompa point : « Désapprouvant hautement l'accord, il écrivit à Malik Sâli*h* et aux émirs de sa cour, pour leur reprocher leur conduite, leur offrir de se porter lui-même sur le territoire des Francs, de combattre ceux-ci et de défendre contre eux les États de Malik al-Sâli*h*. Son but était de s'ouvrir un chemin vers la Syrie afin de s'emparer du pays. (Mais précisément), les émirs syriens n'avaient conclu la paix avec le Franc qu'à cause de la crainte que leur inspiraient et Saladin et Saîf al-Dîn, prince de Mossoul. Ils jugèrent préférable de s'entendre avec les Francs plutôt que de voir arriver Saladin de l'Occident et Saîf al-Dîn de l'Orient tandis qu'eux-mêmes seraient occupés à la guerre sainte[396]. »

Ainsi la dissolution de l'empire de Nûr al-Dîn permettait au roi Amaury de revenir à la traditionnelle entente franco-damasquine, c'est-à-dire à la politique de son père, le roi Foulque. Il venait de conclure cet accord, que les intérêts communs ne pouvaient que consolider, avec le gouvernement de Damas. À Constantinople, l'empereur Manuel Comnène, fidèle au pacte arrêté lors du voyage du roi sur le Bosphore, préparait une escadre et un corps expéditionnaire pour la nouvelle croisade franco-byzantine contre l'Égypte. D'autre part l'escadre normande de Sicile faisait déjà voile vers Alexandrie. Et, tandis que pour les chrétiens ce faisceau d'alliances entrait en jeu, l'Islam syrien se trouvait plongé, par la dissolution de l'empire zengide, dans une totale anarchie : guerre entre l'atâbeg zengide de Mossoul et le gouverneur d'Alep, hostilités entre celui-ci et le gouvernement zengide de Damas, brouille entre le gouvernement de Damas et Saladin au Caire. Des perspectives favorables s'ouvraient de tous côtés pour Amaury Ier, lorsqu'au bout de quelques jours de maladie il mourut à Jérusalem le 11 juillet 1174 d'une dysenterie contractée au siège de Panéas.

Le prince cultivé sous l'inspiration duquel Guillaume de Tyr a écrit sa grande histoire des Croisades, le capitaine qui avait mis en fuite Nûr al-Dîn à Buqai'a et fait capituler Saladin dans Alexandrie, le politique qui avait scellé l'alliance franco-byzantine et failli conquérir l'Égypte – rêve auquel (l'arrivée de l'armada normande le prouve) il n'avait nullement renoncé – disparaissait à trente-huit ans, en pleine force, en pleine action, à la veille des plus vastes entreprises. La mort de ce grand roi à un tel moment était un désastre dont l'État franc de Syrie ne devait pas se relever[397].

CHAPITRE IV

BAUDOUIN IV, LE ROI LÉPREUX

§ 1er. — Première baylie du comte Raymond III de Tripoli.

Baudouin IV, l'enfant lépreux.
Sa valeur, son héroïsme, sa sainteté.

On se rappelle qu'Amaury Ier avait dû, à son avènement, répudier pour cause de parenté sa femme, Agnès de Courtenay dont il avait deux enfants, Baudouin et Sibylle. Il avait épousé depuis la princesse byzantine Marie Comnène qui lui donna une autre fille, Isabelle, mais point de fils. Il résultait de cette situation que le jeune Baudouin, bien que né d'un mariage cassé par l'autorité ecclésiastique, restait l'héritier légitime de la couronne. Amaury aimait d'ailleurs particulièrement cet enfant qu'il avait gardé auprès de lui, tandis que Sibylle était élevée au couvent de Saint-Lazare de Béthanie, auprès de sa grand'tante la mère-abbesse Yvette.

À la mort d'Amaury Ier, le jeune Baudouin, quatrième du nom, fut donc sans difficulté reconnu roi et sacré dans les trois jours au Saint-Sépulcre. La veuve d'Amaury, la princesse byzantine Marie Comnène, qui ne pouvait avoir aucune part aux affaires puisqu'elle n'était pas la mère du nouveau roi, reçut en douaire la vicomté de Naplouse ; elle devait trois ans plus tard (1177) se remarier avec Balian II d'Ibelin[1].

Baudouin IV n'avait que treize ans. C'était un adolescent charmant et remarquablement doué. « En s'enfance estoit-il mout biaus, vistes (prompt) et aperz (ouvert) et chevauchoit très bien, mieuz que n'avoient fet si ancessor. » Doué d'une grande vivacité d'esprit, bien que bégayant légèrement comme son père, et d'une excellente mémoire – (jamès n'obliast un courrouz (une insulte) et, plus à enviz encore, les bontez que l'en li fesoit » –, il fut le plus cultivé des princes de sa famille. Dès l'âge de neuf ans, son père lui avait donné comme précepteur le grand historien des Croisades, Guillaume de Tyr. « Cil i mist tel peine et si grant entente com l'en doit metre en fil de roi, tant que il profitoit mout en aprendre... ; de très bonne remembrance estoit, letres savoit assez, estoires retenoit et contoit mout volentiers[2]. »

Dans le portrait ému que nous trace de lui Guillaume de Tyr on sent percer une profonde tristesse, car cet enfant si beau, si sage et déjà si savant était atteint d'un mal horrible qui se révéla bientôt : la lèpre qui lui valut son surnom de « Baudouin le *mesel* », ou le lépreux. Guillaume de Tyr nous raconte comment il s'aperçut du malheur, un jour que le jeune prince jouait avec d'autres enfants, fils des barons de Jérusalem : « Un jor, traduit *l'Éracles*, avint que il se jooient ensemble, tant qu'il se comencièrent à esgratigner les mains et les bras au jeu. Li autre enfant crioient quant l'en les ble- çoit ; Baudoins n'en disoit mot. Ceste chose avint par plu- seurs foiz, tant que ses mestres (= son maître) li arcediacres Guillaumes s'en prist garde. Premièrement cuida (= pensa) que li enfès le féist de proesce, que il ne se deignast mie plaindre de ce que l'en le bleçast ; lors en parla à lui et li demanda porquoi il soffroit que l'en li feist mal et n'en fesoit autre chière (= pas plus de cas). Il respondi qu'il ne le ble- çoient pas et qu'il ne sentoit nul mal de l'esgratineure. Lors regarda son mestre son braz et sa main et aperceut bien que il li estoit endormiz. Lors ala au Roi son père et li dist. Li Rois i fist venir ses mires (= médecins) qui assez i mistrent emplastres et oignemenz ; poisons (= drogues) li donèrent et autres medecines, mès rien ne li valurent, car il estoit au comencement de la maladie qu'il ot puis (= depuis) et qui mout se descovri quant il comença à venir en aage d'orne, de que les genz du roiaume avoient grant duel (= deuil), quant il le regardoient[3]. »

Le règne du malheureux jeune homme de 1174 à 1185 – avè- nement à treize ans, décès à vingt-quatre – ne devait donc être qu'une longue agonie. Mais une agonie à cheval, face à l'ennemi, toute raidie dans le sentiment de la dignité royale, du devoir chrétien et des responsabilités de la couronne en ces heures tragiques où au drame du roi répondait le drame du royaume. Et quand le mal empirera, quand le Lépreux ne pourra plus monter en selle, il se fera encore porter en litière sur le champ de bataille, et l'apparition de ce moribond sur cette civière fera reculer Saladin. Non moins clairvoyant au conseil, si les barons avaient toujours écouté sa précoce sagesse, bien des catastrophes eussent été évitées. Mais, en raison de son état, il fut trop souvent obligé, même parvenu à l'âge d'homme, de remettre le pouvoir entre leurs mains, ou plutôt d'assister à leurs querelles sans réussir à leur imposer son royal arbitrage. Les institutions monarchiques qui avaient jusque-là assuré l'unité et la continuité de l'État franc se trouvèrent ainsi brusquement remises en question. À la place de l'autorité royale et de son action salvatrice, on vit renaître l'anarchie féodale, l'insubordination des grands barons et des Ordres militaires, poursuivant chacun leur politique propre, suivant leurs intérêts particuliers. Ce fut la fin de l'État franc comme personne morale, précédant de peu d'années sa disparition comme entité territoriale[4].

Gouvernement du sénéchal Milon de Plancy.
Opposition des barons.

Autour de l'enfant malade, la lutte pour le pouvoir commença. Le gouvernement fut d'abord assumé par le sénéchal Milon ou Miles de Plancy, chevalier champenois qui avait été le confident et l'ami personnel du roi Amaury. Amaury vers 1172 lui avait fait obtenir la seigneurie d'Outre-Jourdain (Transjordanie et Idumée) en lui faisant épouser l'héritière de cette terre, Étiennette de Milly, veuve d'Onfroi III de Toron. Milon de Plancy, investi, d'ailleurs de sa propre autorité, d'une sorte de régence au nom du jeune Baudouin IV, semble avoir voulu continuer le gouvernement et l'œuvre du grand monarque défunt. Il « maintenoit toutes les besoignes eu roiaume », écrit *l'Estoire d'Éracles* qui ajoute plus énergiquement qu'il « s'estoit fet sires du Roi et de sa cort ». Sa fermeté tendait, semble-t-il, à maintenir intacte, sous ce règne d'un enfant malade, l'autorité monarchique. C'est ce que les barons ne pouvaient tolérer. « Grant envie en avoient li autre baron de ce qu'il ne deignoit parler à eus de chose que li Rois eust à fere et ne prisoit rien sens d'autre home que le suen. » Au reste – du moins si nous en croyons Guillaume de Tyr, qui compta parmi ses ennemis personnels – dur, cupide, d'une morgue insupportable. « Por ce, traduit *l'Éracles*, qu'il avoit si bien esté du père (Amaury Ier), vouloit estre sires du fil. Ne prisoit rien les barons, ceus neis (= même) qui estoient plus riche et mieuz vaillant de (= que) lui, car il estoit orgueilleus et bobanciers (insolent), pleins de paroles, et se prisoit plus qu'il ne deust ». Cette hauteur paraît avoir éloigné de lui bien des amitiés. De tous les seigneurs du pays, on ne cite que le châtelain de la Tour de David, à Jérusalem, Rouard, qui ait paru d'accord avec lui et encore « des besoignes du roiaume ne deignast-il parler ne à celui ne à nul autre[5]. »

Contre lui l'opposition se groupa autour du comte de Tripoli, Raymond III. Fait prisonnier par Nûr al-Dîn devant *H*ârim en 1164, Raymond III n'avait été libéré qu'en 1172, après huit tristes années de captivité, moyennant une rançon de 80 000 besants. Le roi Amaury qui, en son absence, « avoit tenue la contrée et gardée mout bien, la li rendi tantost (= aussitôt) et fist grant joie de sa venue ; par désus ce, li dona granz dons por aidier à sa raençon et de parole et par essample pria les autres barons et les prélaz de la terre que tuit li aidassent à ce fés (= fardeau) porter, et il le firent volentiers[6] ».

Raymond III bénéficiait donc d'une grande popularité parmi les barons palestiniens. Il était lui-même le plus haut baron du royaume (puisque le prince d'Antioche relevait théoriquement de l'empire byzantin). De plus par sa mère Hodierne, fille du roi Baudouin II et belle-sœur du roi Foulque, il se trouvait le cousin germain du feu roi Amaury Ier. À ce titre il vint, peu après l'avènement du jeune Baudouin IV, revendiquer la régence. « Devant touz requist le bail (= baylie) du roiaume et dist que il le devoit avoir jusque li Rois venist à droit aage. Trois raisons mist avant par que il le demandoit : l'une fut que il estoit li plus prochain de son lignage (= le plus proche parent mâle de l'enfant-roi), l'autre que il estoit li plus puissanz et li plus riches des barons de la terre ». À ces arguments de droit ou de fait, le comte de Tripoli en ajoutait un troisième d'ordre sentimental, son intimité avec le feu roi et avec la famille royale : « la tierce (raison) (fut) que il avoit bien mostré combien il amoit le Roi et le roiaume, car, tandis com il estoit en prison, manda-il à ses barons que ses chastiaus et ses fortereces et toute sa terre baillassent en la main le (= du) roi Amauri et enterinement li obeissent en touz ses comandemenz, car il avoit bien cest corage (= intention) que, se il moreust en prison, li Rois fust ses oirs (= son héritier) de toutes les choses qui à lui apartenoient, com cil qui estoit ses cousins li plus prochains. Et por iceste bonté requeroit-il le bail (= la baylie) du roiaume, ne mie (= non) por preu (= profit) qu'il pensast à avoir, mès por enneur et por la sauveté du pueple. »

Milon de Plancy écarta la requête de Raymond III. Il fit répondre par le jeune roi d'une manière dilatoire, que la Cour n'était pas au complet pour délibérer : « que tuit ses barons n'estoient pas iluec, meismement li prélat de qui conseil (= du conseil desquels) li Rois vouloit mout user ; mès ne demorroit (= tarderait) mie que il les manderoit, et, quant il les auroit oï parler de ce, tant respondroit au Conte que bien s'en devroit tenir apaié (apaisé). » Raymond III dut se contenter de cette vague promesse et retourna à Tripoli. Mais ses prétentions à la régence avaient reçu l'assentiment quasi général. « Li communs du pueple desirroit mout que li Cuens (= le Comte) gouvernast l'enfant et la terre ; à ce tenoient (aussi) tuit li evesque et, des barons, Onfroiz du Toron, li connestables[7], Baudoins de Rames, Baliens ses (= son) frères[8], Renaus de Saiete[9] (= Sidon) » – au demeurant les principaux vassaux de la couronne, à commencer par la puissante famille d'Ibelin[10].

Complot contre Milon de Plancy. Son assassinat.

Les droits du comte de Tripoli à la régence du royaume paraissaient, il faut bien le reconnaître, d'autant plus fondés que, comme il le faisait observer lui-même, il était le plus proche parent mâle du jeune roi. Malheureusement l'impatience de ses partisans ne voulut pas attendre la réunion de la cour plénière promise par Milon de Plancy. Celui-ci avait-il fait traîner la convocation en longueur ? Toujours est-il qu'un complot se forma pour l'assassiner. À ceux qui l'en avertissaient lui aussi répondit : « Ils n'ôseraient ! » : « Maintes genz le haïrent..., tant que il parlèrent ensemble et distrent que il l'ocirroient. Ceste chose li fu descouverte, et li dist-l'en qu'il se gardast du péril, et en autre manière se contenist (= comportât) por apaisier ceus qui si anemi estoient. Il tint ceste parole à trop grant desdaing et respondi que (même) se il le trovoient endormi, ne l'oseroient-il pas esveiller. De rien ne se garda... » Cette confiance le perdit.

Car les conjurés se préparaient. Dans les derniers mois de 1174, « un jor qu'il sejornoit à Acre, après vespres, quant il asseroit (= au soir tombant), cil s'en aloit par une mestre rue ; ne sai quantes (= combien de) genz li saillirent au devant et le férirent de coutiaus par le cors en tant de leus que il remest (= resta) iluec morz. L'en ne sot mie bien qui ce fist ne consenti...[11] »

Premier gouvernement, à Jérusalem, du comte Raymond III de Tripoli. Caractère et politique de ce prince.

Le sénéchal une fois disparu, les prétentions du comte de Tripoli Raymond III ne rencontrèrent plus d'obstacle. « Li Rois fist semondre à un jor les princes et les prélaz du roiaume en Jhérusalem. Li cuens de Triple vint por oïr la réponse, de ce qu'il avoit demandé le bail (= la baylie) du roiaume. Li Rois tint son parlement deus jorz ; à la fin par acort de touz, fist apeler le Conte delez l'église du Sépuchre, dedenz le chapitre ; iluec li otroia li Rois et bailla la garde et la deffense de lui et du roiaume. Touz li pueples en ot grant joie[12]. »

Que signifiait cette joie et comment interpréter, au point de vue de l'intérêt monarchique, la révolution qui venait de s'accomplir ? Guillaume de Tyr, qui paraît avoir su sur le drame de 1174 beaucoup plus qu'il ne veut bien en dire, nous laisse le choix entre deux thèses opposées : les uns, nous dit-il, justifièrent le meurtre de Milon de Plancy par la dureté et l'ambition du sénéchal, tandis que, selon d'autres, celui-ci était mort victime de son dévouement au roi et à l'autorité royale, « por sa leauté et porce qu'il se metoit encontre les barons qui vouloient faire tort[13] ». L'assassinat du dur sénéchal dut en effet sur le moment apparaître comme un recul

BAUDOUIN IV, LE ROI LÉPREUX

de l'autorité monarchique, comme le premier pas vers cette « république des barons » qui sera un jour fatale à la Syrie franque. Dans la réalité il devait en aller autrement. Si le comte de Tripoli n'avait pu faire triompher ses droits à la régence de Jérusalem que par l'assassinat de l'homme de confiance du feu roi, si son accession à la baylie avait pris de la sorte l'allure d'une victoire des féodaux sur le pouvoir royal, il n'en est pas moins vrai que d'une part Raymond III avait tous les titres juridiques pour revendiquer la régence et que d'autre part il était personnellement le seul homme capable de maintenir, pendant la pénible épreuve que constituait le règne d'un enfant lépreux, l'autorité monarchique.

Ce petit-fils de Baudouin II, en effet, était bien de la grande lignée des rois de Jérusalem. Sous les calomnies du parti Templier et du parti Lusignan, l'historien doit discerner en lui le véritable héritier des princes boulonnais, ardennais et angevins dont la politique circonspecte avait fondé l'État français du Levant. Tout au plus remarquerons-nous chez lui – mais était-ce un défaut ? – la subordination complète du tempérament chevaleresque et de tout le romantisme de croisade aux qualités du politique et au réalisme colonial. Esprit colonial, esprit d'aventure : toute l'histoire de la Syrie franque depuis 1100 oscillait entre ces deux états d'âme, le premier représenté par la royauté hiérosolymitaine, le second par les pèlerins fraîchement débarqués avec leur ignorance du milieu et leur anarchique démagogie de croisade. Or, de la tradition des rois de Jérusalem, il n'était pas de plus fidèle représentant que ce politique calculateur, temporisateur, toujours de sang-froid. Guillaume de Tyr, qui ne peut dissimuler sa sympathie pour l'homme d'État, nous a laissé de lui un portrait fort vivant : « Il estoit, traduit *l'Éracles*, mègres de cors et grelles ; assez [de] bel, grant ; bel visage avoit et un pou grant nés ; cheveus pendanz et bruns ; biaus euz avoit et assez largetes espaules. De toutes choses estoit mout amesurez, meismement de boivre et de mengier, et de parole mout resnables (= raisonnable). Sages estoit et clervéanz en grant besoignes, sanz orgueil ; larges plus aus estranges (= étrangers) que aus suens ». Il avait profité de sa longue captivité à Alep pour se cultiver. « Mout volentiers demandoit des escriptures, quant il trovoit qui l'en seust respondre[14]. »

586   *L'ÉQUILIBRE*

Que ce politique avisé ait eu des vues plus ou moins lointaines sur la couronne, c'est ce qui est en somme assez naturel et légitime, car, cousin du jeune roi Baudouin IV, il devait songer au jour inévitable où l'enfant lépreux mourrait sans postérité. Ajoutons qu'au point de vue territorial c'était le plus puissant seigneur de la Palestine puisque à son comté héréditaire de Tripoli il venait d'ajouter la principauté de Tibériade ou de Galilée en épousant, vers 1174, Échive, veuve de Gautier de Saint-Omer, dernier prince de Tibériade[15]. N'ayant pas eu d'héritier d'elle, il traitait comme ses propres enfants les fils qu'elle avait de son premier mariage, et « les amoit ausi tendrement com se fussent de lui. »

En somme, malgré le meurtre du sénéchal Milon de Plancy, meurtre qui, après tout, n'avait peut-être pas été commis à son instigation personnelle, un personnage assez sympathique et, à coup sûr, un politique prudent et sage. Cependant on ne tardera pas à l'accuser de trahison. C'est que, connaissant la force des Turcs – ses huit années de captivité à Alep, dans les prisons de Nûr al-Dîn, lui avaient permis de se renseigner amplement à ce sujet –, il estimait, on le verra, que dans la nouvelle situation de l'Orient, en présence d'un Islam unifié, le plus sage était de se tenir sur la défensive, de renouveler les trêves, de resserrer la paix par les mille liens du commerce et de la courtoisie chevaleresque. Mentalité de « Poulain » – nous dirions de Levantin –, pensaient la féodalité pillarde et les croisés nouveaux venus. Reconnaissons au contraire que dans l'état des choses, en l'absence d'un roi fort, capable de mener le jeu, la politique d'expectative était dictée par la raison. Si nous ajoutons qu'en 1174 Guillaume de Tyr, l'historien des Croisades, l'heureux négociateur de l'alliance franco-byzantine de 1168, fut nommé chancelier de Jérusalem[16], on reconnaîtra que le gouvernement passait aux deux esprits les plus pondérés du royaume.

L'armada normande de Sicile. Son inutile débarquement devant Alexandrie (juillet-août 1174).

La mort du roi Amaury et les querelles entre Milon de Plancy et Raymond III de Tripoli n'avaient pas permis aux

Francs de tirer profit de l'attaque d'Alexandrie par la marine normande[17].

On a vu que le roi normand de Sicile Guillaume II avait envoyé contre l'Égypte une puissante armada qu'Ibn al-A*th*îr évalue à 200 galères montées par des gens de pied, 36 bateaux de transport, chargés de chevaux, 6 grands vaisseaux portant des machines de siège et 40 vaisseaux portant le ravitaillement. Maqrîzî affirme que le corps expéditionnaire se montait à 30 000 hommes dont 1 500 cavaliers. (Notons que dans cette cavalerie figuraient 500 Arabes de Sicile). L'expédition était sans doute commandée par le comte Tancrède de Lecce. Cette flotte arriva devant Alexandrie le 28 juillet 1174[18]. « Quand les Alexandrins, raconte lui-même Saladin, virent une flotte si nombreuse et si bien armée couvrir, menaçante, toute la mer, ils éprouvèrent de vives inquiétudes. Cette flotte opéra sa descente près du Phare, la cavalerie sortit des bâtiments de transport et l'infanterie des vaisseaux. Dès que le débarquement fut terminé, ils se précipitèrent sur le rivage et assaillirent les Musulmans avec une impétuosité telle qu'ils les repoussèrent jusqu'aux murs. Les bateaux chrétiens pénétrèrent alors à la rame dans le port. Plusieurs navires de commerce musulmans y étaient réunis, mais nos hommes, prenant l'avance, empêchèrent l'ennemi de s'en emparer et les firent sombrer ou les incendièrent[19]. La bataille dura jusqu'au soir et les chrétiens dressèrent ensuite leurs tentes, au nombre de 300, sur le rivage. Dès le lendemain matin ils vinrent bloquer la ville plus étroitement. Ils établirent trois balistes avec leurs béliers et trois mangonneaux de grandes dimensions, qui lançaient des blocs de pierre noire qu'ils avaient apportés de Sicile. La violence de ces projectiles et leur volume excitaient l'étonnement de nos troupes. Quant aux balistes elles ressemblaient à des tours par la solidité de leur charpente, leur hauteur, le nombre et la portée de leurs coups. L'ennemi s'avança jusque sous les murailles et on se battit avec acharnement pendant tout le jour[20]. »

Si Amaury Ier avait vécu, quelque immédiate diversion franque du côté de Damiette eût sans doute paralysé Saladin qui, craignant précisément une attaque des Francs de Syrie à l'est du Delta, s'était établi à Fâqûs, près de l'isthme de

588 L'ÉQUILIBRE

Suez[21]. La situation du Delta, pris entre le débarquement sicilien à Alexandrie et l'apparition d'une armée franque débouchant du côté de l'isthme, à la manière du roi Amaury, eût été très grave. Mais l'inertie des barons de Jérusalem, empêtrés dans leurs querelles, permit à l'Aiyûbide d'envoyer immédiatement au secours d'Alexandrie tous les renforts nécessaires. La garnison put ainsi exécuter une sortie imprévue au cours de laquelle elle incendia les catapultes des Normands, ce qui jeta le découragement parmi eux (31 juillet). Une deuxième sortie, exécutée à la faveur de la nuit, permit aux Musulmans de surprendre le camp chrétien (1er août). De plus Saladin en personne arrivait du Caire avec toute son armée. Les Normands, démoralisés, se rembarquèrent précipitamment. Tous ceux qui ne purent gagner les vaisseaux à temps furent pris ou massacrés (2-3 août)[22].

Les marchands italiens d'Alexandrie, qui s'étaient plus ou moins compromis avec les assiégeants dans l'espoir de devenir maîtres du grand port, s'efforcèrent de se faire pardonner pour conserver leurs avantages commerciaux. C'est ce que déclarait lui-même avec mépris Saladin dans une lettre que cite Abû Shâma : « Parmi nos ennemis, il y avait aussi des soldats de Venise, de Pise et de Gênes, mais tous se comportaient tantôt comme des guerriers exerçant de sérieux dommages et brûlant d'une haine inextinguible, tantôt comme des voyageurs qui s'imposaient à l'Islam par le commerce et échappaient à la rigueur des règlements. Eh bien ! Il n'est pas un seul d'entre eux qui ne vienne aujourd'hui nous apporter les armes avec lesquelles il nous combattait, pas un qui ne recherche notre faveur par l'offre de ses richesses et des plus beaux produits de son industrie. Nous avons établi de bons rapports avec eux tous et conclu des traités de paix (= de commerce) avantageux en dépit de leur résistance et en plaçant nos intérêts au-dessus des leurs[23]. » Passage d'un intérêt exceptionnel qui montre crûment le caractère de l'élément mercantile italien ou autre, toujours prêt, pour conserver ses avantages commerciaux auprès des cours indigènes, à désavouer toute solidarité politique avec les États francs. Le jour où, au treizième siècle, les républiques marchandes italiennes prendront en Syrie la prééminence sur les seigneuries franques, la Chrétienté sera perdue.

Anarchie dans le royaume zengide d'Alep-Damas après la mort de Nûr al-Dîn. Appel des Damasquins à Saladin.

La disparition d'Amaury Ier ne permit pas davantage aux Francs de profiter des circonstances favorables provoquées par le décès de Nûr al-Dîn, décès qui remettait en question le statut politique de l'Islam syrien.

Nous avons dit que, pendant que le neveu du défunt, Saîf al-Dîn Ghâzî II, atâbeg de Mossoul, profitait de l'événement pour récupérer toute la Jazîra, en Syrie même le fils de Nûr al-Dîn, al-Sâli*h* Ismâ'îl, un enfant de onze ans[24], voyait les émirs qui se disputaient le pouvoir sous son nom livrer le pays à la guerre civile. Les deux principaux d'entre eux, Ibn al-Dâya et Ibn al-Muqaddam, s'étaient arrogé l'autorité, le premier à Alep, le second à Damas, ce dernier bénéficiant en outre de la présence auprès de lui du jeune al-Sâli*h* lui-même. Puis un troisième émir, Gümüshtekîn, ancien lieutenant, lui aussi, de Nûr al-Dîn, vint chercher le jeune prince et le ramena de Damas à Alep, ville qui était en effet considérée comme la capitale zengide par excellence.

Gümüshtekîn s'installa donc aux côtés du jeune atâbeg dans la citadelle d'Alep en se substituant comme ministre à Ibn al-Dâya (août 1174)[25]. Mais alors Ibn al-Muqaddam et les autres émirs de Damas prirent peur. Craignant de se voir privés de leurs bénéfices par Gümüshtekîn et par les gens d'Alep, ils firent appel à l'atâbeg de Mossoul Saîf al-Dîn en lui offrant le royaume de Damas. L'indolent Saîf al-Dîn ayant décliné l'offre, ils franchirent le pas décisif et, par l'envoi d'une ambassade au Caire, s'adressèrent à Saladin[26].

Saladin n'attendait que cette heure. Dès le lendemain de la mort de Nûr al-Dîn il s'était répandu en manifestations qui en disaient long sur sa politique : n'était-il pas le principal des lieutenants de Nûr al-Dîn ? Comment avait-on songé à d'autres pour la régence ! « Si la mort, lui fait dire Ibn al-A*th*îr, n'avait pas prévenu l'atâbeg, il n'aurait pas légué à un autre l'éducation et la défense de son fils !... Je me rendrai à la cour du fils de mon maître, et je m'acquitterai envers l'enfant des bienfaits que j'ai reçus du père ![27] »

Belle comédie, si on se rappelle qu'à la veille de la mort de Nûr al-Dîn la guerre était sur le point d'éclater entre les

590 L'ÉQUILIBRE

deux princes ! Mais les événements travaillaient en faveur de Saladin. Couvert par ces protestations de loyalisme, il ne lui manquait pour atteindre son objectif qu'un appel des populations. Aussi l'invitation d'Ibn al-Muqaddam à peine reçue, il partit d'Égypte à franc étrier avec, pour toute escorte, 700 cavaliers d'élite. Heureux à son habitude, il eut la chance de passer sans encombre à travers les postes francs du Wâdi al-'Araba, et, par Bosrâ, arriva à Damas le 27 novembre 1174[28].

Prise de possession de Damas par Saladin.
Formation de l'empire égypto-damasquin aiyûbide.

Damas, d'un mouvement unanime, se donna à Saladin. La population n'avait pas oublié le souvenir de son père et de son oncle, Aiyûb et Shîrkûh. Lui-même affecta de rentrer dans sa ville, auprès des siens : sa première visite fut pour la maison paternelle[29]. Les Damasquins conservaient leur vieille jalousie contre les gens d'Alep et il suffisait que l'héritier de Nûr al-Dîn se fût laissé attirer dans la cité rivale pour qu'ils se désaffectionnassent de lui. Du reste Saladin, toujours à son affectation de loyalisme, en même temps qu'il asseyait fortement son autorité sur Damas, continuait à se proclamer bien haut le très humble sujet, l'esclave (mamelûk) d'al-Sâlih. « La prière solennelle de vendredi se récitait et la monnaie se frappait toujours au nom du jeune prince. » À tous Saladin affirmait qu'il n'était entré en Syrie que pour défendre al-Sâlih contre les Francs et pour lui faire rendre la Jazîra par les gens de Mossoul[30]. En attendant il enlevait aux gouverneurs zengides le 10 décembre 1174 la ville de *Homs* (moins la citadelle qui résista six mois encore), le 28 décembre la ville de *H*amâ et le 30 il apparaissait devant Alep.

Attaque de Saladin contre Alep.
Appel des Alépins aux Ismâ'îliens et aux Francs.

Contrairement à son attente, Alep résista. L'atâbeg de douze ans, al-Sâli*h*, monta à cheval et harangua les Alépins, leur rappelant les bienfaits de son père et l'ingratitude de

BAUDOUIN IV, LE ROI LÉPREUX 591

Saladin. À la fin le pauvre enfant fondit en larmes. « Les assistants pleurèrent aussi, et lui offrirent leurs biens et leurs vies. Ils jurèrent de se faire tuer pour lui et mirent Alep en état de défense. Le voisinage des Francs les avait fort aguerris. Ils firent des sorties si impétueuses que Saladin ne put arriver aux murailles. » En même temps le gouvernement d'Alep n'hésitait pas à s'allier aux Ismâ'îliens et aux Francs. Sur sa demande, le grand-maître ismâ'îlien, Sinân, envoya au camp de Saladin quelques fidâ'îs résolus, avec mission d'assassiner le conquérant. Le coup faillit réussir. Les redoutables émissaires avaient pénétré jusqu'auprès de Saladin quand ils furent reconnus par l'émir de Qal'at Abû Qubaîs, Khumârtekîn qui les interpella. Ils se jetèrent sur lui, le blessèrent grièvement et l'un d'eux se précipita vers Saladin pour le tuer. Les gardes n'eurent que le temps de l'abattre aux pieds mêmes du sultan. Les autres fidâ'îs ne furent de même mis hors de combat qu'après avoir assassiné plusieurs victimes[31].

« L'assassinat » de Saladin avait donc échoué. Restait l'appel aux Francs, recours traditionnel des puissances musulmanes secondaires pour empêcher la constitution d'un sultanat trop puissant. « Les gens d'Alep, dit *le Livre des Deux Jardins*, n'ayant pas réussi à se défaire du sultan Saladin à l'aide des Assassins, écrivirent au comte de Tripoli en lui promettant de nombreux avantages si le sultan abandonnait le siège d'Alep[32]. » Ibn al-A*th*îr précise. « Les émirs d'Alep invitèrent le comte Raymond à attaquer une des provinces de Saladin, diversion qui obligerait le sultan à lever le siège d'Alep[33]. »

La diversion de Raymond III devant Homs *force Saladin à lever le siège d'Alep et sauve le royaume zengide.*

Raymond III, à qui les barons venaient de confier la baylie du royaume de Jérusalem, comprit toute l'importance de l'alliance alépine. À tout prix il fallait empêcher que le maître de l'Égypte et de Damas ne devînt également maître d'Alep. Raymond III se fit donc le protecteur du fils de Nûr al-Dîn non certes, dit joliment *l'Estoire d'Éracles*, par amour pour sa race, mais pour barrer la route à Saladin. « Li cuens avoit enpensé que il aidast tant com il poïst à cel enfant qui estoit filz (de) Noradin, ne mie por amor qu'il eust à lui ne à sa gent, mès por détenir Salehadin[34]. » Politique pleine de sagesse qui rallia l'assentiment du roi et du conseil des barons. « Il s'acordèrent tuit que li cuens de Triple preist genz avec lui assez, et du roiaume et de sa conté, et se tressist vers les parties où Salehadins estoit. Bien li fu comandé que, en toutes les manières qu'il porroit nuisist à Salehadin et destorbast son acroissement, car bien sembloit à touz les sages homes que, tant plus montoit cil (= Saladin) en haut, tant plus abessoit li poirs de la Crestienté[35]. » Guillaume de Tyr montre à ce propos en un saisissant raccourci d'histoire comment l'émiettement féodal musulman, qui avait si longtemps favorisé la colonisation franque, avait peu à peu fait place à un redoutable État unitaire, en voie d'accroissement constant, celui de Zengî et de Nûr al-Dîn hier, celui de Saladin aujourd'hui, empire dont la constitution renversait au profit de l'Islam l'équilibre des forces en Syrie[36]. L'indépendance d'Alep, le maintien de la dynastie zengide dans cette ville étaient le dernier obstacle à l'unification des forces musulmanes depuis la Nubie jusqu'à l'Euphrate. On comprend que l'habile politique qu'était Raymond III ait tout mis en œuvre pour empêcher Saladin d'annexer encore la grande cité du nord. Fidèle à ses goûts, il semble avoir essayé d'abord de la méthode diplomatique, puisque *le Livre des Deux Jardins* nous le montre « négociant avec le sultan au sujet des affaires d'Alep ». Mais Saladin, loin de se laisser intimider, prit lui-même l'initiative d'une contre-diversion, en distrayant du siège d'Alep quelques corps de cavalerie qu'il envoya razzier la principauté d'Antioche[37].

Raymond III exécuta alors la menace stratégique destinée à dégager Alep. « Barons et chevaliers prist assez avec lui et se parti de Triple ; si se loja près de la cité d'Arches, en un pays que l'en apele la terre Galiphe » – ce qui veut dire qu'il se posta quelque temps en observation au nord de 'Arqa, dans la vallée du Nahr Khalifa, affluent de droite du Nahr al-Kebir[38] ; cette fertile vallée appartenait aux Hospitaliers du Krak. De là, sous la protection de la puissante forteresse du Krak (Qal'at al-*Hosn*, *Hosn* al-Akrad), il vint menacer

Homs. La manœuvre était habile. On se rappelle en effet que, si, au mois de décembre précédent, Saladin avait annexé la ville même de *Homs*, l'ancienne garnison zengide s'était retirée dans la citadelle, où, malgré un blocus en règle, elle résistait toujours. C'était elle qui avait appelé Raymond III. « En tertre desus, dit *l'Estoire d'Éracles*, avoit une forterece bien garnie d'armes et de viandes ; dedenz avoit Turs qui estoient home lige à l'enfant de Halape (= le jeune atâbeg al-Sâli*h* Ismâ'îl) ; cil ne se voudrent pas rendre à Salehadin, et si (= quoique) avoit-il jà conquise presque toute l'autre terre (= le reste de la terre) jusqu'à Halape. Cil qui en la tor estoient envoièrent leur messages au conte de Triple et à noz genz qui s'estoient logié non pas mout loing d'iluec por atendre se il fussent requis d'aidier à cel enfant (= al-Sâli*h* d'Alep). Cil leur mandèrent et requistrent qu'il les venissent secorre ; car il i auroient mout grant preu (= profit) et grant guerredon (= récompense) en recevroient se il pooient Salehadin esloigner d'eus[39]. » Guillaume de Tyr ajoute qu'il y avait précisément dans la citadelle de *Homs* les otages laissés par Raymond III pour sa rançon (dont 40 000 besants restaient encore dus) et par Renaud de Sidon pour la rançon de son frère Eustache. Raymond III, des environs du Krak des Chevaliers où il devait camper, entra en négociations avec la garnison zengide de la citadelle de *Homs*, promettant de la secourir contre Saladin, si elle rendait les otages.

Conformément à cette promesse, Raymond III se porta avec toute l'armée franque devant *Homs* où Ibn al-A*th*îr le fait arriver le 1er février 1175. Que se passa-t-il alors ? Le chroniqueur latin prétend que le comte de Tripoli et les émirs zengides de la citadelle ne purent s'entendre, ces derniers différant la libération des otages. En réalité Saladin ne leur laissa pas le loisir de discuter bien longtemps. À la seule nouvelle de la marche des Francs sur *Homs*, il avait précipitamment levé le siège d'Alep pour se porter au secours de la ville : dès le 2 février il était à *H*amâ et sans doute le lendemain à *Homs* même. Raymond III ne l'attendit point. « Le comte maudit », comme l'appelle Abû Shâma, avait repris le chemin du Krak des Chevaliers, satisfait d'avoir atteint son objectif qui était, par cette diversion, de forcer le sultan à

594 *L'ÉQUILIBRE*

abandonner la conquête d'Alep[40]. Saladin se dédommagea en pressant le siège de la citadelle de *Homs* dont il finit par s'emparer (16 mars 1175).

L'œuvre de Raymond III. Maintien de la division de la Syrie musulmane entre l'empire aiyûbide de Damas et le royaume zengide d'Alep.

Raymond III n'en avait pas moins remporté un avantage considérable en sauvant à Alep la dynastie zengide. L'unification de l'Orient musulman se trouvait ainsi arrêtée. Entre l'État zengide d'Alep, appuyé sur l'autre émirat zengide, à Mossoul, et l'empire égypto-damasquin de Saladin, c'était la même rivalité profonde que naguère entre Fâtimides et Seljûqides, puis entre Nûr al-Dîn et Saladin. De même que le roi Foulque s'était naguère fait contre Nûr al-Dîn le défenseur de l'indépendance damasquine, Raymond III se faisait aujourd'hui le protecteur du fils de Nûr al-Dîn contre la nouvelle dynastie aiyûbide. C'est ce que constatait avec dépit Saladin lui-même dans une lettre à son frère, conservée par Abû Shâma : « L'ennemi (le comte de Tripoli) a placé les Alépins sous la protection de la Croix et leur a communiqué sa haine contre l'Islam »[41].

Tentative des Zengides de Mossoul pour chasser Saladin de la Syrie. Leur échec (bataille de Qurûn Hamâ, avril 1175).

Cependant les princes zengides avaient enfin compris la nécessité de s'unir. L'atâbeg de Mossoul, Saîf al-Dîn Ghâzî II, qui se trouvait le chef de la famille, envoya en Syrie au printemps de 1175 une armée commandée par son frère 'Izz al-Dîn. Cette armée rallia au passage les contingents alépins et descendit sur *Hamâ*. Saladin, intimidé, offrit de rendre aux Zengides *Hamâ* et *Homs*, à condition qu'on lui laissât Damas. Mais les Zengides ayant exigé qu'il évacuât même Damas pour se retirer en Égypte, il accepta la lutte, et, le 23 avril 1175, défit complètement 'Izz al-Dîn à Qurûn *Hamâ*, près de *Hamâ*.

Après cette victoire Saladin jeta le masque. Cessant de battre monnaie et de faire dire la prière du vendredi au nom du

BAUDOUIN IV, LE ROI LÉPREUX 595

faible Zengide, il se proclama prince souverain. L'histoire ne le connaîtra que sous le nom de *sultan* Saladin, titre renouvelé des grands Seljûqides et que ses victoires permettent de lui attribuer[42]. Il osa même assiéger le jeune atâbeg al Sâli*h* Isma 'il dans Alep. Rien ne disait mieux la déchéance des Zengides. Au bout de quelques jours, l'héritier de Nûr al-Din demanda la paix sur les bases du *statu quo* (25 avril-4 mai 1175)[43].

Cependant, si le jeune Zengide d'Alep acceptait son humiliation, son cousin de Mossoul ne pouvait manquer de méditer une revanche. Saladin, qui s'en doutait, essaya de prévenir une coalition franco-zengide. Il envoya une ambassade à Raymond III pour lui promettre paix et amitié si les Francs ne secondaient pas la prochaine contre-offensive zengide. Comme gage de bon vouloir, il lui renvoya tous les prisonniers francs encore en sa possession. Raymond III accepta ces conditions (mai 1175). Guillaume de Tyr, resté hostile à cette paix, incrimine le connétable Onfroi de Toron qui en avait été l'intermédiaire, et « qui mout estoit blasmez de ce qu'il avoit si grant acointance aus Turs et à Salehadin ». Sans doute Onfroi de Toron et Raymond III, à qui on ne peut dénier l'esprit politique, jugèrent-ils préférable à une restauration zengide le partage de la Syrie musulmane entre l'atâbeg d'Alep et le sultan de Damas. En réalité, comme le remarque Guillaume de Tyr, ils risquaient par leur inaction de favoriser l'établissement définitif de la puissance aiyûbide[44].

Nouvelle diversion franque en Damascène.
Razzia de Baudouin IV jusqu'à Dâreiya.

Il ne s'agissait, il est vrai, que d'une courte trêve, car la Cour de Jérusalem profita bientôt de nouveaux embarras de Saladin pour opérer contre lui d'énergiques diversions. Guillaume de Tyr nous dit qu'en cette année 1175, au moment de la moisson, le jeune roi Baudouin IV, sachant Saladin occupé dans la Syrie du Nord, exécuta une brillante chevauchée sur les terres de Damas : « Li roiaumes de Damas estoit mout desgarniz... Quant li Rois oï ce, il assembla gent à cheval et à pié, tantost passa le flun Jordain, et s'en ala parmi la forêt de Bélinas (= Panéas ou Bâniyâs) ; le mont de Libane (= ici le massif de l'Hermon) qui mout est renomez leissa à senestre et s'en entra en la terre de Damas. Li tens de moissons estoit ; nos genz coururent parmi les chans, touz les blez ardirent qu'il trovèrent hors et ceus meismes qui par les casiaus estoient ès granches. Les genz du païs avoient seu que li Rois venoit, il s'en estoient foïes ès forterèces, si que li nostre n'i trovoient point de contredit (= d'opposition), ainçois s'en vindrent jusqu'à la ville qui a non Daire qui est près de Damas à trois miles ». (Il s'agit ici de Dâreiya, à quelque 5 kilomètres de Damas, du côté du faubourg actuel de Meidân). Après avoir ainsi ravagé impunément la banlieue même de la grande ville, les Francs sur le chemin du retour s'emparèrent de la forteresse de Beitjin, au versant sud-est de l'Hermon. « D'iluec (= de Dâreiya) s'en alèrent à un chastel qui a non Bedegene et siet au pié du mont Libane ; là sordent fontaines clères et douces ; por ce claime l'en (= on appelle) le leu la Maison du Délit (*Domus Voluptatis*). Cil du païs qui s'estoient mis dedenz voudrent deffendre le chastel, mès li nostre le pristrent par force et gaaignèrent dedenz assez prisons (= prisonniers) et proies, robes, avoirs et armeures. Si s'en alèrent riche et troussé, voiant (= au vu de) ceus de Damas qui n'en osèrent plus faire. En ceste manière s'en retorna li Rois en sa terre[45]. »

Il semble que Saladin, hanté par la crainte d'avoir à mener la guerre sur deux fronts, au nord et à l'est contre les Zengides, au sud et à l'ouest contre les Francs, ait hésité à se lancer dans une grande expédition contre ces derniers. Après s'être livré à des préparatifs impressionnants, il renouvela les trêves avec la cour de Jérusalem (août 1175)[46].

Dernière tentative des Zengides pour recouvrer la Syrie centrale. Victoire de Saladin à Tell al-Sultân (avril 1176). Il leur laisse Alep, mais leur fait reconnaître son hégémonie.

Comme l'avait prévu Saladin, la famille de Nûr al-Dîn n'avait pas définitivement renoncé au royaume de Damas. Au printemps de 1176 l'atâbeg de Mossoul, Saîf al-Dîn Ghâzî II, tenta un suprême effort. Rassemblant autour de lui les émirs

de la Jazîra et du Diyârbékir, notamment les derniers Ortoqides de *Hi*sn Kaîfa et de Mârdîn, il conduisit cette coalition
turque en Syrie pour en chasser Saladin. Gumushtekîn, à la
tête des troupes d'Alep, vint opérer sa jonction avec lui. Si les
coalisés étaient descendus immédiatement sur Damas, Saladin qui, depuis la paix conclue avec les Francs avait renvoyé
en Égypte une partie de ses troupes, eût été sans doute
écrasé. Mais on lui laissa le temps de rassembler ses bandes
et ce fut lui qui, prenant les devants, vint offrir la bataille
près de Tell al-Sul*t*ân, à une cinquantaine de kilomètres au
sud d'Alep, sur la route de *H*amâ. Il y remporta une victoire
complète (22 avril 1176)[47].

Saladin, utilisant le succès, chercha à couper les communications entre Alep et Mossoul, en s'emparant, au nord-est
d'Alep, des importantes forteresses de Bizâ'a et de Menbij,
(mai 1176), puis, pour achever d'encercler la capitale zengide, il vint attaquer 'Azâz qui capitula après un mois de blocus (24 juin 1176). Il vint alors assiéger une seconde fois Alep
(26 juin). Mais plus que jamais les Alépins se montrèrent
attachés à leur dynastie zengide et, par de fréquentes et
vigoureuses sorties, ils obligèrent le conquérant à ajourner
ses desseins[48]. Après un mois d'efforts inutiles, il accepta une
paix générale (29 juillet 1176). Le jeune al-Sâli*h* Ismâ'îl fut
laissé en possession d'Alep et Saladin eut même la magnanimité de lui rétrocéder 'Azâz. « Al Sâli*h* avait envoyé près de
Saladin une toute jeune sœur qu'il avait. Le sultan traita
l'enfant avec honneur, lui fit un présent considérable et lui
dit : "Que désires-tu ?" La fillette répondit : "Je désire le
château de 'Azâz !" Car on lui avait appris à faire cette
réponse. Saladin remit la forteresse en question aux officiers
d'al-Sâli*h*[49]. »

Saladin laissait donc au fils de Nûr al-Dîn le royaume
d'Alep. Maigre dédommagement pour qui perdait l'empire
du Levant. À cette exception près, le conquérant aiyûbide
restait maître souverain des trois quarts de la Syrie musulmane avec Damas, *H*om*s* et *H*amâ sans parler de l'Égypte.
Pour bien marquer que la Syrie était le cœur de son
empire, ce ne fut pas au Caire, mais à Damas qu'il établit
sa résidence.

Le terrorisme ismâ'îlien contre l'unification des forces musulmanes. Le grand-maître Sinân fait reculer Saladin.

Jusqu'au bout les Ismâ'îliens, sous l'énergique impulsion de leur grand-maître, le célèbre Sinân, avaient payé de leur personne pour sauver Alep, maintenir l'équilibre syrien, empêcher la redoutable unification des forces sunnites. En mai-juin 1176, comme Saladin assiégeait la forteresse de 'Azâz, un *fidâ'î* pénétra dans sa tente, et se jeta sur lui, le frappant à la tête avec son poignard. Par bonheur le bonnet et la cotte de mailles que portait le prince empêchèrent le coutelas de pénétrer. Saladin eut le temps de maîtriser l'assassin qui fut massacré par les émirs. Mais un autre assassin surgit aussitôt, puis un troisième, dont on ne vint à bout qu'après une lutte sauvage.

Une fois la paix conclue avec les Alépins, Saladin, brûlant de se venger, se hâta d'envahir le fief ismâ'ilien du Liban septentrional. Il vint assiéger la principale forteresse de la secte, al-Masyâd ou Masyâf. Il la pressait étroitement à grand renfort de machines de guerre lorsque le grand-maître Sinân réussit à l'intimider. Dans une lettre adressée à l'oncle maternel de Saladin, Shihâb al-Dîn al-Hârimî, gouverneur de Hamâ – lettre dont la courtoisie protocolaire ne dissimulait nullement les menaces – Sinân invita son correspondant à persuader au sultan de lâcher prise, faute de quoi tous les Aiyûbides seraient « assassinés » : « Si tu n'agis pas en ce sens, nous te tuerons, toi, Saladin et toute votre famille ! » Shihâb al-Dîn effrayé vint faire part à Saladin du terrible message. Le grand sultan céda. Il évacua le pays ismâ'îlien et laissa aux sectaires leur redoutable indépendance[50].

Nouvelles diversions franques pour sauver l'indépendance alépine. Campagne de Baudouin IV et de Raymond III dans la Beqâ'.

Les Francs non plus ne restaient pas inactifs. Sans doute l'offensive manquée des Turcs de Mossoul contre Saladin en avril 1176 avait-elle été trop mal conduite pour permettre à l'armée franque d'intervenir à temps. Mais, comme Saladin, après sa nouvelle victoire sur les Zengides, assiégeait Alep (26 juin-29 juillet 1176), Baudouin IV rentra en campagne, évidemment dans le but d'opérer une diversion pour sauver Alep. Le jeune roi avait alors quinze ans et le mal terrible dont il était atteint n'avait pas encore terrassé son énergie physique. Le 1er août 1176 il se mit en marche avec sa chevalerie, suivit la côte jusqu'à Sidon et, de là, traversa le Liban par la route Sidon-Jezzîn-Meshghara.

Meshghara, la Messara de Guillaume de Tyr, avec ses eaux abondantes, ses vignobles et ses vergers, plut en effet aux Francs comme « une terre mout plenteive de gaaingnages (= riche en cultures), de pastures et de rivières »[51]. De là, l'armée franque descendit dans la Beqâ', « la vallée qui a non Bacar », dit encore *l'Éracles* ; … terre si délitable qu'ele découroit de let et de miel. Iluec a mout bon païs, bones eaues et saines, prez et terres granz, villes pleines de genz, air assez sain et tempre (= tempéré). En la plus haute partie de cele contrée perent les murailles d'une cité… apelée Amegara » ; ce qui veut dire que la cavalerie de Baudouin IV battit la Beqâ' jusqu'à la source d'un affluent oriental du Lîtânî connue sous le nom de 'Ain Anjarr, en latin Ainegarra, mal lu Amegara, comme l'ont établi le Père Mouterde et M. Dussaud[52]. « Nos genz commencièrent à cerchier tout ce pays, ardoir et gaster à leur volenté. Tuit cil de la terre s'en estoient foï ès montaignes qui mout estoient aspres et roistes, si que ce ne fust pas légière chose d'eus prendre là desus. Les bestes avoient toutes assemblées et encloses en un grant marois qui estoit au milieu du val en que eles trovoient pastures à grant planté » – c'est-à-dire autour du lac jadis formé par l'abondance des eaux de la source d'Anjarr et qui ne fut asséché que vers 1330.

Tandis que Baudouin IV, parti de Sidon, parcourait et razziait ainsi le sud de la Beqâ', le comte de Tripoli, Raymond III, avec qui il s'était partagé la besogne, partait de Gibelet (Jebail), traversait le Liban à hauteur du château de Monetere ou Monestre (al Munaîtira ou Mneïtri), près des sources du Nahr Ibrâhîm et faisait irruption dans la Beqâ' septentrionale du côté de Ba'albek, la Maubec des Croisés, dont il pillait les campagnes[53]. Le gouverneur de Ba'albek pour Saladin, Ibn al-Muqaddam, apprenant cette incursion,

600 L'ÉQUILIBRE

dressa une embuscade dans un site de bois et de marécages que Ibn al-A*th*îr ne localise pas, et réussit à infliger un échec à un détachement isolé de Francs qui faisait sans doute partie du corps de Raymond III[54].

Victoire de Baudouin IV sur Tûrân-shâh à 'Ain Anjarr.

Mais dans l'ensemble les Francs conservèrent l'avantage. À la nouvelle que le comte de Tripoli opérait vers Ba'albek, Baudouin IV se porta à sa rencontre et les deux groupes opérèrent leur jonction au cœur de la Beqâ'. Il était temps d'ailleurs, car l'ennemi réagissait. En l'absence de Saladin, son frère Shams al-Dawla Tûrânshâh, qui avait la garde de Damas, accourait au-devant des Francs.

La rencontre eut lieu à 'Aîn Anjarr[55]. Ibn al-A*th*îr avoue que « Tûrân shâh ne put soutenir le choc et s'enfuit[56]. Les Francs s'emparèrent d'un certain nombre des siens parmi lesquels se trouvait Saîf al-Dîn Abû Bakr ibn al-Salâr, un des chefs de la milice damasquine. Les Francs, enhardis par cette victoire, se répandirent au loin dans la contrée ». Récit analogue dans l'*Éracles* : « Li nostre, au plus tost que il porent, férirent des esperons et assemblèrent à eus (= coururent contre les Damasquins). Li chapleiz (lutte sanglante) comença aspres et crueus. Assez i ot morz de Turs et aucuns des crestiens. Longuement dura la mellée, mès au darrenier furent desconfit li Tur. Sansedoles (= Shams al-Dawla Tûrân-shâh) s'enfoi à (= avec) poï de gent et se mistrent dedenz les montaignes. Li nostre gaaignèrent chevaus et bestes assez, armeures, or et argent et s'en retornèrent à (= avec) tout leur gaaing... Li Rois fist partir (= partager) le gaaing (= le butin), si que li cuens de Triple et ses genz en orent grant partie[57]. » Guillaume de Tyr ne signale d'échec que de la part d'un détachement isolé qui s'égara, en exécutant une razzia, dans une zone de marécages. Il s'agit sans doute du groupe surpris par le gouverneur de Ba'albek « dans des bois et des marécages », comme le raconte de son côté Ibn al-A*th*îr.

Baudouin IV vainqueur ramena son armée « à grant joie » jusqu'à Tyr où il la licencia, tandis que de son côté Raymond III regagnait Tripoli.

Ainsi, même sous le règne du pauvre adolescent lépreux, même en présence de l'unité musulmane presque entièrement reconstituée, la dynastie franque de Syrie tenait l'Islam en échec. Malgré son infirmité – bientôt il ne voyagera le plus souvent qu'en litière, – Baudouin IV, précocement mûri par la douleur, montrait une force d'âme devant laquelle l'histoire doit s'incliner avec respect.

§ 2. — LA CROISADE FLAMANDE DE 1177 ET L'ABANDON DE LA COOPÉRATION FRANCO-BYZANTINE.

Mariage de la princesse héritière Sibylle de Jérusalem
avec le marquis de Montferrat, Guillaume Longue-Épée.
Mort de Guillaume Longue-Épée.

La brillante victoire de Baudouin IV à 'Ain Anjar ne pouvait que faire déplorer davantage la maladie incurable dont il était atteint. Sa lèpre empirant, qui ne lui permettait aucun espoir de mariage ni de progéniture, il se voyait, au lendemain de son triomphe, dans l'obligation de régler comme un mourant les affaires de sa succession. Certes son cousin le comte Raymond III de Tripoli aurait eu toutes les qualités nécessaires pour recueillir le lourd héritage ; mais, en droit franc, les titres de Raymond ne venaient qu'après ceux des deux sœurs de Baudouin IV, Sibylle et Isabelle. Sur Sibylle l'aînée reposait en particulier l'avenir de la dynastie. Son époux, d'après la coutume du pays, serait roi de Jérusalem. Du choix de cet époux dépendait donc l'avenir du royaume.

Baudouin IV et ses conseillers, d'autant plus préoccupés de la question que la maladie du roi en faisait sentir toute l'urgence, paraissent avoir examiné avec beaucoup d'attention la liste des prétendants possibles. Leur choix s'arrêta sur le prince piémontais Guillaume Longue-Épée, fils du marquis de Montferrat Guillaume III le Vieux. Comme le fait observer *l'Estoire d'Éracle*, c'était un des plus nobles princes de la chrétienté, cousin germain du roi de France Louis VII et de l'empereur Frédéric Barberousse : « De lignage estoit li plus hauz hom que l'en seust au monde. Car ses pères estoit oncles le (= du) roi Looys de France ; la seue mère fut suer

602 L'ÉQUILIBRE

(de) Conrat, l'empereur d'Alemaigne, tante (de) l'empereur Ferri. En ceste manière li rois de France et l'empereur d'Alemaigne estoient si cousin germain[58]. » De si hautes parentés permettaient d'espérer que Guillaume Longue-Épée serait auprès des souverains d'Occident le meilleur avocat pour cette Troisième Croisade que la fondation de l'empire aiyûbide rendait indispensable.

C'est au cours de l'année 1175 que Baudouin IV avait fait pressentir Guillaume Longue-Épée. Le jeune marquis, se rendant à cette invitation, débarqua à Sidon au début d'octobre 1176. Il n'était pas de plus beau chevalier : « Cist Guillaumes li marquis estoit biaus bachelers et granz ; bien fez de cors et de visage. Hardiz fu mout ; mès ireus (= irascible) estoit sur touz homes. Larges fu ; cheveus avoit blonz ; ouverz hom estoit ; quanque (= tout ce que) il pensoit en son cuer, mostroit par dehors. Volentiers menjoit et buvoit assez, mès n'estoit ivres nules foiz (= jamais). Aus armes estoit preuz et vistes et bien aüsez. »

Quarante jours après l'arrivée de Guillaume Longue-Épée, Baudouin IV lui fit épouser sa sœur Sibylle et lui donna en fief le comté de Jaffa et d'Ascalon, avec l'expectative de sa succession. Il semblait que l'avenir de la dynastie de Jérusalem fût ainsi assuré, lorsque l'événement déjoua toutes les prévisions. Guillaume Longue-Épée était à peine marié depuis trois mois quand il tomba malade à Ascalon d'une maladie – sans doute quelque fièvre paludéenne – dont il ne se releva pas. Il mourut dans cette ville en juin 1177. Son corps fut porté à Jérusalem où l'archevêque Guillaume de Tyr l'enterra « en l'église de l'Ospital, à senestre, mout ennoréement »[59]. Avec le beau marquis piémontais, cousin du roi de France et de Frédéric Barberousse et dont la venue avait fait naître tant d'espérances, c'était l'avenir même du royaume de Jérusalem que l'historien des Croisades mettait au tombeau. Guillaume Longue-Épée laissait sa veuve, la princesse Sibylle de Jérusalem, enceinte d'un enfant qui devait être le petit Baudouin V. Mais cette naissance posthume en grevant le royaume d'une nouvelle minorité ne pouvait que l'affaiblir encore. Pour comble de malheur, le roi Baudouin IV était tombé malade à Ascalon de la même épidémie que Guillaume Longue-Épée. Il était encore alité dans cette ville, lorsque vers septembre 1177 le comte de Flandre Philippe d'Alsace, accompagné d'une brillante chevalerie, débarqua à Acre d'où il se rendit à Jérusalem[60].

Pèlerinage du comte de Flandre Philippe d'Alsace.
Il refuse la baylie du royaume.

Philippe était fils du comte de Flandre Thierry d'Alsace et de la comtesse Sibylle, fille du roi Foulque de Jérusalem. C'était donc le cousin germain de Baudouin IV. Celui-ci pensa que l'arrivée de ce parent riche et puissant allait sauver le royaume. « Li Rois et li baron orent grant joie de sa venue, écrit Ernoul. Et bien cuidoient avoir grant aïue (= aide) et grant confort de conquerre sour Sarrasins quant il fu venus[61]. » « Li Rois, dit de même *l'Éracles* d'après Guillaume de Tyr, témoin oculaire, li Rois, qui s'estoit fet aporter d'Escalone en Jherusalem en une litière, ot mout grant joie de sa venue quant il l'oï dire. Si envoia de ses barons contre (= au devant de) lui, et des prélaz, por lui ennorer mout et conduire en Jhérusalem où li Rois gisoit encore malades. Quant il fu venuz, li Rois manda le Patriarche, ses barons, les prélaz et les deus mestres du Temple et de l'Ospital. Par le conseil de touz, li fist requerre et prier que il preist le roiaume de Jhérusalem en sa garde et en sa deffense : tuit obéiroient à son comandement et en pais et en guerre ; des rentes et des esploiz du païs feroit toute sa volenté, les trésors départiroit à son plaisir quant il seroit mestiers (= besoin)[62]. » C'était la remise totale de la régence de Jérusalem, avec tout le pouvoir effectif aux mains du comte de Flandre. Offre légitime puisque Philippe était le cousin germain du roi (tandis que Raymond III de Tripoli n'était qu'un cousin plus éloigné), et requête pathétique s'il en fut, à cette heure de vie ou de mort pour la colonie chrétienne.

À l'émouvante supplication de l'infortuné roi lépreux, Philippe d'Alsace répondit sur son ton hypocritement bigot qui dissimulait mal son refus d'agir : il n'était pas venu en Syrie pour assumer une telle charge, mais pour servir Notre-Seigneur avec humilité et ne pouvait rien entreprendre qui l'empêchât de rentrer chez lui quand il aurait achevé ses dévotions. « Li Cuens respondi à cele parole qu'il s'en conseilleroit, et quand il ot parlé à ses genz, il respondi que por ce n'estoit-il pas venuz en la terre de Surie, que il eust iluec baillie ne tel jostice come de governer le roiaume ; ainçois estoit venuz por servir Nostre Seigneur come pèlerins en humilité, ne il n'avoit pas talent de soi lier ne emprendre chose por quoi il ne s'en poïst retorner en son païs, quant lui plairoit...[63] »

L'offre byzantine d'une seconde expédition commune en Égypte. Arrivée de l'escadre byzantine à Acre.

Dans la détresse où se trouvaient le royaume et le jeune roi, le refus du comte de Flandre dut accabler Baudouin IV et les barons, d'autant plus que c'était précisément l'heure où la grande expédition franco-byzantine contre l'Égypte, décidée en 1171 lors de l'entrevue de Constantinople par Manuel Comnène et Amaury Ier, devait se mettre en mouvement.

La mort d'Amaury Ier, en 1174 avait sans doute fait ajourner l'exécution du pacte de Constantinople. Mais Baudouin IV, avec la sagesse politique qu'il montra toujours, s'était empressé de renouveler l'alliance franco-byzantine. De son côté l'empereur Manuel Comnène n'oubliait pas le grand projet égyptien puisque, en cette même année 1177, on venait de voir arriver à Jérusalem quatre ambassadeurs byzantins, Andronic l'Ange, cousin du basileus, le grand hétériarque Jean Doukas, Alexandre de Gravina et Georges Sinaïtès, chargés de s'entendre avec Baudouin IV pour « acomplir les covenances (= conventions) que l'Empereres et li rois Amauris avoient fetes avant ; et, après, cist rois meismes Baudoins les avoit renovelées à l'Empereur, de guerroier les anemis de la foi[64]. »

Les envoyés byzantins rappelèrent donc au jeune roi que le moment d'agir en Égypte était venu. Les circonstances semblaient favorables, en raison de l'hostilité que Saladin rencontrait dans la Syrie du Nord de la part du légitimisme zengide, en Égypte de la part du légitimisme fâtimide. Des deux côtés, pour peu qu'une démonstration sérieuse eût lieu contre le Delta, point vulnérable de sa puissance, une réaction était à prévoir contre l'heureux usurpateur. De plus, la croisade flamande, comme le faisaient remarquer Andronic l'Ange et ses compagnons, semblait une occasion précieuse.

« Et bien cuidoient (= pensaient) que li tens fu ore covenables, tandis com li cuens Phelippes, qui granz hom estoit et mout avoit beles genz avec lui, demoroit en la terre. » De son côté, la cour de Constantinople n'avait pas marchandé son concours. Outre que ses quatre ambassadeurs avaient apporté avec eux un trésor de guerre destiné aux frais de la campagne et à la solde des chevaliers francs, une puissante escadre byzantine venait d'arriver avec eux à Saint-Jean d'Acre, comprenant 70 navires, sans compter les vaisseaux de transport. « Eu port d'Acre avoient apareilliées sessante et dis galies, sanz les autres nés qui devoient porter genz et autres choses par la mer jusqu'en Égypte[65]. »

Refus de Philippe d'Alsace de s'associer à l'expédition d'Égypte.

L'ambassade byzantine n'eut aucune peine à convaincre Baudouin IV et les barons francs de l'opportunité d'une nouvelle expédition d'Égypte. Avec la vive intelligence que lui reconnaît Guillaume de Tyr, le jeune roi devait comprendre à merveille l'intérêt de l'entreprise. *L'Estoire de Éracles* atteste qu'il mit tout en œuvre pour la faire aboutir. À cet effet, « il fist mander touz ses barons et les prélaz, à un jor nomé, en Jhérusalem ». Puisque sa douloureuse maladie lui interdisait de prendre le commandement de l'expédition, il pensait l'offrir au comte de Flandre. « Par ses barons li fist requerre et prier mout docement que, porce qu'entre lui et l'empereur de Constantinoble avoit empris que chascun d'eus enverroit son pooir (= ses forces) en Égypte, il (Philippe de Flandre), qui estoit si hauz princes, vousist estre chevetaines de l'ost le Roi (= de l'armée du Roi) et guerroier les Turs en cele terre, car ce seroit fere mout bon service à Nostre Seigneur. »

À la surprise et à l'indignation générales, Philippe d'Alsace déclina encore cette offre. « Il respondi qu'il ne seroit jà chief de cel ost, porce qu'il n'avoit guères esté au païs et ne cognoissoit pas bien la manière de leur guerres. » Avec une patience inlassable, Baudouin IV chercha à tourner la difficulté en doublant le comte de Flandre d'un baron syrien, l'ancien prince d'Antioche, Renaud de Châtillon, récemment sorti des prisons alépines. « Li Rois ot conseil et, par acort de touz ses barons, bailla le pooir et le governement du roiaume à Renaut de Chasteillon qui avoit esté princes d'Antioche[66]. A celui deist li Rois qu'il feist en pais et en gré par tout le roiaume ce qu'il cuideroit quel bien fust. De cel ost qu'il envoioit en Égypte le fist cheveteine et li comanda qu'il feist tout par le conseil le (= du) conte de Flandre, se il, qui estoit rois et sires, ne pooit aler avec eus. »

Le comte de Flandre récusa aussitôt[67] la personne de Renaud de Châtillon : « Il dist aus barons le (= du) Roi que il ne li sembloit pas que cil (= Renaud) fust bons chevetaines ; ainçois (mais que) devroit li Rois tel metre sur sa gent qui tenist à seue chose (= à cœur comme siennes) la perte et le gaaing de cele guerre et qui fust bons rois en la terre d'Égypte, se Dame Dieu la metoit en leur mains. A ce respondirent li baron que tel chevetaine ne porroient-il mie trover, se il celui ne fesoient roi (= à moins d'en faire un roi) et de ce n'avoient talent (= envie) ne leur sires (Baudouin IV) ne il (= eux) meismes. En ceste manière ne pooit-l'en savoir (ce) que li cuens de Flandres pensoit. »

L'incertitude dura jusqu'à ce que Philippe d'Alsace découvrit lui-même une partie de ses intentions, quand il ajouta que « mout se merveilloit de ce que nus ne parloit à lui du mariage de sa cousine », c'est-à-dire du remariage de la princesse Sibylle, sœur de Baudouin IV et héritière du trône. On comprit enfin alors où Philippe voulait en venir. « Li baron qui ce oïrent furent tuit esbahi de la grant malice qu'il pensoit, car li Rois estoit ses (= son) cousins et mout l'avoit biau receu ; grant enneur li portoit, et cil avoit entencion de lui forsclorre de son réaume (= de le détrôner) ![68] »

Quels étaient les mobiles du comte de Flandre ? Visait-il, en effet, la couronne de Jérusalem ? Il semble bien qu'en se croisant, il avait pensé à se présenter aux barons de Jérusalem comme l'héritier éventuel du roi lépreux. Par sa mère Sibylle, fille du roi Foulque, pensait-il avoir un jour des titres à faire valoir ?[69] Mais en arrivant en Palestine, il dut se rendre compte qu'il ne pouvait rien contre les droits de ses cousines, les princesses Sibylle et Isabelle, sœurs et héritières éventuelles du roi Baudouin IV. Il changea alors de plan et résolut de faire épouser à ces deux princesses (Sibylle, on l'a vu, était veuve de Guillaume Longue-Épée) deux maris de son choix. Philippe, en effet, avait amené en pèlerinage avec

BAUDOUIN IV, LE ROI LÉPREUX

lui son cousin Robert V de Béthune et les deux fils de celui-ci. C'est à ces deux jeunes gens qu'il songeait pour la main de Sibylle et d'Isabelle, en échange de quoi l'importante terre de Béthune devait revenir au comte de Flandre.

Cette tentative de mainmise d'un petit baron artésien sur les deux héritières de Jérusalem ne pouvait que déplaire à Baudouin IV et à ses chevaliers. Aux ouvertures plus ou moins voilées du comte, Baudouin IV fit fort judicieusement répondre « qu'il n'estoit mie costume en la terre que nule dame veve se mariast dedenz l'an que ele eust perdu son seigneur ; meismement cele dame (Sibylle) qui femme avoit esté le (= du) Marquis, estoit grosse de vif enfant, et n'avoit guères plus de trois mois que ses (= son) Sires ert (= était) morz. » Mais comme le concours militaire du comte de Flandre restait indispensable pour l'expédition d'Égypte, les envoyés de Baudouin IV ne manquèrent pas d'assurer Philippe que « ne mie por ce (= malgré cela), li Rois et li baron tuit avoient grant volenté de lui croire et faire à son conseil de ceste chose et des autres ; et, se il vouloit nomer aucun haut home de cui il li semblast que la dame i fust bien mariée, il reporteroient volentiers au Roi la parole et s'acorderoient légièrement à sa volenté. » Réponse pleine de courtoisie et d'adresse, car elle écartait implicitement un parti aussi médiocre que le fils du sire de Béthune. Ce fut précisément ce qui vexa le comte de Flandre. « Li Cuens se corrouça un pou et dist que ce ne feroit-il pas, car, se il leur nomoit un baron et il le refusassent, cil auroit grant honte et seroit ausi com honiz. Mès, se tuit li baron de la terre li vouloient jurer tout avant, que, sans contredit, s'acorderoient à celui qu'il leur nomeroit, il estoit prez qu'il leur nomast tel en que la dame seroit bien et à grant enneur mariée. » À ce jeu fourré, le roi et ses barons ne pouvaient répondre que par un dégagement : « Cil respondirent que nus loiaus hom ne donroit ce conseil au Roi, que il donast sa sereur en mariage à home qu'il ne cogneust pas et qu'il ne seust nomer. Quant li Cuens entendi qu'il ne vendroit mie à chief (= à réussite) de ceste emprise, du tout (= entièrement) en leissa la parole, mès grant corrouz en ot en son cuer[70]. »

Telle est la version de Guillaume de Tyr. Celle d'Ernoul met en scène un des représentants de la puissante famille des

Ibelin, Baudouin de Ramla (Rames) qui se fait ici, contre les calculs du comte de Flandre, le porte-parole des barons palestiniens[71]. Il est vrai que Baudouin de Ramla aspirait pour lui-même à la main de la princesse Sibylle, pour laquelle, au dire d'Ernoul, il s'était séparé de sa femme[72]. Aux insolentes prétentions du comte de Flandre il aurait fait la plus verte réponse : « Sire quens, estes-vous venus en ce païs pour mariage faire ? Nous cuidiens (= pensions) que vous fussiés venus pour la tiere aidier à consillier et pour (l') acroistre et pour aler sour Sarrasins, et vous parlés de mariage ! Li Rois (Baudouin IV) n'est ore mie consilliés de mariage faire. » Et, avec une rude ironie il engageait Philippe d'Alsace à partir avec les barons syriens à la conquête des terres musulmanes, se déclarant prêt, au lendemain de la victoire commune, à changer d'avis sur le mariage flamand : « Mais se vous voliés venir en ost aveuc le Roi et avec nous sour Sarrasins, et (si) Diex (Dieu) donnoit que nous conquestissons sour les Sarrasins et nous reparissons sain et sauf et là vos parliés le (= au) Roi de mariage faire, li Rois en seroit bien tost consilliés. »[73]

Le refus de Philippe d'Alsace fait abandonner l'expédition franco-byzantine contre l'Égypte.

Ses projets une fois démasqués, Philippe d'Alsace s'enferma sous les prétextes les plus fallacieux dans une inertie malveillante. Or l'ambassade byzantine pressait chaque jour plus vivement le roi et les barons de se décider à entreprendre l'expédition commune contre l'Égypte, d'autant que l'*armada* impériale attendait, toute prête, en rade d'Acre. « Li message (de) l'Empereur s'angoissoient mout et disoient que la demorance (= la prolongation de l'attente) porroit estre périlleuse ; la volenté (de) leur seigneur (= Manuel) estoit de parfaire ce que l'en avoit empris (= entrepris) et il estoient prest des covenances (= conventions) tenir mout largement et faire par desus plus qu'il n'avoient promis. »

Les barons essayèrent donc un nouvel effort auprès de Philippe d'Alsace en lui montrant les propositions mêmes du *basileus*. « Quant li baron virent que li cuens de Flandres ne respondoit mie à ces paroles, il l'apelèrent et treistrent (= sortirent) les letres (de) l'Empereur bullées d'or en que (où) les covenances estoient escrites, beles et profitables ; toutes les firent lire devant le Conte, puis li demandèrent (ce) que l'en sembloit et que il conseillast que l'en feist. » Philippe d'Alsace, mis au pied du mur, répondit par de nouvelles défaites et de nouveaux faux-fuyants : il n'était qu'un étranger ignorant tout de l'Égypte ; il redoutait la crue du Nil, la rupture des digues, la disette, il craignait de commettre un péché en conduisant ses soldats dans une aussi dangereuse contrée. « Riens ne savoit de la terre d'Égypte qui estoit, si com il avoit oï dire, de plus estrange nature que toutes les autres régions car aucune foiz (= parfois) estoit coverte d'eaue, après estoit sèche et ardanz (= brûlante) et nequedent (= toutefois) il avoit oï dire qu'il n'estoit ore (= en ce moment) mie bone seisons d'aler là por le tens d'iver qui estoit près, et lors i suelent venir les eaues (= l'inondation a coutume de se produire). D'autre part l'en li avoit dit que jà s'estoient assemblé grant planté de Turs por deffendre la terre ; par desus ce, il dotoit (= redoutait) mout, ce disoit (= prétendait-il), que viande ne fausist (= fît défaut) à ceus qui là iroient. Il cuideroit (= penserait) faire péchié et mal, se il menoit ses homes, qui avec lui estoient venu, en païs où il morussent de fain. »

En vain les barons de Jérusalem rétorquèrent-ils cet argument en mettant à sa disposition une caravane de six cents chameaux pour porter le ravitaillement, sans parler de l'escadre byzantine chargée, elle aussi, de vivres, de campement et d'engins de guerre. Il refusa tout concours, déclarant brutalement « qu'en nule manière n'iroit en Égypte porce que ses genz n'avoient mie apris à avoir povretez de viandes, ne ne sauroient ce soffrir ». Et dérisoirement, quand il s'agissait d'aller attaquer Saladin dans cette Égypte qui était à la fois le point faible et aussi le cœur de sa puissance, le comte offrait d'aller guerroyer partout ailleurs en Syrie.

Baudouin IV et ses barons se trouvaient pris entre le comte de Flandre qui refusait ainsi de s'associer à l'expédition et les ambassadeurs byzantins qui les pressaient d'exécuter le pacte de Constantinople et « aspremenv semonoient par leur serment les barons de faire ce qu'il avoient promis ».

Quels que fussent les caprices de Philippe d'Alsace, l'alliance byzantine était d'une si grande importance pour la politique

610   L'ÉQUILIBRE

du royaume de Jérusalem et il était si vital d'atteindre Saladin dans sa base égyptienne pendant qu'il en était temps encore, que Baudouin IV et ses conseillers décidèrent de passer outre aux résistances du comte. Les barons de Jérusalem « orent conseil entr'eus devant le Roi et pensèrent que grief chose seroit et domageuse de refuser cele grant aide (de) l'Empereur, qui estoit toute preste et apareilliée. Por ce fu de touz acordé que il atorneroient leur afères et movroient por aler en Égypte, si com il avoient promis à l'Empereur[74] ».

À ces nouvelles, fureur de Philippe d'Alsace. « Quant li cuens de Flandre oï ceste chose, si fu corociez que il sembloit desvez (fou) et disoit partout que ce avoit l'en empris (= entrepris) por mal de lui et pour lui faire honte. » Sa colere intimida les Francs qui avaient tant besoin de son aide contre Saladin : « Li baron ne sorent que faire, qui trop le doutèrent (= redoutèrent) à corroucier. » Pour ne pas rompre avec lui, ils obtinrent des ambassadeurs et des amiraux byzantins que l'expédition d'Égypte fût remise jusqu'après le mois d'avril. Ils cherchaient à gagner du temps, dans l'espoir que Philippe reviendrait à des sentiments plus chrétiens.

Pendant ce temps, le comte de Flandre qui avait passé quinze jours à Jérusalem pour y faire se dévotions « et ot visitez les sainz leus et fetes ses oraisons », « pendi la paume à son col, qui est signes que li pélérinages estoit parlez, ausi com s'il s'en vousist partir du tout (= tout à fait) ». De fait, il remonta jusqu'à Naplouse, mais là, craignant malgré tout la réprobation publique que sa conduite ne manquerait pas de soulever en Occident, il commença une nouvelle comédie. De Naplouse, il envoya Robert de Béthune à Jérusalem pour annoncer qu'il avait changé d'avis et qu'il était prêt à partir séance tenante pour l'expédition d'Égypte. « Li baron (de Jérusalem), note *l'Estoire d'Éracles*, aperceurent bien quele entencion il avoit, car il vouloit oster le blasme de sur lui et sur ceus de la terre metre ». Il s'agissait en effet pour Philippe d'Alsace, de pouvoir, une fois rentré en Occident, imputer aux Francs de Syrie l'abandon de la croisade gréco-latine contre l'Égypte.

Une fois de plus la Cour de Jérusalem se trouva singulièrement embarrassée. L'offre de Philippe n'était qu'une dérision et les Byzantins, si on leur demandait une fois de plus de changer la date de l'expédition, ne finiraient-ils pas par perdre patience ? Mais les chefs byzantins firent preuve d'une bonne volonté égale à celle des Francs. Ils déclarèrent accepter la date qu'on voudrait, à condition que le comte de Flandre s'engageât par serment et par écrit à prendre part à l'expédition d'Égypte à telle date fixée par lui-même, jusqu'en août 1178, dernier délai ; et que, dans le cas où il tomberait malade (car le prétexte était à prévoir), il y envoyât du moins ses chevaliers. Naturellement Philippe d'Alsace se déroba encore. Sa mauvaise foi était entièrement percée à jour. Mais sa triste comédie avait abouti au résultat qu'il voulait : la campagne franco-byzantine contre l'Égypte n'eut pas lieu[75]. Les ambassadeurs de Manuel Comnène et les capitaines de l'*armada* byzantine, dûment convaincus que le Croisé franc se moquait d'eux, remirent à la voile pour le Bosphore.

L'abandon de l'alliance franco-byzantine et ses conséquences : 1177 et 1191.

La gravité de cet abandon ne doit pas être sous-estimée. À l'époque où nous sommes arrivés, l'empire de Saladin, à peine constitué, aurait sans doute encore pu être ébranlé si Francs et Byzantins coalisés l'avaient attaqué à sa base, l'Égypte. Cette attaque était abandonnée. Malgré la clairvoyance politique du roi de Jérusalem, par la rancune mesquine d'un croisé nouveau-venu, la grande opération franco-byzantine contre l'Égypte, qui eût pu étouffer au berceau la puissance aiyûbide, se trouva contremandée. Et cela dix ans avant le désastre de Tibériade et la perte de Jérusalem ! Francs et Byzantins semblent du reste avoir eu conscience de l'importance de l'heure. Dans l'obstination de Baudouin IV et des ambassadeurs byzantins, dans leurs concessions extrêmes pour amener Philippe à céder, dans leur exaspération que partage visiblement Guillaume de Tyr, témoin oculaire, et qu'il communique au ton de son récit, on sent comme le grave pressentiment d'une faute politique irréparable. De fait la dernière offre du destin s'était présentée et avait été repoussée. Trois ans encore et l'empereur Manuel Comnène mourra, remplacé par des héritiers incapables ou tyranniques, qui, loin de considérer les Francs comme des alliés,

612 L'ÉQUILIBRE

les traiteront en ennemis. Le grand empire des Comnènes, protecteur de la Syrie franque, s'affaissera brusquement, emportant avec lui jusqu'au souvenir des sages constructions diplomatiques d'Amaury Ier, de Baudouin IV et de Guillaume de Tyr.

Quant à Philippe d'Alsace que ses préoccupations politiciennes avaient empêché de s'associer en temps utile à une guerre préventive indispensable contre l'Égypte, il devait venir mourir devant Saint-Jean-d'Acre, quatorze ans plus tard, le 1er juin 1191, quand tout aurait été perdu – même Jérusalem, même Acre – et qu'au lieu de défendre les frontières historiques du royaume, il ne pourrait plus être question que de reconquérir quelques lambeaux du littoral...

Tentative d'utilisation de la Croisade flamande par Raymond III de Tripoli. L'échec devant Hamâ.

À défaut de la grande croisade franco-byzantine en Égypte, on songea à utiliser la présence du comte de Flandre pour une opération à objectifs limités sur la frontière orientale de la principauté d'Antioche et du comté de Tripoli. L'occasion – à condition d'aller vite – semblait favorable. Saladin était parti pour l'Égypte afin d'organiser la défense de ce pays contre le débarquement annoncé, et la Syrie musulmane se trouvait, en son absence, assez mal défendue. Son frère, Shams al-Dawla Tûrânshâh, qui le remplaçait à Damas, n'avait que peu de troupes et, du reste, était fâcheusement connu pour son goût des plaisirs et sa nonchalance. Guillaume de Tyr laisse d'ailleurs entendre que Bohémond III d'Antioche et Raymond III de Tripoli, désireux de détourner à leur profit la croisade flamande, avaient été les premiers à déconseiller au comte de Flandre l'expédition d'Égypte[76]. Avec une rare abnégation, le roi Baudouin IV, oubliant ses injures, confia à Philippe cent chevaliers et deux mille sergents, sans parler du grand maître de l'Hôpital et d'un fort contingent de Templiers qui se joignirent à l'armée du comte de Flandre[77].

Avec ces renforts qui représentaient le meilleur de l'armée franque, le comte de Flandre se rendit, vers la fin d'octobre 1177, à Tripoli pour y servir les desseins de Raymond III.

Guidé par ce dernier, il alla ravager le territoire de *Homs* et de *Hamâ* et assiéger cette dernière place. Le contingent envoyé dans la plaine de *Homs* y fit un butin abondant avec de nombreux captifs, mais au retour il tomba dans une embuscade dressée par le gouverneur de la ville, Nâsir al-Dîn Mu*h*ammed ibn Shîrkûh, cousin germain de Saladin, qui reprit aux Francs tout leur butin[78].

Le gros des forces franques était allé assiéger *Hamâ* (14 novembre 1177). Le gouverneur de *Hamâ*, Shihâb al-Dîn Ma*h*mûd al-*H*ârimî, oncle maternel de Saladin, était gravement malade et incapable de pourvoir à la défense de son fief Quant au gouverneur de Damas, l'aiyûbide Tûrânshâh, le *Livre des Deux Jardins* lui adresse le reproche de n'avoir rien tenté pour sauver *Hamâ*. À son défaut, un de ses émirs, Saîf al-Dîn ibn al-Mesh*t*ûb, accourut à *Hamâ* et se fit l'âme de la résistance. Avec ce qu'il put ramasser de soldats, il organisa des sorties énergiques. Il y eut plusieurs combats au cours desquels les Francs furent sur le point de pénétrer dans la ville, mais la vaillance d'Ibn al-Mesh*t*ûb réussit à les repousser et au bout de quatre jours d'attaques inutiles ils levèrent le siège[79].

Tentative d'utilisation de la Croisade flamande par Bohémond III d'Antioche. L'échec devant *H*ârim.

Le comte de Tripoli ayant échoué dans sa tentative pour utiliser la Croisade flamande, ce fut au tour du prince d'Antioche de réclamer le concours de celle-ci. À sa demande, le comte de Flandre et les contingents de Jérusalem l'accompagnèrent à Antioche, d'où il leur indiqua comme objectif la reprise de l'importante forteresse de *H*ârim ou Harenc, à l'est de l'Oronte, perdue par les Francs depuis 1164 et qui appartenait au royaume zengide d'Alep. C'était là une opération singulièrement impolitique, puisque, depuis l'installation de Saladin à Damas, les Zengides d'Alep se trouvaient les alliés naturels des Francs. Mais, de l'aveu de Guillaume de Tyr, Bohémond III était un prince vraiment médiocre qui ne songeait qu'au profit immédiat.

De fait, l'occasion pouvait lui sembler favorable. *H*ârim appartenait en fief à l'eunuque Gümüshtekîn (ou Gumushtekîn), ministre du malik d'Alep, al-Sâlih Ismâ'îl. Or, ce Gümüshtekîn que Kemâl al-Dîn nous dit d'origine franque (ou arménienne) cherchait, pour consolider son pouvoir, à s'appuyer sur les Ismâ'iliens et sur les Francs. Il avait écrit au grand maître des Ismâ'iliens Sinân pour faire « assassiner » un autre ministre d'Alep devenu son rival, al-Mujâhid[80]. L'assassinat échoua et la perfidie se découvrit. En même temps Gümüshtekîn s'était mis en rapport avec les Francs ; pour obtenir leur aide, remarque Kemâl al-Dîn, il avait mis en liberté tous les prisonniers francs qui se trouvaient dans la citadelle d'Alep, dont le prince Renaud de Châtillon. Il offrit même de céder aux Francs, moyennant une somme considérable, son château de Hârim. Kemâl al-Dîn nous dit qu'il correspondait à ce sujet avec « un chevalier nommé Bedrân » (Balian).

Cependant les négociations de Gümüshtekîn avec les Ismâ'iliens et avec les Francs ne tardèrent pas à être démasquées par ses rivaux et par son maître, le malik d'Alep al-Sâlih, qui le destitua et l'emprisonna ; mais la garnison que Gümüshtekîn avait placée au château de Hârim avait pris fait et cause pour lui et refusait de rendre la place aux troupes alépines régulières. En vain le gouvernement d'Alep fit-il exposer devant la place Gümüshtekîn pendu par les pieds. Le malheureux mourut de ce supplice et la garnison ne s'en obstina pas moins dans son refus[81]. Ce fut sur ces entrefaites que le prince d'Antioche, croyant la conquête facile, se présenta devant Hârim avec le comte de Flandre (fin novembre 1177).

À l'approche des Francs la garnison mutinée de Hârim se hâta de composer avec le malik d'Alep[82]. Le comte de Flandre et le prince d'Antioche, qui avaient pensé emporter Hârim à la faveur des discordes musulmanes, se virent donc dans l'obligation d'entreprendre un siège en règle avec construction de baraquements autour de la place et mise en batterie de nombreuses machines de bombardement. « La ville, écrit Kemâl al-Dîn, fut réduite à la dernière extrémité. Les Francs la battaient avec leurs mangonneaux et préparaient les échelles pour l'assaut. Ils forèrent des trous de mine dans la colline sur laquelle était bâtie la citadelle de Hârim, mais le mur s'écroula sur eux, et leurs troupes refusèrent d'attaquer dans ce secteur, de crainte de nouveaux éboulements[83]. »

BAUDOUIN IV, LE ROI LÉPREUX 615

Malgré le matériel considérable, le siège fut en effet mené avec une mollesse extrême. Bohémond III, le principal intéressé, était un de ces créoles efféminés comme la Syrie franque en a produit quelques tristes exemples, et le comte de Flandre, on l'a déjà vu, n'avait guère un meilleur moral ; il ne cachait pas qu'il faisait cette guerre à son corps défendant et qu'il ne demandait qu'à rentrer en Europe. Tous deux menaient la campagne comme une partie de plaisir. « Li cuens de Flandre et li autre avec demeuroient au (= devant le) chastel de Harenc, mès n'i fesoient guères de leur enneur (= honneur), ne de la besoigne (de) Nostre Seigneur ; car il n'entendoient mie à grever leur anemis si com il deussent, ainçois (= mais) ne finoient (ne finissaient pas) de joer aus tables (= aux dés) et aus eschés ; en robes légières estoient, touz nuz piez, dedenz leur paveillons ; sovent s'en aloient en Antioche o (= avec) granz compaignies por estre iluec ès bainz et ès tavernes et ès mengiers ; à luxure et à mauvés déliz metoient toutes leur ententes[84]. » L'exemple de ces deux mauvais chefs démoralisait l'armée : « Cil qui demoroient au siège estoient pareçeus et nonchallant de faire ce qu'à eus apartenoit. » On ne tira même pas avantage des puissantes machines de siège qu'on avait dressées devant la place.

Et les Musulmans réagirent. Le malik d'Alep, dont les assiégés avaient imploré le pardon et le secours, leur envoya en renfort une troupe d'élite qui réussit pendant la nuit à traverser le camp chrétien et à pénétrer dans la place. La défense en reçut un regain de vigueur. En même temps l'armée d'Alep opérait des diversions en rase campagne et surprenait les coureurs francs du côté d'A*r*mâ, en direction du Jebel Sem'ân[85].

La mollesse des assiégeants leur eut bientôt enlevé tout espoir de s'emparer de *H*ârim. Ils bloquaient la place depuis des semaines. Mais pendant ce temps Saladin était revenu d'Égypte en Syrie (20-24 novembre) et son intervention, s'il s'alliait aux gens d'Alep, risquait d'écraser l'armée franque. Cette alliance, du reste, le gouvernement d'Alep ne la voulait pas. Plus sage que Bohémond III, al-Sâli*h* Ismâ'il envoyait des messagers aux chevaliers d'Antioche pour leur montrer le péril que constituait pour eux comme pour lui l'entrée en scène de Saladin : « Saladin est arrivé en Syrie et les défen-

616 L'ÉQUILIBRE

seurs de *H*ârim vont lui livrer la place, de sorte que vous l'aurez comme voisin ![86]. » Ces judicieux avis étant appuyés par l'envoi d'une somme d'argent, Bohémond III et le comte de Flandre se résignèrent à lever le siège de *H*ârim après quatre mois d'efforts inutiles (mars 1178). Ce qui prouve que les craintes d'al-Sâli*h* Ismâ'il étaient fondées, c'est qu'après le départ des Francs l'indomptable garnison de *H*ârim refusa encore de se soumettre à son autorité, sans doute dans l'espoir d'un secours de Saladin. Il fallut un nouveau siège de sa part pour la réduire[87].

On comprend le blâme sévère dont Guillaume de Tyr accompagne le récit de cette malheureuse expédition de *H*ârim : « Li nostre…, traduit *l'Éracles*, par envie et par vilainie et parèce, leissèrent tost l'afaire venir à néant, si (bien) que li Tur, qui estoient avant effrée que près qu'il ne se rendoient, se rasseurèrent et rafermèrent quant il conurent la mauvèse contenance des noz et sorent qu'il parloient chascun jor de partir d'iluec. Mout doit l'en tenir à grant merveille ce que li cuens de Flandres se leissa einsi aler en cele besoigne que il ne li chalut (= importa pas) (ce) que l'en déist de lui. Quant li princes d'Antioche vit que li afaires estoit atornez à ce que il ne fesoient nule riens fors gaster leur tens, à ceus dedenz (= aux assiégés) fist parler et treist (= tira) d'eus tant com il pot, por le siège lessier. En ceste manière se partirent tuit de là assez honteusement…[88]. »

Le patriarche jacobite Michel le Syrien, bien placé pour parler de l'événement puisqu'il résidait alors à Antioche, fait observer combien impolitique avait été en tout cela la conduite de Bohémond III : « Le gouverneur turc de *H*ârim, ayant appris que le seigneur d'Alep voulait le faire exécuter, se révolta et se tourna vers les Francs. Le prince d'Antioche lui jura de le secourir et de l'aider à conserver cette forteresse. Confiant dans cette promesse, le gouverneur fit sa soumission aux Francs et se mit en inimitié ouverte avec les Turcs. Mais les Francs commirent alors une grande iniquité et foulèrent aux pieds leurs serments. Le prince d'Antioche, avec le comte de Tripoli, le comte de Flandre, Roupên de Cilicie et une armée nombreuse, alla mettre le siège devant *H*ârim. Pendant quatre mois ils l'attaquèrent par tous les moyens, mais Dieu leur refusa la victoire, car ils avaient transgressé leurs serments, jurés sur la croix et l'évangile ! Les défenseurs de *H*ârim, se voyant à la dernière extrémité, envoyèrent un message à Alep, reçurent les serments de l'atâbeg, et lui livrèrent la forteresse. Le prince (Bohémond III) s'en retourna à Antioche, le cœur brisé[89]. »

L'expédition flamande contre *H*âma et *H*ârim n'avait pas seulement lamentablement échoué dans sa tentative pour donner au comté de Tripoli et à la principauté d'Antioche la vallée de l'Oronte. Elle avait failli provoquer par contre-coup la pire catastrophe pour le royaume de Jérusalem.

§ 3. — Baudouin IV et la défense des frontières franques contre Saladin (1177-1180).

L'angoisse de novembre 1177. Attaque brusquée de Saladin contre la Palestine dégarnie de troupes.

On a vu que, dans sa générosité envers le comte de Flandre, Baudouin IV, en lui prêtant une partie de ses troupes, avait dangereusement dégarni la Palestine. Tandis que le gros des forces franques guerroyait avec Philippe d'Alsace dans la Syrie du Nord, le roi de Jérusalem ne conservait par devers lui, en y comprenant les garnisons du Temple et de l'Hôpital, que cinq cents chevaliers[90]. Grave imprudence. D'Égypte où il s'était rendu sur le bruit d'une prochaine invasion franco-byzantine dans le Delta, Saladin apprit que cette expédition était décommandée et que le gros des forces franques s'était dirigé vers la Syrie du Nord en laissant le royaume de Jérusalem à peu près sans défense. Son parti fut aussitôt pris. Quittant l'Égypte avec toutes les troupes disponibles, il reprit en hâte le chemin de l'isthme, avec l'espoir soit de forcer le comte de Flandre à lâcher prise du côté de *H*amâ et de *H*ârim, soit d'accabler Baudouin IV privé de ses gens « Tandis come les choses aloient einsi ès parties d'Antioche, écrit *l'Estoire d'Éracles*, Salehadins ot oïe la novele que li cuens de Flandres et li graindres pooirs (= le gros des forces) de la Chrestienté, que il atendoit en Égypte, estoient alé en la terre d'Antioche. Lors se pensa bien que li roiaumes de Surie (= Jérusalem) demorroit desgarniz de

618 L'ÉQUILIBRE

chevaliers et de genz ; bien li fu avis que, se il chevauchoit cele part (= de ce côté), de deus choses li avendroit l'une : ou il feroit partir du siège (de *H*ârim) le conte de Flandres et cil qui avec lui estoient, por venir deffendre le roiaume, ou, se il ne s'en partoient, il feroit sa volenté du roiaume et de cele petite gent qui remés (demeurés) i estoient[91]. »

La marche du sultan fut aussi rapide que sa décision. Pour gagner du temps, il laissa à al-'Arîsh son convoi et son arrière-garde et entre le 18 et le 23 novembre 1177 déboucha avec sa cavalerie sur la côte de Philistie. Les deux premières places qu'il rencontra étaient les deux petites forteresses de Daron (Deir al-Bela*h*) et de Gaza. Les Templiers qui possédaient Gaza en avaient en hâte renforcé la garnison. Sans s'y attarder, Saladin courut droit sur Ascalon, principal boulevard de la puissance franque en Philistie[92].

La situation du royaume de Jérusalem était tragique. Le gros de l'armée, on l'a vu, guerroyait dans la Syrie du Nord, sous *H*ârim. Au témoignage d'Ernoul, répétons-le, le roi Baudouin IV ne disposait que de cinq cents chevaliers, et encore faut-il comprendre dans ce chiffre les chevaliers de l'Hôpital et du Temple ; or une bonne partie des Templiers, à la nouvelle de l'approche de Saladin, étaient, on vient de le voir, allés s'enfermer dans Gaza que l'on croyait l'objectif des envahisseurs. Pour comble de malheur, le connétable Onfroi de Toron sur qui on eût pu compter pour commander la défense se trouvait immobilisé par une grave maladie.

L'armée franque enfermée dans Ascalon.
Saladin à Ramla et à Lydda. La route de Jérusalem ouverte.

Dans ces circonstances presque désespérées, le jeune roi lépreux fut héroïque. Dès la nouvelle de l'approche des ennemis, ramassant tout ce qu'il put trouver de gens, il se porta avec la Vraie Croix au-devant de l'envahisseur. Si rapide fut sa marche qu'il devança Saladin à Ascalon. Il y était à peine arrivé avec ses cinq cents chevaliers, que l'armée de Saladin apparaissait devant la place. Les Francs essayèrent d'abord de tenir la campagne dans le rayon de la forteresse pour intimider les coureurs musulmans qui ravageaient le pays, mais ils durent bientôt se rendre compte qu'avec une aussi faible troupe force leur était de s'abriter derrière les murailles d'Ascalon : « Quant li nostre virent la grant planté de gent qui contr'eus estoit, bien se pensèrent que plus estoit seure chose d'eus tenir ensemble près de leur murs en leur deffenses que aler assaillir plus loing cele grant merveille de pueple. En ceste manière se tindrent li un assez près des autres jusques après vespres, que onques ne se murent... Quant il comença à asserir (= vers le soir), bien cognurent li nostre que périlleuse chose seroit de noz genz logier hors de la ville, si près du grant pooir à leur anemis ; por ce, s'en retornèrent et se receurent dedenz leur cité (d'Ascalon)[93]. »

En arrivant devant Ascalon avec ses cinq cents chevaliers, Baudouin IV avait mandé à Jérusalem et par tout le royaume que tout chrétien en état de porter les armes se hâtât de le rejoindre. L'arrière-ban ainsi convoqué accourut en effet, mais fut capturé par Saladin avant d'avoir pu pénétrer dans Ascalon. « Tout si com li arrière-bans venoit à Escalonne, à le mesure qu'il venoient, Salehadins les prenoit. Si prist les bourgois de Jherusalem et grant partie de ciaus de la terre qui de plus loing venoient[94]. » Le même Ernoul nous montre ailleurs les bourgeois de Jérusalem prisonniers, garottés sur des convois de chameaux[95].

Le roi enfermé dans Ascalon avec sa petite troupe de chevaliers, tandis que l'arrière-ban était capturé : Saladin ne douta plus de son triomphe. Après avoir un instant fait mine d'assiéger Ascalon, il s'avisa que le royaume lui était ouvert sans défense. Négligeant la misérable petite armée royale enfermée dans la place, il divisa la sienne en escadrons mobiles pour courir plus commodément à travers le pays, avec, comme objectif final, Jérusalem dégarnie de troupes. « Quant Salehadins vit ce, si en ot trop grant joie et monta en si grant orgueil qu'il ne prisoit riens le pooir de noz genz. Toute nostre terre tenoit jà à conquise et la départoit à ses amirauz et à ses chevaliers. Dès lors comencèrent ses genz à corre par la terre et par tropeaus, sanz tenir conroi (= sans garder leur ordre de bataille), com cil qui riens ne doutoient (= ne craignaient). »

L'avant-garde de Saladin, conduite, nous dit Guillaume de Tyr, par un rénégat arménien, avait déjà, dans la nuit du 23 au 24 novembre, couru jusqu'à Ramla, qu'elle trouva évacuée :

Baudouin de « Rames » était allé avec ses hommes d'armes rejoindre le roi à Ascalon, tandis que les femmes et les non-combattants s'étaient réfugiés partie à Jaffa, partie au château de Mirabel (Majdal Yâbâ), à une vingtaine de kilomètres au nord de Ramla. Après avoir brûlé Ramla, l'avant-garde aiyûbide alla assiéger Lydda (Ludd) dont les habitants, criblés de flèches et se sentant hors d'état de défendre le rempart, commençaient à se réfugier en suppliants dans l'église de Saint-Georges. Les coureurs aiyûbides arrivèrent jusqu'à Calcaille (Qalqiliya), à quelque 28 kilomètres au nord de Lydda, entre Arsûf et Naplouse.

L'effroi, nous dit Guillaume de Tyr, était tel par tout le pays chrétien que non seulement les gens de la plaine philistine ou de la plaine d'Esdrelon, mais aussi les habitants des châteaux de la montagne judéenne jugeaient la résistance impossible. À Jérusalem même régnait la panique. Les plus énergiques bourgeois de la ville ayant été capturés avec l'arrière-ban, les chrétiens étaient prêts, à la première apparition des forces musulmanes, à évacuer la ville basse pour se réfugier dans la Tour de David[96]. Jamais peut-être le royaume franc n'avait, depuis sa fondation, couru pareil péril. « En tel manière, dit *l'Éracles*, estoit li roiaumes descomfortez que li ennemi de la foi coroient par tout à grant bandon. »

Saladin lui-même, avec le gros de son armée, se préparait à marcher sur Jérusalem. Mais estimant, comme ses lieutenants, la résistance franque annihilée, il laissait, lui aussi, ses troupes se répandre, en attendant, dans la campagne pour piller. D'où – les suivant plutôt qu'il ne les conduisait – sa préalable chevauchée vers Ramla, à travers la plaine philistine. « Les troupes du sultan, constate Ibn al-*Ath*îr, pillaient, tuaient, faisaient des prisonniers, brûlaient et se dispersaient dans la contrée pour y faire des courses. Comme aucune armée des Francs ne se montrait et qu'il ne se rencontrait personne pour défendre le pays, les Musulmans, pleins d'espoir, concevaient plus de confiance et se répandaient sans crainte de tous côtés[97]. » Grisé par le succès, Saladin montrait une cruauté innaccoutumée. On l'avait vu, au départ d'Ascalon, réunir les prisonniers et leur faire trancher la tête[98]. Dans cette marche triomphale et sans obstacle à travers la plaine littorale de Philistie avant de se rabattre vers la ville sainte, il était arrivé d'après Ibn al-A*th*îr et Behâ al-Dîn à hauteur de Ramla – près du site de Tell Jazer, le Montgisard des Francs (à 6 kilomètres au sud-est de Ramla), spécifie Ernoul – ou seulement, si nous en croyons Abû Shâma, souvent bien informé, à 20 kilomètres plus au sud encore, devant Tell al-*Sâ*fiya (Tell al-*Sâ*fî), la « Blanche-Garde » des Croisés, à 27 kilomètres à l'est d'Ascalon, et il se mettait, toujours d'après Abû Shâma, en devoir de faire traverser par ses troupes la dépression du Wâdî al-Da*h*r, lorsqu'à sa stupéfaction, il vit surgir au-dessus de lui et du côté où il l'attendait le moins, venant du Wâdî Qa*t*ra, cette armée franque qu'il croyait réduite à l'impuissance derrière les murailles d'Ascalon (25 novembre 1177).

La plus belle victoire des Croisades : bataille de Montgisard.

Voici ce qui s'était passé. Quand Baudouin IV, du haut des murs d'Ascalon, eut constaté le départ de Saladin, il avait repris à son tour la campagne malgré son infériorité numérique, « car il li sembla mieuz de combatre en aventure à ses anemis que soffrir que il (= ses ennemis), voyant lui (= à sa vue), destruisissent ses genz et gastassent sa terre ».

La résolution, une fois prise, fut exécutée par Baudouin IV avec la plus grande célérité. Les Templiers qui formaient la garnison de Gaza furent prévenus à temps et se joignirent à lui. Guillaume de Tyr cite le grand maître du Temple au premier rang des barons qui accompagnèrent Baudouin IV dans sa chevauchée : « Avec le roi estoit Oedes (Eudes) de Saint Amant, li mestres du Temple, qui avoit avec lui quatre-vinz frères à armes, et li princes Renauz, Baudoins de Rames et Balians (d'Ibelin), ses frères (= son frère), Renaut de Saiete (= de Sidon), li cuens Jocelins, oncles le (= du) Roi et sénéchaus[99]. » Ainsi renforcée par les Templiers, l'armée royale remonta, sans donner l'éveil, le long de la côte de Philistie, par Ashdod et Ibelin (Yebnâ) où Ernoul signale son passage[100]. De là, comme l'atteste encore Ernoul, elle obliqua à l'est, en suivant Saladin à la trace jusque vers Montgisart, l'actuel Tell Jazer, d'où elle se rabattit au sud, toujours sur la piste du sultan, pour aller le surprendre en direction de Tell

622 — *L'ÉQUILIBRE*

Sâfîya. Il suffit de regarder une carte pour constater que Baudouin IV décrivit ainsi un arc de cercle d'environ 65 kilomètres pour venir surprendre l'ennemi par le nord, alors que ce dernier le croyait toujours immobile au sud-ouest. « Il chevauchièrent tout celéement la voie de la marine, porce qu'ele estoit plus couverte, car il vouloient sordre tout soudeinement ès plains où Salehadins estoit logiez[101]. »

Un vigoureux désir de vengeance animait l'armée royale en traversant les campagnes incendiées par les coureurs ennemis : « Si com il s'en aloient tuit en bataille, grant volenté avoient de vengier les outrages que li mescréant avoient fet en ce païs. Grant corrouz et grant hardement leur metoient ès cuers li feu (= l'incendie) des villes qu'il esgardoient de toutes parz. »

Ce fut aux approches de Wâdi al-Da*h*r et de Tell al-Sâfîya, que, d'après le récit d'Abû Shâma, ils commencèrent à découvrir les détachements de Saladin qui, après avoir mis à feu et à sang la Philistie et la plaine de Lydda, s'engageaient dans le lit encaissé de l'oued. En d'autres circonstances, la petite chevalerie franque eût sans doute hésité devant son incroyable infériorité numérique. « Si com il s'aprochoient de l'ost (de) Salehadin, il regardoient ceus qui venoient de bouter les feus par le païs. Se Nostre Seigneur ne les reconfortast, il ne fust mie merveille se il doutassent (= s'ils s'étaient épouvantés) d'aler en bataille encontre si grant gent, come Salehadins conduisoit[102]. » Mais l'ardeur des premiers Croisés animait le roi Lépreux et ses chevaliers. « La Vraie Croiz aloit devant, l'evesque Auberz de Bethléem la portoit. » Elle devait, une fois de plus, dominer la bataille, et plus tard les combattants chrétiens auraient l'impression qu'au milieu de la mêlée elle leur était apparue immense, au point de toucher le ciel : « Il ot assés sergans et chevaliers qui disent qu'il lor fu avis que la Sainte Crois qui en la bataille fu, estoit si haute qu'elle avenoit dusques au ciel. » Dans la geste de croisade on raconta même que Saint Georges en personne, sur le territoire de qui on se battait (il était le patron des églises de Lydda et de Ramla), était intervenu dans la mêlée : « I ot chevaliers sarrasins pris qui demandèrent as Crestiens qui pris les avoient, qui cil chevaliers as blances armes estoit qui tant avoit de lor gent ocise le (= ce) jour ? Et il respondirent qu'il

BAUDOUIN IV, LE ROI LÉPREUX   623

cuidoient que che fust li sains cui (= auquel) église avoient gastée le jour devant »[103].

Si Saint Georges était le patron de Lydda, Baudouin d'Ibelin, sire de « Rames » (= Ramla) était le seigneur de la terre de Montgisart, près de laquelle on se battait. Aussi avant le combat vint-il réclamer du roi l'honneur d'engager l'action : « Sire, je vous demande la première jouste ! » – Pour çou la demanda, spécifie Ernoul, qu'il se devoit conbatre en sa tiere ; si (= aussi) devoit avoir la première bataille. Et li Rois li otria (= octroya). » Lui et son frère Balian (II) d'Ibelin se montrèrent dignes d'un tel honneur, car ce furent eux qui par leur charge furieuse rompirent l'armée aiyûbide : « Bauduins de Rames et ses frères Belyans, ki la première bataille eurent, coisirent le plus forte bataille que li Sarrasin avoient et poinsent (= fondirent) viers aus, si le desrompirent toute et venquirent. Onques (= jamais) Rollans et Oliviers ne fisent tant d'armes en Ronceveaus con li doi frère fisent le (= ce) jour en le bataille, à l'aïue (= avec l'aide de) Diu et de monseigneur Saint Jorge qui en a bataille fu o (= avec) els »[104]. Guillaume de Tyr, de son côté, nous montre Baudouin IV et ses trois cents chevaliers plongeant et se perdant un instant dans la cohue des forces musulmanes qui tentaient de se rallier au milieu de l'oued. « Li Rois, traduit l'Éracles, et tuit li sien qui estoient pou de gent furent tantost tuit plungié et ausi come perdu entre cele grant planté de Turs. De toutes parz furent aviroré, mes Nostre Sires (Notre Seigneur) leur envoia hardement et force, si que il ne s'esmaïèrent point, ainçois (= mais) comencèrent aus espées faire voie parmi les plus espesses batailles. Si estoient réconforté que de nule rien n'avoient peur ne doute. Grant essart fesoient de leur anemis, et le sanc fesoient corre à granz ruz (= rigoles) parmi les chans. Premièrement se mervelloient li Tur de ce que li nostre cuidoient eschaper d'iluec ; après, quant il virent leur contenances, si grant peor orent en leur cuers que chascuns d'eus, qui trère se pooit arriers, leur fesoit voie (= leur cédait le terrain)[105]. »

Même récit épique chez le chroniqueur syriaque Michel, patriarche de l'Église jacobite, qui est, comme Guillaume de Tyr, contemporain des événements : « [Le Seigneur eut pitié des Chrétiens. Tout le monde avait perdu espoir, car le mal

L'ÉQUILIBRE

de la lèpre commençait à paraître sur le jeune roi Baudouin qui s'affaiblissait, et dès lors chacun tremblait.] Mais le Dieu qui fait paraître sa force dans les faibles inspira le roi infirme. Le reste de ses troupes se réunit autour de lui. Il descendit de sa monture, se prosterna la face contre terre devant la croix et pria avec des larmes. À cette vue le cœur de tous les soldats fut ému. Ils étendirent tous la main sur la croix et jurèrent de ne jamais fuir et, en cas de défaite, de regarder comme traître et apostat quiconque fuirait au lieu de mourir. Ils remontèrent à cheval et s'avancèrent contre les Turcs qui se réjouissaient, pensant avoir raison d'eux. En voyant les Turcs dont les forces étaient comme une mer, les Francs se donnèrent mutuellement la paix et se demandèrent les uns aux autres un mutuel pardon. Ensuite ils engagèrent la bataille. Au même instant, le Seigneur souleva une violente tempête qui enlevait la poussière du côté des Francs et la jetait au visage des Turcs. Alors les Francs, comprenant que le Seigneur avait accepté leur repentir, prirent courage, tandis que les Turcs tournaient bride et s'enfuyaient. Les Francs les poursuivirent, tuant et massacrant toute la journée[106]. »

Ernoul énumère les prouesses de chaque paladin : « Hues de Tabarie (= Hugue de Tibériade) et Guillaume ses (= son) frères, qui jouene chevalier estoit et furent fil le (du) castelain de Saint Orner et fillastre (= beaux-fils) le (du) conte de Triple estoient, se prouvèrent (comportèrent) mout bien en le bataille, et mout i fisent d'armes et grant los i accuellièrent. Li Temples et li Hospitaus s'i provèrent mout bien, atant com il avoient de gent. En l'eskièle (dans la division) le (du) Roi estoit Robiers de Boves qui mout bien s'i prouva, et toute l'eskièle le (du) Roi. »

En réalité la surprise avait été complète. Comme on l'a vu d'après Abû Shâma, Saladin, croyant l'armée franque bien loin de là, passait sans méfiance et dans le plus grand désordre l'oued de Tell al-Sâfiya, lorsque la chevalerie franque lui était tombée dessus. « Les bagages militaires qui arrivaient en ce moment, raconte le *Livre des Deux Jardins*, embarrassaient le passage. Soudain se montrèrent les escadrons des Francs. Ils surgirent, agiles comme des loups, aboyant comme des chiens. Ils attaquèrent en masse, ardents comme la flamme. Les troupes musulmanes étaient disséminées

BAUDOUIN IV, LE ROI LÉPREUX

dans les villages des environs qu'elles pillaient. Aussi la fortune des combats tourna contre elles[107]. » « Saladin, dit de même le *Kâmil al-tewârîkh*, était parvenu auprès de l'oued, quand, au moment où ses soldats se pressaient pour passer l'eau, on vit tout à coup paraître au-dessus de l'armée musulmane les escadrons francs. Or il n'avait avec lui qu'une portion de ses forces, la majeure partie de l'armée s'étant dispersée à la recherche du butin[108]. » Surpris de la sorte, les Musulmans essayèrent de se regrouper hâtivement, « l'aile droite faisant une conversion vers la gauche et vers le centre, de manière à être adossés, au moment de l'action, à une colline connue sous le nom de Ard al-Ramla. Mais pendant que les troupes étaient occupées à ce mouvement, les Francs les chargèrent et, par la volonté d'Allâh, les mirent en déroute. Ce fut une terrible défaite[109]. »

Le neveu de Saladin, le bouillant Taqî al-Dîn, essaya d'abord d'arrêter la charge des Francs. « Il tint ferme, fit face à l'attaque et joua vaillamment de l'épée et de la lance. Mais plusieurs de ses braves trouvèrent le martyre. » Le propre fils de Taqî al-Dîn, Ahmed, jeune homme à peine sorti de l'adolescence, fut massacré après avoir abattu un chevalier. À la fin les compagnons de Taqî al-Dîn, lâchèrent pied. « Ses gens se dispersèrent derrière les bagages, puis se sauvèrent avec leurs chevaux. » Fait grave, l'autre fils de Taqî al-Dîn, Shâhinshâh, avait antérieurement fait défection et était passé à l'ennemi à l'instigation d'un habitant de Damas, protégé des Francs, qui lui avait laissé entendre que ceux-ci l'aideraient à obtenir, dans les dépouilles de Saladin, le royaume d'Égypte. Ce curieux détail montre que, même sous le régime de Saladin, les Francs avaient conservé des intelligences dans la population damasquine et jusque dans sa propre famille[110].

La débâcle égyptienne : Saladin en fuite devant le Roi Lépreux.

Le corps de Taqî al-Dîn une fois dispersé, il ne restait de l'armée de Saladin que la garde du sultan groupée autour de lui. C'étaient mille mamelûks d'élite que *l'Estoire d'Éracles* nous montre portant les armes de Saladin, « c'est-à-dire qu'il avoient sur les hauberz cotes vestues de samit jaune, si com il avoit. Il se tenoient tuit ensemble entor leur seigneur por garder son cors[111]. » Les Francs réunirent toutes leurs forces contre ce dernier centre de résistance et dans une charge furieuse pénétrèrent jusqu'à Saladin. Celui-ci faillit être tué. « J'ai vu ce jour-là, racontait-il par la suite, un chevalier courir sur moi à fond de train, sa lance dirigée contre ma poitrine. Il était suivi de deux compagnons qui me visaient comme lui. J'allais être atteint lorsque trois de mes officiers foncèrent sur ces cavaliers et prévinrent leur choc sans laisser à mon agresseur le temps de me frapper[112]. » La fidélité de ces mamelûks sauva Saladin. Ils l'entourèrent jusqu'au bout et « ne se vourent (= voulurent) partir jusque leur sires s'enfoïst. Au darrenier (= à la fin), quant li autre s'enfoïrent, cil remestrent (= demeurèrent), dont il avint que furent presque tuit ocis[113]. »

Saladin ordonna enfin la retraite sans cesser de combattre, sauvé par la nuit qui tombait, mais perdu avec les débris de son armée sans eau et sans vivres dans les solitudes de l'ancien Siméon et de l'ancien Amalek, puis vers les sables de la péninsule sinaïtique. Il put ainsi dérober sa marche à la cavalerie franque qui, dès le lendemain, ramassa les fuyards et les isolés depuis Montgisard (Tell Jazer) au nord jusqu'à la Cannaie des Étourneaux (le Cannois des Estornois) au sud, point d'eau situé près de l'actual Tell al-*Ha*sî, à 25 kilomètres à l'est de Gaza, sur la piste de Gaza à Hébron. Poursuite fructueuse : « onques les noz genz ne finèrent d'ocire et d'abatre en chaçant quanqu'il aconsivoient (= tout ce qu'ils trouvaient) de leur anemis. Jà ne fust nus d'eus remés (= resté) qui ne fust ou pris ou morz, se la nuit ne fust venue qui les noz fist retorner. Por que li Tur s'en poïssent mieuz foïr, il gitoient jus leur armes, ne regardoient somiers ne trousses. Cil qui mieuz estoient monté, leissoient ceus qui aler ne pooient. » Dans les marais de la Cannaie des Étourneaux, sur le Wadî al-*Ha*sî[114] les soldats de Saladin avaient ainsi jeté tout ce qui les embarrassait, « hauberz et chauces, chapiaus de fer, roeles et tarquois ». Le lendemain les cavaliers francs arrivèrent sur les lieux, et, se servant des roseaux qui y croissaient comme de perches, repêchèrent plus de cent hauberts, « sanz les menues armeures[115] ». Au milieu de la débandade musulmane les bourgeois de Jérusalem faits prisonniers devant Ascalon avaient échappé à leurs gardes et s'étaient

BAUDOUIN IV, LE ROI LÉPREUX

retournés contre eux. « Li bourgois qui sour les cameus (= chameaux) estoient loiié (= liés), quant il virent ke li Sarrasins furent desconfit, si desloia li uns l'autre, et ocisent ceus qui les harnas (bagages) gardoient et retinrent le harnas[116]. »

Des détachements entiers de soldats musulmans s'étaient égarés dans les montagnes du massif judéen. Pour comble de malheur les pluies avaient commencé, brouillant les pistes et surprenant les fuyards sans vivres et sans vêtements. « Sitost come la desconfiture ot esté fete, dis jorz après ne fina onques de plovoir si tresfondieument que riens ne se pooit garantir hors des meisons et que l'en n'avoit mès si grant pluie veue en cele terre. Li Tur qui eschapé estoient perdirent leur chevaus de mésèse. Robes ne viandes n'avoient avec eus. Li froiz des pluies les destreignoit mout ; ne savoient pas la voie et ne pooient aler à pié por le fort tens ; si les trovoit-l'en enmi les chans, touz esgarez par tropiaus ; ausi légièrement les emmenoit-l'en corne bestes. Aucunes foiz, cil qui s'en cuidoient bien foïr vers leur païs, s'en venoient tout droit aus noz qui les aloient quérant. Ne sai quanz jorz après, li nostre ne finoient de cerchier les bois et les montaignes, et trovoient des Turs qui là s'estoient repost. Maintes foiz venoient-il tout de leur gré à noz genz et se rendoient à eus por ce qu'il vouloient mieuz estre tenu en prison que mourir de faim et de mésèse parmi les chans[117]. »

Saladin avec ses derniers fidèles fuyait, lui aussi, vers l'Égypte en proie aux mêmes angoisses. « Salehadins qui venuz estoit à grant bobanz (= orgueil), s'en ala mout desjuglez et trop honteus ; à peines en pot-il mener cens chevaucheeurs avec lui. Il meismes por eschaper monta sur un chamel corsier. » « On s'engagea dans les sables, nous dit Abû Shâma, sans guides, sans vivres ni fourrages. On marcha à l'aventure dans des déserts sablonneux, sur un sol mouvant ou raboteux ; on passa plusieurs jours et plusieurs nuits privé d'eau et d'aliments avant d'arriver en Égypte. Les bêtes de somme ayant péri, les cavaliers avaient dû mettre pied à terre, et la fatigue des hommes était extrême. Plusieurs disparurent sans qu'on pût retrouver leurs traces ni avoir de leurs nouvelles. On constata l'absence du jurisconsulte Dyâ al-Dîn 'Isâ, de son frère al-Zâhir et de leurs compagnons. Ils s'égarèrent, suivirent une route opposée et se trouvèrent le lendemain dans le voisinage de l'ennemi. Ils se cachèrent alors dans une caverne, en attendant quelqu'un qui pût les reconduire en territoire musulman. Les Francs envoyèrent sur leurs traces un individu qui se présenta comme guide. On les fit prisonniers. Le jurisconsulte 'Isâ et son frère ne devaient être rachetés que plusieurs années après au prix de 60.000 dînârs et de la mise en liberté de plusieurs prisonniers infidèles[118]. »

À côté des Syriens musulmans qui servaient de rabatteurs aux Francs, *l'Estoire d'Éracles* nous montre les Bédouins s'associant spontanément à la poursuite des traînards aiyûbides et allant piller le bagage de Saladin à al-'Arîsh. « Li... Bedoins virent que Salehadins estoit einsi desconfiz et qu'il avoit perdues ses genz ; si s'en alèrent isnelement (= rapidement) à ceus qu'il avoit lessiez à (= avec) tout le hernois (= bagage) en la cité de Lars. Mout effréement leur firent asavoir la desconfiture de leur genz, puis leur corurent sus et leur tolirent (= enlevèrent) tout le hernois qu'il gardoient ; eus meismes enmenèrent pris touz liez[119]. » La destruction, par les Bédouins, des bases de ravitaillement d'al-'Arîsh, jointe à la crainte de voir la cavalerie franque descendre la côte de Philistie, dut être une des raisons qui déterminèrent Saladin et les débris de son armée à s'enfoncer dans le désert. Comme le note al-'Imâd, « la perte de la bataille ne fut pas ce qu'il y eut de plus grave, mais la retraite de l'armée fut une véritable déroute à travers ces solitudes inaccessibles et ces déserts de sable qu'il fallut traverser sans guide et sans eau[120] ». Le même al-'Imâd nous fait part de la consternation de la population égyptienne à la nouvelle du désastre : « Des courriers, montés sur des dromadaires, arrivèrent au Caire en apportant des nouvelles. Ils allaient disant : "Réjouissez-vous, le sultan est sain et sauf, ainsi que les siens !" Je dis alors à la personne qui m'accompagnait : "Si l'on annonce comme une bonne nouvelle que le sultan est sain et sauf, c'est une défaite complète et sa seule victoire est d'avoir sauvé sa vie !" Quelques jours après, le 8 décembre 1177, Saladin arriva enfin au Caire et al-'Imâd s'empressa de répandre la nouvelle par les pigeons voyageurs "pour faire taire les malveillants", lignes réticentes à travers lesquelles il est permis de deviner la menace de quelque nouveau complot fâṭimide[121].

La rafle des fuyards musulmans. Triomphe de Baudouin IV.

Pendant ce temps Baudouin IV, dirigeant la rafle des forces musulmanes, revenait de Tell al-Sâfîya à Ascalon. Il y attendit ses compagnies « qui avoient chacié en diverses parties, qui furent toutes retornées à lui dedenz le quart jor. » Chacune arrivait chargée de butin. « Quant il revenoient, l'en poïst veoir les chamaus qu'il amenoient chargiez d'armeures, de robes et vesselementes ; chevaus, autres gaainz i avoit assez. Li nostre fesoient joie, ce n'estoit mie merveille, selonc la parole de Ysaie le prophète, ausi corne li veinqueeur qui ont prise la proie quant il départent les despeuilles[122]. »

Quand tous les détachements furent rentrés avec leur butin, Baudouin IV regagna Jérusalem en triomphal arroi « por rendre grâces à Nostre Seigneur en l'église du Sépuchre de la grant enneur qu'il avoit fete à son non et à son pueple ». En effet, en l'absence du comte de Tripoli, du prince d'Antioche et des Croisés flamands tout l'honneur de la victoire revenait, après Dieu, à l'héroïque Roi Lépreux. « En ceste chose, écrit éloquemment le traducteur de Guillaume de Tyr, puet-l'en bien veoir que l'en ne doit avoir espérance fors seulement en Nostre Seigneur : quant l'aide des homes faut, lors set-il bien envoier la seue (= la sienne). Se li cuens de Flandres et li cuens de Triple et li autre bon chevalier qui estoient avec eus eussent esté à ceste besoigne, l'en poïst cuidier (= on eût pu croire) que force d'omes et chevalerie eussent gaaigniée ceste victoire ; mès Nostre Sires vout (= voulut) cele chose acomplir par un petit (nombre) de gent, por mostrer que devant touz en doit-il avoir les grez et les grâces[123] ».

Jamais plus belle victoire chrétienne n'avait été remportée au Levant et tout le mérite en revenait à l'héroïsme du roi dont la jeunesse, triomphant pour un instant du mal qui rongeait son corps, s'égalait à la maturité d'un Godefroi de Bouillon ou d'un Tancrède.

Ainsi, même sous un pauvre adolescent lépreux – quand Baudouin IV remporta cette victoire insigne, il n'avait que dix-sept ans et son mal empirait chaque jour – même dans des circonstances extérieures presque désespérées, face à un Islâm unifié de la Nubie à *H*amâ, la dynastie française de Jérusalem continuait à accomplir son œuvre salvatrice, son

630   L'ÉQUILIBRE

œuvre capétienne. La journée de Tell al-Sâfîya ou de Montgisard – quel que soit le nom qu'on lui donne, selon qu'on suit Abû Shâma ou Ernoul – avait la valeur de notre Bouvines. Mais Bouvines fut suivi d'une longue suite de rois, tandis qu'à Jérusalem, huit ans après Montgisard, la continuité dynastique allait être, en fait, étouffée par l'anarchie féodale.

La victoire de Montgisard paraît avoir déterminé un regain d'activité chez les Francs. Visiblement l'initiative était repassée entre leurs mains. Ibn al-A*thî*r nous les montre notamment allant piller à la mi-août 1178 la banlieue de *H*amâ. Il s'agissait sans doute soit de gens du comte de Tripoli, soit des Hospitaliers du Krak. La garnison aiyûbide de *H*amâ réussit d'ailleurs à leur reprendre leur butin[124]. Ibn al-A*thî*r nous montrera de même le prince d'Antioche Bohémond III exécutant dans la région de Shaîzar une razzia, au cours de laquelle il s'empara de plusieurs manades de chevaux, puis Raymond III de Tripoli razziant de même les biens d'une tribu turcomane[125].

Fortification de la frontière de Galilée. Construction du Chastellet du Gué de Jacob et du Chastel-neuf de Hûnîn.

De son côté le roi Baudouin IV résolut de profiter de ses succès pour mettre la Galilée à l'abri des incursions venues de Damas. Le rôle de boulevard du royaume de ce côté avait été naguère dévolu à la forteresse de Panéas (Bâniyâs). Maintenant que Panéas était aux mains des musulmans, il importait de construire une nouvelle forteresse qui gardât le passage du Jourdain supérieur, face au Jawlân. Baudouin IV et ses conseillers jetèrent leur dévolu sur les environs du Gué de Jacob – où devait s'élever à la fin du treizième siècle le fameux Jisr Banât Ya'qûb, « le Pont des filles de Jacob », – près du point où le fleuve sort du lac de Hûlé pour se diriger vers le lac de Tibériade[126].

Ernoul nous apprend que c'étaient les Templiers qui avaient eu la première idée de construire une forteresse au Gué de Jacob. Or Baudouin IV venait de conclure une trêve avec Saladin, trêve nécessairement avantageuse, puisque négociée au lendemain de la victoire de Montgisard. Non sans raison il estimait que la construction de la forteresse violait cet accord puisqu'elle modifiait le *statu quo* sur la frontière du haut Jourdain. « Vinrent li Templier au Roi et disent qu'il voloient fremer un castiel en tiere de Sarrasins, en un liu c'on apiele le Gué Jacob. Dont dist li Rois as Templiers que castiel ne pooient-il fremer en nulle tiere en trièves. Dont disent les Templiers qu'il ne voloient mie qu'il le fremast, ains (= mais) (eux) le fremeroient[127] ». En d'autres termes, aux objections juridiques et politiques du roi, les Templiers répondaient avec désinvolture qu'ils ne demandaient nullement au roi d'élever la forteresse, mais que, malgré sa défense, ils étaient bien décidés à la construire eux-mêmes. Paroles d'une rare insolence qui nous montrent la première rébellion caractérisée du Temple contre l'autorité royale. L'événement devait cependant prouver que les scrupules de Baudouin IV étaient d'un politique prudent. Quelle que fût l'importance stratégique de la future forteresse, valait-elle une nouvelle guerre ? N'était-il pas préférable de rester sur la victoire de Montgisard ? Mais, les Templiers ayant annoncé leur irréductible décision, le jeune roi plutôt que de les abandonner, se résigna à les couvrir. « Li Templier tant proiièrent le Roi qu'il s'alast avec eus, entre lui et ses chevaliers, séjourner tant qu'il l'eussent fait, pour garder que li Sarrasin ne li meffesissent noient (ne leur nuisissent en rien), ne as Sarrasins ne mefesissent noient (et qu'eux-mêmes ne nuisissent aux Sarrasins), li Rois amassa ses os (= son armée) et ala aveuc les Templiers pour le castiel fremer. » Texte curieux qui montre que, si Baudouin IV se ralliait à la construction d'une forteresse (d'ailleurs fort utile) au gué du Jourdain, il désirait cependant maintenir les trêves récemment conclues avec Saladin.

Donc en octobre-novembre 1178 Baudouin IV, suivi de toutes les forces du royaume, se transporta près du Gué de Jacob et entreprit, à 500 mètres au sud-ouest, sur le tertre du Qasr al-Athara, la construction d'un « Chastellet ». « Un tertre avoit en ce leu assez hautet, sur que il gitèrent leur fondement et levèrent un mur en quarrié mout large et de fort euvre ; si demorèrent bien sis mois à ce faire[128] ». « La largeur de la muraille dépassait dix coudées ; elle était construite en pierres de taille énorme dont chaque cube avait près de sept coudées ; le nombre de ces pierres de taille

632   L'ÉQUILIBRE

excédait 20 000, et chaque pierre mise en place et scellée dans la bâtisse ne revenait pas à moins de 4 dînârs[129]. » Le site, qui marque aujourd'hui avec Jisr Banât Ya'qûb la frontière entre la Syrie et la Palestine, était déjà de première importance parce qu'il commandait la grande route de Tibériade ou de Safed à Damas par Quneitra. Aussi les officiers de Saladin ne manquèrent-ils pas de donner l'alarme au sultan : « le château commanderait les points faibles de la frontière musulmane et rendrait le passage du Jourdain très difficile[130] ». Saladin ne répondit sur le moment que par une bravade. Il était, semble-t-il, occupé à une opération intérieure, au siège de Ba'albek qu'il voulait enlever à son lieutenant indocile, Ibn al-Muqaddam, pour le donner à son propre frère Tûrân-shâh[131].

Saladin étant sans doute trop absorbé par l'affaire de Ba'albek pour chercher à interrompre la construction du Chastellet, le travail ne fut troublé que par des coups de main d'une tribu pillarde qui venait enlever les isolés et les convois. Guillaume de Tyr nous apprend qu'il s'agissait de gens ayant précédemment habité la montagne près de Boucael ou Bokehel, l'actuel Boqei'a, entre Acre et Safed, au nord-ouest du Jebal Haidar[132]. Chassés de leur repaire de Boqei'a par le roi de Jérusalem, ces brigands s'étaient réfugiés en terre damasquine, sans doute du côté de Panéas et de l'Hermon ou simplement de Quneitra, d'où ils venaient, la nuit, se livrer à des coups de main contre le camp chrétien du Gué de Jacob. Mais les Francs mirent fin à leurs incursions en leur tendant une embuscade nocturne où plus de 70 d'entre les pillards furent tués (21 mars 1179)[133]. Le Chastellet du Gué se terminait dans le même temps. Baudouin IV en confia la garde aux Templiers à qui revenait, on l'a vu, l'initiative de la construction[134]. *Le Livre des Deux Jardins* (p. 207) atteste que les Templiers ne négligèrent pas leur rôle ; un an après, la forteresse renfermait « 1 000 cottes de mailles, 80 chevaliers avec leurs écuyers, 15 chefs ayant chacun avec eux 50 hommes ; il s'y trouvait en outre des artisans, maçons, forgerons, charpentiers, fourbisseurs et fabricants d'armes de tout genre. » D'après *le Livre des Deux Jardins*, Saladin avait vainement essayé d'obtenir par des négociations amiables la démolition du Chastellet. « Le sultan offrit aux Francs 60 000

BAUDOUIN IV, LE ROI LÉPREUX 633

dînârs s'ils consentaient à démolir eux-mêmes la forteresse. Sur leur refus, il alla jusqu'à 100 000 dînârs, car ce château appartenait aux Templiers qui ravitaillaient abondamment la garnison en vivres et en munitions pour qu'elle pût piller les caravanes musulmanes. » Les Francs refusèrent encore[135].

Pendant ce temps, le connétable Onfroi II de Toron faisait, de son côté, construire au nord-ouest du lac de *H*ûlé, sur la butte de Hûnîn, à 900 mètres d'altitude, une autre forteresse qu'il appela le Chastel-Neuf et qui commandait la vallée des sources et affluents supérieurs du Jourdain (Nahr al Bareighît et Nahr al *H*âsbâni), face à Panéas (1179)[136]. Il suffit de jeter les yeux sur une carte de la Haute-Galilée pour s'apercevoir que le Chastellet du Gué de Jacob et le Chastel-Neuf de Hûnîn formaient un système défensif destiné à compenser la perte de Panéas et à fermer l'entrée du royaume du côté de la Damascène, comme le système Gaza, Ascalon, Ibelin, Ramla la fermait du côté de l'Égypte.

La surprise de la forêt de Panéas.
Mort héroïque du connétable Onfroi de Toron.

La construction du Chastellet de Jacob permettait aux Francs de contrôler les caravanes musulmanes et aussi les troupeaux damasquins qui, à certaines époques, transhumaient au sud de l'Hermon. En avril 1179, les populations damasquines avaient précisément envoyé pâturer leurs troupeaux dans « la forêt de Panéas », c'est-à-dire dans les vallées aux eaux abondantes, et couvertes de peupliers et de saules du Wâdî al-Sa'âra et du Wâdî Khashâba, et près de la source du Jourdain où la Grotte de Pan sert encore aujourd'hui de refuge au bétail[137]. La razzia des troupeaux semblait facile. « Li nostre cuidièrent qu'il les poïssent sorprendre, si que cil (= les Musulmans) ne s'en prissent garde, et faire leur gaaing sanz point de contredit. Por ce s'esmurent de nuit à l'enserir, et chevauchèrent toute nuit, tant qu'il vindrent au matin à leur recet. » Baudouin IV et le connétable Onfroi de Toron commandaient les Francs. Mais ils commirent l'imprudence de se disperser en plusieurs colonnes pour opérer plus commodément la razzia. Tandis que les siens s'égaillaient de la sorte, le roi et Onfroi de Toron, avec l'élément principal,

634 L'ÉQUILIBRE

tombèrent dans les avant-gardes ennemies que commandait Farrukh-shâh, neveu de Saladin (10 avril 1179 d'après Guillaume de Tyr, 21 avril d'après Abû-Shâma). « Tantost corurent li nostre en diverses parties por acuillir la proie, si que il s'entreperdirent. Aucunes des batailles (= certains des bataillons) chevauchoient belement et ne vindrent mie là quant (= en même temps que) li autre. Icele bataille, où li Rois estoit, s'embati folement en un estroit leu entre roches. Iluec s'estoient repost une grant partie des Turs quant il oïrent venir noz genz : là se cuidoient garantir. Mès quant il virent la route le (= du) Roi venir sur eus, bien sorent qu'il seroient mort s'il ne se deffendoient. Por ce saillirent de leur repostailles et coururent sus à noz genz qui s'estoient fole-ment empressié en ce pas. De loing comencèrent à trere (= tirer) por ocire leur chevaus premièrement, après s'apro-chièrent à nostre gent aus espées, aus glaives et aus maces[138]. »

Ibn al-A*th*îr montre également que Farrukh-shâh ne s'atten-dait pas à combattre si tôt. Saladin qui se trouvait à Damas, l'avait envoyé en avant-garde, de l'autre côté de l'Hermon, avec mission, si la chevauchée franque se confirmait, de recu-ler en évitant tout engagement, mais de donner l'alarme par des pigeons voyageurs : le sultan, avec toute l'armée, accour-rait aussitôt. « Farrukh-shâh partit donc, mais avant qu'il eût connaissance du voisinage des Francs, il se trouva subitement et à son insu au milieu d'eux, et fut obligé d'en venir aux mains. On se livra le combat le plus acharné que les hommes eussent encore vu. Farrukh-shâh se jeta sur l'ennemi et enga-gea l'action sans en confier la conduite à personne autre que lui. Sa victoire fut complète[139]. »

Obligée de combattre dans un défilé et surprise quand elle croyait surprendre l'ennemi, l'armée franque ou plutôt l'escorte royale (puisque le reste fourrageait au loin) se trouva bientôt dans une situation désespérée. Le connétable Onfroi de Toron, responsable de l'imprudence commise, sauva l'honneur – et le roi – avec un magnifique héroïsme. « Onfrois li connestables vit que il estoient iluec à grant mes-chief et que li Rois meismes estoit en péril ; si com il estoit bons chevaliers et apensez (prévoyant), tantost (= aussitôt) se mist devant et comença à férir et à décoper ses anemis et

BAUDOUIN IV, LE ROI LÉPREUX

reuser arrières (ici : couvrir la retraite) por son seigneur garantir ; merveilles i fist d'armes et soffri trop. Li Tur feroient (= frappaient) sur lui de loing et de près, ausi com en un bersaut (une cible). En mainz leuz fu navrez (= blessé) périlleusement[140]. » – « Le roi, dont le cheval s'emporta[141], complète *le Livre des Deux Jardins*, eut plusieurs chevaliers de son escorte blessés. Onfroi, le voyant poursuivi, accourut pour le protéger, mais il fut lui-même criblé de blessures. Une flèche lui enleva la partie inférieure du nez, pénétra dans la bouche, lui brisa plusieurs grosses dents et sortit par le menton. Une autre flèche lui traversa le pied de part en part jusqu'à la plante du pied. Une troisième lui traversa le genou. Il reçut aussi trois blessures dans le flanc et eut deux côtes brisées[142]. » D'autres chevaliers se firent également massacrer pour sauver le roi. « Il i fu ocis uns juenes hom qui mout estoit biaus et riches et de grant lignage et bien entechiez, Abraham de Nazareth ; et un autre chevaliers preuz et sages et loiaus, Godechaus de Torolt. Li Rois, qui fu eschapez à grant peine, s'en retorna aus heberges (= campement) dont il estoit venuz ; après revindrent ses genz, li un après li autre, qui folement s'estoient esparpeillé[143]. »

En somme, dans cette surprise d'avant-gardes qui eût pu tourner au pire, le désastre était évité. L'héroïsme d'Onfroi de Toron, qui s'était précipité pour dégager Baudouin IV et qui l'avait couvert de son corps, avait permis au roi de sortir du défilé et de rallier ses escadrons. Quant à Onfroi de Toron, « mout malade de ses plaies », ses fidèles purent le transporter jusqu'à sa forteresse du Chastel-Neuf de Hûnîn. « Là fu bien dis jorz et soffri mout grant douleur des cous et des plaies que il avoit eues. Après devisa mout bien son testament et ses aumosnes ; puis fu morz le jor de la feste Saint Jorge le martir. (= 22 avril 1179). Enterrez fut ennoreement en l'église de Nostre-Dame à son chastel de Toron (= Tibnîn) qui mout est noble et renomez[144]. » Ibn al-Athîr a consacré au vieux connétable la plus magnifique oraison funèbre : « Il est impossible de donner une idée de ce qu'était Onfroi. On se servait de son nom comme synonyme de bravoure et de prudence dans la guerre[145] ».

Onfroi de Toron venait de mourir lorsque Saladin mit le siège devant la forteresse du Gué de Jacob qu'il pressa

636   *L'ÉQUILIBRE*

étroitement (27 mai 1179). Mais les défenseurs se montrèrent dignes de la mémoire du grand connétable. L'un d'eux, un chevalier nommé Rénier de Maron ou de Mareuil[146], réussit à abattre d'un coup de flèche un des principaux émirs ennemis. « Quant li autre virent celui mort, n'entendirent puis à rien fere que duel (= deuil). Leur barbes arrachoient et copoient les queues à leur chevaus. Einsi s'en partirent d'iluec sanz plus faire[147]. » Ibn al-A*th*îr nous dit de son côté, sur un ton assez réticent, que le sultan « marcha contre la forteresse et l'assiégea afin d'en éprouver la force ; son dessein était de revenir contre elle lorsque ses troupes seraient rassemblées. En conséquence, dès qu'il fut arrivé devant la place, il attaqua les Francs qui s'y trouvaient, puis il s'en éloigna[148]. » Les deux nouvelles constructions de Baudouin IV et du feu connétable, le Chastellet du Gué de Jacob et le Chastel-neuf de Hûnîn, avaient arrêté l'invasion et sauvé le royaume.

Campagne du Marj 'Ayûn (juin 1179). Avantage initial de Baudouin IV.

Mais le péril était loin d'être écarté. Saladin, après son échec, s'installa à demeure devant Panéas, entre la place et le Jourdain. « Son camp s'étendait jusqu'aux frontières du pays des Francs, qu'il inquiétait en allumant de vastes incendies. Chaque jour, sous prétexte de chasser, le sultan se rendait à cheval sur les bords du fleuve. Là il présidait au départ de ses escadrons pleins de vigueur et de vaillance, il lançait des tribus d'Arabes contre Saidâ (Sidon) et Beyrouth, pour enlever les récoltes de l'ennemi et ne s'éloignait pas avant de les avoir vus revenir, ramenant leurs chameaux chargés de lourdes gerbes ; il en fut ainsi jusqu'à la destruction complète des moissons[149]. » Texte confirmé par *l'Estoive d'Éracles* : « Salehadins estoit jà pluseurs foiz entrez en la terre de Saiete (= Sidon), et n'i avoit trové nul contredit que il ne gastast et ardist les villes, ocist les genz, les proies en amenast. Devant envoia correeurs qui seurprissent ceus de la terre et tout enmenassent quanqu'il leur estoit eschapé des premeraines chevauchiées[150]. »

Les Francs réagirent avec énergie. *Le Livre des Deux Jardins* nous les montre ici « cherchant à inquiéter les Musulmans de tous les côtés à la fois pour empêcher leur concentration », le prince d'Antioche, affirme l'auteur, du côté de Shaîzar, le comte de Tripoli du côte de *Homs*, où il aurait attaqué une troupe de Turcomans après leur avoir accordé l'amàn[151]. Saladin prit ses dispositions en conséquence, chargeant son neveu Taqî al-Dîn'Omar de surveiller la frontière de *Hamâ*, face à Bohémond III, et son cousin Nâsir al-Dîn Muhammed ibn Shîrkûh de défendre la frontière de *Homs* (dont il était gouverneur), face à Raymond III. Le sultan écrivait en même temps à son frère al-'Adil, gouverneur d'Égypte, pour lui demander des renforts.

Quand il eut concentré tous ses gens, le sultan qui campait sur la terre de Tell al-Qâdî, à quelque 4 kilomètres à l'ouest de Panéas, d'où il lançait de petits détachements au pillage de la Galilée, résolut de diriger lui-même une grande razzia en terre franque pour y achever la destruction des récoltes. Le programme comportait évidemment une chevauchée à travers la Haute Galilée, le sahel de Tyr et de Beyrouth avec, ensuite, retraite sur la Beqâ'[152]. De Tell al-Qâdî, il envoya dans la journée du 9 juin une avant-garde, commandée par Farrukh-shâh, exécuter un dernier raid de reconnaissance en pays franc. Le lendemain matin, il montait à cheval pour avoir des nouvelles de cette reconnaissance lorsqu'il vit les troupeaux de la région refluer en désordre vers l'est : les Francs arrivaient[153] !

Baudouin IV, bien que n'étant sans doute pas au courant du projet d'invasion de Saladin, avait en effet décidé de repartir en campagne pour mettre fin aux razzias des détachements musulmans en Galilée et en Phénicie. Le comte de Tripoli Raymond III l'accompagnait. Comme il s'agissait de faire vite pour couper la retraite aux coureurs musulmans qui, comme Farrukh-shâh, violaient chaque jour la frontière, on n'eut pas le temps de rassembler l'arrière-ban. « La novele vint au roi Baudoin que Salehadins estoit einsi entrez en sa terre et la destruioit sans contredit toute à sa volenté. Li Rois assembla tant de gent com il pot avoir en si pou de tens et fist porter la Vraie Croiz devant lui. Tout droit s'en ala en la cité de Tabarie (= Tibériade) ; après passa par le chastel de

638 L'ÉQUILIBRE

Sephet (= Safed) et par l'ancienne cité de Naason (?). Tant chevaucha à (= avec) toute sa gent que il vint au Toron (Tibnîn). Iluec sot certeinement que Salehadins demoroit encore en ce leu (= devant Paneas) où il s'estoit premièrement logiez et (qu'il) atendoit ses correeurs qui toute la terre aloient ardant (= brûlant) ».

Sur ces renseignements, Baudouin IV tint un conseil de guerre. Il fut décidé qu'on marcherait contre Saladin. Guillaume de Tyr nous montre l'armée franque gravissant une hauteur qu'il appelle Mesaphar – sans doute soit dans les environs du Jebel Hûnîn, haut de 900 mètres, soit plus au nord sur la butte de *T*eiyibé, soit la hauteur qui s'étend entre *T*eiyibé et le Nahr Bareighît, à l'entrée du Marj 'Ayûn, points d'où on pouvait embrasser du regard toute la région de Panéas. Les Francs purent ainsi découvrir vers l'est l'armée du sultan campée entre Tell al-Qâ*d*î et Panéas d'où elle se préparait à faire mouvement et, à l'ouest, les campagnes de Tyr et de Sidon ravagées par les coureurs musulmans qui revenaient, poussant devant eux leurs troupeaux de captifs chrétiens. « Li Rois ot conseil, et fu acordé de touz qu'il alassent encontre leur anemis ; d'iluec (= du Toron) murent et s'adrecièrent (= se dirigèrent) vers la cité de Bélinas (= Paneas), et vindrent à une ville qui a non Mesaphar ; ele siet en la montaigne, en haut. D'ilueques virent touz les plains desouz ; bien cognurent les tentes (de) Salehadin qui estoient loing, mès près d'eus virent les coreeurs et les villes qui ardoient (= brûlaient) ; les proies que cil avoient acueillies en plueseurs leus ; le cri des genz oïrent qu'il emmenaient pris »[154]. C'était plus que les chevaliers ne pouvaient en supporter. « Li nostre ne porent plus ce soffrir, ainçois comencèrent tantost (= aussitôt) à descendre de la montaigne. Li sergent à pié, qui las estoient, ne les porent sivre, car il se hastoient mout por venir au devant aus corréeurs (= aux pillards). Nequedent un pou de ceus à pié qui plus estoient penible (= agiles) se mirent avec eus ». Les pillards musulmans qui revenaient de la région de Sidon, comme le prouve le contexte, défilaient au nord, du côté de la vallée du Marj 'Ayûn qui s'étend entre le grand coude du Nahr al-Lî*t*ânî et le Nahr al-*H*âsbânî : « (Les chevaliers), quant il furent descendu ès plains, en un leu vindrent que l'en apele

BAUDOUIN IV, LE ROI LÉPREUX

Mergion ; iluec s'arestèrent une pièce por prendre conseil qu'il feroient[155]. »

Mais déjà de son poste d'observation du Tell al-Qâdî, d'où il dominait la vallée du Marj 'Ayûn, Saladin était alerté. On était au matin du 10 juin. Le sultan, on l'a vu, venait de monter à cheval pour s'enquérir de la reconnaissance envoyée la veille en terre chrétienne sous les ordres de Farrukh-shâh. « À peine était-il sorti du camp, conte Ibn Abi Taiy, qu'il vit les troupeaux de Bâniyâs fuir en désordre droit devant eux des fourrés et des vallons où ils paissaient. "C'est une incursion", s'écria-t-il, et il donna l'ordre de courir aux armes et de se préparer au combat. Survint un pâtre qui l'informa que les Francs avaient traversé le gué et qu'ils s'approchaient sous les dehors d'une caravane. Il courut en reconnaissance : c'était une compagnie de 1 000 lances[156] ! » Ibn al-Athîr nous dit d'autre part que l'avant-garde de Farrukh-shâh, attaquée à son retour par les Francs pendant la traversée de la vallée du Marj 'Ayûn, envoya prévenir le sultan qui accourut en toute hâte à son secours[157]. On a aussi le récit d'un des compagnons de Farrukh-shâh : « Nous marchions en avant avec moins de trente cavaliers, quand nous vîmes un escadron de cavalerie franque de 600 hommes postés sur une hauteur et séparés de nous par un cours d'eau (= pour couper la route à Farrukh-shâh). Farrukh-shâh nous donna l'ordre de traverser la rivière et de marcher contre eux, ce que nous fîmes. Puis, l'armée du sultan nous ayant rejoints, nous repoussâmes l'ennemi. Le jour même où les Francs furent ainsi défaits à Marj 'Ayûn, etc.[158]. »

Guillaume de Tyr nous donne beaucoup plus de détails sur les diverses chances de cette journée disputée. Tout d'abord, dans une première phase, la sévère leçon que Baudouin IV inflige au corps de Farrukh-shâh au moment où celui-ci, de retour de son raid vers Sidon, traverse le Nahr Lîtânî pour regagner Panéas par la vallée du Marj 'Ayûn. Car Saladin, malgré sa rapidité de décision, ne put empêcher les Francs de bénéficier de la surprise. « Salehadins sot tantost la venue le (= du) Roi. Mout s'esbahi de ce qu'il estoit si soudeinement venuz. Trop ot grant peor que il ne seurpreist ses correurs qui le païs aloient gastant. D'autre part il douta (= redouta), se il les aloit secorre, que li Rois ne se ferist en ses herberges

640 L'ÉQUILIBRE

(= en son camp de Paneas) et preist quanqu'il (= tout ce qu'il) i auroit lessié ; por ce fist porter tout le harnois de l'ost et mener chamaus et somiers (= bêtes de somme) entre le mur et les barbacanes de la cité (de Panéas), por garantir. En ceste manière s'aresta et atendi noveles de ses forriers ». Pendant ce temps Baudouin IV poursuivait victorieusement Farrukh-shâh. « Li correeur (musulmans) orent veu que li Rois estoit descenduz des montaignes (dans la plaine du Marj 'Ayûn) por venir contr'eus, si orent grant peor et ne tendirent à autre chose fors coment il poïssent venir à leur genz (= rejoindre le sultan à Paneas). Tantost passèrent le flun qui départ la terre de Saiete (Sidon) des plains où il estoient. Li nostre furent au-devant et se combattirent à eus, mès cil (les Musulmans de Farrukh-shâh) ne se tindrent guères, ainz furent tantost desconfit. Assez i en ot de morz et mainz en abatirent que il retindrent pris ; li remenanz (= le reste) s'enfoï en l'ost (de) Salehadin[159] ».

Ce que l'on peut appeler la première bataille du Marj 'Ayûn, celle que Baudouin IV livra au rezzou de Farrukh-shâh, fut donc une victoire pour les Francs. Ils avaient surpris l'émir au moment où celui-ci rentrait chargé des dépouilles de la terre de Sidon et lui avaient infligé de sérieuses pertes.

Bataille du Marj 'Ayûn. Victoire de Saladin (10 juin 1179).

Malheureusement dans leur descente trop rapide vers la plaine à la poursuite des gens de Farrukh-shâh, les chevaliers francs s'étaient dispersés. Outre qu'ils avaient laissé sur les hauteurs leur infanterie incapable de les suivre, ils s'étaient eux-mêmes divisés. Le corps du roi seul avait atteint dans le Marj 'Ayûn les coureurs de Farrukh-shâh et les avait taillés en pièces. Pendant ce temps le grand maître Eude de Saint-Amand avec ses Templiers et le comte Raymond III avec les chevaliers de Tripoli, laissant à leur gauche le coude du Nahr Lîtânî, obliquaient au sud-est et gravissaient une hauteur que Guillaume de Tyr ne situe pas plus précisément, mais qu'il faut évidemment chercher vers Metellé, Kafr Kilé, Abil et Adeish, face à Ghajar, à Meizi, à Jisr-Ghajar et plus loin à Tell Qâdî et à Bâniyâs, c'est-à-dire à la « plaine de Panéas » ou Saladin avait concentré son armée : « À senestre lessierent le flun, à destre furent li plain et les heberges (= campement) aus Turs[160]. » Or c'était précisément le moment où Saladin, ralliant les fuyards de Farrukh-shâh et se mettant à la tête du gros de son armée, se portait contre les Francs.

Ce furent les Templiers et le comte de Tripoli qui reçurent le choc avant d'avoir opéré leur jonction avec le roi, car toute l'armée franque s'était ainsi égaillée à travers le Marj 'Ayûn, depuis le Nahr Litânî jusqu'au Nahr Hâsbânî, à la poursuite des fourrageurs. La contre-attaque en masse de Saladin écrasa ces corps dispersés, à commencer par celui du Temple et de Raymond III. « Salehadins qui ot oï la novele que li Rois estoit assemblez à (= avait engagé l'action avec) ses correurs, fu meuz por eus venir secorre. Tandis com il chevauchoit, il encontra ceus qui de la desconfiture estoient eschapé ; lors fu mout iriez (= irrité) et parla à ses genz, mout les amonesta et pria de bien faire ; ceus fist retorner qui s'enfuioient. Nostre gent à pié, qui avoient esté au gaaing (= au butin), cuidièrent tout avoir desconfit et s'estoient jà logié sur la rive du flun (du Nahr al-Litânî), tout joieus de ce qui avenu leur estoit. Mès quant il les virent soudeinement retorner et aperçeurent les granz routes (= troupes) qui chevauchoient sur eus, trop furent esbahi, car il estoient tuit espandu par les chans. Il n'orent pas loisir de conraer leur batailles (= de former leurs bataillons), car li Tur leur corurent tantost (= aussitôt) sus. Une pièce (un moment) se tindrent li nostre et deffendirent mout bien, mais, après ce, ne les porent soffrir et tornèrent en fuie[161]. » Ibn al-Athîr dit de même : « Le sultan apprit que ses détachements d'avant-garde, qu'il avait envoyés razzier en pays ennemi, avaient été attaqués par les Francs. Il partit en toute hâte avec ses troupes et trouva les siens occupés à combattre. Il attaqua vivement les Francs. Ceux-ci, de leur côté, firent sur les musulmans plusieurs charges et furent sur le point de les chasser du champ de bataille. Mais Allâh fit descendre son secours sur les musulmans, les polythéistes furent mis en déroute et il en fut fait un grand carnage, beaucoup d'entre eux furent faits prisonniers, leur roi s'enfuit seul… » (10 juin 1179).

Comme le fait remarquer l'Éracles, le désastre eût été moindre si les Francs, dans leur fuite avaient galopé droit au

642   *L'ÉQUILIBRE*

Lîtânî, mais nombre d'entre eux s'égarèrent dans les défilés de rivières et de buttes qui coupent la plaine de Ghajar à Deir-Mîmâs. « Bien s'en poïssent aler devant eus cil qui bons chevaus eussent, s'il se fussent adrécié vers le flun ; mes, par grant mésaventure, furent si esbahi que il s'embatirent entre roches roistes et espesses par où il ne pooient passer ne aler guères avant, ne retorner se non par les mains à leur anemis. » Ceux-là seuls qui coururent droit au coude du Lîtânî et mirent le fleuve entre eux et l'ennemi purent échapper. Une partie d'entre eux trouvèrent refuge derrière le coude du fleuve, dans le château de Beaufort (Qal'at al-Shaqîf 'Arnûn)[162]. Le comte de Tripoli gagna directement Tyr, d'autres chevaliers coururent jusqu'à Sidon. Ces derniers rencontrèrent en route Renaud de Sidon qui accourait avec des renforts rejoindre le roi ; les fuyards lui firent faire demi-tour en l'assurant que ses renforts étaient désormais superflus. Faute grave, remarque Guillaume de Tyr, car si on l'avait laissé pousser jusqu'à Beaufort, il aurait pu, de cette solide forteresse et à l'abri du coude de Lîtânî, intimider les coureurs de Saladin et envoyer des patrouilles sur l'autre rive pour sauver les fuyards qui se cachaient « entre les roches, ès caves et buissons »[163]. Faute de cet appui, les Musulmans purent tout à leur aise faire la chasse à ces malheureux.

Responsabilité des Templiers dans la défaite du Marj 'Ayûn.

Les pertes en tués et prisonniers furent lourdes. Le grand maître du Temple, Eude de Saint-Amand, fut fait prisonnier et, nous dit *le Livre des Deux Jardins*, « passa de sa prison aux cachots de l'enfer »[164]. *L'Estoire d'Éracles* ne lui fait guère une meilleure oraison funèbre : « Prist fu Oedes de Saint Amant, li mestres du Temple qui mout estoit fel et orgueilleus, pou doutoit (= craignait) Dame Dieu, ce disoit l'en, et à nul home ne portoit enneur. Par son conseil et par son aticement avint cele mesaventure, et bien en ot sa deserte (récompense), car il fu morz dedenz l'an en la chartre (= en prison)[165]. » Texte fort important, car il nous apprend que le désastre était dû au grand maître du Temple : sans doute celui-ci, au lieu de rester aux côtés du roi, avait-il voulu aller de l'avant, entraînant avec lui le comte de Tripoli et rompant ainsi la cohésion de l'armée franque jusqu'à ce que sa témérité l'ait fait tomber dans la contre-attaque en masse de Saladin. Cette tactique folle, faite d'orgueil buté et d'indiscipline féodale, nous la retrouverons huit ans plus tard : ce sera celle du successeur d'Eude, le grand maître Gérard de Ridefort dans la tragique journée de *Hattîn* qui amènera la chute du royaume de Jérusalem.

En même temps que le grand maître, Saladin captura Baudouin de Ramla (Rames), de la famille d'Ibelin, « hauz hom et puissanz », et Hugue de Tibériade, beau-fils du comte de Tripoli, dont *l'Estoire d'Éracles* regrette également l'emprisonnement « car il estoit juenes hom, sages et cortois et mout avait la grace de touz ». On les conduisit en triomphe à Damas. Baudouin de Rama devait se racheter au bout d'un an pour 150 000 dînârs, monnaie de Tyr ; Hugue de Tibériade fut racheté par la comtesse de Tripoi, sa mère, pour 55 000 dînârs[166].

Destruction du Chastellet du Gué de Jacob par Saladin (août 1179).

On s'est demandé pourquoi Saladin, comme il devait le faire huit ans plus tard après *Hâttîn*, n'exploita pas immédiatement son succès en allant attaquer Tibériade et Jérusalem. Mais d'abord le roi de Jérusalem était sauvé et, tant qu'il y avait le roi, le royaume pouvait se défendre. Puis le pèlerinage venait d'amener de France quelques hauts seigneurs avec une escorte militaire imposante, notamment le comte Henri II de Champagne qui débarqua à Acre avec « bele compaignie de barons et de chevaliers », le comte Pierre de Courtenay, le comte Henri de Grandpré et l'évêque Philippe de Beauvais. « De leur venue furent mout joieus et réconforté au païs, car il avoient espérance que si haut home com il estoient vengeassent les outrages que li Tur leur avoient fet et les garantissent des maus qu'en leur pensoit à faire[167]. »

Les Croisés de 1179 étaient sans doute trop peu nombreux pour remplir un tel programme, mais il est permis de penser que leur présence ne fut pas étrangère à la modération relative de Saladin.

644   *L'ÉQUILIBRE*

Le sultan se contenta, en août 1179, d'aller attaquer le Chastellet du Gué de Jacob, dont la construction, au mois d'avril précédent, avait été la cause de cette guerre. La défense du Chastellet, on s'en souvient avait été confiée aux Templiers. « Le sultan arriva devant le gué le 24 août. Il campa dans le voisinage de la forteresse et la prairie déborda de troupes. Comme il avait besoin de bois pour les palissades destinées à protéger les mangonneaux, il se rendit, dans la matinée du 25, dans les fermes qui avoisinaient *Safed*, place forte qui appartenait (également) aux Templiers. Il fit arracher les vignes, enlever les échalas et, muni de ce qui était nécessaire, il s'en retourna dans le même après-midi au Gué de Jacob avec tout le bois nécessaire[168]. » Mais si l'on faisait un siège en règle, le roi Baudouin IV et le comte Henri de Champagne, qui étaient en train de rassembler une armée de secours à Tibériade, auraient le temps de venir dégager la forteresse. C'est ce que fit remarquer à Saladin l'émir Jâwalî al-Asadî : « Donnons l'assaut ; s'il échoue, nous aurons toujours la ressource de dresser les mangonneaux ![169] »

L'assaut fut donné séance tenante. Il était cinq heures de l'après-midi. « Les Musulmans s'avancèrent et le combat devint très vif. Au moment critique, un homme du peuple à la tunique déchirée, monta sur la barbacane (*bâshûra*) de la forteresse et engagea le combat sur le rempart. Les soldats suivirent et la barbacane fut prise. Les défenseurs se retirèrent dans la forteresse, en attendant l'armée de secours de Tibériade. » Le lendemain matin, dimanche 25 août, Saladin ordonna de miner la grosse tour en répartissant le travail entre ses émirs, Farrukhshâh au sud, lui-même au nord, Nâsir al-Dîn ibn Shîrkûh à l'ouest. Le soir de ce même dimanche, la mine était terminée, soutenue par des étais et bourrée de bois auxquels on mit le feu. Mais si épais était le mur (neuf coudées) qu'aucun effondrement ne se produisit. Le sultan ordonna d'éteindre le feu pour recommencer le travail et approfondir la mine. Le mercredi soir 28 le travail était achevé, la mine approfondie, étayée et farcie de bois et on y mettait le feu avec d'autant plus de hâte que de Tibériade l'armée franque se préparait à marcher au secours de la place. Le jeudi 29 à l'aube, la muraille s'effondrait enfin au milieu d'un énorme incendie qui gagna le réduit de la garnison. Une partie des Francs périrent dans les flammes[170]. « Le chef de la place (= le chef des Templiers) était témoin de sa destruction et du désastre des siens ; quand les flammes arrivèrent de son côté, il se jeta dans un trou plein de feu sans redouter l'ardeur de ce brasier et fût aussitôt rejeté de là en enfer[171]. » Le reste demanda l'*amân*.

Saladin fit exécuter tous les Turcoples ou auxiliaires musulmans au service des Francs[172]. Indépendamment de ce qu'il considérait comme le légitime châtiment de l'apostasie, il fit ou laissa massacrer beaucoup de chrétiens. On ne fit guère que 700 prisonniers dont le plus grand nombre, avoue *le Livre des Deux Jardins*, fut massacré en route par les irréguliers avant d'avoir atteint Damas. La puanteur de ces cadavres entraîna une épidémie qui causa la mort de plus de dix émirs de l'entourage de Saladin. Mais celui-ci ne quitta le Gué de Jacob qu'après avoir rasé jusqu'aux fondements la redoutable forteresse : « Il la détruisit comme on efface les lettres d'un parchemin[173]. »

Le Livre des Deux Jardins nous affirme que, de Tibériade, l'armée franque avait vu le ciel s'embraser et se noircir vers le nord des flammes et des tourbillons de fumée du Chastellet de Jacob[174]. En tout cas la nouvelle de la catastrophe causa parmi les Francs une consternation d'autant plus grande que la rapidité de Saladin ne leur avait pas laissé le temps d'intervenir[175]. Leur abattement permit à celui-ci d'exploiter sa victoire en envoyant des détachements piller les campagnes de Tyr, Sidon et Beyrouth.

En même temps une escadre égyptienne osait reparaître dans les eaux de Syrie et disputer aux Francs l'empire de la mer. Le 14 octobre 1179 cette escadre pénétrait à la faveur de la nuit dans le port d'Acre « qui est le Constantinople des Francs »[176], s'emparait des navires chrétiens qui s'y trouvaient et saluait la ville elle-même d'une bordée de flèches.

Trêves entre Saladin et les Francs (1180).

À ces démonstrations se bornèrent, après la chute du Chastellet du Gué de Jacob, les conséquences du désastre de Marj 'Ayûn. Au bout de quelques mois Baudouin IV envoya

646   *L'ÉQUILIBRE*

proposer à Saladin la conclusion d'une trêve. Saladin y consentit sur-le-champ, malgré la supériorité militaire qu'il avait acquise, parce que depuis cinq ans la Damascène souffrait d'une sécheresse qui rendait la famine menaçante. « Par ceste raison furent les trives jurées et afermées, par mer et par terre, à ceus du païs et aus pélerins qui vendroient[177] » (mai 1180).

Conformément au droit féodal, les trêves n'avaient été signées que pour le royaume de Jérusalem. Saladin continua quelque temps la guerre contre le comté de Tripoli où il conduisit lui-même une nouvelle razzia. Raymond III concentra son armée à 'Arqa, point central d'où il guettait l'occasion de surprendre l'ennemi en défaut. D'autre part les Templiers (de Chastelblanc-*Sâfîth*â ?) et les Hospitaliers du Krak (Qal'at al-*H*osn) s'étaient renfermés dans leurs forteresses qu'ils s'attendaient d'un instant à l'autre à voir assiéger. Entre l'armée du comte, concentrée à 'Arqa près de la côte, et les forteresses de la montagne d'où Templiers et Hospitaliers n'osaient sortir, Saladin circulait à son gré, empêchant toute communication entre elles et « gâtant le pays » sans trouver de résistance. « Entre l'ost le (= du) Conte et les frères de l'Ospital et du Temple estoit Salehadins logiez, si que li uns ne pooit faire secor à l'autre ; Salehadins qui ne trovoit point de contredit en la terre, chevauchoit à petites jornées por gaster le païs ; les blez, de que il avoit jà une partie cueilliz, ardi (= brûla) touz, ceus des granches et ceus qui estoient encore par les chans. » En même temps (début de juin 1180) une flotte égyptienne arrivait sur la côte. Détail curieux : elle apparut d'abord devant Beyrouth, mais, comme la ville appartenait au roi de Jérusalem avec qui le sultan venait de conclure une trêve, elle évita tout dommage[178]. « La navie vint devant la cité de Baruth ; mais li chevetaine qui la menoient sorent que leur sires avoit au Roi prises trives ; por ce n'osèrent faire nul mal ne à la terre ne à la cité[179]. » L'escadre égyptienne remonta donc vers la côte de Tripoli, passa devant « une isle qui a non Arade (Ruad) » et vint attaquer Tortose, ville alors fort importante pour son pèlerinage de la Vierge (« c'est là ou messires sainz Peres l'apostres, quant il alloit preschant par la terre de Fenice, fist une petite église en l'enneur de la Virge qui le fil-Dieu porta : là vont maintes genz en pèlerinage, et Nostre Sires i a fet mainz biaus miracles, por ennorer sa mère »). Les marins égyptiens brûlèrent les maisons du port, mais les habitants de la ville haute « se deffendirent si bien que riens n'i perdirent. » Peu de temps après d'ailleurs Saladin conclut avec le comte Raymond III les mêmes trêves qu'avec le roi de Jérusalem. Somme toute, le sultan prenait, aussi bien que les Zengides eux-mêmes, son parti de l'établissement franc en Syrie à condition que cet établissement restât confiné au Sâhel.

Seconde mission de Guillaume de Tyr à Constantinople (1180).
Dernières perspectives d'une coopération franco-byzantine.

Peut-être, comme jadis Nûr al-Dîn, Saladin craignait-il qu'une attitude irréductible contre les chrétiens ne provoquât une coalition franco-byzantine. L'archevêque Guillaume de Tyr, de retour du Concile du Latran, venait précisément, à la fin de 1179, de s'arrêter à Constantinople où il séjourna sept mois : en février et mars 1180 on le voit assister aux fêtes célébrées à l'occasion du double mariage des enfants de Manuel Comnène, son fils Alexis avec Agnès de France et sa fille Marie avec Rénier de Montferrat (2 mars 1180). Nous savons que, pendant ce second séjour sur le Bosphore, l'illustre historien eut de fréquents entretiens avec Manuel Comnène « en Costantinoble et en l'ost avec l'empereur ». Nul doute que le sujet de ces conversations n'ait été le resserrement de l'alliance franco-byzantine, objectif constant de la pensée de Guillaume. La preuve en est qu'à son départ il se laissa charger par l'empereur d'une mission auprès du prince d'Antioche, Bohémond III. Quand il se rembarqua pour la Syrie, à la fin d'avril 1180, il amenait avec lui des ambassadeurs byzantins. Avec eux il alla à Antioche accomplir auprès du prince et du patriarche de la ville la mission dont il était chargé, puis l'archevêque et les envoyés byzantins se rendirent auprès de Baudouin IV qu'ils rejoignirent à Beyrouth[180]. Il est permis de penser que, si Manuel Comnène avait vécu, quelque nouvelle expédition byzantine contre l'Égypte serait sortie de ces entretiens.

Il semble d'ailleurs qu'à cette heure suprême, à la veille de la lutte à mort avec l'Islam, les diverses confessions chrétiennes

648 — *L'ÉQUILIBRE*

aient éprouvé le besoin instinctif de resserrer leurs liens.
C'est ainsi qu'en octobre 1179 le patriarche jacobite Michel
(le chroniqueur Michel le Syrien), se rendant en pèlerinage
d'Antioche à Jérusalem, vint conférer à Acre avec Baudouin IV
qui le traita avec beaucoup d'égards, lui conféra un diplôme et
l'assura de sa protection[181].

Causes de l'arrêt de la conquête aiyûbide en pays franc.
Difficultés de Saladin avec les dynasties turques du nord.
Retour de la politique arménienne à l'alliance franque.

Indépendamment des inquiétudes que pouvait lui causer la
perspective d'une nouvelle coalition gréco-latine, Saladin,
pour le moment, avait besoin de maintenir les trêves avec les
Francs, pour avoir les mains libres contre les autres princes
musulmans. Ces considérations expliquent le répit inespéré
qu'il laissa aux États chrétiens après leurs défaites du
Marj 'Ayûn et du Gué de Jacob.

Tout d'abord Saladin entra en lutte avec le sultan seljûqide
de Qoniya, 'Izz al-Dîn Qilij Arslân II qui avait voulu enlever à
un vassal des Aiyûbides la ville de Ra'bân, en Commagène. Il
envoya son neveu Taqî al-Dîn guerroyer de ce côté[182]. Mais
bientôt une querelle de famille lui permit d'intervenir en
arbitre dans les affaires mêmes de la famille seljûqide. Qilij
Arslân II venait de se brouiller avec son propre gendre,
l'Ortoqide Nûr al-Dîn Mu*h*ammed, émir de *H*is*n* Kaifâ, au
Diyârbékir, qui avait délaissé sa femme pour s'amouracher
d'une chanteuse. Menacé de la vengeance de son beau-père,
l'Ortoqide implora l'appui de Saladin. Celui-ci s'avança,
menaçant, jusqu'à Ra'bân, puis réconcilia le gendre et le
beau-père[183]. Après être apparu ainsi comme l'arbitre entre
les deux dynasties turques de l'Anatolie et du Diyârbékir,
Saladin alla guerroyer contre le prince arménien de Cilicie,
Roupên III.

Roupên III (1175-1187) qui venait de succéder à son oncle
Mleh, assassiné pour sa scandaleuse islamophilie et ses trahisons envers la chrétienté, avait rétabli la traditionnelle
alliance des Arméniens et des Francs. On sait qu'il avait
épousé une princesse franque, Isabelle, fille d'Onfroi III de
Toron et d'Étiennette de Milly, dame de la Terre d'Outre-

Jourdain[184]. Ayant définitivement enlevé aux Byzantins Mamistra (Missis) et Adana[185], il était en train de faire de la principauté arménienne de Cilicie un État puissant. Saladin, qui se posait maintenant en champion de l'Islam dans tout le Proche Orient, n'eut garde de négliger ce nouvel adversaire. En octobre 1180 il prit prétexte des préjudices que Roupên III avait fait subir à une tribu turcomane du voisinage pour exécuter une razzia en Cilicie et rançonner le prince arménien[186].

Causes de l'arrêt de la conquête aiyûbide :
persistance du loyalisme zengide dans la Syrie du Nord.

L'attention de Saladin était surtout retenue par les affaires de la succession zengide. Comme on le sait, les possessions zengides étaient partagées entre al-Sâli*h* Ismâ'îl (1174-1181), fils de Nûr al-Dîn et atâbeg d'Alep, et son cousin Saîf al-Dîn Ghâzî II, atâbeg de Mossoul (1170-1180). Or les deux cousins décédèrent à quelques mois d'intervalle, Saîf al-Dîn le 29 juin 1180 et al-Sâli*h* le 4 décembre 1181. Si évidentes étaient les convoitises de Saladin que les émirs de Mossoul, au lieu de donner le trône aux jeunes enfants de Saîf al-Dîn, préférèrent appeler le frère de celui-ci, 'Izz al-Dîn Mas'ûd Ier, homme fait, plus capable de défendre le pays contre le sultan[187]. De même al-Sâli*h*, sur son lit de mort, légua son royaume d'Alep à 'Izz al-Dîn, dans l'intention de refaire ainsi contre Saladin l'unité des possessions zengides[188]. Conformément à ses volontés, ses émirs, après sa mort, appelèrent 'Izz al-Dîn à Alep et l'y reconnurent comme malik (29 décembre 1181). Saladin fut profondément déçu de ces événements, mais il se trouvait alors en Égypte, hors d'état d'en profiter. Du reste, devant la vague de loyalisme zengide qui déferlait de la Jazîra sur la Syrie du Nord, son pouvoir de nouveau, malgré la valeur exceptionnelle de l'homme, apparaissait bien précaire et parvenu...

Signes remarquables du loyalisme zengide, non seulement 'Izz al-Dîn fut accueilli avec enthousiasme à Alep, mais à *H*amâ même la population se souleva en sa faveur, malgré la présence d'un neveu de Saladin (Taqî al-Dîn)[189]. Si 'Izz al-Dîn, comme le lui conseillait l'armée d'Alep, avait à ce moment marché sur Damas où la population conservait un profond attachement pour sa famille, une restauration zengide aurait pu se produire dans toute la Syrie avant que Saladin ait eu le temps de revenir d'Égypte[190]. Une lettre de Saladin, citée dans les *Deux Jardins*, nous apprend que les émirs d'Alep engagèrent même des négociations avec les Francs et avec les Ismâ'îliens, en vue d'une coalition contre le sultan[191]. Mais 'Izz al-Dîn, prince indolent, laissa passer l'occasion. Bientôt même, sur les réclamations de son frère 'Imâd al-Dîn, seigneur de Sinjâr, il accepta de céder à celui-ci Alep contre remise de Sinjâr, brisant ainsi l'unité à peine reconstituée des possessions zengides[192].

Ces derniers événements n'en avaient pas moins fort inquiété Saladin. Le légitimisme zengide s'était révélé toujours vivace dans la Syrie du Nord, voire toujours latent à Damas. On comprend donc que le sultan ait tenu à maintenir pendant les années 1180-1181 une politique de trêve et de *statu quo* avec les Francs.

Les Francs, de leur côté, se trouvaient paralysés par une série de complications intérieures, causées par la maladie du roi Baudouin IV et par la question du remariage de sa sœur, la princesse héritière Sibylle.

§ 4. — L'ACCUMULATION DES FAUTES INTÉRIEURES À LA VEILLE DE LA GRANDE GUERRE.

Aggravation de la maladie du roi lépreux.
La question de succession.

La maladie du roi Baudouin IV s'aggravait, ou plutôt se découvrait dans sa terrible réalité « et apparoit la lèpre, tout apertement ». Le mal opérant, le caractère de l'héroïque jeune homme s'assombrissait. Il devenait inquiet et soupçonneux. En 1180, avant Pâques, le prince d'Antioche Bohémond III et le comte de Tripoli Raymond III étant venus, sans préavis, faire leurs dévotions à Jérusalem avec une brillante escorte de chevaliers, il craignit qu'ils ne voulussent profiter de sa déchéance physique pour régler à leur avantage les affaires de la couronne : n'étaient-ils pas tous

BAUDOUIN IV, LE ROI LÉPREUX

deux ses cousins ? « Li Rois en fu mout espoentez, car il cuida qu'il le voussissent trahir et chacier de la terre, por retenir le roiaume à leur oes (à leur guise)[193]. » Il ne se passa rien de tel. Bohémond et Raymond, ayant eu connaissance des soupçons du roi, s'empressèrent de repartir, aussitôt leurs dévotions terminées. Même, en rentrant chez eux, il se trouva que leur passage à Tibériade écarta de cette ville une menace d'attaque de Saladin. Mais Baudouin IV, pour éviter de pareilles alarmes, se mit en devoir de se donner un successeur.

Projets de remariage de la princesse héritière Sibylle.
Candidature de Baudouin d'Ibelin.

Le roi lépreux n'ayant pas d'enfant, sa succession devait revenir à sa sœur Sibylle, comtesse de Jaffa. Le premier mari de celle-ci, Guillaume de Montferrat, étant mort après quelques mois de mariage, c'était une chose fort importante que le choix d'un nouvel époux. Baudouin IV avait songé à un des plus puissants barons français, Hugue III, duc de Bourgogne[194]. Un des prélats qui se rendaient au Concile du Latran (5 mars 1179) avec l'archevêque Guillaume de Tyr, Joce, évêque d'Acre, alla faire la proposition au duc. L'offre fut agréée, mais Hugue ne se décida pas à quitter la France[195]. On reparla encore de ce mariage sous l'influence du comte Henri II de Champagne qui, on l'a vu, pèlerinait à Jérusalem. On attendit même le duc de Bourgogne pour le « passage » suivant[196]. En réalité Hugue ne devait jamais venir[197]. Sa carence achevait de compliquer la situation. Car Sibylle, comme tant de princesses franco-syriennes, paraît avoir été une jeune femme fort passionnée et fantasque. Un moment, à défaut du duc de Bourgogne, on crut qu'elle allait porter son choix sur un membre de la famille d'Ibelin, le valeureux Baudouin de Ramla qui la courtisait depuis longtemps. Baudouin étant veuf de la comtesse de Césarée, rien ne semblait plus s'opposer à leur union[198]. Mais sur ces entrefaites Baudouin fut fait prisonnier à la deuxième bataille du Marj 'Ayûn, le 10 juin 1179 et jeté par Saladin dans la citadelle de Damas. Un jour il reçut un message de Sibylle : la jeune femme lui faisait dire de se racheter le plus vite possible et

652 L'ÉQUILIBRE

qu'elle l'épouserait. Aussitôt le captif demanda à Saladin de fixer le prix de sa rançon. Saladin répondit par un chiffre énorme – deux cent mille besants. C'était le prix d'un souverain et Baudouin avoua ne pouvoir le payer. Saladin menaça alors de le défigurer en lui faisant arracher « toutes les dents de sa gueule » et, de fait, il commença par lui en faire arracher deux. L'amoureux supplie alors qu'on n'aille pas plus loin, accepte de payer tout ce qu'on voudra, s'y engage et est remis en liberté.

À peine délivré, Baudouin courut vers Sibylle. Mais la coquette avait changé d'avis ou du moins ne manifestait plus la même impatience. Peu soucieuse d'engager sa terre pour payer la dette d'honneur du soupirant, elle invita fort posément le sire de Ramla à payer d'abord la rançon due à Saladin, après quoi on pourrait parler mariage. Sans se laisser décourager par cet accueil, Baudouin de Ramla, qui ne pouvait songer à trouver 200 000 besants en Palestine, partit pour Constantinople solliciter l'aide de l'empereur Manuel Comnène, le plus riche prince de la chrétienté. Le *basileus*, qui appréciait fort la vaillance et la courtoisie des deux frères Ibelin, se conduisit, une fois de plus, en chevalier : il donna à Baudouin assez d'or pour payer sa rançon. Baudouin quitta, tout joyeux, Constantinople, pensant bien arriver au bout de ses peines, mais, en débarquant à Acre, il trouva du nouveau : le cœur de Sibylle était pris par un autre[199].

Le romanesque mariage de la princesse héritière Sibylle avec Guy de Lusignan.

L'instigateur de ce fâcheux changement était le propre gendre de Baudouin de Ramla, Amaury de Lusignan.

Amaury, cadet de la maison poitevine bien connue, s'était depuis peu établi en Palestine où il avait épousé Échive d'Ibelin, fille du premier mariage de Baudouin de Ramla avec Richilde de Bethsan[200]. Vaillant soldat, mais surtout politique avisé, calculateur et intéressé, il rechercha et obtint la faveur de la reine mère, Agnès de Courtenay, veuve du roi Amaury Ier et remariée, on le sait, à Hugue d'Ibelin, frère de Baudouin de Ramla[201]. Aux bontés de la reine mère et aux instances de celle-ci auprès du jeune Baudouin IV, Amaury de Lusignan dut d'abord d'être nommé connétable. Mais il ne s'en tint pas là et visa plus haut, sinon pour lui-même, du moins pour sa famille. La jeune princesse héritière Sibylle n'était toujours pas remariée. L'épouser lui-même, Amaury de Lusignan ne le pouvait, puisqu'il était régulièrement uni à Échive d'Ibelin. Mais il avait en France un frère, Guy de Lusignan, qui passait pour un des plus beaux chevaliers de son temps. Avec adresse Amaury profita du désœuvrement de la jeune veuve, de son caractère romanesque et passionné pour lui faire de ce frère un portrait si enchanteur qu'elle n'eut bientôt plus qu'un désir : voir le merveilleux damoiseau. Bien entendu, Amaury n'eut aucune peine à faire entrer dans ses projets la reine mère, acquise à tout ce qu'il voulait, si bien que la mère et la fille se trouvèrent d'accord pour inviter Guy de Lusignan à faire le voyage de Syrie. Pour mener à bien cette importante affaire qui devait faire passer la couronne de Jérusalem dans la maison de Lusignan, Amaury jugea nécessaire de se rendre lui-même en France afin de ramener Guy dûment catéchisé[202].

L'arrivée de Guy de Lusignan ne déçut pas les rêves que l'ardente Sibylle avait formés à son sujet. Sa belle figure, ses manières élégantes ne démentaient sans doute en rien les dires de l'astucieux connétable, car Sibylle s'amouracha tout de suite de lui, au point que – à en croire certains chroniqueurs – elle se serait laissée aller avec lui à des faiblesses que le mariage seul pouvait réparer[203]. Baudouin IV, cédant aux pressantes sollicitations de sa sœur, appuyée par leur mère, consentit à cette union et inféoda à Guy le comté de Jaffa et d'Ascalon que Sibylle apportait en dot (avant Pâques 1180)[204].

Portrait de Guy de Lusignan : le plus beau chevalier de son temps. Son insuffisance et sa « simplesce ».

Raisons de sentiment singulièrement étrangères à la raison d'État. Cadet sans pécune, sans lien avec la noblesse syrienne qui le considéra toujours comme un étranger et un parvenu, Guy de Lusignan ne devait jamais surmonter l'hostilité que sa bonne fortune lui avait universellement value. Ses qualités même le desservaient. Sa droiture passait pour de la simplicité. Le poète normand Ambroise, si favorable pourtant à Guy en tant que candidat du parti Plantagenet, avoue que son héros avait toutes les qualités,

> « *Fors d'une tèche qu'il aveit,*
> *Cele que nul mal ne saveit,*
> *Cele que l'en cleime simplesce*[205] ».

Dans sa famille même, on tenait en assez faible considération ce cadet joli garçon et quelque peu niais, et ce fut dans son manoir poitevin que son élévation excita le plus de surprise. Quand son frère aîné Geoffroi (un tout autre homme, celui-là, et un des meilleurs guerriers du temps) apprit que Guy, « Guion », le petit cadet, était en train, là-bas, par le caprice d'une héritière amoureuse, de décrocher une couronne, il éclata de rire : « si Guy est devenu roi, pourquoi ne deviendrait-il pas Dieu ![206] »

Sans doute il faut éviter de se montrer injuste. Guy de Lusignan n'était pas uniquement « jeune et biaus hom » ; il ne manquait pas de qualités secondaires et ses malheurs devaient achever d'ennoblir sa mémoire. Il n'en est pas moins vrai qu'un choix aussi frivole, à une heure aussi tragique, quand Damas et l'Égypte étaient unifiés sous la main de fer d'un Saladin, constituait une véritable gageure. Comme le fait observer *l'Éracles*, traduisant Guillaume de Tyr qui l'a bien connu, « il (y) avoit assez plus hauz homes en la terre, plus sages et plus riches, qui estoient nez del païs, et des autres qui estoient venu por pèlerinage, où la dame (Sibylle de Jérusalem) poïst estre mieuz mariée qu'ele ne fu, mais li Rois (Baudouin IV) se hasta...[207] »

En fait Guy de Lusignan ne fut jamais une force pour le royaume. Désigné par un caprice de femme et par la lassitude d'un roi moribond, à la suite d'une bonne fortune que rien ne faisait prévoir, discuté dès le début, il n'avait pas une personnalité suffisante pour faire accepter une telle élévation. De caractère naïf, indécis et faible, se sentant lui-même dans une situation fausse, il ne sut jamais s'imposer de haut à la turbulente aristocratie franque, si bien que son avènement prochain allait marquer la fin de l'autorité monarchique et le triomphe de l'anarchie féodale avec leur conséquence fatale : la ruine du royaume.

Mariage d'Isabelle de Jérusalem avec Onfroi IV de Toron.
Insignifiance d'Onfroi IV. Dégénérescence des Francs créoles ?

Quoi qu'il en fût, Baudouin IV, voulant avant de mourir assurer en toute hypothèse la continuité dynastique, fiança la même année (octobre 1180) sa seconde sœur Isabelle à l'un des plus nobles barons du royaume, Onfroi IV de Toron, petit-fils[208] du connétable décédé. La mère d'Onfroi IV, Étiennette de Milly, s'était, on l'a vu, remariée vers 1177 à Renaud de Châtillon, à qui elle avait apporté en dot la terre d'Outre-Jourdain (Transjordanie). Aussi Renaud de Châtillon, désireux de pousser son jeune beau-fils jusqu'aux marches du trône, fut-il l'artisan principal de ce mariage qui fut célébré dans son château de Kérak le 22 novembre 1183[209]. Malheureusement ici encore, le choix s'avéra déplorable. Onfroi IV, l'héritier d'une lignée de héros, se trouvait lui aussi un joli garçon, faible au moral comme au physique, bientôt effrayé du rôle qu'on voudra lui faire jouer et qui un jour se laissera arracher sa toute jeune femme (et cependant il l'aimait) plutôt que de faire preuve d'énergie[210]. Bohémond III, Jocelin III, Onfroi IV, les générations allaient vite aux rives du Levant. On était à celle des faibles et déjà presque des dégénérés[211].

Scandales et troubles dans la principauté d'Antioche.
Liaison de Bohémond III avec Sibylle de Burzey.
La favorite, espionne de Saladin. Persécution contre le clergé.
Révolte de la noblesse contre Bohémond III.

La principauté d'Antioche, en effet, n'était pas moins troublée que la Palestine. Tandis qu'à Jérusalem l'aggravation de la maladie du roi lépreux annihilait l'autorité monarchique, à Antioche c'était l'inconduite de Bohémond III le Bègue qui mettait en péril le sort de la principauté normande. Ce créole voluptueux et léger, « deceu del diable et aveuglez de péchiez » avait vers 1168 – si nous nous en tenons à l'essai de reconstitution chronologique de ses amours par Rey[212] – abandonné sa première femme, la princesse byzantine Théodora Comnène pour épouser, antérieurement à 1170, Orgueilleuse, fille du seigneur de Harenc[213]. Pour Röhricht et Chalandon au contraire, Orgueilleuse serait la première, Théodora la seconde femme de Bohémond, Orgueilleuse étant attestée encore comme princesse en 1170 et Théodora ayant dû être répudiée lorsque la mort de Manuel Commène, en septembre 1180, rendit l'alliance byzantine sans valeur. Quoi qu'il en soit, dès avant 1183 Bohémond s'était séparé de sa deuxième épouse pour vivre avec une certaine Sibylle, belle-sœur du sire de Burzey[214]. Historiens orientaux et chroniqueurs francs se recoupent pour nous présenter Sibylle comme une fort mauvaise femme, « une prostituée », dit même rudement le patriarche Michel[215]. Ibn al-Athîr nous apprend que, sur le trône d'Antioche, elle faisait l'espionne au profit de Saladin, entretenant avec lui une correspondance suivie et le renseignant sur les intentions et les mouvements des armées franques[216]. Guillaume de Tyr, qui ignorait ses trahisons, la considère cependant comme une femme perverse, n'agissant, dit *l'Éracles*, que par « sorceries ». Ajoutons qu'après avoir trahi les Francs au profit de Saladin, elle devait dans sa perfidie invétérée essayer de trahir son propre époux au profit du roi d'Arménie Léon II. Ce fut elle qui en 1194 devait perfidement attirer Bohémond III dans un guet-apens combiné avec Léon et où le stupide prince d'Antioche fut fait prisonnier par les Arméniens[217]. Pour le moment Bohémond était entiché d'elle et la défendait contre toute attaque. Malgré les adjurations qui lui furent prodiguées, il se refusa à toute séparation et, par son attitude, aggrava le scandale. Il fut excommunié comme bigame ou trigame par le patriarche Aymeri de Limoges, mais, dit *l'Estoire d'Éracles*, il était « si fous et si hors de sens qu'il ne doutoit (= redoutait) nule manière de péchié ». Il se mit en état de rébellion ouverte contre l'autorité ecclésiastique, allant même jusqu'à ordonner une véritable persécution : « Le Patriarche, les evesques et touz les clers comença à guerroier, batre les fesoit et navrer (= blesser) et ocire. Les moutiers fesoit pecoier (démolir) et les abaïes ; prendre i fesoit dedenz quen qu'il (= tout ce qu'il) trouvoit, reliques et autres choses ». Le patriarche Aymeri de

Limoges s'étant réfugié avec ses clercs dans un château de sa manse défendu par des chevaliers fidèles – sans doute Cursat ou Qusair, au sud d'Antioche –, Bohémond III n'hésita pas à venir l'y assiéger : « Li Princes corut après o (= avec) grant compaignie de genz armées et les assist léanz. Assaillir i fesoit et trère (tirer) ausi volentiers com se ce fussent Sarrazin[218] ».

La lutte du prince et du patriarche eut vite ébranlé l'autorité de la dynastie normande. Plusieurs des barons d'Antioche, voyant Bohémond III à ce point « desvoiez de tout bien », estimèrent « que il devoient plus obéir à Dieu que à home ». L'un des plus puissants, Renaud Mansiaux ou Renaud Mansuer ou le Masoier, seigneur de Margat ou Marqab (Renaud II de Margat), se déclara ouvertement le protecteur des évêques et des clercs persécutés, les recueillit dans son inexpugnable château, s'y fortifia encore avec ses amis et s'y mit en état de révolte ouverte : « ne soffroit mie là où il avoit pooir qu'en leur feist (aux clercs) honte ne domage[219] ». Cette fois Bohémond III était bien mis en échec. À l'abri des murailles de Marqab Aymeri de Limoges pouvait impunément braver sa colère.

La situation était grave, car Saladin pouvait profiter de la guerre civile pour envahir la principauté. Dans ces circonstances difficiles, Baudouin IV cherchait à accomplir son devoir d'arbitre. Tâche infiniment délicate. Il tint conseil avec les prélats du royaume sur les moyens à prendre pour tirer le prince d'Antioche de « si doloreus estat » et le pays de « ce grant meschief ». « Il virent bien que li Prince avoit desservi (= démérité) », mais ils n'osèrent employer la force : son égarement était tel que, si l'armée royale était envoyée contre lui, il risquait, dans un moment de folie, d'appeler les Musulmans à son aide et de leur livrer ses forteresses, mouvement qu'il aurait ensuite vainement regretté car il n'aurait plus été en son pouvoir de s'en débarrasser. « D'autre part il estoit si avuglez de péchiez et enlaciez de sorceries que il ne vousist (= n'eut voulu) nului escouter qui raison li mostrast encontre sa folie. » Voyant que ce serait peine perdue de l'admonester et que vouloir le contraindre risquerait de le pousser dans les bras de Saladin, le roi et ses conseillers se résignèrent à prendre patience, attendant que le temps et la grâce divine eussent fait leur œuvre[220].

658 *L'ÉQUILIBRE*

Cependant la situation ne faisait qu'empirer. Du fait de Bohémond III toute la principauté d'Antioche était en interdit, « por les sacrilèges et por les torz que l'en fesoit aus clers et aus églises. Par tout le païs ne fesoit l'en nul sacrement, fors seulement batizier les enfanz et confesser les malades. » La Cour de Jérusalem se décida donc à envoyer dans la principauté une ambassade comprenant le patriarche de Jérusalem, Renaud de Châtillon, ancien prince d'Antioche et beau-père de Bohémond III, le grand-maître du Temple, Arnaud de Toroge, et le grand-maître de l'Hôpital, Roger des Moulins[221]. En passant par Tripoli, les envoyés prirent avec eux le comte Raymond III, dont les bons rapports avec Bohémond pouvaient être utiles, et tous, par Laodicée (Lattaquié), atteignirent Antioche où ils convoquèrent par devers eux le prince et le patriarche. Malgré toutes leurs admonestations ils ne purent tirer Bohémond III de sa folie. Ils essayèrent du moins de ménager un accommodement : Bohémond rendrait au patriarche et au clergé tous les biens qu'il leur avait confisqués, et l'interdit serait levé de la terre, le prince seul restant excommunié tant qu'il ne se séparerait pas de Sibylle (1181)[222].

Les deux partis ayant paru accepter ces conditions, les envoyés de Baudouin IV reprirent le chemin de Jérusalem, persuadés que le pays était pacifié. Mais après leur départ Bohémond III se montra « pire qu'avant ». Plusieurs de ses barons lui ayant adressé des remontrances, il les chassa de la principauté et confisqua leurs terres. Il traita ainsi son connétable et son chambellan, Guichard de Lisle et le comte Bertrand. Grave imprudence, car les bannis se réfugièrent en Cilicie, à la cour du prince arménien Roupên III qui les accueillit avec honneur, leur donna des fiefs et les prit à sa solde, événement qui dut certainement concourir à la brouille survenue peu après entre Roupên et Bohémond III[223].

Fâcheuse intervention de Bohémond III dans les affaires de la principauté arménienne de Cilicie.

Bohémond III en effet ne se contentait pas de se mettre en lutte ouverte contre son clergé et contre le roi de Jérusalem. Il se prenait bientôt de querelle avec le prince arménien de Cilicie, Roupên III[224]. Roupên, on l'a vu, était en train de mettre à profit le recul de la puissance byzantine devant les Seljûqides d'Asie Mineure pour enlever définitivement à Byzance les villes de Mamistra (Missis, Mopsueste) et d'Adana, peut-être même déjà Tarse. Un de ses vassaux, un autre Arménien, Héthoum, seigneur de Lampron (Nemrûn, dans le Taurus, au nord-ouest de Tarse), avait partie liée contre lui avec les Byzantins. Roupên vint l'assiéger dans son nid d'aigle, mais Bohémond III, prenant fait et cause pour Héthoum, attira Roupên à Antioche dans un traquenard et le captura. « Roupên, qui était adonné au libertinage, écrit le connétable Sempad, fut entraîné à Antioche faire des orgies avec des femmes de mauvaise vie. Le prince d'Antioche, profitant de l'occasion, se saisit de lui et le jeta en prison[225]. » Il fallut que Léon, frère de Roupên, vînt presser le siège de Lampron pour que Héthoum, menacé de vengeance, intervînt lui-même auprès de Bohémond III en faveur de la libération de Roupên. Encore, d'après Bar Hebræus, le prince d'Antioche exigea-t-il une rançon de 30 000 dînârs et la cession d'Adana et de Mamistra[226].

Cette lutte regrettable risquait de paralyser la résistance chrétienne en ces régions, et cela à l'heure où, le désastre de Myriocéphale (1176) ayant brisé la force byzantine en Asie Mineure, les Francs n'avaient plus d'autre allié naturel de ce côté que les Arméniens de Cilicie. Nous verrons, quand se précisera la menace de Saladin, Bohémond III contraint à se réconcilier précipitamment, par une série de rétrocessions territoriales, avec Roupên III[227].

Les intrigues de la Cour de Jérusalem. Influence néfaste de la reine mère et du sénéchal Jocelin. Cabale contre Raymond III.

À Jérusalem l'état du roi lépreux empirait chaque jour ; « sembloit que il fust touz porriz et que li membre li deussent cheoir ». À ce degré de son mal, il ne pouvait plus, malgré son énergie, s'occuper des affaires du royaume. « Li Rois estoit jà si descoverz de sa maladie qu'il ne pooit entendre à nul de ses afaires. » Son entourage immédiat en profitait pour le chambrer et se partager les bénéfices. La mère de Baudouin, Agnès de Courtenay, « qui n'estoit mie preudefemme », se faisait remarquer par sa soif du pouvoir et sa cupidité : *mulier plane Deo odibilis et in extorquendo importuna*, écrit Guillaume de Tyr, ce que le traducteur rend en nous disant qu'elle « amoit mout la seigneurie et estoit mout angoisseuse de prendre deniers »[228]. Le frère d'Agnès, Jocelin III de Courtenay, comte titulaire d'Édesse et sénéchal du royaume de Jérusalem, l'appuyait de tout son pouvoir, ainsi que plusieurs autres barons qui formaient autour d'eux une véritable camarilla pour exploiter cyniquement la pitoyable situation du roi et du royaume.

Résumons cet aperçu. Une cour de décadence. L'héritière du trône, Sibylle, ayant apporté l'héritage à un joli homme sans valeur, choisi simplement pour sa beauté. L'autre sœur du roi Isabelle, allant épouser un jeune seigneur insignifiant et sans caractère. La reine mère légère, cupide, n'intervenant qu'en faveur de la camarilla. Le principal des grands vassaux, Bohémond III d'Antioche, livré à une maîtresse indigne qui n'était autre qu'une espionne de Saladin, et persécutant pour elle l'Église, en même temps qu'il acculait la noblesse à la révolte. Enfin, à Jérusalem, le roi succombant sous la lèpre et, malgré sa valeur, annihilé par sa hideuse maladie. Tous les éléments de la chute d'un empire.

Le comte de Tripoli, Raymond III, cousin du roi, représentait semble-t-il, le seul facteur capable de sauver les institutions monarchiques. C'est précisément ce qui indisposait contre lui la camarilla et les égoïsmes féodaux. Un incident montra leurs mauvaises dispositions. Raymond III se trouvait, par son mariage avec Échive de Tibériade, seigneur de la « princée » de Tibériade ou de Galilée, le principal fief du royaume[229]. Ayant affaire dans ce pays, où il n'avait pas mis les pieds depuis deux ans, il se mit en devoir de s'y rendre et annonça l'intention de venir ensuite visiter le roi à Jérusalem. Il était à peine arrivé avec son escorte à Gibelet (Jebail), ville au sud de laquelle passait la frontière entre son comté et le royaume, que la nouvelle de son approche provoqua la plus vive émotion à la cour : les courtisans, tout l'entourage de la reine mère et du sénéchal Jocelin de Courtenay, persuadèrent au malheureux Baudouin IV que le comte venait pour fomenter une révolte des barons et se faire nommer roi. Interdiction fut envoyée à Raymond III de franchir la frontière du royaume. Raymond retourna à Tripoli humilié et furieux – « mout honteus et mout esbaubiz » – se demandant les raisons d'une mesure aussi injuste. En réalité, comme l'explique Guillaume de Tyr, la reine mère, son frère et tout le parti de Courtenay craignaient que son arrivée ne mît fin à leur gabegie, « car, traduit *l'Éracles*, tandis com il estoit loing de la cort et (comme) li Rois qui estoit malades ne pooit entendre à finer les besoignes du règne, cil (= les courtisans) en fesoient toute leur volenté et les esploiz (= revenus) de la terre tournoient à leur preu (= profit) ; si n'avoient cure de sa compaignie ».

Cependant la noblesse du royaume ne partageait pas les vils calculs de la reine mère et du parti de Courtenay. « Quant li autre baron de la terre oïrent dire qu'en avoit fet au conte de Triple tel outrage et que li cuens s'en estoit tornez iriez (= irrité) et à grant desdaing, mout (cela) leur desplot, et si doutèrent (= redoutèrent) que trop grant domage n'en venist à la Crestienté, se leur anemi (= les gens de Saladin) pooient savoir le descort. » De plus, dans l'état de maladie où se trouvait le roi lépreux, Raymond III, en cas de décès de Baudouin IV, se trouvait le seul espoir du royaume. Les plus sages des barons, n'ayant, nous dit *l'Estoire d'Éracles*, d'autre but que de « garder loyauté » envers le Roi, se réunirent donc, envoyèrent des délégués à Tripoli, parvinrent à apaiser le légitime courroux de Raymond et l'invitèrent, en dépit de la malencontreuse interdiction précédente, à se rendre à Jérusalem. En même temps ils s'efforçaient de détruire chez Baudouin IV l'effet des calomnies du parti Courtenay. Le roi, après quelque résistance, accepta de recevoir le comte de Tripoli (« il ne le vout pas mout, mès il le soffri ») « et fu fete la bone pais entr'eus deus[230] ».

§ 5. — RENAUD DE CHÂTILLON, LA VIOLATION DES TRÊVES ET LA REPRISE DE LA GUERRE.

Renaud de Châtillon, sire de Transjordanie.

Dans cet état d'incertitude constitutionnelle et diplomatique – le roi lépreux n'ayant visiblement que quelques mois à vivre et la trêve avec Saladin restant toujours à la merci d'un

662 — L'ÉQUILIBRE

incident qui exposerait le royaume latin à une agression foudroyante – le premier rôle allait passer à Renaud de Châtillon.

L'ancien prince d'Antioche, après être resté seize ans prisonnier à Alep, venait, enfin libéré, d'épouser vers 1177, l'héritière de la seigneurie d'Outre-Jourdain, Étiennette de Milly, veuve successivement d'Onfroi III de Toron et du sénéchal Milon de Plancy[231]. Événement gros de conséquences. Dans l'éclipse des institutions monarchiques, causée par la lèpre de Baudouin IV, à côté de personnages aussi pâles qu'Onfroi IV et Jocelin III, la redoutable personnalité de ce revenant des vieilles guerres allait s'imposer brutalement. La féodalité hiérosolymitaine – féodalité laïque, ordres militaires – toujours trop portée à l'insubordination, va trouver en lui un chef naturel contre la discipline monarchique. Et ce sera pis encore quand il prendra sous sa protection le faible héritier du trône, Guy de Lusignan. Mais c'était à l'extérieur surtout que ses impulsions risquaient de tout perdre. Nous avons vu comment, jadis, ses brigandages en Chypre avaient failli dresser l'empire byzantin contre les Francs. L'action prudente du roi Baudouin III et le sentiment d'un minimum de solidarité chrétienne entre Francs et Byzantins avaient alors permis d'atténuer les conséquences de ses folies. Mais que serait-ce s'il renouvelait les mêmes actes de banditisme contre un adversaire tel que Saladin ? En 1178 il n'y avait plus à Jérusalem une seule faute à commettre. Du moment que l'unité égyptodamasquine était consommée sous le sceptre de Saladin, et puisqu'une série de circonstances malheureuses avait empêché les Francs d'appuyer suffisamment les tentatives de restauration zengide à Damas, la plus élémentaire sagesse conseillait de reprendre la politique de prudente expectative qui avait été dans l'ensemble celle de Baudouin III.

À cet égard l'installation de Renaud dans la terre d'Outre-Jourdain constituait déjà une invite aux aventures. Les forteresses de Transjordanie et de l'Arabie Pétrée, le Krak de Moab et Montréal-Shawbak, contrôlaient ou interceptaient à leur gré non seulement la route du *H*ajj, la voie sacrée du pèlerinage de La Mecque, mais, aussi les communications entre les deux moitiés de l'empire de Saladin, la Damascène et l'Égypte. Du jour où cet empire avait été fondé, à cheval sur les deux pays, avec comme seul lien la route de l'Arabie

Pétrée – puisque le Sahel palestinien, possédé par les Francs, restait hors de cause –, il était inévitable qu'il supportât avec impatience l'occupation franque de la Transjordanie et du Wâdî al-'Araba. On a vu qu'à peine en possession de l'Égypte, du vivant même de Nûr al-Dîn, Saladin, comme obsédé par ces nécessités géographiques, était venu à diverses reprises, assiéger les deux kraks. Il suffit de parcourir les historiens arabes pour se rendre compte que la seule politique qui eût pu, à ce point névralgique, endormir son hostilité était une politique de collaboration commerciale, l'imbrication des intérêts favorisant l'exploitation commune des caravanes qui, d'Aïla à Alexandrie d'une part, à Saint-Jean d'Acre d'autre part, drainaient, par les pistes du désert, les richesses de l'Inde et de l'Extrême-Orient. Politique fort nettement entrevue par les princes du temps, qu'ils fussent musulmans ou chrétiens, car le commerce de la mer Rouge enrichissait aussi bien les douanes du royaume de Jérusalem que celles de l'Égypte aiyûbide. Nous verrons à ce propos l'exaspération du roi Baudouin IV, quand il apprendra que les brigandages de Renaud de Châtillon ont intercepté la route des caravanes.

En résumé, la réunion de la Syrie Damascène et de l'Égypte en un même sultanat conférait du double point de vue commercial et politique une importance capitale au fief franc de Transjordanie, au moment précis où on inféodait ce fief à Renaud de Châtillon. En même temps, la carence générale de chefs chrétiens, l'espèce de dégénérescence qui frappait la quatrième génération de Francs créoles, l'éclipse de la royauté sous un roi moribond, tout concourait à mettre en relief le nouveau sire d'Outre-Jourdain, l'homme fort qu'était Renaud. Brusquement placé dans cette situation hors de pair, libre d'engager tous les Francs par ses initiatives personnelles, sans contrepoids et sans frein, le vieil aventurier allait entraîner le royaume dans l'aventure.

Violation des trêves par Renaud de Châtillon.
Rezzou franc sur Taimâ' et enlèvement des caravanes du Hejâz.

À peine en possession de son nouveau fief, Renaud de Châtillon se conduisit en chevalier-brigand. Vers l'été de 1181, en pleine paix, sans prendre soin de dénoncer les trêves, il

664 L'ÉQUILIBRE

s'enfonça avec une colonne de cavalerie et d'infanterie au cœur de l'Arabie et marcha droit sur Taimâ', oasis et centre commercial situé sur la frontière du Nejd et du *H*ejâz, un peu en arrière de la route du *H*ajj, à mi-chemin de la Transjordanie et de Médine et qui commandait, de l'intérieur, cette dernière ville, « le vestibule de Médine », écrivait Saladin au khalife de Baghdâd[232]. De Taimâ' Renaud comptait sans doute pousser jusqu'à Médine même et la piller[233]. À ces nouvelles, Farrukh-shâh, neveu de Saladin et son lieutenant à Damas, envahit la Transjordanie et, par une diversion énergique, força Renaud à abandonner son projet. Mais, s'il ne put surprendre Taimâ' ni Médine, Renaud n'en réussit pas moins à commettre un acte de brigandage singulièrement regrettable en enlevant une grande caravane damasquine qui cheminait en toute tranquillité vers La Mecque. Au témoignage d'Ernoul, le butin pris par le sire d'Outre-Jourdain ne fut pas inférieur à deux cent mille besants (près de deux millions et demi de poids d'or)[234].

Refus de Renaud de Châtillon d'obtempérer aux ordres
de Baudouin IV pour les réparations dues à Saladin.

La nouvelle de cette agression insensée paraît avoir plongé la cour de Jérusalem dans la consternation. Baudouin IV en particulier semble avoir ressenti de la conduite de Renaud une indignation violente. La paix, si indispensable aux Francs, se trouvait rompue par leur faute dans des circonstances odieuses qui les faisait passer aux yeux de tout l'Islâm pour des violateurs de la foi jurée. Comprenant la gravité de l'affaire, Baudouin IV adressa à Renaud un blâme énergique et l'invita à restituer immédiatement à Saladin tout le butin et tous les prisonniers[235]. Mais le sire d'Outre-Jourdain se riait de l'autorité royale. Baudouin lui envoya alors une ambassade de Templiers, d'Hospitaliers et de clercs pour le rappeler à l'observation des trêves, « et li proiïèrent qu'il rendist (son butin), et que bien ne faisoit mie quant il faisoit le roi parjurer, car il avoit les trives jurées. » La longue cohabitation des deux races en Syrie avait, on l'a vu, fini par établir entre princes francs et princes musulmans des relations de courtoisie chevaleresque, de loyauté et d'estime réciproque qui, en dépit de la Croisade et du *Jihâd*, maintenaient entre les deux partis un véritable droit des gens. En violant ce droit des gens, Renaud faisait apparaître les Francs comme des barbares et son roi comme un parjure. Les rapports entre Francs et Musulmans régressaient jusqu'en 1099 ! À tous les appels à l'honneur ou à l'intérêt qui purent lui être adressés en ce sens, à tous les arguments du roi et des envoyés royaux, Renaud de Châtillon répondit par une fin de non-recevoir brutale. « Il envoya dire au pauvre souverain malade qu'il entendait ne pas rendre aux Sarrasins une seule obole du bien qu'il leur avait enlevé. Il terminait en priant qu'on le laissât désormais tranquille, libre de ses mouvements[236]. Les ambassadeurs de Baudouin s'en retournèrent désespérés[237]. »

Baudouin IV dut avouer à Saladin son impuissance à se faire obéir par son vassal. « Li Rois li manda (à Saladin) que plus n'en pooit fère, qu'assés li avoit amonesté (Renaud) et mandé et proiiet qu'il les rendist, et rendre ne les voloit... » C'était la guerre.

Remarquons que, indépendamment de ses irréparables conséquences à l'extérieur, ce refus annonçait la révolte de la féodalité franque contre les institutions monarchiques. Le sire d'Outre-Jourdain profitait de la déchéance physique du roi lépreux pour proclamer la déchéance de la royauté. Bafouant l'autorité royale, il engageait sans leur aveu, malgré eux, le roi et le royaume dans la plus redoutable des aventures. Pour qui va au fond des choses, le brigandage de 1181 annonce la fin de la royauté hiérosolymitaine avant même d'entraîner comme conséquence la chute prochaine du royaume.

Reprise de la guerre. Conquête du Sawâd par les Aiyûbides. Chute de Habîs Jaldak.

Se produisant ainsi à l'improviste, sans aucun avis préalable, la rupture de la paix eut des conséquences immédiatement désastreuses pour les Francs. Une tempête venait de jeter sur la côte égyptienne, près de Damiette, quinze cents pèlerins qui s'y croyaient en parfaite sécurité, du fait des trêves conclues entre Saladin et Baudouin IV[238]. C'est qu'ils ignoraient le guet-apens perpétré par Renaud de Châtillon contre la caravane du *H*ejâz. Saladin, qui venait d'en être instruit, les fit arrêter et mettre aux fers[239]. D'après un passage de Guillaume de Tyr, il semble qu'il fit à ce sujet une dernière tentative de paix auprès de Baudouin IV, lui proposant de rendre les captifs contre libération de la caravane du *H*ejâz. Avertissement solennel. « Et bien manda par ses messages que, se li Rois ne li tenoit fermement icele chose, il retendroit toute cele navie de pèlerins et quanqu'il (==tout ce qu'ils) avoient, et dès lors en avant guerroieroit, com cil qui plus ne vouloit être en trives... » Mais nous avons vu qu'il ne dépendait pas de l'infortuné monarque de donner satisfaction au sultan.

Sur le refus de Renaud de libérer ses captifs, Saladin, en mai 1182, se rendit d'Égypte en Syrie[240] en longeant le désert de Tîh jusqu'à Aila, au fond du golfe de 'Aqaba. À Aila il apprit que les Francs se concentraient au Krak de Moab pour lui barrer la route de Damas[241].

À la nouvelle de la marche de Saladin, Baudouin IV, à Jérusalem, avait réuni un conseil de guerre. Les amis de Renaud de Châtillon proposèrent de porter l'armée dans le Moab, pour barrer à Saladin la route de Damas. Comme le fait observer Guillaume de Tyr, ce n'était qu'un prétexte pour aller secourir le fief de Renaud. Raymond III dut évidemment protester contre une telle imprudence : concentrer l'armée en Transjordanie, c'était s'exposer à une invasion dans la Palestine dégarnie de troupes[242]. Mais les amis de Renaud l'emportèrent. Le roi et l'armée vinrent camper auprès du Krak de Moab. Le comte de Tripoli lui-même dut, à son corps défendant, s'associer à cette chevauchée[243].

L'objectif ne fut pas atteint : on ne réussit nullement à barrer à Saladin la route de Damas. D'Aila, le sultan remonta par le Wâdî Mûsâ et la piste du *H*ajj (voie actuelle de Ma'ân à Ammân), puisque *le Livre des Deux Jardins* nous signale son passage à al-*H*ésâ, à une cinquantaine de kilomètres au nord-est de Montréal (Shawbak) et à une quarantaine de kilomètres au sud-est du Krak de Moâb (Kérak)[244]. Il fit filer plus à l'est son frère Bûrî, avec les malades et le bagage, tandis que lui-même, avec ses escadrons les plus rapides, ravageait les récoltes dans la région de Shawbak, car c'était l'époque où « li blé estoient jà tuit blanc... Une partie de leur

BAUDOUIN IV, LE ROI LÉPREUX 667

correeurs envoièrent devant le chastel de Montroial, qui estrépèrent (= arrachèrent) les vignes et firent assez domages autres »[245]. « Votre Serviteur, écrivit Saladin au khalife de Baghdâd, est arrivé dans ces parages et les a dévastés ; le feu a consumé le sang des palmiers et la justice du glaive s'est exercée de proche en proche[246]. »

Pendant ce temps, ce qu'avait prévu Raymond III n'avait pas manqué d'arriver. Tandis que l'armée royale partait en Transjordanie, Farrukh-shâh, le neveu de Saladin, qui gouvernait Damas en son nom, envahit à l'improviste la Galilée dégarnie de troupes. Lorsqu'il apparut soudainement dans le canton du Thabor, à Burie (Dabûriya), à quelque sept kilomètres de Nazareth, rien n'était préparé pour la défense. À en croire l'Estoire d'Éracles, les habitants ignoraient même la rupture de la paix. « Les genz du païs ne savoient mot que la trive fust route (= rompue) ; si cuidoient estre tout asseur (= en sécurité) et de nule rien ne s'estoient porveu de guerre[247]. » La surprise fut complète, Farrukh-shâh ayant opéré une marche de nuit, les habitants n'eurent pas le temps de se réfugier dans les rochers du Thabor ou du Nébi Dahî. « L'endemain, quant il fu ajorné, la menue gent qui virent tout le païs covert de leur anemis ne sorent que faire. » Tous ceux qui le purent se réfugièrent dans la tour de Burie : elle était peu solide et fut prise en une demi-journée, les assiégés s'étant rendus avant l'assaut final.

Après cette razzia, Farrukh-shâh se retira de l'autre côté du Jourdain, pour aller attaquer les possessions franques, dépendant de la « princée » de Galilée, qui se trouvaient à l'est du lac de Tibériade, dans « la terre de Suète », ou Sawâd, sud-ouest du Jawlân et nord-ouest du 'Ajlûn[248]. Cette région était dominée par une forteresse franque creusée dans le roc, celle de Habîs Jaldak[249] que M. Paul Deschamps vient de localiser à Arak al-Habîs, sur le Râs. Hilja, rocher situé près de la rive sud du Yarmûk, en face de l'actuel Shejara et d'où on surveillait toute la vallée du fleuve[250]. La situation de ce poste avancé était si avantageuse qu'elle obligeait les Musulmans de la région attenante du Jawlân à partager leurs récoltes avec les Francs[251]. La forteresse était pour lors défendue par Foulque de Tibériade. Malgré la présence de ce riche baron, malgré l'escarpement de la montagne (« desouz estoit si parfond que ce estoit hideuse chose à regarder ») et bien que le fort fût inaccessible de trois côtés, *H*abîs Jaldak fut pris par Farrukh-shâh après cinq jours de siège. En effet la montagne où était creusée la forteresse était formée d'un calcaire friable où les mineurs de Farrukh-shâh n'eurent aucune difficulté à pratiquer une percée jusqu'au premier étage qui fut pris d'assaut ; les deux autres réduits capitulèrent sans plus de résistance. Guillaume de Tyr nous donne le secret de ce désastre : Foulque de Tibériade avait commis la faute de confier les principaux postes de commandement à des Syriens chrétiens « qui mout sont coart et lasche en besoignes d'armes[252] ». Il semble bien qu'il y eut défection de cet élément, car, tandis que les chevaliers et les sergents de race franque voulaient continuer la résistance, les officiers syriens y mirent obstacle ; mieux encore, après la reddition, ils se rallièrent au vainqueur « et se renoièrent tuit ». La conclusion de l'historien franc est nettement hostile à l'emploi des Syriens dans des postes militaires aussi exposés. « Por ce fu mout blasmez Fouques de Tabarie de ce qu'il avoit mis si mauvais chevetaines en cele garnison. »

Farrukh-shâh rentra en vainqueur à Damas en ramenant un riche butin, 1 000 captifs et 20 000 têtes de bétail.

En apprenant ces nouvelles au fond du pays de Moab, Baudouin IV et ses barons comprirent la faute qu'ils avaient commise. Pour avoir écouté Renaud de Châtillon, ils avaient laissé la Galilée exposée à l'invasion sans pouvoir, même à ce prix, empêcher le passage de Saladin à travers la Transjordanie. « Lors s'aperceurent bien noz genz que folement s'estoient parti du roiaume, que il avoient einsi lessié desgarni. » Le plus mécontent était Raymond III de Tripoli qui, après s'être opposé de tout son pouvoir à la folle marche sur le Krak, après ne s'y être associé à la fin que par loyalisme, voyait ses possessions du Sawâd conquises par l'ennemi[253].

Baudouin IV et ses conseillers avaient un moment songé, avant de rentrer en Palestine, à poursuivre Saladin dans le Wâdî 'Araba. Le sultan était alors signalé au nord-ouest de Ma'ân, à Jerhâ, point d'eau situé à une vingtaine de kilomètres à l'est de Petra et à autant au sud de Shawbak. Les Francs pouvaient se poster au point d'eau de Râs al-Rasit (?) pour le rejeter dans le désert ; mais ils renoncèrent bientôt à

BAUDOUIN IV, LE ROI LÉPREUX 669

ce projet, de sorte que Saladin put poursuivre tranquillement sa marche par al-Zerqâ et Boṣrâ. Le 22 juin il fit son entrée à Damas[254].

L'armée franque, après avoir repris, de son côté, le chemin de la Palestine, vint s'établir en Galilée, autour de Séphorie (Saffûriya), canton fertile, abondant en eaux (on était en juillet) et d'où on pouvait surveiller les prochaines incursions de Saladin. « Il avoient avec eus la Vraie Croiz ; li Rois i estoit et li Patriarches et li baron du païs et li prélat. De jor en jor atendoient que li Tur se venissent combatre à eus » De fait, Saladin après avoir touché barre à Damas, repartait en campagne (11 juillet 1182). Ibn al-Athîr nous le montre venant dresser son camp dans la plaine d'al-Aqḥwâna ou al-Uqḥwâna, comme transcrivent les traducteurs du *Recueil*, l'actuelle al-Qaḥwâna, ou Qaḥwâni, le Cavam de Guillaume de Tyr, canton situé au sud de Semakh, à la sortie du Jourdain hors du lac de Tibériade, entre le Jourdain et le confluent du Yarmûk[255]. En apprenant ce mouvement, l'armée franque se porta de Séphorie sur Tibériade pour rallier au passage les chevaliers de cette place, ainsi que les Templiers de Safed et les Hospitaliers de Belvoir (Kawkab al-Hawâ). Malheureusement, le comte Raymond III de Tripoli, le plus judicieux capitaine de l'armée, « qui estoit sages et bons chevaliers, bien esprouvez en armes » se trouvait absent « car il gisoit malade de fièvre double. Mout en pesoit aus barons de l'ost, car mout eussent (eu) en lui grant fiance, s'il pooist armes porter. Toutevoies, à tant de gent com il porent avoir, s'en alèrent les banières levées après l'ost de leur anemis[256] ».

Tentative d'invasion de la Samarie et de la Galilée par Saladin. Échec du sultan à 'Afrabalâ.

Pendant ce temps Saladin, tout en restant avec le gros de ses troupes campé près de Semakh, dans le triangle abrité formé par la rive méridionale du lac de Tibériade, le Jourdain et le Yarmûk, envoyait son neveu Farrukh-shâh, avec un fort détachement de cavalerie, ravager plus au sud, dans le Ghûr, le district de Beisân, l'ancienne Scythopolis, point important parce que c'est par là que la dépression du Ghûr communique avec la plaine d'Esdrelon. « Farrukh-shâh fit

670   *L'ÉQUILIBRE*

subir au territoire du Ghûr un pillage des plus complets, et infligea à toute la population la mort, la captivité et la ruine. Pendant ce temps des tribus d'Arabes faisaient des razzias vers Jenîn[257], Lejjûn[258] et le Sahel (de Caïffa et) d'Acre[259]. » Toutefois *l'Éracles* certifie que la petite forteresse de Beisân résista à toutes les attaques : « cil dedenz se deffendirent bien et blécièrent des leur (des gens de Farrukh-shâh) assez, si que rien n'i perdirent[260] ».

Saladin se mit alors lui-même en mouvement et, rejoignant son neveu, tous deux vinrent menacer la forteresse franque de Belvoir, Beauvoir ou Coquet, l'actuel Kawkab al-Hawâ, position qui dominait le Ghûr septentrional et défendait la route du Thabor et de Nazareth[261]. Aussitôt l'armée franque descendit le cours du Jourdain sur la rive occidentale, du lac de Tibériade jusqu'à la plaine située entre le bourg de Forbelet ('Afrabalâ) et le château de Belvoir, où elle se trouva en présence de l'ennemi[262]. *L'Estoire d'Éracles* nous décrit l'arrivée des Francs à la faveur de la nuit. « La nuit furent logié assez près de leur anemis, et, por ce qu'il se doutoient de saillies, bien se firent eschauguetier (veiller au guet) à chevaliers et à sergenz. Au matin descendirent au val et virent entor eus si grant planté de Turs que tuit s'en merveillèrent, car il ne souloient mie tant veoir ensemble. Li baron les esmèrent (= évaluèrent) bien à vingt mille ; des noz n'i en avoit mie à cheval plus de set cenz. Salehadins et tuit si amiraut (= émirs) avoient enpensé qu'il aceindroient (= encercleraient) les noz de toutes parz et quant il seroient si enclos, tous les rendroient ou morz ou pris, que jà piez (= aucun) n'en eschaperoit, car de ce n'avoient il peor ne doute que si pou de gent poïssent soffrir cele grant planté qu'il amenoit. »

Formés en bataillons serrés, les Francs défièrent les attaques ennemies. Leur tactique consistait par cette torride journée de juillet, en présence de l'énorme supériorité numérique de l'ennemi, à maintenir leur cohésion en refusant de se laisser entraîner. « Saladin les fit cribler de flèches sans qu'ils consentissent à se départir de leur immobilité. » Comme ils semblaient vouloir se retirer en bon ordre dans la direction du Thabor, il les fit charger par ses deux neveux Taqî al-Dîn 'Omar sur la droite et Farrukh-shâh sur la gauche. Cette fois les Francs contre-attaquèrent avec vigueur.

« Li nostre n'atendirent mie que cil les assaillissent, ainz leur coururent sus tuit premier hardiement et grant domage leur firent en leur venue ». S'il y eut des défaillances individuelles, défaillances que *l'Estoire d'Éracles* se refuse à mentionner « por enneur de leur lignage », plusieurs barons se couvrirent de gloire, notamment Baudouin de Ramla, son frère Balian II d'Ibelin et le jeune Hugue de Tibériade, beau-fils du comte de Tripoli et qui commandait les chevaliers de Galilée[263]. La vigueur de leur contre-attaque prouva à Saladin que ses espoirs étaient vains. À travers les métaphores de sa lettre au Khalife de Baghdâd[264], on discerne la bataille sans résultat que laisse plus franchement entrevoir Ibn al-A*th*îr : « On se livra un combat acharné, puis les Francs se retirèrent sur leur corps de réserve et campèrent à 'Afrabalâ. Quand Saladin crut les avoir assez punis, eux et leur pays, il retourna à Damas[265]. »

Il ressort de ce texte qu'après leur énergique contre-attaque les Francs se retirèrent, sans se laisser entamer, vers la forteresse de 'Afrabalâ, le Forbelet de leurs chroniqueurs, et que Saladin, désespérant de les écraser, battit en retraite vers le triangle du lac de Tibériade, du Jourdain et du Yarmûk, d'où il regagna Damas. Les Francs, qui, comme leur adversaire, avaient terriblement souffert de la canicule, retournèrent alors par la route du Thabor jusqu'aux fontaines de Sephorie (Saffûriya) où ils se remirent de leurs fatigues[266].

Siège de Beyrouth par Saladin.
Délivrance de la ville par Baudouin IV.

Saladin conçut alors un projet audacieux : couper le royaume de Jérusalem du comté de Tripoli en s'emparant de Beyrouth. En août 1182 son armée était concentrée dans ce but dans le sud de la Beqâ' – le Val de Bacar, comme l'appelle *l'Estoire d'Éracles* – En même temps, son frère al-'Adil, gouverneur de l'Égypte, équipait à Alexandrie et à Damiette une escadre de trente galères, chargée de coopérer à l'attaque de Beyrouth. Enfin al-'Adil devait envoyer du Caire un corps de cavalerie chargé d'opérer une razzia sur la côte de Philistie, vers Daron, Gaza et Ascalon, et de retenir,

672   *L'ÉQUILIBRE*

par cette diversion, le maximum de forces franques loin de Beyrouth.

Le plan, préparé dans le plus grand secret, était, on le voit, parfaitement combiné. Il ne tint pas aux exécutants qu'il réussît. Tout en massant son armée dans la Beqâ', entre Rayâq et Jubb-Jenîn, le sultan laissait dire qu'il se préparait à marcher contre Alep ou Mossoul. Mais en même temps il envoyait des groupes légers sur les sommets du Liban, du côté du Jebel Barûk, du Jebel Keneisé et du Jebel Sannîn pour guetter l'arrivée de sa flotte. Au début d'août, l'escadre égyptienne, forte de trente galères, apparut enfin au large de Beyrouth. Prévenu par ses veilleurs, il franchit aussitôt le Liban avec toute son armée – évidemment par la route millénaire Shtaura-Aley, – et apparut à l'improviste devant Beyrouth. La ville se trouva ainsi assiégée par terre et par mer. En même temps la cavalerie égyptienne avait franchi la péninsule sinaïtique et se jetait sur la frontière palestinienne du côté du Daron (Deir al-Bala*h*), brûlant les caseaux et tuant les Turcoples chargés de la surveillance des confins[267].

Baudouin IV et l'armée franque se trouvaient toujours campés à Sephorie quand ils reçurent la double nouvelle de l'attaque brusquée de Saladin sur Beyrouth et de l'invasion de la Philistie par la cavalerie égyptienne. Leur parti fut aussitôt pris. Laissant aux garnisons de la Philistie (notamment aux Templiers de Gaza) le soin de défendre la frontière du sud-ouest, ils partirent pour Tyr afin de sauver Beyrouth. Comme le dit énergiquement *l'Estoire d'Éracles*, « accordé fu que il coreussent au greigneur (= plus grand) besoing, c'estoit à secorre la cité de Baruth, se il pooir en avoient, car il virent bien que, se il envoiassent en deus leus, il ne feissent (= feraient) riens ne ça ne là. Car il n'avoient mie (assez de) gent à ce fornir »[268]. En arrivant à Tyr, Baudouin IV donna l'ordre de faire appareiller tous les navires qu'on trouverait dans le port de cette ville et dans celui de Saint-Jean-d'Acre. En sept jours il eut ainsi une flotte de trente-trois galères bien armées, supérieures en nombre à l'escadre égyptienne et ayant l'avantage de combattre dans leurs propres eaux.

Devant Beyrouth Saladin, comprenant qu'il fallait obtenir la décision avant l'arrivée du roi, lançait assaut sur assaut. Trois jours durant, les attaques se succédèrent sans arrêt « à

BAUDOUIN IV, LE ROI LÉPREUX

change de ses genz et à rechange, (tellement) que cil dedenz (= les assiégés) n'avoient point loisir de dormir ne de mangier ». Ayant mis toute sa confiance dans l'effet de surprise, il n'avait pas eu le temps de véhiculer ses machines de siège à travers les passes du Liban. « Perrières ne mangoniaus n'avoit-il pas, porce qu'il cuida bien la ville prendre soudeinement sanz engins, ou porce qu'il pensoit bien que les noz genz vendroient tost au secors : si (= aussi) n'avoit cure de perdre ses engins. Mès toutes les autres manières de grèvement il lor fesoit, de saietes (flèches) i tréoit-il tant que touz li airs en estoit couverz ausi come de gresle. » Du côté du port l'escadre égyptienne participait à l'attaque, à grand renfort d'arbalètes.

L'évêque de Beyrouth, Eude, et le prévôt de la ville donnaient l'exemple de la résistance et maintenaient le moral en promettant un prompt secours du roi[269]. Les mineurs de Saladin s'efforçaient d'arriver jusque sous la barbacane pour pratiquer une ouverture. Mais à la pluie de flèches les défenseurs de Beyrouth répondaient à coups d'arbalètes et de blocs de pierre qui ne permettaient pas à l'ennemi d'approcher. Cependant Saladin qui se tenait sur un tertre face à la ville jugea que la plupart des défenseurs devaient être hors de combat. Il ordonna de dresser les échelles pour l'assaut final. Mais une flèche vint abattre l'émir qui commandait les troupes et l'assaut reflua.

Saladin comprit qu'il ne pourrait prendre d'escalade une place aussi forte et aussi bien défendue, du moins tant qu'il ne pourrait la réduire par la famine ou détruire les murs par ses machines. Mais, tout en se retirant, il alla « estreper » les vignes et les jardins de la banlieue et abattre les fortins de la montagne. De plus il fit barrer par des murs de pierre sèche garnis d'archers les routes par lesquelles les secours pouvaient arriver. Il ne renonçait donc pas encore à sa tentative, lorsqu'un courrier saisi par ses gens lui apprit que le roi Baudouin IV approchait par la route de Tyr avec toute l'armée franque. Il eût été imprudent pour le sultan d'attendre le choc en plein pays ennemi. Il renvoya sa flotte en Égypte et reprit lui-même le chemin de Damas[270]. L'escadre franque fit triomphalement son entrée dans le port de Beyrouth délivré.

Quant à Baudouin IV, il revint de Tyr à Séphorie monter la garde contre de nouvelles incursions.

L'échec de Saladin devant Beyrouth prouve qu'en dépit d'une situation périlleuse l'État franc tenait tête à l'ennemi. Même représentée par un malheureux lépreux, la dynastie angevine remplissait avec vigilance son rôle tutélaire et parait à tous les coups. Et quel personnage d'épopée – une épopée chrétienne où les valeurs spirituelles prévalent – que ce jeune chef qui, les membres rongés d'ulcères et les chairs prêtes à tomber, se fait encore traîner à la tête de ses troupes, les galvanise par sa présence héroïque et, au milieu de ses souffrances, a de nouveau l'orgueil de voir fuir Saladin !

Tentative de conquête de Mossoul par Saladin. La coalition des autres puissances musulmanes lui fait lâcher prise.

Les opérations entre Saladin et les Francs furent alors interrompues par la campagne que le sultan conduisit contre les atâbegs Zengides, toujours maîtres d'Alep, de la Jazîra et de Mossoul. Ce qui favorisait ses ambitions de ce côté, c'était la division des possessions zengides entre les deux frères 'Izz al-Dîn Mas'ûd Ier, prince de Mossoul (1180-1193), et 'Imâd al-Dîn Zengî II, prince d'Alep (1182-1183[271]. Saladin s'attaqua d'abord au premier de ces princes. Après avoir commencé la conquête de la Jazîra par la prise d'Édesse (al-Ruhâ, Orfa) et de Nisîbîn (septembre-octobre 1182), il vint le 10 novembre mettre le siège devant Mossoul. Mais 'Izz al-Dîn et son lieutenant Qâîmâz avaient sérieusement mis la place en état de défense. « Saladin vit une ville étendue ; il reconnut que le mur et le parapet étaient remplis de monde et qu'il n'y avait pas un seul créneau qui ne fût garni d'un combattant, sans compter les gens du peuple occupés à regarder. » N'osant risquer une attaque en règle, il essaya d'intimider 'Izz-al-Dîn et les siens, puis de les séduire en leur proposant la paix, si ceux-ci lui laissaient les mains libres pour aller conquérir Alep. Fort sagement 'Izz al-Dîn refusa de trahir son frère[272].

La situation de Saladin était assez embarrassée. S'il jouissait au point de vue religieux d'un prestige considérable dans tout l'Islam comme protagoniste de la guerre sainte, ses attaques contre les Zengides faisaient paraître son ambition à nu

BAUDOUIN IV, LE ROI LÉPREUX

et risquaient de provoquer contre lui la coalition des autres princes musulmans. Il le sentait lui-même, comme nous le montre le mémoire justificatif qu'au moment de passer l'Euphrate il avait envoyé au Khalife de Baghdâd al-Nâsir. Dans cette curieuse page, qui nous a été conservée par *le Livre des Deux Jardins*, l'habile Aiyûbide cherchait à donner le change en accusant l'atâbeg de Mossoul d'avoir conclu contre lui une alliance avec les Francs[273]. Du reste, comme chef – et chef déjà heureux – de la guerre sainte, il se posait en vicaire temporel de l'Abbâside et semblait revendiquer une sorte de délégation khalifale sur les autres princes musulmans, à la manière des grands Seljûqides du onzième siècle. Depuis la décadence irrémédiable des héritiers de Malik-shâh, le rôle de sultan était pratiquement tombé en déshérence En en assumant, sinon, comme on l'a vu, la tutilature, du moins les devoirs, le conquérant kurde en revendiquait implicitement les droits. N'avait-il pas, comme il le rappelait à la Cour de Baghdâd, fait cesser le schisme fâtimide et ramené l'Égypte dans l'obédience du Khalifat orthodoxe, en même temps que, du côté de la Syrie, il imprimait à la guerre sainte une impulsion décisive ?

Il ne semble pas que ces arguments aient produit grand effet sur les Cours musulmanes intéressées. L'atâbeg de Mossoul avait de son côté fait appel à la médiation des princes voisins. On vit donc arriver à Mossoul des ambassadeurs de l'atâbeg d'Adharbaijân, Muhammad Pahlawân[274] (qui gouvernait l'Irâq 'Ajemi' sous le couvert du dernier Seljûqide), et du shâh-Armen Soqmân, souverain de Khilât dans la Grande Arménie[275] Les deux chefs turcs, mis en éveil par l'ambition croissante du sultan kurde, ne risquaient-ils pas de nouer contre celui-ci, avec les derniers Zengides, quelque redoutable coalition ? Le khalife de Baghdâd lui-même, Nâsir lidîn illâh, avait mandaté le grand sheikh Sadr al-Dîn pour opérer une médiation[276]. Saladin comprit qu'il ne gagnerait rien à s'attarder devant Mossoul. Au bout de quelques jours il s'éloigna (15 décembre) pour aller s'emparer de Sinjâr. Cependant la coalition qu'il redoutait se nouait malgré tout. Le shâh-Armen envoya au secours de Mossoul une armée commandée par Begtimur. L'émir ortoqide de Mârdîn, Qutb al Dîn Ghâzî[277], se joignit à lui, ainsi qu'un corps de troupes de

676 L'ÉQUILIBRE

l'armée d'Alep. 'Izz al-Dîn, avec l'armée de Mossoul, sortit à la rencontre de ses alliés et opéra sa jonction avec eux au-dessous de Mârdîn[278]. La tentative contre Mossoul avait décidément échoué. Saladin rentra en Syrie.

Alliance des Francs avec les Zengides contre Saladin.

Ce qui nous intéresse tout particulièrement dans ces événements, c'est ce que nous affirme al-'Imâd de l'alliance conclue par les Francs avec les Zengides de Mossoul et d'Alep contre Saladin. « Le sultan, rapporte *le Livre des Deux Jardins*, venait d'apprendre que les gens de Mossoul négociaient avec les Francs et les poussaient à envahir les frontières (de Damas) pour le détourner de Mossoul[279]. » Passage capital qui nous montre que Baudouin IV, fidèle aux traditions de sa race, se rapprochait de la maison zengide, maintenant sur le déclin, pour arrêter les progrès menaçants de la jeune puissance aiyûbide et maintenir en faveur de la première contre la seconde l'équilibre oriental. Les détails que Saladin donne sur cette alliance franco-zengide dans sa lettre au khalife de Baghdâd sont trop précis pour qu'il ne s'agisse là que d'une accusation tendancieuse. « J'ai acquis la certitude que les gens de Mossoul se sont liés avec les Francs par un pacte qui les enchaîne corps et âme. Vainement ils ont essayé de le tenir secret. Les écrits tracés par la main des infidèles déposent contre eux, outre les témoignages de ceux qui ont assisté à la rédaction du traité ou les rapports faits par ceux qui l'ont vu. La durée de cette convention a été fixée à onze années. Les gens de Mossoul doivent, pendant cette période, payer une redevance annuelle de 10 000 dînârs. De plus ils se sont engagés à livrer aux Infidèles (= aux Francs) des places-frontières comme Shaqîf Tirûn (= "la cave de Tyron", à l'est de Sidon)[280], Bâniyâs (= Panéas) et *H*abîs Jaldak (Râs Hilja, au Sawâd), et à leur rendre les prisonniers francs, non seulement ceux qui se trouvent dans les villes en leur pouvoir, mais encore ceux des villes qu'ils espèrent me reprendre avec l'aide des Francs. Ils ont présumé que je n'oserais plus les attaquer sans avoir au préalable conclu une trêve avec les Francs et qu'il me serait impossible de diviser mon armée en deux corps, l'une tournée contre eux, l'autre contre les

Francs... Sur leur demande, les Francs, réunissant tous leurs efforts, se sont donc mis en marche pour aller au secours de leurs alliés. Comme il avait été convenu entre eux, les troupes de Mossoul se portèrent contre Nisîbîn, tandis que les Francs attaquaient la Syrie (damasquine)[281]. »

C'était donc bien sur l'invitation des deux cours zengides de Mossoul et d'Alep, pour dégager Mossoul assiégé et Alep menacé, que les Francs, en cette année 1182, allaient opérer une puissante diversion du côté de la Damascène et du Haurân.

Diversions franques pour dégager Mossoul. Campagnes de Baudouin IV au Haurân, au Sawâd et en Damascène. Reconquête de Habîs Jaldak. Les Francs à Dâreiya.

Baudouin IV et ses conseillers n'avaient du reste pas besoin pour intervenir d'une invite de la Cour de Mossoul. Du moment que Saladin, démasquant ses projets de conquête en terre musulmane, s'enfonçait à l'intérieur de la Jazîra et du Kurdistân, ils avaient certes assez d'esprit politique pour tenter une diversion. Il ne s'agissait pas seulement pour eux de mettre à profit l'éloignement du sultan pour opérer de fructueuses razzias en terre damasquine, mais aussi – la lettre de Saladin au khalife l'atteste – d'opérer une diversion capable de sauver ce qui subsistait encore du morcellement politique musulman et d'arrêter enfin, avant qu'elle ne s'achevât, l'œuvre d'unification musulmane entreprise par Saladin.

À la nouvelle que Saladin assiégeait Mossoul – « la cité de Mousse », comme écrit *l'Estoire d'Éracles* – l'armée franque, avec le roi Baudouin IV et le patriarche de Jérusalem portant la Vraie Croix, franchit le Jourdain près du lac de Tibériade et marcha sur la région volcanique du Lejâ, l'ancienne Trachonitide, au sud de Damas. Les Francs occupèrent et pillèrent Ezra'a, le Zur'a des auteurs arabes, le Zora de Guillaume de Tyr[282], puis allèrent ravager plus au sud la région de Bosrâ (Bostra), au cœur du Haurân (vers septembre 1182)[283]. Ils procédèrent à une dévastation méthodique, brûlant partout les « casaux », mais, comme les blés étaient déjà fauchés et que les habitants avaient fui avec leur bétail, en corrompant

678 L'ÉQUILIBRE

l'eau des citernes avec des « chiens morz, charoignes de chevaus et toutes ordures », l'armée ne s'attarda point dans ce massif volcanique et renonça même à forcer la citadelle de Bosrâ.

Les Francs se rabattirent alors sur le Sawâd, la terre de Suète des chroniqueurs, située, comme on le sait, sur la rive orientale du lac de Tibériade, entre le lac et l'intérieur des terres[284], « païs sain et délitables, plantéis (fertile) de vin, de forment, d'huile et de bonnes pastures à bestes ». Il s'agissait de reconquérir le château de *H*abîs Jaldak que Saladin, quelques mois auparavant, avait enlevé aux gens du comte de Tripoli. Rappelons qu'au témoignage du *Livre des Deux Jardins*, la cour de Mossoul, en sollicitant une diversion des Francs, leur avait précisément proposé comme objectif la reprise de *H*abîs Jaldak. On se rappelle aussi que la forteresse était un nid d'aigle inaccessible, taillée qu'elle était à flanc de montagne « et desouz est la vallée si parfonde que l'en n'i ose regarder ; il i avoit trois estages (de réduits taillés dans le roc) l'un desur l'autre, où l'en montoit par eschieles de fust ». La seule faiblesse de ce repaire, on s'en souvient, était qu'on l'avait taillé dans un bloc crayeux – « une pierre tendre ausi come croie » – dont on pouvait « coper la roche ». Les Francs, donc, « mistrent tailleeurs de pierre à grant planté sur la montaigne et les prièrent mout efforciéement de haster la besoigne. Pioniers i avoit par relés, de jorz et de nuiz ; quant li uns estoient las, li autre venoient. La chose estoit jà venue à tant que nostre pionier avoient jà la montaigne trenchiée si en parfont que cil (de) dedenz (= les assiégés) ne pooient dormir ne reposer par le marteleiz qui estoit si près d'eus ». Les soixante-dix mamelûks à qui Saladin avait confié la citadelle, s'attendant d'un moment à l'autre à voir la roche s'ouvrir sous le forage des mineurs francs et n'ayant aucun espoir d'être secourus, demandèrent à se rendre. Le comte de Tripoli Raymond III, de qui la région dépendait au titre du comté de Tibériade, obtint pour eux les honneurs de la guerre et les fit reconduire à Bosrâ (octobre 1182). Les Francs purent ainsi reprendre possession de la forteresse intacte. Avant de regagner Jérusalem Baudouin IV fit solidement reboucher les sapes pratiquées par ses mineurs[285].

BAUDOUIN IV, LE ROI LÉPREUX 679

En décembre 1182, comme Saladin prolongeait son absence, les chefs francs tinrent à Césarée (entre Caïffa et Jaffa) un conseil de guerre où fut décidé un nouveau raid de cavalerie au *H*aurân. La chevauchée, conduite par Raymond III de Tripoli, poussa de Tibériade jusqu'à Bosrâ, « la cité de Bosseret », comme *l'Estoire d'Éracles* francise ce nom. Sa rapidité lui ayant assuré le bénéfice de la surprise, elle razzia et ramena de riches troupeaux « de granz bestes et de menues », sans compter « les vilains meismes des casiaus[286] ».

Quinze jours après le retour de ce raid de cavalerie, une expédition plus considérable se rassembla sous le commandement de Baudouin IV, avec la Vraie Croix. Elle passa le Jourdain au Gué de Jacob, près de l'ancien Chastellet récemment démoli par Saladin, puis obliqua vers le nord-est, en laissant sur sa gauche la forteresse musulmane de Panéas et le versant oriental de l'Hermon. Elle descendit ainsi dans la plaine qui s'étend entre le Iqlîm al-Bellân, contrefort oriental de l'Hermon et Damas. Les Francs détruisirent le bourg de Beit Jin, le Bétégène de Guillaume de Tyr, ainsi que les bourgs suivants « jusqu'au chastel qui a non Daire », c'est-à-dire Dâreiya, à six kilomètres au sud-ouest de Damas[287]. Les habitants de la banlieue damasquine s'étaient réfugiés soit dans la grande ville, soit sur l'Hermon. À Damas même c'était l'alerte. Le chef énergique à qui Saladin avait confié la place, son neveu Farrukh-shâh venait de mourir trois mois plus tôt (septembre 1182)[288], mais tous les habitants en état de porter les armes s'étaient rassemblés dans les jardins, du côté de Kafr Sûsé, pour arrêter les Francs. L'effet de surprise ayant manqué, ceux-ci hésitèrent à recommencer l'expérience de juillet 1148, la bataille dans les jardins. Mieux encore, s'étant emparés de Dâreiya, ils en respectèrent la mosquée. Le gouverneur de Damas leur avait en effet envoyé une députation, composée de chrétiens syriaques ou grecs, chargée de les avertir que, si la mosquée de Dâreiya était détruite, il ferait raser toutes les églises chrétiennes qui s'élevaient sur le territoire de Damas[289]. Malgré la rudesse de cette menace, on discerne ici les premiers éléments d'une tolérance réciproque.

Après cette brillante chevauchée conduite jusqu'aux portes de la capitale de Saladin, Baudouin IV rentra en Palestine. On

680 — L'ÉQUILIBRE

le voit célébrer la Noël de 1182 à Tyr, auprès de son ancien précepteur, notre historien, l'archevêque Guillaume[290].

Il est impossible de ne pas considérer ces expéditions répétées en terre damasquine comme une diversion pour dégager Mossoul et Alep. Au témoignage d'Ibn al-Athîr lorsque Saladin, qui assiégeait alors Nisîbîn au fond de la Jazîra, apprit l'arrivée des Francs devant Damas, plusieurs de ses émirs lui conseillèrent de rentrer séance tenante en Syrie. Il répondit en substance que les ravages des Francs resteraient assez limités, tandis que, s'il arrivait à absorber les possessions zengides, il aurait ensuite plus de force pour se retourner contre eux[291]. Cependant il n'est pas douteux que la diversion franque avait joué son rôle, à côté de l'intervention du Shâh-Armen et des Ortoqides de Mârdîn et de la médiation du khalife de Baghdâd, dans la résolution que prit Saladin d'abandonner ou d'ajourner la conquête de Mossoul et d'Alep. En intervenant ainsi pour sauver la dynastie zengide, Baudouin IV et son cousin Raymond III de Tripoli s'étaient une fois de plus montrés fidèles aux traditions de la dynastie hiérosolymitaine, à la grande politique indigène de leurs prédécesseurs : protection des émirats musulmans secondaires contre les sultanats hégémoniques.

Achèvement de l'unification politique de la Syrie musulmane : annexion d'Alep par Saladin.

Ce furent les Zengides qui s'abandonnèrent eux-mêmes. L'atâbeg de Mossoul, 'Izz al-Dîn, avait su défendre ses États. Mais celui d'Alep, son frère 'Imâd al-Dîn Zengî II, n'avait ni sa vaillance ni son esprit politique. Lorsqu'en mai 1183 Saladin, de retour de Mossoul, vint mettre le siège devant Alep, 'Imâd al-Dîn perdit la tête. Il eût pu faire appel à 'Izz al-Dîn et aux Francs, dont les diversions auraient forcé Saladin à la retraite. La citadelle d'Alep était imprenable : « Les habitants d'Alep, écrit Kemâl al-Dîn, faisaient des sorties suivant leur habitude et combattaient avec le plus grand courage, sans aucune solde, mais poussés par un grand enthousiasme pour la défense de leur ville et l'amour de leur souverain ». De même les mamelûks zengides, les vétérans de Nûr al-Dîn étaient prêts à se défendre jusqu'au bout contre celui qu'ils

BAUDOUIN IV, LE ROI LÉPREUX 681

considéraient comme un usurpateur. Il suffisait de stimuler leur zèle par quelques largesses opportunes. L'avarice de 'Imâd al-Dîn recula devant cette défense. Il préféra s'entendre avec Saladin et lui abandonner Alep moyennant la possession de quelques places de la Jazîra, Sarûj, Raqqa, le district du Khâbûr, Nisîbîn et Sinjâr, où il se retira avec ses richesses (12 juin 1183). C'était une abdication. « 'Imâd al-Dîn, dit sévèrement Ibn al-Athîr, vendit Alep pour le prix le plus vil : il donna une forteresse d'une telle importance et ne reçut en compensation que quelques bourgades et du plat-pays ! ». Les Alépins, très attachés à la dynastie zengide, furent honteux d'une telle déchéance. Ibn al-Athîr rapporte qu'un homme du peuple se fit l'interprète de l'indignation générale en apportant au Zengide dégénéré une bassine de foulon : « La royauté n'était pas faite pour toi ; tu n'es bon qu'à laver des étoffes ![292]. »

Il y eut une suprême tentative de résistance, celle du gouverneur de Hârim (Harenc), le château-frontière qui défendait le territoire d'Alep du côté d'Antioche. Le gouverneur de Hârim était un vieux mamelûk de Nûr al-Dîn nommé Sarkhuk ou Surkhak. En vain Saladin, qui connaissait le prix de l'homme et de la forteresse, prodigua-t-il à Sarkhuk les promesses les plus alléchantes : le fief de Bosra au Haurân, des immeubles et des bénéfices à Damas, 30 000 dînârs comptants, etc. Sarkhuk préféra s'aboucher avec les Francs d'Antioche. Mais ses propres soldats refusèrent de s'associer à ses projets et les prévinrent. Un jour que Sarkhuk était sorti de la forteresse pour quelque affaire, ils refermèrent les portes derrière lui et appelèrent Saladin. Ce dernier se présenta devant Hârim le 24 juin et reçut livraison du château. Cet événement acheva de l'affermir dans la possession du royaume d'Alep[293].

Comme le fait remarquer Guillaume de Tyr, l'annexion de la principauté d'Alep par Saladin était le pire événement qui pût se produire pour les Francs. « La novele corut par la terre des Crestiens qui en furent mout esfréé, car ce estoit la chose qu'il avoient touzjorz doutée (redoutée), et bien savoient que, s'il (= Saladin) pooit cele cité conquerre, li leur païs seroit ausi comme avironez et assis (assiégé) de toutes parz[294]. » De fait la conquête d'Alep par Saladin, en supprimant le dernier

682 L'ÉQUILIBRE

État musulman rival, consommait l'unité égypto-syrienne depuis les confins de l'Abyssinie jusqu'au Taurus et au Diyâr békir. Les colonies franques encerclées se trouvaient, selon la formule de l'*Éracles*, désormais en état de siège.

Le plus directement menacé des princes francs était Bohémond III. Saladin, maître d'Alep et de *H*ârim, n'allait-il pas attaquer Antioche ? Se repentant d'avoir jadis nargué la cour de Jérusalem, Bohémond, après avoir pris au passage, à Tripoli, le comte Raymond III, vint avec lui trouver Baudouin IV qui résidait alors à Saint-Jean-d'Acre. « Devant lui et devant les barons du Roiaume qui présent estoient, conta son besoing et leur demanda aide à granz pleurs et à bèle paroles. Tuit cil qui l'oïrent en furent esmeu et mout en orent grant pitié. » Cette fois encore le roi de Jérusalem, oubliant ses griefs passés, accomplit tout son devoir de suzerain. Il assura Bohémond de son appui et, pour commencer, lui prêta immédiatement une force de trois cents chevaliers et sergents montés qui l'accompagnèrent à Antioche. Toutefois l'attaque de Saladin contre Antioche ne se produisit point. Du reste Bohémond III, qui, malgré sa légèreté, ne manquait point d'esprit politique, eut l'habileté de conclure avec Saladin une trêve qui lui permit de mettre la principauté en état de défense[295]. En même temps, il se réconcilia fort sagement avec le prince arménien de Cilicie Roupên III et lui rétrocéda les places qu'il occupait en Cilicie, notamment, au témoignage de Guillaume de Tyr, la ville de Tarse.

D'Alep, où il avait affermi son pouvoir et installé comme vice-roi un de ses fils, Saladin était rentré dans sa bonne ville de Damas (24 août 1183). Ce fut au tour des Francs de Jérusalem d'être inquiets. De quel côté se porterait son attaque ? Vers Beyrouth, vers le Toron, vers la Transjordanie ? Les espions que les Francs entretenaient à Damas n'arrivaient pas à percer les projets du sultan. Dans cette incertitude Baudouin IV convoqua toutes les forces militaires franques, y compris Bohémond III d'Antioche et Raymond III de Tripoli, à la fontaine de Sephorie, en Galilée, point de concentration habituel des armées chrétiennes[296].

Ce fut là que la maladie triompha de l'héroïsme du Roi Lépreux.

BAUDOUIN IV, LE ROI LÉPREUX

Aggravation de la maladie de Baudouin IV. Délégation de la lieutenance du royaume à Guy de Lusignan.

À cette heure tragique où l'étroite union des princes francs autour de la royauté hiérosolymitaine aurait pu seule sauver la Syrie latine, l'horrible infirmité du roi lépreux achevait de le mettre hors d'état de gouverner. « Sa maladie de la liepre li afebloia si le cors qu'il ne se pooit aidier de pié ne de main ; ainçois estoit tuit porri, et la veue (vue) perdi il. » Désormais presque aveugle, immobilisé sur sa couche, cadavre vivant, il luttait encore contre le destin et qui a suivi son activité depuis son avènement comprend toute l'angoisse du pathétique et douloureux combat qui se livrait en lui. Même en cet état, il voulait encore, avec son âme héroïque, gouverner. En vain son entourage lui conseillait-il d'abandonner les affaires et de se retirer dans quelque palais avec « les rentes de la terre tant com il vousist, si qu'il en poïst vivre ennoraplement... » Il refusait, ajoute l'*Éracles*, parce que, s'il était faible de corps, il avait l'âme haute et la volonté tendue au delà des forces humaines. Mais des accès de fièvre achevèrent de l'abattre. Autour de son lit, à Nazareth, se rassemblèrent ses proches, sa mère, le patriarche Héraclius, son beau-frère Guy de Lusignan, comte de Jaffa et d'Ascalon. Dans ce conseil de famille, le malheureux roi délégua à Guy la régence – « la baylie » – du royaume, en ne se réservant que la ville de Jérusalem avec une rente personnelle de dix mille besants[297].

En somme, Baudouin IV, tout en conservant le titre royal, confiait à son-beau frère la royauté effective. Choix malheureux. Guy de Lusignan était à la fois une personnalité faible et un personnage vaniteux dont la désignation allait, dès le début, diviser l'opinion. Sa baylie le grisa-t-elle ? Toujours est-il qu'il se rendit tout de suite impopulaire. « Cil Guis, écrit le traducteur de Guillaume de Tyr, se commença à contenir mout folement et trop estoit orgueilleus et bobanciers de cele baillie qu'il avoit, mès il n'en ot mie longue joie, car, sanz faille, il avoit petit sens et mesure por conduire si grant chose[298]. » Plus loin le même chroniqueur répète qu'il « n'estoit mie sages ne bons chevaliers ». De fait Guy de Lusignan devait se montrer constamment capitaine malheureux

684 L'ÉQUILIBRE

et politique médiocre. Mais surtout c'était un nouveau venu, « uns estranges hom », et un homme nouveau, « homo incognitus », qui ne réussit jamais à se faire agréer de la noblesse franque. En dépit de son mariage avec Sibylle de Jérusalem, la continuité dynastique fut, avec lui, brisée. On peut dire sans exagération qu'à partir de 1183 les institutions monarchiques du royaume de Jérusalem cessent pratiquement de fonctionner.

La campagne de Saladin d'octobre 1183 en Galilée.
Premier essai de la « stratégie de Hattîn ».

L'absence d'autorité de Guy de Lusignan apparut lors d'une nouvelle invasion de Saladin en Galilée et dans le Ghûr, à l'automne de 1183.

Le sultan, qui avait quitté Damas le 17 septembre, campa le 28 au soir à al-Quṣaîr (= Quṣaîr Muîn), l'actuel Shuni, aujourd'hui poste frontière entre la Palestine et la Transjordanie sur la route de Caïffa à Irbid par Beisân. Le 29 au matin il traversa le gué du Jourdain, sans doute près de l'actuel Jisr al-Mujâmi'[299]. De son côté Guillaume de Tyr nous montre le sultan pénétrant en terre franque par la plaine de Cavan, ou Cavam, c'est-à-dire par al-Qahwâni au sud de Samakh. L'armée aiyûbide marcha ensuite droit sur Beisân ou Bethsan, ville alors bien déchue de son ancienne grandeur, « si déchoite que nus n'i habite fors seulement en un petit chastelet qui siet ès paluz et où pou de gent se pooient receler. » La petite garnison, incapable de défendre le fort, s'était retirée en hâte à Tibériade. Saladin entra dans Beisân vide d'habitants, fit main basse sur tout ce qu'il put emporter et brûla le reste[300]. De là il vint camper à 'Ain Jâlûd, c'est-à-dire à la source du Jâlûd. *L'Estoire d'Éracles* indique pour cette halte de Saladin la source jumelle de 'Ain Taba'ûn, « la fontaine qui a non Tubanie qui siet au pié du mont de Gelboé dejoste la noble cité qui jadis fu apelée Jezrael, mès l'en la claime ore (aujourd'hui) le Petit Gérin (= l'actuel Zer'în). Iluec se logièrent por l'aisance de l'eaue qui là estoit »[301]. De là le sultan lança des reconnaissances de cavalerie avec ses mamelûks Jerdîk et Jâwalî pour battre les environs. Le lendemain 30 septembre, un de ces détachements

BAUDOUIN IV, LE ROI LÉPREUX

rencontra sur la route de Naplouse les renforts que les garnisons franques de Transjordanie, Kerak et Shawbak, dépêchaient à l'armée royale sous le commandement d'Onfroi IV de Toron ; les Francs eurent de nombreux morts ou prisonniers ; le reste se sauva dans les monts Gelboé[302]. Les détachements aiyûbides, nous le savons par Guillaume de Tyr comme par *le Livre des Deux Jardins*, s'emparèrent des petits châteaux francs de la région, notamment de Zer'în – le « Petit Gérin » des chroniqueurs –, de Jenîn – le « Grand Gérin »[303] – et aussi de 'Afrabalâ ou Keferbalâ – le Forbelet des Occidentaux – localité qu'il faut sans doute chercher, comme nous l'avons vu, non loin de Kawkab al-Hawâ (Belvoir), dont ne semble l'avoir séparée qu'une vallée, bien que Rey la recherche beaucoup plus au sud, à Qal'at Mâli*h*, dans la vallée du Wâdî al-Mâli*h*, à mi-chemin entre Beisân et Naplouse[304]. Toutes ces localités, affirme le rapport envoyé au khalife de Baghdâd, furent livrées aux flammes.

Au moment où se produisit cette invasion, l'armée franque, qui la prévoyait, se trouvait concentrée à son poste d'observation habituel, aux fontaines de Séphorie (Saffûriya), au nord de Nazareth, sous le commandement de Guy de Lusignan, comte de Jaffa et régent du royaume. En apprenant que Saladin campait à 'Ain Jâlûd et aux fontaines de Tubanie, les Francs, quittant Séphorie en ordre de bataille, marchèrent à sa rencontre par la route de Nazareth et d'al-Fûla (« la Fève ») (30 septembre-1er octobre 1183). « Les chevaus firent ovrir et bien armer lor cors, en bataille se mirent, la vraie croiz aloit devant ; lors passèrent les montaignes en que siet Nazareth, puis descendirent en une grande planète (= plaine) qui ot non Esdrelon. D'iluec s'adréciérent tuit en conroi vers la fontaine de Tubanie où Salehadins estoit logiez à tout (= avec) si grant planté de genz que touz li païs en estoit couverz. »

L'armée franque s'avançait en bataillons serrés. Ses chefs, après Guy de Lusignan, étaient le comte Raymond III de Tripoli, Renaud de Châtillon, seigneur de Transjordanie, le connétable Amaury de Lusignan, frère de Guy, les deux frères d'Ibelin, Baudouin de Ramla et son frère Balian II d'Ibelin (= Balian de Naplouse), Renaud de Sidon, Gautier de Césarée, le sénéchal Jocelin III de Courtenay, plus deux

Croisés illustres, Godefroi III, duc de Brabant[305], et Raoul de Mauléon, « chevaliers bons et hauz hom d'Aquitaine. » En arrivant près de Tubanie, le corps du connétable Amaury de Lusignan qui formait sans doute l'avant-garde fut chargé par deux corps musulmans et ne fut dégagé que par l'intervention opportune de l'arrière-garde conduite par Baudouin de Ramla et par Balian d'Ibelin[306]. C'est sans doute cette rencontre d'avant-gardes que décrit Behâ al-Dîn : « L'ennemi s'avança pour combattre les Musulmans et arriva si près d'eux que les guerriers de chaque côté pouvaient distinguer les yeux de leurs adversaires. L'avant-garde du sultan, composée de 500 hommes éprouvés, sortit au-devant de l'ennemi et l'attaqua avec tant de vigueur qu'elle lui tua beaucoup de monde, mais du côté des Francs les combattants se tinrent serrés les uns contre les autres, et l'infanterie couvrit la cavalerie, de telle sorte que celle-ci ne se déploya pas pour combattre. Les Francs continuèrent donc leur marche jusqu'à la source déjà mentionnée ('Ain Jâlûd) et là ils dressèrent leurs tentes[307]. »

Guillaume de Tyr confirme le fait que Saladin, au lieu de disputer sérieusement aux Francs l'accès des sources 'Ain Jâlûd et 'Ain Taba'ûn, en évacua devant eux les abords immédiats pour aller camper « desouz, près d'iluec à une mile, sur le ruissel de cele fontaine meismes[308] », c'est-à-dire le long du Nahr Jâlûd. Ernoul nous dit de son côté que Saladin, après avoir évacué les fontaines de Tubanie, vint s'établir « es montaignes, devant Forbelet et dura bien leur os (= leur armée) deus liues. Et li Rois se hierbega sour la fontaine de Tubanie et estoit bien li une os priés de l'autre à demi-liue[309]. » Si nous admettions que Forbelet, le 'Afrabalâ ou Kefrabalâ des auteurs arabes, peut correspondre aux ruines de Kefra à l'ouest de Kawkab-Belvoir, nous inclinerions à penser que l'armée musulmane devait s'étendre entre le Nahr Jâlûd et le Wâdi al-'Esha, entre Shattâ et Taiyba. La raison de ce léger mouvement rétrograde de Saladin semble être, d'après un passage de l'*Éracles*[310], qu'avant d'engager une action d'ensemble, le sultan désirait « envoyer querre » les détachements qu'il avait lancés au pillage de la région, depuis Jenîn jusqu'à Kawkab.

BAUDOUIN IV, LE ROI LÉPREUX

Les deux armées restèrent ainsi quelque temps dans l'expectative : « Quand les Francs, dit Ibn al-Athîr, eurent vu la multitude des troupes du sultan, ils n'osèrent l'attaquer ; pour lui, il séjourna dans leur voisinage ; l'ennemi s'était adossé à une montagne située près de là et avait tiré un fossé autour de cet endroit. Saladin l'investit de sorte que les troupes musulmanes pouvaient lancer des flèches sur l'ennemi et le harceler. Néanmoins lés Francs ne firent pas de sortie et passèrent cinq jours de cette manière (2-6 octobre 1183) »[311]. « Le sultan, dit de même Behâ al-Dîn, s'établit vis-à-vis des Francs, les harcelant par des attaques meurtrières pour les entraîner à une affaire générale, mais ils s'y refusèrent, en raison de la supériorité numérique des troupes musulmanes, et on ne put les faire bouger[312]. » Quant à la hauteur à laquelle les Francs s'étaient adossés près des sources, il faut évidemment la chercher soit du côté de la butte d'al-Mazâr, contrefort du Gelboé, au sud de 'Ain Jâlûd, soit, plus probablement, du côté de la butte de Kûmiya au nord de 'Ain Taba'ûn.

Francs et Aiyûbides face à face aux Fontaines de Tubanie. Refus des chefs francs d'engager l'action.

L'Estoire d'Éracles donne une description saisissante de la situation de l'armée franque ainsi investie par les forces musulmanes, si supérieures en nombre. À peu près encerclés, les Francs ne tardèrent pas à subir les affres de la faim, « Li oz (= l'armée) de noz barons estoit de toutes parz si aceint et enclos de leur anemis que nus ne s'en osoit partir por nul besoing, ne (de) dehors ne pooit l'en venir à eus por marcheandises porter ne por eus aidier ; dont il avint que une grant famine corut entr'eus. Les gens à pié en avoient trop grant soffrete, meismement li Pisan, li Genevois, li Venicien et li autre d'outre la mer, qui avoient lessiées leur nés (= nefs) as porz et avoient amené avec eus les pèlerins (qui devaient retourner en Occident), car li passages d'oictovre estoit prez et il estoient acoureu por aidier noz genz à grant besoing[313]. » Si les chevaliers tenaient bon, ces éléments populaires – « sergents », pèlerins, marins italiens – se laissèrent vite démoraliser par la disette dans le camp. Ils murmurèrent, crièrent qu'il

687

688 L'ÉQUILIBRE

fallait soit marcher à l'ennemi, soit retourner chez soi. « Quant che vint le lundi par matin, si se disent li siergant de l'ost (que) ou il se combateroient as Sarrasins, ou il s'en iroient, car il n'avoient point de viande, ains moroient de fain »[314].

La « démocratie de Croisade », à qui tant de désastres étaient déjà dus, était sur le point de tomber dans le piège tendu par Saladin, quand les barons réussirent à éviter cette folie. « Quant nostre baron virent la grant angoisse du pueple, si pristrent conseil entr'eus et envoièrent aus citez qui près estoient d'iluec entor, et mandèrent aus bailliz que hastivement leur envoiassent viandes tant com il porroient. Cil le firent mout volentiers et chargièrent toutes les manières de viandes qu'il porent trover ; si les envoièrent vers l'ost. De noz chevaliers vint une mout grant partie encontre eus por eus conduire. Ceus qu'il trouvèrent menèrent avec eus. Une partie en i ot qui folement alèrent et cheïrent ès mains à leur anemis. Li voiturier qui les amenoient furent tuit ou mort ou pris »[315]. L'armée franque fut sauvée par une découverte imprévue : les eaux du Nahr Jâlûd, près des sources mêmes de Tubanie, se révélèrent fort poissonneuses et la pêche qu'on y pratiqua suffit à rassasier la troupe[316].

Cependant, tandis que Saladin avec le gros de son armée harcelait l'armée franque près des sources de Tubanie, ses détachements continuaient à courir le pays. L'un d'eux avait peu auparavant escaladé le Mont Thabor (Jebel al-*Tôr*) et y avait saccagé l'abbaye byzantine de Saint-Élie : « Aucuns montèrent sur Monte Tabor et firent ce que n'avoit onques mès été fet, car il pécoièrent une abaïe de Greus qui est de Saint Elye et pristrent quanqu'il (= tout ce qu'ils) trouvèrent dedenz ». Les envahisseurs furent moins heureux contre le monastère-forteresse que les Bénédictins avaient fondé sur le sommet de la montagne sainte : « Une greigneur abaïe qui là siet assaillirent-il mout efforcieement ; mès ele estoit close de bons murs et de torneles, et li moine et leur mesniées, autres gens meismes qui là s'en estoient foïz à garant, se deffendirent si bien que cil (= les Musulmans) n'i porent rien forfaire ». D'autres escadrons aiyûbides avaient couru jusqu'à Nazareth : « Une autre compaignie de Turs s'en ala sur la montaigne où siet la cité de Nazareth, et montèrent si en haut sur les tertres que il regardoient tout à plein la cité qui desouz eus estoit. Quant les femmes et li enfant de la ville et les autres faibles genz les virent si près d'eus, trop furent effréé et s'en comencièrent à foïr à la mestre église ; à l'entrée fu la presse si grant qu'il i ot assez genz mortes »[317].

La stratégie purement défensive des barons syriens force Saladin à la retraite : Un « Hattîn » qui a échoué.

Il est probable que les raids de cavalerie exécutés à l'intérieur du pays avaient pour but de forcer l'armée franque, toujours campée entre les sources de Tubanie et la butte de Kûmiya, à sortir de son immobilité. Tentatives vaines. L'armée franque, hérissée et compacte, refusait l'accrochage. Après cinq jours de harcèlement inutile, Saladin essaya d'une autre tactique. Abandonnant lui-même le contact, il fit mouvement vers le Thabor, dans l'espoir que les Francs se mettraient également en marche et prêteraient ainsi le flanc à une attaque (7 octobre). Les Francs profitèrent en effet du desserrement de son étreinte pour se retirer rapidement eux-mêmes (8 octobre). Il les rejoignit avant qu'ils eussent atteint al-Fûla, débordant leurs colonnes, les criblant de flèches et essayant de nouveau de les provoquer au combat. Cette fois encore ils restèrent inébranlables et refusèrent toute action décisive[318]. Voyant qu'il ne pourrait les faire sortir de la défensive, il renonça à la campagne et reprit le chemin du retour, par les gués du Jourdain et la route d'Irbid. Le 14 octobre il était de retour à Damas. Les Francs, délivrés de l'envahisseur sans combat, regagnèrent de leur côté Nazareth et leurs positions de Séphorie[319].

L'Estoire d'Éracles estime que les Francs auraient pu ne pas laisser se retirer le sultan sans lui avoir infligé une sévère leçon. « Bien sembloit que li Tur s'estoient folement embatu et bien estoient en point de soffrir grant dommage. » Le chroniqueur accuse les barons d'une volontaire inertie : jaloux de Guy de Lusignan, ils auraient préféré voir les envahisseurs se retirer sans encombre que d'offrir à Guy l'occasion d'inaugurer sa régence par une victoire. Tel était, nous dit-on, le sentiment des simples chevaliers et des fantassins : « Une haine et une envie couverte se mist entre les barons, si que il pareceusement et par grant desloiauté menoient cele besogne de la guerre. Il avoient tel desdaing de ce que li Rois avoit mis tout le pooir du roiaume en la main le (= du) conte Guion de Japhe (= Guy de Lusignan) que il ne vousissent mie que nus bien fust fez par son atirement, car il estoit un hom estranges (= un étranger). Por ce avint que il soffrirent uit jorz entiers que li Tur estoient en leur terre logié à une mile près d'eus et gastoient le païs à bandon, que onques les nos semblant n'en firent. Li meneur chevalier et li sergent à pié se merveilloient mout et trop en estoient irié (= irrités) ; sur les granz barons en parloient cruelment, de ce qu'il ne vouloient soffrir que l'en alast combatre à leur anemis qui si près estoient. Quant l'en en parloit aus barons, si s'escusoient en maintes manières, premièrement disoient que Salehadins et ses oz (= armées) seoient en un lieu plein de roches, si que l'en ne porroit pas avenir à lui légièrement, etc[320]. »

La vérité est que l'offensive, telle que la réclamaient les simples chevaliers et tout le menu peuple de la Croisade, c'était déjà la folle stratégie qui, quatre ans plus tard, devait conduire le royaume au désastre de *Hattîn*. En refusant de prêter l'oreille aux objurgations de cette foule aveugle, en se maintenant, en dépit des insinuations malveillantes, dans une tactique purement défensive, Raymond III de Tripoli, les Ibelin et les autres barons avaient, avec un minimum de risques, délivré le royaume de la plus redoutable invasion qu'il ait jusque-là subie. Il suffit de comparer la campagne de 1183 à celle de 1187 pour mesurer toute la sagesse du comte de Tripoli[321].

Disgrâce de Guy de Lusignan par le Roi Lépreux.
L'enfant Baudouin V associé au trône.

Le mécontentement populaire contre l'inertie des barons se retourna contre Guy de Lusignan. On imputa à celui-ci la faute d'avoir laissé partir Saladin sans rien tenter contre lui. En même temps, des courtisans zélés travaillaient à brouiller Baudouin IV et son beau-frère. En remettant à Guy la baylie du royaume, Baudouin, on l'a vu, s'était réservé en viager la cité de Jérusalem. Bientôt il se laissa persuader que dans son état de maladie le séjour de Tyr lui convenait davantage, et il demanda la place maritime en échange de la ville sainte. Guy de Lusignan ayant commis la folie de faire mauvais accueil à cette invite, Baudouin IV, excité par les barons et dont l'action affectait maintenant, du fait de sa torture, un rythme saccadé et comme haletant (il était, on l'a vu, devenu presque entièrement aveugle et ne pouvait ni marcher ni se servir de ses mains), se crut menacé. Sur le conseil des cinq principaux vassaux de la couronne, Bohémond III prince d'Antioche, Raymond III comte de Tripoli, Renaud de Sidon et les deux chefs de la famille d'Ibelin, Baudouin de Ramla et Balian de Naplouse, le Roi Lépreux enleva à Guy la baylie du royaume en même temps que l'expectative de sa succession. Pour barrer la route à Guy, on proclama roi, comme associé au trône et héritier présomptif, un enfant de cinq ans à peine, le jeune Baudouin V, le fils que la sœur de Baudouin IV, la princesse Sibylle, actuellement épouse de Guy, avait eu de son premier mariage avec Guillaume de Montferrat (20 novembre 1183).

Comme le Roi Lépreux était mourant et que Baudouin V n'était qu'un jeune enfant, le comte Raymond III de Tripoli devait, dans la pensée des barons, inspirateurs de cette révolution de palais, exercer la baylie du royaume.

En face de Saladin, on avait maintenant deux rois associés, un pauvre lépreux, presque aveugle et incapable de bouger de son lit, et un enfant de cinq ans ! En réservant la baylie du royaume au comte Raymond III de Tripoli, le parti féodal sembla, il est vrai, compenser ces inconvénients. Raymond III était un politique prudent et avisé, qui éviterait tout acte de folie, saurait refuser à Saladin l'occasion d'un combat inégal et, s'il était possible, rétablirait avec lui un *modus vivendi* de trêves militaires et d'accords commerciaux. L'éloge de Raymond III comme le meilleur homme du royaume est en quelque sorte le testament de Guillaume de Tyr à la dernière page de son histoire : « Tuit s'acordoient, traduit l'*Éracles*, à ce que l'en baillast le roiaume à governer à un preudome qui eust assez sens et pooir ; et bien sembloit à touz que il n'avoit au païs home covenable à ce faire, fors seulement le conte de Triple[322]. » Malheureusement la brusque élévation, puis le non moins brusque renvoi de Guy de Lusignan empêchaient désormais ce dernier de se résigner au fait accompli. Que le

692 L'ÉQUILIBRE

jeune Baudouin V disparût après Baudouin IV – et l'événement devait se produire trois ans plus tard – on verrait alors Guy revendiquer la royauté concurremment avec Raymond III. À l'heure où, grâce à Saladin, le monde musulman refaisait son unité, le monde franc allait régresser de la monarchie à l'anarchie féodale.

Renaud de Châtillon et le lancement d'une escadre franque en mer Rouge.

Dans l'espèce d'interrègne qui commençait, un des barons francs allait jouer un rôle de premier plan : Renaud de Châtillon, seigneur d'Outre-Jourdain. Le nouveau maître du pays de Moab et de l'Idumée n'avait jamais supporté qu'impatiemment la discipline monarchique. Le relâchement du pouvoir royal rendait le champ libre à ses goûts d'aventurier sans frein ni loi. Remarque à retenir : il n'est pas mentionné par Guillaume de Tyr dans le parti des grands vassaux – les Ibelin, Bohémond III d'Antioche, Raymond III de Tripoli – qui ont arraché la régence à Guy de Lusignan pour la donner à Raymond III. De fait Renaud devait au politique exercé qu'était le comte de Tripoli préférer le faible Lusignan qu'il espérait facilement dominer. De plus la politique prudente de Raymond III, héritière des vieilles traditions de la dynastie hiérosolymitaine, gênait ses entreprises de pillage.

Dès 1182 Renaud avait conçu un projet d'une hardiesse extraordinaire : assurer aux Francs la maîtrise de la mer Rouge et aller frapper l'Islam au cœur, à Médine et à La Mecque. Projet peut-être réalisable jadis, quand les deux premiers Baudouin, Foulque et Baudouin III, possédaient l'avantage sur le monde musulman. Projet véritablement fou en ces années 1180 où le royaume franc n'avait pas trop de toutes ses forces pour se défendre contre l'étau syro-égyptien des Aiyûbides. Mais dans sa nouvelle seigneurie du Moab, comme jadis dans sa principauté d'Antioche, Renaud de Châtillon ne songeait qu'au pillage. Prince d'Antioche il n'avait pas hésité, en 1155, pour aller piller l'île de Chypre, à aliéner à la Syrie franque la précieuse amitié de l'Empire byzantin. Seigneur de l'Idumée, il n'hésitera pas davantage en 1182, pour pouvoir de même razzier les caravanes du *H*ajj et piller les villes saintes du *Hejâz*, à lancer le royaume de Jérusalem dans une lutte inexpiable autant qu'inégale, une lutte contre l'Islam tout entier, exaspéré par sa tentative sacrilège.

Au début, il s'agissait simplement pour Renaud de recouvrer Aila, au fond du golfe de 'Aqaba, place jadis occupée par Baudouin Ier en 1116 et prise par Saladin en 1170[323]. D'Aila, en effet, les troupes de Saladin pouvaient organiser des attaques périodiques contre le Krak de Montréal et les terres franques de l'Idumée. Or Aila était difficile à reprendre du fait qu'elle se doublait d'un îlot plus ou moins fortifié – l'îlot de Jezîrat Fir'awun, ou Quraiya, l'îlot de Graye des chroniqueurs francs. Pour s'en emparer, il fallait s'assurer la maîtrise de la mer. Renaud de Châtillon n'hésita point. Il fit construire à Ascalon ou au Krak même une série de navires dont les parties, démontées, furent, sur ses ordres, transportées à dos de chameaux, par des caravanes de bédouins jusqu'au golfe de 'Aqaba[324]. À peine les navires de Renaud réajustés et mis à l'eau, une partie d'entre eux s'embossèrent au fond du golfe de 'Aqaba pour établir le blocus de l'îlot d'Aila. Pendant ce temps les autres allaient faire la plus imprévue des visites aux côtes égyptiennes de la mer Rouge, pillant les petits ports de la région, capturant les bateaux musulmans, bénéficiant partout d'un effet de surprise voisin de la stupéfaction : jamais les riverains n'avaient vu de flotte franque dans leurs parages, jamais ils n'eussent pu imaginer le miracle d'une telle apparition dans leurs eaux ![325].

L'escadre franque apparut d'abord devant 'A*idh*âb, l'actuel Aidip, port de Nubie en face du port héjazien de Jedda et qui était le débouché, sur la mer Rouge, de toutes les caravanes venant d'Assuân, d'Edfu et de Qûs[326] ; dans les eaux de 'A*idh*âb les navires francs s'emparèrent de plusieurs navires de commerce provenant de Jedda ou du Yémen ; les équipages francs pillèrent des stocks de denrées destinés au ravitaillement de la Mecque et de Médine et capturèrent sur la côte nubienne (entre 'A*idh*âb et Qû*s*) une grande caravane qui rentrait de La Mecque.

Les corsaires francs allèrent ensuite effectuer des razzias analogues sur la côte d'Arabie, puisque Maqrîzî nous dit qu'ils arrivèrent jusqu'à une journée de Médine[327].

694   *L'ÉQUILIBRE*

Les corsaires francs sur les côtes du Hejâz.
La menace franque sur La Mecque.

Le *Livre des Deux Jardins* atteste lui aussi que les colonnes franques débarquées sur la côte du *H*ejâz, sans doute à hauteur de Yambo', poussèrent assez loin vers le Sud puisqu'elles pillèrent la côte d'al-*H*awrâ par 25° de latitude, presque en face de Médine et que, plus au Sud, en direction de La Mecque, elles descendirent jusqu'aux plages de Râbigh, au nord de Jedda, capturant les caravanes et arrêtant tout le transit. Détail intéressant, les Bédouins faisaient cause commune avec les Francs, et, dans l'espoir d'un fructueux pillage, les guidaient à l'attaque des Villes Saintes. « Des Arabes, plus impies et plus hypocrites que les Francs, guidaient ceux-ci vers les hauteurs du pays ![328] »

L'objectif des Francs était double. Comme le dit une lettre d'al-Fa*d*l citée au *Livre des Deux Jardins*[329], il s'agissait pour eux, d'une part, de couper par terre comme par mer, la route du *H*ajj, le chemin du pèlerinage de La Mecque, de frapper à la tête, dans la ville sainte, le monde musulman ; et, d'autre part, grâce à la conquête d'Aila au nord, à celle, projetée, d'Aden au sud, de fermer la mer Rouge et d'assurer aux Francs le monopole du commerce de l'Océan Indien.

Projet démesuré qui aurait exigé, comme nous l'avons dit, toutes les forces de la monarchie franque à son apogée, sous les premiers Baudouin, mais qui, dans l'état précaire où se trouvait Baudouin IV, ne pouvait qu'ameuter contre les Francs l'unanimité de l'Islâm. La politique patiente de la royauté hiérosolymitaine, en jouant des dissensions musulmanes, avait eu pour constant objectif de faire accepter l'État latin comme un facteur utile au maintien de l'équilibre oriental. Les princes musulmans s'étaient si bien accoutumés à cette conception, qu'on les avait vus sans cesse faire appel au *malik* de Jérusalem contre leurs propres coreligionnaires. Tels, hier encore, les atâbegs d'Alep et de Mossoul implorant Baudouin IV contre Saladin. Au contraire la menace sacrilège de Renaud faisait paraître ces mêmes Francs comme d'irréductibles adversaires de la foi coranique. La Ka'ba menacée du même sort que le *H*aram al-Sherîf, pouvait-il se présenter pire perspective d'abomination ! En menaçant directement

Médine et La Mecque, les soldats de Renaud de Châtillon faisaient reparaître dans tout l'Islam le sursaut d'indignation qui l'avait secoué en 1099, au lendemain de la prise et du massacre de Jérusalem. La forteresse du Krak de Moab étendait tout à coup son ombre jusqu'aux sables du Hejâz, prenant dans l'imagination des Musulmans l'aspect monstrueux d'une vision d'Apocalypse. Comme l'écrit romantiquement le qâdî al-Fadl, elle était désormais « l'angoisse qui étreint la gorge, la poussière qui obscurcit la vue, l'obstacle qui s'embusque pour arrêter les résolutions, le loup que la fortune a aposté dans cette vallée, l'excuse de ceux qui abandonnent le devoir du pèlerinage. » « On crut partout que l'heure du Jugement Dernier arrivait, que ses signes avant-coureurs se manifestaient et que la terre allait rentrer dans le néant. On s'attendait à ce que la colère d'Allâh éclatât à cause de la destruction qui menaçait sa maison sainte, l'héritage antique de ses Prophètes, le tombeau de son Apôtre ![330] » Ajoutons que, les ports égypto-hedjaziens de la mer Rouge détenant le quasi monopole du commerce indien, l'intérêt matériel renforçait ici le sentiment religieux.

Destruction de l'escadre franque en mer Rouge.

Malik al-'Adil, frère de Saladin et qui gouvernait l'Égypte en son nom, agit avec rapidité. Il équipa sur la mer Rouge une puissante escadre dont il confia le commandement à l'énergique chambellan Husâm al-Dîn Lûlû. Celui-ci commença par forcer le blocus d'Aila, coula le navire franc qui stationnait au fond du golfe de 'Aqaba, et partit ensuite à la poursuite du reste de la flotte franque sur les côtes du Hejâz. Le principal corps de débarquement franc se trouvait près d'al-Hawrâ quand il fut atteint par Husâm al-Dîn. Les bateaux des Francs ayant été tout de suite pris ou détruits, ceux-ci n'eurent d'autre ressource que de chercher asile dans les gorges calcinées de la chaîne côtière. Rejoints par Husâm al-Dîn, ils se défendirent bravement mais furent tous massacrés ou faits prisonniers (février 1183)[331].

On était à l'époque du pèlerinage de La Mecque. Une partie des captifs furent envoyés à al-Mina, près de la ville sainte « comme des animaux destinés au sacrifice »[332]. Husâm al-

696 L'ÉQUILIBRE

Dîn ramena le reste au Caire où Saladin donna l'ordre de les décapiter sans exception afin que nul survivant ne pût enseigner aux autres Francs la route du *He*jâz[333] : tant avait été grand l'émoi des Musulmans devant cette tentative inouïe pour s'emparer des Villes Saintes et intercepter le commerce de l'Océan Indien !

L'expédition des corsaires francs en mer Rouge avait achevé de faire de Renaud de Châtillon l'ennemi personnel de Saladin. Désormais une haine inexpiable séparera les deux hommes. Les dernières années du royaume de Jérusalem ne seront qu'un implacable duel entre eux, pour le plus grand malheur des intérêts francs.

Représailles de Saladin contre Renaud de Châtillon.
Siège du Krak de Moab.

En même temps, la croisière franque en mer Rouge avait attiré une fois de plus l'attention de Saladin sur le péril que faisait courir à son empire syro-égyptien l'interposition, entre Égypte et Syrie, des forteresses franques du Moab et de l'Idumée[334]. En novembre 1183, il vint, de Damas, assiéger la Pierre du Désert ou Krak de Moab. D'Égypte, son frère Malik al-'Adil vint l'y rejoindre avec des renforts (22 novembre).

Fortifiée sous le règne de Foulque d'Anjou par Payen le Bouteiller, puis par les autres seigneurs du Moab, Maurice, son neveu, et Philippe de Milly, la Pierre du Désert, avec tout son système de tours, de tourelles et de fossés, bénéficiait en outre de l'avantage de sa position. Juchée « en une montengne mout haute, les valées parfondes l'aceingnoient tout entor ». Dans sa superbe, Renaud prétendit défendre non seulement la forteresse elle-même, mais le bourg qui s'était formé en dehors des murailles et qu'il interdit aux paysans d'évacuer. Le résultat fut que les défenses du bourg furent forcées, ses habitants en partie massacrés et que, tandis que les survivants se précipitaient vers les portes de la forteresse, les troupes de Saladin faillirent y entrer avec eux[335]. Un chevalier nommé Yvein défendit à lui seul le pont-levis, « fesoit de biaux coux à destre et à senestre, en trébuchoit assez (de Musulmans), les uns morz, les autres vis (encore vivants) ».

Criblé de flèches, il arrêta l'ennemi et ne rentra dans la forteresse que le dernier, quand tous les chrétiens eurent passé.

Le siège du Krak commença. La situation des habitants du Krak était d'autant plus pénible qu'à l'arrivée de Saladin, Renaud de Châtillon était en train de célébrer les noces de son beau-fils Onfroi IV de Toron[336] avec la princesse Isabelle, seconde fille du roi de Jérusalem Amaury Ier et sœur de Baudouin IV. En vain la dame du Krak, Étiennette de Milly, femme de Renaud et mère d'Onfroi IV, chercha-t-elle à maintenir quelque courtoisie dans la lutte en rappelant à Saladin leurs relations amicales de jadis. « Si envoia à Salehadin, des noces de son fil, pain et vin et bues et moutons ; et si li manda salut, qu'il l'avoit maintes fois portée entre ses bras quant il estoit esclave el castiel et elle estoit enfès (enfant)[337]. Quant Salehadins vit le présent, si en fu mout liés (joyeux) et l'en merchia mout hautement. Et demanda à chiaus qui le présent avoient aporté en laquele tour li espousés et li espousée estoient, et li moustrèrent. Dont Salehadins fist criier par toute s'ost (son armée) que nul ne fust si hardis qui à cele tour traisist, ne lançast, ne assaillist[338] » Mais ces témoignages de haute courtoisie personnelle n'empêchaient pas Saladin de presser le siège avec une ardeur farouche.

L'investissement de la place y avait enfermé tout un peuple de jongleurs, de chanteurs et de musiciennes venus de Jérusalem pour la fête. « Mout ot grant planté de gent en cele petite forterèce, et li encombriers en estoit granz, quar, de ces noces, s'en retornoient jugleors, tableteresses et autres menestrieux, qui tuit se férirent leanz por poor de Sarrazins. » Ajoutons-y les paysans du voisinage, chrétiens de rite syriaque ou grec qui s'étaient aussi réfugiés au Krak avec leurs bestiaux. La terreur était grande, car, sous le bombardement incessant des huit mangonneaux dressés par Saladin, les défenseurs se voyaient décimés.

L'héroïque intervention de Baudouin IV. Le Roi Lépreux, presque aveugle et déjà moribond, sauve encore le Krak de Moab.

Cette fois encore ce fut la royauté hiérosolymitaine qui sauva ses vassaux imprudents. La flamme d'un haut bûcher

698 L'ÉQUILIBRE

allumé sur la tour de David et qui, de proche en proche, provoqua d'autres signaux dans les postes de garde de la Judée méridionale, alla, de l'autre côté de la mer Morte, annoncer aux assiégés du Krak de Moab que le secours approchait.

À la nouvelle du siège de la forteresse, le cadavre qu'était Baudouin IV se retrouva le Roi : aveugle et paralysé, presque mourant, il « estoit en grant angoisse coment il leur poïst secorre ». Il réunit en hâte l'armée franque à Jérusalem et marcha sur le Moab en contournant la mer Morte par le sud. Arrivé à Ségor – « les Palmiers » dans l'onomastique franque – à la pointe méridionale de la mer, il nomma chef de l'armée – sa lèpre l'empêchait de diriger effectivement les opérations – le comte Raymond III de Tripoli, avec mission d'aller débloquer le Krak de Moab. Mais cette simple démonstration avait suffi à déterminer la retraite de Saladin (4 décembre 1183). Tandis que le sultan retournait à Damas après avoir abattu ses machines de siège, Baudouin IV faisait au Krak une entrée triomphale, salué comme le sauveur de la place par la foule des assiégés[339]. Il « réconforta » la garnison, fit « refaire et regarnir » la forteresse et ne regagna Jérusalem qu'après avoir fait jusqu'au bout son devoir de roi.

Mais contre le Krak Saladin s'obstinait. La menace sur La Mecque une fois écartée, restait à dissiper l'hypothèque que les forteresses d'Outre-Jourdain faisaient peser sur la route des caravanes entre Syrie et Égypte : « Le Krak, répète ici le Livre des Deux Jardins, causait un dommage considérable aux Musulmans parce qu'il leur fermait la route de l'Égypte et obligeait les caravanes à ne circuler que sous la protection d'un corps d'armée[340]. » En juillet-août 1184, Saladin quitta de nouveau Damas pour venir assiéger la citadelle du Moab. Son neveu Taqî al-Dîn, qui avait remplacé al-'Adil comme gouverneur de l'Égypte[341], le rejoignit avec l'armée du Caire. Du côté du Nord, Saladin fut également rejoint par le prince ortoqide du Diyârbékir, Nûr al-Dîn ibn Qarâ-Arslân, seigneur de Hisn Kaîfa et d'Amida[342]. L'arrivée de ce prince, représentant de l'illustre maison ortoqide, annonçait la vassalisation complète des dernières principautés musulmanes indépendantes des confins syro-kurdes.

Ce second siège du Krak commença entre le 13 et le 23 août. Cette fois, Saladin avait transporté avec lui une artillerie beaucoup plus considérable – quatorze mangonneaux, écrivait Baudouin IV au patriarche Héraclius[343] –. Une lettre arabe contemporaine, conservée dans *le Livre des Deux Jardins* (p. 252) nous décrit la violence de ce bombardement, les blocs de pierres pilonnant les tours du Krak et leurs défenseurs, nul d'entre ceux-ci ne pouvant risquer la tête hors des créneaux sans qu'une flèche vînt l'abattre. Mais le ravin abrupt qui formait au Krak un fossé naturel restait un obstacle infranchissable. Saladin entreprit alors de le combler grâce à la construction de chemins couverts allant jusqu'à ce fossé et d'où ses ouvriers pouvaient accomplir leur besogne (17 août d'après al-'Imâd).

Cette fois encore, à l'heure où les lettres reproduites dans *le Livre des Deux Jardins* entonnaient déjà un chant de triomphe, une nouvelle intervention des troupes de Jérusalem sauva le Krak de Moab. Après avoir, une fois de plus, brûlé ses mangonneaux, Saladin se porta au-devant de l'armée franque qui s'avançait par le nord-est, en longeant la rive septentrionale de la mer Morte, dans la région de *Hes*bân (l'ancien *Hes*bon), au nord du mont Nébo, et la rive orientale par le Wâdî Wâlé. Il espérait contraindre les Francs à un engagement général. Mais ils refusèrent le combat sans se laisser entamer ni attirer par aucune feinte[344]. Du Wâlé ils se dirigèrent en colonne compacte vers le Krak de Moab qu'ils ravitaillèrent (*c.* 4 septembre 1184). On reconnaît dans cette conduite l'habile tactique du comte Raymond III de Tripoli. Saladin ne put se venger qu'en organisant des incursions dans la région de Naplouse, de Sébaste et de Jénîn. À Naplouse ses détachements pillèrent la ville basse, mais sans pouvoir prendre le château[345]. À Jénîn ils démantelèrent et brûlèrent la citadelle et les tours, mais à Sébaste le sultan accorda l'*amân* à l'évêque et au clergé du tombeau de Zacharie, et ceux-ci obtinrent même le respect de leur église moyennant libération d'un certain nombre de prisonniers musulmans[346]. Cet exemple semble prouver que, sans les brigandages de Renaud de Châtillon, la guerre n'aurait sans doute pas revêtu le caractère inexpiable qui allait de plus en plus devenir le sien[347].

§ 6. — Mort de Baudouin IV. Fin de la dynastie d'Ardenne-Anjou et de la tradition monarchique hiérosolymitaine.

Révolte de Guy de Lusignan contre l'autorité royale.

Les derniers mois du règne de Baudouin IV achevèrent d'envenimer les querelles entre barons latins.

Baudouin IV, qui avait naguère accordé, avec la main de sa sœur Sibylle, l'expectative de sa succession à Guy de Lusignan n'avait pas tardé, comme on l'a vu, à se repentir de son choix, Ses premières sympathies pour Guy s'étaient, lorsqu'il avait mieux connu l'incapacité de son beau-frère et discerné quel péril constituait pour la Chrétienté le futur fossoyeur de l'État franc, transformées en une clairvoyante aversion. Non seulement il l'avait cassé de la baylie du royaume, mais il avait cherché à faire annuler son mariage avec Sibylle. Guy de Lusignan se vit réduit à profiter de l'absence de Baudouin IV pour se rendre à Jérusalem où était restée sa femme Sibylle, afin de la ramener précipitamment avant le retour du roi. Réfugié ensuite dans sa baronnie de Jaffa et Ascalon, Guy refusa d'obtempérer aux ordres de Baudouin qui le sommait d'avoir à comparaître. Ce fut alors la lutte ouverte. Le roi marche sur Ascalon et trouve les portes closes. « Li rois dist que, puisque il ne voloit venir, il iroit à lui. Si baron le sivirent. Il s'en vint droit à Escalone, mais il trova les portes closes et bien fermées. Il apela et comanda que l'on li ovrist ; trois fois toucha sa main à la porte, mais nul ne vint, qui son comandement feist. Li borjois de la vile estoient montés sur les murs et sur les torneles et ne se ôsoient movoir ; ainz atendoient la fin de cele chose. Li Rois s'en parti d'ilec moult corrocés[348]. »

Le courroux de Baudouin IV n'était que trop justifié. La révolte ouverte de Guy de Lusignan, non moins que l'insubordination d'un Renaud de Châtillon provoquant la guerre sans se soucier du roi, annonçait que l'institution monarchique, à laquelle la Syrie franque devait près d'un siècle de prospérité, allait faire place à l'anarchie féodale.

Baudouin IV, du reste, avait énergiquement réagi. Si Ascalon lui avait résisté, il réussit à se saisir de Jaffa, en retira la seigneurie à Guy et y plaça un bailli royal. Après quoi il réunit à Saint-Jean-d'Acre un « parlement » pour en finir avec le rebelle. Le patriarche Héraclius, le grand maître du Temple Arnaud de Toroge[349] et le grand maître de l'Hôpital Roger des Moulins[350], partisans de Guy, essayèrent d'intercéder en sa faveur. Ils furent éconduits et se retirèrent, furieux, de la Cour.

Baudouin IV désirait profiter de l'assemblée pour envoyer une ambassade demander immédiatement secours contre Saladin aux princes de l'Occident, particulièrement au roi de France, mais Héraclius à qui il songeait pour cette ambassade se déroba pour le moment, par rancune pour l'éviction de Guy[351]. Ainsi l'esprit de parti, destructeur d'États et générateur de suicides nationaux, avait, chez les prélats comme chez les barons, remplacé le dévouement aux intérêts du royaume. Que le patriarche de Jérusalem, à l'heure où la reconquête musulmane se faisait plus menaçante, trois ans avant *Hatt*în ! ait différé le départ de l'ambassade qui lui était confiée en vue d'aller alerter l'Europe, quelle révélation pourrait nous expliquer mieux la chute prochaine de la Syrie franque ?

La conduite de Guy de Lusignan ne fut pas moins indigne. Furieux de n'avoir pas été rétabli dans ses droits successoraux, le beau-frère de Baudouin IV, resté maître d'Ascalon, y trouva une vengeance désastreuse pour le royaume. Au voisinage d'Ascalon nomadisaient des bandes de Bédouins qui faisaient paisiblement paître leurs troupeaux sous la sauvegarde du roi de Jérusalem à qui ils payaient tribut. Ils se croyaient donc en toute sécurité, lorsque, pour porter préjudice à Baudouin IV, Guy de Lusignan se jeta à l'improviste sur eux et les massacra[352].

La colère de Baudouin IV devant cet acte abominable fut terrible. Ce fut alors qu'il acheva de confier tout le pouvoir au comte de Tripoli Raymond III, l'ennemi de Guy (1184). Du reste les événements se précipitaient. Le roi lépreux s'était alité pour ne plus se relever. Il fit appeler auprès de lui tous les grands du royaume et leur réitéra sa volonté de laisser la régence à Raymond III jusqu'à la majorité du jeune Baudouin V.

702 L'ÉQUILIBRE

*Testament de Baudouin IV. Désignation de Raymond III
pour la régence.*

En tout cela d'ailleurs Baudouin IV agissait en parfait accord avec les barons et sur leur avis. Ernoul, qui nous a laissé le récit du dernier conseil tenu près du lit d'agonie de Baudouin, est formel à cet égard. « J'ai un mien neveu, qui a non Baudouins, fait-il dire au roi lépreux, je li ferai porter couronne à me vie, si vous le me loés, et pour ce qu'il n'i ait descorde entre vous apriès ma mort, pour che que jou ai deus sereurs. » Les barons approuvent, mais demandent pour cette minorité un régent autre que Guy de Lusignan. « Metés tel balliu en la tière, que le règne puist gouvrener et qui nous croie de nos consaus (conseils), car nous ne volons mie, se li enfes a porté courone, que Guis de Lesignon, ses parastres, soit baillius de altiere, car nos le connissons tant qu'il ne saroit ne ne por oit le règne gouvrener[353]. » Le Lépreux approuve et c'est sur le conseil des barons qu'il confie la baylie à Raymond III de Tripoli. Raymond, présent, accepta la régence, mais en déclinant la garde de l'enfant roi, de peur qu'on ne l'accusât, si celui-ci venait à mourir, d'être l'auteur du décès. On décida donc – bien imprudemment, on va le voir – que la garde de l'enfant serait confiée à Jocelin III de Courtenay, son grand-oncle maternel. De même Raymond III, par un autre excès de délicatesse non moins dangereux, spécifia le premier que les forteresses royales seraient confiées, non à lui-même, mais aux Hospitaliers et aux Templiers. Enfin il fut décidé devant le mourant que, si l'enfant roi disparaissait avant dix ans, Raymond III conserverait quand même la régence jusqu'à la fin de ces dix ans pour permettre au Pape, à l'empereur germanique, au roi de France et au roi d'Angleterre de décider entre les droits des deux filles d'Amaury, Sibylle et Isabelle[354].

Après ces décisions et sur l'ordre de Baudouin IV, l'enfant Baudouin V, « Bauduinet », comme l'appellent *les Gestes des Chiprois*[355], fut porté au Saint-Sépulcre pour y être sacré. « Et pour che qu'il estoit petit et qu'il ne voloit mie qu'il fut plus bas d'aus » (qu'eux, les barons), on le confia à Balian II d'Ibelin qui le tint dans ses bras, bien visible au-dessus de la foule. Baudouin IV eut encore la force de faire prêter serment par les barons à l'enfant comme roi et à Raymond III comme bailli du royaume.

Mort de Baudouin IV ; fin de la dynastie d'Ardenne-Anjou et de la tradition monarchique hiérosolymitaine.

Baudouin IV, le prince héroïque dont le règne n'avait été qu'une lente agonie, rendit son âme à Dieu vers le mois de mars 1185, vraisemblablement le 16 mars 1185. Si l'on songe qu'il n'avait que vingt-quatre ans et à tout ce qu'il avait pu accomplir pendant ces brèves années, en dépit de sa lèpre, de ses accès de fièvre, de son impotence et de sa cécité finales, on reste saisi de respect et d'admiration. Il avait fait jusqu'au bout son devoir de roi, intervenant à tout instant pour défendre ses vassaux, comme on venait encore de le voir par l'exemple du Krak deux fois sauvé par lui. Ayant maintenu jusqu'à son dernier souffle l'autorité monarchique et l'intégrité du royaume, il sut aussi mourir en roi. Le continuateur de Guillaume de Tyr évoque pour nous la scène dramatique où, sentant venir sa fin, il convoqua devant lui tous les barons du royaume : « Et devant ce que il morust, manda il toz sez homes, que il venissent à lui en Jérusalem, et il vindrent tuit à cel point que il trespassa de cest siècle, si que tuit li baron furent à sa mort[356] ». Comme les chroniqueurs francs, les historiens arabes se sont inclinés devant lui : « Cet enfant lépreux sut faire respecter son autorité », dit, comme avec un salut de l'épée, al-'Imâd d'Isfahân[357]. Stoïque et douloureuse figure, la plus noble, peut-être, de l'histoire des Croisades, figure où l'héroïsme, sous les pustules et les écailles qui la couvrent, confine à la sainteté, pure effigie de roi français que je voudrais avoir tirée d'un injuste oubli pour la placer à côté de celle d'un Louis IX.

Délivré de son long martyre, le Roi Lépreux fut enseveli près du sommet du Golgotha et de la chapelle du Saint-Sépulcre, où était mort et où avait reposé l'Homme de Douleur, son Dieu. Avec lui s'achève la lignée de cette dynastie d'Ardenne-Anjou dont l'œuvre toute capétienne avait réussi, à force d'esprit politique, à asseoir solidement une France nouvelle au pays du Levant.

La mort de Baudouin IV marque bien en effet, la fin de la dynastie. Sans doute le roi lépreux laissait deux sœurs et un neveu. Mais l'aînée, Sibylle, était remariée à Guy de Lusignan que Baudouin IV, d'accord avec l'opinion presque unanime des barons, avait formellement exhérédé. La cadette Isabelle avait épousé un prince cher au parti des barons, Onfroi IV, de l'illustre famille de Toron, mais ce jeune homme insignifiant et timide allait bientôt se dérober aux espérances de ses partisans. Quant au neveu du défunt, au nouveau roi Baudouin V, fils du premier mariage de Sibylle avec le marquis de Montferrat, c'était un enfant de cinq ou six ans, de santé délicate, dont l'avenir était singulièrement incertain (il devait en effet mourir au bout de quelques mois de règne). On peut donc considérer que, en fait, la dynastie hiérosolymitaine, fondée en 1100 par Baudouin Ier prend fin en 1185 avec la mort de son cinquième successeur.

Décadence du patriarcat de Jérusalem.
Indignité du patriarche Héraclius.

En présence de cette disparition de la dynastie, un grand rôle semblait dévolu au patriarcat. L'Église était la régente et la tutrice toute désignée du royaume dans l'espèce d'interrègne qui s'annonçait. Se représente-t-on ce qu'en ces heures troubles aurait pu être l'action du patriarcat s'il avait eu à sa tête quelque prélat comme l'archevêque Guillaume de Tyr, l'illustre chroniqueur des Croisades, aussi grand comme historien que comme politique et qui venait de donner toute sa mesure lors de son ambassade à Constantinople où il avait si utilement resserré l'alliance franco-byzantine ? Mais, par une rencontre désastreuse, à l'heure où un rôle de premier plan semblait ainsi échoir au patriarcat, le siège de Jérusalem venait d'être occupé par un prélat indigne, sans cœur et sans énergie – meurtrier peut-être par surcroît –, devenu patriarche par l'élection des autorités locales – des autorités temporelles surtout – en dehors de toute intervention de la Papauté, l'ennemi même de Guillaume de Tyr, Héraclius[358].

Héraclius était un pauvre clerc du Gévaudan qui avait dû sa carrière à son physique et à la faveur de la reine douairière, Agnès de Courtenay, veuve du roi Amaury Ier et mère de Baudouin IV : « Pour sa biauté, nous dit Ernoul, l'ama li mère le (= du) roi[359]. »

Le continuateur de Guillaume de Tyr nous peint en un portrait saisissant ce bel homme dissolu, à qui la société des Écritures était moins familière que celle des femmes[360] : « Po avoit de sen et po savoit de letres. Bele persone estoit. Dissoluz estoit. Toute s'entente estoit à laborer de luxure. Agnès, la mère dou roi meseau, l'amoit moult durement et, par la grant amor que ele avoit en lui, le fist arcédiaque de Jérusalem, et puis arcevesque de Césaire et puis patriarche. »

Héraclius, au vu et su de tous, avait en outre pour maîtresse la femme d'un mercier de Naplouse, nommée Pâque de Riveri ou de Riveti, qui, quand elle venait passer une quinzaine de jours à Jérusalem, descendait sans façon au palais patriarcal. « Et il la mandoit souvent et elle i aloit. » Au commencement de sa liaison, il couvrait d'or le mari de la dame, lequel, à ce prix, acceptait tout. Ce mari étant mort peu après (et le ton d'Ernoul permet de se demander si ce fut bien de mort naturelle), Héraclius, renonçant à toute feinte, appela sa maîtresse à Jérusalem où il l'installa magnifiquement dans un bel hôtel. « Ele aleit si richement par Jérusalem que, se il y eust aucun home estrange(r), il cuidast que ce fust une contesse ou barnesse, tant avoit de l'or et des pierres précioses et des samis, et des dras à or et de perles, por aorner son cors. La gent qui la conoissoient, quant il la veoient passer, si disoient : Veéz ci la patriarchèce ! » « Quant elle alloit au moustier, dit de même Ernoul, elle estoit aornée de rices dras, comme se fust une royne, et ses sergens devant. Quant aucunes gens qui ne la connoissoient demandoient qui celle dame estoit, cil qui la connoissoient disoient que c'estoit la Patriarcesse, li femme au patriarche. » Le continuateur de Guillaume de Tyr nous conte même à ce sujet la plus piquante des anecdotes : « Il avint une foiz que li patriarches et li rois et li baron dou roiaume estoient à parlement ou palais dou patriarche. Este vos (voici que survint) un menestrel qui vint là où cil seignor estoient assemblez, et cria : "Sire patriarches, bones noveles vos aport ; se vos me donez bon loier, je vos les dirai !" Li patriarches et li rois et li baron, qui là estoient assemblez, cuidoient qu'il deust dire noveles profitables à la Crestienté. Lors dist li patriarches :

706 — L'ÉQUILIBRE

"Dis ces novèles !" – "Dame Pasque de Riveti, vostre femé, a enfanté une fille !" Li patriarches dist : "Tais-toi, fols, ne dire plus ![361]."

Protestation de l'archevêque Guillaume de Tyr contre l'intronisation d'Héraclius. Voyage de Guillaume ad limina. Son empoisonnement à l'instigation d'Héraclius.

Le grand archevêque Guillaume de Tyr, comprenant le péril que constituerait un chef aussi indigne à l'heure où le royaume avait tant besoin de l'appui de l'Église, avait tout mis en œuvre pour l'empêcher d'accéder au patriarcat[362]. Refusant d'ailleurs le siège patriarcal pour lui-même, il conseillait, afin d'éviter toute compétition, de faire venir un prélat d'Occident. Ernoul nous a rapporté sa pathétique adjuration aux chanoines du Saint-Sépulcre, traditionnellement chargés de désigner deux candidats au choix du souverain. « Je vous pri, pour Diu, que vous ne le noumés en élection à estre patriarche, car se vous le noumés, sachiez bien que li cités est perdue, s'il est patriarche, et toute li tiere ! Et ne cuidiés mie que che soit pour béance que je aie de estre patriarces ! Mais, pour Diu, noumés II autres que nos II, et se vous ne le trouvés en cest païs, nous vous aiderons bien à metre consel de preudomme querre en France patriarce[363]. » Mais les chanoines du Saint-Sépulcre, gagnés par la reine douairière Agnès, désignèrent au contraire Héraclius en première ligne et Guillaume de Tyr en seconde ligne. Et Baudouin IV, cédant, lui aussi, aux sollicitations de sa mère, avait nommé Héraclius (16 octobre 1180).

Peu après, Héraclius se vengea en excommuniant Guillaume (2 avril 1181). Par la suite, Guillaume, qui en avait appelé au Saint-Siège, partit pour Rome. Au témoignage d'Ernoul, il reçut du pape et du Sacré Collège l'accueil le plus affectueux, mais l'infâme Héraclius le fit suivre par un « physicien » qui le rejoignit en Italie et l'empoisonna[364]. Le drame que nous raconte ici Ernoul et le désordre que l'élévation d'Héraclius atteste dans le clergé révèlent la carence du patriarcat à l'heure même où disparaissait la dynastie hiérosolymitaine[365].

Avant de périr sous les machinations de l'indigne prélat, Guillaume de Tyr avait prédit l'avenir prochain : « Un Héraclius, s'était écrié l'historien des Croisades, a rendu à Jérusalem la Vraie Croix ravie par Chosroès ; un autre Héraclius va la reperdre ![366] ». Une année ne passera pas depuis la mort du grand archevêque avant que cette prophétie se soit réalisée.

Le désastre byzantin de Myriokephalon et ses conséquences pour l'Orient latin.

À l'heure où disparaissait pratiquement la monarchie hiérosolymitaine disparaissait aussi un des principaux facteurs de la stabilité politique en Orient, facteur sur lequel s'était maintes fois appuyée la prudente politique des rois de Jérusalem : l'empereur Manuel Comnène venait d'éprouver en Asie Mineure un échec tel que la puissance militaire du vieil empire ne devait jamais s'en relever, tel, en tout cas, que la reconquête byzantine en Anatolie s'en trouva à jamais arrêtée (1176).

Car c'était bien à une reconquête totale de la péninsule, à une véritable croisade anatolienne que marchait en 1176 l'actif *basileus*. Il s'agissait pour lui d'en finir avec le sultanat seljûqide en ramenant le sultan Qilij Arslân II dans un étroit vasselage et en s'emparant de Qoniya, sa capitale. Remontant la vallée du haut Ménandre, Manuel avait dépassé la forteresse byzantine de Myriokephalon, située près du col de Tshardak[367] et continuait en direction d'Egherdir, lorsque, au milieu du passage des gorges, son armée fut surprise et coupée par les Seljûqides. « L'avant-garde, commandée par Jean et Andronic l'Ange et le gros de l'armée sous les ordres de Constantin Makrodoukas, d'Andronic Lampardas, de Maurozomès et de Baudouin d'Antioche[368] ne furent point d'abord inquiétés. La longue colonne de chariots que suivait Manuel et l'arrière-garde, avec son chef, Andronic Kontostéphanos, entrèrent à leur tour dans le défilé. Quand toute l'armée y fut engagée, les Turcs se montrèrent sur les hauteurs, des deux côtés du chemin, et la bataille commença[369]. »

Pour mieux jeter la panique dans les rangs byzantins, les Turcs concentrèrent d'abord leur effort sur l'arrière-garde. Cernée, criblée de traits, coupée du reste de l'armée par l'énorme convoi impérial qui obstruait le défilé, elle fut bousculée, précipitée dans les ravins et massacrée. Manuel Comnène qui chevauchait avec le convoi perdit la tête. Il donna à sa garde l'exemple du sauve-qui-peut, tandis que les Turcs, à toutes les issues du défilé, massacraient les fuyards. « Son bouclier criblé de flèches, son casque défoncé », il réussit, presque seul de son corps d'armée, à forcer les lignes ennemies et, après une poursuite mouvementée « durant laquelle il entendit longtemps résonner à ses oreilles le grelot des chevaux turcs », il réussit à rejoindre son avant-garde.

Le centre byzantin lui-même avait presque autant souffert et Baudouin d'Antioche notamment avait péri en combattant. Seule l'avant-garde, qu'avaient pu rejoindre l'empereur, Kontostephanos et les débris des autres corps, restait intacte, réfugiée sur une colline, quand la tombée de la nuit vint interrompre le combat. Tel était l'abattement de Manuel Comnène qu'au milieu de la nuit il annonça à son état-major son intention de prendre la fuite en abandonnant ses troupes. « Andronic Kontostephanos proteste contre ce projet, et soudain, dans la nuit, appuyant ses paroles, s'élève la voix d'un soldat qui a entendu l'empereur et lui reproche en termes sanglants de vouloir abandonner son armée dont son imprudence a causé la perte[370]. »

Quand le jour se leva, Jean l'Ange et Makrodoukas tentèrent vainement de briser le cercle des ennemis par des charges désespérées. Il fallut, pour éviter une capitulation renouvelée de Malâzgerd, accepter les conditions du sultan Qilij Arslân, promettre, avec une contribution de guerre, le démantèlement des deux places-frontières de Dorylée (Eskişéhir) au nord et de Soublaion (Homa) au sud qui interdisaient aux Turcs l'accès des vallées du Pursaq et du Méandre[371]. À ces conditions, les débris de la grande armée byzantine, après une pénible retraite encore harcelée par les irréguliers turcs, purent, par Soublaion (Homa) et Chonae (Khonas, près Denizli), regagner Philadelphie (Alashéhir) où ils trouvèrent enfin la sécurité[372].

Ce désastre, qui marquait l'échec de la Croisade byzantine en Asie Mineure, fut aggravé du fait qu'il fut suivi quatre ans plus tard par la mort de Manuel Comnène (1180), disparition qui précéda de peu la chute de la dynastie (1185). Déjà avec

Andronic Comnène (1183-1185) la politique impériale rompit avec le monde latin en laissant massacrer les résidents latins de Constantinople, massacre vengé par l'invasion des Normands de Sicile en Épire et en Macédoine (sac de Thessalonique par les Normands, août 1185)[373]. La grande dynastie des Comnènes ne survécut pas à ces secousses. Elle fut renversée et remplacée par la famille des Anges (1185-1204) dont la faiblesse livra le pays à d'incessantes révolutions de palais et à un morcellement féodal précurseur de la dissolution de 1204.

Le désastre de Myrioképhalon eut pour les Byzantins en Asie des conséquences presque aussi graves que cent cinq ans plus tôt le désastre de Malâzgerd. Les Marches de l'Empire lui échappèrent et au premier rang la Cilicie, Le prince arménien de la Haute-Cilicie, Roupèn III (1175-1187), acheva la conquête de cette province en enlevant aux Impériaux la basse plaine cilicienne avec Adana et Mamistra (Missis)[374]. Dès lors la Syrie franque se trouvait coupée de l'Empire. Il n'était plus possible aux légions byzantines d'apparaître, en arbitres, entre Antioche et Alep. La crainte de leur invasion, qui tant de fois avait empêché Nûr al-Dîn d'exploiter ses victoires, n'existera plus pour Saladin. Qu'un désastre se produise, que le tocsin de la défaite sonne au donjon de Tibériade, les Francs seront livrés à eux-mêmes sans l'espoir de cette intervention byzantine que leurs anciens rois leur avaient si longtemps ménagée. Les Musulmans victorieux pourront après une seule bataille cueillir une à une toutes les forteresses franques, car malgré la francophilie profonde et la remarquable valeur militaire des Arméniens de Cilicie, ce ne seront pas les armées roupéniennes qui pourront remplacer les innombrables légions des Comnènes comme arbitres de l'Orient. Et ce que ne peuvent plus les légions byzantines, ce ne seront pas non plus les flottes de Byzance qui le pourront, car le néfaste Andronic Comnène, puis la dynastie des Anges, renversant la politique relativement francophile des trois premiers Comnènes, s'allieront à Saladin, non seulement contre les Seljûqides d'Asie Mineure, mais aussi contre les Francs eux-mêmes[375]. Au reste, depuis l'attaque du roi Guillaume II de Sicile contre

Salonique, la Quatrième Croisade point déjà à l'horizon de l'Archipel.

Ainsi, à l'heure où allait disparaître la monarchie hiérosolymitaine, on voyait aussi disparaître la grande idée politique qui avait été sa préoccupation et son œuvre : l'alliance byzantine, l'étayement de la Syrie franque par toute la force des *basileis*. La force s'était brusquement écroulée, l'esprit d'alliance faisait place à une hostilité réciproque, le territoire même de l'Empire reculait bien loin des frontières syriennes.

Dans le domaine intérieur comme dans celui de la politique étrangère, tout ce qui avait fait la solidité de l'État franc – institution monarchique et alliance byzantine – disparaissait à la fois. L'heure de la catastrophe n'allait pas tarder à sonner.

Le régime colonial franc en 1184 d'après le témoignage d'Ibn Jubaîr. Situation prospère de la population musulmane ; la solidarité économique franco-arabe.

Sur cette Palestine franque à la veille de la catastrophe nous avons la chance de posséder les impressions d'un voyageur bien renseigné, l'Arabe d'Espagne Ibn Jubaîr qui, la dernière année du règne de Baudouin IV, visita le pays. Nous y voyons que, pour cet observateur attentif, la colonisation franque avait poussé de si solides racines que rien – à moins de fautes politiques imprévisibles – ne semblait en faire envisager la chute prochaine. Nous y apprenons aussi qu'en dépit de la guerre permanente entre l'empire aiyûbide et le royaume franc, les transactions commerciales entre Damas et Acre ou Tyr n'étaient nullement interrompues.

Ibn Jubaîr se trouvait à Damas au début de septembre 1184 lorsqu'il résolut d'aller s'embarquer à Acre pour la Sicile et l'Espagne. Il nous dit lui-même qu'il quitta Damas « avec une foule de marchands qui se rendaient à Acre avec leurs marchandises ». « Il y avait alors à Damas, spécifie-t-il, parmi les principaux habitants de la ville, deux marchands extrêmement riches, Nasr ibn Qawâm et Abu'l Dorr Yâqût. Tout leur commerce se faisait sur le littoral franc, où l'on ne connaissait que leurs noms et où ils avaient leurs employés qu'ils commanditaient ; les caravanes chargées de transpor-

BAUDOUIN IV, LE ROI LÉPREUX 711

ter leurs marchandises allaient et venaient constamment, et ils avaient un état de fortune colossal, aussi bien qu'une grande influence auprès des chefs musulmans et francs[376]. » Ce fut en se joignant à quelque caravane de ces grands armateurs pour lesquels la guerre sainte n'interrompait nullement le trafic, qu'Ibn Jubaîr se rendit de Damas en Palestine en faisant étape à Dâreiya, Beit-jinn et Bânîyâs (Panéas). À mi-chemin entre Beit-jinn et Bânîyâs, au pied des derniers contreforts sud-occidentaux de l'Hermon, près d'un énorme chêne appelé l'*arbre de la balance*, commençait la zone en deçà de laquelle les rezzous francs s'interdisaient toute attaque contre les caravanes musulmanes. Alors qu'ils se faisaient un jeu de mettre au pillage la Damascène et le *H*aurân et de couper la route du *H*ajj, les Francs estimaient en effet qu'à l'ouest de Beit-jinn la piste devenait route de commerce internationale et que les caravanes, de quelque religion que fussent les caravaniers, servaient à l'enrichissement du royaume. « Leurs coureurs font prisonniers tous ceux qu'ils trouvent au delà de l'arbre, du côté musulman, fût-ce d'une brasse ; au contraire quiconque est en deçà, du côté franc, à la même distance, peut continuer librement sa route. On observe strictement ce règlement[377]. » Notons que nous sommes ici en pleine guerre, au cours d'un duel à mort entre les Francs et Saladin. Mais même alors la politique commerciale des rois de Jérusalem savait imposer des limites aux hostilités.

La frontière politique passait entre la forteresse, désormais musulmane, de Bânîyâs (Panéas) et le château fort franc de Hûnîn ou Chastel neuf, naguère construit par Onfroi II de Toron et remis par Onfroi IV au roi Baudouin IV en 1180[378]. « La plaine entre Bânîyâs et Hûnin, note Ibn-Jubaîr, est partagée entre Francs et Musulmans, c'est-à-dire que les deux peuples se partagent à parts égales les moissons et que les bestiaux des deux peuples y paissent ensemble, sans que les propriétaires s'y fassent tort les uns aux autres[379]. » Répétons que nous sommes en 1184, en pleine guerre franco-aiyûbide : les accords agricoles comme les liens commerciaux continuent toujours à unir Arabes et Francs.

À Tibnîn, le Toron des Francs, « grand château fort » qui appartenait, comme dit aimablement notre Arabe, « à une truie mère du porc d'Acre »[380], les voyageurs musulmans

712 L'ÉQUILIBRE

payaient un droit d'entrée qu'Ibn Jubaîr reconnaît être peu élevé : un dînâr et un qîrât par tête. Encore les marchands à destination d'Acre en étaient-ils exempts du fait qu'ils payaient à Acre un droit de douane équivalant à la dîme de la valeur des marchandises importées. Ou plutôt le texte d'Ibn Jubaîr tendrait à prouver que la taxe ne frappait pratiquement que les Moghrébins, tandis que les Arabes de Syrie en étaient plus ou moins exonérés[381].

De Tibnîn à Acre, à travers toute la Haute Galilée, le voyageur musulman dut constater la prospérité des métayers arabes sous le régime franc. « Nous quittâmes Tibnîn le lundi à l'aurore par une route longeant constamment des fermes contiguës les unes aux autres, toutes habitées par des Musulmans qui vivent dans un grand bien-être sous les Francs. Les conditions qui leur sont faites sont l'abandon de la moitié de la récolte au moment de la moisson et le paiement d'une capitation d'un dînâr et cinq qîrât. Les chrétiens n'en demandent pas davantage, sauf cependant un léger impôt sur les arbres fruitiers, mais les Musulmans sont maîtres de leurs habitations et s'administrent comme ils l'entendent. C'est là la condition, dans tout le territoire occupé par les Francs sur le littoral de Syrie, de tous les *rastâq*, c'est-à-dire des fermes et bourgades, qui sont habités par des Musulmans. La plupart sont tentés par le démon en comparant leur situation avec celle de leurs coreligionnaires dans les cantons gouvernés par des Musulmans, et qui est tout le contraire de la sécurité et du bien-être. Un des malheurs qui affligent les Musulmans, c'est que sous leur propre gouvernement ils ont toujours à se plaindre des injustices de leurs chefs, tandis qu'ils n'ont qu'à louer la conduite de leurs ennemis (francs) en la justice de qui on peut se fier[382]. » Une telle affirmation, de la part d'un juge aussi peu suspect, ne constitue-t-elle pas, à la veille de la ruine toute prochaine, le plus bel éloge de la colonisation franque ?

Et Ibn Jubaîr de nous conter comment la population arabe était associée par les Francs eux-mêmes à l'administration : « Nous nous arrêtâmes dans un bourg de la banlieue d'Acre, distant d'un *farsakh* de cette ville. Le maire, qui y était chargé de la surveillance, était musulman. Il avait été nommé par les Francs et préposé à l'administration des habitants cultivateurs. Il réunit toute notre caravane dans un grand festin auquel il invita tout le monde indistinctement et qui eut lieu dans une vaste salle de sa propre demeure. » Cela, encore une fois, en pleine guerre franco-aiyûbide, tant il est vrai que dans cette histoire de la Syrie franque le fait de croisade cache sans cesse à nos yeux le fait colonial.

En entrant à Acre, la caravane musulmane doit faire ses déclarations à la douane. « On nous conduisit au *dîwân* (douane) qui est un caravansérail destiné à recevoir les caravanes. Vis-à-vis de la porte, il y a des bancs recouverts de tapis où se tiennent les scribes du *dîwân*, qui sont chrétiens. Ils ont devant eux des encriers en bois d'ébène, dorés et bien ornés, et font leurs écritures en arabe, langue qu'ils parlent également. À leur tête est le fermier des douanes qui afferme au gouvernement pour une forte somme la taxe des importations. Ce fut dans ce lieu que les marchands de notre compagnie transportèrent leurs marchandises, en s'installant à l'étage supérieur de l'édifice. Quant aux gens qui n'avaient pas de marchandises, on vérifia seulement leurs bagages, puis on les laissa s'établir où ils voulaient. On procéda à ces opérations avec douceur et mansuétude, sans aucune violence ni surcharge. Nous allâmes nous installer dans une maison qui faisait face à la mer et que nous louâmes à une chrétienne[383]. »

Suit une description d'Acre, de son port rempli de vaisseaux, de son importance qu'Ibn Jubaîr compare à celle de Constantinople, de son rôle de carrefour de l'Orient et de l'Occident. « C'est là que se réunissent les navires et les caravanes, c'est le lieu de rendez-vous où affluent de toutes parts les marchands musulmans et chrétiens ; la foule s'étouffe dans ses rues et ses ruelles, les marques de pas s'y pressent les unes contre les autres. » Les édifices du culte étaient curieusement partagés entre Francs et Musulmans. L'ancienne grande mosquée avait été convertie en église latine, mais les Francs en avaient laissé un coin au culte musulman, près du tombeau du prophète Sâli*h* ; c'était donc une mosquée à l'intérieur d'une église. De même à l'est de la ville, près de la Source du Bœuf ('Ain al-Baqar), s'élevait une autre mosquée dont le mi*h*râb avait été laissé au culte islamique mais près duquel les Francs avaient construit une chapelle ; « aussi le

714   L'ÉQUILIBRE

Musulman et l'infidèle se réunissent dans cette mosquée et chacun y fait sa prière en se tournant vers le lieu de sa foi[384]. » Ce partage amiable d'édifices du culte entre Chrétiens et Musulmans, quelle meilleure preuve de l'esprit de tolérance des colons francs envers leurs sujets arabes ?

En arrivant à Tyr, où il logea dans un caravansérail destiné à recevoir les Musulmans, Ibn Jubaîr eut une surprise plus agréable encore. Si les Francs de Saint-Jean-d'Acre montraient déjà beaucoup de tolérance envers l'Islam, ceux de Tyr affichaient envers les Musulmans une sympathie encore plus grande : « L'infidélité (= le christianisme) de ses habitants présente un caractère plus poli, on y trouve des habitudes et des dispositions plus généreuses à l'égard des Musulmans étrangers ; leurs mœurs sont plus douces, leurs demeures plus vastes et plus commodes et la position des Vrais Croyants y est plus calme et plus tranquille[385]. » Notons qu'Ibn Jubaîr a deviné le rôle que Tyr allait jouer lors de la catastrophe de 1187 comme réduit de la défense franque : « Les Francs ont disposé cette ville comme un asile en cas d'adversité ; ils en ont fait la demeure de leur sécurité. »

Ibn Jubaîr qui resta onze jours à Tyr pour y attendre le départ d'un navire vers la Sicile, y fut témoin d'une fête chrétienne donnée à l'occasion d'un mariage dans l'aristocratie franque. « Tous les Chrétiens, hommes et femmes, s'étaient rangés sur deux lignes devant la porte de la mariée, tandis qu'on jouait de la trompette, de la flûte et de toute espèce d'instruments. La mariée parut enfin, conduite par deux hommes qui la soutenaient de droite et de gauche et qui paraissaient ses parents. Elle était splendidement parée et portait une robe magnifique de soie tissée d'or ; sa poitrine était ornée de même. Ainsi parée et vêtue, elle s'avançait en se balançant, à petits pas comptés, semblable à la tourterelle ou à la nue poussée par la brise. Elle était précédée des principaux d'entre les Chrétiens, revêtus d'habits somptueux à queues traînantes, et suivie de Chrétiennes, ses paires et ses égales, qui, également recouvertes de leurs plus belles robes, s'avançaient en se dandinant et traînant après elles leurs plus beaux ornements. On se mit en marche, l'orchestre en tête, tandis que les simples spectateurs, Musulmans et

Chrétiens, se rangeaient, toujours sur deux lignes, pour assister au défilé...[386] »

Après ce tableau de la richesse des colons francs et de l'animation de leurs grandes villes, Ibn Jubaîr nous donne quelques renseignements fort exacts sur Raymond III de Tripoli, alors le véritable maître du royaume, qu'il considère avec raison comme le chef le plus capable des Francs. « Le seigneur d'Acre, que ses sujets appellent le roi, était invisible et se cachait à tous les regards, car Allâh l'avait frappé de la lèpre. Son ministre dirigeait les affaires à sa place. Il s'appelle le Comte. Tous les revenus lui sont remis, et, par son rang et son autorité, il a pouvoir sur tout. C'est ce maudit comte, seigneur de Tripoli et de Tibériade, qui est le personnage le plus considérable chez les Francs par son pouvoir et son rang. Il est digne du trône pour lequel il semble être né, et il a une intelligence et une astuce remarquables. Pendant douze ans il resta prisonnier de Nûr al-Dîn et finit, au commencement du règne de Saladin, par acheter sa liberté au prix d'une rançon considérable. Aussi reconnaissait-il le sultan comme son seigneur et son libérateur[387]. » Témoignage d'un observateur singulièrement clairvoyant. Raymond III de Tripoli, à cette date de 1184, paraissait tout désigné pour occuper après le Roi Lépreux un trône où semblaient l'appeler sa capacité, son esprit politique et jusqu'à son amitié pour Saladin, gage d'une entente entre les deux cours.

La plus durable conquête : ralliement des Maronites à l'église romaine et à l'amitié franque.

Un des derniers bienfaits de la monarchie hiérosolymitaine avait été l'adhésion des Maronites – leur patriarche et leurs évêques en tête – à la communauté latine[388]. Sous la rubrique de 1181 Guillaume de Tyr – c'est une des dernières pages de l'illustre historien – nous donne le récit de ce grand événement dont le mérite paraît revenir au patriarche d'Antioche, Aymeri de Limoges. « Une manière de gent que l'en apeloit Suriens, qui abitent en la terre de Libane, delez la cité de Gibelet, changièrent mout leur estat et commencièrent à croire en autre manière qu'ils n'avoient fet avant ; car bien avoit cinq cents anz passez que uns popeliquans fu qui avoit non Marons. De cestui estoient-il apelez Maronique, porce qu'il l'en sivoient en sa mescreandise. Deseverez estoient des vrais Crestiens et par eus (mêmes) fesoient leur sacremenz. Mès lors les regarda Nostre Sires et s'aperçeurent de l'erreur qu'il tenoient ; au patriarche d'Antioche Haimeri vindrent et forjurèrent l'enseignement (de) Maron et receurent la foi crestienne, si comme l'église de Rome la tient, à cui il furent apareillé de ce jor en avant à obéir come à leur mère, et vrai fil li furent. En ce pueple qui einsi fu convertiz avoit bien quarante mille que homes que femmes qui abitoient ès esveschiez de Gibelet, de Bostre et de Triple. Il estoient genz mout hardies et preuz en armes ; et mainz granz secours avoient fet à noz Crestiens quant il se combatoient à leur ennemis. Mout en orent grant joie tout cil du roiaume de Surie quant cil retornèrent à nostre foi. »

« Cette parfaite identité de foi, note Ristelhueber, amena les Maronites à fréquenter les églises latines. Ils furent même autorisés à y célébrer leurs offices sur les autels et avec les ornements du clergé d'Occident[389]. » Les *Assises de Jérusalem* témoignent de cette étroite entente des Maronites et des Francs. « Dans la hiérarchie des races qu'elles établirent, les Maronites venaient immédiatement après les Francs, avant les Jacobites, les Arméniens, les Grecs, les Nestoriens et les Abyssins. Ils furent du reste admis dans la bourgeoisie franque et partagèrent les privilèges civils et juridiques des bourgeois latins[390]. »

Ainsi, à l'heure où la Syrie franque allait disparaître en tant que colonie occidentale, elle recrutait dans la population indigène des alliés infiniment précieux qui devaient résister à la reconquête musulmane et conserver pour les siècles futurs la tradition de l'alliance française[391].

CHAPITRE V

RAYMOND III OU GUY DE LUSIGNAN ?
PERTE DU ROYAUME DE JÉRUSALEM.

§ 1er. — Régence de Raymond III. La paix.

Conclusion de la paix et entente économique
entre Raymond III et Saladin. Ravitaillement du royaume
de Jérusalem par les Musulmans.

Conformément aux dernières volontés de Baudouin IV, son neveu Baudouin V, âgé de cinq ou six ans, lui succéda sous la régence du comte de Tripoli, Raymond III. La garde de l'enfant-roi fut confiée à son grand-oncle maternel, Jocelin III de Courtenay, comte titulaire d'Édesse, pour lors sire de Hûnîn. Jocelin conduisit son pupille à Saint-Jean d'Acre, ville plus à l'abri des aventures que Jérusalem.

Raymond III était un politique prudent qui comprenait mieux que quiconque la nécessité de négociations avec Saladin. Le royaume, encerclé par les possessions aiyûbides, épuisé par des années de guerre quotidienne, avait besoin de paix pour se refaire. La paix seule pouvait lui permettre de reprendre haleine et aussi de laisser s'amortir le premier élan de la conquête aiyûbide. L'expérience enseignait que ces empires musulmans, nés de la valeur d'un soldat heureux, mais sans autre base juridique que le droit du cimeterre, invincibles dans le moment de leur première expansion, tombaient dès la troisième génération dans une décadence rapide. Généralement réfractaires à la notion d'État, ils ne survivaient guère au héros qui leur avait donné naissance. L'État franc au contraire, assuré de continuité par ses

718 *L'ÉQUILIBRE*

institutions monarchiques, pouvait attendre. Le tout était, comme Baudouin IV l'avait toujours fait, de refuser à Saladin le combat décisif. Solidement étayés sur les formidables Kraks dont ils avaient, à tous les points stratégiques, garni la montagne, les Francs, s'ils continuaient à pratiquer une politique défensive, étaient inexpugnables. Mais, mieux encore, si l'on parvenait à rétablir avec Saladin la paix qui avait régné entre les Francs et les épigones zengides, le royaume était définitivement sauvé, la tourmente aiyûbide pouvait être considérée comme passée, les liens économiques – le récit d'Ibn Jubaîr l'atteste – rétablissaient leur réseau entre le Sahel chrétien et l'hinterland musulman.

Ce fut précisément ce qui se produisit en 1185. Une terrible sécheresse se faisait sentir en Syrie et en Palestine, entraînant la famine. « Li blé qui semé estoient ne cressoient point »[1]. Le régent Raymond III proposa aux barons de conclure une longue trêve avec Saladin. « Seignors, quel conseil me donnez-vos ? Il ne pleut ne blé ne croissent. J'ai paour que li Sarrasin ne s'aperçoivent que nous avons chier temps (= disette) et que il ne nos corent sus. Ferai-je les trives as Sarrasin par la paour de chier temps ? »[2]. Sans difficulté Saladin accorda la trêve demandée : quatre ans. Aussitôt les musulmans ravitaillèrent le pays franc et la menace de famine se dissipa. « Quant la trive fut fermée entre les Crestiens et les Sarrasinz, li Sarrasin portèrent tant de vitaille[3] as Crestiens que bon tens orent ; et se il n'en eussent fait trives, il fussent tuit mort de faim. Dont li contes de Triple fut moult amés et honorez des genz de la terre, pour les trives que il fist lors aus Sarrasins, et mout li donnèrent bénéiçons (= bénédictions)[4]. »

Ce texte, à notre avis capital, prouve d'abord qu'en ces années décisives toute la population franque sentait la nécessité de la paix. L'ère de la conquête était définitivement passée. Du moment qu'avec l'unification syro-égyptienne consommée par les Aiyûbides on se heurtait à un pouvoir militaire supérieur en rase campagne, il fallait stabiliser, se borner à un rôle statique et conservateur. Les barons du royaume, le grand maître du Temple et celui de l'Hôpital, consultés par Raymond III préalablement à toute négociation, avaient approuvé sa politique de paix et lui avaient donné mandat pour agir en ce sens.

La paix conclue, les « gens de la terre », c'est-à-dire la population rurale syriaque et les commerçants latins des ports avaient recommencé à vivre. D'autre part la conclusion de cette trêve prouve que Saladin, satisfait de la constitution de son vaste empire syro-égyptien, en arrivait, malgré ses proclamations en faveur de la guerre sainte, à tolérer pratiquement l'établissement franc du Sahel. Nous le verrons, après *Hattîn* comme après la reprise d'Acre, encourir le blâme des historiens arabes, pour avoir arrêté la reconquête musulmane et laissé les Francs en possession de la côte libanaise[5] : attitude qui, à y réfléchir, ne peut s'expliquer – indépendamment, bien entendu, de l'espèce de paralysie militaire à laquelle le caractère éminemment féodal de son empire exposait périodiquement Saladin – que par le sentiment de l'intérêt qu'avait la Syrie musulmane, au point de vue économique, à conserver sur le littoral les comptoirs génois, pisans et vénitiens. De même en 1185, Saladin aurait pu profiter de la disette qui accablait la Syrie maritime. Raymond III lui-même en avait exprimé la crainte devant les barons. Saladin ne pouvait manquer d'être informé de la situation. L'État franc était affaibli au point de vue économique par cette disette, comme au point de vue politique par l'avènement d'un enfant de cinq ans, par la longue régence qui s'annonçait, durant laquelle, d'après les coutumes de la société franque, le comte-régent ne pouvait rien faire sans avis préalable de la république des barons, enfin par la lutte ouverte entre Raymond III et Guy de Lusignan.

Loin de mettre à profit ces avantages évidents, Saladin conclut sans difficulté, « volontiers » dit même Ernoul, la trêve proposée par Raymond III. Quelle meilleure preuve que la tourmente aiyûbide était peut-être passée, que l'empire aiyûbide se stabilisait dans ses limites actuelles, respectant les forces vives de la colonie franque ? 1185. Une trêve de quatre ans, d'ailleurs renouvelable, nous reporte en 1189. Où sera à cette date, quand la sage politique de Raymond III aura été remplacée par la politique belliciste de Renaud de Châtillon, de Guy de Lusignan et des Templiers, le royaume de Jérusalem ?

720   *L'ÉQUILIBRE*

*L'attention de Saladin détournée vers les affaires de Mossoul.
Premiers symptômes de dissensions familiales dans l'empire
aiyûbide.*

En ces années 1185-1186 Saladin était d'ailleurs peut-être
plus attiré par les affaires de l'Est que par celles de Syrie. En
avril 1185 il partit, malgré les menaces du sultan seljûqide de
Qoniya, attaquer une fois de plus Mossoul qu'il bloqua
d'ailleurs vainement. Sur ces entrefaites, le shâh-Armên
Soqmân II, souverain de Khilât en grande Arménie étant
mort, Saladin leva le siège de Mossoul pour aller disputer
Khilât à l'atâbeg d'Adharbaijàn, mais sans réussir davantage
dans ce projet (été de 1185)[6]. De là, il alla s'emparer de
Maiyâfâriqîn. Au retour de cette campagne il tomba gravement malade à *H*arrân, et ne put retourner en Syrie qu'en
avril 1186.

L'empire aiyûbide d'ailleurs commençait à connaître les
difficultés intérieures. Saladin, se défiant de sa famille, était
en train de retirer à ses frères et à ses neveux les grands fiefs
syro-égyptiens pour les donner à ses propres fils. L'Égypte
avait été jusque-là confiée simultanément à son fils al-Af*d*al
'Alî et à son neveu Taqî al-Dîn 'Omar. Alep était gouverné par
son frère al-'Adil Saif al-Dîn. Or Alep, avec son imprenable
citadelle, avait un passé de capitale qui l'opposait à la primauté de Damas ; sa possession pouvait faire naître chez al-
'Adil – le plus remarquable après Saladin des princes aiyûbides – de dangereuses ambitions. D'autre part, en Égypte,
Taqî al-Dîn, fier de sa brillante réputation militaire, se que-
rellait avec al-Af*d*al. Là encore Saladin crut voir une menace
pour l'avenir : Taqî al-Dîn cherchait à asseoir son autorité en
Égypte au détriment du fils du sultan, pour s'y tailler un
royaume personnel ! Saladin envoya donc en Égypte son
second fils al-'Azîz O*th*mân, escorté de al-'Adil, et rappela
Taqî al-Dîn (été de 1186). Mais l'impétueux Taqî al-Dîn
refusa d'obéir et commença à enrôler une armée dévouée à
sa personne. Il fallut que Saladin usât de ruse pour l'attirer à
Damas. Là il l'empêcha de retourner en Égypte et lui donna
en compensation des fiefs syriens discontinus, comme
*H*amâ, Menbij, Ma'arrat al-Nu'mân et Kafar*t*âb[7].

Quant à son frère al-'Adil, Saladin devait par la suite (en 1191) le rappeler d'Égypte, comme il l'avait rappelé d'Alep, et lui donner finalement en Mésopotamie un fief secondaire avec Édesse et Harrân, et aussi la Transjordanie.

Arrivée de Guillaume III de Montferrat en Palestine.
Conrad de Montferrat détourné de la Croisade par les affaires de Constantinople.

Tandis que se passaient en pays musulman ces événements symptomatiques qui annonçaient aux Francs – à condition qu'ils sussent attendre – la dislocation prochaine de l'empire aiyûbide, d'Europe leur arrivaient des renforts précieux qui pouvaient consolider leur situation.

L'aïeul de l'enfant-roi Baudouin V, le vieux marquis de Montferrat Guillaume III vint en 1185 du Piémont en Palestine pour aider et protéger son petit-fils[8]. Connaissant déjà l'Orient (il avait, en 1147, accompagné l'empereur Conrad III), il pouvait être un élément de pondération et d'ordre dans la féodalité franque. Accueilli avec de grands honneurs par le régent Raymond III et par les barons, il reçut d'eux en hommage le château de Saint-Élie, sur la hauteur qui domine au sud le village d'al-Taiyba, entre Béthel (Beitîn) et le Mont de la Quarantaine (Jebel al Qarantal)[9]. Peu après un des fils de Guillaume III, Conrad de Montferrat[10], oncle par conséquent du roi Baudouin V, partit également pour la Terre Sainte, mais la tempête ou plutôt le désir d'aventure l'amena à se détourner vers Constantinople. Dans cette ville Conrad allait être mêlé aux guerres civiles qui marquèrent les règnes d'Isaac et d'Alexis l'Ange et qui le retinrent pendant de longs mois loin de la Syrie. (Il sauva le trône d'Isaac l'Ange, menacé par son compétiteur Alexis Branas). Premier exemple de la fatale attraction que Constantinople exerçait sur les Croisés au grand désavantage de la Terre Sainte, attraction qui devait bientôt avoir pour résultat le crime historique de la Quatrième Croisade. L'absence du chef énergique qu'était Conrad devait se faire cruellement sentir à Jérusalem dans les événements qui suivirent la mort de Baudouin V.

§ 2. — La succession de Baudouin V. Raymond III ou Guy de Lusignan ?

Mort de Baudouin V. Raymond III,
candidat des barons palestiniens.

L'enfant-roi Baudouin V mourut à Saint-Jean d'Acre au bout de quelques mois de règne, au cours de l'année 1186 (peut-être vers septembre). Dans l'état des querelles féodales aucun événement ne pouvait être plus désastreux.

La question dynastique se posait, redoutable. D'après les précédents en vigueur, il faut reconnaître que la couronne revenait de droit à la princesse Sibylle, sœur de Baudouin IV, et à son époux, Guy de Lusignan. Mais Guy avait été exhérédé par Baudouin IV, qui avait, en cas de décès du jeune Baudouin V, semblé désigner au choix des barons le régent Raymond III de Tripoli. Ce dernier, du reste, pouvait, lui aussi, se recommander de sa parenté avec la dynastie, étant, par sa mère Hodierne, petit-fils du roi Baudouin II. Ayant été désigné comme régent par Baudouin IV, jouissant de la confiance de la grande majorité des barons, il espérait évidemment recueillir la couronne. Ajouterons-nous que la trop courte expérience de sa régence avait montré en lui un politique sage et avisé, véritable héritier de la tradition « capétienne » des rois de Jérusalem ? Enfin dans la délicate situation où l'unité syro-égyptienne avait placé les colonies franques, Raymond représentait le parti de la prudence et de la paix.

Il représentait aussi parmi les barons francs l'élément colonial contre l'élément croisé. Depuis plus de quatre-vingts ans que la race française s'était installée en Syrie, elle avait eu le temps d'y pousser de profondes racines. Les colons, fils et petit-fils d'immigrés, les « Poulains » comme on les appelait, les Créoles, comme on eût dit plus tard, sérieusement adaptés au sol et au milieu – trop peut-être pour certains d'entre eux –, constataient toujours avec une certaine inquiétude l'inexpérience des Croisés nouveaux venus. Connaissant de longue date la mentalité orientale, ayant noué avec les dynasties musulmanes des relations de voisinage et de courtoisie, ils évitaient avec soin de donner à la guerre sainte le caractère inexpiable qui, en Occident, paraissait de rigueur. Les nouveaux Croisés, au contraire, refusaient de se plier aux règles du jeu syrien. Ils taxaient presque de trahison l'esprit politique des Poulains, ils méprisaient leur souplesse, leurs ménagements envers les musulmans, toute cette atmosphère créole et levantine. L'*Estoire de Éracles* nous rapporte la chanson que chantaient les compagnons de Guy de Lusignan à la barbe des barons indigènes :

> « Maugré li Polein
> « Aurons-nous roi poitevin »[11].

Français de France et Français de Syrie en étaient ainsi arrivés à une antipathie réciproque. Le même chroniqueur nous parle à ce sujet de « la hayne dou roi Guy et des Poitevins à ciaus de cest païs », ajoutant que « ceste haine et cest despit firent perdre le roiaume de Jérusalem ».

Guy de Lusignan et les intérêts coalisés en sa faveur.

À défaut des sympathies de l'immense majorité des barons syriens, Sibylle et Guy de Lusignan avaient trouvé, parmi les chefs de la Syrie franque, quatre puissants protecteurs : le patriarche de Jérusalem Héraclius, le grand maître du Temple Gérard de Ridefort, Renaud de Châtillon, sire d'Outre-Jourdain, et l'ancien tuteur de Baudouin V, Jocelin III de Courtenay.

Nous connaissons chacun de ces quatre personnages. Héraclius, prélat enfoncé dans le siècle et généralement méprisé, pouvait, malgré sa vie scandaleuse, mettre au service de ses préférences la force de l'épiscopat. Il accorda son appui à Guy pour complaire à sa vieille amie, la reine douairière Agnès de Courtenay, mère de Sibylle. – Le grand maître du Temple, lui, était séparé de Raymond III par une haine personnelle. Jadis, jeune chevalier flamand venu chercher fortune en Orient, il était entré au service du comte qui l'avait pris en amitié et qui lui avait à peu près promis la main de l'héritière de la principauté de Boutron (Ba*t*rûn)[12]. Raymond lui ayant par la suite préféré un riche Pisan nommé Plivano ou Plebanus – lequel, il est vrai, avait glissé sous main 10 000 besants dans les caisses du comte –, Gérard de Ridefort avait juré à son ancien maître une haine implacable[13]. Quant à Renaud de Châtillon, tout devait le dresser contre Raymond III. Les méthodes prudentes et temporisatrices de Raymond, ses préférences pour une politique de paix avec Saladin, chacun de ses actes entravait ou choquait la fougue anarchique, le besoin d'aventures, les habitudes de pillage du vieux baron. À ce politique avisé, en qui vivait la tradition monarchique de la dynastie hiérosolymitaine, Renaud préférait, comme plus facile à manier, le personnage indécis et faible, le prince étranger, le beau garçon naïf qu'était Guy de Lusignan sous le nom de qui il lui serait facile de gouverner. Mais celui des quatre conjurés qui emporta la décision fut Jocelin III.

Le coup de surprise de 1186.
Couronnement de Guy de Lusignan.

Comme tant de Poulains de la troisième génération, ou plutôt comme son père Jocelin II lui-même, Jocelin III était un créole intrigant, sans cœur ni foi. Bien qu'il dût être d'emblée suspect comme étant l'oncle de la princesse Sibylle, il sut inspirer confiance à Raymond III en se présentant à celui-ci comme un allié sûr. Feignant d'entrer dans les projets de Raymond, il lui persuada de ne pas conduire en personne le corps du petit roi défunt à Jérusalem où se trouvaient les sépultures royales, mais de confier ce soin aux Templiers et de se rendre lui-même avec les barons de son parti à Tibériade, en attendant que se rassemblât le parlement chargé de choisir un nouveau roi. Tandis que Raymond prenait sans défiance la route de Tibériade, Jocelin s'empara du château d'Acre, entra par trahison dans Beyrouth, en enlevant cette place aux gens du comte, y mit également garnison, puis maître des deux ports du royaume, invita la princesse Sibylle à aller à Jérusalem et à profiter des obsèques de son enfant pour s'y faire couronner avec son époux.

Furieux de se voir prévenu et trahi, Raymond III appela les barons à un « parlement » à Naplouse. Tous s'y rendirent, liés non seulement par le serment fait au lit de mort de Baudouin IV, mais aussi, semble-t-il, par un sentiment de solidarité réelle avec Raymond, tous, sauf, bien entendu, Jocelin et aussi Renaud de Châtillon. Mais il était trop tard. Installée dans Jérusalem, Sibylle agissait en héritière légitime des anciens rois. Le patriarche Héraclius lui apportait l'appui du clergé : mandé par elle, Renaud de Châtillon était accouru du Krak mettre son épée à sa disposition ; la haine de Gérard de Ridefort contre Raymond faisait le reste. Forte du principe de légitimité qu'elle représentait en droit pur, Sibylle invita Raymond III et les barons réunis à Naplouse à venir assister à son couronnement et à celui de son époux. De leur côté, les barons, rappelant le testament formel de Baudouin IV, faisaient défense au patriarche de sacrer Guy et Sibylle avant que, conformément aux termes de ce testament, le parlement du royaume se fût prononcé[14].

Deux abbés de l'Ordre de Cîteaux, avec deux chevaliers, Jean de Belesme et Guy le Queux, allèrent signifier ce *veto* à Jérusalem. De par Dieu et le Pape, ils « défendaient » de couronner Sibylle, et ils rappelaient à ce sujet le serment fait par les barons au lit de mort de Baudouin IV, serment d'après lequel, en cas de décès de Baudouin V, on devait maintenir pendant dix ans encore Raymond III comme régent. Le grand maître de l'Hôpital, Roger des Moulins, qui se trouvait à Jérusalem, refusa de même d'être présent au couronnement de Guy, « car il dist qu'il erreroit contre Deu et contre lor sairement ». Le patriarche, le maître du Temple et Renaud de Châtillon passèrent outre. Malgré la protestation du grand maître de l'Hôpital, ils firent fermer les portes de Jérusalem, pour éviter une marche des barons de Naplouse ; puis Renaud de Châtillon conduisit Guy et Sibylle au Saint-Sépulcre et y harangua le peuple en faveur de cette princesse au nom du légitimisme dynastique.

Que Sibylle, fille aînée du roi Amaury, incarnât la légitimité dynastique, la chose était évidente. En théorie tout au moins, car dans l'espèce Baudouin IV avait non seulement formellement exhérédé son époux Guy de Lusignan, mais encore fait jurer aux barons qu'en cas de décès du petit Baudouin V, s'ils désiraient élire comme roi un des leurs, ce serait de préférence son cousin, le comte Raymond III de Tripoli. Le serment fait au défunt roi suspendait donc en droit l'exercice de l'hérédité directe. Et la conscience de l'intérêt public aurait dû faire le reste, comme ne peut s'empêcher de l'observer le continuateur de Guillaume de Tyr ; en 1186 le royaume de Jérusalem était une forteresse en état de siège ; or Raymond III avait fait ses preuves comme régent, tandis qu'on pouvait tout redouter de l'incapacité de Guy de Lusignan et de la folie de son conseiller Renaud de Châtillon. Aussi, le grand maître de l'Hôpital, invité à donner les clés du trésor où étaient renfermées les couronnes du sacre, s'y refusa violemment tant qu'il n'aurait pas reçu mandat de l'assemblée des barons. Il s'enferma dans la maison de son Ordre, farouche et inaccessible. Le temps passait. On le trouva enfin, on le supplia. De guerre lasse il jeta les clés au milieu de la pièce et on put aller chercher les couronnes. Même alors, si grande était l'impopularité de Guy que ce ne fut pas lui que le patriarche couronna, mais seulement la princesse sa femme, comme fille du roi Amaury. Ce ne fut qu'ensuite que Sibylle, comme par un choix spontané, plaça à son tour la seconde couronne sur la tête de son époux.

Toute la scène est curieusement décrite par le Continuateur de Guillaume de Tyr : « Quant la contesse fu roine couronnée, si li dist li Patriarches : "Dame, vous estes feme, il vos « covient avoir qui vostre roiaume vos aide à governer, qui soit « mâle ; vez là une corone ; or la prenez, si la donés à tel home « qui vostre roiaume puisse governer." Elle prist la corone, si apela son seignor Gui de Lusignan, si dist : "Sire, venez « avant, recevez ceste corone, car je ne sai où je la puisse « meaus empleer." Cil se agenoilla devant (elle), et ele li mist la corone en la teste »[15]. Le mouvement est joli de tendresse féminine. Mais le grand maître du Temple, Gérard de Ridefort, savourant sa vengeance contre celui qui l'avait jadis frustré de l'héritage de la seigneurie de Boutron, murmurait entre ses dents à l'adresse de Raymond III : « Ceste corone vaut bien le mariage dou Botron[16]. » Mot révélateur : toute l'affaire avait été machinée comme un mauvais coup.

Opposition des barons à l'avènement de Guy :
le « parlement » de Naplouse. Dérobade d'Onfroi de Toron.

Rien n'était fait cependant, tant que l'assemblée des barons réunie à Naplouse autour de Raymond III ne s'était pas prononcée. En effet, par un étrange renversement des situations, qu'il est de notre devoir de signaler, c'était l'héritière légitime du trône et son époux, Sibylle de Jérusalem et Guy de Lusignan, qui personnifiaient ici l'aventure. C'étaient Raymond de Tripoli et ses partisans, comme les Ibelin, qui représentaient la pure tradition de l'État hiérosolymitain, l'héritage de la sagesse dynastique. Le caprice de Sibylle avait pu faire du beau Guy un roi de Jérusalem. En ces Marches sarrasines, il n'était pas possible de laisser le sceptre en des mains aussi débiles. En apprenant le coup de force de Jérusalem, le chef de la maison d'Ibelin, Baudouin, sire de Ramla (= Rames) et de Bethsan, prophétisa étrangement l'avenir : « Il ne sera pas un an roi ! » De fait, comme le remarque le Continuateur, « coronez en mi-septembre, il perdi le reaume à la Saint-Martin[17]. »

Hanté par ces sinistres pressentiments, le chef de la maison d'Ibelin annonça son intention de s'expatrier pour ne pas voir la catastrophe. On comprend son amertume. Après avoir naguère cru obtenir la main de Sibylle, après avoir presque touché au but, il avait été oublié et joué par elle pour ce cadet sans valeur qu'elle faisait couronner aujourd'hui. Mais la haine le rendait clairvoyant. Le Continuateur de Guillaume de Tyr nous a décrit cette scène pathétique. « Lors dist Bauduin (de Ramla) au conte de Triple et as baronz de la terre : "Beaux seignors, faites au meauz que vos porrez, quar la terre est perdue. Et je vuiderai la contrée, por ce que je n'en veuil avoir reproche ne blasme que je aie esté à la perte de la terre ; car je conois tant le roi, qui ores est, à fol (comme fou) et à mauvais[18], que par mon conseil ne par les vostres ne fera il néent. Ainz vodra errer par le conseil de ceauz qui riens ne sevent. Et por ce vuiderai-je le païs." « Lors li dist li cuenz (le comte) de Triple : "Sire Bauduin, por Dieu, ayez merci (pitié) de la Crestienté ; prenons conseil comment nos porrons garentir la terre. Nos avons ci la fille dou roi Amauri et son baron Hanfroi ; nos la coroneronz et si ironz en Jérusalem, et la prendrons, (pour ce) que nous avons la force des barons de la terre et dou maistre del Ospital, fors solement le prince Renaut, qui est avec le roi en Jérusalem. Et je ai trives as Sarrasins et aurai tant come je vodrai, ne ja (jamais) ne serai grevez par eauz[19]. Ainz nos aideront, se mestier (besoin) en avonz."

La proposition de Raymond III permettait en effet de sortir de l'impasse. À défaut de la princesse Sibylle, dont l'époux soulevait l'hostilité de toute la noblesse, sa sœur cadette, Isabelle, avait épousé un baron local, fort bien vu de tout le pays, Onfroi IV le Jeune, sire de Toron, que le souvenir de son grand-père, le vieux connétable Onfroi II, rendait cher à tous les Francs. Sans doute Onfroi IV était connu comme un jeune homme sans grande expérience personnelle, mais de bonne race et qui, dirigé par la prudente politique du comte de Tripoli et de la maison d'Ibelin, pouvait maintenir, comme l'indiquait Raymond III, l'accord avec Saladin et l'ordre à l'intérieur.

Malheureusement, Onfroi n'était qu'un joli garçon timide qui s'épouvanta du rôle qu'on voulait lui faire jouer. La nuit venue, il s'enfuit secrètement de Naplouse et courut à franc étrier à Jérusalem. La reine Sibylle devant qui il se présenta le reçut d'ailleurs fraîchement, comme membre du parti adverse. « Si la salua, et elle dist qu'ele ne respondoit mie, pour çou qu'il avoit esté encontre (elle), et qu'il n'avoit esté à sen courounement. » Tout penaud, il « commença à gratter sa teste, ausi come li enfez hontoz (comme un enfant honteux) et dist : "Dame, je n'en puis mais, car l'en me voleit faire roi à force et hui (aujourd'hui) coroner." Et la roine dist : "Sire Hanfroi, puis que vos l'avez einsi fait, je vos pardoinz... Or alez, faites vostre homage au roi[20]." »

Résignation des barons à l'avènement de Guy.
Exil volontaire de Baudouin de Ramla.

La défection de leur prétendant jeta le désarroi dans le camp des barons réunis à Naplouse. L'époux de la princesse Isabelle leur faisant défaut, ils manquaient de base juridique pour écarter Guy de Lusignan. Quelles que fussent leurs antipathies contre ce dernier, leur peu de confiance dans ses qualités de chef, il ne leur restait qu'à se rallier à lui, en reconnaissant de plus ou moins bonne grâce le fait accompli, « puis que tant est la cose alée qu'il a roi en Jherusalem ». Sans enthousiasme, en s'excusant auprès de Raymond III, en

RAYMOND III OU GUY DE LUSIGNAN ?

l'assurant de leur entière sympathie personnelle (Ernoul nous a rapporté à ce propos leurs discours singulièrement embarrassés devant le comte), ils se rendirent donc de Naplouse à Jérusalem pour rendre hommage à Guy et à Sibylle[21]. Bien entendu, Raymond III ne se joignit pas à leur troupe, dissidence d'autant plus dangereuse que, en plus de son comté de Tripoli, il possédait, du fait de sa femme Échive[22], la principauté de Tibériade ou de Galilée, le principal fief du domaine royal. Comme lui, le chef de la maison d'Ibelin, Baudouin de Ramla, l'ennemi personnel de Guy et de Sybylle, refusa de se rallier. Plutôt que de prêter hommage, il annonçait son intention de s'expatrier en passant à son fils la « saisine » de sa terre.

Mais en droit féodal cette opération ne pouvait avoir lieu sans l'autorisation du roi. Or, Guy de Lusignan, désireux de briser l'opposition des barons, annonçait que, si Baudouin de Ramla lui refusait l'hommage, il dépouillerait les Ibelin de leurs fiefs. Dans ce but, il convoqua Baudouin avec tous les autres barons à Saint-Jean-d'Acre. Ce « parlement » se réunit dans la cathédrale de Sainte-Croix. Guy ouvrit l'assemblée par un discours où il chercha à renouer en sa faveur la continuité monarchique. « Monta au lutrin, si comença à mostrer coment il avoit esté coronez à roi de Jérusalem et coment Deu li avoit faite tel grâce de si digne corone. Jà fust ce que il n'en fust mie dignes, ne le deussent il mie tenir en despit. Si lor requist que il li feissent lor feautez et lor homages, si come home deit faire à son seignor. »

Ayant dit, il pria Renaud de Châtillon qui se trouvait à ses côtés et qui s'affirmait de plus en plus comme le protecteur du nouveau règne, d'appeler à l'hommage Baudouin de Ramla. « Renaus l'apela par trois fois ; il, come sages, ne vost répondre à son apel. Quant li rois vist que Bauduin d'Ybelin ne respondeit, il meismes l'apela : "Beauz amis, venez avant, si me faites vostre homage et vostre féauté." Les chroniqueurs varient sur les termes de la réponse de Baudouin. "Quant Baudoin, nous dit l'un d'eux, entendi qu'il li convenoit faire homage au roi Guion, il fu moult dolent. Il vint devant le roi, si ne le salua pas, ains dist : Rois Gui, je vous fais homage com cil qui de vouz ne voudra tenir terre ni ne tenra jà (jamais)." Ains fist Baudoin de Rames son homage au roi, mes il ne le baisa pas. Ains fist son filz revêtir de la terre et faire son homage. Lors s'en issi et bailla à Beleen (Balian II) d'Ibelin, son frère, son fil à garder, o tote sa terre, puis prist congié et s'en parti…[23] » Le texte officiel du Continuateur prête à Baudouin une attitude encore plus raide. Il lui fait répondre au roi : « Onques mon pères ne fist homage au vostre, ne je ne le ferai à vos ; je vos comant mon fié (fief) jusque à tant que Tomassin (Thomas), mon fiz, soit d'aage. Il venra à vos come à seignor, et vos fera ce que il deit, et je vos vuiderai vostre roiaume dedenz tiers jor. » Puis prist congé[24]. » *Les Gestes des Chiprois* ajoutent que Guy de Lusignan fut sur le point de le faire arrêter : « Et, ce ne fust le grant lignage que il avoit, le roy lui eust mis main dessus[25]. »

Le chef de la famille d'Ibelin, en qui s'incarnaient les traditions de la féodalité enracinée, adaptée et expérimentée, associée à l'œuvre monarchique, abandonnait donc le royaume. « Dont ce fu grant damage à la terre, mès moult en furent li Sarrazin lié (joyeux), car il le doutoient (redoutaient) plus que barun de la terre, li et son frère Beleen. » Baudouin se retira à Antioche, où le prince Bohémond III, joyeux d'une telle recrue, lui octroya un fief égal à celui qu'il avait abandonné.

Opposition de Raymond III au gouvernement de Guy.
Son rapprochement avec Saladin.

Le facteur plus inquiétant était l'attitude du comte Raymond III de Tripoli. Le coup de surprise de Jérusalem avait dissipé son secret espoir d'obtenir la couronne. Le désistement d'Onfroi de Toron lui enlevait toute possibilité de gouverner sous le nom d'un autre roi. De ses espérances, secrètes ou avouées, il ne lui restait même pas la ville de Beyrouth que Baudouin IV lui avait gagée et que la trahison de Jocelin de Courtenay venait de lui faire perdre.

Ce fut alors que Raymond III exaspéré commença avec Saladin un jeu trouble, singulièrement dangereux, qui devait, survenant après les preuves d'incapacité de Guy de Lusignan et après les brigandages de Renaud de Châtillon, achever de démoraliser le pays et de disloquer l'État. Tandis qu'il occupait la régence de Jérusalem, il avait noué avec Saladin des rapports d'amitié personnelle. Politique alors excellente, le maintien de la paix étant, dans ces heures de transition, indispensable au salut du royaume. Mais Raymond III une fois rejeté dans l'opposition, ce qui était tout à l'heure diplomatie habile devint demi-collusion avec l'ennemi. Il y eut là un « glissement » sur lequel *l'Estoire d'Éracles* est fort discrète[26], mais que les annalistes arabes nous exposent franchement.

« Le roi des Francs, qui était lépreux, mourut, écrit Ibn al-Athîr[27], léguant sa succession à son neveu, fils de sa sœur, lequel n'était encore qu'un enfant. Le comte de Tripoli, Raymond[28], prit soin de cet enfant et se chargea de l'administration du royaume, car les Francs ne possédaient pas alors un homme plus élevé en dignité, ni plus brave, ni plus prudent. Son ambition était de s'emparer de l'autorité à cause de l'extrême jeunesse de son pupille. Mais il arriva que celui-ci mourut et que la puissance royale passa à sa mère [Sibylle]. Les ambitieuses espérances du comte furent ainsi réduites à néant. Or cette reine s'était prise d'amour pour un individu d'entre les Francs, nommé Guy[29], qui était arrivé d'Occident en Syrie. La reine, l'ayant épousé, lui transmit l'autorité souveraine, lui plaça la couronne sur la tête, fit venir le patriarche, les prêtres, les moines, les Hospitaliers, les Templiers, les barons et leur annonça qu'elle avait transféré la royauté à son mari. Ces divers personnages se soumirent au nouveau roi et lui obéirent, mais cet incident était pénible pour le comte, et il en demeura tout interdit. On exigea de lui un compte des tributs qu'il avait recueillis pendant le règne du défunt enfant. Il prétendit les avoir dépensés pour son pupille, mais cette réclamation augmenta son mécontentement. Il manifesta de l'opposition et de la haine, envoya un messager à Saladin et entra en relation avec lui. Encouragé par le sultan, il lui demanda de l'assister pour atteindre son but. Saladin et les musulmans en furent joyeux. Le sultan promit au comte de le secourir et de l'appuyer dans tout ce qu'il voudrait et de l'établir souverain absolu de tous les Francs. Il avait près de lui, comme prisonniers, un certain nombre de chevaliers du comte ; il les relâcha, ce qui produisit dans l'esprit de celui-ci l'impression la plus favorable. Aussi manifesta-t-il sa déférence à Saladin, de concert avec un certain nombre de Francs. La discorde s'introduisit donc parmi les chrétiens. Ce fut une des principales causes qui amenèrent la conquête de leur pays et la reprise de Jérusalem par les Musulmans... »

Al-'Imâd, cité par le *Livre des Deux Jardins*[30], s'exprime dans des termes analogues : « Au nombre des événements décrétés par Allâh en faveur de l'Islâm et pour la ruine de l'infidélité se placent les faits suivants. Le comte de Tripoli désira entretenir des relations d'amitié avec le sultan et recourir à lui et à son alliance contre ses coreligionnaires. La reine mère s'était remariée à un seigneur de l'Occident qu'elle avait remarqué et lui confia le gouvernement..., ce qui fit naître la mésintelligence entre le comte et lui. Le comte se mit sous la protection du sultan et devint un de ses partisans. Le sultan l'accueillit avec des paroles bienveillantes et, pour l'encourager, lui rendit quelques officiers tombés en captivité. Le zèle du comte en faveur des Musulmans ne fit que s'accroître... : il ne jurait que par la fortune et la puissance du sultan... Le comte fit même des bassesses aux dépens de sa religion... Les Francs combattirent ses menées hostiles et se mirent en garde contre ses intrigues, en ayant recours tantôt à la dissimulation, tantôt à la lutte ouverte. Mais le comte avait des affidés qui l'aidaient dans toutes ses entreprises justes ou injustes, et il en résulta de sérieux embarras pour les Francs. »

Que faut-il retenir de ces assertions ? Sans aucun doute que l'avènement de Guy de Lusignan, dans les conditions étranges où il s'était produit, avait ébranlé jusqu'à la notion de l'État franc. Raymond III, dépouillé de Beyrouth et craignant de se voir attaqué jusque dans sa « princée » de Tibériade ou dans son comté de Tripoli par Guy de Lusignan et par Renaud de Châtillon – menace qui, un moment, faillit se préciser –, prenait une contre-assurance du côté de Saladin. La chose était après tout sans inconvénient, elle pouvait même maintenir l'entente avec Saladin tant que les nouveaux gouvernants de Jérusalem restaient fidèles à la politique de trêve inaugurée par Raymond lui-même. Mais qu'un coup de folie, du côté Lusignan, rompît la paix avec Saladin, la politique personnelle de Raymond III prendrait les allures d'une trahison.

Cet acte de folie, comme on pouvait s'y attendre, ce fut Renaud de Châtillon qui le commit. Si les États francs avaient besoin de paix, c'était à coup sûr à cette heure trouble où le trône de Jérusalem venait d'échoir à un roi de hasard, sans valeur ni prestige, accepté à contre-cœur par les barons, brouillé même avec son principal vassal. Profondément divisé à l'intérieur, affaibli par la défection de Raymond de Tripoli et du chef des Ibelin, le royaume n'avait jamais été aussi débile. Ce fut l'instant que choisit Renaud de Châtillon pour provoquer de nouveau Saladin par un acte de brigandage qui, cette fois encore, rejetait sur les Francs toute la responsabilité de la rupture.

§ 3. — Règne de Guy de Lusignan : la guerre. Le désastre.

Enlèvement, en pleine paix, de la caravane d'Égypte
par Renaud de Châtillon.

Une longue carrière outre-mer n'avait pas assagi Renaud. Au soir de sa vie, il restait le représentant par excellence de cette féodalité pillarde, sanguinaire et anarchique qui n'admettait aucune raison d'État. Prince d'Antioche, il avait jadis, par le sac de l'île de Chypre, attiré sur la Syrie franque la colère de l'empire byzantin. Seigneur d'Outre-Jourdain, il allait, pour des raisons analogues, appeler de même sur le royaume de Jérusalem le désastre final.

Ce qui, chez Renaud, irritait particulièrement le monde musulman, c'était son alliance avec les Bédouins pour rançonner, de ses châteaux du Moab et de l'Idumée, la route du pèlerinage de la Mecque. « Il avait avec lui une troupe d'Arabes sans aveu, opprobre de la religion musulmane[31]. » Après la croisière de piraterie qu'il avait lancée en mer Rouge, il avait cependant obtenu de Saladin une trêve qu'il avait, comme le sultan, juré d'observer. « Il obtint ainsi l'amân pour son territoire, ses sujets, sa famille. » Conformément aux trêves intervenues, les caravanes de pèlerins ou de marchands avaient recommencé à fréquenter les pistes de Transjordanie. C'était tout bénéfice pour Renaud, car, comme le fait remarquer Abû Shâma, il prélevait sur elles des droits de douane d'autant plus importants que la route de commerce entre l'Égypte et la Syrie musulmane passait forcément par ses domaines. Mais le chevalier-brigand ne pouvait vivre sans pillage. Vers la fin de 1186, semble-t-il, ou au commencement de 1187, comme une caravane exceptionnellement considérable, « chargée de richesses immenses », était annoncée, venant du Caire et se dirigeant sur Damas, il n'y put tenir. Les autorités égyptiennes avaient cependant pris la précaution de faire convoyer les caravaniers par un corps de troupes. Renaud se mit en embuscade, surprit le convoi et fit main basse sur les marchandises. Il prit les voyageurs jusqu'au dernier, pilla leurs richesses, leurs bêtes de somme, leurs armes et jeta les captifs dans les prisons du Krak de Moab. Détail exceptionnellement grave s'il était exact, mais que rapporte seul le continuateur de Guillaume de Tyr[32], parmi ces captifs se serait trouvée la propre sœur de Saladin[33].

Depuis plusieurs mois Saladin avait paru prouver qu'il se résignait au *statu quo* syrien. Tout dernièrement encore il venait de renouveler avec le roi Guy de Lusignan les bienfaisantes trêves conclues sous la régence de Raymond III. En apprenant le guet-apens dont les siens venaient d'être victimes, il somma Renaud de rendre son butin. Le fait seul qu'au lieu de marcher sur le Krak de Moab, Saladin ait recouru à une démarche diplomatique prouverait, semble-t-il, qu'il ne désirait pas la guerre à tout prix. « Saladin, écrit Ibn al-A*th*îr, envoya un message au maudit pour lui faire des reproches, dénoncer sa perfidie et le menacer de vengeance s'il ne relâchait pas les prisonniers et s'il ne restituait pas les trésors. » À cet ultimatum Renaud répondit par un refus péremptoire.

Vers le suicide franc : Renaud de Châtillon refuse
au roi Guy d'accorder réparation à Saladin.

De Renaud, Saladin en appela au roi Guy de Lusignan. Suprême et solennelle démarche avant la rupture, qui prouve une fois encore qu'il ne désirait pas rompre la paix. Suprême faveur du sort pour les Francs. « Quant Saladin l'oi dire que li princes Renaus avoit prise la carevane et sa suer, durement en fut iriez (irrité) et dolens. Il manda tantost (aussitôt) ses messages au noveau roi, requérant (réclamant) la carevane et sa suer, et que il ne voloit mie enfraindre la trive que il avoit fermée au tenz dou petit roi. Le rois Guis manda au prince Renaut que il rendist à Saladin la carevane que il avoit prise et sa suer. Il répondi que il n'en rendroit point et que ausi estoit il sires de sa terre come il (Guy) de la soe (sienne)... La prise de ceste carevane, ajoute douloureusement le chroniqueur, fu l'achoison de la perdicion dou roiaume de Jérusalem[34] ».

C'était bien la fin du royaume de Jérusalem en effet, et non seulement parce que le refus de Renaud équivalait à une reprise de la guerre, de la guerre follement provoquée dans les conditions les plus défavorables, sans l'aide des deux grands vassaux de la couronne, sans Bohémond III d'Antioche qui était en train, lui aussi, de conclure une trêve particulière avec Saladin, sans Raymond III de Tripoli qui, emporté par sa rancune, était entré avec le même Saladin dans une véritable alliance personnelle. C'était surtout la fin du royaume parce que le refus de Renaud proclamait la chute de l'institution monarchique. Jamais au temps des quatre premiers Baudouin, du roi Foulque ou du roi Amaury un baron n'eût osé, devant les remontrances royales, répondre qu'il était aussi maître en son fief que le monarque à Jérusalem. Cette révolte du principal des vassaux directs, et dans une circonstance où il y allait de la paix ou de la guerre générale, montre, plus encore que la sécession du comte de Tripoli, la disparition de l'autorité royale entre les mains débiles de Guy de Lusignan. Souverain sans prestige, ne devant sa couronne qu'à la protection de Renaud de Châtillon, il se trouvait dans l'impossibilité de faire céder celui-ci. Il devait supporter à l'intérieur ses insolences, à l'extérieur se laisser précipiter par lui dans la guerre inexpiable que les razzias du chevalier-brigand avaient rendue fatale. Pris entre Renaud qui entraînait tout le royaume dans la plus insensée des aventures et Raymond III qui poussait la politique de paix jusqu'aux confins de la trahison, la situation de Guy devenait – reconnaissons-le – intenable. À la vérité l'État n'avait plus de chef. L'anarchie féodale ayant annihilé la royauté hiérosolymitaine, la Syrie franque allait délibérément au suicide.

736 L'ÉQUILIBRE

Déclenchement de la grande guerre.
Mobilisation des armées musulmanes.

Car c'était bien la guerre générale. En apprenant le refus de Renaud et l'impuissance de Guy à faire rendre justice, la colère de Saladin avait été terrible. Il jura de s'emparer de Renaud et de le tuer de sa main, serment qu'il devait tenir. Et il prépara la levée en masse de toutes les forces musulmanes pour écraser la Syrie franque sous le nombre et jeter les chrétiens à la mer. De Damas où il avait établi son quartier général, il organisa la mobilisation des troupes de l'Égypte, de la Syrie damasquine et alépine, de la Jazîra, voire des confins du Diyârbékir. En mars 1187 la mobilisation des forces syriennes et mésopotamiennes battait son plein. Le 13 mars il quittait Damas à la tête d'une belle armée par la route du Sud. Arrivé à Râs al-Mâ[35], il y laissa son fils al-Afdal, pour y présider à l'arrivée et à la concentration des contingents arabes, turcs et kurdes attendus. Lui-même avec le reste de ses forces poursuivit sa route sur Bosrâ pour protéger contre les embuscades de Renaud de Châtillon la caravane de la Mecque qui revenait avec une foule de pèlerins, dont une de ses sœurs et un de ses neveux[36].

La caravane du Hajj une fois arrivée à bon port, le 11 mai, le sultan alla saccager le fief de Renaud ; devant le Krak de Moab comme devant le Krak de Montréal (Shawbak), il procéda à une dévastation méthodique de l'oasis, coupant les moissons, les arbres et les vignes. Renaud avait formé le dessein de barrer la route à l'armée d'Égypte qui arrivait à marches forcées. Saladin déjoua ce projet en se rendant au-devant des troupes égyptiennes avec lesquelles il opéra sa jonction dans la région du Moab. Renaud de Châtillon, étroitement bloqué dans le Krak, ne put ni empêcher ce mouvement ni faire obstacle à la dévastation de sa terre. Tandis que le sultan, à la tête d'une partie de son armée, manœuvrait de la sorte en Transjordanie, son fils al-Afdal, avec le reste des troupes, toujours campé à Râs al-Mâ au nord-ouest du Haurân, y opérait la concentration de tous les contingents des princes vassaux et alliés qui arrivaient successivement. « Là au milieu d'un entourage imposant de chefs illustres et d'une armée considérable et bien approvisionnée, cohorte terrible de lions, il attendait les ordres de son père[37]. »

Pour empêcher le rassemblement des forces franques de répondre au rassemblement des forces musulmanes, le sultan, au moment d'entrer en campagne, eut l'adresse de faire conclure par ses représentants à Alep une trêve particulière avec le prince d'Antioche Bohémond III (juin 1187)[38].

Avec la guerre étrangère, la menace de guerre civile.
Guy de Lusignan contre Raymond III.

À la guerre musulmane que Renaud avait provoquée, Guy de Lusignan et son autre conseiller, le grand maître du Temple Gérard de Ridefort, furent sur le point, en attaquant Raymond III, d'ajouter une guerre féodale. « Li rois Guis, écrit le Continuateur[39], prist conseil au maistre dou Temple que il porroit faire dou conte de Triple, qui son homage ne li voloit faire. Li maistres dou Temple li conseilla que il semoncist son ost et ala assegier Tabarie. » – Le comte de Tripoli possédait en effet, comme prince de Galilée, la ville de Tibériade. À l'heure où le royaume, menacé par la levée en masse de tout l'Islam, n'avait pas trop de toutes ses forces, la haine du Grand Maître du Temple et l'incapacité politique de Guy de Lusignan allaient achever de pousser le comte de Tripoli dans les bras de Saladin ! Toute cette histoire n'est en vérité qu'une longue folie, un pur suicide. « Quant li cuens de Triple, poursuit le Continuateur, oi dire que li rois avoit semonz son ost pour venir sur lui, si ne fu mie liez. Il manda à Saladin que li roi Guis avoit ajosté son ost por venir sur lui ; et cil (Saladin) li manda chevaliers et sergenz et arbalestriers et armes assès, et li manda que, se l'en l'assegeit la matinée, il le secorroit au vespre. » Après avoir ainsi envoyé des troupes au secours de Raymond, le sultan vint s'établir lui-même en observation à Panéas, place qui n'est à vol d'oiseau qu'à une cinquantaine de kilomètres de Tibériade. Pendant ce temps Guy de Lusignan rassemblait son armée à Nazareth pour marcher contre cette même Tibériade.

Tous n'avaient cependant pas perdu la tête dans le conseil chrétien. Au camp de Nazareth, Balian II d'Ibelin, devenu le chef de cette puissante famille depuis l'exil volontaire de

738   L'ÉQUILIBRE

Baudouin son frère, interpella rudement le roi Guy : « Sire, por quei avez-vos assemblé ci cest ost ? Où volés-vos aler à (avec) toute vostre ost ? » Li rois dist que il voloit asseger Tabarié. Balianz li dist : « Par cui conseil est-ce que vos volez ce faire ? Cist consaus (conseil) est mauvais et faus, ne onques sages hom ne le vos dona. Et sachez bien que par mon conseil ne par le conseil de vos baronz n'i porterez vos les piez, car il (y) a grant chevalerie dedens Tabarié de Crestienz et de Sarrasinz, et vos avez po de gens por asségier Tabarié. Et sachez que, se vos y alez, ja pié n'en eschapera ; car tantost come vos l'aurès assegé, Salehadins le secorra o (avec) grant planté de gent. Mais departez vostre ost, et je et une partie des prodes homes de vostre ost irons au conte de Triple, et feronz, se nos poons, la pais entre vos et lui, car la haine n'est mie bone.[40] »

Ces paroles étaient celles de la loyauté et du plus évident bon sens. Guy de Lusignan se laissa persuader. Renonçant à attaquer Raymond III, il permit à Balian d'Ibelin de se rendre en ambassadeur auprès du comte de Tripoli. Celui-ci, encore tout irrité des attaques dont il était l'objet, répondit ne vouloir faire sa soumission que si le roi lui rendait Beyrouth.

L'hiver de 1186-1187 passa sans que Guy se décidât à une réconciliation achetée à ce prix. Après Pâques (29 mars 1187), comme la menace musulmane se précisait, il réunit de nouveau à Jérusalem l'assemblée des prélats et des barons. Ceux-ci ne purent que lui renouveler les conseils de Balian d'Ibelin : la première chose à faire pour pouvoir résister à l'attaque de Saladin était de se réconcilier avec Raymond III : « li cuenz de Triple avoit grant chevalerie avec lui, et si estoit sages hom, et que, se il estoit bien de (avec) lui, et (s') il voloit croire son conseil, il ne porroit riens douter (redouter) les Sarrasinz » : « Sire, fait dire à l'orateur de la noblesse le continuateur de Guillaume de Tyr, vos avez perdu le mieudre (meilleur) chevalier et le plus sage qui soit en vostre terre, ce est Bauduin de Rames ; et se vos perdez l'aide et le conseil dou conte de Triple, avès vos tout perdu[41]. » De nouveau le roi céda. Il envoya à Raymond III, à Tibériade, pour conclure l'accord définitif, une nouvelle délégation, comprenant les deux grands maîtres du Temple et de l'Hôpital, Gérard de

Ridefort et Roger des Moulins, Joce archevêque de Tyr, Balian d'Ibelin et Renaud de Sidon (29 avril 1187). Cette délégation, à peine en route pour Tibériade, allait tomber au milieu des armées musulmanes : Saladin attaquait.

Raymond III entre Saladin et Guy de Lusignan : demande de passage des troupes aiyûbides à travers la princée de Galilée.

Avant d'envahir avec le gros de ses armées le pays franc, Saladin venait d'y envoyer une forte avant-garde sous les ordres de l'émir begtigînide Muzaffar al-Dîn Kukburî (le Loup Bleu), prince de *H*arrân, commandant des contingents de la Jazîra, de Badr al-Dîn Dildirim, commandant des contingents alépins, et de Sârim al-Dîn Qaîmâz al-Najmi, commandant des contingents damasquins[42]. Mais pour que cette armée, de Panéas où elle s'était concentrée, pût pénétrer dans le royaume de Jérusalem et aller, selon les instructions de Saladin, piller le territoire de Saint-Jean-d'Acre, il fallait qu'elle traversât la Galilée. Or la princée de Galilée, avec Tibériade, sa capitale, appartenait au comte Raymond III de Tripoli, l'ami et le protégé de Saladin. Correctement Saladin fit demander à Raymond le passage sur ses terres. On comprend que le comte de Tripoli, comme nous le dit l'*Estoire d'Éracles*[43], ait été « moult dolens » de cette mise en demeure. Il avait jusque-là joué contre Guy de Lusignan de la protection de Saladin. Mais le jeu devenait désormais intenable. S'il refusait le droit de passage demandé par Saladin, il perdait la protection et l'alliance du Sultan. S'il l'accordait, il était déshonoré, mis au ban de la chrétienté. Il crut s'en sortir par une demi-mesure. Il autorisa les avant-gardes de Saladin à faire une démonstration en terre franque à condition qu'entrées sur ses terres au soleil levant, elles repassassent le Jourdain avant la nuit et qu'elles se contentassent de courir la campagne sans commettre aucun dommage contre les bourgs, ni attaquer aucune ville. Sur promesse conforme des représentants de Saladin, l'autorisation fut accordée, et les troupes musulmanes, franchissant le Jourdain, défilèrent sous les murs de Tibériade. Raymond, pour éviter toute tentation à ses dangereux alliés, avait fait fermer les portes de la ville et interdit aux habitants de se hasarder

740 L'ÉQUILIBRE

au dehors. Il envoya les mêmes instructions à Nazareth et dans toutes les autres places et bourgs de la Galilée devant lesquels la chevauchée musulmane devait passer, « que por chose que il veissent ne que il oïssent, ne se meussent celui jor de ville, ne de maison hors, car li Sarrasin devoient entrer en la terre » (30 avril 1187).

Le comte de Tripoli cherchait ainsi à sortir au mieux d'une situation singulièrement délicate. En accordant aux gens de Saladin le droit de passage, il maintenait la lettre de l'accord avec lui. Mais en limitant à une chevauchée d'une journée cette autorisation, en prévenant à l'avance les habitants d'avoir à se retirer à l'abri des murailles, il réduisait au minimum les conséquences de cette autorisation et la rendait pratiquement inoffensive. Et, comme précisément à ce moment-là on lui annonçait l'approche des envoyés de Guy de Lusignan, qui étaient déjà arrivés dans la plaine d'Esdrelon, à hauteur du château de la Fève (al-Fûla), il se hâta, pour éviter tout accident, de leur faire passer la même consigne.

Raymond III avait compté sans l'hostilité et sans l'orgueil impolitique du grand maître du Temple, Gérard de Ridefort, lequel, comme on l'a vu, faisait partie de la délégation royale. Dès que Gérard apprit que le lendemain les troupes de Saladin allaient faire une chevauchée à travers la Galilée, il envoya alerter la garnison de la forteresse la plus proche appartenant à son Ordre, en l'espèce Cachon ou Caco (Qaqûn), au sud-est de Césarée[44]. À son appel, les quatre-vingt-dix Templiers de Cachon coururent à Nazareth, y rallièrent les quarante chevaliers de la garnison royale (matin du 1er mai 1187), et se portèrent aussitôt au devant de l'armée musulmane qu'ils atteignirent aux fontaines de Séphorie (Saffûriya), ou, comme le veut l'*Estoire d'Éracles*, à quelque 6 kilomètres plus à l'est, à la fontaine du Cresson au sud de Kafr-Kennâ[45]. Au témoignage d'Ernoul et du continuateur de Guillaume de Tyr, les troupes aiyûbides, après avoir accompli leur chevauchée à travers la Galilée, venaient de faire demi-tour pour rentrer en Transjordanie « sanz qu'il eussent fait nul damage as Crestiens[46]. » Grâce à l'esprit politique de Raymond III les possessions franques sortaient donc indemnes de cette redoutable conjoncture, tant parce que les généreux musul-

RAYMOND III OU GUY DE LUSIGNAN ?

mans avaient été fidèles à la parole qu'ils lui avaient donnée que parce que les populations chrétiennes, observant rigoureusement ses instructions, s'étaient tenues enfermées à l'abri des forteresses.

La folle chevauchée du grand maître Gérard de Ridefort sur Séphorie : le massacre de Séphorie.

L'orgueil du grand maître du Temple changea l'affaire en désastre. Quand il se vit à la tête des Templiers de Cachon et des chevaliers de Nazareth – en tout, avec les divers éléments qui s'étaient joints à eux, cent cinquante hommes –, il prétendit, avec cette petite troupe, attaquer devant Séphorie les sept mille guerriers aiyûbides[47]. En vain le grand maître de l'Hôpital, Roger des Moulins qui avait accompagné la chevauchée, et jusqu'au maréchal du Temple, Jacques de Mailly essayèrent de lui montrer sa folie. Il insulta Jacques de Mailly, l'accusant publiquement de lâcheté : « Vos amez trop cele teste blonde, qui si bien la volez garder ! » – « Je me ferai tuer comme un gentilhomme, répondit Mailly, et c'est vous qui lâcherez pied ! » Après cela il n'y avait plus qu'à se faire massacrer. Les cent cinquante chevaliers se jetèrent sur l'armée musulmane « avec un acharnement tel, écrit Ibn al-*Athîr*, que les chevelures les plus noires en eussent blanchi de frayeur. » Mais ils succombèrent sous le nombre. Roger des Moulins eut la tête tranchée ainsi que tous les Templiers, sauf trois d'entre eux. Parmi ces trois survivants qui durent leur salut à la fuite était le responsable de l'hécatombe, le grand maître du Temple, Gérard de Ridefort lui-même[48]. Il devait vivre encore pour conduire le royaume tout entier au désastre final[49].

Dans sa folie Gérard de Ridefort, en allant livrer la bataille de Séphorie, avait envoyé un messager aux habitants de Nazareth pour leur annoncer qu'il avait défait les Musulmans et qu'ils eussent à accourir au butin. Confiants dans sa parole, les malheureux se hâtèrent vers le champ de bataille, y arrivèrent à l'heure où les derniers chevaliers venaient de succomber et furent tous capturés par les vainqueurs.

La cavalerie aiyûbide revint de Séphorie vers le Jourdain en triomphal arroi. L'*Estoire d'Éracles* nous montre les guer-

L'ÉQUILIBRE

riers musulmans portant au bout de leurs lances les têtes des chevaliers tués et traînant après eux de longues files de captifs. Du haut des remparts de Tibériade, les compagnons de Raymond III, terrifiés, virent défiler devant eux ce tragique cortège. Cependant les généraux de Saladin, malgré leur victoire et bien qu'ils eussent été attaqués contrairement aux promesses de Raymond, respectèrent leur serment. Ils ne cherchèrent pas à profiter de leur succès pour surprendre Nazareth ou Tibériade. Entrés en Galilée au lever de l'aurore, ils en repartirent, conformément à leurs engagements, au coucher du soleil. « Ne onques en chastel, ne en vile, ne en maison ne firent damage, fors de ceauz que il trovèrent es chans[50]. »

Personne cependant ne s'y trompa. « Ce succès, écrit al-'Imâd, fut la préface des succès futurs[51]. » De fait, avec des chefs comme Gérard de Ridefort ou Renaud de Châtillon, tout-puissants par la carence même de l'autorité royale, l'heure de la chute du royaume avait sonné. Qui a suivi depuis 1099 la lente et patiente œuvre capétienne de la dynastie française de Jérusalem n'assiste pas sans un serrement de cœur à la destruction de cette œuvre par les folies répétées de quelques aventuriers nouveaux venus, barons laïques ou chefs d'ordres militaires, féodalité anarchique qui semblait tout ignorer de la tradition des anciens rois.

Ce coup de folie avait été si rapide que la nouvelle ne s'en répandit pas tout de suite. Le chroniqueur Ernoul, écuyer de Balian II d'Ibelin, nous raconte la surprise de ce dernier lorsque, arrivant à la Fève (al-Fûla), il trouva entièrement vide le camp où les grands maîtres du Temple et de l'Hôpital avaient passé la nuit qui précéda la bataille et où il comptait bien les rejoindre. En vain Ernoul chercha dans le château de la Fève quelqu'un qui pût renseigner son maître : personne. Ce ne fut qu'en arrivant à Nazareth qu'ils découvrirent un Templier fugitif qui les mit au courant du désastre[52]. Balian regroupa à Nazareth les survivants du combat, fit venir à franc étrier de Naplouse tous les chevaliers qui s'y trouvaient, puis il partit pour Tibériade avec Renaud de Sidon, afin de voir Raymond III et de conclure avec celui-ci un accord plus nécessaire que jamais.

Réconciliation de Raymond III et de Guy de Lusignan.
Tardif regroupement des forces franques.

Raymond III n'était pas le moins atterré. Il ménagea le meilleur accueil aux envoyés du roi, Balian d'Ibelin et Renaud de Sidon. Sur leur conseil il accepta non seulement de rompre avec Saladin en congédiant les auxiliaires aiyûbides qu'il avait mandés dans Tibériade, non seulement de faire sa paix avec Guy de Lusignan, mais de se rendre auprès de ce dernier. Guy, joyeux de voir son vieil adversaire abandonner l'opposition, vint à sa rencontre jusqu'à Saint-Job, l'actuel Tell-Dôtân, château des Hospitaliers au sud-ouest de Jenîn. « De si loing come li rois vit le conte de Triple, si descendi (de cheval). Quant li cuens vit que li rois venoit à pié, si descendi à pié ausi et ala contre (= vers) lui. Quant li unz fu prez de l'autre, li cuenz s'agenoilla devant le roi, et li rois l'en leva, si li geta les braz au col, si l'acola et baisa en la boche, puis retornèrent à Naples (Naplouse). Li rois se escusa envers le conte, en maintes manières, de son coronement et des autres fais ; dont li cuenz li dist que, se il voloit ovrer par son conseil, que son roiaume seroit ferme et estable et bien governé. » De fait, si le royaume, aux prises avec une guerre générale contre Saladin, pouvait encore être sauvé, ce n'était qu'en suivant la politique d'expectative avisée et de défensive prudente que préconisait le comte de Tripoli. Mais, dit tristement le Continuateur, les envieux – lisez le grand maître du Temple et Renaud de Châtillon – ne permirent pas au roi de suivre en quoi que ce fût les conseils de Raymond III. Et cependant lorsque Guy et Raymond réconciliés firent côte à côte leur entrée à Jérusalem, la population, qui sentait d'instinct que là était le salut, les reçut avec de touchants témoignages de joie, « à grant procession et grant feste ».

Mais la guerre était là, qui ne permettait point de s'attarder à la joie de cette réconciliation de la dernière heure. On attendait d'un moment à l'autre l'attaque générale de Saladin. En prenant congé du roi, Raymond III reçut de lui l'invitation d'avoir à se rendre au rassemblement des armées royales près des fontaines de Séphorie, en Galilée, vers le point où l'invasion devait vraisemblablement se produire.

Sagement le comte de Tripoli conseilla à Guy de grouper pour ce combat décisif l'ensemble des forces franques et de faire notamment appel au prince d'Antioche Bohémond III. Cet appel fut entendu. Si Bohémond III ne vint pas immédiatement lui-même, il envoya à Séphorie son fils Raymond[53] avec cinquante chevaliers. Le grand maître du Temple Gérard de Ridefort, qui avait beaucoup à se faire pardonner, appela sous ses drapeaux tous les mercenaires du pays en ouvrant pour eux le trésor expiatoire de Henri Plantagenêt, trésor détenu par l'Ordre. Grâce à cette levée, il put réparer la perte causée aux moines-soldats par la folle équipée dont il était l'auteur responsable. Guy de Lusignan put ainsi réunir de 1 200 à 2 000 chevaliers et environ 20 000 fantassins et turcoples[54]. Le patriarche Héraclius envoya aux troupes le palladium du royaume, la Vraie Croix, mais, trop lâche pour venir lui-même à l'exemple de ses grands prédécesseurs, il la fit porter par le prieur du Saint-Sépulcre ou par les évêques de Saint-Jean d'Acre et de Lydda[55].

Tandis que l'armée franque, ainsi renforcée, se mobilisait, avec, comme objectif et point de concentration, les fontaines de Séphorie, Raymond III alla ravitailler la petite garnison de sa ville de Tibériade, où il laissait la princesse Échive, sa femme, avec ordre pour elle, si la place était trop étroitement pressée par Saladin, de se réfugier sur la flottille franque du lac.

Investissement de Tibériade par Saladin.
Le conseil de guerre franc.

À peine Raymond III était-il de retour à Acre auprès du roi Guy qu'un message apprit aux deux chefs francs que Saladin, comme on le craignait, venait de mettre le siège devant Tibériade. À la nouvelle du combat de Séphorie, le sultan – qui, jusque-là, atermoyait, sans doute en raison de son pacte avec Raymond III – avait dû juger cette alliance rompue. Du Moab il remonta vers le Jaulân et le *H*aurân où il opéra le rassemblement de ses armées au carrefour de routes de 'Ashterâ, dans le voisinage et au sud de Sheikh Sa'd. « Les vallons et les coteaux, écrit al-'Imâd, se couvrirent de cavaliers d'Allâh. Notre camp s'étendit sur plusieurs

RAYMOND III OU GUY DE LUSIGNAN ?

lieues en tout sens, à travers les montagnes et les plaines. Jamais je n'avais vu une armée si nombreuse. Le jour où elle fut passée en revue fit penser au Jugement Dernier. Douze mille hommes, armés de pied en cap, figurèrent à cette revue qui eut lieu par une nuit d'orage. Le sultan, après avoir partagé ses troupes en bataillons et en sections, leva son camp le vendredi 26 juin. Il passa la nuit du 26 au 27 à Khisfîn. » De là il marcha sur la Galilée par la route de Khisfîn à Tibériade[56].

À la frontière de la Galilée, Saladin campa cinq jours au sud-est de Sinn al-Nabra, autour de al-Aqhwâna, ou al-Qahwâna, le Cavam des Croisés, plaine située au sud de Semakh, près du point où le Jourdain sort du lac de Tibériade ; puis, pénétrant en territoire franc, il remonta par Sinn al-Nabra vers Tibériade (2 juillet 1187).

« L'armée sultanienne, pareille à l'Océan, enveloppa le lac de Tibériade, et les vastes plaines disparurent sous le développement des tentes. » Tibériade se trouva de toutes parts investie. En une heure la ville basse fut emportée et incendiée. Seule la citadelle où commandait la comtesse de Tripoli Échive put résister. Échive n'eut que le temps de faire prévenir en hâte son époux, Raymond III[57].

À ces nouvelles un conseil de guerre fut réuni d'après l'*Éracles* à Saint-Jean d'Acre où se trouvaient encore, selon cette source, le roi et les barons, tandis qu'Ernoul ne connaît de conseil de guerre que celui qu'on tint en arrivant d'Acre à Séphorie. Le grand maître du Temple, Gérard de Ridefort, et Renaud de Châtillon, avec cette impétuosité aveugle qui perdait le royaume, conseillèrent à Guy de Lusignan de courir sus à Saladin. Raymond III fit entendre l'opinion du bon sens : il était le premier intéressé à la défense de Tibériade puisque la ville lui appartenait et que sa propre femme y était enfermée ; malgré cela il recommandait de ne pas donner dans le piège tendu par Saladin, de laisser tomber la place plutôt que de risquer une bataille décisive dans des conditions d'infériorité numérique, au moment le plus toride de l'année (on était aux premiers jours de juillet), dans cette région de *Hattîn*-Tibériade où la cavalerie franque n'aurait ni eau ni ravitaillement. Mieux valait laisser la grande armée musulmane faire la conquête stérile de Tibé-

746 L'ÉQUILIBRE

riade, l'user en lui refusant le combat, et, après son inévitable dislocation, reprendre tranquillement la ville. Avant tout il fallait renforcer encore l'armée chrétienne et rester dans une vigilante défensive. N'était-ce pas ainsi que, tant de fois, dans des circonstances analogues, avaient agi Baudouin II et Baudouin III ?

« Sire, fait dire à Raymond III *l'Estoire d'Éracles*, je conseil que vos faites garnir vos citez et vos chasteaux de gens et de viandes et d'armeures et d'autre manière de garnison. Et jà soit ce que li princes d'Antioche vos ait envoié son fiz et L chevaliers, encore li mandés, et à Bauduin d'Ybelin faites assavoir coment Salahadin est entrez ou roiaume à grant pooir, et que il viegnent au secors dou roiaume... Et vos savez que nos somes ou cuer de esté, en la plus grant chalor de tout l'an. Et l'enfermeté (l'insalubrité) des leus, et la chalor dou tens les assaudra (les gens de Saladin). Et dedens ce, li princes (Bohemond III d'Antioche) et Bauduin d'Ybelin seront venus à loisir ; et à l'issi que Salahadin fera, nos serons apareillez et ferrons à l'arière-garde de son ost et le damagerons en tel manière, se Deu plaist, que li roiaumes vos demorera tout en pais. Stratégie pleine de sagesse qui eût usé les forces de Saladin tandis que celles des Francs auraient été renforcées par l'arrivée du prince d'Antioche et du vaillant Baudouin d'Ibelin. Mais le maître du Temple et Renaud de Châtillon, par leurs sarcasmes injurieux, forcèrent Raymond III à accepter leur plan : « distrent au conte que en son conseil avoit dou poil dou loup[58] ». C'est cette même réponse que paraphrase Ibn al-A*th*îr en la mettant dans la bouche de Renaud de Châtillon : « Tu as parlé longtemps pour nous faire peur des Musulmans. Sans aucun doute tu as du penchant pour eux, sans quoi tu ne te serais pas exprimé ainsi. Quant à ce que tu dis qu'ils sont nombreux, la quantité du bois ne nuit pas au feu ![59] »

Accusé de complicité avec l'ennemi, Raymond bondit sous l'outrage : « Oiant ce, li cuens de Triple se torna vers le Roi et li dist : Sire, je vos requier de aler rescorre Tabarie ! L'armée franque partit aussitôt de Saint-Jean d'Acre vers Séphorie (al-Saffûriya).

RAYMOND III OU GUY DE LUSIGNAN ?

Concentration de l'armée franque à Séphorie.
Conseils de prudence de Raymond III.
Sa pathétique adjuration à Guy de Lusignan.

Le choix de Séphorie comme point de concentration de l'armée était assez heureux. Ce bourg situé à mi-chemin entre la côte et le lac de Tibériade permettait de surveiller toute la Galilée et surtout, en ces journées torrides de l'été palestinien, présentait pour la chevalerie chrétienne l'immense avantage d'un site abondant en sources et en pâturages. La sagesse conseillait de s'installer là pour observer les mouvements de Saladin, au lieu de le suivre dans une marche sur Tibériade qui – Raymond III le criait à tous – ne pouvait être qu'un guêpier pour l'armée chrétienne. De Tibériade arrivaient cependant les plus graves nouvelles. Saladin venait de prendre la ville même ; la comtesse Échive, avec sa poignée de défenseurs, s'était réfugiée dans la citadelle, étroitement bloquée (2-3 juillet). Dans l'armée le sentiment chevaleresque réclamait la bataille pour sauver la comtesse et ses compagnes. « Un cri s'esmut en l'ost entre les chevaliers : Alonz rescorre les dames et les damoiseles de Tabarié ! » Mais cette fois encore Raymond III – le principal intéressé cependant – fit entendre la voix de la sagesse. Les paroles que lui prête la chronique dans les circonstances douloureuses où il était placé ont un accent de sincérité singulièrement pathétique et qui ne trompe pas[60] :

« Sire, dist le conte de Triple, je vous donroie bon conseil, se je en estoie creu, mès je sai bien c'om ne m'en creira mie. » – « Toutes voies, dist le roi, dites que vous volés. » – « Sire, fait-il, je loerai c'om laissast Tabarié perdre. Tabarié est miens, et la dame de Tabarié, ma feme, et si enfant sont dedenz le chastel, et mon avoir, ne nuls n'i perdra tant, com je, s'ele est perdue. Mès je sai que, se li Sarrasin la prenent, il ne la tendront mie (ils ne l'occuperont pas), ainz l'abatront et s'en iront, car il ne vos vendront mie ci querre (vous relancer ici) en vos herberges. Et s'il prennent ma femme et mes homes et mon avoir, je les raurai quant je porroi. Et s'il abatent ma cité, je la refermerai quant je porroi. Car je auroie plus chier que Tabarié fut prise et abatue, et ma feme et mi home et mon avoir avec, que (si) tote la terre fust perdue. Car,

748 L'ÉQUILIBRE

se vos l'alez secorre, je sai que serez tuit pris ou morz, vous et toute li ost. Si vos dirai coment. Entre ci et Tabarié n'a point d'aigue, fors solement une petite fontaine, la Fontaine dou Croisson, qui est neient à ost (rien pour une armée). Et si tost come vous seres meuz de chi por aler la secorre, li Sarrazin vos hardoieront tote jor, et trairont tant qu'il vous tenront en mi voies (à mi-chemin) de chi (= à mi-chemin d'ici) et de Tabarié, et vos feront herbergier (bivouaquer) maugré vos, car vos ne porrez combatre por le chaut. Se vous poigniéz (combattez), li Sarrasins se trairont es montaignes, ne vous ne porez aler sans vos serjans. Et s'il vous estuet herbergier illuec, que feront voz gens et voz chevaus qui n'auront que (= de quoi) boivre ? Seront-il sans boivre ? Il seront mort de soif ! Et lendemain li Sarrazin vos prendront touz ![61]. »

Ce discours est exactement confirmé par Ibn al-A*thîr*[62] : « Tibériade, fait dire au comte l'historien arabe, appartient à moi et à ma femme. Saladin vient de traiter la ville comme vous savez. Reste la citadelle où se trouve ma femme. Je consens qu'il prenne l'une et l'autre et ce qui nous appartient, pourvu qu'il s'éloigne. Par Dieu ! j'ai vu des armées musulmanes, je n'en ai jamais vu une pareille à celle qui accompagne aujourd'hui Saladin. Quand il aura pris Tibériade, il ne lui sera pas possible d'y rester. Dès qu'il l'aura quittée et s'en sera éloigné, nous la reprendrons. S'il y séjourne, il ne pourra le faire qu'avec toutes ses troupes. Celles-ci ne sauront se résigner à rester longtemps loin de leurs demeures et de leurs familles[63]. Elles seront donc obligées d'abandonner Tibériade et nous délivrerons ceux des nôtres qui auraient été faits prisonniers ! » À la rigueur, si Saladin cherchait à tout prix la bataille, les Francs, au lieu de l'accepter dans la fournaise de Tibériade, n'avaient qu'à attirer le sultan près de la côte pour combattre sous les murs de Saint-Jean-d'Acre : vaincus ils trouveraient refuge dans la ville, vainqueurs ils couperaient toute retraite à l'ennemi[64]. Et le comte terminait par le même cri que tout à l'heure : « Por ce lo-je miauz que vos laissiez Tabarié perdre, que (si) tote la terre soit perdue. Car se vos i alez, tout est perdu ![65]. »

Cette pathétique adjuration impressionna Guy et les barons. Seul le grand maître du Temple, obstiné dans sa haine, répéta l'injure de Saint-Jean-d'Acre « que encore i

RAYMOND III OU GUY DE LUSIGNAN ?

avoit dou poil de loup ». « Li cuenz ne prist pas garde à ceste parole, ainz fist sorde oreille, et dist au roi : "Sire, se tot ce (tout cela) n'avient com je vos ai dit, se vos i alez, je vous otroi ma teste à couper !" Le roi Guy, le grand maître de l'Hôpital et tous les barons, en dépit de l'hostilité du Templier, se rangèrent à l'avis de Raymond. Par la voix du comte de Tripoli, la tradition politique des anciens rois de Jérusalem avait parlé pour la dernière fois et fait entendre la voix de la raison à leur successeur de hasard. Il était près de minuit[66]. Chacun se retira dans sa tente. À cette heure, grâce à Raymond, le royaume semblait sauvé.

Quos vult perdere... Le grand maître du Temple fait décider la marche sur Tibériade.

Mais le grand maître du Temple, Gérard de Ridefort, veillait, et sa haine avec lui. Les barons à peine partis dans le camp, il revint à la tente royale et son mauvais génie eut vite fait de jeter le trouble dans l'esprit du roi, puis d'amener ce caractère incertain à changer d'avis : « Sire, ne créez le conseil dou conte, car ce est un traitre, et vos savez que il ne vos aime riens et vodreit que vos eussiez honte et que vos eussiez perdu le roiaume ! » Épouvantant Guy à l'idée du déshonneur qui retomberait sur son règne s'il laissait succomber Tibériade sans essayer de la sauver, il entraîna le faible monarque à se dédire publiquement en quelques heures : « Sire, faites crier par l'ost qu'il s'arment et voist chascun à sa bataille (bataillon), et sivent le gonfanon de la Sainte Croix ![67] » – « Le roi, ajoute le chroniqueur, ne l'ôsa desdire (contredire), por ce qu'il l'avoit fait roi. »

En pleine nuit, les barons entendirent crier par le camp l'appel aux armes. Stupéfaits ils s'interrogeaient les uns les autres pour savoir d'où pouvait provenir l'idée du contre-ordre et, ne trouvant aucun d'eux qui ne témoignât de la même surprise, ils se précipitèrent tous ensemble à la tente du roi, demandant la cause de ce changement soudain. Guy, singulièrement embarrassé pour justifier sa volte-face et manifestant cette brutalité des faibles qui le rendait si gauche et si impopulaire, refusa de répondre : « Vos ne avez mie à demander par cui conseil je le fais. Je vueil que vos chevauchez envers

750 L'ÉQUILIBRE

Tabarié. » Ainsi se réalisait la prédiction faite un an auparavant par Baudouin d'Ibelin. Guy conduisait en toute « simplesse » le royaume au suicide.

Comme le remarque le chroniqueur, si les barons s'étaient insurgés, ils auraient sans doute sauvé le royaume. Mais Baudouin d'Ibelin qui seul aurait eu l'autorité nécessaire était à Antioche, et Raymond III, décidément traité en suspect, publiquement accusé de trahison ou de lâcheté par Gérard de Ridefort et Renaud de Châtillon, ne pouvait, sans avoir l'air de leur donner raison, refuser de marcher.

De Séphorie à Hattîn. La marche à la mort.

L'armée franque s'ébranla donc à l'aube, de Séphorie vers Tibériade. La journée du 3 juillet se leva, torride. Le moral de l'armée était mauvais, car, même pour les simples chevaliers qui n'avaient pas entendu les adjurations de Raymond III l'absurdité de la marche imposée à l'incapacité de Guy par la morgue des Templiers apparaissait évidente. Les prédictions du comte de Tripoli se réalisaient de point en point. On quittait les fraîches eaux de Séphorie pour la zone de collines caillouteuses, arides et nues qui moutonnent au sud et à l'est du Jebel Tûr'ân. Au contraire l'armée de Saladin adossée à la côte de Tibériade, bénéficiant des excellentes eaux du lac devait se trouver dans les plus favorables conditions : toute sa tactique allait être d'empêcher les Francs d'accéder au lac de les maintenir dans la fournaise qui, par cette dure journée de juillet, s'étendait entre Tûr'ân, al-Shajara, Lûbiya, Meskana Khân Madîn et Hattîn.

Dans ces conditions, le sort de la bataille était écrit d'avance sur le terrain. Saladin l'y lut comme l'avait fait Raymond III. « À la nouvelle du mouvement des Francs, écrit Abû Shâma, le sultan éprouva une vive satisfaction : "Voilà s'écria-t-il, ce que nous désirions !" – "Son dessein, en assiégeant Tibériade, écrit de même Ibn al-Athîr, c'était seulement d'amener les Francs à abandonner leurs positions de Saffûriya. Les musulmans avaient campé près de l'eau (du lac), l'été était fort chaud. Les Francs, en proie à la soif, ne purent arriver jusqu'à l'eau du lac, l'armée musulmane leur en interdisant les abords. Ils ne pouvaient non plus s'en retourner

Ils restèrent donc immobiles, torturés par la soif jusqu'au lendemain samedi (4 juillet 1187). Quant aux musulmans, qui auparavant les craignaient, ils avaient conçu l'espoir de les vaincre ; ils sentaient souffler le vent de la victoire, et plus ils considéraient la situation des Francs, plus leur audace augmentait. Tout le long de la nuit, ils poussèrent les cris : Allâh est grand ! Il n'y a d'autre dieu qu'Allah ![68]."

Cet arrêt des Francs durant la nuit du 3 au 4 juillet était une nouvelle erreur. Si, le soir du 3, une fois arrivés à la Maréchallerie, à hauteur des ruines actuelles de Meskéné, entre Lûbiya et Hattîn[69], ils avaient, malgré les conditions pénibles de leur marche, poursuivi sur Tibériade, ils auraient peut-être, comme le pense le continuateur de Guillaume de Tyr, réussi à percer dans le premier choc et à s'abreuver au lac. En tout cas tout était préférable à la torture de la soif et à la démoralisation résultant de l'immobilité et de l'encerclement par l'ennemi. Ce fut Raymond III qui proposa de faire halte pour la nuit sur la butte du Qarn Hattîn[70], colline rocheuse à deux dentelures, haute de 316 mètres. Les avis temporisateurs de Raymond III, excellents quand il s'agissait de conserver la position de Séphorie, ne pouvaient ici qu'être néfastes. Or, par un étrange malheur, alors que Guy de Lusignan avait refusé d'écouter Raymond à Séphorie, il suivit docilement ses conseils à Hattîn.

Toute la nuit l'armée chrétienne, harcelée par les Musulmans, ne pouvant goûter un instant de repos, fut torturée, hommes et chevaux, par la soif. Pas une goutte d'eau sur la fatale butte de Hattîn. Quand le jour se leva, l'armée de Saladin encerclait entièrement la colline. « Et se il y eust un chat qui s'enfuist de l'ost des Crestiens, ne peust-il mie eschaper (sans) que li Sarrasin ne le preissent. » Profitant de ce que le vent soufflait de Tibériade sur les positions franques, les Musulmans mirent le feu aux herbes sèches. « Le vent porta vers les Francs la chaleur du feu et la fumée », ou, comme dit précieusement al-'Imâd, « les adorateurs de la Trinité subirent dès cette vie le supplice d'un triple incendie, le feu de la prairie flamboyante, le feu de la soif, le feu des morsures de flèches »[71]. « Sur ces hommes bardés de fer, dit encore le livre des Deux Jardins, la canicule répandait ses flammes. Les charges de cavalerie se succédaient parmi les vapeurs flottantes du mirage, les tortures de la soif, l'incendie de l'atmosphère et l'anxiété des cœurs. Ces chiens tiraient leurs langues desséchées et hurlaient sous les coups. Ils espéraient arriver à l'eau, mais ils avaient devant eux l'enfer avec ses flammes.[72] »

Désastre de Hattîn (4 juillet 1187).

Dans cette situation désespérée, si les sergents à pied, torturés par la soif, se rendirent tout de suite, la chevalerie franque sauva l'honneur. Au témoignage de Malik al-Afdal, fils de Saladin, rapporté par Ibn al-Athîr, « quand le roi des Francs se trouva (encerclé) sur la colline (Qarn Hattîn) avec ses chevaliers, ils firent une charge admirable sur les Musulmans qui leur faisaient face et les refoulèrent sur le sultan ». Un moment cette vaillance désespérée faillit changer le destin. « Je regardai mon père, poursuit le fils de Saladin, et je vis qu'il était en proie à l'affliction, qu'il avait changé de couleur, qu'il tenait sa barbe dans la main et s'avançait en criant : Que le démon soit convaincu de mensonge ! Les Musulmans revinrent alors à la charge contre les Francs qui battirent en retraite et qui remontèrent sur la colline. Quand je vis que les Francs se retiraient et que les Musulmans les poursuivaient, je m'écriai dans ma joie (c'est Malik al-Afdal qui parle) : Nous les avons mis en déroute ! Mais les Francs revinrent et firent une seconde charge comme la première, de sorte qu'ils refoulèrent les Musulmans jusqu'à l'endroit où était mon père (Saladin). Celui-ci fit comme la première fois et les Musulmans, se retournant contre eux, les repoussèrent jusqu'à la colline. Je criai encore : "Nous les avons mis en fuite !". Mais mon père (Saladin) me dit : "Tais-toi, nous ne les aurons pas vaincus tant que ce pavillon-là (le pavillon de Guy de Lusignan) ne sera pas tombé". Au moment où il me parlait le pavillon se renversa[73]. »

Guy de Lusignan était éperdu. Regrettant amèrement d'avoir repoussé le conseil de Raymond III aux sources de Séphorie, il le suppliait de le sauver. Mais il était trop tard. Sur la demande de Guy, Raymond et la chevalerie tripolitaine, avec le jeune prince héritier d'Antioche, appelé aussi Raymond, essayèrent de briser le cercle de fer qui les enserrait ; ils réussirent du moins à pratiquer pour eux-mêmes une trouée et purent échapper au sort de leurs compagnons. Balian d'Ibelin, Renaud de Sidon s'échappèrent de même. On a voulu voir dans cet acte de Raymond III une fuite et une défection. Ni Ibn al-Athîr ni le continuateur de l'*Estoire d'Éracles* ne donnent cette impression. Raymond III voyait, avec quelle amertume ! le drame se dérouler ainsi qu'il l'avait prévu sans pouvoir l'empêcher. Sa charge désespérée sauva du moins toute une aile de l'armée franque. C'est bien ainsi que l'entend Ibn al-Athîr : « Le comte de Tripoli et ses gens, jugeant la situation perdue, prirent une résolution extrême et chargèrent les Musulmans qui leur étaient opposés. Le chef des Musulmans de ce côté était Taqî al-Dîn'Omar, neveu de Saladin. Il vit que la charge des Francs était celle de gens désespérés et qu'il n'y avait pas moyen de tenir contre eux. Il ordonna donc à ses compagnons de leur ouvrir un passage par lequel ils pussent se retirer, ce qui fut exécuté. Le comte et ses guerriers s'éloignèrent et les rangs (musulmans) se refermèrent ensuite »[74].

Le récit du Continuateur de Guillaume de Tyr corrobore de tous points cette version. « Li cuenz de Triple poinst (chargea) sur les Sarrasins, et li Sarrasin, tantost come il le virent poindre vers eauz, se partirent et li firent (= lui ouvrirent) voie, ensi come il est lor coustume, et li cuens passa outre, et li Sarrasin, tantost come il fu outre passés, se reclostrent (se refermèrent) et corurent sus au roi qui démorez estoit, si le pristrent et toz ceauz qui avec lui estoient. Quant li cuens de Triple vit que li rois estoit pris et sa gent, il ne retorna mie arrières, ainz s'en fui à Sur (à Tyr)[75]. » Il est impossible de voir en tout cela une trahison. Par sa charge furieuse Raymond III avait seulement sauvé du désastre général et de l'inévitable captivité une partie de l'armée, les éléments mêmes qui conservèrent aux Francs Tyr et Tripoli et commencèrent par la suite la reconquête du reste du littoral.

Capture de Guy de Lusignan et de la noblesse franque
par Saladin. Courtoisie du sultan envers le roi de Jérusalem.
Exécution de Renaud de Châtillon.

Tout le reste de l'armée franque subit son destin. Les trois responsables de la catastrophe, Guy de Lusignan, Renaud de Châtillon et Gérard de Ridefort dont l'incapacité avait conduit

754 *L'ÉQUILIBRE*

les chrétiens à la boucherie, furent faits prisonniers. Ni l'orgueilleux templier ni le chevalier-brigand n'avaient su trouver un beau trépas. Avec eux tombèrent aux mains de Saladin Onfroi IV de Toron, le vieux marquis Guillaume III de Montferrat, le connétable Amaury de Lusignan, frère du roi Guy, Hugue de Gibelet, Plebanus sire de Boutron. Signe visible de la perte de la Terre Sainte, la Vraie Croix tomba aussi au pouvoir des Musulmans.

Saladin se fit amener sous sa tente les principaux captifs. Guy de Lusignan, torturé de soif, brisé d'épuisement, de fièvre et de terreur, était sur le point de s'évanouir. Chevaleresque comme toujours, le sultan le fit asseoir à ses côtés ; lui parlant avec douceur, calmant ses craintes, il lui tendit un sorbet d'eau de rose rafraîchi à la neige de l'Hermon. Geste d'humanité, mais aussi geste symbolique, car, comme le rappelle *le Livre des Deux Jardins*, « c'est une des nobles coutumes des Arabes qu'un captif ait la vie sauve s'il a bu ou mangé à la table de celui qui l'a fait prisonnier ». Mais Guy ayant ensuite passé la coupe à Renaud de Châtillon, Saladin refusa avec violence d'étendre à ce dernier le bénéfice de l'immunité royale : « Tu ne m'as pas demandé la permission de lui donner à boire ! Je ne suis donc pas tenu à respecter sa vie ! » Donnant libre cours à son courroux, il jeta à la face de Renaud ses brigandages, ses parjures, la rupture des traités, l'enlèvement, en pleine paix, de la caravane de La Mecque : « Que de fois tu as juré et violé tes serments, que de fois tu as promis et méconnu tes promesses, noué et brisé tes pactes ! » À quoi le sire du Krak répondit insolemment que telle était la coutume des rois[76]. Jusqu'au bout le baron féodal, plus que quiconque responsable de la chute du royaume, montrait son incapacité totale à comprendre les plus vulgaires notions de droit. Le chroniqueur français lui prête une réponse plus brutale encore : « Salahadin demanda au prince Renaut : "Se vos me tenies en vostre prison, si com je faz vos à la moie, que feries-vos de moi ?" Il respondi : "Se Dieu m'ait, je vos coperoie la teste !". À ce, Salahadin fut durement esmeuz d'ire, si li dist : "Porc, tu y es en ma prison, et me respons 'issi orgueillousement !' Et, se jetant sur lui, le sabre haut, il lui trancha l'épaule ; les assistants l'achevèrent[77]. Le corps, décapité, fut traîné aux pieds de Guy de Lusignan.

Celui-ci, cloué par l'émotion, tremblait de terreur. Saladin, le faisant rasseoir près de lui, le rassura de nouveau : ' Un roi ne tue pas un roi ! Mais cet homme avait dépassé toutes les limites de l'insolence comme de la perfidie[78]. '

Après l'exécution de Renaud, le seul exemple de sévérité de Saladin fut l'exécution des Hospitaliers et des Templiers. Respectant la vie des barons et des chevaliers laïcs, qu'il traita avec une remarquable générosité, comme des adversaires malheureux, le sultan se montra impitoyable pour les chevaliers-moines qui, ayant la guerre sainte comme règle de fondation, se conduisaient en ennemis personnels de l'islamisme. Il ordonna de les massacrer tous. Détail qui explique bien ce caractère de guerre religieuse, il confia l'exécution aux saints personnages de l'Islam. Le récit, dans *le Livre des Deux Jardins*, exhale une abominable odeur de boucherie dévote. « Il y avait dans l'armée musulmane un groupe de volontaires, gens de mœurs pieuses et austères, dévots sûfis, hommes de lois, savants et initiés à l'ascétisme et à l'intuition mystique. Chacun d'eux demanda la faveur d'exécuter un prisonnier, dégaina son sabre et retroussa ses manches. Le sabre des uns tailla et trancha à merveille, on les remercia ; le sabre des autres resta réfractaire et émoussé, on les excusa ; d'autres furent ridicules et on dut les remplacer...[79] » Avec l'accent cagot du récit, ses petites plaisanteries de bon ton, comme il sied pour de si doctes et vénérables personnages, toute la scène n'est-elle pas proprement ignoble ?

§ 4. — CONQUÊTE DU ROYAUME DE JÉRUSALEM PAR SALADIN.

La liquidation du royaume de Jérusalem.
Prise de Tibériade par Saladin.

Non seulement la royauté franque avait disparu du jour où Saladin avait capturé Guy de Lusignan – et en dépit des apparences elle ne devait jamais être restaurée –, mais encore la Syrie franque se trouvait proprement vidée de sa population militaire. La colonisation française n'avait jamais été très dense. Le massacre de *Hattîn* et la capitulation des survivants avaient supprimé d'un seul coup toute cette chevalerie.

« Pour réunir l'armée de 1 200 chevaliers et d'environ 20 000 fantassins et turcoples qui combattit à *Hattîn*, il avait fallu dégarnir les places fortes et celles-ci se trouvèrent pour la plupart hors d'état de faire résistance lorsque les troupes de Saladin vinrent les assiéger[80]. » À cet égard, *Hattîn* fut plus que la perte d'une bataille, ce fut la fin d'une colonisation. « Celui qui voyait les morts, écrit Abû Shâma, disait : "Il ne peut y avoir de prisonniers." Celui qui voyait les prisonniers, disait : "Il ne peut y avoir de morts[81]." Tel était le nombre des captifs latins qu'il y eut, sur les marchés à esclaves de la Syrie musulmane, une véritable liquidation "à la criée" de la colonisation franque. "L'homme, la femme et les enfants, écrit *le Livre des Deux Jardins*, se vendaient à la criée en un seul bloc. Le taux d'un prisonnier est tombé jusqu'à 3 dinars à Damas ; j'ai vu vendre un homme, sa femme et leurs cinq enfants, trois garçons et deux filles pour 80 dinars. Telle était la dépréciation des esclaves francs qu'un fakir qui accompagnait l'armée, ayant eu en partage un de ces captifs, l'échangea contre une paire de sandales[82]." Au lendemain de la rafle de *Hattîn*, il ne restait pratiquement de forces franques en Palestine que les chevaliers qui avaient suivi Raymond III dans sa retraite à Tyr et à Tripoli. Tout le reste du pays était livré sans défense à la merci de Saladin.

Saladin, dès qu'il eut envoyé Guy de Lusignan et les autres prisonniers de marque à Damas, commença la réoccupation méthodique de la Syrie franque. Il faut reconnaître qu'il procéda en général avec un respect du droit des gens et même, dans ses rapports avec les barons, avec une courtoisie chevaleresque bien rares en ce milieu. Grâce à son humanité et à la relative douceur des autres princes de sa famille, cette première reconquête islamique de la Palestine n'eut pas le caractère de férocité qu'elle n'eût pas manqué de revêtir sous les précédentes dynasties musulmanes et qu'elle devait d'ailleurs affecter de nouveau un siècle plus tard, lors de la reconquête définitive du littoral par les Mamelûks. La citadelle de Tibériade, l'enjeu de la bataille de *Hattîn*, fut réoccupée la première (5 juillet). On se rappelle que la comtesse Échive de Tripoli y était enfermée avec une poignée de défenseurs. Saladin, avec une remarquable élégance, accorda un sauf-conduit à la princesse et la traita avec de grands égards.

« Elle sortit avec ses biens, ses équipages, ses serviteurs, hommes et femmes, et se dirigea, saine et sauve et en possession de tout son avoir, vers Tripoli[83]. »

Balian II, sire d'Ibelin, un des rares barons qui avaient pu, avec Raymond III, échapper au désastre de *Hattîn*, avait, avec un sauf-conduit que Saladin ne lui refusa point, couru à Jérusalem[84]. Il y trouva un peuple affolé. Dans toute la ville sainte il ne restait que deux chevaliers. Sur les supplications du patriarche et des habitants, il consentit à prendre le commandement de la cité. Il est à noter qu'il exigea pour cela d'être reconnu seigneur de Jérusalem, avec prestation d'hommage en règle[85]. Dans la carence de tous les pouvoirs constitués, Balian pouvait en effet faire acte de prétendant comme second époux de la reine Marie Comnène, veuve d'Amaury Ier. Du reste, tel était le ressentiment général contre Guy de Lusignan qu'on semblait considérer le roi captif comme déchu et que sa femme, la reine Sibylle, qui se trouvait cependant à Jérusalem, ne paraît avoir pris aucune part au conseil de défense. Ce fut Balian d'Ibelin qui, pour constituer un embryon d'armée hiérosolymitaine, conféra la chevalerie à tous les fils de chevaliers à partir de quinze ans et aussi aux principaux bourgeois de la ville sainte. Lui et le patriarche firent fondre les ornements d'argent du Saint-Sépulcre pour battre monnaie et équiper cette troupe. Mais il était évident que ce n'était pas avec des éléments aussi improvisés qu'on réussirait à défendre l'enceinte de la ville où affluaient tous les réfugiés de la Judée et de la Samarie, troupeaux éplorés de femmes et d'enfants sans ressources qu'il fallait ravitailler et qui ajoutaient au désordre.

Un instant, cependant, on put croire le danger différé. Au lieu de marcher sur la ville sainte et de s'y donner l'orgueil d'une conquête facile et d'une entrée triomphale, Saladin, avec un esprit de décision qui fait autant d'honneur à son coup d'œil militaire qu'à son génie politique, s'était précipité vers Saint-Jean-d'Acre. Il lui importait en effet de couper tout d'abord les Francs de leurs bases navales, d'enlever aux futures Croisades leurs ponts de débarquement, et l'hinterland tomberait ensuite de lui-même entre ses mains.

758 L'ÉQUILIBRE

Capitulation d'Acre. Dilapidation des stocks de la ville.

Saint-Jean-d'Acre, autant que Jérusalem, se trouvait vide de chevaliers. Le bayle d'Acre était, on se le rappelle, le comte Jocelin III de Courtenay, qui avait enlevé la ville à Raymond III de Tripoli. Il avait pu s'enfuir avec ce dernier et avec Balian d'Ibelin du champ de carnage de *Hattîn*. Pas plus que son père Jocelin II, ce dernier des Courtenay ne paraît avoir brillé par le courage. Quand il apprit que les avant-gardes musulmanes, commandées par le neveu de Saladin, Taqî al-Dîn, étaient parvenues au château de Saffran (Shafâ 'Amr), à mi-chemin de Nazareth et d'Acre, il ne songea qu'à ménager une capitulation amiable à cette dernière ville. Saladin en personne arriva le 8 devant Acre. Presque aussitôt Jocelin fit, par les soins d'un bourgeois d'Acre nommé Pierre Brice, porter les clés au sultan, sous condition que la population aurait la vie sauve et pourrait conserver ses biens, ce qui fut accordé (9 juillet 1187). Cette capitulation faillit d'ailleurs provoquer une émeute contre lui parmi les bourgeois et le bas peuple d'Acre[86]. Dans leur colère de se rendre sans aucune tentative de résistance, de nombreux habitants voulurent mettre le feu à la ville : plusieurs pâtés de maisons furent incendiés. Cependant les termes de la capitulation furent respectés par Saladin comme par Jocelin de Courtenay (10 juillet 1187).

Ici encore Saladin montra une remarquable humanité. « Il accorda aux habitants d'Acre, dit Ibn al-A*th*îr, des sûretés pour leur vie, leurs richesses, et leur laissa le choix entre le séjour dans le foyer et l'émigration »[87]. « Il leur accorda l'*amân*, confirme al-'Imâd, avec faculté de rester dans la ville ou de la quitter ; une entière sécurité pour leur vie et leurs biens fut accordée à ces gens qui s'attendaient à être tués et à voir leurs femmes et leurs enfants réduits en esclavage »[88]. Quelques jours de délai leur furent même généreusement laissés pour que chacun pût faire en paix son choix. L'histoire doit s'incliner devant la haute et chevaleresque figure du grand sultan kurde, si différent des impitoyables atâbegs turcs ses prédécesseurs, comme des brutaux mamelûks qui devaient un jour succéder à sa dynastie[89]. Mais en même temps il nous paraît difficile de ne pas discerner dans la conduite humaine de Saladin une idée politique. S'il exprimait délibérément le désir de voir les colonies franques de Syrie conserver sous son autorité leurs établissements du littoral, n'est-ce pas parce qu'il appréciait l'intérêt commercial de ces comptoirs ? Il détruisait la domination franque sur le Sahel syrien, certes. Mais, visiblement, – et sa proposition aux gens d'Acre ne peut avoir d'autre signification – il souhaitait conserver dans les nouvelles Échelles de ses États ces *fondachi* vénitiens, génois, pisans, catalans, provençaux et languedociens qui faisaient la richesse du pays. Cette richesse, les soudards mamelûks, lors de la reconquête définitive, en tariront la source en massacrant ou expulsant tout. Infiniment plus homme d'État, le grand Aiyûbide a fait tout ce qui était en son pouvoir pour en conserver les bénéfices, et sa proposition généreuse aux Acconiens n'a pas d'autre signification.

L'homme, comme plus tard Frédéric II, était d'ailleurs en avance sur son temps. Les bourgeois et commerçants chrétiens n'osèrent rester sous une domination musulmane. Ils émigrèrent donc, conformément aux sauf-conduits à eux accordés. Du reste, Saladin avait deviné juste. Dans le transfert de propriété, et surtout à cause de la générosité impolitique de son fils al-Afḍal, la plupart de ces richesses furent pillées par la soldatesque, au détriment de l'État aiyûbide lui-même. Les regrets des historiens arabes sont ici patents : « Les Musulmans, écrit Ibn al-Aṯhîr, pillèrent ce que les Francs avaient laissé faute de pouvoir l'emporter et qui était tellement considérable qu'on ne pouvait le compter. Ils trouvèrent dans cette ville beaucoup d'or, de perles, de soie damassée rouge des Cyclades *(al-siqlât)*, d'étoffes de Venise *(benedeqî)*[90], de sucre, d'armes et diverses autres sortes de marchandises, car elle était le rendez-vous des marchands francs, grecs et autres, venant des pays les plus éloignés et les plus proches. Des trafiquants y avaient mis en dépôt toute espèce de marchandises et s'étaient éloignés à cause de la stagnation du commerce. Il n'y eut donc personne pour réclamer ces richesses. Saladin et son fils al-Afḍal les distribuèrent toutes entre leurs compagnons, mais ce fut surtout al-Afḍal qui agit ainsi, parce que la ville était devenue sa résidence et aussi en raison de sa générosité »[91].

'Imâd al-Dîn, dans le *Livre des Deux Jardins*, insiste sur le regret que l'on sent percer ici. Il nous dit notamment que, bien que le neveu de Saladin, Taqî al-Dîn, eût pris personnellement possession de l'usine à sucre d'Acre, il détruisit les produits fabriqués, fit main basse sur le matériel, transporta au dehors les chaudières, etc. Et il ajoute : « Si on avait eu soin d'emmagasiner tout ce butin, de recueillir toutes ces subsistances, de centraliser au Trésor public ces biens de toute sorte et de si haute valeur, on aurait eu une réserve pour les jours d'épreuve. Mais le troupeau des convoitises et des rapacités se rua sur toutes ces richesses... »[92]. Un tel texte éclaire à notre avis la première idée de Saladin qui avait été de conserver à son empire la source de richesses que constituaient les docks et les soûqs chrétiens d'Acre, de maintenir dans la ville, en pleine domination musulmane, les colonies marchandes italiennes et françaises.

Conquête de la Galilée et de la Samarie par Saladin.
Prise de Jaffa par Malik al-'Adil.

Tandis que Saladin séjournait à Acre, ses lieutenants cueillaient les places galiléennes et samaritaines, Nazareth, Séphorie, Caïffa, Césarée, etc.[93]. Dans ces villes ouvertes, où il n'y avait ni intérêt commercial à ménager, ni courtoisie chevaleresque à observer, toute la population chrétienne fut réduite en esclavage. Au contraire à Naplouse, la garnison de la citadelle, ayant présenté une certaine résistance, obtint une capitulation honorable. Pendant ce temps, le frère de Saladin, Malik al-'Adil, arrivait d'Égypte et prenait la Palestine à revers par le sud-ouest. Il s'empara notamment de Mirabel (Majdal Yabâ) entre Jaffa et Naplouse. Malik al-'Adil attaqua de même Jaffa. La ville ayant résisté, il la prit de vive force et réduisit toute la population en captivité.

L'historien Ibn al-A*th*îr, à qui échut en partage une jeune esclave franque faite prisonnière à Jaffa, ne peut s'empêcher de s'attendrir sur le sort de ces malheureux. « Cette jeune esclave avait avec elle son enfant, âgé d'environ un an. Cet enfant vint à tomber des bras de sa mère et s'écorcha le visage. La mère ayant beaucoup pleuré sur l'accident arrivé à son fils, je la tranquillisai et lui dis que l'enfant n'avait rien qui pût l'obliger ainsi à pleurer. "Ce n'est pas pour lui que je pleure, répondit-elle, je pleure à cause de ce qui nous est advenu. J'avais six frères qui ont tous péri, un mari et deux sœurs dont j'ignore le sort..." Un peu plus loin Ibn al-*Ath*îr évoque la rencontre lamentable de deux autres jeunes femmes franques, deux sœurs, captives aux harems d'Alep. « Je vis à Alep une femme franque qui s'était rendue en compagnie de son maître au seuil d'une maison. Le maître ayant frappé à la porte, le propriétaire du logis en sortit et s'entretint avec eux. Puis il fit sortir une femme franque. Dès que la première la vit, toutes deux se mirent à crier, s'embrassèrent en pleurant et se jetèrent sur le sol pour s'entretenir : c'étaient deux sœurs et elles avaient un certain nombre de parents sur le sort desquels elles n'avaient aucun renseignement[94]. » Les hommes tués, les femmes dispersées à travers tous les harems de l'Orient, ainsi se liquidait cette colonisation vivace qui, en moins d'un siècle, avait implanté une Nouvelle France aux rivages de Syrie. On comprend la colère du chroniqueur d'*Éracles* contre les chefs insensés qui, dans les pires conditions, avaient joué et perdu tout cela sur le coup de dé de *Hatt*în !

D'autres corps aiyûbides opéraient en Samarie. À Naplouse, nous dit al-'Imâd, tous les paysans des fermes voisines – des casaux, diraient nos chroniqueurs – étaient musulmans, comme d'ailleurs la majorité de la population urbaine. Depuis 1100 ils vivaient comme tributaires au milieu des Francs. À la nouvelle du désastre de *Hatt*în, les Francs de Naplouse, craignant le soulèvement de cette population musulmane, évacuèrent spontanément le pays[95]. De fait, aussitôt après leur départ, les paysans arabes du voisinage vinrent piller les habitations abandonnées. Un des neveux de Saladin, *H*usâm al-Dîn 'Omar, se fit donner Naplouse en fief. Il transforma l'église latine de Zacharie en mosquée, mais, moyennant capitation, laissa à la partie chrétienne (c'est-à-dire syriaque ou grecque) de la population la libre jouissance de ses terres et de ses maisons[96].

Conquête de Beyrouth par Saladin.

Pendant ce temps, un autre neveu de Saladin, Tâqi al-Dîn 'Omar, mettait le siège devant la forteresse de Toron, l'actuel

762   L'ÉQUILIBRE

Tibnîn. Mais malgré la captivité de l'ancien seigneur de la ville, Onfroi IV, la place était si forte que Taqî al-Dîn dut appeler Saladin à la rescousse. La petite garnison ne consentit à capituler qu'après une sérieuse résistance. Saladin respecta, ici encore, sa parole et les Francs purent se retirer librement (26 juillet 1187)[97]. Au contraire Sarepta (Sarafand) et Sidon se rendirent sans résistance, cette dernière ville le 29 juillet 1187. À Beyrouth, qui était, nous dit Ibn al-A*th*îr, une des plus fortes places de la Syrie maritime ; en même temps qu'une des plus agréables et des plus belles, les habitants, confiants dans la force de leurs murailles, se défendirent vigoureusement pendant plusieurs jours[98]. Mais ce n'étaient que des marchands et du menu peuple ; ils manquaient d'hommes d'armes expérimentés. Comprenant qu'ils ne pourraient tenir longtemps, ils demandèrent et obtinrent, eux aussi, une capitulation sauvegardant leurs vies et leurs biens (6 août 1187), De Beyrouth, Saladin se porta sur Gibelet (Byblos ou Jebail). Le seigneur de Gibelet, Hugue III, de la famille génoise des Embriaci, se trouvait parmi les captifs de Tibériade. Il s'offrit, pour sortir de prison, à servir l'ennemi. Saladin le fit venir de Damas sous les murailles de Gibelet, en lui promettant la liberté si, sur ses conseils, la garnison consentait à rendre la place : ce qui fut fait. Ibn al-A*th*îr regrette cependant cette tractation car le souple Génois, une fois rendu à la liberté, pouvait devenir l'un des artisans de la reconquête franque du littoral[99].

La population de toutes ces villes de la côte se réfugia, comme nous le verrons, à Tyr.

Guy de Lusignan et le Grand-Maître du Temple,
agents de Saladin pour faire capituler les places franques.

Le littoral une fois dominé grâce à la chute de Saint-Jean-d'Acre et de Beyrouth, Saladin, avant d'aller cueillir Jérusalem, voulut encore s'emparer d'Ascalon, la barrière qui, depuis 1153, gênait les communications entre l'Égypte et la Syrie musulmane. Il n'y avait à Ascalon aucun élément de chevalerie, mais la ville était forte et la bourgeoisie latine résolue à se défendre. Saladin fit venir de Damas son prisonnier Guy de Lusignan pour exercer par celui-ci une pression

RAYMOND III OU GUY DE LUSIGNAN ?

sur les défenseurs. En échange, il promettait à Guy sa liberté. Mission assez peu honorable, mais que l'ex-roi n'hésita pas à accepter. L'*Estoire d'Éracles* lui prête d'ailleurs un langage assez embarrassé et équivoque, pour ne pas dire hypocrite, démoralisant dans tous les cas, tandis qu'au pied des murailles il invitait les chrétiens d'Ascalon à capituler. « Lor dist que il ne voloit mie que il rendissent Escalone por lui, car grant damages seroit à la Crestienté se il rendoient une cité por un home ; mais il lor prioit par Deu que, se il avenoit que il ne peussent tenir la cité d'Escalone et se il la rendoient, qu'ils feissent tant que il fust délivrés, se il pooient »[100].

Le Continuateur est ici bien réticent. Ibn al-A*th*îr, qui n'a pas les mêmes motifs de discrétion, nous avoue que la harangue de l'ex-roi fut fraîchement accueillie. Le prince incapable qui, après avoir, par les femmes, escamoté la royauté, venait de perdre le royaume, avait cessé de compter auprès de ses anciens sujets. Ibn al-A*th*îr nous laisse entendre qu'il ne recueillit à Ascalon que des malédictions et des sarcasmes. « Les gens d'Ascalon lui firent la réponse la plus désobligeante et lui tinrent les discours les plus pénibles à entendre. »

Rencontre inattendue : nous voyons aussi reparaître, comme agent et porte-parole de Saladin, chargé par le sultan de conseiller la reddition aux dernières places franques, le grand maître, du Temple Gérard de Rideffort, l'homme de toutes les intransigeances, celui qui plus que tout autre était l'auteur responsable du désastre de *Hatt*în, dont la morgue insolente et la stratégie stupidement offensive avaient provoqué la chute du royaume. Par quelle étrange faveur de Saladin l'orgueilleux grand maître avait-il été épargné, alors que tous les autres Templiers faits prisonniers comme lui étaient impitoyablement exécutés ? On est en droit de se demander s'il n'avait pas acheté la vie au prix de quelque trahison, quand on le voit maintenant s'associer à Guy pour conseiller aux Ascalonais une capitulation pure et simple[101]. Mieux encore, il acheta peu après sa liberté en faisant livrer à Saladin Gaza et les autres châteaux de son ordre en Philistie[102]. Marché cynique qui complète le portrait de l'homme.

Les bourgeois d'Ascalon résistèrent aux attaques de Saladin comme aux lâches conseils de Guy et du grand maître. Ils

764 — L'ÉQUILIBRE

tuèrent même l'un des principaux émirs de l'armée assiégeante et ne consentirent à capituler qu'à la dernière extrémité, moyennant des conditions particulièrement honorables, avec libre sortie des personnes et des biens mobiliers. Ici encore Saladin tint loyalement sa parole (5 septembre 1187).

Quant à Guy de Lusignan, il n'obtint pas sur-le-champ le salaire de sa douteuse entremise. Saladin, qui ne voulait pas le relâcher avant d'avoir pris Jérusalem, l'envoya à Naplouse. Avec sa courtoisie habituelle, le sultan dépêcha d'ailleurs un message à Jérusalem pour inviter la reine Sibylle à venir à Naplouse rejoindre son époux, « car il ne voulait pas qu'elle restât dans Jérusalem, tandis qu'il irait assiéger la ville ». Sibylle, toujours tendrement éprise, se hâta de profiter de cette invitation. Elle accourut, de Jérusalem à Naplouse, retrouver l'homme que son caprice avait fait roi et dont l'incapacité venait de perdre le trône de ses aïeux[103].

Siège de Jérusalem par Saladin. Défense de Balian II d'Ibelin et de la bourgeoisie hiérosolymite.

Saladin se dirigea enfin sur Jérusalem. Il avait reçu sous Ascalon une délégation des bourgeois hiérosolymites et leur avait offert, puisqu'ils étaient coupés de tout secours, une capitulation honorable, comme celles qu'il accordait aux autres villes, avec liberté pour eux d'évacuer leurs familles et leurs biens mobiliers. Les bourgeois de Jérusalem, animés par Balian d'Ibelin qui avait assumé la défense de la place, refusèrent courageusement. Malgré ce refus qui allait l'obliger à un siège en règle, le grand sultan, toujours chevaleresque, autorisa la sortie de la reine douairière Marie Comnène, veuve d'Amaury Ier et remariée à Balian d'Ibelin. Sur la demande de Balian – pourtant chef de la résistance hiérosolymitaine –, Saladin fit escorter la princesse depuis les portes de Jérusalem jusqu'à Tripoli. Il autorisa de même la sortie du jeune neveu de Balian, Thomas fils de Baudouin d'Ibelin, ainsi que d'un second enfant, fils du sire de Gibelet. « Quant lor père oïrent que Salahadin avoit asegié Jérusalem, il li mandèrent, preiant que il lor deust livrer lor enfant qui estoient en la cité, par quei il ne deussent estre pris en cheitiveté. Quant Salahadin ot oïe la requeste, mout li plot de ce qu'il lor pooit faire à plaisir. Quant li enfant vindrent devant [lui], il les reçut honorablement come enfans de frans homes, et leur fist aporter et doner robes et joiaus, et comanda que l'on lor donast à mangier. Et puis il les prist et les assist sur ses genoils, li un à destre et li autre à senestre[104]. » Le chroniqueur ajoute qu'à la grande surprise des assistants, le sultan, en contemplant ces enfants d'une race vaincue, ne put retenir ses larmes : il songeait sans doute, suggère la Chronique, à ses propres enfants qui, un jour, – en avait-il l'obscur pressentiment ? – devaient être de même dépossédés de leur héritage[105]...

Saladin eût désiré, comme politique, éviter, s'il se pouvait, un siège redoutable et, comme croyant, épargner une ville aussi sainte pour les Musulmans que pour les Chrétiens. Il proposa donc de nouveau aux défenseurs de Jérusalem une capitulation avantageuse. Mais les bourgeois de Jérusalem ne pouvaient, sans perdre l'honneur devant la chrétienté, rendre Jérusalem sans combat. Ils refusèrent. Quand l'armée musulmane s'approcha, leurs patrouilles surprirent l'avant-garde ennemie et tuèrent son chef, l'émir Jamâl al-Dîn Sharwîn. Saladin arriva devant Jérusalem le 20 septembre 1187. Il essaya d'une attaque du côté du nord-ouest, entre l'ancienne Porte de Saint-Étienne (Bâb al-'Amûd) et la Tour de David (al-Qal'a). Il échoua et, le 25, porta son effort contre le secteur nord entre la Porte de Saint-Étienne, et la Porte de Josaphat (Bâb Sitti Maryam), vers le Mont des Oliviers. L'attaque recommença de ce côté le 26, ponctuée par le bombardement de 12 grosses machines. Comme le remarque Ibn al-Athîr[106] – et sans recourir aux allusions théologiques ampoulées du *Livre des Deux Jardins*[107] –, la lutte prit tout de suite un caractère d'acharnement inouï. Partout ailleurs empreinte de courtoisie chevaleresque – les relations entre Saladin et Balian d'Ibelin en témoignent – elle affectait sur cette terre sacrée tout l'acharnement des guerres de religion.

Du reste c'était moins encore une affaire de haine dogmatique qu'une question de salut individuel, une véritable soif de martyre : « Il se livra les combats les plus acharnés qu'aucun homme ait jamais vus. Chaque homme des deux armées regardait la lutte comme un acte religieux et une obligation indispensable. » Résignés partout ailleurs à la reconquête musulmane, les Francs firent ici preuve d'un mordant qui se manifestait par d'incessantes contre-attaques. « Ils faisaient chaque jour une sortie, afin de combattre en troupe, ou bien isolément. » Aux machines de guerre de Saladin ils opposaient un stoïcisme qu'on n'eût pas attendu de ces éléments purement civils. Depuis sa prise de fonctions Balian d'Ibelin avait d'ailleurs hâtivement mis en état les ouvrages de défense que garnissait la population tout entière. Tous les assauts des Musulmans échouèrent avec pertes. Mais Saladin avait une telle supériorité en « artillerie » que la chute de la ville était inévitable. Ses sapeurs, travaillant sous la protection des pierriers et des mangonneaux, réussirent à pratiquer une brèche dans la muraille. Plutôt que de subir la loi du vainqueur, chevaliers et bourgeois formèrent alors la résolution de tenter une sortie à la faveur des ténèbres et de sauver l'honneur dans une contre-attaque désespérée.

Le patriarche Héraclius les en dissuada. Ce prélat viveur, politicien et servile ne tenait que médiocrement à cueillir la palme du martyre. Il trouva d'ailleurs à son défaitisme les plus dignes raisons morales. Il représenta aux combattants que leur geste héroïque aurait pour conséquence d'abandonner à l'ennemi les femmes et les enfants (et, d'après son évaluation, il y avait à Jérusalem, depuis la capitulation de *Hattîn*, pour chaque homme, cinquante femmes ou enfants), population sans défense que les musulmans se garderaient bien de tuer mais qu'ils obligeraient à accepter l'islamisme : les bourgeois de Jérusalem n'avaient pas le droit de compromettre le salut éternel de ces faibles pour le plaisir de courir eux-mêmes à la mort.

Devant une telle carence, l'historien évoque avec douleur la figure des grands patriarches antérieurs, défenseurs de la cité et animateurs de la Vertu franque, un Ébremar, un Gormond de Picquigny, un Guillaume de Messine, un Foucher d'Angoulême, un Amaury de Nesle...

Complot de la communauté grecque orthodoxe
pour livrer Jérusalem aux Musulmans.

Une autre considération qui ne dut pas manquer d'inciter les Francs à composer était le peu de confiance qu'ils pouvaient avoir dans leurs coreligionnaires de rite grec. Les querelles religieuses autour du Saint-Sépulcre étaient si vives entre les Latins et les Grecs que ces derniers n'étaient pas loin de préférer la domination musulmane à celle des catholiques romains. À en croire l'histoire des patriarches d'Alexandrie, il y aurait même eu complot en ce sens. « La plus grande partie de la population de Jérusalem, dit ce texte, se composait de chrétiens grecs ou melkites, qui portaient une haine mortelle aux Latins. Saladin chercha à tirer parti de ces dispositions. Il avait alors auprès de lui un chrétien melkite nommé Joseph Batit, qui était originaire de Jérusalem. C'était son homme de confiance, il s'en servait dans ses relations avec les princes chrétiens dont le melkite connaissait parfaitement les divers intérêts. Dans cette circonstance Saladin envoya Joseph Batit aux Melkites de Jérusalem pour les engager à lui ouvrir les portes de la ville. Les Melkites le promirent. Ils formèrent même le dessein d'égorger tous les Francs. Ce fut alors que les chefs francs effrayés se hâtèrent de capituler[108] ».

Capitulation de Jérusalem. La rançon des chrétiens pauvres. Avarice du Temple et de l'Hôpital.

Balian d'Ibelin sollicita donc une entrevue de Saladin : il offrit au sultan une capitulation avec libre sortie des défenseurs. C'étaient les propositions que le sultan avait, quelques semaines auparavant, offertes lui-même aux chrétiens. Mais maintenant qu'on l'avait obligé à combattre, il les repoussa. Il voulait une prise d'assaut ou une reddition sans condition. De terribles souvenirs revenaient au champion de l'Islamisme. Il évoquait le massacre de la population musulmane de Jérusalem lors de l'entrée de Godefroi de Bouillon : « Je ne me conduirai pas envers vous autrement que vos pères n'ont fait envers les Musulmans de Jérusalem que vous avez tous massacrés ou réduits en captivité quand vous vous en emparâtes, l'an 491 de l'Hégire ! Je rendrai le mal pour le mal ! » Balian d'Ibelin parla alors le langage du désespoir : « Quand nous verrons que la mort est inévitable, nous tuerons nos fils et nos femmes, nous brûlerons nos richesses et nos meubles, nous ne vous laisserons pas un dinar ou un dirhem à piller, ni un homme ou une femme à réduire en

768   *L'ÉQUILIBRE*

captivité. Quand nous aurons terminé cette œuvre de destruction, nous renverserons la Qubbat al-Sakhra, et le Mesjid al-Aqsâ et les autres lieux saints de l'islamisme. Après quoi nous massacrerons les cinq mille prisonniers musulmans que nous possédons et nous égorgerons jusqu'au dernier toutes nos bêtes de somme et tous nos animaux. Enfin nous sortirons tous à votre rencontre. Alors il ne sera pas tué un seul d'entre nous qui n'ait auparavant tué plusieurs des vôtres. Nous mourrons couverts de gloire ou nous vaincrons ![109] ».

Cette résolution farouche fit réfléchir Saladin et son entourage. Il était imprudent de pousser les Francs à des actes de désespoir. On convint que la population chrétienne de Jérusalem pourrait se racheter à raison de dix besants par homme, cinq pour les femmes et un pour les enfants[110]. Ces conditions, relativement avantageuses, furent obtenues grâce à l'intervention personnelle de Balian d'Ibelin pour lequel Saladin avait conçu une grande estime. Le discours que l'*Estoire d'Éracles* prête à Balian s'adressant au sultan montre bien l'atmosphère de sympathie qui régnait entre les deux hommes. Saladin avait d'abord réclamé une rançon deux fois plus forte : « Sire, respondi Balian, en cele cité n'en a que un petit de gent qui aider se puissent, fors les borgeis, et, por un home qui la rançon peust paer, en y a il cent qui n'auroient mie deus besanz. Car toute la citez est pleine des gens de la terre et de menu pueple et de enfanz dont vos avez les pères des enfanz et les mariz des femes ocis en bataille ou pris. Et puisque Dex (Dieu) vos a mis en cuer et en volenté de avoir merci (pitié) dou pueple qui là dedenz est, si (= alors) i mètes tel mesure que l'en les puisse rachater. »

Saladin céda à cette émouvante demande. Il agréa aussi la requête de Balian lorsque celui-ci lui proposa un prix forfaitaire pour la rançon des pauvres : « Nos avons atiré la raençon des riches. Or devons-nos atirer la raençon des povres, car il en i a plus de XX mile en la cité qui ne porront paer. Por Deu metez-y raison, et je porchacerai au Patriarche et au Temple et al Ospital et as borgeis, et, se vos y volez metre raison, il seront délivré. » Saladin offrait de libérer toute cette population pour cent mille besants, mais, comme Balian craignait de ne pouvoir arracher une telle somme à l'avarice des Ordres militaires, il fit convenir, pour commencer, que, moyennant 30 000 besants, on libérerait sept mille hommes d'entre les plus pauvres, un homme pouvant ici être numériquement remplacé par deux femmes ou par dix enfants.

Les chroniqueurs latins ne nous dissimulent pas que ce rachat des pauvres aurait pu être poussé beaucoup plus avant. Si on ne put racheter que sept mille personnes, s'il resta encore seize mille chrétiens irrédimés, abandonnés comme esclaves à Saladin, la faute en retomba sur les Templiers et les Hospitaliers qui, malgré leurs énormes richesses, bien que possédant toujours par devers eux la majeure partie du trésor de Henri Plantagenêt, marchandèrent leur concours. Le continuateur de Guillaume de Tyr atteste que, pour obliger le grand maître de l'Hôpital à financer le rachat, il fallut que les bourgeois le menaçassent de livrer son trésor à Saladin. Il ne céda que devant l'éventualité d'une émeute. Encore les deux Ordres ne donnèrent-ils qu'un minimum. « Li Templier et li Hospitalier donèrent, mais n'i donèrent pas tant come il deussent. » Ils ne craignaient plus en effet la menace d'émeute et de pillage du menu peuple, maintenant que Saladin, dont la parole était sacrée, leur avait juré de faire respecter leurs personnes et leurs biens. « Que, se il cuidassent que on lor en deust faire force, il eussent plus doné que il ne donèrent[111]. »

Occupation de Jérusalem par l'armée aiyûbide.
Humanité de Saladin envers la population franque.

Saladin, au contraire, exécuta ses engagements avec une loyauté, un sentiment d'humanité, une bonne grâce chevaleresque qui ont frappé d'admiration les chroniqueurs latins. Le 2 octobre, conformément à l'accord intervenu avec Balian d'Ibelin, il fit occuper la citadelle (Tour de David, al-Qal'a) et les autres tours, mais, pour éviter aux Francs toute vexation, il fit garder les principales artères par des hommes sûrs, chargés de maintenir un ordre strict. « Por que les Sarrasin ne feissent tort ne damage as Crestiens, il mist à chascune des rues deus chevaliers et dis sergens por garder la cité, et il la gardèrent si bien que onques n'i oï on parler de mesprison que l'on feist à Crestien[112]. » De même, pour éviter toute avanie aux chrétiens, l'entrée des troupes fut différée ; les soldats musulmans ne purent pénétrer en ville que par la porte médiévale de David (Bâb al-Khalîl) et seulement pour faire des achats aux Francs.

Quand Balian d'Ibelin et le patriarche eurent apporté du Trésor du Temple à la Tour de David, entre les mains des fonctionnaires aiyûbides, les 30 000 besants convenus pour la rançon des 7 000 pauvres, la sortie des chrétiens commença. Le continuateur de Guillaume de Tyr rapporte que, sur la demande du patriarche Héraclius, Saladin donna encore la liberté à 500 chrétiens pauvres ; le même chroniqueur ajoute que le frère de Saladin, Malik al-'Adil, se fit adjuger par le Sultan, comme cadeau personnel, mille autres de ces pauvres gens que l'avarice des Hospitaliers avait oublié de racheter, et qu'il les libéra presque aussitôt « pour Dieu »[113]. La bienveillance d'al-'Adil est confirmée par al-'Imâd : « Al-'Adil prit la haute direction de la rançon de guerre ; il facilita les opérations de paie et de mise en liberté. » Héraclius avait enlevé, pour les emporter, toute l'orfèvrerie, tous les métaux précieux, les tissus, les tapis, tous les ornements des sanctuaires. L'historien al-'Imâd fit remarquer à Saladin que ces richesses devaient être considérées comme immobilières et rester en place. Le sultan en convint, mais, plutôt que d'entamer une discussion juridique, il préféra, en fermant les yeux, donner aux Francs une leçon de libéralisme[114]. Alors que tant d'autres princes musulmans avaient fait suivre la reconquête d'un bannissement général des infidèles, il autorisa nombre de chrétiens à rester dans Jérusalem. Le fait est attesté par al-'Imâd[115] : « Les chrétiens qui demeurèrent à Jérusalem eurent à payer, en sus de la rançon de guerre, la taxe de capitation, moyennant quoi ils auraient toute sécurité et ne seraient ni inquiétés ni expulsés. Leur situation fut ainsi réglée par le jurisconsulte 'Isa. On permit aussi à quatre prêtres de l'Église de la Résurrection d'y résider en jouissant de toutes les immunités et exemptions d'impôt. »

Le même auteur confirme que des milliers de chrétiens demeurèrent ainsi à Jérusalem et dans la banlieue où ils se consacraient au jardinage et à la culture de la vigne. Ibn al-Athîr spécifie que ce furent, bien entendu, les chrétiens indigènes, de rite syriaque ou grec, qui décidèrent de rester. Ce furent eux qui achetèrent aux émigrants francs la plupart de leurs propriétés, de leurs maisons et de leurs biens meubles[116].

Quelques fanatiques demandaient à Saladin, pour abolir le pèlerinage « trinitaire », de raser les sanctuaires chrétiens et de détruire le Saint-Sépulcre (Kanîsat al-Qiyàma). Il les arrêta d'un mot : « Pourquoi ruiner et détruire, alors que le but de leur adoration est l'emplacement de la Croix et du Sépulcre et non pas l'édifice extérieur ? Le sol en fût-il nivelé, les diverses communautés chrétiennes ne cesseraient pas d'y accourir ! Imitons le khalife 'Omar, qui, lorsqu'il conquit Jérusalem dans les premières années de l'Islam, a maintenu ces édifices... » Tout le libéralisme du grand sultan est dans cette belle réponse. Sans doute aussi, en politique avisé, se doutait-il déjà que la chute de Jérusalem allait provoquer de nouvelles croisades, qu'il aurait bientôt tout l'Occident sur les bras et que la sagesse conseillait de ne pas s'attirer de haine inexpiables.

Par ailleurs, comme le fait remarquer le manuscrit de Rothelin, Saladin et ses conseillers se rendirent parfaitement compte de l'intérêt matériel que le fisc musulman avait au maintien du pèlerinage chrétien. S'ils tolérèrent le maintien du culte au Saint-Sépulcre et dans quelques autres sanctuaires, ce ne fut « mie por amour qu'il eussent aus Crestienz, mes por les granz treuz (= tributs) et les granz offrandes que li Crestien leur donnoient pour fere leur pelerinaiges ». Ils évitèrent de raser ces sanctuaires abhorrés « pour les granz rentes qu'il en recevoient chascun jour[117] ». Que la tolérance relative de Saladin ait été de la sorte faite de sens politique et d'intérêt commercial bien entendu, c'est ce qui ne lui enlève rien de son mérite. Il n'en est pas moins vrai que bien peu de conquérants eussent été capables d'une telle largeur de vues.

Les traits de libéralisme du grand sultan ne se comptent pas. Il y avait à Jérusalem deux vieillards francs respectés de tous : Robert de Corbie ou Robert de Codre, un centenaire qui était venu, quatre-vingt-huit ans plus tôt, avec Godefroi de Bouillon, et Foucher Fiole qui était né à Jérusalem en 1099. Le sultan, ému de pitié, ordonna qu'on les laissât finir tranquillement leurs jours dans la ville sainte et pourvut désormais lui-même à leur entretien.

Envers les dames franques, le grand sultan se montra d'une générosité chevaleresque. Nous avons vu qu'il accorda la liberté à la reine Sibylle et à la reine douairière Marie Comnène, épouse de Balian d'Ibelin. Non seulement il leur accorda un sauf-conduit, mais il les laissa emmener avec elles une escorte d'honneur avec leurs suivantes, leurs gentilshommes, leurs serviteurs, leurs coffres pleins de bijoux et toutes leurs richesses[118]. La princesse Étiennette d'Outre-Jourdain, veuve d'Onfroi III de Toron et de Renaud de Châtillon, vint implorer Saladin pour obtenir la liberté de son fils Onfroi IV, prisonnier depuis *Hattîn*. Le sultan le lui promit contre reddition de ses forteresses. Étiennette et sans doute aussi Onfroi furent donc dirigés vers le Krak de Moab et vers Montréal, places désormais condamnées. Cependant, malgré l'invite de leurs seigneurs, les défenseurs refusèrent de se rendre. Saladin n'en laissa pas moins partir la princesse avec ses serviteurs, en lui promettant d'avoir soin de son fils et de le lui rendre dès la capitulation des deux Kraks. Les héroïques défenseurs des imprenables forteresses devaient d'ailleurs résister pendant de longs mois encore au blocus le plus rigoureux : ils ne demandèrent l'*amân* à Malik al-'Adil, ceux du Krak de Moab qu'en novembre 1188, ceux de Montréal que vers avril-juin 1189, après avoir été depuis longtemps réduits à une horrible famine[119]. Saladin libéra aussitôt Onfroi[120].

Ernoul et l'*Estoire d'Éracles* nous parlent même d'une démarche collective qu'après la prise de Jérusalem les dames franques firent auprès du sultan. Le texte est trop curieux pour ne pas être noté : « Je vos dirai une grant cortoisie que Salahadin fist adont. Les dames et les filles des chevaliers de Jérusalem qu avoient esté pris et (= ou) morz en la bataille, quant eles furent rechatées et issues de Jérusalem, eles alèrent devant Salahadin crier merci. Et eles distrent que por Deu eust merci (pitié) de eles, que il avoit les maris d'eles en prison, lor terre avoient perdue, et que, por Deu, meist conseil et aide en eles. Quant Salahadin les vit plorer, si en ot grant pitié, et dist as dames que, se lor barons estoient vif, que eles li feissent assaver se il estoient en prison, que, quan que il en i auroit en sa prison, il les feroit délivrer. Et furent délivré toz ceaus que l'on trova. Après, comanda que l'on donast as dames et as damoiseles cui (dont) père et (= ou) seignor estoient mort, largement du sien, à l'une plus, à l'autre meins, selonc ce que eles estoient. Et l'en lor dona tant que eles s'en loèrent doucement à Deu et au siècle dou bien et del honor que l'on lor avoit faite[121]. »

L'exode et le rapatriement des colons francs.
Loyauté de Saladin. L'égoïsme des marins occidentaux.

Restait à ramener tous ces exilés vers la côte, ou plutôt vers la partie de la côte encore au pouvoir des Francs, Tyr et Tripoli. Saladin les avait rassemblés devant Jérusalem, dans un camp qu'il faisait garder nuit et jour de peur des pillards. L'heure du départ venue, il divisa les émigrants en trois convois respectivement placés sous les ordres des Templiers, des Hospitaliers et de Balian d'Ibelin. Il confia chacun des convois à la garde de cinquante guerriers musulmans, pour le défendre contre les Bédouins. Ayant promis la vie sauve à ces malheureux, le grand sultan mit en effet son honneur à tenir sa parole et, tant qu'ils furent en territoire musulman, ses soldats veillèrent jalousement sur eux. Au passage des défilés, partout où on pouvait craindre quelque surprise, l'escorte musulmane s'entendait avec les chevaliers francs pour éclairer et garder en flanc le convoi. « Cil qui l'arière-garde faisoient, quant il veoient (voyaient) home, ne feme ne enfans qui estoient recreu ne qui ne pooient mais aler, si faisoient lor escuiers descendre et aler à pié, et faisoient porter les recreus dusques as herberges (jusqu'au campement). Et il meismes portoient les enfans devant aus et derière, sour lor cevaus[122]. » À chaque étape les paysans musulmans venaient ponctuellement ravitailler les émigrants. Les ordres donnés par Saladin durant toute cette évacuation honorent singulièrement l'Islam aiyûbide.

Il est pénible de constater que les princes francs se montrèrent inférieurs en générosité au héros musulman. Parvenus en terre chrétienne, au Liban, dans la seigneurie de Boutron (Batrûn), les exilés de Jérusalem se crurent sauvés. Mais le seigneur de Néphin, Renaud, un de ces chevaliers-brigands comme le douzième siècle en a tant produit, se jeta sur la lamentable troupe et la dévalisa[123]. Les malheureux

774 — L'ÉQUILIBRE

remontèrent vers le nord, espérant trouver refuge à Tripoli. Le gouvernement de Tripoli, craignant sans doute d'être encombré par cette multitude sans ressources, fit fermer aux manants les portes de la ville. Quant à ceux qui avaient quelque argent, aux anciens bourgeois de Jérusalem, ils furent au contraire entourés par les chevaliers de Tripoli et dépouillés de tout ce que Saladin leur avait laissé[124]. Le reste gagna la principauté d'Antioche où il finit par trouver asile. Triste page de l'histoire des Croisades...

Plus heureux avaient été les chrétiens d'Ascalon qui s'étaient dirigés sur le Delta ; continuant à bénéficier ainsi de la protection de Saladin, ils furent hospitalisés tout l'hiver à Alexandrie, régulièrement ravitaillés par les fonctionnaires aiyûbides, et purent s'embarquer en mars pour l'Occident[125]. Encore durent-ils leur transport à l'humanité du qâdî d'Alexandrie, car les commandants de navires génois, pisans et vénitiens en rade à Alexandrie (et il y avait près de trente-six de ces navires) voulaient bien embarquer les chrétiens riches, capables de payer la traversée, mais refusaient cyniquement de se charger des passagers sans ressources. Il fallut que le qâdî leur fît honte de leur inhumanité. « Il distrent que ès nez (= navires) ne les metroient-il mie. » « Que en voudrez donc faire, dist li bailliz (= le qâdî) ? » Et il dirent : « Nos les lairons (= laisserons) ! » Et li baillis lor demanda se il estoient Crestien. Et il dirent oil. « Et coment les volez-vos laisser por perdre et por estre esclas et briser la fiance (= le serment) que Salahadin lor a donnée ? »

Pour faire céder les capitaines italiens, il fallut que le qâdî d'Alexandrie les menaçât de ne pas leur rendre leurs cordages et leur gouvernail[126] et de mettre l'embargo sur leurs navires. Devinant ensuite leur dessein d'abandonner le pitoyable troupeau sur quelque côte déserte, le représentant de Saladin les rendit personnellement responsables de la traversée : « Venez avant ! Jurez que bien et loyaument les menrez en Crestienté et à port de salu ; ne les menrez se là non (= ailleurs que) où vous menez les riches homes, ne mal ne lor ferez. Et se je puis savoir que vous lor ayez fait ne mal ne vilenie, je m'en prendrai as marcheans de vostre terre qui venront en ce païs[127]. » Encore le gouvernement égyptien dut-il assurer lui-même le ravitaillement pour toute la traversée[128].

Un tel texte en dit long sur l'égoïsme des commerçants occidentaux au Levant. Nous comprenons du coup quelle sera l'impuissance des dernières colonies franques sur la côte de Syrie au treizième siècle, quand la politique purement mercantile des républiques maritimes les dominera entièrement, comme nous comprendrons le cynique détournement de la Quatrième Croisade en 1203. Le point de vue commercial comptait seul pour les armateurs de Pise, de Gênes, de Venise, et aussi de Barcelone ou de Marseille et ce n'est qu'en fonction de leurs opérations financières qu'ils s'intéressaient à l'Orient latin.

Octobre 1187. Restauration de l'Islamisme au Haram al-Sherîf.

Pendant ce temps Saladin avait fait à Jérusalem une entrée mémorable. Conscient de son rôle historique, il avait solennellement rendu à l'Islam les grands sanctuaires du Haram al-Sherif, le *Templum Domini*, redevenu la *Qubbat al-Sakhra*, et le *Palatium Salomonis*, redevenu la *Mesjid al-Aqsâ*. Au cours d'une scène dramatique, que nous décrit Ibn al-Athîr, la grande croix dorée que les Francs avaient élevée au haut du dôme de la Qubbat al-Sakhra, fut abattue devant toute l'armée de Saladin et aussi devant la population franque qui partait pour l'exil. « Quand la croix tomba, toute l'assistance, tant les Francs que les musulmans, poussa un grand cri. Les musulmans criaient : "Allah est grand !", les Francs poussaient un cri de douleur. Ce fut une clameur si grande que la terre en fut comme ébranlée[129]... » « On anéantit toutes les traces de christianisme qu'on trouva dans le Masjid al-Aqsâ et dans la Sakhra, et on purifia la Sakhra avec de l'eau de rose. Quant à l'église du Sépulcre, on la ferma ; on ne la rouvrit que plus tard, après avoir fixé la somme qu'auraient à payer les pèlerins francs[130]. »

L'Église grecque orthodoxe, bénéficiaire de la perte des Lieux Saints par les Francs.

L'expulsion des Latins hors de la Ville Sainte profita à l'élément grec et à l'élément juif. Les Grecs se hâtèrent de réclamer aux Lieux Saints la situation prépondérante dont ils avaient bénéficié avant l'arrivée de la Première Croisade. L'empereur Isaac l'Ange envoya en ce sens à Saladin une ambassade de félicitations dont Behâ al-Dîn a conservé le souvenir : « Il demandait que l'Église de la Résurrection (= le Saint-Sépulcre) et toutes les autres églises chrétiennes de la ville fussent remises à des prêtres (grecs), nommés par son gouvernement et qu'il y eût (contre les Francs) une alliance entre les deux empires[131]. »

Sans doute les félicitations adressées par l'*Isapostole* au champion de l'Islam victorieux étaient-elles intéressées, puisqu'il s'agissait d'obtenir pour l'Orthodoxie grecque les privilèges dont avait pendant quatre-vingt-huit ans bénéficié l'Église romaine aux Lieux Saints. Il n'en est pas moins vrai que depuis juillet 1099 l'opinion byzantine, sinon la cour impériale elle-même, n'avait cessé, dans sa jalousie envers les Latins, de faire secrètement des vœux pour leur défaite[132]. « Plutôt l'Islam que Rome à Jérusalem ! » pensaient déjà les Byzantins du douzième siècle ; de même ceux du quinzième siècle à l'union avec Rome préféreront l'installation du Turc à Byzance.

Les Juifs bénéficiaires de la ruine de la colonie franque.
Appel d'une immigration juive en Palestine par Saladin.

Comme les Grecs orthodoxes, les Juifs se trouvèrent parmi les bénéficiaires du désastre franc. Nous avons vu que lors de la conquête franque, au commencement du douzième siècle ils s'étaient généralement solidarisés avec les Arabes : c'étaient eux par exemple qui avaient longtemps défendu Caïffa contre Tancrède (1100). Aujourd'hui ils s'associaient à la victoire des Musulmans. Le poète juif espagnol Jehuda al-*H*arizî qui visita Jérusalem en 1216-1217 nous dit expressément que la reconquête de la ville sainte par les Musulmans fut suivie d'une véritable immigration juive, immigration sollicitée par Saladin en personne : « Le sage et vaillant chef d'Ismaël (= Saladin), après avoir pris Jérusalem, fit proclamer par toute la contrée qu'il recevrait et accueillerait toute la race d'Éphraïm, de quelque part qu'elle vînt. Aussi de tous les coins du monde nous sommes venus y fixer notre séjour et nous y demeurons heureux, à l'ombre de la paix ![133] »

Sionisme avant la lettre, imaginé, non point, comme de nos jours, par une puissance chrétienne pour contenir le panislamisme, mais, tout au contraire, par le sultan même du *jihâd* pour faire pièce aux chrétiens, car le geste de Saladin ne se comprend que si cette immigration juive était destinée à assurer aux autorités aiyûbides de Jérusalem des défenseurs zélés contre une nouvelle croisade[134].

Saladin au Liban. Attaques infructueuses contre Tyr.
Mort de Raymond III de Tripoli.

La conquête de la Palestine une fois terminée, restait encore à achever celle de la Phénicie et de la région d'Antioche. Les derniers bastions de la résistance franque de ce côté étaient Tyr, Tripoli et Antioche, plus quelques châteaux pratiquement imprenables comme le Krak des Chevaliers et Marqab.

La première de ces places, Tyr, venait de recevoir un secours inattendu par l'arrivée du marquis Conrad de Montferrat (14 juillet 1187). Toutes les attaques de Saladin de ce côté échouèrent : Tyr allait devenir le point de départ de la reconquête franque du littoral, comme nous le raconterons au tome III de cet ouvrage[135].

À Tripoli, le comte Raymond III échappé, comme on l'a vu, au désastre de *Hattîn*, avait hâtivement mis sa terre en état de défense. Mais après les terribles épreuves de l'été 1187 il était moralement et physiquement brisé, incapable de reprendre en main le salut de la Terre Sainte. Il mourut peu après d'une pleurésie dit le *Livre des Deux Jardins*[136], de désespoir, selon d'autres historiens. Désespoir d'autant plus compréhensible qu'il avait tout prévu, tout annoncé, sans jamais pouvoir imposer son avis. Mélancolique destinée que la sienne. À travers le texte des chroniqueurs, on devine sans peine quel excellent roi de Jérusalem eût été ce prince « le plus intelligent de son peuple et le plus remarquable par sa pénétration d'esprit »[137] si, conformément à ses secrets désirs, l'assemblée de Naplouse l'avait en 1186 élevé au trône. Mais celui qui aurait pu être un des meilleurs princes de la Terre Sainte, l'héritier né de la grande tradition monarchique des Baudouin et des Foulque, s'était vu réduit par l'élévation de l'incapable Lusignan à un rôle d'opposant et presque de conspirateur. Entretenant une amitié longtemps utile, mais finalement suspecte avec Saladin, il s'était fait accuser de trahison par les chefs insensés qui avaient, faute de suivre ses avis, conduit le royaume à la ruine. Avant de mourir, comme il ne laissait pas d'enfants, il avait désigné comme héritier son filleul Raymond, fils aîné du prince d'Antioche Bohémond III. Mais Bohémond III, menacé, lui aussi, par Saladin, voulut conserver son fils aîné pour la défense d'Antioche. Il se contenta d'envoyer à Tripoli son second fils, Bohémond IV, pour recevoir l'héritage de Raymond III et régner sur le comté provençal du Liban. Raymond III, avant de mourir, eut le temps de donner son adhésion à cette mesure. Ce fut ainsi que la dynastie provençale de Tripoli s'éteignit après quatre-vingt-quatre ans de domination libanaise et que le comté passa à la maison normande-poitevine d'Antioche (fin 1187)[138].

Prise, par Saladin, de Jabala et de Lattaquié. Défection des hauts fonctionnaires arabes de l'administration franque.

Faute de pouvoir prendre Tyr et Tripoli, Saladin s'attacha à la conquête des châteaux de la Galilée et de la montagne. Le 26 décembre 1187, ses lieutenants firent capituler dans le nord de la Galilée la forteresse de Chastel-neuf (Hûnîn), conquête qui compléta celle de la seigneurie du Toron (Tibnîn). D'autres détachements allèrent bloquer les forteresses de *Safed* (le Saphet), au nord-ouest du lac de Tibériade, qui appartenait aux Templiers, et de Beauvoir ou Coquet (Kawkab al-Hawâ), au sud-ouest du lac, qui appartenait aux Hospitaliers. Mais il s'agissait de deux très puissantes citadelles, « renfermant d'immenses approvisionnements, avec une garnison solide ». Le 2 janvier 1188 les Hospitaliers de Beauvoir surprirent dans une attaque de nuit et taillèrent en pièces près de Forbelet ('Afrabalâ) le corps d'investissement commandé par Saif al-Dîn Ma*h*mûd, qui fut tué. Ils reprirent même à deux caravanes arabes les armes et approvisionnements précédemment enlevés à la Fève (al-Fûla)[139].

Les deux places ne furent prises par Saladin qu'au bout de près d'un an d'efforts, après un double et pénible siège, à grand renfort de pierrières et de mangonneaux, Safed entre le 30 novembre et le 6 décembre 1188 et Beauvoir le 5 janvier 1189. Malgré sa haine personnelle pour les deux Ordres militaires, Saladin permit aux héroïques défenseurs de se retirer à Tyr[140]. – Quant à la grande forteresse des Hospitaliers au sud du Jebel Nosaïri, le Krak des Chevaliers – Qal'at al-Hosn, Hosn al-Akrâd, – elle défiait tous les assauts. Saladin vint camper sur une colline voisine, le 30 mai 1188. Il passa tout le mois de juin en vue de la forteresse. Un jour même, « il fit l'ascension du tertre, jusqu'au pied des murailles, afin de les tâter », mais il n'osa risquer une attaque inutile et se retira. Ilôt un instant perdu dans la marée montante de l'invasion musulmane, le Krak attendra, inviolé, l'heure de la reconquête franque[141].

C'est du reste un des mérites stratégiques de Saladin de ne pas s'être laissé hypnotiser par ces derniers bastions de la puissance franque à l'intérieur des terres. Ce qui lui importait avec raison davantage, en prévision de nouvelles croisades, c'était la conquête du littoral.

Dès l'été de 1188 il avait conduit dans ce but une nouvelle campagne sur les côtes de Tripoli et d'Antioche. Passant par Tortose, la seconde place du comté de Tripoli, il trouva la ville basse évacuée par la population et la saccagea ; il prit même une des tours, mais le donjon, défendu par les Templiers, résista à ses assauts (3-11 juillet 1188)[142]. Il n'osa rien tenter contre l'imprenable forteresse maritime des Hospitaliers Marqab ou Margat dont la haute silhouette domine l'étroite corniche entre Tripoli et Lattaquié. Il s'en fallut même de peu que les Chevaliers de Marqab, renforcés par des Croisés siciliens nouvellement débarqués, ne coupassent la route du sultan[143].

Au nord de Marqab, Saladin fut plus heureux. Il occupa sans lutte Bâniyâs, la Valénie des Latins, la place maritime la plus septentrionale du comté de Tripoli, évacuée par ses habitants. Parvenu ensuite dans la principauté d'Antioche, il s'empara du petit port de Gibel ou Zibel, la Jabala moderne, grâce à la défection du qâdî local, l'arabe Mansûr ibn Nabîl. L'histoire est instructive. Ce qâdî était devenu, grâce à la confiance que lui avait vouée le prince d'Antioche Bohémond III, une sorte de ministre des affaires musulmanes

780   L'ÉQUILIBRE

dans la principauté. Quelle que fût l'amitié que lui témoignait Bohémond III, devant la victoire de Saladin le sentiment panislamique fut plus fort en lui que le loyalisme. Ce haut fonctionnaire franc, ne se souvenant plus que de sa nationalité arabe et de sa foi coranique, se rendit auprès de Saladin, le guida vers Jabala, bloqua avec lui la garnison franque dans la citadelle et la força à capituler (16 juillet 1188)[144]. Expérience révélatrice qui enseignait – trop tard – les imprudences d'une certaine « politique musulmane » en vertu de laquelle l'élite de la société franque s'était abandonnée sans contrôle à ses sympathies indigènes. La « politique musulmane » des princes francs n'était bonne qu'autant qu'ils conservaient la force. En cas de désastre elle se retournait contre eux.

De Jabala le sultan alla s'emparer du grand port de la principauté d'Antioche, Lattaquié ou « La Liche ». À son approche les Francs avaient évacué le port et la ville pour se concentrer dans la citadelle. Les Musulmans firent donc sans opposition la rafle des docks où « ils trouvèrent un butin immense, parce que c'était une grande place de commerce, renfermant d'immenses richesses ». Au bout de deux jours la citadelle elle-même se rendit (23 juillet 1188). Ici encore le qâdî de Jabala avait joué son rôle. « Sur la demande des assiégés on avait laissé passer chez eux le qâdî de Jabala pour qu'il dressât le texte de la capitulation. Par cet acte les Francs purent se retirer avec leurs familles et leurs richesses, mais en laissant sur place les approvisionnements de blé, le trésor, les armes, les machines de guerre, les animaux servant de montures. On leur laissa toutefois assez de celles-ci pour les transporter en sûreté. » Craignant, après cette capitulation, la colère de leurs coreligionnaires, une partie des chrétiens de Laodicée, évidemment les chrétiens indigènes, syriens et arméniens, sollicitèrent de Saladin l'autorisation de rester moyennant capitation dans la ville redevenue musulmane[145].

« *La mort de Lattaquié* ».

Remarque curieuse, relative à Lattaquié : les écrivains arabes, comme al'-Imâd, cité par Abû Shâma[146], ne peuvent, à ce point de leur récit, s'empêcher de regretter que leurs coreligionnaires vainqueurs aient presque entièrement détruit la charmante petite cité franque. « J'ai vu Lattaquié jadis, c'était une ville riche en beaux édifices ; partout des demeures en pierre de taille, des portiques de marbre aux arcades solides ; pas de maison sans jardin ; des arbres fruitiers à portée de la main, des marchés étendus, une lumière brillante, un climat salubre. Mais notre armée a ruiné cette prospérité et fait disparaître cette splendeur. Nos émirs, s'emparant de ces beaux marbres, les ont fait transporter dans leurs palais de la Syrie (intérieure). Ils ont altéré la beauté des édifices et terni leur éclat... Il y avait au dehors de Lattaquié une église grande, belle et ancienne, revêtue de porphyre, incrustée de marbres polychromes, riche en tableaux et en figures de tout genre... Quand nos soldats prirent la ville, ils enlevèrent ses marbres, dégradèrent ses beaux édifices, la condamnèrent, elle, si riche, à la pauvreté, la laissèrent misérable et ruinée. Dégradée et dévastée, elle semblait se retenir à ses piliers et se cramponner à ses bases ».

L'amnistie que Saladin accorda aux éléments chrétiens qui acceptèrent la capitation ne permit pas à la ville de se relever. Elle végéta depuis ce jour. Comme nous le verrons par la suite et surtout à l'occasion des Mamelûks, la reconquête musulmane fut ainsi à bien des égards la mort du Sahel syrien.

Conquête de Sahyûn et de Burzey par Saladin.
La princesse d'Antioche espionne de Saladin.

De Lattaquié, Saladin alla avec son fils al-Zâhir, prince d'Alep, attaquer la forteresse de Saone, Qal'at Sahyûn[147], qui fit une défense héroïque, enceinte par enceinte[148]. Al Zâhir dut mettre en batterie de puissants mangonneaux pour pratiquer une brèche dans la première enceinte. Les Musulmans escaladèrent enfin l'angle nord-est de la forteresse, entre celle-ci et le faubourg (« la basse-cour »). Ce ne fut qu'alors, le 29 juillet 1188, que les défenseurs, réfugiés au donjon, acceptèrent de se rendre. Ils purent se retirer, emportant même leurs richesses, mais à condition de payer dix pièces

782 *L'ÉQUILIBRE*

d'or par homme. Saladin s'empara les jours suivants des châteaux et fortins dépendant de Sahyûn, Balâ*t*unus et Fi*h*a (Qal'at Fille*h*in)[149].

C'était maintenant la principauté d'Antioche qui tombait ainsi, comme tout à l'heure le royaume de Jérusalem. Le prince d'Antioche, Bohémond III, un des plus piètres chefs qu'ait eus la Syrie franque, ne faisait rien pour secourir ses places, ne profitait même pas de la présence, sur la côte, d'une escadre normande récemment arrivée de Sicile. Saladin put aller tranquillement attaquer au nord-ouest du pont Jisr al-Shughr, sur l'Oronte, la double forteresse de Shughr-Bakâs. Il s'empara de Bakâs le 9 août, et le 12 obtint la capitulation spontanée de l'imprenable château de Shughr. Ce fut ensuite le tour de Sermaniya (Serméni), entre Jisr al-Shughr et Burzey, puis de Burzey (Bursia) lui-même, pris le même jour (23 août 1188)[150].

Comme le fait remarquer M. Dussaud, « la marche en avant de Saladin est extrêmement prudente ; Antioche est son objectif, mais avant d'essayer ses forces contre cette ville, il s'empare de toutes les forteresses qui en gardaient les abords. Bientôt 'Imâd al-Dîn pourra noter qu'il ne reste plus à la principauté que trois places fortes : Qoseir (Cursat), Baghrâs (Gaston) et Darb-sâk (Trapessac)[151] ».

La plupart de ces châteaux étaient des positions naturelles faciles à défendre.

La citadelle de Burzey, par exemple, située au sud de Sermaniya, au nord et en face d'Apamée, de l'autre côté du marais du Ghâb, passait pour imprenable. Construite sur un piton rocheux naturel, inaccessible du côté du nord, elle avait été fortifiée sur le front sud par une suite de deux enceintes superposées. « Saladin, écrit Ibn al-A*th*îr, étant arrivé devant la forteresse le 20 août 1188, monta le lendemain à cheval et en fit le tour, afin d'en découvrir le point faible. Par le nord ou le sud personne n'aurait pu escalader la montagne. Du côté de l'est on pouvait grimper, mais sans armes, à cause de la pente et des aspérités. Vers l'ouest seulement la vallée était assez élevée pour atteindre presque la hauteur de la citadelle, et ce fut là que les Musulmans dressèrent leurs mangonneaux. Mais la garnison du château leur opposa un autre mangonneau qui déjoua leurs efforts. J'ai vu de la cime d'une montagne, ajoute Ibn al-A*th*îr, une femme qui lançait des projectiles de la citadelle au moyen d'un mangonneau. C'était elle qui rendait inutile le mangonneau des Musulmans. Quand Saladin se rendit compte qu'on n'aboutirait à rien par les machines, il ordonna l'assaut... Mais quand les Musulmans eurent commencé à gravir la montagne, il leur fut impossible d'approcher à cause de l'aspérité du terrain. Les Francs leur lançaient de grosses pierres qui roulaient au bas de la montagne et auxquelles rien ne résistait[152] ». La place ne finit par succomber que sous les vagues d'assaut sans cesse renouvelées de l'armée aiyûbide.

Comme on le voit, la moindre diversion de Bohémond III et de la petite croisade sicilienne qui venait d'aborder en Syrie aurait sans doute sauvé la place. Mais l'inertie du Bègue confinait maintenant à la paralysie. En outre sa femme, cette Sibylle pour laquelle il avait naguère rompu avec son clergé et avec ses barons, le trahissait, trahissait les chrétiens en faveur de Saladin. « La femme du prince d'Antioche, reconnaît al-'Imâd, avait embrassé le parti du sultan. Elle espionnait pour lui ses ennemis, le conseillait, le dirigeait et lui révélait leurs secrets. Le sultan lui envoyait de riches cadeaux[153] ». Ibn al-A*th*îr avoue de même « qu'elle dépêchait des messagers au sultan et lui donnait beaucoup de renseignements dont il avait besoin[154] ». L'ancienne favorite pour laquelle Bohémond III avait bouleversé la société franque n'était qu'une espionne ! On en eut la preuve après la prise du château de Burzey. On sait que la châtelaine de Burzey était la sœur de la princesse d'Antioche. Pour plaire à Sibylle, Saladin s'empressa de remettre en liberté et de renvoyer à Antioche non seulement sa sœur, mais le châtelain et toute la famille de Burzey[155].

Conquête de Darb-sak et de Baghrâs par Saladin. Antioche encerclée.

La Syrie franque était à l'abandon. Depuis qu'il n'y avait plus de dynastie hiérosolymitaine, c'était une *terra nullius*, ou, qui pis est, une terre internationale, le patrimoine commun de toute la chrétienté. Or il y avait plus d'un an déjà que le désastre de *Hatt*în avait eu lieu. Frédéric Barberousse

784 L'ÉQUILIBRE

n'arrivera en Cilicie qu'un an plus tard (juin 1190), Richard Cœur de Lion et Philippe Auguste perdront des mois en Sicile et ne débarqueront qu'en avril-juin 1191. Quand les secours d'Occident seront enfin à pied d'œuvre, il sera trop tard, les bases d'opération leur auront presque toutes été enlevées...

Saladin, lui, se préparait à la grande contre-attaque que l'Occident allait lancer sur lui. Pour la prévenir, sa politique était double. D'une part il accentuait sa courtoisie envers les seigneurs et les dames que la guerre faisait tomber entre ses mains : la famille du sire de Burzey ayant été un instant dispersée par ses lieutenants, il se hâte, on l'a vu, de faire rechercher la châtelaine et ses enfants et il leur rend gracieusement la liberté[156]. Il évite ainsi de donner à la reconquête musulmane un caractère de violence qui eût soulevé l'Occident contre lui. Mais en même temps il rase les places indéfendables, il fortifie et rend véritablement imprenables celles qui pourront servir sa stratégie, il hérisse toute la contrée d'une rocade où viendront se briser les croisades nouvelles.

La zone au sud d'Antioche une fois tombée, Saladin passa au nord de la ville et vint attaquer Trapessac ou Darbessac (Darbsâk), château des Templiers situé au nord du lac d'Antioche (2 septembre 1188). Après une série d'assauts, un pan de muraille s'écroula. « Les assiégés, écrit Behâ al-Dîn, témoin oculaire, placèrent des hommes à la brèche pour en défendre l'entrée. Je remarquais que chaque fois que l'un d'eux était tué, un autre prenait sa place. Ils s'y tenaient, immobiles comme une muraille et tout à fait à découvert. » Les héroïques chevaliers de Darbessac avaient fait demander des secours à Bohémond III. Celui-ci étant resté sourd à leur appel, ils se résignèrent à rendre la place (16 septembre 1188)[157].

Baghrâs ou Gaston[158], autre château des Templiers également situé dans une position stratégique de premier ordre sur la route d'Antioche à la principauté arménienne de Cilicie, capitula de même le 26 septembre 1188, les défenseurs en ayant reçu l'autorisation de Bohémond III. L'inertie du prince franc étonna les Musulmans eux-mêmes. « Nous avions été obligés, note Behâ al-Dîn, de détacher un corps d'armée pour surveiller la garnison d'Antioche dont une sortie eût pu nous prendre à revers. Ce détachement dressa ses tentes si près des portes d'Antioche que rien n'en pouvait sortir sans être repéré »[159]. Baghrâs pris, Saladin démantela la forteresse[160]. Quant aux Templiers faits prisonniers à Baghrâs, ils furent relâchés contre rançon.

À propos de la région de Darb-sâk et de Baghrâs, al-'Imâd rapporte que Saladin fit désaffecter et convertir en mosquées les synagogues naguère édifiées en territoire franc[161]. Détail qui nous montre que la politique juive du sultan n'était pas nécessairement la même en Syrie qu'en Palestine.

Selon l'image d'al-'Imâd[162], Antioche, libre de ses mouvements tant qu'elle commandait à ce système de forteresses, avait maintenant les ailes brisées. « Sa défense est paralysée, elle reste exposée aux attaques de l'armée musulmane, ce n'est plus qu'un accident sans existence réelle. » Cependant, au moment de couronner sa campagne en l'attaquant, Saladin s'arrêta. C'est que son armée qui n'avait pas eu de repos depuis *Hattîn* réclamait la « démobilisation ». Traînant après elle le butin de toute la Terre Sainte, elle avait hâte d'aller en jouir. Les contingents éloignés, comme ceux de la Jazîra et de Mossoul, étaient les plus impatients[163]. Saladin céda donc au vœu général en différant l'attaque d'Antioche. Il parut aussi accéder de la sorte aux demandes de Bohémond III et surtout aux prières de la femme de ce prince, la très légère Sibylle, avec laquelle, nous l'avons vu, il entretenait des relations assez suspectes. Mais il n'accorda à Bohémond qu'une trêve singulièrement précaire de huit mois, d'octobre à mai, trêve qui n'était même pas un répit puisqu'elle devait prendre fin avant la moisson.

Un baron arabisant du douzième siècle.
Renaud de Sidon et la défense de Beaufort.

La trêve ne concernait d'ailleurs que la seule principauté d'Antioche. Saladin, après le licenciement de la grande armée de *Hattîn*, alla presser le siège des dernières places fortes des Francs en Palestine, et ce fut alors, comme nous l'avons dit, qu'il finit par faire capituler, à grand renfort de mines et de mangonneaux et malgré des pluies torrentielles, les Templiers de Safed (30 novembre ou 6 décembre 1188) et les Hospitaliers de Beauvoir (5 janvier 1189)[164]. Restait encore à prendre Belfort ou Beaufort que les historiens arabes appellent Qal'at al-Shaqîf, ou al-Shaqîf Arnûn, la Roche-Renaud, sans doute en souvenir de Renaud de Sidon, son dernier seigneur. Construite sur un haut coteau qui dominait à l'intérieur le grand coude du Nahr al-Lîtânî, de l'autre côté du Marj 'Ayûn, la forteresse qui commandait le cours du fleuve et la route de Tyr à Damas, était imprenable. Renaud de Sidon, à qui elle appartenait, s'y était réfugié depuis que Saladin lui avait pris Sidon.

Du récit d'Ibn al-A*th*îr, il apparaît que, confiant dans sa connaissance de la société musulmane et de la langue arabe, Renaud de Sidon chercha à ruser avec Saladin. Il prit prétexte de la crainte que lui inspirait le marquis de Montferrat, seigneur de Tyr, pour différer la reddition de Beaufort et jouer le sultan sans se brouiller avec lui. « Le sultan avait dressé son camp dans le Marj 'Ayûn, raconte Béhâ al-Dîn qui l'accompagnait. Cette plaine est si peu éloignée de Shaqîf Arnûn que, chaque jour, le sultan montait à cheval avec nous pour aller l'examiner. Le seigneur de Shaqîf, reconnaissant dans ces préparatifs la certitude de sa perte, se décida à faire avec le sultan un arrangement qui le mettrait hors de danger. Il descendit de sa forteresse et se présenta à l'improviste à l'entrée de la tente du sultan. Le sultan l'accueillit avec toutes sortes d'égards et de grands témoignages de considération. Cet homme tenait un haut rang parmi les Francs et se distinguait par sa vive intelligence. Il savait l'arabe, le parlait et possédait quelques connaissances en histoire (musulmane). J'ai appris qu'il entretenait chez lui un musulman chargé de lui lire et de lui expliquer nos livres. Sa courtoisie était vraiment engageante. Il se présenta devant le sultan, mangea avec lui, puis lui déclara dans un entretien secret qu'il serait son mamelûk dévoué et qu'il lui livrerait la place sans qu'on se donne la peine de combattre. Il y mit pour condition qu'on lui donnerait un logement à Damas, car il ne pourrait plus demeurer chez les Francs, et qu'on lui assignerait une source de revenus dans la même ville, afin de pourvoir à l'entretien des siens. Il ajouta qu'il devait être autorisé à rester chez lui en attendant et que, pendant trois mois à partir de ce jour (mai 1189), il se présenterait régulièrement à la cour du sultan pour lui offrir ses hommages, mais qu'il lui faudrait cet espace de temps pour pouvoir faire évader de Tyr sa famille et ses gens. Le sultan y consentit, et dès lors ce seigneur se présentait chez lui très souvent. Il discutait avec nous au sujet de sa religion et nous raisonnions avec lui afin de lui démontrer la vanité de ses croyances. Il causait très bien et s'exprimait avec beaucoup de mesure et de politesse[165]. »

Toutefois le manège de l'adroit baron ne réussit qu'un temps. Le délai consenti par le sultan pour la reddition de la forteresse venait d'expirer en août 1189, et rien n'annonçait que Renaud dût s'exécuter. « Un escrivain de Biaufort qui estoit home de Renaut, qui avoit non Belheis », nous dit l'Éracles, – peut-être le lettré arabe dont le baron franc avait fait son secrétaire – vint trouver Saladin pour lui dénoncer le jeu de son maître et proposer de ramener celui-ci au camp. Le traître, ayant reçu une escorte de soldats, se lança à la poursuite de Renaud. Celui-ci, les voyant venir, avertit ses chevaliers : « Je sai bien que je suis trahi. Ceste gent viennent por moi prendre. Garnissiés-vos et maintenés le chastel tant come vos porés, que vos ne le rendés se ce n'estoit à mon comandement ! » Tandis que les chevaliers couraient mettre Beaufort en état de défense, Renaud fut conduit devant Saladin. Cette fois encore il essaya de ruser, disant que le marquis de Montferrat n'avait toujours pas consenti à libérer sa famille, mais Saladin, qui n'était pas dupe, exigea de lui, sous peine de mort, la reddition immédiate du château. Renaud refusa : « se comanda à Dieu et dist (au sultan) : « Le cors est entre vos mains et l'âme est en la main de Dieu. Vos porès faire dou cors (selon) vostre plaisir. Car le chastel ne poes vos mie avoir ! « Saladin fit alors traîner Renaud au pied des murailles de Beaufort et le supplice commença. « Ilueques le comença à faire batre et cruelment martirer et pendre par les bras et par les piés devant ses homes dou chastel. » Mais lui leur criait au milieu du supplice : « Tenès vos bien, gardès le chastel ! » À la fin, cependant, brisé par la souffrance, il consentit à donner l'ordre de capituler[166]. Tel est du moins le récit de l'Éracles. Pour al-'Imâd au contraire, Saladin eut beau torturer Renaud sous les murs de Shaqîf Arnûn, les défenseurs refusèrent de se rendre (août-septembre 1189), et

788 L'ÉQUILIBRE

ce ne fut qu'après un long blocus le 22 avril 1190 qu'ils consentirent enfin à capituler.

Chose curieuse et qui peint bien Saladin, une fois maître de Beaufort, il éprouva quelque gêne de son procédé envers Renaud. Non seulement il lui permit de se retirer à Tyr avec la garnison de Beaufort, mais, pour le dédommager, il lui restitua par la suite la moitié de la seigneurie de Sidon que Renaud conserva en effet jusqu'à sa mort, sous la suzeraineté du sultan[167].

Les débris de la Syrie franque à la veille de la Troisième Croisade.

Ainsi, au début de 1190, lorsque l'ensemble de la Troisième Croisade commença à s'ébranler, la colonie franque de Syrie était pratiquement perdue. Du royaume de Jérusalem il ne restait que Tyr, défendue par le marquis de Montferrat. Du comté de Tripoli que sa capitale, la citadelle de Tortose, le Krak des Chevaliers et quelques autres points secondaires[168]. De la principauté d'Antioche que sa capitale, encerclée de tous côtés, l'embouchure de l'Oronte et la forteresse de Marqab[169].

La Troisième Croisade d'une part, les derniers barons de Syrie groupés à Tyr autour de Conrad de Montferrat d'autre part allaient remonter le courant et entreprendre la reconquête méthodique, sinon de l'hinterland à jamais perdu, du moins de la côte, du *Sahel* palestinien, libanais et syrien. Et, si profondes étaient les racines poussées par la colonisation franque au Levant, que l'œuvre allait réussir. La vie de la Syrie franque allait être prolongée de près d'un siècle encore. Il nous restera, dans le prochain volume, à suivre jusqu'en 1291 l'existence de cette nouvelle colonie franque – république de barons français, d'Ordres militaires internationaux et de communes marchandes italiennes – restaurée, on le voit, dans des conditions politiques toutes différentes de celles qui avaient fait la grandeur de la monarchie hiérosolymitaine.

APPENDICES

APPENDICE I

HISTOIRE DE LA « PRINCÉE » DE GALILÉE

La « princée » de Galilée ou de Tibériade, dont la chute en 1187 précéda et entraîna celle du royaume de Jérusalem, constituait le principal fief direct de ce royaume. Les barons établis dans cette terre heureuse et douce – quel contraste avec l'âpre plateau de Judée ! – près du lac charmant et divin, occupaient le premier rang dans la hiérarchie palestinienne. Malgré cela leur histoire est si mal connue qu'il n'est pas possible de présenter pour eux comme pour les autres propriétaires de grands fiefs un tableau généalogique cohérent. Peut-être, en raison de l'importance de la princée et de sa proximité de Jérusalem, la royauté fut-elle bien aise de voir la Galilée franque échapper quelque peu aux lois de l'hérédité féodale. Au moment où disparaît ce grand fief (il y aura encore après 1187 des rois de Jérusalem, c'est-à-dire d'Acre, des sires de Beyrouth, de Tyr, etc., il n'y aura plus de prince de Tibériade), nous avons tenu à résumer d'après les travaux de Rey et les chroniqueurs arabes – Ibn al-Qalânisî notamment – l'histoire de la « princée ».

1° Tancrède.

Comme on l'a vu (tome II) la princée de Galilée a été fondée, sous le gouvernement de Godefroi de Bouillon, par le chef normand Tancrède. C'est lui qui au lendemain de la prise de Jérusalem avait occupé Tibériade sans combat[1]. L'occupation dut être très rapide, car le général damasquin Tughtekîn ne songea pas à défendre la ville et se contenta de sauver, pour le rapporter à Damas, le fameux manuscrit du

790   *L'ÉQUILIBRE*

Qor'ân, dit manuscrit d'O*th*mân[2]. Albert d'Aix nous dit que Godefroi, en donnant Tibériade à Tancrède, l'avait fortifiée[3]. L'*Éracles* de son côté spécifie que c'est bien Godefroi de Bouillon qui créa en faveur de Tancrède la princée de Galilée. « Tancrez li Vaillanz remest (demeura) avec lui, à qui il dona, por tenir en héritage, la cité de Tabarié qui siet sur le lay de Génésar et toute la princée de Galilée[4]. » Nous avons vu que Tancrède consolida son installation en fortifiant d'abord, au sud-est de la Galilée, Beisân, position qui gardait le passage entre la plaine d'Esdrelon et la vallée du Nahr Jalûd, d'une part, d'autre part le sillon du Ghor[5] ; puis en allant, avec l'aide d'une escadre vénitienne, s'emparer de Caïffa, le port du Carmel (vers le 20 août 1100).

Ce qui est particulièrement intéressant, c'est qu'à peine en possession de la Galilée, avant même d'être allé donner à sa princée une issue sur la Méditerranée en s'emparant de Caïffa, Tancrède avait cherché à s'agrandir à l'est du lac de Tibériade dans le riche canton du Sawâd – la « terre de Suète » des chroniqueurs – et le reste du Jaulân et du 'Ajlûn[6]. Ce pays appartenait à un émir vassal des Turcs de Damas, qu'Albert d'Aix ne désigne que sous le nom de Grossus Rusticus, « le gros paysan », à cause, affirme-t-il, de sa corpulence et de sa rusticité ; mais il est fort possible, comme le fait observer M. Massé, qu'il s'agisse là de la traduction latine de quelque « al-Fellâ*h* », nom qui se rencontre dans l'onomastique du temps. Au début de l'installation de Tancrède en Galilée, cet émir avait dû se reconnaître tributaire, mais presque aussitôt après il « se révolta ». La date de cette révolte, comme dit Albert d'Aix, nous est fournie par le chroniqueur qui la place peu après l'offre de tribut des gens d'Arsûf, laquelle est des environs du 25 mars 1100[7]. Tancrède se rendit aussitôt à Jérusalem demander, pour mettre les Sawâdis à la raison, le concours de Godefroi de Bouillon. Celui-ci, nous dit Albert d'Aix, accourut dans les huit jours avec deux cents chevaliers et mille piétons et ravagea impitoyablement pendant une semaine la terre du Grossus Rusticus[8]. Celui-ci fit appel à son suzerain le malik seljûqide de Damas, Duqâq, qui envoya bride abattue au Sawâd 500 cavaliers. Les Francs se retiraient avec leur butin, Tancrède cheminant à l'arrière-garde avec cent chevaliers, lorsque cette cavalerie turque tomba sur lui et le mit en déroute sans que l'avant-garde, où était Godefroi, ait pu s'en apercevoir. Il réussit cependant à s'échapper et à rejoindre Godefroi de Bouillon et le gros du convoi. Godefroi voulut en vain châtier le rezzou turc : celui-ci était retourné à Damas.

Tancrède ne resta pas sur cet affront. Après avoir à peine touché barre à Tibériade, Albert d'Aix nous le montre revenant avec 600 cavaliers ravager le Jaulân. Harrassés, le *Grossus Rusticus* et même le malik de Damas offrirent tribut. C'était donc, reconnu, le protectorat franc sur le Sawâd et peut-être sur tout le Jaulân. Nous avons vu que les hostilités reprirent parce que Tancrède eut alors l'insolence d'envoyer six chevaliers à Damas pour inviter le malik Duqâq à livrer la ville. Furieux Duqâq fit exécuter cinq des ambassadeurs (le sixième abjura). À cette nouvelle Godefroi de Bouillon et Tancrède vinrent pendant quinze jours ravager le Sawâd et le Jaulân (mai 1100)[9]. L'émir du Sawâd, le Grossus Rusticus, n'espérant plus se voir protégé par les Damasquins, accepta de nouveau, bon gré mal gré, le protectorat franc[10].

2° *Hugue de Saint-Omer (ou Hugue de Fauquenberge)*.

La mort de Godefroi de Bouillon et l'avènement de Baudouin Ier, son ennemi, obligèrent, on l'a vu, Tancrède à renoncer à la princée de Galilée[11]. À sa place, Baudouin Ier inféoda le pays à Hugue de Fauquenberge (début de mars 1101). Il y a lieu toutefois de remarquer qu'il en détacha le fief de Caïffa qu'il donna à un autre de ses fidèles, Geldemar Carpenel[12]. Caïffa forma depuis une petite seigneurie indépendante de la princée de Galilée[13].

Hugue de Fauquenberge (près de Thérouanne) était le fils de Gérard, prévôt de Saint-Omer, et de Mélisende de Picquigny (de la famille des vidames d'Amiens). Aussi est-il appelé le plus souvent Hugue de Saint-Omer. Vassal fidèle du roi Baudouin Ier, il le sauva après la défaite de Yazur en accourant à son aide de Tibériade à Jaffa avec la chevalerie galiléenne (21 mai 1102).

Hugue de Saint-Omer s'était, semble-t-il, fixé comme objectif au nord-ouest la conquête de Tyr, alors encore fâtimide, à l'est la soumission définitive du Sawâd[14]. Guillaume

792   *L'ÉQUILIBRE*

de Tyr nous dit, en ce qui concerne Tyr, qu'il ne cessait de diriger des razzias contre le territoire de Tyr, mais, comme de Tyr à Tibériade il y a en ligne droite une soixantaine de kilomètres à travers les défilés du Jebel Jumla et du Jebel Safed, et qu'au retour de chacune de ces expéditions le chef franc risquait chaque fois de se faire rejoindre et accabler par les troupes musulmanes, il construisit vers 1104, au centre du Jebel Jumla, à 22 kilomètres au sud-est de Tyr, sur l'emplacement de l'actuel Tibnîn, la forteresse de Toron qui, sur sa butte de 870 mètres, lui assurait le contrôle de l'hinterland tyrien. Guillaume de Tyr, qui connaissait bien le pays, nous vante la salubrité de l'air sur ces premiers contreforts du Liban, la fertilité du canton en vignes et en fruits. Par la construction du Toron, Tyr subissait un blocus terrestre à peu près permanent.

À l'est, Hugue de Saint-Omer chercha à asseoir définitivement la domination franque au Sawâd en y construisant, en 1105-1106, à une dizaine de kilomètres de la rive orientale du lac de Tibériade, à 'Al, une forteresse qui commandait la route de Khisfîn et livrait le Jaulân aux incursions franques[15]. Les ruines de cette forteresse, situées au nord du village actuel de 'Al, portent encore le nom significatif de Qasr Bardawîl, « le Château de Baudouin. » « Ce château, écrit Ibn al-Qalânisî, était considéré comme inexpugnable. Mais, poursuit l'auteur damasquin, l'atâbeg de Damas, Tughtekîn, résolut d'abattre la forteresse avant qu'elle fût entièrement terminée. Il dirigea contre les Francs une attaque soudaine, bénéficia de la surprise, et les massacra jusqu'au dernier. S'étant ensuite emparé de la forteresse, avec tout ce que les Francs y avaient accumulé de matériel, d'animaux et d'armes, il rentra en triomphe à Damas avec son butin et ses prisonniers (24 décembre 1105)[16].

Les chroniqueurs occidentaux ne mentionnent pas la perte de 'Al, mais ils nous parlent du rôle que joua Hugue de Saint-Omer au moment du premier siège de Sidon par le roi Baudouin Ier. Baudouin avait profité de l'arrivée à Jaffa d'une flotte de pèlerins flamands (notamment d'Anvers), anglais et danois, arrivés sans doute lors du « passage » de mars 1106, pour aller assiéger Sidon, ville alors encore égyptienne. Mais, comme les Francs ne possédaient pas non plus Tyr, le ravi-

APPENDICES 793

taillement de l'armée assiégeante était difficile. Invité par Baudouin à concourir au siège, Hugue partit avec 200 cavaliers et 400 fantassins dans « la terre du *Grossus Rusticus* que l'on appelle le Suet », c'est-à-dire au Sawâd (et au Jaulân), « terre riche en moissons, et y enleva assez de grain et de bétail pour suffire au siège de Sidon ». Il ramenait ce butin du Sawâd à Sidon par la route du haut-Jourdain et de Bânyâs, lorsque, près de cette ville, la cavalerie turque de Damas, alertée, et à laquelle s'étaient associés les Arabes de la région, rejoignit son convoi dans les défilés, sabra les fantassins qui l'escortaient et reprit tout le butin[17]. Hugue et ses chevaliers qui cheminaient en contre-bas, accoururent pour secourir leur infanterie et recouvrer le convoi. Deux fois repoussé avec pertes, Hugue revint une troisième fois à la charge et il venait de reprendre l'avantage, quand il reçut une flèche en pleine poitrine et expira entre les bras des siens. Cependant ses chevaliers purent ramener son cadavre en terre franque, à Nazareth[18]. On sait qu'à la suite de cette perte, le roi Baudouin Iᵉʳ, découragé, renonça à poursuivre le siège de Sidon et accepta le tribut que les Sidoniens offrirent pour se racheter[19].

La question qui se pose maintenant est de savoir si le récit d'Ibn al Qalânisî et celui d'Albert d'Aix n'ont pas trait au même événement. Il y a, il est vrai, l'écart chronologique, le chroniqueur damasquin plaçant la victoire de Tughtekîn et la chute de 'Al en décembre 1105, et Albert d'Aix la défaite et la mort de Hugue vers le printemps de l'année 1106. Toutefois il y a lieu de considérer que la compilation du *Mirât al-Zemân* qui copie Qalânisî, place son récit en février-mars 1106, ce qui nous rapproche singulièrement des dates suggérées par Albert d'Aix[20]. Par ailleurs Ibn al-Athîr (nous laissons de côté sa chronologie, elle est quelque peu fantaisiste pour cette époque) spécifie que le combat livré par Tughtekîn et à la suite duquel celui-ci conquit 'Al fut livré contre « un des principaux comtes francs », et que le roi Baudouin, opérant à ce moment vers la côte d'Acre, avait songé à venir appuyer ce comte dont il trouvait le raid trop exposé[21]. De ces recoupements, il semble bien résulter, comme nous l'avons déjà suggéré, qu'il s'agit d'une seule et même campagne. Hugue de Saint-Omer, de retour de son expédition de pillage au Sawâd et au Jaulân, est

794   L'ÉQUILIBRE

surpris et tué près de Bâniyâs par *T*ughtekîn qui va ensuite sans obstacle s'emparer du château de 'Al, c'est-à-dire de Qa*s*r Bardawîl.

3° *Gervais de Bazoches*.

Hugue de Saint-Omer avait un frère, Gérard, qui, comme lui, vivait en Terre Sainte. La princée de Galilée aurait dû lui revenir. Malheureusement, déjà gravement malade, il mourut en apprenant la catastrophe dans laquelle Hugue avait trouvé la mort[22].

Le roi Baudouin Ier, en levant alors le siège de Sidon, accourut à Tibériade pour régler les affaires de la princée de Galilée et la mettre en état de défense contre quelque coup de main damasquin. Il l'inféoda sur-le-champ à un chevalier soissonnais, Gervais de Bazoches[23]. Au début, raconte Guibert de Nogent, Gervais se conduisit envers Baudouin Ier comme un vassal indocile. Baudouin, irrité de son insolence et qui n'admettait guère plaisanterie sur ce sujet, lui ordonna de comparaître pour rendre son fief. Gervais se mettait en marche avec quelques compagnons – deux chevaliers et deux écuyers – lorsque survint un rezzou damasquin. Avec ses quatre compagnons, Gervais, poussant son cri de guerre, se précipita sur les agresseurs avec une telle fougue que ceux-ci – il s'agissait sans doute d'une attaque de nuit – croyant avoir affaire à tout un escadron, prirent la fuite. Après un tel exploit, quand le sire de Tibériade vint se jeter aux pieds du roi Baudouin, on devine qu'il obtint sans peine son pardon[24].

Cependant la princée de Galilée se trouvait aux prises avec une guerre sur deux fronts : à l'est, du côté du Sawâd et du Jaulân contre les Turcs de Damas, à l'ouest, du côté du Toron (Tibnîn) contre la garnison fâ*t*imide de Tyr. Sous la rubrique de l'année de l'hégire 500 (entre le 2 septembre 1106 et le 21 août 1107) Ibn al-Qalânisî nous dit que, les ravages des Francs – lise*z* de Gervais de Bazoches – au Sawâd, au *H*aurân et au Jebel 'Awuf ('Ajlûn) augmentant chaque jour, les populations arabes de ces districts réclamèrent l'intervention de l'atâbeg de Damas *T*ughtekîn. Celui-ci rassembla l'armée damasquine renforcée de bandes de Turcomans et vint camper dans la zone contestée, en plein Sawâd.

APPENDICES 795

Le gouverneur fâṭimide de Tyr, l'émir 'Izz al-Mulk, venait précisément de diriger une expédition contre la forteresse franque de Tibnîn (le Toron) ; il avait pillé les faubourgs et massacré tous les habitants qui ne s'étaient pas réfugiés dans la citadelle même. Quand cette nouvelle était parvenue au roi Baudouin Ier qui se trouvait alors à Tibériade, auprès de Gervais de Bazoches, il était aussitôt parti pour Tibnîn afin de repousser les Tyriens. C'est justement ce qu'attendait Tughtekîn : il profita de l'éloignement des forces franques pour venir assiéger et emporter un château franc de la région de Tibériade. Après avoir massacré les quelques chevaliers francs qui s'y trouvaient, il recula à la lisière du Jaulân et du 'Ajlûn jusqu'à la plaine de Meddân, au nord-ouest de Der'ât[25]. Les Francs vinrent l'y relancer, mais il se retira encore plus loin, vers le district de Ezra'a dans la Lejâ. Les éclaireurs des deux armées se livrèrent à des escarmouches, et on s'attendait à une bataille rangée quand les Francs reprirent le chemin de Tibériade[26].

Telle est la version de l'historien damasquin. Albert d'Aix nous fournit pour la même époque un récit quelque peu différent, quoique concordant dans les grandes lignes. Après la Noël de 1106, vers le 1er janvier 1107, le roi Baudouin Ier qui se trouvait à Acre, apprend que l'atâbeg de Damas a réuni une armée pour venir assiéger Tibériade et chasser Gervais de Bazoches. Ramassant aussitôt ce qu'il put trouver de gens – 140 chevaliers environ – il accourt à Tibériade au secours de Gervais. Galopant lui-même en avant-garde avec quinze pages, il arrive en vue du camp turc et peut évaluer la force de l'ennemi : 3 000 chevaux. Mais voici qu'à peine la petite troupe franque a-t-elle dessellé que, le soir même, se présentent au roi cinq émirs turcs qui se disent envoyés par l'armée de Damas pour conclure une trêve. Habilement Baudouin Ier, à la manière arabe, les comble de cadeaux et, une fois rentrés au camp damasquin, ils achèvent de disposer les esprits à la paix en vantant sa générosité et sa puissance. Sur quoi les Turcs dans la nuit même lèvent le camp et rentrent à Damas. En une semaine le péril avait été conjuré : le 6 janvier 1107 Baudouin Ier était déjà de retour à Bethléem[27].

Ce n'était en réalité que partie remise. En 1108, « peu avant les Rogations », c'est-à-dire peu avant le 11 mai, l'atâbeg

Tughtekîn avec 2 000 cavaliers vint de Damas envahir la région de Tibériade. Il sut, par une marche de nuit, dissimuler son approche ; ayant caché le gros de ses troupes en embuscade, il envoya un détachement de cavalerie légère de 300 hommes pour attirer les Francs hors de leurs places fortes. Le piège réussit. Quittant l'abri de Tibériade, Gervais de Bazoches courut à la rencontre des maraudeurs avec seulement 80 cavaliers et 200 fantassins. Le rideau turc, en se dérobant, le conduisit dans la montagne, droit à la gorge où Tughtekîn était caché. Encerclée de toutes parts, criblée de flèches, toute retraite coupée, la petite troupe franque se défendit héroïquement. Gervais et ses 80 chevaliers cherchèrent par une charge désespérée à briser le cercle ennemi à travers, nous dit Albert d'Aix, une basse plaine marécageuse, ce qui nous fait supposer que l'action pourrait se situer soit vers le Gué de Jacob, soit vers Sémakh. Mais le terrain était trop glissant pour la lourde chevalerie franque. Tous les Francs furent tués, sauf deux écuyers qui vinrent apporter la nouvelle du désastre à Tibériade, et Gervais de Bazoches qui fut conduit en captivité à Damas[28].

Tughtekîn, ayant capturé le seigneur de Tibériade, pensait bien, pour sa rançon, se faire céder toute la Galilée. Au témoignage d'Albert d'Aix, ses envoyés vinrent trouver Baudouin Ier à Acre, en demandant, pour la libération du prisonnier, Acre, Caïffa et Tibériade, faute de quoi Gervais serait mis à mort. On connaît la dure, magnifique et royale réponse de Baudouin Ier, – la raison d'État faite homme –, réponse digne d'un Philippe le Bel : « Si vous m'aviez demandé pour la rançon de Gervais tout l'or et tout l'argent de mon royaume, plus de 100 000 besants, je vous les aurais donnés. Mais les places que vous me demandez, même s'il s'agissait de la vie de mon propre frère et de toute ma famille, même si vous aviez capturé toute la noblesse du royaume, ces villes, je ne vous les rendrais jamais ![29] ». Par cette réponse renouvelée des Romains de la République, le roi de Jérusalem avait, en laissant délibérément périr le prince de Galilée, sauvé et prolongé de quelque quatre-vingts ans l'existence de la principauté.

D'après Guibert de Nogent comme d'après Ibn al-Athîr, Tughtekîn offrit à Gervais une dernière chance de salut :

l'apostasie. Comme le prisonnier refusait, on le lia à un poteau et on le cribla de flèches. Ibn al-A*th*îr nous dit même que *T*ughtekîn l'abattit de sa main. D'après Albert d'Aix, la peau de son crâne, avec ses cheveux blancs, fut montée en porte-étendard (*tugh*) par un des émirs turcs. D'après Guibert de Nogent, *T*ughtekîn se fit, toujours à la manière hunnique et tou kioue, une coupe de son crâne[30]. À côté de cette barbarie turco-mongole, notons le salut de l'épée du chroniqueur arabo-damasquin Ibn al Qalânisî à ce « Gervais, célèbre pour sa chevalerie et son héroïsme, un homme de la trempe du roi Baudouin. »

4° Titulariat de Tancrède.

Après la mort de Gervais de Bazoches, il ne semble pas que le roi Baudouin Ier ait inféodé la princée de Galilée à un nouveau baron. Le pays constituait, face au royaume turc de Damas, une marche trop importante – le point le plus vulnérable du royaume de Jérusalem – pour que Baudouin n'en gardât pas directement la responsabilité et le bénéfice. Tout au plus Albert d'Aix nous signale-t-il qu'au moment de la réconciliation générale de 1109, lors du siège de Tripoli par les chefs francs coalisés, Baudouin Ier rendit à Tancrède « Tibériade et Nazareth », c'est-à-dire la princée de Galilée[31]. Restitution purement nominale : Tancrède, devenu prince d'Antioche, avait trop à faire sur l'Oronte pour avoir le temps de venir guerroyer au Sawâd.

Ce fut donc Baudouin Ier lui-même qui, au témoignage d'Ibn al-Qalânîsî, fit proposer à *T*ughtekîn, en l'année de l'hégire 502 (entre le 11 août 1108 et le 30 juillet 1109), un armistice et l'établissement de relations cordiales pour les confins galiléo-damasquins. Un accord intervint, comportant le partage du Sawâd et du Jebel 'Awuf ('Ajlûn) sur les bases suivantes : 1/3 aux Turcs de Damas, 1/3 aux Francs, 1/3 aux paysans arabes du pays[32]. La lutte pour le Sawâd reprit pendant l'hiver 1111-1112 parce que Baudouin Ier était allé assiéger – siège d'ailleurs infructueux – la ville de Tyr, qui, bien qu'appartenant aux Fâtimides, s'était placée sous la protection de l'atâbeg de Damas *T*ughtekîn. De Bâniyâs de l'Hermon où il avait établi son poste d'observation, *T*ughtekîn marcha sur le Sawâd et vint assiéger un château ou plutôt une forteresse naturelle que les Francs venaient d'aménager dans le pays, le château de *Ha*bîs ou *Ha*bîs Jaldak que l'on avait cru tout dernièrement encore correspondre aux ruines connues sous le nom de Qasr Bardawîl ou « Fort-Baudouin », au nord de 'Al, entre Khisfîn et la rive nord-est du lac de Tibériade[33], mais que M. Paul Deschamps vient de retrouver à Arak al-*Ha*bîs « sur la rive gauche du Yarmûk, c'est-à-dire au sud de ce fleuve, sur le Râs Hilja, en face de la station du chemin de fer de Shejara »[34]. *T*ughtekîn emporta le château et passa les défenseurs au fil de l'épée[35].

5° *Jocelin de Courtenay.*

Tancrède, prince titulaire de Galilée étant mort en 1112, Baudouin Ier inféoda la princée à Jocelin (Ier) de Courtenay, au moment où ce baron, dépossédé de la seigneurie de Turbessel par Baudouin (II) du Bourg, comte d'Édesse, se trouvait sans emploi (1113). Guillaume de Tyr nous dit qu'à l'exemple de ses prédécesseurs Hugue de Saint-Omer et Gervais de Bazoches, Jocelin de Courtenay pendant son gouvernement à Tibériade (1113-1119) ne cessa de diriger à travers les chaînes du Râs Jumla et du Râs Umm Qabr une série d'expéditions contre la ville damasco-fâtimide de Tyr, d'où il ramenait chaque fois des prisonniers et du butin[36].

Sous la rubrique de mai 1113, Ibn al-Qalânisî nous signale que les Francs, apprenant l'approche de la grande contre-croisade de l'atâbeg de Mossoul Mawdûd, cherchèrent à conclure une paix séparée avec l'atâbeg de Damas *T*ughtekîn. D'accord avec le roi Baudouin Ier, Jocelin, qui venait d'être investi de la princée de Galilée, écrivit à *T*ughtekîn pour lui offrir un échange de territoires, réglant la question des frontières galiléennes : Jocelin rendrait aux Damasquins le château de *Tha*mânîn, que H. A. R. Gibb recherche du côté de Tibnîn, ainsi que le Jebel 'Amila (massif du Jebel Hûnîn et du Jebel Jumla, à l'est de Tyr)[37], tandis que la princée de Galilée recouvrerait en échange le château de Habîs Jaldak dont nous venons de parler[38]. Mais *T*ughtekîn, alors, comme on l'a vu, tout à la guerre sainte, repoussa ces propositions[39].

APPENDICES 799

Quand Baudouin II, jusque-là comte d'Édesse, fut devenu roi de Jérusalem, après la mort de Baudouin Ier (2 avril 1118), il nomma comte d'Édesse à sa place Jocelin de Courtenay. Toutefois, du texte d'Albert d'Aix comme de celui de l'Anonyme syriaque (*J. R. A. S.*, 1933, 87), il résulte que Jocelin ne fut mis en possession effective d'Édesse qu'en août 1119. Jusqu'à cette époque il continua à exercer les fonctions de prince de Galilée. Ce fut lui qui, avec le nouveau roi Baudouin II, fut le héros des luttes contre l'atâbeg *T*ughtekîn mentionnées aux Marches orientales de la Galilée pendant les années 1118-1119.

À la mort de Baudouin Ier, en ce même mois d'avril 1118, les Francs, c'est-à-dire Baudouin II et Jocelin, firent proposer la paix à *T*ughtekîn qui campait précisément sur le Yarmûk ; mais il fit échouer les négociations en réclamant leur renonciation au partage des revenus du 'Ajlûn, du Ghûr et du district de Sal*t* et de Jibîn en Transjordanie, au nord-ouest d'Ammân. Sur le refus des Francs, il ravagea le pays de Tibériade. Quelques mois après Baudouin II, prenant sa revanche, entra au Sawâd, reconquit le château de *H*abîs Jaldak, et occupa même un instant, plus à l'est, vers le *H*aurân, Der'àt, ou, comme disaient les Francs, la Cité-Bernard-d'Étampes. Bûrî, fils de *T*ughtekîn, qui chercha à l'arrêter à la tête d'un corps d'armée damasquin, éprouva une totale défaite. Le *Mirât* nous montre même les Francs intervenant dans les querelles de deux villages du Lejâ et en prenant prétexte pour aller piller celui de Busr al-Harîrî (p. 561). Peu avant Pâques de 1119, Jocelin de Courtenay, au témoignage d'Albert d'Aix, conduit encore à l'est du Jourdain une razzia au cours de laquelle il capture les troupeaux de la tribu bédouine des Banû Khâled, puis attaque dans la vallée du Wâdî Shellâla la tribu congénère des Banû Rabî'a, mais un de ses détachements, conduit par les frères de Bures, est lui-même surpris par les Bédouins (30 mars 1119) (cf. tome I).

6° *Guillaume de Bures*.

Jocelin de Courtenay finit cependant par quitter la princée de Galilée lorsque Baudouin II, tenant la promesse qu'il semble lui avoir faite à la veille de son avènement, l'envoya gouverner le comté d'Édesse. Après lui la princée fut inféodée par Baudouin II au connétable du royaume de Jérusalem Guillaume de Bures. D'après Du Cange, Guillaume aurait épousé une fille de Hugue de Saint-Omer, nommée Échive, ce qui le rattacherait à l'ancienne maison de Tibériade[40]. On sait que Guillaume de Bures fut bayle ou régent du royaume de Jérusalem pendant la captivité du roi Baudouin II (1123) et que ce fut sous sa direction que les Francs s'emparèrent enfin de Tyr (1124). Toutefois Tyr ne fut pas annexé à la princée de Galilée et forma, comme Caïffa et comme Sidon, un fief distinct. – Guillaume de Bures est encore attesté en 1141.

7° *Élinand de Tibériade.*

Après Guillaume de Bures, Guillaume de Tyr mentionne comme prince de Tibériade, c'est-à-dire de Galilée, un certain Élinand, attesté en 1142 et en 1147[41]. Étienne de Lusignan l'appelle même Élinand de Bures et en fait le fils de Guillaume de Bures et le père d'Échive II (?)[42].

8° *Guillaume II.*

Rey pense qu'Élinand eut comme successeur un Guillaume deuxième du nom (vers 1150-1158) dont on ne peut dire s'il appartenait à la maison de Bures ou à celle de Saint-Omer. Ce Guillaume aurait peut-être épousé une Hermengarde d'Ibelin, sœur du célèbre Hugue d'Ibelin[43]. – Quant à Simon de Tibériade, attesté en 1152 et en 1154, Rey suppose que, bien qu'appartenant soit à la famille de Saint-Omer, soit à la famille de Bures, il ne fut jamais prince de Galilée. Il en va de même de Gormond de Tibériade, attesté en 1132 et en 1154[44].

9° *Gautier de Saint-Omer ou Gautier de Fauquenberge.*

Ce baron, – « cortois hom et bien parlanz et de grant conseill et chevaliers bons » –, attesté notamment en 1168-1169, appartenait, comme on le voit, à la famille de Hugue de Saint-Omer[45]. Il posséda sûrement la princée de Galilée et épousa une certaine Échive (Échive II) qui serait peut-être

APPENDICES 801

fille de Guillaume de Bures[46]. À sa mort, sa veuve, cette Échive, se remaria en 1173 au célèbre comte de Tripoli Raymond III[47].

10° *Raymond III de Tripoli.*

Le comte Raymond III de Tripoli exerça ainsi (1173-1187) les fonctions de prince de Galilée, comme bayle pour ses jeunes beaux-fils, nés de Gautier de Saint-Omer et de la princesse Échive, savoir : Hugue II, Guillaume III, Raoul et Otton. Le désastre de *Hatt*în, en livrant Tibériade à Saladin, mit fin à la princée de Galilée. Raoul de Tibériade faillit relever sa maison en briguant la main de la reine de Jérusalem, Isabelle de Montferrat (1197). Ayant été évincé par Amaury de Lusignan, il partit pour Constantinople où, comme son frère Hugue II, il prit du service dans l'Empire Latin[48].

APPENDICE II

HISTOIRE FRANQUE DE BEYROUTH AU DOUZIÈME SIÈCLE

On a vu (tome I) que Beyrouth fut enlevée aux Fâṭimides par le roi Baudouin Ier après un siège qui dura de la fin février à mai 1110. La prise de la ville est datée du 13 mai par Foucher de Chartres et du 27 par Albert d'Aix, mais c'est la première date qui paraît la bonne puisqu'elle se trouve confirmée par Ibn al-Qalânîsî (trad. Gibb, p. 100). « Le roi Baudouin, nous dit l'historien damasquin, et le fils de Saint-Gilles (= Bertrand, comte de Tripoli) investirent le port de Beyrouth par terre et par mer. Les Francs construisirent une tourelle de bois et la poussèrent contre la muraille, mais les catapultes des assiégés la démolirent. Ils en reconstruisirent alors deux autres, dont l'une due au fils de Saint-Gilles. Dix-neuf navires de guerre égyptiens vinrent au secours de la ville : ils obtinrent l'avantage sur les navires francs, en captu-

802   *L'ÉQUILIBRE*

rèrent plusieurs et réussirent ainsi à entrer dans le port. Ce succès raffermit le courage des assiégés, mais alors Baudouin fit appel à une flotte génoise qui mouillait à Suwaidiya. Quarante vaisseaux génois accoururent et les Francs purent reprendre l'attaque par terre et par mer (13 mai 1110). L'amiral égyptien fut tué au cours d'un combat terrible ; les assiégés se démoralisèrent et à la fin du même jour un dernier assaut livra la ville aux Francs. Le gouverneur qui avait essayé de gagner la campagne avec un corps de troupes fut rejoint et mis à mort. »

Comme l'a établi Rey (*Revue de l'Orient latin*, 1896, I, 13), le premier seigneur connu de Beyrouth sous la domination franque est Gautier (Ier) Brisebarre, attesté par les chartes en 1126 et 1127. Gautier aurait eu pour successeur son frère Guy que nous voyons en 1127 faire partie de l'ambassade envoyée en France par le roi Baudouin II pour offrir à Foulque d'Anjou la succession de Jérusalem. En 1137 Guy participe avec Foulque à l'héroïque défense de Montferrand (Ba'rîn). Il est encore attesté pendant la Deuxième Croisade, en 1148, et, d'après Rey, il aurait alors été un des candidats à l'éventuelle principauté franque de Damas (*loc. cit.*, 14). Il participa en 1153, avec Baudouin III, au siège d'Ascalon, et serait mort en 1156. Il eut pour successeur son fils aîné, Gautier II Brisebarre, attesté par les chartes de 1157 à 1164. Le dernier seigneur de Beyrouth de cette famille fut Gautier III, fils et successeur de Gautier II. Fait prisonnier par les Musulmans, puis remplacé comme otage par sa mère, il dut, à son retour de captivité et pour payer la rançon de sa mère, céder Beyrouth au roi Amaury Ier qui lui donna en échange le fief de Blanche-Garde (Tell Sâfiya) (vers 1166). Ainsi réunie au domaine royal, Beyrouth fut un instant assignée comme fief par Amaury Ier au prince byzantin Andronic Comnène (1167).

Conquise par Saladin après une vaillante résistance le 6 août 1187, Beyrouth devait être reprise dix ans plus tard par le roi Amaury II (octobre 1197). Elle fut alors donnée en fief à l'illustre famille chartraine des Ibelin dans la personne de Jean Ier d'Ibelin, fils de Balian II d'Ibelin et de la reine douairière de Jérusalem Marie Comnène. Preux chevalier et homme d'État plein de sagesse, Jean Ier, « le Vieux Sire de

Barut », fut un des représentants les plus accomplis de la « courtoisie » française au treizième siècle. Il dirigea pendant de longues années les destinées de la Syrie franque et donna un éclat incomparable à la seigneurie de Beyrouth, comme nous le raconterons au tome III de cette Histoire.

APPENDICE III

L'ÉTABLISSEMENT DES FRANCS AU WADI AL-'ARABA ET LA PERTURBATION DU COMMERCE ÉGYPTO-DAMASQUIN DE BAUDOUIN IER À RENAUD DE CHÂTILLON

Nous avons montré[49] combien l'établissement des Francs en Transjordanie et dans le Wâdî al-'Araba ou sillon d'Idumée avait apporté de perturbation dans le commerce intérieur arabe. Nous voudrions revenir sur ce point pour bien faire saisir une des raisons de l'hostilité irréductible du monde musulman à la colonisation franque.

Il suffit de regarder une carte pour voir que la seigneurie d'Outre-Jourdain coupait l'Islam en deux. Notons en effet que M. Deschamps vient de démontrer qu'au nord même du Krak de Moab, les Francs avaient occupé 'Ammân, la capitale de l'actuel royaume arabe de Transjordanie, devenue sous le nom d'Ahamant un fief de la seigneurie d'Outre-Jourdain[50]. D'autre part, on l'a vu, les Francs s'étaient, dès 1116, avancés jusqu'à 'Aqaba, sur la mer Rouge, et si, comme nous le fait judicieusement observer M. Robert Fazy, il ne semble pas qu'ils aient, du moins immédiatement, fortifié l'îlot de Grayé[51], il n'en est pas moins certain que leurs forteresses ou postes du Wâdî al-'Araba, comme Montréal-Shawbak et le Val Moyse, l'actuel Wu'aira, occupés dès le règne de Baudouin Ier (1115-1116), commandaient tout le sillon d'Idumée. Notons encore que les Francs s'étaient très solidement installés en Transjordanie non seulement au point de vue militaire, mais au point de vue économique. Constatation bien inattendue, la mer Morte elle-même connut sous leur domination une véritable activité commerciale. Idrîsî l'atteste sous la date de 1154, ils avaient organisé sur la mer Morte tout un service de petits bateaux pour transporter vers la rive judéenne, en direction de Jéricho et de Jérusalem, les produits de la Transjordanie, « les blés de Moab, les cannes à sucre de Montréal, les dattes de Ségor, ainsi que le bitume et le sel récoltés sur les bords même du lac Asphaltite »[52]. « Ce commerce, note le P. Abel, était alors assez florissant pour que l'impôt prélevé sur les barques fût un des revenus importants de la princée de Kérak[53]. »

L'enracinement des Francs dans cette région avait pour les Musulmans les plus désagréables conséquences. Dans son étude sur les communications en Égypte au moyen âge, M. G. Wiet rappelle, il est vrai, que, même à l'époque mamelûke où les caravanes étaient débarrassées de la menace franque, le pèlerinage musulman suivait, pour les pèlerins moghrébins et égyptiens, la voie de la mer Rouge, de Qulzum, sur la côte égyptienne, à Jâr, le port de Médine[54]. Mais la route de terre, de la frontière égyptienne à Aïla, sur le golfe de 'Aqaba, et de Aïla à Damas, était toujours à la merci d'un *rezzou* franc montant du Wâdî al 'Araba[55] : « La route de terre fut inutilisable durant toute la durée des Croisades, directement menacée par les troupes de la seigneurie du Krak et de Montréal. Cette occupation franque ne paralysa pas complètement le transit commercial, dont les Croisés essayèrent de tirer profit, mais elle contraignit les pèlerins égyptiens, à emprunter la vallée du Nil pour se rendre aux villes saintes[56]. »

L'Égypte, grâce aux ports de la mer Rouge, s'accommoda donc de l'interposition de postes francs sur la piste des caravanes du *H*ajj. Baghdâd s'en arrangea aussi, l'immensité de la steppe, avec la piste de Deir al-Zor à Palmyre, Damas, Ma'ân, Tebûk et Médine, assurant largement le pèlerinage de l'Islam oriental. En réalité, c'était Damas surtout qui était lésé, Damas, le port du désert, parce que les caravanes qui essayaient de rejoindre directement l'Égypte par la route du Moab (al-Kerak) et de l'Idumée (Wâdî al-'Araba) risquaient toujours d'être enlevées par les guetteurs francs établis au Krak de Montréal, l'actuel Shawbak.

APPENDICES

805

L'installation des Francs à Shawbak et à Wu'aira devenu « le Val Moyse » date, on l'a dit, du roi Baudouin Ier. Rappelons que le site de Shawbak, à 30 kilomètres au nord, nord-est de l'ancienne Petra, au sud de l'oued transversal de l'al-Ruwêr, fait partie du groupe des anciennes agglomérations nabatéennes, heureusement choisi pour qui veut, comme précisément les Nabatéens de l'époque julio-claudienne et les Ghassanides du sixième siècle, contrôler à son gré « le port de Damas ». Les Damasquins sentaient si bien la menace qu'entre septembre 1106 et février 1107, l'atâbeg de Damas Tughtekin y établit le chef turcoman Sabâwû qui n'est désigné par Ibn al-Qalânisî que sous son titre seljûqide d'*amîr al-ispahbad*, « le chef de la cavalerie »[57]. À cet aventurier turcoman, Tughtekin assigna comme fief tout le territoire menacé : le Belqâ qui est l'ancien Ammon, à l'est de la rive nord-est de la mer Morte, l'ancien Moab, sur la rive sud-est de cette mer, qui est l'actuel district d'al-Kerak, enfin le Wâdî 'Araba, avec ses points cultivés à l'est, au Wâdî Mûsâ ou al-Shera'. Au cours de leurs premières reconnaissances, le roi Baudouin Ier et ses chevaliers avaient exécuté de fructueuses razzias dans le Wâdî al-'Araba et le Wâdî-Mûsâ. En établissant l'*Ispahbad* dans ce district, l'atâbeg de Damas essayait évidemment d'y créer un noyau de résistance musulmane en rendant courage aux Bédouins et aux cultivateurs de la région et en assurant ainsi la liberté des caravanes entre Damas et l'Égypte. Mais son espoir fut déçu. Avertis de son installation, dit Ibn al-Qalânisî, les Francs marchèrent sur le Wâdî par la route du désert et purent, sans avoir été éventés, établir leurs tentes dans le voisinage des siennes. Déjà mieux adaptés que ce Turc à la tactique des Bédouins, ils le surprirent entièrement et l'obligèrent à prendre la fuite, tandis que les Francs s'emparaient de sa smalah. L'infortuné *ispahbad* revint tout déconfit à Damas où Tughtekîn ne put que lui prodiguer les consolations d'usage[58].

Albert d'Aix nous donne la version franque de cet épisode[59]. Au commencement du carême de 1107 (27 février), le roi Baudouin Ier fut averti par un prêtre syrien – jacobite ou grec – du nom de Théodore que les Turcs de Damas, au nombre de trois mille, étaient allés, d'accord avec les Bédouins du pays, occuper le Val Moyse (Wâdî Mûsâ) et

806 	L'ÉQUILIBRE

qu'ils se préparaient à y bâtir une forteresse destinée à barrer aux Francs la route des caravanes de la péninsule sinaïtique. Prenant aussitôt avec lui un corps de cavalerie légère, Baudouin Ier descendit au Wâdî 'Araba sous la direction du prêtre Théodore. Celui-ci le conduisit vers des établissements de Syriens chrétiens où le corps expéditionnaire reçut le meilleur accueil. Baudouin et ses gens purent ainsi dissimuler leur arrivée et masquer leurs mouvements au fond de quelque oued solitaire. Pendant ce temps l'excellent Théodore se présentait seul au camp des Turcs, se donnait comme une victime de l'invasion franque qui avait pillé et dispersé tous les siens et, à toutes fins utiles, annonçait charitablement l'arrivée imminente de Baudouin avec des forces formidables. Les Turcs ne se le firent pas dire deux fois : ils plièrent leurs tentes et retournèrent au galop à Damas. Le lendemain Baudouin Ier occupa paisiblement le site et toute la région de Petra. Quant aux Bédouins, qui avaient appelé les Turcs à leur aide, ils se réfugièrent dans les grottes dont le pays est parsemé. Baudouin les y enfuma comme des renards.

Baudouin Ier revint au Wâdî Mûsâ à l'automne de 1115 avec 200 cavaliers et 400 fantassins et construisit à 25 kilomètres au nord-nord-est de l'ancienne Petra, entre le sillon transversal du Wâdî al-Ruwêr et la source 'Ain Nejel, au lieu dit actuellement al-Shawbak, la forteresse de Montréal qui, dit Albert d'Aix, contrôlait les caravanes et tout le commerce du pays arabe[60]. De là Baudouin Ier descendit jusqu'au golfe de 'Aqaba où il eut la satisfaction de se baigner dans les eaux de la mer Rouge et s'il renonça à se rendre en pèlerinage au Mont Sinaï, ce fut pour ne pas éveiller contre les moines grecs des célèbres monastères la haine du gouvernement égyptien. Un siècle après, l'*Estoire d'Éracles* célébrait encore la forteresse franque surgie en pleine Idumée : « Là trova un tertre qui estoit assez covenables à fermer. Ilec fist une tor et un baile et bones trenchié et bones barbacanes devant. Li sièges du lieu estoit forz et mout le fist bien fermer de riches œvres, et le mist à non Mont Roial. Li pais entor ert (= était) pleins de granz gaaigneries (= cultures), de bonnes vignes et d'arbres portanz fruiz, et mout ert li chastiaus sains et délitables. Il y fist remanoir de sa gent chevaliers, sergenz et vaillains gaaigneurs (= paysans), et a touz donna granz

APPENDICES 807

teneures en la terre, selonc ce que chascuns estoit. Le chastel garni mout richement d'armes et de viandes, d'engins et d'arbalestes, genz i mist assez por le défendre et por chevauchier par la terre, si que cele forteresce jostisoit (= commandait) tout le païs entor[61]. »

Le plus intéressant, c'est qu'une fois installés au Wâdî Mûsâ, les Francs y nouèrent des amitiés avec les tribus arabes nomades de la région, comme ils en nouaient au nord avec les États musulmans organisés. De Baudouin Ier à Amaury Ier et même au roi Richard nous discernons en ces confins chez les chefs francs une politique bédouine sans doute assez analogue à la politique touareg de nos officiers dans l'extrême sud algérien. Sous la rubrique de 506 H (28 juin 1112-17 juin 1113) Ibn al-Qalânisî nous signale un épisode singulièrement suggestif. Le roi Baudouin Ier se trouvait à Acre quand « un homme des Arabes de Ruzaiq vint d'Ascalon l'avertir que la caravane de Damas avait quitté Bosrâ et se dirigeait vers l'Égypte avec un riche convoi ». L'Arabe s'offrait à servir de guide au roi à condition que celui-ci libérerait les prisonniers de sa tribu. Baudouin se mit aussitôt en marche vers le Sud. Pendant ce temps un clan des Banû Hawbar – encore une tribu de Bédouins – avait surpris et enlevé une partie de la caravane. Ce qui s'en était sauvé avait failli être capturé par une autre tribu bédouine, celle des Banû Rabî'a, groupe éminent des Arabes Taiy qui nomadisaient en Transjordanie et dans le désert de Syrie. Les Banû Rabî'a laissèrent pourtant passer la caravane, mais au moment où celle-ci sortait de la passe de 'Azib « laquelle se trouve à deux jours de cheval de Jérusalem » et qu'elle entrait dans le Wâdî (al-'Araba), les Francs surgirent. Ce qui put s'enfuir s'enfuit, mais le reste, ainsi que tout le convoi, fut enlevé. « Les Arabes capturèrent la plupart des hommes, tandis que les Francs s'emparaient des biens et des marchandises. » Du reste « les Arabes poursuivirent les fuyards et les firent également prisonniers. Baudouin gagna dans ce coup de main plus de 50 000 dinars. Il n'y avait pas de ville de la Syrie musulmane qui ne comptât de nombreux marchands parmi les victimes de l'enlèvement de cette caravane »[62].

C'est à coup sûr le même événement qu'évoque Albert d'Aix quand il nous dit qu'après Pâques (21 avril) 1112 le roi

Baudouin Ier partit avec 200 cavaliers et 100 fantassins vers le Wâdî Mûsâ où il s'empara d'une caravane, avec une énorme quantité de chameaux et de mules, d'or, d'argent, de bijoux, de tissus de prix et d'épices, richesses qu'il répartit entre ses chevaliers[63].

Ce qui nous importe le plus dans le récit du chroniqueur damasquin, c'est la preuve de la collusion des Bédouins avec les Francs. Tout Ibn al-A*th*îr, tous les autres auteurs arabes sont pleins de malédictions contre ces nomades qui s'associaient sans cesse aux envahisseurs occidentaux, leur fournissaient des guides, des espions, des irréguliers, soit qu'il s'agît de détrousser quelque caravane dans les gorges du Wadî 'Araba, soit même qu'il fût question de conduire d'Al-'Arîsh en Égypte les corps expéditionnaires francs. Le cas du chef Banû Mazyad, Sadaqa, ce « roi des Arabes » allié des princes d'Antioche contre les atâbegs turcs d'Alep et de Mossoul n'est que le plus connu, parce que le jeu de ce chef de grande tente évoque déjà le rôle de l'actuelle maison héjâzienne dans les événements de la Guerre de 1914. Moins visible, plus continue, incessante même est la collaboration des clans de Bédouins de la Transjordanie et de l'Arabie Pétrée avec les garnisons de Montréal et du Krak de Moab. La complicité bédouine devait même se continuer aux Francs après la perte de Jérusalem : le roi Richard en éprouvera les avantages. Par cette complicité si précieuse comme par la masse de leurs deux kraks désertiques, les Francs contrôlaient à leur gré le commerce intérieur du monde musulman, et, entre le Caire et Damas, le coupaient à leur bon plaisir.

Les inconvénients de cette situation, déjà sensibles à l'époque où Damas appartenait aux Turcs et l'Égypte aux Fâ*t*imides, devinrent intolérables lorsque Damas et l'Égypte, unis sous le sceptre de Saladin, ne formèrent plus qu'une même raison sociale, quand le bazar de l'antique al-Sham et celui du Caire virent s'identifier leurs intérêts.

On tient sans doute là la raison qui rendit brusquement insupportable au monde musulman la colonisation franque au Levant. L'établissement des Normands en Syrie, des Provençaux au Liban, des barons boulonnais et ardennais en Palestine pouvait passer encore. Nous avons vu, nous verrons jusqu'en plein treizième siècle, au tome III de cet ouvrage, si les émirs, les atâbegs, voire les sultans eux-mêmes ne se firent pas faute de rechercher l'alliance franque ! L'intérêt commercial, à défaut des services politiques, les unissait beaucoup plus étroitement qu'on ne croit aux nouveaux maîtres de Lattaquié, de Tripoli et de Beyrouth, de Tyr et d'Acre : le texte, précédemment cité, d'Ibn Jubair en est la preuve éclatante (1). Mais le même intérêt commercial leur interdisait de laisser contrôler et surtout, comme avec Renaud de Châtillon, couper les pistes de caravanes interislamiques par les guetteurs francs de Kérak et de Shawbak. La perturbation qu'un tel contrôle apportait aux transactions syro-égyptiennes, lourdement ressentie en tout temps, devint en effet intolérable, quand le maître du Wâdî Mûsâ et de la Transjordanie, installé à demeure dans les deux forteresses du Sud, fut, comme Renaud de Châtillon, un coupeur de caravanes, un Bédouin franc. Ce jour-là, beaucoup plus sûrement que lors des excès de 1099, la conquête franque fut, dans le cœur de tous les musulmans, condamnée. Le bazar de Damas se montra, à cet égard, plus intraitable que tous les docteurs de l'Islam. Par la victoire de *Hattîn*, Damas, « port du désert », libéra les escadres du désert de la guerre de course qui depuis trois quarts de siècle les décimait.

APPENDICE IV

LE SULTANAT SELJUQIDE D'ASIE MINEURE ENTRE BYZANCE ET LA SYRIE FRANQUE. – RÔLE DU BARRAGE ANATOLIEN DANS L'ÉCHEC FINAL DES CROISADES.

Parmi les facteurs qui contribuèrent à l'échec final de la colonisation franque au Levant, il en est un qui ne nous semble pas avoir été suffisamment mis en lumière : le rôle de l'État turc seljûqide de Qoniya ou de Rûm. On a tendance à n'attribuer cet échec qu'aux adversaires directs et locaux des colonies franques, d'abord les Ortoqides du Diyârbékir et les Bûrides de Damas, puis les Zengides d'Alep, finalement Saladin. On

810　　　L'ÉQUILIBRE

oublie que les États musulmans de Syrie ne purent venir à
bout de la colonisation franque que parce que le barrage
anatolien coupait celle-ci de l'Europe. Après avoir un instant
cédé en 1097 devant la surprise de la Première Croisade, le
barrage anatolien seljûqide s'était aussitôt reformé. Il avait
arrêté complètement la croisade de 1101 et pratiquement
celle de 1147, décourageant à ce point les éventuelles expédi
tions ultérieures que, de 1147 à 1187, l'Occident, malgré les
pressantes sollicitations de la Cour de Jérusalem, se désinté
ressa en fait de la Question d'Orient.

D'où vient que les rois seljûqides d'Anatolie aient, dans leur
domaine propre, réussi, tandis que, sur un plan plus vaste,
leurs cousins, les sultans de Perse, s'étaient révélés impuis
sants devant la conquête franque ? En d'autres termes d'où
vient que le turquisme ait tenu bon en Asie Mineure alors
qu'il succombait à peu près en Syrie, en Palestine et en
Mésopotamie ? C'est sans doute que, précisément, le royaume
seljûqide de Qoniya, comme l'actuelle république kémaliste
resta limité à son Anatolie natale, cramponné, barricadé sur
ce plateau pratiquement invulnérable. Si les Seljûq de la
branche cadette qui, lors de la débâcle byzantine de 1071
1081, s'étaient taillé un royaume propre dans cette Marche
de Romanie avaient pu aller disputer le sultanat suprême à
leurs cousins de la branche aînée, les grands Seljûqides
d'Iran, la force turque, en se dispersant là aussi, se fût volati
lisée comme partout ailleurs, et la croisade d'abord, Byzance
ensuite eussent repris la terre.

Notons du reste que ce ne fut pas de bonne grâce que les
Seljûqides d'Anatolie acceptèrent de se cantonner dans leur
péninsule. Ils avaient toujours été pour les sultans de la bran
che aînée des lieutenants fort indociles : il ne faut pas oublier
que leur ancêtre Qutulmish avait donné l'exemple en se
révoltant contre le grand sultan Alp Arslân, et qu'il avait
trouvé la mort dans cette révolte, sur le champ de bataille de
Reiy (1064). Sulaîmân, fils de Qutulmish et fondateur de la
dynastie, n'avait pas montré de moindres ambitions de ce
côté. À peine installé à Nicée, sa première capitale (1081),
Anne Comnène, témoin bien renseigné – mieux renseigné sur
de tels sujets que les histoires arabes –, nous le montre pre
nant le titre de sultan, manifestation qu'on ne peut regarder

APPENDICES

811

que comme un acte de révolte contre le sultan de Perse Malik-shâh, le seul sultan légitime à cette date[64]. Au lieu de consacrer tous ses efforts à achever de jeter les Byzantins à la Marmara, Sulaîmân était allé en Syrie s'emparer d'Antioche (1085), puis disputer Alep à son cousin Tutush, cadet de la branche aînée. Sa défaite et sa mort dans la bataille pour Alep avaient rejeté pour dix ans sa maison en Anatolie (1086).

Le même mirage oriental devait reprendre son fils Qilij Arslân Ier. D'abord captif de son cousin le grand sultan de Perse Malik-shâh, il avait obtenu, à la mort de Malik-shâh et de la débonnaireté du sultan Barkiyaruq, fils de ce dernier, l'autorisation de rentrer en Asie Mineure (1092). Mais à peine installé à Nicée, il profita des guerres civiles qui, en Perse, annihilaient la puissance de Barkiyaruq pour se rendre indépendant. De fait Anne Comnène, placée aux premières loges, ne le connaît, lui aussi, que sous le titre de sultan, et c'est ainsi que le désignent encore les chroniqueurs arméniens ou syriaques, comme Grégoire le Prêtre, Matthieu d'Édesse, Michel le Syrien. Sans doute les chroniqueurs arabes ne veulent lui reconnaître que le titre de roi (malik) ; mais c'est parce qu'ils écrivent l'histoire au point de vue légitimiste, le titre de sultan étant officiellement réservé à la branche aînée, aux Seljûqides de Perse. Du reste Ibn al-Athîr lui-même est obligé d'avouer qu'« il avait méconnu l'autorité du sultan (de Perse) en s'arrogeant lui-même ce titre dans ses États[65] ». Un tel texte est formel. Il n'importe que les Seljûqides d'Anatolie aient attendu le règne de Qilij Arslân II (1155-1192) pour pousser l'audace jusqu'à arborer le titre sultanien sur leurs monnaies[66]. Dans la pratique ils l'avaient déjà usurpé – leurs voisins byzantins l'attestent – dès leur installation à Nicée. Pendant quelque temps, il est vrai, Qilij Arslân Ier n'eut guère le loisir de faire valoir ces prétentions à l'empire de l'Orient. En 1097, tandis qu'il guerroyait à propos de Malatya contre l'autre dynastie turque d'Anatolie, celle des émirs dânishmendites de Cappadoce, voilà que fondit sur lui l'avalanche de la Première Croisade. Précipitamment réconcilié avec les Dânishmendites, il ne put empêcher les Croisés de lui enlever sa capitale Nicée, réannexée aussitôt à l'Empire

812   *L'ÉQUILIBRE*

byzantin, de lui infliger le désastre de Dorylée et de traverser de part en part ses États pour se rendre en Syrie.

De cette surprise les Seljûqides d'Anatolie se remirent avec une vitalité extraordinaire. Sans doute ils ne purent empêcher les Byzantins d'exploiter la victoire des Croisés en réoccupant la Mysie, l'Ionie et une partie de la Lydie. Mais Qilij Arslân Ier, ayant transporté sa résidence au cœur du plateau anatolien, à Qoniya, l'ancien Iconium – de même que ses lointains successeurs, les Turcs Kémalistes, après la perte de Constantinople, devaient se retirer à Ankara – et s'étant étroitement uni aux Dânishmendites, anéantit avec eux près d'Amasia d'abord, près d'Eregli ensuite les croisades lombarde, nivernaise et aquitanobavaroise de 1101. Nous reviendrons tout à l'heure sur les conséquences mondiales de ce désastre franc. Remarquons pour l'instant qu'après un tel succès, au lieu de l'exploiter pour aller soit reprendre l'Ionie et la Bithynie aux Byzantins, soit arracher Antioche et Édesse aux Francs, Qilij Arslân Ier, suivant l'exemple paternel, finit ses jours en allant disputer la Mésopotamie, notamment Mossoul, à son cousin le sultan de Perse Muhammed, en l'espèce au lieutenant de Muhammed, Jâwalî Saqawa. Ayant occupé Mossoul, il fit prononcer son nom dans la khutba à la place de celui du sultan – manifestation éclatante, cette fois, de ses prétentions à l'empire (1107)[67]. Mais le 3 juin 1107, il fut vaincu par Jâwalî dans une bataille livrée sur les bords du Khâbûr et se noya en voulant retraverser la rivière[68].

Cette date du 3 juin 1107 qui, avec la perte de la bataille du Khâbûr, marqua l'échec définitif du rêve oriental, du rêve impérial des Seljûqides anatoliens, marque, par un contrecoup inattendu, la stabilisation de leur œuvre anatolienne. Ainsi le détachement des anciennes provinces syriennes et mésopotamiennes de l'Empire Ottoman pour les Turcs Kémalistes de 1922. Rejetés dans leur forteresse anatolienne – et le Qoniya seljûqide jouant à cet égard le même rôle que l'Ankara moderne – au lieu d'aller se disperser sur tous les champs de bataille de la Syrie et de l'Irâq, les Seljûq de la branche cadette fondèrent là-haut un État uniquement turc, homogène et si vivace que, tandis que les autres dynasties turques de Syrie ou d'Iran s'épuisaient au bout de trois géné-

APPENDICES 813

rations, ils produisirent jusqu'en 1300 une série de princes énergiques.

Le règne des deux fils de Qilij Arslân Ier, Malik shâh ou Shâhinshâh (1107-1116 ?) et Mas'ûd (1116 ?-1155) correspond à ce repliement. Renonçant à s'étendre en Mésopotamie, la dynastie de Qoniya se contenta de s'enraciner profondément en Asie Mineure. Il est vrai qu'elle y était relancée par de rudes adversaires. Après de longues hostilités contre les empereurs byzantins de la dynastie des Comnènes, Malik shâh dut leur reconnaître toutes leurs conquêtes en Lydie et en Phrygie, c'est-à-dire tout le pays à l'ouest de Sinope, Gangra, Ankara, Amorion et Philomelion[69]. Quant à Mas'ûd qui ne parvint au trône qu'après avoir éliminé son frère, il bénéficia d'abord de l'appui de la maison turque rivale, celle des Dânishmendites de Cappadoce dont le chef, l'émir Ghâzî, était son beau-père et son protecteur. Les Dânishmendites semblèrent alors à la veille de s'emparer de l'hégémonie et cela du fait des querelles entre Mas'ûd et ses frères, querelles qui allèrent si loin que Mas'ûd dut un moment chercher refuge à Constantinople[70]. Puis, à partir de 1142, la situation se retourne et c'est au contraire Mas'ûd qui profite des divisions de la famille dânishmendite pour lui enlever une partie de son domaine du côté de Kangheri et d'Ankara[71]. Mais alors l'émir dânishmendite Ya'qûb Arslân fait appel à l'empereur Manuel Comnène qui, prenant les Seljûqides à revers, s'empare de Philomelion (Aqshéhir) et pousse jusqu'aux faubourgs de Qoniya (1146). L'annonce d'une deuxième croisade latine arrêta le héros byzantin dans la voie de ses reconquêtes anatoliennes. Pour avoir les mains libres devant l'arrivée de Conrad III et de Louis VII, Manuel Comnène bâcla précipitamment une paix séparée avec Mas'ûd, puis, ayant achevé de se brouiller avec les Croisés, il conclut même un pacte avec les Turcs et laissa entrer ceux-ci sur les terres de l'Empire pour attaquer les armées croisées : on a vu le rôle de cette trahison byzantine dans le désastre que les Turcs firent éprouver à Conrad III près d'Eski-shéhir (octobre 1147), puis à Louis VII entre Deñizli et Adalia (décembre 1147-janvier 1148).

Sur le moment les Byzantins parurent être les seuls gagnants de l'aventure. L'empereur Manuel Comnène avait,

814 L'ÉQUILIBRE

par l'intermédiaire des Turcs devenus les exécuteurs de sa politique, infligé à la deuxième Croisade un désastre tel qu'elle ne s'en releva pas. Après quoi il ne tarda pas à se retourner contre les Turcs. Le règne du sultan de Qoniya Qilij Arslân II (1155-1192), fils et successeur de Mas'ûd[72], fut d'abord à cet égard assez malheureux. Manuel Comnène soutint contre Qilij Arslân II la dynastie turque rivale, celle des Dânishmendites de Cappadoce : vaincu par l'émir dânishmendite Ya'qûb Arslân, le sultan seljûqide dut en 1160 lui céder certains territoires (dont Ablastain)[73]. Pendant ce temps les armées byzantines attaquaient le sultanat de Qoniya du côté de l'ouest, si bien que Qilij Arslân II encerclé demanda l'*amân* (fin 1161). Mieux encore, il se rendit en personne à Constantinople où il se reconnut formellement client de Manuel Comnène (1162). Mais le redressement fut prompt. Ayant ainsi endormi la vigilance byzantine, Qilij Arslân se retourna contre la dynastie dânishmendite que la mort de Ya'qûb Arslân et les divisions de famille qui s'ensuivirent livraient à sa merci. De 1170 à 1177 il réussit, malgré les Byzantins comme malgré Nûr al-Dîn, à déposséder les derniers successeurs du Dânishmend et à annexer la Cappadoce.

Après quatre-vingts ans de lutte entre les deux maisons turques rivales, l'unité de l'Anatolie musulmane se trouvait réalisée au profit des Seljûqides. Qilij Arslân, déchirant alors le traité de Constantinople, se retourna contre les Byzantins. Le désastre qu'il fit subir à l'empereur Manuel Comnène à Myrioképhalon (col de Tshardak) en 1176 marqua l'échec définitif de la reconquête byzantine, quelque chose comme cent ans auparavant (1071), le désastre de Malâzgerd. Sans doute les grandes villes byzantines de l'Anatolie occidentale ne succombèrent pas sur le coup, mais les forteresses de la frontière durent être demantelées et, surtout, l'infiltration des bandes turques dans la haute vallée du Méandre recommença. La race turque reprit sa marche vers l'Occident, cette lente poussée qui, interrompue un moment par la Première Croisade, va de la bataille de Malâzgerd (1071) à la prise de Constantinople (1453).

La politique byzantine avait donc finalement perdu au jeu compliqué et, au fond, assez peu clairvoyant qu'elle avait joué avec les Seljûqides contre les Croisés. Toute son appa-

APPENDICES

rente habileté – habileté du moment, qui ne tenait pas compte du « dynamisme » des races –, toutes ses finesses, toute la valeur aussi des trois grands Comnènes n'avaient pu empêcher que, livrées à leurs seules forces, sans l'aide de la Croisade qu'elles avaient refusée, les armées byzantines ne fussent, à la bataille décisive, brisées par la force turque. Et d'autre part les méfiances initiales, puis l'hostilité et enfin la trahison des Byzantins envers les Croisés avaient, à la longue, provoqué l'échec ou l'arrêt des Croisades et la chute de la Syrie franque.

La traversée de l'Asie Mineure par la première Croisade en 1097 avait été un succès de surprise, succès qui jusqu'à la chute de Jérusalem en 1187 ne se renouvela plus. Trois ans plus tard, le barrage seljûqide et dânishmendite était déjà si solidement reconstitué que les multitudes franco-allemandes et lombardes de 1101 se firent exterminer sans pouvoir en triompher. Or à cette époque les Croisés pouvaient encore compter, nous l'avons vu, sur l'appui de l'empereur Alexis Comnène. La tâche devait à plus forte raison devenir tout à fait impossible au moment de la deuxième Croisade, quand les Grecs s'entendirent avec les Turcs pour faire exterminer les armées de Conrad III et de Louis VII. 1147 consomma le désastre de 1101. Les centaines de mille hommes qui eussent été indispensables pour coloniser la Syrie franque allèrent par deux fois périr misérablement dans les montagnes du Pont, dans le désert salé du centre anatolien ou dans les gorges de la Pisidie. Le résultat fut que la Syrie franque resta une colonie de colonisation si anémique, une colonie frappée d'une telle oliganthropie originelle qu'il fallut tout le génie des six premiers rois de Jérusalem pour tenir pendant près d'un siècle. Songeons qu'au moment du désastre d'Anatolie de 1101 les chroniqueurs nous montrent les Francs de Jérusalem ne disposant que de quelques centaines, parfois de quelques dizaines de chevaliers. Une dernière chance se présenta de redresser la démographie franco-syrienne : la deuxième Croisade qui, à la voix de saint Bernard, avait de nouveau, à côté des seigneurs, mobilisé des foules de pèlerins susceptibles de devenir, selon la définition de Foucher de Chartres, autant de colons. La destruction de la majeure partie de l'infanterie allemande près d'Eski Shéhir, puis de l'infanterie française entre Deñizli et Adalia sous les coups des Seljûqides de Mas'ûd Ier fit, en ce tragique hiver de 1147-1148, s'évanouir définitivement cet espoir. Le nouveau désastre d'Anatolie frappa l'Occident d'un tel découragement que pendant plus de quarante ans nul ne renouvela la tentative. Malgré la périodicité du service maritime assuré par les flottes pisanes, génoises et vénitiennes, catalanes et provençales, la colonisation de la Syrie franque, ne restant possible que par voie de mer, resta débitée au compte-gouttes. Là où il eût fallu une véritable Völkerwanderung, une immigration rurale massive, il n'y eut plus que des voyages de paladins et de marchands – chevaliers-moines des Kraks, armateurs et banquiers italiens des Échelles libanaises, bref une colonie sans base démographique et rurale, le Pondichéry de Dupleix au lieu du Canada de Montcalm, la colonie qu'un désastre militaire anéantit au lieu de celle qui survit même à la conquête étrangère. Le barrage anatolien, en arrêtant l'immigration massive, avait condamné à l'anémie et à la mort la France du Levant.

Un tel échec était-il inévitable ? Le barrage anatolien était-il en soi infranchissable pour Byzance et pour la Croisade ? Il suffit de se rappeler les difficultés des premiers rois seljûqides de Qoniya, pris entre la reconquête byzantine, les avalanches franques, la rivalité des émirs dânishmendites de Cappadoce et le réveil arménien en Cilicie, pour être assuré du contraire. Le royaume turc de Qoniya pouvait être brisé dès le début si Byzantins, Arméniens et Francs avaient coordonné leurs efforts. Or s'il leur arriva de collaborer quelquefois contre le Turc de Syrie, ils ne s'unirent jamais après 1097 contre les Turcs d'Asie Mineure. Nous avons vu l'empereur Manuel Comnène conclure précipitamment la paix avec le sultan Mas'ûd à l'instant précis où la Deuxième Croisade allait entrer en Asie Mineure. Le résultat de cette division du front chrétien fut, à brève échéance, la perte de Jérusalem par les Latins et, par la suite, la perte de l'Asie Mineure d'abord, de Constantinople ensuite par les Grecs.

Mais n'est-ce pas ainsi qu'en 1922 la brouille des gouvernements de Paris et d'Athènes devait permettre au Ghâzi de chasser d'abord les Grecs de l'Ionie (et l'Europe de Constantinople), puis les Français et les Arméniens de la Cilicie ?

APPENDICES 817

Ankara recommençant Qoniya, le bastion turc d'Anatolie devait, grâce à ces divisions, triompher des vainqueurs de la Grande Guerre comme, huit siècles auparavant, il avait triomphé de la Croisade.

APPENDICE V

HISTOIRE DU COMTÉ D'ÉDESSE
(D'APRÈS LES SOURCES SYRIAQUES)

Nous avons eu l'occasion de parler, au tome Ier, de l'histoire du comté franc d'Édesse d'après les sources latines, arméniennes, arabes et syriaques traditionnelles. Mais en raison de l'imbrication des faits, nous n'avons pu, dans la disposition générale du livre, consacrer un chapitre particulier à l'histoire du comté d'Édesse, comme nous l'avons fait pour l'histoire d'Antioche et de Tripoli. Nous comblons ici cette lacune en utilisant surtout la chronique syriaque anonyme, intégralement publiée depuis dans le *Journal of the Royal Asiatic Society* par M. A. S. Tritton avec le concours de M. H. A. R. Gibb[74].

Bien plus encore que celle de Michel le Syrien, cette chronique révèle dans le milieu jacobite une francophobie et une arménophobie natives qui vont de pair avec une évidente sympathie ethnique et culturelle pour la domination turco-arabe. Le patriarche Michel, bien que, lui aussi, passionnément arménophobe et détestant à peine moins les Latins (voyez ses développements sur le bonheur des Jacobites sous la domination ortoqide !), se garde, par politique et aussi par un réel sentiment chrétien, de répudier toute solidarité avec les princes francs. Au contraire l'Anonyme syriaque, qui n'a ni la prudence ni la riche personnalité du célèbre prélat, ne se donne nullement la peine de dissimuler ses sentiments islamophiles. C'est *un Arabe chrétien*, d'instinct solidaire des Arabes musulmans et des Turcs contre l'intrus européen.

En plus de la révélation d'un état d'esprit qu'il y aurait imprudence à méconnaître, l'Anonyme syriaque nous apporte quelques renseignements historiques nouveaux dont nous avons d'ailleurs tenu compte au cours des pages précédentes, mais dont il est intéressant d'établir ici le bilan particulier. On y verra mieux encore à quel imbroglio de querelles ethnico-confessionnelles les Francs se trouvèrent, sans le savoir, mêlés, le jour où ils s'établirent en Syrie. Il est vrai qu'ils s'en tirèrent avec la sagesse de la force, utilisant tour à tour, en ce qui concerne, par exemple, Édesse, les Arméniens et les Jacobites pour se substituer à Thoros, puis pour se maintenir dans le pays entre Jacobites et Arméniens.

Baudouin Ier et l'établissement de la domination franque à Édesse.

Sur l'établissement de Baudouin Ier à Édesse au détriment de l'Arménien Thoros – Théodore Kurbalât, comme il l'appelle – en 1098, l'Anonyme syriaque se rapproche davantage d'Albert d'Aix que des chroniqueurs arméniens : entre les Arméniens et les Francs l'auteur jacobite préfère encore les Francs. Aussi ne trouverons-nous rien ici des protestations arméniennes contre la cynique comédie jouée par Baudouin Ier envers son malheureux « père adoptif » (Cf. tome I, pages 56-59). L'auteur reconnaît sans doute que Thoros a naguère sauvé Édesse des Turcs, mais il affirme qu'en 1098 le chef arménien était devenu un tyran et que, du reste, il n'appela et introduisit les Francs qu'à son corps défendant, devant la volonté répétée d'une partie de la population. Thoros, ici comme dans Albert d'Aix, est « détesté à cause de sa tyrannie ». Le complot fomenté contre lui l'est par la population elle-même, non certes par amour des Francs, mais pour se débarrasser de lui. Et le drame affreux qui aboutit à son massacre par les émeutiers se déroule sans que la complicité de Baudouin Ier soit même évoquée[75].

Un peu plus loin l'Anonyme syriaque nous fait un tableau intéressant de la géographie politique, singulièrement morcelée, de la région euphratésienne et cilicienne peu après la prise d'Antioche par les Francs (1098). À cette date les Turcs Ortoqides tiennent encore Sarûj ; le Dânishmendite « (Ibn) Ghâzi le Baladuqia » (« Balduk ») possède Samosate ; les Grecs ont gardé, « dans l'héritage de Philaretos », la ville de Mar'ash.

APPENDICES 819

Parmi les chefs arméniens, les Roupéniens ont en Cilicie la région d'Anazarbe, Kogh Vasil possède Kaisûn et Ra'bân, Gabriel – Arménien, il est vrai, de rite grec – a Mélitène et un autre chef arménien détient Bîra ou Bîrejik sur l'Euphrate. Enfin les Francs nous sont donnés comme possédant à cette date les trois grandes villes ciliciennes, Tarse, Mamistra et Adana, tableau qui ne fait que confirmer du reste ce que nous savions pour cette période (voir tome I).

Gabriel de Mélitène.

Gabriel nous est donné par l'Anonyme, confirmant Michel et les chroniqueurs latins, comme un « chalcédonien », c'est-à-dire comme un Arménien de rite grec (cf. tome I). L'auteur répete que l'émir seljûqide Buzân avait jadis nommé Gabriel gouverneur de Mélitène (Mala*t*ya) et que, depuis la mort de Buzân, Gabriel en était resté seul maître. Un détail inédit nous est fourni au sujet de la fille de Gabriel, Morfia, la future reine de Jérusalem. L'Anonyme nous apprend qu'avant de la donner en mariage à Baudouin du Bourg (Baudouin II), Gabriel avait offert la main de Morfia au prince d'Antioche Bohémond, avec l'expectative de sa succession, sous condition que Bohémond viendrait le secourir contre les Turcs[76]. Ce serait en se rendant à Mélitène pour épouser la princesse que Bohémond aurait été surpris et capturé par les Dânish-mendites (juillet-août 1100. Cf. tome I). Privé de cet appui et de plus en plus menacé par les Turcs, Gabriel se retournera vers Baudouin du Bourg, devenu sur ces entrefaites comte d'Édesse, et lui fera épouser Morfia, moyennant promesse de son concours contre les Dânishmendites. L'Anonyme nous rappelle ensuite comment, malgré cette alliance, Mélitène fut attaquée de nouveau par les Dânishmendites. Il nous parle de la longue résistance de la garnison et, en termes pudiques, avoue les conseils de défaitisme prodigués par l'évêque syriaque Jean Sa'id bar Sabuni. Son récit est du reste identique à celui de Michel le Syrien (notre tome I, p. 50-51), sauf que Michel place la mise à mort de l'évêque, par ordre de Gabriel exaspéré, lors d'un premier siège de Mélitène par les Dânishmendites en 1096, tandis que l'Anonyme semble reporter l'événement à la veille de la chute de

820 L'ÉQUILIBRE

la ville. Notons que le récit de l'Anonyme paraît confirmer, comme le fait observer M. Gibb, l'opinion que Mélitène fut conquise par les Dânishmendites et Gabriel tué non à la date de 1100, mais à celle de 1103, ainsi que nous le proposions nous-même (tome I)[77].

Occupation de Sarûj et de Samosate par les Francs.

Une contribution précieuse de la chronique syriaque anonyme concerne la conquête de Sarûj par les Francs. Nous avons mentionné (tome I) les données, quelque peu obscures, d'Albert d'Aix. Elles sont précisées par l'Anonyme. Nous voyons que Sarûj, ville alors très commerçante, avec sa fertile banlieue, était gouvernée, à l'arrivée de la Première Croisade, par l'ortoqide Balak (ou Balaq) ibn Bahrâm ibn Ortoq qui avait dû chercher fortune de ce côté lorsque sa maison eut été chassée de Jérusalem par les Fâtimides (août 1098). Ce Balak, qui est à coup sûr le Balas d'Albert d'Aix, se trouvait, depuis l'établissement des Francs à Édesse, pressé entre eux et leurs alliés, les Arméniens de Bîrejik. L'Anonyme syriaque ne nous dit rien de l'appel que Balak aurait, d'après Albert d'Aix, adressé au comte d'Édesse Baudouin Ier, pour que ce dernier l'aide à ramener dans l'obéissance les gens de Sarûj révoltés, non plus que de l'escamotage de la ville par Baudouin (notre tome I). Il raconte seulement que Balak, comprenant l'impossibilité de défendre Sarûj contre les Francs d'Édesse, leur livra la place par un traité en bonne forme. Baudouin Ier donna Sarûj en fief à un chef franc que l'Anonyme syriaque nomme Putshir, nom dans lequel il faut sans doute voir le Foucher (ou Foulque) de Chartres mentionné par Albert d'Aix. D'après l'auteur syriaque, « Putshir », au lieu de tenir les engagements de Baudouin pour le respect des franchises de la population indigène turque, rançonna sans pitié les notables musulmans (1099-1100)[78].

Vers janvier 1101 les auteurs arabes Ibn al-Qalânisî et Ibn al-Athîr mentionnent une tentative des Ortoqides pour reconquérir Sarûj. Le héros en fut non point Balak, mais son oncle, Soqmân ibn Ortoq, l'ancien co-seigneur de Jérusalem. L'Anonyme syriaque complète ces données. Soqmân, nous

APPENDICES

dit-il, comptait, pour cette reconquête, sur la complicité de la population turque de Sarûj. À son approche, le comte d'Édesse – c'était alors Baudouin (II) du Bourg – se porta à sa rencontre, mais tomba dans une embuscade et fut défait. Baudouin du Bourg n'eut que le temps de s'enfuir à Édesse d'où il courut chercher du renfort à Antioche. Pendant son absence, Soqmân s'emparait de la ville basse de Sarûj et mettait le siège devant la citadelle où les Francs s'étaient réfugiés sous le commandement de l'évêque latin d'Édesse (« Putshir » avait été fait prisonnier dans la défaite précédente). Encouragés par un message de Baudouin du Bourg, les défenseurs de la citadelle résistèrent vaillamment. Enfin Baudouin et l'armée de secours, après une marche de nuit, arrivèrent à l'improviste et, « à l'aube, ayant allumé des torches à la pointe de leurs lances », ils surprirent complètement le camp turc, tandis que les défenseurs de la citadelle leur donnaient la main par une furieuse sortie. Les Turcs, mis en déroute, prirent la fuite. Les habitants musulmans de la ville basse, espérant un retour offensif de Soqmân, voulurent encore se défendre. Les Francs, après leur avoir vainement offert des conditions amiables, finirent par se jeter sur eux et les massacrèrent (toute la sympathie de l'Anonyme syriaque va ici encore aux Musulmans). Sarûj fut dès lors définitivement rattaché au comté d'Édesse (1101)[79].

Nous avons vu (tome I) les données d'Albert d'Aix au sujet du Turc Balduk, seigneur de Samosate, qui céda cette place à Baudouin Ier dont il devint le client (1098). L'Anonyme syriaque appelle l'émir en question (Ibn-) Ghâzî le Baladuqia, ce qui confirme l'hypothèse qu'il s'agit bien, comme nous l'avions avancé, d'un cadet dânishmendite, sans doute Sulaimân ibn Ghâzî Gumushtekîn, comme le propose M. Gibb[80].

Premier gouvernement de Baudouin du Bourg (Baudouin II) à Édesse. Bataille de Harrân.

Sur le premier gouvernement de Baudouin du Bourg à Édesse, l'Anonyme syriaque mentionne, comme on vient de le voir, la tentative de reconquête de Sarûj par les Ortoqides et la délivrance définitive de la place par les Francs ; puis il

822   *L'ÉQUILIBRE*

passe au récit du désastre franc de *H*arrân (ou du Balîkh) en 1104. Les chefs francs, alors à l'apogée de leur puissance, nous dit-il, se réunirent à Édesse pour aller « conquérir l'Orient ». À cette époque en effet tous les espoirs semblaient leur être permis. La maison turque des Ortoqides dont la résistance arrêtera bientôt l'avance franque, n'était pas encore consolidée au Diyârbékir. De ce côté les Francs d'Édesse avaient occupé au nord-est du Shabakhtân les trois bourgs fortifiés de Tell Guran, Tell Mauzen et el-Koradi, ce dernier presque aux portes de Mârdîn[81] Au sud, pour dominer toute la Jazîra, il ne leur restait qu'à prendre *H*arrân. Conquête facile, semble-t-il, mais les divisions des chefs francs qui avaient si souvent failli faire avorter la Première Croisade amenèrent l'échec de cette nouvelle expédition. « À leur habitude, ils étaient en désaccord. Les uns voulaient qu'on allât prendre Maiyâfâriqîn, d'autres Amida (Diyârbékir), d'autres Mossoul. Ils finirent par tirer au sort l'objectif de la campagne et décidèrent de marcher sur Ni*s*îbîn ». Un grand nombre d'Arméniens d'Édesse se joignirent à eux pour aller piller les pays musulmans. Mais, pendant les tergiversations des princes francs, les chefs turcs s'étaient, de leur côté, réunis.

Quand l'armée franque atteignit le Balîkh, les Musulmans de *H*arrân, épouvantés, nous dit l'auteur syriaque, décidèrent de se soumettre et apportèrent même les clés de leur ville ; mais poursuit notre source, le comte d'Édesse, Baudouin du Bourg, considérant désormais *H*arrân comme sienne, ne permit pas à l'armée franque de l'occuper : il craignait que les soldats ne la pillassent et que les autres barons (notamment Tancrède) ne lui en disputassent la possession. Il rendit donc leurs clés aux gens de *H*arrân, en leur recommandant de bien garder leur ville en son nom. En vain Tancrède et les autres barons s'écrièrent-ils qu'avant de continuer l'expédition il fallait occuper fortement la ville, y déposer le bagage de l'armée et s'en servir comme de point d'appui. Leurs protestations échouèrent devant la défiance et l'obstination de Baudouin du Bourg. L'armée franque poursuivit donc sa route le long du Balîkh. Tancrède, furieux, suivait de mauvaise grâce, assez loin, à l'arrière garde[82]. Vient alors le récit de la bataille du Balîkh, la surprise des Francs par l'armée turque et leur grave défaite (7 mai 1104), récit conforme à celui des autres sources, avec la capture de Baudouin du Bourg et de son cousin Jocelin de Courtenay, tandis que Tancrède, resté en arrière, a le temps de s'enfuir (cf. tome I).

Gouvernement de Richard de Salerne.

Baudouin du Bourg et Jocelin de Courtenay une fois prisonniers des Turcs dans la citadelle de Mossoul, le comté d'Édesse fut, on l'a vu, gouverné par Tancrède qui le fit administrer par son cousin ou beau-frère Richard de Salerne (dit Richard du Principat). Comme Michel le Syrien et les autres écrivains orientaux, le chroniqueur syriaque anonyme nous trace un portrait fort défavorable de Richard, prince cupide et tyrannique qui faisait arrêter les plus riches citoyens d'Édesse et ne les relâchait que contre forte rançon, encourageant à ces fins la délation entre les habitants et entre les églises. Insouciance d'intérimaire qui ne cherchait, comme le remarque notre chronique, qu'à s'enrichir le plus vite possible avant le retour du prince légitime[83].

Second gouvernement de Baudouin du Bourg.

Sur les négociations avec l'atâbeg de Mossoul Jâwalî pour la délivrance de Baudouin du Bourg et de Jocelin de Courtenay, la chronique syriaque confirme les autres sources[84]. La négociation est menée par Jocelin, libéré à cet effet, et par l'émir de Qal'at Ja'bar, l'oqailide Najm al-Dawla Malik. Quand tout est arrangé, Jocelin revient à Mossoul auprès de l'atâbeg Jâwalî, et l'Anonyme nous raconte tout au long la scène du « carrousel » offert par Jocelin en l'honneur de Jâwalî qui, charmé de tant d'élégance, lui remet chevaleresquement une partie de sa rançon, récit déjà donné plus haut (tome 1). Apprenant le retour prochain de Baudouin du Bourg, Richard de Salerne a quitté Édesse pour se retirer dans son fief de Mar'ash (1108). En rentrant à Édesse, Baudouin et Jocelin, furieux de ses exactions et de celles de Tancrède, se préparent à la lutte contre ce dernier, après avoir obtenu l'aide de leur nouvel ami, l'atâbeg de Mossoul, Jâwalî. Le récit est ici conforme à celui des autres chroniqueurs (tome I) ; la nouvelle source syriaque spécifie seule-

824 L'ÉQUILIBRE

ment que la bataille livrée par Baudouin et Jocelin à Tancrède et où ce dernier fut victorieux, eut lieu près du monastère de Gubba (?) entre Cyrrhos et Dulûk (1108).

Il n'y a guère non plus d'élément nouveau dans ce que nous-dit l'Anonyme syriaque sur l'invasion du comté d'Édesse en 1110 par l'atâbeg Mawdûd (cf. tome I). La grande armée de secours franque, avec le roi Baudouin Ier, Bertrand de Tripoli et Tancrède, étant accourue à l'appel du comte d'Édesse Baudouin du Bourg, Mawdûd bat en retraite sur le Jullâb ; mais, comme les dévastations de Mawdûd ont détruit les subsistances dans la campagne édessienne, l'armée de secours franque et une partie de la population civile d'Édesse se retirent vers l'Euphrate, en direction de Samosate. L'Anonyme raconte que, si cette retraite se changea, comme on l'a vu, en désastre, la faute en incombe à un traître franc qui alla prévenir les Turcs de ce mouvement : les Turcs se jetèrent alors à la poursuite de la colonne et, quand l'armée franque eut repassé l'Euphrate, massacrèrent les émigrants arméniens restés sur la rive orientale (cf. tome I).

En avril 1112, nouveau siège d'Édesse par l'atâbeg Mawdûd (cf. tome I). Mawdûd, raconte complaisamment l'Anonyme, chercha à cette occasion à persuader aux chrétiens indigènes d'Édesse, Syriens ou Arméniens, de lui rendre bénévolement la ville, leur assurant qu'ils seraient mieux traités par lui que par les Francs. Quelques Arméniens prêtent l'oreille à ses propositions. D'accord avec eux, Mawdûd feint de renoncer au siège et d'aller attaquer Sarûj. Un dimanche, peu après minuit, les Turcs reviennent brusquement devant Édesse en se dissimulant à travers les jardins et gagnent en silence une des tours orientales de l'enceinte – tour commandée par un certain Cyrus – et d'où les traîtres arméniens font descendre vers eux des échelles et des cordes pour leur permettre d'y grimper ; pendant ce temps le gros de l'armée turque, par une attaque simulée, attirait du côté opposé de l'enceinte, vers l'ouest, l'attention de la garnison. Quand le jour se leva, une soixantaine de Turcs occupaient la tour ; Francs et Arméniens, croyant la ville perdue, étaient saisis de panique, quand Jocelin de Courtenay, qui se trouvait précisément à Édesse, sauva la situation par son héroïsme et son sang-froid. Il courut à la tour, coupa les cordes et rompit les échelles des assaillants, puis, la tête couverte d'un sac plein de balles d'avoine pour amortir les coups, il grimpa au sommet de la tour et précipita les Turcs en bas : récit coloré, conforme à ceux des autres chroniqueurs (tome I). L'Anonyme ajoute d'ailleurs que les Francs, exaspérés par le complot arménien, exercèrent de sévères représailles parmi les chrétiens indigènes, frappant indistinctement innocents et coupables[85].

L'Anonyme mentionne ensuite la disgrâce du seigneur de Turbessel, Jocelin de Courtenay privé de son fief et chassé par le comte d'Édesse Baudouin du Bourg (1113). Jocelin se retire en Palestine auprès du roi Baudouin Ier qui lui inféode la princée de Galilée (cf. tome I, p. 487). Le chroniqueur syriaque nous parle enfin de la conquête de Bîra (Bîrejik) sur l'Euphrate par Baudouin du Bourg aidé de son cousin Galéran du Puiset. Bîra appartenait, on l'a vu, à un chef arménien nommé Abu'l Gha'rib ou Abel Ghérib. Pressé par les Francs, l'Armenien leur rendit la place sous condition que Galéran épouserait sa fille et lui succéderait ainsi régulièrement[86] (cf. tome I).

Gouvernement de Galéran du Puiset.

Baudouin du Bourg ayant été en 1118 nommé roi de Jérusalem grâce à l'adresse de Jocelin de Courtenay réconcilié pour la circonstance avec lui, le comté d'Édesse allait devenir vacant (cf. tome I, p. 532). Jocelin comptait que le service qu'il venait de rendre lui vaudrait l'investiture de cette terre et c'était bien en effet ce qui devait se produire peu après. Toutefois la chronique syriaque – dont c'est ici un des apports originaux – spécifie que ce ne fut qu'en 1120 que le roi Baudouin II inféoda Édesse à Jocelin. Jusqu'à la fin d'août 1119 Jocelin resta seigneur de Galilée, tandis que Baudouin faisait, semble-t-il, administrer le comté d'Édesse par son cousin Galéran du Puiset, seigneur de Bîra[87]. L'Anonyme syriaque mentionne vers mars 1119 des raids victorieux conduits par Galéran contre les Turcs de la Jazîra et les Ortoqides. En août 1119, c'est encore Galéran qui conduit les troupes d'Édesse au secours d'Antioche, après le désastre et la mort de Roger d'Antioche à l'Ager Sanguinis, alors que pour Guillaume de Tyr Jocelin était déjà comte d'Édesse.

Premier gouvernement de Jocelin Ier.

En 1120 d'après l'Anonyme, en réalité vers la fin d'août 1119[88] Baudouin II remet enfin le comté d'Édesse à Jocelin de Courtenay – Jocelin Ier, – tandis que Galéran du Puiset retourne dans son fief de Bîra. L'Anonyme syriaque ajoute que Jocelin aurait épousé la fille de Roger d'Antioche et obtenu dans la dot de sa femme la ville de 'Azâz, à la frontière des deux seigneuries. Suit le récit de la capture de Jocelin en 1122. L'ortoqide Balak (l'ancien émir de Sarûj) venait d'exécuter un raid sur les terres édesseniennes du côté de Bîra (Bîrejik) ; « il campait près de Hâĝ, château situé dans le comté d'Édesse en face de Raskaifa ». Jocelin et ses Francs se lancèrent à sa poursuite, sans se douter qu'il se trouvait si près d'eux, avec toutes ses forces. C'était Galéran – il s'agissait de son fief de Bîra – qui avait entraîné Jocelin à cette folle chevauchée. Galopant bride abattue, la cavalerie franque, déjà épuisée par sa course, vint buter sur Balak qui l'attendait à l'abri d'une rivière. Nous avons déjà donné le récit de cette mésaventure qui aboutit à la capture de Jocelin et de Galéran par Balak (cf. tome I et *J. R. A. S.*, 1933, 90).

Gouvernement de Geoffroi le Moine.

On a vu qu'après la capture de Jocelin par les Ortoqides, le roi Baudouin II accourut de Jérusalem organiser la défense du comté d'Édesse. L'Anonyme (*ibid.*, 91) spécifie qu'il plaça à la tête d'Édesse le comte de Mar'ash, Geoffroi le Moine. Le même chroniqueur ajoute que vers cette époque le dernier seigneur arménien de Gargar, Michel fils de Constantin, menacé par les Turcs de Balak, céda spontanément Gargar à Baudouin II (cf. tome I, p. 587), et reçut en échange l'investiture de Dulûk. L'Anonyme raconte enfin la capture de Baudouin II par Balak près du pont de la rivière Sanja ou Singa, entre Kaisûn et Samosate (avril 1123) ; Balak s'étant alors fait livrer Gargar par la garnison franque, l'auteur syriaque se réjouit ouvertement de ce que la domination turque ait enfin « pacifié » le pays, désolé, dit-il, par les brigandages du temps des Arméniens et des Francs, et c'est là un nouvel et

APPENDICES

éclatant témoignage de la turcophilie persistante de l'élément jacobite.

L'Anonyme nous apprend que le fameux complot arménien pour aller délivrer le roi Baudouin II dans sa prison de Kharpût fut formé par une vingtaine de soldats arméniens qui servaient sous les Francs du côté de Kaisûn, d'accord avec Geoffroi le Moine, seigneur de Mar'ash, pour lors défenseur d'Édesse. Les Arméniens se présentent à Kharpût comme de pauvres cultivateurs portant des fruits et des légumes ; ils s'emparent des portes de la ville, la population arménienne de Kharpût se joint à eux, ils se rendent maîtres de la citadelle où ils délivrent Baudouin II qui, de prisonnier, se trouve brusquement en possession de la capitale ennemie, tandis que Jocelin part, dans la plus romanesque odyssée, chercher du secours en Syrie. On a vu comment cette folle équipée aboutit à la reprise de la place par Balak qui massacra les héroïques Arméniens et refit prisonnier Baudouin II (tome I).

Second gouvernement de Jocelin Ier.

Nous avons raconté à propos de l'histoire d'Antioche (tome I, p. 594) la campagne de Jocelin allant, après la reprise de Kharpût par les Turcs, saccager par représailles la campagne d'Alep où il détruisit, dans la banlieue de la grande ville, la mosquée de Dakka. On sait que le qâdî d'Alep, Abu'l Hassan ibn Khashshâb, rendit les chrétiens indigènes responsables de cette destruction ; la foule musulmane se jeta sur l'église de Saint-Jacques, détruisant l'autel, effaçant les peintures et transformant d'office l'église en mosquée. Même sort pour l'église grecque de la Theotokos et pour l'église nestorienne[89]. L'évêque melkite dut fuir à Antioche, l'évêque jacobite à Qal'at Ja'bar (1123)[90]. L'Anonyme évoque ensuite la victoire remportée par Jocelin et Geoffroi le Moine sur Balak près de Menbij (?) et la mort de Balak devant Menbij (6 mai 1124).

Nous avons exposé dans le détail l'histoire, si curieuse, de la coalition franco-musulmane formée par le roi Baudouin II – enfin libéré des prisons turques –, Jocelin, comte d'Édesse et plusieurs chefs musulmans dont l'émir arabe irakien

Dubaîs, pour s'emparer d'Alep (octobre 1124). L'Anonyme syriaque mentionne, lui aussi, le siège d'Alep par les coalisés, siège qui aurait duré neuf mois et que fit lever l'arrivée de l'atâbeg de Mossoul Bursuqî. Notre source spécifie qu'à la nouvelle de la mise en marche de Bursuqî, l'émir Dubaîs avait proposé de prendre les devants en allant lui interdire le passage de l'Euphrate[91]. Cet avis n'ayant malheureusement pas prévalu, Bursuqî put sans opposition traverser la Jazîra et son approche força les coalisés à lever le siège d'Alep (tome I).

L'Anonyme syriaque retrace avec beaucoup de vie le récit du siège de 'Azâz par Bursuqî et la délivrance de cette place par le roi Baudouin II, en juin 1125[92]. D'abord l'histoire du cavalier franc qui, sortant de 'Azâz, fonce au galop sur les assiégeants et réussit à traverser leurs rangs pour aller implorer le secours de Baudouin II, à Antioche ; puis l'épisode du pigeon voyageur envoyé par Baudouin II aux assiégés pour annoncer son arrivée prochaine : mais les Turcs interceptent le message et le falsifient ; malgré les nouvelles mensongères qu'ils reçoivent (Baudouin II les abandonnant pour faire face à une invasion égyptienne en Palestine !), la constance des défenseurs de 'Azâz donne à Baudouin le temps d'accourir d'Antioche. Il force le passage au milieu des masses ennemies, réussit à jeter des secours dans 'Azâz, puis, ainsi que le racontent les autres chroniques, feint de battre en retraite de 'Azâz vers le sud ; et, lorsque les Turcs se sont en toute insouciance lancés à sa poursuite, un feu allumé sur le donjon de 'Azâz l'avertit, il fait une brusque volte-face et taille les Turcs en pièces (cf. tome I).

La chronique anonyme syriaque, quoique bien peu favorable aux Latins, rend, elle aussi, hommage au héros franc Jocelin de Courtenay. Derrière la gaucherie des termes, il faut deviner le respect que le grand comte d'Édesse inspirait non seulement – ce qui est naturel – à ses ennemis turcs et à ses collaborateurs arméniens, mais aussi à ses malveillants sujets jacobites. Jocelin d'Édesse, nous dit le texte, qui, malgré son âge, ne pouvait supporter de rester loin des combats, réunit en 1131 une armée pour aller détruire le château de Tell 'Arrân, entre Alep et Menbij, repaire de voleurs qui ne cessaient de ravager le pays chrétien ; mais, pendant qu'il inspectait les sapes, il fut enterré sous un éboulement. Il fut transporté mourant à Turbessel. À ce moment on annonce que l'émir dânishmendite Ghâzî traversait les confins du pays pour aller attaquer les territoires arméniens de Haute-Cilicie[93]. À cette nouvelle, Jocelin, malgré son état, se fait conduire en litière à la tête de ses troupes, droit sur les campements de Ghâzî, qui, n'osant l'attendre, prend la fuite devant lui. Jocelin, vainqueur sans avoir combattu, se fait transporter à Dulûk où a lieu son décès. Il est enterré dans l'église de cette ville (1131). – Nous trouvons intéressant de noter, sous une plume aussi hostile à la domination franque, l'hommage implicite ici rendu au héros franc[94]. Cf. *supra*, p. 5-8.

Gouvernement de Jocelin II. Première prise d'Édesse (1144).

De Jocelin II, fils et successeur de Jocelin Ier comme comte d'Édesse, la chronique anonyme syriaque nous dit simplement que c'était un fol, et ce jugement d'un ennemi nous parait plus conforme à la vérité que les timides plaidoiries tentées par les Arméniens, voire que les éloges à contretemps des chroniqueurs arabes sur le fossoyeur de la Jazîra franque[95].

Après avoir raconté, sans détails inédits, l'inutile croisade byzantine de l'empereur Jean Comnène en 1138 (cf. *supra*, page 100), l'Anonyme syriaque nous montre les progrès de l'atâbeg d'Alep-Mossoul Zengî, progrès tels qu'en 1141-1143 les Ortoqides, relancés jusque dans leurs possessions héréditaires par Zengî, n'hésitèrent pas à s'allier à Jocelin II, auquel ils abandonnèrent comme gage d'amitié le fort de Bâbûla près de Gargar (il s'agit de l'ortoqide Timurtâsh, émir de Mârdîn, et de la famille de Dâwûd, maîtresse de *His*nKaifa). Cette coalition franco-ortoqide eût sans doute été de taille à contenir les progrès de Zengî, mais elle se dissocia aussitôt : les Ortoqides, n'ayant aucune confiance dans la valeur de Jocelin II, l'abandonnèrent, et l'adroit Zengî se rapprocha aussitôt d'eux pour isoler Jocelin et atteindre son objectif principal : la prise d'Édesse[96].

L'Anonyme syriaque – dont nous allons désormais suivre pas à pas le récit d'après la traduction de M. Tritton[97] – nous montre le réseau d'espionnage préalablement tendu par l'atâbeg autour de la malheureuse cité. Le principal de ses informateurs était un certain Fadl-Allâh ibn-Ja'far, préfet de Harrân, qui, nourrissant contre les gens d'Édesse une solide haine de voisinage, renseignait Zengî sur l'importance et les mouvements de la garnison franque d'Édesse. En novembre 1144, comme Zengî s'était éloigné pour assiéger Amid (Diyârbékir), en terre ortoqide, Jocelin, de son côté, crut pouvoir s'écarter d'Édesse pour diriger un rezzou en Jazîra musulmane, dans la région de Balis et de Raqqa. De Harrân, Fadl-Allâh avertit aussitôt Zengî, au Diyârbékir, qu'Édesse se trouvait dégarnie de défenseurs. Zengî détacha en hâte contre Édesse un corps d'élite sous les ordres de l'émir Salâh al-Dîn pour essayer de surprendre la ville. L'atâbeg lui-même suivait à marches forcées avec le reste des troupes. Si Salâh al-Dîn avait pu arriver la nuit suivante, la ville eût effectivement été prise séance tenante, car les habitants ne s'attendaient à rien ; mais la marche des troupes fut retardée par la pluie et, dans les ténèbres, Salâh al-Dîn s'égara si bien qu'à l'aube il se trouvait non point auprès d'Édesse, mais sur la route de Harrân. L'effet de surprise devenait impossible. Il fallait faire un siège en règle. L'attaque commença le 28 novembre 1144, à l'aube[98]. Voyant la faiblesse de la garnison, Salâh al-Dîn envoya des pigeons voyageurs à Zengî pour le presser de hâter sa marche. L'atâbeg arriva le lendemain « avec une armée aussi nombreuse que les étoiles » qui investit complètement la place. Zengî se réserva l'attaque du secteur nord, près de la Porte des Heures[99] ; Salâh al-Dîn campa à l'ouest devant la Porte de la Source, près de la tombe de Mar Ephraïm (saint Ephrem), et Zaîn al-Dîn 'Alî Kuchuq, émir d'Arbîl, devant le jardin de Barsauma ; enfin l'émir arabe-iraqien Dubaîs campa devant la porte de Kasas ; le secteur sud, du côté de Harrân, était tenu par les contingents kurdes.

La garnison d'Édesse, confirme l'Anonyme syriaque, était tout à fait réduite. La défense reposait tout entière sur la population « composée de cordonniers, de tisserands, de marchands de soie, de tailleurs, de prêtres et de diacres ». À défaut de barons, le commandement était assumé par l'évêque franc « Papias », c'est-à-dire Hugue II, que secondaient

APPENDICES 831

l'évêque jacobite Basile bar Shumna et le prélat arménien Ananias. Malgré des conditions presque désespérées, la résistance fut des plus énergiques, – les moines des divers cultes firent notamment preuve d'une grande vaillance – mais les mineurs ennemis sapèrent les fondations de la muraille du côté du nord, vers la Porte des Heures, et le bombardement devint effroyable. « Les habitants étaient épuisés par le travail de cette bâtisse qu'ils dressaient à l'encontre des mines ; jeunes filles et jeunes gens dans une fatigue indicible, passant les pierres et l'eau aux hommes qui travaillaient au milieu du bombardement. » Zengî qui désirait ménager la ville et la population indigène offrit à celle-ci de se rendre à des conditions avantageuses[100]. Les assiégés répondirent d'abord par un refus ; mais bientôt, avoue notre chronique, « l'évêque syrien intervint auprès de l'évêque franc pour faire adresser à Zengî une demande de trêve de quelques jours, dans l'espoir de voir arriver pendant ce temps Jocelin II avec une armée de secours ». (Comme on le voit, tandis que l'élément arménien résistait héroïquement, l'élément jacobite envisageait déjà la capitulation.) Une lettre contenant la demande d'armistice fut rédigée, mais, ajoute l'Anonyme, « elle fut, avant d'être envoyée, mise en morceaux par un insensé, un marchand de soie nommé *H*asnûn ». La lutte reprit donc. Les sapes, bourrées de naphte et de soufre enflammés, provoquèrent enfin l'effondrement d'un pan de muraille ; en vain les défenseurs avaient hâtivement doublé d'un contre-mur intérieur la partie de l'enceinte menacée : l'intervalle entre les deux murs était suffisant pour permettre l'irruption des assaillants. La résistance de ce côté dura cependant de l'aube à la troisième heure de cette fatale journée (samedi 23 décembre 1144). Les Turcs finirent par se frayer un chemin parmi les cadavres chrétiens et pénétrèrent dans la ville : six mille hommes parmi les défenseurs avaient été tués. Femmes et enfants cherchèrent alors à se réfugier dans la citadelle, mais « conformément aux mauvais procédés habituels des Francs » les portes de la citadelle avaient été fermées, et l'évêque latin avait interdit d'ouvrir s'il ne donnait pas l'ordre en personne : or il avait été tué d'un coup de hache avant d'atteindre la citadelle ! La foule des fuyards arméniens et jacobites s'écrasa au pied de la citadelle sans

832   *L'ÉQUILIBRE*

pouvoir y pénétrer, tandis que les Turcs la sabraient par derrière. « Étouffées, comprimées, devenues comme une seule masse compacte, environ 5 000 personnes, et peut-être plus, périrent cruellement[101]. » – Récit, on le voit, pleinement d'accord avec ceux de Michel et des Arméniens.

Zengî arrive enfin. Touché de pitié devant ce spectacle affreux, il fait cesser le massacre (même affirmation chez Michel). Il offre, sous condition de reddition immédiate, la vie sauve aux Francs défenseurs de la citadelle. Le prêtre syriaque Barsauma, qui jouissait de la confiance des Francs, vint de leur part traiter avec lui sur ces bases, et, deux jours après la prise de la ville, la citadelle se rendit. Zengî, poursuit l'Anonyme, aposta des gardes dans la ville avec ordre d'empêcher les Turcs d'entrer en masse et de molester les citoyens. Les habitants, Syriens et Arméniens, « rentrèrent paisiblement dans leurs maisons, réconfortés par la clémence de Zengî qui leur fit distribuer des vivres ». Zengî fit chercher le métropolite syriaque Basile bar Shumna auquel *Salâh* al-Dîn, tint, d'après notre chronique comme d'après celle de Michel, le plus conciliant langage : il lui demanda de jurer sur la croix et l'évangile fidélité au régime zengide, lui proposant, à ces conditions, de libérer tous les captifs (jacobites)[102]. « Prospère pendant deux siècles sous la loi musulmane, Édesse a été complètement ruinée par le demi-siècle de domination franque « (est-ce l'émir turc ou le chroniqueur syriaque qui parle ?). *Salâh* al-Dîn alla jusqu'à demander des prières au clergé jacobite pour son gouvernement. Zengî lui-même devint l'ami du métropolite Basile qu'il chargea de maintenir ses ouailles dans le loyalisme. Mettant le comble à ses bienfaits, il fit distribuer du bétail aux chrétiens indigènes.

Tandis que les Arméniens et surtout les Jacobites étaient traités avec tant de mansuétude et se voyaient confirmés dans leurs maisons et leurs biens, les Francs d'Édesse étaient entièrement dépossédés ; leurs églises étaient dépouillées de tous leurs vases sacrés, croix et ornements précieux. Leurs chefs étaient envoyés dans les prisons d'Alep ; seuls quelques artisans latins furent autorisés à rester à leur établi dans une demi-captivité. Nombre de captifs francs furent suppliciés et servirent de cibles aux javelots et aux flèches. Notons que les vainqueurs respectèrent celles des églises chrétiennes qui à cette date de 1144 appartenaient encore au culte syriaque. Au contraire les sanctuaires que les Latins s'étaient appropriés furent transformés en mosquées, comme l'ancien évêché franc, ou, comme Saint-Thomas et Saint-Étienne, en étables et en parcs à fourrage. Se désolidarisant entièrement des Francs vaincus, la chronique syriaque à laquelle nous devons ces détails conclut placidement que le nouveau gouverneur zengide Zaîn al-Dîn 'Alî Kuchuk était un homme bon et juste sous lequel Édesse fut heureuse. Une seule fausse note à ce touchant accord : notre chroniqueur doit avouer que près de cent chrétiennes épousèrent des Musulmans...

Quarante jours après la prise d'Édesse, Zengî s'empara également de Sarûj dont les habitants chrétiens s'enfuirent à Bîra (Bîrejik). En mars 1145 il vint assiéger Bîra, mais la garnison franque de la citadelle lui opposa une résistance acharnée. Un vaillant baron franc, le comte Robert le Gros, essaya de sauver la ville. S'embarquant avec deux cents hommes sur l'Euphrate à Qal'at al-Rûm, il descendit le fleuve jusqu'à Bîra, mais, en y arrivant, il commit la folie de faire sonner ses trompettes, donnant ainsi l'éveil aux Turcs qui, lançant des barques sur le fleuve, lui barrèrent la route. Robert n'eut que le temps de se jeter dans les marais où il ne tarda pas à être capturé. À peine quelques-uns de ses gens purent pénétrer dans Bîra. Cependant la garnison ne s'abandonna pas, et au bout de quelques jours les mauvaises nouvelles que Zengî reçut de Mossoul l'obligèrent à lever le siège de la ville[103].

Zengî, reprend l'Anonyme syriaque, toujours en étroit accord avec Michel, revint à Édesse « à la moisson de 1145 ». Pour éviter tous sévices aux habitants, poursuit notre chronique, il laissa ses troupes en arrière, entre Kassas et *H*arrân. Il fut reçu dans la ville par le métropolite syriaque et toute la population chrétienne défilant en procession solennelle, ou plutôt deux cortèges parallèles l'accueillirent, d'un côté celui des chrétiens, de l'autre celui des musulmans. « Il salua les chrétiens avec joie, baisa l'Évangile et s'informa avec sollicitude de la santé du métropolitain », étant venu, lui fait dire la même chronique, pour le bien de la population chrétienne. « Zengî visita nos églises, se fit montrer leurs beautés et ordonna de fabriquer pour elles deux grandes cloches. Souf-

834   *L'ÉQUILIBRE*

frant de la goutte, il demanda des prières au métropolite et voulut laver ses pieds malades dans l'eau miraculeuse du puits d'Abgar. » Avant de partir, il chargea le métropolite syriaque de coopérer avec zèle à la garde de la ville contre les Francs. Notons aussi qu'il établit dans Édesse trois cents familles juives. S'appuyer sur la latinophobie des chrétiens indigènes et attirer l'immigration juive comme alliée de l'Islam, pour faire obstacle à tout retour offensif de la Chrétienté, c'est là un programme que reprendra Saladin en Palestine après 1187[104].

Seconde prise d'Édesse par les Turcs (1146).

Après la mort de Zengî, poursuit l'Anonyme syriaque, Jocelin II jugea l'occasion favorable pour reprendre Édesse[105]. Il s'assura à cet effet du concours de Baudouin, comte de Mar'ash et de Kaisûn, mais il ne put obtenir l'aide du prince d'Antioche Raymond de Poitiers, toujours irrité, dit le même auteur, de n'avoir pu faire reconnaître sa suzeraineté par les deux barons. Réduits à leurs seules forces, Jocelin II et Baudouin de Mar'ash rassemblèrent leurs gens à Dulûk et marchèrent sur Édesse, espérant surprendre la ville par une attaque de nuit. Cependant leur dessein fut en partie éventé et la garnison zengide d'Édesse se hâta de prendre des otages parmi la population chrétienne de la ville.

Jocelin II arriva devant Édesse le dimanche 27 octobre 1146. Il cacha, dit l'Anonyme, son armée dans un oued et, à la nuit tombée, envoya en avant des troupes d'élite qui parvinrent à escalader le mur du côté ouest. La garde fut surprise, la porte ouest ouverte, et les Francs s'introduisirent en masse dans la ville. Malheureusement « ces fous », comme les appelle l'Anonyme syriaque, négligèrent de s'emparer immédiatement des forts de la citadelle, occupés qu'ils furent – c'est toujours la même source malveillante qui l'affirme – à piller les maisons et le bazar, « aussi bien au détriment des chrétiens indigènes que des musulmans ». Les Musulmans, profitant de cette faute, se réfugièrent dans la citadelle et dans les forts, et toutes les attaques dirigées ensuite contre eux par les Francs échouèrent[106].

APPENDICES 835

Du moment que la citadelle restait aux Turcs, le coup de main était manqué. Jocelin II eut le tort de s'obstiner dans son entreprise, laissant aux princes zengides le temps d'accourir et d'encercler la ville avec une immense armée. Il se décida alors à évacuer Édesse pendant la nuit en échappant à la double surveillance de la citadelle et de l'armée assiégeante (samedi 2 novembre 1146). L'Anonyme syriaque nous fait une peinture saisissante de ce lamentable exode. À la fin de la nuit, à trois heures, la Porte des Heures s'ouvre en silence devant l'armée franque ; les chrétiens indigènes, surprenant ce mouvement, comprennent qu'ils vont être abandonnés à la vengeance des Turcs et, d'instinct, suivent les Francs ; alors, tumulte et désordre effroyables, cris des femmes appelant leurs enfants au milieu des ténèbres, pleurs des enfants égarés et foulés aux pieds des chevaux. Dans cette cohue de cavaliers, de familles affolées, de bétail et de véhicules se heurtant dans l'obscurité, les plus faibles succombaient, étouffés. Les Francs parvinrent à se grouper au pied de la tour dite la Colonne des Anachorètes, devant l'église des Confesseurs, encerclés aussitôt sur place par les Turcs qui les criblaient de flèches. « Dans les ténèbres le bruit des armes turques frappant les chrétiens était pareil à celui des haches s'abattant dans la forêt sur les arbres ». Tout était confusion et massacre.

Quand le matin éclaira ces scènes d'horreur, Jocelin II et Baudouin de Mar'ash rétablirent un peu d'ordre et constituèrent leur colonne de marche, Baudouin en tête, Jocelin à l'arrière-garde. À l'aube du dimanche 3 novembre, ils commencèrent leur mouvement vers Samosate, suivis et encerclés par les archers turcs qui, par surcroît, avaient mis le feu à la brousse. Au début, la chevalerie franque résista vaillamment et jusqu'au soir contint la ruée turque. Les Turcs, impressionnés, abandonnaient la poursuite lorsque, par une fâcheuse inspiration, Jocelin ordonna une contre-attaque. Cette initiative lui fut fatale, car la chevalerie franque se vit bientôt ramenée en désordre et, dans la panique qui suivit, ce fut le sauve-qui-peut général. Une partie des fantassins chrétiens – 2 000 hommes de la jeunesse d'Édesse – cherchèrent un refuge momentané dans un fort en ruines sur la Colline de l'Aigle, tandis que femmes et enfants tombaient aux mains des Turcs. Jocelin, bien que blessé d'une flèche au côté, put galoper jusqu'à Samosate. Quant à Baudouin de Mar'ash – « ce vaillant et beau jeune homme dont la fière stature dominait les foules » –, il tomba percé d'une flèche et fut achevé d'un coup d'épée. « Quantité de prêtres et de moines qui avaient échappé à la première prise d'Édesse périrent ce jour-là. L'évêque arménien fut envoyé prisonnier à Alep, tandis que l'évêque jacobite Basile parvenait à s'échapper à Samosate »[107]. « Une partie des fugitifs jacobites trouvèrent asile chez leurs coreligionnaires de Mârdîn et du Shabaktan qui les traitèrent avec générosité », tandis que la chronique syriaque, francophobe jusqu'au bout, proteste contre la dureté des autorités ecclésiastiques latines envers ceux des réfugiés qui avaient gagné le pays à l'ouest de l'Euphrate[108].

Tel est le récit plein d'amertume que l'Anonyme syriaque, comme le patriarche Michel, donne du drame édessenien de 1146. Certes son parti pris contre la domination franque est, dès le début, évident et, par moment, sa sympathie pour les Turcs révèle chez lui un véritable esprit de trahison envers la chrétienté. Mais il faut reconnaître que des actes comme la folle réoccupation d'Édesse par Jocelin II devaient provoquer bien des haines. Amener les Chrétiens d'Orient à se solidariser publiquement avec l'Occident, leur faire « trahir » leur maître turc, les compromettre irrémédiablement aux yeux de celui-ci, puis, quand la partie devient décidément trop difficile, les abandonner brusquement et sans défense à toutes les représailles et à tous les massacres, comment qualifier une aussi criminelle légèreté ? Mais n'est-ce pas ainsi que, du Caucase à la Cilicie, s'est encore conduite sous nos yeux une Europe qui se prétend en progrès ?

Note. – Voici le texte, à notre avis, décisif, de Kémâl al-Dîn qui prouve que Jocelin Ier ne fut mis en possession d'Édesse qu'entre la fin d'août et le début de septembre 1119 : « Jocelin, étant venu rejoindre Baudouin après la prise de Sermîn, reçut en fief de celui-ci le pays d'Édesse et de Tell-Bâsher. Il se rendit dans ses nouvelles possessions et fit des incursions sur la région de Bizâ'a, où il tua et fit prisonniers un millier d'hommes. Il continua sa marche sur Menbij, enlevant beaucoup de chevaux et de gens. Mais, s'étant avancé jusqu'à

APPENDICES 837

Ràwendân, à la poursuite d'un parti de Turcomans, il subit un échec et perdit plusieurs hommes. » (*Chronique d'Alep*, p. 623). Ce texte situe nettement la prise de possession d'Édesse par Jocelin Ier entre la bataille de Dânîth (14 août 1119) et le retour du roi Baudouin II à Jérusalem (14 septembre), au moment où Jocelin amène à Baudouin II, à Antioche, des renforts de sa principauté de Galilée.

APPENDICE VI

CHRONOLOGIE DU COMTÉ DE TRIPOLI

SOUS LA DYNASTIE DE TOULOUSE-PROVENCE

Le plan de l'ouvrage ne nous ayant permis de consacrer que quelques pages au Comté de Tripoli et pour la période de sa fondation seulement, nous donnons ici, à la demande de plusieurs lecteurs, un bref répertoire chronologique pour l'histoire de ce fief sous le gouvernement de la maison de Toulouse-Provence (1102-1187).

Raymond de Saint-Gilles (1102-1105).

Février-avril 1102.

Siège et prise de Tortose par le comte de Toulouse, Raymond de Saint-Gilles, qui enlève la ville aux Banû 'Ammâr, émirs de Tripoli. Pour la prise de Tortose, nous avons cité (tome I, p. 336) Hagenmeyer qui proposait la date du 18 février 1102, obtenue en corrigeant en « XII kal. Martii » le « XII kal. Maii » du *Chronicon.S. Maxentii Pictav.*, correction inspirée par le contexte de Foucher de Chartres qui veut qu'après la prise de Tortose à laquelle ils avaient coopéré, le comte de Poitiers et ses croisés soient allés célébrer les Pâques de 1102 (6 avril) à Jérusalem. Mais Ibn al-Qalânisî (p. 55) nous dit que l'armée de secours musulmane qui, sous l'émir de *Homs* Janâh al-Dawla, avait tenté de dégager Tortose et qui se fit battre par Saint-Gilles, fut de retour de cette

838   *L'ÉQUILIBRE*

expédition malheureuse le 14 avril. Il semblerait en résulter que la date du *Chronicon* était bien exacte, c'est-à dire que Tortose fut prise par Raymond de Saint-Gilles, le 12 des kalendes de mai, c'est-à-dire le 21 avril 1102, du moins si l'on admet que l'émir de *Homs* avait essayé de sauver la ville avant sa chute et non de la reprendre séance tenante, ce que, du reste, Qalânisî ne spécifie nullement.

23 avril 1104.   Raymond de Saint-Gilles avec l'aide d'une escadre génoise, enlève Gibelet (Jebail) aux Banû 'Ammâr.

12 septembre 1104.   D'après Qalânisî, Ibn Ammâr inflige une surprise à Raymond de Saint-Gilles qui, de Mont-Pèlerin, bloquait Tripoli.

28 février 1105.   Décès de Raymond de Saint-Gilles à Mont-Pèlerin, en face de Tripoli.

Guillaume Jourdain (1105-1109).

Mars 1105.   Guillaume Jourdain, comte de Cerdagne, « neveu » (= cousin) de Raymond de Saint-Gilles, lui succède dans ses possessions syriennes, à Tortose et à Mont-Pèlerin.

Avril-mai 1105.   L'atâbeg de Damas Tughtekîn reprend aux Provençaux le bourg, récemment fortifié par eux, de Rafaniya.

1108-1109.   Guillaume Jourdain profite de l'absence de l'émir de Tripoli Ibn 'Ammâr, parti demander du secours à Baghdâd, pour venir assiéger 'Arqa. L'atâbeg de Damas Tughtékîn ne réussit pas à débloquer 'Arqa, ni à enlever aux Provençaux al-Akma et se fait battre près d'al-Akma par Guillaume Jourdain (hiver 1108-1109). D'après les évaluations de M. H. A. R. Gibb (*Bull. S. O. S.*, 1935) la prise de 'Arqa par les Provençaux daterait du commencement de 1109 plutôt que de la fin de 1108.

Bertrand (1109-1112 ou 1113).

Février-mars 1109.   Bertrand, fils de Raymond de Saint-Gilles, débarque au Liban et revendique l'héritage

APPENDICES

paternel (rectifier la faute d'impression du tome I, p. 445, l. 24 : mars 1102 !)

1er avril 1109.
Le roi Baudouin Ier vient devant Tripoli arbitrer le conflit entre Bertrand et Guillaume Jourdain et assiéger avec eux les ville.

12 juillet 1109.
Prise de Tripoli par les Francs. « Peu après » (en 1109) l'assassinat de Guillaume Jourdain laisse tout le comté de Tripoli à Bertrand.

1109-1110.
L'atâbeg de Damas Tughtekîn, pour obtenir que Bertrand renonce à la conquête de Rafaniya, lui abandonne Munaïira (Mneitri) et le château de 'Akkâr.

Vers juin 1110
(Date de M. Deschamps), Tancrède, prince d'Antioche, enlève à Qaraja, émir de Homs, le Hosn al-Akrâd, le futur Krak des Chevaliers.

1112-1113.
Mort de Bertrand. Son fils Pons lui succède. Ibn al-Qalâsinî (p. 127) fait mourir Bertrand à la fin de janvier 1112 (la nouvelle de sa mort aurait été reçue à Damas le 3 février). Cependant Qalânisî n'est pas très sûr pour la chronologie des princes francs. Par ailleurs Guillaume de Tyr (483), après avoir mentionné la mort du prince d'Antioche Tancrède (12 décembre 1112), ajoute : « Post ejus decessum, mortuo etiam domino Bertramno comite Tripolitano, Pontius uxorem duxerit », ce qui semble vouloir dire, comme l'entend d'ailleurs *l'Éracles*, que la mort de Bertrand suivit (et non précéda) celle de Tancrède : « Il avint après, dedenz brief terme, que li cuens de Triple morut. » Tancrède étant mort à la mi-décembre 1112, il conviendrait donc de reporter vers le début de 1113 l'avènement du jeune Pons, fils de Bertrand.

Pons (1113-1137).

Décembre 1112.
Tancrède, prince d'Antioche, qui avait, du vivant de Bertrand, pris auprès de lui comme page le jeune Pons, fils de Bertrand (système de Guillaume de Tyr) ou qui, après le décès de Bertrand, avait assumé la tutelle du jeune homme (système de Qalânisî), céda en mourant à Pons, en même temps que sa jeune femme Cécile de France, les deux forteresses de Hosn

	al-Akrâd (le Krak) et de *Sâfîthâ*, qui firent dès lors partie du comté de Tripoli.
1115.	Les Francs de Tripoli, qui se sont emparés de Rafaniya, fortifient cette place.
22 octobre 1115.	L'atâbeg de Damas *T*ughtekîn surprend la garnison laissée par Pons à Rafaniya et reconquiert cette place. Les assertions de Qalânisî à ce sujet (p. 150-151) contredisent celles de Kemâl al-Dîn (p. 608, 610) qui veut qu'en cette même année 1115 *T*ughtekîn ait enlevé Rafaniya non pas aux Francs, mais à l'émir de *H*oms.
Mai 1116-mai 1117.	Pons, qui ravage la Beqâ', est surpris et battu par l'atâbeg de Damas *T*ughtekîn.
Août 1122.	Refus de Pons de remplir ses devoirs de vassal envers le nouveau roi de Jérusalem Baudouin II ; sa rapide soumission.
31 mars 1126.	Pons, aidé du roi Baudouin II, enlève Rafaniya aux Turcs.
Octobre 1133.	Des bandes turcomanes envahissent le comté de Tripoli et bloquent Pons dans Montferrand ou Bar'în. Il est délivré par le roi Foulque. Date de Qalânisî. (Guillaume de Tyr plaçait l'événement vers 1132.)
28 mars (?) 1137.	Au cours d'un raid des Turcs de Damas au Liban, Pons, trahi pas les Syriens de la montagne, est surpris et tué. Expédition punitive de son fils Raymond II au Liban.

Raymond II (1137-1152).

Vers le 10-20 août 1137.	Le comte de Tripoli, Raymond II, est capturé près de Montferrand (Bar'în) par l'atâbeg d'Alep, Zengî. Le roi Foulque doit rendre Montferrand à Zengî.
1142.	Raymond II cède le Krak (*H*osn al-Akrâd) aux Hospitaliers.
Mars-avril 1148.	Le comte de Toulouse Alphonse Jourdain, fils de Raymond de Saint-Gilles, débarque avec la 2ᵉ Croisade. Soupçonné de vouloir disputer le comté de Tripoli à son petit-neveu Raymond II, il est empoisonné...
Septembre 1148.	Bertrand, fils d'Alphonse Jourdain, revendique le comté de Tripoli et se saisit de 'Araîma. Ray-

APPENDICES 841

| | mond II appelle contre lui l'atâbeg Nûr al-Dîn qui s'empare de 'Araîma et capture Bertrand. |
| 1152. | Désaccord entre Raymond II et sa femme Hodierne de Jérusalem. Assassinat de Raymond II. Le roi Baudouin III régent pour le jeune Raymond III, fils de Raymond II. |

Raymond III (1152-1187).

1160-1161.	Projet de mariage entre Mélisende de Tripoli, sœur de Raymond III et l'empereur byzantin Manuel Comnène. Le projet ayant été abandonné, Raymond III envoie sa flotte ravager les côtes byzantines (fin 1161).
1163.	L'atâbeg d'Alep Nûr al-Dîn, parti pour assiéger le Krak des Chevaliers, est vaincu par les Francs à la Boquée.
11 août 1164.	Raymond III est fait prisonnier par Nûr al-Dîn à la bataille de *H*ârim. Il reste huit ans prisonnier à Alep (1164-1172). Baylie du roi Amaury Ier.
1166.	L'atâbeg Nûr al-Dîn s'empare de Munai*r*ira (Mneitri).
1172.	Libération de Raymond III contre rançon de 80 000 besants.
Fin 1174.	Raymond III chargé du gouvernement du royaume de Jérusalem pendant l'adolescence du roi Baudouin IV.
14-18 novembre 1177.	Raymond III et le comte de Flandre échouent devant *H*amâ.
1180.	Brouille de Raymond III et du roi Baudouin IV.
1183.	Raymond III rentre en faveur auprès du roi Baudouin IV.
16 mars 1185.	Mort de Baudouin IV. Raymond III régent pour l'enfant Baudouin V.
1186.	Mort de Baudouin V. Raymond III refuse de reconnaître Guy de Lusignan comme roi.
Mai 1187.	Réconciliation de Raymond III et du roi Guy.
4 juillet 1187.	Désastre de *H*attîn.
Fin 1187 (?)	Mort de Raymond III. Extinction de la dynastie provençale de Tripoli.

FIN DU TOME DEUXIÈME

TABLEAUX GÉNÉALOGIQUES

844   L'ÉQUILIBRE

DYNASTIE ARMÉNIENNE DES ROUPÉNIE

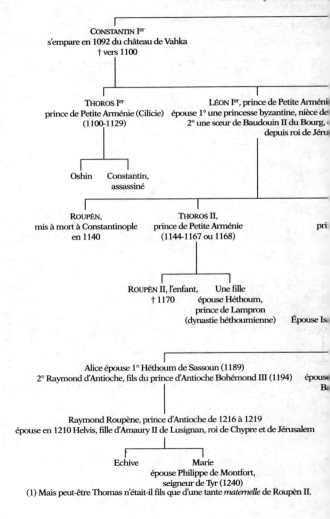

(1) Mais peut-être Thomas n'était-il fils que d'une tante *maternelle* de Roupèn II.

TABLEAUX GÉNÉALOGIQUES

PETITE ARMÉNIE (CILICIE)

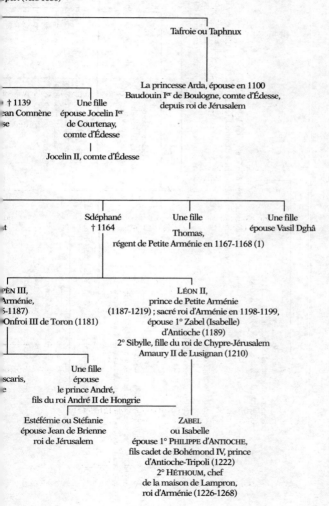

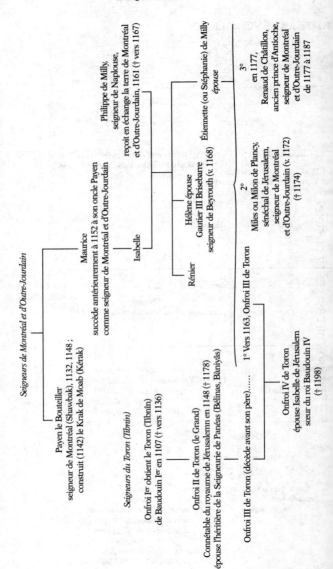

TABLEAUX GÉNÉALOGIQUES

847

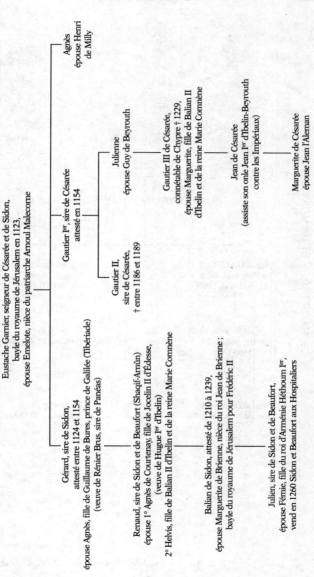

MAISON DE CÉSARÉE ET DE SIDON

Eustache Garnier, seigneur de Césarée et de Sidon, bayle du royaume de Jérusalem en 1123, épouse Emelote, nièce du patriarche Arnoul Malecorne

— Gérard, sire de Sidon, attesté entre 1124 et 1154, épouse Agnès, fille de Guillaume de Bures, prince de Galilée (Tibériade) (veuve de Rénier Brus, sire de Panéas)

Renaud, sire de Sidon et de Beaufort (Shaqīf-Arnūn) épouse 1° Agnès de Courtenay, fille de Jocelin II d'Édesse, (veuve de Hugue Ier d'Ibelin) 2° Helvis, fille de Balian II d'Ibelin et de la reine Marie Comnène

Balian de Sidon, attesté de 1210 a 1239, épouse Marguerite de Brienne, nièce du roi Jean de Brienne ; bayle du royaume de Jérusalem pour Frédéric II

Julien, sire de Sidon et de Beaufort, épouse Fémie, fille du roi d'Arménie Héthoum Ier, vend en 1260 Sidon et Beaufort aux Hospitaliers

— Gautier Ier, sire de Césarée attesté en 1154

Gautier II, sire de Césarée, † entre 1186 et 1189

Julienne épouse Guy de Beyrouth

Gautier III de Césarée, connétable de Chypre † 1229, épouse Marguerite, fille de Balian II d'Ibelin et de la reine Marie Comnène

Jean de Césarée (assiste son onle Jean Ier d'Ibelin-Beyrouth contre les Impériaux)

Marguerite de Césarée épouse Jean l'Aleman

— Agnès épouse Henri de Milly

848   L'ÉQUILIBRE

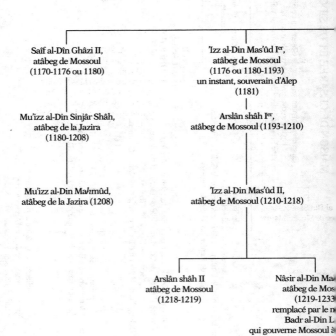

N. B. – La généalogie de la dynastie aiyûbide (Maison de Saladin) sera j[...]

TABLEAUX GÉNÉALOGIQUES

849

...GIDE

...le Malik shâh;
1094 † 1094

...NGI,
...ep (1128) † 1146

...dûd,
...49-1170)

NÛR AL-DÎN MAHMÛD,
atâbeg d'Alep (1146) et de Damas (1154)
† 1174

Imâd al-Din Zengi II,
atâbeg de Sinjâr (1170-1197)
(souverain d'Alep
en 1182-1183)

Al-Sâli*h* Ismâ'il,
atâbeg de Damas et d'Alep
(1174) ; doit abandonner
Damas à Saladin (1174) ; réduit
à Alep (1174-1181). Après lui
Alep est un instant occupé par
les Zengides de Mossoul et de Sinjâr
(1181-1183), puis annexé
par Saladin (1183)

Qu*t*b al-Din Mu*h*ammed,
atâbeg de Sinjâr
(1197-1219)

...al-Din Shahânshâh,
...eg de Sinjâr (1219)

Ma*h*mûd 'Omar,
atâbeg de Sinjâr
(1219-1220)

TABLEAUX GÉNÉALOGIQUES 851

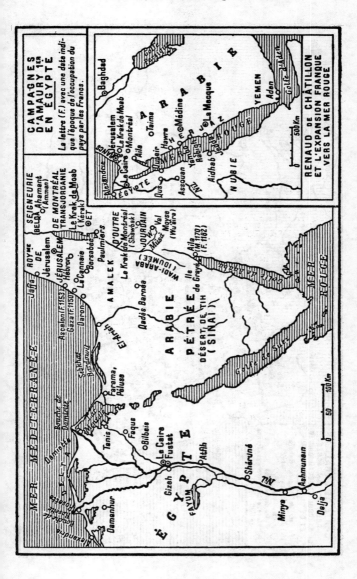

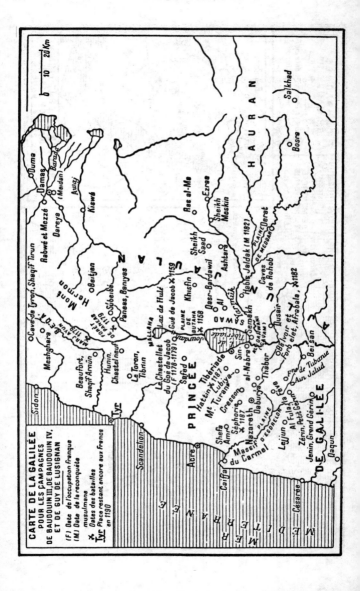

TABLEAUX GÉNÉALOGIQUES 853

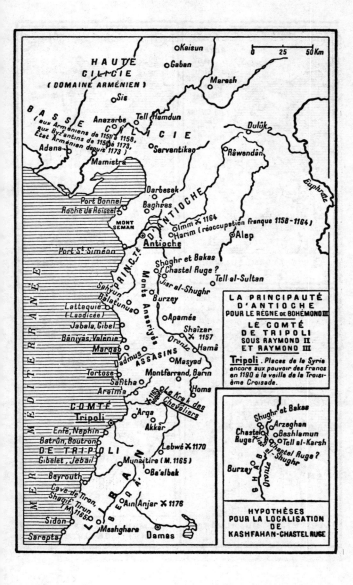

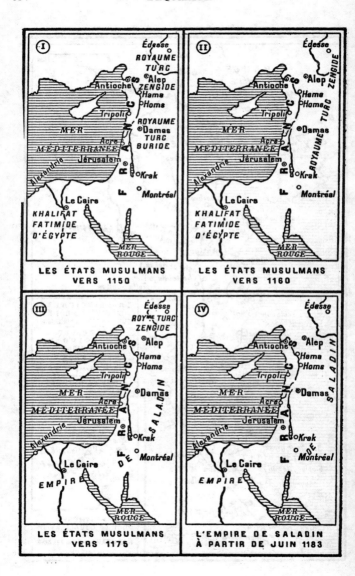

NOTES

1. Louis MADELIN, *L'expansion française. De la Syrie au Rhin*, Plon, 1918.

2. De même qu'Ibn al-Qalânisî nous transmet la vérité officielle du Damas buride et qu'Ibn al-A*th*îr juge les événements de l'époque des atâbegs avec les yeux d'un admirateur de Saladin.

3. P. DESCHAMPS, *Le Crac des Chevaliers*. Paris, Geuthner, 1934.

Chapitre premier

1. *Histoire des Croisades*, t. I, p. 677. Cf. GUILLAUME DE TYR, *Hist. Occ.*, I, p. 601-602.

2. Cf. L. HALPHEN, *Le comté d'Anjou au onzième siècle* (1906).

3. Josèphe CHARTROU, *L'Anjou de 1109 à 1151*, p. 1-16.

4. GUILLAUME DE TYR, I, p. 608. Cf. J. CHARTROU, p. 15, note 2.

5. Il était de retour en janvier 1122 (CHARTROU, p. 16).

6. Cf. CHARTROU, p. 20-22.

7. J. CHARTROU, *L'Anjou*, p. 26-28.

8. CHARTROU, p. 5.

9. GUILLAUME DE TYR, I, p. 605.

10. J. CHARTROU, *L'Anjou*, p. 226.

11. CHARTROU, p. 227.

12. GUILLAUME DE TYR, 1, p. 594.

Chapitre II

1. KEMÂL AL-DÎN, p. 661.

2. MICHEL LE SYRIEN, 232 ; GUILLAUME DE TYR, 690 ; *Anoymous Syriac Chronicle*, J. R. A. S., 1933, 88-100. Je reprends à la fin du présent volume, Appendice IV, en utilisant en particulier cette nouvelle source, l'histoire du comté franc d'Édesse.

856   *L'ÉQUILIBRE*

3. Mas'ûd Ier, sultan de Qoniya de 1116 à 1155. Il était le fils cadet de Qilij Arslân Ier (1092-1107) et avait succédé à son frère aîné Malik-shâh II, lequel avait régné de 1106 à 1117.

4. *Hist. chronol. des patr. d'Antioche* (A. A. S. S. Boll., t. IV, p. 139) ; ASSEMANI, *Bibl. orient.*, II, p. 360 ; REY, *Dignitaires d'Antioche, Rev. Or. lat.*, 1900-1901, p. 151. – Jean Maudiana, archimandrite du couvent de Douaïr, élu patriarche jacobite d'Antioche comme successeur d'Athanase VII par le synode de Kaisûn, sacré à Turbessel le 17 février 1130. Décédé au monastère de Douaïr en 1138. Comme on l'a vu, il devait son élévation à la protection de Jocelin Ier.

5. GUILLAUME DE TYR, 610. Cf. *J. R. A. S.*, 1933, 88-100.

6. Voir *in fine*, Appendice IV, l'histoire du comté d'Édesse.

7. Jocelin II épousa Béatrice, veuve de Guillaume, sire de Saone ou Sahyûn (près de Lattaquié) ; il eut d'elle un fils Jocelin III, et deux filles, Agnès l'aînée qui épousa Renaud de Mar'ash, puis le roi de Jérusalem Amaury Ier, et Sibylle la cadette. Cf. DU CANGE-REY, 300.

8. Bohémond II et Alix s'étant mariés vers la fin de septembre 1127, la petite Constance ne pouvait avoir en 1132 que cinq ans. Cf. REY, *Histoire des princes d'Antioche*, R. O. L., 1896, 2-3, p. 355.

9. Sahyûn, au nord-est de Lattaquié, entre le cours supérieur du Nahr al-Shobar et le bassin du Nahr al-Kabîr. Cf. DUSSAUD, *Topographie*, p. 149, DESCHAMPS, *Le château de Saone*, tiré à part de la *Gazette des Beaux-Arts*, et Claude CAHEN, *Note sur les seigneurs de Saone et dé Zerdana*, in *Syria*, XII, 1931, 154-159. Dans cet excellent article, M. Cl. Cahen a restitué la généalogie des seigneurs de Saone depuis Guillaume et son frère Garenton (ce dernier mentionné depuis 1131 jusqu'en 1155). Il ne croit pas que l'on puisse, comme le fait M. Deschamps, se fier à Usâma qui présente comme étant également un seigneur de Saone, le seigneur de Zerdanâ tué en 1119 à l'*Ager Sanguinis*, Robert le Lépreux ou Robert fils de Foulque (Filz-Foulque, Fulcoii en latin de Gautier le Chancelier, nom francisé assez arbitrairement en Fulcoy par Roehricht). Mais, comme nous l'avons dit au tome I, il nous semble fort acceptable que Robert ait possédé un fief près de Lattaquié et un autre Outre-Oronte, fiefs distants seulement de 80 kilomètres à vol d'oiseau et réunis par le pont Jisr al-Shughr. Son fils Guillaume pouvait, lui aussi, être à la foi seigneur de Saone et de Zerdanâ. Cf. t. I, 507, 566.

10. GUILLAUME DE TYR, I, p. 611.

11. Cf. GUILLAUME DE TYR, I, p. 614-615. En réalité le, roi Foulque et Cécile n'étaient que demi-frères. Ils avaient tous deux pour mère la célèbre Bertrade de Montfort, mais, tandis que Foulque avait pour père Foulque IV le Réchin, comte d'Anjou, Cécile était née du roi de France Philippe Ier.

NOTES 857

12. Dussaud, *Topographie*, p. 168 et 175-176.

13. *Ibid.*, p. 160. Tancrède avait donné Rugia et Arcican en douaire à sa jeune femme Cécile de France. Celle-ci s'étant remariée ensuite à Pons de Tripoli, comme Tancrède lui-même en avait disposé à son lit de mort (t. I, p. 365), Pons devint à ce titre seigneur des deux forteresses, mais en les tenant en fief de la Principauté d'Antioche dont elles continuèrent toujours à faire partie. Au contraire le Krak des Chevaliers que Tancrède avait conquis sur les Musulmans en 1109-1110 et dont, d'après Ibn al-Qalânisî, il avait fait directement cadeau à Pons (ainsi que de Sâfîtâ), devait rester (comme Sâfîtâ) partie intégrante du comté de Tripoli. Cf. Ibn al-Qalânisî, *Damascus Chronicle*, p. 99 et 127.

14. L'écho de cette guerre entre Francs se retrouve dans Ibn al-Athîr (p. 400) et chez Kemâl al-Dîn (p. 664). Celui-ci nous dit que le sire de Zerdanâ (qui serait, on l'a vu, le même que Guillaume de Saone) y trouva la mort. Toutefois Ibn al Qalânisî, contemporain des événements, affirme que le sire de Zerdanâ fut tué non dans cette guerre, mais par les Turcomans qui le surprirent au cours du raid raconté plus loin (*Damascus Chronicle*, 215). Comme on le verra, la veuve de Guillaume de Saone se remaria avec le comte d'Édesse Jocelin II.

15. Guillaume de Tyr, 612-613. La date d'une guerre civile entre Francs, fournie par Ibn al Qalânisî : vers novembre 1132 (*Damascus Chronicle*, 215), peut se référer plutôt à la révolte de Hugue du Puiset.

16. Guillaume de Tyr, I, p. 613-614. Renaud Masoier (ou Mansuer) conserva la baylie de 1132 à juillet 1134. Cf. sur ce personnage Hagenmeyer, *Galterii Antiocheni Bella Antiochena*, p. 231, n. 65 ; p. 239, n. 66 ; Rey, *Les dignitaires de la principauté d'Antioche, R. O. lat.*, 1900-1901, p. 117. Quant à la forme de ce nom, on trouve Rainaudus Masoerius dans la charte de cession de Margat à l'Hôpital (Rey, *Monuments*, p. 255). Les *Lignages* écrivent Mansuerus et aussi Le Mazoir (Ducange-Rey, p. 391). Il semble que les francisations Masoier ou Mansuer soient les plus normales.

17. Pour Guillaume de Tyr il s'agit expressément d'une initiative de Zengî. Ce serait Zengî lui-même qui serait venu attaquer le comté de Tripoli et assiéger le comte Pons dans Montferrand. Kemâl al-Dîn et Ibn al-Athîr ne nous disent rien de tel. L'attaque contre Montferrand-Ba'rîn, bien que sans doute inspirée par les agents de Zengî, fut proprement l'œuvre des Turcomans.

18. Comme on vient de le dire, d'après Ibn al-Qalânisî (p. 215) les Turcomans auraient, au cours de ce raid, surpris le sire de Zerdanâ avec sa cavalerie, l'auraient battu et tué. Mais ils se seraient ensuite contentés du butin fait en chevaux et n'auraient rien tenté contre les places.

858   L'ÉQUILIBRE

19. Dussaud, *Topographie*, p. 209. Cf. Kemâl al-Dîn, p. 664-665.

20. Le 25 avril 1133 d'après Qalânisi, 215 (?)

21. Octobre 1133 d'après Qâlanisî, 221.

22. Guillaume de Tyr, 614-615 ; Ibn al-Athîr, 399-400 ; Qalanisî, 222.

23. On se rappelle que Bohémond II s'était vers 1129 emparé de Qadmûs (Ibn al-Athîr, p. 387). Les Francs laissèrent ensuite la forteresse passer à Ibn 'Amrûn et celui-ci, en 1132-1133, la vendit aux Ismâ'îliens, ainsi que le château de Kahf, situé à 10 kilomètres au sud-ouest (cf. Kemal al-Dîn, *Hist. d'Alep*, p. 665, et Dussaud, *Topographie*, p. 139-140). Les Ismâ'îliens devaient compléter leur emprise sur cette région en surprenant en 1140-1141 le château de Masyâd, Masyâf ou Masyat, jusque-là possession des Munqidhites de Shaîzar (cf. Dussaud, p. 143, et Honigmann, *Encycl. Islam*, 44, p. 458).

24. Cf. Honigmann, *Kinnasrin, Encycl. de l'Islam*, livr. 33, p. 1080.

25. Cf. J. Chartrou, *L'Anjou de 1109 à 1151*, p. 11-13.

26. Guillaume de Tyr, p. 616.

27. Ibn al-Athîr, *Kâmil al-tewârîkh*, p. 792 ; Kemâl al-Dîn, p. 665. Kemâl al-Dîn spécifie que « les Francs, après leur victoire, se transportèrent du côté de Naqira où ils conclurent un traité avec Sawâr et son armée ». Mais, ayant attaqué ensuite un corps d'éclaireurs de l'armée de Sawâr, ils se font battre par lui. Ibn al-Qalânisî (223) les fait aussi descendre de Qinnesrîn vers Naqira, mais là il les fait surprendre par Sawâr qui, loin de traiter avec eux, leur inflige immédiatement une défaite. On ne connaît que deux Naqira, la place de ce nom située dans la banlieue sud-ouest de Kafartâb, et un anbien bourg voisin de Menbij (Dussaud, *Topographie*, p. 185). Il n'est pas croyable que Foulque, après sa victoire, ait poussé de Qinnesrîn (34 kilomètres au sud d'Alep) jusqu'à Menbij (à 80 kilomètres au nord-est d'Alep, à 25 kilomètres seulement de l'Euphrate). Il s'agit donc de Naqira près de Kafartâb, comme le pense H. A. R, Gibb (*Damascus Chronicle*, p. 223). Quant à la chronologie de cette campagne, le *Kâmil al-tewârîkh*, qui place (p. 400) en 527 de l'Hégire (novembre 1132-octobre 1133) la cession de la forteresse de Qadmûs aux Ismâ'îliens par Ibn'Amrûn, spécifie que la bataille de Qinnesrîn (événement postérieur à cette cession) eut lieu en safar 527 (entre le 11 décembre 1132 et le 10 janvier 1133) (*Kâmil al-tewârîkh, Hist. Or.*, I, p. 792). Telle est aussi la chronologie d'Ibn al-Qalânisî, contemporain des événements (p. 222). Kemâl al-Dîn, lui, reporte la bataille de Qinnesrîn à rabî premier 528, c'est-à-dire en janvier 1134 (*Hist. Or.*, III, p. 665).

28. Kemâl al-Dîn, 665. Ibn al Qalânis, 223. *Kâmil al-tewârîkh*, 792.

29. Guillaume de Tyr, p. 617.

30. Kemâl al-Dîn, *Chronique d'Alep*, p. 667.

NOTES 859

31. Rey, *Colonies franques*, p. 378 et 381.

32. Guillaume de Tyr, I, p. 617.

33. Guillaume de Tyr, 638 ; Delaville Le Roulx, *Hospitaliers*, 46-47.

34. Ibn al-Qalânisî, 208. *Kâmil al-tewârîkh*, p. 400.

35. Les auteurs arabes écrivent souvent : Bânyâs. Nous nous sommes conformés à l'orthographe de *l'Encyclopédie de l'Islam*, I, 664.

36. Les manuscrits l'appellent tour à tour Rénier Brus, Rénier Bruis ou Rénier Li Bruns (= Le Brun). Cf. Du Cange-Rey, *Familles d'outre-mer*, p. 244.

37. Ibn al-Qalânisî, 216-217 ; Ibn al-A*th*îr, p. 396-397 ; Kemâl al-Dîn, p. 696 ; Guillaume de Tyr, p. 631 et 634.

38. Ibn al-Qalânisi, 218-220 ; Ibn al-A*th*îr, p. 397.

39. Ibn al-A*th*îr, p. 398.

40. *Topographie*, 53. Qalânisî (224) dit : hinterland de Beyrouth-Sidon.

41. Cf. Ibn al-Qalânisi 224 ; Ibn al-A*th*îr, *Kâmil al-tewârîkh*, p. 401 et aussi 383.

42. Ismâ'îl rentra alors dans ses États par l'al-Sherâ (région entre le nord du lac de Hulé et Quneitra). Il était de retour à Damas à la mi-octobre 1134. Cf. Ibn al-Qalânisi, 226-227 ; Ibn al-A*th*îr, p. 400-401.

43. Ibn al-Qalânisî, 227 ; Ibn al-A*th*îr, p. 402.

44. Guillaume de Tyr, p. 634.

45. Derenbourg, *Vie d'Ousâma*, I, p. 78-79.

46. *Mirât al-Zemân*, p. 548-549 ; Kemâl al-Dîn, p. 603-604.

47. Ibn al-Qalânisî, 187-190 ; *Kâmil al-tewârîkh*, p. 383-384.

48. *Kâmil al-tewârikh*, p. 400. Cf. Dussaud, *Topographie*, p. 138-148.

49. Dussaud, *Topographie*, p. 143 ; Honigmann, *Masyâd*, *Encycl. de l'Islam*, livr. 44, p. 458.

50. Dussaud, p. 140-141.

51. Cf. Defremery, *Nouvelles recherches sur les Ismaéliens, Journal asiatique*, 5e série, III, p. 373 (1854), V, 5 (1855) ; Stanislas Guyard, *Un grand-maître des Assassins, Journal asiatique*, 7e série, IX, p. 322 (1877).

52. Nous ne comptons pas Eudes, désigné pour le poste de Tyr, mais décédé pendant le siège. Il eut comme successeurs effectifs Guillaume Ier, († 1132 ou 1133), puis Foucher d'Angoulême. Cf. Ducange-Rey, 749

53. Guillaume de Tyr, I, p. 623-624.

54. Lettre d'Innocent II au patriarche Guillaume de Messines, 17 janvier 1139. Cf. Guillaume de Tyr, p. 622.

55. Guillaume de Tyr, I, p. 622.

56. Cf. Bulle du 6 mars 1138. Guillaume de Tyr, I, p. 624.

57. Guillaume de Tyr, p. 625.

860   L'ÉQUILIBRE

58. *Ibid.*, I, p. 625.

59. *Ibid.*, I, p. 626-627.

60. Guillaume de Tyr, I, p. 627.

61. Cf. Du Cange-Rey, *Familles d'outre-mer*, p. 275 et 431. Voir à la fin du présent volume la généalogie des comtes de Césarée.

62. Guillaume de Tyr, p. 628.

63. *Ibid.*, I, p. 629.

64. *Ibid.*, p. 630.

65. Sur Balian le Vieux ou Balian le Français, cf. Du Cange-Rey, *Familles d'outre-mer*, p. 360. – Nous donnons à notre tome III la généalogie de la famille d'Ibelin.

66. Entre le 11 et le 15 décembre 1132, d'après Ibn al-Qalânisî, 216-217.

67. Guillaume de Tyr, I, p. 630-631.

68. Guillaume de Tyr, p. 631.

69. Guillaume de Tyr, p. 632.

70. « Nec domino regi, inter fautores et consanguineos reginae, tutus omnino erat locus. » Guillaume de Tyr, p. 633.

71. Guillaume de Tyr, I, p. 633.

72. Cf. Rey, *Dignitaires de la principauté d'Antioche*, *Rev. Or. lat.*, 1900-1901, p. 133.

73. Cf. Rey, *Histoire des princes d'Antioche*, *Revue de l'Orient latin*, 1896, II-III, p. 359 ; Rey, *Les dignitaires de la principauté d'Antioche*, *Rev. Or. lat.*, 1900-1901, p. 133.

74. Guillaume de Tyr, I, p. 619-620 et 686.

75. Guillaume de Tyr, p. 620.

76. *Ibid.*, p. 636.

77. *Ibid.*

78. Raison d'État, car en 1135 Constance n'avait que huit ou neuf ans.

79. Ce même Guillaume IX qui avait été un des héros malheureux de la croisade anatolienne de 1101. Cf. tome Ier, p. 330. Bon portrait de lui par Luchaire, *Histoire de France* (Lavisse), t. II, II, p. 306-309. Raymond tenait à coup sûr de ce brillant et dangereux personnage (notamment dans ses insolences anti-épiscopales).

80. Guillaume de Tyr, p. 618.

81. Gerardus Jebarrus.

82. Guillaume de Tyr, I, p. 619.

83. Guillaume de Tyr, I, p. 635.

84. *Ibid.*, p. 635-636.

85. Guillaume de Tyr, p. 636 et 676.

86. Guillaume de Tyr, p. 637.

87. *Ibid.*, I, p. 637-638.

88. Kemâl al-Dîn, *Hist. d'Alep*, *Rev. Or. lat.*, 1895, IV, p. 522.

NOTES 861

89. Guillaume de Tyr, p. 637.

90. Guillaume de Tyr, p. 678.

91. Sedem Antiochenam Romanæ subjacere ecclesiæ dedignabatur, dicens : « Utramque Petri esse cathedram, eamque quasi primogenitæ insignem præerogativa. » Guillaume de Tyr, p. 679.

92. Guillaume de Tyr, p. 680.

93. Il s'agit de la région côtière entre Suwaidiya et Râs al-Khanzîr, depuis Suwaidiya au sud jusqu'au col de Beilân au nord. Cf. Rey, *Colonies franques*, p. 347 ; Dussaud, *Topographie*, p. 440-441.

94. Guillaume de Tyr I, p. 681.

95. *Ibid.*, p. 682.

96. 30 nov. 1139 pour Hefele et Roehricht, 1141 pour Rey.

97. Guillaume de Messines ou de Malines, prieur du Saint-Sépulcre, patriarche en 1130, mort le 27 septembre 1145.

98. *In partibus infidelium*, car Menbij appartenait à l'émirat d'Alep.

99. L'ancien Cyrrhus, l'actuel Khoros, à l'ouest de Killiz, sur la rive occidentale du Nahr Afrin. Cf. Rey, *Colonies franques*, p. 307.

100. Grégoire III Bahlavouni, patriarche de l'Église arménienne de 1113 à 1166. Cf. Tournebize, *Histoire politique et religieuse de l'Arménie*, p. 235-239. Grégoire appartenait à la noble famille des Sourên-Bahlav qui se rattachait aux Parthes Arsacides. Voir leur généalogie par Dulaurier, in *Documents arméniens*, I, cxx-cxxi.

101. On sait que Nersès Shnorhali devait succéder à son frère dans le patriarcat (1166-1173). Cf. Tournebize, p. 239-253.

102. Cf. L. Alishan, *Schnorhali et son temps*, p. 135.

103. Guillaume de Tyr, I, p. 684.

104. Guillaume de Tyr, p. 685. *Cf.* Rey, *Dignitaires de la principauté d'Antioche*, Rev. de l'Orient lat., 1900-1901, p. 135.

105. C'est le Jebel Sém'ân près de Suwaidiya, entre Suwaidiya et Antioche. Cf. Dussaud, *Topographie*, p. 431.

106. « In seipso, quicquid utraque fortuna facere poterat, alter Marius, plenius expertus » Prélat humaniste, Guillaume de Tyr lui applique ailleurs le vers d'Ovide : « Donec eris felix... » Guillaume de Tyr, p. 686.

107. Du reste avec l'agrément et l'aide du Saint-Siège.

108. Aymeri dit de Limoges, né dans le Limousin, peut-être à Solignac ; nommé patriarche vers 1139, ne mourut qu'en 1196, comme l'attestent les *Gestes des Chiprois* (p. 662) et les *Annales de Terre Sainte* (Arch. Orient latin, II, p. 434). C'est par erreur que d'autres sources le font mourir dès 1187 ; du reste l'*Éracles* le mentionne encore en 1194 (p. 207-209). *Cf.* Mas Latrie, *Patriarches d'Antioche*, Rev. Or. lat., 1894, II, p. 193-194 ; Rey, *Dignitaires de la principauté d'Antioche*, Rev. Or. lat., 1900-1901, p. 135.

862 *L'ÉQUILIBRE*

109. Le texte latin dit simplement qu'il avait la parole un peu leste « conversationis non satis honestæ ».

110. GUILLAUME DE TYR, p. 687-688.

111. Date de ROEHRICHT. 1442 pour VOGÜÉ (*A. O. L.*, I, 564).

112. TOURNEBIZE, *Histoire politique et religieuse de l'Arménie*, p. 237.

113. « Cui synodo interfuit maximus Armeniorum pontifex, imo omnium episcoporum Cappadociae, Mediae, Persidis et utriusque Armeniae princeps, et doctor eximius, qui Catholicus dicitur. » GUILLAUME DE TYR, I, p. 687.

114. SEMPAD, *Documents arméniens*, I, p. 610.

115. *Chronique rimée de Petite Arménie, Doc. arm.*, I, p. 499.

116. SEMPAD, *Hist. Arm.*, I, p. 615. Chalandon a établi que Léon Ier enleva ces trois villes non aux Francs d'Antioche qui ne les avaient possédées que temporairement, mais aux Byzantins qui, entre 1104 et 1108, les avaient reprises à Tancrède. Les titres de Guy le Chevreuil donné comme seigneur de Mamistra pour les années suivantes et de Raoul de Domfront, archevêque de Mamistra avant de devenir patriarche d'Antioche, sont vraisemblablement des titres conservés après perte de la ville. Cf. CHALANDON, *Les Comnènes*, I, p. 235 ; II, p. 108-109.

117. SEMPAD, *Chronique du royaume de Petite Arménie, Doc. arm.*, I, p. 616.

118. *Doc. arm.*, I, p. 152. TCHAMITCHIAN, III, p. 50-51. Cf. GRÉGOIRE LE PRÊTRE, *Doc. arm.*, I, p. 152, note de DULAURIER : « Raymond, n'osant attaquer Léon à force ouverte, s'entendit avec Baudouin de Mar'ash qui invita Léon à venir avec lui faire une visite à Raymond. Le prince d'Antioche profita de l'occasion pour se saisir du chef arménien et le renferma dans une forteresse. »

119. MATHIEU D'ÉDESSE, *Doc. arm.*, I, p. 149 ; SEMPAD, p. 616.

120. SEMPAD, p. 616.

121. TCHAMITCHIAN, cité par CHALANDON, II, 110, et par DULAURIER, *Doc. arm.*, I, 152.

122. *Doc. arm.*, I, p. 152.

123. ABU'L FIDÂ, *Hist. Or.*, I, p. 19-20 ; Th. HOUTSMA, *Tughril I*, in *Encycl. de l'Islam*, M, 2, p. 871 ; Th. HOUTSMA, *Mas'ûd ibn Muhammed, ibid.*, livr. 44, p. 455 ; ZETTERSTÉEN, *Sandjar, ibid.*, livr. C, 157.

124. ABU'L FIDÂ, *Hist. Or.*, p. 20 ; IBN AL-Athîr, *Atâbegs*, 78-82, 214.

125. *Kâmil al-tewârikh*, 398. – *Atâbegs de Mossoul*, 85.

126. Voir plus haut, p. 21. Cf. IBN AL-QALÂNISÎ, éd. Gibb, *Damascus Chronicle*, 218-220.

127. IBN AL-Athîr, I, p. 398-399.

128. Voir plus haut, p. 15-18.

129. Cf. IBN AL-QALÂNISÎ, 228.

NOTES 863

130. Ibn al-Qalânisî, 224-225. *Nojûm*, p. 502.

131. Appelée par Ibn al-Qalânisî (p. 231) la khâtûn Safwat al-Mulk. Cet auteur qui écrit l'histoire damasquine officielle ne parle pas de la liaison de la douairière avec le chambellan ; c'est dans d'autres sources qu'Ibn al-Athîr (p. 404) a recueilli cette allégation. Ibn al-Athîr est d'ailleurs assez hostile à la dynastie bouride dont il ne manque jamais de souligner les collusions avec les Francs, pudiquement voilées par Qalânisî.

132. Ibn al-Qalânisî, 230.

133. Kemal al-Dîn, *Chronique d'Alep*, in *Hist. Or.*, III, p. 667-668 ; Ibn al-Athîr, *Kâmil al-tewârîkh*, *Hist. Or.*, I, p. 403-404, et surtout Ibn al-Qalânisî, 232-233.

134. Voir les détails autobiographiques d'Usâma ibn-Munqidh qui se trouvait dans l'armée de Zengî (Derenbourg, *Vie d'Ousâma*, I, p. 148-150).

135. Alp Arslân Dâwûd ibn Mahmûd ibn Muhammed ibn Malik shâh. (Cf. Kemâl al-Dîn, *Chronique d'Alep*, 670, et Ibn al-Qalânisî, 235.)

136. Kémâl al-Dîn, *Chronique d'Alep*, 670 ; Ibn al-Qalânisî, 236.

137. Ibn al-Qalânisî, 236. – Kemal al-Dîn, p. 669-670 ; Ibn al-Athîr, p. 404-405.

138. Cf. Wiet, in *Précis de l'histoire d'Égypte* (1932), p. 192.

139. *H. O.*, I, 405-408. Voici un curieux exemple de ces tendances. Depuis des années un vieux chevalier franc nommé Gauffier ou Gonnefar (= Godefroi d'Ach-en-Campine ?) était prisonnier en Égypte. Vers 1136-1137 l'évêque arménien de Jérusalem – le coreligionnaire, par conséquent, du vizir Bahrâm – se rendit au Caire et obtint la libération du captif. Cf. Martin, *Les premiers princes croisés de Syrie et les Syriens jacobites de Jérusalem*, J. A.. 1888, II, 487 et Nau, *ibid.*, 1899, II, 427).

140. Ibn al-Athîr, *Atâbegs de Mossoul*, 88-91 ; *Kâmil*, 408-409. Cf. Houtsma, *Mas'ûd*, Enc. de l'Islam, 1. 44., p, 456.

141. Abu'l Fida, p. 22-23 ; Kemal al-Dîn, p. 671. *Atâbegs de Mossoul*, 94-98.

142. Kemal al-Dîn, p. 670-671 ; Dussaud, *Topographie*, p. 193.

143. Il est vrai qu'en avril 1135 le grand patriarche d'Antioche Bernard de Valence vivait encore puisqu'on le retrouve jusqu'en août 1135. Mais il était maintenant beaucoup trop âgé pour diriger, comme autrefois, la résistance franque. Du reste il mourut, semble-t-il, la même année et fut remplacé par Raoul de Domfront. Cf. Rey, *Dignitaires de la principauté d'Antioche*, R. O. L. 1900-1901, I, 133.

144. *Kâmil al-Tewârîkh*, p. 423.

145. Derenbourg, *Vie d'Ousâma*, I, p. 151.

146. KEMAL AL-DÎN, *Chronique d'Alep*, p. 671 ; SOBERNHEIM, *Hims*, Encycl. de l'Islam, II, 328.

147. KEMAL AL-DÎN, 671.

148. *Ibid*.

149. Remarquons toutefois qu'Ibn al-Qalânisî – auteur contemporain – parle ici d'évaluations exagérées (*Damascus chronicle*, 239).

150. KEMAL AL-DÎN, p. 672 ; IBN AL-DÎN, p. 416-417 ; DERENBOURG, *Vie d'Ousâma*, I, p. 153.

151. Ou plutôt leur gouverneur Khumârtâsh, agissant en leur nom (QALÂNISÎ, 237).

152. Avec H. A. R. GIBB, traducteur d'Ibn al-Qalânisî, nous donnons la transcription Unur (*alias* Önor) de préférence à Anar. (Quant à Ataz, c'est une mauvaise lecture). – Sur la manière dont l'acquisition de *Homs* par les Damasquins en échange de Palmyre avait été combinée par Yûsuf ibn Fîrûz qui y trouva son profit, cf. IBN AL-QALÂNISÎ 237-239.

153. IBN AL-ATHÎR, p. 415. Rien de cette tragédie chez Ibn al-Qalânisî, historien officiel, très bouride de cœur, qui jette un voile sur ce qui pourrait ternir la gloire damasquine.

154. IBN AL-ATHÎR, p. 416.

155. Suriani qui in Libanicis super eamdem civitatem (Montem Pere grinum) habitant jugis... prædictum potentem virum (Bezeugem) in agrum Tripolitanum, suis persuasionibus, induxerant.

156. À quelle date Pons était-il monté sur le trône de Tripoli ? Schlumberger fait mourir son père Bertrand le 21 avril 1112 (*Numismatique de l'Orient Latin*, p. 35). Mais 1° Bertrand est encore mentionné dans une donation au Saint-Sépulcre qui semble du 1er décembre 1112 (DUCANGE-REY, p. 480) ; 2° à la mort de Tancrède, le 5 décembre 1112, Pons était encore attaché comme écuyer à sa personne, ce qui prouve bien que Bertrand était encore en vie. Bertrand a dû mourir et Pons le remplacer au début de 1113.

157. Il semble impossible d'identifier cet al-Aḥmar avec le Qal'at Yaḥmur (entre Sâfithâ et Tortose), traduit (par calembour) Chastel Rouge par les Francs.

158. IBN AL-QALÂNISÎ, 241 ; IBN AL-ATHÎR, I, p. 419-420 ; GUILLAUME DE TYR, I, p. 640.

159. GUILLAUME DE TYR, p. 640.

160. KEMÂL AL-DÎN, 672-673 ; IBN AL-QALÂNISÎ, 242. Mais, comme chaque fois, ce dernier auteur, qui écrit l'histoire damasquine officielle, omet pudiquement de mentionner l'aide que Damas obtient des Francs. Au contraire Ibn al-Athîr et Kémâl al-Dîn qui envisagent les faits sous l'angle aiyûbide sont ravis de nous montrer qu'avant le sultanat syro-égyptien unitaire la féodalité musulmane faisait le jeu des Francs.

NOTES 865

161. *Adolescens*, dit plus justement le texte latin.

162. Guillaume de Tyr, I, p. 643 ; Kemâl al-Dîn, p. 672-673 ; Ibn al-Athîr, p. 420-421. Sur Ba'rîn, cf. Rey, *Étude sur les monuments et l'architecture mititaire des Croisés en Syrie*, p. 187. L'importance de la place, qui contrôlait la vallée du moyen Oronte et tenait sous sa menace les avenues de *H*amâ et de *H*oms, interceptant à son gré les communications musulmanes de ce côté, est bien marquée par Ibn al-Athîr, *Atâbegs de Mossoul*, 109.

163. Ou, si l'on préfère, à Sheikh Aiyash, station actuelle d'Ubudiyé.

164. Guillaume de Tyr, p. 644.

165. Cf. Du Cange-Rey, *Familles d'outre-mer*, 298.

166. C'est le futur connétable de Jérusalem, comme l'a établi Rey. Cf. Du Cange, édition Rey, *Familles d'outre-mer*, p. 470. Voir plus loin notre généalogie des familles de Toron et de Montréal *(in fine)*.

167. Guillaume de Tyr, I, p. 646.

168. Ibn al-Athîr, p. 421-422.

169. Cf. Wiet, *Précis de l'histoire d'Égypte*, II, 192-193, où les diverses révolutions du Caire sont remarquablement analysées.

170. Guillaume de Tyr, p. 647. Il est curieux de ne pas trouver mention de ce raid dans Ibn al-Qalânisî. Le chroniqueur damasquin nous parle seulement, sous la rubrique de fin-mars 1137, d'une course de Bazwâj dans le comté de Tripoli, expédition pendant laquelle il attira dans une embuscade et défit un corps de cavalerie franque près d'al-Kûra, puis emporta et pilla le château de ce nom (Ibn al-Qalânisî, 244).

171. Guillaume de Tyr, p. 650.

172. Ibn al-Athîr, p. 420.

173. Kemâl al-Dîn, p. 673.

174. Guillaume de Tyr, p. 648-649.

175. Ibn al-Athîr, p. 422.

176. Guillaume de Tyr, p. 650-651. Ibn al-Athîr imagine au contraire les reproches réciproques que durent s'adresser les défenseurs de Ba'rin et les chefs de l'armée de secours : « À distance d'une journée, la garnison (qui venait d'évacuer Ba'rîn) rencontra les renforts chrétiens. Interrogés par eux sur ce qui leur était arrivé, ils leur apprirent qu'ils avaient livré la forteresse. Les reproches, les paroles dures et acerbes commencèrent à pleuvoir sur eux : « Comment, leur disait-on, vous n'aviez pas la force de garder la place encore un jour ou deux ? » Ils répondaient : « Nous ignorions complètement votre arrivée et nous n'avons reçu aucune nouvelle depuis le commencement du siège. Totalement privés de renseignements, nous croyions que vous ne songiez plus à nous. » *(Atâbegs de Mossoul*, 109).

177. Ibn al-Athîr, I, p. 422-423.

866   *L'ÉQUILIBRE*

178. Je rappelle que le nom musulman de l'ancien Iconium peut s'orthographier indifféremment Qonya ou Qoniya (BABBIER DE MEYNARD, *Hist. Orient. des Croisades*, V. 256).

179. On se rappelle qu'en 1103 les Dânishmendites avaient enlevé Mélitène au prince arménien Gabriel, beau-père de Baudouin II. Trois ans après (2 sept. 1106), les Seljûqides leur arrachèrent à leur tour la ville. Cf. HONIGMANN, *Malatya*, *Enc. Isl.* f. 40, 211, avec les réserves chronologiques faites *supra*, I, p. 391 (d'accord avec MICHEL LE SYRIEN, III, 192, CHALANDON, II, 104, et GIBB, *J. R. A. S.*, 1933, 75.)

180. MICHEL LE SYRIEN, éd. Chabot, III. 205 ; MATTHIEU D'ÉDESSE, 333.

181. CHALANDON, *Les Comnènes*, II, p. 46-47, d'après KINNAMOS, I, 2, p. 5-7, et Nikétas CHONIATÈS, p. 17-19.

182. CHALANDON, *Comnènes*, II, p. 78-80 d'après MICHEL LE SYRIEN, III, 219-224.

183. CHALANDON, *Comnènes*, II, p. 82-83, d'après KINNAMOS, I, 5, p. 13, et 6, p. 14. Rappelons que Kastamon était le château d'origine des Comnènes. Cf. MORDTMANN, *Kastamûni*, in *Encyclop. de l'Islam*, livr. 31, p. 855.

184. *Ibid.*, II, p. 86.

185. CHALANDON, II, p. 87.

186. CHALANDON, *Comnènes*, II, p. 115-116. Cf. GRÉGOIRE LE PRÊTRE, p. 152-153.

187. CHALANDON, *Comnènes*, II, p. 116-117. Cf. SEMPAD, *Chronique de Petite Arménie, Doc. arm.*, I. 616-617.

188. *Chronique rimée de la Petite Arménie, Doc. arm.*, I, p. 500-502 ; GRÉGOIRE LE PRÊTRE, *ibid.*, I, 152-153 ; SEMPAD, *ibid.*, I, p. 617. Cf. CHALANDON, *Comnènes*, II, p. 117.

189. IBN AL-A*th*ÎR, I, p. 424. Cf. DUSSAUD, *Topographie*, p. 446-447.

190. GUILLAUME DE TYR, p. 641.

191. *Ibid.*, p. 642.

192. CHALANDON, *Alexis Comnène*, p. 247-248.

193. ORDERIC VITAL, 1. XI, 28, t. IV, p. 262 ; KÉMÂL AL-DÎN, *Chronique d'Alep*, 622.

194. D'après CHALANDON, *Comnènes*, II, p. 119-120, élaborant les éléments fournis par ORDERIC VITAL, *loc. cit.*

195. CHALANDON, II, p. 122, d'après KINNAMOS, I, 7, p. 16.

196. GUILLAUME DE TYR, p. 646.

197. *Ibid.*, p. 646.

198. CHALANDON, *Comnènes*, II, p. 130, résumant ORDERIC VITAL, I. XIII, 34, t. V, p. 99.

199. GUILLAUME DE TYR, I, p. 651.

200. Le Traducteur de *l'Estoire d'Éracles*, qui écrit en France et après la quatrième croisade, en pleine rupture gréco-latine, se montre

NOTES

beaucoup plus grécophobe que Guillaume de Tyr. Sans doute ce dernier dans la première partie de son histoire jusqu'en 1144 reprend à son compte contre les Grecs les récriminations des chroniqueurs antérieurs qu'il résume. Mais quand il fait œuvre personnelle, pour la période entre 1144 et 1180, il discerne avec beaucoup d'objectivité l'importance et l'intérêt du facteur byzantin pour la défense de la chrétienté. À la fin il manifeste un sentiment très net de la solidarité gréco-latine. Au cours de son ambassade à Constantinople, il devait être précisément un des négociateurs de l'alliance franco-byzantine, si précieuse à l'Orient latin.

201. GUILLAUME DE TYR, p. 652.

202. GUILLAUME DE TYR, p. 652.

203. Je suis ici CHALANDON, *Les Comnènes*, II, p. 131, qui a restitué les faits d'après KINNAMOS, I, 8, p. 19, et ORDERIC VITAL, XIII, 34, t. V, p. 101

204. « Omnes satis novimus, ut a majoribus jamdudum didicimus, Antiochiam de imperio Constantinopolitano esse, et a Turcis XIV duntaxat annis Augusto substractam sibique subactam fuisse, et reliqua quæ imperator asserit de antecessorum pactis nostrorum vera esse. Num debemus veritatem abnuere et rectitudini resistere ? » ORDERIC VITAL, *loc. cit*.

205. GUILLAUME DE TYR, p. 653.

206. *Ibid.*, p. 652. Il est vraisemblable que la solution de la question, toujours discutée, du patriarcat, dut être remise au moment où la conquête du royaume d'Alep par Raymond de Poitiers permettrait à celui-ci de rétrocéder Antioche aux Byzantins. Il est en effet difficile de ne pas supposer que Jean Comnène demanda, une fois de plus, l'installation d'un patriarche grec à Antioche, d'autant que son premier soin, après la reconquête de la Cilicie, avait été de remplacer par des prélats grecs le clergé latin, accepté par les Arméniens (ODON DE DEUIL, éd. Migne, *Patrologie latine*, t. CLXXXV, p. 1223). Toutefois les chroniqueurs ne disent rien pour cette fois. La question devait en effet se trouver implicitement résolue si, Alep devenant franque, Antioche redevenait prochainement byzantine. Cf. CHALANDON, *Les Comnènes*, II, p. 132-133.

207. KEMAL AL-DÎN, p. 674.

208. CHALANDON, *Les Comnènes*, II, p. 134.

209. KEMAL AL-DÎN, p. 674.

210. IBN AL-QALÂNISÎ, 245. Cf. DUSSAUD, *Topographie*, p. 409.

211. IBN AL-QALÂNÎSÎ, 246. KÉMAL AL-DÎN, 674.

212. IBN AL-A*th*IR, 425.

213. GUILLAUME DE TYR, I, p. 655.

214. KEMAL AL-DÎN, p. 675.

215. DUSSAUD, *Topographie*, p. 221.

868   L'ÉQUILIBRE

216. Cf. Dussaud, *Topographie*, p. 475.

217. Détails curieux : 400 d'entre eux, dont le qâdi, se firent aussitôt chrétiens. Cf. Ibn al-Qalânisi, 249-250.

218. Kemal al-Dîn, p. 675-676. Cf. Ibn al-Athîr, p. 425-426.

219. Dussaud, *Topographie*, p. 474.

220. Ibn al-Qalânisi, 250 ; Kemâl al-Dîn, 676.

221. Kemâl al-Dîn, p. 676.

222. Ibn al-Qalânisi, 251 ; Ibn al-Athîr, p. 426 ; Kemâl al-Dîn, p. 676-677.

223. Ibn al-Athîr, *Atabegs*, p. 99.

224. Cf. Dussaud, *Topographie*, p. 145.

225. Derenbourg, *Vie d'Ousâma*, I, p. 12 et 156.

226. Kemâl al-Dîn, p. 677.

227. Ibn al-Athîr, *Hist. des atabegs*, *Hist. Or.*, II, 2, p. 99 ; Kemâl al-Dîn, p. 677.

228. Kemâl al-Dîn, p. 677.

229. Usâma, *Autobiographie*, *R. O. L.*, 1894, III-IV, p. 439.

230. Derenbourg, *Vie d'Ousâma*, I, p. 159-161. *Autobiographie*, p. 440.

231. Ibn al-Athîr, *Hist. Or.*, I, p. 427.

232. Kemâl al-Dîn, p. 678 ; Ibn al-Qalànisî, 251.

233. Guillaume de Tyr, p. 656.

234. Ibn al-Athîr, *Hist. Or.*, I, 427-428.

235. Guillaume de Tyr, p. 656.

236. *Ibid.*, p. 658. « Il est vrai, remarque Rey, que le prince d'Antioche trouvait à Shaîzar, dans les Munqidhites, des adversaires avec lesquels les Francs entretenaient depuis des années des relations de courtoisie et pour lesquels ils devaient se sentir plus de sympathie que pour les Grecs qu'ils ne suivaient qu'à contre-cœur. » (Rey, *Hist. des princes d'Antioche*, *Rev. Or. lat.*, 1896, p. 361).

237. « Nisi forte qui ex eis, verbo vel habitu vel quovis signo, christianam professionem se esse sectaturum designaret. »

238. « Suburbium in inferiore haute civitatis parte situm » (G. T. 657) ; entre la ville haute et le pont, pense Van Berchem (*J. A.*, 1902, I, 401).

239. Chalandon, *Les Comnènes*, II, p. 145 ; Derenbourg, *Vie d'Ousâma*, I, p. 162-163. – C'est le 19 décembre 1081 que la citadelle de Shaîzar, on se le rappelle, avait été enlevée aux Byzantins par les Munqidhites.

240. Guillaume de Tyr, 658. Cf. l'Anonyme syriaque, *J. R. A. S.*, 1933, 279.

241. Cf. Derenbourg, *Ousâma*, I, p. 163-164.

242. Chalandon, *Comnènes*, II, p. 146.

NOTES

243. GUILLAUME DE TYR, p. 658 : « Tam in dominum Principem et Comitem quam in eorum magnates, necnon et in cives indifferenter usus esset imperiali munificentia. »

244. « Ut... tuum augeam principatum et dilatem super hostes fide nostri possessiones tuas, diu jam in ista regione conversatus sum. Et ecce, opportunitate ingruente, tempus est ut promissa solvam et omnem circumadjacentem regionem tuæ subjiciam ditioni, sicut pactorum tenor manifestius edocet. »

245. « Nam de Tarso, vel Anavarza vel aliis Ciliciæ urbibus, non ita commode bellica parari possunt instrumenta ad angustias et obsidionem Halapiæ inferendam. »

246. GUILLAUME DE TYR, p. 659-660. La traduction, ici, suit pas à pas le texte latin de Guillaume.

247. « Durum videbatur et grave nimis, quod civitas tanto nostræ gentis acquisita periculo, tantoque sanguinis felicium principum dispendio Christianæ fidei restituta, quæ tantarum semper fuerat caput et moderatrix provinciarum, in manus effeminati Græcorum populi descenderet. » (GUILLAUME DE TYR, 660.)

248. Cette dernière remarque est une interpolation du Traducteur, quelque peu malencontreuse dans le cas présent...

249. « Iterum, id pactis domini principis insertum, nemo erat qui dubitaret ; præterea tot de suis intromiserat, quod non facile videbatur ei, vim inferre volenti, resistere posse. »

250. Le Traducteur, qui visiblement s'amuse à la psychologie de ses personnages, a pris plaisir à adapter son texte. Ce dernier porte : « Domine, sermo quem peroravit imperialis sublimitas vestra, divina redolet eloquentia, et omni acceptione dignus est. In nostrum enim totum illius tenorem videmus respicere penitus incrementum. Sed res nova novo indiget consilio, nec est in domino principe solum hoc effectui mancipare. Oportet enim, ut cum suorum, mei videlicet, et aliorum suorum fidelium consilio, super hoc plenius deliberet, quomodo facilius verbum vestrum et postulatio debitum sortiatur effectum, ne tumultu plebis intercurrente, executioni petitionum vestrarum futuræ præstetur impedimentum. » GUILLAUME DE TYR, p. 660-661.

251. La phrase infinitive latine de Guillaume de Tyr (661-662) – d'ailleurs d'un beau mouvement rapide et concentré – est loin d'avoir la naïveté calculée et la malice du discours direct, avec développements pittoresques, imaginé par le Traducteur.

252. « Revoco sententiam, retracto quod proposui. Habetote vobis tam urbem totam quam praesidium ; sufficit imperio meo, statum temporum hactenus observatum continuare. Novi quod vere fideles mei sitis (sic). » GUILLAUME DE TYR, p. 362-363.

253. GUILLAUME DE TYR, I, p. 663.

870 L'ÉQUILIBRE

254. « Plebs confusa, modum nesciens..., turba imprudens..., plebs indiscreta » (GUILLAUME DE TYR, 664).

255. GUILLAUME DE TYR, p. 664-665.

256. CHALANDON, *Comnènes*, II, p. 150.

257. GUILLAUME DE TYR, p. 665.

258. Rappelons que le sultan Ghiyâth al-Dîn Mas'ûd, troisième fils du sultan Muhammed ibn Malik shâh, régna sur la Perse seljûqide de 1134 à 1152.

259. IBN AL-ATHÎR, *Hist. Or.*, I, p. 428.

260. KÂMIL AL-TEWÂRÎKH, p. 428-429. Récit plus détaillé dans *l'Histoire des atâbegs de Mossoul*. L'auteur du coup raconte lui-même de quelle manière il a organisé l'émeute. On y voit comment se fabrique une révolution piétiste en terre d'Islam : « Je fis venir le suppléant du qâdî et je lui dis : « Prends ces pièces d'or, et distribue-les aux gens du peuple, « habitants de Baghdâd ou étrangers. Le vendredi, quand le prédicateur « sera monté dans la chaire de la mosquée al-Qasr, que ces hommes se « lèvent sous ta conduite et crient tous d'une seule voix : Au secours de « l'Islamisme ! au secours de la religion de Mahomet ! Qu'ils sortent « ensuite de la mosquée et se dirigent vers le palais du sultan en invo-« quant son secours. » J'apostai un autre homme qui devait faire la même chose dans la mosquée du sultan. Le vendredi étant arrivé, le légiste se leva au moment où le prédicateur était monté en chaire, déchira ses vêtements, jeta son turban et se mit à crier. Tous ces hommes l'accompagnèrent de leurs cris et de leurs pleurs. Il ne resta personne dans la mosquée qui ne se levât en versant des larmes. L'office fut interrompu. Tous se dirigèrent alors vers le palais du sultan. Toute la population de Baghdâd et tous les soldats se réunirent devant le palais, fondant en larmes et criant au secours. Rien ne pouvait contenir le mouvement Le sultan trembla dans son palais et demanda ce que c'était... » (*Atâbegs*, 111).

261. IBN AL-ATHÎR, p. 429-430.

262. IBN AL-ATHÎR, 429-430. Mais il y aurait mieux. Si nous en croyons *l'Histoire des atâbegs de Mossoul*, le sultan Mas'ûd songeait réellement à chasser les Francs de Syrie en prenant leur pays pour lui-même. Or Zengî mit tout en œuvre pour l'empêcher de donner suite à ce projet. L'envoyé alépin Ibn al-Shahruzûrî n'eut de repos que quand il eut fait décommander la contre-croisade dont rêvait le sultan (*Atâbegs*, 113).

263. KEMAL AL-DÎN, *Hist. Or.*, III, p. 678.

264. *Ibid., ibid.*, p. 679. IBN AL-QALÂNISÎ, 256.

265. Thierry d'Alsace, comte de Flandre de juillet 1128 à janvier 1158. Cf. PIRENNE, *Histoire de Belgique*, I, p. 409-410. KERVYN DE LETTENHOVE, *Histoire de Flandre*, I, p. 144-156.

NOTES 871

266. Cf. J. CHARTROU, *L'Anjou de 1109 à 1151*, p. 23. Nous avons évité de mentionner Sibylle dans notre généalogie des rois de Jérusalem, à la fin du tome I. Il faut en effet se rappeler que Foulque avait eu Sibylle de sa première femme, Aremburge du Maine, et Baudouin III et Amaury de sa seconde femme, Mélisende de Jérusalem.

267. Cf. ABEL, *Géographie de la Palestine*, 68, 276 et carte IX.

268. Par exemple le Qal'at 'Ajlûn fortifié en 1184 par un émir de Saladin.

269. GUILLAUME DE TYR, p. 665-666.

270. Rappelons qu'à Jerash même l'atâbeg de Damas Tughtekîn avait élevé un fort qui fut pris et rasé par Baudouin II en 1121. Voir tome I, p. 579.

271. Petit-fils de Renaud Ier, comte de Bourgogne, et fils de Renaud le Bourguignon, seigneur de Craon en Anjou. Cf. DU CANGE-REY, 870-871.

272. GUILLAUME DE TYR, I, p. 667-668.

273. DUSSAUD, *Topographie historique*, p. 147-148. IBN AL-QALÂNISÎ, 252. *Kamil al-tewârîkh*, 424-425. KEMAL AL-DÎN, p. 678-679.

274. IBN AL-QALÂNISÎ, 253.

275. DERENBOURG, *Vie d'Ousâma*, I, 171.

276. Cf. IBN AL ATHÎR, I, 431 ; KEMÂL AL-DÎN, p. 681.

277. DERENBOURG, *Vie d'Ousâma*, I, p. 172.

278. IBN AL-QALÂNISÎ, 254.

279. *Ibid.*, 255-256. IBN AL-ATHÎR, p. 433. KEMÂL AL-DÎN, p. 681.

280. IBN AL-QALÂNISÎ, 257-258.

281. *Ibid.*, 258-259. IBN AL-ATHÎR, *Hist. Or.*, I, p. 434-435.

282. « Ainardus » (GUILLAUME DE TYR, I, p. 668).

283. DERENBOURG, *Vie d'Ousâma*, I, p. 173.

284. *Ibid.*, I, p. 62-63 ; *Autobiographie d'Ousâma, Rev. Or. lat.*, 1894, III-IV, p. 394.

285. *Ibid.*, *Vie d'Ousâma*, I, p. 182-183 ; et *Autobiographie d'Ousâma*, p. 410, 411.

286. GUILLAUME DE TYR, p. 668-669.

287. IBN AL-QALÂNISÎ, 259-260. IBN AL-ATHÎR, p. 435. Cf. KEMÂL AL-DÎN, p. 682.

288. Date d'Ibn al-qalânisi, 260.

289. GUILLAUME DE TYR, p. 669-670.

290. IBN AL-QALÂNISÎ, 260. IBN AL-ATHÎR, p. 436, et KEMÂL AL-DÎN, p. 682. Pour la date où Zengî vint camper à 'Adhra, Ibn Qalânisî donne le 12 juin et Ibn al-Athîr (avec sa chronologie approximative) le 25 mai.

291. IBN AL-QALÂNISÎ, 261. IBN AL-ATHÎR, p. 436.

872   *L'ÉQUILIBRE*

292. IBN AL-QALÂNISÎ (p. 261) fait assiéger Panéas par Unur « pendant tout le mois de shawwâl », lequel commença le 20 mai.

293. Guillaume de Tyr fait camper Unur « à Cohagar, entre Panéas et la forêt ». On ne voit comme équivalence possible que le site de Ghajar, situé plus à l'ouest.

294. *Ibid.*, p. 671.

295. *Ibid.*, p. 673.

296. GUILLAUME DE TYR, p. 675. La date est donnée par IBN AL-QALÂNISÎ (p. 261) pour le retour d'Unur de Panéas à Damas.

297. Quand nous parlons de Panéas nous parlons aussi, bien entendu, de sa forteresse de Subeiba, située à environ 1 h. 30 de montée de la ville. En même temps qu'ils munissaient Panéas de murailles et de tours, les Francs reconstruisirent la forteresse de Subaiba (Van Berchem, *J. A.*, 1888, II, 456). D'après Clermont-Ganneau la construction datait de la première occupation franque entre 1130 et 1132, puisqu'en 1140 la forteresse put, entre les mains des Zengides, offrir une telle résistance à Unur et à Foulque. CLERMONT-GANNEAU, *Recueil d'archéologie orientale*, I, 256.

298. La date de 1140 (environ) est donnée d'après Sanuto par Guérin (*Galilée*, II, 422), Derenbourg (*Yâqût*, 79), Roehricht (*G. K. J.*, 224) et Kramers (*Safad*, Enc. de l'Islam, S, 53). Van Berchem (*J. A*, 1902, I, 414) et Gaudefroy-Demombynes (*Syrie*, 119), citant Behâ' al-Dîn et Wàsitî, penchent pour 1102.

299. DERENBOURG, *Vie d'Ousâma*, I, p. 185-186, et *Autobiographie d'Ousâma*, R. O. L., 1894, III-IV, 393.

300. DERENBOURG, *Vie d'Ousâma*, p. 186.

301. Usâma est d'ailleurs le seul à nous parler de cette visite. Ni Ibn al-Qalânisî, également contemporain, ni Guillaume de Tyr ne la mentionnent. Mais le témoignage d'Usâma est formel. Quant à Ibn al Qalânisî, il dissimule tant qu'il peut, comme une chose honteuse, l'alliance franco-damasquine. Il ne fait mention que de la coopération de 1140 devant Panéas parce qu'il n'y a pas moyen de faire autrement.

302. *Autobiographie d'Ousâma*, éd. Derenbourg, p. 456-457 ; DERENBOURG, *Vie d'Ousâma*, I, p. 186.

303. *Autobiographie*, p. 97 ; DERENBOURG, *Vie d'Ousâma*, I, p. 187.

304. OUSÂMA, *Autobiographie*, p. 459 ; DERENBOURG, *Vie d'Ousâma*, I, p. 187-188.

305. *Autobiographie d'Ousâma*, p. 459.

306. *Autobiographie*, p. 465.

307. DERENBOURG, *Vie d'Ousâma*, I, p. 188 ; *Autobiographie*, p. 460-465.

308. DU CANGE-REY, *Familles d'outre-mer*, p. 412, et H.-F. DELABORDE, *Chartes de Terre Sainte*, p. 31, 35, 44.

NOTES 873

309. Derenbourg, *Vie d'Ousâma*, I, p. 45, *Autobiographie d'Ousâma*, *R. O. L.*, 1894, 3-4, p. 460.

310. *Ibid.*, *Vie d'Ousâma*, I, p. 189.

311. *Ibid.*, *Vie d'Ousâma*, I, p. 60 ; *Autobiographie*, p. 438.

312. *Autobiographie d'Ousâma*, p. 463 ; Cf. Du Cange-Rey, *Familles d'outre-mer*, p. 412 ; H. F. Delaborde, *Chartes de Terre Sainte*, p. 27, 29, 32.

313. Derenbourg, *Vie d'Ousâma*, I, p. 190.

314. Ibn al-Qalanisi, 262. Ibn al-Ath*î*r, p. 436-437.

315. En 534 H (août 1139-août 1130). Kemâl al-Dîn, 683.

316. Cf. Dussaud, *Topographie*, p. 213, 214, 215.

317. Kemâl al-Dîn, p. 683.

318. *Ibid.*, p. 683-684.

319. *Ibid.*, p. 684.

320. Kemâl al-Dîn, p. 684.

321. Sur les variations orthographiques de ce nom, cf. Dussaud, *Topographie*, p. 143, et Honigmann, *Masyâd, Encycl. de l'Islam*, livr. 44, p. 458 (1931).

322. Ibn al-Ath*î*r, p. 438.

323. Chalandon, *Les Comnènes*, II, 184-185

324. Guillaume de Tyr, I, p. 688.

325. *Ibid.*, I, p. 689.

326. Guillaume de Tyr, p.

327. Dussaud, *Topographie*, p. 433-434.

328. Guillaume de Tyr dit que Jean fit faire halte à son armée devant le château. Le traducteur d'*Éracles* se montre infidèle quand il semble dire que l'armée logea dans le château. En réalité Baghrâs dut se fermer devant les Byzantins.

329. Guillaume de Tyr, p. 689.

330. Chalandon, *Comnènes*, II, p. 189, citant Nikétas Choniatès, p. 56.

331. Chalandon, *Les Comnènes*, II, p. 188, note 3.

332. Guillaume de Tyr, I, p. 690.

333. Guillaume de Tyr, I, p. 690-691. « Significant se principis facta quæ praecesserant, rata omnino non habituras, neque eumdem principem sic paciscendi in uxoris hereditate de jure habuisse facultatem : sed neque eamdem absque conniventia civium et procerum transferendi dominium in aliam personam habuisse, vel principum regionis transigendi ullam aliquo jure alterutri illorum concessam. Quod si in hoc vel uterque, ve alter, obstinate perseverare præsumerent, futurum esse, in urbe et universis finibus illorum ejectos, extorres faciant ejus, quam cum detrimente fidelium suorum contra jus venalem proposuerant, hereditatis ». Texte capital, comme on le voit.

874 L'ÉQUILIBRE

334. Guillaume de Tyr, p. 691-692.

335. *Ibid.*, p. 692.

336. Guillaume de Tyr, p. 696.

337. Juillet 1143-juillet 1144, cf. *Kâmil*, 441, *Atâbegs*, 115.

338. « Chaque fois que des troubles se produisaient dans son empire, le sultan, non sans raison, soupçonnait Zengî de les avoir suscités » (*Atâbegs de Mossoul*, p. 115).

339. Ibn al-Athîr, *Kâmil al-tewârîkh*, p. 442.

340. « Quasi pro muro inter se (Ægyptos) et nostram regionem. » Guillaume de Tyr, p. 638.

341. Ibn al-Athîr, p. 438 ; Ibn al-Qalânisî, p. 263.

342. Guillaume de Tyr, 696-697. Cf. Van Berchem, *J. A.*, 1902, I, 415.

343. Sans doute *vicomte* de Chartres, le titre de comte de Chartres appartenant alors au comte de Blois. Cf. Ducange-Rey, *Familles d'Outremer*, p. 360-361.

344. Voir à la fin du tome III la généalogie de la maison d'Ibelin.

345. Un peu plus de 25 kilomètres d'Ascalon et de 35 kilomètres de Bethléem.

346. Guillaume de Tyr, 698. Cf. Abel, *Géographie*, 416.

347. Guillaume de Tyr, p. 698.

348. Porro qui circumcirca possidebant regionem, praedicto confisi munimine, et vicinitate castrorum, suburbana loca aedificaverunt quam plurima, habentes in his familias multas et agrorum cultores ; de quorum inhabitatione facta est regio tota securior, et alimentorum multa locis finitimis accessit copia. Guillaume de Tyr, 698.

349. Cf. Rey, *Colonies franques*, p. 384 ; Fr. Buhl, *Baît-Djabrîn*, *Encyclop. de l'Islam*, I, p. 610. Notons cependant que certaines sources syriaques placent la construction de Beit-Jibrîn par le roi Foulque en février 1138 Cf. Martin, *Les premiers princes croisés et les chrétiens jacobites de Jérusalem*, 1889, p. 34-35.

350. Guillaume de Tyr, p. 638-639. Cf. Delaville Le Roulx, *Les Hospitaliers*, p. 46-47.

351. La date à laquelle la seigneurie d'Outre-Jourdain fut enlevée à Romain du Puy pour être donnée à Payen le Bouteiller est sujette à discussion. D'une part Payen nous est présenté comme ayant souscrit dès 1128 en tant que seigneur de Montréal un acte de Guillaume de Bures, ce qui impliquerait que sa nomination à la seigneurie d'Outre-Jourdain remonte au règne de Baudouin II (cf. Rey, *Les seigneurs de Mont-Réal et de la Terre d'Outre-Jourdain*, in *Revue de l'Orient latin*, 1896, I, p. 19), D'autre part Guillaume de Tyr (t. I, p. 627) cite Romain du Puy avec encore son titre de seigneur d'Outre-Jourdain (*dominus regionis illius quœ est trans Jordanem*) à propos de la révolte de Hugue du Puiset contre le roi Foulque en

NOTES 875

1132, révolte à laquelle il semble avoir plus ou moins participé, ce qui constituerait sa « trahison » envers la couronne et expliquerait sa dépossession.

352. GUILLAUME DE TYR, p. 692-693. Cf. Fr. BUHL, *Kerak*, in *Encyclop. de l'Islam*, livr. 32, p. 905.

353. Guillaume de Tyr a simplement une épithète banale d'oraison funèbre : « Domina Melisendis, piæ recordationis regina, pro remedio animæ suæ et parentum suorum, pro salute quoque mariti et liberum », etc. (G. T. 699).

354. Notons que la Jéricho dont il s'agit ici (Erîhâ, al-Rîhâ) n'est pas située sur l'emplacement de la Jéricho hébraïque (Tell al-Sulṭân), tertre dressé au pied du Jebel Qaranṭal, à l'ouest du village moderne ; l'emplacement actuel est celui de la ville byzantine, construite en contre-bas, au milieu des jardins, autour de la « Fontaine d'Élisée » ('Ain al-Sulṭân). Cette nouvelle Jéricho fut restaurée par les Croisés qui y établirent des sucreries et en firent un bénéfice du Saint-Sépulcre.

355. GUILLAUME DE TYR, p. 699-700. La piété de Mélisende se marqua aussi par ses interventions en faveur de l'abbaye de Notre-Dame de Josaphat sous le règne de son fils Baudouin III, en 1146 et 1160. Cf. H. F. DELABORDE, *Chartes de Terre Sainte*, Bull. Ec. d'Athènes et de Rome, fasc. XIX, 1880, p. 61, 81.

356. Cf. MARTIN, *Les premiers princes croisés et les Syriens jacobites de Jérusalem*, J. A., 1888, II, 471 ; 1889, I, 33. D'après Nau *(ibid.*, 1899, II, 427) il s'agirait de Godefroi d'Ach (en Campine).

357. Dans le siècle, Abu'l Faraj, originaire d'Amida (Diyârbékir), moine du couvent de Mar Barsauma, patriarche jacobite du 1ᵉʳ décembre 1090 à sa mort en juin 1129. Cf. CHABOT, *Michel le Syrien*, III, III, 476-477.

358. Ignace, métropolite d'Édesse (1119) transféré à Jérusalem en 1125 († 1138). Foulque l'estimait et l'accueillait « comme un ange du ciel. »

359. Cf. J. CHARTROU, *L'Anjou de 1109 à 1151*, p. 1 et 226.

360. Cf. CHARTROU, *op. cit.*, p. 234-236. ROEHRICHT, *G. K. J.*, 229, après critique des sources, propose pour la mort de Foulque la date du 10 novembre 1143.

361. Le texte de Guillaume de Tyr disait : « Non sufficit humor oculis, præ fletus ubertate continui. »

362. GUILLAUME DE TYR, I, p. 701-702. L'emplacement de la sépulture de Foulque était donc situé « sous l'actuel escalier occidental du Calvaire ». (VINCENT et ABEL, *Jérusalem*, 281.)

363. Le nom arabe de ce pays est proprement Biqâ', « les champs, les plaines », au pluriel. Le singulier serait Buq'a ou Baq'a. L'usage ayant prévalu, en géographie, d'une prononciation dialectale avec

876   L'ÉQUILIBRE

première voyelle en e, on en arrive aux formes, plus transactionnelles et auditives que grammaticales, de Beqâ' (que nous donnons ici), Beqa' (Dussaud, *Topographie*), Beqaa (*Guide Bleu*) ou Bqâ' (Lammens, *Syrie*). Cf. Biberstein-Kazimirski, *Dictionnaire*, I, 150 ; R. Hartmann, *Enc. Isl.*, I, 794 ; Barbier de Meynard, *Hist. Or.*, V, 229 (Bika' et Beka'a). Les Francs ont rendu le aïn final par r : Val de Bacar.

364. Le nom arabe de ce pays est proprement Biqâ', « les champs, les plaines », au pluriel. Le singulier serait Buq'a ou Baq'a. L'usage ayant prévalu, en géographie, d'une prononciation dialectale avec première voyelle en e, on en arrive aux formes, plus transactionnelles et auditives que grammaticales, de Beqâ' (que nous donnons ici), Beqa' (Dussaud, *Topographie*), Beqaa (*Guide Bleu*) ou Bqâ' (Lammens, *Syrie*). Cf. Biberstein-Kazimirski, *Dictionnaire*, I, 150 ; R. Hartmann, *Enc. Isl.*, I, 794 ; Barbier de Meynard, *Hist. Or.*, V, 229 (Bika' et Beka'a). Les Francs ont rendu le aïn final par r : Val de Bacar.

365. Sur la situation du comté d'Édesse à cette époque, cf. *The First and Second Crusades from an Anonymous Syriac Chronicle, translated by* A. S. Tritton, *with notes by* H. A. R. Gibb, *Journal of the Royal Asiatic Society*, 1933, 69-101 et 273-305 et notre Appendice V, p. 866.

Chapitre II (1re partie)

1. Sibylle avait épousé en secondes noces Thierry d'Alsace, comte de Flandre de 1128 à 1168. Au cours d'un pèlerinage de son mari à Jérusalem en 1157, la nostalgie devait la prendre de cette terre palestinienne où son père s'était illustré et était mort. Elle se retira dans le couvent de Saint-Lazare de Béthanie, sur le mont des Oliviers, auprès de la princesse Yvette, fille de Baudouin II qui en était abbesse, et refusa de suivre son mari qui rentrait en Flandre : « Dames, atirez-vous, si nous en rirons arière, en Flandres. » Et la dame li respondi qu'en Flandres ne retorneroit ele jamais, ne la mer ne passeroit. » En vain, à la demande de Thierry, le roi de Jérusalem Baudouin III, frère de Sibylle, et le patriarche lui-même essayèrent de la convaincre. Quand ils se présentèrent à elle, elle avait déjà revêtu l'habit monastique « Quant elle sot que il venoient à li (= à elle), elle vint à l'abesse, si li demanda les dras pour estre nonne, et l'abesse li donna. Quant là vinrent, si trouvèrent que ele avoit les dras viestus ». Le comte Thierry, bien que « mout dolans », finit par s'incliner devant cette irrésistible vocation. Plus tard les religieuses voulurent conférer à Sibylle la crosse abbatiale. Elle refusa. « La dame li respondi que, si Deu plaist, abesse ne seroit elle ja

NOTES

(= jamais), qu'ele n'estoit mie rendue pour estre abeesse, mais pour estre desciple » (ERNOUL, p. 21-22). « Sibylle mourut à Saint-Lazare de Béthanie en 1165, dans la pratique des bonnes œuvres. Quant à Thierry d'Alsace, rentré seul en Flandre en 1159, il repartit en 1164 pour la Terre-Sainte. » Cf. KERVYN DE LETTENHOVE, *Histoire de Flandre*, I, 156.

2. GUILLAUME DE TYR, p. 712-713. Sur la pénétration franque au Wâdî Mùsâ, j'ai proposé au tome I (p. 250 et 679) une concordance entre le récit d'Ibn al-Qalânisî (81) sur l'émir turcoman chassé du pays par les Francs, et le récit d'Albert d'Aix (644) sur l'éxpédition de Baudouin Ier qui, précisément, chassa de ce pays d'éphémères occupants turcs. Je suis d'autant plus porté à supposer qu'il s'agit du même fait qu'en réalité les dates peuvent concorder aussi : entre septembre 1106 et août 1107 chez Ibn al-Qalânisî ; et (la date de 1108 proposée pour Albert d'Aix par le *Recueil des Historiens des Croisades* étant erronée) entre le 27 février et le 14 avril 1107 pour le récit d'Albert. Voir pour plus de détails l'appendice III à la fin du présent volume.

3. REY, *Colonies franques*, p. 396-398. Cf. DESCHAMPS, *Entrées des châteaux des Croisés en Syrie*, Syria 1932.

4. Foucher d'Angoulême, d'abord archevêque de Tyr, élu patriarche de Jérusalem le 25 janvier (ou 20 février) 1146 ; mort le 20 décembre 1157. « Pou savoit letres, mès de grant religion estoit et de haute vie. Mout amoit Dieu et haoit péchié » (*Éracles*).

5. Le Traducteur, emporté par son sujet, renchérit et « enchaîne » quelque peu. Le texte original disait seulement : « ita ut optimorum principum magnificentiam niteretur æmulari et eorum studia passu non inferiore sectari. » Quant au reste l'éloge enthousiaste de Mélisende est bien de Guillaume de Tyr lui-même : « Mulier prudentissima, plenam pene in omnibus secularibus negotiis habens experientiam, sexus feminei vincens conditionem, ita ut manum mitteret ad fortia. »

6. GUILLAUME DE TYR, I, II, p. 707-708

7. Aux louanges officielles de Guillaume de Tyr, je préfère le jugement de Derenbourg : « La reine mère Mélisende, qui exerçait la régence, manquait trop de dignité et d'énergie pour contribuer à raffermir un pouvoir ébranlé. » (*Vie d'Ousâma*, II, p. 204).

8. Comme nous l'avons déjà signalé, la légèreté, le décousu, l'absence de sérieux de Raymond de Poitiers dans tout ce qui va suivre rappellent assez son père, le prince-troubadour Guillaume IX (LUCHAIRE, *Premiers Capétiens*, 307).

9. CHALANDON, *Les Comnènes*, II, p. 239-241, d'après KINNAMOS, II, 3, p. 33.

10. CHALANDON, *Comnènes*, II, p. 241.

878 *L'ÉQUILIBRE*

11. GUILLAUME DE TYR, p. 709.

12. GUILLAUME DE TYR, p. 709.

13. Il s'agit du Râs al-'Aîn qui est situé sur le haut Khâbûr. Cf. DUSSAUD, *Topographie*, p. 482, 493.

14. IBN AL-A*th*îR, p. 442-443.

15. GUILLAUME DE TYR, p. 776.

16. *Ibid.*, p. 708.

17. Cf. supra, page 50.

18. MICHEL LE SYRIEN, éd. Chabot, III, II, 255-256.

19. MICHEL LE SYRIEN, 256, 259-260.

20. Cf. HONIGMANN, *Tell Bâshir, Encyclop. de l'Islam*, livr. M, p. 759.

21. « Praedicta vero urbs Chaldaeos et ex Armenis imbelles viros et armorum usum penitus nescientes, solam negotiandi artem familiarem habentes, habebat domesticos ; raroque Latinorum frequentabatur accessu, paucissimos ex eis habens cives ». Remarquons que le texte original de Guillaume de Tyr ne nous dit nullement que les Arméniens n'étaient pas une race militaire, mais que, parmi eux, Jocelin II fréquentait non point les belliqueux barons et les paysans aguerris de la montagne, mais la population marchande des villes, de caractère si différent. Bar Hebraeus, confirmant Guillaume, nous dit dans sa *Chronique syrienne* (p. 334) que les défenseurs d'Édesse en 1138 étaient presque tous Arméniens et Syriens, les Francs n'y figurant que pour un faible contingent.

22. GUILLAUME DE TYR, p. 708-709.

23. MICHEL III, II, 260. Anonyme syriaque, *J. R. A. S.*, 1933, 280.

24. IBN AL-A*th*îR, 442-443, et REY, *Colonies franques*, 308, 320, 321.

25. Le Shabakhtân, dans Ibn al-A*th*îr (II, p. 33, 119), désigne bien la zone des collines bordant au nord la piste entre *H*arrân et Râs al-'Aîn. Cf. REY, *Colonies franques*, p. 304, 308, 321-322. L'Anonyme syriaque (p. 280) écrit par confusion que Zengî enleva tout ce pays *aux Ortoqides*.

26. IBN AL-A*th*îR, 443-444. MICHEL, 260. Voir à notre Appendice V le récit, différent, de l'Anonyme syriaque. Pour la topographie d'Édesse, RUBENS DUVAL, *Histoire politique et religieuse d'Édesse*, 12.

27. *Doc. arm.*, I, p. 252.

28. GUILLAUME DE TYR, p. 709-710.

29. MICHEL, III, II, 260-261. Anonyme syriaque, *J. R. A. S.* 1933, 282.

30. *Élégie sur la prise d'Édesse, Doc. arm.*, I, p. 247.

31. GUILLAUME DE TYR, p. 711. Le texte invoqué est celui des *Actes des Apôtres*, VIII, § 20 : « Pecunia tua tecum sit in perditionem. »

32. Le connétable Manassé ou Ménassier était le fils de la comtesse Hodierne, sœur du roi Baudouin II du Bourg, laquelle

NOTES 879

avait épousé Héribrand d'Hierges (au pays de Liège) Du Cange-Rey, *Familles d'Outremer*, 544.

33. Guillaume de Tyr, p. 710.

34. Guillaume de Tyr, 711. Cf. l'Anonyme syriaque, *l. c.*, 283.

35. Ibn al-Athîr, p. 686, conforme à Ibn al-Qalânisî, 266. À côté des mineurs d'Alep, le chroniqueur damasquin signale ceux du Khorâsân.

36. Michel, éd. Chabot, III, ii, 260-261. Cf. l'Anonyme syriaque, 284.

37. Nersès Shnorhali, *Élégie sur la prise d'Édesse*, in Doc. arméniens, I, p. 247-255.

38. Guillaume de Tyr, p. 711.

39. Michel, éd. Chabot, III, ii. 262. Cf. l'Anonyme syriaque, 284.

40. Nersès Shnorhali, *Élégie sur la prise d'Édesse*, Doc. arméniens, I, p. 255-263.

41. Date d'Ibn al-Qalânisî, 267, et de l'Anonyme syriaque, 284.

42. *Élégie sur la prise d'Édesse*, I, p. 260.

43. Michel, III, ii, 262. Cf. l'Anonyme syriaque, 285.

44. Michel, III, ii, p. 263.

45. *Ibid.*, 267-268. Cf. l'Anonyme, 289. Voir notre Appendice V.

46. *Kâmil*, 445. Voir récit de l'Anonyme (à notre Appendice V.)

47. *Doc. arm.*, I, p. 261.

48. Michel III, 262-263. Cf. l'Anonyme syriaque, 285.

49. Michel, III, p. 265. Ibn al-Qalânisî (p. 269) raconte que les renforts envoyés d'Antioche vers Édesse furent attaqués en cours de route par les Turcomans de l'armée zengide et durent faire demi-tour après avoir subi des pertes sérieuses.

50. Rey, *Colonies franques*, 306. Cf. l'Anonyme syriaque, 286-287.

51. Ibn al-Athîr, *Kâmil al-tewârîkh*, p. 445, 448, nous dit que Bîra fut remis à Alpî. Le même auteur dans l'*Histoire des atâbegs de Mossoul*, 126, attribue l'occupation à Timurtâsh lui-même. Cf. notre Appendice V.

52. Guillaume de Tyr, 714.

53. Cf. Ibn al-Qalânisî, 235-236.

54. Ibn al-Athîr, p. 446.

55. Ibn al-Athîr, p. 447-448.

56. Kemâl al-Dîn, p. 687, et l'Anonyme syriaque, 287.

57. Kemâl al-Dîn, p. 687.

58. Michel, III, 267-268, et l'Anonyme *J R A S*, 1933, 289.

59. Kemâl al-Dîn, p. 688.

60. Ibn al-Qalânisî, p. 271, nous dit que ce Yaruqtâsh ou Yaranqash était d'origine franque.

61. Kemâl al-Dîn, p. 690.

62. Ibn al-Athîr, *Hist. Or.*, I, p. 455.

63. *Ibid.*, *Kâmil al-tewârîkh*, 456. *Atâbegs*, 152-155.

880 L'ÉQUILIBRE

64. « Noradinus, vir providus et discretus, et, juxta traditiones illius populi superstitiosas, timens Deum. » GUILLAUME DE TYR, II, p. 714.

65. *Chronique de Grégoire le Prêtre, Documents arméniens*, I, 158, 161.

66. *Oraison funèbre de Baudouin, comte de Marasch, Doc. arm.*, I, 205-222. Il est vrai que ce jeune héros franc, par sa beauté et sa vaillance, trouve grâce même devant l'Anonyme syriaque (p. 296-297).

67. *Éloge funèbre de Baudouin*, p. 205.

68. *Ibid.*, p. 206.

69. *Chronique de Michel le Syrien*, III, II, p. 269.

70. Cf. Chabot, in MICHEL, 270, note 3. Pour l'Anonyme, le 27 octobre. Cf. *J. R. A. S.*, 1933, 293. D'après Ibn al-Qalânisî (p. 274) la nouvelle du coup de main de Jocelin II parvint à Damas en novembre 1146.

71. GUILLAUME DE TYR, I, II, p. 728-729.

72. MICHEL, III, 270. Cf. récit de l'Anonyme à notre Appendice V.

73. IBN AL-ATHÎR, I, p. 457. Cf. KEMÂL AL-DÎN, *Histoire d'Alep*, traduction Blochet, *Revue de l'Orient latin*, 1895, IV, p. 514-515.

74. GUILLAUME DE TYR, p. 729.

75. G. T., 730. Voir à notre Appendice V, version de l'Anonyme syriaque.

76. MICHEL LE SYRIEN, III, 270. Cf. l'Anonyme, 294-295.

77. REY, *Colonies franques*, p. 307.

78. Cf. le récit de l'Anonyme, 295-297, qui donne seul la date : 3 novembre.

79. Nous reprenons *in fine*, Appendice V, le récit de l'Anonyme syriaque. Voici celui de Qalânisî (p. 275) : « Réduit à fuir, Jocelin avait gagné une tour dite Borj al-Mâ (la Tour de l'Eau), accompagné seulement d'une vingtaine de ses principaux chevaliers. Cerné aussitôt par les Musulmans qui pratiquèrent une brèche dans la muraille, il s'échappa furtivement avec ses compagnons et prit la fuite. » (*Deux Jardins*, 51).

80. Écrit encore indifféremment Basarfût ou Basarfûth. Cf. *Hist. Or.*, I, 810, et DUSSAUD, *Topographie*, p. 199.

81. Près de l'actuel Rihaniyé. Cf. DUSSAUD, *Topographie*, p. 225-228.

82. DUSSAUD, 207. Le tout en 542 H = juin 1147-mai 1148.

83. IBN AL-ATHÎR, *Hist. Or.*, I, p. 461-462. KEMAL AL-DÎN, *Histoire d'Alep*, trad. Blochet, *Rev. Or. lat.*, 1895, IV, p. 515-516.

84. « Erat autem hic idem Ainardus vir prudentissimus et populi nostri amator. Is, gentis nostræ gratiam, quibuscunque poterat obsequiis, mereri satagebat ; et quibus solent amici comparari, merita in eo non erant otiosa. Quod utrum ex animo et ex dilectionis sinceri-

NOTES 881

tate procederet, an invitum impelleret necessitas, inter prudentes quærebatur. Poterat sane utrumque esse in causa. Nam Noradinum, sicut et patrem ejus prius, suspectum habebat non modicum. Inde erat maxime, quod nostrorum sibi necessariam reputans gratiam, omni via qua poterat, ad eam obtinendam aspirabat. » C'est là une des pages où se marque le mieux l'esprit politique de l'homme d'État que fut Guillaume de Tyr. GUILLAUME DE TYR, I, II, p. 717.

85. GUILLAUME DE TYR, p. 716.

86. IBN AL QÂLANISÎ, 273. *Le Livre des Deux Jardins*, p. 50.

87. QALÂNISÎ, 273-276. *Deux jardins*, p. 51-52. Le contrat fut dressé à Damas le 30 mars 1147, et la fille d'Unur gagna Alep le 17 avril.

88. Cf. ABEL, *Géographie de la Palestine*, I, 481.

89. « Multa enim fidei, sinceritatis et constantiæ illius in plerisque negotiis, certo rerum cognovimus argumenta. » GUILLAUME DE TYR, II, p. 716-717.

90. GUILLAUME DE TYR, p. 717.

91. Bernard Vacher est signalé en 1188 comme le familier du roi Foulque dont il était le porte-étendard (GUILLAUME DE TYR, 667).

92. Cf. VAN BERCHEM, *J. A.*, 1902, I, 409-411 et 415-416.

93. Cf. ABEL, *Géographie de la Palestine*, I, 471, 483-484, cartes VIII-IX.

94. D'après Ibn al-Qalânisî rectifié par Gibb. (p. 277), Nûr al-Dîn arriva d'Alep à Damas le 21 mai 1147. Cf. *Deux Jardins*, p. 52.

95. GUILLAUME DE TYR, I, II, p. 719-720.

96. GUILLAUME DE TYR, I, II, p. 721.

97. IBN AL-QALÂNISÎ, 277-278. ABÛ SHÂMA, *Deux Jardins, Hist. Or.*, IV, p. 53.

98. De fait Salkhad se rendit quelques jours après à Mu'în al-Dîn Unur.

99. GUILLAUME DE TYR, p. 723.

100. GUILLAUME DE TYR, p. 723-724.

101. GUILLAUME DE TYR, I, II, p. 724-725.

102. GUILLAUME DE TYR, p. 726.

103. *Ibid.*, p. 727.

104. Cf. ABEL, *Géographie de la Palestine*, carte VIII.

105. IBN AL-QALÂNISÎ, 279. Cet auteur nous dit qu'Unur fut de retour de cette campagne et rentra à Damas le 29 juin 1147 (*ibid.*, 278). Cf. *Deux Jardins*, p. 53.

106. ODON DE DEUIL, *De Ludovici VII profectione in Orientem*, in MIGNE, *Patr. Lat.*, t. CLXXXV, p. 1206. SAINT BERNARD, *Epistola*, n° 247, in MIGNE, *Pat. Lat.*, t. CLXXXII, p. 447.

107. Cf. ODON DE DEUIL, *Rec. Hist. Fr.*, XII, 92.

108. Cf. OTTO DE FREISINGEN, *Gesta Frederici I Imperatoris*, Mon. Germ. SS, XX, 372-373. Signalons l'énergique intervention de saint

882 L'ÉQUILIBRE

Bernard pour arrêter le mouvement antisémite qui, sous le prétexte de la Croisade, recommençait dans les villes rhénanes. Comme en 1096 l'Église s'opposa de tout son pouvoir aux violences contre les Juifs

109. ODON DE DEUIL, MIGNE, *P. L.*, t. CXXXV, p. 1208 ; CHALANDON, *Les Comnènes*, II, p. 265-266 ; CHALANDON, *Domination normande en Italie*, tome II, p. 133-134 et 159-165.

110. Cf. IBN AL-A*thîr*, I, p. 307, 308, 351, 411, 439, 450, 460, 489.

111. Peut-être le fameux « Pousse, Allemand » a-t-il trait à la marche commune des deux armées en Mysie et en Ionie.

112. « Le seigneur d'Antioche alla trouver l'empereur des Grecs à Constantinople et lui demanda pardon de la faute qu'il avait commise vis-à-vis de son père, parce qu'il avait entendu dire que ce dernier, au moment de sa mort, lui avait recommandé de tirer vengeance des Francs. Ayant montré de l'humilité, il fut honoré ; on lui donna de l'or et d'autres présents considérables, et il fut renvoyé dans sa ville avec la promesse que l'empereur s'avancerait au secours des chrétiens. » MICHEL LE SYRIEN, III, II, p. 267. Cf. KINNAMOS, II, 3, 35, et CHALANDON, *Les Comnènes*, II, p. 241-242.

113. CHALANDON, *Comnènes*, II, p. 264.

114. Mas'ûd Ier, fils cadet de Qilij Arslân et sultan de Qoniya de 1116 à 1155. Il avait en outre occupé en Isaurie la place de Prakana au nord de Sélefké, menaçant ainsi les communications byzantines avec la Cilicie, et poussé, en Ionie, jusqu'à Kelbianon, à l'est d'Éphèse. Notons que, comme il avait d'autre part enlevé aux Dânishmendites de vastes territoires du côté de la Phrygie (vers Gangra-Kanghéri et Ankara), l'émir dânishmendite de Siwâs, Yâghî (ou Ya'qûb) Arslân, entra dans la clientèle de Manuel Comnène et favorisa ouvertement les Byzantins contre le sultan. Cf. CHALANDON, II, 245.

115. CHALANDON, *Comnènes*, II, p. 249-257, d'après NIKÉTAS CHONIATÈS, I, 2, p. 71, et KINNAMOS, II, 5, p. 38, et 7, p. 47.

116. CHALANDON, *Comnènes*, II, p. 253-256, d'après KINNAMOS, II, 7 et 8, p. 46-47 et sq.

117. CHALANDON, *Comnènes*, II, p. 271-275, d'après KINNAMOS, II, 12-13, p. 67-71. – Les Allemands quittèrent Andrinople dans les premiers jours de septembre 1147.

118. CHALANDON, *Comnènes*, II, p. 275-276.

119. *Ibid.*, II, p. 280.

120. CHALANDON, *Comnènes*, II, p. 281-282, d'après KINNAMOS, II, 16, p. 80.

121. NIKÉTAS CHONIATÈS, I, 5, p. 89.

122. CHALANDON, *Comnènes*, II, p. 287. La suite du plaidoyer *pro Byzantio* du regretté Chalandon revient à dire qu'il n'est pas absolu-

NOTES 883

ment prouvé que Manuel Comnène ait eu collusion avec les Turcs contre les Croisés, mais que, le fait fût-il exact, l'entente gréco-turque contre les Occidentaux était dans l'intérêt bien compris de la Cour de Constantinople (CHALANDON, *Les Comnènes*, II, p. 288).

123. Ce détachement, bien que moins exposé, n'en subit pas moins de lourdes pertes, surtout pendant la traversée des défilés entre Laodicée (près de Denizli) et Adalia. Quand Otto de Freisingen atteignit enfin la mer (sans doute à Adalia), il avait, soit du fait du harcèlement des Turcs, soit par les épidémies, perdu la moitié de son effectif. Cf. ODON DE DEUIL, 1236.

124. ODON DE DEUIL, in MIGNE, *Patr. Lat.*, t. CLXXXV, p. 1229 ; GUILLAUME DE TYR, I, II, p. 739-741. Le fait que les guides grecs s'enfuirent en abandonnant l'armée allemande en plein désert de Phrygie est confirmé par MICHEL LE SYRIEN, III, II, p. 276.

125. La localisation de la bataille du 26 octobre sur le Bathys est bien donnée par CHALANDON, *Comnènes*, II, 285. Pour la position du Bathys, voir la carte de W. M. RAMSAY, *Historical geography of Asia Minor*, Roy. Geog. Soc., Suppl. pap., IV, 1890. Cette rivière est la rivière de Chukurhissar et de Seugud-eumi, laquelle se jette dans le Deirmen-déré ou Pursaq à hauteur et en face de Dorylée, le Bathys coulant d'ouest en est, de Basilika à Dorylée. – Quant à Dorylée, l'actuel Eski-shéhir, les Seljûkides qui s'en étaient emparés dès 1074 environ l'avaient ruiné sans le reconstruire : cent ans plus tard, en 1175, il n'y aura encore autour de Dorylée que 2 000 Turcomans nomades campant près des ruines. C'est ce qui explique que la réoccupation byzantine, après la victoire de la Première Croisade en 1097, ne se soit pas accrochée à un site ruiné. En revanche, tout près de là les Comnènes avaient, depuis 1097, dégagé et conservaient désormais la route militaire nord-sud qui passait par Malagina (sur le Saqârya, au sud-est de Nicée), Basilika (aux sources du Bathys, à l'ouest de Dorylée) et Cotyaion ou Kûtâhiya, ville alors redevenue byzantine. Pour Dorylée, ce ne fut qu'en 1175 que l'empereur Manuel Comnène entreprit de le reconstruire. À l'époque de la Deuxième Croisade, le territoire de Dorylée, surtout la zone située, comme la ville elle-même, à l'est du Pursaq, constituait donc une sorte de *no man's land*, champ de bataille entre Byzantins et Turcs. Cf. RAMSAY, *op. cit.*, 78, 212.

126. GUILLAUME DE TYR, p. 745. MICHEL LE SYRIEN, III, II, p. 276.

127. CHALANDON reconnaît que, pendant la marche des Allemands vaincus, de Nicée à Lopadion, les Byzantins les attaquèrent en trahison et leur infligèrent des pertes si sérieuses que Conrad III dut appeler les Français à son secours (*Comnènes*, II, 305-306).

128. CHALANDON, *Comnènes*, II, p. 289-290 ; d'après ODON DE DEUIL, in MIGNE, *Pat. Lat.*, t. CLXX V, p. 1212-1215.

884 L'ÉQUILIBRE

129. Je renvoie à la restitution des faits par Chalandon, *Comnènes*, II, p. 291-294, d'après Odon de Deuil, p. 1215, et Nikétas Choniatès, I, 5, p. 88-89.

130. Il y a là un témoignage des convergences franco-lorraines qui n'a pas été assez remarqué. La Lorraine avait beau faire juridiquement partie du Saint-Empire, les Lorrains, au jour de la Croisade, se séparaient volontairement des Germaniques pour s'associer au roi de France dont ils parlaient la langue. Cf. Odon de Deuil, 1218-1219.

131. Odon de Deuil, p. 1219-1221.

132. Chalandon, *Comnènes*, II, p. 301-304, d'après Odon de Deuil, p. 1224-1226.

133. Odon de Deuil, p. 1229 ; Guillaume de Tyr, p. 744-745.

134. « Ecce vobis proponitur duplex via, una brevior sed egena, altera longior, opulenta » (Odon de Deuil, 1283).

135. Primam jacturam et maximam fecimus in hos montes, mortuis summariis, auro et argento, armis et vestibus valde ditavimus Graecos sylvestres, damnum hoc, quia evasimus, aequanimiter patientes » (Odon de Deuil, 1283).

136. Le « pousse, Allemand ! », ou plutôt le « *poutzè, Alamané* » de Kinnamos (II, 18, p. 84) a été diversement interprété. Sur les rapports franco-allemands, cf. Odon de Deuil, 1217, 1231, 1234.

137. Guillaume de Tyr, p. 744-746 ; Odon de Deuil, p. 1234.

138. Chalandon, II, p. 307, d'après Odon de Deuil, p. 1234. En réalité les maraudeurs turcs étaient apparus dès la vallée du Caystre où, la veille de Noël, il fallut défendre contre eux les chevaux au pâturage (Odon, 1283).

139. Guillaume de Tyr, p. 747.

140. « Quaedam civitula imperatoris, Antiochiae nomen habens » (Odon de Deuil, 1235).

141. Cf. Mordtmann, *Denizli, Encycl. de l'Islam*, I, p. 964.

142. C'est ce qui ressort du récit même de Chalandon (p. 309), d'après Odon de Deuil, p. 1235-1236.

143. Ibi enim equus non poterat non dicam currere, sed vix stare. Vibrabant nostri hastas in lubrico suis viribus non equorum et illi sagittabant de tuto innitentes scopulis arborum vel saxorum » (Odon de Deuil, 1238).

144. Un moment presque isolé sur un rocher, adossé à un arbre, Louis VII tint tête à une foule d'ennemis qui le prenaient pour un simple soldat. Le passage d'Odon de Deuil est, à la gloire du Capétien, une page d'épopée : Rex relictus in periculo cum quibusdam nobilibus, non habens secum gregarios milites nec servientes cum arcubus,... mactantibus viriliter obviat. Aggreditur praesumptuose gentem incredulam quae numero centies superat et quam locus maxime adjuvat... In hoc rex parvulum sed gloriosum perdidit comi-

NOTES 885

tatum, regalem vero retinens animum, agilis et virilis, per radices cujusdam arboris quam saluti ejus Deus providerat, ascendit scopulum. Post quem populus hostium, ut eum ceperet, ascendebat ; turba remotior eum ibidem sagittabat. Sed, Deo volente, sub lorica tutatus est a sagittis, cruentoque gladio, ne capi posset, defendit scopulum, multorum manibus et capitibus amputatis. Illi ergo, non cognoscentes eum et sentientes capi difficilem, metuentes superventum, revertuntur colligere spolia ante noctem » (ODON DE DEUIL, 1238).

145. ODON DE DEUIL, p. 1240.

146. Saint-Siméon doit être cherché au point appelé aujourd'hui Eskélé, où se trouve le bureau du port de Suweidiyé (DUSSAUD, *Topographie*, p. 431).

147. ODON DE DEUIL, p. 1242-1243 : « Græci de argento cupidi, sed contra Turcos timidi. »

148. CHALANDON, *Comnènes*, II, p. 314.

149. Thierry d'Alsace, comte de Flandre de 1128 à 1168.

150. Cf. KERVYN DE LETTENHOVE, *Histoire de Flandre*, I, p. 151.

151. ODON DE DEUIL, p. 1243-1244.

152. GUILLAUME DE TYR, p. 752.

153. GUILLAUME DE NANGIS, *Chron. ad. ann. 1149.* – *Gesta Ludovici VII*, chap. xv. – REY, *Histoire des princes d'Antioche, R. O. L.*, 1896, p. 366-367.

154. A. LUCHAIRE, in *Histoire de France* de LAVISSE, III, I, p. 17.

155. Cf. GUILLAUME DE TYR, p. 752.

156. GUILLAUME DE TYR, p. 753.

157. Otto de Freisingen avec les débris de la division allemande qui, après s'être séparée de Conrad III, avait traversé l'Asie Mineure isolément par l'Ionie, était arrivé par mer (via Adalia-Acre) un peu auparavant : il était entré à Jérusalem pour les Rameaux (4 avril 1148).

158. Rappelons que Raymond de Saint-Gilles, comte de Toulouse et fondateur du comté de Tripoli, avait eu deux fils : Bertrand qui, après avoir gouverné Toulouse (1105-1108), vint régner à Tripoli (de 1109 à 1113), et Alphonse Jourdain qui régna à Toulouse (1108-1148). Bertrand eut pour fils et petit-fils Pons et Raymond II, fils de Pons, qui se succédèrent, comme on l'a vu, à Tripoli, Pons de 1113 à 1137, Raymond II de 1137 à 1152. – Alphonse Jourdain était un prince fort remarquable. Cf. LUCHAIRE, *Hist. de France* de LAVISSE, II, II, p. 306.

159. GUILLAUME DE TYR, p. 754.

160. Cf. VAISSETTE, *Histoire du Languedoc*, III, p. 754-755. On soupçonna aussi la main de la reine régente Mélisende. Mélisende était la belle-sœur de Raymond II, lequel se sentait menacé par

886 L'ÉQUILIBRE

Alphonse Jourdain, et nous verrons plus loin qu'elle adorait sa sœur Hodierne, femme de Raymond. De plus nous savons, par la peur qu'avait eue d'elle, après la mort de Hugue du Puiset, son propre mari le roi Foulque, que l'idée d'assassinat et d'empoisonnement ne lui répugnait pas. Cf. p. 32 et 323.

161. Raymond II de Tripoli était le fils de Cécile de France, sœur de Louis VI.

162. GUILLAUME DE TYR, p. 755-756.

163. « Je apele le roiaume baronie por ce qu'il estoit si petiz » (p. 755).

164. En 1148 Baudouin III n'avait encore que dix-sept ans. Il est impossible de lui faire assumer la responsabilité de la funeste attitude de la Cour de Jérusalem par rapport à l'utilisation de la Deuxième Croisade. D'autant que nous savons à quel point sa mère, la régente Mélisende, se montrait impérieuse, jalouse de commander et que, jusqu'au coup d'État de 1152, il lui obéissait en tout. Le véritable maître du pouvoir avec elle était son cousin et favori, le connétable Manassé d'Hierges.

165. GUILLAUME DE TYR, p. 758-759. Voir à la fin du présent volume les généalogies des maisons de Césarée-Sidon, de Montréal et de Toron ; et à la fin du tome III la généalogie de la maison d'Ibelin.

166. La brouille de Raymond de Poitiers et de Louis VII explique assez l'absence des Francs d'Antioche. Quant à l'absence des Francs de Tripoli elle s'explique sans doute par la rancune du jeune Bertrand, fils du comte de Toulouse Alphonse Jourdain, envers son cousin, le comte de Tripoli Raymond II, qu'on soupçonnait de l'assassinat d'Alphonse (VAISSETTE, *Hist. du Languedoc*, 1re éd., II, p. 451, 454).

167. IBN AL-QALÂNISÎ p. 283. *Deux Jardins*, p. 55. DUSSAUD, *Topographie*, p. 315, note 3.

168. GUILLAUME DE TYR, p. 761. Les Croisés durent arriver devant Damas le 23 juillet 1148.

169. « On entendait (jadis) par Ghûta tout le pays irrigué autour de Damas entre la montagne et les lacs de l'Est où s'écoule le trop-plein des canaux. Le Merj ou prairie n'en est qu'une partie, celle où cessent les essences cultivées. Actuellement la Ghûta ne désigne plus que la région des jardins. » (DUSSAUD, *Topographie*, 293). – Prenant les deux mots dans leur acception actuelle, nous entendons ici par Ghûta la zône des jardins et par Marj la prairie.

170. GUILLAUME DE TYR, p. 762.

171. IBN AL-QALÂNISÎ, p. 283. *Deux Jardins*, p. 56. Cf. RÖHRICHT, *Gesek Königr. Jer.*, p. 251, note 3.

172. GUILLAUME DE TYR, p. 763.

173. IBN AL-QALÂNISÎ, p. 283-284. *Deux Jardins*, p. 56.

NOTES 887

174. Ibn al-Qalânisî, 284.

175. Cf. Dussaud, *Topographie*, p. 315. Neirab, mentionné par Ibn al-*Athîr* *(Hist. Or.*, I, 468), était situé entre Rabwé et Mezzé (Dussaud, *Topographie*, p. 308).

176. Ibn al-Qalânisî, 284. Ibn al-Athîr, p. 468 ; *Deux Jardins*, p. 56 ; Usama, *Autobiographie*, *Rev. Or. Lat.*, 1894, III-IV, p. 423.

177. Guillaume de Tyr, p. 763-764.

178. « Theutonici, utpote homines impatientissimi et qui non sunt in armorum negotiis circumspecti, sed propria capitis dementia furibundi, relicto ordine in quo erant in acie constituti, usque ad locum certaminis furore theutonico properant » *(Gesta Ludovici*, 406).

179. Guillaume de Tyr, p. 764.

180. Cf. R. Hartmann, *Damas*, in *Encyclopédie de l'Islam*, I, p. 933.

181. Dussaud, *Topographie*, p. 309-310 et 315. Cf. Ibn Jubair, p. 278-279.

182. Guillaume de Tyr, p. 765.

183. *Ibid.*, p. 768-769.

184. Ibn al-Qalânisî, 284.

185. *Ibid.*, 285-286, *Deux Jardins*, p. 58-59.

186. Guillaume de Tyr, p. 766.

187. Guillaume de Tyr, p. 765-766.

188. Michel le Syrien, III, ii, p. 276. Voir à l'Appendice, à la fin du volume l'étude sur les princes de Tibériade au douzième siècle.

189. Guillaume de Tyr, p. 768-769. D'après Rey, le candidat des barons syriens pour la principauté de Damas était le seigneur de Beyrouth, Guy Brisebarre (2e seigneur de Beyrouth, 1127-1156 ou 1157). Guy se serait fait promettre par le roi Baudouin III l'investiture de Damas. Cf. Rey, *Les seigneurs de Barut*, *Rev. de l'Orient latin*, 1896, I, 14-15, d'après *Assises*, II, p. 458. Voir notre Appendice II.

190. « Polini dicuntur qui de patre francigeno et matre syriana, vel de matre francigena et patre syriano generati sunt », Suger, *Vita Ludovici Septimi*, § 24.

191. Ibn al-*Athîr*, *Kâmil al-tewârikh*, *Hist. Or.*, I, p. 469, et *Histoire des atâbegs de Mossoul*, *Hist. Or.*, II, i, p. 161.

192. Ibn al-*Athîr*, *Hist. Or.*, I, p. 469-470.

193. Guillaume de Tyr, p. 767-768. L'attaque contre les Poulains est, bien entendu, une interpolation du traducteur, Français de France qui ne manque aucune occasion d'attaquer les Francs créoles.

194. Guillaume de Tyr, p. 768. Même texte dans les *Gesta*, 408 : « Populus pedestris de Francia cum Syrianis litigando improperabant et aperte dicebant, quod non erat bonum Francigenis pro eis civitates acquirere nec laborare et sumptus pro Syrianis effundere, quia Turci meliores erant et fideliores illis, qui fidem nec Deo nec proximis observabant ». Et voici le passage non moins anti-levantin

888   *L'ÉQUILIBRE*

de Guillaume de Neubrige : « Novi indigenæ quos Pullanos vocabant, Saracenorum in vicinia, non multum ab eis fide vel moribus discrepabant, atque tanquam quidam neutri esse videbantur » (GUILLAUME DE NEUBRIGE, *Chronic.*, *lib*. III, c. 15).

195. IBN AL-QALÂNISÎ, 289-290. *Livre des Deux Jardins*, p. 61.

196. OTTO DE FREISINGEN, *Gesta*, I, p. 59 ; *Monum. German. Hist.*, SS, t. XX, p. 385.

197. CHALANDON, *Comnènes*, II, p. 326-327.

198. *Ibid.*, II, p. 332-333.

199. *Ibid.*, II, p. 336-339.

200. Cf. REY, *Colonies franques*, p. 137. DUSSAUD, *Topographie*, p. 120.

201. Cf. IBN AL-QALÂNISÎ, 287-288. IBN AL-A*th*îr, *Hist. Or.*, I, p. 470-471, et *Histoire des atâbegs de Mossoul (ibid.*, II, I), 162 ; KEMAL AL-DÎN, *Histoire d'Alep*, *Rev. Or. lat.*, 1895, IV, p. 517 ; VAISSETTE, *Histoire du Languedoc*, II. p. 453.

202. GUILLAUME DE TYR, p. 771.

203. D'après l'identification de M. Dussaud, l'ancien site de Yaghra doit être recherché tout près et légèrement au sud du pont dit aujourd'hui Jisr Murâd Pasha, à la corne nord-est du marais situé lui-même au nord-est de l'Aq Deniz, lac de 'Amq ou lac d'Antioche ; Yaghra devait donc se trouver un peu à l'est de l'embouchure du Qara-su dans ce marais (DUSSAUD, *Topographie*, p. 436-439 et sa carte XII, A, 3).

204. IBN AL-A*th*îr, *Kâmil al-tewârîkh*, I, p. 471-472, et *Histoire des atâbegs de Mossoul*, p. 164-165, et KEMAL AL-DÎN, *Hist. d'Alep*, *R. O. L.*, 1895, p. 517-518.

205. La bataille de Yaghra est mentionnée par Kemâl al-Dîn et Ibn al-A*th*îr sans spécification de mois, sous la seule rubrique de l'année H 543, soit entre mai 1148 et mai 1149. On la place d'ordinaire en 1149, bien que Kemâl al-Dîn la mentionne immédiatement après la prise de 'Araîma, laquelle, on l'a vu, est de septembre 1148. Il est singulier que, tandis que le chroniqueur alépin, ainsi qu'Ibn al-A*th*îr, nous parle uniquement de la victoire de l'atâbeg, le chroniqueur damasquin Ibn al-Qalânisî (p. 288-289), copié fidèlement par *le Livre des Deux Jardins* (p. 60), ne mentionne guère pour cette époque (vers novembre 1148) qu'une défaite du même Nûr al-Dîn par les mêmes Francs d'Antioche : après une heureuse razzia, au cours de laquelle il avait emporté plusieurs châteaux (jusque dans la région d'Apamée, croit savoir *le Livre des Deux Jardins*) et capturé quantité de prisonniers, l'atâbeg est surpris par Raymond de Poitiers qui lui enlève son butin, son bagage et l'oblige à fuir précipitamment jusqu'à Alep. Faut-il admettre que Kemâl al-Dîn, qui raconte l'histoire alépine officielle, ait préféré ne parler que des premiers événements de la

NOTES 889

campagne, tandis qu'Ibn al-Qalânisî, qui juge les gens d'Alep avec la sympathie très relative d'un Damasquin, n'est pas fâché d'insister surtout sur leur déconfiture finale ? Ce sont là sentiments qui ne sont peut-être pas tout à fait éteints entre les deux grandes cités rivales...

206. MICHEL LE SYRIEN, éd. Chabot, III, III, p. 282, *sub anno* 1148.

207. Qu*t*b al-Dîn Mawdûd régna à Mossoul de 1149 à 1170, tandis que son frère Nûr al-Dîn régnait à Alep (de 1146 à 1174). ZETTERS-TÉEN, *Encycl. de l'Islam*. 44, p. 478.

208. IBN AL-ATHÎR, *Kâmil al-tewârîkh*, I, p. 472-474 ; *Atâbegs de Mossoul*, p. 165-176.

209. IBN AL-QALÂNISÎ, p. 290-291. *Deux Jardins*, p. 61. Le texte d'Ibn al-Qalânisî est d'ailleurs bien curieux : « L'état des affaires fit une nécessité à Mu'în al-Dîn d'envoyer Buzân avec un corps de troupes à Nûr al-Dîn. » Il est impossible de manifester moins d'enthousiasme.

210. Cf. DUSSAUD, *Topographie*, p. 168.

211. *Deux Jardins*, p. 62.

212. GUILLAUME DE TYR, p. 772. Même reproche de grave imprudence adressé à Raymond de Poitiers dans la chronique arménienne de Grégoire le Prêtre, *Doc. arméniens*, I, p. 161.

213. DUSSAUD, *Topographie*, p. 167.

214. Guillaume de Tyr (p. 773) nous dit que « Fons Muratus » se trouvait entre « Chastel Ruge » et Apamée. M. Dussaud a établi que le Chastel Ruge ici mentionné, le Shaqîf al-Rûj de Kemâl al-Dîn, correspond au site de Kasfahân, soit Tell al-Karsh, au sud du village d'« Arcican », l'actuel Arzeghân ou Erzeghân, sur la rive orientale de l'Oronte, en face de Jisr al-Shughr (DUSSAUD, *Topographie*, p. 159-160 et carte X, A, 2).

215. MICHEL LE SYRIEN, III, III, p. 289.

216. GUILLAUME DE TYR, p. 772-773.

217. MICHEL LE SYRIEN, III, III, p. 289. DU CANGE-REY, *Familles d'outre-mer*, 390.

218. Cf. GUILLAUME DE TYR, p. 773 ; MICHEL LE SYRIEN, III, II, p. 275, et III, III, p. 289 ; GRÉGOIRE LE PRÊTRE, p. 161, note 3.

219. IBN AL-QALÂNISÎ, p. 292, copié par les *Deux Jardins*, p. 62. Cf. KEMAL AL-DÎN, *Hist. d'Alep*, R. O. L., 1895, p. 521-522.

220. GUILLAUME DE TYR, p. 774.

221. *Id*. (poétisé par le Traducteur), p. 773.

222. *Kâmil al-tewârîkh*, I, p. 477.

223. On a vu que le port Saint-Siméon correspond « au point dit Eskélé, où se trouve de nos jours le bureau du port et qui constitue le port de Suweidiyé » (DUSSAUD, *Topographie*, p. 431).

224. GUILLAUME DE TYR, p. 774.

890   *L'ÉQUILIBRE*

225. Ibn al-Qalânisî, p. 293, copié dans *Deux Jardins*, p. 62-63.

226. Peut-être s'agit-il ici, comme en 1119, d'une tentative d'accord des Turcs avec les chrétiens indigènes de rite syriaque, pour éliminer les Francs d'Antioche.

227. Guillaume de Tyr, p. 774. Guillaume de Tyr est, il est vrai, le seul auteur qui parle de la prise du château de *H*ârim par Nûr al-Dîn en 1149. Ibn al-Qalânisî et Kemâl al-Dîn n'en disent rien. Toutefois Ibn al-Qalânisî relatera un peu plus loin (p. 344) que vers février 1158 les Francs reprennent le château de *H*ârim, fait vaguement confirmé par Guillaume de Tyr (p. 852) et formellement par R. de Torigny (éd. Delisle, I, p. 316 ; II, p. 166). Si Nûr al-Dîn perd alors le château de *H*ârim, c'est donc bien qu'il l'avait conquis en 1149. Voir les éléments du problème dans Van Berchem, *Voyage en Syrie*, p. 233.

228. *Deux Jardins*, p. 63. Cf. Dussaud, *Topographie*, p. 168.

229. « Elle se pavanait avec l'étoile Sirius », déclare dans son ode sur la prise d'Apamée le poète Ibn al-Rûmî (*Hist. Or.*, I, p. 479). Cf. Van Berchem, *Voyage en Syrie*, p. 189.

230. *Hist. Or.*, I, p. 478 ; *Atâbegs de Mossoul*, p. 180. – Cf. Kemal al-Dîn, *Hist. d'Alep, R. O. L.*, 1895, p. 522-523.

231. Ibn al-Qalânisî, p. 293, copié *in : Deux Jardins*, p. 63.

232. *Ibid.*, p. 294, copié *in : Deux Jardins*, p. 63.

233. Guillaume de Tyr, p. 774.

234. Aymeri (ou Aimeric) Malafaida, dit de Limoges, né dans le Limousin, peut-être, pense Rey, à Solignac, aurait occupé le siège patriarcal d'Antioche de 1141 à 1196. Cf. Rey, *Dignitaires de la principauté d'Antioche, Rev. de l'Orient latin*, 1900-1901, p. 135-137.

235. Guillaume de Tyr lance le trait, mais avec plus de discrétion que son traducteur : « Aimericus, vir solers et locupletissimus, ad conducendas militum copias, stipendia, contra morem suum, non parce ministravit, temporis satisfaciens necessitati ». Et du reste ce magnifique éloge du rôle assumé par le prélat. « Dominus patriarcha strenue satis afflictæ se regioni præbuit patronum ».

236. Guillaume de Tyr, p. 775.

237. *Ibid.*, p. 775.

238. Rey pense que 'Azâz dépendait non du comté d'Édesse, mais de la principauté d'Antioche (*Colonies franques*, p. 342). Cette assertion, incompréhensible avec la carte de Sprüner Mencke qui place par erreur « Hasart » au nord de « Ravendel », cesse de l'être avec la carte d'état-major 1920 qui rétablit leurs positions respectives (Dussaud, *Topographie*, XII, C. 1 et 2).

239. Le patriarcat jacobite était alors occupé (décembre 1138-juillet 1166) par Athanase VIII (Josué Bar Qatreh), précédemment diacre de Mélitène. Cf. Michel le Syrien, III, iii, p. 478. Sur le cou-

NOTES 891

vent de Barsauma, cf. Barhebraeus, *Chronicon ecclesiasticum*, éd. Abbeloos et Lamy, II, p. 503-506, note, et Rey, *Colonies franques*, p. 305.

240. Michel le Syrien, III, iii, p. 283-287.

241. Notons aussi, à propos des Syriens jacobites, l'indifférence en matière politique à laquelle les avait conduits le fait qu'à l'inverse des Byzantins, des Francs et des Arméniens, ils n'exerçaient nulle part les responsabilités du pouvoir, indifférence qui les ramenait peut-être à la Primitive Église, mais qui en tout cas les détachait de tout sentiment de solidarité avec leurs seigneurs francs. Voyez par exemple la curieuse réflexion du patriarche Michel lors du tremblement de terre d'Antioche de juin 1170, où les églises jacobites de la Vierge, de Saint-Georges et de Saint-Barsauma restèrent debout, tandis que la grande église grecque et la cathédrale latine de Saint-Pierre s'écroulaient : « Dieu secourut notre peuple, peut-être parce qu'il n'y avait parmi nous ni roi ni riche » (Michel le Syrien, III, p. 339).

242. Cf. Honigmann, *Malatya, Encycl. de l'Islam*, livr. 40, p. 212.

243. Michel le Syrien, III, iii, p. 287-288.

244. *Ibid.*, p. 291 ; *Gregorii Barhebraei Chronicon Ecclesiasticum*, éd. Abbeloos et Lamy, II (1874), p. 503-512.

245. Sur Qarâ Arslân l'Ortoqide, émir de *Hi*sn Kaifâ et de Kharpût entre 1143-44 et 1166-67, cf. Kramers, *Kharpût, Encycl. de l'Islam*, livr. 32 *bis*, p. 968, et, du même, *Kara Arslân, ibid.*, p. 770.

246. Michel le Syrien. III, iii, p. 290-291 ; Bar Hebraeus (Abu'l Faraj), *Chronicon syriacum*, I, p. 343-344.

247. Guillaume de Tyr, p. 776. Cf. Michel le Syrien, III, iii, p. 282. Ibn al-A*th*îr (*Hist. Or.*, I, p. 480), quand il fait de Jocelin II un héros, confond Jocelin II avec son père, l'admirable Jocelin de Courtenay.

248. Rappelons que Mas'ûd Ier, deuxième fils et second successeur du sultan Qilij Arslân Ier, régna sur l'Anatolie seljûqide de 1116 à 1155. Sur ce titre de sultan assumé ou, si l'on veut, usurpé dès le règne de Qilij Arslân Ier par la dynastie seljûqide d'Asie Mineure (peut-être même dès Sulaîmân ibn Qu*t*ulmish), voir à la fin du présent tome notre *Appendice IV*. Comme nous le démontrerons, si ce n'est qu'à partir de Qilij Arslân II (1155-1192) que ce titre apparaît sur les monnaies, les deux premiers rois seljûqides anatoliens et à coup sûr le second l'avaient déjà pratiquement usurpé, ainsi qu'il ressort d'un témoin bien placé, Anne Comnène (*Alexiade*, p. 300, 304, 319, etc.) et du *Kâmil al-tewârîkh* lui-même (p. 247).

249. Rappelons que Renaud de Mar'ash était le gendre de Jocelin II. Cf. Michel le Syrien, III, iii, p. 290.

892   *L'ÉQUILIBRE*

250. Qilij Arslân II, fils de Mas'ûd, devait lui succéder de 1155 à 1192. C'est par une erreur matérielle que dans la généalogie générale des Seljûqides de STANLEY LANE-POLE, p. 683, Qilij Arslân II semble donné comme le fils de Malik-shâh. Voir la généalogie des Seljûqides d'Anatolie à la fin de notre tome III.

251. GRÉGOIRE LE PRÊTRE, *Doc. arm.*, I, p. 162 ; MICHEL LE SYRIEN, III, III, p. 290.

252. MICHEL LE SYRIEN, III, III, p. 290 ; ABU'L FARAJ, *Chron. syr.*, 1re partie, p. 343.

253. GUILLAUME DE TYR, p. 775-776.

254. MICHEL LE SYRIEN, III, III, p. 293-294.

255. *Ibid.*, III, III, p. 295-296.

256. 'Azâz, qui dépendait de la principauté d'Antioche, est situé à 32 kilomètres au sud de Râwendân ou Râwandân, le Ravendel des Croisés qui, lui, dépendait du comté d'Édesse et de Turbessel. Cf. REY, *Colonies franques*, p. 342 et 318.

257. GUILLAUME DE TYR, p. 775.

258. *Ibid.*, p. 776.

259. Kharpût est le Hanzith des géographes arméniens et le *Hisn*-Ziyâd des chroniqueurs syriaques. Cf. KRAMERS, *Kharpût, Encycl. de l'Islam*, p. 968.

260. Il s'agit, comme tout à l'heure, de l'ortoqide Fakhr al-Dîn Qarâ Arslân qui régna sur Kharpût et *Hisn* Kaifâ de 1144 à 1166 d'après certains islamisants, de 1148 à 1174 d'après d'autres, tandis que son cousin Timurtâsh régnait (1122-1152) sur Mârdîn. Ancien adversaire de Zengî, Qarâ Arslân fut au contraire le constant allié de Nûr al-Dîn. Cf. J. H. KRAMERS, *Kara Arslân, Encycl. de l'Islam*, p. 770, et MINORSKY, *Timur-tash, ibid.*, p. 822. – Kramers estime que la date de 1148 proposée par Stanley Lane Poole pour la mort de Dâwud ibn Soqmân et l'avènement de son fils Qarâ Arslân est un peu trop tardive et qu'il vaut mieux placer ce changement de règne vers 1143-1145.

261. Ce Vasil appartenait à l'illustre famille arménienne des Sourên-Pahlav, ou Bahlavouni. Il était le frère du patriarche Grégoire III Bahlavouni, patriarche de l'église arménienne de 1113 à 1166, et du grand écrivain Nersès Shnorhali, ou le Gracieux, également patriarche d'Arménie de 1166 à 1173. Cf. DULAURIER, in *Documents arméniens*, p. CXXI, et TOURNEBIZE, *Histoire politique et religieuse de l'Arménie*, p. 235-253.

262. *Hisn* Mansûr (Adiamân) est à 4 ou 5 lieues au nord-ouest de Samosate.

263. Cf. MATTHIEU D'ÉDESSE, *Doc. arm.*, p. 140, note 3.

264. GRÉGOIRE LE PRÊTRE, in *Doc. arm.*, I, p. 163.

265. GRÉGOIRE LE PRÊTRE, p. 163.

266. MICHEL LE SYRIEN, III, III, p. 294.

NOTES 893

267. Gakhta ou Gakhtai, forteresse située au nord-ouest de Gargar, sur la route de Gargar à Mala*t*iya.

268. Quant à la ville de Samosate, il semble que les Francs la conservèrent quelque temps encore, puisque nous allons voir que Baudouin III en fit cession aux Byzantins. Cf. GUILLAUME DE TYR, p. 786, et MICHEL LE SYRIEN, p. 297.

269. GRÉGOIRE LE PRÊTRE, *Doc. arm.*, I, p. 163.

270. MICHEL LE SYRIEN, p. 295.

271. Sur l'importance de l'élément jacobite dans l'ancien domaine ortoqide de Mârdîn, voir STRECK, *Tûr 'Abdîn*, in *Encycl. de l'Islam*, p. 915-921.

272. MICHEL LE SYRIEN, trad. arménienne, *Doc. arm.*, I, p. 346.

273. On sait qu'Ibn al-*Ath*îr, comme Ibn al-Qalânisî, se refuse, par scrupule légitimiste, à reconnaître le titre de sultan aux premiers princes de Qoniya. Il ne les appelle jamais que *malik* (roi), le sultanat – l'empire – n'étant reconnu par lui qu'aux grands Seljûqides de Perse. Toutefois, quand l'autorité de ces derniers aura définitivement disparu, dans la seconde moitié du XIIe siècle, force sera bien aux protestataires d'accepter le sultanat anatolien. Voir notre Appendice IV.

274. *Hist. Or.*, I, p. 480 ; KEMAL AL-DÎN, *Hist. d'Alep*, *Rev. Or. Lat.*, 1895, IV, p. 523.

275. Michel le Syrien, pour qui la capture de Jocelin II est le châtiment du pillage du couvent de Barsauma, raconte plus noblement les choses : « Pendant la nuit, comme ils chevauchaient près de 'Azâz, ils rencontrèrent quelques Turcomans ; en les entendant, les Francs prirent la fuite ; il sembla alors à Jocelin qu'il heurtait un arbre, et il tomba. Or il n'y avait jamais eu d'arbre en cet endroit ; mais là où il fut abandonné de Dieu, il tomba » (MICHEL LE SYRIEN, p. 296).

276. GUILLAUME DE TYR, p. 776-777.

277. IBN AL-*Ath*îr, I, p. 481 ; KEMAL AL-DÎN, *Hist. d'Alep*, p. 523-524.

278. MICHEL LE SYRIEN, III, p. 295 ; BAR HEBRAEUS, *Chron. syr.*, p. 344-345. L'Anonyme syriaque (301) veut qu'on lui ait crevé les yeux.

279. Veuve en premières noces de Guillaume, seigneur de Saône (Sahiyûn), Béatrix s'était remariée à Jocelin II, dont elle avait eu un fils, Jocelin III, et deux filles, Élisabeth et Agnès, cette dernière destinée à devenir reine de Jérusalem par son mariage avec Amaury Ier. Cf. DU CANGE-REY, *Familles d'outre-mer*, p. 300.

280. GUILLAUME DE TYR, p. 777.

281. *Doc. arm.*, I, p. 165.

282. MICHEL LE SYRIEN, III, p. 296 ; BAR HEBRAEUS, *Chron. syr.*, p. 344-345.

283. GRÉGOIRE LE PRÊTRE, *Doc. arm.*, I, p. 166.

284. GUILLAUME DE TYR, p. 784.

285. MICHEL LE SYRIEN, III, p. 297.

894   *L'ÉQUILIBRE*

286. Ibn al-Qalânisî, p. 300-301, copié in *Deux Jardins*, p. 67.

287. Guillaume de Tyr, p. 784.

288. Nous verrons plus loin que l'expédition ayant eu lieu au moment de la querelle du roi avec sa mère, la reine douairière Mélisende, les barons partisans de cette princesse refusèrent d'obtempérer à la « semonce » de Baudouin III (Guillaume de Tyr, p. 783). Toutefois Roehricht fait remarquer que la querelle en question ne s'envenima qu'en 1152, alors que l'expédition de Baudouin III est de 1150 (*G. K. J.*, 265). Voir plus loin p. 317-320.

289. Guillaume de Tyr (p. 786) mentionne formellement ici Samosate. On s'est demandé si Samosate n'avait pas été déjà conquise quelques mois auparavant par les Ortoqides : il ne le semble pas. D'autre part, à la liste de Guillaume, il faut ajouter Dulûk, d'après un autre passage de Guillaume lui-même (p. 786).

290. Chalandon, *Comnènes*, II, p. 424-425.

291. Guillaume de Tyr, p. 785.

292. *Ibid.*, p. 786.

293. Guillaume de Tyr, p. 786-787.

294. « Eorum stupentes incomparabilem instantiam et perseverantiam » (Guillaume de Tyr, p. 788).

295. Michel le Syrien, trad. arménienne, *Doc. arm.*, I, p. 343. (Le texte syriaque de Michel, très hostile aux Arméniens, donne de la prise de possession de Rûmqal'a par le katholikos Grégoire III une version différente, naturellement désobligeante pour ce prélat. Cf. Michel le Syrien, éd. Chabot, III, iii, p. 297). Tournebize, *Histoire politique et religieuse de l'Arménie*, p. 238 ; Rey, *Colonies franques*, p. 319.

296. Ibn al-Qalânisî, p. 309, cité par Abu Shâma, *Deux Jardins*, p. 67-68.

297. Guillaume de Tyr, p. 789.

298. Chalandon (*Comnènes*, II, p. 426) reconnaît loyalement l'effondrement des prétentions byzantines.

299. Michel le Syrien, III, p. 297.

300. Guillaume de Tyr, p. 789.

Chapitre II (2ᵉ partie)

1. Ici encore on me permettra de citer la belle traduction de *l'Éracles* qui, tout en restant très fidèle, ajoute au latin classique de Guillaume de Tyr une saveur et un pittoresque inattendus.

2. Selon la remarque de Paulin Paris, cette parenthèse, qui ne se trouve pas dans le texte latin de Guillaume de Tyr, prouve que le traducteur français écrivait quand la mode du port de la barbe avait cessé, c'est-à-dire à partir de la fin du règne de Philippe-Auguste.

3. Guillaume de Tyr, I, ii, p. 705-706.

NOTES

4. « Litteratorum maxime, sed et prudentum laïcorum confabulationibus plurimum recreabatur. »

5. « Juris etiam consuetudinarii, quo regnum regebatur orientale, plenam habens experientiam. »

6. Erat præterae jucundi facetique sermonis... Urbanitatis quoque præcipuæ ; eo minus, quod dicendi nimia utebatur libertate ita ut quæ amicis erant notabilia et reprehensi obnoxia, sublata differentia utrum placeret aut læderet, eis in faciem publice jocularetur. »

7. GUILLAUME DE TYR, p. 706.

8. Adaptation française de GUILLAUME DE TYR, p. 780.

9. Cf. VINCENT et ABEL, *Jérusalem*, 280.

10. Hodierne de Rethel et Baudouin II étaient les enfants de Hugue, comte de Rethel, et de Mélisende de Montlhéry. Cf. DU CANGE-REY, p. 544.

11. GUILLAUME DE TYR, p. 780.

12. GUILLAUME DE TYR, p. 780-781. L'original latin dit que ce fut non le surlendemain, mais le lendemain de Pâques que Baudouin III accomplit cette sorte de coup d'État.

13. Yves de Nesles, comte de Soissons.

14. Gautier de Fauquenberge, de la famille des châtelains de Saint-Omer, établie en Palestine avec Hugue, deuxième prince de Tibériade, ou de Galilée. Cf. DU CANGE-REY, 443 et sq. Et notre appendice I : *Histoire de la princée de Galilée, infra, in fine.*

15. GUILLAUME DE TYR, p. 781.

16. *Ibid.*, p. 783.

17. GUILLAUME DE TYR, p. 781.

18. Mirabel, château et fief qui passèrent ensuite de la famille d'Hierges dans celle des Ibelins, correspond au village actuel de Mejdel Yâbâ, à vingt kilomètres à l'est de Jaffa (REY, *Colonies franques*, p. 412-413.)

19. Fils de Guy de Milly, gentilhomme champenois, Philippe de Milly posséda la « princée » de Naplouse jusqu'au jour (31 juillet 1161) où Baudouin III la lui fit échanger contre la Terre d'Outre-Jourdain. Cf. DUCANGE, p. 251 ; REY, *Les seigneurs de Montréal, Rev. Or. lat.*, 1896, I, p. 20.

20. Le traducteur de Guillaume de Tyr se montre encore plus partial que ce dernier en faveur de la reine Mélisende.

21. GUILLAUME DE TYR, p. 782-783.

22. Sibylle était la fille du feu roi Foulque d'Anjou et de sa première femme Arenburge du Maine. Voir tome III la généalogie des rois de Jérusalem, de Baudouin Ier à Hugue III, avec les branches collatérales.

23. Amaury de Nesle, patriarche en 1158 (mentionné comme tel à partir du 25 janvier 1158). Mort le 6 octobre 1180.

896 L'ÉQUILIBRE

24. Guillaume de Tyr, p. 854.

25. L'influence de Mélisende dans les affaires ecclésiastiques après 1152 est encore prouvée par une charte en faveur de l'abbaye Notre-Dame de Josaphat, de 1160. Cf. H. François Delaborde, *Chartes de Terre Sainte*, Bibl. Ec. d'Athènes et de Rome, fasc. XIX, 1880, p. 81 (*ibid.*, p. 61). Sur ses largesses à Gethsémani en 1160, voir encore Vincent et Abel, *Jérusalem*, 313.

26. Raymond II et Hodierne avaient eu, en plus de Raymond III, une fille, Mélisende – *la Princesse lointaine* – qui devait être un moment fiancée à l'empereur Manuel Comnène.

27. Guillaume de Tyr, p. 791-792.

28. Guillaume de Tyr, p. 790.

29. *Ibid.*, 790-791 (ici, il est vrai, très partial et hostile.)

30. Chalandon, *Comnènes*, p. 424, d'après Kinnamos, IV, 17, p. 178.

31. *Ibid*, II, p. 197.

32. *Ibid.*, II, p. 426-427, d'après Kinnamos, III, 14, p. 121-123, et IV, 17, p. 178.

33. Guillaume de Tyr, p. 802.

34. Développement du Traducteur d'*Éracles*, 802.

35. En mai 1153 Renaud est déjà prince d'Antioche puisqu'il accorde un privilège aux Vénitiens. Röhricht, *Regesta*, n° 282.

36. « Non sine multorum admiratione quod tam præclara, potens, et illustris fœmina, et tam excellentis uxor viri, militi quasi gregario nubere dignaretur. »

37. Guillaume de Tyr, p. 803.

38. Guillaume de Tyr (très hostile, peut-être tendancieux), 790-791.

39. Guillaume de Tyr, p. 816. « *Nemine contra solis importunitatem præbente remedium, vel, gratia pietatis, muscas abigente.* » Cf. Kinnamos, p. 272-273.

40. Ferry ou Frédéric de la Roche (en Ardenne), évêque de Saint-Jean d'Acre. Nommé archevêque de Tyr en 1164.

41. Raoul, chancelier de Baudouin III, devint par la suite évêque de Bethléem. Mort en 1173.

42. Guillaume de Tyr, p. 817.

43. Cf. Michel le Syrien, éd. Chabot, III, p. 281.

44. Chronique de Sempad, *Doc. arm.*, I, p. 618 ; Vahram d'Édesse, *Chronique rimée, ibid.*, I, p. 504.

45. Cf. Chalandon, *Comnènes*, II, p. 419, note 8.

46. Michel le Syrien, III, iii, p. 281-282.

47. *Ibid.*, éd. Chabot, III, p. 281.

48. Chalandon, *Comnènes*, II, p. 426-428.

49. Grégoire le Prêtre, in *Doc. arm.*, I, p. 169-170 ; Chalandon, II, p. 430.

NOTES

50. GRÉGOIRE, p. 171.

51. Michel le Syrien (III, p. 311), qui place l'invasion turque en 1154, nous dit seulement que le sultan Mas'ûd vint assiéger Tell *H*amdûn mais qu'il dut se retirer devant une épidémie propagée par les moustiques, et que Thoros, descendu des montagnes, harcela la retraite des Turcs.

52. GRÉGOIRE LE PRÊTRE, p. 172.

53. *Ibid.*, p. 172-173.

54. DUSSAUD, *Topographie*, p. 333, 334.

55. GUILLAUME DE TYR, p. 835 ; MICHEL LE SYRIEN, texte syriaque, trad. Chabot, III, p. 314 ; et traduction arménienne du même chroniqueur, in *Doc. arm.*, I, p. 349.

56. MICHEL LE SYRIEN, éd. Chabot, III, p. 303. Cf. CHALANDON, *Comnènes*, II, p. 436.

57. GUILLAUME DE TYR, p. 835.

58. CHALANDON, *Comnènes*, II, p. 437-439, d'après GUILLAUME DE TYR, *loc. cit.*, MICHEL LE SYRIEN, p. 187, et KINNAMOS, IV, 17, p. 179.

59. GRÉGOIRE LE PRÊTRE, p. 187.

60. GUILLAUME DE TYR, p. 835. L'excuse finale est du Traducteur.

61. MICHEL LE SYRIEN, trad. arménienne, p. 350.

62. MICHEL LE SYRIEN, III, p. 301-304.

63. Il semble d'après Ibn al-Qalânisî (p. 297) que, si la reconstruction de Gaza est de 1150, elle doit être reportée vers janvier-mars (antérieurement au début d'avril).

64. GUILLAUME DE TYR, p. 778, et ERNOUL, p. 14.

65. *Ibid.*, p. 779.

66. IBN AL-QALÂNISÎ, 295.

67. *Ibid.*, 296. *Deux Jardins*, p. 64-65.

68. DUSSAUD, *Topographie*, p. 315.

69. IBN AL-QALÂNISÎ, 298. *Deux Jardins*, p. 66.

70. *Ibid.*, 299. *Deux Jardins*, p. 66-67.

71. *Deux Jardins*, p. 69. Cf. DUSSAUD, *Topographie*, p. 315-316.

72. « Dans le nord du Marj, près du désert. » DUSSAUD, *Topographie*, p. 293.

73. DUSSAUD, *Topographie*, p. 308.

74. IBN AL-QALÂNISÎ, 302-303. Cf. DUSSAUD, *Topographie*, p. 304, 308 et 310.

75. IBN AL-QALÂNISÎ, 303. Cf. DUSSAUD, *Topographie*, p. 316.

76. Rectifier la traduction des *Deux Jardins, Hist. Or.*, IV, p. 71, par celle de DUSSAUD, *Topographie*, p. 316, note 4, conforme au texte original d'Ibn al-Qalânisî, p. 306.

77. *Deux Jardins*, p. 71.

78. DUSSAUD, *Topographie*, p. 315, note 3.

79. Cf. DUSSAUD, 330.

80. Ibn al-Qalânisî, 307. *Deux Jardins*, 72. Ibn al-Qalânisî nous dit que les Francs rentrèrent chez eux entre le 27 juin et le 6 juillet 1151.

81. Ibn al-Qalânisî, 308. Cf. Dussaud, *Topographie*, p. 317 et 393.

82. Dussaud, *Topographie*, p. 317.

83. Ibn-al-Qalânisî, 309. *Deux Jardins*, p. 73.

84. Ibn al-Qalânisî, 310. *Deux Jardins*, p. 74.

85. Ibn al-Qalânisî, p. 311. *Deux Jardins*, p. 74.

86. Ibn al-Qalânisî, p. 311. *Deux Jardins*, p. 75.

87. Guillaume de Tyr, p. 792.

88. Minorsky, *Timur-tash*, in *Encyclopédie de l'Islâm*, livr. M *bis*, p. 822-823. M. Minorsky se rallie pour la mort de Timurtâsh à la date de 1152, date donnée par les sources syriaques et par Abu'l Fidâ. Ibn al-Qalânisî, p. 321, le fait mourir à la mi-mars 1154.

89. Guillaume de Tyr, p. 794.

90. Ibn al-Athîr, *Kâmil al-tewârîkh*, *Hist. Or.*, I, p. 487. Notons toutefois avec M. Wiet qu'Ibn al-Athîr est un Mésopotamien très hostile à l'Égypte fâtimide.

91. Ibn al-Athîr, *Hist. Or.*, I, p. 475 ; Derenbourg, *Vie d'Ousâma*, II, p. 219-220. Cf. Wiet, *Précis de l'histoire d'Égypte*, II, 193.

92. Ibn al-Athîr, I, p. 486-487.

93. Cf. Derenbourg, *Vie d'Ousâma*, II, p. 238-239.

94. Derenbourg, *Vie d'Ousâma*, II, p. 239-240.

95. Derenbourg, *Vie d'Ousâma*, II, p. 223-224. Cf. Ibn al-Qalânisî, 314.

96. *Vie d'Ousâma*, II, p. 229-230.

97. Ibn al-Qalânisî, 297-299.

98. Derenbourg, *Vie d'Ousâma*, II, p. 234-235.

99. *Hist. Or.*, I, p. 490.

100. Guillaume de Tyr, p. 795-796.

101. Guillaume de Tyr, p. 796.

102. Pâques, en 1153, tomba le 19 avril.

103. Guillaume de Tyr, p. 798-799.

104. Gérard de Sidon nous est donné par Michel le Syrien comme un redoutable corsaire qui, le cas échéant, rançonnait les chrétiens comme les musulmans (*Doc. arm.*, I, 354).

105. Guillaume de Tyr, p. 801.

106. Ibn al-Qalânisî, p. 316. *Deux Jardins*, p. 77.

107. Guillaume de Tyr, p. 804-805.

108. Guillaume de Tyr, p. 804-806.

109. *Ibid.*, p. 807-808. Raymond du Puy fut grand maître de l'Hôpital du 9 décembre 1125 au 25 octobre 1158 (Delaville Le Roulx, *Hospitaliers*, p. 52).

110. *Hist. Or.*, I, p. 490.

NOTES

899

111. Guillaume de Tyr, p. 808-809.

112. *Ibid.*, p. 810.

113. Guillaume de Tyr, p. 810-811.

114. Ibn al-Qalânisî, 316. *Deux Jardins*, p. 78.

115. Guillaume de Tyr, p. 812.

116. Ibn al-Qalânisî, 316. *Deux Jardins*, p. 77.

117. Abaq était fils de Jamâl al-Dîn Muhammed, 3ᵉ petit-fils de Tughtekîn. Rappelons qu'après Tughtekîn (1104-1128) et Bûrî (1128-1132) avaient régné à Damas les trois fils de Bûrî : Ismâ'îl (1132-1135), Mahmûd (1135-1139) et Muhammed (1139).

118. *Histoire des atâbegs*, Hist. Or., II, i, p. 189.

119. Ibn al-Athîr, *Histoire des atâbegs*, Hist. Or., II, i, p. 189, et *Kâmil al-Tewârikh*, Hist. Or., I, p. 496.

120. Ibn al-Athîr, *Kâmil al-tewârikh*, p. 496, et *Histoire des atâbegs*, p. 190.

121. *Histoire des atâbegs*, p. 190-191 ; Kemal al-Dîn, *Histoire d'Alep*, Rev. Orient latin, 1895, IV, p. 527.

122. Ibn al-Qalânisî, p. 317-318.

123. Ibn al-Athîr, *Atâbegs*, p. 191 ; *Kâmil al-tewârîkh*, p. 496-497.

124. Ibn al-Qalânisî, 319-320. *Hist. Or.*, p. 497 ; Kemal al-Dîn, *Hist. d'Alep*, R. O. L., 1895, p. 528.

125. Ibn al-Athîr, *Hist. des atâbegs*, p. 191-192

126. *Hist. des atâbegs*, p. 191-192.

127. *Kâmil al-tewârikh*, p. 501 ; *Atâbegs*, p. 194 ; Kemal al-Dîn, *Histoire d'Alep*, p. 529.

128. Ibn al-Qalânisî, p. 327. *Deux Jardins*, p. 83.

129. D'après les indications de Guillaume de Tyr (p. 851) suivies par Rœhricht (*Gesch. d. Königreichs Jerusalem*, p. 292), la reconquête de Hârim par les Francs devrait en effet se situer peu après la Noël de 1157, ou au commencement de 1158, comme épilogue à la campagne de Baudouin III dans la Syrie du Nord. D'ailleurs le texte d'Ibn al-Qalânisî (p. 344) plaçant la reconquête de Hârim par les Francs aux premiers jours de février 1158 est formel. Cf. Van Berchem, *Voyage en Syrie*, p. 233.

130. Guillaume de Tyr, p 836-837, et *Deux Jardins*, p. 84.

131. Guillaume de Tyr, p. 837. Jugement exactement semblable dans Ibn al-Qalânisî, p. 328, copié par Abu Shama, *Deux Jardins*, p. 84.

132. Entre le 3 et le 12 février, spécifie Ibn al-Qalânisî, 327.

133. G. de T., 837. Cession ratifiée par Baudouin III le 4 octobre 1157.

134. Cf. Dussaud, *Topographie*, p. 391 ; Rey, *Colonies franques*, p. 473.

900 L'ÉQUILIBRE

135. Ibn al-Qalânisî, 331, *Deux Jardins*, p. 86. Cf. Dussaud, *Topographie*, p. 24.

136. *Ibid.*, 330. *Deux Jardins*, p. 85, et *Histoire des atâbegs de Mosul*, p. 234.

137. Le texte d'Ibn al-Qalânisî, 330-331, cité dans les *Deux Jardins* (p. 85), ne dit nullement, comme le veulent certains, que le combat eut lieu à Râs al-Mâ, mais près de Panéas.

138. Ibn al-Qalânisî, 332. *Deux Jardins*, p. 85-86.

139. « Li Ospitalier, qui furent durement grevé et domagié de cele mésaventure, s'aperceurent bien que autresi leur porroit-il avenir maintes foiz ; por ce ne voudrent plus avoir part en cele ville, ainz issirent des covenances et rendirent au Conestable ce qu'il leur avoit doné » (G. T., 838). Erreur de Guillaume ? En octobre 1157 le condominium fonctionne toujours.

140. Ibn al-Qalânisî, 334-335. *Deux Jardins*, p. 87.

141. Il s'agit d'Onfroi III, qui devait épouser l'héritière de la terre d'Outre-Jourdain et mourir avant son père, le connétable (Du Cange-Rey, 471.)

142. Guillaume de Tyr, p. 839.

143. Ibn al-Qalânisî, 334. *Deux Jardins*, p. 88.

144. Ibn al-Qalânisî, 335. L'historien damasquin place la retraite de Nûr al-Dîn entre le 12 et le 19 juin 1157.

145. Guillaume de Tyr, p. 840.

146. Guillaume de Tyr, p. 841.

147. Ibn al-Qalânisî, p. 336. *Deux Jardins*, p. 89.

148. Guillaume de Tyr, p. 842.

149. Ibn al-Qalânisî, p. 337. *Deux Jardins*, p. 90.

150. Guillaume de Tyr, p. 843. Cf. Ibn al-Qalânisî, 331-332.

151. De même Ibn al-Qalânisî, 336.

152. Guillaume de Tyr, p. 843.

153. Le Scandelion des Croisés, l'ancienne Alexandroskène, est l'actuel Iskanderûna, entre Tyr et Nâqûra. – Guy de Scandelion était le frère de Gautier de Beyrouth.

154. Rey, *Colonies franques*, p. 492. Abel, *Géographie*, carte III.

155. Guillaume de Tyr, p. 844. Ibn al-Qalânisî passe sous silence cet épisode qui n'est pas à la gloire de son héros. Il affecte ici de s'absorber dans des histoires de tremblement de terre.

156. Guillaume de Tyr, p. 845-846.

157. Cf. Dussaud, *Topographie*, p. 92.

158. Dussaud, *Topographie*, p. 176 et 158-159.

159. Guillaume de Tyr, p. 847.

160. En l'espèce le prince Qilij Arslân (II), fils de Mas'ûd Ier, à qui Ibn al-Qalânisî se décide enfin pour la première fois (p. 338) à reconnaître le titre de sultan.

NOTES 901

161. *Deux Jardins*, p. 92.

162. Dussaud, *Topographie*, p. 167-168.

163. Guillaume de Tyr, p. 847-848.

164. D'après le *Livre des Deux Jardins*, citant Ibn Abî Taiy, Nûr al-Dîn tomba malade non pas à Inib, mais à Sarmîn ou Sermîn (près d'Idlib), à 32 kilomètres plus loin au nord-est. (*Deux Jardins*, p. 95).

165. Ibn al-Qalânisî, p. 341. *Deux Jardins*, p. 93.

166. Ibn al-Qalânisî, p. 342. *Deux Jardins*, p. 94-95.

167. *L'Éracles*, après avoir parlé de cette mise au pillage du trésor et même de la garde-robe de l'atâbeg jugé mourant, ajoute : « C'est la costume entre les Turs quant leur chevetaines muert ». Telle était bien en effet l'instabilité dynastique musulmane avant Saladin.

168. Guillaume de Tyr, p. 848.

169. Ibn al-Athîr, I, 506 ; *Atâbegs de Mossoul*, p. 200 (où on nous parle des intelligences entretenues par les fils de Sultân avec les Francs) ; Derenbourg, *Ousâma*, p. 276-281 ; Honigmann, *Shaizar, Encycl. de l'Islam*, p. 299.

170. Guillaume de Tyr, p. 849-850. La ville basse dont il est ici question n'est pas seulement la ville du Pont (Jisr Banû Munqidh, le *Gistrum* des Francs), débordant, à l'abri de la bastille du pont (Hisn al-Jisr), sur la rive orientale de l'Oronte, mais aussi la ville basse de Shaîzar proprement dite, sur la rive occidentale. Cf. Derenbourg, 12. Van Berchem, *Voyage*, 188. La prise d'assaut par les Francs de la ville (basse) de Shaîzar est d'ailleurs formellement mentionnée par Ibn al-Qalânisî, 342.

171. Guillaume de Tyr, p. 850-851.

172. Pour Ibn al-Qalânisî (342) qui ignore les dissentiments des Francs, ceux-ci ont été chassés de Shaîzar par une armée de secours composée principalement d'Ismâ'îliens. Mais son récit manque de précision. Notons que la campagne de Shaîzar paraît située par lui entre le début de décembre 1157 et fin janvier 1158.

173. Derenbourg, *Vie d'Ousâma*, II, p. 281.

174. *Ibid.*, II, p. 281-282, d'après Ibn al-Athîr, I, p. 506. D'après *le Livre des Deux Jardins* (p. 95), citant Ibn Abî Taiy, ce serait au contraire avant sa maladie que Nûr al-Dîn aurait occupé Shaîzar pour la donner à son lieutenant Majd al-Dîn ibn al-Dâya. Ce serait donc sur ses troupes que les Francs auraient momentanément conquis la ville basse.

175. *Ibid.*, II, p. 282.

176. Guillaume de Tyr, p. 851-852 ; Rey, *Colonies franques*, p. 401-402. Van Berchem, *J. A.* 1902. 412. Abel, *Géographie de la Palestine*, 378.

177. Cf. *supra*, p. 366, d'après le *Kâmil al-tewârîkh*, p. 501, et l'*Histoire des atâbegs*, p. 194.

L'ÉQUILIBRE

178. En réalité à 30 kilomètres : 15 kilomètres d'Antioche au Jisr al-*H*adîd, et 15 kilomètres du Jîsr al-*H*adîd à *H*ârim.

179. Le titre du chapitre XIX dont il s'agit confirme bien que Guillaume de Tyr parle ici de *H*ârim : « Rex Castrum Harenc obsidet et obsessum occupat » (p. 851). Voir du reste Ibn al-Qalânisî, p. 344, la meilleure source pour cette période, et ce que nous avons dit plus haut, p. 367, note 2. Quant aux dates, Guillaume de Tyr nous dit que les Croisés allèrent assiéger la place à la Noël de 1157. Ibn al-Qalânisî mentionne la prise de la ville sous la rubrique du début de février 1158.

180. « Ce monticule est naturel, mais sa forme régulièrement tronconique trahit la main de l'homme » (VAN BERCHEM, *Voyage*, 229).

181. IBN AL-QALÂNISI, p. 344. GUILLAUME DE TYR, p. 852-853.

182. *Deux Jardins*, p. 96.

183. IBN AL-QALÂNISI, 344. *Deux Jardins*, p. 96.

184. GUILLAUME DE TYR, p. 854. – L'évêque d'Acre, Frédéric ou Ferry, de la famille des comtes de la Roche (en Ardenne), fut depuis (1164) promu à l'archevêché de Tyr, où il devait être remplacé par le chroniqueur Guillaume. Il est à remarquer que ce dernier, historien généralement plein de sagesse, ne perd la mesure qu'en matière de querelles ecclésiastiques. Ce prélat, par ailleurs si remarquable, en arrive alors à se montrer singulièrement injuste envers l'Église romaine, et à prendre un ton assez désagréable de révolté.

185. IBN AL-QALÂNISÎ, p. 345 (avec précieuse note de M. Gibb) et *Deux Jardins*, p. 96-97.

186. *Deux Jardins*, p. 97, copiant Ibn al-Qalânisî, *loc. cit*.

187. IBN AL-QALÂNISÎ, 346-347. *Deux Jardins*, p. 98.

188. DUSSAUD, *Topographie historique*, p. 381-382.

189. Il s'agit de *H*abîs Jaldak, château qu'on localisait hier encore à l'est du lac de Tibériade, entre les deux sources du Wâdî Samak, sur les ruines dites Qasr Bardawîl (Castellum Balduini). Cf. DUSSAUD, p. 383-384 et 387. Le château de *H*abîs Jaldak avait été conquis sur les Francs par *T*ughtekîn pendant l'hiver 1111-1112 (QALÂNISÎ, 121 ; *Kâmil al-tewârîkh*, p. 286 et 781), mais repris en 1118 par les Francs auxquels il appartenait encore en 1182, époque où Saladin le leur enleva (voir plus bas, p. 706). M. P. Deschamps vient d'établir qu'il était situé « sur la rive gauche du Yarmûk, c'est-à-dire au sud de ce fleuve, sur le Râs Hilja, en face de la station du chemin de fer de Shejara » (DESCHAMPS, *Ahamant et el Habis, Rev. Hist.*, juillet-août 1933).

190. GUILLAUME DE TYR, p. 855.

191. *Deux Jardins*, p. 98.

192. Pierre de Barcelone, prieur du Saint-Sépulcre, puis archevêque de Tyr, mort en mars 1164.

193. Comme le fait remarquer Röhricht (*Geschichte des Königreichs Jerusalem*, p. 294, note 7), le seul nom actuel qui concorde

NOTES

903

avec « Puthaha » est celui d'al-Butaiha, point situé au nord du lac de Tibériade, dans la zone où le Jourdain entre dans le lac. Voir *in fine* ma carte de Galilée.

194. GUILLAUME DE TYR, p. 856.

195. *Deux Jardins*, p. 99-100.

196. *Ibid.*, p. 100-101.

197. Les Shî'ites, nous apprend Kemâl al-Dîn, profitèrent de cette protection pour aller saccager le collège d'Ibn-'Asrûn et autres établissements sunnites. *Histoire d'Alep*, Rev. Or. lat., 1895, IV, p. 531.

198. IBN AL-A*th*îR, *Hist. Or.*, I, p. 517-518.

199. GUILLAUME DE TYR, p. 846.

200. Pisiaus, Pisellus, Pessel.

201. GRÉGOIRE LE PRÊTRE, in *Doc. arméniens*, I, p. 189. CHALANDON, *Comnènes*, II, p. 440.

202. DIEHL, *Figures byzantines*, II, p. 106-108.

203. GUILLAUME DE TYR (avec interpolation du traducteur), p. 857.

204. GUILLAUME DE TYR, p. 858.

205. GUILLAUME DE TYR, p. 858.

206. GRÉGOIRE LE PRÊTRE, p. 186.

207. CHALANDON, *Comnènes*, II, p. 441, d'après KINNAMOS, IV, 17, p. 179.

208. KINNAMOS, IV, p. 18.

209. GRÉGOIRE LE PRÊTRE, p. 187.

210. KINNAMOS, IV, 17, p. 180-181.

211. GRÉGOIRE LE PRÊTRE, p. 187.

212. GUILLAUME DE TYR, p. 860.

213. *Ibid.*, p. 816.

214. CHALANDON, *Comnènes*, II, p. 443, d'après KINNAMOS, IV, 18, p. 182.

215. *Ibid.*, p. 444.

216. Gérard, dit de Nazareth, évêque de Laodicée, que nous avons vu mêlé à la querelle de Raymond de Poitiers et du patriarche Raoul de Domfront. Ducange pense que c'est le même Gérard, ancien moine de Clairvaux, que mentionne saint Bernard. DU CANGE-REY, 797.

217. GUILLAUME DE TYR, p. 860.

218. CHALANDON, *Comnènes*, II, p, 444. D'après GUILLAUME DE TYR, p. 860 et KINNAMOS, IV, 18, p. 182, 183.

219. GUILLAUME DE TYR, p. 860.

220. CHALANDON, *Comnènes*, II, p. 445, d'après KINNAMOS, IV, 18, p. 183.

221. *Ibid.*, II, p. 445.

222. REY, *Dignitaires de la principauté d'Antioche*, Rev. de l'Orient latin, 1900-1901, p. 145 ; CHALANDON, *Les Comnènes*, II, p. 641-643,

904 — L'ÉQUILIBRE

sur les discussions théologiques qui amenèrent la condamnation de Soterichos.

223. Traducteur de GUILLAUME DE TYR, II, p. 861.

224. KINNAMOS, IV, 19, p. 183, cité et discuté par CHALANDON, II, p. 447.

225. Cf. GUILLAUME DE TYR, p. 860, passage dont Chalandon a montré l'importance : « Tantaque eum… de… imperatoris adventu formido corripuerat, ut, nec domini regis, quem tamen in proximo venturum sperabat, vellet expectare præsentiam ».

226. GUILLAUME DE TYR, p. 861-862.

227. CHALANDON, II, p. 448, d'après KINNAMOS, IV, 19, p. 183.

228. GUILLAUME DE TYR, p. 862.

229. CHALANDON, II, p. 449.

230. Il s'agit des mosaïques à fond d'or, achevées entre 1165 et 1169 dans la basilique de la Nativité, représentant la généalogie du Christ, les conciles œcuméniques et des scènes du Nouveau Testament et où se trouvent mentionnés des noms d'artistes, le mosaïste Ephrem et « Basilius pictor » ; notons que ce Basilius, « un Grec ou un Poulain formé à l'école grecque », est sans doute le même que l'enlumineur du psautier de la reine Mélisende, actuellement au British Museum. L'ensemble des travaux de la basilique, commencés sous Baudouin III, ne devait être achevé que sous son successeur Amaury Ier, l'empereur Manuel Comnène concourant toujours à leur exécution. Cf. VINCENT et ABEL, Bethléem, p. 158-161.

231. KINNAMOS, IV, 20, p. 185-186, cité par CHALANDON, II, p. 449.

232. GUILLAUME DE TYR, p. 862.

233. GRÉGOIRE LE PRÊTRE, Doc. arm., I, p. 188.

234. GUILLAUME DE TYR, p. 862.

235. Hugue d'Ibelin, « sire de Rames » (= Ramla), fils aîné de Balian d'Ibelin, dit Balian le Français. Hugue épousa vers 1164 Agnès de Courtenay, fille de Jocelin II, dernier comte d'Édesse. Voir, à la fin de notre tome III, la généalogie de la famille d'Ibelin.

236. KINNAMOS, IV, 21, p. 186-187, analysé par CHALANDON, II, p. 451.

237. GRÉGOIRE LE PRÊTRE, p. 189.

238. CHALANDON, Comnènes, II, p. 451.

239. GUILLAUME DE TYR, p. 863.

240. CHALANDON, II, p. 452, d'après NIKÉTAS CHONIATÈS, III, 3, p. 142.

241. GUILLAUME DE TYR, II, p. 864. Cf. KINNAMOS, IV, p. 190.

242. GRÉGOIRE LE PRÊTRE, p. 189-190.

243. IBN AL-QALÂNISÎ, 354. Deux Jardins, p. 103.

244. IBN AL-QALÂNISÎ, p. 353-354, sous la date du 26 mars 1159 ; Deux Jardins, p. 104.

NOTES

245. Dussaud, *Topographie*, 230, d'après Lammens, *M. F. O.* II, 384.

246. Guillaume de Tyr, p. 864 ; Kinnamos, IV, 21, p. 188 ; Grégoire le Prêtre, p. 190-191 ; Ibn al-Qalânisî, p. 355. *Deux Jardins*, p. 105.

247. *Documents arméniens*, I, p. 190.

248. Kinnamos, IV, 20, p. 185-186.

249. Assertion controuvée. Tout au plus y eut-il quelque complot, celui de Théodore Stypiotès.

250. Grégoire le Prêtre, p. 191-192.

251. Guillaume de Tyr, p. 860.

252. Chalandon, *Les Comnènes*, II, p. 454-455.

253. Guillaume de Tyr, p. 865.

254. *Ibid.*, II, p. 866.

255. Ibn al-Qalânisî, p. 355 et le *Livre des Deux Jardins*, p. 105, qui le copie. Le chroniqueur damasquin avoue que, grâce à la défection des Grecs, l'atâbeg l'avait échappé belle et il se répand en bénédictions sur Manuel Comnène sauveur de l'Islam !

256. 'Izz al-Dîn Qilij-Arslân II, sultan de Qoniya de 1155 à 1192.

257. Chalandon, II, p. 459, d'après Kinnamos, IV, 24, p. 199.

258. *Ibid.*, p. 461, d'après Kinnamos, IV, 24, p. 198-200.

259. Guillaume de Tyr, p. 866 ; Grégoire le Prêtre, p. 194 ; Michel le Syrien, trad. armén., p. 353 ; Derenbourg, *Vie d'Ousâma*, II, p. 272.

260. Chalandon, II, p. 462, d'après Kinnamos, p. 200-201.

261. *Ibid.*, p. 465, d'après Michel le Syrien, trad. Chabot, III, p. 319, et vers. arm., *Doc. arm.*, I, p. 355 ; Niketas Choniatès, III. 6, p. 158 ; Kinnamos, V, 3, p. 207, et Grégoire le Prêtre, p. 199.

262. Guillaume de Tyr, p. 866.

263. Guillaume de Tyr, p. 868-869 ; Grégoire le Prêtre, p. 198. Le texte syriaque du patriarche Michel accuse Renaud de s'être trop facilement rendu prisonnier : « Quoi qu'il eût pu se faire jour au travers des rangs des Turcs et leur échapper, il ne tenta aucun effort et se livra à ses ennemis » (Michel le Syrien, III, p. 319).

264. « Constance s'étant mariée fort jeune en 1136, à l'âge de neuf ou dix ans, on peut admettre que Bohémond III, s'il fut l'aîné de ses enfants, serait né vers 1144 seulement. » (Rey, *Hist. des princes d'Antioche, Rev. Or. lat.*, 1896, p. 374.)

265. Guillaume de Tyr, p. 872.

266. Discussion dans Chalandon, II, p. 521, d'après Michel le Syrien, éd. Chabot, III, fasc. III, p. 324, et Bar Hebraeus, II, p. 359. Pour Michel le Syrien, c'est Thoros (d'ailleurs appelé par le patriarche), et non Baudouin III, qui est venu à Antioche faire cesser l'usurpation de la douairière Constance et rétablir les droits du jeune Bohémond III.

267. Comme nous le disions plus haut (page 414), de tels textes montrent bien que, si la Principauté d'Antioche n'était pas *de jure* vassale du Royaume de Jérusalem, tout se passait dans la pratique comme si elle l'avait été : chaque fois que la Principauté est en péril, on demande au roi de venir remplir le rôle qui échoit normalement au suzerain. Ne cherchons pas dans ces situations empiriques le droit pur. Au milieu de ces situations de hasard, dans ces États nés de la conquête sur une table rase, c'est la situation de fait qui importe plus que les textes juridiques. La situation respective de la principauté et du royaume, juridiquement flottante, est, du fait des exigences de la guerre, pratiquement fort précise.

268. Traducteur de GUILLAUME DE TYR, p. 872.

269. Constance mourut en 1163.

270. *Les Comnènes*, II, p. 521.

271. GUILLAUME DE TYR, II, p. 874, 875.

272. *Ibid.*, 875. Cf. CHALANDON, *Comnènes*, II, p. 519.

273. GUILLAUME DE TYR, p. 878 ; CONSTANTIN MANASSÈS, *Hodoiporikon*, IV, V, 56 et 168, cité par CHALANDON, *Comnènes*, II, p. 520.

274. DIEHL, *Figures byzantines*, II, p. 89.

275. CHALANDON, *Comnènes*, II, p. 522.

276. GUILLAUME DE TYR, p. 876.

277. CHALANDON, *Comnènes*, II, p. 523, d'après KINNAMOS, V, 4, p. 210-211.

278. *Ibid.*, II, p. 523-524.

279. GUILLAUME DE TYR, II, p. 880.

280. Voir à la fin du présent volume la carte historique pour le règne de Baudouin III.

Chapitre III

1. GUILLAUME DE TYR, II, p. 883.

2. Pour Ernoul (p. 17), comme on le verra, l'opposition des barons portait seulement contre l'épouse d'Amaury, Agnès de Courtenay « qui n'était pas digne de devenir reine de Jérusalem ». Mais comme Agnès fut recueillie par un baron aussi noble que Hugue d'Ibelin, on ne comprend pas très bien un tel *veto*. Il est vrai qu'elle était fort légère...

3. Amaury de Nesle (en Picardie), patriarche de Jérusalem de 1158 à 1180 († le 6 octobre 1180).

4. GUILLAUME DE TYR, p. 883-884.

5. *Ibid.*, p. 888-889.

6. *Chronique d'Ernoul et de Bernard le Trésorier*, édition Mas-Latrie (Société de l'Histoire de France, 1871), p. 17.

7. GUILLAUME DE TYR, p. 889.

NOTES 907

8. Ernoul, p. 17.

9. Hugue Ier d'Ibelin était le fils de Balian Ier, frère de Guilin, vicomte de Chartres. Balian Ier, dit Balian « le Français » ou « le Vieux », venu en pèlerinage en Syrie entre la première et la deuxième croisade, avait reçu en fief, du roi Foulque d'Anjou, la ville d'Ibelin (Yebnâ), au sud de Ramla et de Jaffa, et le château de Mirabel (Mejdel-Yaba). – Hugue Ier d'Ibelin, fils aîné de Balian, est mentionné au siège d'Ascalon en 1154. Deux ans après il fut fait prisonnier par les Turcs. Libéré, on le voit en 1160 mentionné par Guillaume de Tyr comme seigneur de Rames (Ramla). Ce fut vers 1164 qu'il épousa Agnès de Courtenay répudiée par le roi Amaury. Voir à la fin de notre tome III la généalogie de la maison d'Ibelin d'après Du Cange et Rey

10. Guillaume de Tyr, p. 884, 886.

11. Guillaume de Tyr, archidiacre de cette ville, n'en devint archevêque que le 30 mai 1175, près d'un an après la mort du roi Amaury.

12. Guillaume de Tyr, p. 886-888.

13. « Cujus precibus et instantiâ, gesta tam prædecessorum suorum quam sua scripto mandare proposuimus præsenti. »

14. *Kâmil al-tewârîkh*, I, p. 553.

15. Derenbourg, *Vie d'Ousâma*, II, p. 241-245.

16. *Vie d'Ousâma*, p. 247-248 ; Ibn al-Athîr, *Hist. Or.*, I, p. 492-493.

17. *Vie d'Ousâma*, II, p. 251-252.

18. Derenbourg, *Vie d'Ousâma*, II, p. 258.

19. Guillaume de Tyr, p. 833.

20. Derenbourg, *Vie d'Ousâma*, II, p. 261-262.

21. Guillaume de Tyr, p. 834.

22. Abu'l Fidâ, *Hist. Or.*, I, p. 33. Wiet, *Précis de l'histoire de l'Égypte*, 195-196.

23. Ibn al-Athîr, *Hist. Or.*, I, p. 521.

24. Ibn al-Athîr, p. 520.

25. Cf. Wiet, *Shâwar*, in *Encyclop. de l'Islam*, livr. F, p. 351.

26. Ibn al-Athîr, *Kâmil al-tewârîkh, Historiens Orientaux*, I, p. 528-529. Ernoul, qui, comme Guillaume de Tyr, désigne Shâwar par l'appellation indigène de Mulane *(mawla nâ*, « notre maître »), nous dit très justement que le célèbre vizir n'était pas un soldat, mais que tout son pouvoir était fondé sur son ascendant personnel et sur ses énormes richesses. « Cil Mulane n'estoit mie chevaliers, ne noient (néant) ne savoit d'armes ; mais tant estoit amé et coneuz... qu'il tenoit bien son regne... et c'om li aportoit ses rentes de tote la terre d'Égypte et d'Alixandre à son castiel, là ù il manoit (demeurait), qui a non li Cahaire. A son tans, ne savoit-on nul haut homme el mont (au monde) qui tel tresor euist asamblé com il avoit à son castiel, à

908   L'ÉQUILIBRE

Cahaire, fors seulement l'empereres de Constantinoble. » (Ernoul, p. 19 ; cf. Guillaume de Tyr, p. 914).

27. Cf. Graefe, *Dirgham*, in *Encycl. de l'Islam*, I, p. 1005.

28. *Kâmil al-tewârîkh*, p. 529 ; *Deux Jardins*, p. 107.

29. Michel le Syrien, III, p. 317. Guillaume de Tyr, p. 890. Michel place cette promesse sous la rubrique de l'année 1161.

30. Guillaume de Tyr, II, p. 890. Voir lettre d'Amaury à Louis VII : « Nisi per interpositionem fluminis Paradisi, quod ex improviso nobis supervenit, impediremur, sicut speramus, urbs illa vel caperetur, vel redderetur. »

31. Bongars, A. 1182, n° 23. Cf. Schlumberger, *Campagnes du roi Amaury Ier*, p. 42.

32. *Histoire des atâbegs de Mossoul*, p. 207. – Kemâl al-Dîn, R. O. L., 1895, 534, sub A. H. 557 = 1162. – Derenbourg, *Ousâma*, p. 306. – Van Berchem, *Voyage*, 233.

33. Dussaud, *Topographie*, p. 91-92 ; Rey, *Colonies franques*, p. 363.

34. Ibn al-Athîr, *Atâbegs*, p. 209. Cf. Chalandon, *Comnènes*, II, p. 525.

35. Guillaume de Tyr, p. 895. « Robertus Mansel, Galensibus in eadem expeditione praeerat ». Nous retrouverons le nom de Robert Mansel beaucoup plus tard, avec le titre de connétable de la Principauté d'Antioche en 1207 et 1210 et comme collaborateur de Raymond Roupên en 1219. Cf. Du Cange-Rey, *Familles d'Outre-mer*, 650, Rey, *Dignitaires de la Principauté d'Antioche*, R. O. L., 1900-1901, 119. Röhricht (*G. K. J.*, 316) pense que c'est toujours le même personnage.

36. Notons que les Templiers n'étaient pas sans s'intéresser, eux aussi, à cette région, car, si le Krak des Chevaliers appartenait à l'Hôpital, Chastel Blanc (Safitha), au nord-ouest du Krak, devint une des principales citadelles de l'Ordre du Temple.

37. Guillaume de Tyr, p. 894.

38. Ibn al-Athîr, *Atâbegs*, p. 209, et *Kâmil al-tewârîkh*, p. 531 ; Michel le Syrien, III, p. 324

39. Guillaume de Tyr, p. 895. Cf. Michel le Syrien, vers, arm., p. 358.

40. *Atâbegs*, p. 209.

41. Notons que Constantin Coloman, gouverneur (= duc) de Cilicie pour les Byzantins, était le fils du prince hongrois Boritz. Cf. Chalandon, *Comnènes*, II, p. 525, note 2.

42. Chalandon, *Comnènes*, II, p. 520 et 524.

43. D'après le *Kâmil al-tewârîkh* (p. 533), ce serait en février 1164 que Shâwar se serait réfugié auprès de Nûr al-Dîn. D'après Ibn Khallikân, ce serait à la fin d'octobre 1163. M. Wiet (*Encyclop. de*

NOTES 909

l'Islam, F. 352) rappelle qu'en réalité Shâwar s'est enfui d'Égypte en Syrie en août 1163.

44. Ibn al-Athîr, *Hist. Or.*, p. 533, et *Atabegs*, p. 215-216.

45. *Deux Jardins*, p. 107.

46. *Atabegs*, p. 216.

47. Guillaume de Tyr, p. 892.

48. *Ibid.*, p. 893.

49. Ibn al-Athîr, *Kâmil al-tewârîkh*, p. 534, et *Atâbegs*, p. 216-217. Cf. Wiet, *Al-Sharkîya*, Enc. d. l'Isl., F. 345.

50. Guillaume de Tyr, p. 894.

51. *Ibid.*, II, p. 903.

52. Voir un brillant tableau de la richesse de l'Égypte fâṭimide dans Wiet, *Précis de l'Histoire d'Égypte*. II, 209-214. Pour le commerce de l'Égypte fâṭimide, notamment avec l'Inde, la description de Heyd reste toujours excellente (*Histoire du commerce du Levant*, I, 378.)

53. *Hist. Or.*, I, p. 535. De même *Deux Jardins*, p. 125 : « Shâwar écrivit au roi Amaury : Si Shîrkûh et les siens annexent ce pays à leurs États de Syrie, tu n'auras avec eux ni trêve ni repos. »

54. Guillaume de Tyr, p. 894.

55. *Hist. Or.*, I, p. 535.

56. *Deux Jardins*, p. 125.

57. F. Krenkow, *Kinâna*, Encycl. de l'Islam, p. 1077.

58. *Deux Jardins*, p. 127.

59. Ibn al-Athîr, *Histoire des atâbegs*, p. 217-219 ; *Kâmil al-tewârîkh, rikh*, p. 535-536. Shîrkûh évacua Bilbeîs pour rentrer en Syrie le 26 octobre 1164.

60. *Atâbegs*, p. 218-219.

61. *Atâbegs*, p. 211 ; Kemâl al-Dîn, p. 535

62. Derenbourg, *Vie d'Ousâma*, II, p. 308-310.

63. *Kâmil al-tewârîkh*, p. 538 ; *Atâbegs*, p. 220.

64. Ibn al-Athîr, *Atâbegs*, p. 221.

65. À cette date de 1164 les Byzantins administraient directement les villes de la plaine cilicienne, tandis que Thoros II gouvernait sous leur suzeraineté les cantons de la montagne.

66. Localisations de M. Dussaud, *Topographie*, p. 227-228, et sa carte XII, A. 3 et B. 3.

67. Bohémond III pouvait avoir alors une vingtaine d'années (Rey, *Princes d'Antioche, R. O. L.*, 1896, p. 374-375).

68. Cf. Dussaud, *Topographie*, p. 231-232.

69. Guillaume de Tyr, p. 896.

70. Kemâl al-Dîn spécifie en effet que, avant de rétrograder vers *Hârim*, les Francs vinrent camper à Sofaîf (*Histoire d'Alep*, trad. Blochet, *Rev. Or. lat.*, 1895, 4, p. 539). M. Dussaud retrouve Sofaîf dans

910   L'ÉQUILIBRE

l'actuel Safsaf, au nord de *H*ârim, entre *H*ârim et 'Imm (Dussaud, *Topographie*, p. 232).

71. Kemâl al-Dîn, p. 540.

72. *Atâbegs*, p. 222-223 ; *Kâmil al-tewarîkh*, p. 539-540

73. Guillaume de Tyr, p. 897.

74. Ibn al-A*th*îr, *Atâbegs*, p. 224 ; *Kâmil al-tewârîkh*, p. 540.

75. Michel le Syrien (III, p. 325) ajoute que les coureurs de Nûr al-Dîn pénétrèrent au couvent grec de Saint-Siméon et réduisirent les moines en captivité. Il s'agit du couvent-basilique de Saint-Siméon le Mineur, situé à une heure et demie environ de Suwaidiya, sur une colline à l'extrémité du Jebel Sem'ân maritime, ou petit Jebel Sem'ân, le Mont Admirable des chroniqueurs (cf. Dussaud, *Topographie*, p. 431-432). La mention de Laodicée et du « port de Saint-Siméon » prouve qu'il ne saurait être ici question du couvent de Saint-Siméon Stylite (Qal'at Sem'ân), dans l'autre Jebel Sem'ân, au nord-est de *H*ârim, au nord-ouest d'Alep. Du reste le grand Jebel Sem'ân oriental était depuis longtemps déjà au pouvoir des Turcs.

76. Il avait pu réoccuper son siège d'Antioche depuis la captivité de son persécuteur Renaud de Châtillon. Cf. Rey, *Dignitaires de la principauté d'Antioche, Rev. Or. lat.*, 1900-1901, p. 136.

77. Cf. Röhricht, *Regesta*, n° 405.

78. Ibn al-A*th*îr, *Hist. Or.*, I, p. 540.

79. « Lorsque Nûr al-Dîn reprit Panéas, nous conte Ibn al-A*th*îr, il avait avec lui le fils de ce Mu'în al-Dîn Unur qui avait jadis livré la place aux Francs. Il lui dit : « Cette conquête est un sujet de joie pour les Musulmans, mais la tienne doit être double. » – « Comment cela ? » fit l'autre. – « Parce qu'aujourd'hui, répondit Nûr al-Dîn, Allâh rafraîchit la peau de ton père qui brûlait dans le feu de l'enfer ! » (*Hist. Or.*, I, p. 542).

80. Cf. *supra*, p. 135 et 371.

81. *Atâbegs*, p. 234.

82. Guillaume de Tyr, p. 898.

83. Guillaume de Tyr, p. 899-900.

84. *Hist. Or.*, I, p. 541 ; Kemâl al-Dîn, *Hist. d'Alep*, p. 541.

85. Guillaume de Tyr, p. 900.

86. Chalandon, *Comnènes*, II, p. 535.

87. Guillaume de Tyr, *ibid*.

88. Guillaume de Tyr, p. 901.

89. Guillaume de Tyr, p. 901.

90. Appelée ailleurs Irène. Cf. Chalandon, *Comnènes*, II, p. 531.

91. Rey, *Dignitaires de la principauté d'Antioche, Rev. de l'Orient latin*, 1900-1901, p. 136 et 146.

92. Michel le Syrien, éd. Chabot, III, p. 326, et vers. arm., *Doc. arm.*, I, p. 360 ; Bar Hebræus, *Chronicon ecclesiasticum*, éd. Abbe-

NOTES 911

loos et Lamy, p. 546 ; BAR HEBRÆUS, *Chron. syriac*, éd. Bruns et Kirch, p. 361-371.

93. Cf. DUSSAUD, *Topographie*, p. 429 ; REY, *Colonies franques*, p. 337 ; VAN BERCHEM, *Voyage*, 246.

94. Cf. MICHEL LE SYRIEN, trad. Chabot, III, p. 332, et version arménienne, *Doc. arm.*, p. 360. BAR HEBRÆUS, *Chron. eccles.*, trad. Abbeloos et Lamy, II, p. 598 ; REY, *Dignitaires de la principauté d'Antioche*, in *Rev. Or. lat.*, 1900-1901, p. 136-137.

95. Il ne regagna que dans la seconde moitié de 1169 sa résidence du monastère de Barsauma.

96. MICHEL LE SYRIEN, III, p. 334-335. – Par la suite (à partir de 1180) le patriarche Michel chercha à faire intervenir l'autorité franque dans sa querelle avec son disciple Théodore bar Vahbûn révolté contre lui. Voici le résumé de cette querelle qui tient une si grande place dans la vie du célèbre chroniqueur syriaque : Le moine Bar Vahbûn s'était illustré dans la polémique théologique avec les Grecs, notamment dans les conférences ouvertes à Rûm qal'a en 1177-1179 pour l'union des Églises grecque, arménienne et jacobite. Bar Vahbûn y vint discuter avec les docteurs byzantins Theorianos et Christophoros et le fit avec tant de succès qu'il se posa, contre Michel, en anti-patriarche de l'Église jacobite. Bar Vahbûn chercha à se concilier dans ce but la faveur de Saladin qu'il vint visiter à Damas, mais le sultan, éclairé par des scribes jacobites de sa chancellerie, refusa de l'aider. Bar Vahbûn se rendit alors à Jérusalem et, malgré l'opposition du métropolite jacobite de Jérusalem, Mar Athanasius, il essaya d'obtenir, moyennant finances, l'appui du patriarche latin (sans doute le très simoniaque Heraclius). De Jérusalem le moine jacobite rebelle se rendit à Rûm qal'a auprès du patriarche arménien Grégoire IV Dgha qui lui accorda son aide. Grégoire IV conduisit même Bar Vahbûn en Cilicie, auprès du prince arménien Léon II, et amena celui-ci à le proclamer anti-patriarche jacobite, du moins dans toute l'étendue de la principauté arménienne. Ce ne fut qu'après la mort de l'anti-patriarche que Michel recouvra sa pleine autorité sur l'ensemble des communautés jacobites et que Léon II lui rendit son amitié. La situation de Michel acheva de se consolider grâce à la faveur du sultan de Qoniya, le seijûqide Qilij Arslân II. Invité par Qilij Arslân à Mala*t*iya en juillet 1182, Michel y reçut l'accueil le plus flatteur : « De grand matin le sultan sortit lui-même au-devant de nous avec une grande partie de ses troupes et tous les gens de la ville. Il avait envoyé devant lui des messagers pour dire : La réception du patriarche chez nous se fera selon la loi des Chrétiens, avec la croix et l'Évangile. Alors les Chrétiens multiplièrent les cierges et entonnèrent des cantiques. Quand le sultan se rencontra avec moi, il ne me laissa pas descendre de ma monture, mais il me

serra dans ses bras. Quand je commençai à parler avec lui par un interprète, il m'écouta avec plaisir prolonger mon discours avec des exemples tirés de l'Écriture ou de la nature. Nous mêlâmes au discours une exhortation de telle sorte que des larmes coulèrent de ses yeux. Tous les Chrétiens louèrent et glorifièrent le Seigneur lorsqu'ils virent la croix adorable portée en procession au-dessus du sultan et des peuples musulmans. » Comme gage de sa faveur, le Seljûqide remit au patriarche jacobite la dextre de saint Pierre, renfermée dans un bras en orfèvrerie que les Turcs avaient trouvé en 1081 dans le butin fait sur Romain Diogène à Malâzgerd. – Nous avons tenu à citer ce passage pour montrer les liens étroits qui unissaient l'Église syrienne jacobite aux souverains musulmans. Les chrétiens indigènes de rite syriaque étaient considérés par les souverains turco-arabes comme de véritables compatriotes, leurs églises comme des églises « nationales ». Et les prélats syriaques se sentaient souvent plus en confiance auprès des sultans, des atâbegs et des émirs qu'auprès des princes francs. Cf. MICHEL LE SYRIEN, éd. Chabot, III, p. 383-391 ; BAR HEBRÆUS, Chron. eccles., I, p. 584, II, p. 598 ; ASSEMANI, Bibl. orient., II, p. 367-368 ; REY, Rev. Or. lat., 1900-1901, p. 158.

97. MICHEL LE SYRIEN, éd. Chabot, III, p. 326, et version armén., p. 360 ; BAR HEBRÆUS, p. 321. Michel le Syrien veut même que ce soit à la suite de cet ultimatum arménien que Nûr al-Dîn ait relâché Bohémond III.

98. Rappelons pour cette période les noms des grands maîtres de l'Hôpital : Gilbert d'Assailly de janvier 1163 jusqu'après juin 1170 ; Caste de Murols entre 1170 et une date antérieure au 20 juin 1172 ; Jobert de 1173 à janvier 1177 ; Roger des Moulins d'octobre 1177 au 1er mai 1187. Cf. DELAVILLE LE ROULX, Les Hospitaliers, p. 65-96.

99. REY, Colonies franques, p. 349-350.

100. Dussaud propose comme identification Aidié (= Sancti Ægidii), près Sukas, entre Bâniyâs et Jabala (Topographie, p. 134).

101. DUSSAUD, p. 134.

102. Ibid., p. 177.

103. Ibid., p. 145.

104. Ibid., p. 142-145.

105. REY, Hist. des princes d'Antioche, R. O. L., 1896, p. 376.

106. DUSSAUD, p. 145-147.

107. REY, Hist. des princes d'Antioche, p. 382. On a mentionné au tome I, page 556, les différentes graphies de ce nom : Mansuerus, Mansuer, Mansoir, Masoier, le Masoir ou le Mazoir. Cf. Hist. des Croisades, Lois, II, 468 ; DU CANGE-REY, Familles d'Outre-mer, 392 ; VAN BERCHEM, Voyage, 297-298. En même temps que Marqab. Renaud II Masoier céda à l'Hôpital Valénie (Bâniyâs maritime).

NOTES 913

108. *Ibid.*, *Colonies franques*, p. 513. Le site de Qal'at Nihâ est actuellement représenté par une grotte de trois chambres creusée dans une falaise et où on n'accède que par un sentier escarpé. Au dix-septième siècle, l'émir Fakhr al-Dîn, traqué par les Turcs, y aurait soutenu un siège de deux mois.

109. GUILLAUME DE TYR, p. 901-902.

110. REY, p. 368 ; DUSSAUD, p. 73 et 397.

111. IBN AL-Athîr, *Kâmil al-tewârîkh*, p. 545-546 ; *Atâbegs*, p. 235-236.

112. Peut-être, pense le P. Abel, faut-il localiser cette position à al-Raqîm al-Kahf, grotte-forteresse située entre 'Ammân et le Krak de Moab et mentionnée par Usâma (*Vie d'Ousâma*, II, p. 230).

113. GUILLAUME DE TYR, p. 902.

114. GUILLAUME DE TYR, p. 902-903.

115. Voir la carte 2, de la *Géographie de la Palestine* d'ABEL.

116. GUILLAUME DE TYR, p. 907-908. Cf. ABEL, *Géographie*, 103-104.

117. *Kâmil al-tewârîkh*, p. 547 ; *Atâbegs*, p. 236.

118. GUILLAUME DE TYR, p. 904.

119. Traduction française de GUILLAUME DE TYR, I, p. 15.

120. Rappelons que les Francs paraissent avoir manifesté assez souvent une certaine préférence sentimentale pour le légitimisme alide : « Haly, dit l'*Éracles*, renchérissant d'ailleurs Guillaume de Tyr (II, p. 915), fut li meilleurs chevaliers et li plus esprovez de meillor cuer et de plus grant proece que li autre... »

121. GUILLAUME DE TYR, p. 904

122. *Ibid.*, p. 905.

123. La famille des comtes de Césarée, on s'en souvient, avait été fondée par Eustache Garnier ou Granier, nommé à la conquête seigneur de Césarée (1101) et de Sidon (1111) et qui fut régent du royaume de Jérusalem pendant la captivité de Baudouin II (1123). Décédé la même année, il eut pour successeurs ses deux fils, Gautier à Césarée et Gérard à Sidon. Gautier (mentionné au moment de la deuxième croisade) eut pour successeur son fils Hugue, le héros de l'ambassade au khalife. Voir à la fin du présent volume la généalogie de la famille Césarée-Sidon. Cf. DU CANGE-REY p. 431. Quant à Geoffroi, Guillaume de Tyr l'appelle « Gaufrédus Fulcherii, frater militiæ Templi. »

124. GUILLAUME DE TYR, p. 909.

125. « Armatorum Æthiopium cohortes ». Il s'agit de la garde noire.

126. GUILLAUME DE TYR, p. 910-911.

127. GUILLAUME DE TYR, p. 912.

128. *Ibid.*, p. 912.

129. GUILLAUME DE TYR, p. 913.

130. *Deux Jardins*, p. 130.

914 L'ÉQUILIBRE

131. D'après *le Livre des Deux Jardins*, Shâwar avait d'abord établi son camp du côté d'al-Maks, vers l'actuel Ezbekiyé.

132. *Deux Jardins*, p. 130 ; GUILLAUME DE TYR, p. 918.

133. Seigneur champenois à qui Amaury Ier fit épouser Étiennette de Milly, héritière de la terre d'Outre-Jourdain (Transjordanie et Moab). Voir à la fin du volume la généalogie des seigneurs de Montréal et de la Terre d'Outre-Jourdain appartenant à cette célèbre famille. Cf. REY, *Les seigneurs de Montréal*, Rev. Or. lat., 1896, 1, 20.

134. Ce texte de Guillaume de Tyr tendrait à faire croire que l'île dont il est ici question, « insula Mahellet », serait la pointe sud – vers Ashmûn et Shatanuf – de la grande « île » deltaïque, entre la branche de Damiette et la branche de Rosette. Quand Guillaume de Tyr parle de milles, il s'agit non de milles romains (1 481 m. 50). mais de lieues (4 kilomètres). Cf. PAULIN PARIS, édition de l'*Éracles*, I, 135. En partant de Fustât, huit milles romains (11 kilom. 842) nous conduiraient à la Jazîrat Muhammed ; huit milles de Guillaume de Tyr (32 kilomètres) nous reportent vers Ashmûn. Notons en tout cas que la situation des rives et îles du Nil a beaucoup varié depuis le douzième siècle. Voir les cartes de BECKER in *Encycl. de l'Islam*, I, 840 et les travaux de CASANOVA et SALMON, *Mém. M. A. F. au Caire*, p. VI-VII.

135. GUILLAUME DE TYR, p. 917-920.

136. Hugue d'Ibelin, fils aîné de Balian le Français, était sire de « Rames » (Ramla). Il avait épousé, on s'en souvient, vers 1164, Agnès de Courtenay, répudiée par le roi Amaury Ier. Voir à la fin de notre tome III la généalogie de la maison d'Ibelin.

137. GUILLAUME DE TYR, p. 921.

138. Le 18 mars d'après Guillaume de Tyr, le 19 mars d'après Ibn al-Athîr (*Atâbegs*, 237), le 18 avril d'après le même (*Kamil al-tewâirkh*, p. 547)

139. Ces Turcoples, « sergents légèrement armés » devaient se comporter assez mal à la bataille de Bâbain (GUILLAUME DE TYR, p. 924).

140. IBN AL-Athîr, *Atâbegs*, p. 237-238 ; *Kâmil al-tewârikh*, p. 547-548.

141. GUILLAUME DE TYR, p. 927.

142. *Atâbegs*, p. 238-239 ; *Kâmil al-tewârik*, p. 548-549.

143. GUILLAUME DE TYR, p. 926

144. *Ibid.*, p. 627.

145. L'actuel Minyâ est l'ancien bourg de Muniyat ibn Khasîb, mentionné dans le *Livre des Deux Jardins*, p. 132. Minya a aujourd'hui remplacé Ashmûnain comme centre de la région. Notons que le cours du Nil a sensiblement changé ici depuis le douzième siècle. Cf. BECKER, *Enc. de l'Islam*, I, 491.

146. GUILLAUME DE TYR, p. 928.

147. *Deux Jardins*, p. 130-131.

NOTES 915

148. Heyd, *Histoire du commerce du Levant*, I, p. 396.

149. Frédéric ou Ferry, était fils de Henri, comte de la Roche en Ardenne et neveu de Godefroi, comte de Namur. Il fut d'abord archidiacre de Saint-Lambert de Liège, puis (1164) archevêque de Tyr. Il mourut le 30 octobre 1179 et fut remplacé par Guillaume de Tyr, notre historien. Cf. Du Cange-Rey, *La Syrie sainte*.

150. Guillaume de Tyr, p. 934-935.

151. C'est à cette époque, en avril-mai 1167, que Behâ al-Dîn (*Deux Jardins*, 111) place la surprise, par Nûr al-Dîn, du château de Munaïtira, Mneitri ou Moinestre, fort du comté de Tripoli qui gardait la route du Liban, entre Jebail et Ba'albek (cf. Dussaud, *Topographie*, 73 et 397). Mais le *Kâmil al-tewârîkh* (545-546) situe, on l'a vu, cet événement un an plus tôt, entre novembre 1165 et octobre 1166.

152. Remarquons d'autre part que les auteurs arabes, à commencer par Ibn al-Qalânisî et Ibn al-Athîr, brouillent souvent Jabala ou Jébélé (Gebel, Zibel) et Jebail ou Byblos (Gibelet, Giblet).

153. Il était de retour à *Homs* pour le ramadân (21 juin 1167).

154. *Kâmil al-tewârîkh*, p. 551.

155. *Ibid.* (juillet-août 1167).

156. La forteresse de Hûnîn fut reconstruite dès 1179 par le connétable Onfroi II de Toron. C'est le Chastel-neuf des chroniqueurs (Rey, *Colonies franques*, p. 478). – Sâfithâ, le Chastel Blanc, fut de même reconstruit et puissamment fortifié par les Templiers qui en reçurent la garde (cf. Rey, *Colonies franques*, p. 135-136. Et du même Rey, *Études sur l'architecture militaire des Croisés*, p. 101-102.

157. Guillaume de Tyr, p. 937-938.

158. Guillaume de Tyr, p. 338.

159. *Le Livre des Deux Jardins*, Hist. Or., II, p. 133-134.

160. Abû Shâma, *ibid.*, p. 134.

161. Ernoul, p. 24-25.

162. Ibn al-Athîr, *Atâbegs*, p. 240 et 246.

163. Guillaume de Tyr, p. 938-939.

164. Ibn al-Athîr, p. 240 et 246.

165. Ernoul, p. 17.

166. Erneys ou Hernesius, archevêque de Césarée. S'était opposé en 1157 à l'élection du patriarche Amaury de Nesle ; † en 1173.

167. Ernoul, p. 18.

168. Chalandon, *Comnènes*, II, p. 536.

169. Guillaume de Tyr, p. 942. De son premier mariage avec Agnès de Courtenay, Amaury Ier avait deux enfants, le futur Baudouin IV qui devait lui succéder (1174-1185), et la reine Sibylle qui devait épouser successivement Guillaume de Montferrat et Guy de Lusignan, roi de Jérusalem de 1186 à 1192. De son mariage avec

916   *L'ÉQUILIBRE*

Marie Comnène, Amaury 1er eut une fille, la reine Isabelle ou Ysabeau qui épousa successivement Onfroi IV de Toron, Conrad de Montferrat, Henri Ier de Champagne, chef du royaume de 1192 à 1197, et Amaury II de Lusignan, roi de Jérusalem de 1197 à 1205.

170. Cf. DIEHL, *Les romanesques aventures d'Andronic Comnène. Figures byzantines*, II, p. 86-133 (Colin, éditeur).

171. DIEHL, *Figures byzantines*, II, p. 90-91.

172. DIEHL, p. 104-105.

173. « Philippa, ainsi abandonnée, devait avoir une fin assez mélancolique. Elle épousa dix ans plus tard Onfroi (= II) de Toron, connétable du royaume de Jérusalem, beaucoup plus âgé qu'elle et malade, et elle mourut peu après, à trente ans à peine, d'une maladie de langueur, inconsolée sans doute de la triste aventure qu'elle avait eue avec Andronic Comnène. » (DIEHL, p. 106 ; cf. GUILLAUME DE TYR, p. 1026-1027.)

174. Le seigneur de Beyrouth, Gautier (III ?) Brisebarre avait vers 1166 vendu son fief au roi Amaury pour pouvoir payer la rançon de sa mère, prisonnière ou otage des Musulmans. Gautier avait reçu en échange la seigneurie de Blanche-garde (Tell-Sâfiya) (REY, *Seigneurs de Barut, Rev. Or. lat.*, 1896, I, p. 15).

175. GUILLAUME DE TYR, p. 943-944.

176. DIEHL, p. 107.

177. *Ibid.*, p. 103.

178. GUILLAUME DE TYR, p. 941-945.

179. GUILLAUME DE TYR, p. 946.

180. ERNOUL, p. 24-25.

181. CHALANDON, *Comnènes*, p. 536.

182. Rappelons que Guillaume n'était encore qu'archidiacre de Tyr et de Nazareth. Il ne devait être élu archevêque de Tyr qu'en mai 1175.

183. GUILLAUME DE TYR, p. 947.

184. CHALANDON, *Comnènes*, II, p. 537-538.

185. *Atâbegs*, p. 246.

186. « Sunt qui dicant prædicta omnia ficta fuisse, et quod Savar soldano innocenti et nihil tale merenti, pacta et conventionem tenorem bona fide servanti, contra fas et pium illatum sit bellum ; sed, ut factum tam notabilé aliquam haberet excusationem, hic color videtur quæsitus. Unde et Dominum, justum secretorum et conscientiarum arbitrum, omnem nostris conatibus subtraxisse favorem asserunt, et prædictis moliminibus, justitia vacuis, prosperos negasse successus. » GUILLAUME DE TYR, p. 948.

187. *Kâmil al-tewârîkh*, p. 550-551 ; *Atâbegs*, p. 240-241.

188. *Deux Jardins*, p. 136.

NOTES 917

189. *Kâmil al-tewârikh*, p. 551-553. J.H. Kramers, Kara Arslân, Enc. de l'Islam, II, 770.

190. Les 'Oqaîlides avaient reçu Qal'at Ja'bar en fief du sultan seljûqide Malik shâh en 1086-1087, comme dédommagement pour la perte d'Alep.

191. *Hist. Or.*, I, p. 553 ; *Atâbegs*, p. 241, 244-245 ; MICHEL LE SYRIEN, éd. Chabot, III, 332 ; R. HARTMANN, *Dja'bar, Enc. de l'Islam*. I, 1012.

192. IBN AL-A*th*îR, *Atâbegs*, p. 246 ; *Kâmil al-tewârîkh*, p. 553-554.

193. GUILLAUME DE TYR, p. 948.

194. IBN AL-A*th*îR, *Atabegs*, p. 246-247 ; *Livre des Deux Jardins*, p. 112-113 ; *Kamil al-tewârîkh*, p. 554.

195. MICHEL LE SYRIEN, trad. Chabot, III, p. 332-333.

196. DODU, *Institutions monarchiques du royaume de Jérusalem*, p. 172.

197. *Deux Jardins*, p. 112 et 113 ; *Atâbegs*, p. 247 ; *Kâmil al-tewârikh*, p. 554.

198. *Deux Jardins*, p. 136.

199. GUILLAUME DE TYR, p. 945.

200. Cf. RIANT, *Histoire de l'église de Bethléem-Ascalon*. Rev. de l'Orient Latin, 1893, I, 147.

201. Gilbert d'Assailly, grand maître de l'Hôpital de fin 1162 ou janvier 1163 jusqu'en 1170 (après juin 1170). Cf. DELAVILLE LE ROULX, *Hospitaliers*, p. 65-76.

202. GUILLAUME DE TYR, p. 948-949.

203. *Deux Jardins*, p. 113 ; *Kâmil al-tewârîkh*, p. 554.

204. MICHEL LE SYRIEN, éd. Chabot, III, p. 333.

205. « Durum enim videbatur..., amico regno et de nostra fide præsumenti, contra tenorem pactorum et contra juris religionem, immeritis et fidem servantibus bellum incidere. » GUILLAUME DE TYR, p. 949.

206. *Deux Jardins*, p. 136.

207. *Deux Jardins*, p. 136.

208. *Ibid.*, p. 137.

209. *Gestes des Chiprois*, éd. Gaston Raynaud, p. 111.

210. GUILLAUME DE TYR, p. 950.

211. ERNOUL, p. 20.

212. *Kâmil al-tewârikh*, p. 555 ; *Deux jardins*, p. 114.

213. « Malebat enim (Rex) pretio redemptus abire, quam urbes illas, sicut de Pelusio contigerat, popularibus exponere ad rapinam ». GUILLAUME DE TYR, p. 951.

214. *Deux Jardins*, p. 137.

215. GUILLAUME DE TYR, p. 952.

216. Traduction de GUILLAUME DE TYR, p. 951-952.

918   *L'ÉQUILIBRE*

217. *Atâbegs*, p. 247.

218. *Deux Jardins*, p. 114.

219. *Ibid.*, p. 139-140.

220. GUILLAUME DE TYR, p. 951.

221. Adaptation de GUILLAUME DE TYR, par le traducteur, p. 953.

222. Milon de Plancy était visiblement un ennemi personnel de Guillaume de Tyr : « Vir secundum carnem nobilis, sed moribus degener, nec Deum timens, neque ad hominem habens reverentiam, homo inverecundus, clamosus, detractor, seditiosus, etc. ». GUILLAUME DE TYR, p. 954.

223. *Deux Jardins*, p. 114-115.

224. GUILLAUME DE TYR, p. 953.

225. *Ibid.*, p. 952.

226. *Deux Jardins*, p. 115 et 138.

227. *Deux Jardins*, p. 138-139.

228. *Ibid.*, p. 116.

229. *Deux Jardins*, p. 141. Cf. GUILLAUME DE TYR, p. 955.

230. GUILLAUME DE TYR, p. 955.

231. *Deux Jardins*, p. 117 ; *Atâbegs*, p. 250.

232. IBN AL-Athîr, *Kâmil al-tewârîkh*, p. 558-560 ; *Atâbegs*, p. 251-253 ; *Deux Jardins*, p. 118-119 et 142-145.

233. IBN AL-Athîr, *Hist. Or.*, I, p. 560.

234. « Ecce a quam quieto et tranquillo penitus statu in quam turbulentem et anxietatibus plenam nos dejecit immoderatus habendi ardor ! Ægypti copiæ, opulentiarum immensitas, nostris usibus famulabantur ; ex ea parte regnum nostrum tuta habebat latera ; non erat quem ab Austro formidaremus. Mare nos volentibus adire vias præstabat pacatiores ; nostri quoque negociationis et commercionis gracia, sine formidine, bonis conditionibus in Ægypti fines poterant introire. Ipsi quoque, versa vice, peregrinas inferentes divitias, commercia nostris incognita secum trafientes, utilitati simul et honori nobis erant, dum ad nos ingrederentur. Praeterea census annui immensa praestatio tam fisco regio quam domesticis singulorum peculiis vires præstabat, inferebat incrementum. At nunc e converso cuncta calculum sunt sortita deteriorem. Quocunque me vertam, suspectas invenio partes ! Mare pacatos negat aditus, omnis vicina per circuitum regio hostibus paret et in nostram se accingunt perniciem regna contermina », GUILLAUME DE TYR, 957-958.

235. Bien entendu les historiographes musulmans cherchèrent à fabriquer à Saladin une ascendance arabe. On voulut rattacher la famille aiyûbide aux khalifes omaiyades, mais le frère de Saladin, al-'Adil, était le premier à rire de ces généalogies. Cf. MAQRIZI, *Histoire d'Égypte*, trad. Blochet, *Revue de l'Orient latin*, 1900-1901, p. 206.

NOTES 919

236. Que le sentiment kurde ait été très vif chez Saladin et chez ses compagnons, c'est ce qui ressort de toute leur histoire. Quand il fut investi du viziriat d'Égypte à la mort de son oncle Shîrkûh, deux au moins des lieutenants de ce dernier, Shihâb al-Dîn al-*H*âramî et 'Ain al-Dawla al-Yârûqî, pouvaient lui disputer le pouvoir. Ils ne le firent pas (le premier se rallia à lui, le second se retira chez Nûr al-Dîn) parce que, eux aussi, étaient kurdes : « Vous êtes kurdes tous deux, vous ne permettrez pas que le haut commandement passe aux Turkomans ! » (*Histoire des atâbegs*, p. 256-257).

237. *Gestes des Chiprois* (éd. des Histor. des Croisades, Acad. des Inscr.), p. 657.

238. Et après l'extraordinaire ascension qui de ce petit capitaine kurde avait fait un sultan d'Égypte et de Syrie, aucune morgue ! Voyez la simplicité avec laquelle il racontait lui-même l'origine de sa fortune, lorsqu'en novembre 1168 son oncle Shîrkûh et l'atâbeg Nûr al-Dîn l'avaient obligé, malgré lui, à prendre part à cette nouvelle campagne d'Égypte qui devait lui valoir un trône : « Mon oncle se tourna vers moi et me dit : « Yusûf, fais tes paquets ! » En recevant cet ordre, je me sentis frappé au cœur comme d'un poignard et je répondis : « Par Allâh, si l'on me donnait tout le royaume d'Égypte, je ne m'y rendrais pas ! J'ai trop souffert de peines et de fatigues à Alexandrie pour jamais les oublier ! » Mon oncle dit alors à Nûr al-Dîn : « Il faut qu'il vienne avec moi, ordonne-lui de m'accompagner ! » J'avais la figure tournée vers Nûr al-Dîn quand il m'enjoignit de partir. Après la séance on rassembla les troupes, elles étaient sur le départ. Nûr al-Dîn me dit alors : « J'exige que tu te mettes en route avec ton oncle. » Je lui répondis en me plaignant de l'état de gêne dans lequel je me trouvais, n'ayant ni assez de montures ni de ressources pour faire le voyage. Il me donna tout ce qu'il me fallait pour m'équiper, et je partis comme un homme qu'on envoie à la mort. Donc je fis route avec mon oncle et à peine eut-il établi son autorité sur l'Égypte qu'il mourut. Allâh me donna alors la souveraineté de ce pays sans que je m'y attendisse. »(*Atâbegs*, p. 254-255.)

239. Ibn al-A*th*îr, *Atâbegs*, p. 255.

240. *Kâmil al-tewârîkh*, I, p. 564.

241. *Deux Jardins*, p. 146.

242. Cf. Sobernheim, *Karâkûsh*, in *Encycl. de l'Islam*, II, 786.

243. Ibn al-A*th*îr, p. 568 ; *Le Livre des Deux Jardins*, p. 147-148.

244. Cf. Wiet, *Précis de l'histoire d'Égypte*, II, 197.

245. « Violentissimus inimicus noster Noradinus per mare poterat, classe numerosa ex Ægypto profisciscente, regnum nostrum arctare non modicum, et quamlibet ex maritimis urbibus utroque vallare exercitu ; et, quod formidabilius erat, peregrinis transitum ad nos impedire aut negare penitus. » Guillaume de Tyr, II, p. 960.

246. GUILLAUME DE TYR, p. 959. Voir aussi la lettre du patriarche Amaury de Nesle à l'Église d'Occident à propos du départ pour l'Europe de Gilbert d'Assailly, grand maître du Temple. *Archives de l'Orient latin*, I, p. 386.

247. IBN AL-ATHÎR, *Atâbegs*, p. 258-259.

248. En arrivant à sa cour, en septembre 1169, les ambassadeurs d'Amaury lui apportèrent, symbole éloquent, les clés d'une des portes de Jérusalem. En apprenant le péril couru par la ville sainte, Louis VII ne put retenir ses larmes, mais il est évident que, menacé comme il l'était par les Anglo-Angevins, le roi de France ne pouvait sans défection repartir pour la Syrie. Cf. LUCHAIRE, *Hist. de France* (Lavisse), III, I, 57.

249. GUILLAUME DE TYR, p. 960.

250. GUILLAUME DE TYR, II, p. 961.

251. CHALANDON, *Comnènes*, II, p. 539.

252. CHALANDON, *Comnènes*, II, p. 539, d'après NIKÉTAS CHONIATÈS, V, 4, p. 208 et sq.

253. GUILLAUME DE TYR, p. 962.

254. CHALANDON, *Comnènes*, II, p. 540.

255. GUILLAUME DE TYR, p. 963. Cf. ABEL, *Géographie de la Palestine*, p. 103-104.

256. Toute la chronologie de cette campagne a été remarquablement établie par Chalandon. Redisons une fois de plus notre immense dette envers le regretté savant.

257. GUILLAUME DE TYR, p. 965.

258. *Atâbegs*, p. 259.

259. *Deux Jardins*, p. 151.

260. GUILLAUME DE TYR, p. 965.

261. *Ibid.*, p. 965.

262. GUILLAUME DE TYR, p. 966. Église édifiée, d'après la tradition, sur l'emplacement où la Vierge et saint Joseph avaient fait halte lors de la fuite en Égypte.

263. *Ibid.*, p. 968.

264. GUILLAUME DE TYR, p. 967.

265. *Ibid.*, p. 967.

266. GUILLAUME DE TYR, p. 968

267. CHALANDON, *Comnènes*, II, p. 543, d'après NIKÉTAS CHONIATÈS, V, 6, p. 217.

268. MICHEL LE SYRIEN, texte syriaque, trad. Chabot, III, p. 336, et vers. arm., *Doc. arméniens*, I, p. 369-370.

269. GUILLAUME DE TYR, p. 969.

270. Dates établies par CHALANDON, *Comnènes*, II, p. 544, note 4.

271. CHALANDON, II, p. 544-545.

272. GUILLAUME DE TYR, p. 971.

NOTES 921

273. *Deux Jardins*, p. 153.

274. *Deux Jardins*, p. 149.

275. DELAVILLE LE ROULX, *Les Hospitaliers*, p. 75-76.

276. Le seigneur de Montréal et de la Terre d'Outre-Jourdain, Philippe de Milly, devenu veuf, était vers 1167 entré dans l'Ordre du Temple, en laissant sa seigneurie à sa fille Étiennette ou Stéphanie. Étiennette de Milly apporta la Terre de Montréal et d'Outre-Jourdain à ses époux successifs, savoir : 1° Onfroi de Toron (entre 1167 et 1172 environ) ; 2° le sénéchal Milon de Plancy (entre 1172 et 1174) ; 3° Renaud de Châtillon, ancien prince d'Antioche (de 1177 à 1187). Le titulaire de la seigneurie en avril 1170 était donc Onfroi de Toron. Mais duquel des Onfroi s'agit-il ici ? D'un Onfroi II, père du connétable, lequel connétable fut blessé mortellement à la bataille de Panéas, en 1179, et serait en ce cas Onfroi III ? Ou plutôt (et cette hypothèse, émise par Rey, nous semble préférable, puisque Guillaume de Tyr, comme la remarque Ducange, note qu'un des Onfroi décéda du vivant de son père) le vieux connétable, héros de Panéas, serait un Onfroi II, le même qui quelque deux ans avant sa mort s'était remarié avec la princesse Philippa d'Antioche, délaissée par Andronic Comnène. Auquel cas ce serait son fils (le fils de son premier mariage), Onfroi III décédé avant lui vers 1172, qui aurait épousé Étiennette de Milly et reçu d'elle en mariage la Terre d'Outre-Jourdain. Enfin le fils de Onfroi III et d'Étiennette de Milly, Onfroi IV le Jeune (époux de la princesse Isabelle de Jérusalem), succéda en 1179 (son père étant mort depuis 1172) directement à son grand-père, le vieux connétable, dans la seigneurie du Toron (Tibnîn). Mais sa mère, Étiennette de Milly, était restée seigneuresse de Montréal et d'Outre-Jourdain, fief qu'elle apporta successivement à son deuxième époux Milon de Plancy (1172), puis au troisième, Renaud de Châtillon (1177). Cf. REY, *Les seigneurs de Montréal*, *Revue de l'Orient latin*, 1896, I, p. 21. En ce qui concerne la formation territoriale de cette seigneurie et particulièrement son extension maxima vers le sud, nous nous étions rallié (t. I, p. 280) à l'opinion de Schlumberger qui faisait occuper l'île de Grayé par les Francs dès le règne de Baudouin Ier. M. Robert Fazy nous fait remarquer que le P. Savignac n'a trouvé aucune trace de remparts francs dans l'îlot et que, s'il y en eut, ils furent édifiés postérieurement à Baudouin Ier. De plus, l'éminent orientaliste suisse pense que le point du Wâdi 'Araba méridional (au sud de Shawbak) fortifié par Baudouin Ier (au cours de son second raid) ne doit pas être le port d'Aila, mais seulement Wu'aira, qui est le Val Moyse, près de l'ancienne Petra.

277. IBN AL-ATHÎR, *Atâbegs*, p. 260-261

278. *Deux Jardins*, p. 153-154

279. Van Berchem, *J. A.*, 1902, I, 420. Dussaud, *Topographie*, p. 328-330. Abel, *Géographie de la Palestine*, I, carte VIII.

280. Michel le Syrien, éd. Chabot, III, p. 339, et trad. arménienne, p. 371.

281. *Atâbegs*, p. 262.

282. *Atâbegs*, p. 263. L'histoire des Hospitaliers, pour cette période ne relate rien de tel (Delaville Le Roulx, *Les Hospitaliers*, p. 78-81).

283. *Atâbegs*, p. 263.

284. *Ibid.*, p. 264-265.

285. Ildegiz, mamelûk turc du Qipchaq, avait débuté à la cour du sultan de Perse Mas'ûd (1134-1152). Il plut à celui-ci et reçut le gouvernement de l'Adharbaijan qu'il occupa de 1136 à sa mort en 1172. Son mariage avec la veuve du sultan Tughril accrut son influence. En 1161 il fit élever son beau-fils Arslân shâh (fils de Tughril) sur le trône seljûqide et gouverna dès lors la Perse sous son nom, comme son atâbeg, installé à ses côtés à Hamadhân.

286. *Atâbegs*, p. 277-278. *Kâmil al-tewârîkh*, 575.

287. 1170-1180.

288. Ibn al-Athîr, *Hist. Or.*, p. 593 et 595, et *Atâbegs*, p. 279.

289. Guillaume de Tyr, p. 973-975. Ibn al-Athîr, *Hist. Or.*, I, p. 577-578.

290. Paulin Paris pense qu'il s'agit de la famille *du Pas*, originaire du pays de Saint-Pol, en Picardie (son édition de Guillaume de Tyr, II, p. 338). Pour Röhricht (*Gesch. d. König. Jerus.*, p. 349), il s'agit d'un Anselme *de Passy*.

291. Guillaume de Tyr, p. 975-976.

292. Guillaume de Tyr, p. 977.

293. *Ibid.*, p. 977.

294. *Ibid.*, p. 976.

295. *Kâmil al-tewârîkh*, p. 578. Comme nous l'avons dit plus haut, le Père Savignac, lors de son exploration de 1913, n'a trouvé à Aîla aucune trace de l'appareillage caractéristique des remparts édifiés par les Croisés. Cf. R. Fazy, in *Gazette de Lausanne*, 16 décembre 1934.

296. *Ibid.*, p. 584 ; *Atâbegs*, p. 279-280 ; *Deux Jardins*, p. 155

297. *Kâmil al-tewârîkh*, p. 551.

298. Cf. Chalandon, *Les Comnènes*, II, p. 494-497 et 500 ; Ibn al-Athîr, *Hist. Or.*, I, p. 591-592.

299. Michel le Syrien, éd. arménienne, p. 356 ; Vahram d'Édesse, *Chronique rimée*, p. 508 ; Sempad, *Chronique*, p. 621-622.

300. Sempad, *Chronique*, p. 623.

301. Guillaume de Tyr, p. 990 ; Bar Hebræus, II, p. 365.

302. Sempad, p. 622.

303. *Ibid.*, 622.

NOTES

304. Guillaume de Tyr, p. 991.

305. Vahram d'Édesse, *Chronique rimée*, p. 508-509 ; Sempad, *Chronique*, p. 623-624.

306. *Chronique rimée de la Petite Arménie*, p. 508-509 ; Sempad, p. 623-624.

307. Michel le Syrien, éd. Chabot, III, iii, p. 331 ; Bar Hebræus, p. 365-370.

308. Guillaume de Tyr, p. 991.

309. *Kâmil al-tewârîkh*, p. 588.

310. *Ibid.*, p. 588-589 ; variante, *Atâbegs*, p. 307-308.

311. Michel le Syrien, III, iii, p. 337 ; Bar Hebræus, II, p. 370.

312. Guillaume de Tyr, p. 991-992.

313. Guillaume de Tyr, p. 980.

314. Guillaume de Tyr, p. 981.

315. Guillaume de Tyr, p. 981.

316. Renard ou Renouard (Reinoardus). « Il avait épousé Douce, fille de Renaud Porcelet, gentilhomme provençal. » Cf. Du Cange-Rey, p. 251 et 413.

317. Ancien sire de Naplouse, puis ancien sire d'Outre-Jourdain et finalement grand maître du Temple, charge dont il s'était récemment démis. Cf. Du Cange-Rey, p. 875.

318. Guillaume de Tyr, p. 982.

319. *Ibid.*, p. 983.

320. Chalandon, *Comnènes*, II, p. 548.

321. Guillaume de Tyr, p. 983-984.

322. Guillaume de Tyr, p. 985.

323. *Ibid.*, p. 986.

324. Kinnamos, VI, 10, p. 280. Cf. Chalandon, *Comnènes*, II, p. 549-550.

325. Ce rapprochement se marqua jusque dans le domaine de l'art. Amaury et Manuel Comnène firent exécuter à frais communs dans l'église de Bethléem des mosaïques où l'on voit « alterner les saints orientaux et les saints occidentaux. Le choix des textes grecs et latins y a été dicté par un esprit d'entente et de conciliation évident » (Rey, *Rev. Or. lat.*, II, 1896, p. 379).

326. Guillaume de Tyr, p. 984.

327. Guillaume de Tyr, p. 987.

328. Chalandon, *Comnènes*, II, p. 550.

329. *Atâbegs*, p. 290-292.

330. Cf. Chalandon, *Comnènes* II, 495-497.

331. *Ibid.*, 501.

332. Guillaume de Tyr, p. 988.

333. L'abbâside Al Mustadî, khalife de Baghdâd de 1170 à 1180.

334. *Kâmil al-tewârîkh*, p. 588-589.

924 L'ÉQUILIBRE

335. GUILLAUME DE TYR, p. 991.

336. *Ibid.*, p. 992.

337. SEMPAD, *Chronique*, p. 625.

338. GUILLAUME DE TYR, p. 987-988.

339. Il s'agit bien d'Étienne, comte de Sancerre († 1191), fils de Thibaut IV de Champagne et de Blois († 1152).

340. GUILLAUME DE TYR, p. 988.

341. IBN AL-ATHÎR, *Kâmil al-tewârîkh*, p. 586 ; *Deux Jardins*, p. 158.

342. Cf. DUSSAUD, *Topographie*, p. 374-375.

343. *Ibid.*, *Topographie*, p. 344. *Deux Jardins*, p. 158.

344. DUSSAUD, *Topographie*, p. 328-329.

345. Cf. ABEL, *Géographie*, I, 63.

346. *Kâmil al-tewârîkh*, I, p. 586.

347. GUILLAUME DE TYR, p. 992.

348. REY fait remarquer qu'on voit Milon souscrire plusieurs actes comme seigneur de Montréal et d'Outre-Jourdain entre 1172 et 1174. (REY, *Les seigneurs de Montréal*, R. O. L. 1896, I, 21).

349. GUILLAUME DE TYR, p. 992.

350. *Kâmil al-tewârîkh*, p. 575-576.

351. Voir l'article *al-Shâfi'î*, par HEFFENING, dans l'*Encyclop. de l'Islam*, p. 262.

352. IBN AL-ATHÎR, *Kâmil al-Tewârîkh*, I, p. 578.

353. Cf. KEMÂL AL-DÎN, trad. Blochet, *R. O. L.*, 1895, IV, p. 551.

354. Cf. WIET, *Précis de l'histoire d'Égypte*, II, 198.

355. IBN AL-ATHÎR, *Atâbegs*, p. 282-283 ; *Kâmil al-tewârîkh*, p. 578-580.

356. *Kâmil al-tewârîkh*, p. 581 ; MAQRÎZÎ, *Histoire d'Égypte*, *Rev. de l'Orient latin*, 1900-1901, p. 212.

357. *Kâmil al-tewârîkh*, p. 581-582. Variante dans *Atâbegs*, p. 286-287. Comme on le voit, je décale ici à dessein l'ordre chronologique, puisque j'ai déjà parlé plus haut du siège de Kérak par Nûr al-Dîn *en 1173*. Mais il s'agit maintenant d'illustrer la rivalité entre Nûr al-Dîn et Saladin.

358. GUILLAUME DE TYR, p. 992-993.

359. *Kâmil al-tewârîkh*, p. 581-582.

360. *Kâmil al-tewârîkh*, p. 583 ; *Atâbegs*, p. 287-288 ; KEMÂL AL-DÎN, *R. O. L.*, 1895, p. 552 ; MAQRÎZÎ, trad. Blochet, *Rev. Or. lat.*, 1900-1901, p. 506.

361. « Cette année 568 (1172-1173), écrit Maqrîzî, la question de l'Égypte tourmentait extrêmement Nûr al-Dîn et il se décida à l'enlever à Saladin. À plusieurs reprises celui-ci avait envoyé à Nûr al-Dîn des ambassades pour lui porter de l'argent. Mais Nûr al-Dîn envoya son vizir al-Qaîsarânî en Égypte pour en faire le cadastre, s'enquérir de son état financier et fixer la redevance que Saladin aurait à payer chaque année. Le vizir devait aussi se rendre compte si Saladin était

NOTES 925

bien disposé à obéir aux ordres de Nûr al-Dîn. Quand il arriva au Caire, Saladin fut vivement irrité de ce procédé et dit : « Voilà donc où nous en sommes arrivés ! » Néanmoins il fit connaître tout l'état financier du pays avec les sommes dont il s'était emparé, ajoutant : « Est-ce qu'on peut administrer un grand pays sans manier de grandes sommes d'argent ? » (MAQRÎZÎ, trad. Blochet, *Rev. Or. lat.*, 1900-1901, p. 509-510).

362. *Kâmil al-tewârîkh*, p. 587, 595-598 ; MAQRÎZÎ, trad. Blochet, *Rev. Or. lat.*, 1900-1901, p. 510-511.

363. *Atâbegs*, p. 293.

364. *Kâmil al-tewârîkh*, p. 593.

365. Le vieux Najm al-Dîn Aiyûb mourut en effet au Caire le 9 août 1173.

366. *Kâmil al-tewârîkh*, p. 602-603 ; KEMÂL AL-DÎN, trad. Blochet, p. 555-556.

367. IBN AL-ATHÎR, *Atâbegs*, p. 293 ; *Kâmil al-tewârîkh*, p. 602-603.

368. Cf. CARRA DE VAUX, article *Dâ'î*, in *Encyclopédie de l'Islam*, I, p. 918-919.

369. Cf. MAQRÎZÎ, trad. Blochet, *Rev. Or. lat.*, 1900-1901, p. 511.

370. IBN AL-ATHÎR, *Kâmil al tewârîkh*, p. 599.

371. *Kâmil al-tewârîkh*, p. 600.

372. *Kâmil al-tewârîkh*, p. 599-600.

373. BEHÂ AL-DÎN, *Vie du sultan Yûssuf*, p. 56-57 ; *Deux Jardins*, p. 164-165 ; CHALANDON, *Histoire de la domination normande*, II, p. 395.

374. *Kâmil al-tewârîkh*, p. 600.

375. De la puissante tribu des Banu'l Kanz. Cf. WIET, *Précis de l'histoire d'Égypte*, 219.

376. BEHÂ AL-DÎN, p. 56. Autres détails dans MAQRÎZÎ, *Rev. Or. lat.*, 1900-1901, p. 515-516.

377. *Kâmil al-tewârîkh*, p. 602.

378. D'après al-Imâd, l'escadre normande apparut devant Alexandrie le 28 juillet 1174. Or Amaury Ier était décédé depuis le 11.

379. DUSSAUD, *Topographie*, p. 140 et 143.

380. GUILLAUME DE TYR, p. 996.

381. Sinân, venu de Perse vers 1162 comme représentant du grand maître suprême d'Alamût, gouverna les Ismâ'îliens de Syrie de 1169 à sa mort en septembre 1192. Cf. DEFRÉMERY, *Recherches* et *Nouvelles recherches sur les Bathiniens ou Ismaéliens de Syrie, Journal asiatique*, 1849-1860 ; Stanislas GUYARD, *Un grand maître des Assassins au temps de Saladin, Journal asiatique*, 1877, p. 324-489.

382. GUILLAUME DE TYR, p. 997.

383. *Ibid.*, p. 998.

384. GUILLAUME DE TYR, p. 998-999.

926   *L'ÉQUILIBRE*

385. J'insiste sur ce fait que les Ordres militaires ne se montraient pas moins rebelles à la Papauté au point de vue ecclésiastique qu'à la royauté au point de vue féodal. Voyez dans l'Empire latin de Constantinople l'histoire de l'évêque latin de Gardiki dépouillé de tous ses biens par les Hospitaliers qui, malgré une lettre expresse d'Innocent III, refusent de les lui rendre. « Les Hospitaliers blessent grièvement le porteur de la lettre pontificale, jettent celle-ci à terre, menacent l'évêque de mort et déclarent qu'il n'y a pas de mandats pontificaux capables de leur faire lâcher prise. Après trois sommations, l'archevêque d'Athènes, délégué par le Pape, les excommunie. Insoucieux de l'anathème, ils continuent à faire célébrer les offices ». LUCHAIRE, *Innocent III et la Question d'Orient*, 165.

386. Traduction de GUILLAUME DE TYR, p. 999. Le passage entre crochets est une addition du Traducteur.

387. Pèlerinage dont Ernoul est d'ailleurs le seul chroniqueur à faire mention. Cf. ERNOUL, éd. Mas-Latrie, p. 27-30. Notons que, même si cette conversation n'a pas eu lieu à propos d'un pèlerinage arménien à Jérusalem, les données peuvent s'en situer au moment de la réconciliation ménagée par Amaury entre Byzantins et Arméniens.

388. Notons que ce fut exactement ce qui se passa après le désastre de *Hatt*în, lors de la reconquête de la Palestine par Saladin.

389. Il est d'autant plus regrettable qu'on ne s'en soit pas remis à la décision de la Papauté que, précisément à cette époque, l'Église arménienne était à la veille de se réunir à l'Église romaine. En 1140, le katholikos arménien Grégoire III était venu assister au synode latin de Jérusalem, et, sous son successeur Nersès IV Glaietsi (avril 1166-août 1173), le grand prélat arménien Nersès Shnorhali fit une concession décisive concernant la dualité des natures en Jésus-Christ (TOURNEBIZE, *Histoire de l'Arménie*, 240). Notons par ailleurs que certaines autorités ecclésiastiques latines locales décidaient souvent sur les questions les plus délicates sans consulter la Papauté, peut-être parce que sachant que celle-ci ne manquerait pas de les désavouer. Voyez l'attitude admirable d'Innocent III défendant contre certains prélats latins l'élément grec rallié (LUCHAIRE, *Innocent III et la Question d'Orient*, 245). Pour ce qui est de Jérusalem et d'Antioche, il est très malheureux que les patriarches latins n'aient pas été désignés par le Pape, au lieu d'être élus en Syrie même.

390. ERNOUL, p. 29-30.

391. Saîf al-Dîn Ghâzî II, atâbeg de Mossoul de 1170 à 1176 ou 1180.

392. *Kâmil al-tewârîkh*, p. 608-609.

393. *Ibid.*, p. 606-607 ; KEMÂL AL-DÎN, *Histoire d'Alep,* trad. Blochet, *Rev. Orient latin*, 1895, IV, p. 558-560.

NOTES   927

394. *Ibid.*, p. 607, 608.

395. Guillaume de Tyr, p. 1000-1001 ; *Kâmil al-tewârîkh*, p. 610-611 – Panéas, on l'a vu, avait été enlevée aux Francs par Nûr al-Dîn en 1164 – Cf. *supra*, p. 466.

396. *Kâmil al-tewârîkh*, p. 611. Cf. *Deux Jardins*, p. 162, qui cite une lettre de Saladin à ce sujet : « J'ai reçu la nouvelle de la paix conclue entre les Francs et Damas, mais les autres pays musulmans ne sont pas compris dans ce traité et ne se rallient pas aux vues qui l'ont inspiré. Pour tous, les Francs sont l'ennemi commun. Le trésor (de Damas), destiné à la guerre sainte, a été dépensé pour cet acte criminel, digne de la colère d'Allâh. Les redoutables chevaliers de Tibériade (captifs à Damas) ont été en outre rendus aux Francs, par une clause spéciale du traité ! » Et Saladin ajoutait qu'il s'en était fallu de peu qu'il marchât aussitôt sur Damas et qu'en tout cas il restait prêt à la lutte.

397. Voir à la fin du volume les cartes historiques pour le règne d'Amaury Ier.

Chapitre IV

1. Guillaume de Tyr, p. 1004, 1006, 1035.

2. Guillaume de Tyr, p. 1004.

3. *Ibid.*, p. 1005.

4. Guillaume de Tyr, p. 1007.

5. Guillaume de Tyr, p. 1009.

6. *Ibid.*, p. 897, 994. – *Le Livre des Deux Jardins* nous dit d'autre part que Nûr al-Dîn avait longtemps refusé de libérer Raymond III, malgré l'importance des rançons offertes. Il ne le fit à la fin qu'à la prière de Fakhr al-Dîn Mas'ûd ibn al-Za'farâni, contre paiement de 50 000 dînârs et libération de 1 000 prisonniers musulmans. *Deux Jardins*, p. 168. Kemâl al-Dîn doit se tromper en faisant libérer Raymond III seulement par le régent d'Alep Gümüshtekîn en 1174 (*Histoire d'Alep*, *Rev. Or. lat.*, 1895, IV, p. 563).

7. Nous avons dit, d'accord avec Rey, que le connétable dont il est ici question est Onfroi II de Toron († en 1179). Il semble que ce soit son fils, Onfroi III, mort avant lui, qui avait épousé Étiennette de Milly, héritière de la Terre d'Outre-Jourdain (Transjordanie) et en avait eu un fils, Onfroi IV, lequel épousa la princesse Isabelle de Jérusalem. Voir plus haut, p. 553-554 et Du Cange-Rey, 470.

8. Baudouin de Rames = Ramla et son frère Balian II d'Ibelin étaient, on l'a vu, fils de Balian Ier d'Ibelin, dit Balian le Vieux ou Balian le Français. C'est Balian II qui épousa Marie Comnène, veuve du roi Amaury. Voir à la fin de notre tome III la généalogie de cette famille. Cf. Du Cange-Rey, p. 360-379.

928   *L'ÉQUILIBRE*

9. Renaud de Sidon, fils de Gérard de Sidon et petit-fils du connétable de Jérusalem Eustache Garnier, seigneur de Césarée et de Sidon. Voir *in fine* la généalogie de cette famille et cf. Du Cange-Rey, 431 et 274.

10. Guillaume de Tyr, p. 1008.

11. *Ibid.*, p. 1009-1010.

12. Guillaume de Tyr, p. 1010-1011.

13. *Ibid.*, p. 1009-1010.

14. Guillaume de Tyr, p. 1011-1012.

15. Cf. Giry, *Bibl. de l'École des Chartes*, 1874, p. 343-345. Gautier de Fauquenberge, de la famille des châtelains de Saint-Omer, était mort en laissant la princée de Galilée ou de Tibériade à sa veuve Échive et à leurs enfants (encore mineurs), Hugue, Guillaume, Raoul et Othon. Échive s'étant remariée à Raymond III de Tripoli, celui-ci assuma la baylie de la princée au nom de sa femme et de ses beaux-fils. Cf. Du Cange-Rey, 482 et 443, et, en fin du présent volume, notre Appendice I sur l'histoire de la Galilée sous la domination franque.

16. Guillaume, archidiacre de Tyr, et plus tard (30 mai 1175) archevêque de cette ville, succéda comme chancelier du royaume à l'évêque de Bethléem Raoul l'Anglais (été de 1174).

17. Maqrîzî, *Hist. d'Égypte*, trad. Blochet, *Rev. Or. lat.*, 1900-1901, p. 514. Amari, *Storia dei musulmani*, III, B, 506-514. Cf. Chalandon, *Histoire de la domination normande en Italie*, II, 395.

18. *Kâmil al-tewârîkh*, p. 612 ; *Deux Jardins*, p. 164-165 ; Guillaume de Tyr, p. 1007.

19. Maqrîzî dit simplement que les Francs coulèrent l'escadre musulmane (*op. cit.*, p. 514).

20. Lettre de Saladin, citée par al-'Imâd, *Deux Jardins*, p. 165-166.

21. Maqrîzî, trad. Blochet, *Rev. Or. lat.*, 1900-1901.

22. *Kâmil al-tewârîkh*, p. 613-614. Signalons encore, toujours sous le règne de Guillaume II, deux autres expéditions des Normands de Sicile contre le Delta. Entre juillet 1175 et juillet 1176, leur flotte vint attaquer la côte, vers la ville de Tinnis. Entre juin 1177 et juin 1178, ils revinrent devant Tinnis, s'en emparèrent, la pillèrent et se rembarquèrent aussitôt. Simples raids de corsaires, sans tentative d'installation. Cf. Chalandon, *Domination normande*, II, 397.

23. *Deux Jardins*, p. 178.

24. Al Sâli*h* Ismâ'îl, troisième atâbeg zengide de Syrie, 1174-1181.

25. Kemâl al-Dîn, *Histoire d'Alep, Rev. Or. lat.*, 1895, IV, p. 560.

26. *Kâmil al-tewârîkh*, p. 614-616.

27. *Kâmil al-tewârîkh*, p. 608.

28. Date de Behâ al-Dîn, 59. Ibn al-A*th*îr (I, 614) donne fin septembre.

NOTES 929

29. Behâ al-Dîn, *Vie du sultan Yûsuf*, p. 58-59.

30. Cf. Maqrîzî, *R. O. L.*, 1900-1901, p. 517.

31. *Kâmil al-tewârîkh*, p. 618-619 ; Kemâl al-Dîn, *Histoire d'Alep*, *Rev. Or. lat.*, 1895, IV, p. 562-563.

32. *Deux Jardins*, p. 167.

33. *Kamil al-tewârîkh*, p. 619-620, et Kemâl al-Dîn, *Rev. Or. lat.*, 1895, IV, p. 563.

34. Guillaume de Tyr, p. 1014.

35. *Ibid.*, p. 1013-1014.

36. *Ibid.*, p. 1015-1016.

37. *Deux Jardins*, p. 168.

38. Rey, *Colonies franques*, p. 364 ; Dussaud, *Topographie*, p. 93-94.

39. Guillaume de Tyr, p. 1018-1019.

40. *Deux Jardins*, p. 168 ; *Kâmil al-tewârîkh*, p. 620 ; Maqrîzî, *R. O. L.*, 1900-1901, p. 518.

41. *Deux Jardins*. p. 168.

42. En réalité, si les historiens arabes désignent couramment Saladin sous le titre de sul*t*ân, ce titre n'apparaît pas sur les monnaies aiyûbides où le souverain est traité seulement de *malik* (roi) (J. H. Kramers, *Encycl. de l'Islam, J*, 569). M. Wiet a du reste établi, à l'aide de nombreux documents, que ce fameux titre de sultan sous lequel Saladin est connu dans l'histoire, Saladin ne le porta jamais. Ce ne furent que ses fils et frères qui se l'octroyèrent entre 1202 et 1214. Cf. Wiet, *Précis de l'Histoire d'Égypte*, II, 224.

43. *Kâmil al-tewârîkh*, p. 621-622 ; Behâ al-Dîn, p. 60 ; Kemâl al-Dîn, trad. Blochet, *Rev. Or. lat.*, 1895, IV, p. 564. Maqrîzî affirme cependant que, pour obtenir la paix, les Alépins durent céder à Saladin Ma'arrat et Kafar*t*âb (Maqrîzî, *Hist. d'Égypte*, trad. Blochet, *Rev. Or. lat.*, 1900-1901, p. 520.

44. Guillaume de Tyr, p. 1019.

45. Guillaume de Tyr, p. 1020-1021.

46. *Kâmil al-tewârîkh*, p. 625-626.

47. Behâ al-Dîn, p. 61-62 ; *Kâmil al-tewârîkh*, p. 622-623.

48. Un parlementaire de Saladin faillit être mis à mal par la populace qui le poursuivait en criant : « Nous ne voulons pas faire la paix ! Tiens-toi en repos et ne te mêle pas de ce qui ne te regarde point ! » « On lui lança des pierres et il se retira, mais la foule le poursuivit jusqu'au camp de Saladin. » (Kemâl al-Dîn, *Hist. d'Alep*, trad. Blochet, *Rev. Or. lat.*, 1896, II-III, p. 146).

49. *Kâmil al-tewârîkh*, p. 623-625 ; Behâ al-Dîn, *Vie du sultan Yûsuf*, p. 61-62 ; Kemâl al-Dîn, *Histoire d'Alep*, trad. Blochet, *Rev. Or. lat.*, 1896, III-IV, p. 147.

50. Ibn al-A*t*hîr, *Kâmil al-tewârîkh*, p. 623-624 et 626.

51. Guillaume de Tyr, p. 1022.

930   L'ÉQUILIBRE

52. MOUTERDE, *Mélanges de la Faculté de Beyrouth*, VIII, 103 et sq. DUSSAUD, *Topographie*, p. 400-401.

53. GUILLAUME DE TYR, p. 1022.

54. *Kâmil al-tewârîkh*, p. 627.

55. *Kâmil al-tewârîkh*, p. 627.

56. Version différente in MAQRÎZÎ, *Rev. Or. lat.*, 1900-1901, p. 525.

57. GUILLAUME DE TYR, p. 1023.

58. GUILLAUME DE TYR, p. 1026.

59. GUILLAUME DE TYR, p. 1026.

60. Philippe d'Alsace, comte de Flandre, associé dès 1157 au gouvernement par son père Thierry (qui n'était mort qu'en 1168). Le pèlerinage de Philippe d'Alsace était peut-être la conséquence d'un vœu, pour expier sa cruauté envers Gautier de Fontaines qu'il aurait surpris en conversation avec sa femme et qu'il avait fait périr sous le fouet. (Ch. KOHLER, *Rev. d. l'Orient Latin*, 1911, 427)

61. ERNOUL, p. 32.

62. GUILLAUME DE TYR, p. 1027.

63. L'attitude de Philippe d'Alsace a été sévèrement jugée par les historiens flamands (KERVYN DE LETTENHOVE, *Histoire de la Flandre*, I, 164). De Robert II, le héros de la première croisade, jusqu'à Thierry d'Alsace, la Flandre avait joué un rôle assez magnifique dans l'épopée chrétienne pour qu'on ne doive voir ici qu'un cas tout individuel. Ajoutons que Philippe d'Alsace devait racheter noblement son attitude de 1177 en venant mourir au siège de Saint-Jean d'Acre en 1191, durant la Troisième Croisade.

64. GUILLAUME DE TYR, p. 1030-1031 ; CHALANDON, *Comnènes*, II, p. 551.

65. GUILLAUME DE TYR, p. 1033.

66. Le texte de Guillaume de Tyr (1028) dit expressément que Baudouin IV proposa de constituer Renaud de Châtillon « regni et exercituum procurator ». Il ne s'agit pas seulement du commandement de l'expédition d'Égypte, mais d'une baylie du royaume. Le récit de Guillaume de Tyr doit ici comporter une lacune volontaire, car on ne voit pas comment le comte Raymond III de Tripoli qui trois ans auparavant avait obtenu la baylie (GUILLAUME DE TYR, 1010), n'en exerçait plus maintenant les fonctions.

67. Non sans raison, reconnaissons-le.

68. GUILLAUME DE TYR, p. 1028-1029.

69. Cf. Ch. KOHLER, *Rev. Or. lat.*, 1911, p. 427 (à propos du *Philip von Elsass* de Johnen). En ce qui concerne les soi-disant titres de Philippe d'Alsace à la couronne de Jérusalem, remarquons que, si sa mère, Sibylle d'Anjou, était fille du roi Foulque, elle n'était pas née de Mélisende de Jérusalem, mais d'Aremburge du Maine. Toute revendication à cet égard était donc mal fondée. Répétons que Phi-

NOTES 931

lippe d'Alsace a été en tout cela très sévèrement jugé par le grand historien flamand Kervyn de Lettenhove, *Histoire de Flandre*, I, p. 164-166. Cf. aussi PIRENNE, *Histoire de Belgique*, I, p. 196-197.

70. Traduction de GUILLAUME DE TYR, p. 1029-1030.

71. ERNOUL, p. 33. On a vu que le père de Baudouin de Ramla, le chevalier chartrain Balian Ier, dit le Vieux ou le Français, avait reçu du roi Foulque le fief d'Ibelin (Yabnâ) et de Mirabel (Mejdel-Yâbâ). Par son mariage avec Héloïse de « Rames » (Ramla), il acquit également cette seigneurie. Ses trois fils Hugue d'Ibelin, Baudouin de Ramla et Balian II d'Ibelin jouèrent un rôle de premier plan dans le royaume et approchèrent de très près du trône. Hugue, l'aîné, épousa Agnès de Courtenay, femme répudiée du roi Amaury et mère du roi Baudouin IV. En 1177 Balian II épousa de même la reine douairière Marie Comnène, veuve du même roi Amaury. Enfin, comme on va le voir, Baudouin d'Ibelin brigua la main de la princesse Sibylle de Jérusalem, fille d'Amaury et héritière du trône.

72. Baudouin de Ramla avait épousé Richen ou Richilde, fille de Gormond, seigneur de Bethsan (Beisân), qui lui avait apporté ce fief. Il en eut trois enfants : Thomas d'Ibelin, décédé sans héritier, Eschive qui épousa depuis Amaury II (de Lusignan), roi de Chypre, et Stéphanie.

73. ERNOUL, p. 33.

74. GUILLAUME DE TYR, p. 1033.

75. GUILLAUME DE TYR, p. 1035.

76. « Aucunes genz avoient mescreu (= blâmé) le prince d'Antioche et le conte de Triple, qui estoient présent, de ce que il eussent destorbé le conte de Flandres d'aler en Égypte, por ce que chascuns d'eus le vouloit trère (= tirer) vers son païs, et (voulait) guerroier en ses marches par l'aide des Flamenz » (Traduction de GUILLAUME DE TYR, p. 1035).

77. GUILLAUME DE TYR, p. 1035, 1038 ; ERNOUL, p. 34.

78. IBN AL-ATHîR, *Kâmil al-tewârîkh*, p. 630-633. – Le grand maître de l'Hôpital dont il est ici question n'est pas nommé par les chroniqueurs. Nous savons seulement que Jobert occupa la maîtrise de 1173 à janvier 1177, et que son successeur, Roger de Moulins, était déjà grand maître en octobre 1177. Cf. DELAVILLE LE ROULX, *Hospitaliers*, p. 86.

79. *Deux Jardins*, p. 191-192.

80. KEMâL AL-DîN, *Histoire d'Alep*, traduction Blochet, *Revue de l'Orient latin*, 1896, II-III, p. 148-150. Kemâl al-Dîn nous expose comment Gümüshtekîn avait obtenu par surprise de la confiance du jeune malik al-Sâlih un blanc-seing grâce auquel il avait fait demander au grand maître des Ismâ'îliens, Sinân, quelques assassins pour se débarrasser d'al-Mujâhid.

932   *L'ÉQUILIBRE*

81. *Kâmil al-tewârîkh*, p. 632 ; *Deux Jardins*, p. 189-190. – Pour Kemâl al-Dîn, il fut étranglé avec une corde d'arc ; on lui brisa les mains et les pieds et on le jeta dans le fossé de *H*ârim (*Histoire d'Alep*, trad. Blochet, p. 151).

82. *Vie du sultan Yûsuf*, p. 64.

83. KEMÂL AL-DÎN, trad. Blochet, *R. O. L.*, 1896, p. 152.

84. GUILLAUME DE TYR, p. 1047-1048.

85. Tel pourrait être le sens du passage de Kemâl al-Dîn, trad. Blochet, *R. O. L.*, 1896, p. 153. Cf. DUSSAUD, *Topographie*, p. 224.

86. KEMÂL AL-DÎN, trad. Blochet, *Hist. d'Alep, R. 0. L.*, 1896, p. 153.

87. *Kâmil al-tewârîkh*, p. 632.

88. GUILLAUME DE TYR, p. 1048.

89. MICHEL LE SYRIEN, III, p. 375-376.

90. ERNOUL, p. 34.

91. GUILLAUME DE TYR, p. 1037.

92. *Ibid.*, p. 1038 ; *Kâmil al-tewârîkh*, p. 627-628.

93. GUILLAUME DE TYR, p. 1038-1039.

94. ERNOUL, p. 42.

95. *Ibid.*, p. 43.

96. GUILLAUME DE TYR, p. 1040.

97. *Kâmil al-tewârîkh*, p. 628.

98. *Deux Jardins*, p. 184.

99. GUILLAUME DE TYR, p. 1042.

100. ERNOUL, p. 43.

101. GUILLAUME DE TYR, p. 1041. Je recommande, pour suivre cette campagne, l'excellente carte du Père ABEL, *Géographie de la Palestine*, I, carte VI.

102. GUILLAUME DE TYR, p. 1042.

103. ERNOUL, p. 44.

104. *Ibid.*, p. 44.

105. GUILLAUME DE TYR, p. 1043.

106. MICHEL LE SYRIEN, III, p. 375.

107. *Deux Jardins*, p. 185.

108. *Kâmil al-tewârîkh*, p. 628.

109. BEHÂ AL-DÎN, *Vie du sultan Yûsuf*, p. 46 ; *Deux Jardins*, p. 189. La colline, ou plutôt la croupe de Ramla, s'étend, parallèlement à la côte, de Ramla au nord-est jusqu'à al-Mugar et au Wâdi Qa*t*ra au sud-ouest. Est-ce de cette hauteur qu'il s'agit là ? En ce cas, nous serions tout près de Tell-Jazer-Montgisart, mais encore à 10 kilomètres au nord du Wâdî Da*h*r ou rivière de Tell-Sâfiya. Il est vrai que l'armée musulmane, marchant en éventail, était très dispersée.

110. *Deux Jardins*, p. 185.

111. « Car c'est la costume en Turquie, ajoute *l'Estoire d'Éracles*, que li grant prince et li *émir* font les enfanz que il achatent et ceus

NOTES

que il gaignent en bataille norrir et garder ententivement ; aprendre les font et aüser d'armes en maintes manières, selon ce qu'il croissent et deviennent plus fort. Soudées (= soldes) leur donent à chascun selon ce qu'il est, et à teus i a granz rentes qui plus ont les graces au seigneur. A ceux apartient de garder leur seigneurs en guerre et sostenir les greigneurs fés (le plus grand poids) des batailles, et sont apelé en leur langage *Mameluc*. » (GUILLAUME DE TYR, p. 1043-1044.)

112. *Deux Jardins*, p. 186.

113. GUILLAUME DE TYR, p. 1044.

114. On était fin novembre, à la saison des pluies qui crée par places de petits marais, dans le lit jusque-là desséché de certains ouadi. Cf. ABEL, *Géographie de la Palestine*, 125. Sur l'identification de la Cannaie des Étourneaux, cf. CLERMONT-GANNEAU, *Recueil d'archéologie*, I, 361.

115. GUILLAUME DE TYR, p. 1044.

116. ERNOUL, p. 45.

117. GUILLAUME DE TYR, p. 1045, 1046.

118. *Deux Jardins*, p. 186-187.

119. « Cele manière de Bedoin, poursuit *l'Estoire d'Éracles*, ont ceste costume que nule foiz (= jamais) n'assemblent por combatre, tant com il le puissent eschiver ; mès il atendent et regardent de loing liquel vaincront ; quant li un sont desconfit, de quelque leu qu'il soient, cil leur cueurent sus et prennent du gaaing ce qu'il en pueent avoir. » GUILLAUME DE TYR, p. 1045.

120. *Deux Jardins*, p. 187.

121. *Ibid.*, p. 188.

122. GUILLAUME DE TYR, p. 1045.

123. *Ibid.*, 1046-1047.

124. *Kâmil al-tewârîkh*, p. 633.

125. *Ibid.*, p. 635.

126. Appelé Gué des Chagrins, Makhadat al-Aḥzân, par Ibn al-Aṯhîr. Cf. ABEL, *Géographie de la Palestine*, 480.

127. ERNOUL, p. 52.

128. GUILLAUME DE TYR, p. 1050. Cf. REY, *Colonies franques*, 438.

129. *Deux Jardins*, p. 206.

130. *Ibid.*, p. 194.

131. *Kamil al-tewârikh*, p. 634. La date exacte de l'affaire de Ba'albek n'est pas donnée. Ibn al-Aṯhîr semble la situer entre la campagne de Ḥamâ (septembre 1178) et l'affaire de la forêt de Panéas (avril 1179.)

132. DUSSAUD, *Topographie*, p. XXII et 18.

133. GUILLAUME DE TYR, p. 1050-1051.

134. Cf. ERNOUL, p. 54.

935 *L'ÉQUILIBRE*

135. *Deux Jardins*, p. 197.

136. Cf. Dussaud, *Topographie*, p. 25 ; Rey, *Colonies franques*, p. 478. Guillaume de Tyr, p. 1053.

137. Cf. Abel, *Géographie de la Palestine*, 476-477.

138. Guillaume de Tyr, p. 1052.

139. *Kâmil al-tewârîkh*, p. 635 ; *Deux Jardins*, p. 195.

140. Guillaume de Tyr, p. 1052.

141. Al Fa*dh*l, cité par le même *Livre des Deux Jardins* (p. 202), nous montre « Onfroi tué avec tous ses compagnons ; le roi des Francs jeté à bas de son cheval et transporté respirant à peine ».

142. *Deux Jardins*, p. 196.

143. Guillaume de Tyr, p. 1053. Cf. Maqrîzî, *Rev. Or. lat.*, 1900-1901, p. 530-531.

144. Guillaume de Tyr, p. 1053.

145. *Kâmil al-tewârîkh*, p. 635.

146. Le Maron dont il s'agit ici ne semble pas être Maron ou Qal'at Marun, dans le district de Tyr, au nord de Deir Kifa, mais Moronum ou Marun al-Râs, au sud de Tinnin (= du Toron), près de Bit Umm Jubail (Dussaud, *Topographie*, p. 30).

147. Guillaume de Tyr, p. 1053.

148. *Kâmil al-tewârîkh*, p. 636. Cf. *Deux Jardins*, p. 197.

149. *Deux Jardins*, p. 197 ; *Kâmil al-tewârîkh*, p. 636.

150. Guillaume de Tyr, p. 1054.

151. *Deux Jardins*, 198. Il s'agit de la suite des faits que nous avons racontés plus haut (p. 645). Voir aussi le *Kâmil al-tewârîkh*, p. 635.

152. Pour l'orthographe de ce nom, je rappelle qu'en arabe c'est proprement Biqâ', « les plaines », littéralement « les terres, les champs » pluriel de Buq'a ou Baq'a. Dans l'usage géographique qui a prévalu, on a les graphies Beka'a (Barbier de Meynard), Bqâ' (Lammens), Beqâ' que nous donnons ici avec M. Dussaud, Beqaa des éditeurs du *Guide-Bleu, Syrie-Palestine*, etc.

153. *Deux Jardins*, p. 198 et 201.

154. Guillaume de Tyr, p. 1054.

155. *Ibid.*, p. 1055.

156. *Deux Jardins*, p. 202.

157. *Kâmil al-tewârîkh*, p. 636-637.

158. *Deux Jardins*, p. 200.

159. Guillaume de Tyr, p. 1055.

160. Guillaume de Tyr, p. 1056.

161. Guillaume de Tyr, p. 1056.

162. Le château de Beaufort n'est séparé de la plaine du Marj 'Ayûn que par le cours du Nahr Lîtânî. Aussi la bataille du Marj

NOTES 935

'Ayûn est-elle désignée sous le nom de bataille de Beaufort dans la chronique d'Ernoul et de Bernard le Trésorier (p. 49 et 56).

163. GUILLAUME DE TYR, p. 1057.

164. *Deux Jardins*, p. 200.

165. GUILLAUME DE TYR, p. 1057. Le latin est encore plus énergique : « Odo de Sancto Amando, homo nequam superbus et arrogans, spiritum furoris habens in naribus, nec Deum timens, nec ad hominem habens reverentiam. Hic, juxta multorum assertionem, damni prædicti et perennis probri occasionem dicitur dedisse ». Sur la question controversée de la date où mourut le grand maître, cf. D'ALBON, *La mort d'Odon de Saint-Amand, Revue de l'Orient latin*, 1911, p. 279.

166. *Deux Jardins*, p. 200 ; MAQRÎZÎ, *R. O. L.*, 1900-1901 ; p. 532.

167. GUILLAUME DE TYR, p. 1058.

168. *Deux Jardins*, p. 203-204.

169. *Kâmil al-tewârîkh*, p. 637.

170. *Deux Jardins*, p. 204-205.

171. *Ibid.*, p. 208.

172. *Ibid.*, p. 205.

173. *Deux Jardins*, p. 207.

174. *Ibid.*, p. 208.

175. GUILLAUME DE TYR, p. 1059.

176. *Deux Jardins*, p. 210.

177. GUILLAUME DE TYR, p. 1064 ; *Kâmil al-tewârîkh*, p. 642 ; *Deux Jardins*, p. 211.

178. Il est bien entendu, comme je l'ai indiqué plus haut, que, quand je donne à Saladin le titre de sultan, c'est d'après l'habitude constante qui s'est établie chez les historiens, alors qu'il n'a jamais dû assumer ce titre de son vivant. Saladin est, si je puis dire, un sultan posthume. C'est l'histoire, d'ailleurs la plus immédiate (j'entends l'histoire arabe médiévale), qui l'a créé sultan ; sur quoi il est devenu « le sultan » par excellence : thème qui eût enchanté Renan et Anatole France !

179. GUILLAUME DE TYR, p. 1065.

180. Il aborda à Saint-Siméon le 12 mai et rentra à Tyr le 6 juin. GUILLAUME DE TYR, 1066-1067 ; CHALANDON, *Comnènes*, II, 552-553.

181. MICHEL LE SYRIEN, éd. Chabot, III, III, p. 379.

182. *Kâmil al-tewârîkh*, p. 639-640.

183. *Ibid.*, p. 641-644.

184. « Roupên se rendit à Jérusalem avec une magnifique escorte. Il alla épouser la fille du seigneur de Kérak ». *Chronique du connétable Sempad*, p. 627 (année 1181). Cf. REY, *Les seigneurs de Montreal, Rev. Or. lat.*, 1896, I, 20-21, qui a dégagé la figure d'Onfroi III, trop souvent confondu avec son père, le connétable.

936   L'ÉQUILIBRE

185. Tarse ne fut, semble-t-il, enlevée aux Byzantins qu'un peu plus tard par Roupên III aidé de son frère Léon le Grand. Cf. Tour-nebize, p. 183.

186. *Deux Jardins*, p. 211-212.

187. *Kâmil al-tewârîkh*, p. 640, dont je suis les dates (?)

188. Ses émirs l'ayant pressé de donner son héritage à son cousin 'Imâd al-Dîn, seigneur de Sinjâr, le mourant avait fort sagement répondu : « Vous savez que Saladin s'est emparé de toute la Syrie sauf ce pays (Alep). Si je donne Alep à Imâd al-Dîn, il ne pourra la défendre contre Saladin. Si, au contraire, je le donne à 'Izz al-Dîn, celui-ci, déjà maître de tout le pays entre l'Euphrate et Hamadhân, avec ces vastes territoires et une aussi puissante armée, pourra défendre facilement notre ville. (Kemâl al-Dîn, *Hist. d'Alep*, p. 155). Cf. Kemâl al-Dîn, in *Hist. Or.*, III, p. 701 ; *Kâmil al-tewârîkh*, p. 648.

189. Kemâl al-Dîn, *Hist. d'Alep*, trad. Blochet, *R. O. L.*, 1896, p. 157.

190. *Kamil al-tewârîkh*, p. 649.

191. *Deux Jardins*, p. 214.

192. Kemâl al-Dîn, *Hist. d'Alep*, *Rev. Or. lat.*, 1896, p. 158-159.

193. Guillaume de Tyr, p. 1062.

194. Hugue III, duc capétien de Bourgogne (1162-1192). Cf. Drouot et Calmette, *Histoire de Bourgogne*, p. 102.

195. Guillaume de Tyr, p. 1049.

196. *Ibid.*, p. 1059.

197. À cette occasion du moins. Nous verrons Hugue III participer à la croisade de Philippe-Auguste et mourir au cours de cette expédition (1192).

198. Ernoul, bien renseigné puisqu'il fut l'écuyer de l'un des Ibelin, nous dit : 1° que avant l'automne de 1177 Baudouin de Ramla, par amour pour Sibylle, abandonna sa première femme, qui devait être Richilde ou Richen de Betsan (Ernoul, p. 33) ; 2° qu'après le mariage de Sibylle avec Guillaume de Montferrat (en octobre 1176), Baudouin se remaria, par dépit, avec la fille du comte de Césarée qui mourut peu après (avant Pâques 1180) en lui donnant un fils (Ernoul, p. 48).

199. Cf. Ernoul, p. 56-59. Nous ne savons rien sur la date du voyage de Baudouin de Ramla à Constantinople, sinon qu'elle est antérieure au carême de 1180, date du mariage de Guy et de Sibylle, comme aussi évidemment au 24 septembre 1180, date de la mort de Manuel Comnene.

200. *Éracles*, II, p. 208. Richilde ou Richen était fille de Gormond de Bethsan (Beisân). Cf. Du Cange-Rey, p. 249, 375. Amaury de Lusignan allait donc avoir la double satisfaction de jouer un mau-

NOTES   937

vais tour à son beau-père devenu sur le tard un amoureux transi, et, si elle vivait encore, de venger sa belle-mère, cavalièrement répudiée.

201. Ernoul nous confesse qu'Amaury « maintes fois avoit fet ses volentés de la mère le (= du) roi » (*Chronique d'Ernoul*, p. 59).

202. ERNOUL, p. 59-60.

203. BENOIT DE PETERBOROUGH, I, 343 : « Sibylla, non audens ostendere regi fratri suo voluntatem suam, amavit eum (Guidonem) occulte et ipse dormivit cum illa. Quo comperto, voluit eum rex lapidare, sed post multos cruciatus prece et consilio Templariorum et ceterorum sapientium utrique vitam donavit. »

204. Quant à Baudouin de Ramla, l'amoureux éconduit, il se consola en se remariant à la fille du connétable de Tripoli, non sans d'autres drames, car sa nouvelle épouse dut rompre avec un sien soupirant, un chevalier nommé Raoul de Bénibrac. Chassé par Baudouin, Raoul se réfugia chez les Musulmans et fit aux Francs tout le mal qu'il put (ERNOUL, p. 60).

205. AMBROISE, éd. Paris, vers 9113-9115.

206. « Dont Jofrois de Lesegnon, li boins chevaliers, quant la nouviele vint à lui que Guis, ses frères, estoit rois de Jherusalem, dist : « Dont « deuist il bien iestre, par droit, Dieus ! » (ERNOUL, p. 60).

207. Il se hâta, comme nous l'apprend Benoît de Peterborough, par ce que les amours de Guy et de Sibylle étaient publiques et qu'il fallait ou punir le scandale ou régulariser la liaison. – GUILLAUME DE TYR, II, p. 1062.

208. Guillaume de Tyr, comme le remarque Ducange, se contredit lui-même sur cette question. Cf. *Familles d'Outre-mer*, édition REY, p. 470-471.

209. GUILLAUME DE TYR, p. 1068-1069.

210. « Vir feminae quam viro proprior, gestu mollis, sermone fractus » (*Itin.*, 120.)

211. Et avec des mariages singulièrement précoces : Isabelle avait huit ans lors de ses fiançailles, onze ans à la célébration de ses noces !

212. REY, *Histoire des princes d'Antioche, Revue de l'Orient latin*, 1896, II, p. 379-382.

213. D'après Rey, le seigneur de Harenc devait être, à cette époque, Guillaume Fresnel, de la famille normande de la Ferté-Fresnel.

214. Sur Burzey ou Barzuya, à 45 kilomètres à l'est de Lattaquié, à 30 kilomètres au nord d'Apamée, mais de l'autre côté de l'Oronte et du marais du Ghâb, cf. VAN BERCHEM, *J. A.*, 1902, I, 434, et DUSSAUD, p. 151-152. La partie du marais qui s'étend entre Apamée et Burzey formait au douzième siècle « un lac, constitué au moyen d'une digue ». On écrit encore Burzaih, Barzaya, Berzé.

215. MICHEL LE SYRIEN, III, p. 389.

216. Ibn al-Athîr, *Kâmil al-tewârîkh*, p. 729-730, et surtout al-Imâd (*Deux Jardins*, p. 374) qui avoue que « la femme du prince d'Antioche avait pris le parti du sultan. Elle espionnait pour lui ses ennemis, les conseillait, les dirigeait et lui révélait leurs secrets. Le sultan lui envoyait de riches cadeaux ».

217. *Éracles*, p. 207-209.

218. Guillaume de Tyr, p. 1071.

219. Guillaume de Tyr (1072) l'appelle Rainaldus Mansuerus. Un des manuscrits donne Masuerus. Riant, avec le *Lignage*, francise en « Le Masoir » ou Masoier. *L'Éracle* (1071) traduit : Renaut Mansiaus. D'après du Cange ce Renaud II de Margat serait l'arrière-petit-fils de Renaud Ier, également nommé Mansuerus ou Mansiaux, sire de Margat qui, après le désastre de 1119, avait puissamment aidé le roi Baudouin II à sauver Antioche et qui apparaît en 1134 comme connétable de la principauté. D'après du Cange (p. 392), Renaud Ier eut pour successeur son gendre, le chevalier picard Guillaume de Thourote. « Le fils de Guillaume, Bertrand, 3e seigneur de Margat, épousa Raymonde, fille de Gautier III de Beyrouth. » Notre Renaud II, 4e seigneur de Margat, serait né de ce mariage. Mais Rey (Du Cange-Rey, 392) a prouvé que Renaud Ier (décédé avant 1160) eut pour successeur son fils Renaud II qui nous occupe ici et qui est attesté entre 1160 et 1183. Et Renaud II eut lui-même pour successeur son fils Bertrand qui, en 1186, vendit Margat et Valénie aux Hospitaliers. Rey ne retrouve pas en tout cela de sire de Thourote.

220. Guillaume de Tyr, p. 1072.

221. Guillaume de Tyr, p. 1073. Roger des Moulins, grand maître en octobre 1177. Mort le 1er mai 1187. Cf. Delaville Le Roulx, *Hospitaliers*, p. 83-96.

222. Bar Hebræus (391) prétend que les prélats latins, tout en anathématisant le concubinage de Bohémond III avec Sibylle, déclarèrent dissous, pour quelque cause de nullité canonique, son mariage avec la Byzantine Théodora, Orgueilleuse de Harenc restant, en ce cas, considérée sans doute comme la seule épouse légitime du prince (?).

223. Guillaume de Tyr, p. 1074-1075.

224. Fils de Sdéphané et neveu de Thoros II et de Mlèh, Roupên III régna de 1175 à 1187.

225. *Documents arméniens*, I, p. 628. La *Chronique rimée* de Vahram (*ibid.*, 509-510) nous dit plus noblement que Bohémond III avait attiré Roupên « à un banquet ».

226. Cf. Tournebize, *Histoire... de l'Arménie*, p. 183, analysant les récits contradictoires de Sempad, de Bar Hebraeus, de Vahram et de Guillaume de Tyr. La date de Sempad pour ces événements est 1185.

227. Guillaume de Tyr, II, p. 1115.

NOTES   939

228. *Ibid.*, p. 1078. Comme son père, le néfaste comte d'Édesse Jocelin II, Agnès paraît avoir été à la fois cupide et légère. Aucune princesse franque ne passa par tant de mains. Elle était déjà très officiellement fiancée (mariée même, pense Mas-Latrie) à Hugue d'Ibelin, lorsque le futur roi Amaury Ier l'avait enlevée à Hugue et épousée. Le mariage, du reste, avait eu lieu malgré l'opposition du patriarche Foucher qui soulevait un prétexte décent et officiel : une parenté au quatrième degré (*Lignages d'Outre-mer*, chap III). Ce fut ce même prétexte que reprirent en 1162 le clergé et les barons pour obliger Amaury Ier à répudier Agnès s'il voulait monter sur le trône. Amaury, qui paraît avoir été déjà lassé d'Agnès, accepta sans difficulté. Agnès revint alors à Hugue d'Ibelin, ses premières amours, et se remaria à lui (vers 1164). Après la mort de Hugue, l'incandescente veuve se remaria encore à Renaud de Sidon, puis ils se séparèrent à l'amiable, toujours sous le prétexte officiel de parenté (Guillaume de Tyr, II, 890). Et nous voyons, par la bonne fortune du connétable Amaury de Lusignan, que la frivole Agnès ne s'en tint pas à ces unions légales.

229. Échive, on l'a vu, était veuve de Gautier de Saint-Omer, seigneur de Tibériade, de qui elle avait quatre fils, Hugue, Guillaume, Raoul et Otton. Raymond III administrait la « princée » pendant la minorité de ces quatre jeunes gens. Voir à la fin du volume, Appendice I, l'histoire de la Princée de Galilée.

230. Guillaume de Tyr, p. 1078-1079, sous rubrique de 1182 (avant août 1182).

231. On se rappelle que, par acte du 31 juillet 1161, Philippe de Milly jusque-là seigneur de Naplouse, avait obtenu du roi Baudouin III, contre cession de cette terre, la seigneurie de Montréal et d'Outre-Jourdain (Shawbak et Kérak en Transjordanie). Sa femme, Isabelle, aurait d'ailleurs été fille de Maurice, précédent seigneur de Montréal. Philippe de Milly, devenu veuf, étant entré vers 1167 dans l'Ordre du Temple, la seigneurie de Montréal et d'Outre-Jourdain passa à sa fille Étiennette qui l'apporta à ses maris successifs : 1° Onfroi III de Toron (épousé vers 1163), seigneur de Montréal, etc., de 1167 à 1172 environ ; 2° Milon de Plancy, entre 1172 et 1174 ; 3e Renaud de Châtillon de 1177 à 1187.

232. *Le Livre des Deux Jardins*, p. 214. Cf. Fr. Buhl, *Taimâ'*, *Encycl. de l'Islam*, K, p. 653.

233. Ibn al-Athîr, *Kâmil al-tewârîkh*, p. 647.

234. Ernoul, p. 54-56 ; Schlumberger, *Renaud de Châtillon*, p. 246.

235. « Li rois mésiaus, quant il oï qu'il (Renaud) avoit ensi fait, et que la caravane avait prise, si li manda que il n'avoit mie bien fait, quand il les Sarrasins avoit desrobés en trives ».

940   *L'ÉQUILIBRE*

236. « Il lor respondi que, pour pooir que li rois euist, il ne la rendroit (la caravane), ne plus ne l'en proiassent, car il n'en feroit noiant ! » ERNOUL, p. 55.

237. SCHLUMBERGER, *Renaud de Châtillon*, p. 248.

238. ERNOUL, p. 56.

239. *Le Livre des Deux Jardins* (p. 216) nous dit que la galère capturée venait de la Pouille et qu'elle portait 2 500 passagers.

240. Saladin quitta le Caire le 11 mai 1182.

241. *Deux Jardins*, p. 217, 218.

242. GUILLAUME DE TYR, p. 1087.

243. *(Ibid)*, p. 1088.

244. *Kâmil al-tewârîkh*, p. 651.

245. GUILLAUME DE TYR, p. 1088 et 1091.

246. *Deux Jardins*, p. 219.

247. GUILLAUME DE TYR, p. 1089.

248. DUSSAUD, *Topographie*, 381 ; GAUDEFROY-DEMOMBYNES, *Syrie au temps des mamelouks*, 120, 124 ; DESCHAMPS, *Rev. Hist.*, juillet 1933.

249. *Deux Jardins*, p. 218.

250. P. DESCHAMPS, *Ahamant et el-Habis*, *Revue historique*, juillet-août 1933, p. 47.

251. GUILLAUME DE TYR, p. 1090.

252. *Ibid.*, p. 1091. Le texte latin dit seulement : « Syri, qui apud nos effeminati et molles habentur ». Avons-nous besoin d'ajouter que des jugements aussi sommaires ne peuvent être qu'erronés ? Tous les officiers de l'armée du Levant ont rencontré parmi les contingents syriens des éléments d'une incontestable valeur.

253. Le Sawâd appartenait à Raymond III du fait de sa femme, la comtesse de Tibériade.

254. GUILLAUME DE TYR, p. 1091 ; *Deux Jardins*, p. 217-218.

255. *Kamil al-tewarikh*, p. 652 ; GUILLAUME DE TYR, p. 1093. Cf. RÖHRICHT, *Gesch. d. Kön. Jer.*, p. 101, note 6.

256. GUILLAUME DE TYR, p. 1093.

257. « Le Grand Gérin » des chroniqueurs.

258. « Legione » ou « le Lyon » des chroniqueurs.

259. *Kâmil al-tewârîkh*, p. 652.

260. GUILLAUME DE TYR, p. 1093. Voir la carte de la plaine de Beisân dans ABEL, *Géographie*, I, 143.

261. GAUDEFROY-DEMOMBYNES, *Syrie au temps des mamelouks*, p. 124.

262. Le site d'Afrabalâ-Forbelet n'est pas identifié. Mais Guillaume de Tyr nous montre les Francs dans leur marche de Tibériade à Belvoir (Kawkab), « descendentes in planitiem quæ inter prædictum oppidum (Belvoir) et vicum, cui nomen Forbelet » (GUILLAUME DE

NOTES   941

Tyr, p. 1094). Ce texte amènerait à chercher Forbelet vers 'Aûlam ou Khan Admân qui sont séparés de Belvoir par le Wâdî al Bîra plutôt que de l'autre côté (sud) du Wâdî al-'Eshsha. Notons que *le Livre des Deux Jardins* (p. 246) appelle 'Afrabalâ Kafarbalâ et signalons sans insister la ruine actuelle de Kefra sur le versant ouest de la butte de Belvoir ? De toute façon Forbelet ne peut être au sud de Beisân comme le voulait Rey (p. 427).

263. *Kâmil al-tewârîkh*, p. 653 ; *Deux Jardins*, p. 220. Guillaume de Tyr, p. 1094.

264. *Deux Jardins*, p. 221-222.

265. *Kâmil al-tewârîkh*, p. 653. Quant à la date de ce combat, Abû Shâma, donne le mardi 23 juillet 1182. Comme le remarque Röhricht, s'il s'agit bien d'un mardi, il faut lire : 20 ou 27 juillet.

266. Guillaume de Tyr, p. 1095.

267. Guillaume de Tyr, p. 1097 ; *Deux Jardins*, p. 223 ; *Kâmil al-tewârîkh*, p. 653.

268. *Ibid.*, p. 1097-1098.

269. Ce vaillant évêque, *defensor civitatis*, qui sauva Beyrouth en donnant à Baudouin IV le temps d'accourir, était un ancien archidiacre de Tyr, sacré évêque de Beyrouth par Guillaume de Tyr lui-même postérieurement au 13 septembre 1180 (date de la mort de son prédécesseur Raymond). Cf. Du Cange-Rey, p. 782.

270. Guillaume de Tyr, p. 1099-1101.

271. Kemâl al-Dîn, trad. Blochet, *Histoire d'Alep, Rev. Or. lat.*, 1896, p. 159-161.

272. *Kâmil al-tewârîkh*, p. 657.

273. *Deux Jardins*, p. 223-230.

274. Fils du célèbre Ildigiz et atâbeg d'Adharbaijân de 1172 à 1186. *La vie du sultan Yûsuf*, par Behâ al-Dîn (p. 69), donne pour ces événements le nom de Pahlawân. Ibn al-Athîr *(Kâmil al-tewârîkh*, p. 657) mentionne au contraire ici le frère et successeur de Pahlawàn, Qizil-Arslân, qui n'était pour lors que seigneur de Tabrîz.

275. Soqmân II, quatrième shâh-Armen (1128-1185). Il fut remplacé en 1185 par Begtimur, son lieutenant.

276. *Kâmil al-tewârîkh*, p. 657.

277. Émir de Mârdin, monté sur le trône en 571 *H* (1175-1176), † en 580 *H* (1184-1185).

278. *Vie du sultan Yûsuf*, p. 70.

279. *Deux Jardins*, p. 222-223.

280. Rey cherche la Cave de Tyron dans l'actuel Tirûn al-Nihâ, à l'est de Sidon, au nord de Jezzîn (*Colonies franques*, 513).

281. *Deux Jardins*, p. 225-226. De même *Vie du sultan Yûsuf*, p. 68 : « Le sultan apprit que des gens de Mossoul étaient passés chez les Francs et les poussaient à la guerre contre lui. »

282. Guillaume de Tyr, p. 1102 ; Dussaud, *Topographie*, p. 375.

283. Guillaume de Tyr, p. 1103.

284. Deschamps, *Revue Historique*, juillet 1933, p. 47.

285. Guillaume de Tyr, p. 1005-1007. Cf. Abel, *Géographie*, I, 444, et P. Deschamps, *le Krak des Chevaliers*, Introduction, p. 24.

286. *Ibid.*, p. 1108.

287. Guillaume de Tyr, p. 1109.

288. *Kâmil al-tewârîkh*, p. 659.

289. *Kâmil al-tewârîkh*, p. 655.

290. Guillaume de Tyr, p. 1109.

291. *Kâmil al-tewârîkh, loc. cit.*

292. *Kâmil al-tewârîkh*, p. 663 ; *Vie du sultan Yûsuf*, p. 72 ; *Histoire d'Alep*, trad. Blochet, *R. O. L.*, 1896, p. 164-165.

293. *Kâmil al-tewârîkh*, p. 662 ; *Deux Jardins*, p. 235-238 ; Kemâl al-Dîn, *Histoire d'Alep, R. O. L.*, 1896, p. 167.

294. Traduction de Guillaume de Tyr, p. 1114.

295. *Ibid.*, p. 1114.

296. Guillaume de Tyr, p. 1115.

297. *Ibid.*, p. 1116. Il ne semble pas, comme nous le fait remarquer le docteur Broquet, que la lèpre seule ait pu mener si vite Baudouin IV aux portes du tombeau. Il faut supposer quelque autre affection concomitante. Du reste, Guillaume de Tyr nous parle en même temps d'accès de fièvre.

298. Guillaume de Tyr, II, p. 1117.

299. *Deux Jardins*, p. 243.

300. Behâ al-Dîn, p. 74.

301. Sur l'hydrographie de ce canton, cf. Abel, *Géographie de la Palestine*, I, 139-140.

302. Behâ al-Dîn, p. 74 ; *Deux Jardins*, p. 243.

303. *Deux Jardins*, p. 246. Cf. Rey, *Colonies franques*, p. 440.

304. Rey, p. 427. *Deux Jardins*, 246.

305. Guillaume de Tyr, p. 1122, nomme ici le duc Henri, c'est-à-dire le futur Henri Ier, duc de Brabant de 1190 à 1235 sur le règne duquel je renvoie à Pirenne, *Histoire de Belgique*, I, p. 186, 199-200, 205-214 et sq. Röhricht a prouvé qu'il s'agit en réalité du prédécesseur de Henri Ier, le duc de Brabant Godefroi III (1142-1190). Cf. Röhricht, *Die Deutschen im heil. Lande*, 45 et *G. K. J.*, 406.

306. Ernoul, p. 99.

307. *Vie du sultan Yûsuf*, p. 75.

308. Guillaume de Tyr, p. 1118.

309. Ernoul, p. 99.

310. Guillaume de Tyr, p. 1119.

311. Ibn al-Athîr. p. 663.

312. *Vie du sultan Yûsuf*, p. 75.

NOTES

313. GUILLAUME DE TYR, p. 1121.

314. ERNOUL, p. 100. Il s'agit du lundi 3 octobre.

315. GUILLAUME DE TYR, p. 1121.

316. *Ibid.*, p, 1123-1124. Cf. ABEL, *Géographie de la Palestine*, I, 230-231.

317. *Ibid.*, p. 1120.

318. *Vie du sultan Yûsuf*, p. 75 ; *Deux Jardins*, p. 244.

319. *Deux Jardins*, p. 245 ; GUILLAUME DE TYR, p. 1125.

320. GUILLAUME DE TYR, p. 1122-1123.

321. *Ibid.*, II, p. 1128.

322. Idque soli comiti Tripolitano convenire, eumque solum ad praedicta posse sufficere pene omnium una erat sententia. GUILLAUME DE TYR, p. 1128.

323. M. Robert FAZY a relevé la faute d'impression du *Renaud de Châtillon* situant la reprise d'Aila par Saladin en 1175. Il faut lire 1170 (*Gazetle de Lausanne*, 16 décembre 1934.)

324. *Les deux Jardins*, p. 231.

325. IBN AL-ATHÎR, p. 658.

326. BECKER, *'Aidhàb*, in *Encycl. de l'Islam*, p. 214. M. WIET souligne l'importance commerciale de ces ports : « Depuis un siècle (depuis l'installation des Francs en Idumée) on suivait plutôt pour le pèlerinage (de la Mecque) la route Kous-'Aidhab » (*Précis de l'histoiee d'Égypte*, II, 220. Voir aussi WIET, *Les communications de l'Égypte au Moyen-Âge*, extrait de *l'Égypte contemporaine, Revue de la Société Royale d'Économie politique...*, t. XXIV, p. 258-259, Le Caire, 1933.)

327. MAQRÎZÎ, *Hist. d'Égypte, Rev. Or. lat.*, 1900-1901, p. 550-551.

328. *Deux Jardins*, p. 234.

329. *Hist. orient.*, IV, p. 233.

330. *Deux Jardins*, p. 251.

331. *Ibid.*, 230-235. Cf. ERNOUL, 69-70.

332. Cf. WIET, *Précis de l'histoire d'Égypte*, II, 221.

333. *Deux Jardins*, 232.

334. « Le Krak (al-Kerak), écrit Behâ al-Dîn, coupait tellement les communications avec l'Égypte que les caravanes ne pouvaient se mettre en route sans être escortées par un nombreux corps de troupes. Le sultan était très préoccupé de cet état de choses et voulait rendre la route de l'Égypte praticable. » (*Vie du sultan Yùsuf*, p. 81.)

335. GUILLAUME DE TYR, II, p. 1125-1126.

336. Onfroi IV de Toron était né du premier mariage de la femme de Renaud, héritière de la Terre d'Outre-Jourdain, Étiennette de Milly, avec Onfroi III de Toron qu'elle avait épousé vers 1163 et qui était mort vers 1173. Ce ne fut que vers 1177 qu'Étiennette épousa en troisièmes noces Renaud de Châtillon.

944   L'ÉQUILIBRE

337. Ce détail n'est donné par aucune autre source qu'Ernoul.

338. ERNOUL, p. 103.

339. GUILLAUME DE TYR, II, 1130.

340. *Le Livre des Deux Jardins, Hist. or.*, IV, p. 250. Mais cette situation n'était due qu'à l'esprit impolitique de Renaud de Châtillon. Jusqu'à lui, comme le remarque M. Wiet, les seigneurs du Krak s'enrichissaient au contraire par les droits de douane qu'ils percevaient pacifiquement sur les caravanes musulmanes.

341. Al-'Adil avait, sur sa propre demande, troqué le gouvernement de l'Égypte contre celui de la province d'Alep en décembre 1183.

342. Nûr al-Dîn Muhammad l'ortoqide régna à Hisn Kaîfa de 1166-1167 (d'après Kramers) à 1185.

343. Texte conservé par Raoul de Diceto. Cf. RÖHRICHT, *Geschichte des Königreichs Jerusalem*, p. 411.

344. BEHÂ AL-DÎN, p. 81.

345. *Ibid.*, p. 82.

346. *Deux Jardins*, p. 256 ; MAQRÎZÎ, *Rev. Or. lat.*, 1902, p. 13-14.

347. Cf. WIET, *Précis de l'histoire d'Égypte*, II, 220.

348. *L'Estoire d'Éracles*, II, p. 2.

349. Grand maître en 1179. Mort en 1184.

350. Grand maître en 1177. Tué en 1187.

351. Ce conseil de la couronne est postérieur au 20 novembre 1183 (date à laquelle Guy de Lusignan fut déclaré déchu de la régence), et antérieur au printemps de 1184. En effet, au printemps de 1184, le patriarche Héraclius et les deux grands maîtres Arnaud de Toroge et Roger des Moulins s'embarquèrent pour l'Occident afin d'implorer l'aide du pape, Lucius III, de l'empereur Frédéric Barberousse, du roi de France Philippe Auguste, et du roi d'Angleterre Henri Plantagenête.

352. *Estoire d'Éracles*, II, p. 3.

353. ERNOUL, p. 115.

354. Sibylle avait pour elle d'être l'aînée. Mais sa mère avait été répudiée avant l'avènement d'Amaury. Isabelle n'était que la cadette, mais sa mère était reine. D'où l'incertitude du point de droit.

355. *Gestes des Chiprois*, p. 658.

356. *L'Estoire d'Éracles*, II, p. 9.

357. *Deux Jardins, Hist. orient.*, p. 258.

358. Ce fut un grand malheur pour la chrétienté que les patriarches ou archevêques latins de Terre Sainte au douzième siècle aient été presque tous élus par les autorités locales, pour des considérations de faveur politique, et non pas choisis par la Papauté. Plusieurs choix malheureux ou indignes, depuis Daimbert jusqu'à Héraclius, s'expliquent par cette éviction voulue de l'autorité du

NOTES — 945

Saint-Siège. Plutôt que de se soumettre à la haute sagesse de la Cour romaine, on préféra confier la garde des Lieux Saints à des hommes qui n'avaient d'ecclésiastique que l'habit et ouvertement simoniaques.

359. ERNOUL, p. 82.

360. *Éracles*, II, p. 60.

361. *Éracles*, II, 61. ERNOUL, 86, *var.* : « a une biele fille ».

362. Il s'agissait de remplacer le patriarche de Jérusalem. Amaury de Nesle, décédé le 6 octobre 1180.

363. ERNOUL, p. 83.

364. *Ibid.*, p. 85. RÖHRICHT *(G. K. J.*, 392) propose comme date de la mort de Guillaume de Tyr le mois d'octobre 1186. Röhricht reste dans l'incertitude sur les circonstances de ce décès.

365. Les mœurs s'étaient en général grandement corrompues dans la population créole de Jérusalem. Ernoul (87) nous le confesse crûment : « Pour che vous di je que li patriarches estoit de tele vie, si prenoient li homme example à lui et li priestre et li clerc et li moine et cil de la cité, k'il faisoient tant de luxure et d'avoutère qu'à paines trouvast-on une bonne (= honnête) femme en la cité. » *L'Estoire d'Éracles* (II, 88) est encore plus explicite : « Li puanz péchez contre nature avoient si la cité empullentie que oreison ne poeit monter. » Et encore : « Non fuit aliquis civis adeo dives in Jerusalem, quin pro pecunia sororem, filiam, vel, quod execrabilius erat, luxuriae peregrinorum uxorem propriam exponeret. Ita omnes gulae et carnis illecebris dediti erant, ut nihil omnino a pecoribus differrent. » (CÆSAR. HEISTERBAC, *Dial. miracul.*, IV, c. 15.)

366. ERNOUL, p. 83.

367. *Encycl. de l'Islam*, art. *Qilij Arslân II*, livr. 33, p. 1066.

368. Fils cadet de Constance d'Antioche et de Raymond de Poitiers et frère, par conséquent, de la *basilissa* Marie d'Antioche et du prince d'Antioche Bohémond III. Ce cadet franc servait dans les armées byzantines.

369. CHALANDON, *Comnènes*, II, p. 509.

370. *Ibid.*, p. 511-512.

371. CHALANDON, p. 512.

372. Guillaume de Tyr, avec son sentiment puissant de l'histoire, a bien discerné la portée mondiale du désastre byzantin. « À partir de ce jour, note-t-il, le désastre resta si profondément gravé dans la mémoire (de Manuel Comnène) que, malgré les efforts des courtisans, il ne put jusqu'à sa mort retrouver la moindre joie. Il restait physiquement abattu et moralement plein d'angoisse, tant le tourment du désastre l'obsédait. » (G. T. 1025)

373. Sur les rapports du roi de Sicile Guillaume II et des Byzantins, Cf. CHALANDON, *Histoire de la domination normande en Italie*,

II, p. 372 et suivantes. – HEYD, *Histoire du commerce du Levant*, I, 222-225.

374. TOURNEBIZE, *Histoire... de l'Arménie*, p. 183.

375. Pendant son court règne (1183-1185), Andronic Comnène conclut avec Saladin un pacte d'alliance comportant le partage de l'Orient : Saladin laissera les Byzantins reconquérir une partie de l'Anatolie sur les Seljûqides et pourra de son côté, avec l'assentiment de Byzance, chasser les Francs de Palestine, Byzance devant en ce cas recevoir le protectorat religieux du Saint-Sépulcre. Cf. *Chronicon Magni Presbiteri* (*Annales Reicherspergenses ; Mon. Germ. Hist. Script.*, XVII, 511.)

376. *Voyage d'Ibn Jubair, Hist. orient.*, III, p. 454-455.

377. *Voyage d'Ibn-Jubair, Hist. orient.*, III, p. 445-446.

378. Par acte du 24 février 1182 Baudouin IV donna Chastel neuf, ainsi que le Maron, à son oncle Jocelin III de Courtenay. Le Maron dont il s'agit ici est Marûn al-Râs, au sud de Tibnîn, près de Bint Umm Jubail, bien distinct du Maron tyrien, qui est Qal'at Marûn, au nord de Tibnîn (DUSSAUD, *Topographie*, 30, et REY, *Colonies*, 478 et 488-489).

379. IBN JUBAIR, p. 446.

380. Je ne sais de quelle « truie » parle exactement Ibn Jubair. En épousant la princesse Isabelle, Onfroi IV avait cédé le Toron au roi Baudouin IV (1180). Il s'agit sans doute de la reine mère Agnès qui avait dû se faire concéder les riches revenus du fief de Toron.

381. *Ibid.*, p. 448.

382. IBN JUBAIR, p. 448.

383. IBN JUBAIR, p. 449. Ce passage, note M. Wiet, est d'autant plus frappant que le même voyageur proteste contre les mauvais procédés, la brutalité et le désordre des douaniers aiyûbides à Alexandrie. Cf. WIET, *Les communications en Égypte au moyen âge, loc. cit.*, p. 250-251.

384. IBN JUBAIR, p. 450-451.

385. IBN JUBAIR, p. 452.

386. *Ibid.*, p. 453.

387. IBN JUBAIR, p. 455.

388. GUILLAUME DE TYR, II, p. 1076-1077. Cf. RISTELHUEBER, *Les traditions françaises au Liban*, 2e éd., 1925, p. 60.

389. RISTELHUEBER, *Traditions françaises au Liban*, p. 61.

390. Cf. RISTELHUEBER, p. 58.

391. Cf. LAMMENS, *La Syrie*, Beyrouth, 1921. – Maurice BARRÈS, *Une enquête aux pays du Levant*, Plon, 1923. – Jean MÉLIA, *Chez les chrétiens d'Orient*, Fasquelle, 1929. – R. DE GONTAUT-BIRON, *Comment la France s'est installée en Syrie*, Plon, 1926. – L. JALABERT, *Syrie et Liban*, Plon, 1934.

Chapitre V

1. *Livre de Éracles*, II, p. 12. Ernoul nous parle à ce propos de la charité d'un riche bourgeois de Jérusalem nommé Germain qui, pour le peuple mourant de soif, fit forer ou retrouver un puits dans la vallée de Josaphat, près de la Fontaine de Siloé. Le même Germain, en temps ordinaire, entretenait d'eau un quartier de la ville. Une fois par an tous les bourgeois de Jérusalem distribuaient à volonté aux pauvres de la ville du pain et du vin dans de grandes cuves placées près de la fontaine de Siloé (ERNOUL, p. 121-125).

2. *Éracles*, 12-13, et ERNOUL, p. 124.

3. Variantes d'Ernoul : « tant de viande », « tant de blé ».

4. *Éracles*, II, p. 13. Texte identique chez ERNOUL, p. 124.

5. Voir tome III, chap. I.

6. BEHÂ AL-DÎN, p. 84-87 ; KEMÂL AL-DÎN, *Histoire d'Alep, Rev. Or. lat.*, 1896, p. 174-175 ; *Begtimur, Enc. de l'Isl.*, I, 706. – Begtimur, ministre et successeur de Soqmân II, se jugeant menacé par l'atâbeg d'Adharbaijân, Pahlawân, avait appelé Saladin à son secours. Mais quand Saladin arriva, Begtimur et Pahlawân avaient déjà conclu la paix et faisaient front contre lui.

7. IBN AL-*Athîr*, I, p. 672-674 ; BEHÂ AL-DÎN, p. 88-90.

8. Cf. RÖHRICHT, *Geschichte des Königreichs Jerusalem*, p. 416, note 1.

9. REY, *Colonies franques*, p. 382.

10. Trois des fils de Guillaume III le Vieux se rendirent en Orient à des époques différentes et jouèrent un rôle dans l'histoire des Croisades : Guillaume Longue-Épée qui épousa en premières noces Sibylle de Jérusalem et fut père de Baudouin V ; Conrad de Montferrat, le sauveur de Tyr, qui épousa par la suite Isabelle de Jérusalem, sœur de Sibylle ; et enfin Boniface de Montferrat qui prit part à la Quatrième Croisade et devint roi de Thessalonique.

11. *Éracles*, II, p. 63.

12. Cécile, fille du dernier seigneur local, Guillaume Dorel (*alias* Rostain), de la famille provençale des d'Agout (cf. *Éracles*, II, p. 51). DU CANGE-REY, 257-258.

13. Sur Plebanus et les faveurs qu'il accorda à Boutron à ses concitoyens pisans, cf. HEYD, *Histoire du commerce du Levant*, I, p. 321. Notons ici qu'une des raisons de l'indignation de Gérard était le mépris où la noblesse française de Terre Sainte tenait la bourgeoisie commerçante des comptoirs maritimes. « Quant Gérard de Ridefort vit que li cuenz li ot refusé le mariage, il en fu durement corrocez, por ce que il l'avoit donnée, ce disoit, à un vilain. Car cil de France tienent ces d'Italie en despit (= mépris) ; car ja tant riches ne prous ne sera que il ne le tieignent por vilain ; car li plus de ceauz

948 *L'ÉQUILIBRE*

d'Italie sont usuriers ou corsaires ou marcheanz, et por ce cil, si sont chevaliers, tienent ceauz à despit. » (*Éracles*, II, p. 51-52.) – Plebanus souscrit dès 1181, comme sire du Boutron, des actes de Raymond III (Du Cange-Rey, 258. Et sur Gérard de Ridefort, attesté comme grand-maître depuis le 21 octobre 1186, *ibid.*, 879-880).

14. *Éracles*, II, p. 25-28.

15. Cf. Ernoul, p. 134.

16. *Éracles*, II, p. 29.

17. Ernoul, p. 135. La date du couronnement de Guy de Lusignan est discutée. Pour Ernoul et l'*Éracles*, c'est à la mi-septembre 1186 ; pour Raoul de Diceto en août ; pour Arnold de Lubeck le 20 juillet de la même année.

18. Variante dans Ernoul : « à fol et à musart » (Ernoul, p. 135).

19. Il est intéressant de souligner cette affirmation des liens d'amitié existant entre Raymond III et Saladin. C'était là un précieux appoint pour la conservation de la Syrie franque.

20. *Éracles*, II, p. 31. Cf. Ernoul, ch. xi, p. 136 : « Dame, je n'en poi mais, car on me retint et vaut faire roi à force, et me voloit-on hui (aujourd'hui) coroner. Et je m'en suis afuis (enfui), pour ce c'on me voloit faire roi à force. » Et Sibylle répond avec une belle ironie à son naïf beau-frère : « Biaus frère Hainfroi, vous avès droit (raison) ; que grant honte vous voloient faire quant il vous voloient faire roi. Mais puis que vous avés ensi fait, je vous pardoins. Or venés avant et faites votre hommage au roi. » Les historiens arabes nous parlent d'Onfroi sur le même ton d'ironie comme d'un trop joli garçon. Behâ al-Dîn, qui le vit aux conférences d'Arsûf où il servit d'interprète avec al-'Adil, note : « Je vis ce jeune homme. Il était vraiment beau, bien qu'il eût la barbe rasée à la mode des Francs. » (Behâ al-Dîn, p. 256-257.)

21. Ernoul, p. 137.

22. Échive, veuve de Gautier de Tibériade, avait apporté cette principauté à Raymond, son nouvel époux.

23. Cf. Ernoul, p. 138.

24. *Éracles*, II, p. 33.

25. *Gestes des Chiprois*, p. 659.

26. Exagérations en sens contraire chez le poète normand Ambroise qui, dans sa passion pour Guy de Lusignan, accuse Raymond III de trahison intégrale et systématique avec Saladin (Ambroise, v. 2447-2488).

27. *Kâmil al-tewârîkh*, I, p. 674.

28. *Al-qums Raîmund*.

29. *Kiy*.

30. *Deux Jardins*, p. 257-258.

31. *Deux Jardins*, p. 259.

NOTES 949

32. *Éracles*, II, p. 34.

33. Du récit d'Abû Shâma (*Deux Jardins*, p. 261), il semble cependant résulter que la sœur de Saladin dont il s'agit, épouse de 'Omar ibn Lâjîn, ne fut pas prise par Renaud avec la caravane capturée par lui. Cette princesse s'était jointe à une des caravanes suivantes, de retour de La Mecque, et qui n'arriva à Damas qu'en mai 1187. Renaud avait sans doute songé à enlever aussi ce convoi, ce qui avait causé à Saladin de si grandes inquiétudes qu'il était allé attendre sa sœur sur la route de Bosrâ ; mais la caravane, ainsi protégée, arriva à bon port. Il semble qu'il y ait eu confusion à ce sujet dans l'esprit du continuateur de Guillaume de Tyr.

34. *Éracles*, II, p. 34.

35. Râs el-Mâ, au sud-ouest du Lejâ, au nord-ouest du Haurân, la Rasseleme des chroniqueurs latins, « est un lieu de campement de troupes près de Dîllî, au sud de Sanamein, non loin de Sheikh-Miskîn » et à l'ouest d'Ezra' (DUSSAUD, *Topographie historique*, p. 343). Behâ al-Dîn ne mentionne pas ici Râs al-Mâ, mais Quneîtra : « Le sultan sortit de Damas en mars 1187 et alla s'établir sur le territoire de Quneîtra où il devait attendre les armées d'Égypte et de Syrie. Au fur et à mesure que chaque corps arrivait, il leur ordonnait d'expédier des détachements pour ravager la Palestine. » (*Vie du sultan Yûsuf*, p. 91.)

36. *Deux Jardins*, p. 261. Cf. *supra*, p. 777, note 2.

37. *Deux Jardins*, p. 261.

38. BEHÂ AL-DÎN, p. 92.

39. *Éracles*, II, p. 34-35.

40. *Éracles*, 35. Cf. ERNOUL, p. 141-142.

41. ERNOUL, p. 143.

42. *Deux Jardins*, p. 262.

43. *Éracles*, II, p. 38. ERNOUL, p. 142.

44. REY, *Les colonies franques*, p. 419.

45. La bataille est à localiser entre Saffûriya et Kafr Kennâ, le Casal Robert des Francs. La fontaine du Cresson est bien dans la banlieue sud de Kafr Kennâ : Cf. ABEL, *Géographie de la Palestine*, I, carte XI (carton).

46. Cf. ERNOUL, p. 146.

47. *Les Gestes des Chiprois* (p. 659) placent la bataille à Casal Robert (Kafr Kennâ), à l'est de Sephorie.

48. *L'Estoire d'Éracles*, II, p. 40.

49. Cette bataille est placée le 1ᵉʳ mai 1187 par le Continuateur de Guillaume de Tyr (II, p. 41), le 10 mai par Ibn al-Athîr (p. 678).

50. *Éracles*, II, p. 41. ERNOUL, p. 148.

51. *Deux Jardins*, p. 262.

52. ERNOUL, p. 149.

L'ÉQUILIBRE

53. Fils aîné de Bohémond III, ce Raymond mourut avant son père en 1199.

54. *L'Historia regni hierosulymitani* mentionne 4 000 Turcoples, 1 000 chevaliers et 25 000 fantassins. Là-dessus, 1 200 cavaliers et 7 000 fantassins payés sur le « trésor » anglais. Quant à l'armée de Saladin, les sources varient entre 60 et 100 000 hommes.

55. *Éracles*, II, p. 46. Ernoul dit crûment qu'Héraclius ne porta pas lui-même la Croix, « car griès cose li estoit d'aler en l'ost et lassier dame Paske de Riveri » (ERNOUL, p. 156).

56. *Deux Jardins*, p. 263.

57. Les historiens ne sont pas d'accord sur la question de savoir si Échive avait auprès d'elle dans Tibériade les quatre fils de son premier mariage avec Gautier de Saint-Omer (Hugue, Guillaume, Raoul et Eudes) ou si ces jeunes gens étaient allés rejoindre la chevalerie franque au rendez-vous d'Acre (cf. ERNOUL, p. 170).

58. *Estoire d'Éracles*, II, p. 49.

59. *Hist. Or.*, p. 682.

60. *Estoire d'Éracles*, p. 49-52 ; ERNOUL, p. 159-160. Voir la manière dont les faits sont travestis dans le poème d'Ambroise, partisan de Guy et interprète de « l'esprit croisé » (AMBROISE, 2541).

61. *Éracles*, p. 49-51 ; ERNOUL, p. 159-160.

62. *Hist. Or.*, p. 682.

63. C'est là le secret de la relative faiblesse militaire de l'empire aiyûbide, monarchie déjà centralisée à bien des égards, mais restant jusqu'à un certain point féodale à sa base, ce qui expliquera le ralentissement, puis l'arrêt de la reconquête musulmane en 1189.

64. *Éracles*, II, p. 50.

65. Cf. ERNOUL, p. 100.

66. Nuit du 2 au 3 juillet 1187.

67. *Éracles, loc. cit.*, et ERNOUL, p. 162.

68. *Hist. Or.*, I, p. 683.

69. Cf. RÖHRICHT, *Gesch. Königr. Jer.*, p. 433-434 ; REY, *Colonies*, 442.

70. Le Carnehatin de *l'Estoire d'Éracles* (II, p. 173).

71. *Deux Jardins*, p. 268.

72. *Ibid.*, p. 267.

73. IBN AL-A*th*ÎR. I, p. 685-686.

74. *Hist. orient.*, I. p. 684.

75. *Éracles*, II, p. 64-65.

76. D'autres chroniqueurs arabes rapportent un autre mot de Renaud qui montre encore plus crûment son absence de tout sens colonial. Quand il avait capturé la caravane de La Mecque, il avait insulté la foi musulmane des prisonniers : Implorez maintenant l'aide de Mahomet ! » leur avait-il crié en ricanant. Saladin, avant de le tuer, lui rappela ce blasphème : « Eh bien, je t'ai battu grâce à

NOTES 951

Mahomet ! » (Kemâl al-Dîn, *Histoire d'Alep, Rev. Or. lat.*, 1896, p. 180-181).

77. Kemâl al-Dîn, *Hist. d'Alep, Rev. Or. lat.*, 1896, p. 180-181). *Éracles*, 68-69.

78. Ibn al-Athîr, p. 687 ; *Deux Jardins*, p. 275-276, 285 ; *Éracles*, II, p. 68-69.

79. *Deux Jardins*, I, p. 277-278.

80. Ch. Kohler, *Revue de l'Orient latin*, 1909, p. 212.

81. *Deux Jardins*, p. 271.

82. *Ibid.*, p. 288, 289.

83. *Deux Jardins*, p. 276-277 ; *Éracles*, II, p. 69.

84. Balian pour pouvoir se rendre à Jérusalem et en ramener sa femme, la reine Marie Comnène, et ses enfants, avait promis à Saladin de n'y demeurer qu'une nuit. Lié par son serment, il voulut en effet repartir aussitôt. Mais le patriarche Héraclius déclara le relever de son serment et l'obligea, presque sous menace, à rester : « Grant honte seroit à vous se vous en tel point laissiés la cité de Jhérusalem et vous en aliés ! » (Ernoul, p. 175). Balian d'ailleurs prit soin de s'excuser auprès de Saladin de cette violation forcée de sa promesse et Saladin, comprenant son cas, eut l'élégance de ne pas lui en tenir rigueur puisqu'il permit alors à Marie Comnène et à ses enfants de se rendre de Jérusalem à Tripoli (Ernoul p. 186-187).

85. *Éracles*, II, p. 70.

86. *Éracles*, II, p. 70-71.

87. *Hist. Orient.*, I, p. 688.

88. *Deux Jardins*, I, 295.

89. C'est avant l'entrée à Acre que *les Gestes des Chiprois* placent le célèbre épisode de la mère franque se présentant en suppliante à Saladin. « Quant il fu à la mestre porte d'Acre, une povre Crestiene à quy l'on avet tolu (enlevé) son fis, se geta as piés dou soudan, et s'en plainst de se que home d'armes li orent tolu son fis. Le souldan Salaheldin s'aresta avé son chevau, et entendi toute sa plainte et puis mist sa gambe au col de la beste, et dist que de là il ne partiroit ni en la cité d'Acre n'enteroit, tant que le fis de la povre feme fust trové. Et les amiraus qui li estoient entor firent tant sercher que l'anfant fut trové et rendu à sa mère devant le souldan. » (*Chiprois*, p. 659-660.)

90. Cf. Heyd, trad. Furcy Raynaud, *Hist. du commerce du Levant*, II, p. 700, et I, p. 311.

91. Ibn al-Athîr, p. 690.

92. *Deux Jardins*, I, p. 296-297.

93. À la frontière de la Galilée et de la Samarie, le château de la Fève (al-Fûla) qui commandait la plaine d'Esdrelon et appartenait

952 — L'ÉQUILIBRE

aux Templiers, dut se rendre, faute de défenseurs. Libre sortie de la petite garnison.

94. Ibn al-Athîr, p. 691.

95. *Deux Jardins*, p. 302. Ces renseignements du *Livre des Deux Jardins* ont été opposés à ceux du même ouvrage qui nous dit un peu plus loin qu'après l'occupation aiyûbide les chrétiens de Naplouse « continuèrent d'y résider et furent confirmés en possession de leurs terres et de leurs richesses ». Mais la contradiction est-elle réelle ? Il s'agit évidemment ici encore de Syriens chrétiens, autorisés à résider, tandis que les Francs avaient prudemment émigré en masse.

96. *Ibid.*, p. 302.

97. Behâ al-Dîn, p. 98.

98. Saladin apparut devant Beyrouth le 30 juillet.

99. Renseignements fournis par les historiens arabes. Du quel des Embriaci de Gibelet, s'agit-il ici ? Au commencement de 1184, Hugue II règne encore puisque son fils Hugue III le Boiteux ne fait que souscrire les actes paternels. Rey place l'avènement de Hugue III à la fin de cette même année 1184. Dans tous les cas il règne en 1186, époque où le Pape Urbain III lui rappelle la rente à payer à l'église de Gênes. Cependant Rey pense que son jeune fils Guy Ier lui succéda dès cette même année 1186. De fait, en 1186, Guy souscrit un acte de Guy de Lusignan en faveur des Teutoniques. Mais n'était-ce pas au nom de son père ? Il me semble difficile que ce soit cet enfant qui ait été fait prisonnier à *Hattîn*. J'imagine qu'il s'agit encore de Hugue III. Du reste l'*Éracles*, 66, nomme formellement « Hue de Gibeleth ». Cf. Rey, *Rev. Or. lat.* 1895, 402.

100. *Éracles*, II, p. 78-79 ; Ernoul, p. 184.

101. Ibn al-Athîr, p. 696.

102. *Deux Jardins*, I, p. 312-313.

103. *Éracles*, II, p. 79.

104. *Ibid.*, II, p. 81-84.

105. Mais il s'agit en réalité ici d'une « prédiction après coup », genre cher à notre chroniqueur.

106. *Hist. Orient.*, p. 699.

107. *Deux Jardins*, p. 320-322.

108. *Histoire des patriarches d'Alexandrie*, in Reinaud, *Extraits des historiens arabes*, p. 207. L'auteur ajoute que, quand Jérusalem eut capitulé, les Grecs de la ville regrettèrent cette issue pacifique, car ils auraient été ravis de participer au massacre des Latins.

109. Ibn al-Athîr, p. 700-701.

110. *Éracles*, II, p. 91. Ibn al-Athîr (p. 701) dit 10 dinars par homme, 5 dinars par femme, 2 par enfant.

111. *Éracles*, II, p. 90. Ernoul, p. 226.

NOTES

112. *Ibid.*, II, p. 96.
113. *Éracles*, p. 97 ; Ernoul, p. 227.
114. *Deux Jardins*, I, p. 339.
115. *Ibid.*, I, p. 340.
116. Ibn al-Athîr, p. 706.
117. *Ms de Rothelin, Hist. Occ.*, II, p. 525.
118. Ibn al-Athîr, p. 703 ; *Deux Jardins*, I, p 332.
119. Ernoul ajoute que, pour se procurer des vivres, les assiégés des kraks d'Outre Jourdain avaient été jusqu'à vendre leurs femmes et leurs enfants aux Sarrasins (sans doute aux Bédouins de la région). Dès qu'ils se furent rendus, Saladin, pour honorer leur longue résistance, fit racheter femmes et enfants. « Fist racater lor femes et lor enfans qu'il avoient vendu, lor fist rendre et lor donna grant avoir et les fist conduire en tiere de Crestiiens. Pour ce lor fist ce, qu'il avoient si bien et si longement tenu lor castiel, tant com il peurent et sans signour. » (Ernoul, p. 187.)
120. *Deux Jardins*, p. 382.
121. *Éracles*, II, p. 98-99 ; Ernoul, p. 229.
122. Ernoul, p. 230-231.
123. Du Cange-Rey, p. 413. Le sire de Néphin (Enfé) attesté de 1174 à 1196 est *Raymond* que Rey suppose identique au Renaud de Néphin dont parle Ernoul. L'attentat eut lieu au Puy du Connétable (Héri.)
124. Ernoul, 231, *Éracles*, 101. Qui faut-il rendre responsable de cette barbarie ? Nous savons par l'*Éracles* (p. 72) que, à ce moment Raymond III était mourant (« il estoit à la mort ») »), brisé moralement par le désastre de *Hattîn*, « dou grant duel (deuil) que il ot por la perte que il vit si grant sur les Crestiens » ; Raymond III était aussi très malade d'une pleurésie qui allait le mener au tombeau (Behâ al Dîn, 96).
125. Ernoul, p. 232-233.
126. Dès qu'un navire chrétien jetait l'ancre dans un port égyptien, la douane lui enlevait ses agrès et son gouvernail qui ne lui étaient rendus qu'au départ, après acquittement de tous droits et redevances.
127. Ernoul, p. 234.
128. *Éracles*, II, p. 100-103 ; Ernoul, p. 233.
129. *Kâmil al-tewârîkh*, I, p. 704 ; *Éracles*, II, p. 104.
130. Maqrîzî, *R. O. L.*, 1902, p. 33.
131. Behâ al-Dîn, *Vie du sultan Yûsuf*, p. 299.
132. Rappelons-nous le traité déjà conclu entre Saladin et l'empereur Andronic Comnène, par lequel ce dernier encourageait le sultan à chasser les Francs de la Palestine. Cf. Vasiliev, *Histoire de l'empire byzantin*, II, 81.

954   *L'ÉQUILIBRE*

133. Moïse Schwab, *Al-Harizî et ses pérégrinations en Terre Sainte*, Archives de l'Orient latin, I, p. 236.

134. Telle avait déjà été la politique de l'atâbeg Zengî qui, après la reprise d'Édesse sur les Francs, en 1144, y avait appelé et installé trois cents familles juives. Voir la chronique syriaque anonyme traduite dans le *Journal of the Royal Asiatic Society*, 1933, 289-291.

135. Je renvoie à dessein au tome III tout ce qui a trait à Conrad de Montferrat, parce que son intervention ouvre vraiment un chapitre nouveau dans l'histoire de l'Orient latin. Il fut jusqu'à un certain point, il aurait pu, sans les fautes du roi Richard, être jusqu'au bout un autre Godefroi de Bouillon et, mieux encore, un autre Baudouin Ier.

136. *Deux Jardins*, p. 284 ; Behâ al-Dîn, p. 95.

137. Behâ al-Dîn, p. 95.

138. *Éracles*, 72. L'union d'Antioche et de Tripoli devait bientôt devenir totale parce que le prince Raymond, fils aîné de Bohémond III, décéda avant son père. Bohémond III lui-même étant mort peu après, en 1201, son fils cadet, Bohémond IV, déjà comte de Tripoli, se trouva en même temps seul héritier de la principauté d'Antioche. Les deux principautés franques du nord ne formèrent plus désormais qu'un seul État. – Notons cependant que, d'après le *Lignage d'Outre-Mer*, ch. v, Raymond III, sans doute quelque peu déçu de ne pouvoir remettre sa succession à son filleul Raymond d'Antioche, n'accepta Bohémond IV que comme héritier conditionnel, Bohémond devant remettre le comté de Tripoli aux comtes de Toulouse si ceux-ci le revendiquaient (Assises, II, p. 446). Mais les comtes de Toulouse, qui allaient peu après disparaître dans la tourmente de la guerre des Albigeois, avaient trop à faire en France pour ne pas se désintéresser de la Provence libanaise. Cette circonstance et l'avènement de Bohémond IV à Antioche rendirent définitif l'acte provisoire de 1187, bientôt complété par l'union d'Antioche et de Tripoli.

139. Behâ al-Dîn, *Vie du sultan Yûsuf*, p. 104 ; *Deux Jardins*, 344-345. Cf. Delaville Le Roulx, *Hospitaliers*, p. 99.

140. Behâ al-Dîn, p. 106-107 ; Ibn al-Athîr, p. 717.

141. Cf. Paul Deschamps, *Le Crac des Chevaliers*, 122.

142. *Éracles*, 122 ; Behâ al-Dîn, 107-108.

143. *Deux jardins*, 356-357.

144. Ce Mansûr ibn Nabîl, qâdî de Jabala, nous dit Ibn al-Athîr, « jouissait auprès de Bohémond (III), prince d'Antioche et de Jabala, d'une grande confiance, d'un crédit considérable, d'une extrême considération et d'un rang élevé. Il exerçait l'autorité sur tous les Musulmans à Jabala, dans les environs et dans tout le territoire qui dépendait de Bohémond. Son zèle pour l'Islamisme le porta à se ren-

NOTES

dre près de Saladin et à lui garantir la conquête de Jabala, de Latta-quié et des territoires situés au nord. » (IBN AL-A*th*ÎR, I, p. 717.)

145. *Deux Jardins*, I, p. 362 ; BEHÂ AL-DÎN, p. 110-111.

146. *Deux Jardins*, I, p. 361-363.

147. L'orthographe correcte de ce nom, écrit quelquefois Sahiyûn, est bien Sahyûn.

148. *Deux Jardins*, 364-367. – DESCHAMPS, *Le Château de Saone*, Gazette des Beaux-Arts, déc. 1930, p. 329.

149. Cf. DUSSAUD, *Topographie*, p. 149.

150. *Deux Jardins*, 368-370. DUSSAUD, *Topographie historique*, p. 157-162. Voir à la fin du présent tome la carte relative aux diver-ses hypothèses pour la localisation des châteaux francs dans cette région (Chastel Ruge à 2 kilomètres à l'ouest de Tell al-Karsh, ou à la tête de pont occidentale du Jisr al-Sughr ?) Je renvoie aussi à l'excellent guide d'*Antioche, centre du tourisme* (1931) par le colonel Paul Jacquot (Geuthner dépositaire).

151. Ajoutons-y la Roche de Roissel ou Roche-Guillaume, château (al-Qal'a) qui domine le Port des Francs, l'ancien Port-Bonnel, au sud du Râs al-Khanzir, au nord-ouest d'Antioche. Le seigneur de Roche-Roissel, Jean Gale, « en rupture de ban avec la Chrétienté [il avait assassiné son maître qu'il avait surpris avec sa femme, et il avait dû fuir chez les Musulmans], avait accepté de faire l'éducation d'un neveu de Saladin. Mais, désireux d'obtenir son pardon, il vendit son élève aux Templiers, ce qui poussa le sultan à la vengeance ». Saladin assiégea en vain la Roche-Roissel (1188). Cf. ERNOUL, 255. *Éracles*, 125-126.

152. *Kâmil al-tewârîkh*, p. 726-729. Cf. BEHÂ AL-DÎN, p. 115.

153. AL-IMÂD, *Deux Jardins*, p. 374.

154. *Kâmil al-tewârîkh*, p. 730.

155. *Ibid.*, p. 729 ; BEHÂ AL-DÎN, p. 115. *Deux Jardins*, 372 et 374.

156. *Deux Jardins*, 372, 374.

157. *Ibid.*, 376-377.

158. Sur l'identification Baghrâs-Gaston, cf. VAN BERCHEM, *J. A.*, 1902, I, 434.

159. BEHÂ AL-DÎN, p. 116.

160. Notons qu'au moment de la croisade de Frédéric Barberousse (juin 1190), Baghrâs-Gaston devait être assez vite récupéré par les chrétiens, en l'espèce, par le prince arménien de Cilicie Léon II. En 1194 nous voyons Léon encore maître du site *(Éracles*, II, p. 207).

161. *Livre des Deux Jardins*, I, p. 379.

162. *Deux Jardins*, I, p. 376.

163. L'émir de Sinjâr se fit l'interprète de la lassitude des troupes (BEHÂ AL-DÎN, p. 117).

164. BEHÂ AL-DÎN, p. 118-120.

956   L'ÉQUILIBRE

165. Behâ al-Dîn, p. 121-122 ; Kemâl al-Dîn, *Histoire d'Alep, Rev. Or. lat.*, 1896, p. 191 ; *Deux Jardins*, 395-400.

166. *Estoire d'Éracles* (continuation de Guillaume de Tyr), p. 111. Version, on va le voir, différente dans Behâ al-Dîn, p. 129-132, 151 et dans les *Deux Jardins*, 395-400.

167. Notons que Balian, fils de Renaud, lui succéda comme sire de la moitié de la seigneurie de Sidon, sous la suzeraineté des 'Aiyûbides. En 1229, lors du traité entre l'empereur Frédéric II et le sultan Malik al-Kâmil, traité dont il avait été le principal négociateur, il reçut du sultan la seconde moitié de Sidon et recouvra ainsi sa seigneurie intégrale (*Estoire d'Éracles*, p. 111).

168. Rappelons que le Krak avait été conquis par Tancrède sur les Musulmans vers la fin de l'année 503 H., c'est-à-dire vers juin 1110. Les Francs devaient le conserver jusqu'au 8 avril 1271, pendant cent soixante ans de domination ininterrompus. Cf. Paul Deschamps, *Le Crac des Chevaliers*, Geuthner, 1935.

169. Voir à la fin du présent volume nos cartes historiques.

Appendices

1. « Pergens apud Tiberiadem, civitatem vacuam inveniens, exceptis paucis Saracenis, illam obtinuit et munivit » (Baudry de Deuil, p. 111).

2. R Hartmann, *Damas, Encycl. de l'Islam*, p. 930.

3. Albert d'Aix, p. 517.

4. Guillaume de Tyr, IX, 13, p. 384.

5. Raoul de Caen, p. 703-704, montre, comme nous l'avons rappelé, que la fortification de Beisân par Tancrède précéda la mort de Godefroi de Bouillon, donc la conquête de Caïffa. Sur l'importance géographique de la plaine de Beisân, voir la carte du P. Abel, in *Géographie de la Palestine*, I, 143.

6. Albert d'Aix, p. 517. Comme le montre bien la carte de Deschamps (*Le Crac des Chevaliers*), la Terre de Suète s'étendait sur les deux rives du Yarmûk dans toute la partie occidentale du Jaulân et du Ajlûn, puisque le Suète renfermait le château de Habîs Jaldak, situé au sud du fleuve, en face de Shejara. (Cf. Deschamps, *Ahamant et el-Habis, Revue historique*, juillet-août 1933.)

7. Hagenmeyer, *R. O. L.*, 1900-1901, p. 325. Albert d'Aix nous dit encore – que, pendant l'Avent de 1099, Godefroi de Bouillon était allé fortifier Tibériade. Le contexte d'Albert (p. 512), commenté par Hagenmeyer (*R. O. L.*, 1899-1900, p. 502-503), prouve que, pendant l'Avent, Godefroi était occupé au siège d'Arsuf, puis à la réception de Bohémond.

NOTES

8. ALBERT D'AIX, p. 517. Voir le récit que nous avons donné de cette expédition, tome I, p. 186. La date proposée doit être lue : *avant mai 1100* (le *a.* initial a sauté).

9. HAGENMEYER, *R. O. L.*, 1900-1901, p. 329. Ajoutons que l'auteur met quelque peu en doute l'exactitude des récits d'Albert sur ces guerres de Godefroi et des Damasquins.

10. « Videns ergo Grossus Rusticus quia a facie Christianorum nil sibi, nil Turcis intactum remanebat, volens nolens cum Duce foedus et Tancredo percussit ; Turcos renuit, quorum auxilio stare ante faciem christianissimi Ducis prorsus non valebat » (ALBERT D'AIX, p. 518).

11. Cf. tome I, p. 217.

12. ALBERT D'AIX. p. 538. BARTOLF DE NANGIS, p. 523. « Tyberiadem etc cuidam probo militi, Hugoni nomine de Falcamberga possidendas tradidit et quasi jure hereditario in ævum obtinere concessit. »

13. REY, *Colonies franques*, 413.

14. Répétons que le Sawâd *lato sensu* englobait toute la province à l'est du lac de Tibériade, y compris un district au sud du Yarmûk, comme on va le voir par l'exemple de *H*abîs Jaldak, récemment localisé par M. Paul Deschamps non plus près de 'Al mais sur la rive méridionale de la rivière.

15. « Hugo de Tabaria, vir bellator præcipuus adversus gentiles im petus, qui bellis et insidiis, non die, non nocte in terra Gentilium fatigari potuit » (ALBERT D'AIX, p. 632).

16. IBN AL-QALÂNISÎ, p. 71-72.

17. ALBERT D'AIX, p. 633.

18. *Ibid.*, p. 634.

19. *Ibid., loc. cit.*

20. *Mirât al-Zemân*, p. 529-530.

21. IBN AL-Ath*î*R, p. 230.

22. ALBERT D'AIX, p. 634-635.

23. Nous avions voulu respecter la vieille orthographe « Basoches » de Du Cange (DU CANGE, *Familles d'Outre-mer*, éd. REY, p. 444 ; *ms* de DU CANGE de la Bibliothèque du Musée Guimet, p. 270). Mais il s'agit du château de Bazoches, entre Fismes et Braisnes.

24. GUIBERT DE NOGENT, *Gesta Dei per Francos*, p. 258-259.

25. Cf. la carte VIII du P. ABEL, *Géographie de la Palestine*, t. I.

26. IBN AL-QALÂNISÎ, p. 74-75.

27. ALBERT D'AIX, p. 642-643.

28. ALBERT D'AIX, p. 656-657, concordant avec IBN AL-QALÂNISÎ, p. 86.

29. « Si aurum vel argentum vel aliqua pretiosa pro redemptione et salute Gervasii quæreretis, supra centum milia bisantiorum a nobis assequi proculdubio possetis. Sed civitates quas requiretis, si

958 L'ÉQUILIBRE

fratrem meum uterinum totamque parentelam meam, omnesque primores christianæ plebis in vinculis teneretis, nunquam civitates has pro aliqua salute vitæ illorum redderemus, nedum pro solo homine : quem si occideretis, nequequam virtus nostra propter hoc immunita erit ; sed quandoque ut vicem mortis illius vobis rependamus non est impossibile apud Deum et Dominum nostrum » (ALBERT D'AIX, p. 657-658). Confirmé par Ibn al-Athîr qui nous dit que Gervais offrit vainement pour sa rançon 30 000 pièces d'or et 500 prisonniers musulmans (Kamil al-tewârîkh, p. 269).

30. IBN AL-Athîr, p. 269 ; GUIBERT DE NOGENT, p. 259.

31. ALBERT D'AIX, p. 668.

32. IBN AL-QALÂNISÎ, p. 92 ; Mirât al-Zemân, p. 537.

33. DUSSAUD, Topographie, p. 383.

34. Il s'agit de grottes naturelles, ayant servi de forteresse militaire, que M. Paul Deschamps vient d'identifier avec les grottes historiques de Habîs Jaldak, aménagées par les Francs en réduit de défense. Cf. P. DESCHAMPS, Deux positions stratégiques des Croisés à l'est du Jourdain, Ahamant et El Habis, Revue Historique, juillet-août 1933, p. 49, et Le Crac des Chevaliers, p. 26-27.

35. IBN AL-QÂLÂNISÎ, p. 121.

36. GUILLAUME DE TYR, p. 492.

37. GAUDEFROY-DEMOMBYNES, Syrie au temps des Mameluks, p. 23 et 121.

38. IBN AL-QALÂNISÎ, p. 133.

39. Tome I, p. 268.

40. DU CANGE, éd. REY, p. 445.

41. GUILLAUME DE TYR, XVI, 4, p. 710, et XVII, 1, p. 759.

42. DU CANGE-REY, p. 447-452.

43. Ibid., p. 453.

44. DU CANGE-REY, p. 447, 453.

45. GUILLAUME DE TYR, XVII, 18, p. 781 et 1012.

46. DU CANGE-REY, p. 448-452.

47. Ibid., p. 448, 454-455 ; GUILLAUME DE TYR, p. 1012.

48. DU CANGE-REY, p. 450-451.

49. Tome I, p. 280.

50. P. DESCHAMPS, Deux positions stratégiques des Croisés à l'est du Jourdain, Ahamant et el-Habis, Revue historique, juillet-août 1933, p. 44-46.

51. Robert FAZY, Gazette de Lausanne, 16 décembre 1934.

52. P. DESCHAMPS, Le Crac des Chevaliers, p. 23.

53. ABEL, Géographie de la Palestine, I, 505.

54. G. WIET, Les communications en Égypte au moyen âge, extrait de l'Égypte contemporaine (Revue de la Société royale d'Économie politique, t. XXIV, p. 259).

NOTES

55. WIET, *op. cit.*, p. 260.

56. WIET, *op. cit.*, p. 260. – WIET, *Précis de l'histoire d'Égypte*, II, p. 146-147.

57. IBN AL-QALÂNISÎ (p. 81) qui nous rapporte ces faits les place sous la rubrique de l'année de l'hégire 500, soit entre le 2 septembre 1106 et le 21 août 1107. Mais ALBERT D'AIX qui nous en donne la version occidentale (p. 644) nous dit que Baudouin 1er se mit en marche pour le Wâdî al-'Araba un dimanche de la quadragésime de la huitième année de son règne. Le *Recueil des Historiens des Croisades* de l'Académie des Inscriptions, t. IV, p. 644, nous propose à ce sujet la quadragésime de 1108, Baudouin Ier n'ayant été couronné que le 25 décembre 1100. Nous avons déjà (t. I, p. 679) posé un sérieux point d'interrogation devant un tel calcul. En réalité, il s'agit bien de la quadragésime de 1107, et donc du 27 février 1107.

58. IBN AL-QALÂNISI, p. 81-82.

59. ALBERT D'AIX, p. 644.

60. « Ut sic potentius terram Arabitarum expugnaret et non ultra mercatoribus hinc et hinc transitus daretur nisi ex Regis gratiâ et licentiâ, vel ullæ insidiæ aut vires inimicorum subito affluissent, quin cito fidelibus Regis in arce constitutis paterent, et sic eis regia arx impedimento esset » (ALBERT D'AIX, p. 702). Cf. FOUCHER DE CHARTRES, p. 431.

61. GUILLAUME DE TYR, XI, p. 26.

62. IBN AL-QALÂNISÎ, trad. GIBB, p. 130-131.

63. ALBERT D'AIX, p. 693.

64. ANNE COMNÈNE, VI, c. 9, p. 300 ; c. 10, p. 304, et c. 12, p. 319. De même SYNOPSIS SATHAS, p. 184. Cf. J. LAURENT, *Byzance et les Turcs Seldjoucides*, p. 8.

65. *Kâmil al-tewârîkh*, p. 247.

66. KRAMERS, Article *Sultan, Encyclopédie de l'Islam*, J, p. 569.

67. Cf. *Encyclopédie de l'Islam*, 1. 33, p. 1065.

68. Cf. tome I, p. 432. La date du 3 juin a malheureusement sauté au deuxième tirage.

69. CHALANDON, *Alexis Comnène*, p. 271.

70. CHALANDON, *Comnènes*, II, p. 79.

71. *Comnènes*, II, p. 245.

72. Qilij Arslân II est bien le fils de Mas'ûd et non point de Malik shêh, comme le porte le tableau de Stanley Lane Poole.

73. CHALANDON, *Comnènes*, II, p. 457.

74. *J. R. A. S.*, 1933, 69-101 et 273-305 et CHABOT, *Un épisode de l'histoire des Croisades*, Mélanges Schlumberger, 1, 169-179. L'Anonyme s'est inspiré du récit de l'évêque jacobite d'Édesse Basile (Abu'l Faraj bar Shumna), présent dans la ville au moment des deux sièges

960 L'ÉQUILIBRE

et qui, entre les deux événements, devint l'ami et le familier de Zengî.

75. *J. R. A. S.*, 1933, 70-71.

76. *J. R. A. S.*, 1933, p. 74.

77. *J. R. A. S.*, 75, note 3.

78. *Ibid.*, 1933, 76.

79. *J. R. A. S.*, 1933. 76. QALÂNISÎ, *Damascus Chronicle*, éd. GIBB, 50-51.

80. *J. R. A. S.*, 1933, 72 et 78.

81. Nous avions, avec plusieurs orientalistes, accepté l'hypothèse que Tell Guran et el-Koradi ne représentaient qu'un seul et même fief franc. Nous pensons maintenant avec M. Deschamps qu'il y a lieu de distinguer deux forts dépendant du comté d'Édesse, l'un à Tell Guran à une dizaine de kilomètres au nord-ouest de Tell Mauzen, l'autre à el-Koradi, à une cinquantaine de kilomètres au sud-est de Tell Mauzen et à une trentaine de kilomètres au sud-ouest de Mârdîn. Voir les cartes historiques *in fine* de notre tome III.

82. *J. R. A. S.*, 1933, 78-80.

83. *Ibid.*, 80.

84. *Ibid.*, 1933, 81-82.

85. *J. R. A. S.*, 1933, 83-85.

86. Tome I, p. 583, note 2, j'ai cité Rey qui faisait inféoder Bîra à Galéran *par Jocelin*. À cette date la chose est impossible. Cf. *J. R. A. S.*, 1933, 86 et MATTHIEU D'ÉDESSE. 116-117.

87. Voir plus haut, p. 848-849. *J. R. A. S*, 1933, 87.

88. Après la reconquête de Sermîn, précise Kémal al-Dîn (623). Voir Mathieu d'Édesse (125) et notre tome I, 573.)

89. C'est là une des rares mentions des communautés nestoriennes dans la Syrie des Croisades.

90. *J. R. A. S.*, 1933, 94.

91. *J. R. A. S.*, 1933, 96.

92. *Ibid.*, 97-98.

93. D'après l'Anonyme comme d'après Michel le Syrien (III, II, 232) il s'agit de Ghâzî ; d'après Guillaume de Tyr le prince turc dont il s'agit serait le sultan de Qoniya, venu assiéger Kaisûn.

94. *J. R. A. S.*, 1933, 99-100.

95. Cependant l'inspirateur de l'Anonyme, l'évêque d'Édesse Basile (Abu'l Faraj bar Shumna) n'avait eu qu'à se louer de Jocelin II. D'abord ordonné évêque de Kaisûn, par le patriarche jacobite d'Antioche Jean XII (1130-1137), il s'était, à la suite de difficultés avec le patriarche, retiré au couvent de Pesqîn, sur les bords de l'Euphrate. « Mais bientôt, appelé par le comte Jocelin II, il se rendit à Édesse et le patriarche Athanase VIII (1138-1166) fut contraint de

NOTES

sanctionner cette translation pour rester en paix avec le comte. »
CHABOT, *Mélanges Schlumberger*, I, 169-170.)

96. *J. R. A. S.*, 1933, 280-281.

97. *Ibid.* 281-286.

98. Cf. *supra*, 179. CHABOT, *Un épisode de l'histoire des Croisades*, *Mélanges Schlumberger*, I, 171.

99. RUBENS DUVAL, *Histoire d'Édesse*, 14, plaçait cette porte au sud-ouest. Cf. CHABOT, *Mélanges Schlumberger*, I, 172.

100. « Ô malheureux, qu'attendez-vous ? Ayez pitié de vous-mêmes, de vos fils, de vos filles et de vos femmes, de vos maisons et de votre ville, pour qu'elle ne soit pas dévastée et dépeuplée ! » (CHABOT, *Mélanges Schlumberger*, I, 174.)

101. CHABOT, *Mélanges Schlumberger*, I, 176.

102. Salâh al-Dîn prit le métropolite par la main et lui dit : « Nous désirons, ô Vénérable, que tu jures sur la Croix et l'Évangile que vous nous demeurerez fidèles. Tu sais très bien que vous aviez tous mérité la mort pour avoir résisté à notre sultan et outragé notre Prophète. Maintenant nous sommes disposés à vous bien traiter et nous avons délivré ceux des vôtres qui étaient prisonniers. Tu sais très bien que cette ville, depuis le temps où les Arabes s'en sont emparés et pendant les deux cents ans où elle est restée sous leur empire, a été florissante comme une capitale. Aujourd'hui il y a cinquante ans que les Francs l'occupent et ils l'ont dévastée, et ils ont ravagé le pays comme vous le voyez. Notre prince est disposé à vous bien traiter. Vivez en paix, soyez en sécurité sous l'autorité de son empire et priez pour sa vie ! » (Traduction CHABOT, *Mélanges Schlumberger*, I, 178.)

103. Cf. *supra*, 191. – *J. R. A. S.*, 1933, 286-288.

104. *J. R. A. S.*, 1933, 289-291. Cf. *supra*, 188-190 et 821.

105. Cf. *supra*, 199-208.

106. *J. R. A. S.*, 1933, 292-293.

107. Jocelin II, qui s'était également réfugié à Samosate, fit arrêter Basile pour ses complaisances envers les Turcs et le fit emprisonner à Rûm Qal'a. Basile ne semble être redevenu libre qu'au moment de la capture de Jocelin II par les Turcs. Cf. CHABOT, *Un épisode de l'histoire des Croisades*, I, 170, et *Comptes-rendus de l'Académie des Inscriptions*, 1318, 441.

108. *J. R. A.S.*, 1933, 294-298.

INDEX

A

'Abbâs ibn-Abûl Futûh, 337, 426-428
'Abbâside, 61, 67, 511
'Abd al-Mâssîh, 530, 531
'Abd al-Rahmân al-Halhûli (l'ascète), 252
Abd al-Samad, 566
Abel (le P.), 804, 913
Abil, 640
Ablastaîn, 814
Abraham (Saint), voir Hébron.
Abraham de Nazareth, 635
Absalon, 347
'Abû Alî Fahkr al-Mulk ibn 'Ammâr Muhammed, 838
Abû Muhammed, 30, 31
Abû Qubaîs, 30
Abû Shâma, 215, 252, 267, 366, 377, 478, 496, 498, 499, 588, 593, 594, 621, 622, 624, 627, 630, 634, 733, 750, 756, 780, 881, 941, 949
Abû Ya'la ibn Khashshâb, 25
Abu' l'Asâkir Sultan, 108, 109, 113, 114
Abu'l Dorr Yâqût, 710
Abu'l Faraj bar Shumma, 959, 960
Abu'l Fidâ, 898
Abu'l Hassan ibn Khashshâb, 827
Abu'l Mughîth, 70

Abu'l Murhaf Nasr, 107
Abu'l Qâsim, 25
Abyssinie, 509, 682
Abyssins, 716
Acre, 29, 32, 52, 133, 139, 164, 165, 245, 248, 249, 305, 479, 522, 545, 584, 603, 604, 608, 632, 643, 645, 648, 652, 670, 710, 713, 719, 724, 744, 745, 758-760, 789, 795, 796, 807, 809, 885, 950, 951
Adalia, 88, 237-239, 384, 813, 816, 883, 885
Adam (évêque de Baniyas), 139
Adana, 58, 59, 90, 321, 553, 649, 659, 709, 819
Adeish, 640
Adélaïde de Sicile, 45
'Adesia, 162
Adharbaijân, 67, 531, 558, 675, 941
'Adid (al-), 429, 462, 504, 505, 507, 508, 512-514, 526, 559, 560, 568
'Adhrâ, 64, 135, 330, 331, 352, 871
'Adil (al- Ier, Saif al-Dîn), 720, 721, 760, 770, 772, 948
Adiamân, voir Hisn Mansûr
'Adil Ruzzîk (al-), 426
'Adil ibn-Sallâr (al-), 337-339
Adramytte (Edremid), 235
Adriatique, 229
Adrien IV, 309, 310, 375

964 L'ÉQUILIBRE

Adullan (grotte d'), 127

Afdal (al-), 337

Afdal (al-) 'Alî, 720, 736, 759

'Afrabalâ, 669-671, 685, 686, 778

'Afrîn, 206

Ager sanguinis (bataille de l'), 94, 825, 856

Agnès, 856

Agnès (nièce de Guillaume de Bures), 29

Agnès de Courtenay, 419-421, 481, 579, 653, 659, 661, 704, 706, 723, 893, 904, 914, 915, 931, 939, 946

Agnès de France (ép. Alexis Comnène), 647

Agout (d'), 947

Ahmed (fils de Taqî al-Dîn), 625

Aidié, 912

Aidip, 693

Aïla, 428, 528, 536, 663, 666, 693-695, 804, 921, 922

'Ain al-Dawla al-Yârûqî, 919

'Aîn al-Dawla, 277

'Ain Anjarr, 599-601

'Ain Belâra, 364

'Ain Jâlûd, 684

'Aintâb, 289-295, 189, 285, 287, 299, 302, 313

Aiyûbides, 61, 187, 495, 511, 561, 565, 598, 648, 665, 687, 692, 718, 720, 956

'Ajlûn (canton de), 166, 213, 667, 790, 956

'Akkâr, 476, 526, 527, 839

'Al, 556, 794, 798, 957

Ala-dagh (massif de l'), 57

Alam al-Dîn, 145

Alamût, 31, 925

Alashéhir, 552

'Alam al-Mulk ibn al-Nahhâs, 497

Albéric de Beauvais (Aubry de Beauvais, évêque d'Ostie), 53, 56, 138, 366

Albert (frère du comte de Namur), 34

Albert d'Aix, 8, 790, 791, 793, 795-797, 799, 801, 805, 806, 807, 818, 820, 877, 956, 957

Albesthan, voir Ablastaîn.

Alençon, 12, 25

Alep, 16, 18, 22, 24, 25, 27, 30-31, 59, 62, 65, 66, 69, 71, 74, 86, 98, 100, 101, 102, 103, 104, 111, 116, 123, 124, 125, 130, 131, 133, 136, 143, 144, 145, 148, 153, 154, 173, 181, 185, 189, 190, 193-195, 198, 201, 205-212, 214, 232, 248, 259, 264, 266, 273, 284, 286, 291, 292, 326, 329, 334, 335, 349-353, 364-368, 371-372, 375, 379, 399, 400, 403, 407-409, 417, 426, 437, 442, 444, 447, 451, 455, 490, 505, 510, 514, 529, 530, 537, 540, 552, 562, 575, 585, 586, 589-599, 613, 615-617, 649, 650, 662, 672, 674, 676, 677, 680-682, 709, 720, 737, 761, 811, 827-828, 832, 836, 841, 867, 888, 889, 890, 903, 917, 936, 944

Alepins (les), 25, 70, 71, 104, 590, 598

Alexandre de Gravina, 227, 485, 517, 604

Alexandre III (pape), 452

Alexandrette, 92, 95, 313, 322, 347, 349, 353, 541

Alexandrie, 437, 471-473, 475-480, 486, 515, 519, 567, 569, 577, 578, 586-588, 663, 671, 767, 774, 919, 925, 946

Alexis Branas, 721

Alexis Comnène, 88, 92, 93, 101, 102, 224, 227, 229, 381, 404, 546, 549, 647, 815

Alexis l'Ange, 721

Aley, 672

'Alî (nom de divers personnages musulmans), 193, 369, 457

INDEX 965

Aliénor d'Aquitaine, 223, 240, 241, 244

Alix de Jérusalem (princesse d'Antioche), 18, 19, 20, 21, 25, 34, 39, 40, 42-47, 68, 71, 94, 95, 311, 315, 409, 856

Allemagne, 55

Allemands, 228, 230, 231, 232, 233, 882

Alma dagh, 147

Alp Arslân (émir de Gangra), 89

Alp Arslân al-Khafâjî, 190, 191, 194

Alp Arslân Dâwûd ibn Mahmûd ibn Muhammed ibn Malik Shâh, 68

Alphonse Jourdain (comte de Toulouse), 245, 263, 840, 885, 886

Altûntâsh (l'émir), 208-210, 215, 219, 221

Amalek, 459

Amanos (la Montagne Noire), 147

Amasia, 89, 812

Amaury (comte de Jaffa), voir aussi *Amaury Ier*, 307, 395, 418

Amaury de Nesles, 309, 310, 374, 375, 383, 420, 453, 481, 515, 533, 766, 915, 945

Amaury Ier, 168, 326, 347, 419-579, 581, 587, 588, 604, 612, 697, 704, 725, 735, 757, 764, 802, 807, 841, 856, 871, 904, 927, 939

Amaury II de Lusignan, 652, 653, 685, 686, 754, 801, 802, 916, 936, 937, 939

Amboise, 13

Ambroise (le poète), 654, 948

Amida, voir *Diyârbekir*.

Ammân, 126, 565, 666, 799, 913

Amon, 378

Amorion, 813

'Amq (al-), 443

'Amwâss, 26

Anab (Inab), voir *Népa*.

Anamour (cap), 90, 238

Ananias (l'évêque), 177, 831

Anatolie, 87-89, 173, 223, 225, 230, 233-235, 240, 244, 384, 406, 538, 648, 707, 810, 811, 814, 815, 817, 891, 892, 946

Anazarbe, 58, 91, 116, 150, 153, 321, 384, 539, 819, 869

Ancone, 447

Andérin, voir *Kéban*.

Andrinople, 227, 228, 232, 233, 882

Andronic Comnène, 321, 482-484, 709, 802, 921, 946, 953

Andronic Euphorbénos, 539

Andronic Kontostephanos (*egaduc*), 517, 518, 521, 523, 524, 525, 707, 708

Andronic l'Ange, 604, 707

Andronic Lampardas, 707

Angers, 20

Anges, 709

Ani, 402

Anjou (comté d'), 11, 12, 14, 855

Ankara, 812, 813, 882

Anne Comnène, 92, 810, 811, 891

Anonyme (l'), 187, 193, 817, 823-835, 879, 880, 893

Anseau de Brie, 19

Anselme (évêque de Béthléem), 53, 151

Ansiaux (Anselme de Pas ou de Passy), 533

Antioche, 17, 18-27, 31, 32, 33, 40-59, 68, 70, 71, 76, 79, 80, 85-107, 114-124, 126, 127, 144, 145, 146-153, 163, 167, 170-173, 180, 189, 195, 205, 206, 224, 225, 228, 232, 236, 237, 239-242, 247, 248, 249, 264, 267, 270-276, 278, 279, 280, 284, 287-289, 292, 293, 302, 303, 306, 310, 313-320, 322, 323, 325, 326, 353, 354, 365-368, 371, 372, 382, 384-392, 394-399, 401, 402, 408-417, 431, 432, 440, 442, 443, 445-455, 476, 482, 483, 486, 527, 529, 530, 536, 538-541, 549, 553,

966 L'ÉQUILIBRE

554, 556, 569, 592, 612, 613, 647, 648, 655, 681, 682, 692, 709, 730, 750, 774, 777-785, 788, 811, 812, 817, 818, 821, 825, 828, 837, 856, 879, 886, 892, 908, 926

Antioche d'Isaurie, 90, 238

Anti-Taurus, 57, 408

Anvers, 792

Apamée, voir aussi *Qal'at-Mudîq*, 114, 268, 272-273, 286, 365, 366, 368, 454, 455, 782, 888, 889, 937

'Aqaba (golfe de), 168, 313, 528, 666, 693, 695

Aq Sonqor Bursuqî (lieutenant de Malik-Shâh, et père de l'atâbeg Zengi), voir aussi *Bursuqî*, 166

Aqseraï, 226

Aq-shéhir, 226, 230

Aq-su, 58

'Arab, 88, 89

Arabie Pétrée, 428, 457, 662

'Araîma, 263, 264

Arak al-*H*abîd, 667

Arcas ('Arqa ou 'Irqa), 86, 476, 527, 536, 537, 592, 646, 838

Archambaud de Bourbon, 239

Arcican, voir *Arzeghân (Erzghân)*.

Arda, 58

Ardenne-Anjou (dynastie d'), 700-703

Arenburge, 11, 14, 168, 871, 895

'Arîsh (al-), 347, 459, 618, 628

Arménie, 58

Arnaud de Toroge, 658, 701, 944

Arnold de Lubeck, 948

Arnoul (le chanoine), 42, 48, 49, 51-53

Arnoul de Turbessel, 475

Arnoul Malecorne, 34

'Arqa, voir *Arcas*.

Arsha wa-Qeibas, 400

Arslân shâh, 922

Arslân-Tshai, 176

Arsûf (l'Arsuf des Francs), 36, 620, 790, 948

Artâ*h* (Artésie), 206, 242, 249, 442, 443

Arzeghân (Erzghân), 20, 889

Asad al-Dîn Shîrkûh, 358, 367, 375, 376, 377, 379, 380, 434-440, 455-462, 464-480, 486, 488, 490, 492, 504-512, 515, 558, 575, 590

Ascalon, 26, 27, 36, 67, 80, 81, 127, 128, 155-157, 165, 313, 316, 317, 326-330, 338-349, 350, 353, 396, 418, 459, 480, 496, 518, 525, 533, 535, 602, 618, 621, 626, 629, 633, 653, 671, 693, 700, 701, 762, 764, 774, 802, 807, 907

Ashdod, 621

Ashmûn, 914

Ashmûnain, 467, 914

'Ashterâ, 744

Asie Mineure, 59, 224, 228, 230, 243, 262, 383, 405, 407, 447, 509, 525, 538, 544, 659, 707, 708, 709, 809, 810, 811, 813, 815-816, 885, 891

Assassins, voir *Ismaîliens*.

Assuân, 568, 693

'Atâ ibn Haffâ*d* al-Salamî, 351

Atfî*h*, 458

Athanase II, 415, 451, 529

Athanase VII (Abu'l-Faraj), 162

Athanase VIII, 174, 175, 890, 960

At*h*âreb (Cerep), 68, 103, 106, 124, 125, 126, 145, 167, 171, 206

Athènes, 816

At*m*â, 615

Attalia-Sattalie, voir aussi *Adalia*, 88

Attard (ou Achard archevêque de Nazareth), 381

Awurîs (al-), 566

Aymeri de Limoges (patriarche latin d'Antioche), 54, 56, 274, 315, 318-319, 383, 385, 409, 411,

INDEX

414, 447, 452, 453, 529, 530, 656, 657, 715, 716

Aynard (Ainardus), voir *Mu'in al Dîn Unur*.

'Azâz (Hazarth), 105, 189, 266, 275, 280, 286, 295, 597, 598, 826, 828, 890, 892, 893

Azincourt, 128

'Azîz (al- Othmân, et nom de plusieurs Aiyûbides d'Alep), 720

Azot, voir *Ashdod*.

B

Ba'albek, 72, 102, 129-133, 135, 136, 166, 167, 185, 188, 208, 331, 332, 333, 334, 352, 358, 456, 530, 599, 600, 632, 915, 933

Ba'rîn, 22, 23, 75, 76, 77, 80, 166

Bâb, 104, 105, 490

Bâbain, 467, 468, 914

Bâbal-Tumm, 557

Badr al-Dîn Dildirim, 739

Baghdâd, 27, 59-62, 68, 71, 124, 154, 173, 352, 458, 462, 484, 511, 560, 561, 675, 804, 838

Baghrâs, 95, 96, 102, 147, 322, 541, 783, 784, 785, 955

Bahrâm d'Asterabad, 66, 80, 863

Bahrâm Shah, 130

Bait al-Abâr, 352

Bakâs, 782

Balak ibn Bahrâm ibn Ortoq, 820, 826, 827

Balanée, 400

Balas, voir *Balak ibn Bahrâm ibn Ortoq*.

Bâlât (al-), 104

Bâlârunus (Balatnous), 782

Balduk (l'émir), 818

Balian Ier d'Ibelin (dit Balian le Vieux ou le Français), 36, 156, 249, 860, 904, 907, 914, 931

Balian II d'Ibelin, 579, 621, 623, 671, 685, 686, 691, 702, 729, 730,

737, 738, 739, 742, 743, 746, 753, 757-758, 764, 765, 766, 767-772, 773, 802, 927, 931, 956

Balîkh, 326

Bâlis, 193, 352, 490, 830

Ballâra, 337

Bâniyâs, voir aussi *Panéas : nom de deux villes*, 28, 103, 134, 136-141, 249, 334, 348, 364, 447-449, 454, 555, 569, 630, 640, 676, 711, 779, 793, 794, 797, 859, 912

Banû 'Ammâr, 837, 838

Banû Rabî'a, 807

Banu-Isra'il, 459

Bar Çauma, 276, 282, 325, 893, 911

Bar Hebraeus, 276, 285, 540, 541, 659, 938

Barac (le médecin), 416

Baradâ, 252-253, 353

Barcelone, 775

Barkiyârûq, 811

Barzuyia (Qal'at Berze), 937

Basarfûth, 206, 880

Basile (le docteur), 196

Basile II, 102, 151

Basile, voir *Abu'l Faraj bar Shumna*.

Basilika, 883

Basilius (l'enlumineur), 904

Bathys, 231, 883

Bâriniens, 569

Batrûn (Boutron ou Bethelon), 723, 726, 773, 947, 948

Baudouin d'Antioche, 707, 708

Baudouin d'Ibelin (sire de Ramla, dit Baudouin de Ramla), 78, 623, 643, 651, 671, 685, 686, 691, 727-730, 738, 750, 931

Baudouin de Beyrouth, 53

Baudouin de Césarée, 249, 340

Baudouin de Lille, 372

Baudouin de Marash (Baudouin de Marès), 58, 79, 195-198, 200, 202, 204, 834-836, 862

968 L'ÉQUILIBRE

Baudouin Ier (de Boulogne), 20, 45, 158, 162, 166, 175, 188, 247, 306, 308, 320, 418, 572, 704, 791-799, 803-808, 818, 820, 824, 825, 836, 839, 877, 921

Baudouin II du Bourg, 11, 13, 14, 19-21, 34, 35, 40, 42, 57, 94, 165, 172, 175, 247, 310, 320, 386, 585, 722, 798-800, 802, 819, 821, 823, 825-828, 837, 840, 866, 871, 874, 876, 878, 895, 938

Baudouin III, 57, 168, 170, 172, 173, 207, 209, 210, 212, 215, 217, 220, 222, 245, 246-251, 252, 253, 255, 256, 257, 274, 275, 280, 286-292, 294, 295, 299-419, 424, 425, 430, 431, 448, 482, 483, 534, 662, 692, 802, 871, 875, 876, 887, 893, 939

Baudouin IV, 420, 556, 579-718, 722, 724, 725, 730, 841, 915

Baudouin V, 602, 690, 691, 692, 701-704, 717, 721, 722, 725, 841

Bazwâj (Bazâwash), 72-73, 81, 82, 865

Béatrice (femme de Jocelin II), 284-289, 294, 306, 313, 856

Beaufort, 642, 934, 935

Bedrân (l'émir), 496

Begtimur, 675, 941, 947

Behâ al-Dîn Ibn Sheddâd (chroniqueur arabe), 567, 621, 686, 687, 776, 784-786, 872, 943, 948, 949

Behesnî, 16, 284, 285, 295, 406

Beilân (col de), 95, 541, 861

Beisân, 669, 670, 684, 685, 790, 940, 941, 956

Beit 'Ainûn, 127

Beit 'Arîf, 162

Beit Jenn, 679, 711

Beit Qenayê, voir *Zabar*.

Beit-Jibrîn, 157, 874

Beît-Nûbâ, voir *Bétenoble*.

Belgrade, 227, 232

Belvoir, 669, 685, 686, 940

Bénédictins, 51

Benoît de Peterborough, 937

Beqâ' (La), 9, 102, 135, 166, 255, 329, 333, 352, 530, 598-600, 637, 671, 672, 840, 876

Bernard (évêque de Lydda), 533

Bernard (Saint), 222, 223, 262, 263, 815, 882

Bernard de Carinthie (le comte), 230

Bernard de Sidon, 53

Bernard de Tremelay, 340, 343

Bernard de Valence, 40, 43, 274, 863

Bernard le Trésorier, 935

Bernard Vacher, 127

Bersabée, 157

Berthold d'Andechs, 248

Bertrade de Montfort, 856

Bertrand (comte de Tripoli), 166, 245, 801, 824, 838, 839, 864, 885

Bertrand (fils du comte de Toulouse Alphonse, Jourdain), 263, 264, 401, 840, 841, 886

Bertrand de Blancafort, 362, 401

Bertrand de Thourote, 658, 938

Bertrand Masoier, 455

Bétenoble (fort de), 26

Béthanie, 161, 311, 336

Béthel (Beitîn), 721

Bethléem, 127, 156, 795, 874, 923

Beylân (passe de), 322

Beyrouth, 9, 19, 28, 32, 156, 364, 416, 483, 484, 636, 637, 645-647, 671-674, 682, 724, 730, 732, 738, 761, 762, 789, 801-803, 809, 859, 952

Bilbeîs (Péluse), 430, 436-439, 459, 497-503, 506, 507, 519, 567

Bîrejik, 189-192, 287, 295, 819, 820, 825, 826, 833, 960

Birkat al-*H*abash, 474, 501

Bishr ibn Kerîm, 65

INDEX

Bit Umm Jubail, 934

Bithynie, 90, 230, 404, 812

Bizâ'a, 103-106, 124, 125, 126, 145, 490, 597, 836

Blakhernes, 233, 548, 551

Blanche-Garde, 154, 156, 157, 163, 328, 916

Blois (comtes de), 31

Blois (comtesse de), 241

Bohémond Ier (de Tarente, et *in fine*, généalogie de la Maison d'Antioche), 44, 93, 94, 150, 317, 819

Bohémond II, 18, 24, 34, 40, 43, 44, 94, 95, 455, 858

Bohémond III, 274, 304, 313, 316, 386, 388, 390, 409-415, 440, 442, 443, 445, 449-455, 481, 483, 529, 541, 550, 553, 612, 613, 615, 630, 637, 647, 650, 651, 655-660, 682, 691, 692, 730, 735, 737, 744, 778, 779, 780, 782-785, 945, 954

Bohémond IV, 778, 954

Boniface de Montferrat (marquis), 947

Boquée (la), 365, 431, 434, 440, 476, 632, 841

Boritz (le prince), 908

Bosphore, 90, 228, 412, 577, 611, 647

Bosrâ, 135, 208, 209, 211-216, 221, 332, 338, 353, 407, 590, 669, 677, 678, 679, 681, 736, 807, 949

Boukoléon, 547

Bourges, 222

Bouvines, 8, 545, 630

Branichevo, 224, 227

Brindisi, 49

Brissac, 13, 89

Broquet (docteur), 942

Bruges, 370

Bubaste, 436

Bûqubais, 107

Bûride (dynastie), 207, 457, 809

Burie (Dabûriya), 667

Burj al-Ghanem, 105

Bursuq ibn Bursuq (l'émir), 828

Burzey, 781-784

Buzân, 267, 819, 889

Byzance, 85, 93, 99, 150, 228, 262, 294, 371, 388, 403, 404, 416, 450, 496, 518, 537-539, 547, 549, 550, 659, 709, 776, 809, 810, 816, 946

C

Cahen (Claude), 398, 856

Caïffa, 32, 142, 143, 670, 679, 684, 760, 776, 790, 791, 796, 800, 956

Caire, 66, 67, 81, 155, 337, 340, 341, 426-429, 434, 436, 437, 438, 458, 460, 464, 466, 467, 472, 480, 488, 489, 490, 491, 496-499, 500, 504, 506, 507, 511, 513, 515, 519, 520, 521, 526, 528, 536, 560, 563, 568, 577, 588, 589, 597, 628, 671, 696, 734, 863, 865, 914, 925, 940

Calabre, 262

Canada, 816

Cappadoce, 58, 59, 322, 406, 811, 814, 816

Carmel, 139

Caste de Murols, 912

Caucase, 836

Caystre (vallée du), 235, 884

Cécile (Fille de Guillaume Dorel), 947

Cécile de France, 19, 23, 839, 856, 857, 886

Césarée, 245, 263, 679, 740, 760

Chalandon, 90, 92, 93, 102, 104, 123, 171, 228, 235, 238, 239, 315, 385, 389, 390, 392, 395, 397, 403, 404, 411, 450, 485, 488, 518, 551, 656, 862, 884, 904

Chalcédoine, 229, 234

Charlemagne, 226, 227

Chastel Rouge, voir aussi *Rugia*, 365, 955

Chastel-Arnaud, 26
Christophoros, 911
Chypre, 90, 94, 172, 323, 325, 356, 381, 384, 385, 386, 388, 390, 408, 413, 434, 517, 518, 522, 662, 692, 733
Cilicie, 40, 57-59, 79, 87, 88, 90-92, 95, 102, 103, 116, 123, 146, 147, 150-153, 171, 172, 228, 230, 237-239, 320-322, 384, 389, 392, 396, 401, 405, 453, 482, 483, 538, 540, 541, 552, 574, 649, 658, 659, 682, 784, 816, 819, 836, 867, 869, 882, 911
Cité Bernard d'Étampes, voir *Der'ât.*
Cîteaux (ordre de), 51
Clermont-Ganneau, 872
Comans, 233
Commagène, 574, 648
Comnènes, voir aussi *Jean Comnène, Alexis Comnène et Manuel C.*, 85, 294, 389, 390, 447, 544, 709, 813, 815
Conrad de Montferrat, 721, 777, 786-788, 916, 947, 954
Conrad III, 223, 224, 226-235, 244-248, 251, 253, 254, 255, 256, 257, 260-262, 287, 381, 813, 815
Constance (princesse d'Antioche, fille de Bohémond II et d'Alix, épouse de Raymond de Poitiers), 18, 19, 20, 40, 42-47, 68, 95, 98, 274, 296, 306, 311, 313-318, 325, 340, 386, 390, 409-412, 414, 856, 945
Constantin, 151
Constantin (Roupéniens de ce nom), 57, 91, 321
Constantin Coloman, 432-435, 442, 445, 446, 483, 539, 908
Constantin Gabras, 88
Constantin Makrodoukas, 707, 708
Constantinople, 8, 88, 89, 91, 123, 146-151, 224-228, 232-235, 238,

240, 244, 262, 263, 287, 294, 315, 320, 322, 324, 381, 383, 384, 386, 388, 389, 401, 402, 403, 404, 406, 411-414, 446, 450, 451, 452, 453, 481, 484, 486, 487, 488, 489, 492, 495, 496, 498, 516, 525, 529, 538, 539, 542, 543-548, 549-553, 556, 558, 568, 573, 577, 604, 605, 609, 645, 647, 652, 704, 709, 713, 721, 801, 812-816, 867, 926, 936
Cosenza, 48
Cotyaion (Kûtâhiya), 883
Crécy, 128
Cyrille (le métropolite), 162
Cyrrhus, 147, 824
Cyrus, 824

D

Dadjeghikhar, 384, 660
*Dahh*âk ibn Jandal, 28
Dâimarg, 67
Daimbert, 56, 306, 308, 944
Dalja, 467
Damanhûr, 472
Damas, 27-30, 61-66, 71, 82, 101, 102, 103, 107, 128, 136, 138-141, 143, 144, 155, 165, 166, 187, 206, 207, 208, 209, 218, 221, 242, 244, 246, 249-261, 264, 266, 267, 326, 328-335, 338, 348-354, 356-359, 362, 364-369, 371, 375, 379, 380, 407, 416, 417, 426, 428, 435, 437, 447, 457, 479, 484, 510, 514, 518, 528, 529, 552, 556, 561-562, 565, 575-577, 589, 590, 591, 594-597, 600, 630, 632, 634, 643, 645, 650, 651, 654, 662, 664, 666, 668, 669, 671, 673, 676, 677-684, 689, 698, 710, 711, 720, 734, 736, 756, 762, 786, 789, 791, 792-795, 797, 802, 804-806, 808, 809, 839, 855, 864, 880, 881, 911, 949
Damascène, 249, 407, 595, 633, 646, 662, 677

INDEX

Damasquins, 27, 31, 62-66, 72, 73, 76, 101, 102, 130, 131, 143, 144, 165, 192, 222, 251-255, 256, 257, 258, 259, 261, 267, 329, 330, 331, 332, 348, 349, 352, 590

Damiette, 515, 518, 544, 567, 587, 665, 671, 914

Danishmendites, 87-89, 276, 538, 552, 811-814, 819, 820, 882

Danube, 325

Darbsak, 147, 783, 784, 785

Dardanelles, 90, 228, 233, 517

Dâreiya, 132, 249, 250, 251, 329, 331, 332, 375, 595, 596, 677, 679, 711

Daron, 310, 497, 532-535, 562, 618, 671, 672

Dâwûd al-Muqaddasî, 378

Dâwûd ibn Mahmûd, 60

Dâwûd ibn-Soqmân (seigneur de Hisn-Kâiffâ), 892

Deabolis, 93, 94

Deir al-Balah, 496

Deir Barsauna, 453

Deir-Mîmâs, 642

Demetrios Branas, 171

Demetrios Makrembolitès, 227, 232

Denizli, 88, 90, 708, 813, 816

Der'aât, 135, 211-214, 795, 799

Derenbourg, 70, 141, 143, 428, 872, 877

Deschamps (Paul), 9, 667, 798, 803, 839, 856, 902, 957, 958, 960

Dhû'l-Nûn, 538, 552

Diehl, 484

Dîllî, 332, 900, 949

Dînawar, 60

Dirghâm, 429-430, 434-437

Diyârbékir, 173, 176, 177, 189, 282, 334, 337, 441, 442, 491, 597, 648, 682, 698, 736, 822, 830, 875

Dodu (M. Gaston), 493

Dorylée, 226, 229-231, 708, 812

Doué, 13

Dovin, 511

Dubaîs ibn-Sadaqa, 61, 828, 830

Ducange, 800, 921, 937, 938, 957

Dulûk, voir aussi Dolikhé, 189, 275, 287, 291, 293, 294, 408, 824, 826, 829, 834, 894

Dûma, 331, 352

Dupleix, 816

Duqâq, 790, 791

Dûqas (al-), 433

Durazzo, 93

Dussaud, 28, 268, 329, 366, 376, 400, 454, 599, 782, 888, 889, 909

Dyâ al-Dîn 'Isâ, 627, 628

Dzovq, 294

E

Ebremar (le patriarche), 766

Echive II (veuve de Gautier de Saint-Omer), 586, 660, 729, 744, 745, 747, 756, 800, 928, 950

Édesse, 16, 18, 25, 51, 52, 79, 82, 93, 103, 115, 117-118, 167, 168, 170, 172-181, 183, 184, 185-189, 193, 195, 198, 200-203, 204, 205, 206, 212, 222, 225, 230, 241-243, 245-247, 249, 264, 265, 266, 271, 275, 279, 280, 281, 282, 284, 286-289, 293-295, 302, 303, 306, 313, 326, 349, 353, 408, 417, 575, 674, 721, 799, 800, 812, 817, 818, 821-826, 829-830, 832-836, 855, 856, 876, 890, 892, 954

Edfu, 340, 693

Égée, 90, 232

Egherdir, 707

Élinand de Tibériade, 179, 257, 800

Élisabeth (fille de Jocelin II), 893

Embriaci, voir aussi Guglielmo, Primo, Hugue et Nicolas, 762

Emma (ou Emelotte, épouse d'Eustache Garnier), 34, 35

Éolide, 235

Éphèse, 235, 236, 882

972   *L'ÉQUILIBRE*

Éphraïm (Mar), 830

Éphrem (le mosaïste), 904

Épire, 709

Éracles, 8, 9, 13, 14, 18, 21, 24, 25, 26, 27, 29, 35, 39, 41, 43, 45, 48, 49, 51, 54-56, 72, 73, 75, 77, 79, 81, 83, 85, 92, 93, 96, 103, 109, 114, 116, 117, 120, 121, 122, 127, 128, 132-135, 138, 149, 151, 153, 155-156, 160, 162, 164, 170, 172-175, 177-179, 183, 184, 195, 197, 199, 203, 207, 211, 213, 220, 231, 240, 250, 253, 260, 261, 265, 267, 269-271, 274, 278, 285, 288-291, 294, 295, 299, 302, 303, 306, 309, 314, 315, 317, 319, 324, 327, 335, 340, 341, 346, 347, 356, 358, 363, 368, 374, 376, 382, 393, 397, 398, 405, 412, 413, 416, 419, 421, 424, 428, 432, 433, 435, 448, 449, 450, 460, 463, 467-468, 470, 471, 472, 474, 477, 485, 489, 491, 494, 498, 499, 502, 503, 517-519, 521, 523, 532, 533, 540, 545, 548, 549, 569, 572, 580-582, 585, 591, 593, 599, 601, 603, 605, 610, 616, 617, 620, 623, 625, 628, 636, 641, 642, 643, 654, 656, 661, 667, 670-672, 677, 679, 682, 683, 684, 686, 687, 689, 691, 723, 731, 739, 740, 741, 745, 746, 753, 761, 763, 768, 772, 787, 790, 806, 866, 873, 877, 894, 901, 913, 932, 948, 952, 956

Eregli, 546, 812

Erneys, voir aussi *Hernesius, (archevêque de Césarée)*, 375, 515

Ernoul, 420, 479, 498, 499, 573, 574, 607, 608, 618, 619, 621-623, 630, 664, 686, 702, 705, 706, 719, 729, 740, 742, 745, 772, 906, 926, 935, 936, 944, 947, 948, 950

Erzeroum, 484

Esdrelon (plaine d'), 620, 669, 685, 740, 790, 951

Eskélé, 885

Eskishéhir, 231, 813, 815

Esseron (Balikesri), 235

Étienne (archevêque de Tarse), 53

Étienne (capitaine des « Varègues »), 230

Étienne (comte de Blois et de Chartres, puis de Sancerre), 553, 555, 556, 924

Étienne (évêque de Metz), 233, 248

Étiennette de Milly, 557, 581, 648, 655, 662, 697, 772, 914, 921, 927, 939, 943

Eude (archevêque de Tyr), 859

Eude (évêque de Beyrouth), 673

Eude de Saint-Amand, 362, 481, 571, 621, 640, 642

Eudes de Montfaucon, 128

Eugène III (pape), 222

Euphrate, 18, 22, 101, 102, 105, 124, 167, 173, 175, 176, 189, 200, 205, 206, 243, 275, 276, 278, 281, 293-296, 326, 352, 447, 490, 493, 510, 592, 675, 819, 824, 825, 828, 833, 836, 936

Eustache Cholet, 469

Eustache de Sidon, 593

Eustache Garnier, 34, 913, 928

Eustratios, 91

Évrard de Barre, 233

Évrard de Breteuil, 237

Ezra', 556, 677, 795

F

Fâ'iz (al-), 427, 429

Fa*dh*l (Al), 694, 695

Fa*d*l-Allâh ibn-Ja'far, 830

Faiyûm, 471

Fakhr al-Dîn (l'émir), 913

Fakhr al-Dîn Mas'ûd ibn al-Za'farâni, 927

Fakhr al-Dîn Qarâ Arslân, 441, 444

Fakhr al-Dîn Sâqî, 556

Fakhr al-Dîn Turânshâh, 513

INDEX

Fâqûs, 438, 506, 587

Farâma, 518, 519

Farmit, 454

Farrukh-Shâh, 634, 637-641, 664, 667, 668, 669, 670, 679

Fâtimides, 36, 155, 156, 162, 170, 241, 326, 334, 337, 339, 347, 369, 437, 457, 485, 488, 509, 511, 559, 561, 562, 566, 797, 801, 808, 820

Fazy (Robert), 803, 921

Féké, 91, 321

Ferri (ou Frédéric de la Roche-en-Ardenne), 309, 319, 340, 375, 472, 473, 516, 555, 902, 915

Flandre (comtesse de), 241

Fons Murez, 268, 271, 275, 279, 313, 353

Fontevrault, 14

Foucher d'Angoulême (archevêque de Tyr, puis patriarche de Jérusalem), 32, 33, 169, 245, 246, 247, 249, 304, 307, 309, 344, 374, 420, 766, 859, 939

Foucher de Chartres, 801, 815, 820, 837

Foucher Fiole, 771

Foulque d'Anjou (roi de Jérusalem), 11-168, 172, 173, 180, 207, 209, 211, 222, 242, 248, 249, 259, 261, 299, 301, 320, 386, 577, 582, 692, 696, 735, 802, 840, 881, 886, 907

Foulque de Tibériade, 667, 668

Foulque IV le Réchin, 11, 856

Foulque Nerra, 11, 13

France (Anatole), 935

François Iᵉʳ, 404

Francon (évêque de Hierapolis), 53

Frédéric Barberousse, 228, 248, 515, 516, 601, 783, 944, 955

Frédéric II, 759, 956

Fûla (al-), 689

Fustât, 458, 466, 471, 474, 480, 491, 499, 501-502, 513, 559, 560, 566, 914

G

Gabriel de Mélitène, 819, 820, 866

Gakhta, 281, 282, 295

Galaad, 126, 128, 372

Galéran du Puiset (Seigneur de Bir), 825, 826, 960

Galilée, 9, 29, 139, 155, 163, 247, 261, 338, 348, 355, 361, 379, 447, 449, 546, 555, 586, 630, 637, 660, 667, 668, 669, 682, 684, 739, 740, 742, 743, 745, 747, 760, 778, 789-791, 794, 796, 797, 799, 800, 825, 837, 928, 939, 951

Gallipoli, 545, 546

Gamelin (général), 9

Gand, 370

Ganja, 60

Gardiki, 926

Garenton, 856

Gargano (comté de), 38

Gargar, 276, 277, 281, 295, 826, 829, 893

Garmir Vank (couvent de), 59

Gastoun (Gaston, château de), 147, 322, 323

Gaucher de Montjoie, 237

Gaudefroy – Demombynes (et voir le supplément bibliographique.), 872

Gaudens (arch. de Césarée), 53

Gauffier, 162, 863

Gautier (sires de Césaré, G. Iᵉʳ), 34, 35

Gautier (sires de Césaré, G. II), 249, 685

Gautier de Fauquenberge, 314, 340, 586, 800, 928

Gautier de Fontaines, 930

Gautier de Quesnoy, 448

Gautier de Tibériade, 948, 950

Gautier du Mesnil, 571, 572

Gautier Iᵉʳ Brisebarre, 802

Gautier II Brisebarre, 802

974   L'ÉQUILIBRE

Gautier III Brisebarre, 802, 916, 938
Gautier le Chancelier, 856
Gaza, 157, 158, 327-330, 338, 339, 340, 349, 353, 459, 496, 532-534, 618, 621, 626, 633, 671, 672, 763
Geldemar Carpenel, 791
Gênes, 370, 775
Geoffroi (abbé du *Templum Domini*), 151, 389, 461, 463, 913
Geoffroi (évêque de Langres), 233
Geoffroi Charpalu, 78
Geoffroi de Lusignan, 654
Geoffroi Martel, 11, 432
Geoffroy de Rancon, 237
Geoffroy le Moine (comte de Mar'ash), 17, 826, 827
Geoffroy Plantagenêt, 12, 14
George (Giorgi III, roi de Georgie), 388
George Paléologue, 481, 485
Georges Sinaïtès, 604
Gérald (évêque de Bethléem), 340, 347
Gérard (évêque de Corice), 53
Gérard (évêque de Laodicée), 53, 386, 387, 403, 903
Gérard (évêque de Tripoli), 73
Gérard de Pougy (le maréchal), 467, 470, 545
Gérard de Ridefort, 723-725, 726, 737, 738-742, 744, 745, 749, 753, 763
Gérard de Saint-Omer, 791, 794
Gérard de Sidon (et la généalogie de la famille de Césarée, t. II, *in fine*), 34, 249, 340-342, 928
Gérard Jéberron, 44
Germain (bourgeois de Jérusalem), 947
Germanicée, voir *Mar'ash*.
Gervais de Basoches (seigneur de Sermin), 794-798
Gethsémani, 896

Ghajar, 640, 642
Ghâzî (I) (l'ortoqide), 334
Ghâzî (Malik, le danishmendite), 16, 88, 89, 829, 960
Ghâzi (Mustafa K mal), 816
Ghâzî ibn *H*assan (gouverneur de Menbij), 490
Ghâzi le Baladuqia, 818
Ghazîr, 456
Ghedin Beli, 57
Ghiaour dagh, 147
Ghiyâ*th* al-Dîn Mas'ûd, 125, 870
Ghur, 669, 670, 684
Ghû*ta*, 132, 135, 144, 249-252, 255-256, 258, 352
Gibb (H. A. R.), 9, 798, 817, 820, 838, 858, 864, 881
Gibelet, voir *Jebaîl*.
Gibelin, 27, 154, 157, 158
Gilbert d'Assailly, 494, 527, 912
Gilbert de Lascy (procurateur du Temple), 432
Gizeh, 458, 460, 465, 466, 467, 513
Gobidar, 57
Godechaux de Turout, 571
Godefroi (comte de Namur), 915
Godefroi d'Ach-en-Campine, voir *Gauffier*.
Godefroi de Bouillon, 7, 223, 418, 629, 767, 771, 789-791
Godefroi III (duc de Brabant), 686, 942
Gormond (Guermond de Tibériade), 545, 800
Gormond de Picquigny, 766
Gouraud (le général), 9
Grégoire (seigneur de Gakhta), 281, 282
« Grossus Rusticus », (émir de Suète, Sawâd), 790, 791
Grégoire III Bahlavouni, 53, 56, 57, 59, 294, 892, 894, 926
Grégoire IV Dgha, 911

INDEX

Grégoire le Prêtre, 195, 281, 285, 321, 384, 393, 395, 399, 400, 401, 402, 403, 811, 889, 905

Gué de Jacob (chastellet du), 630-633, 635, 636, 643, 644, 645, 648, 679

Guérin, 872

Guibert de Nogent, 794, 796, 797

Guichard de Lille, 658

Guido de Blandrate (comte), 248

Guilhen (Guildiun), 156

Guillaume Adelin, 14

Guillaume (archevêque de Damas), 351

Guillaume (évêque d'Acre), 515, 545

Guillaume (sire de Saone ou Sahyûn), 19, 856, 857, 893

Guillaume de Barres, 381

Guillaume de Bures, 78, 143, 799, 800, 874

Guillaume de Mâcon, 236

Guillaume de Malines, voir *Guillaume de Messine*.

Guillaume de Maraclée, 455

Guillaume de Messine (S.), 26, 32, 36, 53, 79, 158, 766, 859

Guillaume de Montferrat (marquis, dit Longue-Épée), 601, 602, 606, 651, 691, 915, 936

Guillaume de Neubrige, 261

Guillaume de Saint-Omer, 624

Guillaume de Thourote, 938

Guillaume de Tyr, 7, 8, 13, 14, 16, 17, 23, 24, 29, 32-33, 38, 39, 42, 43, 55-57, 72, 75, 77, 80, 81, 84, 85, 92, 97-99, 112, 117, 122, 127, 135, 137-138, 146, 151, 152, 157, 160, 168, 172, 173, 181, 183, 184, 190, 201, 210, 211, 215, 218, 219, 231, 237, 243, 244, 253, 255, 256, 257, 261, 264, 265, 288, 295, 299, 300, 302, 305-306, 309-310, 314, 315, 316, 317, 319, 323, 324, 327,

334, 335, 340, 344, 345, 347, 352, 354-356, 360, 362, 363, 372-376, 377, 382, 386, 389, 392, 393, 396, 400, 403, 404, 407, 409, 412, 415, 419-424, 430, 437, 438, 445, 448, 450, 451, 455-458, 463, 467, 468, 469, 477, 480, 483, 485-488, 489, 492, 494, 495, 496, 498-500, 502, 503, 510, 516, 517, 520, 521, 523-525, 533, 542, 543-544, 549, 562, 569, 570, 578, 580, 582, 584-586, 592, 593, 595, 599, 600, 602, 603, 605, 607, 611-613, 616, 619, 620, 621, 623, 629, 632, 634, 638, 639-642, 647, 651, 654-656, 661, 666, 668, 669, 677-680, 681, 682, 683, 684, 685, 686, 691, 692, 703-707, 715, 726, 727, 734, 737, 740, 743, 751, 753, 769, 770, 791, 792, 798, 800, 825, 839, 840, 855, 857, 860, 869, 872, 874, 875, 877, 881, 883, 894, 897, 904, 914, 915, 917, 918, 921, 931, 935, 938, 940, 941, 942, 943, 949, 960

Guillaume de Zerdanâ, 857

Guillaume Dorel, 947

Guillaume Fresnel, 937

Guillaume II (roi normand de Sicile), 515, 567, 569, 587, 709, 928, 945

Guillaume III le Vieux (marquis de Montferrat), 248, 601, 721, 754

Guillaume IV (comte de Nevers), 494, 704

Guillaume IX de Poitiers (duc d'Aquitaine), 44, 860, 877

Guillaume Jourdain (comte de Cerdagne), 166, 245, 838, 839

Guillaume Taillefer, 432

Guillaume X (comte de Poitiers, duc d'Aquitaine), 240

Gumushtekîn (serviteur de Nûr al-Dîn), 531, 589, 597, 613, 614, 927, 931

976   *L'ÉQUILIBRE*

Guy Brisebarre (sire de Beyrouth), voir aussi *Guy de Beyrouth*, 78, 802, 887

Guy de Beyrouth, voir aussi *G. Brisebarre*, 249, 287, 340

Guy de Lusignan, 652-654, 662, 683, 684, 685, 689, 690, 691, 692, 700-702, 704, 717-788, 841, 915

Guy de Milly, 895

Guy de Scandelion, 363

Guy le Chevreuil, 862

Guy le Queux, 725

H

Habehis (Halebon), 127

*H*abîb al-Nejâr, 97

*H*abîs Jaldak, voir aussi *Qasr Berdawîl*, 376, 379, 665, 668, 676-678, 902

*H*adidé, 530

*H*âfîz (le khalife d'Égypte), 66, 80, 337

Hagenmeyer, 837, 956

*H*ajîrâ, 331

*H*ajj (route du), 662, 664, 666, 692, 694, 711, 736

*H*al*h*ûl, 127

Halys, 90

*H*amâ, 22, 28, 30, 61, 62, 75, 78, 87, 101, 107, 110, 123, 133, 136, 146, 148, 167, 208, 241, 273, 365, 366, 368, 380, 400, 426, 529, 569, 590, 593, 594, 597, 612, 613, 617, 629, 630, 637, 649, 720, 841, 865, 933

Hama*dh*ân, 531, 922, 936

Hamtab, voir *'Aîntâb*.

*H*aram al-Shérîf, 694, 775

*H*ârim (Hârenc), 24, 54, 266, 267, 272, 273, 275, 286, 313, 320, 324, 325, 353, 354, 372, 374, 376, 380, 417, 431, 432, 440, 442-444, 445, 447, 449, 451, 454, 455, 457, 537, 539, 582, 613-618, 681, 682, 841, 890, 899, 902

*H*arrân, 176, 203, 379, 484, 575, 720, 821, 822, 830, 833, 878

Hârûn al-Rashîd, 67

*H*asan (fils d'al-*H*âfiz, chambellan de Zengî), 66, 102

*H*asan (lieutenant de Nur al Dîn), 294, 337

*H*asnûn, 831

*H*att*î*n, 139, 543, 557, 573, 643, 689, 690, 701, 719, 745, 750-752, 755, 756, 757, 758, 761, 763, 766, 772, 777, 783-785, 801, 809, 841, 926, 952, 953

*H*aurân, 29, 63, 135, 139, 144, 206, 208-211, 213, 215, 218, 220, 222, 242, 249, 261, 292, 329, 331, 332, 333, 338, 353, 375, 407, 528, 677-679, 681, 711, 736, 744, 949

Havrâ (al-), 695

Hébron, 27, 127, 128, 157, 158, 161, 562, 626

Hefele, 861

Hégire, 8

*H*ejâz, 663, 664, 666, 693, 694-696

Hélinand de Tibériade, 249

Héliopolis, 503

Helvis (ou Aloys veuve de Balian Ier d'Ibelin), 303

Henri (évêque de Toul), 233, 248

Henri d'Autriche (duc), 248

Henri de Grandpré (le comte), 643

Henri Ier (le Libéral, *appelé par erreur Henri II*, comte de Champagne), 236, 249, 515, 643, 644, 651

Henri Ier Beauclerc (roi d'Angleterre, duc de Normandie), 11, 12, 25, 44

Henri II Plantagenet, 515, 744, 769, 944

Henri le Lion (duc de Saxe), 555, 556

Henri V, 12

Héraclée-Cybistra, voir *Eregli*.

Héraclius (l'empereur), 8, 151

INDEX — 977

Héraclius (le patriarche), 683, 699, 701, 704-707, 723, 725, 744, 766, 770, 911, 944, 950, 951

Herbrand (ou Héribrand de Hierges), 303, 879

Hermann de Bade (le margrave), 248

Hermengarde d'Ibelin, 800

Hermil, 530

Hermon, 28, 136, 139, 165, 249, 334, 348, 355, 357, 360, 447, 596, 632-634, 679, 711

Herneys (Hernesius, archevêque de Césarée), voir aussi *Erneys*, 309, 481

Hésâ (al-), 666

Hesbân, 699

Heyd, 909

Hisn al-Sharqî, 455

Hisn Kaifâ, 334, 441, 444, 597, 944

Hisn Mansûr, 281, 295

Hodierne (fille de Baudouin II, femme de Raymond II), 310-313, 314, 841

Hodierne (la comtesse, sœur de Baudouin II du Bourg, épouse Roger d'Antioche), 303, 878

Homs, 70-74, 78, 101, 102-104, 107, 110, 123, 128, 129, 130, 133, 135, 136, 148, 166, 167, 208, 259, 266, 348, 352, 365, 366, 379, 400, 426, 434, 476, 479, 496, 505, 529, 590, 591-594, 597, 613, 637, 840, 864-865, 915

Hongrie, 224, 227, 295, 411, 447, 538

Hosn al-Akrâd, 433, 530, 592, 839, 840

Hospitaliers, 158, 167, 357-358, 433, 438, 454, 491, 494, 518, 527, 592, 630, 646, 664, 702, 731, 755, 769, 770, 778, 779, 786, 859, 926

Houtsma, 67

Hugue (évêque de Jabala), 53

Hugue Cholet (sire de Roncy), 34

Hugue d'Amboise, 13

Hugue d'Ibelin, 340, 362, 395, 421, 466, 467, 480, 498, 652, 800, 906, 931, 939

Hugue de Césarée, 460-463, 469, 474, 475

Hugue de Saint-Abraham, 158

Hugue Ier de Rethel (comte de), 895

Hugue II (l'archevêque), 177-179, 184, 830

Hugue II du Puiset, 28, 34-40, 56, 160, 310, 311, 857, 874, 886

Hugue III (duc de Bourgogne), 651, 936

Hugue III (seigneur de Gibelet, frère de Guy Ier, fils de Bertrand Ier), 754, 762, 952

Hugue VIII de Lusignan (dit Hugue le Brun, comte de la Marche), 432, 442, 445

Hûlé (lac de), 135, 859

Hûnîn, 476, 630, 633, 635, 636, 711, 778, 915

Husâm al-Dîn 'Omar, 761

Husâm al-Dîn Lûlû, 695

I

Ibelin, 154-156, 163, 326, 328, 339, 608, 633, 860, 886, 907

Ibn Abî *Taiy*, 639, 901

Ibn al-*Athîr*, 25, 29, 64, 66, 69, 73, 75, 77-80, 82-86, 110-111, 114, 124, 125, 131, 133-135, 154, 173, 176, 181, 187, 188, 190, 198, 252-253, 264, 265, 273, 282-283, 337-339, 344, 345, 350-354, 372, 379, 425, 430, 431, 433-435, 438, 439-444, 446, 456, 457, 468-469, 476, 480, 488, 489, 490, 491, 492, 493, 498, 501, 515, 528, 530, 536, 537, 541, 552, 553, 556, 559, 561, 562, 565, 576, 577, 587, 589, 591, 593, 600, 620, 621, 630, 634, 635, 636,

978 — *L'ÉQUILIBRE*

639, 641, 656, 669, 671, 680, 681,
687, 731, 734, 741, 746, 748, 750-
753, 758, 759, 760-763, 765, 770,
775, 782, 783, 786, 793, 796, 797,
808, 811, 820, 857, 859, 863, 864,
865, 871, 878, 888, 891, 910, 915,
933, 941, 949, 952, 954

Ibn al-Dâya, 575, 589

Ibn al-Khaiyât Yahya, 497, 501

Ibn al-Muqaddam, 575, 576, 577,
589, 590, 599, 632

Ibn al-Qalânisî, 9, 23, 25, 65, 73,
103, 133, 165, 166, 215, 251, 252,
255, 267, 270, 272, 286, 330, 332,
347, 348, 354, 357-359, 366, 367,
377, 379, 400, 405, 789, 792, 797,
798, 801, 805, 820, 837-840, 857,
858, 859, 863-865, 871, 872, 877,
879, 880, 881, 888, 889, 890, 893,
897, 899-901, 905

Ibn al-Rûmî (le poète), 890

Ibn Jobair, 253, 710-715, 718, 887

Ibn Musâl, 478

Ibn Ruzzîk, 567

Ibn' Ammâr, voir ' *Abû Alî Fakhr al-Mulk ibn ' Ammâr.*

Ibn-Qarjala, 497, 501

Ibrâhîm ibn Turguth, 103, 134, 136,
137

Idlib, 144, 901

Idrîsi, 471, 479, 496, 804

Idumée, 168, 296, 435, 439, 528,
581, 692, 693, 733, 803, 943

Ignace (le métropolite), 162, 174,
284

Ilbâ, 63

Ildegiz, 531, 941

Ile Bouchard, 13

'Imâd al-Dîn, 71, 528, 530, 628,
650, 676, 681, 699, 732, 742, 751,
758, 760, 761, 770, 780, 783, 785,
787, 928, 936

'Imâd al-Dîn Zengî II, 674, 680, 681

Il-Ghâzi, voir *Ghâzi.*

'Imm, voir *Yéni-shéhir.*

Inab, 273

Inde, 437, 909

Innocent II (pape), 32, 33, 34, 50,
52, 55, 546, 859

Innocent III, 926

Ionie, 228, 230, 235, 404, 812, 816,
882, 885

Iran, 124

'Irâq 'Ajemî, 67, 675

'Irâq 'Arabî (ou simplement : Irâq),
31, 59, 61, 65, 67, 68, 101, 124,
154, 194, 812

Irbid, 684, 689

'Isa, 770

Isaac II l'Ange, 721, 776

Isaac Comnène (le sebastocrator,
tyran de Chypre), 382

Isabelle (fille d'Amaury Iᵉʳ), 579,
601, 606, 607, 655, 660, 702, 704,
801, 916, 921, 927, 937, 939, 944,
946

Isabelle (femme de Mleh), 648

Isaurie, 90, 230, 238, 882

Iskanderûna, 900

Ismâ'îl ibn Bûrî, 27-29, 61-72, 330,
666, 799

Ismaïliens, 24, 27, 28, 30, 31, 67,
146, 311, 312, 369, 370, 371, 569-
572, 575, 590, 591, 598, 614, 650,
858, 901, 931

Istanoz, 237, 239

Italie, 37, 45, 49, 51, 52, 55, 94, 538

'Izz al-Dîn Abu'l Asâkir Sultân, voir
aussi *Sultân (émir munqidhite de
Shaizar),* 369

'Izz al Dîn Mas'ùd le Zengide, 594,
649, 650, 674, 676, 680, 936

'Izz al-Mulk (gouverneur égyptien
de Tyr), 795

J

Jabala (Jeblé), 19, 42, 93, 476, 569,
778-780, 912, 915

INDEX

Jacobite, voir *Syriens jacobites*.
Jacques de Mailly, 741
Jacquot (colonel Paul), 955
Jaffa, 26-28, 34-36, 155, 620, 653, 679, 700, 760, 791, 792, 907
Jamâl al-Dîn Sharwîn, 765
Jamnia, 155
Janâh al-Dawla *H*usain ibn-Mulâ'ib, 837
Jaqar, 61
Jâr, 804
Jaulân (canton de), 9, 139, 211, 376, 630, 667, 744, 790
Jâwalî al-Asadî, 644
Jâwali Saqâwâ (émir), 812, 823
Jazîra (la), 22, 110, 173, 177, 225, 296, 326, 379, 575, 589, 590, 597, 649, 674, 677, 680, 681, 736, 785, 822, 825, 829
Jazr, 145
Jean (évêque de Panéas), 516
Jean Comnène, 59, 79, 80, 85, 87-93, 95-106, 107, 108, 110, 112-117, 118, 120, 121, 122, 124, 129, 146-148, 150-153, 167, 171, 225, 271, 287, 295, 320, 323, 381, 395, 399, 481, 549, 829
Jean d'Arsur (Arsuf), voir aussi *Jean d'Ibelin-Arsuf*, 545
Jean de Belesme, 725
Jean Doukas (nom de plusieurs personnages), 232, 604
Jean Gale, 955
Jean Guthman, 362
Jean I*er* d'Ibelin (le Vieux Sire de Beyrouth), voir aussi *Jean d'Ibelin Jaffa*, 301, 802
Jean d'Ibelin Jaffa, 301
Jean Kamateros, 395
Jean Kontostephanos (le général), 405, 411, 413
Jean l'Ange, 707, 708
Jean Roger (le César), 315
Jean Sa'id bar Jabuni, 819

Jean XII (patriarche jacobite d'Antioche), 960
Jebail, 33, 166, 529, 599, 660, 715, 762, 838, 915, 952
Jebel 'Awuf, 166
Jebel al-Butêjir, 157
Jebel Besharré, 72
Jebel Burêj, 157
Jebel Fureidis, 127
Jebel *H*elu, 77
Jebel Jumla, 28
Jebel Lukkam, 51
Jebel No*s*airî, 30-31, 77, 86, 107, 146, 167, 455, 569
Jebel Qaran*t*al, 875
Jebel Sem' ân, 51, 206, 861
Jebel Summaq, 144
Jedda, 693, 694
Jehuda al-*H*arizî, 776
Jemâl al-Dîn Mu*h*ammed ibn Bûrî, 129-133, 194
Jenîn, 670, 672, 686, 699, 743
Jerash (Gérasa), 126, 871
Jerdîk, 684
Jéricho, 127, 161, 336
Jéricho-Erîhâ (al Rî*h*â), 875
Jéricho-Tell (al-Sul*t*ân), 875
Jérusalem, 8, 11-14, 21, 26, 27, 31, 32, 33, 37, 38, 40, 52, 53, 55, 56, 57, 59, 66, 76, 78, 80, 82, 94, 101, 126, 127, 132, 141, 142, 150-152, 156, 157, 161-163, 165, 167-170, 179, 189, 192, 205, 208-210, 215, 221, 241-248, 258, 260, 261, 263, 264, 274, 275, 280, 289, 303, 309, 311-314, 317, 319, 320, 323, 326, 329, 334-336, 349, 352, 364, 374, 383-386, 389, 391, 392, 399, 409, 414, 416, 417, 420, 421, 431, 432, 435, 438, 447, 449, 453, 459, 476, 481, 483, 488, 491, 507, 515, 534, 535, 543, 546, 549, 550, 555, 557, 558, 562, 567, 572, 573, 576, 578, 584, 591, 595, 602-605, 606, 607,

980 — L'ÉQUILIBRE

609-613, 617-620, 626, 629, 630, 643, 646, 648, 650, 651, 655, 658, 659-661, 663, 664, 666, 671, 678, 683, 684, 690, 695-700, 704, 705, 707, 717, 719, 724-729, 730-733, 735, 738, 739, 743, 755-758, 762-771, 773, 774, 776, 782, 788, 789, 790, 797, 808, 810, 815, 816, 820, 826, 837, 841, 895, 906, 913, 916, 926, 930, 935, 945

Jezzîn, 455, 599, 941

Jihûn, 58, 90, 91

Jil' ad, 125, 126

Jisr Banât Yaqûb, 139

Jisr al-*H*adîd, 104, 105, 145

Jisr al-Mujâmi, 209, 684

Jisr al Munqi*dh*, 107

Jisr Murâd-pasha, 147

Jisr al-Shughr, 20, 267, 268, 365, 366, 454, 782, 856, 889, 955

Jobert (Grand-maître de l'Hôpital), 912, 931

Joce (évêque d'Acre), 651, 739

Jocelin Iᵉʳ de Courtenay (comte d'Édesse), 16-18, 57, 78, 174, 287, 798-799, 823-829, 836, 837, 891

Jocelin II d'Édesse (fils de Jocelin de Courtenay), 16, 19, 22, 51, 56, 58, 59, 79, 84, 86, 103-105, 108, 111-113, 115, 118-123, 144, 145, 146, 147, 153, 170, 172-179, 182, 188-189, 192, 193, 195-200, 202, 204, 205, 206, 212, 245, 246, 265, 266, 271, 275-281, 282-285, 295, 302, 306, 313, 315, 420, 724, 758, 829-831, 834-836, 857, 904, 939

Jocelin III, 284, 286, 287, 442, 445, 471, 655, 659, 660, 662, 685, 702, 717, 723-725, 758, 856, 893, 946

Jocelin Piseau (ou Pessel), 31, 381, 389, 903

Joinville (Jean de), 9, 151

Jonas, 186

Josaphat (N.-D. de, abbaye), 336, 896

Joseph Batit, 767

Josué bar-Qaṭreh, voir *Athanase VIII*.

Jourdain, 126, 139, 146, 158, 161, 220, 221, 243, 335, 336, 355, 361, 377, 447, 557, 630, 632, 633, 667, 669, 671, 677, 684, 689, 739, 745, 914

Jubb-Jenîn, 672

Judée, 80, 152, 154, 155, 158, 160, 163, 247, 287, 306, 334, 336, 361, 386, 533, 537, 538, 757, 789

Juma (al-), 409

Jûné, 456

Jûra (al-), 339

Justinien, 151

K

K'éçoun, voir *Kaisûn*.

Ka'ba, 694

Kabala (Tshigil), 226

Kadmos, 237

Kafarlâ*th*â, 206, 242

Kafarrâb, 22, 68-69, 86, 103, 107, 124, 125, 126, 145, 171, 365, 366, 858, 929

Kafr Kennâ, 740, 949

Kafr Kilé, 640

Kafr Sûsa, 679

Kahf (château de), 30, 569, 858

Kaisûn, 16, 17, 59, 281, 284, 285, 295, 408, 819, 826, 827, 856, 960

Kamatéros, 414

Kâmil (al-, fils de Shâwar), voir aussi *Malik al-Kamil*, 465, 467, 489, 490, 496, 501, 504, 505, 914

Kâmil (al-, le sultan), voir *Malik al-Kâmil*.

Kanghéri, 89, 813, 882

Kanz al-Dawla, 568

Kashfahân, 889

Kassas, 833

Kastamon, 89, 866

INDEX 981

Kaukeba, 202
Kawkab al-Hawâ, voir *Belvoir*.
Kawkabâ (Kawkab), 332, 686
Kéban, 91
Kefra, 686, 941
Kelbianon, 882
Kemal al-Dîn, 16, 25, 47, 62, 64, 65, 70-71, 74-76, 78, 83, 103, 104, 106-108, 114, 135, 136, 144, 145, 193, 283, 335, 409, 614, 680, 836, 840, 857, 858, 888, 889, 890, 927, 931, 932, 960
Kemâl al-Dîn Abu'l Fadl Muhammed Ibn al-Shahruzûrî, 124-125
Kérak, 655, 685, 804, 924, 939
Kervyn de Lettenhove, 931
Khâbûr, 812
Khalîl (al-), voir *Hébron*.
Khân al-Qoseir, 64
Khân Madîn, 750
Khariba, voir aussi *Hisn al-Sharqî*, *Hisn al-Khariba*, 129
Kharnubiya, 77
Kharpût, 294, 827
Khawâbî (al-), 30
Khilât, 675, 720
Khisfîn, 745, 792, 798
Khonas (Chones), 237, 708
Khorâsân, 60, 879
Khoros, 189, 275, 295, 540, 861
Khoros-Corice, voir *Cyrrhus*.
Khosroès Parvîz, 707
Khumârtâsh, 864
Khumârtekîn (émir de Qal'at Abû Qubaîs), 591
Khurlukh, 109
Killis, 105, 147, 540
Kinnamos, 114, 146, 171, 172, 224, 389-392, 395, 550, 877, 884
Kiswé, 64, 135, 252, 329, 332, 556
Kogh Vasil (Basile le voleur), 819
Koila, 517
Kontostéphanos (les frères), 171
Kozan (massif du), 57, 91, 321

Krak des Chevaliers, 365, 432, 434, 476, 777, 788, 841, 857, 908
Kramers, 872, 892
Kuchik, 191
Kûra (al-), 865
Kuradi (al-), 822, 960
Kurdistân, 101, 173, 677
Kutshuk (l'émir), 104

L

La Liche, voir *Lattaquié*.
Laja le Turc, 145
Lakma, 129
Lambert (l'archidiacre), 48, 52, 53
Lammens (le Père), 400, 905
Lamonie, voir *Minyâ (al-)*.
Lamos, 90
Lampron, voir aussi *Nemrûn*, 384
Landulphe, 238, 239
Laodicée, voir *Lattaquié*.
Laodicée-Hiérapolis (près de Denizli), 88, 236, 237, 883
Laqbé, 454
Lars, voir *Al-'Arîsh*.
Latran (concile du), 647, 651
Latrûn, 26
Lattaquié, 19, 42, 47, 70, 71, 93, 446, 529, 536, 658, 778-781, 910, 937
Lebwe, 530
Lejjûn, 670
Léon Ier, 18, 57-59, 90-92, 102, 195, 320, 540
Léon II, 656, 659, 911, 955
Levant, 8, 9, 289, 455, 585, 597, 629, 655, 775, 788, 816, 940
Levonia, 454
Liban, 72, 73, 74, 146, 313, 333, 569, 598, 599, 672, 673, 773, 777, 792, 838, 840, 915
Libye, 101, 510
Liége, 303
Lopadion (Ulubad), 235, 883
Lorraine, 884

982   *L'ÉQUILIBRE*

Louis IX, voir *Saint Louis*.
Louis VI (roi de France), 8, 11, 12, 886
Louis VII, 222, 223, 224, 225, 226, 227, 228, 232, 233, 234, 235, 236, 237, 238, 239, 240, 241, 242, 243, 244, 245, 246, 247, 248, 251, 254, 255, 256, 257, 260, 262, 271, 287, 381, 431, 447, 515, 516, 601, 813, 815, 884, 886, 908, 920
Lûbiya, 279, 750, 751
Luchaire (Achille), 11, 222
Lucius III (pape), 944
Lusignan, 585
Lydda (Ludd), 26, 81, 155, 618, 620, 622, 744
Lydie, 90, 228, 230, 812, 813

M

Ma'ân, 666
Ma'arrat al-Nu'mân, 22, 26, 68-69, 86, 106, 107, 145, 171, 267, 366, 720, 929
Ma'arratha, 268
Ma'arrat-Masrîn, 26
Ma'sâ (al ou Maghâret Khareitân), 127
Mabile du Puiset, 34
Macédoine, 487, 709
Madelin (Louis), 7
Maghreb, 437
Mahalla (île de), 465
Mahmûd (sultan seljûqide de Perse), 60
Mahomet, 124, 870
Mahuis de Kaisûn, 281
Maîdân, 72, 331, 333
Maine, 11, 12
Maiyâfâriqîn, 822
Majd al-Dîn Abû Bekr al-Dâya, 367, 371, 408, 901
Malagina, 883
Malâzgerd (ou Manazgherd), 114, 406, 708, 709, 814, 912

Malik (al-) al-Sâlih Ismâ'îl (nom d'un prince zengide), 575-577, 589-590, 593, 595, 597, 614, 615, 616, 649, 931
Malik al-'Adil Ier (sultan), 637, 671, 695, 696, 698, 918
Malik al-Afdal, 752
Malik al-Kâmil, 956
Malik-Shâh Ier (roi d'Anatolie), 531, 675, 811, 813, 917
Malik-Shâh II (sultan d'Anatolie), 856, 892, 959
Mallâha, 361
Mallawi, 467
Mamistra, 40, 58, 59, 90, 150, 321, 384, 385, 387-393, 403, 409, 415, 539, 541, 553, 556, 649, 659, 709, 819
Manassé de Hierges, 179, 189, 249, 302-304, 307, 878, 886
Manâzil al-'Asâkir, 249
Maniakès, 188
Manîqa (al-), 30
Mans, 14
Mansûr ibn Nabîl, 779, 954
Manuel (le Sébaste), 481, 485
Manuel Comnène, 95, 146, 171, 224, 233-236, 238, 240, 244, 262, 287, 288, 294, 315, 321, 322, 324, 380-389, 390-397, 399-406, 409-415, 417, 446, 447, 450-452, 453, 481-487, 516, 517, 525, 529, 537, 538, 542, 544, 545, 546, 549-553, 558, 577, 604, 608, 611, 647, 652, 656, 707-708, 813, 816, 936
Maqrîzî, 587, 693, 924, 925, 929
Mar Athanasius VII, 911
Mar Bar Çauma, 174, 175
Mar Iwannis (l'évêque), 285
Mar'ash, 58, 189, 275, 278, 279, 295, 321, 406, 408, 454, 552, 818, 823
Marâgha, 67

INDEX 983

Mârdîn, 176, 189, 192, 282, 334, 484, 597, 676, 680, 822, 836, 892, 893, 960

Margat, voir aussi *Marqab*, 454, 455, 857

Marie d'Antioche (impératrice, fille de Raymond de Poitiers et de Constance), 412, 413-415, 450, 451-483, 945

Marie Comnène, 481, 482, 485, 579, 647, 757, 764, 772, 802, 916, 927, 931, 951

Marj, 64, 144, 330, 886, 897

Marj 'Ayûn, 636, 638-642, 645, 648, 651, 786

Maron (Marûn al-Râs), 946

Maron tyrien (Qal'at Marûn), 946

Maronites, 139, 715, 716

Marqab, 657, 777, 779, 788

Marseille, 775

Mas'ûd ibn Muhammed (sultan de Perse), voir aussi *Ghiyâth al-Dîn Mas'ûd*, 60, 61, 67, 68, 124, 154, 190, 265, 922

Mas'ûd Ier (sultan d'Anatolie, fils cadet de Qilij Arslân), 88, 226, 228, 229, 230, 278-280, 283, 284, 285, 286, 295, 321, 813, 816, 897

Masjid al-Aqsâ, 775

Mas-Latrie, 939

Massé (Henri), 790

Masyâd (Masyâf), 30, 146, 369, 370, 371, 569, 598, 858, 859

Matarîya (al-), 503

Mathilde, 12, 14

Matthieu d'Édesse, 811, 960

Maudiana (Jean), 17, 856

Maurice (neveu de Payen le Bouteiller), 696

Maurice (seigneur de Montréal), 939

Maurice de Montréal, 340

Maurozomès, 707

Mawdûd ibn Altûntâsh (atâbeg de Mossoul), 798, 824

Méandre, 226, 236, 814

Mecque, 211, 662, 664, 692-695, 698, 733, 736, 754, 950

Médine, 664, 692-695, 804

Meidân (faubourg du), 596

Meizi, 640

Mejdel 'Ainjar, 102

Meliboton, 517

Mélisende (reine de Jérusalem), 11, 14, 19, 34, 37, 38, 39, 43, 46, 160-162, 164, 167-170, 179, 192, 198, 205, 207, 301-311, 314, 319, 374, 417

Mélisende de Montlhéry, 895

Mélisende de Picquigny, 791

Mélisende de Tripoli (la Princesse lointaine), 411-414, 896

Mélitène, voir aussi *Malatiya*, 88, 162, 175, 195, 232, 277, 402, 811, 819, 820, 866, 890, 911

Melké, 77

Melkhite, 767

Menbîj, 16, 25, 104, 105, 490, 597, 720, 827, 828, 836, 858

Mer Morte, 127, 157, 158

Mer Noire, 89, 90

Mersina, 58, 90

Mesaphar, 638

Meshghara, 599

Meskéné, 751

Mésopotamie, 61, 71, 558, 721

Messara, 599

Metellé, 640

Metz, 224, 232, 693

Mezeirib, 211

Mezzé, 249, 251, 252, 330, 887

Michel Branas, 227, 323

Michel d'Otrante, 485

Michel de Gargar, 826

Michel Italikos, 227

Michel le Syrien, 16, 88, 176, 177, 178, 181, 184, 186, 187, 188, 189,

984 L'ÉQUILIBRE

193, 196, 197, 201, 203, 232, 257, 265, 268, 269, 270, 272, 276-278, 281, 282, 285, 323, 325, 410, 430, 451-454, 492, 495, 524, 540, 541, 616, 623, 648, 656, 811, 817, 819, 823, 832, 833, 836, 866, 883, 893, 894, 897, 898, 905, 908, 912, 960

Miles (Milon de Plancy, le sénéchal), 465, 503, 534, 557, 581-586, 662, 921, 924, 939

Milon de Chevreuse, 224

Mînâ (al-), 695

Minorsky, 898

Minyâ (al-), 467, 470, 914

Mirabel (Mejdel Yâbâ), 307, 620, 760, 895, 931

Mleh, 539-542, 551-554, 556-558, 573, 648, 938

Mneitri, 166, 455, 456, 599, 839, 841, 915

Moab (Krak de), 158, 160, 163, 166, 435, 528, 529, 557, 565, 662, 666, 696-699, 734, 736, 772, 808, 913

Moab (pays de), 158, 528, 668, 692, 733, 744, 804, 914

Monastir, 487

Mont des Oliviers, 335

Montagne Noire, 51

Montbazon, 13

Montcalm, 816

Montfargie, voir Montferrand.

Montferrand, 23, 70, 75, 76-81, 82-86, 96, 97, 98, 153, 163, 167, 173, 246, 802, 840, 857

Montgisard, 621-623, 626, 630-631, 932

Mont-Pèlerin (forteresse du), 73

Montréal (Krak de), 9, 158, 160, 435, 528, 563, 662, 667, 736, 772, 804, 808, 921

Montreuil-Bellay, 13

Moqtafi, 68

Morfia, 162, 310, 819

Moscou, 501

Mossoul, 18, 27, 31, 59, 62, 64, 65, 71, 74, 101, 125, 130, 131, 133, 136, 143, 154, 173, 185, 189-192, 194, 195, 266, 326, 349, 352, 353, 417, 444, 490, 511, 530-532, 536, 558, 594, 597, 672, 674-678, 680, 720, 785, 812, 822, 823

Motte-Gautier (château de la), 12

Mouterde (le Père), 599

Mu'aiyid al-Dîn ibn al-Sûfî, 350

Mu'în al-Dîn Ataz, voir Mu'în al-Dîn Unur.

Mu'în al-Dîn Unur, 64, 71, 74, 75, 82, 102, 103, 129-134, 135-138, 139-143, 163, 165, 170, 206-211, 214-222, 249, 254-257, 258, 259, 261, 263, 267, 328, 349, 352, 447, 577, 889, 910

Mu'izz, 142

Mugar (al-), 932

Muhammad Pahlawân, 675

Muhammed (sultan seljûqide de Perse), 812, 870

Muhammed II (ibn Ghâzî), 58

Mujâhid (al-Shirkûh), 614, 931

Mujîr al-Dîn Abaq, 132, 207, 328, 329, 331, 332, 334, 335, 348-353

Mukeis (Gadara), 211, 220, 221

Munqidhites, 30, 69, 70, 71, 107, 114, 146, 368, 858, 868

Muntar (al-), 127

Munyat Banî Khassîb, 427

Muqtafî (al-, khalife de Bagdad), 265

Murrî, voir Amaury Ier.

Murshid, 70

Mustadî (âl-) 1170-1180, 531, 553, 558, 560, 923

Mustazhir (al-), 60, 61, 65, 67, 68

Mûtamen (al-, al-Khilâfa), 512, 513

Muzaffar al-Dîn Kukburî, 739

Myriocéphale, 659

Myriokephalon, 707, 709, 814

Mysie, 235, 812, 882

N

Nâ'wura, 105
Nahr al-Fis, 77
Nahr al-Kabîr, 77, 856
Nahr al-Shobar, 856
Nahr al-Zerqâ, 126
Nahr Hasein, 77
Nahr Hureisûn, 30
Nahr Jubar, 30
Nahr Rûbîn, 155
Nahr Sarût, 70
Najm al-Dawla Malik, 487, 823
Najm al-Dîn Aiyûb, 60, 333, 379, 380, 407, 511, 528, 563, 590, 925
Najm al-Dîn Albî (Alpî), 189, 442
Najm al-Dîn Musâl, 471
Naplouse, 81, 82, 142, 309, 311, 336, 458, 459, 576, 610, 620, 685, 699, 724, 725, 726-729, 742, 760-761, 764, 777
Naqira (voisin de Menbij), 858
Naqira près de Kafartâb, 858
Naqûra, 900
Nâsir (al-, khalife), 675
Nasîr al-Dîn Jaghar (ou Chaqar), 190
Nâsir al-Dîn Muhammed ibn Shîrkûh, 613, 637, 644
Nâsr (autre personnage), 426-428
Nasr al-Muslimîn, 436
Nasr ibn Qawâm, 710
Nazareth, 29, 555, 576, 667, 670, 683, 685, 688, 737, 740-742, 758, 760, 793
Nébi Dahî, 667
Neîrâb, 252, 330, 887
Nejed, 664
Nemrûn, 659
Népa, 266, 267, 274, 366
Nersès IV Glaietsi, 926
Nersès Shnorhali, 53, 177, 178, 182, 184, 186, 188, 892, 926
Nestoriens, 716
Nicée, voir aussi Izniq, 229, 230, 231, 232, 235, 810, 811, 883

Nicéphore Paléologue, 484
Nicéphore Phocas, 102, 150, 151
Nicétas, 482
Nicomédie, voir aussi Izmid, 234
Nicosie, 323
Nikétas Choniatès, 230, 397, 524, 904
Nil, 430, 431, 437, 438, 458, 460, 465-467, 471, 499, 504, 508, 513, 519, 521, 522, 524, 559, 562, 609, 914
Nish, 227, 232
Nisibe, voir Nisibin.
Nisibin, 173, 575, 674, 677, 680, 681, 822
Normandie, 12
Nosairis (monts), 22, 70, 75, 76-78, 82, 86
Noyon, 309
Nu'arân, 135
Nubie, 532, 542, 565, 567, 568, 592, 629
Nûr al-Dîn, 61, 101, 193, 194, 197, 198-201, 203, 205, 206, 208, 210, 212, 214-216, 218, 221, 240, 241, 242, 243, 244, 245, 248, 249, 258, 259, 261, 263-275, 279, 281, 282, 283, 286, 291, 292-296, 313, 324, 326, 329-334, 335, 338, 339, 348-354, 369, 371, 372, 375-380, 383, 388, 399-408, 416-418, 426, 431-436, 437, 438, 440-451, 454-457, 459, 468, 476, 479, 480, 484, 486, 488-495, 496, 500, 501, 504, 505, 507, 510, 514, 515, 518, 520, 524-531, 535-542, 550-566, 570, 575-578, 582, 586, 589, 590, 592, 594, 595, 596, 597, 647, 649, 663, 680, 681, 709, 715, 814, 841, 881, 892, 901, 915, 919, 927
Nûr al-Dîn Muhammed émir de Hisn Kaifâ, 648, 698
Nusret al-Dîn, 367, 379, 448

986 · L'ÉQUILIBRE

O

Odolla (cavernes d'), 127

Odon de Deuil, 224, 231, 238, 884

'Olleiqa, 30, 569

Oloburlu, 88

'Omar ibn Lâjîn, 949

Omaiyades, 918

'Omar (le khalife), 771

Onfroi II de Toron, 78, 280, 287, 290-293, 306, 307, 333, 340, 356, 357, 358-360, 363, 381, 448, 465, 504, 528, 557, 595, 618, 633-635, 711, 728, 915, 916, 921, 927

Onfroi III, 557, 581, 648, 662, 772, 900, 921, 927, 939, 943

Onfroi IV de Toron, 655, 662, 685, 697, 704, 711, 728, 754, 762, 772, 916, 921, 927, 946

Oqailides, 193, 490, 917

Orderic Vital, 96, 99, 100

Orgueilleuse (fille du seigneur de Harenc), 656, 938

Oronte, 20, 24, 47, 51, 80, 86, 97, 100, 101, 103, 107, 110, 114, 125, 144, 145, 146, 167, 240, 241, 242, 243, 246, 264, 267, 272-275, 280, 295, 296, 302, 306, 320, 326, 349, 353, 365, 366, 370, 371, 372, 386, 400, 402, 405, 412, 416, 417, 442, 445-447, 449, 455, 480, 529, 549, 613, 617, 782, 788, 856, 865, 889, 937

Ortoq ibn Aksab, 334

Ortoqides, 94, 173, 176, 192, 282, 294, 334, 335, 484, 597, 680, 809, 818, 820, 822, 825, 826, 829, 894

Osrhoène, 188

Otto de Freisingen, 230, 248, 883

Otton de Hisberge, 413

Outre-Jourdain (seigneurie), 557, 562, 924, 953

P

Pahlawân, 947

Pailes (casal de), 454

Palestine, 13, 34, 81, 84, 89, 143, 155, 170, 235, 262, 263, 302, 313, 326, 335, 356, 383, 430, 450, 476, 477, 480, 507, 517, 555, 586, 606, 617, 926

Palmyre, 63, 71, 72, 804, 864

Pamphylie, 88, 90, 228, 230, 237, 238

Panéas ou Bâniyâs de la Damascène (distinguer cette Panéas ou Bâniyâs de l'Hermon (dépendant de la Damascène), de la Bâniyâs maritime, la Valénie des Croisés, cette dernière étant citée), 27, 28, 29, 36, 62, 103, 134, 136, 140, 155, 163, 165, 192, 249, 333, 348, 355-361, 363, 364, 376, 435, 447-449, 455, 476, 555, 576, 577, 578, 596, 630, 632, 633, 636-640, 676, 679, 737, 739, 921, 927, 933

Paphlagonie, 87-90

Pâque de Riveri (ou de Riveti), 705, 950

Paris, 516, 816

Partzerpert, 57

Paulin Paris, 894

Payâs, 95

Payen le Bouteiller, 158, 160, 166, 249, 696, 874

Perche (comtes de), 31

Pergamo de Volta, 235

Perse, 27, 59-61, 67, 71, 152, 154, 232, 266, 531, 558, 870, 922

Petchénègues, 233

Petra (canton de), 168, 528, 806, 921

Pharaons, 200

Phénicie, 637, 777

Philadelphie (Alashéhir), 708

Philaretos Brakhamios, voir aussi *Vahram*, 188, 818

INDEX

Philippa d'Antioche, 482, 483, 921

Philippe d'Alsace (comte de Flandre), 515, 603-615, 616, 617, 618

Philippe de Beauvais (l'évêque), 643

Philippe de Milly (seigneur de Naplouse), 179, 249, 307, 340, 361, 465, 498, 545, 696, 895, 921, 939

Philippe de Novare, 9

Philippe Ier (roi de France), 856

Philippe le Bel, 404, 421, 425, 573, 796

Philippe-Auguste, 15, 545, 784, 894, 936, 944

Philippopoli, 227, 232

Philistie, 158, 303, 316, 327, 338, 532, 618, 621, 622, 628, 671, 672, 763

Phrygie, 87, 230, 235, 813, 882, 883

Piérie (massif de), 51

Pierre (archevêque de Lyon), 52

Pierre Armoin (ou Aimoni), 54, 56

Pierre Brice, 758

Pierre de Barcelone (archevêque de Tyr), 340, 377

Pierre de Courtenay (le comte), 643

Pise, 775

Pisidie, 237, 815

Plebanus, 754

Plivano (Plebanus), 723

Pondichéry, 816

Pons, 19, 22-23, 56, 71-75, 126, 166, 167, 839, 840, 857, 885

Pont, 97, 484

Pont de Fer, voir *Jisr al-Hadîd.*

Portelle (le Pas de), 95, 322

Potenza, 262

Pouille, 34, 940

Prakana, 882

Prosouch (général), 171

Puthaha, 376, 417, 903

Pyles Ciliciennes, 92, 153, 539

Q

Qabr al-Sitt, voir *Râwîya.*

Qades-Barnea, 459

Qadesh (bataille de), 378

Qâdî-Keui, voir *Chalcédoine.*

Qadîsha (Gorge de la), 73

Qadmûs (château de ou « Cademois »), 24, 30, 569, 669, 858

Qadmûsiyâ, 30

Qahwâna (al-, al-Qahwâni), 684

Qâîmâz, 674

Qaisarânî (al-, le poète), 271, 924

Qal'at 'Ajlûn, 126, 871

Qal'at al-'Araîma, 476

Qal'at al-Hosn, 77, 527, 529, 530, 592, 646

Qal'at al-Nîhâ, 455, 913

Qal'at Araîma (Aryma), 536

Qal'at Bâlis, voir *Bâlis.*

Qal'at Mâlih, 685

Qal'at Yahmur, voir *Chastel Rouge.*

Qala'at Ja'bar, 193, 194, 490, 827, 917

Qalyûb, 426

Qarâ Arslân ibn Dâwûd, 110, 176, 277, 278, 281, 282, 295, 490, 891, 892

Qarâ Eiyuk bazar, 237

Qarâja, 839

Qarâqûsh, 513

Qasr Bardawîl, 792, 794, 798, 902

Qilij Arslân Ier Dâwûdibn Sulaîman, 88, 811-813, 856

Qilij Arslân II (*'Izzal-Dîn Qilij-Arslân II*, fils de Mas'ûd), 279, 404-406, 538, 551, 552, 556, 648, 707, 708, 811, 814, 891, 892, 900, 911

Qinnesrîn, 24-26, 62, 70

Qipchaq, 922

Qîrkhân ibn Qarâjâ, 70, 71

Qizil Irmaq (bassin du), 89, 90

Qizil-Arslân, 941

Qolei'a (La Colée), 77

988   *L'ÉQUILIBRE*

Qoniya, 16, 88, 225, 226, 229, 230, 231, 232, 283, 552, 707, 812-814, 816, 856, 866
Qosair, 529
Quart-Pierre, voir *Kharpût*.
Qubâb (al-), 26
Qubba (al-, Qubbat Mula'ib), 22
Qubbat al-Sakhra, 142
Qulaib (mont), 139
Qulzum, 804
Quneitra, 632, 859, 949
Qurûn Hamâ, 594
Qûs, 472, 568, 693
Quseir, 452, 453, 657, 684
Qurb al-Dîn Ghâzî, 675
Qurb al-Dîn Mawdûd, 266, 442, 476, 490, 530, 558
Qurlug al-'Alamdâr, 527
Qurulmish, 810
Quwaiq, 101, 105, 206, 326

R

Raban (Ra'ban), 284, 285, 295, 321, 648, 819
Râbigh, 694
Rabwé, 252-253, 256, 330
Rafanîya (Raphanée), voir *Rafniyé*.
Râfiqa, 193
Rafniyé, 23, 77, 166, 838-840
Rames, voir *Ramla*.
Ramla, 155, 421, 618, 619, 620, 621, 622, 633, 907
Ramsès II, 377
Ranculat, voir aussi *Rûmqal'a*, 275, 287, 293
Raoul (chancelier de Baudouin III), 319
Raoul (évêque de Bethléem), 309, 375, 533, 558, 928
Raoul de Bénibrac, 937
Raoul de Caen, 8
Raoul de Diceto, 944, 948
Raoul de Domfront, 33, 40-43, 46, 68, 71, 315, 318, 862, 863, 903

Raoul de Mauléon, 686
Raoul de Merle, 314
Raoul de Tibériade, 801
Raoul du Puy, 158
Raqîb (al-), 565
Raqîm (al-, al-Kahf), 913
Raqqa, 64, 173, 193, 490, 575, 681, 830
Râs al-'Ain (Rasaline), 135, 173, 878
Râs al-Khanzîr, 861
Râs al-Mâ, voir *Dîllî*.
Ras Balda al-Malik, 454
Râshid, 68, 274
Râshid al-Dîn Sinân de Bassora, 30, 569, 570, 591, 598, 614, 931
Ratisbonne, 224, 232
Ravendinos, 93, 94
Rawda, 465
Râwendân, 105, 189, 275, 287, 294, 409, 837, 892
Râwîya, 331
Rayâq, 672
Raymond (fils de Bohémond III), 744, 950
Raymond d'Antioche, 223
Raymond de Poitiers (Antioche), voir aussi *Raymond d'Antioche*, 43-51, 54-59, 68, 71, 76, 79, 84, 86, 95-102, 103, 105, 108, 111-113, 115, 116-123, 137, 144, 146-149, 150, 151, 153, 163, 170-174, 179, 192, 195-198, 206, 224-225, 240-244, 245, 246, 248, 264, 265, 266, 267-271, 274, 275, 278, 295, 302, 313, 315, 318, 353, 390, 409, 418, 455, 834, 886, 888, 903, 945
Raymond de Saint-Gilles (comte de Toulouse), 73, 837, 838, 885
Raymond II (comte de Tripoli), 70, 73-79, 86, 96, 97, 137, 166, 167, 198, 245, 263, 287, 289, 292, 310-312, 314, 840, 841, 886

INDEX

Raymond III (comte de Tripoli), 312, 364-367, 369, 372, 374, 412, 413, 434, 442, 445, 476, 527, 537, 579, 582-584, 586, 591-595, 598-601, 612, 613, 616, 629, 630, 637, 640-642, 646, 647, 650, 651, 658, 659-661, 666, 667, 668, 669, 680, 682, 685, 690-692, 698, 699, 701, 702, 703, 715, 717-788, 801, 841, 896, 928, 930, 940

Raymond du Puy, 249, 340, 344

Raymond Roupên, 908

Raymonde (fille de Gautier III, seigneur de Beyrouth), 938

Reinard de Nephin (Enfé), 545

Reiy, 810

Renan, 935

Renaud (comte de Kaisûn et de Mar'ash), 270, 271, 275, 279, 856, 891

Renaud de Châtillon, 240, 269, 316-320, 322-325, 340, 364-367, 369-372, 374, 381, 390, 392, 393, 395, 396, 398, 399, 403, 408-409, 411, 605, 606, 655, 658, 661-666, 668, 685, 692-697, 700, 719, 723-726, 729, 732-736, 742, 745, 746, 750, 753, 754, 772, 803, 809, 910, 921, 938, 944

Renaud de Néphin, 773, 953

Renaud de Sidon, 593, 621, 642, 685, 691, 739, 742, 743, 785-788, 939

Renaud II Masoier, 657, 912, 938

Renaud l'Évêque (le chevalier), 81

Renaud le Bourguignon (seigneur de Craon en Anjou), 871

Renaud Masoier (ou Mansoer), 21, 857

Renaud Porcelet, 923

Rénier Brus (ou Brun), 28, 29, 78, 139, 140, 333, 859

Rénier de Maron (ou de Mareuil), 636

Rénier de Montferrat, 647

Rey, 176, 455, 656, 685, 789, 800, 802, 861, 868, 878, 887, 890, 921, 927, 937, 938, 941, 952

Richard Cœur de Lion, 13, 784, 807

Richard de Salerne, 823

Richard du Principat, voir *Richard de Salerne.*

Richen (Richilde, fille de Gormond), 652, 931, 936

Ridwân, 30

Ridwân Ibn al-Walakhshî, 80

Rîhâ, 206

Rîhâniya (Rihaniyé), 880

Ristelhueber, 716, 946

Roard, 545

Robert de Corbie, 771

Robert de Nazareth, 217, 249, 340

Robert de Perche (comte), 248

Robert de Sourdeval, 290, 292

Robert Guiscard, 44

Robert II (comte de Flandre), 930

Robert le Bourguignon, 127, 249

Robert le Gros (le comte), 833

Robert le Lépreux, 856

Robert Mansel, 432, 908

Robert V de Béthune, 607, 610

Rœhricht, 656, 856, 872, 894, 899, 902, 922, 945

Roger (le chanoine), 448

Roger d'Antioche, 24, 40, 93, 94, 98, 269, 455, 825

Roger de Lydda (l'évêque), 81

Roger de Salerne, voir *Roger d'Antioche.*

Roger des Moulins, 658, 701, 725, 739, 741, 912, 931, 944

Roger Ier (comte de Sicile), 44

Roger II (comte de Sicile), 38, 44, 45, 49-51, 71, 223, 229, 233, 262

Rohart le Vieux, 307, 362

Romain du Puy, 35, 158, 874

Romain IV Diogène, 114, 912

990   *L'ÉQUILIBRE*

Rome, 32, 41, 49-53, 55, 310, 347, 383, 572, 776
Rosette, 472, 914
Rothelin, 771
Rouard de Naplouse, 39
Roupên Ier (fils de Léon Ier), 57, 91
Roupên II, 540, 616
Roupên III, 555, 648, 649, 658-659, 682, 709, 935, 936
Roupêniens, 57, 58
Roussel de Bailleul, 317
Rugia, 20, 857
Rûj (district de), 454
Rûm, 809
Rûmqal'a, 293, 294, 540, 833, 894, 911, 961

S

Sabâwâ (Sabâwû), 805
Sablé, 13
Sadaqa, 808
Sa'dî (al-), 105
Sadr, 505, 506
Sadr al-Dîn, 675
Safed, 139, 155, 357, 362, 363, 632, 638, 644, 669, 778, 779, 785
Sâfitâ, 263, 476, 536, 646, 840, 857, 864, 915
Safsaf, 910
Safwat al-Mulk (la khâtûn), 863
Sahel, 647, 663, 718, 719, 759, 781, 788
Sahyûn, 781, 782, 856, 955
Saïd, 472
Saidâ, voir *Sidon*.
Saîf al-Dîn Abû Bakr ibn al-Salâr, 600
Saîf al-Dîn Ghâzî Ier, 193, 194, 258, 259, 266
Saîf al-Dîn Ghâzi II, 530, 531, 575-577, 589, 594, 596, 649
Saif al-Dîn Maḥmûd, 778
Saîf al-Dîn ibn al-Meshtûb, 613

Saîf al-Mulk ibn 'Amrûn, 24, 30, 858
Saint-Abraham, voir *Hébron*.
Saint-Denis, 12, 224
Saint-Georges-de-la-Montagne-Noire (monastère de), 51, 108
Saint-Gilles, voir *Raymond*.
Saint-Gilles (casal de), 454
Saint-Jean (cardinal de), 420
Saint-Jean-d'Acre, 33, 139, 141, 142, 245, 248, 262, 363, 382, 482, 483, 484, 504, 544, 605, 612, 663, 672, 682, 701, 714, 717, 722, 729, 739, 744, 745, 746, 748, 757, 762, 930
Saint Louis, 421, 703
Saint-Pierre d'Antioche (l'église, basilique), 53
Saint-Sépulcre, 14, 89, 150, 161, 241, 243, 303, 420, 453, 556, 572, 579, 702, 703, 706, 725, 744, 757, 767, 771, 775, 776, 864, 946
Saint-Serge de Jubino, 51
Saint-Siège, 42, 54, 57, 150, 404, 457, 480, 516, 575, 706, 945
Saint-Siméon, voir aussi *Suwaidiya*, 19, 50, 55, 238, 240, 271, 366, 415, 432, 446, 802, 861, 889, 910, 935
Sajete, voir *Sidon*.
Saladin, 8, 31, 60, 66, 101, 139, 187, 320, 333, 379, 407, 447, 468, 469, 471, 472, 473, 476, 478, 479, 480, 486, 490, 496, 499, 504, 508, 509, 510, 511-514, 518, 519, 520, 523-526, 527, 528, 530, 532-538, 540, 542, 550-552, 558, 568, 575-578, 581, 587, 588, 590-600, 604, 609-611, 613, 615-622, 624-628, 630, 632-634, 635-641, 642-652, 654, 655, 657, 659, 660-667, 668-692, 694, 696-699, 709, 711, 715, 717-721, 724, 728, 730-740, 742-748, 750-760, 761-788, 801, 802, 808,

INDEX

991

809, 834, 855, 871, 901, 902, 911, 926, 928, 943, 946, 948

Salâh al-Dîn Muhammed al-Yâghî-siyâni, 194

Salâh al-Dîn, voir aussi *Saladin*, 114, 125, 830-832

Sâlih (le prophète), 713

Salkhad, 63, 135, 208, 209, 212, 214, 215, 881

Salonique, 262, 710

Salt (al-), 126

Saltuq (l'émir), 484

Samakh, 557, 684

Samarie, 81, 247, 261, 307, 361, 669, 757, 760, 761, 951

Samnûn (mosquée de), 108

Samosate, 189, 201, 202, 204, 275, 277, 281, 282, 287, 295, 818, 820, 824, 826, 835, 836, 893, 894, 961

Sanamein, 135, 949

Sanjar, 60, 61

Sanudo, 872

Saqaria, 226

Sarepta (Sarafand), 762

Sârim al-Dîn Qaîmâz al-Najmi, 739

Sâris, 26

Sarkhuk (Surkhak), 681

Sarmîn (Sarmit), 901

Saron (Plaine de), 36

Sarûj, 167, 189, 490, 575, 681, 818, 820, 821, 824, 833

Sarus, 57

Sarvantikar, 58, 59

Satalie (Vieille, Eski-Adalia), 238

Sattalie, voir aussi *Adalia*, 88, 90

Savignac (le P.), 921, 922

Sawâd, 9, 165, 166, 376, 378-380, 449, 665, 667, 668, 676, 678, 790-791

Sawâr ibn Aîtekin, 16, 22, 24-26, 62, 71, 77, 104, 106, 145

Sawinj, 63

Scandelion, 900

Schlumberger, 864, 921

Sdéphané, 539, 938

Sébaste, voir aussi *Sîwâs*, 142, 143, 402, 699

Ségor, 698, 804

Séhier de Maimendon, 571

Seihûn, 57, 90

Seleucia-Selefké, 90, 238, 384, 882

Seljûq, 812

Seljûq-shâh, 60

Seljûqides, 61, 67, 87, 88, 89, 93, 225, 226, 229, 232, 233, 236, 238, 239, 280, 321, 334, 366, 384, 394, 405, 406, 531, 551, 556, 595, 659, 707, 709, 809-816, 866, 883, 893, 946

Semakh, 669, 745, 796

Sempad (le connétable), 59, 540, 659, 938

Sephorie (Saffûriya), 555, 669, 671-674, 682, 685, 689, 740-741, 743, 744, 746-752, 760

Serbie, 486, 538

Serlon (archevêque d'Apamée), 53

Sermaniya (Serméni), 782

Sermîn, 144, 836, 960

Sestos, 517

Shabakhtân (district du), 176, 675, 822, 836, 878

Shâdî, 511

Shâh-Armen Soqmân II, 675, 680, 720, 947

Shâhinshâh (fils de Taqî al-Dîn), 625

Shaikh Miskîn, 332

Shaîzar, 28, 30, 69, 70, 71, 101, 105, 107-114, 123, 124, 125, 144-148, 174, 242, 271, 273, 338, 366, 368-372, 380, 399, 400, 416, 454, 455, 529, 569, 630, 637

Shajara (al-), 750

Shams al-Dawla Tûrân-shâh, 565, 567, 600, 612, 613, 632

Shams al-Khawâss yaruqtâsh, 64

992 *L'ÉQUILIBRE*

Shams al-khilâfa Muhammad ibn Mukhtâr, 496, 497, 501, 505

Shams al-Mulûk Ismâ'il, 28

Shaqîf Arnûn, 786, 787

Shâqîf Tîrûn, 28, 455, 676

Sharaf al-Dîn Barghash, 468

Sharqiya (al-), 436

Shatanuf, 914

Shattâ, 686

Shâwar, 429, 434-439, 458-466, 467, 471-473, 475, 478-480, 488-491, 496, 497, 501-509, 513, 566, 567, 575

Shawbak, 158, 168, 528, 562, 563, 666, 685, 804, 805, 809

Sheikh Aiyash, voir *Ubudiyé*.

Sheikh Miskîn, 556, 949

Sheikh Sa'd, 105, 135, 529, 556, 744

Shejara, 667, 798, 902

Sherâ (al-), 859

Shérif al-Dawla Muslim ibn Qawâsh, 125

Shérûné, 458

Shihâb al-Dîn al-Hâramî, 563, 598, 613, 919

Shihâb al-Dîn Mahmud ibn Bûrî, 64-65, 71, 129-130

Shihâb al-Dîn Malik, 490

Shî'ites, 437, 458, 459, 560, 566, 569, 575, 903

Shîrkûh, voir auusi *Asad al-Dîn*, 435-480, 504-511

Shohûrâ, 64

Shtaura, 672

Shuri, 684

Sibylle (comtesse de Flandre, fille de Foulque et d'Aremburge), voir aussi *Sibylle de Courtenay*, 126, 168, 309, 364, 374, 603, 606, 607, 871, 876, 877, 930

Sibylle de Burzey, 655, 656, 658

Sibylle de Courtenay, 856

Sibylle de Jérusalem (fille d'Amaury Ier), 420, 555, 579, 601, 602, 606, 608, 650-653, 660, 684, 691, 700, 702, 704, 722-728, 729, 731, 757, 764, 772, 783, 915, 931

Sicile, 44, 49, 50, 295, 586, 587

Sicile (les Normands de), 222, 223, 227, 229, 262, 294, 565, 575, 576, 588, 709, 928

Sidé, 238

Sidon, 23, 32, 375, 455, 551, 572, 573, 599, 602, 636-642, 645, 676, 762, 786, 788, 792, 793, 800, 859, 941, 956

Simon (seigneur de Ra'ban), 321

Simon de Tibériade, 340, 800

Sinaï, 428

Sinân, voir *Râshid al-Dîn Sinân de Bassora*.

Sinjâr, 61, 266, 531, 650, 675, 681

Sinn al-Nabra, 745

Sinope, 813

Sirkhâl (Surkhâk), 332, 333

Siryâqûs, 503

Sis, 58, 91, 321

Sîwâs, 88, 406, 552

Skalendras, 90

Smyrne, 235

Sofaîf, voir aussi *Safsaf*, 444, 909

Sofia, 227, 232

Solignac, 861, 890

Soqmân ibn Ortoq, 334, 820, 821

Sororge (Sororgie), voir *Sarûj*.

Soterichos Panteugénès, 402, 904

Soublaion (Homa), 708

Soudin, voir *Saint-Siméon*.

Sozopolis, voir aussi *Oloburlu*, 88

Spire, 223

Sprüner Mencke, 890

Stanley Lane Poole, 892

Subeiba, 165, 357, 872

Suète (pays de), voir aussi *Sawâd*, 376, 667, 678

Suez (isthme de), 430, 588

Suger, 222, 262, 263

Sukas, 912

INDEX 993

Sulaimân ibn Ghâzî Gumushtekîn, 821

Sulaîmân ibn Qutulmish, 810, 811

Sultân (émir munqidhite de Shaizar), voir aussi *'Izz al-Dîn Abu'l Asâkir Sultân*, 28, 69, 70, 132

Sunnites, 437, 458, 459

Sylaeum, 238

Syrie, 129, 133, 146, 147, 149, 150, 152, 153, 156, 160, 170, 180, 189, 190, 192, 194, 205, 208, 225, 226, 241-243, 244-247, 255, 258-262, 264, 266, 271, 280, 287, 290, 295, 296, 302, 313, 318, 320, 324, 326, 327, 330, 351, 353-355, 365, 370, 371, 380, 381, 383, 388, 389, 390, 391, 394, 399, 405, 417, 418, 422, 425, 426, 427, 431, 434, 437, 439, 440, 441, 442, 450, 459, 907, 909

Syriens jacobites, voir aussi *Jacobites*, 163, 174, 175, 195, 276-277, 282, 290, 716, 817, 818, 832

T

Tabaristân, 60

Tabariya (Tabarie), voir *Tibériade*.

Tacite, 39, 427

Taimâ', 663, 664, 939

Taiy (fils de Shâwar), 497, 498

Taiyba, 686

Tâj al-Dawla Nâsir al-Dîn Muhammed, 369

Tâj al-Dawla, voir *Bahrâm*.

Tâj al-Dîn Yahya al-Shâhruzûri, 191

Tâj al-Mulûk Bûrî, 349, 899

Tala (casal de), 454

Talâ'i ibn Ruzzîk, 427-429

Tancrède, 7, 20, 93, 167, 317, 455, 629, 776, 789-791, 797, 798, 822-824, 839, 857, 862, 864, 956

Tancrède de Lecce (le comte), 587

Tanis (Sân), 500, 503, 519

Taqî al-Dîn 'Omar, 520, 563, 625, 637, 648, 649, 670, 698, 720, 753, 758, 760, 761, 762

Tarse, 58, 90, 102, 116, 321, 346, 384, 539, 541, 553, 659, 682, 819, 869

Tarsus tshai, 58, 90

Taruja, 472

Taurus, 91, 92, 321, 384, 542, 682

Taurus Cilicien, 454

Tchamitchian, 58

Tchorok, 90

Tecua (Tequ'a), 127, 128, 161

Tefennî, 237, 239

Tékrît, 60

Tell 'Adé, 68, 189

Tell 'Ashtara, 528, 556

Tell-bâsher, 16-18, 105, 145-147, 175, 177, 179, 189, 198, 241, 246, 248, 265, 275, 276, 278-280, 284-289, 291, 293, 294, 295, 302, 306, 313, 798, 836

Tell Basta, voir *Bubaste*.

Tell Gurân, voir *Tell-Kurân*.

Tell al-Hasî, 626

Tell-Hamdûn, 91, 321, 384, 897

Tell-Hubaîsh, 377

Tell Jazer, 621, 626, 932

Tell Kalakh, 77

Tell al-Karsh, 20, 365, 955

Tell Kurân, 822, 960

Tell Mawzân Tell Muzen (Thelmouzen, voir aussi *Virân-Shéhir*), 176, 822, 960

Tell-Nawâz, 24

Tell al-Qâdî, 637-639, 640

Tell al-Sâfiya, 156, 326, 621, 622, 624, 629, 630, 932

Tell al-Sultân, 596, 597

Templiers, 127, 128, 139, 141, 142, 237, 276, 322, 323, 327, 328, 330, 343, 357, 428, 456, 495, 533, 534, 570-572, 585, 612, 618, 621, 631-633, 640, 641, 642-645, 664, 669,

994 *L'ÉQUILIBRE*

702, 719, 724, 731, 741, 749, 750, 755, 763, 769, 778, 779, 784, 785, 908, 915, 952, 955

Terre Sainte, 14, 34, 78, 223, 248, 249, 261, 271, 300, 301, 365, 384, 418, 432, 515, 516, 544, 721, 754, 777, 785, 877, 944

Thabor (Mont), 667, 670-671, 688, 689

Thèbes, 472

Théodora Comnène (reine de Jérusalem), 301, 382-384, 386, 482, 483, 484, 656, 938

Théodore (le prêtre), 805, 806

Théodore bar Vahbûn, 911

Théodore Kurbalât, voir aussi *Thoros*, 818

Théodore Maurozoumès, 517

Théodore Stypiotès, 905

Théodore Vatatzès, 384

Theophilacte (l'Excubiteur), 411, 413

Theorianos (le prélat), 453, 911

Thessalonique, 709

Thibaut de Blois et de Chartres (comte), 515

Thierry de Flandre, 125, 126, 364, 365, 368-371, 372, 374, 376, 448-449, 603, 930

Thomas, 540

Thomas (fils de Baudouin d'Ibelin), 764

Thomas (le duc byzantin), 321

Thomas de Cilicie (le duc), 288

Thoros d'Édesse, 188, 818

Thoros Ier (Roupénien), 58, 88, 320

Thoros II, 91, 320-323, 325, 368, 369, 383, 384, 393, 394, 405, 410, 442, 443, 454, 539, 573-575, 905, 909, 938

Thracésien (thème), 236

Tibériade, 9, 29, 82, 135, 139, 142, 143, 165, 209, 211, 214, 221, 249, 338, 360, 447, 449, 555, 576, 586, 611, 632, 637, 643, 651, 660, 678, 684, 709, 724, 732, 737-739, 742-751, 755, 756, 762, 789-792, 794-801, 927, 940

Tigre, 61

Tîh (désert de), 157, 457, 666

Timurtâsh, 189, 282, 295, 334, 829, 892, 898

Tinnis, 928

Tizîn, 443

Torigny (R. de), 890

Toron (forteresse de ; *Tibnîn* nom actuel), 28, 635, 761, 778, 792, 934, 946

Toron (territoire du), 306, 357, 358, 682

Toron de Boldo (ou de Baude, fort), 454

Tortose, 22, 30, 32, 33, 77, 146, 263, 570, 646, 779, 788, 837, 838, 864

Toulouse (comtesse de), 241

Transjordanie, 9, 126, 127, 158, 161, 166, 335, 372, 456, 527, 528, 554, 558, 562, 565, 581, 655, 662-664, 666, 667, 668, 682, 684, 685, 721, 733, 803, 804, 807, 808, 914, 927

Transoxiane, 60

Trébizonde, 90

Tressalée (mer), voir *Mer Morte*.

Tripoli, 9, 18, 22, 23, 32, 33, 70, 71-77, 81, 82, 86, 163, 205, 245, 246, 247, 248, 249, 263, 287, 310-314, 365, 413-414, 432, 456, 476, 526, 527, 529, 536, 537, 545, 569, 583, 586, 600, 612, 617, 646, 658, 661, 671, 682, 729, 732, 764, 773, 774, 777, 778, 779, 788, 817, 837-841, 857, 865, 885, 886, 915, 951, 954

Tripoli (comtes de), 9

Tritton (A. S.), 817, 829

Tughril II ibn Mu*h*ammad, 60

Tughtekin, 27, 64, 166, 254, 349, 792-799, 805, 838-840, 899, 902

INDEX

995

Tulupe, voir *Dulûk*.

Tûrân, 750

Turcomans, 23, 29, 72, 126, 144, 145, 177, 261, 283, 284, 333, 334, 335, 356, 358, 637, 837, 857, 879, 893, 919

Turcoples, 467, 645, 672, 914

Tutush, 811

Tyr, 28, 31-33, 137, 305, 306, 383, 422, 453, 481, 485, 517, 572, 638, 642, 645, 672, 673, 680, 690, 710, 714, 753, 756, 762, 773, 777, 778, 779, 786, 788, 789, 791, 792, 794, 797, 798, 800, 809, 900, 934, 935

Tzakhoud, 57

Tzimiscès (*Jean Tzimiscès*), 102, 151, 546

Tzivrélitzémani (défilé de), 226

U

Ubudiyé, 865

Ulric (Orric, gouverneur de Naplouse), 142

'Umâra ibn Abu'l Hasan, 566

Usâma ibn Munqidh, 70, 108, 109, 132, 133, 140, 143, 252, 337, 338, 339, 368, 369, 426, 427, 428, 441, 568, 856, 863, 913

'Uyûn Fâseriya, 331, 352

V

Vahka, voir aussi *Féké*, 57

Vahram (chroniqueur, connetable), 938

Valénie (Valania), voir aussi *Bâniyâs*, 569, 912, 938

Van Berchem, 868, 872

Vasil Bahlavouni, 281, 282, 892

Venise, 370, 775

Vézelay, 223

Villehardouin, 9

W

Wâdî al-'Araba, 9, 458, 663, 668, 803, 804, 807, 808

Wâdî Ibn al-Ahmar, 73

Wâdî al-Dahr, 156

Wâdî al-Meddân, 135

Wâdî Mûsâ, 168, 169, 666, 877

Wâdî al-Sanî, 156

Wâdî al Sarâr (wâdî Qatra), 155

Warâq al-Hadr, 466

Wâsit, 872

Welf de Souabe (duc), 248

Werdân, 466

Weygand (le général), 9

Wiet (Gaston, et l'Avertissement du tome II), 9, 804, 898, 929, 944, 946

Wirân-Shéhir, 176

Worms, 224

Y

Yabûs, 329

Yâghî (ou Ya'qûb) Arslân, 882

Yaghra, 265, 888

Yahyâ, 109

Yambo', 694

Ya'qûb Arslân ibn Ghâzî (l'émir), 406, 813, 814

Yarmûk, 135, 211, 219, 220, 221, 376, 667, 669, 671, 902

Yarpût, 147

Yâruktâsh, 193, 879

Yârûqî, 335

Yâzûr, 791

Yebnâ (Yabnâ ou Ibelin), 155

Yémen, 565, 567, 693

Yéni-Shéhir, 443, 444

Yougoslavie, 487

Ypres, 370

Yûsuf Abu'l-Gharîb, 108

Yûsuf al-Findalâwî (l'imâm), 252

Yûsuf ibn Fîrûz, 63, 72, 864

Yvein, 696

996   *L'ÉQUILIBRE*

Yves de Nesles (comte de Soissons), 305, 314
Yvette (fille de Baudouin), 160-161, 310, 579, 876

Z

Zabar (couvent de), 277
Zacharie, 699
Zâfir (al-, fatimide), 337, 338, 426, 427, 429
Zagros, 532
Zâhir (al, Aiyûbide d'Alep), 781
Zaîn al-Dîn 'Alî Kuchuq (émir d'Arbîl), 444, 830, 833
Zebdâni (canton de), 331
Zengî, 15, 18, 19, 21-22, 24, 27, 28, 29, 31, 39, 43, 59-71, 74-77, 78, 79, 82-87, 95, 96, 97, 98, 101-107, 110-111, 113, 114, 124, 125, 126, 128-137, 144-148, 152-154, 163, 167, 170, 171, 173, 175-178, 180, 181, 183, 185-198, 200, 201, 206-208, 225, 241, 242, 258, 259, 266, 271, 326, 435, 511, 592, 829-834, 840, 870, 954, 960
Zengides, 30, 62, 136, 180, 241, 247, 260, 271, 508, 561, 594, 595, 596, 599, 613, 647, 674-676, 680, 809, 872
Zerdanâ (Zerdân), 26, 68, 86, 171
Zer'în, 684, 685
Zerqâ (al-), 669
Zin (désert de), 459
Zohair (le poète), 143
Zora (Zur'a), voir *Ezra'a*.
Zumurrud Khâtûn, 63, 129, 130

TABLE

PRÉFACE 7

CHAPITRE PREMIER

RÈGNE DE FOULQUE D'ANJOU. ÉQUILIBRE DE LA MONARCHIE FRANQUE ET DE LA MONARCHIE MUSULMANE.

§ 1er. — LE ROI FOULQUE, LES PRINCIPAUTÉS VASSALES ET LA FÉODALITÉ MUSULMANE DE 1131 À 1135.

Carrière de Foulque V, comte d'Anjou, avant son avènement au trône de Jérusalem. – Le comté d'Édesse à l'avènement du roi Foulque. Mort épique de Jocelin de Courtenay. Décadence du comté sous Jocelin II. – La principauté d'Antioche et le comté de Tripoli à l'avènement du roi Foulque. Nouvelle révolte de la princesse Alix. – Foulque brise la révolte d'Alix, se fait reconnaître régent d'Antioche et oblige Pons de Tripoli à se soumettre. – Foulque dégage Montferrand et sauve le comte Pons de Tripoli. – Foulque dégage la principauté d'Antioche. Victoire de Qinnesrîn (décembre 1132). – La sécurité de la route entre Jaffa et Jérusalem. Construction du fort de Betenoble (Beit-Nûbâ). – Éclipse de l'impérialisme zengide en Syrie. Guerres de voisinage du roi Foulque et de l'atâbeg de Damas Ismâ'îl ibn Bûrî. Surprise de Panéas par les Damasquins. – Formation du domaine ismâ'îlien du Jebel Nosaîrî. 16

§ 2. — LA VIE À JÉRUSALEM ET À ANTIOCHE SOUS LE RÈGNE DE FOULQUE. QUERELLES ECCLÉSIASTIQUES ET DRAMES DE COUR.

Les affaires ecclésiastiques sous le règne de Foulque. La question de la suffragance de Tyr. – Le roman de Hugue du Puiset et de la reine Mélisende. Révolte du comte de Jaffa ; sa soumission. – L'attentat contre Hugue du Puiset. Son exil et sa mort. Les vengeances de Méli-

998   *L'ÉQUILIBRE*

sende. – La principauté d'Antioche pendant la régence de Foulque. Influence de la princesse douairière Alix et du patriarche Raoul de Domfront. – Raymond de Poitiers, prince d'Antioche. – Conflit entre Raymond de Poitiers et le patriarche Raoul de Domfront. – Déposition de Raoul de Domfront. Aymeri de Limoges, patriarche d'Antioche. – Le concile latin de Jérusalem d'avril 1140 ; présence du katholikos arménien Grégoire III. – Querelle des frontières franco-ciliciennes. Brouille et réconciliation de Raymond de Poitiers et du prince arménien Léon Ier (1136).   31

§ 3. — Zengî, paralysé par les révolutions de l'Irâq,
néglige les affaires de Syrie (1131-1135).

Zengî engagé dans les querelles des prétendants seljûqides de Perse. Son attaque contre le khalife de Baghdâd et son échec. Ses embarras en 'Irâq paralysent son action contre les Francs (1131-1133). – La crise de l'État bouride de Damas. Tyrannie et assassinat de l'atâbeg Ismâ'îl (1134). – Tentative de Zengî pour s'emparer de Damas ; son échec. Consolidation de l'État bouride. – Le maintien de l'indépendance damasquine arrête l'unification de la Syrie musulmane. Avantages pour la Syrie franque. – Les révolutions de palais au Caire : la tentative de viziriat fâṭimide du prince Hasan. – Les révolutions de l'Irâq. Assassinat du khalife Mustarshid. Zengî rétablit son influence dans les affaires du khalifat.   59

§ 4. — Zengî, les mains libres du côté de l'Irâq,
se consacre à la lutte contre les Francs.
Les Francs sur la défensive.

Conquête par Zengî des places franques d'Outre-Oronte : Athâreb, Zerdanâ, Tell-Aghdî, Ma'arrat al-Nu'mân et Kafarṭâb (printemps de 1135). – Raid des Alépins en terre d'Antioche jusqu'à Lattaquié (août 1135). – Raid des Damasquins dans le comté de Tripoli ; défaite et mort du comte Pons ; défections libanaises. – Attaque de Zengî contre l'État de Damas ; l'intervention franque l'empêche de s'emparer de Homs (juin 1137). – Attaque de Zengî contre Montferrand (Ba'rîn). – Défaite de Foulque devant Montferrand ; responsabilité des guides libanais. – Foulque assiégé dans Montferrand. Levée de l'arrière-ban chrétien. – Reddition de Montferrand ; libre sortie du roi et de l'armée franque.   68

§ 5. — Intervention de l'empereur Jean Comnène dans les affaires
de Syrie. La question d'Antioche et la coalition franco-byzantine
contre l'Islam (1137-1138).

Retour sur les campagnes de l'empereur Jean Comnène contre les Turcs d'Anatolie ; reconquête byzantine en Phrygie et en Paphlagonie sur les Seljûqides et les Dânishmendites (1119-1134) : caractère

TABLE

de croisade de ces expéditions. – Reconquête de la Cilicie par Jean Comnène ; annexion de l'État arménien (1137). – Réveil de la question d'Antioche ; son double aspect juridique. Efforts antérieurs de Jean Comnène pour la résoudre par la voie diplomatique au moyen d'un mariage princier franco-byzantin. – Siège d'Antioche par l'empereur Jean Comnène (1137). – L'accord franco-byzantin de 1137. La suzeraineté byzantine sur Antioche. – L'alliance franco-byzantine de 1137 et le projet de remaniement territorial de la Syrie : Antioche byzantine et Alep franque. – La croisade syrienne de l'empereur Jean Comnène. Prise de Bizâ'a et reconquête sur les Musulmans des places perdues d'Outre-Oronte, Athâreb et Kafarṭâb. – La croisade syrienne de l'empereur Jean Comnène. Siège de Shaîzar. – Rupture de l'entente franco-byzantine. Tentative de mainmise byzantine sur Antioche. – L'émeute anti-byzantine d'Antioche ; ajournement des projets de l'empereur Jean Comnène. – Périls que la coalition franco-byzantine avait fait courir à l'Islam. Conséquences de sa rupture : reconquête, par Zengî, de Bizâ'a, d'Athâreb et de Kafarṭâb. 87

§ 6. — L'ALLIANCE FRANCO-DAMASQUINE CONTRE ZENGÎ.

Expédition du roi Foulque et de Thierry de Flandre dans le 'Ajlûn. – Zengî enlève Homs à l'État de Damas (1138) – Attaque de Zengî contre Damas ; les atrocités de Ba'albek. – Alliance du gouvernement de Damas avec le roi Foulque. – L'intervention du roi Foulque sauve l'indépendance de Damas des attaques de Zengî. – Le régent de Damas, Mu'în al-Dîn Unur, aide le roi Foulque à recouvrer Panéas sur les Turcs Zengides. – Construction de la forteresse de Safed. – Resserrement de l'alliance franco-damasquine. Visites de l'émir Usâma et du régent Mu'în al-Dîn Unur à la cour du roi Foulque. – Conclusion sur les années 1137-1140 : l'alliance franco-byzantine, puis l'alliance franco-damasquine font échec à Zengî. 125

§ 7. — LA FIN DU RÈGNE.

Retour de l'empereur Jean Comnène aux marches de Syrie. L'ultimatum byzantin de 1142 pour la remise d'Antioche au basileus. – Le sentiment latin contre la menace de grécisation ; rejet de l'ultimatum byzantin par les notables d'Antioche. – Après la question d'Antioche, Jean Comnène pose la question des droits impériaux byzantins sur Jérusalem. Le projet de pèlerinage du basileus au Saint-Sépulcre. Habile réponse du roi Foulque. – La mort de Jean Comnène ajourne au profit des Francs le règlement de comptes franco-byzantin. Nouveaux embarras de Zengî du côté de la Perse. – Le roi Foulque et la sécurité des frontières sud-ouest de la Judée. Construction des forteresses d'Ibelin, Blanche-Garde, Gibelin et Bersabée. – La seigneurie d'Outre-Jourdain sous le règne de

1000 L'ÉQUILIBRE

Foulque. Payen le Bouteiller et la construction du Krak de Moab. – Fondations de la reine Mélisende. La princesse Yvette, abbesse de Béthanie. – Mort du roi Foulque. 146

CHAPITRE II (1re PARTIE)

RÉGENCE DE MÉLISENDE.
CHUTE D'ÉDESSE ET DEUXIÈME CROISADE.

§ 1er. — LE PREMIER SUCCÈS DE LA CONTRE-CROISADE :
DESTRUCTION, PAR LES TURCS, DU COMTÉ D'ÉDESSE.

Baudouin III roi a treize ans. Son baptême militaire : expédition au Wâdî Mûsâ. – Régence de la reine mère Mélisende. Son éloge officiel par Guillaume de Tyr : réserves à faire. – Causes de la perte d'Édesse : la rupture franco-byzantine. – Causes de la perte d'Édesse : la brouille de Raymond de Poitiers et de Jocelin II. – Causes de la perte d'Édesse : Jocelin II, le baron levantin ; ses sympathies indigènes ; délatinisation de sa politique. Édesse abandonnée à l'élément arménien. – Siège d'Édesse par Zengî. – Résistance de la population arménienne et syriaque d'Édesse. – Prise d'Édesse par Zengî. – Habile politique de Zengî envers les chrétiens indigènes. Ralliement de l'élément syriaque d'Édesse à la domination zengide. – Conquête, par Zengî, des autres places à l'est de l'Euphrate. L'ancien comté d'Édesse réduit à la terre de Turbessel, à l'ouest du fleuve. – Causes de l'arrêt de la conquête zengide après la chute d'Édesse : la tentative de restauration seljûqide à Mossoul. – Les derniers actes de l'atâbeg Zengî. Le complot arménien d'Édesse et sa répression. Resserrement de l'entente entre le prince turc et l'élément syriaque d'Édesse. – Assassinat de Zengî. – L'héritage de Zengî. Avènement de Nûr al-Dîn à Alep. – Second complot arménien pour restaurer la domination franque à Édesse. – Réoccupation d'Édesse par Jocelin II. – Seconde perte d'Édesse par les Francs. – Exode et massacre par les Turcs de la population arménienne et syriaque d'Édesse. – Édesse tombée, Nûr al-Dîn attaque la principauté d'Antioche. Il s'empare de Basarfûth, d'Artah et de Kafarlâthâ. 168

§ 2. — L'EXPÉDITION DU HAURÂN ET LA RUPTURE DE L'ALLIANCE
FRANCO-DAMASQUINE.

Politique francophile du gouvernement de Mu'în al-Dîn Unur à Damas. – L'émir Altûntâsh ; la demande de protectorat franc au Haurân. – Les négociations franco-damasquines sur le Haurân ; leur échec. – L'expédition du Haurân. La marche sur Bosrâ. – Retraite du Haurân. L'héroïsme du jeune Baudouin III sauve l'armée. 206

TABLE 1001

§ 3. — La Deuxième Croisade.

La Deuxième Croisade et l'offre des Normands de Sicile. Rejet des propositions normandes. – Les rapports franco-byzantins à la veille de la Deuxième Croisade. Le voyage de Raymond de Poitiers à Constantinople. Reconnaissance de la suzeraineté byzantine sur Antioche. – Les rapports gréco-turcs à la veille de la Deuxième Croisade. Expédition de Manuel Comnène contre les Seljûqides. Marche de l'armée byzantine sur Qoniya (1146). – La croisade de l'empereur Conrad III et les revendications byzantines sur l'Orient irrédimé. « Le voyage de Charlemagne à Constantinople. » – Conséquences du désaccord gréco-allemand. Conclusion d'une paix séparée entre Manuel Comnène et le sultan Mas'ûd : l'entente gréco-turque contre la Deuxième Croisade. – Désastre de la croisade allemande en Asie Mineure. – La croisade française à Constantinople. Louis VII et la politique byzantine. – Traversée de l'Anatolie par Louis VII ; les attaques turques et la complicité des Grecs. – La Deuxième Croisade à Antioche. Raymond de Poitiers propose aux Croisés d'attaquer Nûr al-Dîn et d'aller conquérir Alep. – Refus des Croisés d'attaquer l'empire zengide. La Croisade abandonne ses objectifs en Syrie septentrionale et perd ainsi sa raison d'être. – Détournement de la Deuxième Croisade. Les Croisés, venus en Syrie pour refouler Nûr al-Dîn, vont attaquer l'État de Damas, allié naturel des Francs. – Siège de Damas par les Croisés. Nettoyage des jardins et occupation de la Ghûta occidentale entre Dâreiya et Mezzé. – Les Croisés occupent Mezzé et Rabwé et atteignent le Baradâ en amont de Damas, – Résistance de Mu'în al-Dîn Unur. – Évacuation des jardins de Damas par les Francs. Le camp chrétien transporté vers Bâb al-Sherqî. – Candidature du comte de Flandre à la principauté de Damas. Querelles entre Croisés et barons palestiniens. – Explication de l'attitude des barons palestiniens : l'intervention de Nûr al-Dîn. Pour éviter de voir les Damasquins lui livrer la ville, les Francs de Syrie poussent à la cessation des hostilités. – Retraite de l'armée chrétienne. Les constatations de la Deuxième Croisade : différenciation psychologique entre Occidentaux et Francs coloniaux. – Retour de Conrad III et de Louis VII en Europe. Tentation, en France, d'une croisade contre l'empire byzantin. – Tentative de Bertrand de Toulouse pour disputer à Raymond II le comté de Tripoli. La guerre de 'Araîma et l'appel aux Turcs. 222

§ 4. — Conséquences du détournement de la Deuxième Croisade :
recul de la principauté d'Antioche jusqu'à l'Oronte et évacuation
des derniers débris du comté d'Édesse.

L'échec de la Deuxième Croisade et la diminution du prestige franc en Syrie. – Campagne de Nûr al-Dîn contre la principauté d'Antioche ; défaite des Francs à Yaghra (1149). – Seconde campagne de Nûr al-Dîn contre la principauté d'Antioche. Démonstration contre Hârim et

1002   *L'ÉQUILIBRE*

siège de Népa (mai-juin 1149). – Bataille de Ma'arra*th*a ; défaite et mort de Raymond de Poitiers (29 juin 1149). – Le bilan du principat de Raymond de Poitiers à Antioche. – Conséquences de la bataille de Ma'arra*th*a. Nûr al-Dîn aux portes d'Antioche. – Conquête, par Nûr al-Dîn, de *H*ârim, d'Apamée et de tout le territoire à l'est de l'Oronte. – Antioche sauvée par le patriarche Aymeri de Limoges et par le roi Baudouin III. – La revanche turque contre les débris du comté d'Édesse : incapacité de Jocelin II. – Le sultan de Qoniya Mas'ûd 1er enlève Mar'ash à Jocelin II et l'assiège dans Turbessel. – La présence de Baudouin III dans la Syrie du nord sauve Turbessel. – L'émir ortoqide Qarâ Arslân s'empare de Gargar, de Samosate, de *H*isn Mansûr et des autres places franco-arméniennes du haut Euphrate. – Ralliement des communautés syriaques jacobites à la domination turque ortoqide dans le nord de l'ancien comté d'Édesse. – Captivité et mort de Jocelin II. – Conquête de Kaisûn, de Behesnî et de Ra'bân par le sultan Mas'ûd ; complicité de l'élément jacobite. – Conquête de 'Azâz (Hasart) par Nûr al-Dîn. – Baudouin III au secours de Turbessel. Offre des Byzantins d'acheter la place et les autres débris de l'ancien comté d'Édesse. – La liquidation de l'ancien comté d'Édesse. Remise de Turbessel et des autres places aux Byzantins. Évacuation de la population arménienne. – La retraite de 'Aintâb. Belle conduite de Baudouin III. – Cession de Rûmqal'a au patriarcat arménien. – Les Byzantins, entrés en possession de Turbessel et des autres places occidentales de l'ancien comté d'Édesse, se montrent incapables de les défendre contre Nûr al-Dîn. L'occupation turque (juillet 1151) – Sanction de l'échec de la Deuxième Croisade et de la destruction du comté d'Édesse : la frontière franque reportée de l'Euphrate à l'Oronte. 264

CHAPITRE II (2e PARTIE)

GOUVERNEMENT DE BAUDOUIN III

§ 1er. — Rétablissement de l'autorité monarchique par Baudouin III.

Baudouin III d'Anjou-Jérusalem : le modèle du roi franc du douzième siècle. – La régence de Mélisende et le gouvernement du connétable Manassé d'Hierges. – Majorité du roi. La régente essaie de perpétuer son pouvoir. – Le parti des barons pour Baudouin III. Le patriarcat pour la régente. La guerre civile de 1152. – Baudouin III fait capituler le connétable Manassé d'Hierges dans Mirabel, assiège la reine Mélisende dans Jérusalem et reconquiert sa capitale. – Patriarcat d'Amaury de Nesle. – Querelle du comte Raymond II de Tripoli et de sa femme Hodierne. Intervention de Baudouin III et de la reine Mélisende. – Assassinat de Raymond II. Le roi Baudouin régent du comté de Tripoli. – Baudouin III et la succession d'Antioche ; recherche d'un époux pour la princesse Constance ; prétendants francs et byzantins. 299

TABLE 1003

§ 2. — « FÉODALITÉ PILLARDE ET SANGUINAIRE » : RENAUD DE CHÂTILLON, PRINCE D'ANTIOCHE.

Le romanesque mariage de Constance d'Antioche et de Renaud de Châtillon. – Lutte de Renaud de Châtillon et du patriarche Aymeri de Limoges. Barbarie de Renaud. Intervention du roi Baudouin III. – Renaud de Châtillon et les affaires de Cilicie. Thoros Ier affranchit le pays de la domination franque et y restaure l'indépendance arménienne ; l'inutile collusion gréco-turque. – Renaud de Châtillon agent de la politique byzantine contre les Arméniens de Cilicie. – Brigandage de Renaud de Châtillon contre l'île byzantine de Chypre. – Bonne entente des Francs d'Antioche avec l'église syrienne jacobite : le miracle de saint Barsauma. 316

§ 3. — REPRISE DES PROGRÈS DU ROYAUME DE JÉRUSALEM SOUS BAUDOUIN III. CONQUÊTE D'ASCALON. LE PROTECTORAT FRANC SUR DAMAS.

Nouvelle orientation de la conquête franque. L'expansion vers l'Égypte. – Reconstruction de Gaza par Baudouin III. – Politique musulmane de Baudouin III : rétablissement de l'alliance franco-damasquine. – Attaque de Nûr al-Dîn contre Damas. L'intervention franque sauve l'indépendance damasquine. – L'équipée turcomane de novembre 1152 contre Jérusalem ; son échec. – Affaiblissement de la puissance fâtimide. Nouvelles révolutions de palais au Caire. – L'ambassade d'Usâma auprès de Nûr al-Dîn. Tentative d'alliance égypto-zengide contre l'alliance franco-damasquine. – Siège d'Ascalon par Baudouin III. – Conquête d'Ascalon par Baudouin III : tout le littoral syro-palestinien aux mains des Francs. – L'entente franco-damasquine a paralysé les diversions tentées par Nûr al-Dîn pour dégager Ascalon. – Les derniers jours de la dynastie bouride. Le protectorat franc sur Damas. 326

§ 4. — UNIFICATION POLITIQUE DE LA SYRIE MUSULMANE. NÛR AL-DÎN MAÎTRE D'ALEP ET DE DAMAS. – MONARCHIE MUSULMANE CONTRE MONARCHIE FRANQUE.

Réunion de l'État de Damas au royaume zengide. Un « Anschluss » par noyautage et pénétration pacifique. – Après l'Anschluss damasquin de 1154 et l'unification politique de la Syrie musulmane. Équilibre de la royauté franque et de la monarchie zengide. – Rupture entre la monarchie franque et la monarchie musulmane. La razzia des troupeaux de Panéas et les origines d'une guerre de trente ans (1157-1187). – Surprise de la ville basse de Panéas par Nûr al-Dîn ; résistance du connétable Onfroi de Toron dans la citadelle. – Délivrance et reconstruction de Panéas par Baudouin III. – La surprise du Gué de Jacob. Nouveau siège de Panéas par Nûr al-Dîn. – Seconde délivrance de Panéas par Baudouin III. Échec à Nûr al-Dîn. – Troisième pèlerinage du comte de

1004 — L'ÉQUILIBRE

Flandre Thierry d'Alsace. Tentative contre Chastel Ruge (Kashfahân). – Maladie de Nûr al-Dîn. Le royaume zengide a la veille de la dissolution. – Conquête de Shaîzar par Baudouin III. Thierry de Flandre, comte de Césarée ? – L'opposition de Renaud de Châtillon à la candidature du comte de Flandre entraîne l'évacuation de Shaîzar. – Reconquête de *H*ârim par Baudouin III. – Incursion franque vers Damas : l'attaque contre Dâreiya. – Victoire de Baudouin III sur Nûr al-Dîn à Puthaha. Le Sawâd délivré de l'invasion zengide. 351

§ 5. — BAUDOUIN III ET MANUEL COMNÈNE.
LE PROTECTORAT BYZANTIN SUR LA SYRIE FRANQUE.

La grande œuvre diplomatique de Baudouin III : devant l'unification de la Syrie musulmane, l'alliance franco-byzantine. – Ambassade d'Onfroi de Toron et de Guillaume de Bares à Constantinople. – Mariage de Baudouin III et de Théodora Comnène. – Campagne de l'empereur Manuel Comnène en Asie Mineure. Fuite de Thoros II et réoccupation de la plaine cilicienne par les Byzantins. – Manuel Comnène contre Renaud de Châtillon. Le châtiment du pillage de Chypre. – Humiliation de Renaud de Châtillon devant Manuel Comnène. Reconnaissance de la suzeraineté byzantine sur Antioche. – Visite de Baudouin III à Manuel Comnène au camp de Missis. Le pacte d'alliance franco-byzantin. – Une médiation franque : Baudouin III réconcilie Manuel Comnène et le prince arménien Thoros II. – « Triomphe » de Manuel Comnène à Antioche. – Campagne franco-byzantine contre la province d'Alep. – Paix brusquée entre Manuel Comnène et Nûr al-Dîn. – Causes et conséquences de la défection byzantine. Politique byzantine d'équilibre entre Francs et Musulmans. La chrétienté trahie. – Manuel Comnène et les Turcs d'Anatolie. Voyage de Qilij Arslân II à Constantinople. Le sultan seljûqide, vassal du basileus. – Nouvelles campagnes de Baudouin III au *H*aurân et en Damascène. – Capture de Renaud de Châtillon par Nûr al-Dîn. – La vacance du pouvoir à Antioche. Appel de la princesse Constance à la protection byzantine. L'intervention de Baudouin III empêche la défrancisation de la principauté. – Projet de mariage de l'empereur Manuel Comnène avec Mélisende de Tripoli. – Mariage de Manuel Comnène avec Marie d'Antioche. – L'œuvre de Baudouin III. 380

CHAPITRE III

AMAURY Iᵉʳ ET LA CONQUÊTE DE L'ÉGYPTE

§ 1ᵉʳ. — AMAURY Iᵉʳ ET LE RENOUVELLEMENT DE LA POLITIQUE FRANQUE.

Avènement d'Amaury Iᵉʳ. Répudiation d'Agnès de Courtenay. – Personnalité d'Amaury Iᵉʳ. – Amaury Iᵉʳ et le renouvellement de la politique franque : l'orientation vers l'Égypte. 419

TABLE 1005

§ 2. — Les révolutions d'Égypte et l'intervention franque. L'indépendance égyptienne sauvée par les Francs (1164).

Les drames de la cour d'Égypte. Assassinat du khalife al-Zâfir par le vizir 'Abbâs. Fuite de 'Abbâs et vizirat d'Ibn Ruzzîk. – Les drames de la cour d'Égypte. Assassinat d'Ibn Ruzzîk. Rivalité de Shâwar et de Dirghâm. – Le roi Amaury et l'anarchie fâtimide. Première campagne d'Égypte (1163). – Victoire des Francs sur Nûr al-Dîn à la Boquée (1163). – Première intervention zengide en Égypte. Shâwar réfugié à la cour de Nûr al-Dîn et restauré au Caire par l'armée de Shîrkûh (mai 1164). – Rupture de Shâwar avec Shîrkûh. Appel du vizir d'Égypte à l'intervention franque. – La question d'Égypte en 1164. Son importance mondiale. – Deuxième campagne d'Amaury Ier en Égypte. L'indépendance égyptienne sauvée par les Francs. 426

§ 3. — Diversions de Nûr al-Dîn en Syrie. Bohémond III, la principauté d'Antioche et la défaite de *H*ârim.

Diversion de Nûr al-Dîn contre la principauté d'Antioche. Défaite de Bohémond III près de *H*ârim (10 août 1164). – Prise de *H*ârim par Nûr al-Dîn. La principauté d'Antioche sauvée par la menace d'une intervention byzantine. – Conquête de Panéas par Nûr al-Dîn (octobre 1164). – Amaury Ier, après *H*ârim, met en état de défense la principauté d'Antioche. Libération de Bohémond III par Nûr al-Dîn. – Le voyage de Bohémond III à Constantinople et ses conséquences : intronisation du patriarche grec Athanase II sur le siège d'Antioche. – Réaction du clergé latin contre l'intronisation d'un patriarche grec à Antioche. Retraite du patriarche latin Aymeri de Limoges au château de Qosair. Alliance du clergé latin et du clergé jacobite contre le clergé grec. – Le facteur arménien : Thoros II fait reculer Nûr al-Dîn. – Cession par Bohémond III, aux Hospitaliers, de plusieurs forteresses de la principauté d'Antioche. – Conquête par Nûr al-Dîn de Shaqîf Tîrûn et de Muneîtira. 440

§ 4. — Établissement du protectorat franc sur l'Égypte (1167).

Deuxième expédition de Shîrkûh en Égypte (1167) : un jihâd sunnite et zengide contre le khalifat 'alide. – Appel du gouvernement égyptien à la protection franque. Troisième campagne d'Égypte du roi Amaury. – Réception de Hugue de Césarée par le khalife du Caire. Le pacte franco-égyptien de 1167. – L'armée franque aux côtés des Égyptiens, défend contre Shîrkûh l'accès du Caire. – Marche d'Amaury Ier en Moyenne Égypte. Bataille de Babain-Ashmûnain. – Occupation d'Alexandrie par Shîrkûh et Saladin. – Siège d'Alexandrie par l'armée franco-égyptienne. – Reddition d'Alexandrie au roi Amaury. – Amaury Ier arbitre de l'exécution du traité entre Shîrkûh et Shâwar. La paix franque en Égypte. – Établissement du protectorat franc sur l'Égypte (août 1167). 456

1006   *L'ÉQUILIBRE*

§ 5. — L'ALLIANCE FRANCO-BYZANTINE DE 1168
POUR LE PARTAGE DE L'ÉGYPTE.

Resserrement de l'entente cordiale franco-byzantine. Mariage d'Amaury Ier avec Marie Comnène. – Deux romans byzantins dans la Syrie franque : les amours d'Andronic Comnène avec Philippa d'Antioche et la reine Théodora de Jérusalem, – La proposition byzantine de 1168 : une expédition franco-byzantine en Égypte pour la conquête et le partage du pays. – Ambassade de Guillaume de Tyr à Constantinople. Le traité franco-byzantin de septembre 1168 pour le partage de l'Égypte. 481

§ 6. — L'ERREUR DE 1168. ABANDON PAR LES FRANCS DE LA POLITIQUE
DE PROTECTORAT EN ÉGYPTE ET TENTATIVE, SANS L'APPUI BYZANTIN,
DE CONQUÊTE DIRECTE DU PAYS.

L'énigme d'octobre 1168 : pourquoi les Francs ont-ils attaqué l'Égypte sans attendre leurs alliés byzantins ? – Le gouvernement du Caire à la veille d'un renversement des alliances : ouvertures de l'entourage de Shâwar à Nûr al-Dîn. – Le choix de 1168. Amaury Ier pour le maintien d'une politique de protectorat en Égypte. Les barons et les Hospitaliers pour une politique de conquête et d'annexion. Les barons forcent la main au roi. – Prise de Bilbeîs par Amaury Ier (novembre 1168). – Amaury Ier devant le Caire. Préparatifs pour l'assaut de la ville. Incendie de Fus*tât*. – Partie manquée. Amaury Ier évacue l'Égypte. – Les conséquences de la faute de 1168. Éviction des Francs de la politique égyptienne. L'Égypte livrée à Shîrkûh. – Le coup de force du 18 janvier 1169 au Caire. Exécution de Shâwar. Shîrkûh vizir d'Égypte. 487

§ 7. — LE TOURNANT DES CROISADES : SALADIN, MAÎTRE DE L'ÉGYPTE.
ENCERCLEMENT DE LA SYRIE FRANQUE.

Le tournant des Croisades. L'Égypte rattachée à la Syrie musulmane. – Saladin, le héros kurde. – Affermissement de Saladin en Égypte. Massacre de la garde noire (août 1169). – Nécessité d'une nouvelle croisade. L'inutile appel à l'Occident. – Retour des Francs au projet de collaboration byzantine pour la conquête de l'Égypte. – L'armada byzantine à la disposition d'Amaury Ier (juillet 1169). – Expédition franco-byzantine en Égypte. Siège de Damiette par les alliés (octobre-décembre 1169). – Mésentente entre Francs et Byzantins. Levée du siège de Damiette et retraite des alliés (décembre 1169). – L'échec de l'expédition franco-byzantine consolide l'autorité de Saladin en Égypte et livre à sa merci le khalifat fâ*ti*mide. – Reconquête du château de 'Akkâr par les Francs de Tripoli. – La Transjordanie franque obstacle entre la Syrie zengide et l'Égypte aiyûbide. – Le tremblement de terre de juin 1170 et ses conséquences : trêve de fait entre Francs et musulmans. Mort du

TABLE 1007

patriarche grec d'Antioche et réintronisation d'Aymeri de Limoges. – Subordination du royaume zengide de Mossoul à Nûr al-Dîn (1171). – Expédition de Saladin contre les forteresses franques de Philistie ; Daron et Gaza sauvés par le roi Amaury. – La guerre sur deux fronts. Prise d'Aila par Saladin. Dévastation de la région de 'Arqa, 'Araima et *Sâfîthâ* par Nûr al-Dîn (1170-1171). 509

§ 8. — APRÈS L'UNITÉ MUSULMANE ; LA DERNIÈRE RESSOURCE : L'UNION FRANCO-BYZANTINE.

L'union franco-byzantine, seul salut pour Byzance et pour les Francs. – Défection des Arméniens. Le prince arménien Mleh, se détachant du système franco-byzantin, passe à l'alliance turque. – L'inutile appel d'Amaury Ier à une troisième croisade latine. – La dernière ressource des Francs : l'appel aux Byzantins. Départ d'Amaury Ier pour Constantinople. – Réception d'Amaury Ier à Constantinople : les fêtes du printemps 1171. – Signification du pacte de Constantinople : le royaume franc de Jérusalem dans la clientèle byzantine. – Objectif du pacte de Constantinople : conquête de l'Égypte par les Byzantins et les Francs. – L'influence byzantine empêche les Seljûqides d'Anatolie de se joindre à la coalition panislamique. – Trahisons de l'Arménien Mleh ; son alliance avec les Turcs. Expédition punitive d'Amaury Ier en Cilicie. – Inutiles pèlerinages du comte Étienne de Blois et du duc de Saxe Henri le Lion. – Le connétable Onfroi de Toron force Nûr al-Dîn à lever le siège du krak de Moab (1173). – Extinction du khalifat fâṭimide. Rétablissement de l'unité religieuse dans l'Islâm. 537

§ 9. — DERNIERS ASPECTS DE LA POLITIQUE MUSULMANE D'AMAURY Ier. MISE À PROFIT DE LA RIVALITÉ ENTRE ZENGIDES ET AIYUBIDES ; APPUI PRÊTÉ AUX NATIONALISTES ÉGYPTIENS ET AUX ASSASSINS.

La mésentente entre Nûr al-Dîn et Saladin divise à nouveau les forces musulmanes et favorise les Francs. – Ménagements de Saladin envers les Francs comme contrepoids à la puissance de Nûr al-Dîn. – Le complot égyptien shî'ite du printemps 1174. Appel des conjurés au roi Amaury et aux Normands de Sicile. – Découverte et répression du complot franco-shî'ite par Saladin. – Rapprochement d'Amaury Ier et des Ismâ'iliens. Ambassade envoyée par le grand-maître Sinân au roi de Jérusalem. – Massacre des ambassadeurs ismâ'iliens par les Templiers. Expédition punitive d'Amaury Ier contre l'Ordre du Temple. Projet de dissolution de l'Ordre par le roi de Jérusalem. – Amaury Ier et la dissolution de l'empire zengide. L'alliance franco-damasquine rétablie contre Saladin. 561

1008

L'ÉQUILIBRE

CHAPITRE IV

BAUDOUIN IV, LE ROI LÉPREUX

§ 1er. — Première baylie du comte Raymond III de Tripoli.

Baudouin IV, l'enfant lépreux. Sa valeur, son héroïsme, sa sainteté. – Gouvernement du sénéchal Milon de Plancy. Opposition des barons. – Complot contre Milon de Plancy ; son assassinat. – Première régence à Jérusalem du comte Raymond III de Tripoli. Caractère et politique de ce prince. – L'armada normande de Sicile ; son inutile débarquement devant Alexandrie. – Anarchie dans le royaume zengide d'Alep. Damas après la mort de Nûr al-Dîn. Appel des Damasquins à Saladin. – Prise de possession de Damas par Saladin. Formation de l'empire égypto-damasquin aiyûbide. – Attaque de Saladin contre Alep. Appel des Alépins aux Ismâ'îliens et aux Francs. – La diversion de Raymond III devant *Homs* force Saladin à lever le siège d'Alep et sauve l'État zengide. – L'œuvre de Raymond III : maintien de la division de la Syrie musulmane entre l'empire aiyûbide de Damas et le royaume zengide d'Alep. – Tentative des Zengides de Mossoul pour chasser Saladin de la Syrie ; leur échec (bataille de Qurûn *Ha*mâ, avril 1176). – Nouvelle diversion franque en Damascène ; razzia de Baudouin IV jusqu'à Dâreiya. – Dernière tentative des Zengides pour recouvrer la Syrie Centrale. Victoire de Saladin à Tell al-Sul*t*an (avril 1176). Il leur laisse Alep, mais leur fait reconnaître son hégémonie. – Le terrorisme ismâ'ilien contre l'unification des forces musulmanes. Le grand-maître Sinân fait reculer Saladin. – Nouvelles diversions franques pour sauver l'indépendance damasquine. Campagne de Baudouin IV et de Raymond III dans la Beqâ'. – Victoire de Baudouin IV sur Tûrânshâh à 'Ain Anjarr. 579

§ 2. — La Croisade flamande de 1177 et l'abandon de la coopération franco-byzantine.

Mariage de la princesse héritière Sibylle de Jérusalem avec le marquis de Montferrat Guillaume Longue-Épée. Mort de Guillaume Longue-Épée. – Pèlerinage du comte de Flandre Philippe d'Alsace. Il refuse la baylie du royaume. – L'offre byzantine d'une seconde expédition commune en Égypte. Arrivée de l'escadre byzantine à Acre. – Refus du comte de Flandre de s'associer à l'expédition d'Égypte. – Le refus de Philippe d'Alsace fait abandonner l'expédition franco-byzantine contre l'Égypte. – L'abandon de l'alliance franco-byzantine et ses conséquences : 1177 et 1191. – Tentative d'utilisation de la croisade flamande par Raymond III de Tripoli. L'échec devant *Ha*mâ. – Tentative d'utilisation de la croisade flamande par Bohémond III d'Antioche : l'échec devant *Ha*rim. 601

TABLE 1009

§ 3. — Baudouin IV et la défense des frontières franques
contre Saladin (1177-1180).

L'angoisse de novembre 1177 : attaque brusquée de Saladin contre la
Palestine dégarnie de troupes. – L'armée franque enfermée dans
Ascalon. Saladin à Ramla et à Lydda. La route de Jérusalem
ouverte. – La plus belle victoire des Croisades : bataille de Montgisard ou de Tell Sâfiya. – La débâcle égyptienne : Saladin en fuite
devant le Roi Lépreux. – La rafle des fuyards musulmans. Triomphe de Baudouin IV. – Fortification de la frontière de Galilée.
Construction du Chastellet au Gué de Jacob et du Chastel-neuf de
Hûnîn. – La surprise de la forêt de Panéas. Mort héroïque du
connétable Onfroi de Toron. – Campagne du Marj 'Ayûn
(juin 1179). Avantage initial de Baudouin IV. – Campagne du Marj
'Ayûn. Victoire de Saladin (10 juin 1179). – Responsabilité des
Templiers dans la défaite du Marj 'Ayûn. – Destruction du Chastellet du Gué de Jacob par Saladin (août 1179). – Trêves entre Saladin
et les Francs (1180). – Seconde mission de Guillaume de Tyr à
Constantinople (1180). Dernières perspectives d'une coopération
franco-byzantine. – Causes de l'arrêt de la conquête aiyûbide en
pays franc. Difficultés de Saladin avec les dynasties turques du
Nord. Retour de la politique arménienne à l'alliance franque. –
Causes de l'arrêt de la conquête aiyûbide : persistance du loyalisme
zengide dans la Syrie du Nord. 617

§ 4. — L'accumulation des fautes intérieures
à la veille de la grande guerre.

Aggravation de la maladie du Roi Lépreux. La question de succession.
– Projets de remariage de la princesse héritière Sibylle. Candidature
de Baudouin d'Ibelin. – Le romanesque mariage de la princesse héritière Sibylle avec Guy de Lusignan. – Portrait de Guy de Lusignan.
« Le plus bel homme de son temps ». Son insuffisance et sa « simplesce ». – Mariage d'Isabelle de Jérusalem avec Onfroi IV de Toron.
Insignifiance d'Onfroi IV. Dégénérescence des Francs créoles ? –
Scandales et troubles dans la principauté d'Antioche. Liaison de
Bohémond III avec Sibylle de Burzey. La favorite, espionne de Saladin. Persécution contre le clergé. Révolte de la noblesse contre Bohémond III. – Fâcheuse intervention de Bohémond III dans les affaires
de la principauté arménienne de Cilicie. – Les intrigues de la cour de
Jérusalem. Influence néfaste de la reine mère et du sénéchal Jocelin.
Cabale contre Raymond III. 650

§ 5. — Renaud de Châtillon,
la violation des trêves et la reprise de la guerre.

Renaud de Châtillon, seigneur de Transjordanie. – Violation des trêves
par Renaud de Châtillon. Rezzou franc sur Taimâ' et enlèvement des

caravanes du *He*jâz. – Refus de Renaud de Châtillon d'obtempérer aux ordres de Baudouin IV pour les réparations dues à Saladin. – Reprise de la guerre. Conquête du Sawâd par les Aiyûbides. Chute de Habîs Jaldak. – Tentative d'invasion de la Samarie et de la Galilée par Saladin. Échec du sultan à 'Afrabalâ. – Siège de Beyrouth par Saladin. Délivrance de la ville par Baudouin IV. – Tentative de conquête de Mossoul par Saladin. La coalition des autres puissances musulmanes lui fait lâcher prise. – Alliance des Francs avec les Zengides contre Saladin. – Diversions franques pour dégager Mossoul. Campagnes de Baudouin IV au *Ha*urân, au Sawâd et en Damascène. Reconquête de Habîs Jaldak. Les Francs à Dâreiya. – Achèvement de l'unification politique de la Syrie musulmane : annexion d'Alep par Saladin. – Aggravation de la maladie de Baudouin IV. Délégation de la lieutenance du royaume à Guy de Lusignan. – La campagne de Saladin d'octobre 1183 en Galilée : premier essai de la « stratégie de *Ha*ttîn ». – Francs et Aiyûbides face à face aux Fontaines de Tubanie. Refus des chefs francs d'engager l'action. – La stratégie purement défensive des barons syriens force Saladin à la retraite : un « *Ha*ttîn » qui a échoué. – Disgrâce de Guy de Lusignan par le Roi Lépreux. L'enfant Baudouin V associé au trône. – Renaud de Châtillon et le lancement d'une escadre franque en mer Rouge. – Les corsaires francs sur les côtes du Hejâz. La menace franque sur La Mecque. – Destruction de l'escadre franque en mer Rouge. – Représailles de Saladin contre Renaud de Châtillon. Siège du Krak de Moab. – L'héroïque intervention de Baudouin IV : le Roi Lépreux, presque aveugle et déjà moribond, sauve encore le Krak de Moab. 661

§ 6. — Mort de Baudouin IV.
Fin de la dynastie d'Ardenne-Anjou
et de la tradition monarchique hiérosolymitaine.

Révolte de Guy de Lusignan contre l'autorité royale. – Testament de Baudouin IV. Désignation de Raymond III pour la régence. – Mort de Baudouin IV. Fin de la dynastie d'Ardenne-Anjou et de la tradition monarchique hiérosolymitaine. – Décadence du patriarcat de Jérusalem. Indignité du patriarche Héraclius. – Protestation de l'archevêque Guillaume de Tyr contre l'intronisation d'Héraclius. Voyage de Guillaume *ad limina*. Son empoisonnement à l'instigation d'Héraclius. – Le désastre byzantin de Myriokephalon et ses conséquences pour l'Orient latin. – Le régime colonial franc en 1184 d'après le témoignage d'Ibn Jubaîr. Situation prospère de la population musulmane ; solidarité économique franco-arabe. – La plus durable conquête : ralliement des Maronites à l'Église romaine et à l'amitié franque. 700

TABLE   1011

CHAPITRE V

RAYMOND III OU GUY DE LUSIGNAN ?
PERTE DU ROYAUME DE JÉRUSALEM.

§ 1er. — RÉGENCE DE RAYMOND III. LA PAIX.

Conclusion de la paix et entente économique entre Raymond III et
Saladin. Ravitaillement du royaume de Jérusalem par les Musulmans. – L'attention de Saladin détournée vers les affaires de Mossoul. Premiers symptômes de dissensions familiales dans l'empire
aiyûbide. – Arrivée de Guillaume III de Montferrat en Palestine.
Conrad de Montferrat détourné de la Croisade par les affaires de
Constantinople. 717

§ 2. — LA SUCCESSION DE BAUDOUIN V.
RAYMOND III OU GUY DE LUSIGNAN ?

Mort de Baudouin V. Raymond III, candidat des barons palestiniens. –
Guy de Lusignan et les intérêts coalisés en sa faveur. – Le coup de surprise de 1186. Couronnement de Guy de Lusignan. – Opposition des
barons à l'avènement de Guy : le « parlement » de Naplouse. Dérobade
d'Onfroi de Toron. – Résignation des barons à l'avènement de Guy.
Exil volontaire de Baudouin de Ramla. – Opposition de Raymond III
au gouvernement de Guy ; son rapprochement avec Saladin. 722

§ 3. — RÈGNE DE GUY DE LUSIGNAN. LA GUERRE. LE DÉSASTRE.

Enlèvement, en pleine paix, de la caravane d'Égypte par Renaud de
Châtillon. – Vers le suicide franc : Renaud de Châtillon refuse au
roi Guy d'accorder réparation à Saladin. – Déclenchement de la
grande guerre. Mobilisation des armées musulmanes. – Avec la
guerre étrangère, la menace de guerre civile : Guy de Lusignan
contre Raymond III. – Raymond III entre Saladin et Guy de Lusignan : demande de passage des troupes aiyûbides à travers la
« princée » de Galilée. – La folle chevauchée du grand-maître
Gérard de Ridefort sur Séphorie : le massacre de Séphorie. –
Réconciliation de Raymond III et de Guy de Lusignan. Tardif
regroupement des forces franques. – Investissement de Tibériade
par Saladin. Le conseil de guerre franc de Saint-Jean-d'Acre. –
Concentration de l'armée franque à Séphorie. Conseils de prudence
de Raymond III. Sa pathétique adjuration à Guy de Lusignan. –
Quos vult perdere... Le grand maître du Temple fait décider la
marche sur Tibériade. – De Séphorie à *Hatt*în : la marche à la mort.
– Désastre de *Hatt*în. – Capture de Guy de Lusignan et de la
noblesse franque par Saladin. Courtoisie du sultan envers le roi de
Jérusalem. Exécution de Renaud de Châtillon. 733

1012   *L'ÉQUILIBRE*

§ 4. — Conquête du royaume de Jérusalem par Saladin.

La liquidation du royaume de Jérusalem. Prise de Tibériade par Saladin. – Capitulation d'Acre. Dilapidation des stocks de la ville. – Conquête de Beyrouth par Saladin. Prise de Jaffa par Malik al-'Adil. – Guy de Lusignan et le Grand-Maître du Temple, agents de Saladin pour faire capituler les places franques. – Siège de Jérusalem par Saladin. Défense de Balian II d'Ibelin et de la bourgeoisie hiérosolymite. – Le complot de la communauté grecque orthodoxe pour livrer Jérusalem aux Musulmans. – Capitulation de Jérusalem. La rançon des chrétiens pauvres. Avarice du Temple et de l'Hôpital. – Occupation de Jérusalem par l'armée aiyûbide. Humanité de Saladin envers la population franque. – L'exode et le rapatriement des colons francs. Loyauté de Saladin. L'égoïsme des marins occidentaux. – Octobre 1187. Restauration de l'islamisme au *H*aram al-Sherîf. – L'Église grecque orthodoxe bénéficiaire de la perte des Lieux Saints par les Francs. – Les Juifs bénéficiaires de la ruine de la colonie franque. Appel d'une immigration juive en Palestine par Saladin. – Saladin au Liban. Attaques infructueuses contre Tyr. Mort de Raymond III de Tripoli. – Prise par Saladin de Jabala et de Lattaquié. Défection des hauts fonctionnaires arabes par l'administration franque. – La mort de Lattaquié. – Conquête de *S*ahyûn et de Burzey par Saladin. La princesse d'Antioche espionne de Saladin. – Conquête de Darb-sak et de Baghrâs par Saladin. Antioche encerclée. – Un baron arabisant du douzième siècle : Renaud de Sidon et la défense de Beaufort. – Les débris de la Syrie franque à la veille de la Troisième Croisade.   755

APPENDICE I

Histoire de la « princée » de Galilée.   789

APPENDICE II

Histoire de la seigneurie franque de Beyrouth
au douzième siècle.   801

APPENDICE III

L'établissement des Francs au Wâdî al-'Araba et en Transjordanie, et la perturbation du commerce égypto-damasquin de Baudouin Ier à Renaud de Châtillon.   803

APPENDICE IV

Le sultanat seljûqide d'Asie Mineure entre Byzance et la croisade franque – Rôle du barrage anatolien dans l'échec final des Croisades.   809

TABLE

1013

APPENDICE V

Histoire du Comté d'Édesse. 817

APPENDICE VI

Chronologie du Comté de Tripoli sous la dynastie
de Toulouse-Provence. 837

TABLEAUX GÉNÉALOGIQUES

I. Dynastie arménienne 844-45
II. Maison de Toron et de Montréal 846
III. Maison de Césarée et de Sidon 847
IV. Dynastie Zengide 848-49

Notes 855
Index... 963

TABLE DES CARTES

Carte I.   L'équilibre oriental sous le règne
de Foulque d'Anjou... 10

Carte II.   La deuxième Croisade. – Recul des Francs dans
les provinces de l'Est sous Raymond de Poitiers
et Jocelin II... 297-298

Carte III. La Palestine de Baudouin III à Guy de Lusignan... 850

Carte IV. Campagnes d'Amaury Ier en Égypte. – Renaud
de Châtillon et l'expansion franque vers
la mer Rouge.. 851

Carte V.   Carte de la Galilée pour les campagnes
de Baudouin III, de Baudouin IV et de Guy
de Lusignan.. 852

Carte VI. Le comté de Tripoli et la principauté d'Antioche
sous Raymond III et Bohémond III 853

Carte VII. Formation territoriale de l'unité musulmane,
de Zengî à Saladin... 854

collection tempus
Perrin

DÉJÀ PARU

1. *Histoire des femmes en Occident* (dir. Michelle Perrot, Georges Duby), *L'Antiquité* (dir. Pauline Schmitt Pantel).
2. *Histoire des femmes en Occident* (dir. Michelle Perrot, Georges Duby), *Le Moyen Âge* (dir. Christiane Klapisch-Zuber).
3. *Histoire des femmes en Occident* (dir. Michelle Perrot, Georges Duby), *XVIᵉ-XVIIIᵉ siècle* (dir. Natalie Zemon Davis, Arlette Farge).
4. *Histoire des femmes en Occident* (dir. Michelle Perrot, Georges Duby), *Le XIXᵉ siècle* (dir. Michelle Perrot, Geneviève Fraisse).
5. *Histoire des femmes en Occident* (dir. Michelle Perrot, Georges Duby), *Le XXᵉ siècle* (dir. Françoise Thébaud).
6. *L'épopée des croisades* – René Grousset.
7. *La bataille d'Alger* – Pierre Pellissier.
8. *Louis XIV* – Jean-Christian Petitfils.
9. *Les soldats de la Grande Armée* – Jean-Claude Damamme.
10. *Histoire de la Milice* – Pierre Giolitto.
11. *La régression démocratique* – Alain-Gérard Slama.
12. *La première croisade* – Jacques Heers.
13. *Histoire de l'armée française* – Philippe Masson.
14. *Histoire de Byzance* – John Julius Norwich.
15. *Les Chevaliers teutoniques* – Henry Bogdan.
16. *Mémoires, Les champs de braises* – Hélie de Saint Marc.
17. *Histoire des cathares* – Michel Roquebert.
18. *Franco* – Bartolomé Bennassar.
19. *Trois tentations dans l'Église* – Alain Besançon.
20. *Le monde d'Homère* – Pierre Vidal-Naquet.
21. *La guerre à l'Est* – August von Kageneck.
22. *Histoire du gaullisme* – Serge Berstein.
23. *Les Cent-Jours* – Dominique de Villepin.
24. *Nouvelle histoire de la France*, tome I – Jacques Marseille.
25. *Nouvelle histoire de la France*, tome II – Jacques Marseille.
26. *Histoire de la Restauration* – Emmanuel de Waresquiel et Benoît Yvert.
27. *La Grande Guerre des Français* – Jean-Baptiste Duroselle.
28. *Histoire de l'Italie* – Catherine Brice.
29. *La civilisation de l'Europe à la Renaissance* – John Hale.
30. *Histoire du Consulat et de l'Empire* – Jacques-Olivier Boudon.
31. *Les Templiers* – Laurent Daillez.

32. *Madame de Pompadour* – Évelyne Lever.
33. *La guerre en Indochine* – Georges Fleury.
34. *De Gaulle et Churchill* – François Kersaudy.
35. *Le passé d'une discorde* – Michel Abitbol.
36. *Louis XV* – François Bluche.
37. *Histoire de Vichy* – Jean-Paul Cointet.
38. *La bataille de Waterloo* – Jean-Claude Damamme.
39. *Pour comprendre la guerre d'Algérie* – Jacques Duquesne.
40. *Louis XI* – Jacques Heers.
41. *La bête du Gévaudan* – Michel Louis.
42. *Histoire de Versailles* – Jean-François Solnon.
43. *Voyager au Moyen Âge* – Jean Verdon.
44. *La Belle Époque* – Michel Winock.
45. *Les manuscrits de la mer Morte* – Michael Wise, Martin Abegg Jr. & Edward Cook.
46. *Histoire de l'éducation,* tome I – Michel Rouche.
47. *Histoire de l'éducation,* tome II – François Lebrun, Marc Venard, Jean Quéniart.
48. *Les derniers jours de Hitler* – Joachim Fest.
49. *Zita impératrice courage* – Jean Sévillia.
50. *Histoire de l'Allemagne* – Henry Bogdan.
51. *Lieutenant de panzers* – August von Kageneck.
52. *Les hommes de Dien Bien Phu* – Roger Bruge.
53. *Histoire des Français venus d'ailleurs* – Vincent Viet.
54. *La France qui tombe* – Nicolas Baverez.
55. *Histoire du climat* – Pascal Acot.
56. *Charles Quint* – Philippe Erlanger.
57. *Le terrorisme intellectuel* – Jean Sévillia.
58. *La place des bonnes* – Anne Martin-Fugier.
59. *Les grands jours de l'Europe* – Jean-Michel Gaillard.
60. *Georges Pompidou* – Eric Roussel.
61. *Les États-Unis d'aujourd'hui* – André Kaspi.
62. *Le masque de fer* – Jean-Christian Petitfils.
63. *Le voyage d'Italie* – Dominique Fernandez.
64. *1789, l'année sans pareille* – Michel Winock.
65. *Les Français du Jour J* – Georges Fleury.
66. *Padre Pio* – Yves Chiron.
67. *Naissance et mort des Empires.*
68. *Vichy 1940-1944* – Jean-Pierre Azéma, Olivier Wieviorka.
69. *L'Arabie Saoudite en guerre* – Antoine Basbous.
70. *Histoire de l'éducation,* tome III – Françoise Mayeur.
71. *Histoire de l'éducation,* tome IV – Antoine Prost.
72. *La bataille de la Marne* – Pierre Miquel.
73. *Les intellectuels en France* – Pascal Ory, Jean-François Sirinelli.
74. *Dictionnaire des pharaons* – Pascal Vernus, Jean Yoyotte.

75. *La Révolution américaine* – Bernard Cottret.
76. *Voyage dans l'Égypte des Pharaons* – Christian Jacq.
77. *Histoire de la Grande-Bretagne* – Roland Marx, Philippe Chassaigne.
78. *Histoire de la Hongrie* – Miklós Molnar.
79. *Chateaubriand* – Ghislain de Diesbach.
80. *La Libération de la France* – André Kaspi.
81. *L'empire des Plantagenêt* – Martin Aurell.
82. *La Révolution française* – Jean-Paul Bertaud.
83. *Les Vikings* – Régis Boyer.
84. *Examen de conscience* – August von Kageneck.
85. *1905, la séparation des Églises et de l'État*.
86. *Les femmes cathares* – Anne Brenon.
87. *L'Espagne musulmane* – André Clot.
88. *Verdi et son temps* – Pierre Milza.
89. *Sartre* – Denis Bertholet.
90. *L'avorton de Dieu* – Alain Decaux.
91. *La guerre des deux France* – Jacques Marseille.
92. *Honoré d'Estienne d'Orves* – Etienne de Montety.
93. *Gilles de Rais* – Jacques Heers.
94. *Laurent le Magnifique* – Jack Lang.
95. *Histoire de Venise* – Alvise Zorzi.
96. *Le malheur du siècle* – Alain Besançon.
97. *Fouquet* – Jean-Christian Petitfils.
98. *Sissi, impératrice d'Autriche* – Jean des Cars.
99. *Histoire des Tchèques et des Slovaques* – Antoine Marès.
100. *Marie Curie* – Laurent Lemire.
101. *Histoire des Espagnols*, tome I – Bartolomé Bennassar.
102. *Pie XII et la Seconde Guerre mondiale* – Pierre Blet.
103. *Histoire de Rome*, tome I – Marcel Le Glay.
104. *Histoire de Rome*, tome II – Marcel Le Glay.
105. *L'État bourguignon 1363-1477* – Bertrand Schnerb.
106. *L'Impératrice Joséphine* – Françoise Wagener.
107. *Histoire des Habsbourg* – Henry Bogdan.
108. *La Première Guerre mondiale* – John Keegan.
109. *Marguerite de Valois* – Eliane Viennot.
110. *La Bible arrachée aux sables* – Werner Keller.
111. *Le grand gaspillage* – Jacques Marseille.
112. *« Si je reviens comme je l'espère » : lettres du front et de l'Arrière, 1914-1918* – Marthe, Joseph, Lucien, Marcel Papillon.
113. *Le communisme* – Marc Lazar.
114. *La guerre et le vin* – Donald et Petie Kladstrup.
115. *Les chrétiens d'Allah* – Lucile et Bartolomé Bennassar.
116. *L'Égypte de Bonaparte* – Jean-Joël Brégeon.
117. *Les empires nomades* – Gérard Chaliand.
118. *La guerre de Trente Ans* – Henry Bogdan.

119. *La bataille de la Somme* – Alain Denizot.
120. *L'Église des premiers siècles* – Maurice Vallery-Radot.
121. *L'épopée cathare*, tome I, *L'invasion* – Michel Roquebert.
122. *L'homme européen* – Jorge Semprún, Dominique de Villepin.
123. *Mozart* – Pierre-Petit.
124. *La guerre de Crimée* – Alain Gouttman.
125. *Jésus et Marie-Madeleine* – Roland Hureaux.
126. *L'épopée cathare*, tome II, *Muret ou la dépossession* – Michel Roquebert.
127. *De la guerre* – Carl von Clausewitz.
128. *La fabrique d'une nation* – Claude Nicolet.
129. *Quand les catholiques étaient hors la loi* – Jean Sévillia.
130. *Dans le bunker de Hitler* – Bernd Freytag von Loringhoven et François d'Alançon.
131. *Marthe Robin* – Jean-Jacques Antier.
132. *Les empires normands d'Orient* – Pierre Aubé.
133. *La guerre d'Espagne* – Bartolomé Bennassar.
134. *Richelieu* – Philippe Erlanger.
135. *Les Mérovingiennes* – Roger-Xavier Lantéri.
136. *De Gaulle et Roosevelt* – François Kersaudy.
137. *Historiquement correct* – Jean Sévillia.
138. *L'actualité expliquée par l'Histoire.*
139. *Tuez-les tous! La guerre de religion à travers l'histoire* – Elie Barnavi, Anthony Rowley.
140. *Jean Moulin* – Jean-Pierre Azéma.
141. *Nouveau monde, vieille France* – Nicolas Baverez.
142. *L'Islam et la Raison* – Malek Chebel.
143. *La gauche en France* – Michel Winock.
144. *Malraux* – Curtis Cate.
145. *Une vie pour les autres. L'aventure du père Ceyrac* – Jérôme Cordelier.
146. *Albert Speer* – Joachim Fest.
147. *Du bon usage de la guerre civile en France* – Jacques Marseille.
148. *Raymond Aron* – Nicolas Baverez.
149. *Joyeux Noël* – Christian Carion.
150. *Frères de tranchées* – Marc Ferro.
151. *Histoire des croisades et du royaume franc de Jérusalem*, tome I, *1095-1130, L'anarchie musulmane* – René Grousset.
152. *Histoire des croisades et du royaume franc de Jérusalem*, tome II, *1131-1187, L'équilibre* – René Grousset.

À PARAÎTRE

Histoire des croisades et du royaume franc de Jérusalem, tome III, *1188-1291, L'anarchie franque* – René Grousset.
Napoléon – Luigi Mascilli Migliorini.
Versailles, le chantier de Louis XIV – Frédéric Tiberghien.
Le siècle de saint Bernard et Abélard – Jacques Verger, Jean Jolivet.

Impression réalisée sur Presse Offset par

BRODARD & TAUPIN

GROUPE CPI

La Flèche (Sarthe), le 17-10-2006
pour le compte des Éditions Perrin
11, rue de Grenelle
Paris 7ᵉ
N° d'édition : 2187 – N° d'impression : 38041
Dépôt légal : octobre 2006
Imprimé en France